U0906677

中国水利水电建设集团公司志

中国水利水电第十四工程局卷(1954～2006)

中国水利水电建设集团公司史志编辑委员会

中国电力出版社
CHINA ELECTRIC POWER PRESS

1996年6月3日，中共中央总书记、国家主席江泽民亲切看望水电十四局参建的黄河小浪底水利枢纽工程员工

1999年3月2日，时任中央政治局常委、国家副主席胡锦涛亲切看望水电十四局参建的黄河小浪底水利枢纽工程员工

1986年11月18日，时任国务院副总理李鹏视察水电十四局鲁布革水电站工地

1997年11月8日，国务院总理李鹏视察水电十四局承建的长江三峡永久船闸地下输水系统

2006年10月26日，原全国人大常委会委员长李鹏出席长江三峡大坝全线通车剪彩仪式，亲切接见水电十四局等参建单位负责人

1999年8月9日，国务院总理朱镕基在时任河南省省长李克强（右二）、水利部部长汪恕诚（左二）的陪同下，到黄河小浪底水利枢纽工程视察，听取水利部副部长兼小浪底水利枢纽建设管理局局长张基尧的汇报

2002年6月9日，国务院总理朱镕基视察水电十四局施工的长江干堤九江城防工程

1997年5月28日，全国人大常委会委员长乔石视察黄河小浪底水利枢纽工程，看望正在施工的水电十四局职工

1996年12月22日，时任国务院副总理吴邦国视察水电十四局承建的长江三峡永久船闸地下输水系统工程

1999年5月8日，时任国务院副总理温家宝视察黄河小浪底水利枢纽工程，与水电十四局员工在一起

2003年5月16日，全国政协主席贾庆林在广西壮族自治区党委书记曹伯纯（左二）、自治区代主席陆兵（左一）的陪同下，视察水电十四局承建的广西百色水利枢纽工程

2000年1月4日，时任福建省省委副书记、省长习近平视察水电十四局担负施工的贡川电站工程

1998年4月8日，时任福建省省长贺国强视察水电十四局担负施工的棉花滩水电站工程

1991年7月10日，全国人大常委会副委员长陈慕华（左三）视察水电十四局承建的广州抽水蓄能电站工程

1991年2月18日，国务院副总理邹家华（前左三）视察广州抽水蓄能电站工程

1985年2月8日，水利电力部部长钱正英（前左三）视察鲁布革水电站

2005年9月19日，国务院副总理曾培炎（前左二）视察水电十四局承建的三峡右岸地下电站厂房

2002年4月17日，中共中央政治局委员、新疆维吾尔族自治区党委书记王乐泉（左三）视察新疆的水电十四局工程项目

1958年8月30日，以礼河二级水电站发电，云南省副省长刘明辉（前左三）为机组投产剪彩

1985年7月30日，云南省省委书记普朝柱（左三）视察鲁布革水电站工地

1988年12月27日，云南省省长和志强（前左一）和贵州省省长王朝文（前左二）为鲁布革水电站发电剪彩

1997年，云南省人大常委会主任尹俊（左三）视察水电十四局承建的柴石滩电站工程

2004年5月17日，时任云南省省委副书记、常务副省长秦光荣（前左二）到水电十四局承建的小湾水电站地下厂房工程调研

2006年10月16日，云南省副省长李汉柏（前左一）到昆明新机场工地检查指导工作

原国家电力公司副总经理贺恭(左一)到水电十四局调研并题词

2006年3月7日，国务院国有企业监事会主席范有年(左五)、中国水利水电建设集团公司总经理郭建堂(左四)到水电十四局调研

2006年4月4日，中国水利水电建设集团公司总经理范集湘(左四)到水电十四局调研

中非共和国总统(右一)接见水电十四局负责人

老挝总理本南(左二)在昆明接见中国水利水电建设集团公司副总经理李跃平和水电十四局负责人

喀麦隆国家总理（左一）接见水电十四局工程项目负责人

缅甸国家副主席貌埃（左一）在邦朗电站亲切接见水电十四局负责人

云南以礼河水电站毛家村大坝

广大职工精神振奋参加云南以礼河水电站建设

云南以礼河一级水电站建设时用小火车运料上坝

以礼河三级水电站厂房

西洱河一级水电站

云南六郎洞水电站

西藏松达水电站

中国第一座水电站——云南石龙坝水电站扩建工程

云南鲁布革水电站大坝

鲁布革水电站纪念碑

云南鲁布革水电站地下厂房

广州抽水蓄能电站一期工程地下厂房

广州抽水蓄能电站二期工程地下厂房

广州抽水蓄能电站上水库

福建南一水库

福建贡川水电站大坝

江苏沙河抽水蓄能电站面板堆石坝

浙江天荒坪抽水蓄能电站地下厂房

贵州天生桥二级水电站引水隧洞全断面混凝土衬砌

云南大朝山水电站尾水隧洞岔管工程

广西百色水利枢纽地下厂房工程

福建棉花滩水电站地下厂房

黄河小浪底水利枢纽工程大坝

黄河西霞院水库大坝

长江三峡水利枢纽大坝工程施工

长江三峡右岸地下电站厂房顶拱开挖

长江三峡永久船闸地下输水系统

广西龙滩水电站首台机组转轮完成制作交付安装

过水前的四川锦屏一级水电站右岸导流洞

施工中的广西龙滩水电站地下厂房

湖北水布垭水电站地下厂房施工现场

昆明掌鸠河引水供水工程云龙水库大坝

江西萍乡锅底潭水库面板堆石坝

江西寻乌斗晏水电站大坝

施工中的重庆彭水水电站地下厂房

土建施工和机电安装齐头并进的云南小湾水电站地下厂房

开挖完成的贵州构皮滩水电站地下厂房

国际工程

非洲喀麦隆拉格都水电站

泰国皇家巴帕南水闸

缅甸邦朗水电站地下厂房

建成后的喀麦隆公路

非洲刚果(金)公路施工场面

非水电工程

云南大保高速公路顺濞立交区工程

云南昆玉高速公路工程

施工中的云南元磨高速公路大风垭口特大桥

广州市地铁火车站车站工程

昆明第六污水处理厂工程

云南开远火电厂工程

1991年2月26日，中共水电十四局第五次代表大会召开

1991年，水电十四局召开优秀党组织、优秀党员表彰大会

1992年5月26～29日，水电十四局第五次工会会员代表大会召开

2004年10月18日，水电十四局建局50周年庆典

2005年2月25日，水电十四局第十四届四次职工代表大会暨2005年工作会召开

2005年5月9～10日，水电十四局第四次科技大会召开

1995年5月31日，在广州抽水蓄能电站召开电力部广蓄工程建设管理经验交流会

1991年3月26日，水电十四局老领导到广州抽水蓄能电站参观，表达了离退休老同志对企业发展的愿望

共青团组织积极开展“青年文明号”等活动，为企业发展作贡献

2006年，云南省水轮发电机、水轮机安装工技术技能大赛在水电十四局承建的小湾水电站工地举行，十四局参赛职工获得两项目第一名，被授予"云南省技术状元"称号

2006年4月11日，水电十四局举办女职工"成功之路"演讲比赛

2006年10月，水电十四局职工摄影、书法、美术作品连同"十五"经济技术创新成果展在大理、曲靖先后展出

2005年9月27日，云南省慰问团赴水电十四局参建的三峡工程慰问演出

水电十四局举行“庆祝国庆57周年，纪念红军长征胜利70周年”文艺会演

后方基地广泛开展社区文艺演出活动

庆祝党的十六大胜利闭幕联欢会

在职工中广泛开展文体活动

水电建设体制改革先锋
开拓进取再创开发辉煌

为水电十四局五十周年题

李鹏

二零一四年六月三十日

为创建第一流的水电施工企业而奋斗！

题赠
中国水电十四局

钱正英
一九九三年十月十五日

力争第一流

邹家华
一九九一年劳动节

雲南水電 好有特優
抓緊争快 后来居上
滚滚英雄 移山心力
艰苦奋斗 伟烈丰功

賀云南水电十四局建局四十周年

李锐

一九九三年十二月

特别能吃苦、特别能战斗、特别能忍耐的共和国脊梁

中国水電十四局建局五十周年

张基尧 贺

二〇〇四年六月

為改革開放和開發水能資源作貢獻

史大楨

一九九三年十二月

加強管理
提高效益
狠抓改革
促進發展

賀中國水利水電十四局成立五十周年

甲申年仲秋 范有年

特撰聯表達心愿 甲申夏 賀慕寫

笑迎輝煌建新功
圓河山十四局好漢奮發拓展
步順應改革大潮盡闖祖
數江轉戰裝备精良拓衍進
看今朝長江黃河紅水瀾滄

憶往昔以禮西洱綠水黃泥
河會戰第一上陣手握肩
紅發揚鐵軍精神踏遍滇
原以水電雲南水電健兒雄奮
斗 立業建功造英豪

祝賀水電十四局建局五十周年

获 奖

水电十四局承建的鲁布革水电站等五项工程先后荣获鲁班奖

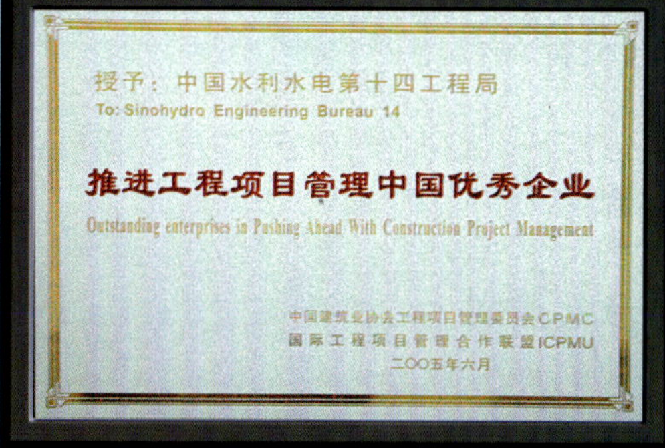

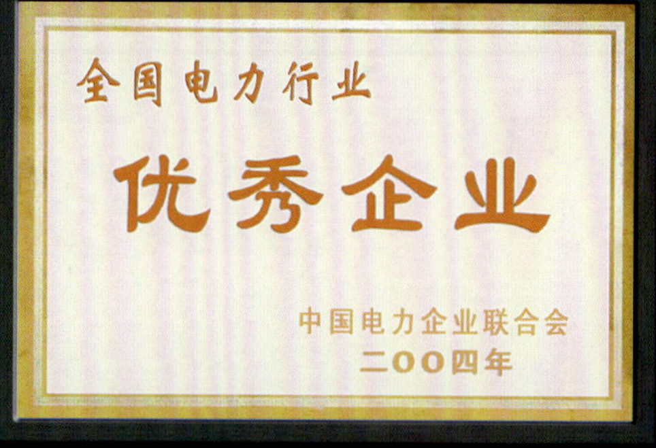

授予：中国水利水电第十四工程局
全国电力建设优秀施工企业
（二〇〇五年度）
中国电力建设企业协会
2006年3月28日

中国水电
SINOHYDRO

中国水利水电建设集团公司公司史志

编 辑 委 员 会

（2004 年 5 月～2008 年 4 月）

主任委员　郭建堂

副主任委员　刘起涛　刘经迪　付元初　袁柏松　唐苏军

委　　员　（按姓氏笔画为序）

丁永泉　王志平　王岩峰　王宗敏　王维斌　王振南

车治中　邓孟元　文端超　冯觉林　孙　越　孙玉民

孙宝田　孙洪水　安兰廷　刘伟民　刘均宏　许贺龙

吕瑞翔　张长源　张治源　张源智　陈正平　陈庆和

陈纯鹏　杨则珂　杨南安　李良顺　李跃平　佘其年

周　宇　周六义　林玉杰　林修建　苟达平　季晓勇

宗敦峰　范集湘　姜戍年　段尚毅　郭　志　郭志强

高　翔　谈玉富　唐定乾　徐洪兴　徐鹿元　黄保东

童劲松　楚跃先　解登发　樊建平　潘承东

编 委 会 编 辑 部

主　　编　解登发

编　　辑　杜永昌　冯有维　李霞林　李翔凌

中国水利水电建设集团公司史志

编 辑 委 员 会

（2008 年 4 月～　　　）

编 委 会 编 辑 部

总　　序

中国的水利水电建设事业已经走过了50多年的光辉历程，取得了举世瞩目的伟大成就，走在了世界的前列。中国水利水电建设集团公司作为中国治理江河和水电资源开发的主力军，为中国的水利水电建设走在世界前列、为中国水电走向世界作出了卓越的贡献。1950年8月，燃料工业部正式成立水力发电工程局，揭开了中国水利水电建设集团公司发展历史的第一页。在50多年的历史中，伴随着共和国的成长和水电事业的发展，从初创的水电工程局，到以后的水电建设局、水电建设总局、水电工程总公司，发展成为今天的中国水利水电建设集团公司，在中国特色社会主义大道上一路攀升，在雄居国内水利水电及相关产业市场制高点的同时，已全方位融入国际市场，成为由中央管理的、具有国际竞争力的大型跨国企业集团。

50多年来，特别是改革开放以来，中国水利水电建设集团公司始终站在中国水利水电建设的最前沿，站在中国水利水电建设技术创新的最前沿，站在中国水利水电建设体制改革的最前沿，站在中国建筑业市场的最前沿，站在中国水利水电建设与国际接轨的最前沿。一代代水电人持续发扬特别能吃苦、特别能战斗、特别能忍耐、特别能奉献的精神，承担了国内70%以上的大中型水电站和水利枢纽工程建设任务，集团公司整体建设实力和水平已经处于世界同行业先进水平，为中国水电开发建设规模跃居世界第一作出了突出贡献。与此同时，成功地走出国门，昂首进入国际市场，在世界数十个国家和地区进行工程承包建设、经济技术合作和投资经营活动，在国际上树立起了“中国水电建设第一品牌”的良好形象，“中国水电”在国际上已经成为中国水电建设行业的第一品牌和行业代表。

集团公司在全面从事国内外水电建设的同时，全面开拓非水电建筑市场，积极稳健地开展投融资业务、房地产开发经营业务、进出口贸易业务等；集团公司四大主业协同发展，建筑工程承包、资产经营两条主线稳健延伸，国际国内两大市场双向拓展，各项事业健康、持续、蓬勃发展。公司已由当初单一的水利水电施工企业发展成为今天集工程总承包、投资开发、国际经营等多元发展为一体的综合性大型企业集团，成为中国企业100强和全球最大国际承包企业中的重要成员。

中国水利水电建设集团的发展历程，就像长江黄河，从源头奔流向前，一路吸纳了支流河川的水量，也接受了这些河川带来的许多成分，汇聚成滚滚向前的时代洪流，培育了与时俱进的企业精神，形成了独具特色的水电企业文化。江河行地，海纳百川，水电企业文化之引以为荣，在于有容纳之量、消化之功和融合之美。每每看到共和国的大地上一座座大型水电站傲然屹立、一个个重点基础项目落成典礼；每每回顾水电建设的先辈们纵横江河、奋斗不息的往昔；每每在激情燃烧的工地上相聚风雨同舟、共成事业的战友；每每在异国他乡，紧紧握住征战国际工程的勇士们一双双长满老茧的手；置身于患难与共、朝夕相处的数十万水电职工之中；就会被水电人所创造的历史所震撼，为他们所铸就的辉煌而呐喊。喜看近年集团公司欣欣向荣的发展新面貌；展望任重道远、灿烂辉煌的未来；内心激情久久不能平静，历史负重感时时催人奋进。亲历峥嵘岁月，见证发展历程，一代代水电人数十年所承担的诸多历史重任、经历的诸多艰难曲折、经受的诸多历史磨炼和可歌可泣的奋斗生涯就在眼前，一代代水电人所具有的特别闪光的精神和深厚的水电文化内涵，正在世人面前展现着独特的魅力。

一代代水电人无愧于祖国和民族的重托，用智慧、心血和双手已经和正在创造出经得起时代和历史检验的物质财富，已经和正在创造出经得起时代和历史检验的精神财富。为铭记这波澜壮阔的创业史和发展史，为不忘曾经为发展中国水电事业奋斗终生的一代代建设者的历史功绩，传承和光大这宝贵的历史经验和精神财富，集团公司站在时代和历史的高度，以神圣的使命感决定开展集团公司的史志编研工作。通过各方不懈的努力，将集团公司的光辉历程编辑成鉴、编修成志、编著成史，形成集团公司史志鉴系列编著，载入史册，以便前有所稽，后有所鉴，承前启后，继往开来，服务当代，有益后世。做到对前人负责，对今人负责，对后人负责，对历史负责。

集团公司的史志编著，是企业文化的组成部分，具有突出的水电企业特色。史志编著要实事求是、与时俱进，坚持辩证唯物主义和历史唯物主义的观点和方法，坚持科学严谨的工作态度，求真务实，以生产力发展为主线，以经济建设为中心，注重突出集团公司企业特点，充分反映时代特征，体现与时俱进的精神，深刻总结发展经验，完整、准确地记载集团公司艰苦卓绝的创业史和发展史。编著中抓住重点，充分反映集团公司形成、发展的过程，体现企业创业发展的历史和坚持创新的成就；充分反映工程建设发展的轨迹、成就、经验和特点；充分把握企业改革的现状，体现企业改革的成果；充分把握对外开放的步伐，展现企业实施国际化发展战略的业绩；充分体现企业科技进步和管理创新的成果；充分把握精神文明建设的作用，体现集团公司的先进文化特色，传记贡献突出的水电建设者。

集团公司史志编著工作，是一项编纂浩繁的文化工程，也是一个系统工程。由于时间跨度太长、资料收集难度较大，编纂工作遇到了许多困难。几年来，经过集团及所属企业各级领导和广大史志工作者的不懈努力，史志编著工作已经取得阶段性成果，在《年鉴》公开出版发行的同时，按照史志编著工作《实施方案》的要求，周密规划了编著卷目，明确各卷编著的篇目框架，明确编著的具体质量要求、进度安排和工作责任。集团公司史志编著工作，由集团公司《年鉴》，集团公司《组织机构志》、《大事记》、《光辉历程》历史画册、《人物志》和成员企业18个工程局(厂)《分志》等22卷一整套系列编著组成。《年鉴》从集团公司组建开始，一年一卷，逐年编纂，连续出版。集团公司《志》的编修时段为1950年至2006年。22卷史志系列编著是一个有机的整体，总体上卷目架构系统合理，篇目框架设置科学，体现时代要求，突出企业特色，展现企业文化融合，体现全集团共有价值观。目前《年鉴》已出版三卷，受到有关方面的认可和好评，《志》书的编修工作正在全面开展，有的《分志》已成书付印，有的《志》书正在编修成稿，各卷志书将先后如期付梓问世。

质量是《年鉴》和《志》书的生命，是《年鉴》和《志》书的价值所在。集团公司从事史志鉴工作的同志们，在史志编著工作中坚持正确的指导思想，反映时代的特点，树立精品意识，编著精品工程，把好编著的政治质量标准、体例质量标准、资料质量标准、著述质量标准、入选照片质量标准、编排设计与印刷出版质量标准，学习贯彻《地方志工作条例》精神，按照质量要求，做到存真求实，确保质量，全面、客观地记述企业的历史和现状，使史志编著具有长效服务的生命力，起着“资治、教化、存史、致用”和启迪未来的重要作用。我愿在此向参与集团公司史志系列编著的所有同志们表示衷心感谢，向22卷史志系列编著将先后如期付梓出版表示热烈祝贺，向开创集团公司历史的先辈们和正在铸就集团公司灿烂辉煌的战友们表示崇高敬意！我相信，集团公司22卷史志系列编著，将以自己的鲜明特色，成为佳作良志，在众多的企业志鉴中占有一席之地。

历史是不能忘记的，而铭记历史是为了更好地面向现在和未来。当前，中国水电集团正以科学发展观为统领，努力建设具有较强国际竞争力的质量效益型跨国企业集团。这一目标催人奋进，必将鼓舞水电人开创更加美好的未来，谱写更加光辉的篇章！

中国水利水电建设集团公司
原党组书记、总经理 郭建堂

2008年6月30日

《中国水利水电建设集团公司志》系列编著总目录

一、中国水利水电建设集团公司组织机构志(1950～2006)
二、中国水利水电建设集团公司大事记(1950～2006)
三、中国水利水电建设集团公司光辉历程(1950～2006)
四、中国水利水电建设集团公司人物志(1950～2006)
五、中国水利水电建设集团公司志《中国水利水电第一工程局卷》(1958～2006)
六、中国水利水电建设集团公司志《中国水利水电第二工程局卷》(1958～2006)
七、中国水利水电建设集团公司志《中国水利水电第三工程局卷》(1955～2006)
八、中国水利水电建设集团公司志《中国水利水电第四工程局卷》(1958～2006)
九、中国水利水电建设集团公司志《中国水利水电第五工程局卷》(1954～2006)
十、中国水利水电建设集团公司志《中国水利水电第六工程局卷》(1958～2006)
十一、中国水利水电建设集团公司志《中国水利水电第七工程局卷》(1965～2006)
十二、中国水利水电建设集团公司志《中国水利水电第八工程局卷》(1952～2006)
十三、中国水利水电建设集团公司志《中国水利水电第九工程局卷》(1958～2006)
十四、中国水利水电建设集团公司志《中国水利水电第十工程局卷》(1981～2006)
十五、中国水利水电建设集团公司志《中国水利水电第十一工程局卷》(1955～2006)
十六、中国水利水电建设集团公司志《中国水利水电第十二工程局卷》(1956～2006)
十七、中国水利水电建设集团公司志《中国水利水电第十三工程局卷》(1962～2006)
十八、中国水利水电建设集团公司志《中国水利水电第十四工程局卷》(1954～2006)
十九、中国水利水电建设集团公司志《中国水电建设集团十五工程局有限公司卷》(1952～2006)
二十、中国水利水电建设集团公司志《中国水利水电闽江工程局卷》(1955～2006)
二十一、中国水利水电建设集团公司志《中国水电基础局有限公司卷》(1959～2006)
二十二、中国水利水电建设集团公司志《夹江水工机械厂卷》(1966～2006)

中国水利水电建设集团公司志
中国水利水电第十四工程局卷

编 纂 委 员 会

中国水利水电第十四工程局有限公司

史志鉴编撰办公室

主　　任　严镇威

副 主 任　李小岗

编撰人员　朱世熙　朱友清　徐东初　蒋新社　李必显　邰德仁

晏康立　钱德源　辛　弼　陈克荣　何青林

序

光阴荏苒，岁月如梭。水电十四局（2008 年 7 月改为中国水利水电第十四工程局有限公司）自 1954 年组建，从我国第一座水电站——石龙坝水电站扩建中起步，已走过了 50 多个春秋。

根据中国水电建设股份有限公司安排，编纂中国水利水电建设集团公司志《中国水利水电第十四工程局卷》（1954～2006），记述水电十四局从建局至 2006 年的历程，对认识过去，开拓未来，无疑具有重要的指导价值和历史意义。

今天，水电十四局承蒙各级领导、社会各界的支持与厚爱，经过几代人的艰苦奋斗和不懈努力，由小到大，由弱到强，已发展成为国内最具竞争实力之一的具有水利水电总承包特级和多个专业承包一级企业资质的综合性大型水电施工企业。50 多年风雨兼程，50 多年春华秋实。十四局人挑战自我，超越自我，谱就了一曲曲辉煌壮丽的乐章。

1954 年 5 月，水电十四局的前身——云南水力发电工程局成立。从此，这支水电建设大军转战云南，峥嵘岁月，艰苦创业。从乌蒙山区到绿水河畔，从点苍山下的西洱河边到黄泥河峡谷，十四局人都留下了足迹和汗水。广大员工以江河为伍、以大山为伴，携家带口、身居工棚，艰苦创业、年复一年，建成了亚洲第一高土坝、全国第一座高水头地下电站——以礼河电站和西洱河、绿水河等多座水电站，以自我牺牲、无私奉献的精神，在云南水电建设史上写下了可歌可泣的动人诗篇。

忽如一夜春风来，千树万树梨花开。改革开放的春风吹拂着神州大地，水电十四局这支水电大军焕发青春，走出云南，转战全国，博弈于水利水电建设市场，“地下铁军”声名远播；建成了具有中国建筑业里程碑意义的云南鲁布革水电站和广州抽水蓄能电站，成为举世瞩目的黄河小浪底、长江三峡水利枢纽和广西龙滩、金沙江溪洛渡、云南小湾等巨型水电工程的施工主力军，参与了云南漫湾、大朝山、功果桥，广西天生桥、百色，福建棉花滩，贵州洪家渡、构皮滩、三板溪，四川锦屏一级、瀑布沟、大岗山、泸定、长河坝，湖北水布垭，新疆恰甫其海，重庆彭水、银盘等数座大型/特大型水电站和浙江天荒坪，广东惠州、清远等大型抽水蓄能电站施工，企业品牌影响力日益扩大，“水电劲旅”饮誉全国。

早在1985年，水电十四局就提出了“立足云南，面向全国，走向世界”的战略方针，多年来坚定实施“走出去”战略，从国内走向国外，在非洲和亚洲多个国家承建电站、公路等工程，国际市场开拓获得可喜成绩；同时，充分利用雄厚的技术实力和专业优势，从水电走向非水电，潜心在国内的公路、地铁、火电、环保、供水、市政等非水电工程领域拓展，也取得明显成效。

然而，在我国水电开发走过了春天，水电工程市场出现阶段性萎缩的时候，靠单一的水电市场已不能满足企业发展需要，中国水电建设集团公司认真贯彻落实科学发展观，及时提出了“树立大市场、大土木观念，实施全新内涵的多元化经营”思路，确立“巩固传统的国内水电工程市场，优先发展国际业务，大力拓展国内非水电建筑市场”的发展战略，实施战略转型。以“时进则进，时退则退，动静不失其时”的胆略和睿智，推进了成员企业跨越发展。

水电十四局实行主营业务转向，加大调整经营结构力度，及时应对变化的市场形势和国际金融危机的冲击影响，把目光盯向“进取三大市场，搞好一个运营”，努力发展自身，增强了抵御风险的能力。

在保持国内水电工程市场开拓行业领先优势的同时，水电十四局坚定信心，加大非水电市场拓展的力度，抓住国家加大基础设施投入的难得机遇，承建了京沪高铁、新贵广铁路、锦赤铁路，西安、天津、无锡地铁和福建武邵、四川成名高速公路等多项非水电工程；同时，坚定实施国际业务优先发展战略，国际工程规模从小到大，国别由少到多，模式不断创新，逐步实现了从“量”到“质”的飞跃，成为我国对外承揽已建、在建最大水电站——厄瓜多尔科卡可多辛克雷水电站的承建实施主体，并担负了多项国际水电、公路和市政工程施工重任；积极稳妥地推进了投资开发项目，在实施资本运营方面迎来良好开端。由水电十四局为主要出资方建设的大理者磨山风电场两期工程先后建成发电，其他项目投资也在稳步推进，在培育新的经济增长点方面迈出了新步伐。

几年来，水电十四局在非水电工程和国际建筑市场逐步创出了品牌，赢得了信誉，“三足鼎立”的市场开拓格局正在形成，实施资本运营取得初步成效，年度实现的产值、利润连年创新高，市场新签合同额保持了强劲势头，现已发展成为以担负水利水电建筑安装工程施工为主，又能承建公路、铁路、地铁、火电、市政、环保等工程的国家综合性大型施工企业；具备了完成土石方开挖2500万米^3、混凝土浇筑300万米^3，人工砂石料生产600万米^3，各类钻孔灌浆40万米、发电机组安装350万千瓦，金属结构制作安装5万吨的综合施工能力；荣获“中国建筑业百强企业”、“全国电力行业优秀企业”、“中国水利水电建设集团公司文明单位”、“全国和谐劳动关系优秀企业”等称号，两次荣登“全国电力建设优秀施工企业”金榜，三年蝉联“云南外经企业前十名”，三获“全国优秀施工企业”荣誉称号，荣膺“全国五一劳动奖状”。

水电十四局扎根于红土高原，形成了具有自身特点的企业文化。在20世纪80年代的“鲁布革冲击”中崛起后，奋发有为，在激烈的市场竞争中潜心打造品牌，弘扬“自强不息、开拓不止、创新进取、追求卓越”的企业精神，并以“以人为本、亲和诚信、忠实履约、精益求精”为经营理念，以“一流的质量、顾客的期望、我们的追求”为质量方针，企业核心竞争力不断提升，综合实力显著增强，企业发展实现了新跨越。

1985年，水电十四局在我国基本建设第一个对外窗口——云南鲁布革水电站施工中，以地下厂房工程进行国内第一个项目法施工改革试点，开创了我国水电建设项目法施工的先河，并参加了闻名全国的鲁布革工程管理经验的总结、试点和推广，从此扬名全国。在目前国内同类型最大、装机容量240万千瓦的广州抽水蓄能电站建设中，企业进一步得到了锤炼，使项目法施工得以深化，成功地探索出“科学管理、均衡生产、文明施工”的项目法施工经验，两次在全国建筑行业推广。在黄河小浪底、长江三峡水利枢纽，广西龙滩、云南小湾、金沙江溪洛渡等水电工程建设中，水电十四局积极尝试使项目管理与国际惯例接轨，管理水平又得到了提高，从而荣膺“推进工程项目管理中国优秀企业”，并获得“全国工程建设企业管理现代化成果一等奖”和“国家级企业管理现代化创新成果二等奖”，被授予“中国水电建设集团公司安全生产先进企业”称号。

长期以来，水电十四局认真实施人才强企、科技兴企战略，涌现出以中国工程院院士马洪琪为代表的大批专家和专业技术人才；同时着力自主创新，积极推进技术进步，占领相关技术制高点。在激烈的市场竞争中，水电十四局始终致力于打造核心竞争力，已形成了擅长地下工程施工，具有对大型地下厂房、大断面长隧洞快速施工的能力；擅长当地材料坝填筑，尤其对混凝土面板堆石坝具有丰富施工经验；擅长大容量及可逆式水轮发电机组的安装，对高水头电站金属结构制作安装也具有一定的优势；擅长城市轨道交通工程施工，具有当今最先进的盾构施工经验。近年来，水电十四局获省部级以上重大科技成果奖92项（其中国家级科技成果奖23项），被评为“全国建筑业科技百强企业”、“全国建设科技进步先进集体”、“全国建筑业科技进步与技术创新先进企业”、“中国水电建设集团公司科技进步先进企业”。

多年来，水电十四局高度重视施工质量及社会信誉，致力于企业品牌建设，取得了累累硕果。其中，承建的云南鲁布革水电站、广州抽水蓄能电站和参建的长江三峡水利枢纽、黄河小浪底水利枢纽 4 项工程，荣登“新中国成立 60 周年百项经典暨精品工程”金榜；承建的云南鲁布革电站大坝、广州抽水蓄能电站一期工程、福建棉花滩水电站，参建的云南大朝山水电站、大唐红河开远火电厂、云南昆玉公路和贵州洪家渡电站 7 项工程先后荣获“国家鲁班奖”，是水电施工企业中获得该项奖最多的企业；承建的小浪底堆石坝荣获“里程碑工程奖”，参建的小浪底水利枢纽工程荣获“中国水利工程优质（大禹）奖”，参建的贵州洪家渡电站、小浪底水利枢纽、湖北水布垭电站 3 项工程荣获“詹天佑奖”，参建的云南砚平高速公路和福建周宁电站工程荣获“国家优质工程银质奖”，并有 28 项工程获省部级优质工程奖；被授予“全国百家产品质量信得过企业”、“中国优秀诚信企业”、“全国用户满意工程企业”、“全国用户满意施工企业”和“‘守合同、重信用’企业”等称号，跻身“全国电力行业首批 AAA 级信用企业”。

水电十四局始终坚持以邓小平理论和“三个代表”重要思想为指导，认真贯彻落实科学发展观，企业党组织围绕中心服务大局，加强和改进党建工作，充分发挥了党组织的政治核心作用、战斗堡垒作用和党员的先锋模范作用，始终把党风廉政建设放在重要位置，认真抓好领导班子和人才队伍建设，切实做好构建和谐企业工作，注重企业精神文明建设，重视思想政治工作，积极履行社会责任，努力提高凝聚力和战斗力，为企业持续、健康、快速发展提供了保证，被评为“国务院国资委思想政治工作先进单位”、“中央驻滇企业党建工作先进单位”、“云南省企业党建工作先进单位”。

50 多年来，水电十四局以对党、对人民的赤诚与热爱，用坚定的信念和铮铮的铁骨，建成了一座座水电站，为共和国的秀美山川增色添彩；企业走出国门，足迹遍布非洲，汗水挥洒东南亚，叫响了“中国水电”，为国争了光；以“在学习中追赶，在创新中超越”为理念，在非水电建筑领域顽强搏击。在企业发展史上，留下了令人荡气回肠的一个个历史记忆。可以自豪地说，我们无愧于时代，无愧于祖国！

成就和辉煌来源于全体员工的汗水、心血，家属的支持、理解，各级领导及社会各界的大力支持和关爱。

今天，在心潮澎湃回顾过去，满怀豪情展望未来之时，我们缅怀为祖国建设付出鲜血，甚至献出了生命的同志！我们感谢为祖国水电事业和企业发展献出毕生精力，至今还在心系企业的离退休老同志！我们把敬意献给殚精竭虑，呕心沥血，默默无闻地奋战在工地一线和各个工作岗位上的在职职工！

我们感激家属同志们，正是你们的艰辛付出，筑成了坚强的家庭后盾，才能让职工安心驻扎工地，潜心工作！

成就铸造丰碑，辉煌沉淀历史。心底涌动希望，憧憬展示未来。形势喜人，但形势也逼人。企业发展任重而道远，缓进则退，不进更退。时代赋予了我们新的历史责任，迎接挑战，再创辉煌已成为神圣的使命。

然而，“安不忘危，治不忘乱”。“思所以危则安，思所以乱则治，思所以亡则存。”认清形势，看到问题，才能增强我们的危机感和使命感！

应该看到，我国水电开发走过了一条曲折的道路。面对为实现2020年节能减排目标，水电开发将迎来新的历史机遇的形势，我们报以极大的热情。但是，有限的市场仍难于满足水电施工企业快速发展的需求，残酷的市场竞争不会改变；国际建筑市场开拓是企业发展的必由之路，但规模扩张与管理资源的矛盾日益突出，项目管理上存在的问题不可忽视，人才培养迫在眉睫；大力拓展国内非水电市场是我们不可动摇的战略，但在取得一定成绩的同时，我们还存在市场占有份额扩大的困难。

水电十四局前进的道路依然不平坦，甚至充满荆棘，我们应该记住这样一条古训：“行百里者半九十”，切不可有任何的松懈、麻痹和动摇。多少年来，十四局人自强不息，孜孜求索，以艰苦创业的伟大精神，战胜了千难万险。“知难不难，迎难而上，知难而进，永不退缩”是我们应有的态度！

“没有罗盘的船，只有逆风不会有顺风”。我们要坚定“将企业建设成为集科研设计、施工和投融资于一体，以国内基础设施、国内水利水电工程和国际工程等多元经营机构为主，资产经营为重点，管理现代化、经营国际化，具有较强竞争力的质量效益型一流企业”的战略目标，百折不挠，破浪前行，以“亦余心之所善兮，虽九死其犹未悔”之气概，去打造水电十四局的长青基业。

雄关漫道，从头再越。新的里程开始了，莫道今年春将尽，明年春色倍还人。具有50多年光荣传统的十四局人，将以更高昂发奋的姿态、与日俱辉的豪情、一往无前的斗志、创新进取的精神，去实现百年伟业的光荣与梦想！

我们相信，有共同的理想、追求和奋斗，会迎来水电十四局更加灿烂美好的明天！

中国水利水电第十四工程局有限公司总经理、党委副书记 周宇

中国水利水电第十四工程局有限公司党委书记、副总经理 洪坤

2010年11月

编辑说明

一、中国水利水电建设集团公司志《中国水利水电第十四工程局卷》(1954～2006)记述了中国水利水电第十四工程局建局50多年创业、改革和发展的历程，以及几代建设者为国家和人民作出的贡献和业绩，用以“存史、教化、资治”，承上启下，继往开来。

二、本志的编写贯彻“修志为用”的思想，遵循“存真求实”的原则，力求思想性、科学性和资料性的统一。

三、本志的年代断限：上限始自1954年5月，下限止于2006年12月。其中，1971年1月～1979年10月，工程局机构被撤销，下属单位成建制划归云南省电力局领导，工程局志中断。但其间，原下属单位仍继续承担前期承建电站的施工任务，直至建成，有的工程延续到工程局机构恢复之后。为保持记述的连续，在水利水电工程和国际工程等篇章中对这期间电站的施工和技术情况也作了叙述。

四、本志横排门类，纵述事实。全书分为篇前、正篇、篇后三个部分。篇前部分包括图片、题词、编纂机构及人员名单、总序、序、编辑说明、概述和大事记。正篇部分按篇、章、节的层次记述，分设体制，水利水电工程，路桥、市政及其他工程，国际工程，多元化经营，企业改革，企业管理，科技教育，后勤工作，党群工作，精神文明与企业文化建设，企业监督以及人物等13篇为志的主体；图表附于相关章节之中。篇后部分设有附录和编后记。附录包括水电十四局、水电十四局科技项目和工程项目历年获奖情况，以及重要文献选辑。

五、本志的专业词汇、计量单位、文字、符号等以国家有关标准和规定为准。

六、本志书资料主要来源于水电十四局的文书档案、局内报刊和工程科技资料。由于年限较长，加之水电十四局机构多次变更，部分资料不全。

目　　录

第三篇　路桥、市政及其他工程

第四篇　国 际 工 程

第五篇　多 元 化 经 营

第六篇　企 业 改 革

第七篇　企业管理

第八篇　科技　教育

第九篇　后勤工作

第十篇　党 群 工 作

第十一篇　精神文明与企业文化建设

第十二篇　企业监督

第十三篇　人　物

附　录

概　　述

中国水利水电第十四工程局（以下简称水电十四局或工程局），成立于1954年5月10日。

50多年来，水电十四局名称及隶属关系几经变迁，曾先后称为“燃料工业部云南水力发电工程局”、“电力工业部云南水力发电工程局”、“云南省水利电力局以礼河水力发电工程局”、“云南省水利电力厅以礼河水力发电工程局”、“水利电力部云南电业管理局以礼河水力发电工程局”、“水利电力部以礼河水力发电工程局”、“水利电力部云南水力发电建设公司”。在“文化大革命”期间，工程局机构被撤销，下属单位成建制划归云南省电力局领导。1979年10月工程局建制恢复，称为“电力工业部第三水电工程局”。1982年4月改称为“水利电力部第十四工程局”，1993年正式更名为“中国水利水电第十四工程局”，隶属于中国水利水电建设集团公司（简称集团公司）。

50多年艰苦创业、励精图治，水电十四局不断成长壮大。2006年，水电十四局有职工10 904人。其中，工程技术人员3447人，各类管理人员363人；大专以上学历2765人，中专学历952人；具有高级职称303人，中级职称945人，初级职称2301人。全局拥有机械设备5492台，总功率15.80万千瓦。优秀的员工、精良的装备为水电十四局的发展奠定了基础。

经过50多年的发展，水电十四局具有水利水电工程施工总承包特级资质，市政公用工程施工总承包一级资质，公路工程施工总承包二级资质，房屋工程施工总承包三级资质，土石方工程、建筑装修装饰工程、钢结构工程、预拌商品混凝土等4个专业承包资质，并通过了质量管理、职业健康安全管理和环境管理三大体系的认证。

经过50多年开拓进取，水电十四局在大型地下系统工程、当地材料坝和高水头大容量水轮发电机组安装施工等方面具有强大的核心竞争力，具有年挖填土石方2000万米^3，混凝土浇筑300万米^3、人工砂石料生产600万米^3、各类钻孔灌浆15万米、发电机组安装250万千瓦、金属结构制作安装3万吨、公路施工300公里的综合施工能力。工程局在全国建筑企业500强中位居第58位。

20世纪50～70年代，水电十四局成功地建设了云南以礼河、西洱河、绿水河等水电站，奠定了在地下工程和当地材料坝工程领域的优势地位。80年代，亲历了全国闻名的鲁布革水电站的改革和开放，参与了鲁布革管理经验的创造、总结和推广，在水电建设管理和工程技术上取得了一系列突破性的进展。90年代，以在广州抽水蓄能电站建设中成功地深化项目法施工为标志，走在全国建筑行业项目法施工的前列，并以参与长江三峡、黄河小浪底两个世界级大坝、地下工程施工及机电安装中的优良业绩为标志，跻身于中国水电施工骨干企业的行列中。2000年以来，以中标和建设广西百色、湖北水布垭、贵州三板溪、广西龙滩、云南小湾、贵州构皮滩、重庆彭水和云南溪洛渡等大型和特大型水电站及惠州抽水蓄能地下电站厂房工程为标志，占据了国内水电地下工程施工的领先地位。以安装龙滩、小湾单机容量70万千瓦的水能发电机组和惠蓄单机容量30万千瓦的可逆式发电机组为标志，实现了大机组、大容量安装的新突破。在水电建设取得辉煌业绩的同时，水电十四局通过参加承建嵩待、元磨、昆玉、大保、砚平等一批高等级公路，长江堤防，污水处理厂，田湾核电站，广州地铁等工程取得了非水电工程建设相关业绩和资质，进入了基础设施工程市场。以承建非洲喀麦隆拉格都电站、中非姆巴利水坝工程、巴门达—巴蒂博公路、缅甸邦朗电站、刚果金沙萨—马塔迪公路和英布鲁水电站等一批国外工程为标志，水电十四局开拓了国际工程市场。

精心组织，精心施工。50多年来，水电十四局建设各类大、中、小型工程近400项，其中大、中、小型水电站工程300余项，水轮发电机组总装机容量860万千瓦。以优良的质量、良好的信誉，树立了优良的企业品牌。截至2006年，先后荣获国家建设鲁班奖5项、省部级优质工程奖16项、国家和省部级科技进步奖63项，先后荣获“全国建筑业科技领先百强企业”、“十五全国建设科技进步先进集体”、“全国工惩建设企业管理现代化成果一等奖”、“全国优秀施工企业”、“全国用户满意施工企业”、“全国电力行业优秀企业”、“全国电力建设优秀施工企业”和云南省“重合同，守信用企业”等荣誉。

一

新中国成立初期，为了开发以礼河水电站，适应滇东北有色金属矿开发，进而开发利用云南全境的电力资源，1954年5月10日，燃料工业部水力发电建设总局（简称水电总局）正式下文，在原有云南水力发电工程处的基础上成立云南水力发电工程局（云南水力发电工程局即是今天的中国水利水电第十四工程局的前身）。工程局组建以后，水电总局和云南省政府给予了极大的支持和帮助，先后从省建工局和福建古田、四川狮子滩、江西上犹等水电站建设工地及大中专学校毕业生、部队转业干部中抽调和分配来大批的干部和技术工人，逐渐汇集成了上万人的水电建设大军。

工程局成立后，一方面在以礼河、南盘江开展勘测工作；另一方面，承建了云南石龙坝水电站新厂扩建2×3000千瓦土建及安装工程。石龙坝水电站位于云南省昆明市郊的螳螂川上，是中国最早兴建的水电站。石龙坝水电站由民间集资修建，于1910年8月开工，装机容量480千瓦，1912年5月发电。水电十四局从1954年7月1日开始电站新厂的扩建工程，第一台3000千瓦机组于1954年12月31日投入运行。石龙坝水电站的扩建是工程局的练兵阶段，干部和工人在实践中锻炼并取得一定的建设经验，在创业过程中形成了艰苦奋斗的传统和作风。同时，工程局初步建立了内部管理机构和制度。

以礼河是金沙江右岸的一条支流，发源于会泽野马川，在巧家境内汇入金沙江。以礼河水电站是一个高水头、跨流域引水、梯级连续开发，具有防洪、发电、灌溉综合效益的水电工程，是新中国成立初期兴建的五大水电工程之一。电站装机容量32.15万千瓦，为高水头引水式电站。电站分四级开发，其中三、四级电站的最大水头约达630米。电站总水头1413米，是中国当时第一座高水头电站。各种洞室总长18.5公里。一级电站大坝坝高82.5米，是中国当时最高的黏土心墙土坝。云南以礼河梯级电站主体工程于1956年7

月动工，1972 年 12 月竣工。工程建设条件艰苦、施工手段落后，加之几经政治运动干扰，电站建设几上几下，中途多次下马停建。建设者历尽千辛万苦，艰苦奋斗 17 年，用宝贵的生命、辛劳的汗水，在云南高原上建造了一颗水电明珠，为新中国成立初期中国的水电事业作出了重要的贡献。

在以礼河水电站建设期间，水电十四局还建设了云南六郎洞水电站。六郎洞水电站是中国第一座在熔岩地区利用地下水发电的水电站。电站总装机容量 2.5 万千瓦，年发电量 1.5 亿千瓦·时。电站于 1958 年 2 月开工建设，1960 年 3 月竣工投产。六郎洞水电站的建设为中国在岩溶地区建设水电站积累了经验。

1958 年，水电十四局在云南还开工建设了绿水河电站。绿水河地处云南省屏边、蒙自、个旧三县市交界处，属红河支流。电站于 1958 年 6 月开工，中途历经下马停建，最终于 1974 年 7 月发电，历时 16 年。电站总装机容量 5.75 万千瓦，年发电量 3.3 亿千瓦·时。绿水河电站是中国自行设计、施工工程。施工过程中，攻克了国内外水电建设史上罕见的钢管外压失稳和钢管鼓包的技术难题。

西洱河梯级水电站是继以礼河、绿水河水电站后开工建设的水电站。电站位于云南省大理白族自治州和漾濞县境内，以天然湖泊洱海作为调节池。四个梯级水电站沿洱海唯一的出口——西洱河顺河布置。电站共安装 13 台水轮发电机组，总装机容量 25.5 万千瓦，年平均发电量 11.07 亿千瓦·时。西洱河四级水电站施工正值“生产大跃进”、“文化大革命”时期，电站建设也受到了严重干扰。一级水电站引水隧洞长 8181 米，部分地段岩面差、裂隙发育、地下水丰富，施工中先后发生严重的掉块及大小塌方 61 次，其中大的塌方 4 次，最大塌方高 90 米，施工十分艰险。隧洞开挖采用钻爆法，曾创造了导洞开挖独头工作面月进尺 186 米的好成绩。1970 年开始，在 2 号支洞作国产掘进机全断面开挖试验，1975 年 6 月进入主洞，全断面开挖一次成型 861.7 米，总结出的 SJ－58 及 SJ－53 全断面隧洞联合掘进机部分成果，荣获全国科学大会奖。三级水电站引水隧道工程地质和水文条件十分复杂、恶劣。1983 年 4 月，长江水利水电科学研究院、武汉水利电力学院、昆明勘测设计院和水电十四局科研院协作，在引水隧道 1 号支洞推行“新奥法”施工试验。在主洞开挖中用“新奥法”掘进了 1044 米。这项科技成果获国家计划委员会（简称国家计委）、科技委员会、经济委员会和财政部的表彰奖。西洱河梯级水电站于 1958 年 9 月开工，1987 年 12 月竣工，前后历时近 30 年。

云南大寨水电站是水电十四局在“文化大革命”期间动工兴建的一座水电站。该电站是黄泥河上的四级电站，也是鲁布革水电站的施工电站。电站总装机容量 5.59 万千瓦，于 1972 年 3 月正式开工，1983 年 12 月最后一台机组投产发电。

建局早期，工程局的施工队伍还参加了国外援建工程的建设。早在 20 世纪 60 年代，工程局就派出专家组参加了阿尔巴尼亚毛泽东水电站的建设。1978 年，又参加了非洲喀麦隆拉格都水电站的建设。

喀麦隆拉格都水电站是当时中国最大的援外水利水电工程项目。该工程以发电为主，兼顾灌溉、养殖、旅游等。喀麦隆拉格都水电站总装机容量 7.2 万千瓦，1978 年主体工程开始施工，1984 年 7 月通过竣工验收。该电站所有机电设备均由中国制造，工程总投资 3.74 亿元人民币，其中中国支付 1.47 亿元人民币，喀麦隆政府支付 2.27 亿元人民币。工程由水利电力部昆明勘测设计院设计。电站实施的全过程以中方为主，喀方专门机构积极配合，及时解决施工中的问题。水电援外专家和建设者们的辛勤劳动均得到喀麦隆政府的好评。为了表彰中方人员在拉格都水电站建设中的卓越贡献，中方有 33 人获喀麦隆政府授予的勋章。

20 世纪 50 年代到 80 年代初，中国水电建设处于计划经济时期。在计划经济体制下，水电十四局执行国家指令性计划，实行自营式体制。建设计划由国家下达，工程建设资金由国家核拨，施工设备由国家提供，主要施工物资由国家调拨，施工企业的盈亏由国家承担。施工企业的任务就是完成国家下达的施工计划。在这种体制下，企业成建制的随工程流动。水电职工拖家带口驻扎在工地上，长年工作和生活在深山峡谷之中，以山为家，依水为邻，身居工棚，含辛茹苦，在艰苦生活条件下从事繁重的工作，建设完一个电站又举家搬迁到新工地。年复一年，周而复始，在水电十四局的创业史上写下了可歌可泣的一页。

在这一时期，工程局为了按时完成国家计划，保证工程质量，提高劳动生产率，节约工程成本，做了许多施工管理工作。例如，加强计划管理、定额管理和质量安全管理；实行班组作业计划和班组工程任务单；开展成本核算；开展技术培训，实行一专多能；加强基础管理工作；实行计件工资，内部承包；开展技术革新及群众性的合理化建议活动等。但是，由于管理体制和机制的局限性，生产和管理总体上仍然处于较低水平。

在“文化大革命”结束以后，水电十四局的建制重新恢复，通过开展企业整顿，推行经济责任制，调动了职工的生产积极性；通过加强企业管理，发展生产，稳定了职工队伍；克服了职工队伍庞大、工程任务不饱满的困难，产值和劳动生产率均得到提高。工程局在经历长期亏损之后，于 1983 年首次实现赢利。

二

1984 年，随着云南鲁布革水电站建设的对外开放，水电十四局进入了一个重要的改革发展时期。

鲁布革水电站坐落于云南省罗平县与贵州省兴义县交界的河段上，是以发电为主，兼顾灌溉的综合利用水电工程。电站工程分为首部枢纽、长引水隧洞和地下厂房枢纽三大部分，装机容量 60 万千瓦，为全国重点工程。鲁布革水电站建设初期尚处于计划经济时期，水电十四局承担整个电站的施工。施工人员于 1979 年开始进场，以后做了大量的施工准备工作。电站于 1982 年 10 月正式开工。1981 年 6 月，随着改革开放政策的实施，财政部、水利电力部（简称水电部）批准鲁布革水电站引用世界银行贷款，按世界银行的贷款规定，接受世界银行特别咨询团的咨询。鲁布革水电站成为中国第一个利用外资对外开放的水电工程。电站首部枢纽和厂房枢纽仍为内资工程，由水电十四局施工。电站引水隧洞工程为外资工程，在全世界范围内公开招标。鲁布革水电站对外开放的过程中，水电十四局经历了“新”与“旧”两种观念、两种体制、两种效率的强烈冲击。水电十四局参与的闽昆挪联营公司投标的标价比日本大成公司的高出 42%，大成公司以低价中标。中标后，日本大成公司在工地组建了精干的施工事务所，使用水电十四局的劳务人员进行隧洞施工，创造了高水平的施工效率。从工程投标到施工，反映了中国国内水电施工企业与国外承包商在工程管理和技术上的明显差距，在水电十四局职工中引起了强烈反响。

鲁布革水电站改革开放的经验得到了国务院领导和有关部门的高度重视，要求学习和总结鲁布革经验。在工程局的号召下，鲁布革内资工地上掀起了学习外国先进经验的高潮。1985 年 8 月，水电部在鲁布革工地召开了“交流经验、研究改革”座谈会，会上确定地下厂房工程作为学习日本大成公司施工管理经验的试点项目。经国务院批准，1985 年 11 月，水电十四局以三公司为基础，正式开始试点。在厂房工地现场，建立了精简、高效的组织机构，组织了精干的施工队伍，配备了先进的成套施工设备，对工程实施目标管理，同时消化吸收国外科技智力，有效地克服了原来施工队伍机构臃肿、指挥不灵，管理落后，效率低下等弊端。试点具有“项目法”施工的雏形。试点 13 个月，地下厂房开挖不仅抢回了拖后的三个月的工期，还提前四个半月完成。与此同时，工期滞后的首部枢纽工程也掀起了学习外国先进经验、赶超先进施工水平的热潮。在“为国争光”口号的激励下，实行经理负责制，加强施工目标管理，吸收和采用先进技术和推行经济责任制等，大大加快了施工进度，不仅按期实现了截流，而且安全度过了三个汛期，保证了电站施工总进度。引水隧洞压力钢管工程 C1 合同的一部分，由日本川崎重工分包，其中在中国完成的部分工程，又分包给水电十四局机电安装公司。在双方合作的过程中，机电安装公司员工发扬主人翁精神，学习国外工程管理的制度和方法，加强了钢管制作和安装全过程的科学管理，圆满完成了分包工程。

鲁布革水电站通过对外开放和国际招标，从国外引进了大批大型先进施工机械和成套设备，在高土石坝和地下工程施工中形成了配套成龙的机械化快速施工生产线及先进的钢管道制作、安装、喷涂、检验等新工艺生产线，不仅改变了水电施工落后的施工工艺和施工手段，大大提高了机械化施工能力，而且培养了一大批掌握先进施工技术和机械设备的技术和管理骨干。在电站施工中，世界银行特别咨询团每年两次到工地对设计和施工中的问题进行咨询服务；澳大利亚雪山公司和挪威 FHS 公司专家组常驻工地，分别对首部枢纽及地下厂房枢纽进行技术咨询，电站施工引进、消化、吸收了大量外国先进施工技术，并结合电站建设实际进行了创新，如地下厂房立柱式吊车梁改为岩壁式吊车梁，大坝防渗心墙料的黏土料改为风化料，溢洪道 1∶0.3 高边坡开挖改为垂直边坡开挖，以及在隧洞混凝土浇筑中采用组合钢模、钢模台车、滑模、蝴蝶钢模、悬臂钢模、针梁钢模等多种模板新工艺，加快了工程进度，降低了工程造价，并总结了高土石坝和地下工程施工的成套关键技术和经验。其后，这些先进的技术和设备在全国的水电工程中得到了广泛的推广和运用。

鲁布革水电站的这场变革，得到了中央和国务院的高度重视和肯定。1987 年 8 月召开的全国施工工作会议上提出了全面学习鲁布革经验的要求。《人民日报》发表了长篇通讯《鲁布革冲击》，随后又发表了关于鲁布革水电站建设的系列报道《鲁布革人的呼唤》，全国各大报刊也纷纷发表报道、通讯和评论，全国基本建设战线掀起了学习鲁布革经验的热潮，推动了全国施工管理体制的改革。建设部等五部委组织全国 18 家（后扩大到 50

家，其中包括水电十四局）大型施工企业进行推广鲁布革管理经验，创建总承包企业，进行综合改革的试点。水电十四局在鲁布革经验的基础上，拟定了《以总承包为目标改革企业内部组织机构》的总体改革方案，提出将有计划、有步骤地改革企业内部组织机构，调整企业内部管理机制，把水电十四局由一个单一的施工劳动密集型企业，逐步建设成为以智力密集型总承包公司。改革的第一步就是工程项目全面实施项目法施工，企业实施管理层和劳务层分离，前方和后方分离，精干队伍上第一线，建设后方基地，发展第三产业。改革的第二步就是把水电十四局建成智力密集型的总承包企业。学习鲁布革管理经验，由感性进入理性，由模仿进入系统的学习和推广。鲁布革水电站最后一台机组于 1991 年 6 月 14 日投产，电站建设宣告结束。水电十四局承建的鲁布革堆石坝荣获建筑工程鲁班奖。同时，在鲁布革水电站建设过程中，也取得了丰硕的科技成果。《高土石坝关键技术问题研究》、《鲁布革地下厂房围岩检测》、《鲁布革利用砂页岩风化料作高坝防渗材料试验》、《水电站大型地下洞室围岩稳定和支护的研究与实践》等十四项科研成果荣获国家和省部级科技奖。

通过鲁布革水电站对外开放的实践，水电十四局认真推广鲁布革管理经验，从计划经济体制走向了市场，以全面推行项目法施工为突破口，对施工管理体制进行改革，提高项目管理水平，并通过学习和引进国外的先进技术和设备，推动了施工生产力的发展。

云南漫湾水电站是水电十四局进入水电建设市场后投标承包的第一个大型工程项目，电站装机容量 150 万千瓦。1985 年，水电十四局仅以标底 85％的报价和最优的施工方案中标承揽了导流隧洞工程。水电十四局在漫湾水电站推广鲁布革项目法施工经验，组织精干的指挥机构，调集了精干的施工队伍和精良的施工设备，引进竞争机制，内部切块承包，优化施工方案，实施目标管理，严格质量管理，高质量地完成了隧洞工程，确保大江提前 1 年截流。2 号导流洞则荣获省优质工程一等奖。

三

鲁布革水电站竣工前后，水电十四局在改革的大潮中从鲁布革的峡谷中走向了全国。通过招投标，水电十四局先后参加了广州抽水蓄能电站，浙江天荒坪抽水蓄能电站，云南大朝山水电站，贵州天生桥一、二级水电站等大型水利水电工程建设，深化项目法施工，同时坚持深化企业内部改革，促进了企业的快速发展。

广州抽水蓄能电站（简称广蓄电站）是水电十四局继鲁布革水电站、漫湾水电站之后承建的大型水电工程。广蓄电站共装机 240 万千瓦，是中国乃至亚洲最大的抽水蓄能电站。电站工程分为两期，1988 年～1991 年 4 月，工程局经过投标，囊括了广蓄电站一期土建和机电安装全部工程；1989 年 5 月工程开工，1993 年第一台 30 万千瓦机组发电。1994 年，工程局又承包续建了二期工程，1998 年 12 月承包工程全部竣工。鲁布革水电站建设以后，水电十四局在广蓄电站深化项目法施工方面作出了许多有益的探索，总结了大量宝贵的经验。广蓄电站建设单位学习鲁布革管理经验，推行“项目法人责任制、招标承包制、建设监理制”，建立了以合同管理为核心的“以业主为先导，以设计为基础，以施工为主体，以监理为保证”的项目管理机制，为项目的成功实施打下了良好的基础。承担广蓄电站施工的水电十四局广东分局在总结鲁布革管理经验的基础上，明确提出“创造一流施工水平，探索一流管理经验，培养一流施工队伍”的努力目标。首先以项目法施工为总揽，精简管理机构，组织高效率的施工。广东分局实行项目局长负责制，以项目局长为首，组建了精干、高效的项目管理班子；实行以进度为先导的目标管理，制订施工网络计划，层层分解到分公司、厂队和班组，按网络节点考核；以成本为中心，优化施工技术方案，动态优化配置设备、材料、人员、资金等生产要素，注重投入、产出，建立以工程直接费为主控因素的成本管理体系和成本控制的信息反馈机制；强化职工一专多能，实行混合工种编班。同时，以思想政治工作、行政手段、经济杠杆“三位一体工作方法”为保证，加强队伍建设，提高职工素质。电站工程进度、质量和安全全面达到了预定目标，实现了创一流业绩的奋斗目标。

在广蓄电站二期工程中，为了进一步提升项目法施工水平，实现水电建设管理现代化，水电十四局广东分局班子明确提出了“均衡生产，文明施工，确保安全，降低成本”的方针，以此作为二期施工管理目标；同时，把握地下工程施工的规律，根据总体进度目标和资源状况，制订了施工强度均衡、生产要素配置合理的总进度网络计划；通过优化施工设计，将各关键线路的施工高峰错开，削峰填谷，均衡资源投入，力求施工进度最合理、工程成本最低；实施目标管理，加强节点考核，严格控制施工进度。电站施工一改过去前松后紧，关键时刻抢工期、拼进度，致使资源超量投入、浪费严重的现象。电站建设中按照一流管理标准，始终坚持文明施工。鉴于广蓄电站二期工程均衡生产、文明施工取得的突出成绩，1996 年 2 月，中国电力企业管理协会为管理成果“广蓄项目法施工管理”颁发了“全国电力行业企业管理现代化优秀成果一等奖”获奖证书。国家能源部和电力部两次在广蓄电站召开经验交流会，广蓄电站施工管理经验在全国水利水电建设战线得到了广泛推广。

广蓄电站建设中成功的项目管理，推动了施工生产力的发展，创造了工程建设的高速度、高质量、高效益，这与电站建设以科技为先导分不开。电站建设中共创造了近 30 项重要科研成果，其中广蓄电站关键技术的研究与实践和广蓄电站整体科研成果，分别获国家科学技术委员会科技进步二等奖和三等奖，XDM－8.5 型液压全断面多功能模板获中国青年科技博览会金奖，大直径倾角高压斜井施工技术、无钢衬高压钢筋混凝土岔管施工技术、钢筋混凝土面板堆石坝施工技术等多项成果分别获电力工业部、广东省和云南省科技进步奖。广蓄电站一期工程荣获“云南省优质工程一等奖”和“国家建筑工程鲁班奖”。

1993 年 1 月，水电十四局中标承建了浙江天荒坪抽水蓄能电站的下库坝和地下厂房工程。电站总装机容量为 180 万千瓦，是承担华东电网调峰填谷和经济运行任务的主要电站。电站施工中，水电十四局进行了两级管理、一级核算的探索。水电十四局自行研制的 XHM－7 型斜井滑模系统荣获“国家科学技术进步二等奖”。

1993 年和 1997 年，水电十四局中标承建了云南大朝山水电站导流隧洞工程和尾水隧洞。大朝山分局在施工中坚持“一流的质量、顾客的期望、我们的追求”的质量方针，力求技术创新，周密安排网络计划，努力做到均衡生产、文明施工，以成本控制为中心，努力降低工程成本。1 号和 2 号尾水隧洞分别于 2001 年和 2002 年荣获“云南省优质工程一等奖”，并荣获“国家建筑工程鲁班奖”。

1984～1995年，水电十四局中标承建的大、中、小型水利水电工程，除鲁布革、漫湾、广蓄、天荒坪和大朝山等大型水电工程外，还有贵州天生桥一、二级电站，福建南一水库、山仔电站，江西斗晏电站、渔翁埠电站，湖南白云电站，西藏松达电站，云南章巴水库、中屯水库、花山水库、鱼洞水库、理冲水库、忙海水库、槟榔江电站、户宋河电站、螺蛳湾电站、腊庄电站、罗碧电站、田坝电站等水利水电工程。此外，水电十四局还中标承建了云南小龙潭煤矿工程、广东台山土方工程和湖北三峡电站对外公路洞等非水电工程。在此期间，水电十四局与中国水利水电对外工程公司联营建设了中非共和国姆巴利水坝工程。姆巴利水坝是一个以蓄水发电为主的水坝工程，为中非共和国20世纪70年代后期以来最大的基建项目。工程于1988年11月动工，1991年5月竣工。业主对工程很满意，工程局有4人被该国授勋。

1984～1995年，水电十四局在学习鲁布革管理经验，全面推广项目法施工的同时，为适应施工管理体制改革和进入社会主义市场经济的需要，逐步对工程局的内部管理体制和运行机制进行了全面改革。改革的主要内容有：大力兴建后方基地，实现企业的前后方分离；适应市场竞争的需要，调整内部管理机构；转换经营机制，推行内部经济责任制；推行三项制度改革增强企业活力；建立内部生产要素市场，促进资源的动态优化配置，促进生产力的发展。

首先，工程局实现了前后方分离。工程局在计划经济“自营式”的体制下，职工以工地为家，由于工地远离经济文化中心城市，为适应生活的需要，工程局在水电工地开办了职工医院、中小子弟学校、幼儿园、托儿所、电影院，还设置公安分局、派出所、武装部、法庭等机构，形成了自成体系的“小社会”；电站竣工后，承担社会职能的机构也随之搬迁到新工地并重新组建。这不仅加大了建设成本，延长了建设周期，而且职工生活十分艰苦，职工子女就业困难，职工队伍历史包袱沉重。改革开放以后，这成了施工企业改革和发展中的一大问题。从1980年开始，工程局开始了罗平基地、曲靖基地、下关基地和昆明基地的建设。基地建设分三个阶段。第一阶段基地建设的目的是安置离退休职工，使他们在城市定居下来安度晚年，基地是生活型基地。第二阶段，通过学习鲁布革经验，推进了项目法施工，实施精兵强将上第一线，一线和二、三线人员的分离，把基地建设成为生产型基地。这不仅扩大了基础建设的规模，同时注重生产和经营设施的综合规划，便于后方发展多种经营。第三阶段为完善设施阶段。经过努力，形成了昆明、曲靖、下关和罗平基地。昔日在水电工地上携儿带女、四海为家的水电职工全部下山进城，安居乐业。工程局实现前后方分离，工程施工实现了项目化管理，做到动态优化配置项目施工人员，提高了项目管理的质量和效益。

为适应市场竞争的需要，工程局机关调整了内部管理机构，强化了参与市场竞争的职能。其中，撤销并改组了一些只适应指令性计划管理体制的部门，增加了企业投标竞争和经营管理部门，先后新成立了开发营业部、海外事业部、经营管理部、企业部、局计算机中心等部门和单位，并重组了局属二级单位，以适应工程局施工生产力的发展。

转换企业经营机制，推行内部承包责任制。1988年，经水电建设总局批准，水电十四局实行局长负责制，并在全局试行了经济承包责任制。从1989年开始，工程局先后进行了三轮内部承包经营责任制。对局属二级单位，采取“包死基数，确保上缴，超收多留，歉收不补”的办法，确定工程局和二级单位的责、权、利，理顺经济关系。承包合同签订以后，局属各单位层层分解指标，加强项目管理，正确处理分配关系，绝大多数单位都完成和超额完成了承包合同指标。工程局从1985年开始实行百元产值工资含量包干，并在全局各公司（厂）推广。经营承包责任制和百元产值工资含量包干的实施，增强了企业活力，提高了企业的经济效益。

推行“三项制度改革”是这一时期转换经营机制、增强企业活力的又一举措。1993年，全局推行了三项制度改革。通过劳动制度改革，实行全员劳动合同制；通过人事制度改革，打破干部终身制；建立干部能上能下的制度；通过工资制度改革，形成多劳多得的激励机制。局机关精简了机构，裁减了冗员；对领导干部实行聘用制，按实绩进行评价；机关人员定职、定岗、定员、定责。

为了深入推行项目法施工，组建企业内部市场，在项目管理中动态优化配置机械设备、材料、资金、技术等生产要素，工程局从1986年开始，对二级单位和工程项目部实行设备租赁制，设备有偿使用；材料配件实行了计价调拨制，物资有偿转让；流动资金实行有偿占用制；设计、科研、技术实行有偿服务制；内部核算单位之间经济来往实行内部合同制。通过上述措施，企业内部按经济规律办事，基本理顺了经济关系，提升了项目法施工水平。

四

1996年，水电十四局为责任方的联营体（简称三联总公司）中标承建了长江三峡永久船闸地下输水系统工程，工程局并参与承建了黄河小浪底水利枢纽工程，相继进入了中国名列前茅的两个世界级超大型水利水电枢纽工程的施工行列，标志着水电十四局进入了一个新的发展时期。

1996年初，以水电十四局为责任方，水电一局和十一局为协办方（三方股份比例为7∶2∶1)的三联总公司，一举中标承建了长江三峡永久船闸地下输水系统工程。三联总公司实施了“紧密型联营”体制，成立了联营体董事会，下设永久船闸项目经理部，实行董事会领导下的总经理（项目经理）负责制。联营体的母体工程局按股份比例投入施工人员、设备和资金，经营风险共担，利益共享。各方投入的施工人员统一调配，混合编班。联营体设备统一调配和使用。项目经理部按照所有权和经营权分离，管理层和劳务层分离的原则管理，实行“两级管理、一级核算、队为基础”的管理体制。以目标管理为主线，合理配置资源，优化生产要素，提高施工管理质量和效益。联营体营运体制顺、机制活、效率高、管理好。

三峡永久船闸地下输水系统由5500米的4条输水隧洞（包括16条斜井）和与之垂直相连的2000多米的36条竖井构成。整个工程结构洞洞相交，洞井相贯，纵横交错、立体交叉，其开挖及衬砌施工难度之大、技术含量之高为世界水电建设所罕见。联营体项目部在工程紧、技术要求高、施工条件恶劣的条件下，施工中先后攻克了隧洞开挖中的“三大难关”：一是永久船闸工程开挖地上和地下同时进行，地下开挖受到严重干扰；二是地下输水系统工程只有一条交通洞，通风条件极差，出渣运输困难；三是地下输水系统共有36座竖井，开挖任务重、难度大。三峡永久船闸地下输水系统隧洞结构复杂，共有19种类型的72个渐变段、80个竖向弯段、20个T形管口和6种不同形状的平洞断面。隧洞混凝土浇筑技术要求高、施工难度大，施工人员又先后解决了隧洞混凝土浇筑中的“六大难题”：改进工艺解决了输水隧洞混凝土表面平整、光滑度要求高的难题；设计制作了11种近千吨的专用模板，解决了隧洞断面形式多、结构复杂的难题；研制了全断面滑升模板，解决了控制斜井滑模在滑升过程中高度渐变的难题；采用了“免拆模板”的新工艺，解决了竖井混凝土预埋件与预留槽部位的混凝土浇筑难题；采用“溜管”工艺，引进国外先进产品，解决了竖井混凝土难进仓号的难题；解决了在隧洞钢筋绑扎中高密度、大直径钢筋接头快速连接的难题。在成功攻克难关和解决难题的基础上，三联总公司创造了地下工程混凝土月浇筑33 343米^{3}的先进纪录，比合同工期提前11天，高质量、高水平地完成了三峡永久船闸地下输水系统工程。

1997年初，水电十四局又与水电四局组成青云公司联营体（水电四局为责任方，水电十四局为协办方），中标承建了三峡电站大坝厂坝段工程，混凝土总填筑量500万米^3，预计于2007年竣工。

小浪底水利枢纽工程是治理开发黄河的关键性工程，是一座以防洪、防凌、防淤为主，兼具防洪、灌溉、发电功能的水利枢纽工程。枢纽主要由拦河坝、泄洪排沙、引水发电三大建筑群组成。首部拦河大坝为黏土斜墙堆石坝，坝高154米，体积为5300万米^3，属中国最大的堆石坝。由意大利英波吉洛公司（责任方）、中国水电十四局、德国霍克帝夫公司、意大利特拉公司组成大坝标的联营体，中标承建了小浪底大坝工程。大坝于1994年开工，施工顺利，于1999年竣工。

大坝工程进展顺利，而洞群标的泄洪排沙工程却严重滞后。截至1995年底，三条导流洞的实际施工进度比计划拖后了11个月，严重威胁到1997年10月31日的截流目标。承担洞群标工程的外国承包商却提出了一份实际上推迟1年截流的进度修改计划，并以地质条件复杂为理由，向建设方提出了巨额的经济索赔。对此，中方深为震惊，如果截流推迟1年，将造成几十亿元的重大经济损失和政治影响。关键时刻，水利部作出截流目标不变的果断决策，同时针对外商的劳务人员素质太低、技术力量薄弱、现场管理不善等问题，在与外国承包商反复协商的基础上成建制引进中国专业施工队伍承担导流洞的攻坚战。水电十四局受命于危难之时，在水利部的协调和组织下，以水电十四局为责任方的中国水利水电一、三、四、十四局工程局联营体（简称OTFF联营体）诞生了，以菲迪克条款指定分包和劳务分包以外的业主推荐，承包商同意记实劳务分包方式，承担了三条导流洞的赶工任务。

OTFF联营体采用新的施工方案投入了导流洞工程的施工。一方面，他们是从外国承包商手里进行劳务分包，是在国际分包合同条件下拼抢工期，受到分包合同的约束；另一方面，他们是在中国的土地上干中国的工程，为中国人争光、争气。他们扮演好两个角色，认真处理好与中方业主和外国承包商之间的关系。在导流洞施工中，面对外方怀疑的眼光和无端的干预，表现了中国工人阶级主人翁和自尊自强的精神，发挥中国施工队伍的聪明和才智，吃苦耐劳，无私奉献，奋力拼搏，以出色的表现最终得到了外商的信任、合作与赞赏，仅用了3个月就相继制服塌方，掘通导流洞，完成了三条各长1100多米、直径19米的导流洞的开挖任务，抢回工期近5个月，紧接着又成功地进行导流洞闸门室和洞身混凝土施工。在两条排沙洞的施工中，中国首次在国内采用了预应力双圈无黏结环锚技术，确保1997年黄河小浪底工程大江截流。

OTFF联营体是在中方业主与外商在国际合同关系下形成的向外商劳务分包的中国联营体，它与外商签订的劳务分包合同同样是按照国际惯例执行。因此，同外商之间的索赔与反索赔、计费与反计费亦很激烈，从而促使联营体的管理与国际接轨，形成了对外执行菲迪克国际分包条款、对内强化内部协调管理的整套运行机制。联营体首先从思想观念上与国际接轨，强化以合同为中心的意识。其次，从机制上接轨。建立以合同管理为核心内容的项目管理运行机制，理顺各方关系，形成有效运行机制，做好合同变更和索赔工作。第三，学习外国承包商管理经验，管理在“精、细、严、实”上下工夫，在机构和人员设置上力求精干；施工组织措施、管理制度力求全面、详细、可行；成本管理力求精细，有效地加强了成本控制，从而不断提高了国际合同管理水平。

在黄河小浪底水利枢纽工程中，水电十四局凭借企业的实力和良好的信誉，横跨一～四标段，以独立承揽和联合参与等多种合作形式，圆满地履行了11个承包和分包合同。企业的施工能力、管理水平、履约能力和协作精神，不仅得到业主、监理和国内同行的普遍认同，也得到了国外承包商的广泛赞誉和信任。黄河小浪底水利枢纽的成功建设，得到了中共中央、国务院的充分肯定，江泽民同志亲自把小浪底水利枢纽命名为爱国主义教育基地。

继中标承建长江三峡永久船闸地下输水系统工程和黄河小浪底水利枢纽工程之后，1996～1999年，水电十四局又相继中标承建了云南螺蛳湾水电站，宜良柴石滩水电站、昆明掌鸠河引水工程、茄子山水库、徐村水电站、大水沟水库、炉房水库，福建棉花滩水电站、穆阳溪周宁水电站、贡川水电站、泉州晋江防洪工程，江苏沙河水电站，江西九江城防堤坝整治工程，锅底潭水库，澎泽城防堤工程，贵州洪家渡水电站，新疆乌鲁瓦提水利枢纽工程以及云南曲陆公路工程，昆玉公路工程、江川公路、楚雄至大理和大理至保山公路工程、会曲公路工程、昆明第三污水处理厂工程、昆明第一净水扩建工程、昆明NO.4B&5污水处理厂工程。福建棉花滩水电站工程和国道213线昆明到玉溪高速公路均荣获国家建筑工程最高奖——鲁班奖。昆明第三污水处理厂工程、盈江依萨河电站钢管道工程分别荣获云南省建设厅、交通厅优质工程一等奖。

五

为适应社会主义市场经济的需要，进一步深化企业改革，提高企业现代化管理水平，逐步实现企业改革的总体发展目标，水电十四局从2000年开始对企业原有管理体制推行了以市场为取向、以强化企业内部管控为目标的全面改革。通过管理体制的改革，促进了施工生产力的发展，使水电十四局进入了新的快速发展时期。

2000年，水电十四局内部管理体制改革的主要原则是：整合企业内部资源，实施生产资源公共化管理；分离企业的社会职能，强化二级单位的生产经营功能，解放生产力；以加强和提高项目管理能力为基础，提高企业整体经济效益；强化工程局的管理和控制力，提高企业经营水平。改革的主要内容有以下六个方面：

（1）改革项目管理体制。推行以提高项目管理水平和经营效益为目的的工程项目集中统一管理。工程局对全局工程项目管理实行“五统一”。一是统一管理项目经理的资质和聘用。由工程局项目经理资质评审委员会对项目经理的资质进行统一管理。工程局对项目经理的资质、业绩进行数据库管理。项目经理班子由工程局统一聘用和任免，在条件成熟时逐步推行项目经理竞争上岗。二是统一项目管理制度。由工程局统一制定项目管理的各项规章制度，如项目技术管理、质量管理、安全管理、成本管理、财务管理和设备管理等规章制度在全局统一实施。三是统一项目的财务管理。实行财务主管委派制。项目部的财务主管由工程局委派管理，业务受工程局财务部的领导。四是统一项目经理部的考核标准和考核办法。对项目经理实施年薪制，统一对项目经理进行履职和业绩考核。五是统一对项目实施审计和稽查的制度和办法。除对项目开展定期审计以外，还建立了项目稽查制度，在工程局设立项目稽查部门，根据工程局领导的指令对项目实施稽查，强化工程局的执行力和控制力。

（2）改革资源管理体制。改革人力资源管理体制，分昆明、曲靖、大理三个片区成立工程局劳务管理中心，全局员工按户籍所在地分别进入三个劳务管理中心进行管理。劳务中心根据用人单位的需求选派劳务。改革固定资产管理体制，成立局资产部，管理全局设备和不动产。在工程局和二级单位成立设备租赁中心，分级、分类管理全局机械设备，对局工程项目部开展设备内部租赁业务，并承担资产保值、增值责任。改革财务管理体制。除对二级单位和项目实行财务主管委派制，财务实行集中统一管理外，建立和健全全局资金管理中心，对全局资金统一集中管理。

（3）改革社会职能管理体制。成立局离退休管理中心，集中管理全局离退休人员，二级单位不再承担离退休人员的管理职责。成立社会保障部，统一管理全局员工基本养老保险，年金，医疗保险，失业、工伤和生育保险。全局职工医院、子弟校和基地社区管理统一由工程局管理，并逐步移交社会。

（4）改革二级单位管理体制。全局二级单位分为两类：一类是完全脱离了社会职能，资源实现了局内部市场化配置的专业化公司，对工程局承担生产经营和资产经营责任，工程局对他们实施生产经营责任制管理；另一类是费用单位，其主要职能是承担企业尚未分离的社会职能的管理，工程局对他们实行职能考核和费用控制管理。

（5）改革机关管理体制。对工程局职能部门进行改组和调整，精简机构，整合职能，提高管理质量和效率。

（6）改革工程局内部经济管理制度和办法，理顺工程局与局属二级单位之间的经济关系，增强企业整体实力。

改革解放了生产力，提高了企业的市场竞争力。2000～2006年，水电十四局市场开拓硕果累累：先后中标参与了云南小湾水电站、广西龙滩水电站、贵州三板溪水电站、贵州构皮滩水电站、湖北水布垭水电站、广东惠州抽水蓄能电站、重庆彭水电站、云南溪洛渡水电站、四川瀑布沟水电站和锦屏一级水电站等百万千瓦以上的大电站建设；首次进入城市地铁建设和核电建设领域，中标承建了广州市地铁部分工程和江苏田湾核电站部分工程。此外，还中标承建了广西百色水利枢纽工程，贵州乌江渡水电站扩机工程、索风营电站工程、大发水电站、水牛家水电站，云南景洪水电站、糯扎渡水电站、岩羊山水电站、泗南江水电站、戈兰滩水电站、向家坝水电站、块泽河水电站、龙马水电站、雷打滩水电站、马鹿塘二期水电站、赛珠水电站、庙林水电站、岗曲河一级水电站、高桥水电站、倮姑水电站，并中标承建了新疆恰甫其海水利枢纽工程、引额济乌工程，广州白云机场高架桥工程、台山火电厂工程以及云南嵩待、元磨高速公路和鸡石、砚平公路等工程。

广西龙滩水电站是红水河梯级开发中的骨干工程，位于广西壮族自治区天峨县境内的红水河上。电站具有发电、防洪、航运等综合效益，共装机 9 台，单机容量 70 万千瓦，总容量 630 万千瓦。2001 年 11 月，以水电十四局为责任方，水电七局、八局为协办方的联营体（简称 1478 联营体）中标承建了电站的地下引水发电系统。地下引水发电系统工程包括引水隧洞、地下厂房、尾水隧洞三大部分，地下厂房总长度为 388.5 米，最大开挖高度 87.3 米，为国内最大的地下厂房。在电站施工过程中，电站建设者以高质量、高速度、高水平为目标，以科技创新为引领，广泛开展技术革新，攻克工程难题，推广使用新技术、新材料、新工艺，实施目标管理，严格控制网络计划，强化质量、安全管理，加快了施工进度，提高了工程质量，使工程工期提前，实现了良好的经济效益和社会效益。龙滩工程在施工中创造了地下工程年最高石方开挖 127.7 万米^3，月最高 16 万米^3，月平均开挖 12 万米^3，地下工程混凝土月浇筑 4.2 万米^3，年浇筑 35 万米^3 等数项国内先进纪录，工程质量优良，得到业主和监理的一致好评。

为了加快厂房施工速度，对主厂房实施双向开挖，施工中采用两侧导洞超前、中间岩柱拆除的方法开挖厂房顶拱，以利于围岩稳定；按“平面多工序、立体多层次”组织施工，克服了施工干扰，实现了地下洞室群的安全加速施工；按“控制爆破、适时支护、安全监测”的原则，采取“先软后硬”的开挖程序及先浅后深的支护方式，合理调整开挖分层，选择合理支护时机，解决了高边墙围岩的稳定开挖问题。在主厂房岩壁吊车梁开挖中，创造了“垂直孔＋斜孔”的双向光爆技术，不仅对岩台围岩扰动小，施工速度快，而且岩壁吊车梁成型质量好。此外，还成功采用了直径 10 米的斜井滑模和直径 21 米的尾水隧洞钢模台车混凝土衬砌施工技术，创造了大挖空率洞间围岩稳定技术；使用了高性能混凝土技术、建筑防水新技术、新型模板和脚手架施工技术、高效钢筋与预应力技术，以及施工过程监测和控制技术等先进技术和工艺；取得了《特大地下洞室群施工技术研究与运用》的科研成果，并荣获“水利水电建设集团公司科技进步特等奖”、“电力科技进步二等奖”。

通过鲁布革水电站、广州抽水蓄能电站、小湾水电站、构皮滩水电站、长江三峡地下电站、龙滩水电站、溪洛渡水电站、三板溪水电站、水布垭水电站等大型及特大型地下厂房的施工，水电十四局在引进、消化和吸收国外先进施工技术的基础上进行技术创新，形成了一整套系统、先进的地下工程施工技术：主要有大型地下引水发电系统快速施工技术、大断面长隧洞快速施工技术、无钢衬高压钢筋混凝土叉管施工技术、高压长斜（竖）井快速施工技术和地下工程混凝土模板施工技术，居国内水利水电地下工程施工技术前列，树立了地下工程施工的优良品牌。

广州地铁工程是广东省重点交通建设工程。水电十四局从 2000 年 6 月先后中标承建广州地铁 2 号线广州火车站、中晓段和西站段三个工程项目建设。广州地铁 2 号线广州火车站段，车站长 147.6 米，是一座两层地下站，为两层三跨钢筋混凝土结构。该地铁车站位于广州火车站广场下面，实施开敞式开挖施工。广州火车站是全国旅客人流最大的火车站之一，因此，施工干扰突出，加之地铁车站结构复杂、技术难题多，施工十分艰巨。工程于 2000 年 5 月开工，2001 年 12 月完工，高质量、高水平按期完成了工程建设任务。火车站项目和中晓项目被评为广州市“安全文明施工样板工地”。

1996 年以来，水电十四局还承建了喀麦隆也门达—巴蒂博公路、缅甸邦朗水电站、刚果（金）金沙萨—马塔迪公路修复工程等国外工程。

深化企业内部改革促进了水电十四局的发展。水电十四局 2006 年的企业总产值达到 35.9230 亿元，为改革前 1977 年的 108.4 倍；完成的土方开挖量、石方开挖量和混凝土浇筑量分别为 1977 年的 16.6 倍、104.0 倍和 34.1 倍。企业信誉和竞争力显著增强。2002 年和 2003 年，国道 213 线昆明至玉溪高速公路工程和福建棉花滩水电站工程分别被评为鲁班奖工程。2006 年，云南砚山至平远街高速公路工程被评为“国家优质工程银质奖”。2001 和 2006 年度，工程局被评为“全国优秀施工企业”，2002 年被评为“全国用户满意施工企业”，2003 年荣获“全国五一劳动奖状”，2004 年被评为“全国电力建设优秀施工企业”、“云南省守合同、重信用企业”；2005 年荣获“全国工程建设企业管理现代化成果一等奖”，并被评为“全国和谐劳动关系优秀企业”、“云南省守合同、重信用企业”；2006 年被评为“‘十五’全国建设科技进步先进集体”、“昆明市守合同、重信用企业”。工程局的经济实力进一步增强，经济效益进一步提高。2006 年，企业净利润为 1.12 亿元，全员劳动生产率达到 31.841 万元/人，职工年平均工资 20 076 元/人。

六

1954 年云南水力发电工程局成立，同期建立了中国共产党云南水力发电工程局委员会。50 多年来，工程局党委充分发挥了党组织的政治核心作用和保证监督作用，贯彻落实党的路线、方针和政策，认真加强党组织的思想建设、组织建设和作风建设，保持共产党员的先进性，增强党组织的战斗力，保证了工程局改革开放和经济工作的顺利进行，促进了工程局快速、健康的发展。

50 多年来，工程局的党组织不断发展壮大。云南水力发电工程局成立时，全局仅有党员 261 人，工程局党委下设 3 个党总支、10 个党支部。2006 年，工程局共有党员 4320 人，下设 18 个基层党委、25 个直属党总支、162 个党支部。1954～2006 年，工程局共召开六次党的代表大会。

在建局以后相当长的一段时期里，工程局党委对水电建设和企业的各项工作实行统一领导，实行党委领导下的局长负责制。党委在动员和组织各级党组织、广大党员和职工完成各时期党提出的任务，提高职工的政治热情和劳动积极性，努力完成国家计划和加快电站建设方面发挥了核心领导作用。同时，加强党组织和干部队伍的建设，教育广大职工热爱党、热爱社会主义、热爱水电建设事业，在职工队伍中培育和树立了艰苦奋斗、无私奉献、知难而进和团结拼搏的光荣传统和作风。经历了十年动乱，粉碎“四人帮”以后，工程局党委拨乱反正、正本清源，在落实党的各项政策方面做了大量有效的工作。中共十一届三中全会以来，工程局党委把工作的重点转移到经济工作上来，带领全体职工积极找米下锅，克服了生产任务不饱满的困难，稳定了职工队伍，巩固了安定团结的局面；贯彻实施“调整、改革、整顿、提高”的方针，进行了企业整顿，整顿了各级领导班子，实施了经济责任制，促进了企业经济形势的好转。1983年，工程局经过机构改革和新老交替，成立了新的党委班子。局党委按照“革命化、年轻化、知识化、专业化”的方针，选拔了大批年轻干部充实到工程局的各级领导班子，为工程局的改革和发展打下了坚实的基础。在上级党委的领导下，工程局党委坚持党的基本路线，坚持解放思想、改革开放，深化企业改革。在企业的改革和发展中，坚持发挥党委的政治核心作用和保证监督作用，以及党组织的战斗堡垒作用和党员的先锋模范作用，努力加强党的思想政治工作和党组织的建设。在企业工作中，党委坚持加强物质文明和精神文明建设，提高职工队伍的整体素质，不断推进了工程局的改革与发展。

中共十一届三中全会以后，在水电建设和企业改革中，水电十四局党委教育党员和职工坚持求真务实和开拓进取的精神，积极探索水电建设现代化的道路，把改革开放的方针、政策和水电建设的具体实践结合起来，把学习外国的先进技术、管理经验和工程局的实际情况和成功经验结合起来，促进了生产建设的发展。在鲁布革、广州抽水蓄能、小浪底和一系列大型电站建设中，工程局在改革中不断开拓前进。工程局党委和各级党组织引导和激励广大职工在冲击中奋起，树立在改革中求生存求发展的观念，积极投身于改革的洪流，认真学习和吸收外国的先进技术和管理经验，勇于探索，大胆实践，广纳博采，为我所用；同时教育广大职工树立民族自尊心、自信心、自豪感，发扬中国工人阶级的拼搏和奉献精神，为国增光，为中华民族争气。在鲁布革水电站改革开放实践中，参与了鲁布革管理经验的创造、总结和推广，走在全国基本建设战线管理体制改革的前列。在广蓄电站的建设中，进一步深化项目法施工，提高水电建设现代化水平，建设经验在全国得到推广。在黄河小浪底水利枢纽工程的建设中，广大职工为中国人争气，为国增光，抢回外国承包商失去的时间，确保了工程的如期竣工。在小湾水电站、龙滩水电站、三峡地下电站厂房和溪洛渡水电站等工程中，实施精细化管理，打造精品工程，树立了优良的企业品牌。同时，工程局党委认真组织全局党员和职工学习《中共中央关于经济体制改革的决定》和《全民所有制工业企业转换经营机制条例》等重要文件，实行经济体制和经济增长方式两个根本性的转变；认真贯彻“企业法”，实行和不断完善局长负责制；积极支持工程局行政领导班子实施企业管理体制的改革，不断以市场为导向，改革企业的内部管理体制和机制。为适应市场竞争的需要，水电十四局改革机关的管理机构；改革企业人事、劳动用工和分配制度；转换经营机制，推行内部承包制和经营目标责任制；实施生产要素的市场化运作和管理；改革企业的经济管理办法；进行二级单位的专业化公司的建设；对企业社会职能实行统一集中管理等。同时，不断改革内部的生产关系，以适应企业生产力的发展，最终使水电十四局的经济在改革开放以来始终保持快速、健康的增长，劳动生产率和经济效益不断提高，职工的收入也相应得到提高。

改革开放以来，工程局党委加强了党组织的思想政治工作，坚持抓好干部和党员的理论教育，组织党员干部学习马克思列宁主义、毛泽东思想、邓小平理论和“三个代表”重要论述。1978年，组织党员和干部学习和开展了真理标准的讨论，确立了“实践是检验真理的唯一标准”的观点。1979年，组织党员和干部学习了《关于建国以来党的若干历史问题的决议》。1983年，组织干部和党员学习《邓小平文选》和《三中全会以来重要文献选编》；多次举办读书班，轮训各级领导干部。1984年，党委开展在职干部正规化理论教育工作，组织党员和干部系统地学习了“辩证唯物主义和历史唯物主义”、“政治经济学辅导讲座”和“中国社会主义建设问题”三门课程。1988年，组织干部和职工学习了社会主义初级阶段的理论，提高了干部和职工对社会主义初级阶段基本路线的认识。1990年，水电十四局党委开展了“坚持四项基本原则，反对资产阶级自由化，维护安定团结政治局面”的形势教育。2000年，局党委在全局党员中开展了对江泽民同志“三个代表”重要论述的学习，要求全体党员结合本单位的工作实际，进一步抓好各级党组织的思想建设、组织建设和作风建设，切实发挥党组织的政治核心作用和保证监督作用。

在党的组织建设方面，工程局党委坚持进行各级党组织和领导班子的建设，加强干部队伍的管理。1985年，工程局在上级党委的领导下进行了二期整党工作。1989～1990年，在党的基层组织中开展了民主评议党员的工作，并健全了党内生活会制度。1999年，在全局党政班子和领导干部中开展了“讲学习、讲政治、讲正气”为主要内容的党性党风教育。2000年，局党委制定和下发了党建工作的六个管理办法，加强了党建工作管理的制度化、规范化建设。2005年，在全局开展了保持共产党员先进性教育活动。全局党员接受了政治理论、党性意识、理想信念的教育，达到了提高党员素质、加强基层组织、服务职工群众、促进各项工作的目的。同时，积极探索党建工作的长效机制，全面推进党组织先进性建设。工程局党委积极开展了“争先创优”活动，坚持开展评选和表彰先进党组织、优秀党员和优秀党务工作者的活动，大力宣传和表彰了曹传玺、杨维岳等优秀共产党员的光辉模范事迹。

在党风廉政建设方面，局党委长期坚持反腐倡廉宣传教育，把反腐倡廉教育纳入企业宣传教育总体部署，充分发挥了宣传教育的熏陶、引导、渗透、影响作用，提高了广大党员和领导干部的拒腐防变的能力；认真贯彻实施中央《建立健全教育、制度、监督并重的惩治和预防腐败体系实施纲要》，贯彻执行集团公司和工程局《国有企业领导人员廉洁从业若干规定（试行）》，实施《领导人员廉洁自律若干规定》、《〈保廉合同〉管理暂行办法》、《领导人员廉洁谈话制度》和《关于落实“三重一大”民主决策的若干意见》等一系列廉洁制度和规定，加强对领导干部权力的制约和监督，使廉洁从业的要求有机融入生产经营的各个环节。同时，局党委坚持认真实施党风廉政建设责任制。通过层层签订党风廉政责任书，把党风廉政责任制落实到班子，量化到成员，细化到部门，一级抓一级，层层抓落实，确保党风廉政责任制工作的有效落实。

工程局工会和团委在企业的改革和发展及各项工作中发挥了积极的作用。局工会贯彻全心全意依靠工人阶级的方针，服务全局中心工作，组织职工、宣传职工、教育职工、服务职工，维护职工合法权益，团结和带领广大职工群众积极投身构建社会主义和谐企业，促进工程局的改革和发展；建立健全职工代表大会制度，加强企业民主管理；大力表彰工人阶级的模范人物和先进事迹，在生产和管理中发扬工人阶级的主人翁精神和责任感。局团委团结和带领广大团员、青年，在工程局发展的历程中，紧紧围绕党在各个历史时期的中心工作，积极开展各类主题实践活动，发挥共青团组织在企业发展中的生力军和突击队作用，为工程局的发展作出了积极的贡献。

在精神文明和企业文化建设方面，工程局在职工中先后开展了“五讲四美”、“三热爱”活动，开展了以提高企业整体素质为中心的创建精神文明单位的活动；深入开展了社会主义荣辱观的教育，运用多种形式，加强社会主义荣辱观的宣传教育，把贯彻学习社会主义荣辱观落到实处；先后举办了工程局成立三十、四十和五十周年的庆祝活动，回顾企业历史，继承光荣传统，展望发展未来，弘扬企业文化。工程局创办了《云水之光》（原为《云南水电报》)、《云南水电》、《学习与实践》、《银河》等报刊，报道工程局生产建设、企业改革、科学技术、思想政治工作，反映火热的水电工地生活，讴歌水电工人在建设和改革中的光辉业绩。基地为离退休职工建立了老年人活动中心，成立了老年体协，广泛开展了老年人喜爱的文娱体育活动。50多年风雨沧桑，经过几代十四局人的开拓和锤炼，形成了水电十四局“自强不息、开拓不止、创新进取、追求卓越”的企业精神和“一流的质量、顾客的期望、我们的追求”的质量方针。50多年的追求和探索中，水电十四局始终演绎着“以人为本、亲和诚信、忠实履约、精益求精”的经营理念。

50多年的艰苦奋斗、开拓前进，水电十四局站在了一个新的起点上，并正努力提高科学管理水平，着力推动科技进步，积极拓展业务范围，开展多元化经营，大力开拓国际市场，增强可持续发展能力，为把工程局建设成为管理现代化、经营国际化、竞争力强的国内一流和国际知名企业而努力。

大　　事　　记

1954 年

3 月 21 日　中共云南省委调省建筑工程局局长李天柱筹建云南水力发电工程局。

4 月 13 日　经中央燃料工业部批准，燃料工业部水力发电建设总局水〔1954〕计字第 90 号文决定撤销云南水力发电工程处（1951 年 11 月，为继续进行云南石龙坝水电站改扩建工程，成立了云南水力发电工程处），成立云南水力发电工程局。

5 月 10 日　云南水力发电工程局〔1954〕云水办字第 2 号文“遵于 1954 年 5 月 10 日正式成立，局机关设在昆明市巡津街 21 号附 1 号”。

6 月 1 日　由云南水力发电工程局承建的云南昆明石龙坝水电站新厂改扩建工程开工，电站装机容量 2×3000 千瓦。

8 月 14 日　云南水力发电工程局〔1954〕云水人字第 91 号文“中共云南省委报请西南局批准，李天柱任云南水力发电工程局局长兼党委书记”。

10 月　由云南水力发电工程局承建的云南以礼河施工电站——乐里村水电站开工。

12 月 31 日　由云南水力发电工程局改扩建的云南昆明石龙坝水电站新厂第一台 3000 千瓦机组投产。

1955 年

2 月 3 日　燃料工业部〔1955〕燃人管第 11 号文任命李天柱为云南水力发电工程局局长。

2 月　为适应以礼河电站开工需要，云南水力发电工程局将局机关从昆明迁往云南省会泽县娜姑镇（现为干沟镇）。

5 月 13 日　燃料工业部通知，将云南水力发电工程局改名为燃料工业部云南水力发电工程局。

10 月 13 日　电力工业部〔1955〕电办秘按字第 022 号文通知，将燃料工业部云南水力发电工程局改名为电力工业部云南水力发电工程局。

12 月 10～21 日　云南水力发电工程局在以礼河召开第一次党员代表会议。局党委书记李天柱作“一年零八个月的工作检查总结”报告。会议提出，增加生产，厉行节约，保证全面完成和超额完成 1955 年各项经济技术指标。

1956 年

3 月 23 日　中共云南省委工业部省工〔1956〕字第 294 号文同意龙南生任云南水力发电工程局党委书记。

4 月 7 日　云南水力发电工程局局长李天柱、党委书记龙南生，向毛泽东主席书面汇报《云南水力发电建设远景及以礼河电站施工准备工作情况和问题》。

5月20～25日 云南水力发电工程局召开第一届党代表大会，局党委书记龙南生作“反对保守思想，克服漂浮作风，为提前和超额完成第一个五年计划而奋斗”的工作报告。会议选举产生了中共云南水力发电工程局第一届委员会。

6月14～16日 云南水力发电工程局召开第一次工会会员代表大会，出席会议的代表共74人。局党委书记龙南生出席会议并讲话。局工会巩荫三作“两年来工会工作的检查与今后工作任务”的报告。大会选举了局第一届工会委员会委员、常委、工会主席及工会经费审查委员会委员。

6月 电力工业部水力发电建设总局局长李锐到云南水力发电工程局视察。

7月1日 由云南水力发电工程局承建的云南以礼河二级（水槽子）水电站工程开工，电站装机容量2×8750千瓦。

9月7日 中共云南省委工业部省工〔1956〕字第1039号文颁布，“云南省委常委8月27日会议决定：龙南生任（云南水力发电工程局）党委书记、常委。李天柱参加党委为委员、常委。陈亚生参加党委为委员、常委。苏子骏参加党委为委员、常委。”

10月22～23日 云南水力发电工程局召开第一次先进生产者会议，出席会议的有各先进单位、先进班组的代表和先进生产者共200多人。局党委常委苏子骏代表党委致开幕词，局长李天柱作大会总结。会议对2个先进单位、8个先进科室、24个先进班组、230个先进生产者进行了表彰。

10月29日 由云南水力发电工程局承建的云南以礼河第二个施工电站——落水洞水电站工程开工。

1957年

1月17～19日 共青团云南水力发电工程局第一次代表大会在云南省会泽县干沟镇召开。局团委书记杨东方向大会作工作报告，局党委书记龙南生在会上讲话。

2月25～28日 云南水力发电工程局第一次职工代表大会在云南省会泽县干沟镇召开，出席会议的职工代表共413人。局长李天柱作“继续深入开展先进生产者运动，加强以作业计划为中心的计划管理，为保证完成增产节约任务而奋斗”的工作报告。

3月18日 国家副主席朱德视察云南水力发电工程局改扩建的云南石龙坝水电站。

9月4日 中共云南省委工业交通工作部省工〔1957〕字第549号文批准吴志远任云南水力发电工程局党委书记，龙南生改任副书记。

9月20日 中共云南省委书记马继孔视察云南水力发电工程局承建的以礼河水电站工地。

10月 由云南水力发电工程局承建的云南以礼河第三级（盐水沟）水电站工程开工，电站装机容量4×3.6万千瓦。

1958年

1月 云南省省级机关下放900名干部到云南水力发电工程局当工人，接受劳动锻炼。

2月8～12日 云南水力发电工程局在云南省会泽县干沟镇召开第二届党员代表大会，出席会议的正式代表共155人。党委书记吴志远代表局党委作“艰苦奋斗，克勤克俭，坚决反对右倾保守思想，为加速云南水电建设事业而奋斗”的工作报告，局长李天柱作“克勤克俭，为争取节约自营建筑安装工程投资20%，全面超额完成1958年度生产任务而奋斗”的报告。会议选举产生了中共云南水力发电工程局第二届委员会。

2月 云南丘北县六郎洞水电站工程开工，电站装机容量2×1.25万千瓦。

3月 中共中央第八届中央候补委员、电力工业部部长刘澜波视察云南水力发电工程局承建的云南以礼河水电站工地。

同月 由云南水力发电工程局承建的云南以礼河一级（毛家村）水电站大坝工程开工，电站装机容量2×8000千瓦。

同月 云南水力发电工程局在云南以礼河二级（水槽子）水电站工程建设中，创大坝混凝土月浇筑1万米^{3}的纪录。

4月11～19日 云南水力发电工程局在云南省会泽县干沟镇召开第一届职工代表大会第四次会议和第三次先进生产者代表大会。

4月25～27日 共青团云南水力发电工程局委员会在云南省会泽县干沟镇召开第二次代表大会，出席会议的正式代表共140人，列席代表30人。团委副书记宋兆杰作“全局青年鼓足干劲，力争上游，当促进派，在加快云南水电建设事业中大显身手”的报告。大会选举新一届共青团云南水力发电工程局委员会。

5月 云南（蒙自县）绿水河水电站工程开工，电站装机4台，总容量5.75万千瓦。

6月12日 中共云南省委工业交通工作部（通知）省工〔1958〕字第326号文通知，省委常委6月4日会议批准吴志远等8位同志的任职意见：吴志远任水电局党委书记、党委常委；李天柱任局长，参加党委常委。

6月28日 由云南水力发电工程局承建的云南石龙坝水电站新厂改扩建工程竣工。

7月4～9日 云南水力发电工程局在云南省会泽县干沟镇召开第二次职工代表大会和第四次先进生产者代表大会，出席会议的代表共339人。

7月6日 云南水力发电工程局在云南以礼河一级水电站（毛家村）隧洞工程开挖创日进尺8.3米的全国新纪录。

7月22日 中共云南省委工业部省工〔1958〕字第284号文批准张加清任云南水力发电工程局局长，免去副局长职务。

7月30日 国家电力工业体制改革，成立云南省水利电力局，电力工业部云南水力发电工程局下放云南省管理。云南省水利电力局〔1958〕云水电办字第0113号文决定：撤销云南水力发电工程局建制，改称云南省水利电力局以礼河水力发电工程局。

7月 云南水力发电工程局局长李天柱调任云南省水利电力局副局长。

8月 中共云南水力发电工程局党委划归中共云南省东川市市委领导。

8月30日 以礼河水力发电工程局承建的云南以礼河二级（水槽子）水电站第一台机组投产。中共云南省委书记、副省长刘明辉为机组投产剪彩。

9 月 以礼河水力发电工程局承建的云南以礼河四级（小江）水电站工程开工，电站装机容量 4×3.6 万千瓦。

同月 以礼河水力发电工程局承建的云南西洱河四级水电站工程开工，电站装机容量 4×1.25 万千瓦。

10 月 10 日 以礼河水力发电工程局在云南省会泽县小箐沟建水泥厂，日产水泥 159～400 吨。

1959 年

1 月 19～26 日 中共东川市以礼河水力发电工程局第三次党代表大会和三级干部会在云南省会泽县干沟镇召开，参加会议的有第三次党代会代表和三级干部、工程师、技术员，共 247 人。局党委书记吴志远传达了中共中央八届六中全会精神和云南省委四级干部会议的精神。局党委副书记李建邦作“鼓足更大的革命干劲，争取 1959 年更大更好更全面的跃进”的工作报告。大会选举了中共以礼河水力发电工程局第三届委员会和监察委员会。

2 月 19 日 以礼河水力发电工程局第三届一次职工代表大会和第五次先进生产者代表会议在云南省会泽县干沟镇召开，出席会议的职工代表和先进生产者代表共 525 人。局长张加清受党委委托，向大会作“乘胜前进，大搞技术革命，挖掘潜力，提高设备利用率，为确保 1959 年更大跃进计划的实现而奋斗”的报告。

6 月 21 日 以礼河水力发电工程局第三届第二次职工代表大会和第六次先进生产者代表会议在云南省会泽县干沟镇召开，出席会议的职工代表和先进生产者代表共 600 人。大会号召全局职工立即掀起声势浩大的增产节约运动。

6 月 23 日 云南省水利电力厅通知，云南省水利电力局以礼河水力发电工程局更名为云南省水利电力厅以礼河水力发电工程局。

9 月 18 日 以礼河水力发电工程局在云南省会泽县干沟镇召开局三级干部会议，出席会议的共有 117 人。党委副书记李建邦传达了省三级干部会议精神，局长张加清作 1959 年的工作计划安排报告。

11 月 22 日 云南省副省长郭超到以礼河水力发电工程局检查指导工作。

12 月 24～28 日 以礼河水力发电工程局第三届三次职工代表大会在云南省会泽县干沟镇召开。局长张加清作“反透右倾、鼓足更大干劲、乘胜前进，为完成和超额完成 1960 年的任务而奋斗”的报告。

1960 年

3 月 2～5 日 共青团以礼河水电工程局第三次代表大会在云南省会泽县干沟镇召开，出席会议的代表共 173 人。龚作华代表团委向大会作工作报告。大会选举产生共青团以礼河水电工程局第三届委员会。

3 月 云南丘北县六郎洞水电站工程竣工，电站装机容量 2×1.25 万千瓦。

同月 以礼河水力发电工程局承建的云南以礼河二级（水槽子）水电站竣工。

3月28日～4月1日 云南省水利电力厅以礼河水力发电工程局第四次党代会和局三级干部会在云南省会泽县干沟镇召开，出席会议的代表共155人。党委副书记李建邦代表上届党委作“高举毛泽东思想伟大红旗，全党一条心一股劲，为实现1960年的连续跃进而奋斗”的工作报告，党委书记吴志远作会议总结。大会选举产生中共以礼河水力发电工程局第四届委员会。

4月14～15日 以礼河水力发电工程局投资包干工作会议在云南省会泽县干沟镇召开，出席会议的代表共52人。局长张加清、副局长罗志昌先后在会上讲话，部署在全局推行投资包干制度。

7月3～8日 以礼河水力发电工程局第四届职工代表大会在云南省会泽县干沟镇召开，出席会议的代表共520人。局长张加清在会上作“高举毛泽东思想伟大旗帜，迅速掀起一个继续跃进的新高潮，为提前和超额完成1960年的计划而奋斗”的报告。大会通过“关于确保超额完成今年国家计划实现今年工程面貌提前跨进61年的决议”等五个决议。

10月13日 中共云南省委书记周赤萍视察以礼河水力发电工程局承建的云南以礼河水电站毛家村大坝工地。

1961年

7月2～11日 云南省水利电力厅以礼河水力发电工程局在云南省会泽县干沟镇召开三级干部会议，参加会议的代表共123人。这是一次帮助局党委整风的会议，局党委副书记李建邦作动员报告。

8月 以礼河水力发电工程局党委书记吴志远调任云南省地质厅副厅长。

9月6～24日 云南省水利电力厅以礼河水力发电工程局在云南省会泽县干沟镇召开三级干部会议，参加会议的代表138人。局长张加清作“关于四季度计划安排”的发言，局党委书记李建邦作会议总结。

10月4日 中共东川市委以礼河水电局党委组织部以党〔1961〕组字第033号文转发云南省委常委，8月19日会议批准李建邦任以礼河水电局党委书记。

10月16～21日 云南省水利电力厅以礼河水力发电工程局在云南省会泽县干沟镇召开第五届一次职工代表大会，出席会议的代表共492人。会议主要讨论贯彻企业管理条例70条。局党委书记李建邦作“在三年伟大跃进的基础上总结经验，改进工作，巩固成绩，争取新的胜利”的报告，局长张加清作“关于四季度计划安排意见”的发言，局党委书记李建邦作总结报告。

1962年

1月 云南省副省长张冲视察以礼河水力发电工程局承建的云南丘北县六郎洞水电站。

2月 水电部副部长钱正英视察以礼河水力发电工程局承建的云南丘北县六郎洞水电站。

3月 以礼河水力发电工程局承建的云南以礼河一级水电站（毛家村）大坝基础处理

混凝土防渗墙工程开工。

6月12日 水电部副部长李代耕到以礼河水力发电工程局检查指导工作。

8月18日 以礼河水力发电工程局以工〔1962〕局办字第14号文下发“接云南省电业管理局8月1日通知，云南水利电力厅以礼河水力发电工程局更名为云南省电业管理局以礼河水力发电工程局”。

12月3～7日 以礼河水力发电工程局在云南省会泽县干沟镇召开第六届职工代表大会，出席会议的代表共300人。局党委副书记巩荫三代表局党委作“提高思想认识，增强革命意志，高举三面红旗，努力搞好增产节约运动，为全面完成和超额完成今明两年的国家生产计划而努力奋勇前进”的报告，局长张加清作“鼓足干劲，努力增产节约，为争取新的胜利而奋斗”的报告，局党委书记李建邦作大会总结。

1963年

3月5～9日 共青团以礼河水力发电工程局第四次代表大会在云南省会泽县干沟镇召开，出席会议的代表共100人。童进雄作“总结经验，提高认识，认清形势，鼓足干劲，为全面完成和超额完成今年计划而奋斗前进”的报告。大会选举产生共青团以礼河水力发电工程局第四届委员会。

3月15～17日 以礼河水力发电工程局在云南省会泽县干沟镇召开第三次工会会员代表大会，出席会议的代表共89人。梁希仁作“在党的领导下，充分发挥工会组织作用，扎扎实实地开展增产节约运动，为迅速实现“五好”企业而奋斗”的报告。大会选举产生以礼河水力发电工程局工会第三届委员会。

4月13日 水电部党组〔1963〕水电党字第93号文任命李天柱为以礼河水力发电工程局党委书记兼局长。

7月13日 水利电力部水利水电建设总局水〔1963〕人字第146号文通知，将云南电业管理局领导的以礼河水力发电工程局划归水电总局领导，并改名为水利电力部以礼河水力发电工程局。

9月10～26日 水利电力部以礼河水力发电工程局同时在云南省会泽县毛家村、盐水构、干沟镇召开第七次职工代表大会，出席会议的代表共1425人。局党委副书记巩荫三在局第七届职代会干沟片区职代会上作“站稳工人阶级立场，认真分析矛盾的性质，划清大是大非界限，放下包袱，轻装上阵，坚定彻底地打退资产阶级的猖狂进攻”的报告。

11月27日 中共云南省委第一书记阎红彦、云南省副省长郭超到以礼河水力发电工程局视察。

1964年

2月22日 成立云南以礼河电站毛家村工程会战指挥部，张加清任总指挥。

2月27日 水利电力部副部长钱正英视察以礼河水力发电工程局承建的云南以礼河一级水电站（毛家村）大坝工地。

2月 水电总局副局长张铁铮带工作组到以礼河水力发电工程局承建的云南以礼河水

电站（毛家村）大坝工地指导会战。

同月 水利电力部决定：抽调三门峡工程局干部和工人 108 人、汽车 35 辆支援云南以礼河水电站（毛家村）工程会战。

5 月 11～17 日 以礼河水力发电工程局在云南省会泽县干沟镇召开三级干部会议，参加会议的代表共 143 人。局长李天柱作了动员讲话和总结。

8 月 2～8 日 中共以礼河水电工程局委员会在云南省会泽县干沟镇召开三级干部会议，出席会议的代表共 157 人。局党委书记、局长李天柱传达水电部党组、水电总局党组和省委、市委对工程局下半年工作的指示；会议讨论了《一九六四年下半年政治工作规划》（草案）。

10 月 22 日 水利电力部水利水电建设总局水〔1964〕干字第 296 号文转发水利电力部〔1964〕水电干行字第 364 号文，任命李天柱为以礼河水力发电工程局局长。

1965 年

5 月 5 日 中共云南省委工业交通政治部省工〔1965〕字第 184 号文同意田忠任以礼河水力发电工程局党委书记，李天柱专任局长，免去李天柱局党委书记职务。

6 月 16 日 水利电力部〔1965〕水电水劳字第 89 号文同意：将以礼河水电工程局和昆明勘测设计院合并，组建水利电力部云南水力发电建设公司（11 月 1 日，水利电力部云南水力发电建设公司印章正式启用），决定由田忠、李天柱、宁坚、余少先、张加清五位同志组成公司筹备领导小组，田忠任组长。

8 月 19 日～9 月 28 日 水电总局局长朱国华到以礼河工程局指导“四清”工作。

8 月 24 日 中共云南省委组织部〔1965〕云组字第 547 号、省委工交政治部〔1965〕省工字第 398 号文同意：田忠任以礼河水电局“四清”工作队党委书记。

9 月 22 日～10 月 5 日 以礼河水力发电工程局在云南省会泽县干沟镇召开第八届职工代表大会，出席会议的代表共 668 人。局长李天柱致开幕词，“四清”工作队党委副书记刘铭梅发表讲话，局党委书记田忠作总结报告。

11 月 水利电力部副部长王英先到云南审查绿水河电站设计。

12 月 水利电力部云南水力发电建设公司召开第四次工会会员代表大会，出席会议的代表共 2351 人（会议分片召开）。大会选举产生云南水力发电建设公司第四届工会委员会及工会主任、副主任。

1966 年

1 月 8～12 日 水利电力部云南水力发电建设公司在云南省会泽县干沟镇召开三级干部会议，参加会议的代表共 419 人。公司副总经理张加清作“更高地举起毛泽东思想的伟大红旗，努力实现企业革命化，以临战精神，为加速以礼河电站建设而奋斗”的报告，党委副书记李建邦传达西南基建政工会议精神。

3 月 6～12 日 水利电力部云南水力发电建设公司在云南省会泽县干沟镇召开第八届（二次）职工代表大会，出席会议的代表共 722 人。公司党委副书记巩荫三代表党委作

“高举毛泽东思想伟大旗帜，突出政治，巩固和发展“四清”运动的成果，为创造大庆式企业而奋斗”的报告，副经理孙民夫代表行政作“用毛泽东思想统率一切，总结经验，找出差距，为完成和超额完成今年基本建设任务而奋斗”的报告和提案审查报告，党委副书记李建邦作大会总结。

4月29日 由云南水力发电建设公司承建的云南以礼河一级水电站毛家村大坝施工创月填筑23.17万米^3 的纪录。

12月18～29日 云南水力发电建设公司在云南省会泽县干沟镇召开三级干部会议，传达贯彻中央工作会议和省委三级干部会议精神。公司党委书记田忠作总结讲话。

12月26日 由云南水力发电建设公司承建的中国第一个高水头电站——云南以礼河三级水电站（盐水沟）第一台机组（装机容量3.6万千瓦）投产发电。

12月28日 由云南水力发电建设公司承建的云南以礼河一级水电站毛家村大坝施工创年填筑201万米^3 的纪录。

1967年

3月20日 云南水力发电建设公司实行军事管制。

5月5日 云南水力发电建设公司党委书记田忠在“文化大革命”中被迫害致死。

1968年

9月29日 云南省革命委员会云发〔1968〕43号文，批准成立水利电力部云南水力发电建设公司革命委员会，刘德智任革委会主任，张宝珍、巩荫三、李建邦、晋国泰、王正龄、王保山任副主任。

1969年

1月10日 云南省军区党委〔1969〕第6号文下发，同意成立以礼河军管会党委，刘德智任党委书记；同意成立以礼河军管会，刘德智任主任。

11月 云南省革命委员会成立三河（以礼河、绿水河、西洱河）会战指挥部。

1970年

1月3日 中国人民解放军水利电力部军管会〔1969〕水电军生办字第111号文通知，将云南水力发电建设公司划归云南省革命委员会管理。

10月1日 云南以礼河四级（小江）水电站第一台3.6万千瓦机组投产发电。

1971年

1月28日 云南省革命委员会批复：同意撤销水利电力部云南水力发电建设公司建制，下属单位划归云南省电力局直接领导。

3月 云南（蒙自县绿水河）三九股水电站开工，电站装机容量8000千瓦。

7月 云南以礼河三级水电站（盐水沟）工程竣工，电站装机容量4×3.6万千瓦。

12 月 云南以礼河一级水电站（毛家村）工程竣工，电站装机容量 2×0.8 万千瓦。

同月 云南西洱河四级水电站第一台 1.25 万千瓦机组投产发电。

1972 年

1 月 云南西洱河一级水电站开工，电站装机容量 3×3.5 万千瓦。

3 月 15 日 云南黄泥河大寨水电站开工，电站装机总容量 5.59 万千瓦。

4 月 7 日 昆明部队副司令员、云南三河会战指挥部领导小组组长鲁瑞林视察绿水河电站。

5 月 云南西洱河二级水电站开工，电站装机容量 4×1.25 万千瓦。

10 月 朝鲜民主主义人民共和国水力发电考察团一行 16 人到云南以礼河水电站考察。

同月 云南（蒙自县）绿水河水电站第一台 1.25 万千瓦机组投产发电。

11 月 云南以礼河四级水电站（小江）工程竣工。至此，以云南以礼河梯级水电站共装机 12 台，总容量为 32.15 万千瓦的机组全部建成投产。

1973 年

9 月 云南西洱河一级水电站试验支洞进行现场喷混凝土衬砌隧洞水压试验与混凝土衬砌裂缝开展特性试验。

1974 年

7 月 云南（蒙自县）绿水河水电站竣工，电站装机容量 5.75 万千瓦。

1975 年

中国第一台由苏州第一光学仪器厂制造的秒级激光经纬仪在云南西洱河一级水电站配合大型掘进机开挖，作激光导向试验。

1977 年

3 月 15 日 云南黄泥河大寨水电站第一台机组投产发电。

11 月 27 日 云南西洱河四级水电站竣工，电站装机容量 4×1.25 万千瓦。

11 月 云南（蒙自县绿水河）三九股水电站建成投产，电站装机容量 4×2000 千瓦。

1978 年

7 月 云南西洱河二级水电站第一台 1.25 万千瓦机组投产发电。

8 月 17 日 援外项目——喀麦隆联合共和国拉格都水电站开工，电站装机容量 4×1.8 万千瓦。

1978 年 “洪积及残积红黏土筑坝防渗体技术”等 5 项科研项目获国家科技大会重大贡献奖，“月牙形内加强肋岔管及无梁岔管”获国家“科技进步二等奖”。

1979 年

3 月 21 日 国家基本建设委员会以〔1979〕建发施字 180 号文报请国务院批准：为加快云南鲁布革水电站的建设，为开发澜沧江作准备，将 1970 年下放云南省的水电施工队伍改为由电力工业部与云南省双重领导，以部为主。

8 月 2 日 中共云南省委副书记赵增益和电力工业部副部长李鹗鼎就云南水电施工队伍收归部管有关问题进行商谈。

8 月 12 日 中共云南省委常委张恩璞和云南省革委会副主任林超主持召开工交电力等有关部门会议具体商谈，取得一致意见：同意将下放云南省的水电施工队伍收归电力工业部管，成立云南水力发电工程局（地师级），工程局机关设在昆明。

8 月 14 日 由云南省革命委员会代表张恩璞、林超，电力工业部工作组张铁铮、黄茗在昆明签署了《关于改变云南水电施工队伍、勘测设计单位管理体制问题的会谈纪要》。

8 月 20 日 在云南省电力局招待所（昆明）召开干部会议，正式宣布成立云南水力发电工程局。

10 月 1 日 云南西洱河一级水电站第一台 3.5 万千瓦机组投产发电。

10 月 10 日 电力工业部〔1979〕电劳字第 66 号文通知，将云南水电施工队伍收回至电力工业部，其机构名称为“电力工业部第三水电工程局”（地师级），在局领导班子未正式任命前，同意由张加清、李天柱等 9 位同志组成第三水电工程局临时领导班子。

10 月 27 日 正式启用电力工业部第三水电工程局印章，办公地点设在昆明市东风东路 157 号云南省电力局办公楼。

1979 年 “毛家村土坝防渗墙施工”等 10 项科研项目获“云南省政府科技成果奖”，《月牙形内加强肋管及无梁岔管》获云南省政府“科技进步二等奖”。

1980 年

1 月 16 日 电力工业部党组〔1980〕电党字第 7 号文任命张加清为电力工业部第三水电工程局党委书记，李天柱任局长兼党委副书记。

1 月 25 日 水电总局批复第三水电工程局机构设置和人员编制。局机关设 18 个处、室，编制 270 人，局属单位 9 个（其中县级 6 个）。

3 月 3～13 日 第三水电工程局党委召开三级干部会议，参加会议的代表共 335 人。会议传达全国电力工作会议精神。局长李天柱作“同心同德，鼓足干劲，为全面完成 1980 年的各项任务，迎接水电建设新高潮而努力”的工作报告。

4 月 第三水电工程局总工程师李景沆作为中国代表团团长，参加在比利时布鲁塞尔召开的国际隧洞工程会议，发表题为《中国水电建设中地下工程的发展概况》的论文。

6 月 由第三水电工程局承建的云南西洱河一级水电站竣工，电站装机容量 3×3.5 万千瓦。

12 月 由第三水电工程局承建的云南西洱河二级水电站 4 号机投产发电。至此，二级水电站全部投产。

1981 年

1 月 23～30 日 第三水电工程局在昆明吴井桥召开三级干部，参加会议的代表共 281 人。传达贯彻中央工作会议精神和全国电力工作会议精神，局党委副书记杜福喜作“加强党的领导，团结全局职工，为实现国民经济调整任务而奋斗”的报告，副局长韩仕礼作“加强团结，战胜困难，为实现国民经济调整的巨大任务而奋斗”的经济工作报告，局长李天柱到会并讲话。

7 月 由第三水电工程局承建的喀麦隆拉格都水电站的主坝采用台阶型钢筋笼填块石坝面保护过流度汛获得成功。

11 月 17 日 水电总局党组〔1981〕电水党字第 54 号文任命李天柱为第三水电工程局党委书记，张加清任顾问。

1981 年 第三水电工程局“电动耙斗式拦污栅清理机”获水利电力部“科技进步三等奖”。

1982 年

1 月 由第三水电工程局承建的云南鲁布革水电站导流隧洞工程开工。

3 月 19 日 水利电力部〔1982〕水电劳字第 12 号文通知，将电力工业部第三水电工程局改名为水利电力部第十四工程局。

6 月 9～11 日 水利电力部第十四工程局在昆明召开共青团第五次代表大会，选举产生了共青团水利电力部第十四工程局第五届委员会。

7 月 15 日 水利电力部第十四工程局承建的喀麦隆拉格都水电站导流洞下闸蓄水。

10 月 6～13 日 中国、瑞典地下工程技术讨论会在昆明召开。两国专家查勘了水利电力部第十四工程局参建的鲁布革水电站工地，就鲁布革工程中的技术问题进行了广泛的讨论。

12 月 28 日 由水利电力部第十四工程局承建的喀麦隆拉格都水电站第一台 1.8 万千瓦机组投产。

1983 年

4 月 水电总局党委书记、局长王干国率工作组一行 6 人到水电十四局指导机构改革和调整局领导班子。

6 月 11 日 中共水利电力部水利水电建设总公司委员会〔1983〕水建党字第 221 号文根据水电部党组〔1983〕水电党字第 168 号文，任命梁祥麟任水电十四局党委代理书记，王开弼任代理局长。

7 月 15 日 中组部〔1983〕干任字 650 号文任命梁祥麟为水电十四局党委书记，王开弼任局长，李天柱任顾问。

11 月 8 日 云南鲁布革水电站引水隧洞进行国际招标，日本大成公司中标。鲁布革水电站是国家“六五”和“七五”计划的重点项目，也是中国水电建设首次引进外资的试点工程。

12 月 水电十四局承建的云南黄泥河大寨水电站竣工，电站装机容量 5.59 万千瓦。

1984 年

3 月 6 日 水电总公司党委副书记汪恕诚带企业整顿检查组到水电十四局检查指导工作。

3 月 26 日 水电总公司〔1984〕水建劳字第 25 号文同意在昆明市海埂兴建昆明水电职工疗养院。

5 月 10 日 水电十四局在昆明召开建局三十周年纪念会。

5 月 25～30 日 水电十四局在鲁布革水电站工地召开第九次职工代表大会，出席会议的代表共 234 人。大会确定了工程局经济工作的指导思想，提出进一步加强企业民主管理，建立健全职工代表大会制。局长王开弼作行政工作报告。大会讨论通过了《水电十四局职工劳动规则》和《水电十四局职工代表大会暂行条例实施细则（草案）》。

5 月 由水电十四局承建的喀麦隆拉格都水电站竣工。

1984 年 水电十四局“焊缝局部热处理加热装置”获“水利电力部科技成果奖”。

1985 年

1 月 14～28 日 水电总公司副总经理翟玉涛为组长的企业整顿工作组到水电十四局检查指导工作。

2 月 8 日 水利电力部部长钱正英视察水电十四局参建的云南鲁布革水电站工地。水电十四局党委书记梁祥麟，局长王开弼，副局长孙启林、杨家骏、黄文超等陪同。

2 月 26 日～3 月 3 日 水电十四局 1985 年工作会议在云南鲁布革水电站工地召开，出席会议的代表共 113 人。会议的主题是：定措施，保截流，抓改革，找出路。局长王开弼作“发扬优势，参加竞争，为搞活全局经济而奋斗”的讲话，局党委书记梁祥麟作“关于经济体制改革若干问题的几点意见”的讲话。

3 月 9 日 水电十四局原党委书记、局长、顾问张加清同志因病逝世。

4 月 5 日 水电总公司副总经理方松带领工作组一行 11 人到水电十四局承建的云南鲁布革水电站工地检查截流和防汛工作。

4 月 12 日 人民日报、新华社等首都 15 家新闻单位组成的中央记者团一行 23 人到水电十四局承建的云南鲁布革水电站采访。水电十四局党委书记梁祥麟、局长王开弼、副局长黄文超等领导陪同中央记者团参观工地。

5 月 17 日 水电总公司党委副书记汪恕诚代表云南省和水电部水电总公司联合检查验收团，向水电十四局颁发《企业全面整顿合格证书》。

5 月 水电十四局承建的云南鲁布革水电站导流洞混凝土月浇筑 1.13 万米^3，创鲁布革水电站开工以来的最高纪录。

同月 在共青团中央组织的“为重点工程献青春”活动中，水电十四局三公司第二业余突击队被命名为“全国新长征突击队”。

同月 水电十四局在云南鲁布革水电站右岸泄洪洞底部扩挖工程中，大断面机械化隧洞扩挖月进尺245米，创建局以来最高纪录。

7月8～10日 水电十四局召开第一次科学技术大会。

7月30日 中共云南省委书记普朝柱一行13人到水电十四局参建的云南鲁布革水电站厂房工地视察，水电十四局副局长孙启林、杨家骏陪同。

8月13日 国家计划委员会副主任王德瑛、水电部副部长陆佑楣视察水电十四局参建的云南鲁布革水电站工地，水电十四局党委书记梁祥麟，副书记陈锦棪，副局长林文华、黄文超陪同。

8月15日 水电总公司总经理朱尔明到水电十四局参建的云南鲁布革水电站检查指导工作。

8月26～30日 水利电力部交流经验、研究改革座谈会在云南鲁布革水电站工地召开，参加会议的单位有水电建设总公司及其所属设计院、工程局，水电武警部队等18个单位，共65人；国家计划委员会、云南省建设银行也派代表参加了会议。水电十四局领导梁祥麟、孙启林、陈锦棪、林文华、黄文超，副总工程师陈伯之等参加了会议。会议主要是交流经验，研究企业改革。鲁布革工程管理局、水电十四局介绍了企业改革情况。

11月10日 水电十四局承建的云南鲁布革水电站导流洞工程竣工。

11月13日 水电十四局承建的云南鲁布革水电站截流工程成功截流。

11月27日 水电建设总公司〔1985〕水建党字第144号文通知：原水电十四局党委书记、局长、顾问李天柱离职休养。

12月5日 水电十四局党委在鲁布革水电站指挥部召开政治工作和安全工作会议，局属各单位负责人共90人参加了会议。局党委书记梁祥麟传达水电建设总公司召开的党委书记会议精神，部署安排了下一步思想政治工作；局长王开弼传达水电建设总公司在鲁布革水电站工地召开的安全生产座谈会精神，并部署了今冬明春的安全生产工作。

12月9日 水电建设总公司〔1985〕水建计字第138号文件批准《关于鲁布革厂房工程推行国外经验措施计划》，水电十四局开始在鲁布革水电站厂房进行改革试点。

12月10日 水电十四局在云南鲁布革水电站工地举行截流庆功大会和确保1986年安全度汛誓师大会。局长王开弼作确保1986年安全度汛的动员报告。

1985年 水电十四局“SJ－58A掘进机的研制及在快速施工中的运用及改进”和“电动耙门式拦污栅清理机”两项科研项目获国家“科技进步二等奖”，西洱河三级水电站“新奥法”施工研究获国家计划委员会、经济委员会、科技委员会、财政部国家、科技表彰奖，另有四项科研项目分别获水利电力部科技进步二等奖、四等奖和水电优秀科技成果一、二等奖。

1986年

1月11日 水电十四局〔1986〕局劳字第02号文下发《局企业工资制度改革实施方案》，执行水电施工企业简化工资标准。

1月17日 以贵州省省长王朝文为团长的贵州省慰问团到水电十四局参建的鲁布革

水电站工地慰问。

2月1日 水电十四局中标承建云南漫湾水电站导流洞、泄洪洞工程，中标合同额为5005.06万元。

2月3日 云南省省长和志强率云南省慰问团到水电十四局参建的云南鲁布革水电站工地慰问。

3月13～17日 水电十四局1986年工作会议在云南鲁布革水电站工地召开，参加会议的代表共75人。会议的主要任务是：继续抓好整党工作，进一步端正党风，加强队伍建设，努力推进改革，改善企业管理，全面完成今年的基建任务，开拓对外承包和多种经营新局面。局党委书记梁祥麟、局长王开弼分别在会上讲话；副局长孙启林、杨家骏、张基尧，总工程师陈伯之出席会议。

4月22日 贵州省副省长刘玉林在贵州省经济委员会领导和黔西南州州长张文炳的陪同下，到水电十四局参建的云南鲁布革水电站视察。

5月1日 水电十四局承建的漫湾水电站导流洞工程举行开工典礼仪式。水电十四局副局长兼漫湾水电站工程指挥部指挥长杨家骏在会上讲话。云南省政府漫湾水电站领导小组负责人岳世华、云南省计划委员会主任米兆伦、云南省电力局局长李德港、漫湾水电站管理局负责人贺恭、昆明水电勘测设计院院长冯志先等领导出席仪式并讲话。云南省临沧地区及景东县政府领导出席仪式。

5月6日 水电十四局机关由昆明市东风东路157号迁至东华小区春登里19号。

5月15日 在鲁布革水电站建设中，水电十四局和有关单位共同研究的“水电站大型地下洞室围岩稳定和支护的研究与实践”，“鲁布革水电站地下厂房围岩监测”，“鲁布革水电站利用砂页岩风化料作高坝、防渗材料试验报告”和“地下工程快速施工关键技术”等科研项目分别获国家“三委一部”（国家计划委员会、国家经济委员会、国家科技委员会、财政部）“六五”国家科技攻关奖。

5月29日 云南以礼河梯级水电站（水电十四局承建）纪念碑落成典礼在云南省会泽县干沟镇举行。云南省顾问委员会副主任高治国、原水电十四局局长李天柱、云南省电力局副局长赵汝德出席仪式并讲话。鲁布革工程管理局局长杨克昌，水电十四局党委书记梁祥麟，局长王开弼，原水电十四局老领导刘坚、王中原、韩士礼、杜福喜、曲鸿喜等参加仪式。

7月 水电十四局组队参加水电建设总公司举办的“龙羊水电之声”歌手赛，分别获一等奖、新秀奖和创作奖。

同月 水电十四局“风化料做高土石坝防渗体材料”、“半湿喷新工艺实验及减水剂在喷混凝土中的应用”、“鲁布革地下厂房围岩监控”和“钢纤维混凝土实验研究报告”4项科研成果同获水利电力部表彰。

8月26～30日 水电十四局工作会议在昆明召开，参加会议的代表共110人。会议的主要任务是：贯彻云南省委思想政治工作会议精神和云南省县长会议关于劳动人事制度改革的精神。局党委书记梁祥麟作“更新观念，坚持改革，改善和加强思想政治工作”的工作报告；局长王开弼分析当前工作安排，部署四季度的工作；副局长黄文超传达劳动、人事制度改革的精神。

10月6日 水电十四局〔1986〕局劳字第42号文通知：贯彻执行云南省人民政府〔1986〕130号文件精神，推行国营企业劳动合同制。

10月13日 云南省副省长陈立英视察水电十四局参建的云南鲁布革水电站。

11月17～18日 国务院总理赵紫阳、副总理李鹏在贵州省省长王朝文和云南省省长和志强的陪同下，视察水电十四局参建的云南鲁布革水电站。

11月28日 由国务委员张劲夫率领的政府代表团出席喀麦隆拉格都水电站工程纪念碑落成典礼。喀麦隆政府对参与电站建设的水电十四局22名职工进行授勋。

12月 以朝鲜民主主义共和国电力工业部李仁均为团长的电力考察团一行6人，到水电十四局参建的云南鲁布革水电站工地考察。

同月 水电十四局“水电站大型地下洞室围岩稳定和保护的计算分析和测试技术研究”和“软岩石风化料基本特性及作高土石坝防渗材料工程性质”分别获“水利电力部科技进步一等奖”。

1986年 水电十四局研发的“地下工程快速施工关键技术”等8项科研项目获“六五国家科技攻关奖，另有3项科研项目获水利电力部“科技表彰奖”。

1987年

1月14日 以贵州省副省长张玉芹为团长的贵州省慰问团一行63人到水电十四局参建的云南鲁布革水电站工地进行慰问。水电十四局副局长张基尧陪同。

1月17日 以云南省副省长李铮友为团长的云南省人民政府慰问团一行85人到水电十四局参建的云南鲁布革水电站工地进行慰问。水电十四局党委书记梁祥麟，副局长黄文超、张基尧，鲁布革管理局局长杨克昌等陪同。

1月19日 云南省政协副主席刀世勋率慰问团一行61人到水电十四局参建的云南鲁布革水电站工地慰问。水电十四局党委书记梁祥麟、副局长张基尧陪同。

2月10日 水电部副部长陆佑楣到水电十四局机电安装公司视察，听取了安装公司领导的工作汇报，参观了金属结构厂、中心实验室和X光探伤组。

2月12～17日 水电十四局在昆明召开1987年局工作会议，参加会议的代表共93人。会议提出坚持四项基本原则，反对资产阶级自由化，深入改革搞活企业，开展增产节约。局长王开弼代表工程局作“搞好内部改革，提高管理水平，争取水电十四局经济持续、稳定、协调地向前发展”的讲话。局党委书记梁祥麟代表局党委作“坚持四项基本原则，加强思想政治工作，努力推进全面改革和两个文明建设”的讲话。

3月22日 云南省省长和志强到水电十四局参建的云南漫湾水电站视察工作，并在漫湾水电站工程管理局局长贺恭、水电十四局副局长孙启林、副总工程师陆万象等领导的陪同下，参观了水电十四局承建的1号导流洞。

4月1日 原电力部顾问、水电总局局长张铁铮应邀到水电十四局检查指导工作。

5月6～8日 水电部高压钢管会议在鲁布革水电站工地召开。水电十四局机电安装公司在会上汇报与日本川畸重工联合制作压力钢管、岔管和施工中的组织管理情况。会议对鲁布革水电站的高水头、大直径钢管制作经验进行了全面总结。

7 月 水电十四局“水电站大型地下洞室围岩稳定和支护的计算分析和测试技术的研究”、“软岩风化料基本特性及作高土石坝防渗材料工程特性的研究”分别获国家科学技术进步奖及评审委员会科技进步二等奖、三等奖。

8 月 6 日 《人民日报》头版头条刊登杨飏的通讯《鲁布革冲击》。

8 月 21 日 水电十四局和鲁布革工程管理局在昆明联合召开“李景沆从事水电建设五十年座谈会”。水电部建设总局、中国水力发电学会发贺电。

9 月 5 日 水电十四局修造厂试制成功直径 5.8 米的自行式针梁钢模。

10 月 21 日 由水电十四局承建的西洱河三级水电站第一台机组提前 70 天并网发电。

11 月 11～13 日 水电十四局在昆明召开工作会议，参加会议的代表共 100 多人。会议的主要内容是：学习十三大文件，全面推行厂长负责制，部署 1988 年的工作。局长王开弼作专题讲话，党委书记梁祥麟作“为水电十四局振兴、发展而奋斗”的讲话。

12 月 4 日 水电十四局中标承建的福建九龙江南一水库工程承包合同签字仪式在福建漳州宾馆举行，合同额为 8950 万元。水电十四局局长王开弼出席签字仪式。

12 月 20 日 由水电十四局承建的云南漫湾水电站 1 号导流洞提前 1 年分流过水。

1988 年

2 月 9～12 日 水电十四局工作会议在昆明召开，参加会议的代表共 180 人。会议的主要内容是：总结 1987 年的各项工作，部署和安排 1988 年的工作任务，研究和制定水电十四局深化改革的各项措施，实行局长任期目标责任制和经营承包责任制。局长王开弼作“加快改革步伐，增强竞争能力，努力打开我局对外承包新局面”的报告，局党委书记梁祥麟作重要讲话，副局长张基尧传达了水电部计划工作会议精神。

同日 贵州省副省长王泽安率领贵州春节慰问团到鲁布革水电站工地慰问水电十四局职工。

2 月 11 日 云南省副省长朱奎率领云南省春节慰问团到鲁布革水电站工地慰问水电十四局职工。

3 月 9 日 水电十四局下发〔1988〕职改字第 24 号文，试行技师聘任制。

3 月 25 日 应中国水利部对外工程公司的邀请，水电十四局派工程技术专家 17 人，到阿尔及利亚共和国布库尔丹电站参加堆石坝建设。

4 月 11 日 中共水电部建设局党组〔1988〕水建党字第 29 号文批准水电十四局试行局长负责制。

4 月 水电十四局分包承建广西天生桥二级水电站引水隧洞工程，合同额为 3142 万元。

5 月 24 日 由水电十四局承建的云南漫湾水电站 2 号导流洞提前分洪度汛。

6 月 16 日 水电十四局中标承建广州抽水蓄能电站排风洞、交通洞、尾水隧洞进出口明挖工程。

9 月 20 日 反映水电十四局承建鲁布革水电站施工建设情况的长篇报告文学《鲁布

革阵痛之谜》在《花城》文学杂志第五期发表。

9月23日 水电十四局承建的云南鲁布革水电站大坝一次下闸蓄水成功。

11月14日 水电十四局承建的中非姆巴利水坝工程开工。

12月10日 水电十四局承建的福建漳州市南一水库截流成功。

12月27日 水电十四局承建的云南鲁布革水电站第一台机组发电剪彩仪式在电站厂房举行。贵州省省长王朝文和云南省省长和志强剪彩，水电十四局党委书记梁祥麟主持剪彩仪式。

1989年

1月1日 为适应改革需要，水电十四局对二级单位全面实行经济责任制。

4月18日 水电十四局承建的云南漫湾水电站2号导流洞工程荣获云南省优质工程一等奖。

5月13日 水电十四局〔1989〕局字第34号下发《1989～1991年期间内部承包经营责任制实施细则》文件。

水电十四局中标承建的广州抽水蓄能电站主体工程（上库坝、引水、厂房及尾水系统工程）合同签字仪式在广州市广东大厦举行。广东省有关部门领导、广州抽水蓄能电站联营公司领导、广东省电力局副局长罗绍基、水电十四局副局长张基尧、水电十四局广东分局领导共100多人出席签字仪式，中标合同额为2.36亿元。广州抽水蓄能电站是当时世界上最大的抽水蓄能电站。

5月 由水电十四局编著的《水电建设现代化探索——鲁布革水电站建设的基本经验》出版。

6月9日 水电十四局党委发出关于学习中共中央国务院《告全体共产党员和全国人民书》的紧急电话通知，要求局属各单位认真抓好当前的学习教育，从思想上、行动上和中共中央保持一致，明辨是非，顾全大局，反对暴乱。

7月11～14日 水电十四局党委在昆明召开全局党员领导干部会议。局党政领导、局属各单位主要领导、局机关副处以上党员干部共97人参加会议。会议学习和贯彻了中共十三届四中全会精神，重点学习邓小平同志的重要讲话、李鹏同志的报告和江泽民在四中全会闭幕时的讲话。局党委书记梁祥麟作“认真学习四中全会精神，切实加强政治思想工作”的讲话，局长王开弼作“统一思想，坚定信心，狠抓落实，坚决把下半年生产搞上去”的讲话。

8月25日 水电十四局教育培训中心被中国电力企业联合会授予“教育工作先进集体”称号。

9月19日 水电十四局第十届职工代表大会在昆明召开，出席会议的代表共219人。局党委书记梁祥麟致开幕词，局长王开弼作“克服一切困难，稳步发展企业，为实现我局三年奋斗目标而努力”的工作报告。

10月4日 水电十四局安装公司一公司电气工段被能源部评为部级“先进集体”。

10月 水电十四局天生桥开挖队修理班、二公司修配厂铆焊班被中国电力企业联合会、中国水利电力工会评为“先进班组”。

11 月 水电十四局中标承建中非共和国姆巴里水电站，中标合同额为 3086 万美元。

11 月 27 日～12 月 1 日 中国水利学会施工专业委员会、中国水力发电工程学会模板学组隧洞钢模设计与施工专题研讨会在水电十四局召开。水电十四局介绍了《全断面针梁钢模》。

12 月 20 日 福建省省长王兆国到水电十四局承建的南一水库工程视察。

1990 年

2 月 13～17 日 水电十四局在昆明召开 1990 年工作会议，贯彻全国能源会议和总公司干部会议精神。局长王开弼作“搞好治理整顿，挖掘内部潜力，努力提高我局劳动生产率和经济效益”的工作报告。党委书记梁祥麟作“牢固树立稳定是大局的思想，团结奋斗为本世纪末再翻一番实现开门红”的讲话。

2 月 24 日 建设部以 37131193 号证书核定水电十四局为水利水电建筑施工一级企业资质，并颁发证书。

3 月 15 日 能源部水电总公司副总经理张道富到水电十四局承建的广州抽水蓄能电站工地检查指导工作。

5 月 21 日 能源部副部长陆佑楣、国家能源投资公司总经理姚振炎视察水电十四局承建的广州抽水蓄能电站工程工地，听取了广州抽水蓄能电站联营公司总经理罗绍基、水电十四局副局长张基尧的工作汇报。

6 月 4 日 经建设部批准，水电十四局取得对外承包资质。

7 月 14 日 水电十四局承建广州抽水蓄能电站机电安装工程中标合同正式签字。电站装机容量 240 万千瓦。

9 月 水电十四局水电二中被能源部评为“德育先进工作单位”。

11 月 3 日 水电十四局承建的中非共和国姆巴里水坝下闸蓄水。

11 月 20 日 水电十四局参建的喀麦隆拉格都水电站二期保护工程开工。

11 月 29 日 中共广东省委书记谢非到水电十四局承建的广州抽水蓄能电站视察。

12 月 16 日 能源部部长黄毅诚到水电十四局承建的广州抽水蓄能电站视察。

12 月 18 日 国家计划委员会副主任姚振炎到水电十四局承建的广州抽水蓄能电站视察。

12 月 20 日 水电工程总公司副总经理罗洪一行 5 人到水电十四局承建的广州抽水蓄能电站视察。

1990 年 水电十四局“ZL 硫化剂的研制”获水利部“科技进步四等奖”。

1991 年

1 月 10 日 广东省省长叶选平到水电十四局承建的广州抽水蓄能电站视察。

1 月 18 日 水电十四局机电安装公司被云南省政府评为“省安全生产单位”。

1 月 27 日 广东省人大常委会主任林若到水电十四局承建的广州抽水蓄能电站视察。

2月5～9日 水电十四局1991年度工作会议在昆明召开，参加会议的代表共100多人。局长王开弼作“为水电十四局经济持续稳定发展和企业上等级而奋斗”的报告，局党委书记梁祥麟作“贯彻党中央七中全会精神，搞好两个文明建设”的讲话。

2月18日 国务委员、国家计划委员会主任邹家华到水电十四局承建的广州抽水蓄能电站视察。

4月 云南省政府召开表彰省劳动模范、先进企业会议，授予水电十四局四公司为云南省1990年度先进企业称号。

5月31日 水电十四局承建的中非姆巴里水坝工程竣工。

6月14日 由水电十四局承建的云南鲁布革水电站第四台机组投产，电站60万千瓦机组全部建成投产。

6月 水电十四局分包承建的广西天生桥一级水电站导流洞工程进点，合同额为6666.66万元。

7月10日 全国人大常委会副委员长陈慕华在广东省委副书记张帼英等的陪同下，到水电十四局承建的广州抽水蓄能电站工程视察。

7月 能源部授予水电十四局“先进施工企业”称号。

8月22日 广东省代省长朱森林、副省长张高丽到水电十四局承建的广州抽水蓄能电站工程视察。广州抽水蓄能电站联营公司总经理罗绍基、副总经理曾德安，水电十四局副局长兼广东分局局长张基尧、总工程师马洪琪等陪同。

9月1日 由水电十四局承建的中非共和国姆巴里水坝工程竣工。中非共和国总统科林巴为工程落成揭碑、剪彩，向建设有功人员授勋。水电十四局副局长孙启林被授予高级骑士勋章，局副总工程师王金汉被授予骑士勋章。

9月 昆明市人民政府授予水电十四局“市级文明机关”称号。

11月23日 能源部、中国水利电力工会授予水电十四局一公司章巴工程公司碎石班全国电力行业“安全生产先进班组”称号。

11月26～30日 中共水电十四局委员会召开五届一次扩大会议。局党委书记梁祥麟，局长王开弼，局党委副书记牟智铃，副局长张基尧、陆承吉、尚明华，总工程师陈伯之，总会计师刘东生等出席会议。会议传达学习了中共中央和省委有关会议精神，着重研究当前水电十四局工作中的若干重大问题；讨论通过了《关于工程局经济发展十年规划和“八五”计划》。局党委书记梁祥麟作“为实现第二步战略目标而努力奋斗”的讲话，局长王开弼作重要讲话。

11月 能源部发出“关于表彰1991年质量、品种、效益年水电优质工程，质量管理先进企业，先进集体和先进工作（生产）者的决定”：水电十四局广东分局获“质量管理先进企业”称号，水电十四局二公司灌浆队、广东分局二公司、广东分局三公司获“质量管理先进集体”称号。

12月15日 中共贵州省委书记刘正威到水电十四局承建的广州抽水蓄能电站视察。

12月21～23日 能源部水电开发司、中国水利水电工程总公司和国家能源投资公司等单位在水电十四局承建的广州抽水蓄能电站工地联合召开“能源部广州抽水蓄能电站建设经验交流会”。能源部副部长陆佑楣，广东省副省长、广州抽水蓄能电站联营公司领导小组组长匡吉，能源部水电开发司司长汪恕诚、副司长傅洪生，中国水利水电工程总公司总经理王高亮，国家能源投资公司总经济师张全，水电规划总院副院长王信茂，全国水电系统，各电管局，业主单位，设计院等共92家单位150多人参加会议。能源部水电开发司司长汪恕诚作“学习广蓄经验，坚持改革开放，为提高水电建设水平而努力”的报告。水电十四局党委书记梁祥麟，副局长孙启林、张基尧、尚明华出席会议，水电十四局广东分局等5个单位在会上交流了项目法施工管理等方面的经验和体会。

12月 水电十四局中标承建湖南城步白云电站，中标合同额为9693.61万元。

1992年

1月1日 为深化企业内部改革，水电十四局对二级单位实行第二轮经济承包责任制。

3月5日 水电十四局承建的湖南白云电站正式开工。

4月4日 能源部副部长史大桢到水电十四局承建的广州抽水蓄能电站工地视察，水电十四局副局长孙启林、尚明华，水电十四局广东分局副局长兼总工程师马洪琪等陪同。

5月26～29日 水电十四局第五次工会会员代表大会在昆明召开，参加会议的代表共109人。云南省总工会主席施义、局党委书记梁祥麟、副局长陆承吉出席会议并讲话，局党委副书记牟智铃、总会计师刘东生出席会议，中国水利电力工会发贺电。会议的主要任务是：认真贯彻新《工会法》，明确工会组织在新的历史时期的任务，审议局第四届工会工作委员会报告，选举产生第五届工会工作委员会及工会主席、副主席。

5月 水电十四局“水电站导洞混凝土堵头高快连续浇筑侧壁不灌浆技术”获“水利电力部科技进步二等奖”。

7月14日 水电总公司中水电干〔1992〕74号文转发中央组织部〔1992〕干调字126号和能源部人事劳动司人机〔1992〕82号文，批准水电十四局副局长张基尧调至水电总公司。

7月20日 《经济参考报》公布《管理世界》中国企业评价中心与国家统计局固定资产投资统计司共同评价排列的1992年度中国500家最大建筑企业名录中，水电十四局排名第34位。

8月20日 水电十四局承建的福建山仔水利枢纽开工，中标价为4965.53万元。

8月29日 水电十四局第二中学被中国电力企业联合会评为“电力系统教育先进集体”。

8月31日 水电十四局承建的江西省斗晏电站开工，中标价为6125.35万元。

10月20日 水电总公司中水电劳〔1992〕60号文将水利电力部第十四工程局更名为“中国水利水电第十四工程局”。

10月 能源部授予水电十四局四公司广东分公司混凝土队混合一班、三公司广东分公司机运队修理班“部级先进班组”称号。

11月11日 水电十四局承建的福建南一水库下闸仪式在南一水库工地举行。福建省漳州市长韩玉林、水电十四局局长王开弼等共200多人参加仪式。

11月23日 水电十四局承建的福建山仔水利枢纽工程截流。

12月11日 水电十四局承建的云南鲁布革水电站通过国家验收委员会竣工验收。

12月21～23日 水电十四局第二次科技大会在昆明召开，参加会议的代表共80多人。局党委书记梁祥麟作“推进科技进步，加速经济发展，为把我局建设成社会主义现代化企业而奋斗”的讲话，总工程师陈伯之作“加快科技进步步伐，促进科技成果转化，为开创我局科技工作新局面而奋斗”的工作报告。会议总结了改革开放以来水电十四局依靠科技进步，促进经济发展和工程建设的经验；表彰局属科技进步先进单位，推进科技进步先进工作者，评审奖励科技成果。

12月 水电十四局编著的《水电建设项目现代化施工管理的探索——项目法施工在广州抽水蓄能电站的实践》（上册）出版。

1992年 水电十四局“土质防渗体高土石坝研究”获“能源部科技进步一等奖”。

1993年

2月5日 水电总公司中水电干〔1993〕20号文免去王开弼水电十四局局长职务（退休），由副局长孙启林主持行政工作。

3月1日 全国政协副主席钱正英到水电十四局承建的广州抽水蓄能电站视察。

3月15日 水电十四局中标承建浙江天荒坪抽水蓄能电站地下厂房和下库坝工程，中标额为2.1亿元人民币。

3月27日 水电十四局承建的云南漫湾水电站1号导流洞下闸一次成功。

4月1日 水电十四局承建的广州抽水蓄能电站二期主体工程开工。

4月20日 水电总公司党组中水电党〔1993〕12号文任命孙启林任水电十四局局长。

4月28日 中共福建省委书记陈光毅到水电十四局承建的福建山仔水电站视察。

4月 中国作家协会副主席冯牧到水电十四局参建的云南漫湾水电站工地采访。

6月30日 水电十四局党委宣传部和水电十四局漫湾施工局编印的《漫湾电站建设中的水电十四局》出版。

6月 在云南省社会经济评价中心、省统计局等联合举办的1992年云南省最大100家建筑施工企业排名活动中，水电十四局排名第2位。

7月2日 在云南漫湾水电站第一台机组投产庆功大会上，云南省省长和志强代表云南省委、省政府，水电总公司副总经理王高亮代表总公司分别向水电十四局颁发“励精图治、献身水电、开发沧江、再展宏图”及“团结奋斗谱新篇、澜沧明珠放光彩”的锦旗。

8月2日 广东省人民政府在水电十四局承建的广州抽水蓄能电站举行发电庆典，中共中央政治局委员、国务院总理李鹏为庆典题词。中共中央政治局委员、副总理邹家华，中共中央政治局委员、广东省省委书记谢非，广东省省长朱森林，国家计划委员会副主任姚振炎，电力部副部长陆延昌，中央各部委和广东省、广州市、广州军区、从化县有关领导，以及参加建设的业主，施工、设计、监理等单位的领导和代表，中外专家，中央新闻单位400多名来宾及水电十四局领导尚明华、马洪琪、汪先绪、陈锦棪、原局长王开弼和功臣代表等参加了庆典。

8月3日 水电十四局在广州抽水蓄能电站工地召开发电庆功表彰大会，表彰了先进集体24个、一等功臣38人、二等功臣104人、三等功臣259人。水电总公司总经理张基尧在会上作重要讲话。

9月11～15日 水电十四局第十一届职工代表大会在昆明召开。中共云南省委副书记、云南省人大常委会主任尹俊，原省委老领导高治国，省总工会主席施义出席开幕式并作了重要讲话。局长孙启林作“抓住有利时机，加快发展步伐，为实现水电十四局经济再上一个新台阶而努力奋斗”的工作报告，党委书记梁祥麟作“团结奋进，求实创新，推进水电十四局经济再上新台阶”的讲话，工会主席陈锦椧代表第十届职代会作工作报告。会议听取了总会计师刘东生作了“关于工程局1989～1992年财务决算”的报告，副局长陆承吉作了“关于工程局劳动、人事工资制度改革方案的报告”，副局长尚明华作了“关于工程局多种经营发展十年规划报告”。

10月14日 水电十四局被《管理世界》中国企业评价中心与国家统计局评为1993年中国500家最大建筑企业第58位。

10月30日 水电十四局中标承建长江三峡工程专用公路C－1标工程，合同价为7589万元。合同签字仪式在湖北宜昌举行，副局长曹保华出席签字仪式。

10月 水电十四局被《管理世界》评价中心与建设部、国家统计局共同评为1993年中国水利电力系统25家最大经营规模建筑企业第5名。

11月13日 《人民日报》头版头条发表长篇通讯《广州抽水蓄能电站建设改革纪事》，称赞水电十四局“在鲁布革电站建设中立下赫赫战功”，在广蓄电站建设中被誉为“地下工程施工铁军”。

11月25日 水电十四局承建的湖南白云电站截流。

11月 水电十四局中标承建长江三峡工程对外公路隧洞工程，中标额为8222.15万元。

12月16日 水电十四局中标云南大朝山水电站导流洞工程（DCS/C1），中标合同额为1.18亿元。

12月26日 水电十四局承建的江西寻乌斗晏电站截流。

12月 水电十四局《广蓄长斜井快速施工技术》获“云南省首届青年科技成果大奖赛一等奖”。

12月28日 水电十四局参建的云南大朝山水电站前期工程开工典礼在大朝山水电站工地举行。云南省省长和志强、副省长牛绍尧、云南省政府有关部门领导和水电十四局副局长曹保华、总工程师陈伯之参加开工典礼。

12月 水电十四局《土质防渗体高土石坝研究》获国家科学技术委员会颁发的“国家科学技术进步奖”。

1994年

1月8日 水电十四局中标的广州抽水蓄能电站二期工程土建主体工程（中标额为

3.72亿元）在广州举行合同签字仪式。广州抽水蓄能电站联营公司领导小组组长匡吉，广东省建设委员会副主任黄锦鸿，广东省对外经济贸易委员会办公室主任廖国济，广东省电力集团公司董事长、广州抽水蓄能电站联营公司领导小组常务副组长陈岗，广东省电力局局长吴希荣，中国南方电力联营公司副总经理赵俊，广东核电投资有限公司副总经理连环雄，水利部珠江委员会主任薛建枫，广州抽水蓄能电站联营公司总经理罗绍基，以及广东省政府有关部门、从化县政府有关领导、新闻单位，水电十四局副局长马洪琪及水电十四局有关部门领导参加了签字仪式。

1月28～30日 水电十四局1994年工作会议在昆明召开，参加会议的代表共200多人。会议的主要任务是：抓住难得机遇，加大改革力度，确实转换经营机制，增强企业内部活力，加强管理，挖掘潜力，提高效益，努力实现水电十四局经济工作登上一个新的台阶。水电十四局局长孙启林传达了全国电力工作会议精神，并作了“抓住难得机遇，加快改革步伐，增强企业活力，为我局经济发展登上新台阶而努力奋斗”的工作报告。水电十四局党委书记梁祥麟作了重要讲话，原局长李天柱、王开弼出席会议并讲话。

1月31日 由水电十四局安装的广州抽水蓄能电站4号机组（装机容量30万千瓦）并网发电，电力工业部发来贺电。

3月1日 水电十四局承建的浙江天荒坪抽水蓄能电站地下厂房开工。

3月12日 水电十四局承建的浙江天荒坪抽水蓄能电站实现截流。

3月 水电总公司授予水电十四局“1993年度水电施工系统安全生产先进企业”称号。

4月 在电力部1993年科技进步奖项评比会上，水电十四局研制的《高压长斜井快速施工技术》和《无钢衬高压钢筋混凝土岔管施工技术》均获“应用性研究成果一等奖”，《广蓄电站上库钢筋混凝土面板堆石坝施工技术》获“应用性研究成果二等奖”；由水电十四局、东北勘测设计院、广东省水利水电科学研究所完成的《广蓄电站高压岔管现场模拟压水试验与研究报告》获“理论性研究成果三等奖”。

4月 中华人民共和国对外合作贸易经济部以〔1994〕外经贸政审函字第310号文批准水电十四局开展对外经济技术合作业务，其对外经营范围为：①承包本行业国外工程和境内外资工程；②上述工程所需的设备、材料；③对外派遣本行业生产服务的劳务人员。

4月 在1994年水电投产工作会议上，电力部表彰1993年水电投产300万千瓦功臣。水电十四局受表彰的功臣单位为广东分局安装公司、漫湾施工局。

4月28日 水电总公司总经理张基尧到水电十四局承建的广州抽水蓄能电站工地检查指导工作。

5月9日 水电十四局在昆明召开建局四十周年庆祝大会。中共云南省委常委、副省长李嘉廷，省政协副主席李林阁，原中共云南省委副书记高治国，水电总公司党组副书记、副总经理罗洪，云南省总工会主席施义，昆明市副市长张朝辉，云南省电力局局长朱志强，云南省和电力部有关部门领导，新闻单位记者以及水电十四局的党政领导、劳动模范、先进生产者和职工代表300多人参加了庆祝大会。中共云南省委、省政府、省人大、电力部、水利部、水电总公司和有关单位发来贺电。庆祝大会由局党委书记梁祥麟主持，局长孙启林作重要讲话。中共云南省委常委、副省长李嘉廷，原中共云南省委副书记高治国，水电总公司党组副书记、副总经理罗洪，云南省总工会主席施义，昆明市副市长张朝辉，省电力局长朱志强分别发表讲话。

5月12日 水电总公司党组书记、副总经理罗洪在水电十四局干部会议上宣布中水电〔1994〕15号文：汪先绪任水电十四局党委书记，原党委书记梁祥麟因年龄原因退休。

5月 根据电力部、水电总公司关于“三项制度”改革的要求，按照精简、高效、多功能的原则，水电十四局机关进行机构改革。在精简机构，定编、定员、定岗、定责的基础上，通过群众推荐、本人自荐、组织考察、党政会议决定的程序，进行公开、公平、公正竞争上岗。局机关职能部门由原来的27个精减为16个，编制定员由原来的300人精减为170人，局机关副处以上干部由50人精减为32人。

6月14日 水电总公司中水电干〔1994〕42号文，因工作需要，水电十四局党委副书记牟智铃调任水利水电第九工程局党委书记。

9月14日 在云南省经济评价中心、云南省建设厅、云南省统计局联合举办的云南省建筑企业100强排名活动中，水电十四局排名第2位。

11月 水电十四局被中国工程爆破协会授予“中国工程爆破协会团体会员证”。

12月2日 中共浙江省委副书记、常务副省长柴松岳到水电十四局参建的浙江天荒坪抽水蓄能电站工地视察。

12月6日 水电十局承建的广州抽水蓄能电站一期工程竣工庆典在广蓄电站工地举行，庆典活动由广州抽水蓄能电站联营公司举办。广蓄电站建设领导小组组长、原广东省副省长匡吉，广东省政府有关部门领导，广蓄电站联营公司，工程监理，水电十四局广东分局，法国厂方代表，外国咨询专家等100多人参加庆典活动。

12月21日 电力部副部长查克明在广东省电力局局长吴希东、广蓄电站联营公司总经理罗绍基的陪同下，到水电十四局承建的广州抽水蓄能电站工地视察。水电十四局副局长马洪琪、总工程师朱镜芳等陪同。

12月25日 水电十四局参建的广西天生桥一级水电站截流。

12月 水电十四局承建的云南鲁布革水电站堆石坝工程获“中国建筑工程鲁班奖”。

1994年，水电十四局被国务院发展研究中心、建设部建筑业司评为“中国堤坝、电站、码头建筑业100家最大经营规模建筑企业”。水电十四局被国务院发展研究中心建设部建筑业司评为“500家最佳经济效益建筑业企业”。

1995年

1月15日 水电总公司副总经理孙玉才带队到水电十四局进行“三项制度改革”检查验收，并签署了验收报告。报告肯定了水电十四局“劳动、工资、人事制度改革”取得的初步成果。

1月22～24日 水电十四局在广州抽水蓄能电站工地召开领导干部会议，局党政班子成员以及局属各单位党政主要领导、局机关各部室主要负责人参加了会议。会议贯彻全国电力工作会议精神，总结和交流广蓄经验，部署和安排1995年工作。水电总公司副总经理罗洪到会并作重要讲话。水电十四局局长孙启林作“适应市场，苦练内功，强化管理，提高效益，确保今年我局经济持续、稳步、健康发展”的讲话。局党委书记汪先绪，副局长陆承吉、马洪琪、曹保华、陈银根，党委副书记温其大，总会计师刘东生等领导分别在会上发表讲话。

2月 水电十四局《高压长斜井优化设计与施工》获电力工业部“科技进步一等奖”。

3月 在中国企业评价中心、建设部建筑业司、国家统计局固定资产投资统计司联合举办的1994年度中国500家建筑业评价活动中，水电十四局在中国500家最大经营规模建筑业排序中位居第59位（其中堤坝、电站、码头在建筑业排序中位居第8位），在中国500家最佳经济效益建筑业一级资质企业排序中位居第194位（其中堤坝、电站、码头在建筑业排序中位居第24位）。

4月7～11日 水电总公司党组书记、总经理张基尧到水电十四局检查指导工作，并在水电十四局干部大会上宣布了中水电干〔1995〕20号文——《关于马洪琪等同志职务任免的通知》，聘任马洪琪为水电十四局局长，陆承吉为水电十四局第一副局长。

4月25日 中国科学院院士、中国大坝委员会主席、中国工程院副院长潘家铮，中国科学院院士、瑞典皇家工程学院外籍院士张维，能源研究委员会主任、电工研究所所长、乌克兰科学院外籍院士、国家技术计划能源领域专家委员会委员严陆光，中国科学院院士、电力科学研究院总工程师周守信，中国科学院工程热物理研究所所长蔡睿贤，全国人大常委会委员、人大环境与资源保护委员会委员、中国核能动力学会理事长彭士禄，中国科学院、中国工程院院士钱臬鈞、张宗祜等人到水电十四局承建的广州抽水蓄能电站工地考察。

5月25日 电力部科技成果鉴定会在水电十四局承建的广蓄电站工地召开。中国工程院副院长、电力部顾问潘家铮，原电力部副部长、水电学会理事长李鹗鼎等17位专家组成的鉴定委员会认真听取了广蓄电站联营公司、水电十四局、广东省水电设计院、广蓄一期工程监理评审汇报。与会专家还在广蓄联营公司总经理罗绍基、水电十四局局长马洪琪的陪同下详细考察了已竣工的一期工程。评审会认定：“本工程建设全面实现了工期短、质量好、投资省、环境保护好、运行先进，在广东电网中发挥了重要作用，技术经济、社会效益极为显著，本成果整体上达到90年代国际先进水平。其中，高压斜井和高压岔管勘测设计与施工达到国际先进水平”。

5月 水电十四局中标承建浙江天荒坪抽水蓄能电站机电安装工程，中标额为9037.5万元。

同月 水电十四局参建的云南鲁布革水电站堆石坝工程和地下厂房枢纽工程分别被云南省建设厅、云南省建筑业协会评为“云南优质工程一等奖”和“云南优质工程二等奖”。

5月30日～6月1日 电力部在广州从化县召开现场交流会，推广广蓄电站建设管理经验。电力部副部长汪恕诚，国家开发投资公司总经理王文泽，原电力部副部长李鹗鼎，中国工程院副院长、电力部顾问潘家铮，原广东省副省长、广蓄电站领导小组组长匡吉，水电总公司总经理张基尧，以及国家计划委员会、水利部、建设部、全国总工会、国家开发银行、广东省等单位和部门领导，全国水电建设、施工、设计、运行系统共130多位代表参加了会议。水电十四局局长马洪琪作“苦练内功，深化管理，提高效益，推进项目法施工再上新台阶”的经验交流发言，系统地介绍了广蓄电站深化项目法施工的经验。水电总公司总经理张基尧在讲话中要求全国水电施工企业要认真学习和推广广蓄经验。

6月10日 水电十四局领导干部会议在昆明召开。会议传达了水电总公司工作会议精神和电力部广蓄建设管理经验交流会精神。局长马洪琪在会上分析了当前工程局的形势和面对的困难，提出下半年工作出路和经营目标的调整意见。

6月 水电十四局分包承建广西天生桥一级水电站溢洪道工程，中标额为1.56亿元。

8月8日 根据云南省政府有关规定，工程局下发《水电十四局劳动合同制度实施方案》。

8月15日 水电十四局在昆明召开贯彻劳动合同制度工作会议，全面推行劳动合同制度。水电十四局机关部门领导、局属二级单位劳动工资负责人共50多人参加了会议。局党委书记汪先绪出席会议并讲话。

8月16～18日 水利部在福建连江县召开由水电十四局承建的山仔水利枢纽建设管理经验交流会。全国水利、电力系统及福建20多家重点工程建设单位共140多名代表参加了会议。会上，水电十四局谈了在山仔水利枢纽工程施工中探索、快速、优质项目法施工的做法和体会。

11月8日 水电十四局中标承建的云南楚雄到大理的高速公路第12标段举行开工典礼。

12月8日 中共云南省委常委、副省长刘绍尧到水电十四局检查指导工作。

12月 水电十四局中标承建广州永和公路工程，中标额为5725万元。

1995年 水电十四局《XDM－8.5型液压全断面多功能模板》获“中国青年科技博览会金奖”，《广蓄项目法施工科学管理》获“电力行业企业管理现代化优秀成果一等奖”。

1996年

2月8日 电力部副部长赵希正在水利电力工会主席吕保柱、水电总公司总经理张基尧、电力部办公厅副主任丁长顺、云南省电力局局长朱志强、水电十四局党委书记汪先绪及副局长李鹏程的陪同下，到水电十四局曲靖基地慰问困难职工家庭。

同日 水电十四局承建的黄河小浪底2标1号导流洞工程开工。

2月11～15日 水电十四局在昆明召开水电十四局1996年度工作会议，参加会议的代表共140多人。水电总公司总经理、党组书记张基尧出席会议并作了重要讲话。会议的中心议题是：围绕经济体制和经济增长方式两个根本性转变，找准水电十四局深层次的问题，采用有力措施加大企业发展、改革、管理的力度，为“九五”期间企业发展登上一个新台阶创造条件。会上，局长马洪琪作了“转变思想观念，适应市场竞争，促进我局经济持续、稳定、健康发展”的报告，党委书记汪先绪作了“认真贯彻十四届五中全会精神，抓住新的机遇，适应新的形势，争取新的发展”的讲话，第一副局长陆承吉作了总结报告。会议还讨论了《水电十四局加快企业发展的改革方案》、《项目管理办法》、《内部银行管理办法》、《多种经营管理办法》、《资产管理办法》。

2月28日 国家建设部向水电十四局核发工程总承包一级企业资质证书。

2月 水电十四局中标长江三峡电站永久船闸二期工程第三标段和第四标段，工程合同总额为3.9亿元。

同月 由水电十四局分包承建黄河小浪底二标1号导流洞扩挖及混凝土衬砌工程，担负确保1997年黄河截流的主攻任务，合同额为1.46亿元。

3月31日 由水电十四局为责任方的宜昌三峡工程三联总公司中标承建的三峡永久船闸地下工程开工典礼在三峡工地举行。

5月7～9日 共青团水电十四局第六次代表大会在昆明教育中心召开，局属各单位的88名代表参加了会议。团省委组织部李雁代表团省委到会指导并讲话。局党委书记汪先绪、局长马洪琪、副局长李鹏程、总工程师朱镜芳出席会议并分别讲话。大会听取和审议通过了李纪恒代表局团委作的工作报告，并选举产生了共青团水电十四局第六届委员会。

5月15日 水电十四局承建的云南大朝山水电站导流工程隧洞过水分流。

5月25日 水电十四局中标承建云南保山苏帕河水库工程，合同额为6000万元，合同工期为33个月。

6月3日 江泽民总书记在水利部副部长、黄河小浪底水利枢纽建设管理局局长张基尧的陪同下，来到小浪底水利枢纽导流洞进口工地，听取了OTFF联营体董事长、水电十四局第一副局长陆承吉的工作汇报。

6月17日 水电十四局承建的云南保山苏帕河水库工程开工典礼在工地举行。云南省省长和志强出席开工典礼并下达开工令，水电十四局局长马洪琪出席开工典礼并讲话，省地县有关领导及水电十四局副局长曹保华等出席。

7月 水电十四局广东分局荣获电力部颁发的“全国电力系统双文明单位”称号。

同月 水电总公司分别召开创建文明单位表彰大会。水电十四局广东分局、水电十四局机电安装总公司荣获“中国水利水电总公司双文明单位”称号。

8月10日 水电十四局下发局〔1996〕59号文《水电十四局内部承包责任制管理办法》等7个相关文件，推行第三轮内部经济承包责任制。

9月28日 水电十四局分包承建的黄河小浪底水利枢纽1号导流洞工程开挖结束。

10月1日 水电十四局承建的西藏松达水电站竣工投产发电。天津市副市长王德惠率领天津市代表团，西藏自治区副主席向阳率领西藏代表团，水电十四局第一副局长陆承吉率领水电十四局工作组以及昌都地区、芒康县有关部门领导参加了竣工庆典。

同日 浙江省委书记李泽民到浙江天荒坪电站工地慰问水电十四局干部职工。

10月7～10日 电力部农电司主持的“广蓄抽水蓄能电站一期工程竣工国家验收会议”在广蓄工地召开，水电十四局承建的广州抽水蓄能电站一期工程通过国家验收。

10月16日 水电十四局中标承建的昆明柴石滩水库枢纽土建工程及金属结构安装工程合同签字仪式在昆明举行。土建工程中标额为1.76亿元，金属结构安装合同额为757.22万元。

10月18日 国务院副总理邹家华视察水电十四局承建的长江三峡枢纽永久船闸地下

工程。

10 月 20 日 国务院总理李鹏视察水电十四局承建的三峡枢纽永久通航船闸工程。水电十四局局长、三联总公司长江三峡枢纽永久船闸地下工程董事会董事长马洪琪，董事会董事、永久船闸二期地下工程项目总经理王和兴向李鹏汇报了永久船闸二期地下工程施工及工程形象进度面貌情况。

11 月 4 日 电力部副部长汪恕诚在三峡三联总公司永久船闸地下工程项目总经理王和兴等的陪同下，考察永久船闸地下工程。

11 月 18 日 电力部副部长汪恕诚、水电总公司总经理周大兵一行到水电十四局参建的浙江天荒坪电站工地检查工作。水电十四局党委书记汪先绪和副局长何少润、汪正中陪同视察。

11 月 29 日 国务院总理李鹏和副总理吴邦国到水电十四局参建的浙江天荒坪抽水蓄能电站工地视察。电力部部长史大桢、国家开发银行行长姚振炎和国务院部委、浙江省有关领导、水电十四局副局长兼华东分局局长何少润陪同。

11 月 水电十四局获中国水利协会施工专业委员会颁发的“地下洞室模板先进单位”荣誉证书。

同月 水电十四局《高堆石坝填筑质量控制无损检验与统计方法研究》获“云南省科技进步三等奖”。

12 月 4 日 中共云南省委常委、昆明市委书记杨健强，市政协主席张朝辉率领市委办公厅、市计划委员会、自来水公司、宜良县政府等部门的领导在水电十四局局长马洪琪、副局长黎汉皋，云南省水利厅厅长张淼，宜良县县长、柴石滩水库工程指挥长柴春智的陪同下，到水电十四局承建的柴石滩水库工地视察。

12 月 10 日 水电十四局承建的云南保山苏帕河茄子山水库工程实现一次截流成功。

1996 年 水电十四局被中华人民共和国电力工业部评为“全国电力系统双文明单位”。

1996 年 水电十四局《广蓄电站整体科研成果》获“广东省政府科技进步一等奖”、“电力工业部科技三等奖”、“国家科技委员会科技三等奖”，《高堆石坝填筑质量控制天损检验与统计方法研究》获“云南省政府科技进步三等奖”。

1997 年

1 月 25～30 日 水电十四局 1997 年度工作会议在昆明召开，参加会议的代表共 140 人。会议的主要任务是：以中央经济工作会议和全国电力工作会议精神为指导，总结 1996 年工作，研究部署 1997 年的工作目标和任务，推进工程局两个文明协调发展。局长马洪琪作了“强化内部管理，优化经济结构，推进水电十四局经济持续稳步发展”的工作报告，党委书记汪先绪作了“坚持‘两手抓，两手都要硬’的方针，推进水电十四局两个文明建设协调发展”的报告，副局长曹保华、李鹏程围绕全面质量安全和多种经营工作发表讲话，副总会计师陈光黎作了“关于 1996 年财务情况及 1997 年财务预算”的报告。

3 月 5 日 电力工业部电人教〔1997〕112 号文下发《关于将电力工业部所属企事业

单位划归国家电力公司管理的通知》，将水电十四工程局划归国家电力公司领导。

3月23日 电力部部长史大桢到水电十四局承建的广州抽水蓄能电站二期工程地下厂房工地视察。

3月27日 全国重点建设工程“青年文明号”活动推进大会在北京人民大会堂召开，水电十四局广东分局承建的广州抽水蓄能电站二期高压岔管和斜井工程、水电十四局大理分局黄河小浪底项目部1号中闸室青年突击队分别荣获团中央、国家计划委员会和建设部命名的“首批国家重点建设工程全国青年文明号”光荣称号。

4月17日 云南省人大常委会主任尹俊到水电十四局承建的云南柴石滩水库工地视察。宜良县党政领导及水电十四局党委书记汪先绪、柴石滩项目部经理陈学云等陪同。

4月25日 水利部部长钮茂生在水利部副部长兼小浪底建设管理局局长张基尧、二标工程师代表刘经迪的陪同下，到水电十四局承建的黄河小浪底1号导流洞工程检查工作。水电十四局副局长黎汉皋汇报施工情况。

4月27日 水电十四局中标承建的云南大朝山水电站长尾水隧洞工程（DCS/C5标，合同额为2.03亿元）合同签字仪式在昆明举行。

5月1日 电力部副部长汪恕诚到水电十四局参建的浙江天荒坪抽水蓄能电站建设工地慰问。

5月23日 中共云南省省委书记高严，省委常委、省委秘书长张宝三，副省长牛绍尧等领导，在省委常委、昆明市市委书记杨建祥，副市长何有德，省水利厅厅长张淼，宜良县党政领导的陪同下，到水电十四局承建的云南柴石滩水库枢纽工程建设工地视察。水电十四局副局长曹保华、曲靖分局党委副书记兼柴石滩项目经理陈学云分别汇报工程进展情况。

5月28日 全国人大常委会委员长乔石，在水利部副部长兼小浪底建设管理局局长、党委书记张基尧的陪同下，视察黄河小浪底水利枢纽工地。

6月10日 水电十四局局总工字〔1997〕03号文印发《中国水利水电第十四工程局“九五”科技发展规划（1996—2000年）》。

7月15日 云南省副省长梁公卿在迪庆州州委、州政府领导的陪同下，到水电十四局参建的螺蛳湾水电站工地视察。

8月19日 以水电十四局为责任方的FFT联营体中标承建黄河小浪底水利枢纽机电安装工程及土建工程，合同额为1.36亿元（水电十四局占7374.30万元）。

8月29日 中共中央政治局委员、国务院副总理邹家华到水电十四局参建的黄河小浪底水利枢纽工程工地视察。

10月18日 昆明市人民政府在水电十四局承建的云南柴石滩水库枢纽工程工地举行截流仪式，中共云南省省委常委、副省长牛绍尧，省委常委、昆明市市委书记杨健强出席仪式，水电十四局党委书记汪先绪在截流仪式上发言。

10月28日 水电十四局参建的黄河小浪底水利枢纽工程举行截流仪式，中共中央政治局常委、国务院总理李鹏代表中共中央、国务院发表讲话，截流仪式由水利部部长钮茂生主持。水电十四局局长马洪琪，副局长曹保华、黎汉皋应邀出席。

10 月 30 日 中共中央政治局常委、书记处书记胡锦涛在湖北省省委书记贾志杰，湖北省省长蒋祝平，长江三峡开发总公司总经理陆佑楣、副总经理贺恭、总经济师张宝声等人的陪同下，到水电十四局参建的长江三峡工程视察。在永久船闸工地，由水电十四局为责任方的三联总公司永久船闸地下工程项目部总经理王和兴，副总经理宋家华、宋建国、张建敏，总工程师周宇等领导向胡锦涛同志汇报工程情况。青云公司（水电四局和水电十四局联营体）总经理王德乾，副总经理林文进、王争鸣、李跃平等向胡锦涛同志汇报左岸厂房坝段及混凝土系统施工情况。

10 月 水电十四局被国家统计局社会与科技统计司等授予“1996 年全国建筑业科技领先百强企业”证书。

11 月 8 日 三峡工程大江截流仪式举行，中共中央总书记江泽民发表了重要讲话。水电十四局局长马洪琪、副局长兼总经济师赵正杰、水电十四局原老领导王开弼、梁祥麟、局长助理、三联总公司总经理王和兴出席了截流仪式。

11 月 10 日 水电十四局参建的云南大朝山水电站开工暨截流庆典在电站工地举行。中共云南省委书记令狐安、云南省省长和志强、国家电力部副部长查克明、国家开发投资公司总经理王文泽、水电总公司副总经理王高亮、中央部委和云南省各级领导参加了开工庆典并观看大江截流。水电十四局党委书记汪先绪、副局长兼大朝山分局局长曹保华、大朝山常务副局长唐大龄和大朝山分局职工参加了庆典。

11 月 水电十四局广州抽水蓄能电站一期工程正式通过国家建设部、国家建筑业协会评审，并荣获我国建筑行业工程质量最高荣誉奖——中国建筑工程鲁班奖。

12 月 2 日 中国共产党水电十四局第六次代表大会在昆明召开，出席会议的正式代表 133 名、特邀代表 14 名、列席代表 30 名。党委书记汪先绪代表局党委作了“认真贯彻党的十五大精神，为建立现代化企业制度而努力奋斗”的工作报告。大会选举产生了中国共产党水电十四局第六届委员会和局纪律检查委员会，汪先绪当选为党委书记，马洪琪、林文进当选为党委副书记；林文进当选为局纪委书记，温其大当选为纪委副书记。

12 月 11 日 电力部副部长汪恕诚到水电十四局承建的广州抽水蓄能电站工地视察。

12 月 水电十四局承建的广州抽水蓄能电站获中国质量管理协会全国用户委员会颁发的“全国用户满意产品”证书。

1997 年 水电十四局《广蓄电站关键技术的研究与实践》获“中国国家科技委员会科技进步二等奖”，《高土质坝填筑质量控制无损检测与统计管理方法》获“云南省科技进步三等奖”。

1998 年

1 月 18～23 日 水电十四局在昆明召开局第十二届职工代表大会、第六次工会代表大会暨 1998 年工作会，参加会议的代表共 170 多人。局长马洪琪作了“推动四个创新，提高竞争能力，为水电十四局跨世纪发展奠定坚实基础”的报告，副局长赵正杰作了职代会提案解答报告，总会计师陈光黎作了“1997 年财务决算和 1998 年财务预算情况”的报告；局工会主席王景龙代表上届工会委员会作工会工作报告，工会副主席朱世熙作工会经费审查报告，党委书记汪先绪作总结讲话。会议选举产生了第六届工会委员会和工会经费审查委员会。会议期间，企业与职工代表签订了《水电十四局集体合同》。

1月23日 水电十四局中标承建的福建棉花滩水电站地下厂房土建工程合同签字仪式在福州市举行，中标合同额为2.09亿元，水电十四局局长马洪琪在合同上签字。

4月8日 福建省省长贺国强、副省长朱亚衍在棉花滩建设公司总经理汪国权的陪同下，到水电十四局棉花滩项目部工地视察。

5月7日 浙江省副省长卢文舸率领检查组到水电十四局参建的浙江天荒坪抽水蓄能电站检查工作。水电十四局副局长何少润汇报了1号机组安装调试进展情况。

5月21日 国家电力公司委托水电总公司组织13名专家组成部级鉴定委员会，在杭州对水电十四局研制的《XHM－7型斜井滑模系统》作鉴定，认为“该成果达到国际领先水平”。

5月22日 水电总公司干部管理部主任高峰在水电十四局领导干部会议上，宣读了中水电党〔1998〕11号文和中水电干〔1998〕23号文：李鹏程任水电十四局党委书记兼副局长；免去汪先绪水电十四局党委书记兼副局长职务，并调三峡开发总公司工作。

5月25日 福建省省委书记陈明义、省委秘书长黄瑞霖等在龙岩市市委书记张燮飞和市长黄坤明，棉花滩电力公司经理汪国权等领导的陪同下，到水电十四局承建的棉花滩水电站地下厂房视察。

7月 水电十四局大理分局黄河小浪底项目部混凝土三队被共青团河南省委授予“河南省青年文明号”荣誉称号。

7月28日 水利部副部长张基尧在三峡总公司建设部副主任汪先绪的陪同下，到水电十四局为责任方的宜昌三峡三联总公司看望职工。

9月 水电十四局中标福建贡川水电站土建工程，中标合同价为6847.97万元。

9月12日 福建省副省长朱亚衍在福建省电力局、龙岩市及棉花滩水电开发公司有关领导的陪同下，到水电十四局棉花滩电站项目部慰问职工。

9月22日 水电十四局承建的江苏沙河抽水蓄能电站开工仪式在沙河水电站工地举行。江苏省副省长陈笔亭、水电十四局副局长曹保华出席开工仪式并讲话。

9月30日 水电十四局承建的天荒坪抽水蓄能电站1号机组正式并网发电。

11月9日 中共中央政治局委员、国务院副总理、三峡建设委员会副主任吴邦国在三峡总公司总经理陆佑楣，副总经理李永安、贺恭等人的陪同下，实地察看了永久船闸等三峡二期重点工程项目。

12月20日 福建省省长王兆国到水电十四局承建的福建南一水库工地视察，听取了水电十四局副局长刘冬成的工作情况汇报。

12月21日 水电十四局承建的广州抽水蓄能电站二期工程3号机组一次并网发电。

12月27日 水电十四局承建的浙江天荒坪抽水蓄能电站2号机组投入试运行。

12月29日 国务院总理朱镕基到长江三峡工程视察，并接见了水电十四局局长马洪琪。

1998年 水电十四局承建的广州抽水蓄能电站一期工程获中国施工企业管理协会授

予“全国用户满意工程”称号。

1999 年

1 月 16 日　中国船级社质量认证公司向水电十四局颁发符合 GB/T 19002—LSO 9002 标准的“质量体系认证证书”，并同时获得了国家认可注册和国际论坛多边承认协议（LAF/MLA）集团的确认。产品覆盖范围为大中型水利水电工程和路桥工程施工。

1 月 31 日～2 月 3 日　水电十四局在昆明召开 1999 年工作会议，参加会议的代表共 100 余人。局长马洪琪作了“坚定信心，埋头苦干，为我局跨世纪发展奠定基础”的工作报告，党委书记李鹏程作了“高举旗帜，凝聚人心，为我局跨世纪发展提供强有力的保证”的讲话。

2 月 2 日　水电十四局参建的云南螺蛳湾水电站投产发电剪彩仪式在电站厂房举行。云南省电力局局长朱志强、省投资公司总经理费宣、迪庆州州长康仲明出席剪彩仪式并讲话。水电十四局局长马洪琪参加了庆典活动。

2 月 4～5 日　水电十四局在昆明召开科技进步大会，参加会议的代表共 90 多人。局总工程师朱镜芳作了“奠定坚实技术基础，实现科技兴局战略，为我局跨世纪持续发展而奋斗”的工作报告，局长马洪琪作了“发挥整体优势，实现科技兴局”的重要讲话，局党委书记李鹏程作总结讲话。大会表彰了在科技方面作出贡献的优秀个人。

2 月 11～12 日　水电总公司副总经理刘经迪在水电十四局党委书记李鹏程、副局长刘冬成等人的陪同下，专程到水电十四局大理片区走访并慰问了特困职工。

3 月 26 日　中共中央政治局常委、国家副主席胡锦涛在水利部副部长张基尧和黄河小浪底建设管理局常务副局长陆承吉的陪同下，视察了黄河小浪底水利枢纽工程并看望广大建设者。

4 月 6 日　水电十四局中标承建云南昆明市 NO. 4B&5 污水处理厂工程，中标合同额为 6387.09 万元。

4 月　水电十四局获中国施工企业管理协会“全国用户满意工程奖”。

同月　水电十四局被浙江省总工会、浙江省重点建设领导小组等授予“浙江省重点建设先进集体”称号。

5 月 8 日　国务院副总理温家宝到水电十四局参建的黄河小浪底水利枢纽工程视察，在进水塔和地下厂房，与水电十四局小浪底项目部职工亲切交谈。

6 月 19 日　中共中央总书记、国家主席江泽民在国务院副总理温家宝，水利部部长汪恕诚，水利部副部长兼小浪底建管局局长张基尧，以及河南省有关领导的陪同下到水电十四局参建的黄河小浪底水利枢纽工程地下厂房项目视察。

7 月 15 日　水电十四局在局机关召开领导干部会议。水电总公司总经理、党组书记郭建堂发表重要讲话；副总经理刘经迪宣读了水电总公司中水电党〔1999〕34 号文《关于水电十四局领导班子换届调整的通知》：决定聘任李鹏程为水电十四局局长，任命曹保华为局党委书记。

7 月 18 日　水电总公司总经理郭建堂在水电十四局局长李鹏程的陪同下，到水电十四局大理分局作调研工作。

8月9日 中共中央政治局常委、国务院总理朱镕基在河南省有关领导和水利部长汪恕诚，水利部副部长兼黄河小浪底工程建设管理局局长张基尧的陪同下视察小浪底工地。在小浪底地下厂房施工工地，朱镕基看望了生产第一线的水电十四局职工。张基尧向朱镕基介绍了承担小浪底C4标工程施工的FFT联营体董事长、水电十四局副局长何少润等施工单位的领导。副局长何少润向总理朱镕基汇报了C4标工程进展情况。

9月 水电十四局《项目法探索走向现代化管理》荣获“第三届全国工程建设企业管理现代化管理成果二等奖”，水电十四局福建棉花滩项目部《项目法施工中的成本管理与控制》同获三等奖。

10月6日 水电十四局承建的云南苏帕河茄子山水库工程竣工。

10月12日 中央政治局委员、全国人大常委会委员长李鹏在三峡总公司总经理陆佑楣及副总经理贺恭的陪同下到长江三峡工程考察。在水电十四局参建的永久船闸施工现场了解施工情况时，李鹏与职工们亲切握手。

11月6日 国家电力公司副总经理周大兵，水利水电规划设计总院院长程念高及国家电力公司有关部门负责人陈东平、梅荣华等一行7人到水电十四局检查指导工作。水电十四局在昆明的领导赵正杰、何少润、刘冬成、王景龙和咨询陈银根、陈光黎、朱镜芳等参加汇报座谈，副局长赵正杰代表水电十四局作工作汇报。

11月24日 云南省省委常委、昆明市市委书记杨健强，副市长徐之信、何有德等，在水电十四局局长李鹏程等的陪同下，到水电十四局承建的昆明柴石滩水库工地视察。

11月26日 福建省代省长习近平在省政府有关厅局领导及龙岩市、永定县领导的陪同下，到水电十四局承建的福建棉花滩水电站地下厂房工程视察。

11月29日 水电十四局中标承建昆明市掌鸠河引水供水工程（云龙水库）的泄洪、导流隧洞工程，中标合同额为3138万元。

12月19日 昆明市掌鸠河引水供水工程开工典礼仪式在工地举行。国家计划委员会、建设部有关司局负责人，云南省及昆明市党政军领导，日本国际协力银行驻京代表、施工、设计单位代表，禄劝县各族群众代表参加了开工典礼。水电十四局局长李鹏程、党委书记曹保华出席开工典礼，李鹏程局长代表水电十四局在开工庆典上发言。

1999年 水电十四局“‘XHM-7型斜井滑模系统’的研制与实践”获“国家电力公司科技进步二等奖”。

2000年

1月4日 福建省代省长习近平在福建省有关部门领导和三明市、永安市领导的陪同下，到水电十四局承建的福建贡川水电站工地视察。

1月13日 福建省副省长朱亚衍和福建省重点建设办公室领导在福建棉花滩水电站建设公司领导的陪同下，到水电十四局承建的棉花滩水电站地下厂房工地慰问职工。

1月18日 由云南省副省长陈勋儒、省经济贸易委员会主任李现武、大理州副州长白建坤，以及省总工会、省劳动社会保障厅、大理州、市部门负责人组成的春节慰问团在水电十四局党委副书记刘冬成的陪同下，到水电十四局大理分局慰问困难职工。

1月25～27日 水电十四局第十三届职工代表大会暨2000年工作会议在昆明召开，参加会议的职工代表共135名、特邀代表59名。会上，水电十四局局长李鹏程作了“统一认识，全面推动改革，为我局新时期的发展铺平道路”的工作报告，党委书记曹保华作了“认真贯彻党的十五届四中全会精神，加强党的领导，全面推进工程局改革”的重要讲话。职代会审议并通过7个工作报告和内部管理体制改革方案。

2月2日 水电十四局以局〔2000〕03号文下发《中国水利水电第十四工程局2000～2003年改革发展目标》。以局〔2000〕04号文下发《水电十四局内部经济管理实施办法》，以局〔2000〕05号文下发《中国水利水电第十四工程局深化内部管理体制改革方案》，实施内部管理体制改革。主要的改革内容是：对组织结构、资产结构、人力资源结构、经营结构进行调整和重组；建立内部劳务市场，分离企业办社会职能，实现社会职能内部分离，规范项目管理制度，理顺经济关系，完善经营制度。改革自2000年1月1日起实施。

3月5日 水电十四局中标云南嵩待高速公路工程第七合同段，标段全长7.27公里，中标合同价为1.11亿元。

3月10日 水电十四局中标广州市地铁2号线中山大学至晓港站区间隧道工程，中标合同额为7654.1万元；地铁2号线广州火车站土建工程，中标合同额为7578.68万元。

3月20日 水电十四局下发《水电十四局领导干部保持清正廉洁的若干规定》。

3月24日 水电十四局中标云南元江至磨黑高速公路第六合同段工程，主要工程包括大风垭口双线隧道（长3.3公里）及两端的道路桥梁工程。中标合同额为3.25亿元。

4月14日 由水电十四局中标承建的广州地铁2号线火车站土建工程举行开工典礼。广东省原副省长匡吉、广州地铁总公司马副经理及市政府有关部门领导出席典礼。

4月22日 中共云南省省委常委、昆明市市委书记杨健强到水电十四局承建的昆明柴石滩水库枢纽工程工地检查指导工作。

同日 水电十四局中标云南小湾水电站对外交通场内公路工程路基工程，中标合同额为1.02亿元。

5月10日 水电十四局中标承建的云南小湾水电站场内公路工程开工典礼仪式在工地举行。水电十四局党委书记曹保华，副局长王永祥，小湾电站建设筹备处副主任袁湘华，专家顾问组秘书长凌川，风庆县委、县政府等领导出席开工典礼仪式并讲话。

5月26日 水电总公司总经理郭建堂到以水电十四局为责任方的长江三峡三联公司承建的三峡永久船闸地下输水系统工程检查指导工作。

6月2日 中共云南省省委常委、云南省常务副省长牛绍尧，副省长陈勋儒，昆明市副市长冯志成及云南省、昆明市环境保护、计划委员会等部门领导到水电十四局承建的昆明东郊污水处理厂施工现场检查指导工作。水电十四局局长李鹏程、副局长王永祥陪同。

6月22日 水电十四局中标江苏田湾核电站厂外引水隧洞及进水建筑物工程，中标合同额为1.08亿元。

6月29日 水电十四局承建的大理市徐村电站最后一台机组完成72小时试运行，正式投产发电。

7月14日 水电十四局中标昆明市掌鸠河云龙水库工程，中标合同额为1.52亿元。

7月19日 由水电十四局承建的广州抽水蓄能电站竣工仪式在广州市从化县吕田镇举行，水利部副部长张基尧，水电十四局局长李鹏程，副局长赵正杰、何少润，原局长孙启林，原党委书记汪先绪出席竣工仪式。

7月19～20日 水电十四局2000年技术工作会议在昆明召开，70余人参加会议。水电总公司副总经理刘经迪到会并作讲话。总工程师周宇作了“加强技术管理，提高综合实力，掀起我局技术进步和技术创新新高潮”的工作报告。水电十四局局长李鹏程，党委书记曹保华，副局长林文进、李跃平、王永祥出席会议并讲话。

7月21日 中共云南省省委常委、昆明市市委书记杨健强一行到水电十四局安装公司承建的昆明市官南路明通河DN2000排水管道工程视察。

7月27日 国务院三峡委员会副主席郭树言在三峡总公司总经理陆佑楣的陪同下，到以水电十四局为责任方的三联总公司承建的三峡永久船闸输水系统工程工地视察。

7月31日 水电十四局局〔2000〕67号文下发《水电十四局效能监察办法》。

8月1日12时05分 原水电十四局党委书记梁祥麟同志因病医治无效在昆明逝世，享年67岁。

8月 水电十四局安装公司被国家电力公司评为“1998～1999年度双文明单位”。

9月22日 水电十四局中标承建云南小湾水电站厂内公路XW/R7－B段分包工程，中标合同额为7102.78万元。

10月9日 国电公司副总经理周大兵一行在福建省电力局、龙岩市领导的陪同下到水电十四局承建的福建棉花滩水电站考察。水电十四局局长李鹏程、副局长林文进陪同。

10月10日 中共云南省省委副书记王学仁在云南省水利厅厅长孔垂柱、昆明市副市长何有德、水电十四局副局长王永祥等的陪同下到水电十四局承建的昆明柴石滩水库工地视察。

10月22日 水电总公司副总经理付元初到以水电十四局为责任方的长江三峡三联总公司承建的三峡永久船闸地下输水系统工程检查指导工作。

10月 水电十四局被昆明市政府评为“1998～1999年度‘重合同，守信誉’企业”和连续10年以上“‘重合同，守信誉’企业”。

同月 水电十四局《工程师—工长制在小浪底水利枢纽排沙洞工程中的应用》被全国电力企业管理现代化成果评审委员会评为“优秀成果三等奖”。

12月8～10日 全国政协副主席钱正英第三次率领三峡枢纽工程专家组，在三峡建设总公司总经理陆佑楣的陪同下，到长江三峡工程工地检查工作。在以水电十四局为责任方的三联总公司承建的三峡永久船闸输水系统工程工地检查指导工作时，水电十四局总工程师周宇向专家组汇报工作情况并陪同检查。

12月13～14日 云南省省长、省委副书记李嘉廷，省委常委、昆明市市委书记杨健强到水电十四局承建的昆明掌鸠河云龙水库枢纽工程和柴石滩水库枢纽工程检查指导工作。水电十四局局长李鹏程、副局长林文进汇报工作情况。

12月24日9时 水电十四局承建的浙江天荒坪抽水蓄能电站6号机组投产发电，电站6台机全部建成投产。

12月25日13时30分 水电十四局承建的黄河小浪底水利枢纽工程4号机组正式投产发电。

12月28日 水电总公司党组授予水电十四局大朝山分局党委、安装总公司党委“思想政治工作先进单位”荣誉称号。

2001年

1月20日 水电总公司总经理郭建堂到水电十四局慰问职工。

2月19日 在国家科学技术奖励大会上，由水电十四局研制的“XHM－7型斜井滑模系统”项目荣获“国家科学技术进步二等奖”。

2月20日 水利部副部长张基尧到水电十四局看望职工。

3月5～6日 水电十四局在昆明召开2001年工作座谈会。水电十四局局长李鹏程作了“抓住机遇，开拓市场，深化改革，立足管理，为我局的可持续发展夯实基础”的讲话；局党委书记曹保华，副局长赵正杰、林文进、王永祥、李跃平，副书记刘冬成，总工程师周宇，工会主席王景龙分别在会生作了专题发言；局长李鹏程作了会议总结。

4月15日 以水电十四局为责任方承建的福建棉花滩水电站首台15万千瓦机组投产发电，实现了大型水电站首台机组3年投产的目标。

4月19日 水电总公司副总经理刘经迪到水电十四局承建的江苏溧阳沙河抽水蓄能电站检查指导工作。

4月20日 水电十四局承建的喀麦隆巴门达至巴蒂博（29公里）公路顺利通过验收。

由水电十四局和水电八局组成的148联营体中标贵州乌江洪家渡水电站C4－1标（泄洪工程）和C4－2标（引水发电系统工程），中标合同总额为3.65亿元。

4月24日 以水电十四局为责任方的三联公司被三峡总公司评为“2000年度先进单位”。

4月25日 水电十四局局〔2001〕27号文下发《中国水利水电第十四工程局项目施工质量管理规程》和《中国水利水电第十四工程局项目施工安全管理规程》。

4月29日 水电十四局局党〔2001〕17号文下发《水电十四局党风廉政建设责任追究办法》。

4月 水电十四局机电安装公司、昆华实业公司、曲靖分局均被水电总公司评为“2000年双文明单位”。

6月11日 水电十四局局〔2001〕37号文下发《中国水利水电第十四工程局项目经理管理办法》。

6月27日 由水电四局和水电十四局联营体（青云公司）中标承建长江三峡水利枢纽右岸地下电站进水口混凝土和金属结构安装工程，中标合同价为2.91亿元，水电十四局占30％。

7月3日 水电十四局在昆明召开领导干部大会。水电总公司总经理郭建堂，总公司总经理助理、人力资源部主任郭志到会。郭志宣读水电总公司中水电人〔2001〕82号文，聘任李跃平为水电十四局局长，党委书记曹保华兼任副局长；因工作需要调离，免去李鹏程局长、何少润副局长职务；任命李跃平为局党委委员、副书记。郭建堂在会上作重要讲话。水电十四局原局长李鹏程、新任局长李跃平、党委书记曹保华在会上分别讲话。

7月31日 水电十四局承建的浙江天荒坪抽水蓄能电站下水库和地下厂房工程顺利通过竣工验收。

8月10日 水电十四局中标承建新疆引额济乌一期工程顶山隧洞工程，中标合同额为1.64亿元。

10月2日 水电总公司总经理郭建堂到水电十四局参建的广西百色水利枢纽工程视察。

10月6日 中共中央政治局常委、全国人大委员会委员长李鹏和夫人朱琳一行到以水电十四局为责任方的三峡三联公司承建的三峡电站永久船闸地下输水系统工程视察。水电十四局总工程师周宇向李鹏汇报工程进展情况。

10月28日 水电十四局承建的昆明掌鸠河引水供水工程截流。国家发展计划委员会、建设部有关领导，云南省省委常委、昆明市市委书记杨健强，省人大副主任王义明、副省长陈勋儒，昆明市市长章振国，水电总公司副总经理刘经迪，水电十四局局长李跃平、党委书记曹保华出席截流仪式。

10月29日 以水电十四局为责任方的141联营体中标云南小湾水电站导流洞工程，合同额为3.57亿元。

11月5日 以水电十四局为责任方的1478联营体中标承建广西龙滩水电站左岸地下引水发电系统工程，中标额为8.66亿元。水电十四局占40%，为3.46亿元。

11月15日 水电十四局中标承建福建穆阳溪周宁水电站地下厂房及开关站工程标，中标额为1亿元。

11月18日 以水电十四局为责任方的141联营体中标承建云南小湾水电站导流隧洞土建及金属安装工程，中标总额为3.57亿元。水电十四局占60%，为2.14亿元。

11月23日 以水电十四局为责任方1478联营体承建的广西龙滩水电站引水发电系统工程开工。

12月9日 水电十四局参建的福建棉花滩水电站全面建成投产，实现了3年建成发电、1年装机4台的目标。

12月14日 水电十四局原局长马洪琪当选为中国工程院院士（马洪琪于1999年7月15日，由水电十四局调任澜沧江水电有限开发公司总工程师）。

12月26日 由水电十四局参建的大朝山水电站首台机组投产发电。

12月30日 水电十四局召开2000版标准质量体系文件发布会，确定从2002年1月10日开始在全局范围内贯彻实施。

2002年

1月8日 水电十四局在广州市举行地铁火车站土建工程竣工庆典。广东省原副省长、省政协副主席匡吉，广州地铁总公司经理卢光霖，广州抽水蓄能电站联营公司等单位领导参加庆典。水电十四局局长李跃平讲话。

1月20日 云南小湾水电工程开工仪式由国家电力公司和云南省人民政府共同举办。国家电力公司党组书记、副总经理刘振亚，国家电力公司副总经理周大兵，全国政协常委和志强，云南省省委副书记、代省长徐荣凯，云南省人大副主任戴光禄，云南省副省长李汉柏等参加开工仪式。水电十四局局长李跃平、党委书记曹保华、副局长王永祥应邀参加仪式。

1月23日 国家电力公司副总经理周大兵在水电总公司总经理郭建堂、云南电力集团总经理肖鹏和国家电力公司总经理工作部副主任马治中的陪同下到水电十四局检查指导工作。

2月4日 以水电十四局为责任方的滇桂联营体中标承建广西右江百色水利枢纽地下厂房工程，中标金额为2.62亿元，水电十四局占60%。

2月5日 中共云南省省委副书记、纪委书记陈培忠，曲靖市市委书记王学智，市委副书记、代市长米东生等领导，在水电十四局党委书记曹保华、工会主席王景龙等的陪同下，走访慰问水电十四局曲靖片待下岗特困职工。

2月19日 水电十四局中标刚果民主共和国金沙萨—马塔迪国家公路及桥梁修复工程，合同额为1479万美元。

2月25～27日 水电十四局第十四届职工代表大会暨2002年工作会议在昆明召开，职工代表117人、列席代表54人参加会议。局长李跃平作了“识时实务，开拓奋进，推进企业持续稳步发展”的报告，党委书记曹保华作了“加强党的建设，发挥政治优势，为水电十四局在新世纪的更大发展提供有力保障”的讲话。

3月27日 国家电力公司副总经理贺恭在广西龙滩开发公司总经理戴波的陪同下，到以水电十四局为责任方的1478联营体承建的龙滩水电站地下厂房工地检查指导工作。

3月28日 国家防汛指挥部副总指挥、水利部部长汪恕诚一行在三峡总公司总经理陆佑楣、副总经理曹广晶的陪同下，到以水电十四局为责任方的三联公司承建的长江三峡电站永久船闸南坡二级隧洞检查防汛工作。

同日 水电十四局被中国施工企业管理协会评为“2001年度全国优秀施工企业”。

4月11日 广西壮族自治区人民政府常务副主席王万宾等一行在广西龙滩开发公司领导的陪同下，到以水电十四局为责任方的1478联营体承建的龙滩水电站地下厂房工程视察。

4月12日 水电十四局中标承建的刚果民主共和国金沙萨—马塔迪国家公路紧急修复工程开工仪式在工地举行。刚果民主共和国总统卡比拉和刚果财政部、公共工程部、农业部等10位部长、副部长，中国驻刚果民主共和国大使馆经济参赞处代表，世界银行代表，欧盟代表，美国、法国、比利时、加拿大等国驻刚果使节出席了开工仪式。水电十四局“金—马公路项目部”经理洪坤代表承包商讲话。

4月17日 新疆维吾尔自治区党委书记王乐泉、水利部副部长张基尧一行在自治区额尔齐斯河管理局党委书记兼局长张立德、水电十四局局长李跃平等的陪同下，到水电十四局承建的新疆引额济乌工程顶山隧洞工地视察。

4月20日 水利部副部长张基尧一行在水电十四局局长李跃平的陪同下，到以水电十四局为责任方的新云联营体承建的新疆恰甫其海水利枢纽工程工地视察。

4月29日 水电十四局中标承建湖北清江水布垭水电站引水发电系统地下厂房及部分金属结构设备安装工程，合同额为3.63亿元。

4月 水电十四局广东分局和以水电十四局为责任方的三峡三联总公司被水电总公司评为“2001年度安全生产先进单位”。

5月9日 中共云南省省委副书记王学仁到水电十四局承建的昆明掌鸠河云龙水库枢纽工程调研。

5月10日 云南省省委常委、昆明市市委书记杨健强和副市长何有德，在有关政府部门负责人、掌鸠河建管局领导、水电十四局副局长赵正杰等的陪同下，到水电十四局承建的昆明掌鸠河云龙水库工地检查工作。

5月下旬 国有企业监事会主席范有年率领水电总公司总会计师陈斌、秘书周建华，国企监事会第54办事处处长刘松浩、监事蔡云利及李长照等人组成的检查组到水电十四局检查工作。

6月1日 水电总公司副总经理刘经迪与国家电力公司质量巡视组到水电十四局贵州乌江洪家渡项目部检查质量管理和安全文明施工情况。

6月9日 国务院总理朱镕基在水利部部长汪恕诚、副部长张基尧等的陪同下，到水电十四局承建的江西九江长江干堤堤防工程视察。

6月11日 水电十四局获中国船级社质量认证公司GB/T 19001—2000—LSO9001：2000标准实施的质量体系认证证书。

6月12日 水电十四局中标承建贵州三板溪水电站主体土建工程1标右岸工程，合同额为7655.99万元。

6月22日 水电十四局中标承建贵州三板溪水电站对外交通公路路面及路基未完工程和沙石系统施工及沙石料生产工程，合同总额为1.22亿元。

水利部副部长张基尧一行到水电十四局参建的广西百色水利枢纽工程视察。

6月24日 以水电十四局为责任方的新云联营体中标承建新疆恰甫其海水利枢纽发电引水洞工程，合同额为1.2亿元，水电十四局占52%。

6月27～28日 国电公司组织竣工验收委员会，对水电十四局参建的浙江天荒坪抽水蓄能电站枢纽工程进行竣工验收。

6月 水电总公司党组授予水电十四局机电安装总公司、曲靖分局、昆华实业总公司、科研设计院、昆明劳务中心、大理离退休管理中心“2001年度双文明单位”荣誉称号。

7月17日 由水电四局和水电十四局组成的青云联营体中标承建长江三峡水利枢纽右岸三期厂房坝段A标段工程，中标额为8.71亿元，水电十四局占30%。

7月31日 水利部副部长张基尧一行到以水电十四局为责任方的三峡三联总公司永久船闸地下工程工地考察。

8月20日 以水电十四局为责任方的三峡三联总公司承建的三峡永久船闸地下输水

系统工程比合同工期提前11天完成。

8月20～23日 中国建筑业协会在昆明召开“推广鲁布革工程管理经验15周年交流会暨国际工程项目管理研讨会”。全国人大常委会委员长李鹏发贺信，建设部副部长郑一军发表讲话，中国工程院院士马洪琪出席会议，水电十四局局长李跃平在会上作交流发言。

8月29日 水电十四局水电二中（含附属二小）移交曲靖市麒麟区仪式在区政府举行。

8月31日 以水电十四局为责任方的三峡三联总公司承建的三峡永久船闸地下输水系统工程通过国务院专家验收委员会“破堰进水”验收。

8月 水电十四局承建的福建棉花滩水电站厂房工程和与闽江工程局组成的联营体承建的机电安装工程，同时被国家电力公司评为“基建移交生产达标投产工程”。

9月20日 水电十四局中标贵州三板溪水电站引水发电系统土建工程，合同额为2.58亿元。

9月 水电十四局安装总公司荣获“国家电力公司2000～2001年度双文明单位”称号。

10月18日 三峡开发总公司在宜昌举行授牌仪式。宜昌三峡工程三联总公司董事长、水电十四局局长李跃平和副董事长水电一局局长姜戊年、副董事长水电十一局局长王宗敏参加授牌仪式，并接受“宜昌三峡工程三联总公司于1996年至2002年承担了三峡永久船闸地下工程施工任务”的金色牌匾。

10月23日 云南省政协副主席麦锡球带领云南省政协、昆明市政协组成的检查团，在掌鸠河引水供水工程管理局常务副局长朱智的陪同下，到水电十四局承建的昆明掌鸠河云龙水库工地视察。

11月 水电十四局的《面板堆石坝堆石料开采洞室爆破技术》获“中国工程爆破协会三等奖”。

同月 水电十四局的《云南大朝山水电站尾水洞出口1～4号混凝土围堰及岩埂爆破拆除》获中国工程爆破协会“科学进步一等奖”。

12月3日 水电十四局中标承建广州地铁3号线林和西站土建工程，中标额为4343.15万元。

12月 中央电视台西部频道采访组历时20余天，行程6000多公里，对水电十四局在云南、广西、贵州三省承建的水电施工项目进行系列报道采访。

2003年

1月7日 中国水利水电建设集团公司总经理郭建堂一行到水电十四局建成的广州地铁2号线火车站地铁车站工程，以及在建的3号线林和西站工程视察。

1月 水电十四局承建的云南大朝山水电站2号长尾水隧洞获“云南省优质工程一等奖”。

2月19日 水电十四局参建的云南昆玉高速公路工程荣获“中国建筑工程鲁班奖”。

3月12～14日 水电十四局第十四届职工代表大会暨2003年工作会议在昆明召开，出席会议的正式代表106人、列席代表65人。局长李跃平作了“与时俱进，应时而动，力求创新，做好做强做大企业”的报告，党委书记曹保华作了“以党的十六大精神为指导，为增强我局综合竞争实力提供有力保障”的讲话。会上表彰首批工程局劳模14名。

3月19日 中国施工企业管理协会授予水电十四局“2002年全国用户满意施工企业”称号。

3月24日 水电十四局承建的云南最长的公路隧洞——云南元磨高速公路大风垭口隧道提前贯通。

4月13日 中国水利水电建设集团公司总经理郭建堂一行到水电十四局承建的湖北清江水布垭水电站地下厂房工地检查指导工作。

4月18日 云南省省委常委、昆明市市委书记杨健强，副市长何有德等到水电十四局承建的昆明掌鸠河引水供水工程云龙水库工地检查工作。

4月29日 全国总工会授予水电十四局“全国五一劳动奖状”。

5月19日 在集团公司组织领导下，由水电十四局和水电七局组成的联营体参与的马中联营体（MCHJV），签订了马来西亚巴贡水电站CW2标主体土建工程相关项目分包协议，合同额为17.72亿元。

5月21日 以水电十四局为责任方的宜昌三峡三联公司承建的三峡工程永久船闸地下输水系统通过正式验收。

7月8日 水电十四局中标云南澜沧江景洪水电站进场公路和右岸坝肩开挖工程，合同额为4632.7万元。

同日 水电十四局中标承建重庆乌江彭水电站导流洞出口及下段工程，中标合同额为8998.02万元。

7月22日 水电十四局中标承建贵州洪家渡水电站进水口顺向抗滑桩工程，中标合同额为5526.42万元。

7月23日 水电十四局“斜井全断面变径滑模研制与应用”和“双圈环绕无黏结预应力混凝土衬砌施工”两项科技成果被集团公司授予“科技进步二等奖”。

8月13日 云南省省委常委、昆明市委书记杨崇勇到水电十四局承建的昆明掌鸠河引水供水工程云龙水库工地检查工作。

8月29日 以水电十四局为责任方的141联营体中标云南小湾水电站引水发电系统土建及金属结构安装工程，合同额为11.77亿元，水电十四局占65%。

9月16日 集团公司总经理郭建堂一行到云南小湾水电站以水电十四局为责任方的141联营体工地检查指导工作。

9月30日 水电十四局参建的棉花滩水电站荣获福建省“‘闽江杯’省优质工程奖”。

10月2日 中共中央政治委员、新疆维吾尔自治区党委书记王乐泉一行到水电十四局承建的新疆引额济乌项山隧洞工程视察。

10月14日 广西壮族自治区副主席张文学到以水电十四局为责任方的1478联营体承建的龙滩水电站引水发电系统工程视察。

10月16日 水电十四局参建的云南大朝山水电站6台机组全部建成发电。

10月18日 水电十四局中标承建重庆彭水水电站地下主厂房及附属洞室工程和地下电站尾水隧洞及尾水出口工程，中标合同额分别为3.95亿、3.38亿元。

10月29日 中共中央政治局委员、湖北省省委书记俞正声到水电十四局承建的湖北清江水布垭水电站地下厂房工程视察。

10月 水电十四局《云南屏边县倮姑水电站工程地质勘察》获云南省“优秀工程勘察三等奖”。

11月8日 水电十四局参建的贵州构皮滩水电站开工典礼在电站工地举行。

11月12日 以水电十四局为责任方的141联营体承建的云南小湾水电站引水发电系统工程开工。

11月30日 水电十四局《三峡永久船闸地下输水系统斜井混凝土施工全断面变径滑模研制与应用》，获华夏建设科学技术奖励委员会颁发的“中航重科杯华夏建设科技三等奖”。

12月7日 水电十四局中标承建贵州构皮滩水电站引水发电系统建筑及金属结构设备安装工程，中标合同额为9.03亿元。

12月8日 水电十四局参建的云南“九五”期间重点改造的主干道——嵩明—待补高速公路正式建成通车。

12月18日 水电十四局承建的贵州三板溪水电站引水系统地下厂房开挖结束，比合同工期提前102天，再次刷新百万千瓦级水电站地下厂房开挖全国纪录。

12月20日 水电七局与水电十四局联合组建的714联营体中标四川瀑布沟水电站地下厂房系统土建工程，合同额为10.45亿元，水电十四局占40%。

2004年

1月20日 水电十四局在昆明与云南省机械进出口公司签订承建缅甸瑞丽江水电站项目土建工程，合同额为5932.85万美元（约4.9亿元人民币）。

同日 水电十四局科研设计院勘测设计并参与施工的国内最大卧式机组云南屏边四岔河三级水电站正式投产发电。

同日 国务院南水北调工程建设委员会办公室主任张基尧到水电十四局，看望水电十四局干部职工和离退休老同志。

2月4日 水电十四局曲靖分局、机电安装总公司、昆华实业总公司、科研设计院、昆明劳务管理中心、大理离退休管理中心6家单位被集团公司授予“2003年度文明单位”。

2月17日 水电十四局中标云南泗南江水电站首部枢纽土建、金属结构及电气设备安装工程，中标合同额为1.93亿元。

2月19日 水电十四局参建的“九五”国家重点能源项目福建棉花滩水电站荣获中国建筑工程“鲁班奖”。

3月1日 水电十四局承建的昆明掌鸠河引水供水工程云龙水库比计划提前1年下闸

蓄水。

3月2～5日 水电十四局十四届三次职工代表大会暨2004年工作会议在昆明召开，正式代表110人、列席代表63人参加大会。局长李跃平作了“深化改革，锐意进取，实现企业跨越式发展”的工作报告，党委书记曹保华作了“坚持求真务实，注重工作实效，为我局实现跨越式发展提供强有力保障”的讲话。

3月10日 水电十四局中标云南李仙江崖羊山水电站引水系统和冲沙洞土建及金属结构安装工程，合同价为1.29亿元。

3月19日 水电十四局中标云南李仙江戈兰滩水电站导流洞和左岸坝肩岸坡支护及平洞工程，中标总额为6879万元。

3月25日 水电十四局中标承建广东惠州抽水蓄能电站引水道及厂房系统土建工程1标、2标，中标合同额分别为5.19亿、1.87亿元。

3月28日 水电十四局在昆明召开领导干部会议。集团公司总经理郭建堂在会上作重要讲话，总经理助理、人事部主任郭志宣布集团公司中水电党〔2004〕35号文和中水电人〔2004〕48号文，任命周宇为水电十四局党委书记，免去曹保华党委书记职务（退休）。

3月31日 水电十四局中标承建云南大唐国际开远火电厂工程2标，中标合同额为5292万元。

4月1日 水电十四局中标承建河南小浪底西霞院反调节水库混凝土施工工程，中标合同额为2.33亿元。

4月28日 水电十四局与云南大理市开发大理风能资源协议签字仪式在大理举行。

5月10～22日 巴基斯坦开发署主席塔里克·哈密德等一行5人到以水电十四局为责任方的1478联营体承建的广西龙滩水电站引水发电系统工程工地参观。

5月14日 水电十四局职工和退休人员参加云南省职工医疗互助活动。

5月17日 中共云南省省委副书记、常务副省长秦光荣一行到以水电十四局为责任方的141联营体承建的云南小湾水电站引水发电系统和导流洞工程视察。

5月22日 中共云南省省委副书记、省长徐荣凯，省政协副主席陈勋儒到水电十四局参建的溪洛渡水电站工地视察。

5月27日 水电十四局中标四川锦屏一级水电站厂内公路1、5、9号公路大坝上游段工程，中标合同总额为1.09亿元。

6月17日 水利部副部长翟浩辉、新疆维吾尔自治区副主席熊辉银一行到水电十四局承建的新疆引额济乌顶山隧洞Ⅰ标段进口施工现场考察。

7月5日 水电十四局中标承建云南块泽河水电站首部枢纽工程及附属工程，中标合同额为5708.15万元。

7月8日 以水电十四局为责任方的宜昌三峡三联公司承建的永久船闸地下输水系统工程通过国务院验收委员会通航验收。

7月12日 水电十四局中标承建金沙江向家坝水电站骨料输送线土建工程Ⅱ标，中标合同额为7825.41万元。

7 月 26 日 湖北省政协主席王生铁一行到水电十四局承建的湖北清江水布垭水电站地下厂房工地视察。

7 月 水电十四局的《云南屏边县四岔河三级水电站工程设计》和《云南屏边县冲庄水电站工程设计》分别获云南省“优秀工程设计二等奖”、“优秀工程勘察三等奖”。

8 月 11 日 水电十四局中标承建刚果（金）RN1 公路工程 1 标、2 标，中标合同额分别为 7527.29 万、6368.51 万元。

8 月 20 日 水电十四局中标承建刚果（金）RN1 公路工程 4 标，中标合同额为 2.73 亿元。

8 月 27 日 全国政协副主席周铁农一行到水电十四局承建的新疆引额济乌顶山隧洞工程视察。

9 月 10 日 水电十四局承建的新疆引额济乌顶山隧洞工程Ⅰ标段比合同工期提前 1 年贯通。

10 月 12 日 以水电十四局为责任方的 141 联营体参建的云南小湾水电站导流洞提前 1 年实现分流。

10 月 18 日 水电十四局建局五十周年庆典在昆明连云宾馆礼堂隆重举行。庆典由水电十四局党委书记周宇主持，局长李跃平致辞。国务院南水北调工程建设委员会办公室主任张基尧、云南省政府副省长李新华、集团公司副总经理刘经迪出席庆典仪式并讲话。云南省人大副主任戴光禄、原副省长李树基，水电十四局原局长李天柱，中国工程院院士罗绍基和有关单位嘉宾及水电十四局历届领导、离退休和在职职工共 500 多人参加庆典大会。原全国人大委员会委员长李鹏、国务院南水北调工程建设委员会主任张基尧、国务院国有资产监督管理委员会（简称国资委）监事会主席范有年、中国华电集团公司总经理贺恭为水电十四局建局 50 周年题词。中国华电集团公司总经理贺恭，云南省政府副省长李汉柏，中国工程院院士、云南华能澜沧江水电有限公司总工程师马洪琪等发来贺电。

10 月 28 日 集团公司与中国机械设备进出口公司签订非洲刚果（布）英布鲁水电枢纽工程施工分包合同，由水电十四局承建土建施工及机电设备安装工程，中标合同额为 9.39 亿元。

10 月 31 日 水电十四局中标承建云南龙马水电站混凝土面板堆石坝和溢洪道工程，中标合同额为 2.51 亿元。

11 月 4 日 水电十四局承建的贵州构皮滩水电站导流洞工程完工。

11 月 9 日 中国南方电网公司董事长袁懋振到水电十四局承建的广东惠州抽水蓄能电站工程检查指导工作。

11 月 15 日 水电十四局中标四川雅砻江锦屏一级水电站右岸导流洞工程，中标合同额为 1.76 亿元。

12 月 7 日 水电十四局被中国电力企业联合会授予“2004 年度全国电力行业优秀企业”荣誉称号。

2005 年

1 月 20 日 水电十四局中标承建长江三峡右岸地下电站主体土建部分工程，中标合同额为 1.57 亿元。

1 月 21 日 水电十四局参建的云南大朝山水电站荣获中国建筑工程“鲁班奖”。

1 月 30 日 中华全国总工会副主席、书记处书记苏立清率全国总工会慰问团，在云南省总工会副主席童凤华及大理州、市有关领导的陪同下，到水电十四局大理管理处慰问劳动模范和困难职工。

1 月 水电十四局获得国家建设部颁发的水利水电施工总承包特级资质。

同月 集团公司授予水电十四局“2004 年度中国水利水电建设集团公司文明单位”称号。

2 月 25～27 日 水电十四局第十四届四次职工代表大会暨 2005 年工作会议在昆明召开，出席会议的正式代表共 102 名、列席代表 59 名。集团公司党组成员、纪检组组长唐苏军出席会议并作重要讲话。局长李跃平作“提高经营质量，打造企业品牌，推进企业持续快速发展”的工作报告。党委书记周宇作“搞好先进性教育，加强双文明建设，为水电十四局跨越式发展提供坚强保证”的讲话。会上表彰第二批工程局劳动模范 14 名、先进生产（工作）者 28 名。

2 月 水电十四局三板溪分局被湖南省人民政府授予“2004 年度湖南省重点建设项目施工先进单位”称号。

3 月 3 日 水电十四局中标刚果（金）1 号国道姆波佐桥—马塔迪桥 8.4 公里路面工程，中标合同额为 468 万美元。

3 月 11 日 水电十四局中标承建云南小湾水电站水轮机及其附属设备埋件工地制作分包工程，中标合同额为 5505.18 万元。

3 月 13 日 水电十四局中标刚果（金）1 号国道马西马林巴—基归特（RN1－LOT5）路段工程，中标合同额为 2.12 亿元。

4 月 27 日 水电十四局中标云南小湾水电站左、右岸坝肩抗力岩体地质缺陷加固处理工程，中标合同额为 2.87 亿元。

5 月 9～10 日 水电十四局在昆明召开第四次科学技术进步大会，出席会议的代表共 88 名。局总工程师和孙文作“顽强拼搏，勇攀高峰，努力开创水电十四局科技发展新局面”的工作报告，局长李跃平作“增强技术创新能力，进化核心竞争力”的讲话，党委书记周宇发表讲话。大会对杨元红等 14 名科技标兵、蒋键等 42 名先进科技工作者、17 项局科技进步奖及 24 篇优秀论文获得者进行表彰。

5 月 18 日 水电十四局中标承建北京南水北调中线京石段应急供水工程（北京段）西四环暗涵工程第二标段，中标合同额为 8702.13 万元。

5 月 19 日 水电十四局中标承建云南糯扎渡水电站左岸 1、2 号导流洞施工支洞土建工程，中标合同额为 5158.19 万元。

5 月 26 日 水利部部长汪恕诚一行到以水电十四局为责任方的龙滩 1478 联营体承建的广西龙滩水电站地下厂房视察。

6 月 3 日 集团公司中水电人〔2005〕83 号文同意周宇调离，免去其水电十四局党委书记兼副局长职务。

6月29～30日 水电十四局被国家建设部、中国建筑业协会授予“推进工程项目管理中国优秀企业”称号。

7月3～5日 集团公司总经理郭建堂、副总经理刘起涛，集团公司国际公司副总经理黄保东在水电十四局局长李跃平、副局长洪坤的陪同下，拜会在昆明参加大湄公河次区域（GMS）经济合作第二次领导人会议的老挝总理本南及柬埔寨首相洪森。

7月15日 水电十四局保持共产党员先进性教育活动动员大会在昆明召开，参加会议的代表共100余人。会议由水电十四局局长、党委副书记李跃平主持，中共云南省委督导组组长赵克清、集团公司巡回检查组组长郑庆路到会并作重要讲话。党委副书记王景龙作“高度重视，扎实推进，认真开展党员先进性教育”的动员报告，副局长陈学云宣读《水电十四局保持共产党员先进性教育活动实施方案》。副局长吴云红、局总经济师王曙平参加会议并讲话。

8月2日 水电十四局获得中国船级社认证公司颁发的“质量管理体系”、“职业安全健康管理体系”和“环境管理体系”认证证书。

8月3日 水电十四局承建的广西龙滩水电站3号发电机组（装机容量70万千瓦）座环顺利吊装就位。

9月26日 受云南省委、省政府的委托，云南省总工会和水电十四局共同组成云南省国庆赴三峡慰问团，在省长助理邹纲仁的率领下，到长江三峡工地慰问广大建设者及水电十四局职工。

9月27日 水电十四局中标承建云南洗马河赛珠水电站大坝及引水隧洞工程，中标合同额为7646.43万元。

10月12日 水电十四局在昆明召开领导干部会议。集团公司副总经理刘起涛、中共云南省委组织部副部长杨榆坚到会并作重要讲话，集团公司总经理助理、人力资源部主任郭志宣读集团公司中水电党〔2005〕98号文和中水电人〔2005〕135号文，任命洪坤为水电十四局党委书记。

10月25日 中国企业家协会授予水电十四局“2005年度全国和谐劳动关系优秀企业”称号。

11月7日 水电十四局中标承建广东惠州抽水蓄能电站机电安装工程，中标合同额为1.27亿元。

11月10日 水电十四局保持共产党员先进性教育活动总结大会在昆明召开。水电十四局领导李跃平、洪坤、王景龙、刘光、王曙平、陈志明，局属二级单位单位领导和先教办负责人，职工党员代表，中层管理人员代表，离退休人员代表，职工群众代表共80余人参加会议。中共云南省委督导组组长赵克清、集团公司巡回检查组组长郑庆路到会并讲话。局党委书记洪坤作总结讲话，局长、党委副书记李跃平在会上讲话。局党委副书记王景龙通报了局党政班子的整改情况，并宣读了整改方案。

11月18日 水电十四局《水电工程联营体的组织和管理》获中国施工企业管理协会“全国工程建设企业管理现代化成果一等奖”。

11月20日 水电十四局《大型水利水电工程可视化仿真技术及工程应用》获中华人

民共和国国务院“国家科技进步二等奖”。

12月7日 水电十四局中标承建金沙江溪洛渡水电站右岸地下厂房工程，中标合同额为24.85亿元。

12月15日 水电十四局中标云南糯扎渡水电站左岸导流隧洞、左岸泄洪隧洞土建及金属结构安装工程，中标合同额为12.37亿元。

2006年

1月9日 水电十四局中标南水北调中线干线京石段应急供水工程（石家庄至北拒马河段）第三标段，中标合同额为1.54亿元。

1月14日 集团公司副总经理刘起涛在水电十四局局长李跃平、党委书记洪坤等的陪同下，到昆明佳华酒店拜会老挝总理本南。

1月25日 水电十四局《水利水电工程地质建模与分析关键技术及工程应用》获中华人民共和国教育部“科技进步一等奖”。

2月10～11日 水电十四局机电安装工程总公司在昆明浑水塘水工设备厂成功进行了国产高强钢WDB620模拟压力容器爆破试验，为大型水电站压力钢管、蜗壳及高压岔管采用国产高强钢板替代进口高强钢板，检验焊接工艺提供了科学依据。

2月20日 水电十四局被中国电力建设企业协会授予“2005年度全国电力建设优秀施工企业”称号。

2月28日 水电十四局中标承建重庆银盘水电站右岸一期工程，中标合同额为1.64亿元。

4月3日 水电十四局中标承建四川长河坝水电站省道S211复建公路1标、4标施工工程，中标合同额分别为1.09亿、5120.81万元。

4月5日 水电十四局召开干部大会。集团公司总经理范集湘，云南省省委组织部陆红东到会并作重要讲话。集团公司总经理助理、人力资源部主任郭志宣读集团公司中水电人〔2006〕30号文，并宣布李跃平调任集团公司副总经理，周宇任水电十四局局长、党委副书记。李跃平、周宇、洪坤分别在会上讲话。

4月7日 在国务院三峡工程质量检查专家组第15次检查总结会上，中国工程院院士潘家铮对水电十四局承建的三峡地下电站主厂房工程作出“开挖质量之好，堪称楷模”的评价。

4月27日 水电十四局中标承建云南马鹿塘水电站二期大坝、溢洪道及放空洞土建工程，中标合同额为3.2亿元。

5月15～16日 水电十四局在昆明召开十五届一次职工代表大会暨2006年工作会议，正式代表和列席代表共140多人参加会议。集团公司副总经理袁柏松到会并作重要讲话。局长周宇作“增强创新能力，提高经营质量，努力推进工程局全面持续稳定发展”的工作报告。党委书记洪坤作“围绕中心，服务大局，为我局全面可持续发展提供有力支持”的讲话。

5月26日 水电十四局中标承建云南小湾水电站机电安装工程，中标合同额为1.21

亿元。

6月1日 水电十四局中标承建云南岗曲河一级水电站首部枢纽工程C1标，中标合同额为8610.99万元。

6月5日 广西龙滩水电站1号机组定子成功吊装，电站单机定子总重905吨。水电十四局机电安装总公司安装的1000吨桥式起重机和以水电十四局为责任方的1478联营体承建的岩锚梁一次性通过了最大载荷1475吨、轮压920千牛顿的考验。

6月6日9时58分 水电十四局参建的四川雅砻江锦屏一级水电站右岸导流洞提前2个月成功破堰过水。

6月7日 水电十四局中标承建四川长河坝水电站省道S211公路Ⅲ标段工程，中标合同额为5037.84万元。

6月 水电十四局《三峡地下电站主厂房大断面顶拱开挖成型质量控制操作法》荣获“云南省职工十佳先进操作法”称号。

7月12日 水电十四局被国家建设部授予“‘十五’全国建设科技进步先进集体”称号。

8月8～9日 集团公司临时党委书记、副总经理刘起涛，总会计师孙璀等到水电十四局对创建“四好”领导班子等工作进行考察调研。

8月17日 水电十四局中标承建刚果（金）RN1－3LOT公路工程，中标合同额为1.11亿元。

同日 水电十四局中标承建马达加斯加公路工程，中标合同额为9856.72万元。

9月15日 水电十四局《云南屏边县那么果河水电站工程设计》和《贵州兴义市中寨水电站工程设计》同获云南省“优秀工程设计三等奖”，《云龙水库大坝填筑材料试验（昆明掌鸠河引水工程）》和《贵州兴义市普梯级（犀牛塘）水电站工程勘察》同获云南省“优秀工程勘察设计三等奖”。

10月8日 水电十四局中标承建缅甸瑞丽江水电首部大坝土建及金属结构安装工程，中标合同额为1.55亿元。

10月9日 水电十四局中标承建斯里兰卡Wellawaya-Siyamlandnduwa69.15公里和Siyambalandnduwa Amparaand Ampara Karativu两项公路工程，中标合同额分别为8936.96万、8700.96万元。

10月27日 由水电十四局和水电七局组成的联营体中标承建四川雅砻江锦屏一级水电站左岸基础处理工程，合同额为12.03亿元，水电十四局占4.15亿元。

11月2日 水电十四局参建的云南砚平高速公路获国家工程建设质量奖审定委员会“2006年度国家优质工程银质奖”。

11月13日 水电十四局“地下工程开挖变形的数字化摄影测量应用研究”和“WDB620高强钢模拟压力容器爆破试验及应用于大型蜗壳的焊接制造工艺”两项科技成果获“集团公司2006年度科技进步二等奖”。

11月23日 水电十四局承建的云南马鹿塘水电站二期工程成功截流。

11月27日 集团公司副总经理李跃平在水电十四局局长周宇、党委书记洪坤的陪同下，到水电十四局承建的溪洛渡水电站右岸地下厂房指导工作。

12月5日 越南第一电力公司副总裁阮忠信一行到水电十四局考察。

12月10日 水电十四局承建的缅甸瑞丽江一级水电站成功实现大江截流。

12月18日 水电十四局中标承建四川锦屏一级水电站厂房及泄洪洞工程，中标合同额为15.63亿元。

12月18～19日 集团公司副总经理王彤宙、集团公司投资部主任兼投资公司总经理张长源到水电十四局检查指导投资工作。

12月20日 集团公司副总经理黄保东到水电十四局承建的广东惠州抽水蓄能电站检查指导工作。

12月30日 水电十四局中标承建云南庙林水电站首部枢纽及引水发电隧洞工程，中标合同额为9690.72万元。

2006年 水电十四局《水电工程联营体组织和管理》获中国企业联合会管理现代化工作委员会“第十三届国家级企业管理现代化创新成果二等奖”。

第一篇　体　　制

第一篇　体　　制

中国水利水电第十四工程局（以下简称水电十四局或工程局）成立于1954年5月10日，是以水利水电建筑安装工程为主的大型施工企业，隶属于中国水利水电建设集团公司（以下简称集团公司），具有水利水电工程施工总承包特级、市政共用工程施工总承包一级、公路工程施工总承包二级、房屋建筑工程施工总承包三级、土石方专业承包一级、建筑装饰装修专业承包二级、预拌商品混凝土专业承包二级、钢结构专业承包三级资质。局机关设在云南省昆明市环城东路192号，法人代表周宇。

第一章　组　织　沿　革

第一节　工程局组建

新中国成立后，党和政府积极推进云南电力生产和建设的恢复及发展工作。1951年11月，在昆明正式成立云南水力发电工程处，继续进行石龙坝水电站改扩建工程的筹建工作。随着云南省经济建设，特别是冶金工业的迅速发展，电力的供需矛盾日益突出。为适应滇东北有色金属开发对电力的紧迫需求，加速建设以礼河水电站及开发云南省水力资源，1954年3月21日，中共云南省委调云南省建筑工程局局长李天柱和一批干部，在原云南水力发电工程处的基础上筹建云南水力发电工程局。1954年4月13日，经中央燃料工业部批准，燃料工业部水力发电建设总局水〔1954〕计字第90号文决定成立云南水力发电工程局。具体决定如下：

（1）负责进行云南以礼河水电站建设，并兼管云南石龙坝水电站建设工程，同时协助西南水电局对云南境内的水电勘测工作进行指导。云南水力发电工程局直接受西南水电工程局领导。

（2）以礼河水电站的建设应积极进行，技术经济调查报告应于5月内编制完毕。同时应立即进行初步设计阶段的勘测工作。技术经济调查报告经上级批准后，应立即与总局设计处订立合同，进行多项设计工作。

（3）石龙坝新厂工程应保证在1954年底前发电。

（4）根据国家颁布的控制数字，及本年工程任务编制以礼河电站及石龙坝水电站之年度计划、财务计划、物资供应计划、劳动计划等。

云南水力发电工程局〔1954〕云水办字第二号文："遵于1954年5月10日正式成立，并启用新印模，原云南水力发电工程处同时撤销。"工程局机关设于昆明市巡津街21号附1号。李天柱任局长兼党委书记。

第二节　易　名　迁　址

建局50多年来，随着管理体制的多次变迁，工程局名称多次更换。1954年5月10日，工程局成立时名称为“燃料工业部云南水力发电工程局”，局机关设于昆明市巡津街21号附1号。1955年10月13日更名为“电力工业部云南水力发电工程局”，工程局机关由昆明市巡津街21号附1号迁往云南省会泽县干沟镇。根据国务院《关于电力工业体制改革问题的批复》和电力工业部《关于电力工业体制改革问题的报告》等文件精神，1958年7月30日，根据云南省水利电力局〔1958〕云水电办字0113号文《转发关于调整我局所属组织机构的决定》，“撤销原云南水力发电工程局建制，成立云南省水利电力局以礼河水力发电工程局。”1959年6月23日，云南省水利电力厅通知，将原云南省水利电力局以礼河水力发电工程局更名为“云南省水利电力厅以礼河水力发电工程局”。1962年8月1日，接水利电力部云南电业管理局通知：原云南省水利电力厅以礼河发电工程局，更名为“水利电力部云南电业管理局以礼河水力发电工程局”。1963年7月13日，水利电力部水电建设总局人字第146号文通知：将以礼河水力发电工程局划归水利电力部水电建设总局领导，并更名为水利电力部以礼河水力发电工程局。1965年6月16日，水利电力部〔1965〕水电水劳字第89号文：将以礼河水电工程局和昆明勘测设计院合并组建“水利电力部云南水力发电建设公司”。1967年3月20日，云南以礼河地区军事管制委员会对云南水力发电建设公司实行军事管制。1968年9月29日，云南省革命委员会云发〔1968〕43号文批准成立云南水力发电建设公司革命委员会。1971年1月28日，云南省革委会决定：撤销水利电力部云南水力发电建设公司，下属单位成建制划归云南省电力局直接领导。1979年10月10日，电力工业部〔1979〕电劳字第66号文《关于改变云南省水电施工和勘测设计单位管理体制的通知》，将云南水电施工队伍收回电力工业部领导，名称为“电力工业部第三水电工程局”，局机关迁往昆明市东风东路157号。1982年4月30日，水利电力部〔1982〕水电劳字第12号文《关于水利电力两部合并后，部直属单位名称相应作更改的通知》：将原电力工业部水电三局更名为“水利电力部第十四工程局”。1986年5月6日，局机关由昆明市东风东路157号迁往昆明市环城东路192号。1992年10月20日，中国水利水电工程总公司中水电劳〔1992〕60号文《关于变更水电企业名称的通知》，将水利电力部第十四工程局变更为“中国水利水电第十四工程局”。

第三节　工程局党政工会共青团领导人员

一、燃料工业部和电力工业部领导时期（1954年5月～1958年7月）

（一）行政系统

局　　长：李天柱（1954年8月14日～1958年7月30日）

副 局 长：陈亚生（1954年8月31日～1957年7月）

罗志昌（1955 年 8 月 25 日～1956 年 10 月）
孙民夫（1957 年 10 月 24 日～1958 年 7 月）
张家清（1958 年 5 月 16 日～1958 年 7 月 31 日）

总 工 程 师：李景沆（1955 年～1958 年 7 月）

（二）党委系统

党 委 书 记：李天柱（1954 年 8 月 14 日～1956 年 3 月 23 日）
龙南生（1956 年 3 月 23 日～1957 年 9 月 4 日）
吴志远（1957 年 9 月 4 日～1958 年 1 月）

党委副书记：龙南生（1957 年 9 月 4 日～1958 年 4 月）
李建邦（1958 年 6 月～1958 年 7 月）

监 委 书 记：龙南生（兼）（1956 年 3 月～1958 年 2 月）

监委副书记：韩仕礼（1955 年 5 月～1955 年 12 月）（主持工作）
苏子骏（兼）（1955 年 12 月～1958 年 2 月）

（三）工会系统

工 会 主 席：巩荫三（1957 年 2 月 4 日～1958 年 7 月）

（四）共青团系统

局团总支委员会：李立东主持工作（1955 年 2 月～1955 年 6 月 23 日）

局共青团委员会：李立东主持工作（1955 年 6 月～1957 年 1 月）

局 团 委 书 记：杨东方（1957 年 1 月 1 日～1958 年 4 月 27 日）

二、云南省水利电力局（厅）和水利电力部云南电业管理局领导时期（1958 年 8 月～1963 年 7 月）

（一）行政系统

局　　　长：张加清（1958 年 8 月 1 日～1963 年 4 月）
李天柱（1963 年 4 月～1963 年 7 月）

副　局　长：陈亚生（1958 年 8 月～1959 年 6 月）
罗志昌（1958 年 8 月～1960 年 6 月）
孙民夫（1960 年 12 月～1963 年 7 月）
巩荫三（1960 年 5 月～1960 年 12 月）
曲鸿喜（1961 年 8 月～1963 年 7 月）
张加清（1963 年 4 月～1963 年 7 月）

总 工 程 师：李景沆（1958 年 8 月～1963 年 7 月）

（二）党委系统

党 委 书 记：吴志远（1958 年 8 月～1961 年 8 月）
李建邦（1961 年 8 月～1963 年 4 月）
李天柱（1963 年 4 月～1963 年 7 月）

党委副书记：李建邦（1958 年 8 月～1961 年 8 月）
（1963 年 4 月～1963 年 7 月）

巩荫三（1960年12月～1963年7月）

监 委 书记：李建邦（兼）（1959年1月～1963年7月）

监委副书记：孙庆德（1959年12月～1963年7月）

（三）工会系统

工 会 主 席：巩荫三（1958年8月～1960年12月）

工会副主席：梁希仁（1959年2月～1963年7月）

（四）共青团系统

团 委 书 记：（无）

团委副书记：宋兆杰（1958年8月～1959年11月）

龚作华（1959年12月～1960年3月）

童进雄（1960年4月～1963年7月）

三、水利电力部领导时期（1963年8月～1971年1月）

（一）行政系统

局　　长：李天柱（1963年8月～1967年3月20日）

副 局 长：张加清（1963年8月～1967年3月20日）

孙民夫（1963年8月～1967年3月20日）

曲鸿喜（1963年8月～1967年3月20日）

总工程师：李景沆（1963年8月～1967年3月20日）

（二）党委系统

党 委 书 记：李天柱（1963年8月～1965年3月）

田　忠（1965年3月～1967年3月20日）

党委副书记：李建邦（1963年8月～1967年3月20日）

巩荫三（1963年8月～1967年3月20日）

监 委 书 记：李建邦（1963年8月～1965年6月）

监委副书记：孙庆德（1963年8月～1966年）

（三）工会系统

工 会 主 席：梁希仁（1964年4月15日～1965年12月）（正处级）

李建邦（1965年12月～1967年3月20日）

工会副主席：梁希仁（1963年8月～1964年4月）

唐玉弟（1966年1月～1967年3月20日）

（四）共青团系统

团 委 书 记：（无）

团委副书记：童进雄（1963年8月～1965年1月）

杨国民（1965年2月19日～1966年10月）

李统备（1965年11月29日～1967年3月20日）

1967年3月20日，工程局实行全面军事管制。1968年9月29日，成立水利电力部云南水力发电建设公司革命委员会。

以礼河军事管制委员会党委：

书　　记：刘德智（1967年3月～1971年1月）

副 书 记：张德富（1967年3月～1971年1月）

宋福堂（1967年3月～1971年1月）

钱茂良（1969年1月～1971年1月）

革委会主任：刘德智（军队）（1968年9月29日～1971年1月）

革委会副主任：张宝珍（军队）（1968年9月29日～1971年1月）

晋国泰（军队）（1968年9月29日～1971年1月）

巩荫三（干部）（1968年9月29日～1971年1月）

李建邦（干部）（1968年9月29日～1971年1月）

王正龄（群众）（1968年9月29日～1971年1月）

王保山（群众）（1968年9月29日～1971年1月）

四、云南省电力局领导时期（1971年1月～1979年9月）

1971年1月28日，云南省革命委员会批复：撤销水利电力部云南水力发电建设公司，下属单位划归云南省电力局直接领导。

五、电力工业部和水利电力部领导时期（1979年10月～1988年9月）

（一）行政系统

局　　长：李天柱（1980年1月16日～1983年6月11日）

王开弼（1983年6月11日任代理局长，1983年7月～1988年9月任局长）

副 局 长：余少先（1980年1月16日～1981年11月12日）

李建邦（1980年1月16日～1980年2月9日）

韩仕礼（1980年1月16日～1981年7月10日）

王中原（1980年1月16日～1983年6月11日）

曲鸿喜（1980年1月16日～1983年6月11日）

刘　坚（1980年7月6日～1983年6月11日）

胡联辉（1981年7月10日～1983年6月11日）

林文华（1981年7月10日～1987年2月）

孙启林（1981年7月10日～1988年9月）

黄文超（1983年6月11日～1988年6月）

杨家骏（1983年6月～1988年9月）

张基尧（1986年2月～1988年9月）

陈锦棪（1988年6月～1988年9月）

总工程师：李景沆（1980年1月16日～1983年6月11日）

林文华（兼）（1983年6月11日～1986年2月7日）

陈伯之（1986年2月～1988年9月）

总会计师：黄文超（1983年6月11日～1988年9月）

（二）党委系统

党 委 书 记：张加清（1980年1月16日～1981年11月17日）

李天柱（1981年11月17日～1983年6月11日）

梁祥麟（1983年6月11日代理党委书记）

（1983年7月15日～1988年9月任党委书记）

党委副书记：李天柱（1980年1月16日～1981年11月17日）

杜福喜（1980年1月16日～1983年6月）

宁 坚（1980年1月16日～1981年10月）

韩仕礼（1981年7月10日～1983年6月）

陈锦棪（1983年6月11日～1988年6月30日）

纪 委 书 记：韩仕礼（1981年12月～1983年6月）

杜福喜（1983年6月～1985年1月）

纪委副书记：张祥霖（1981年12月21日～1988年9月）

刘绪昌（1987年5月～1988年9月）

（三）工会系统

工 会 主 席：（缺）

工会副主席：孙景武（1980年8月14日～1983年9月）

刘建平（1980年8月14日～1985年7月）

唐玉弟（1983年11月2日～1988年9月）

范德顺（1985年3月9日～1986年5月24日）

（四）团委系统

团 委 书 记：王景龙（1982年7月～1985年9月）

团委副书记：王景龙（1982年3月～1982年6月）

冷永久（兼）（1982年7月～1985年9月）

瞿秋林（兼）（1982年7月～1985年9月）

李跃平（1985年10月～1988年9月）

六、中国水利水电工程总公司领导时期（1988年10月～2002年11月）

（一）行政系统

局　　长：王开弼（1988年10月～1993年2月5日）

孙启林（1993年4月20日～1995年3月）

马洪琪（1995年3月11日～1999年7月8日）

李鹏程（1999年7月8日～2001年6月19日）

李跃平（2001年6月19日～2002年11月）

副 局 长：孙启林（1988年10月～1993年4月20日）

杨家骏（1988年10月～1990年10月）

张基尧（1988年10月～1992年7月）

梁祥麟（兼）（1989年4月17日～1991年4月29日）

陈锦棪（1988 年 10 月 30 日～1991 年 12 月）
陆承吉（1991 年 1 月 5 日～1996 年 11 月）
尚明华（1991 年 10 月 8 日～1994 年 1 月）
马洪琪（1992 年 12 月 3 日～1995 年 3 月 11 日）
曹保华（1992 年 12 月 3 日～2002 年 11 月）
温其大（1992 年 12 月 3 日～1994 年 5 月 6 日）
刘冬成（1994 年 5 月 6 日～1999 年 7 月 8 日）
陈银根（1994 年 5 月 6 日～1999 年 7 月 8 日）
何少润（1995 年 8 月 3 日～2001 年 6 月 19 日）
李鹏程（1995 年 8 月 3 日～1999 年 7 月 8 日）
汪先绪（兼）（1996 年 9 月 10 日～1998 年 5 月 8 日）
赵正杰（1996 年 6 月 5 日～2002 年 11 月）
黎汉皋（1996 年 9 月 10 日～2002 年 11 月）
汪正中（1996 年 9 月 10 日～1999 年 7 月 8 日）
林文进（1998 年 9 月 22 日～2002 年 7 月 18 日）
苟达平（1998 年 10 月 23 日～1999 年 11 月）
李跃平（1999 年 7 月 8 日～2001 年 6 月 19 日）
王永祥（2000 年 4 月 18 日～2002 年 11 月）
周　游（2000 年 4 月 18 日～2002 年 11 月）

总 工 程 师：陈伯之（1988 年 10 月～1994 年 5 月 6 日）
马洪琪（1994 年 5 月 6 日～1996 年 2 月）
朱镜芳（1996 年 3 月 1 日～1999 年 7 月 8 日）
周　宇（1999 年 7 月 8 日～2002 年 11 月）

总 经 济 师：孙启林（兼）（1991 年 10 月 8 日～1994 年 5 月 6 日）
赵正杰（1994 年 5 月 6 日～2002 年 11 月）

总 会 计 师：黄文超（1988 年 10 月～1990 年 10 月）
刘东生（1991 年 1 月 5 日～1997 年 6 月）
陈光黎（1997 年 6 月 5 日～1999 年 7 月 8 日）

（二）党委系统

党 委 书 记：梁祥麟（1988 年 10 月～1994 年 5 月）
汪先绪（1994 年 5 月 6 日～1998 年 5 月 8 日）
李鹏程（1998 年 5 月 8 日～1999 年 7 月 8 日）
曹保华（1999 年 7 月 8 日～2002 年 11 月）

党委副书记：牟智铃（1991 年 3 月 18 日～1994 年 6 月 14 日）
汪先绪（1993 年 1 月 20 日～1994 年 5 月 6 日）
温其大（1994 年 5 月 6 日～1996 年 9 月 10 日）
马洪琪（兼）（1996 年 9 月 10 日～1999 年 7 月 8 日）

林文进（1996年9月10日～1998年9月22日）
曹保华（1998年9月22日～1999年7月8日）
刘冬成（1999年7月8日～2002年11月）
李跃平（2001年6月19日～2002年11月）

纪委书记：牟智铃（兼）（1991年3月～1994年6月）
温其大（兼）（1994年5月6日～1996年9月）
林文进（兼）（1996年9月～1999年7月）
刘冬成（兼）（1999年7月～2002年7月）

纪委副书记：张祥霖（1988年10月～1995年4月28日）
温其大（1996年11月11日～2002年7月12日）
刘绪昌（1988年10月～1993年12月）
杨兴泽（2002年7月12日～2002年11月）

（三）工会系统

工会主席：陈锦棪（1991年12月28日～1995年10月）
王景龙（1996年11月6日～2002年11月）

工会副主席：唐玉弟（1988年10月～1992年7月）
朱世熙（1991年8月～1994年3月）
（1996年2月～1999年9月）
黄竹保（1999年9月～2002年10月）
黄遂蓬（1999年9月16日～2000年1月28日）
徐东初（2002年8月～2002年10月）
李必显（2002年8月～2002年10月）

（四）团委系统

团委书记：李纪恒（1996年6月18日～1997年3月）
薛汉雄（兼）（1997年3月～1998年5月22日）
（兼）（2000年9月18日～2002年10月）
谭　立（1998年5月22日～1999年9月18日）

团委副书记：冷永久（1988年10月～1991年8月）
王益谦（1991年5月～1995年8月）
曹云红（2000年9月18日～2002年10月）

七、中国水利水电建设集团公司领导时期（2002年11月～2006年12月）

（一）行政系统

局　　长：李跃平（2002年11月～2006年3月22日）
周　宇（2006年3月22日～2006年12月）

副局长：曹保华（2002年11月～2004年3月28日）
赵正杰（2002年11月～2004年3月28日）
黎汉皋（2002年11月～2004年3月28日）

王永祥（2002年11月～2003年3月26日）
周　游（2002年11月～2005年1月6日）
周　宇（2003年5月19日～2005年4月29日）
陈学云（2003年5月19日～2005年11月7日）
洪　坤（2003年5月19日～2006年12月）
吴云红（2003年5月19日～2006年2月22日）
高必华（2003年5月19日～2005年9月27日）
刘　光（2004年3月28日～2006年12月）
于　涛（2004年3月28日～2006年12月）
宋家华（2005年9月27日～2006年12月）
俞祥荣（2005年9月27日～2006年12月）
王曙平（2005年11月7日～2006年12月）
杨毅平（2005年11月7日～2006年12月）

总工程师：周　宇（2002年11月～2004年3月28日）
和孙文（2004年3月28日～2006年12月）

总经济师：赵正杰（2002年11月～2004年3月28日）
王曙平（2004年3月28日～2006年12月）

总会计师：崔志强（2004年3月28日～2006年12月）

（二）党委系统

党委书记：曹保华（2002年11月～2004年3月28日）
周　宇（2004年3月28日～2005年6月3日）
洪　坤（2005年9月27日～2006年12月）

党委副书记：李跃平（2002年11月～2006年3月22日）
刘冬成（2002年11月～2004年3月28日）
王景龙（2004年3月28日～2006年12月）

纪委书记：刘冬成（兼）（2002年11月～2004年3月28日）
王景龙（兼）（2004年3月28日～2006年12月）

纪委副书记：杨兴泽（2002年11月～2006年12月）

（三）工会系统

工会主席：王景龙（2002年11月～2004年3月28日）
陈志明（2004年3月28日～2006年12月）

工会副主席：李必显（2002年11月～2003年7月25日）
徐东初（2002年11月～2003年10月13日）
陈祖祥（兼）（2003年3月4日～2006年12月）
王益谦（2006年1月26日～2006年12月）

（四）团委系统

团委书记：薛汉雄（2002年11月～2006年6月21日）

范小平（2006 年 6 月 21 日～2006 年 12 月）

团委副书记：曹云红（2002 年 11 月～2006 年 12 月）

第二章　机　构　设　置

第一节　机关职能部门

一、燃料工业部和电力工业部领导时期（1954 年 5 月～1958 年 7 月）

1. 党群机构

1955 年，党群机构设：政治处、组织科、宣传科、工会、团委；1957 年，党群机构设：组织部、宣传部、工会、团委。

2. 行政机构

1955 年 6 月 28 日，工程局机关组织机构设置：办公室（下设秘书股、总务股、医务室）、人事科、劳动工资科、财务科、计划科、机电科、施工科、安全技术检查科、供应科、保卫科、人民监察室（〔1955〕云水办字第 0066 号文）。

根据 1956 年 3 月全国电力干部工作会议及水电总局所制订的干部长远规划，电力工业部云南水力发电工程局为二类局，局职能部门成立处的规定，经工程局研究决定局机关成立处室、二级单位成立工区。

1956 年 7 月 26 日，工程局机关设置：调度室、专家工作室、计划处、技术处、工程管理处、机械动力处、工程质量检查科、安全技术科、先进经验推广科、供应处、附属生产管理科、财务处、劳动工资科、干部处、保卫处、行政处、办公室、人民监察室、总工程师室。工程局 1956 年 7 月组织机构详见图 1－2－1。

1957 年 6 月 27 日，工程局机关机构调整为：调度室、专家工作室、办公室、行政处、保卫处、干部处、劳动工资处、计划处、财务处、工程管理处、技术处、供应处、工程质量检查科、安全技术科、人民监察室、企业管理科。

二、云南省水利电力局（厅）和水利电力部云南电业管理局领导时期（1958 年7 月～1963 年 7 月）

1. 党群机构

1962 年，党群机构设：党委办公室、监察委员会、组织科、宣传科、武装部、工会、团委、机关党总支（1962 年 7 月 30 日以礼河水力发电工程局《组织机构编制说明》）。

2. 行政机构

1958 年 7 月，以礼河水力发电工程局成立后，局机关机构仍按 1958 年 1 月 7 日水电总局水〔1958〕劳组字第 7 号文确定的云南水力发电工程局组织机构人员编制方案设置：附属企业管理科、安全技术科、质量检查科、技术处、调度室、行政处、保卫处、供应处、财务处、劳动工资科、干部处、计划处。同年 8 月 2 日，成立机电科，由总工程师直接领导。

1960 年 5 月 27 日，成立卫生科（工程局以工〔1960〕办字第 26 号文）。同年 10 月 6

日，工程局机构设置：供应处、保卫处、劳动工资处、局办公室、总工程师室、调度室、行政科、卫生科、干部科、教育科、财务科、计划科、定额预算科、技术科、安技科、机电科、质量检查科（工程局以工〔1960〕干字第035号文）。

1961年11月29日，以礼河水电工程局以工〔1961〕干字第012号文对机关职能部门进行调整，局机关机构科处并存，设：局办公室、总工程师室、供应处、财务处、机电科、计划科、技术科、质检科、安技科；卫生科与职工医院合并，实行两块牌子一个机构；将原劳动工资处与干部科合并，成立人事处；将原调度室改为工程管理处；新成立副业生产科。

1962年7月30日，局机关机构进行调整：撤销工管处、供应处、人事处、保卫处、卫生科、副业生产科、成套办公室，成立工管科，计划科、技术科、财务科、供应科、质检科、安计科、劳工科、干部科、保卫科、行政科、机电科、办公室、总工室，党群系统保留党委办公室、监察委员会、组织科、宣传科、武装部、工会、团委、机关党总支。工程局1962年7月组织机构见图1－2－2。同年12月11日，将供应科改为供应处。

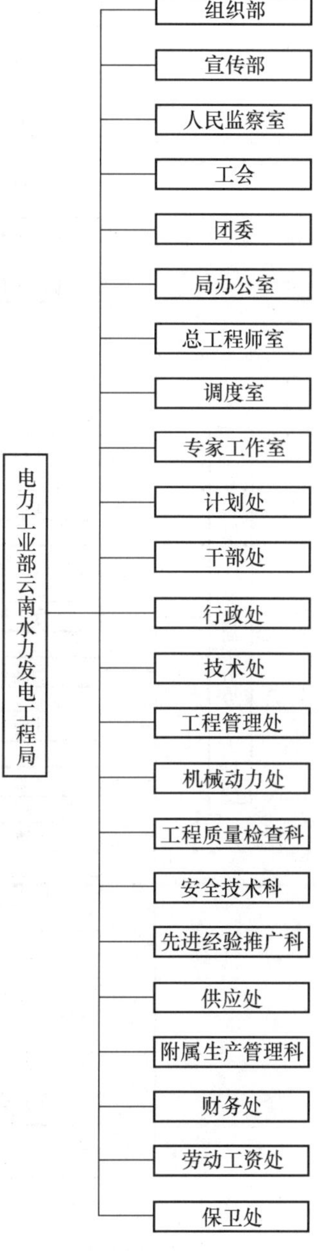

图1－2－1　工程局组织机构（1956年7月）

三、水利电力部领导时期（1963年8月～1970年12月）

1. 党群机构

1963年，党群机构设：党委办公室、组织处、干部处、宣传处、统战处、政治部、工会、团委、武装部、监察委员会。

1965年12月14日，中共水利电力部水电建设总局政治部水〔1965〕政字第230号文批准成立公司政治部，下设：党委办公室、组织处、宣传处、干部处。

1965年12月，党群机构设：政治部、监察委员会、工会、团委。

2. 行政机构

1963年8月，工程局隶属关系改变后，对机关职能处室进行调整，调整后的机构设置为：局办、总工室、技术处、机电处、供应处、保卫处、行政处、工程管理科、安技科、质量检查科、财务科、定额预算科、计划科、劳工科、教育科、干部科、昆明办事处（《关于刻制我局各单位和各科室印章草案》）。同年11月18日，工〔1963〕办字第45号文决定：撤销机电科、行政科，成立机电处、行政处。工程局1963年11月组织机构见图1－2－3。

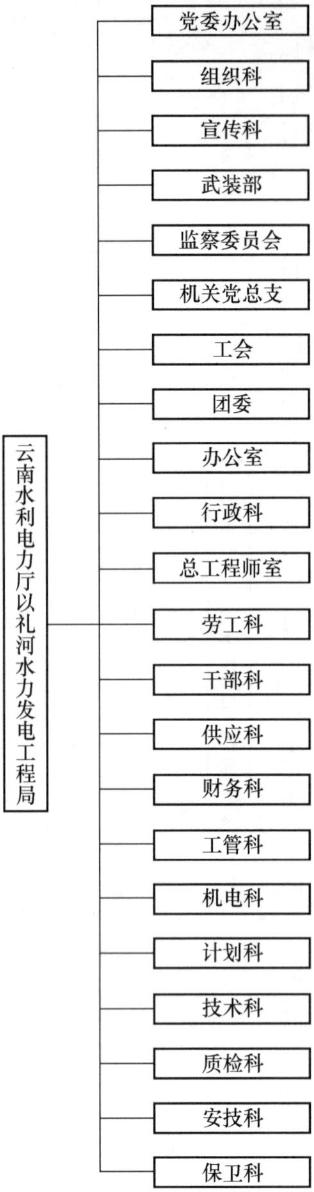

- 云南水利电力厅以礼河水力发电工程局
  - 党委办公室
  - 组织科
  - 宣传科
  - 武装部
  - 监察委员会
  - 机关党总支
  - 工会
  - 团委
  - 办公室
  - 行政科
  - 总工程师室
  - 劳工科
  - 干部科
  - 供应科
  - 财务科
  - 工管科
  - 机电科
  - 计划科
  - 技术科
  - 质检科
  - 安技科
  - 保卫科

图 1-2-2　工程局组织机构（1962 年 7 月）

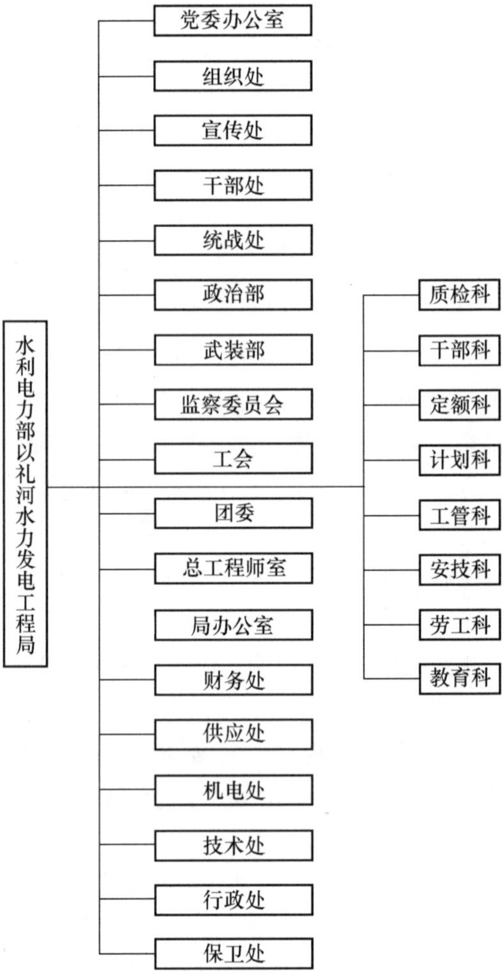

- 水利电力部以礼河水力发电工程局
  - 党委办公室
  - 组织处
  - 宣传处
  - 干部处
  - 统战处
  - 政治部
  - 武装部
  - 监察委员会
  - 工会
  - 团委
  - 总工程师室
  - 局办公室
  - 财务处
  - 供应处
  - 机电处
  - 技术处
  - 行政处
  - 保卫处
  - 质检科
  - 干部科
  - 定额科
  - 计划科
  - 工管科
  - 安技科
  - 劳工科
  - 教育科

图 1-2-3　水利电力部以礼河水力发电工程局组织机构（1963 年 11 月）

1965 年，工程局行政机构设：办公室、总工程师室、计划调度处、工程管理处、机电处、财务处、技术处、劳动工资处、行政处、保卫处、文教卫生处、群众工作处、供应处、昆明联络处、监察室。

1968 年 10 月 14 日，公司机关成立四大组：办事组、政工组、生产指挥组、人民保卫组（公司革命委员会云水建〔1968〕革字第 21 号文）。

四、云南省电力局领导时期（1971 年 1 月～1979 年 9 月）

1971 年 1 月 28 日，云南省革命委员会批复：撤销水利电力部云南水力发电建设公司，下属单位划归云南省电力局直接领导。

五、电力工业部和水利电力部领导时期（1979年10月～1988年9月）

1. 党群机构

1979年12月，机关党群机构设置：党委办公室、宣传部、组织部、纪律检查委员会、工会、团委。

1979年12月28日，成立落实政策办公室（〔1979〕三水电党办字第30号文）。

1982年7月，工程局党群机构调整为：党委办公室、组织部、宣传部、纪律检查委员会（简称纪委）、工会、团委。

1985年8月20日，组织部和干部处合并，成立局组织干部处（工程局〔1985〕党字第62号文）。

1988年7月11日，成立局党委组织部（工程局〔1988〕党字第11号文）。同日，撤销局组织干部处（工程局〔1988〕局劳字第25号文）。

2. 行政机构

1979年12月14日，局机关处室设置：局办公室、总工程师室、干部处、保卫处、技术处、劳动工资处、计划处、供应处、财务处、工程管理处、机电管理处、文教卫生处（工程局〔1979〕云水电办字第19号文）。

1980年5月28日，云南省政府（批复）云政复〔1980〕60号文，将云南电力援外办公室划归第三水电工程局。同年8月8日，电力工业部第三水电工程局〔1980〕三水电办084号文决定，成立第三水电工程局行政处、质量管理处、安全管理处。

1982年4月21日，电力工业部水力发电建设总局〔1982〕电水劳字第202号文：同意第三水电工程局设立外事处，撤销援外办公室。

1982年7月，局机关机构设置：局办公室、计划处、财务处、劳动工资处、工程管理处、科研处、技术处、安全管理处、质量管理处、机电处、供应处、外事处、行政处、总工程师室、文教卫生处、干部处、保卫处（水利电力部第十四工程局〔1982〕水电十四字第006号文）。电力工业部第三水电工程局1982年4月组织机构见图1-2-4。

1983年1月25日，将水电第三工程局外事处更名为水电十四局外事处（局党委〔1983〕党字第05号文）。同年8月12日，成立鲁布革工程指挥部，属机关派出机构（〔1983〕局劳字第30号文）。8月29日，组建局驻北京工作组（局〔1983〕局字第004号文）。

1985年7月31日，成立漫湾工程指挥部，属局机关派出机构。同年12月30日，水利电力部第十四工程局〔1985〕局字第07号文批准成立局总经济师室。

1986年3月24日，设立审计处、老干部处，将工程管理处改为对外经营管理处（总局〔1986〕水建劳字第21号文）。同年10月23日，成立局行政处（工程局〔1986〕局劳字第47号文）。

1988年2月25日，成立经营管理部、开发营业部、信息政策研究室，撤销对外经营处、计划处、工程管理处（工程局〔1988〕局劳字第07号文）。同年7月11日，成立局人事部，同时撤销局组织干部处、劳动工资处（工程局〔1988〕局劳字第25号文）。8月12日，成立局海外事业部，撤销局外事处（工程局〔1988〕局人字第34号文）。

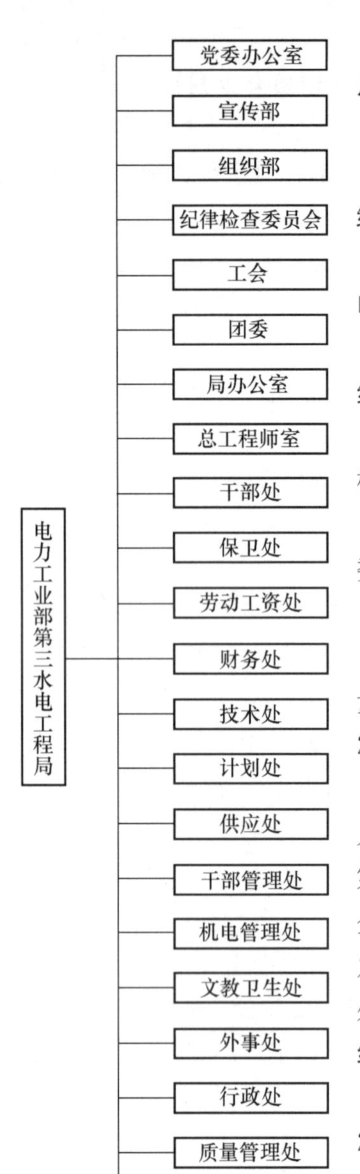

图 1-2-4　电力工业部第三水电工程局组织机构（1982 年 4 月）

六、中国水利水电工程总公司领导时期（1988 年 10 月～2002 年 11 月）

1. 党群机构

1992 年 10 月，党群机构设置：党委办公室、宣传部、组织部、纪委、机关党委、监察室、工会、团委。

1993 年 7 月 13 日，局纪委、监察室合署办公（局党〔1993〕16 号文）。

1994 年 5 月 20 日，党群机构调整为：政治部（团委）、纪委（监察）、工会、机关党委（局人〔1994〕42 号文）。

1995 年 6 月 16 日，局劳〔1995〕34 号文确定党群机构：政治部、局纪委（监察室）、局工会、局团委。

1999 年 9 月 16 日，党群机构调整为：党委工作部（团委）、工会、纪委（局人〔1999〕70 号文）。

2. 行政机构

1988 年 10 月 26 日，成立局质量安全监察部，撤销局质量检查处（工程局〔1988〕局人字第 44 号文）。同年 11 月 21 日，成立局监察室（工程局〔1988〕局字第 36 号文）。

1989 年 2 月 13 日，成立局企业部（工程局〔1989〕局人字第 016 号文）。同年 6 月 25 日，工程局〔1989〕局字第 39 号文《启用新公章的通知》决定：合并组建人事部、企业部、经营管理部、信息政策研究室、海外事业部、开发营业部、安全质量监察部 7 个局机关工作部门；同时，外事处、计划处、安全管理处、质量检查处、劳工处、组织干部处、云南水电史志编辑室、对外经营处公章作废。

1990 年 1 月 8 日，成立离退休工作管理部。同年 12 月 25 日，成立局档案室（工程局〔1990〕局人字第 151 号文）。

1992 年 10 月，行政机构设置：局办公室、总工程师室、总经济师室、总会计师室、人事部、财务处、技术处、经营管理部、经营开发部、审计处、质安部、总调度室、公安处、文卫处、海外部、企业部、信息办公室、老干处、行政处。

1993 年 2 月 24 日，撤销企业部（局人〔1993〕21 号文）。同年 4 月 20 日，将技术处、计算机室、政策信息研究室合并，成立电力开发公司（局人〔1993〕50 号文）。7 月 3 日，设立局驻上海联络处（沪府协联〔1993〕48 号文）。10 月 11 日，设立局华东分局杭州办事处（中水电劳〔1993〕70 号文）。工程局 1992 年组织机构见图 1-2-5。

1994 年 5 月 20 日，水电十四局机关机构设置调整为：总工程师室、总经济师室、总会计师室、局办公室、组织干部部、劳资教育部、开发营业部、财务审计部、经营管理

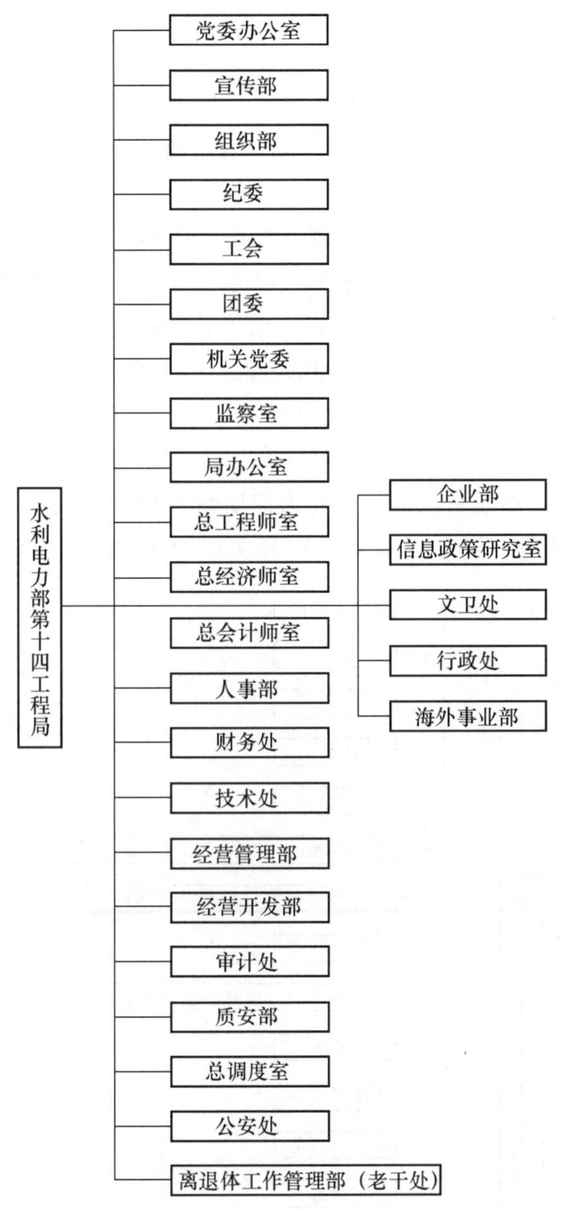

图 1-2-5　水利电力部第十四工程局组织机构（1992 年）

部、质量安全部、公安处、离退休管理部（局人〔1994〕42 号文）。同年 7 月 30 日，机关行政处划归昆华实业公司管理（局人〔1994〕76 号文）。

1995 年 2 月 13 日，设立局内部银行（局劳〔1995〕11 号文）。同年 6 月 16 日，局机关组织机构调整为：局办公室、人事教育部、项目经理部、资产管理部、对外关系部、财务部、离退休管理部、审计部、经营管理部、公安处、质量安全部、开发营业部、工程技术部、内部银行、总工程师室、总经济师室、总会计师室（局劳〔1995〕34 号文）。

1995 年 8 月 30 日，成立局测量总队（局干〔1995〕98 号文）。同年 11 月 20 日，成立三峡办事处（局干〔1995〕103 号文）。

1996年10月7日，恢复局行政处，实行局“社会保险事业管理分局”职能（局人〔1996〕128号文）。同年12月4日，局内部银行更名为局资金结算中心（局人〔1996〕96号文）。

1997年3月5日，成立局贯标工作办公室（局人〔1997〕26号文）。同年10月23日，撤销局安全质量监察部，设局质量保证部、安全监察室；增设局中心试验室、标准化室、计量室（局〔1997〕74号文）。

1998年7月14日，成立局质量保证部（局人〔1998〕74号文）。

1999年9月16日，局机关机构调整为：局办公室、总工程师室、总经济师室、总会计师室、人力资源部、财务部、市场开发部、资产管理部、审计部、社会保障部、质量保证部（安全监察部）、事务部、离退休管理部（局人〔1999〕70号文）。

2000年6月6日，成立局信访办公室（局人〔2000〕62号文）。同年12月7日，成立局项目稽查办公室（局人〔2000〕107号文）。

2002年2月20日，局质量保证部更名为局质量管理部（局人〔2002〕15号文）。10月10日，成立成都办事处（局人〔2002〕120号文）。工程局2002年组织机构见图1-2-6。

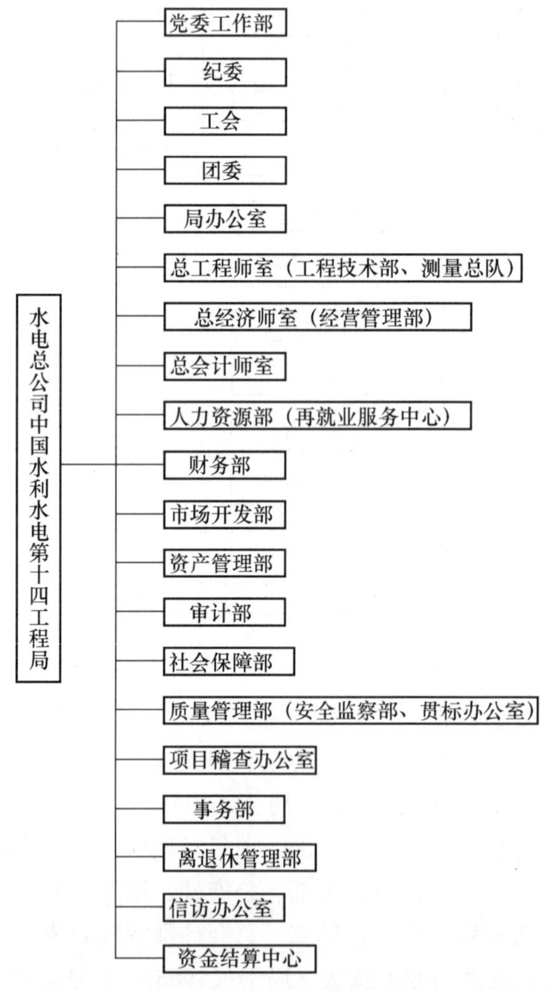

图1-2-6　水电总公司中国水利水电第十四工程局组织机构（2002年）

七、中国水利水电建设集团公司领导时期（2002年12月～2006年12月）

1．党群机构

2003年8月22日，工程局机关党群机构调整为：党委工作部、纪委（监察室）、工会、团委、机关党委。

2005年11月23日，成立水电十四局企业文化中心（局人〔2005〕171号文）。工程局2006年组织机构见图1-2-7。

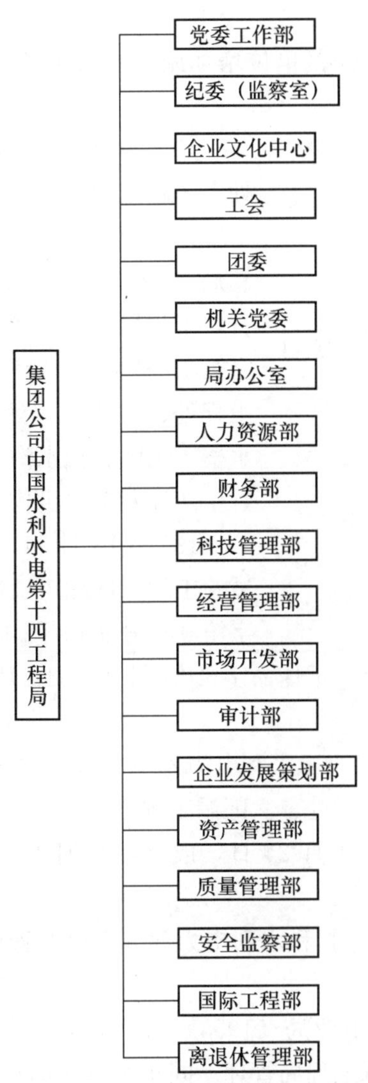

图1-2-7　集团公司中国水利水电第十四工程局组织机构（2006年）

2．行政机构

2003年8月22日，工程局机关机构调整为：局办公室、人力资源部、财务部、科技管理部、经营管理部、市场开发部、资产管理部、审计部、质量安全管理部、企业发展策划部、国际工程部、离退休管理部（局人〔2003〕64号文）。

2005年11月23日，撤销水电十四局质量安全管理部，成立质量管理部、安全监察部（局人〔2005〕171号文）。

第二节 生产经营单位

一、燃料工业部和电力工业部领导时期（1954年5月～1958年7月）

1954年底，生产经营单位为：石龙坝工程处、公路工程处、土建队、勘测队、地质队、钻探队。

1955年6月28日，生产经营单位增加施工动力工地（工程局〔1955〕云水办字第0066号文）。

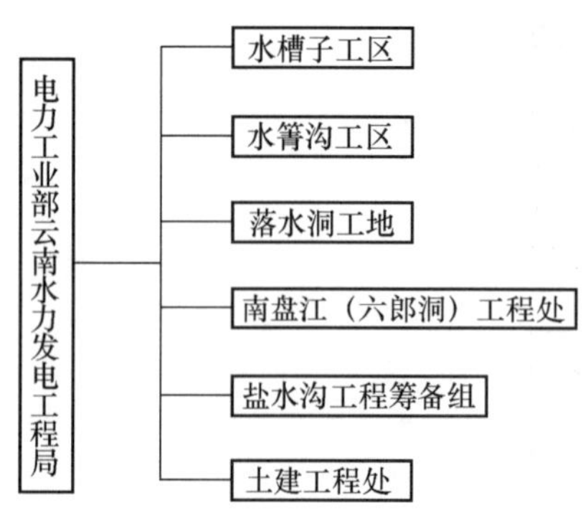

图1-2-8 电力工业部云南水力发电工程局生产经营单位机构（1956年6月）

1955年11月，生产经营单位为：石龙坝工程处、公路工程处、土建队、施工动力工地。

1956年3月20日，成立南盘江工程处（水电总局〔1956〕干计字第113号文）。同年6月27日，工程局对生产经营单位机构进行调整（局办秘字第18号文）。调整后的生产经营单位为：南盘江工程处、土建工程处、落水洞工区、小箐沟工区、水槽子工区、盐水沟工程筹备组。工程局1956年6月生产经营单位机构见图1-2-8。

1957年3月11日，成立盐水沟工区、毛家村试验工地、修配厂、机械供应站、发电厂（局办秘字第011号文）。同年8月17日，盐水沟工区更名为盐水沟工程处（云水〔1957〕干任命字第24号文）。12月23日，南盘江工程处更名为六郎洞工程处。

1958年1月7日，电力工业部水利电力发电建设总局水〔1958〕劳组字第7号文确定工程局生产经营单位为：土建处、六郎洞工程处、盐水沟工程处、水槽子工区、小箐沟工区、毛家村试验工地。同年4月24日，成立绿水河水力发电工程筹备处（水电总局〔1958〕水劳字第118号文）。

二、云南省水利电力局（厅）和水利电力部云南电业管理局领导时期（1958年8月～1963年7月）

1958年8月14日，昆明电业局〔1958〕云水电工字第0144号文将干沟中心修配厂划归供应公司，并委托以礼河工程局管理。同年8月18日，东川市委东党组字第019号文批准成立毛家村工程处。9月，成立小江工区。

1958年，工程局生产经营单位有：毛家村工程处，盐水沟工程处，水槽子工区，小箐沟工区，小江工区、土建处，干沟中心修配厂。

1959年，工程局生产经营单位有：毛家村工程处、盐水沟工程处、企业管理处、水槽子工区、修配厂、一大队、二大队、三大队、四大队、五大队、六大队、灌浆队、运输队（1959年7月15日《云南省水利电力厅以礼河水力发电工程局组织机构编制表》）。

1960 年 5 月 20 日，撤销六郎洞工程处（〔1960〕云水电字 058 号文）。同年 5 月 27 日，成立小江工程处（局以工〔1960〕办字第 26 号文）。10 月 27 日，撤销企业处（局以工字〔1960〕第 39 号文）。

1961 年 11 月 29 日，生产经营单位调整为毛家村工程处、盐水沟工程处，撤销企业处，成立水槽子收尾队、土建队、保留小江工程维护队（以工〔1960〕干字第 012 号文）。

1962 年 4 月 30 日，撤销水泥厂（云南省水利电力厅〔1962〕云水电基字第 351 号文）。同年 7 月 30 日，撤销毛家村工程处，成立大坝基础处理工区；撤销盐水沟工程处，成立盐水沟工区；将土建队并入水槽子收尾队；将毛家村、盐水沟修配厂并入中心修配厂；成立运输队；保留施工电厂；关闭水泥厂（《以礼河工程局机构编制方案说明》）。工程局 1962 年 7 月生产经营单位机构见图 1－2－9。

云南水利电力厅以礼河水力发电工程局

- 小江工程处
- 大坝基础处理工区
- 水槽子收尾处
- 盐水沟工区
- 施工电厂
- 中心修配厂
- 运输队

图 1－2－9　云南水利电力厅以礼河水力发电工程局生产经营单位机构（1962 年 7 月）

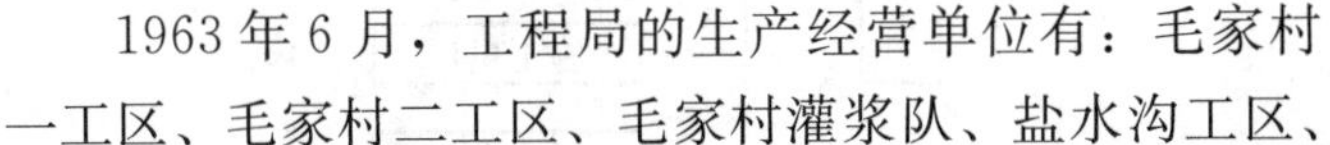

1963 年 6 月，工程局的生产经营单位有：毛家村一工区、毛家村二工区、毛家村灌浆队、盐水沟工区、土建工程队、电讯队、煤厂、农场。同年 6 月 20 日，将绿水河水力发电工程处划归以礼河水电工程局领导（水电总局水〔1963〕人字第 146 号文）。

三、水利电力部领导时期（1963 年 8 月～1970 年 12 月）

1963 年 7 月 12 日，成立毛家村工程处，将盐水沟工区改为盐水沟工程处（水电总局水〔1963〕226 号文）。

1964 年 2 月 20 日，成立毛家村（大坝）工程会战指挥部。

1965 年 2 月，工程局撤销毛家村工程处，对其下属的工区、厂、队等机构进行调整，由局直管（以党〔1965〕字第 06 号文）。调整后，工程局直属单位有：盐水沟工程处、毛家村一工区、毛家村二工区、毛家村三工区、毛家村四工区、毛家村土建队、毛家村修配厂、毛家村运输处、毛家村重机队、施工电厂、煤厂、干沟修配厂、干沟土建队、电讯队、绿水河留守处。工程局 1965 年 2 月生产经营单位机构见图 1－2－10。

1966 年 6 月，水利电力部云南水力发电建设公司的生产经营单位有：中心修配厂、施工电厂、土建队、煤厂、一分公司（毛家村）、二分公司（盐水沟）、三分公司（绿水河）、昆明勘测设计院、安装公司。

1968 年，工程局生产经营单位有：一分公司、二分公司、三分公司、四分公司、第七安装工程处、中心修配厂、第一勘测队、汽车运输队、施工电厂、土建队、灌浆队、绿水河基础五队。1968 年 9 月 29 日，云南水力发电建设公司革命委员会成立后，直属单位先后成立革命委员会或革命领导小组。工程局 1968 年生产经营单位机构见图 1－2－11。

1969 年 4 月 29 日，水利电力部军管会〔1969〕电军基字第 204 号文决定：撤销基础总队，将绿水河的基础五队划归云南水力发电建设公司革命委员会领导。

1970年5月23日，公司革命委员会〔1970〕革字第08号文，把分公司下属单位改为连队编制。

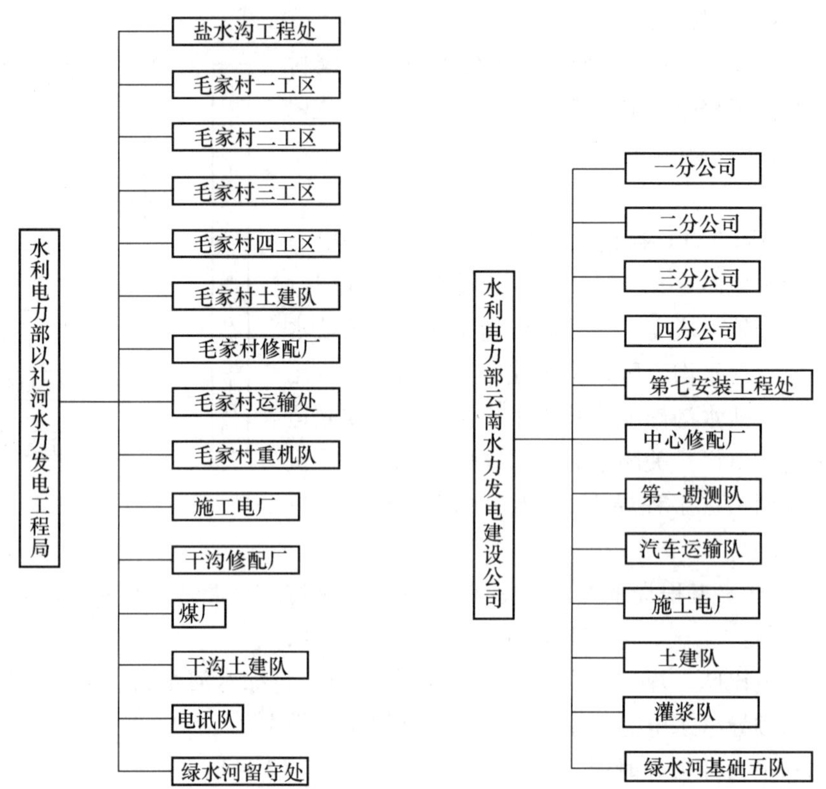

图1-2-10 水利电力部以礼河水力发电工程局生产经营单位机构（1965年2月）

图1-2-11 水利电力部云南水力发电建设公司生产经营单位机构（1968年）

四、云南省电力局领导时期（1971年1月～1979年9月）

1971年1月28日，云南省革命委员会批复：撤销水利电力部云南水力发电建设公司，下属单位划归云南省电力局直接领导。

五、电力工业部和水利电力部领导时期（1979年10月～1988年9月）

1979年12月14日，工程局生产经营单位有：第一工程处、第二工程处、第三工程处、机电安装工程处、机械修造厂、基础处理队（〔1979〕三水电办字第19号文）。同年12月18日，成立运输处（〔1979〕云水电办字第18号文）。

1980年11月26日，将工程局基础处理队部分人员及设备划归地质勘探基础处理工程公司（水力发电建设总局〔1980〕水电劳第664号文）。

1981年9月11日，撤销水电三处，成立黄泥河分局（总局〔1981〕电水劳字第481号文）。

1982年4月，工程局生产经营单位有：第一工程处、第二工程处、黄泥河分局、安装工程处、运输处、机械修造厂。工程局1982年4月生产经营单位机构见图1-2-12。

1982 年 7 月，工程局生产经营单位有：黄泥河分局、第一工程处、第二工程处、安装工程处、机械修造厂、运输处、三三〇支援分局。

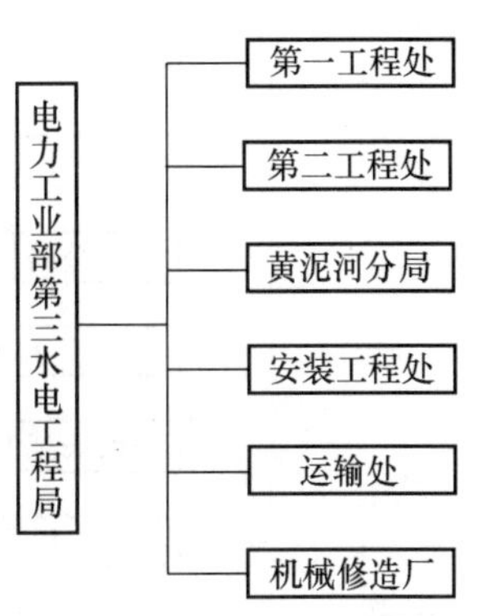

图 1－2－12　电力工业部第三水电工程局生产经营单位机构（1982 年 4 月）

1983 年 2 月 28 日，成立昆明水利水电工程公司（总局文件〔1983〕水建劳字第 20 号文）。同年 8 月 12 日，工程局〔1983〕局劳字第 30 号文下发，经水电总局 1983 年 6 月 27 日以〔1983〕水建劳字第 51 号文批准：撤销黄泥河分局，成立鲁布革工程指挥部，由工程局直接领导；在鲁布革工地成立三个工程公司（属县团级单位），即以原第二工程处为基础，组建第二工程公司；以原三处为基础，组建第三工程公司；以分局现有的二工区、三工区及掘进机队为基础，组建昆明水利水电工程公司。10 月 8 日，工程局〔1983〕局劳字第 34 号文下发，水电总局以〔83〕水建劳字第 51 号文批准：将第一工程处改为第一工程公司，将机电安装处改为机电安装工程公司，将科研处改为施工科研所，将运输处改为汽车运输公司，将供应处改为物资公司。

1984 年 2 月 8 日，成立局劳动服务公司（工程局〔1984〕局劳字第 07 号文）。同年 10 月 26 日，昆明水利水电工程公司更名为第四工程公司（局〔1984〕劳字第 45 号文）。12 月 10 日，组建局地方电力建设公司（云南省计划委员会云计施〔1984〕1590 号文）。

1985 年 12 月 30 日，撤销第二工程公司第二分公司，成立局第五工程公司（局〔1985〕局字第 71 号文）。同日，成立设计室（〔1985〕局劳字第 73 号文）。

1986 年 10 月 6 日，成立局第六工程公司，负责漫湾水电站建设（局〔1986〕局劳字第 40 号文）。

1988 年 6 月 15 日，成立广州抽水蓄能电站施工局（局〔1988〕局劳字第 22 号文）。

六、中国水利水电工程总公司领导时期（1988 年 10 月～2002 年 11 月）

1989 年 2 月 13 日，成立云水公司（局〔1989〕局字第 10 号文）。同年 2 月 15 日，成立局广东分局，撤销局广州抽水蓄能电站施工局（局〔89〕局人字第 04 号文）。9 月 26 日，成立供电通讯队（局〔1989〕91 号文）。12 月 6 日，将设计室更名为设计院（〔1989〕局人字 114 号文）。

1990 年 3 月 23 日，撤销漫湾水电站工程指挥部，成立局漫湾水电站施工局（局〔1990〕局人字第 27 号文）。

1991 年，水电总局批复同意设水电十四局分支机构（只例直属）：第一工程公司、第二工程公司、第三工程公司、第四工程公司、第五工程公司、第六工程公司、物资供应公司、机电安装工程公司、机械修造厂、汽车运输公司、施工科研所、设计院等（总水电人〔1991〕1 号文）。同年 12 月 18 日，撤销局供电通讯队（局人〔1991〕126 号文）。

1992 年 5 月 29 日，成立天生桥分局（局人〔1992〕52 号文）。同年 8 月 3 日，成立小浪底施工局（局人〔1992〕89 号文）。10 月，水电十四局直属二级单位有：第一工程公司、第二工程公司、第三工程公司、第四工程公司、第五工程公司、第六工程公司、机电

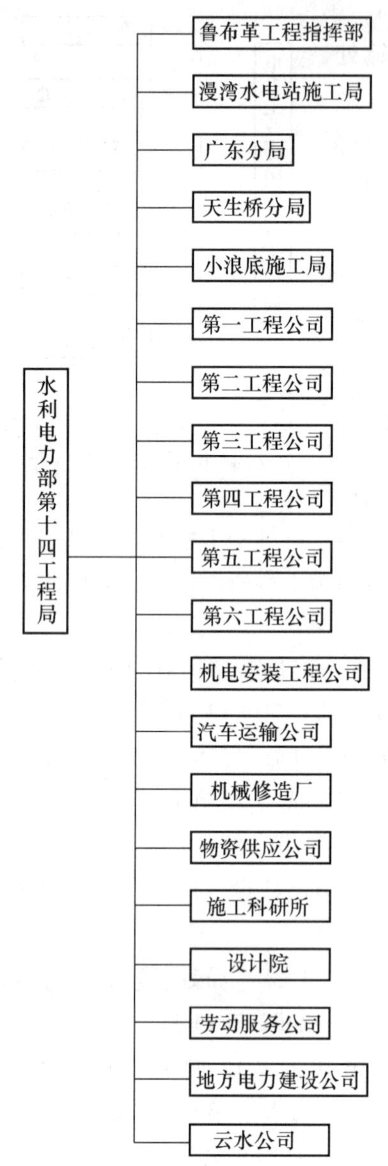

图1－2－13　水利电力部第十四工程局生产经营单位机构（1992年5月）

安装工程公司、运输公司、物资公司、劳动服务公司、修造厂、设计院、施工科研所、地方电力建设公司、云水公司、鲁布革指挥部、广东分局、天生桥分局、小浪底施工局。11月16日，修造厂更名为机械厂（局人〔1992〕120号文）。工程局1992年5月生产经营单位机构见图1－2－13。

1993年2月6日，成立华东分局（局党〔1993〕3号、局人〔1993〕08号文）。同年2月10日，成立机械化工程公司，与汽车运输公司合署办公（局人〔1993〕17号文）。2月23日，成立货箱厂，与机械厂合署办公（局人〔1993〕23号文）。2月24日，成立实业总公司，撤销企业部（局人〔1993〕21号文）。4月14日，成立劳动服务公司（局人〔1993〕49号文）。4月16日，成立澜沧江分局（局人〔1993〕48号文）。4月20日，成立电力工程开发公司（局人〔1993〕50号文），并将机电安装工程公司更名为机电安装工程总公司。10月25日，水电总公司批准由水电一局、十一局、十四局组建长江三峡工程联合体，水电十四局为责任方（中水电综〔1993〕39号文）。10月26日，成立三峡施工局（局人〔1993〕123号文）。11月20日，成立海外事业发展公司（局人〔1993〕133号文）。12月17日，成立大朝山分局（局人〔1993〕141号文）。

1994年1月13日，撤销澜沧江分局（局人〔1994〕07号文）。同年3月4日，将汽车运输公司更名为机械化工程公司（局〔1994〕7号文）。5月3日，将施工科研院所与设计院合并，成立科研设计院（局人〔1994〕34号文）。7月29日，成立国际公司，撤销海外事业发展公司（局人〔1994〕74号文）。8月24日，将第三、第四工程公司合并，组建新的第三工程公司；将第五、第六工程公司合并，组建新的第四工程公司（局人〔1994〕87号文）。10月25日，将劳动服务公司划归昆华实业总公司管理（局人〔1994〕123号文）。

1996年3月27日，成立昆明志达混凝土公司(局人〔1996〕37号文)。同年5月17日，将国际公司更名为昆明国际公司(局人〔1996〕62号文)。6月7日，撤销第一、第四工程公司和下关基地管理处，组建大理分局；撤销第二、第三工程公司和曲靖基地管理处及罗平基地管理处，组建曲靖分局(局人〔1996〕75号文)。8月16日，将机械厂并入安装公司(局〔1996〕60号文)。8月28日，将昆明志达混凝土厂划归昆华实业总公司管理(局人〔1996〕110号文)。

1997 年 4 月 11 日，将机械化工程公司更名为路桥工程总公司。同年 8 月 14 日，组建以水电十四局为责任方的黄河小浪底水利枢纽工程 FFT 联营体（水电总公司中水电劳〔1997〕45 号文）。9 月 26 日，撤销小浪底施工局，成立小浪底分局（局人〔1997〕108 号文）。

1998 年 1 月 24 日，成立棉花滩项目部（局人〔1998〕07 号文）。同年 6 月 29 日，成立沙河项目部。

1999 年 3 月 9 日，成立装饰工程公司（局人〔1999〕22 号文）。同年 11 月 9 日，成立水布垭工程项目部（局人〔1999〕87 号文）。

2000 年 1 月 28 日，成立小湾工程项目部（局人〔2000〕02 号文）。同年 3 月 10 日，成立设备租赁中心（局人〔2000〕22 号文）。3 月 20 日，成立元磨高速公路项目部（局人〔2000〕26 号文）。5 月 12 日，水电总公司批准组建云南绿色混凝土材料公司（中水电财经〔2000〕12 号文）。8 月 21 日，成立小湾分局（局人〔2000〕83 号文）。

2001 年 5 月 25 日，成立水布垭分局（局人〔2001〕28 号文）。7 月 11 日，成立三峡右岸项目部（局人〔2001〕43 号文）。8 月 1 日，成立新疆分局（局人〔2001〕49 号文）。8 月 10 日，撤销华东分局（局人〔2001〕55 号文）。12 月 4 日，成立穆阳溪周宁水电站工程项目部（局人〔2001〕83 号文）。12 月 5 日，成立构皮滩工程项目部（局人〔2001〕93 号文）。2001 年，先后成立以水电十四局为责任方的广西龙滩 1478 联营体、广西百色滇桂联营体、云南小湾 141 联营体、新疆新云联营体。

2002 年 6 月 14 日，成立三板溪分局（局人〔2002〕67 号文）。

七、中国水利水电建设集团公司领导时期（2002 年 12 月～2006 年 12 月）

2002 年工程局生产经营单位机构见图 1-2-14。

2003 年 3 月 3 日，成立广西百色水利枢纽工程项目部，与滇桂联营体一套班子两块牌子（局人〔2003〕8 号文）。10 月 13 日，成立水电十四局机械厂（局人〔2003〕78 号文）。

2004 年 2 月 6 日，成立缅甸瑞丽江水电十四局土建项目部（局人〔2004〕22 号文）。4 月 19 日，成立金沙江分局（局人〔2004〕47 号文）。5 月 11 日，成立大理风能开发项目筹建处（局人〔2004〕63 号文）。6 月 28 日，成立基础处理公司（局人〔2004〕88 号文）。11 月 16 日，成立锦屏分局（局人〔2004〕151 号文）。同日，成立刚果（布）英布鲁电站项目部（局人〔2004〕152 号文）。

2005 年 5 月 8 日，成立宜昌青云水利水电联营公司地下电站项目部（局人〔2005〕84 号文）。5 月 26 日，成立南水北调西四环暗涵工程项目部。8 月 22 日，成立喀腊塑克水利枢纽项目部（局人〔2005〕123 号文）。

2006 年 1 月 13 日，将金沙江分局更名为溪洛渡分局（局人〔2006〕6 号文）。同日，成立糯扎渡分局（局人〔2006〕8 号文）。2 月 15 日，成立南水北调京石段应急供水工程项目部（局人〔2006〕34 号文）。6 月 13 日，成立缅甸瑞丽江水电站土建项目部（局人〔2006〕109 号文）。

2006 年底，水电十四局生产经营单位有：大理分局、曲靖分局、机电安装总公司、

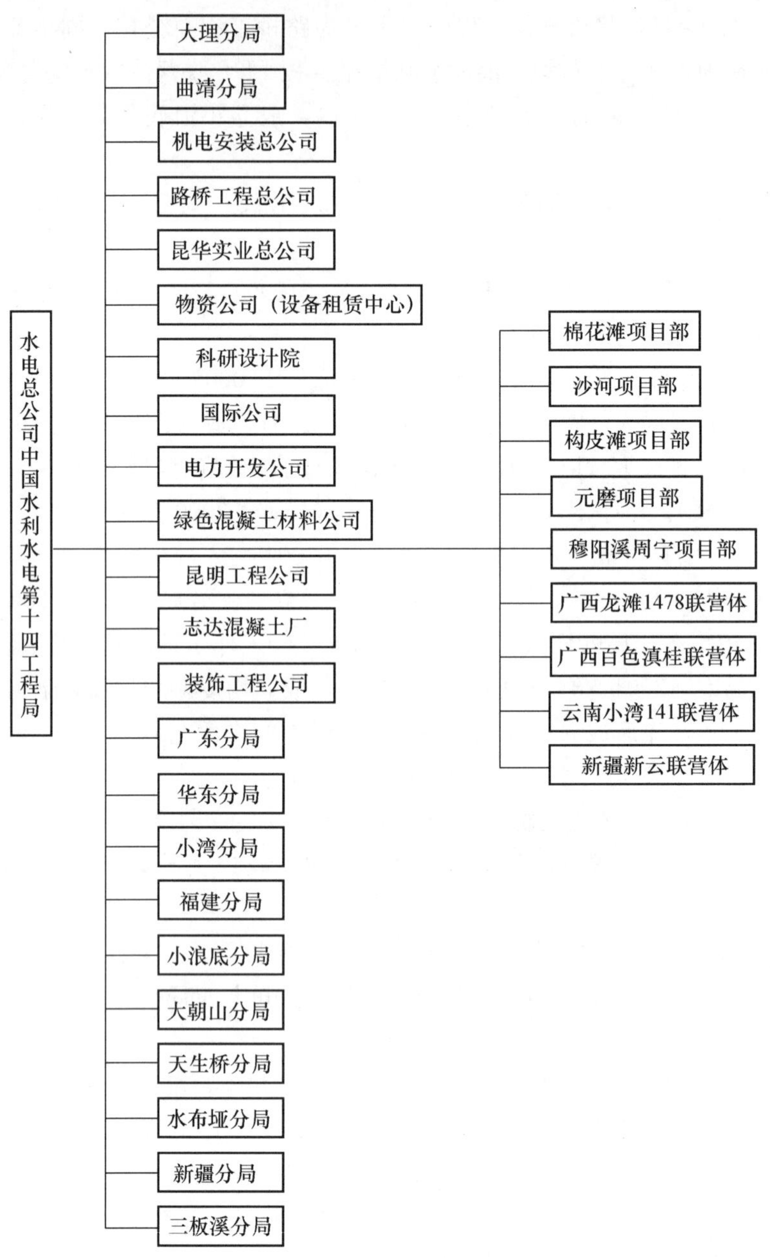

图 1-2-14　水电总公司中国水利水电第十四工程局生产经营单位机构（2002 年）

路桥工程总公司、科研设计院、国际公司、设备租赁中心、基础处理公司、绿色高新公司、机械厂、广东分局、三板溪分局、青云公司、小湾分局、水布垭分局、新云联营体、新疆喀腊塑克项目部、龙滩 1478 联营体、小湾 141 联营体、百色滇桂联营体、百色项目部、三联公司、锦屏分局、英布鲁项目部、构皮滩项目部、溪洛渡分局、糯扎渡分局、西四环项目部。工程局 2006 年生产经营单位机构见图 1-2-15。

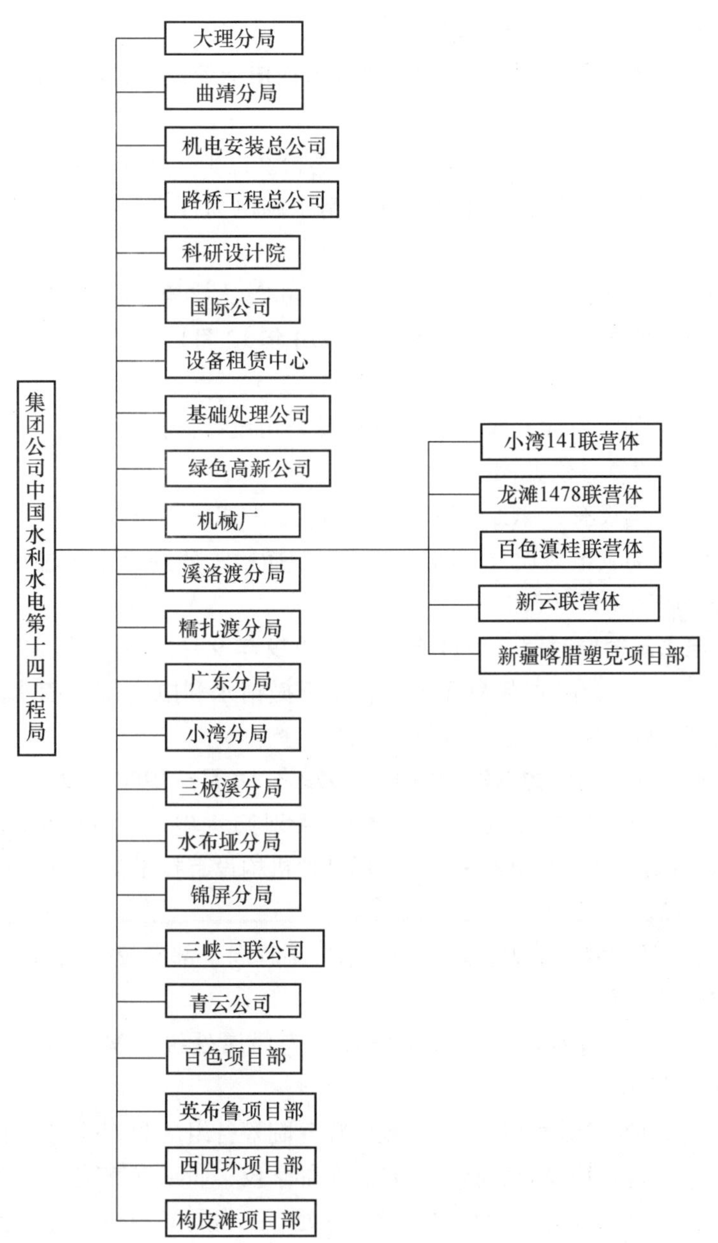

图1-2-15　集团公司中国水利水电第十四工程局生产经营单位机构（2006年）

第三节　其　他　机　构

一、燃料工业部和电力工业部领导时期（1954年5月～1958年7月）

1954年，设立会泽办事处。

1955年11月，成立会泽联络处。

1956年6月27日，工程局对直属单位机构进行调整（局办秘字第18号文），成立职工医院、技工学校、职工子弟学校、职工幼儿园。

二、云南省水利电力局（厅）和水利电力部云南电业管理局领导时期（1958 年8 月～1963 年 7 月）

1960 年 7 月 15 日，成立云南水电建设技工学校（以工〔1960〕办字第 34 号文）。

1962 年 4 月 30 日，撤销技工技学校（云南水利电力厅〔1962〕云水电基字第 351 号文）。

1963 年 6 月，成立干部学校（水电总局水〔1963〕人字第 146 号文）。

三、水利电力部领导时期（1963 年 8 月～1970 年 12 月）

1964 年，经上级批准，成立以礼河技工学校。

1966 年 6 月，水利电力部云南水力发电建设公司设有：技工学校、干部学校、子弟学校、职工医院、疗养院、幼儿园。

1968 年，其他机构设有：职工医院、技工学校、职工子弟学校。

1970 年，云南水力发电建设公司将职工子弟校撤销，分别成立马过河机械厂职工子弟学校和安装公司职工子弟学校。

四、云南省电力局领导时期（1971 年 1 月～1979 年 9 月）

1971 年 1 月 28 日，云南省革命委员会批复：撤销水利电力部云南水力发电建设公司，下属单位划归云南省电力局直接领导。

五、电力工业部和水利电力部领导时期（1979 年 10 月～1988 年 9 月）

1979 年 11 月 1 日，局职工医院的领导关系划归水电三处领导（工程局委员会〔1979〕三水电党字第 9 号文）。12 月，工程局其他机构设有技工学校（〔1979〕三水电办字第 19 号文）。

1980 年 12 月 3 日，成立电力工业部第三水电工程局干部学校（水力发电建设总局文件，〔1980〕水电劳第 677 号文）。

1981 年 8 月 13 日，将水电三局技工学校列为局属处级机构（水力发电建设总局〔1980〕水电劳第 677 号文）。

1982 年 4 月，其他机构设有：技工学校、疗养院筹备组、职工医院、干部学校。

1982 年 7 月，其他机构设有：技工学校、干部学校、职工疗养院筹备组、曲靖基地。

1983 年 12 月 22 日，成立曲靖基地建设管理处（工程局〔1983〕局劳字第 55 号文）。

1984 年 9 月 24 日，成立基地建设管理处（局〔1984〕劳字第 41 号文）。

1984 年 9 月，运输公司子弟学校更名为水电十四局第一中学。

1985 年 2 月 13 日，成立局职工中等专业学校（总公司〔1985〕水建教字第 3 号文）。8 月 2 日，成立职工教育培训中心，直接领导技工学校、干部学校、职工中专（〔1985〕局劳字 06 号文）。8 月 5 日，成立第二中学（局办〔1985〕33 号文）。

1987 年 2 月 27 日，撤销局基地建设管理处，成立局曲靖基地建设管理处、下关基地建设管理处、第三中学（局〔1987〕局劳字第 08 号文）。

六、中国水利水电工程总公司领导时期（1988 年 10 月～2002 年 11 月）

1988 年 12 月 6 日，罗平基地办事处隶属于曲靖基地建设管理处领导（局〔1988〕局人字第 55 号文)。

1990 年 3 月 24 日，工程局罗平办事处更名为局罗平基地建设管理处（局〔1990〕局人字第 32 号文)。6 月 30 日，成立局昆明水电职工疗养院（局〔1990〕局人字第 83 号文)。11 月 28 日，恢复干部学校建制，由教育中心统一领导（局〔1990〕党字第 54 号文)。

1991 年 10 月 22 日，局职工医院、供电通讯队、曲靖劳动服务公司划归曲靖基地建设管理处领导（局人〔1991〕100 号文)。12 月 18 日，撤销局供电通讯队（局人〔1991〕126 号文)。

1992 年 10 月，水电十四局其他机构设有：曲靖基地建管处、罗平基地建管处、下关基地建管处、教育中心、疗养院。

1995 年 9 月，水电一中停止招生，1999 年撤销。

1996 年 6 月 7 日，撤销下关基地管理处、曲靖基地管理处、罗平基地管理处（局人〔1996〕75 号文)。10 月 31 日，成立机关卫生所（局人〔1996〕155 号文)。

1998 年 11 月 3 日，将机关卫生所更名为昆明医院（局人〔1998〕25 号文)。

1999 年 1 月 6 日，将水电十四局大理分局职工医院更名为水电十四局大理医院、曲靖水电十四局职工医院更名为水电十四局曲靖医院、水电十四局职工医院松毛山医院更名为水电十四局松毛山医院（局人〔1999〕03 号文)。

2000 年 1 月 28 日，成立大理劳务中、大理离退休管理中心、曲靖劳务中心、曲靖离退休管理中心、昆明劳务中心、昆明离退休管理中心（局人〔2000〕03 号文)。4 月 3 日，设立大理基地、曲靖基地（局〔2000〕28 号文)。

2002 年 3 月 12 日，将昆明水电职工疗养院划归昆华实业总公司管理（局人〔2002〕6 号文)。

2002 年 5 月 23 日，水电三中停办。

2002 年 6 月，水电十四局曲靖医院移交曲靖市人民政府。

七、中国水利水电建设集团公司领导时期（2002 年 12 月～2006 年 12 月）

2004 年 12 月 28 日，将大理医院划归大理基地管理（局人〔2004〕187 号文)。

2006 年底，水电十四局直属二级单位设有：昆明劳务管理中心、曲靖劳务管理中心、大理劳务管理中心、昆明离退休管理中心、曲靖离退休管理中心、大理离退休管理中心、资金结算中心、昆明医院、大理医院。

第三章　职　工　队　伍

第一节　燃料工业部和电力工业部领导时期（1954 年 5 月～1958 年 7 月）

工程局组建初期，职工队伍力量薄弱：领导干部和工程技术人员主要由外单位、兄弟工程局、水电总局等处调来；职工主要从云南省建工局、福建古田电站、四川狮子滩水电站等处抽调施工人员，同时接收复转军人、大中专毕业生；其他职工则大量向社会招用。职工素质和文化水平较低，工程局开展了形式多样的培训工作，以提高职工素质。

1954年4月13日，水力发电建设总局正式行文，撤销原云南省水力发电工程处，成立云南水力发电工程局。同时，抽调当时云南省建筑工程局局长兼党委书记李天柱任云南水力发电工程局局长兼党委书记。建局时，共有570余名职工，其中27名工程技术人员。职工队伍则在原云南省水力发电工程处的基础上，先后从云南省建工局、福建古田电站、四川狮子滩水电站等处抽调技术干部和施工人员，同时从地方调配部分干部，从部队转业干部中抽调人员到工程局，组成了云南水力发电工程局的职工队伍。职工队伍组建后，由于许多人对水电站工程技术不了解，工程局组织新进人员进行委托代训、派外实习、参观、短期脱产轮训，共培训干部158人，职工队伍素质得以提高。1954年底，职工人数为1246人，其中工程技术人员达120人。

1955年，水电总局水〔1955〕人字第272号通知及水〔1955〕人字第443号指示：为贯彻国家整顿编制，精减机构，节约开支，降低工程成本的精神，以及以礼河水电站开工时间由原定的1955年三季度开工，调整为1956年底或1957年初开工的情况，1955年编制定员精减428人。对于精简下来的这些人员的处理，水电总局（批复）水（55）财字第469号文："对于整编后的编余人员，150人到狮子滩培训，其余人员请云南省委帮助给予分配工作或动员回家生产。"1955年，职工人数总计实际为2599人，其中工程技术人员为135人。

1956年8月10日，水利电力工业部水力发电总局水〔1956〕干计字第353号文件，批准云南水力发电工程局干部编制为900人。1956年底，工程局在册职工人数为7090人，其中工人5335人，技术人员311人。在增加的职工中，新接收大中专、技工学校毕业生78人。

1957年7月、9月，以礼河二级、三级水电站分别开工建设，劳动力需求大，大量招用固定工和临时工。这期间，接受部队退伍战士460人、部队退伍预备役军官400人，狮子滩水电站成建制调入技术工人350人（1957年3月，狮子滩水电站第一台机组建成发电后，狮子滩水力发电工程局施工队伍成建制的分赴外省接受工程任务。曲鸿喜、张绪经带工程队350人赴云南六郎洞，后归属水电十四局）。1957年12月31日，劳工报表统计的职工人数为10 514人，生产工人8597人，技术人员475人。

第二节　云南省水利电力局（厅）和水利电力部云南电业管理局领导时期（1958年8月～1963年7月）

1958年，全国掀起大跃进高潮，水电总局提出以礼河一、二、三级水电站和绿水河水电站都要提前发电的要求，工程局因此向社会大量招工，职工人数增加较快。截至1958年底，工程局用工总数达32 630人（其中包括民工7280人），在册固定职工人数为25 350人，工人24 325人，工程技术人员208人，管理人员738人。

1959年，绿水河水电站因设计变更停建，职工人数减少，其中大部分为遣返或自愿回农村务农。因此，1959年末，工程局职工人数减少为18 745人，管理人员1029人，工程技术人员218人。

1960年，中央决定压缩基建规模，认真清理劳动力，加强农村第一线。工程局先后清理下放7次，3月支援昆明钢铁厂952人，1960年底人数为13 045人。

1961年，中央提出：缩短战线，确保重点，对基本建设实行“调整巩固，充实提高”的方针。绿水河水电站和以礼河一、二、三、四级水电站先后停建或缓建，职工队伍精简下放，下放农村3592人，调外单位职工847人，抽调2397人支援外单位。年末职工人数为9020人。

1962年5月，中央作出《关于进一步精简职工和减少城镇人口的决定》，工程局对在职职工又作了精简，共减少2487人，其中支援东川铜矿438人，支援宣威电厂452人，回农村1588人。年末职工人数为6627人。

第三节　水利电力部领导时期（1963年8月～1970年12月）

这一时期，国家经济状况好转。为了加快以礼河水电站建设，经国务院批准，工程局向社会和农村大量招收合同工，职工人数增加较快，1970年人数由1962年的6627人增加到21 088人。1963年、1966年、1969年，工程局三次大招工。招收的职工中，部分是“亦工亦农”的轮换工，国家废除轮换工制度后，转为固定工。1968～1970年，一大批大中专毕业生由国家统一分配到工程局，其后成为工程局重要的管理和技术力量。

1963年，为保证毛家村大坝防洪度汛，加快以礼河水电站建设，经国务院批准，工程局由城镇招收合同工5541人（包括省劳动局技工学校毕业生139人），外单位调入职工435人（主要指支援东川矿务局415人期满后回局工作），外部调入761人（支援宣威电厂回来210人，绿水河合并551人）。年末职工人数达到12 472人。

1964年，工程局招收学工671人，由闽江局调入7人，岳城水库42人，浑江局21人，三门峡局160人，四川局128人，省内兄弟单位支援197人。年末职工人数为12 909人，其中工人9665人、管理人员1643人、工程技术人员330人。

1965年底，职工人数为12 462人，其中工人9377人、学徒1060人、管理人员1496人、工程技术人员316人。在新增人数中，有15人为大学毕业生。

1966年，亦工亦农新型劳动制度在全国30个行业试点。经上级批准，工程局决定先后从农村招收轮换工2053人，轮换期3年，从城镇招收合同工144人，后因“文化大革命”影响，轮换工制度没有进行下去。截至1966年底，工程局职工人数为15 805人，其中工人12 434人、管理人员1860人、工程技术人员326人。

1967年，废除轮换工制度，全部实行固定工招工制度。当年招收固定工200人。年末职工人数为17 400人，其中生产工人13 781人、管理人员1459、工程技术人员346人。

1968年底统计人数为18 018人，其中工人14 391、管理人员1458人、工程技术人员346人。

1969年底统计人数为20 181人。该年度招收农村临时工1132人，接收大中专毕业生139人，复转军人85人，合同期满辞退临时工2023人。

1970年底统计人数为21 088人，固定职工13 582人，招工指标1011人。国家统一分配的复退军人100人，国家统一分配的大专学生69人。

第四节 云南省电力局领导时期（1971年1月～1979年9月）

1971年，国务院《关于改革临时工、轮换工制度的通知》规定："常年性的生产、工作岗位应该使用固定工，不得招收临时工，现在这种岗位上使用的临时工，可以改为固定工。"据此，工程局1966年招收的轮换工、合同工、临时工全部转为固定工，亦工亦农制度结束。

1971年1月28日，云南省革命委员会决定撤销水利电力部云南水力发电建设公司，下属单位划归云南省电力局直接领导，直至1979年9月。

第五节 电力工业部和水利电力部领导时期（1979年10月～1988年9月）

1979年10月10日，电力工业部〔1979〕电劳字第66号文《关于改变云南省水电施工和勘测设计单位管理体制的通知》：云南省水电施工队伍收回后，其机构名称为"电力工业部第三水电工程局"，属地师级单位。工程局进入电力工业部第三水电工程局时期。该时期工程局职工队伍的素质开始有所提高，基本上没有大规模地从农村和社会上招工。特别是1985年水利电力部教育司行文，对水利电力企业"今后技术工人的补充，原则上应由技工学校培养输送，不再从社会上招工"的通知下发后，工程局基本上不再从社会上和农村大量招工，职工队伍的补充主要来自大中专院校、技工学校和复员退伍军人。1986年，国务院国发〔1986〕77号文，废止了"子女顶替"制度和"内招"职工子女的办法，国营企业实行劳动合同制政策后，职工队伍的构成和素质明显发生变化。

1979年底职工人数为19 676人，其中管理人员1989人、工程技术人员533人、工人12 649人。该年度新增和调入的职工1619人，其中从农村招收250人，招收上山下乡知青222人，统一分配大专、中专、技校毕业生16人。

1980年底职工人数为20 184人，其中干部3580人、工人16 604人、工程技术人员440人、管理人员2607人。本年度新增和调入职工1556人：从农村招收210人（其中上山下乡知青101人），从城镇招收719人，统一分配的大、中专、技校毕业生216人（其中技工学校毕业生198人）。

1981年底职工人数为20 515人，其中工人12 050人、工程技术人员426人、管理人员 2158 人。本年度新增和调入职工 1006 人，其中从农村招工 156 人，从城镇招工 502 人，统一分配的大、中专、技工学校毕业生 199 人。

1982 年底职工人数为 20 478 人，其中干部 3085 人、工人 11 924 人、工程技术人员 465 人、管理人员 2517 人。本年度新增和调入职工 776 人，其中从农村招工 53 人，从城镇招工 298 人，统一分配的大专毕业生 51 人、技工学校毕业生 195 人。

1983 年底职工人数为 20 387 人，其中干部 3348 人、工人 12 378 人、工程技术人员 545 人、管理人员 2539 人。本年度新增和调入职工 528 人，其中从农村招工 37 人，从城镇招工 178 人，统一分配的大、中专、技工学校毕业生 241 人。

1984 年底职工人数为 20 147 人，其中干部 3966 人、工人 11 840 人、工程技术人员 537 人、管理人员 2344 人。本年度新增和调入职工 936 人，其中从农村招工 39 人，从城镇招工 518 人，统一分配的大、中专、技工学校毕业生 213 人。

1985 年，根据水利电力部教育司（84）教技字第 14 号文：“最近，部党组针对工人队伍的建设问题进行专门研究，认为今后技术工人的补充，原则上应由技工学校培养输送，不再从社会上招工”的指示精神，该年度没有从农村和城镇招工，只接收统一分配的大专毕业生 1 人、中专毕业生 4 人，从外地调入 298 人。年底职工人数为 20 075 人，其中工人 11 448 人、管理人员 2406 人、工程技术人员 563 人。年度新增和调入职工 318 人。

1986 年，云政发〔1986〕130 号文下发：贯彻国务院国发〔1986〕77 号文，国营企业对新招工人实行劳动合同制，同时废止“子女顶替”政策，“内招”职工子女的办法也废止。本年底工程局职工人数为 19 528 人，其中工人 10 285 人、管理人员 2538 人、工程技术人员 576 人。年度新增和调入职工 1618 人，其中从农村招工 170 人，从城镇招工 1022 人，统一分配的大专毕业生 43 人、中专毕业生 26 人、技工学校毕业生 149 人。

1987 年底职工人数为 19 163 人，其中工人 10 252 人、工程技术人员 599 人、管理人员 2494 人。本年度新增和调入职工 543 人，其中统一分配的大专毕业生 59 人、中专毕业生 20 人、技工学校毕业生 186 人。

第六节 中国水利水电工程总公司领导时期（1988 年 10 月～2002 年 11 月）

这一时期，国家实行工程招投标制度，工程中标后实施项目法施工，职工中开始出现富余人员。工程局先后在昆明、曲靖、大理、罗平建成四大基地，让职工和退休人员进驻基地，基本上做到职工“下山进城”，有了一个稳定的家。工程中标后，工程局组织精兵强将上前线，退休人员、职工家属、富余人员留在基地。职工队伍素质进一步提高。

1988 年底职工人数为 18 368 人，其中干部 3910 人、工人 10 260 人、工程技术人员 655 人、管理人员 2390 人。年度新增和调入职工 277 人，其中统一分配的大学专科及以上毕业生 42 人、中专毕业生 13 人、技工学校毕业生 56 人。

1989 年底职工人数为 17 301 人，其中工人 9860 人、工程技术人员 700 人、管理人员

2268人。本年度新增和调入职工166人，其中统一分配的大学专科及以上毕业生56人、中专毕业生11人、技工学校毕业生99人。

1990年底职工人数为17 279人，其中干部3932人，工人10 130人，工程技术人员791人，管理人员2384人，统一分配的大专毕业生94人、中专毕业生35人、技工学校毕业生99人。

1991年底职工人数为17 230人，其中工人10154人，工程技术人员886人，管理人员2562人，统一分配的大专毕业生79人、中专毕业生29人、技工学校毕业生148人。

1992年底职工人数为17 042人，其中工人9838人，工程技术人员908人，管理人员2563人，统一分配的大学毕业生82人、中专毕业生40人、技工学校毕业生45人。

1993年底职工人数为15 425人，其中工人6994人，工程技术人员941人，管理人员2399人，统一分配的大学及专科以上毕业生88人、中专毕业生57人、技工学校毕业生42人。

1994年底职工人数为16 421人，其中工人7225人、工程技术人员1004人、管理人员2585人。该年度增加1639人，其中从农村招收875人（为各工程点使用的民工）；从城镇招收的402人中，正式合同工137人，其他为计划外合同工；统一分配的大中专毕业生208人、技工学校毕业生76人。

1995年，《中华人民共和国劳动法》颁布，工程局实施全员劳动合同制，职工与企业签订劳动合同。1995年底职工人数为15 405人，其中工人6680人、工程技术人员1058人、管理人员2429人。该年度减少3604人，其中退休1124人，辞退1100名计划外用工；从农村和城镇招收的1173人主要是计划外用工；统一分配的大学毕业生191人、技工学校毕业生153人。

1996年底职工人数为15 378人，其中工人5168人、工程技术人员985人、管理人员2208人。该年度减少343人（退休），统一分配的大学毕业生145人、技工学校毕业生121人。

1997年底职工人数为13 773人（包括内部退养3267人），其中工人3473人、工程技术人员和管理人员2533人。该年度减少1614人。减少的主要构成是：退休820，内部退养3267，终止解除劳动合同1248人。由于工程任务需要，从农村和城镇招收430人，统一分配大学毕业生160人、技工学校毕业生104人。

1998年底职工人数为12 853人，合同制职工12 023人（包括下岗职工2237人，内部退养人员196人）；其中工人3713人、工程技术人员1001人、管理人员1914人。该年度减少570人（终止解除劳动合同488人），新增职工997人，其中临时工642人，统一分配的大中专毕业生192人、技工学校毕业生140人。

1999年底职工人数为11 933人，合同制职工11 678人（包括下岗职工2238人，内部退养人员192人）；其中专业技术人员3554人。该年度减少1142人（终止解除劳动合同945人），新增职工中统一分配的大中专毕业生107人、技工学校毕业生10人。

2000年底职工人数为11 342人。年末在岗职工7965人，不在岗职工4130人（包括下岗职工3010人，待岗职工709人，内部退养人员411人），其中专业技术人员3252人。

该年度退离休 202 人，终止解除劳动合同 739 人；增加 1193 人（其中录用大中专毕业生 274 人）。

2001 年底职工人数为 11 094 人，其中下岗职工 3147 人，占职工总数的 28%；内部退养职工 805 人，待岗职工 357 人；专业技术人员 3429 人，生产岗位职工 3029 人。本年新增大中专毕业生 95 人，减少 1056 人（退休、调动、终止劳动合同）。

第七节 中国水利水电建设集团公司领导时期（2002 年 12 月～2006 年 12 月）

这一时期，职工队伍人数稳定在 11 000 人左右，接收大中专院校毕业生的人数逐年增加，职工中专业技术人员和具有高、中级职称的人数比例增加，职工队伍素质提高。职工队伍中下岗人员和内部退养人员占职工总数的比例为 20%～30%。

2002 年底职工人数为 11 081 人，在岗职工 7489 人。有专业技术人员 3445 人、生产岗位人员 3316 人。该年度新增录用大中专毕业生 245 人。

2003 年底职工人数为 10 688 人，不在岗职工 3521 人（其中下岗职工 2901 人，内部退养 620 人），占职工人数的 26%。专业技术人员 3366 人。本年新增大中专毕业生 401 人，减少 623 人（其中退休 265 人，终止劳动合同 221 人，其他是开除、除名、辞退和调动）。

2004 年底职工人数为 10 738 人。该年度新增职工 2439 人（其中大中专毕业生 492 人，临时工增加 1944 人），减少 1944 人（其中退休 218 人，终止合同 125 人，临时工减少 1011 人）；不在岗职工 3477 人（其中下岗职工 2416 人，内部退养 586 人，待岗职工 475 人），占职工人数的 23%。有专业技术岗位 3049 人，生产岗位 3256 人；职工队伍中有高级职称 325 人，中级职称 775 人，初级职称 1983 人。

2005 年底职工人数为 10 766 人。新增大中专毕业生 395 人，临时工 1943 人。退休 194 人，终止合同 95 人，临时工减少 2475 人。不在岗职工 3382 人（其中内部退养 424 人，待岗职工 2692 人），占职工人数的 25%。有专业技术岗位 3512 人，生产岗位 3091 人；职工队伍中有教授级高工 8 人，高级职称 352 人，中级职称 983 人，初级职称 1878 人。

2006 年底职工人数为 10 152 人。新增职工 1189 人（其中录用大中专毕业生 371 人，录用技校、职校毕业生 126 人），减少 1709 人（退休 121 人，终止合同 311 人，成建制转出 517 人，临时工减少 689 人）；不在岗职工 3632 人（其中内部退养 364 人，按内部退养办理 220 人，待下岗职工 2900 人），占职工人数的 28.57%；有专业技术岗位 3447 人；职工队伍中有教授级高工 18 人，有高级职称 303 人，中级职称 945 人，初级职称 2152 人。

第二篇　水利水电工程

第二篇　水 利 水 电 工 程

第一章　概　　况

水电十四局从 1954 年建局至 20 世纪 80 年代初，正处于国家计划经济时期。每年按国家下达的计划，安排全年各项施工任务，以固定的企业建制进行电站建设，基本是一个工程处承担一个电站的施工任务，施工技术、施工管理和施工设备相对落后。30 年间，工程局先后承建了石龙坝水电站改扩建工程、以礼河梯级水电站、六郎洞水电站、绿水河水电站、三九股水电站、西洱河梯级水电站和大寨水电站，这些水电站都在云南省境内。这一时期，国家先后经历了“生产大跃进”、“三年困难时期”和“文化大革命”。此时电站建设干扰大，工程上马下马，反复折腾，施工十分艰巨，电站建设周期拖得很长。以礼河 4 个梯级水电站，总装机容量为 32.15 万千瓦，于 1956 年 7 月开工，1973 年 12 月完工，历时 17 年。西洱河 4 个梯级水电站，总装机容量为 25.5 万千瓦，于 1958 年 9 月开工，1987 年 12 月完工，历时近 30 年。

改革开放以后，国家实行水利水电工程招标投标制、业主负责制、项目监理制。经历了鲁布革冲击的水电十四局也由一个封闭的施工企业，走上了改革开放的道路。通过学习和推广世界先进的项目管理经验，实施项目法施工，引进先进的施工技术和施工机械，改革企业管理体制和机制，水电十四局提高了现代化施工水平，揭开了其水利水电建设史上崭新的一页。从此水电十四局的水利水电工程施工从云南走向全国，从小江小河走向大江大河，从支流走向干流，从小机组走向大机组，从低坝小库走向高坝大库。从 20 世纪 80 年代到 90 年代中后期，水电十四局在长江、黄河、红水河、金沙江、澜沧江、乌江、大渡河等大江大河上先后承建和参建了云南漫湾水电站、福建南一水库、广州抽水蓄能电站、贵州天生桥梯级水电站、湖南白云水库、江西斗晏水电站、浙江天荒坪抽水蓄能电站、云南大朝山水电站、长江三峡水电站、昆明柴石滩水电站、黄河小浪底水利枢纽工程、福建涌溪水电站、云南徐村水电站、苏帕河水电站、螺蛳湾水电站、西藏松达水电站等水利水电工程。

1997 年 9 月，中共“十五大”作出了关于“中西部地区要加快开发，发挥资源优势，发挥优势产业”的战略决策。西部大开发的战略加快了水利水电开发的步伐，水电十四局迎来了水利水电建设的春天，水利水电市场迅速拓展。水电十四局发挥了地下工程施工、当地材料坝填筑、高水头大容量水轮发电机组安装三大优势，先后参加承建了广西百色水利枢纽工程、新疆恰甫其海水利枢纽工程、云南小湾水电站、糯扎渡水电站、溪洛渡水电站、景洪水电站、四川锦屏一级水电站、瀑布沟水电站、贵州构皮滩水电站、洪家渡水电站、索风营水电站、广西龙滩水电站、广东惠州抽水蓄能电站、重庆彭水水电站、银盘水电站、湖北水布垭水电站、贵州三板溪水电站、福建棉花滩水电站、贡川水电站、昆明掌鸠河引水工程等水利水电工程，水利水电产值不断攀升。1997年，水电十四局水利水电产值为6.37亿元，2006年则达到30.06亿元。

水电十四局早期承建的以礼河梯级水电站、绿水河水电站、六郎洞水电站、三九股水电站、西洱河梯级水电站和大寨水电站的土建工程、机电安装工程、金属结构制作和安装工程全部由工程局承担。从鲁布革水电站开始，国家实行承包工程招投标制，大型水利水电工程项目业主将土建、机电安装和金属结构分开招标。水电十四局开始单独或者和其他工程局联合进行机电安装工程和金属结构制作安装工程的投标。52年间，电站机电安装经历了从小机组、小容量到大机组、大容量的历程。水电十四局早期的机电安装工程，以小容量、高水头引水式机组居多。从20世纪90年代开始，水电十四局便跨入总装机容量达百万千瓦的机组安装行列。进入21世纪后，则跨入了单机容量70万千瓦的机组安装行列。在此期间，水电十四局先后承担了鲁布革水电站、广州抽水蓄能电站、黄河小浪底水利枢纽工程、浙江天荒坪抽水蓄能电站、云南徐村水电站、湖南白云水电站、福建棉花滩水电站、广西百色水利枢纽工程、广西龙滩水电站、广东惠州抽水蓄能电站、云南小湾水电站等部分或全部机电安装和金属结构制作安装工程的施工任务。从建局以来至2006年，水电十四局总装机容量达863.88万千瓦（装机容量在0.1万千瓦以上的）。

20世纪50～80年代，水电十四局的基础处理工程施工主要进行隧洞和地下厂房的回填灌浆、固结灌浆、接触灌浆、接缝灌浆到坝基处理。从20世纪90年代开始，基础处理技术有了提升，水电十四局逐步掌握了锚索、锚桩、锚洞、防渗墙、各类桩基等施工技术。1995年4月，中国水利水电第十四工程局基础处理公司（简称基础处理公司）正式成立，水电十四局承包经营的多数项目的基础处理工程由基础处理公司负责施工。

水电十四局长期以来从事水利水电工程施工，是一个水电施工企业。1994年3月，成立了中国水利水电第十四工程局科研设计院设计部，主要承担小型水电站的勘测设计，小型水利工程的勘测设计，水电站闸门、钢管等金属结构的设计，小型水轮发电机组辅助设备的设计，工业、民用建筑、市政工程的规划设计等任务。从1996年6月开始，中国水利水电第十四工程局科研设计院依托工程局的施工人才和技术优势，开展水利水电工程设计施工总承包业务。总承包业务合同额从1999年的1645万元发展到2006年的1.42亿元，从每年1个电站发展到3个电站。通过设计施工总承包，先后建成了云南屏边湾塘水电站、云南屏边倮姑水电站、云南宣威黄鹰洞水电站、云南屏边那木果水电站、云南武定勐果河二级水电站、云南金平岔河水电站等14个水电站，正在建设金平县四台山水电站等3个水电站。设计施工总承包不仅缩短了电站建设工期，保证了质量和安全，而且取得了较好的经济效益和社会效益。

第二章　工　程　录

第一节　1954～2006年已建、在建大中型水电工程一览表

水电十四局1954～2006年已建、在建大中型水电工程共有52项，详见表2-2-1和

表 2-2-2。

表 2-2-1　水电十四局 1954～2006 年已建、在建大中型水电工程一览表（一）

序号	工程名称	建设地点	合同总价（万元）	合同结算价（万元）	开工日期	竣工日期
1	云南以礼河梯级水电站	云南省会泽县	41 365	41 365		
	一级	云南省会泽县	21 200	21 200	1958-03	1973-12
	二级	云南省会泽县	3504	3504	1956-07	1959-12
	三级	云南省会泽县	10 800	10 800	1957-07	1971-12
	四级	云南省会泽县	8165	8165	1958-09	1972-11
2	云南绿水河水电站	云南省蒙自县	8093	8093	1958-06	1974-07
3	云南大寨水电站	云南省罗平县	5291	5291	1971-03	1986-05
4	云南西洱河梯级水电站		43 773	43 773		
	一级	云南省大理市	16 175	16 175	1972-01	1980-12
	二级	云南省大理市	7101	7101	1972-09	1980-06
	三级	云南省大理市	16 906	16 906	1982-08	1987-12
	四级	云南省漾濞县	3591	3591	1958-09	1977-11
5	云南鲁布革水电站	云南省罗平县	83 981	83 981	1982-10	1992-12
6	云南漫湾水电站	云南省云县	15 007	28 949	1985-08	1993-06
7	广西天生桥水电站	广西隆林县	36 632	47 017		
	一级		30 500	38 345	1991-06	2002-09
	二级		6132	8672	1988-04	1997-12
8	云南腊庄水电站	云南省罗平县	1887	3151	1989-03	1992-12
9	福建山仔水电站	福建省连江县	4597	6761	1992-08	1995-06
10	江西斗晏水电站	江西省寻乌县	6125	8728	1992-09	1998-10
11	云南田坝水电站	云南省云县	6742	7083	1992-12	1995-10
12	云南大朝山水电站	云南省景东县	32 108	46 362	1993-12	2002-12
13	江西渔翁埠水电站	江西省于都县	1973	2615	1995-10	2000-06
14	长江三峡水电站永久船闸工程	湖北省宜昌市	38 973	80 632	1996-03	2002-09
15	云南螺蛳湾水电站	云南省中甸县	3004	7780	1996-04	1999-01
16	云南宜良柴石滩水电站	云南省宜良县	19 054	32 289	1996-10	2000-12
17	云南徐村水电站	云南省大理市	14 362	18 014	1996-12	2000-12
18	长江三峡水电站大坝工程	湖北省宜昌市	60 269	70 708	1997-01	

续表

序号	工程名称	建设地点	合同总价（万元）	合同结算价（万元）	开工日期	竣工日期
19	福建棉花滩水电站	福建省永定县	20 901	29 358	1998 - 04	2001 - 12
20	福建穆阳溪周宁水电站	福建省周宁县	11 224	13 889	2002 - 06	2006 - 01
21	贵州洪家渡水电站	贵州省黔西县	22 328	36 271	1999 - 09	2005 - 05
22	湖北水布垭水电站	湖北省巴东县	56 116	51 358	1999 - 12	
23	云南小湾水电站	云南省凤庆县	224 447	152 957	2000 - 01	
24	广西龙滩水电站	广西天娥县	40 805	45 645	2001 - 04	
25	贵州乌江渡水电站扩机工程	贵州省遵义县	4072	5742	2001 - 05	2004 - 04
26	贵州索风营水电站	贵州省黔西县	3882	3704	2001 - 11	2003 - 06
27	贵州构皮滩水电站工程	贵州省余庆县	100 608	68 977	2001 - 11	
28	贵州三板溪水电站	贵州省锦屏县	47 281	55 392	2002 - 06	2006 - 06
29	云南高桥水电站	云南省大关县	2105	2931	2002 - 07	2004 - 09
30	四川瀑布沟水电站	四川省汉源县	56 708	17 631	2003 - 03	
31	云南崖羊山水电站	云南省普洱县	17 733	14 469	2003 - 04	2006 - 04
32	重庆彭水电站	重庆市彭水县	89 095	66 440	2003 - 05	
33	四川水牛家水电站	四川省平武县	4691	17 541	2003 - 05	2005 - 12
34	四川大发水电站	四川省雅安市	3756	4699	2003 - 05	
35	云南景洪水电站	云南省景洪市	4633	6502	2003 - 07	2004 - 11
36	云南溪洛渡水电站	云南省永善县	189 409	23 640	2003 - 08	
37	云南泗南江水电站	云南省墨江县	19 546	19 697	2004 - 02	
38	云南戈兰滩水电站	云南省绿春县	7313	9151	2004 - 03	2006 - 03
39	云南柏香林水电站	云南省昭通市	3303	3448	2004 - 03	2006 - 10
40	四川锦屏一级水电站	四川省盐源县	236 287	42 318	2004 - 06	
41	云南向家坝水电站	云南省水富县	7825	8386	2004 - 08	2005 - 12
42	云南龙马水电站	云南省墨江县	30 268	17 849	2004 - 11	2006 - 12
43	长江三峡右岸地下电站工程	湖北省宜昌市	15 684	10 206	2004 - 12	
44	云南雷打滩水电站	云南省弥勒县	2502	2325	2005 - 03	2005 - 12
45	云南糯扎渡水电站	云南省思茅市	131 237	36 849	2005 - 06	
46	云南漫湾水电站二期机电安装	云南省云县	763	763	2005 - 07	2006 - 02
47	云南马鹿塘二期水电站	云南省麻栗坡县	36 255	5675	2005 - 08	

续表

序号	工程名称	建设地点	合同总价（万元）	合同结算价（万元）	开工日期	竣工日期
48	云南赛珠水电站	云南省禄劝县	7699	2744	2005－11	
49	重庆银盘水电站	重庆市武隆县	25 601	11 812	2006－01	
50	云南达开水电站	云南省宣威市	4779	1023	2006－02	
51	云南庙林水电站	云南省昭通市	9691	169	2006－05	2006－12
52	云南岗曲河一级水电站	云南省香格里拉县	8611	618	2006－07	

表2－2－2　水电十四局1954～2006年已建、在建大中型水电工程一览表（二）

序号	工程名称	完成主要实物工程量				工程规模（特性）	主要承建项　目
		土方（万米^3）	石方（万米^3）	混凝土（万米^3）	金属结构（吨）		
1	云南以礼河梯级水电站	1509.80	178.77	45.07	5529		
	一级	661.00	110.00	9.30	409	装机容量2×0.8万千瓦，总库容5.53亿米^3；黏土心墙土坝，坝高80.5米，坝顶长467米	全部土建和机电设备安装
	二级	158.29	4.39	10.34	439	装机容量2×0.875万千瓦，总库容958万米^3；混凝土溢流重力坝，坝高36.9米，坝顶长135.2米	全部土建和机电设备安装
	三级	377.84	64.38	10.30	3239	装机容量4×3.6万千瓦，总库容19万米^3；均质土坝，坝高6.2米，坝顶长428米	全部土建和机电设备安装
	四级	312.67		15.13	1442	装机容量4×3.6万千瓦，总库容14.7万米^3；钢筋混凝土轻型坝，坝高17.6米，坝顶长57.2米	全部土建和机电设备安装
2	云南绿水河水电站	90.53	57.59	11.22	2175	装机容量3×1.5+1×1.25万千瓦，总库容32.4万米^3；混凝土重力坝，坝高23米，坝顶长60米	全部土建和机电设备安装

续表

序号	工程名称	完成主要实物工程量				工程规模（特性）	主要承建项目
		土方（万米^3）	石方（万米^3）	混凝土（万米^3）	金属结构（吨）		
3	云南大寨水电站	28.08	14.28	5.72	896	装机容量 4×0.875＋2×1.045 万千瓦，总库容 22 万米^3，闸坝高 12.5 米、长 52 米	全部土建和机电设备安装
4	云南西洱河梯级水电站	400.78	142.99	53.95	3844		
	一级					装机容量 3×3.5 万千瓦，总库容 27.7 亿米^3；混凝土单孔闸，坝高 12.7 米，坝顶长 8.5 米	全部土建和机电设备安装
	二级					装机容量 4×1.25 万千瓦，总库容 28 万米^3；混凝土重力坝，坝高 35.2 米，坝顶长 115 米	全部土建和机电设备安装
	三级					装机容量 2×2.5 万千瓦，总库容 17.74 万米^3；扶壁式堆渣坝，坝高 20.7 米，坝顶长 153.5 米	全部土建和机电设备安装
	四级					装机容量 4×1.25 万千瓦，总库容 20 万米^3；混凝土重力坝，坝高 19.8 米，坝顶长 77.5 米	全部土建和机电设备安装
5	云南鲁布革水电站	158.62	327.85	65.94	5726	装机容量 4×15 万千瓦，总库容 1.11 亿米^3；黏土心墙堆石坝，坝高 103.5 米，坝顶长 217.3 米，地下厂房尺寸为 125 米×18 米×38.4 米	全部土建和机电设备安装（除引水隧洞外）
6	云南漫湾水电站	125.22	304.32	48.04	1802	装机容量 5×25 万千瓦，泄洪洞长 276.7 米，城门洞形尺寸为 12 米×15 米	公路、导流洞、泄洪洞、左岸边坡处理、钢管制作安装
7	广西天生桥水电站	132.86	482.8	31.33	3179		
	一级	132.86	454.66	15.82	3179	装机容量 4×30 万千瓦，总库容 10.26 亿米^3；修正马蹄形导流洞，洞长 1004.5 米，断面尺寸为 13.5 米×13.5 米	导流洞、溢洪道、厂房后边坡和右坝肩开挖

续表

序号	工程名称	完成主要实物工程量				工程规模（特性）	主要承建项　目
		土方（万米³）	石方（万米³）	混凝土（万米³）	金属结构（吨）		
	二级		28.14	15.51		装机容量6×22万千瓦	引水隧洞
8	云南腊庄水电站	2.21	15.59	6.17	876	装机容量3×2万千瓦，总库容580万米³；圬工实体重力坝，坝高36米，坝顶长90米	全部土建和机电设备安装
9	福建山仔水电站	2.65	15.18	23.20	424		全部土建
10	江西斗晏水电站	63.38	107.26	10.33	675	装机容量3×1.75万千瓦，总库容0.98亿米³；混凝土面板堆石坝，最大坝高53米，坝顶长204米，地面厂房尺寸为55米×16.4米×29.95米	全部土建
11	云南田坝水电站	1.72	5.12	3.94	2894	装机1台，容量为10.5万千瓦	全部土建和机电设备安装
12	云南大朝山水电站	35.97	161.07	24.12	725	装机容量135万千瓦；尾水洞长2944米，2×ϕ15米；导流洞长654米，断面尺寸为18米×15米	导流洞、尾水洞
13	江西渔翁埠水电站	8.57	5.74	3.47	400	装机容量2×3.2万千瓦；混凝土溢流坝，坝高17米，坝顶长191.17米	全部土建和机电设备安装
14	长江三峡水电站永久船闸工程	9.78	86.58	61.92	2527	装机容量26×70万千瓦；城门洞形输水隧洞工程包括15条平洞和16条斜井，总长约5500米	永久船闸输水隧洞
15	云南螺蛳湾水电站	3.41	9.15	11.09	1967	装机容量6万千瓦，总库容88万米³；浆砌石重力坝，坝高24.5米，坝顶长156.5米；圆形引水隧洞内径为4.15米，长2433.58米	首部枢纽、引水隧洞
16	云南宜良柴石滩水电站	41.64	334.42	23.86	2276	装机容量3×2万千瓦，总库容4.37亿米³；混凝土面板堆石坝，坝高103米，坝顶长312.6米；圆形引水隧洞洞径为6.4米，长375.7米	全部土建和机电设备安装

续表

序号	工程名称	完成主要实物工程量				工程规模（特性）	主要承建项目
		土方（万米³）	石方（万米³）	混凝土（万米³）	金属结构（吨）		
17	云南徐村水电站	25.29	82.54	16.95	2804	装机容量3×2.6万千瓦，总库容28.8亿米³；黏土心墙堆石坝，坝高67米，坝顶长165.132米；地面厂房尺寸为76.62米×20.9米×37.84米；圆形引水隧洞洞径为8.5米，长135.543米	导流（泄洪）洞、厂房、金属结构和机电设备安装
18	长江三峡水电站大坝工程					装机容量26×70万千瓦，总库容393亿米³；混凝土重力坝，最大坝高183米，坝顶长2309.5米	二期左岸厂房坝段
19	福建棉花滩水电站	1.34	77.78	18.24	2532	装机容量4×15万千瓦，总库容20.35亿米³，地下厂房尺寸为129.5米×21.9米×52.08米	地下厂房、机电设备安装
20	福建穆阳溪周宁水电站	4.64	40.61	5.80	124	装机容量25万千瓦，总库容0.49亿米³，地下厂房长66.8米，宽17.9米，高42.7米，方圆形引水隧洞，上平洞洞径6.8米，长257米，高压竖井直径5.7～5.9米，深359米，下平洞洞径3.9～5.9米，长382.13米；方圆形尾水隧洞洞径6.8米，长1062.82米	地下厂房、开关站
21	贵州洪家渡水电站	8.54	94.47	43.99	301	装机容量3×18万千瓦，钢筋混凝土面板堆石坝，最大坝高179.5米，坝顶长427.79米	砂石系统、引水、泄洪系统
22	湖北水布垭水电站	59.74	327.44	40.93	9846	装机容量4×40万千瓦，地下厂房长166.5米，宽23米，高67米	地下厂房
23	云南小湾水电站	64.64	294.46	43.81	2386	装机容量6×70万千瓦，地下厂房长298.10米，宽30.60米，高86.43米	公路、导流洞、地下厂房、机电设备安装
24	广西龙滩水电站	10.21	162.96	30.28	3621	装机容量9×70万千瓦，地下厂房长388.5米，宽30.7米，高77.3米	引水发电系统，3、4号机组安装

续表

序号	工程名称	完成主要实物工程量				工程规模（特性）	主要承建项目
		土方（万米³）	石方（万米³）	混凝土（万米³）	金属结构（吨）		
25	贵州乌江渡水电站扩机工程		20.27	5.17	297	装机容量2×25万千瓦，混凝土拱形重力坝，坝高165米，坝顶长350米	地下厂房
26	云南索风云水电站	0.19	14.60	4.59	368	装机容量60万千瓦，总库容2.012亿米³	导流洞
27	贵州构皮滩水电站工程	44.65	495.70	37.05	509	装机容量5×60万千瓦，地下厂房长230.45米、宽27米、高75.32米	引水发电系统、机电设备安装
28	贵州三板溪水电站	69.57	223.54	41.91	1514	装机容量4×25万千瓦，地下厂房长147.20米、宽22.70米、高60.01米	地下厂房、砂石系统
29	云南高桥水电站	2.40	18.10	1.40		装机容量3×3万千瓦，总库容3.65亿米³，混凝土重力坝，最大坝高31米，坝顶长73米，地面厂房尺寸为52.9米×16米×218米	厂房土建、机电设备安装
30	四川瀑布沟水电站	1.59	45.86	2.85		装机容量6×55万千瓦，地下厂房长294.10米、宽32.40米、高70.1米	地下厂房、场内公路
31	云南崖羊山水电站	8.50	73.69	11.43	1552	装机容量2×6万千瓦，圆形引水隧洞，开挖断面直径为10.6米，长1781米	导流洞、引水发电系统、冲沙洞
32	重庆彭水水电站	3.23	339.94	50.27	555	装机容量5×35万千瓦，地下厂房长252米、宽30米、高76.5米	导流洞、地下厂房
33	四川水牛家水电站	17.51	60.08	11.45		装机容量2×3.5万千瓦，城门洞形引水隧洞长9.52公里，成型断面尺寸为4.4米×4.6米	引水隧洞、泄洪洞、取水口
34	四川大发水电站	0.79	14.61	1.57		装机容量2×12万千瓦，马蹄形引水隧洞长9.4公里，成型断面尺寸为4.4米×6.1米	引水隧洞

续表

序号	工程名称	完成主要实物工程量				工程规模（特性）	主要承建项目
		土方（万米³）	石方（万米³）	混凝土（万米³）	金属结构（吨）		
35	云南景洪水电站	212.36	94.47	2.29			进场公路、右坝肩开挖
36	云南溪洛渡水电站	83.21	218.56	11.95	13	装机容量18×70万千瓦，总库容126.7亿米³，地下厂房长443.34米、宽31.9米、高75.6米	右岸地下厂房、泄洪洞
37	云南泗南江水电站	60.10	148.25	10.52		装机容量3×6.7万千瓦，总库容2.46亿米³，混凝土面板堆石坝，最大坝高115米、坝顶长365.93米	混凝土面板堆石坝
38	云南戈兰滩水电站	96.59	99.56	5.53	139	装机容量3×15万千瓦，导流洞洞身段全长783.06米，成型断面尺寸为12米×14米，城门洞形	左岸导流洞、左坝肩开挖、平洞
39	云南柏香林水电站	3.61	6.13	2.29		装机容量2×2.5万千瓦，总库容28.9万米³，混凝土重力坝，最大坝高28米、坝顶长128米，地面厂房尺寸为40.26米×16.3米×29.69米	厂房土建、机电设备安装
40	四川锦屏一级水电站	22.67	173.70	15.64	406	装机容量6×60万千瓦，地下厂房长388.5米、宽30.7米、高77.3米，右岸导流洞全长1190米，成型断面尺寸为15米×9米，城门洞形	地下厂房、泄洪洞、右岸导流洞
41	云南向家坝水电站	3.17	28.15	2.67	336		骨料输送线土建
42	云南龙马水电站	109.50	137.03	6.47		装机容量3×9.5万千瓦，总库容5.986亿米³，混凝土面板堆石坝，最大坝高135米、坝顶长315米	混凝土面板堆石坝
43	长江三峡右岸地下电站工程	4.00	47.74	2.23		装机容量6×70万千瓦，地下厂房长311.30米、宽32.6米、高87.3米	右岸地下厂房
44	云南雷打滩水电站				1649		金属结构制作安装

续表

序号	工程名称	完成主要实物工程量				工程规模（特性）	主要承建项目
		土方（万米³）	石方（万米³）	混凝土（万米³）	金属结构（吨）		
45	云南糯扎渡水电站	153.44	1080.20	2.41	432	装机容量9×65万千瓦，总库容237亿米³，地下厂房长396米、宽31米、高81.6米，1号导流洞长1003米，2号导流洞长1090米，5号导流洞长839米	左岸导流洞、泄洪洞土建和金属结构安装
46	云南漫湾水电站二期机电安装				298	装机容量1×30万千瓦	水轮发电机组及附件安装分包
47	云南马鹿塘二期水电站	78.53	112.22	1.40	47	装机容量3×8万千瓦，总库容5.46亿米³，混凝土面板堆石坝，最大坝高154米、坝顶长493.4米	大坝、导流洞、溢洪道、放空洞
48	云南赛珠水电站	7.40	28.57	0.23		装机容量3×3.3万千瓦，总库容167万米³，碾压混凝土抛物线双曲拱坝，最大坝高72米、坝顶长160.162米，引水隧洞内径2.7米、长4810米	大坝、引水隧洞
49	重庆银盘水电站	26.49	401.04	3.55		装机容量4×15万千瓦	右岸一期
50	云南达开水电站	2.81	8.72	0.19	105	装机容量3×2万千瓦	全部土建、机电设备安装
51	云南庙林水电站	3.26	0.39	0.01	32	装机容量2×7万千瓦，混凝土重力坝，最大坝高51米、坝顶长120米	首部枢纽、引水隧洞
52	云南岗曲河一级水电站	5.77	7.38			装机容量2×3万千瓦，总库容694.5万米³，混凝土面板堆石坝，最大坝高69.1米、坝顶长143米	首部枢纽

第二节　1954～2006年已建、在建水利工程一览表

水电十四局1954～2006年已建、在建水利工程共有33项，详见表2-2-3和表2-2-4。

表2-2-3　水电十四局1954～2006年已建、在建水利工程一览表（一）

序号	工程名称	建设地点	合同总价（万元）	合同结算价（万元）	开工日期	竣工日期
1	云南东冲水库	云南省晋宁县	95	95	1987-08	1988-08
2	福建南一水库	福建省南靖县	5027	11 855	1987-12	1993-08
3	云南章巴水库	云南省元江县	1285	1665	1988-01	1991-06
4	云南中屯水库	云南省牟定县	849	903	1988-02	1991-02
5	云南花山水库	云南省曲靖市	600	572	1991-01	1992-11
6	云南五里冲水库	云南省蒙自县	1822	2775	1992-02	1996-06
7	云南青峰水库	云南省曲靖市	143	156	1992-06	1993-06
8	云南忙海水库	云南省永德县	1975	2930	1992-08	1998-05
9	云南渔洞水库	云南省昭通市	698	775	1994-11	1999-01
10	河南小浪底水利枢纽工程	河南省洛阳市	61 330	76 494	1996-02	2003-04
11	云南茄子山水库	云南省龙陵县	6600	8022	1996-06	1999-03
12	江西彭泽城防堤工程	江西省彭泽县	2886	3081	1998-12	2000-04
13	云南大水沟水库	云南省镇雄县	1356	2024	1998-12	2001-01
14	福建泉州晋江防洪工程	福建省泉州市	2017	1824	1999-07	2000-04
15	云南炉房水库	云南省巧家县	1544	2086	1999-11	2001-08
16	江西锅底潭水库	江西省萍乡市	2109	2349	1999-11	2001-07
17	江西九江城防堤整治工程	江西省九江市	4520	3443	1999-11	2001-12
18	新疆乌鲁瓦提水利枢纽工程	新疆和田县	324	324	1999-11	2000-05
19	云南昆明掌鸠河引水工程	云南省禄劝县	23 476	29 620	1999-12	2005-06
20	湖北荆南长江加固工程	湖北省公安县	1242	1529	2000-03	2000-05
21	湖南岳阳长江加固工程	湖南省华容县	1120	1194	2000-03	2000-05
22	福建厦门北溪引水干渠工程	福建省厦门市	704	784	2000-11	2002-01
23	江苏无为长江加固工程	江苏省无为县	542	542	2001-03	2001-04
24	福建南安市防洪堤工程	福建省南安市	428	436	2001-05	2002-03
25	广西右江百色水利枢纽工程	广西百色市	17 259	24 369	2001-06	2005-03
26	新疆恰甫其海水利枢纽工程	新疆巩留县	17 315	20 702	2001-08	2005-05
27	新疆引额济乌工程顶山隧洞	新疆福海县	16 446	15 053	2001-08	2005-12
28	湖南省澧水皂市水利枢纽	湖南省石门县	2540	2918	2001-09	2003-09

续表

序号	工程名称	建设地点	合同总价（万元）	合同结算价（万元）	开工日期	竣工日期
29	河南小浪底西霞院工程	河南省济源市	27 281	38 842	2004-05	2006-12
30	北京南水北调西四环工程	北京市丰台区	8702	5440	2005-05	
31	云南东拉水库	云南省富源县	3030	2369	2005-07	2006-06
32	新疆喀腊塑克水利枢纽工程	新疆福海县	2564	2450	2005-09	2006-08
33	河北南水北调河北段第三标	河北省涞水县	15 384	3428	2006-07	

表2-2-4　水电十四局1954～2006年已建、在建水利工程一览表（二）

序号	工程名称	完成主要实物工程量				工程规模（特性）	主要承建项目
		土方（万米^3）	石方（万米^3）	混凝土（万米^3）	金属结构（吨）		
1	云南东冲水库						整个工程
2	福建南一水库	17.16	34.38	23.81		装机容量2×1万千瓦，总库容1.58亿米^3，混凝土重力坝，坝高93米、坝顶长194米	整个工程
3	云南章巴水库	37.57	97.77	0.58		总库容0.23亿米^3，风化料心墙土石坝，坝高74米、坝顶长222.5米	整个工程
4	云南中屯水库	68.90	2.76	0.41		总库容0.11亿米^3，风化料心墙分区渣料坝壳坝，坝高56.24米、坝顶长224米	整个工程
5	云南花山水库	37.02	8.93	0.50			整个工程
6	云南五里冲水库	0.32	6.74	5.15			灌浆廊道
7	云南青峰水库	29.74		0.03			整个工程
8	云南忙海水库	41.65	65.80	1.16	422	总库容0.31亿米^3，碾压式黏土心墙风化料坝，坝高66.5米、坝顶长182米	整个工程
9	云南渔洞水库				482		金属制作安装、原型观测

续表

序号	工程名称	完成主要实物工程量				工程规模（特性）	主要承建项目
		土方（万米³）	石方（万米³）	混凝土（万米³）	金属结构（吨）		
10	河南小浪底水利枢纽工程	56.20	46.50	32.10	4301	装机容量6×30万千瓦，土石坝，坝高154米、坝顶长1667米	大坝，导流洞，排沙洞、进水塔，1、4、6号机组安装
11	云南茄子山水库	49.35	75.31	3.45	202	总库容1.21亿米³，混凝土面板堆石坝，坝高103.5米、坝顶长256米	面板堆石坝、溢洪道
12	江西彭泽城防堤工程	12.83		1.74		全长4763.9米，马湖堤长4013.9米，朝阳堤长750米	城防堤加固
13	云南大水沟水库	5.25	9.60	1.70	328	装机容量2×0.32万千瓦，总库容0.274亿米³，混凝土面板堆石坝，最大坝高75.6米、坝顶长198.5米	泄洪冲沙隧洞
14	福建泉州晋江防洪工程	3.83		2.30		北岸新堤试验段长970.73米，桩号3+243.3～3+986.79段的堤身，部分基础及金山水闸工程，长743.59米	防洪堤加固
15	云南炉房水库	3.77	7.03	0.89	616	总库容0.186亿米³，混凝土面板堆石坝，最大坝高52.5米、坝顶长169.5米	整个工程
16	江西锅底潭水库	5.05	10.70		9	总库容0.22亿米³，混凝土面板堆石坝，最大坝高56.2米、坝顶长115米	整个工程
17	江西九江城防堤整治工程	24.42		1.61		长江干堤48～60号通道闸堤段，上起13号闸至九江建材厂码头，下至16号闸九江城区防汛码头东端，全长1115.7米	防洪堤加固
18	新疆乌鲁瓦提水利枢纽工程			0.67			混凝土工程分包

续表

序号	工程名称	完成主要实物工程量				工程规模（特性）	主要承建项目
		土方（万米^3）	石方（万米^3）	混凝土（万米^3）	金属结构（吨）		
19	云南昆明掌鸠河引水工程	46.04	299.88	13.22	638	总库容4.84亿米^3，黏土心墙堆石坝，最大坝高77.33米、坝顶长242米	水库、引水压力钢管制作安装
20	湖北荆南长江加固工程					公安埠河至双石碑堤段防渗墙，全长7.563公里	防洪堤加固
21	湖南岳阳长江加固工程	0.20				长江干堤民生垸加固工程桩号为3+710～7+735	防洪堤加固
22	福建厦门北溪引水干渠工程	4.24		1.33		长1039米，其中箱涵950.333米、箱涵渐变段10米、闸室7米、明渠33米	引水干渠
23	江苏无为长江加固工程	0.22				邹墩堤段长2600米，前刘堤段长1450米，裕溪街堤段长1375.2米，总长5425.2米	防洪堤加固
24	福建南安市防洪堤工程						防洪堤加固
25	广西右江百色水利枢纽工程	41.48	141.54	21.20	1000	装机容量4×13.5万千瓦，总库容56亿米^3	地下厂房土建、机电设备安装
26	新疆恰甫其海水利枢纽工程	4.01	42.49	25.94	4476	装机容量4×8万千瓦，总库容19.50亿米^3，圆形引水隧洞，开挖断面直径为5.25米，长737.38米	引水发电隧洞
27	新疆引额济乌工程顶山隧洞	8.62	34.40	8.95		马蹄形输水隧洞，全长7415米（0+290～7+705），成型断面尺寸为5.2米×5.2米	输水隧洞
28	湖南省澧水皂市水利枢纽	6.22	12.58	3.18	128	装机容量10万千瓦，总库容14.4亿米^3	导流洞

续表

序号	工程名称	完成主要实物工程量				工程规模（特性）	主要承建项目
		土方（万米^3）	石方（万米^3）	混凝土（万米^3）	金属结构（吨）		
29	河南小浪底西霞院工程	34.34		82.74	9075	装机容量4×3.5万千瓦，总库容1.62亿米^3，混凝土坝，最大坝高51.5米、坝顶长513米	混凝土大坝
30	北京南水北调西四环工程	4.84		0.97	8		暗涵工程
31	云南东拉水库	5.40	2.25	2.79		总库容308万米^3	
32	新疆喀腊塑克水利枢纽工程	3.91	9.64	1.69		城门洞形导流隧洞长350米，成型断面尺寸为9.5米×11米	导流洞
33	河北南水北调河北段第三标	62.39	66.20	0.19			供水干渠

第三节　1954～2006年已建、在建抽水蓄能电站一览表

水电十四局1954～2006年已建、在建抽水蓄能电站共有5项，详见表2-2-5和表2-2-6。

表2-2-5　　水电十四局1954～2006年已建、在建抽水蓄能电站一览表（一）

序号	工程名称	建设地点	合同总价（万元）	合同结算价（万元）	开工日期	竣工日期
1	广东广州抽水蓄能电站	广东省从化县	77 405	104 803		
	一期		31 276	47 086	1989-05	1993-06
	二期		46 129	57 717	1994-09	1998-10
2	浙江天荒坪抽水蓄能电站	浙江省安吉县	31 445	52 734	1993-04	2000-06
3	江苏沙河抽水蓄能电站	江苏省溧阳市	13 975	16 367	1998-09	2001-03
4	广东惠州抽水蓄能电站	广东省博罗县	89 493	48 098	2001-07	
5	广东阳江抽水蓄能电站	广东省阳江市	3342	1084	2005-03	

表 2-2-6　水电十四局 1954～2006 年已建、在建抽水蓄能电站一览表（二）

序号	工程名称	完成主要实物工程量				工程规模（特性）	主要承建项目
		土方（万米³）	石方（万米³）	混凝土（万 m³）	金属结构（吨）		
1	广东广州抽水蓄能电站	183.13	326.48	75.16	6740		
	一期	164.59	214.50	49.59	4935	装机容量 4×30 万千瓦，上库总库容 0.245 亿米³，混凝土面板堆石坝，坝高 68 米、坝顶长 337.22 米，地下厂房尺寸为 146.5 米×21.5 米×44.5 米	全部土建和机电设备安装
	二期	18.54	111.98	25.57	1805	装机容量 4×30 万千瓦，下库总库容 0.175 亿米³，碾压混凝土重力坝，坝高 43 米、坝顶长 153.12 米，地下厂房尺寸为 146.5 米×21.5 米×44.5 米	全部土建和机电设备安装
2	浙江天荒坪抽水蓄能电站	58.49	230.11	26.47	2380	装机容量 6×30 万千瓦，总库容 877 万米³，下库混凝土面板堆石坝，最大坝高 92 米、坝顶长 235.5 米，地下厂房尺寸为 192.7 米×21 米×47.53 米	除上库坝外的电站土建和机电设备安装
3	江苏沙河抽水蓄能电站	41.11	131.85	10.08		装机容量 2×5 万千瓦，总库容 262.27 万米³，混凝土面板堆石坝，最大坝高 47 米、坝顶长 528.7 米，圆形引水隧洞洞径 6.5 米、长 462.42 米，2 条圆形尾水隧洞洞径 5.6 米、长 91.7 米	整个电站土建
4	广东惠州抽水蓄能电站	149.49	233.35	14.18	1901	装机容量 8×30 万千瓦，地下厂房，A 厂/B 厂厂房尺寸为 152/154.5 米×21.5 米×48.25 米（长×宽×高）	水道和厂房系统土建、机电设备安装
5	广东阳江抽水蓄能电站	16.88	3.50	0.08	5		永久进场公路

第四节 1954～2006年已建、在建小型水电工程一览表

水电十四局1954～2006年已建、在建小型水电工程共有54项，详见表2-2-7和表2-2-8。

表2-2-7 水电十四局1954～2006年已建、在建小型水电工程一览表（一）

序号	工程名称	合同总价（万元）	合同结算价（万元）	开工日期	竣工日期
1	云南昆明市石龙坝水电站改扩建工程			1954-07	1958-06
2	云南丘北县六郎洞水电站	2440	2440	1958-02	1960-03
3	云南蒙自县三九股水电站	1096	1096	1971-01	1977-09
4	云南景洪市葫芦岛水电站	442	744	1985-06	1990-06
5	云南丽江县黑白水二级水电站	361	339	1985-12	1987-06
6	云南墨江县坝卡河水电站	309	315	1986-08	1988-03
7	云南盈江县汇流水电站	297	277	1986-08	1987-08
8	云南盈江县槟榔江水电站	750	756	1986-09	1988-12
9	云南陆良县大跌水电站	100	100	1986-12	1988-12
10	贵州册享县纳盘水电站	530	562	1988-02	1991-09
11	云南中甸县冲江河水电站	518	690	1988-02	1990-03
12	云南澄江县罗碧水电站	1106	1143	1989-01	1991-05
13	云南云龙县新桥水电站	225	240	1989-03	1991-04
14	云南富源县三岔河水电站	671	637	1989-05	1993-01
15	云南剑川县弥沙河一级水电站	102	158	1989-03	1990-05
16	云南双柏县鱼庄河水电站	533	686	1991-01	1993-11
17	湖南城步县白云水电站	10 903	13 721	1992-03	2000-06
18	云南腾冲县龙江二级水电站	1166	1965	1992-12	1996-07
19	云南元江县依萨河水电站	234	903	1992-12	1993-08
20	云南丽江县黑白水三级水电站	383	1331	1993-12	1994-06
21	云南盈江县户宋河水电站	3873	4251	1994-03	1997-07
22	西藏芒康县松达水电站	2308	2832	1994-10	1996-10
23	云南勐腊县回洼水电站	785	1548	1994-12	1997-03
24	福建德化市涌溪三级水电站	12 333	15 275	1996-01	1999-06
25	云南麻栗坡县南令水电站	149	449	1996-06	1999-08

续表

序号	工　程　名　称	合同总价（万元）	合同结算价（万元）	开工日期	竣工日期
26	云南双柏县老虎山水电站	306	1193	1997－04	1998－10
27	云南盐津县上清河三级水电站	868	1428	1997－10	2002－02
28	云南剑川县弥沙河二级水电站	650	927	1998－04	1999－10
29	福建永安县贡川水电站	6848	13 033	1998－12	2001－12
30	云南屏边县湾塘水电站	684	763	1999－10	2001－04
31	云南屏边县倮姑水电站	1835	2064	2001－10	2002－12
32	云南金平县岔河一级水电站	1139.5		2002	2003－03
33	云南宣威市黄鹰洞水电站	3704	3762	2003－04	2004－09
34	云南屏边县那木果河水电站	850	965	2003－07	2004－10
35	云南武定县勐果河（伊尔格）水电站	4081	3888	2003－10	2004－12
36	云南金平县岔河二级（南门峡）水电站	2614	2682	2003－11	2004－10
37	云南金平县岔河三级水电站	1143	1240	2004－02	2005－01
38	云南楚雄市不管河三级水电站	4537	3882	2004－03	2005－12
39	云南金平县宝石水电站	2443	2417	2004－03	2005－11
40	云南昭通市熊家沟水电站	1524	2019	2004－04	2005－12
41	云南金平县岔河四级水电站	963	918	2004－05	2005－10
42	云南绿春县骑马坝水电站	4601	4260	2004－05	2005－12
43	云南富源县块泽河水电站	6314	7277	2004－09	
44	云南金平县马过河水电站	2490	3603	2004－10	2006－07
45	云南屏边县绿水河西哈口水电站	1638	1722	2004－11	2005－10
46	湖北鹤峰县江坪河水电站	655	457	2004－12	2005－10
47	四川康定县小天都水电站	495	1216	2004－12	2006－05
48	云南金平县金河四级水电站	703	768	2005－01	2006－11
49	云南金平县四台山水电站	3421	800	2005－12	
50	云南昭通市悦乐水电站	4667	1700	2006－03	
51	四川平武县阴平水电站	113	150	2006－03	
52	云南金平县拉灯河水电站	4529	1000	2006－04	
53	云南红河茅草坪水电站	1112.5		2005	2006
54	云南红河金厂河水电站	90	1289.7	2005	2006

表 2-2-8　　水电十四局 1954～2006 年已建、在建小型水电工程一览表（二）

序号	工程名称	完成主要实物工程量				工程规模（特性）	主要承建项目
		土方（万米^3）	石方（万米^3）	混凝土（万米^3）	金属结构（吨）		
1	云南昆明市石龙坝水电站					装机容量 2×3000 千瓦	第六次改扩建
2	云南丘北县六郎洞水电站	2.97	17.14	6.26	63	装机容量 2×1.25 万千瓦，主厂房尺寸为 28 米×12.5 米×23 米	全部土建和机电设备安装
3	云南蒙自县三九股水电站					装机容量 4×0.2 万千瓦	全部土建和机电设备安装
4	云南景洪市葫芦岛水电站	18.82		1.03		装机容量 2×0.1 万千瓦	全部土建和机电设备安装
5	云南丽江县黑白水二级水电站	2.87		0.59		装机容量 1×0.5+1×0.63 万千瓦	全部土建和机电设备安装
6	云南墨江县坝卡河水电站					装机容量 2×0.32 万千瓦	机电设备安装
7	云南盈江县汇流水电站			0.40		装机容量 2×0.4 万千瓦	机电设备安装
8	云南盈江县槟榔江水电站	13.26		2.53			全部土建和机电设备安装
9	云南陆良县大跌水电站					装机容量 3×0.8 万千瓦	机电设备安装
10	贵州册亨县纳盘水电站	2.79	2.11	0.45		装机容量 2×0.16 万千瓦	全部土建和机电设备安装

续表

序号	工程名称	完成主要实物工程量				工程规模（特性）	主要承建项　目
		土方（万米^3）	石方（万米^3）	混凝土（万米^3）	金属结构（吨）		
11	云南中甸县冲江河水电站	1.35	0.77	1.37		装机容量3×0.63万千瓦	全部土建和机电设备安装
12	云南澄江县罗碧水电站	8.48	3.59	2.69	268		闸坝，主、副厂房，压力管道，金属结构
13	云南云龙县新桥水电站	5.97	2.66	0.99			全部土建
14	云南富源县三岔河水电站	2.42	3.37	1.29	34	装机容量3×0.25万千瓦	全部土建和机电设备安装
15	云南剑川县弥沙河一级水电站	0.84	2.10	0.96			全部土建
16	云南双柏县鱼庄河水电站	4.10	17.98	0.50	72	装机容量2×0.16万千瓦	全部土建和机电设备安装
17	湖南城步县白云水电站	10.57	203.00	9.59	827	装机容量2×1.6万千瓦，总库容3.6亿米^3，混凝土面板堆石坝，坝高120米、坝顶长200米，坝后引水式厂房尺寸为53米×14.9米×29.8米，圆形引水隧洞洞径6米，长357.86米	全部土建和机电设备安装
18	云南腾冲县龙江二级水电站	6.54	12.82	2.02	36	装机容量2×1万千瓦	全部土建和机电设备安装
19	云南元江县依萨河水电站	0.07		0.47			全部土建和机电设备安装
20	云南丽江县黑白水三级水电站		1.34	0.52	153	装机容量3×0.63万千瓦	厂房土建、机电设备安装

续表

序号	工程名称	完成主要实物工程量				工程规模（特性）	主要承建项目
		土方（万米^3）	石方（万米^3）	混凝土（万米^3）	金属结构（吨）		
21	云南盈江县户宋河水电站	10.52	18.47	2.47		装机容量3×2.1万千瓦	厂房土建、调压井、压力管道
22	西藏芒康县松达水电站	1.02	4.62	0.49	78	装机容量3×0.08万千瓦，城门洞形引水隧洞长1467.89米，断面尺寸为2.1米×1.5米	全部土建和机电设备安装
23	云南勐腊县回洼水电站	28.21	88.90	2.13	62	装机容量2×0.05万千瓦	全部土建和机电设备安装
24	福建德化市涌溪三级水电站	1.64	28.90	25.61	96	装机容量2×2万千瓦，总库容0.69亿米^3，碾压混凝土重力坝，坝高86.5米、坝顶长198米，地面厂房尺寸为50.8米×24.4米×30.5米	全部土建
25	云南麻栗坡县南令水电站	2.60				装机容量2×0.63万千瓦	机电设备安装
26	云南双柏县老虎山水电站				2091	装机容量2×0.63万千瓦、2×1.25万千瓦	机电设备安装
27	云南盐津县上清河三级水电站	1.00	5.10	2.40		装机容量2×0.4万千瓦，混凝土砌石重力坝，最大坝高39.5米，坝顶长度97米	全部土建
28	云南剑川县弥沙河二级水电站	7.49	8.11	4.10		装机容量3×0.32万千瓦，总库容195.8万米^3，150号埋石混凝土重力坝，最大坝高19.9米、坝顶长59.4米	全部土建
29	福建永安县贡川水电站	10.41	25.86	18.44	90	装机容量4.3万千瓦，总库容0.28亿米^3，闸坝，坝高25米、坝顶长427.3米	全部土建
30	云南屏边县湾塘水电站	2.59	12.21	1.79	727.7	装机容量2×0.63万千瓦	设计施工总承包

续表

序号	工程名称	完成主要实物工程量				工程规模（特性）	主要承建项　目
		土方（万米^3）	石方（万米^3）	混凝土（万米^3）	金属结构（吨）		
31	云南屏边县倮姑水电站	9.69	1.16	1.1	464.1	装机容量3×0.63万千瓦	设计施工总承包
32	云南红河四岔河水电站					装机容量1.3万千瓦	设计施工总承包
33	云南宣威市黄鹰洞水电站	5.20	6.89	2.68	452	装机容量3×0.63万千瓦	设计施工总承包
34	云南屏边县那木果河水电站	3.72	2.39	2.14		装机容量2×0.63万千瓦	设计施工总承包
35	云南武定县勐果河（伊尔格）水电站	11.81	12.24	3.60		装机容量2×0.63万千瓦，重力式溢流坝，最大坝高9米、坝顶长60米，地面厂房尺寸为41.58米×13×12.8米	设计施工总承包
36	云南金平县岔河二级（南门峡）水电站	20.89	4.9	3.19	585.2	装机容量3×0.7万千瓦	设计施工总承包
37	云南金平县岔河三级水电站	6.48	0.76	0.81	270	装机容量3×0.45万千瓦	全部土建
38	云南楚雄市不管河三级水电站	8.73	17.08	2.62	945		全部土建
39	云南金平县宝石水电站	6.50	1.80	2.10	1115	装机容量2×1.25万千瓦，混凝土拱坝，最大坝高42米、坝顶长107米，地面厂房尺寸为42.56米×17.3米×30.49米，圆形引水隧洞衬砌后直径2.4米、长3881.46米	全部土建和机电设备安装
40	云南昭通市熊家沟水电站	1.00	5.75	1.70	20	装机容量2×0.9万千瓦，混凝土闸坝，坝高17.57米、坝顶长44米，地下厂房长52.9米、宽13.84米，高16.44米，引水隧洞衬砌后直径4米、长2926.00米	厂房土建、机电设备安装

续表

序号	工程名称	完成主要实物工程量				工程规模（特性）	主要承建项 目
		土方（万米^3）	石方（万米^3）	混凝土（万米^3）	金属结构（吨）		
41	云南金平县岔河四级水电站	20.89	4.9	3.19			设计施工总承包
42	云南绿春县骑马坝水电站	5.81	17.65	4.14		装机容量3×0.55万千瓦、3×0.63万千瓦	全部土建和机电设备安装
43	云南富源县块泽河水电站	1.49	25.29	10.60	479	装机容量2×1.8万千瓦，总库容0.14亿米^3，混凝土单曲拱坝，最大坝高94米、坝顶长88.139米	设计施工总承包
44	云南金平县马过河水电站	1.75	3.02	1.98	683	装机容量2×0.50万千瓦	设计施工总承包
45	云南屏边县绿水河西哈口水电站	3.74	12.34	2.08	371.7	装机容量2×0.50万千瓦	设计施工总承包
46	湖北鹤峰县江坪河水电站	1.92	7.38	0.54			场内公路
47	四川康定县小天都水电站						引水系统灌浆
48	云南金平县金河四级水电站	1.53	3.22	1.47	116	装机容量2×1.5万千瓦，混凝土溢流坝，最大坝高26.5米、坝顶长73米	首部枢纽、取水口、机电设备安装
49	云南金平县四台山水电站	4.08	3.40	0.37	38	装机容量2×0.63万千瓦	设计施工总承包
50	云南昭通市悦乐水电站	2.47	6.24	1.21		装机容量2×1万千瓦，总库容23万米^3，混凝土重力坝，最大坝高21米、坝顶长124.62米	大坝、引水隧洞
51	四川平武县阴平水电站		1.32		3	厂房交通洞工程	厂房交通洞

续表

序号	工程名称	完成主要实物工程量				工程规模（特性）	主要承建项目
		土方（万米^3）	石方（万米^3）	混凝土（万米^3）	金属结构（吨）		
52	云南金平县拉灯河水电站	6.18	10.89	2.00	787.5	装机容量 2×0.5 万千瓦+2×0.3 万千瓦	设计施工总承包
53	云南红河茅草坪水电站					装机容量 1.0 万千瓦	设计施工总承包
54	云南红河金厂河水电站					装机容量 0.9 万千瓦	设计施工总承包

第五节 1954～2006 年机电设备安装一览表

水电十四局 1954～2006 年已建、在建的装机容量大于 0.1 万千瓦的水电站机电设备安装工程共有 127 项，详见表 2-2-9 和表 2-2-10。

表 2-2-9 水电十四局 1954～2006 年已完成的机电设备安装工程一览表（装机容量大于 0.1 万千瓦的电站）

序号	水电站名称	装机台数	单机容量（万千瓦）	装机容量（万千瓦）	投产年份	备注
1	云南昆明石龙坝水电站	1	0.3	0.3	1954	
		1	0.3	0.3	1957	
2	云南会泽县乐里村施工水电站	2	0.08	0.16	1956	
3	云南曲靖光坡水电站	2	0.07	0.14	1958	
4	云南丽江水电站	2	0.08	0.16	1958	
5	云南会泽县以礼河二级水电站	2	0.875	1.75	1958	
6	云南丘北县六郎洞水电站	2	1.25	2.5	1959	
1954～1959 年完成机电安装水电站 6 座，装机 12 台，总容量 5.31 万千瓦						
7	云南保山瓦窑水电站	2	0.08	0.16	1967	
8	云南龙陵县香柏河水电站	2	0.1	0.2	1967	
9	云南芒市果南河水电站	2	0.216	0.432	1969	
10	云南会泽县以礼河三级水电站	1	3.6	3.6	1966	
		1	3.6	3.6	1967	
		2	3.6	7.2	1969	

续表

序号	水电站名称	装机台数	单机容量（万千瓦）	装机容量（万千瓦）	投产年份	备注
1960～1969 年完成机电安装水电站 4 座，装机 10 台，总容量 15.192 万千瓦						
11	云南会泽县以礼河一级水电站	2	0.8	1.6	1971	
12	云南会泽县以礼河四级水电站	1	3.6	3.6	1970	
		2	3.6	7.2	1971	
		1	3.6	3.6	1972	
13	云南蒙自县绿水河水电站	1	1.25	1.25	1972	
		2	1.5	3.0	1973	
		1	1.5	1.5	1974	
14	云南罗平县东方红水电站	2	0.16	0.32	1973	
15	云南会泽县卡子河水电站	2	0.08	0.16	1974	
16	云南巧家县双河水电站	2	0.08	0.16	1974	
17	云南巍山县东方红水电站	2	0.08	0.16	1974	
18	云南蒙自县三九股水电站	4	0.2	0.8	1977	
19	云南罗平县大寨水电站	4	0.875	3.5	1977	
		2	1.045	2.09	1983	
20	云南大理西洱河一级水电站	1	3.5	3.5	1979	
		2	3.5	7.0	1980	
21	云南大理西洱河二级水电站	2	1.25	2.5	1978	
		1	1.25	1.25	1979	
		1	1.25	1.25	1980	
22	云南大理西洱河四级水电站	1	1.25	1.25	1971	
		1	1.25	1.25	1973	
		1	1.25	1.25	1975	
		1	1.25	1.25	1977	
23	云南迪庆汤满河水电站	2	0.15	0.3	1978	
		2	0.15	0.3	1980	
24	云南沧源县永安河水电站	2	0.065	0.13	1978	
25	云南宜良县蓬莱水电站	2	0.08	0.16	1978	
26	云南思茅景谷河水电站	2	0.1	0.2	1978	
		1	0.5	0.5	1979	
27	云南河口县南溪河水电站	2	0.16	0.32	1979	

续表

序号	水电站名称	装机台数	单机容量（万千瓦）	装机容量（万千瓦）	投产年份	备　注
28	云南师宗县响水电站	2	0.08	0.16	1979	
29	云南元阳县藤条江水电站	1	0.125	0.125	1979	
		1	0.125	0.125	1983	
30	云南宁蒗县石丫口水电站	2	0.1	0.2	1980	
31	云南保山丙麻水电站	2	0.25	0.5	1980	
1970～1980 年完成机电安装水电站 21 座，装机 60 台，总容量 52.55 万千瓦						
32	云南陆良县天生桥水电站	2	0.125	0.25	1980	
		1	0.3	0.3	1981	
33	云南德钦阿东河水电站	2	0.1	0.2	1981	
34	云南景洪东风农场光明水电站	2	0.1	0.2	1981	
35	云南剑川县米子坪水电站	1	0.2	0.2	1981	
		1	0.2	0.2	1983	
		1	0.2	0.2	1984	
36	喀麦隆拉格都水电站	1	1.8	1.8	1982	国外工程
		2	1.8	3.6	1983	国外工程
		1	1.8	1.8	1984	国外工程
37	云南弥勒县竹园水电站	2	0.08	0.16	1982	
38	云南勐海县宾房水电站	2	0.225	0.45	1982	
39	云南漾濞县雪山河水电站	3	0.32	0.96	1983	
40	云南洱源县下山口水电站	4	0.16	0.64	1983	
41	云南寻甸县凤龙湾水电站	3	0.05	0.15	1983	
42	云南永平县永平江水电站	2	0.225	0.45	1984	
43	云南勐腊县回洼水电站	4	0.08	0.32	1984	
44	云南华坪县乌木河水电站	3	0.16	0.48	1985	
45	云南大理茫涌溪水电站	2	0.2	0.4	1985	
46	云南石屏县岔河水电站	2	0.16	0.32	1986	
47	云南红河小河底水电站	2	0.1	0.2	1986	
48	云南大理劝桥河水电站	3	0.05	0.15	1986	
49	云南丽江黑白水水电站	2	0.59	1.18	1987	
50	云南墨江县坝卡河水电站	2	0.32	0.64	1987	
51	云南景洪流沙河水电站	1	0.125	0.125	1986	
		1	0.125	0.125	1987	

续表

序号	水电站名称	装机台数	单机容量（万千瓦）	装机容量（万千瓦）	投产年份	备注
52	云南大理西洱河三级水电站	2	2.5	5.0	1987	
1981～1987 年完成机电安装水电站 21 座，装机 54 台，总容量 20.50 万千瓦						
53	云南鲁布革水电站	1	15	15	1988	
		1	15	15	1989	
		1	15	15	1990	
		1	15	15	1991	
54	云南盈江县汇流水电站	2	0.4	0.8	1988	
55	云南宁蒗县拉都水电站	2	0.15	0.30	1988	
56	云南陆良县大跌水电站	3	0.8	2.4	1988	
57	云南中甸县冲江河水电站	3	0.63	1.89	1990	
58	云南广南县西洋江水电站	2	1	2	1991	
59	贵州册享县纳盘水电站	2	0.16	0.32	1991	
60	云南罗平县腊庄水电站	3	2	6	1992	
61	云南富源县三岔河水电站	2	0.25	0.5	1992	
		1	0.25	0.25	1993	
62	福建南靖县南一水库	2	1	2	1993	
63	云南双柏县鱼庄河水电站	2	0.16	0.32	1993	
64	广州抽水蓄能电站	3	30	90	1993	
		1	30	30	1994	
		1	30	30	1998	
		2	30	60	1999	
		1	30	30	2000	
65	云南云县田坝水电站	1	10.5	10.5	1996	
66	西藏芒康县松达水电站	3	0.08	0.24	1996	
67	云南丽江金庄河水电站	2	0.5	1.0	1996	
68	云南盈江县芒线水电站	2	0.7	1.4	1996	
69	缅甸照济一级水电站	2	0.6	1.2	1996	国外工程
70	缅甸南坎卡水电站	2	0.125	0.25	1997	国外工程
71	缅甸藏都水电站	2	1	2	1997	国外工程
72	云南盈江县户宋河水电站	3	2.1	6.3	1997	
73	云南腾冲县龙江二级水电站	2	1	2	1997	

续表

序号	水电站名称	装机台数	单机容量（万千瓦）	装机容量（万千瓦）	投产年份	备注
74	云南盈江县户撒河水电站	2	0.7	1.4	1997	
75	云南腾冲县周家坡水电站	2	0.16	0.32	1997	
76	缅甸照济二级水电站	2	0.6	1.2	1998	国外工程
77	缅甸叫脉水电站	4	0.125	0.5	1998	国外工程
78	江西寻乌县斗堰水电站	3	1.25	3.75	1998	
79	云南丽江黑白水三级水电站	3	0.63	1.89	1998	
80	云南省景洪流沙河六级水电站	2	0.3	0.6	1998	
81	云南双柏县老虎山一级水电站	2	0.63	1.26	1998	
82	云南双柏县老虎山二级水电站	2	1.25	2.5	1998	
83	云南维西县板栗园水电站	2	0.32	0.64	1998	
84	云南麻栗坡县南令水电站	2	0.63	1.26	1999	
85	云南大姚县天生桥水电站	2	0.08	0.16	1999	
86	浙江天荒坪抽水蓄能电站	2	30	60	1998	
		2	30	60	1999	
		2	30	60	2000	
87	云南漾濞县徐村水电站	1	2.6	2.6	1999	
		2	2.6	5.2	2000	
88	湖南城步县白云水电站	2	1.8	3.6	2000	
89	云南勐腊县南腊河水电站	2	0.8	1.6	2000	
1988～2000年完成机电安装水电站37座，装机96台，总容量557.93万千瓦						
90	河南小浪底水利枢纽工程	1	30	30	2000	
		1	30	30	2001	
91	福建棉花滩水电站	4	15	60	2001	
92	云南宜良县柴石滩水库工程	3	2	6	2001	
93	云南大理灵泉溪水电站	2	0.16	0.32	2001	
94	云南省剑川县弥沙河二级水电站	2	0.32	0.64	2001	
95	贵州安龙县白水河一级水电站	1	0.16	0.16	2002	
96	云南怒江州老窝河三级水电站	2	0.25	0.5	2002	
97	云南永善县苏田股份水电站	2	0.32	0.64	2002	
98	云南漾濞县向阳一级水电站	2	0.16	0.32	2003	
99	云南德宏州勐来河二水级站	3	0.35	1.05	2003	

续表

序号	水电站名称	装机台数	单机容量（万千瓦）	装机容量（万千瓦）	投产年份	备注
100	福建诏安县龙潭水电站	2	0.63	1.26	2004	
101	缅甸邦朗水电站	3	7	21	2004	国外工程
		1	7	7	2005	国外工程
102	云南昭通高桥水电站	3	3	9	2004	
103	云南盈江县勐典河二级水电站	2	1	2	2004	
104	贵州兴义普梯水电站	2	0.3	0.6	2004	
105	云南大理阳溪河水电站	2	0.5	1.0	2004	
106	云南武定伊尔格水电站	2	0.63	1.26	2005	
107	云南楚雄不管河水电站	3	0.63	1.89	2005	
108	云南彝良县洛泽河熊家沟水电站	2	0.9	1.8	2005	
109	云南鹤庆县燕子崖水电站（增容）	1	0.5	0.5	2006	
110	云南金平县宝石水电站	2	1.25	2.5	2006	
111	云南宣威黄鹰洞水电站	3	0.63	1.89	2006	
112	广西百色右江水利枢纽工程	4	13.5	54	2006	
113	云南大关县柏香林水电站	2	2.5	5	2006	
2001～2006年完成机电安装水电站24座，装机54台，总容量212.20万千瓦						

注 1954～2006年期间，水电十四局完成113座装机容量大于0.1万千瓦的水电站的机电设备安装，装机286台，总容量863.882万千瓦。另外，这期间还完成16座装机容量小于或等于0.1万千瓦的水电站的机电设备安装，装机28台，总容量1.186万千瓦。

表2-2-10　　2006年底前工程局在建的机电设备安装工程

序号	工程名称	装机容量（万千瓦）	开工日期	备注
1	广西龙滩水电站机电安装	2×70	2005-01	完成水轮机埋件、管路预埋
2	刚果英布鲁水电站	4×3	2005-11	完成机组尾水肘管及附属设备安装
3	广东惠州抽水蓄能电站	8×30	2006-03	桥式起重机安装2台
4	云南澜沧江小湾水电站	6×70	2006-09	发电单元设施及桥式起重机安装已开工
5	迪麻洛河水电站	2×2.5	2005-10	

续表

序号	工 程 名 称	装机容量 （万千瓦）	开工日期	备 注
6	云南新平县大春河一级水电站	3×1	2006-02	
7	云南新平县大春河二级水电站	2×1	2006-02	
8	云南省保山腊寨水电站	3×4	2006-06	
9	云南泸水县计堵河水电站	3×0.63	2006-11	
10	云南大理云龙县龙子塘水电站	2×0.4	2006-11	
11	江咀水电站	2×0.88	2006-11	
12	云南金平县四台山水电站	2×0.63	2006-12	
13	云南金平县拉灯河水电站	2×0.3 +2×0.5	2006-12	
14	缅甸瑞丽江一级水电站	6×10		

第三章 工 程 选 介

第一节 云南石龙坝水电站

一、工程概况

云南石龙坝水电站是中国内地第一座水电站，是水电十四局在20世纪50年代建局之初承担扩建的首座水电站。

石龙坝水电站位于云南滇池出水道螳螂川上段，利用天然湖泊滇池作为调节水库，距昆明市区40公里。

石龙坝水电站由民间集资创建，1934年以前为商办云南耀龙电灯公司所属，1934年公司改名为昆明市耀龙电气股份有限公司。1938年6月1日，公司与原云南省经济委员会所属动力厂合并为昆明市官商合办耀龙电气股份有限公司。1950年7月1日，云南省电力管理局成立，公司归该局领导。

1908年，法国人以滇越铁路通车后需用电为由，向主管云南省工商业的劝业道提出准其在石龙坝建设水电站的要求。云南劝业道道员刘永祚得到云贵总督李经羲的支持，拒绝了法国人的要求，并倡议由云南省官商合办开发石龙坝水能资源。1910年，商办云南耀龙电灯公司正式成立，王鸿图为总董事，左日礼为公司总经理。经过竞争，德商礼和洋行获得承包权利，负责引进德国技术和器材。主要工程有：石龙坝上段筑拦河石闸坝1座；建石墙瓦顶机房1座，装机容量480千瓦；架设23千伏输电线路1条，全长34公里；引水渠等。

石龙坝水电站于1908年倡议建设，1909年开始筹建，1910年正式动工，1911年10

月30日首台机组建成发电，实际工期17个月。1912年，两台240千瓦水轮发电机组建成发电。之后经过7次改扩建，装机容量从480千瓦增至1958年的6480千瓦。云南水力发电工程局于1954年成立之后，在以礼河和南盘江上积极进行施工准备工作的同时，承担了石龙坝电站第六次改扩建2×3000千瓦的工程任务。

石龙坝2×3000千瓦水电站改扩建主要工程有：厂房、进水口、钢管道、滚水坝水口改进，老引水渠加高加固，机电安装等项目。其中，有土木自营工程6项，出包给省建工局属七〇一工程队。

二、施工组织

随着国家工业的发展，昆明市用电非常迫切，中央燃料工业部水电总局和云南省委要求水电十四局1954年底完工发电，在水电十四局成立的同时，成立了石龙坝水力发电工程处。由于水文、地质情况不清，工程处成立后首先收集和整理有关资料，进行钻探设计工作。整个工程是在边勘测、边设计、边施工的情况下进行的。

石龙坝水电站第六次改扩建2×3000千瓦工程于1954年6月正式施工。第一台3000千瓦机组于1954年12月上旬完成全部机械电气安装工程。1954年12月31日投入系统运行。1955年，工程处主要建设力量转移到以礼河。

1957年9月，在安装第二台3000千瓦机组工程中，总局机电安装工程公司云南安装工程队承担了机电安装工程。1958年6月28日全部改扩建工程完工。自此，石龙坝发电厂新厂装机6000千瓦全部投入运行。在新中国成立不到10年的时间里建成的石龙坝新厂，其装机容量相当于1912～1949年37年装机容量的13.5倍，为云南的水电建设打响了第一炮。

石龙坝扩建3000千瓦水电站的建成和云南水力发电工程局（水电十四局的前身）的成立，标志着新中国成立后云南水电建设进入了一个新的历史发展时期。在石龙坝水电站扩建过程中，水电十四局水电建设队伍初步组成，并使大批干部和工人在水电建设的实践中得到锻炼，取得了一定的建设经验。施工中严定规则，所有办事人员及工人，每夜均系4点开饭，天明出工，日落方息；工人们不避雪雨风霜，亦不计年节星期，一鼓作气、锐意前驱，崩山炸石，不顾危险，分段赶做，猛力进行，形成了艰苦奋斗的传统和作风。同时，局内部的管理制度初步建立。

云南石龙坝水电站的建成，推动了云南民族工业的发展。水电站建成之后，昆明市五金、机械等小型工业，农业抽水灌溉，碾米及自来水行业相继兴起。石龙坝水电站具有开拓中国水电事业的历史作用，随着云南省电力的发展和客观条件变化，虽然它的发电容量比重逐渐下降，但它作为云南乃至全国的重要文物，其历史地位显得越来越重要。1986年12月26日，经昆明西山区人民政府批准，石龙坝水电站被列为重点文物保护单位。石龙坝水电站将建成“文物、教学、旅游、发电”为一体的多功能水电站。

第二节　云南以礼河水电站

一、工程概况

云南以礼河梯级水电站是为适应云南东川铜矿、会泽铅锌矿及昆明地区用电急需而开发建设的，是新中国成立初期兴建的全国五大水电工程之一，是水电十四局在20世纪50年代承建的国内第一座高水头、跨流域引水、梯级连续开发的水电站，是防洪发电、灌溉综合利用的工程。整个梯级总水头达1413米，其中三、四级水电站是国内已有的水头最高的两座中型水电站。电站从1954年开始做施工准备工作，1956年7月主体工程开工，至1973年4个电站全部竣工投产。

在以礼河水电站建设过程中，云南省水力发电工程局（水电十四局）培养了队伍，积累了丰富的施工经验。实践证明，整个工程的总体布置、开发方式和开发程序是合理的。运行实践也证明，整个工程安全可靠，效益良好，多年平均发电量14亿千瓦·时，对云南省的国民经济发展起着支柱作用。毛家村水库的防洪和浇灌效益，对会泽等地区的农业发展有着不可磨灭的功绩。

以礼河系金沙江右岸的一条支流，发源于会泽县野马川，于巧家县境内汇入金沙江，全长122公里，流域面积2558公里^2，总落差约2000米，河流的中段长约40公里，河道较平缓。会泽盆地以下，河道陡降，36公里内集中落差1332米。流域左侧为小江、金沙江，低于以礼河中段1380米，与之相距仅12公里，具有建设高水头电站、跨流域开发的良好条件。

根据河道资源分布情况及地形、地质条件，经过技术经济比较，选定毛家村建高坝蓄水，形成多年调节水库，具有发电、防洪和灌溉等综合效益。自水槽子水库引水，跨越盐水沟至小江，设第二～四级水电站。

1. 水槽子水库及电站

水槽子水电站为以礼河梯级的第二级，1954年施工准备工作中选定作为第一期工程。梯级水电站从本级开始为跨流域开发。电站投资3504万元，造价2666万元，设计水头77.5米，多年平均流量19.3米^3/秒，装机2台单机容量为8750千瓦的机组，年发电量0.92亿千瓦·时。

电站利用以礼河与其西南侧那姑盆地之间的80米落差引水发电，是一座典型的首部开发引水式电站。无压尾水隧洞及明渠共长4392米，尾水流入干沟三级水电站调节池。拦河坝为混凝土溢流重力坝，最大坝高36.9米，总库容958万米^3。

2. 毛家村水库及电站

毛家村水电站系以礼河梯级的第一级，是梯级的多年调节水库。水库大坝高82.5米，是当时国内最高的黏土心墙土坝。水库总库容5.53亿米^3，设计水头58米，多年平均流量15.9米^3/秒，装机2台0.8万千瓦的机组，年发电量0.73亿千瓦·时。完成主体工程主要工程量：大坝填筑661万米^3，土石方开挖110万米^3，混凝土浇筑9.3万米^3。工程总投资2.12亿元。

毛家村水库兴利库容4.7亿米^3，防洪库容0.56亿米^3，淹没耕地18 228亩，移民9834人。水库除主要为下游各级水电站调节水量外，还可以保证下游会泽盆地1.3万亩农田免遭20年一遇的洪水淹没；改善了下游4.9万亩农田的灌溉条件，并扩大灌溉面积近3万亩；每年为农业提供用水0.8亿米^3，并为水库渔业提供了约3万亩的水面，给当地人民带来巨大的利益和影响，取得了令人瞩目的经济效益和社会效益。

3. 盐水沟水电站

盐水沟水电站系以礼河梯级的第三级，是国内第一个高水头电站，装机 4 台 3.6 万千瓦的机组，总容量 14.4 万千瓦，是当时国内水头最高、单机容量最大的横轴冲击式水轮机，设计水头 589 米，多年平均流量 19.3 米^3/秒。电站总投资 1.08 亿元，总造价 0.9 亿元，主体工程量为：土石方开挖 163 万米^3，混凝土浇筑 10.3 万米^3，安装地下钢管 439 吨。

4. 小江水电站

小江水电站是以礼河梯级的第四级，装机 4 台 3.6 万千瓦的机组，总容量 14.4 万千瓦，多年平均流量 21.8 米^3/秒，设计水头、装机容量、机组型号与盐水沟水电站完全相同。电站总投资 8165 万元，总造价 7348 万元。

二、施工组织

1954 年 5 月，燃料工业部决定组建云南水力发电工程局（1958 年改称以礼河水力发电工程局），直接承担以礼河水电站的建设和施工任务，自此拉开了以礼河水电站建设的序幕。

二级水槽子水电站是梯级水电站首先建设的工程，1956 年 7 月开工，主体工程机电安装由水电总局安装公司承担。1958 年 8 月第一台机组正式投产，1960 年 3 月全部工程竣工。

工程局于 1958 年成立毛家村工程处，3 月主体工程开工。电站开工正逢“大跃进”年代，打人海战术。人工开挖坝基，施工高峰时民工达 3 万多人。在 3 年调整时期，整个工程下马停建后，对原基础处理方案进行了试验研究，最后用乌卡斯大口径冲击钻打出一条宽 0.8～0.95 米的槽子，浇灌混凝土防渗墙，效果良好。1964 年复工后，在兄弟单位的支援下，仅用三四年的时间，大坝就基本填筑完毕。1969 年大坝填筑到设计高程，施工质量良好。1971 年 10 月第一台机组投产，整个工程于 1971 年 12 月竣工。

工程局于 1957 年成立盐水沟工程处，10 月盐水沟水电站主体工程开工。因缩短基建战线，1962 年 5 月工程处于停缓建状态。经过停工下马的波折，1964 年又复工建设。1966 年 12 月第一台机组发电，1971 年 7 月全部工程竣工移交电厂生产运行，施工质量优良。1978 年，“以礼河高水头电站压力钢管道试验研究”获全国科学大会奖。

小江四级水电站 1958 年 9 月主体工程开工。同样经过下马、复工的波折，以后又遭 10 年动乱的干扰。但领导干部和技术负责人在被监视劳动的情况下，和广大工人一起，仍然坚持施工，抵制不按规范蛮干的错误做法，使第一台机组于 1970 年 10 月发电，工程质量符合设计要求。全部工程于 1972 年 11 月竣工移交电厂生产运行。小江水电站的设计获 1982 年国家优秀设计奖。

第一个五年计划期间，工程局在以礼河水电站的施工管理上有着较好的起步。重视施工队伍的素质培训，注重技术干部的作用，生产第一线的工段长均为技术干部，实现了生产行政的统一安排。与此同时，抓好计划管理，在班组实行“工程任务单”，以整个梯级开发部署为依据，调整施工力量及施工设备的使用；同时，重视技术管理，抓死定额管理，每一个工程项目都有详细的施工技术措施和分月、分旬的进度计划。重视劳动管理，在隧洞开挖工程中组织混合班，优化劳动组合。盐水沟斜井工段，推行多面手，一专多能，提高工时利用率，节约劳动力 30%。财务管理上，制定了“推行投资包干试点方案”，有效地推动了施工管理工作。以礼河二级水电站就是在这一时期，仅用了两年时间，就实现了第一台机组投产发电。

“大跃进”时期，强调工程进度，忽视施工质量，施工管理松懈，使电站建设受到一定影响。国民经济调整时期及以后，重视科学技术，扎扎实实地做了一系列工作，使毛家村大坝的填筑进度创造了年 200 万米^3 的纪录。掌握了三、四级水电站的钢管制作安装及整个高压钢管的施工工艺，保证了工程进度和质量。

工程局自以礼河水电站建制以来，逐渐形成了一个“小而全”的施工企业，下属工程处均有自己的车队、修造厂、医院、学校等。工程局还另设中心修配厂、职工医院、试验室、钢管厂、汽车队，以及石灰厂、水泥厂、砖瓦厂等。从施工准备至 1964 年，这些厂的产值即达 0.37 亿元。职工家属都在工地，医疗、教育、社会福利、社会治安由企业承担，以至于服务及其他人员达 1345 人，占全体职工的 10%。这种“小而全、企业办社会”的格局，成为当时水电施工企业的典型管理模式。

三、工程技术

在以礼河梯级水电站施工过程中，由于对全国第一座高土坝、高水头电站缺乏经验，在一些关键技术措施上曾走过弯路。但经过长期不懈的努力，通过对科研、技改、技术的开发以及合理化建议和科学管理，充分发挥了广大职工的积极性和创造性，攻克了技术难关，取得了显著成绩。

1. 毛家村土坝基础处理

一级土坝坝基冲积层的防渗处理，曾采用过黏土铺盖、水泥黏土灌浆等方案，终因问题较多而被迫放弃。后采用混凝土防渗墙方案，用冲击钻造孔建墙，1962 年 3 月开工，仅用了 7 个月完成造孔 11 660 米，浇筑混凝土 8900 米^3。实践证明，该方案是工期短、质量好、造价低的技术方案。

2. 毛家村土坝心墙土料设计及施工工艺设计

大坝心墙土料原设计为砾质类黏性土，混凝土防渗墙完工后，心墙改用坝下游 10 公里尖山沟料场的石灰岩风化的洪积红色黏土。当时参照我国北方土料的要求和筑坝实践，制定了施工标准，但填筑中却发现填土均匀性差，降低天然含水量困难，存在光面剪切破坏、结合不良、雨水浸水分层等不符合填筑要求的各种现象，造成经常返工。对此，经设计、科研单位协同，对该土料进行了室内试验及现场大型碾压的综合试验研究，弄清了洪积及残积红黏土的物理力学性质及施工特点，修订了标准进行施工。经检验，其均匀性、塑性等都有了显著改善，能够满足稳定和防渗要求，并且避免了以往施工中各种不良事故的发生，加快了施工进度。

3. 四级电站高压钢管的系列研究

1963～1967 年，对埋藏式高压钢管道存在的问题，与设计和科研单位一道进行了专题试验研究，相继进行了大直径明管、埋藏式高压钢管、双层内套管、冷套箍管、内加强梁式叉管、高压钢管道原型的长期观测等系列水压试验，并相应进行了材质试验及钢管制作安装、焊接检验的工艺试验。为埋藏式高压钢管的合理设计与施工提供了大量宝贵的科学试验依据，对地下埋藏式高压钢管的工作特性以及施工因素对钢管质量的影响，积累了一定的经验。

对于以礼河三级水电站捷克制内加强U形梁式岔管的试验研究，证明这种叉管具有良好的力学性能和经济效益。该项研究为以后开展月牙形内加强肋岔管等新型岔管的研究工作开创了条件和积累了经验。

4. 地下工程

以礼河梯级4个水电站地下工程比重大，各种洞室长达18.5公里，全部为地下厂房，地下开挖方量共约50万米^3。

地下工程开挖，隧洞先导洞后扩大，采取混合班组织，手风钻配钻架钻孔，延发雷管及硝铵炸药爆破，装岩机装斗车，0.6米轨距小铁道运渣。前期用人工推车，后改为蓄电机车牵引。

地下厂房开挖采用自上而下，多层分块，中导洞领先掘进、两侧跟进的方法。顶部开挖后即开始安排混凝土浇筑与开挖平行作业。在四级厂房开挖过程中，中部采用辐射孔大段爆破，底部采用群孔一次爆破，挖土机配汽车出渣的方法。

洞内衬砌时，最初用人工浇筑，先浇底板边墙混凝土，再用铁铲送混凝土浇顶拱，底板用人工抹面。混凝土输送，在洞内用木架平台，斗车、绞车上平台入仓，后期改为混凝土泵，先浇边、顶混凝土，后浇底板。一级水电站导流洞的最大输送距离达369米。

5. 一级水电站土坝施工

黏土料用正向挖土机开采，直接装入有轨矿车。当土层自然含水量较高时，挖土机在掌子面先将土挖下晾晒，再用挖斗倒翻2～3次以降低含水量，然后装车。半透水料用挖土机掘采，直接装入有轨矿车。所有筑坝材料均由电机车带进车站编组，蒸汽机车将料牵引至坝前地笼，漏入输送皮带上坝。坝面以正向挖土机、自卸汽车、推土机配合人工散料，铺土，碾压；黏土料用13.5吨羊足辗碾压后改用22.5吨气胎辗；半透水料用气胎辗；透水料用平辗；边角填筑用蛙式夯。

大坝填筑强度，平均每月16万米^3，最大月填筑量达23.2万米^3，最大年填筑量为201万米^3，填筑工效为1.4～2.4米^3/工日，坝体土方造价为7.5～12元/米^3。

6. 高压钢管施工

高压钢管主要分布在三、四级水电站的斜井（30°～40°）和高压平洞内。这些钢管的使用和钢材品种繁多，使用部位混乱，并有相当一部分A3F钢用于高压管道中。针对钢管来源及品种有7种之多的混乱，设计、施工对高水头电站埋管缺乏经验以及三级水电站高压钢管施工中出现的问题，曾在现场进行过埋藏式钢管的系列试验，为合理设计、施工提供了科学依据。钢管制作安装由工程局安装处完成。

第三节　云南六郎洞水电站

一、工程概况

云南六郎洞水电站是水电十四局在20世纪50年代承建的中国第一座在熔岩地区利用

地下水发电的水电站，是国家第二个五年计划期间修建的 16 座水电站之一。

六郎洞水电站位于云南省丘北县冲头区小江口乡，引用南盘江支流岩溶溶洞的六郎洞地下水，经地下进水口，短隧道，跨越半边寺的倒虹吸管、圆形长隧洞到高压井，再经事故快速闸门后的 2 根压力管道进入南盘江右岸陡壁边的封闭式地面厂房，尾水排入南盘江。

水电站设计水头 109 米，多年平均流量 23.85 米^3/秒。安装 2 台竖轴混流式水轮发电机，总装机容量 2.5 万千瓦，年发电量 1.5 亿千瓦·时。土石方总量 20.1 万米^3，混凝土总量 6.26 万米^3，灌浆总量 7541 米。电站总投资 2440 万元。1958 年 2 月电站正式开工，1960 年 3 月竣工投产。

电站勘测设计工作始于 1954 年，燃料工业部西南水力发电勘测处云南勘测队于 1956 年 7 月提出了按正常蓄水位 1075 米、用无压隧洞引水发电、装机容量 2.2 万千瓦的首次方案。1957 年 7 月，在苏联、捷克专家的帮助下，在首次方案的基础上，确定洞内筑坝提高水位，采取有压隧洞，总装机容量 2.5 万千瓦的改正方案。1957 年 11 月，根据改正方案的原则，电力工业部北京水力发电设计院完成了该电站的初设工作。

首部挡水建筑物布置在六郎洞的下洞口，坝高 11.1 米、长 8 米。堵水处理宽度 194 米，采用水泥帷幕灌浆，帷幕线穿过左右两侧断层破碎带与砂岩紧密相连，利用六郎洞原出水口及下洞口修建排沙洞和溢洪道，构成壅水、泄洪、排沙等建筑物。

泄洪道布置在下洞口，采用单孔堰，溢洪堰高 1.5 米、宽 6 米，堰顶高程为 1083 米。溢流面呈抛物线形，采用鼻坎挑流，装有电动启闭弧型钢闸门，最大泄流量为 63 米^3/秒。

排沙洞设在溢洪道右侧，方形孔尺寸为 1.8 米×1.8 米；工作闸门为弧形钢闸门，电动卷扬机启闭。最大泄流量为 47 米^3/秒，有定期冲沙和放空水库的功能，与溢洪道联合能宣泄百年一遇的洪水流量。

引水系统平面布置成折线，从进水口起点到调压井中心点，全长 3375.75 米。在短长隧道间布置倒虹吸管跨越半边寺沟底。倒虹吸管全长 167.78 米，为混凝土垫座的圆形钢筋混凝土结构，内径 3.22 米，衬砌厚度 40～50 厘米。中部设放空井，末端设通气孔。进水口至倒虹吸管段称短隧洞，长 240 米；倒虹吸管至调压井段称长隧洞，长 2967.97 米，隧洞内径 3.2 米。

主、副厂房和变电站为地面式。主厂房尺寸（长×宽×高）为 28 米×12.5 米×23 米。为确保 200 年一遇洪水时机组正常运转，主厂房采用封闭式钢筋混凝土结构，洪水位以下墙面作防水层处理，厂房四壁不开窗户，大门口设有防洪闸门。副厂房和变电站紧靠主厂房的下游。主、副厂房之间有楼梯间和母线相通。

二、施工组织

1956 年施工队伍开始进点，前期施工准备工作由于下洞堵口方案需要补充地质资料，于 1956 年 11 月停工。1957 年 8 月恢复前期准备工作和临建工程。1958 年 3 月 17 日，云南水电工程局从以礼河水电站、水电总局从四川狮子滩水电站等抽调有关人员，成立了云南水电工程局六郎洞工程处。工程处职工人数 1810 人，其中技术人员 40 名，固定职工 518 人。

三、工程技术

由于六郎洞水电站引水隧洞穿过砂页岩层，又有剧烈的地下水活动，因此隧洞塌方频繁，施工困难重重。有3次大塌方造成洞内完全堵塞，塌方段最长的有200米，超过8米以上的洞顶塌方有70多处，2米以上的塌方不计其数。在苏联和捷克专家的指导下，工程技术人员和工人摸索出一套处理塌方的施工方法，如打标施工法、开挖衬砌同步施工法等。在混凝土浇筑中，首次使用工程局自行设计和制造的气送混凝土泵浇筑顶拱，并获得成功，大大提高了混凝土浇筑质量和速度。在洞挖施工中，创造了隧洞开挖独头月进尺162.9米、日进尺12.15米的钻爆法施工先进纪录。

在引水隧洞的施工过程中，进水口预留了4米厚的岩坎。闸门和隧洞工程完工后，采用云南省首次实施的水下岩塞爆破，在岩坎爆破中获得一次成功，为水下岩塞爆破技术的推广应用积累了宝贵的经验。

第四节　云南绿水河水电站

一、工程概况

云南绿水河水电站是水电十四局在总结中国第一座引用地下暗河进行发电成功经验的基础上建设的又一座暗河引水发电工程。水电站投产后，为解决云南锡业的生产用电，缓解滇南地区的电力紧张起到了重要作用。

绿水河水电站地处云南省屏边、蒙自、个旧三县市交界处，电站所在地距蔓耗4公里，距个旧市95公里。绿水河属红河支流，河流总长33.7公里，总落差1200米，流域面积556公里^2，其中地下积水面积374公里^2。“三九股水”在距河口约6公里处注入绿水河，年径流量占总径流量一半，枯水期占总径流量的2/3。

绿水河水电站是中国自行设计、制造、施工的中型高水头引水式电站。电站工程地质复杂，在施工过程中攻克了罕见的钢管外压失稳和钢管鼓包等技术难关，积累了在喀斯特地区施工的宝贵经验。

电站施工中，共完成土方90.53万米^3，石方57.59万米^3，混凝土11.22万米^3，砌石1.89万米^3，金属结构制作安装2175吨，总造价8093万元。

绿水河水电站的勘测设计工作从1958年2月开始，由水利电力部昆明勘测设计院承担。同年5月，提出“绿水河电站技术经济简要报告”，年底提出了初步设计要点报告，推荐了坝址、坝轴线、引水隧洞、地面钢管、竖井、地下厂房等建筑物方案。电站在边勘测、边设计、边施工的情况下完工。

绿水河水电站总装机容量5.75万千瓦，保证出力1.65万千瓦，多年平均发电量3.3亿千瓦·时。1958年5月开工，1959年因设计方案变动停工，1960年复工，1961年工程下马，1966年再次复工，1972年10月第一台机组投产，1974年4台机组全部投产发电。

二、施工组织

绿水河水电站引水隧洞的开挖方案是：人工手风钻造眼，人工装药，装岩机装渣，通过610毫米钢轨，蓄电池机车牵引、人工推0.4米^{3}斗车至洞外。

混凝土施工方案是：混凝土拌和站装有 0.75 $米^3$ 的锥形拌和机，人工配料，用 0.4 $米^3$ 的斗车，经钢轨、人工推至混凝土泵进料口，由混凝土泵将混凝土送入仓内。平洞底部衬砌是：人工推斗车直接倾倒，手工振捣，修整规格。

绿水河水电站高压钢管全长 1289 米，顶部是深层滑坡，钢管埋藏深度为 85～270 米；地下水丰富，为减少钢管的外水压力，在高压钢管旁设有地下排水钢管。

高压钢管总重 1700 多吨，安装分 3 个工作面进行。安装吊运工具有人字扒杆、大型平车、卷扬机、有轨蓄电池机车等。钢管安装前，在隧洞底部先浇好混凝土支墩。斜井部分用人字扒杆将管节吊到大型平车上，再用卷扬机放到安装部位。在钢管与围岩之间回填水泥砂浆。钢管安装与送浆工作交叉作业，13 个月内，共注入砂浆 9893.63 $米^3$。

三、工程技术

引水隧洞和地下厂房的地质较差，断层和小的褶皱多，地下水丰富。一些地段的地下水流量高达 0.02 $米^3$/秒，压力高达 5.7 公斤/$厘米^2$。隧洞内共有塌方 12 处，累计塌方长 175 米，塌方最大高度达 15 米。

在塌方段的处理过程中，采用钢管标杆超前支护的办法。每进 1.5～2 米设一榀型钢拱架，在第二榀钢架上继续往前打标，周而复始，探索前进。

在流沙的处理过程中，利用高压平洞的排水洞，挖出 45°的连通洞，将主洞与排水洞连通，将地下水排出。

在高压钢管施工中，上斜井发生过水电建设史上罕见的 190 米钢管外压失稳事故。在充水试验中，下平洞又发生 101 米钢管鼓包事故。在事故处理过程中，将鼓包钢管全部拆除，然后安装新的加强后的钢管，钢管外空腔进行回填灌浆。上斜井增设管内排水措施，下平洞增设排水平洞。

第五节　云南西洱河梯级水电站

一、工程概况

云南西洱河梯级水电站是水电十四局继以礼河、绿水河梯级水电站后建成的又一个梯级水电站。其中，四级、二级、一级水电站的建设正值“文化大革命”时期。

西洱河梯级水电站位于云南省大理白族自治州大理市和漾濞县境内，以天然湖泊——洱海为调节池。4 个梯级水电站沿西洱河顺河布置。

西洱河水电站以发电为主，兼顾防洪、排涝、灌溉等综合利用。电站最大利用水头 608 米，最大引水流量 57 $米^3$/秒，共安装 13 台水轮发电机组，总装机容量 25.5 万千瓦，多年平均发电量 11.07 亿千瓦·时。

西洱河梯级水电站的勘测设计工作，由水利电力部昆明水电设计院承担。1956 年开始勘测，提出了二级开发方案。1958 年 6 月提出“西洱河技术经济调查简要报告”，经选择比较，确定为三级开发方案。1969 年 11 月，水利电力部工作组到工地考察，决定将二级水电站分为两个利用落差相近的水电站，最后确定为四级开发方案。1970 年 10 月，水利电力部下文正式批转云南省革命委员会执行。梯级水电站施工的顺序是四级、二级、一级、三级。

从 1958 年 9 月四级水电站主体工程开工，至 1987 年 12 月三级水电站最后一台机组发电，由于水电站多次下马停建，整个梯级水电站施工期近 30 年。

二、西洱河四级水电站

（一）工程概况

四级水电站位于西洱河末端的漾濞县境内，最大利用水头 122.5 米，多年平均流量 30.2 米^3/秒，装机容量 5 万千瓦，年平均发电量 2.34 亿千瓦·时。

（二）施工组织

四级水电站在“大跃进”年代中开工，工程在边勘测、边设计、边施工中推进。施工队伍由云南水力发电建设公司四分公司和大理民兵团共同组成。施工初期，既无电源，又缺施工设备。1961 年 6 月，根据国家“缩短基本建设”方针而停工。工程已完成引水隧洞导洞开挖 782 米，调压井大井全部挖通，厂房基坑挖至设计高程，坝基完成部分开挖，发电机组一台运至工地，160 千瓦施工水电站已建成投产。

1966 年，经国家计划委员会批准，工程正式复工。由于“文化大革命”的影响，工程陷于停工状态。1970 年，一分公司从以礼河毛家村水电站转战到西洱河工地，开始进行一级水电站的河道开挖工作，一分公司部分职工参加四级水电站的施工。同年，组建了西洱河水电站军事管制委员会和西洱河水电站会战指挥部，抽调大理州地区 5000 多民兵参加会战，加上四公司职工，组成万余人的会战队伍。1971 年 12 月 26 日，第一台机组投产发电；1977 年 11 月 27 日，最后一台机组投产发电。四级水电站施工历时 15 年。根据机组在运行中反映出来的问题，1981 年扩建了调压井，补装了高压管道的总蝴蝶阀。

三、西洱河二级水电站

（一）工程概况

二级水电站位于西洱河中游峡谷地位，坝址位于一级水电站尾水洞出口下游 100 米处。电站最大利用水头 121 米，多年平均流量 29.1 米^3/秒，装机容量 5 万千瓦，年发电量 2.2 亿千瓦·时。

（二）施工组织

1971 年四级水电站投产后，西洱河水电站军管会撤销，会战民兵返回原籍，西洱河水电站指挥部下属职工转入二级水电站工地。电站 1972 年 5 月开工，期间因受“文化大革命”干扰，加上建设资金不足，至 1976 年 5 年间仅完成 21%的工程总投资。1976 年后，又抽调汽车运输总队、安装公司等单位参加会战。

1978 年 7 月电站第一台机组发电，1980 年 12 月最后一台机组投产。

（三）工程技术

二级水电站引水隧洞全长 2184 米，隧洞穿过片麻岩和片岩地段，片麻岩坚硬完整，片岩片理较发育，岩面完整性差。隧洞沿线地下水丰富，局部地段地下涌水很大。洞内有大小断层 95 条，破碎带宽度超过 20 厘米的约占总数的 1/3。施工中出现大小塌方 14 次，总长 220 米；塌方高度大于 10 米的有 4 处，其中桩号 2＋072～2＋111 处塌方高 70 米，塌通地表。

隧洞开挖中超挖问题突出，片岩地段一般超挖50%。初设中隧洞开挖量5.5万米^3，实际开挖量7.8万米^3。

引水高压钢管直径3.6米，长183米，倾角36°，采用无梁岔管，在国内为首次采用。

二级水电站取消调压井。1号和2号机组安装瑞士产油水控制调压阀，3号机组安装瑞士产全油控制调压阀，4号机组安装夹江水工机械厂产调压阀。经4台机组甩负荷试验，“以阀代井”获得成功。

四、西洱河一级水电站

（一）工程概况

一级水电站位于大理州下关地区，利用西洱河上游河段为引水渠。电站利用水头245米，多年平均流量27.8米^3/秒，装机容量10.5万千瓦，年发电量4.41亿千瓦·时。一级水电站主体工程于1972年1月开工。1979年10月1日第一台机组投产，1980年12月26日最后一台机组发电。

（二）施工组织

洱海出口至一级水电站首部建筑物，河段长4.6公里，从洱海调节取水，需将原河床下挖5～7米。河道开挖采用4条采砂船、1条吸泥船、1台4米^{3}索铲进行开挖，铺设5公里临时铁路运输泥沙。开挖后的河道断面为梯形，在新闸至洱滨纸厂河段，采用混凝土面板护坡。河道施工任务由第一工程处承担，水电站其他主体工程土建施工由第二工程处承担，机电安装任务由安装二队承担。

（三）工程技术

一级水电站引水隧洞全长8181米，1970年开始在2号支洞作掘进机全断面开挖试验。1975年6月掘进机进入主洞，掘进总长861.17米，全断面一次成型。由水电二处总结的SJ－58和SJ－53掘进机全断面一次成型开挖技术，部分成果荣获国家科技进步奖。

五、西洱河三级水电站

（一）工程概况

三级水电站位于漾濞县平坡区邑头箐与大合江之间，厂房所在地距下关市17公里，距漾濞县城17公里。电站最大利用水头120米，多年平均流量28.2米^3/秒，装机容量5万千瓦，多年平均发电量2.12亿千瓦·时。

三级水电站土建工程施工任务由水电一处完成。机电安装工程任务由安装二队完成。电站地质条件很差，施工异常艰苦，单位千瓦造价在梯级水电站中为最高。

水电站从1980年5月开始筹建，由于征地问题久拖不决，主体工程1982年8月才开工。第一台机组于1987年10月投产；第二台机组，也是最后一台机组于1987年12月18日发电。三级水电站施工期历时5年零4个月。

（二）工程技术

三级水电站引水隧洞长3266.36米，有两条大断层贯穿整条隧洞，岩石软弱破碎、自稳能力差，极易形成坍塌。隧洞沿线地下水位高于洞顶，工作面涌水量经常在5～20升/秒,突然涌水问题常有发生。洞内发生塌方41处，塌方高度超过1倍洞径的累计长度达443.5米；最大一处塌方长31米，高18米。开挖初期，有些地段出现反复塌方。在桩号0+240附近的一次塌方，地下涌水达5米^3/秒，两吨多重的装岩机被冲出50多米。洞内采用工字钢制作的拱形支架，长度达2444.5米，占隧洞总长度的74.8%。

1983年4月，长江水利水电科学研究院、武汉水利电力学院、东北勘测设计院、昆明勘测设计院和水电十四局科研所协作，在引水隧洞1号支洞进行了“新奥法”（即新奥地利隧道施工法）施工试验。“新奥法”在主洞施工中应用长度达1044米，试验取得成功。这项科技成果获得了国家计划委员会、科技委员会、经济委员会和财政部的表彰。

第六节 云南大寨水电站

一、工程概况

云南大寨水电站是鲁布革工程的施工电站，是水电十四局于20世纪70年代承建的一座中型水电站。电站位于云南省罗平县牛街区，首部枢纽设在黄泥河支流的丰收河坝口村，厂房建在牛街河右岸新田村，是一座径流式跨流域开发电站。

1966年12月，云南水力发电建设公司（水电十四局的前身）勘测设计院开始勘测设计。1970年12月完成《丰收河大寨电站初步设计要求报告》，1973年8月5日，云南省电力局勘测设计院完成《丰收河大寨电站施工组织设计说明书》。电站设计水头178米，多年平均流量35.8米^3/秒，总装机容量5.59万千瓦，年发电量3.63亿千瓦·时。

电站首部枢纽由拦河闸和暗式进水口组成。拦河闸为钢筋混凝土开敞式结构，闸高12.5米、长52米。闸室上游有15米和35米的混凝土铺盖，下游设有宽15米的混凝土护坦，后接宽15米的干砌石海漫和宽4米的抛石防冲槽。进水口位于拦河闸左侧，前缘宽23.6米，进水口后设检修闸门。

引水隧洞长1229.7米，直径为3.8米，钢筋混凝土衬砌厚度为45～60厘米，隧洞末端设差动式调压井。升管底部、压力钢管平段首端设快速事故平板闸门。调压井后接1号高压平洞、明管、斜井、2号高压平洞，最后是岔管。

厂房为地面式，长60.2米，宽13.5米，高23.97米。厂房下游筑防洪墙。副厂房设在厂房上游，长60.2米，宽9米，高13米。室内按中控室、电缆层和开关站3层布置。

二、施工组织

《丰收河大寨电站初步设计要求报告》于1970年12月报送水利电力部审批，1971年获得批准，列入国家建设项目。1971年，以礼河毛家村施工队伍进驻工地。1972年3月15日工程正式开工。1973年，抽调绿水河部分施工队伍充实大寨电站施工力量，机电安装工程由安装处第一工程队承担。1975年底土建工程基本结束，1977年3月15日第一台机组投产发电。电站施工中，共完成土方明挖28.08万米^3，砌石0.53万米^3，混凝土和钢筋混凝土5.72万米^3，回填灌浆1.09万米^3，金属结构安装896吨。

三、工程技术

为了满足天生桥二级水电站单机容量22万千瓦水轮发电机组研制的需要，水利电力部决定将大寨水电站未安装的1、2号机组作为东方电机厂200米水头段新研制的D08、D10两种机型转轮的中间试验机组。同时，中国科学院电工研究所将新研制的发电机定子氟利昂自循环内冷科研项目在1、2号机组上试验。这两项科研项目均获成功。东方电机厂1978年开始制造，1981年出厂。

第七节 云南鲁布革水电站

一、工程概况

云南鲁布革水电站是中国首次利用世界银行贷款进行水电建设的试点工程，是中国水电建设首次实行国际招标的工程，也是中国水电建设首次实行项目管理的工程，是水电建设改革开放的窗口。鲁布革工程主要由水电十四局负责施工，其中电站引水系统由日本大成公司中标承建，其劳务队伍由水电十四局提供。

鲁布革水电站坐落在云南罗平县和贵州兴义市交界的峡谷中，是黄泥河梯级水电站的最后一级。电站设计水头312米，多年平均流量164米^3/秒，电站总装机容量60万千瓦，多年平均发电量28.49亿千瓦·时。电站土方158万米^3、石方工程327万米^3，混凝土浇筑65.94万米^3，大坝填筑206万米^3。电站于1985年11月15日截流，1988年11月21日下闸蓄水，1988年12月27日第一台机组投产，1991年6月14日4台机组全部投产发电，1992年12月正式通过国家竣工验收。

鲁布革水电站的勘测设计工作由水利电力部昆明勘测设计院承担。1957年编写《黄泥河综合开发报告》；1966年提出《黄泥河梯级开发报告》；1976年10月29日～11月6日，审查通过《黄泥河鲁布革电站初步设计报告》，确定装机容量60万千瓦，坝型定为黏土心墙堆石坝，并提高正常蓄水位至1130米。1980年1月，水电总局审查通过《黄泥河鲁布革水电站首部枢纽布置及堆石坝设计专题报告》。1984年，国家对“五定”概算审定，电站总投资8.92亿元。其中，内资为7.25亿元，利用世界银行贷款8748万美元，挪威王国政府向电站提供2520万元人民币赠款，澳大利亚政府向电站提供1590万元人民币赠款。

中国技术进出口公司受水利电力部委托，对引水隧洞工程进行国际公开招标。1982年7月开始编制招标文件，资格预审、评标至开标，历时17个月。1983年11月8日，在中国技术进出口公司开标，日本大成公司以8463.06万元人民币中标。

二、施工组织

鲁布革水电站的施工任务，开始是水电部下达给水电十四局的指令性任务。水电十四局在电站初步设计进行的同时，第一批工程技术人员于1976年进入工地，重点熟悉施工场地的地形、地貌、水情及工程大体情况，并初步研究施工组织措施，为大部队进入工地和工程开工做早期准备。从1979年开始，以水电三处为主的施工队伍，施工设备、施工材料分期分批运进工地，逐步展开“四通一平”（通风、通水、通电、通道路和场地平整）施工。同时，着手编制施工组织设计，开展野外筑坝材料碾压试验。

为使施工组织措施做到技术可行、经济合理，1980年6月在昆明召开了“鲁布革水电站施工组织措施设计汇报审查会”。云南省建设委员会、昆明勘测设计院、云南省建行等单位113人参加。通过汇报讨论，广泛听取各方的意见和建议。1981年6～7月，水电总局在北京组织召开了“鲁布革水电站初步设计补充施工组织措施和概算审查会”。根据会议确定的原则和精神，水电十四局再次组织有关技术、管理人员52人，在已有成果的基础上，综合各方建议，编制了《鲁布革水电站施工组织措施设计》，1981年11月完成设计任务。

为了加强电站施工准备工作的领导，水电十四局1981年9月成立了黄泥河分局。至1983年，鲁布革水电站“四通一平”工作基本完成，各项临建工程已初具规模，引水隧洞的几个支洞已打通至主洞，隧洞末段已开挖、衬砌了500米。

1981年9月，世界银行专家来华开始对鲁布革水电站工程的预评估工作，最终决定：鲁布革水电站的引水系统利用世界银行贷款建设。1984年3月4日，在美国正式签订贷款协议。这笔贷款虽只是工程总投资的小部分，但根据贷款协议，鲁布革水电站三大主体工程之一的引水系统，必须从自营体制中剥离出来，投入国际建筑市场，引水系统必须进行国际招标。随着日本大成公司的中标，工程管理必须引进和实行一整套适应国际承包合同管理的新体制。施工项目由行政管理过渡到招投标承包合同管理，按经济规律办事，工程建设由计划经济过渡到社会主义市场经济。

三、施工管理

为了适应国际招标工程管理，由水电总局、水电十四局、昆明勘测设计院和云南电力局等单位抽调干部组建水电部鲁布革工程管理局。管理局于1983年7月开始筹建，1983年10月正式成立。管理局作为水电部的直属单位，对外资工程代表业主和工程师单位，负责对外商承包工程的管理，对内资工程代表国家实行管理。水电十四局代表乙方承担首部和厂房等工程的施工任务，对外资工程提供劳务和后勤生活服务。从此，内资工程从自营施工变为投资包干。

为了适应改革的需要，改革企业内部经营机制势在必行。水电十四局从鲁布革开始，逐步对承包工程实施项目管理。

（一）精干和强化现场指挥系统，成立鲁布革工程指挥部

1983年6月指挥部正式成立，作为水电十四局的派出机构，具有人、财、物的决策权，自主权和指挥权。现场发生的一切问题，都可以在工地全权处理。指挥部下设4个系统：

（1）以总调室为核心的生产指挥系统，由总调度长等7人组成。在首部枢纽设现场指挥点。根据合同工期和年度生产计划控制工程面貌和年度网络计划。拟定防洪度汛措施，进行目标管理，以生产调度会形式实施生产调度，发布生产指挥令。

（2）以总工程师室为核心的技术质量管理系统，包括总工程师、技术人员、安全质量管理人员共23人。提出每年的工程合格率和优良率指标，优化施工方案，加强质量、安全监督。通过各层安全、质量保证体系，为工程质量和生产安全提供保障。对重大施工方案变更和施工中出现的技术问题进行决策，制订技术措施、施工网络计划，实施安全及质量控制的标准和方法。

（3）以经营管理部为核心的经营、财务管理系统，包括计划、财务、工程管理人员共14人。采用财务标准，管理目标是单价、成本和利润。根据鲁布革水电站“五定”概算和业主进行合同决算，制定工程概算，资金分配与管理，与各施工单位订立内部承包合同，分月份反馈工程结算和分季度反馈成本利润情况。

（4）以政治部为核心的政治工作系统，共5人。与各基层单位政工系统联系，起到指挥部在贯彻党的方针政策方面上情下达、沟通联系的桥梁作用。

（二）首部工程管理实行经理责任制和经济责任制

经理对公司生产指挥和经营管理工作统一领导，全面负责，处于中心地位，发挥中心作用。每一届经理都把施工进度、工程面貌、工程质量和安全生产放在首位，苦心筹划、精心组织，狠抓落实。目标明确，措施得力，才能让经理有可能把人、财、物有机地组织起来，充分发挥最佳组合作用，令行禁止，整个管理机构运行畅通，各项预定目标得以顺利实现。

理顺党、政、工三者之间的关系，做到“职责上分，思想上合，工作上分，目标上合，制度上分，关系上合”。

职代会制度化，充分发挥职工主人翁的保证和支持作用，充分调动广大职工的积极性和创造精神。

经理行使对中层干部的任免权，打破干部终身制，使大批德才兼备、年富力强、能胜任领导工作的同志走上领导岗位，为完成和实现各项目标提供组织保证。

从1985年开始，在1984年在原产值工资含量包干的基础上，制定奖金与工期、安全、质量和成本挂钩的办法。工资结算以定额工资为主，控制性项目实行工期奖制度、安全管理奖制度和质量管理奖制度。

（三）厂房枢纽工程试行项目法管理

厂房枢纽工程至1985年11月，工期拖后了3个月。为了加快施工进度，1985年8月水电部在鲁布革工地召开“交流经验，研究改革”座谈会。会上确定厂房枢纽工程作为水电十四局学习日本大成公司施工管理经验的试点项目。1985年11月，经国务院批准，水电十四局以三公司为基础，正式组建厂房施工指挥所，参照日本大成公司鲁布革指挥部的建制，按项目法管理组织施工。

（1）建立精干有力的生产指挥所。指挥所对厂房工程实行统一指挥，实行所长负责制，不设副职。所长下设主任、工长、班长。主任和工长由所长聘任。在系统管理上分生产管理（设开挖主任和混凝土主任）、机电管理（设机电主任）、技术管理（设技术主任）4个系统。他们职责分明，各司其职，人员精干，分工明确，联合办公，统一指挥。指挥所共有47名干部。所长对承包合同全面负责，有权在三公司内采取调用和招聘的办法挑选干部和工人，有权根据所规处分和辞退干部和工人，有权决定内部分配办法，根据勤绩功过奖惩职工。所长各项政令畅通无阻，大大提高了工作效率。

（2）组织精干的施工队伍。指挥所共有职工430人，占三公司职工总数的28.8%。指挥所集中了三公司的精兵强将和主要施工设备。指挥所与后方分开，经济独立核算，实行工人一专多能。指挥所根据施工任务强度，合理增减职工。

（3）改革内部分配办法。水电十四局对指挥所实行产值工资加津贴、加进度奖、加浮动工资。奖金和完成的工程量、进度、质量、安全、成本挂钩，上不封顶，下不保底。分配向一线职工倾斜，向承担脏活、重活、累活的职工倾斜。

（4）实现目标管理，加快施工进度。指挥所制定年、季、月、旬施工网络计划，确定控制性关键线路，集中力量突击，确保按计划完成。

（5）消化吸收国外先进管理和先进技术。在挪威咨询专家的指导下，优化施工程序，培训各类技术工人，加强设备的维修保养。新的机制和生产方式发挥出巨大的威力，工程进度加快，工程质量提高，施工安全有了保障。1985 年 10 月～1986 年 10 月，指挥所完成的工程量为前 3 年总量的 1.86 倍。石方开挖量为前 3 年总量的 1.19 倍，为 1985 年同期的 2.73 倍，混凝土浇筑量为前 3 年总量的 1.69 倍，全员劳动生产率达 17 276 元/(人·年)，厂房开挖工程提前 4 个月完成。

四、工程技术

鲁布革水电站施工中引进了国际先进的成套施工机械，包括洞挖施工设备、上坝及碾压施工设备、明挖施工设备和锚喷施工设备等。施工设备资金来源由以下 4 部分组成：一是世界银行贷款 1700 万美元。根据世界银行规定，“凡贷款购买货物、设备者，应在全体世界银行成员国及瑞士的供货商中，通过国际竞争性投标后才能获得”。二是挪威赠款 400 万美元。该款只赠给国家，需列入鲁布革工程投资，由工程局负责去挪威考察后选购设备。三是国内设备 4500 万元，在国内订购机电配套产品。四是工程局自筹资金，购买第三批国际招标设备和日本大成公司下场设备。

鲁布革水电站设计和施工过程中，认真接受和采纳了国内外专家的咨询，引进和消化了世界先进技术，缩短了工期，节约了投资，取得了很好的经济效益。

（一）采用风化料作为电站堆石坝的防渗体

堆石坝防渗体原设计选用坝址左岸下游 13.7 公里的鸡山红土料和龙家堡风化白云岩的掺合料。由于运距远、土料含水量高，需作专门技术处理，掺料工艺复杂、施工难度大且不经济合理。根据水电部专家咨询建议，参考国外风化料作防渗体的经验，本着就地取材、就近取材的原则，对距坝址 3～4 公里处的羊洞角风化料场进行勘探，对风化料进行了一系列室内物理力学试验，在现场作了 29 场碾压试验，确定了风化料作高土石坝防渗体的施工工艺流程及主要施工参数，并分别进行了围堰和主坝料场的复核勘探。1986 年 2 月，作为坝体一部分的高水围堰正式施工，用风化料填筑围堰斜墙 9.37 万米^3。1987 年上半年，主坝心墙风化料填筑 8.09 万米^3。和原设计红黏土掺砂砾料方案相比，运距缩短 10 公里，且施工工艺简单，风化料施工受降雨影响比纯黏土小，有效施工日增加，取得了缩短工期、节约投资近 300 万元的效果。

（二）溢洪道直立边坡开挖

鲁布革工程首部左岸开敞式溢洪道，是保证堆石坝安全运行的重要泄洪通道。溢洪道年径流量大、水库库容小、泄洪频率很高、泄流量大，是一项十分重要的水工建筑物。溢洪道原设计开挖边坡为 1∶0.3，最大边坡高度 150 米，100 米以上高度边坡范围约 150 米，开挖总量为 89 万米^3。根据国内外专家的建议，昆明勘测设计院在水电十四局和鲁布革工程管理局的积极配合下，重新分析研究了影响高边坡稳定的各种因素，做了大量的优化设计工作。结合施工中出现的问题，提出了一套保证高边坡稳定的方案。溢洪道边坡由1∶0.3改为直立，修改后的设计方案开挖量减少约27万米^3，开挖工期缩短半年以上。为控制性工程的首部枢纽施工赢得了时间，也为水电施工积累了宝贵的经验。

（三）岩壁吊车梁取代传统吊车梁

鲁布革水电站厂房枢纽全部布置在地下。主、副厂房，主变压器开关站和尾水闸门室等主要洞室基本上采用锚喷作为永久支护。主厂房的吊车梁长105.5米，安装两台跨度为18米、重160吨的天车。岩壁吊车梁是利用一定深度的注浆长锚杆将钢筋混凝土梁牢牢地锚固在岩石上，没有吊车柱，充分利用围岩的承载能力的比较先进的结构形式。与传统的吊车梁相比，节约了大量的钢筋、混凝土和木材，有利于减小厂房宽度，减少开挖量，缩短工期，经济效益十分明显。

（四）先顶拱后边墙的混凝土衬砌施工

在导流洞混凝土衬砌施工中，采用了先顶拱后边墙的施工方法，开创了国内这一施工方法的先河，解决了大跨度、高边墙混凝土施工的难题。

鲁布革水电站堆石坝荣获1994年度中国建筑工程鲁班奖，鲁布革水电站荣获1994年云南省优质工程奖，鲁布革水电站地下厂房荣获1995年云南省优质工程二等奖。

五、鲁布革水电站建设经验

鲁布革水电站作为水电建设改革开放的第一个窗口，通过引进外资，经过引进、吸收、消化国外的先进技术、先进设备和先进管理，以及和日本大成公司同在一个电站上的施工，结合水电十四局40多年的施工实践，得出的经验是：

（一）水电建设要开放

要有效地缩短工期，降低工程造价，提高工程质量，保证安全施工，水电建设必须对外开放。只有对外开放，才能引进外资，引进国外先进的技术和设备；才能学习国内先进的管理；才能更新广大干部和职工的观念，增强市场经济意识和竞争意识。

（二）水电建设体制要改革

要适应投标工程的要求，完善项目法施工，有计划、有步骤地改革企业内部机制，把水电施工企业由一个单一施工的劳动密集型企业，逐步组建成三个层次的经济联合体：一是智力密集型的，具有设计、科研、采购和监理总承包能力的承包公司；二是技术和劳务密集型的专业施工公司；三是以安置富余人员为主，重视经济效益的与基地相结合的二、三产业公司。形成一个以总承包公司为龙头，以专业施工队伍为依托，以多种经营为第二经济支柱，总包与分包，前方与后方，分工协作，互为补充的企业集团。

（三）两个文明一起抓

中国处于社会主义初级阶段，拥有自己的国情，水电施工企业具有自己的特点。要不断地对职工进行四项基本原则和改革开放两个基本点的教育，进行艰苦奋斗、勤俭节约精神的教育，激励广大职工积极投入改革开放，激发广大职工社会主义建设的积极性和创造性。

附：鲁布革水电站建设大事记

1981 年 12 月 国家计划委委员正式批准鲁布革工程立项，决定利用世界银行贷款，引水发电系统工程实行国际招标。

1982 年 11 月 首部导流洞开工。

1983 年 9 月 26 日 原水利电力部下达关于成立水电部鲁布革工程管理局的通知。

1984 年 2 月 鲁布革工程管理局与挪威咨询组签订咨询协议；同年 12 月，与澳大利亚雪山工程公司签订咨询协议。

1984 年 3 月 12 日 中国政府和世界银行签订贷款协议。

1983 年 7 月～1989 年 6 月 鲁布革工程特别咨询团先后 10 次到工地作决策性咨询。

1984 年 7 月 14 日 鲁布革工程管理局与日本大成公司签订引水系统工程承包合同；同年 11 月 24 日，日本大成公司在工地举行开工典礼。

1985 年 2 月 原水利电力部部长钱正英到工地视察，号召各工程局来工地参观学习。

1985 年 11 月 15 日 鲁布革水电站截流。

1986 年 11 月 17、18 日 国务院总理赵紫阳、副总理李鹏到工地视察。

1987 年 2 月 完成地下厂房开挖，开始混凝土浇筑。

1987 年 6 月 国务院副总理李鹏在全国施工工作会议上号召学习、推广鲁布革经验。

1987 年 8 月 6 日 《人民日报》第一版发表记者杨飏撰写的长篇通讯《鲁布革冲击》。

1988 年 8 月 13 日 引水系统工程提前 122 天全面完成承包合同。

1988 年 11 月 21 日 水库开始蓄水。

1988 年 12 月 27 日 第一台机组发电。

1989 年 7 月 15 日 大坝填筑至设计高程。

1989 年 9 月 16 日 第二台机组发电。

1990 年 5 月 21 日 第三台机组发电。

1990 年 10 月 21 日 财政部和世界银行联合检查组到工地检查。

1991 年 6 月 14 日 最后一台机组发电。

1992 年 7 月 鲁布革水电站竣工档案通过国家预验收。

1992 年 8 月 鲁布革水电站通过国家竣工预验收。

1992 年 12 月 鲁布革水电站通过国家竣工验收。

第八节　云南漫湾水电站

一、工程概况

漫湾水电站位于云南省云县和景东县界河上，属澜沧江中游河段，为澜沧江第一期开发工程。该电站为堤坝式开发，以发电为开发目标，初期装机容量为 125 万千瓦，保证出力 38.4 万千瓦，年发电量 62 亿千瓦·时。上游小湾水电站建成后，装机容量增至 160 万千瓦。

漫湾水电站是部、省合资建设项目，由云南省电力局（业主）组建漫湾水电站工程管理局，组织实施电站建设。云南省政府成立“支援漫湾水电站工程建设办公室”，有关县区成立相应的“援漫办”负责库区移民安置工作，协调地方和电站建设的有关问题。漫湾水电站工程管理局实行项目负责制，对工程的土建、机电安装、设备采购等全部采用招标承包制。漫湾水电站监理工程师处负责“三控一调”工作，即控制进度、控制质量、控制成本、协调工程建设。电站建设过程中，业主还聘请国内专家咨询组，对工程建设中的重大技术问题提供咨询。

漫湾水电站由昆明水利水电勘测设计院设计。1984 年 10 月 15 日，水电部批准初步设计，国家计划委员会于 1984 年 12 月 21 日批准设计任务书，1985 年 4 月 12 日批准列入“七五”建设项目。1985 年开始施工准备，开始工程分项招标。电站工程从 1985 年 9 月开始“三通一平”施工准备工作，1986 年 5 月导流洞工程开工，1987 年 12 月 20 日大江截流成功，1993 年 6 月 30 日第一台机组投产发电。

水电十四局作为漫湾水电站最早承建者之一，在电站建设的 8 年中，承建了漫湾水电站对外公路土建工程和导流、泄洪洞工程。同时，还承担了漫湾电站水垫塘部分开挖和混凝土施工、电站钢管制作安装、二期工程进水口施工、左岸部分边坡处理、下游围堰拆除、导流洞下闸蓄水封堵及工程运输等任务，为确保大江截流、安全度汛、下闸蓄水，以及漫湾水电站发电尽职尽能、全力以赴，作出了应有的贡献。为表彰水电十四局在漫湾水电站建设中的业绩，在电站胜利截流后和第一台机组投产发电时，云南省政府向水电十四局颁发了“胜利截流，再立新功”、“励精图治，献身水电，开发沧江，再展宏图”的锦旗。

二、中标承包的主要工程

水电十四局在漫湾水电站建设中，中标承包的主要工程有：

（1）泄洪洞工程。泄洪洞由进口段、无压隧洞段和出口明槽段三部分组成。进口段由引水渠和进水塔组成。进水塔高 35.5 米，设有 12 米×12 米弧形工作闸门一扇。无压隧洞全长 276.7 米，断面为城门洞形，净宽 12 米、高 15 米。出口明槽段长 102.5 米，由泄洪槽和跳流鼻坎组成，边墙高 10.5 米。六公司在泄洪洞施工中，共完成土石方开挖 29.6 万米^3，混凝土衬砌 5 万多米^3。安装公司在施工中共完成金属结构安装 818 吨。泄洪洞工程施工从 1986 年 6 月开始（与 1、2 号导流洞交叉作业），1993 年 6 月 23 日正式过流泄洪。

（2）1 号导流洞工程。1 号导流洞由进口段、隧洞段和出口段组成。进水塔高 46 米，宽 20 米，长 14 米。隧洞段全长 458 米，为门洞型断面，宽 15 米、高 18 米。出口段长 75 米，边墙最大高度为 24 米。参与 1 号导流洞施工的单位除六公司外，还有机电安装公司、修配厂、汽车运输公司、二公司、三公司、四公司、五公司等。施工中共完成土石方明挖 11 万米^3，洞挖 14 万米^3，混凝土浇筑 4.95 万米^3，金属结构安装 804.7 吨。1 号导流洞于 1986 年 5 月 1 日开工，1987 年 12 月 20 日导流过水。

（3）2 号导流洞工程。2 号导流洞由进口段、隧洞段和出口段组成。进口段由引水渠与明管段组成。明管段长 10 米，隧洞全长 423 米，断面尺寸与 1 号导流洞相同。出口段长75米，边坡最大高度为24米。六公司在2号导流洞施工中共完成土石方明挖8.88万米^3，洞挖13.48万米^3，混凝土浇筑3.5米^2。2号导流洞于1987年4月18日开工，1988年5月25日正式通过验收。

（4）5条引水压力钢管和2条冲沙钢管。漫湾水电站安装5台装机容量为25万千瓦的水轮发电机组。5条引水压力钢管采用坝内埋管形式，钢管直径7.5米，长109米，板厚12～26毫米。混凝土大坝两侧各埋设1条直径为6米的冲沙钢管。水电十四局机电安装公司和机械设备厂共同承担5条引水压力钢管和2条冲沙钢管的制作和安装任务。水电十四局在工地组建了2个钢管厂，1990年11月～1992年5月共完成金属结构制作安装1802吨。

水电十四局在漫湾水电站建设中，除中标承包以上工程外，还分包和委托承建了以下工程：

漫湾凝灰岩粉厂的承建与生产，砂石系统一期土建工程，砂石系统料场剥离层开挖工程，大坝15坝段庚、辛坑混凝土浇筑，15～18号坝段开挖收尾工程，右岸运输洞部分混凝土浇筑，新左Ⅰ线公路部分工程，左岸V937永久公路混凝土挡墙工程，8号坝段上游右侧边墙喷锚工程，左岸边坡及3洞口处理工程，水垫塘工程，左岸放水洞工程，下游围堰拆除工程，2、1号导流洞封堵，二期进水口工程及田坝电站建设，马漫公路施工等。

三、施工组织

水电十四局在漫湾水电站施工中，共经历了以下4个阶段：

（1）投标和施工准备阶段。水电十四局以对外经营开发部为主，从各公司、厂队抽调骨干力量组成工程编标小组，精心组织编制马漫公路标、导流洞和泄洪洞标、围堰和坝基开挖标，与水电八局联合编制大坝工程标等。

马漫公路是水电十四局中标承建的电站施工准备工程。1985年9月成立“马漫公路指挥部”。从一公司抽调500余职工，与金沙江林业公司、渡口机械化施工处等配合，协同作战，克服了重重困难，于1989年6月正式通过验收。

（2）导截流阶段。1号导流洞是这一阶段的控制性工程。水电十四局于1986年5月从局机关抽调精干力量，组建漫湾水电站工程指挥部，下设技术组、计划调度组、机电物资供应组、经营管理组等，负责施工过程的技术、调度、财务、后勤供应等工作。施工队伍的组建，按照“项目法”施工的办法，在一公司9个工程队中抽调1000余名生产骨干，组成1号导流洞施工主力——第六工程公司。指挥部从全局抽调了近100台大型施工机械，上1000吨各类施工器材，铺设5000余米风水管道，为施工创造了良好的条件。1986年5月1日工程开工。漫湾地区连降大雨，通往工地的国防公路干线4次被冲毁。工地南北交通被切断累计42天。最严重的发生在1986年10月上旬，漫湾工地北面交通线，有22公里被冲垮，其中10余公里路基都不复存在。职工生活无法保证，工程施工被迫中断。1987年春节后，漫湾水电站工程建设领导小组召开紧急会议，分析了灾害给工程带来的影响和当年截流的可能性，会议提出了“团结奋战，确保截流”的目标。云南省省长和志强在昆明召开了保截流动员大会，云南日报发表评论员文章。1987年8月初，省、部领导又在工地召开确保截流办公会。水电十四局漫湾水电站工程指挥部从局属各单位抽调人员、设备组成若干突击队，24 小时轮班作业。在 16 个半月的时间里，高质量地建成了当时国内最大的导流洞，实现了提前 1 年截流的目标。

(3) 安全度汛阶段。2 号导流洞是漫湾水电站安全度汛的关键工程，必须在 1988 年 5 月底以前完工。在保截流的过程中，2 号导流洞工期拖延了 3 个月。大江截流后，在不到 4 个月的施工期内，工程量还有 3/4。当时从各单位抽调来的人员、设备均已回原单位和施工点。六公司在工期紧、任务重的情况下，推行承包责任制，充分调动广大职工的积极性，攻克施工中一个个难关，终于在 1988 年 5 月 20 日胜利完工。六公司在 2 号导流洞施工中不仅创造了隧洞全断面开挖月进尺 259 米的好成绩，2 号导流洞还被云南省评为 1989 年度省优质工程。

(4) 抢发电阶段。从 1991 年开始，受左岸边坡治理的影响，15～18 号坝段和水垫塘工程严重滞后，成为保发电的又一个关键工程，六公司组织全体职工投入保发电战斗。1991 年 2 月～1993 年 4 月，共完成水垫塘工程开挖 24 万米^3，混凝土浇筑 15.5 万米^3，完成 15～18 号坝段开挖 1.66 万米^3。

按照漫湾水电站 1993 年 6 月底第一台机组投产发电的总进度要求，1 号导流洞必须在 3 月下旬封堵。下闸封堵能否成功，又成为发电的一项关键工程。1 号导流洞自建成导流以来，已度过了 5 个汛期。连续 5 年的冲刷，加上 1991 年 8200 米^3/秒洪水的冲击，保护门槽设施、门槽、底槛等均遭受严重损坏。进水塔建成后，由于多种原因，闸门在过流前没有进行很好的调试，这些都增加了下闸的风险。为了保证下闸封堵的成功，水电十四局于 1992 年 7 月组建了漫湾施工局。1993 年 1 月，施工局组织安装公司等单位认真编制下闸封堵措施及实施方案。除正常的 2 台 2×250 吨启闭机和 2 扇 7.5 米×18.5 米的闸门外，还设计、制作了专门的“试探门”。在下闸前还仔细进行了水下探测工作和闸门操作试验。1993 年 3 月 27 日，1 号导流洞下闸封堵一次成功。

四、工程技术

漫湾水电站隧洞施工技术，在鲁布革的基础上又上了一个台阶。3 条隧洞都分上、下两层开挖。先开挖上层，用两台 TH480 四臂液压凿岩台车钻眼，平行直眼掏槽，周边光面爆破。下层边墙用手风钻预裂 4 米孔深，然后用瑞典产 ROC712 液压钻车垂直造孔，最后用四臂液压台车修理规格。采用日本产 WA600 型 5.4 米^3 装载机配 15 吨三菱自卸汽车、20 吨小松自卸汽车出渣。混凝土浇筑均采用先顶拱，再底板，后边墙的次序。顶拱采用钢模台车，边墙采用轨道式移动蝴蝶钢模，由 6 米^3 搅拌车和 IHN 混凝土泵车将混凝土输入仓内。

在左岸滑坡处理中，学习掌握了 100～300 吨级预应力锚索施工技术，填补了水电十四局在这一领域的一项空白。

在水垫塘混凝土施工中，学习掌握了混凝土施工中的温控技术。在混凝土的制作中，掺加凝灰岩和外加剂，在混凝土的拌和过程中，加入 2～4℃的冰水，这样制成的流态温控混凝土，坍落度在 3～5 厘米，入仓温度符合混凝土的温控要求。

漫湾水电站 2 号导流洞工程荣获 1992 年云南省优质工程一等奖。

第九节 广州抽水蓄能电站

一、工程概况

广州抽水蓄能电站（简称广蓄电站）位于广州市从化县境内，距广州市114公里，属广东省大亚湾核电站配套工程。电站担负广东电网的调峰、填谷任务，参与系统调相、调频，提供事故备用，配合大亚湾核电站安全经济、持续稳定运行，调峰电力通过500千伏输电线路供应珠江三角洲工业和民用用电，60万千瓦装机容量的电能送往香港。

水电十四局先后中标承建了广蓄电站的土建和机电安装全部工程。电站分两期开发，一期工程装机容量4×30万千瓦，1989年5月25日主体工程开工，1993年6月完工；二期工程装机容量和一期相同，1994年9月主体工程开工，1998年10月工程完工。建成后的广蓄电站是世界上当时开发的最大的抽水蓄能电站。

电站一、二期工程由上库，下库，引水系统，地下厂房和尾水系统5大部分组成。一、二期工程均采用“一洞四机”的布置，具有水头高、容量大、引水系统长、地下洞室多、机组转速高、运行工况切换频繁等特点。

二、施工组织

1989年1月，广蓄电站主体工程合同草签后，工程局于1989年4月成立广东分局，代表工程局全权实施工程项目管理。为此，工程局在广东分局实行项目局长负责制，由工程局副局长任广东分局局长兼党委书记，集局长的“中心”作用与书记的“核心”作用于一身，配备6名具有丰富施工经验和管理经验的高级工程师，实行局长组阁，经工程局党委批准成立分局领导班子，为项目管理的决策层。工作班子57人，按“精干、高效、多功能”的原则，选择技术、管理干部组成。分局下设五部（工程技术部、经营管理部、财务部、物资部、安全质量部）三室（局办公室、党委办公室、总调度室）组成项目管理层。广蓄电站工程项目按管理层与施工层分开的设想，由水电十四局各二级单位本着一专多能的原则，组成具有专业技能的精干队伍，形成劳务层。分局按工程项目划分，分配给专业公司。分局与公司实行内部预算、合同管理，并建立设备物资、资金、技术模拟市场。公司对分局项目也实行项目经理负责制。

广蓄电站工程以施工进度总网络作为宏观控制和指导，制定年、季、月及周目标。层层分解目标，落实到工程队，使人人目标明确、责任明确。建立每周考核制度，检查落实进度面貌，使目标管理与责任制相联系，超奖欠罚，生产与分配挂钩。

为了加强项目系统目标的实现，广东分局十分重视基础管理工作，形成以总调度室为主的生产调度系统、以经营部为首的经营管理系统、以技术部带头的技术管理系统。这三大系统紧密配合，使整个管理系统环环相扣，确保各目标和分目标的实现。运用计算机管理手段，实现投资报价、定额管理、计划统计、工程分析等管理工作的计算机化。

在广蓄电站建设中，最重要的做法是思想政治工作、行政手段、经济杠杆三管齐下。政治思想工作为核心，行政手段为辅助，经济杠杆为催化剂，互为补充，发挥整体效果。工地工作和生活十分艰苦，职工远离亲人，时常牵挂妻儿老小。在这种情况下，思想工作强调“入情、入理、入实”。入情，即以自身的行动把干群感情的纽带紧密地结合起来；入理，即把当前工作与长远利益相结合，把企业前途与职工命运相结合；入实，把关心职工政治上成长、技术上提高与解决生活工作中的困难相结合。

行政手段是企业力量的体现，必须做到令行禁止。各种规章制度做到通晓易记，执行时奖罚分明。制度面前人人平等，维护各项制度和行政命令的严肃性，使职工行为规范化，形成一支纪律严明、能打硬仗的队伍。

经济杠杆是在物质利益规律的基础上，把企业经济活动引导到项目目标的轨道上去。广蓄电站工程推行工资含量包干与效益挂钩的分配制度。根据工程施工情况，实行进度奖、安全奖、质量奖，保证内部管理合同的权威性和严肃性。

三、工程技术

广蓄电站施工中，大量采用新结构、新技术、新材料、新工艺。

在面板堆石坝施工中，在国内首次使用河滩砂砾料作垫层料。优选混凝土原材料及配合比，掺加3%的粉煤灰和少量缓凝高效减水剂及引气剂，改善混凝土和易性。低温潮湿季节施工时，使用无轨滑模倒转侧模施工工艺，溜槽输送混凝土浇筑面板和三角区。严格控制坍落度在3～5厘米，严格混凝土养护，混凝土合格率为100%，保证率为98%。采用铜材现场轧制止水片，减少焊缝，提高止水效果。堆石坝填筑过程中，采用不加水进占法，分压、分层填筑。严格施工工艺，保证碾压质量。工程完工之后，大坝最大断面沉降量27～29厘米，面板最大挠度为20厘米，坝后渗水量少于1升/秒。

广蓄电站采用“一管四机”布置，钢筋混凝土岔管呈卜形结构，主管内径为8米，其他4条钢管内径为3.5米，衬砌厚0.6米；体型异常复杂，承受最大内压水头725米。这种岔管国内一般采用钢衬。广蓄电站首次引进国外新技术，采用钢筋混凝土结构。施工中采用全断面开挖、周边光爆、非电引爆、激光导向及“少进尺多循环”和锚杆跟进支护的开挖控制技术，保证了高压岔管主支管的成型规格。使用研制的专门工具，解决了钢筋空间相贯线处ϕ36钢筋体型不同的三维弯曲准确定位和绑扎的问题。研制止浆、排水及透气的专门模板，解决混凝土泌水、养护问题。优选配合比和高掺粉煤灰，解决泵送混凝土与减少水泥用量及低坍落度的矛盾。在国内首次采用6.5兆帕高压固结灌浆，并获得成功。工程完工后，岔管段总渗水少于40公斤/秒，经能源部专家鉴定，岔管施工技术被评为“国内领先、世界先进水平”。

在高压长斜井施工中，总结出一套大直径、陡倾角、长斜井的快速施工技术。首先采用正反井同时掘进的办法开出导井。打反井采用阿立马克爬罐，提高了爆破效率，节约了出渣时间，施工较为安全、快速。然后使用自行研制的大断面长斜井扩挖平台车，采用自上而下保持掌子面垂直于洞轴线的办法进行扩挖，从根本上改善了工作条件，并使适时喷锚支护成为可能，保证了安全。

在混凝土浇筑中，采用了工程局机械设备厂设计、制造的多功能模板及针梁钢模和滑模。多功能模板用于两条斜井的转角段。该模板使用两台5吨的电动葫芦安装。浇筑下一个弯曲段时，从起弯点下游侧一块开始立模。往上游运行时，靠布置在斜井口附近的两台8吨卷扬机牵引。浇筑上弯段时，将钢模移至弯段下游侧起弯点。多功能模板1992年研制成功并投入使用，荣获1992年度工程局科技进步一等奖，1994年获国家专利。在大直径、陡倾角、长斜井混凝土衬砌施工中，首次成功采用斜井滑模，开创了斜井滑模混凝土施工先河。

针梁钢模用于电站上平洞、尾水洞和下平洞的混凝土浇筑。针梁靠前后两套支腿装置固定在洞子底部毛面上，模板依靠承重体系支承在针梁上部轨道上。两者通过安装在模板系统上的驱动装置正反向运动来实现相对运动。针梁钢模荣获1990年度水电总局科技进步四等奖，1992年度工程局科技进步二等奖。

用安全隔离屏障实现混凝土施工与固结灌浆立体作业。采用液压爬升灌浆平台，使钻孔、灌浆平行交叉作业。研制成功每分钟1440转的高速搅拌机，提高了水泥浆液的可灌性。采用多次序高压分段施灌的操作程序及“低压慢灌，逐步升压，控制灰量，浓浆待凝”的施工工艺，保证上斜井3兆帕、下斜井4.5兆帕的灌浆压力及质量标准，通过充水试验及运行考验，高压水道无渗漏。能源部专家鉴定为“这一项大直径、陡倾角、长斜井成套施工技术是成功的。即加快了进度，保证安全和质量系国内首创，有推广价值。在国外也属罕见，达到国际先进水平”。

地下厂房洞室群纵横交错，立体交叉，异常复杂。要加速施工进度，必须设法多开辟工作面。

在安排厂房开挖分层时，需统筹上、下游各洞室的施工通道及开挖与混凝土运输及机电安装之间的关系。施工中增设了2～5号施工支洞，排除了施工互相干扰，实现了多工序、多工作面平行交叉作业。开挖中采用光面爆破和新奥法施工，随时调整喷锚及支护参数，保持围岩稳定，保证了开挖规格。在岩锚吊车梁的施工中，为保证岩锚梁部分的开挖质量，进行了专门的爆破设计试验，使开挖面不欠挖、超挖不大于20厘米，残孔率大于90%，开挖岩面完整，无震动裂纹。

在吊车梁锚杆的施工过程中，采用激光测量放点，用角度尺校正后用台车造孔，采用挪威产注浆机注浆，人工配合平台车安装，确保锚杆达到设计深度，确保浆液与锚杆、岩石的整体性。

广蓄电站在整个施工过程中，在认真总结鲁布革水电站施工管理的基础上，进一步完善了项目法施工经验，积极应用一系列新技术、新材料、新工艺，并取得显著成效。1991年12月，能源部、中国水利水电总公司和国家能源投资公司等单位在广蓄电站工地召开“能源部广州抽水蓄能电站经验交流会”。会议肯定了由水电十四局等单位创立的项目法施工经验。对中国在建筑领域推广项目法施工管理具有里程碑意义。1995年5月，电力部在广州从化县召开现场交流会，水电总公司总经理张基尧在讲话时要求，全国水电施工企业要认真学习和推广广蓄经验。1997年3月，水电十四局承建的广蓄电站一期工程荣获云南省优质工程一等奖。“广蓄电站理论与实践”科技成果获国家科技进步二等奖。1997年11月，广蓄电站一期工程，继鲁布革水电站后，荣获中国建筑工程鲁班奖。

第十节　云南大朝山水电站

一、工程概况

大朝山水电站位于澜沧江下游云县景东县交界处，是继漫湾水电站之后澜沧江上的又一座梯级电站。电站距昆明630公里，总装机容量135万千瓦，库容8.9亿米^3。电站业主单位为大朝山水电有限责任公司，工程总投资88.7亿元。水电十四局于1993年和1997年分别中标承建大朝山水电站导流隧洞工程（C1标）和尾水隧洞工程（C5标）。

导流隧洞布置在大坝左岸，洞身全长688.84米，其中0＋657.55～0＋668.84为明管段，洞身开挖断面尺寸为16.2米×19.2米，衬砌后为15米×18米。进口最大开挖断面尺寸为27米×27米，纵坡为3.26％。导流隧洞工程于1993年12月开工，1998年6月按期完工。

两条尾水隧洞平行布置在右岸，主洞长分别为1144米和1092米，开挖直径为16.3米，衬砌后为11.5米。工程于1997年10月开工，2001年12月提前9个月完工。

二、施工组织

水电十四局中标电站导流洞工程后，组建了水电十四局大朝山分局。分局实行“三级管理，二级核算，队为基础”的管理模式，分局组织从上到下分决策层、管理层、作业层。决策层由分局班子成员组成，负责项目的生产经营决策。管理层由六部一室组成，负责各自职能的管理工作。作业层由7～9个专业工程厂队组成，负责工程具体施工，根据施工需要，加强或撤销一些厂队，实行动态配量。

大朝山分局积极推广应用“项目法施工”，强化内部管理，组织均衡生产，注重成本核算，坚持“质量第一、安全第一”的理念；围绕生产经营和管理，加强政治工作和精神文明建设，充分调动广大职工的积极性。

在导流洞、两条尾水隧洞的施工中，工程质量，工期、工程成本，安全生产，文明施工等方面均取得好成绩，受到业主、监理、设计、地方政府和有关专家院士的一致肯定和高度评价。1号尾水洞荣获云南省2000年优质工程一等奖。在2004年鲁班奖评选中，大朝山水电站获此殊荣。

三、工程技术

导流洞进口段断层发育，分三层开挖。上层小导洞超前开挖，探明地质情况后，再分左右两部分扩挖，边开挖边喷锚支护。中部一次开挖成型。下层从中间拉槽，两侧预留3～4米用台车分两层开挖。进口和出口边坡自上而下，边开挖边支护。

尾水主洞开挖分上下两层进行。上层开挖全部采用中导洞超前、扩挖跟进的程序。下层开挖三臂台车造孔，一次开挖成型。岔管段体型复杂，开挖最大高度为20米，最大跨度为32米。为保证施工安全并控制开挖体型，开挖分上下两层进行。上层采用中导洞超前、扩挖跟进并预留保护层的次序。下层采用中间拉槽、左右两侧扩挖跟进的次序。支管段体型复杂多变，开挖依然分上下两层进行。上层采取小导洞超前、短进尺、多循环、少药量的开挖办法。下层同样采取短进尺、小药量的开挖办法。

导流洞进水塔混凝土浇筑模板采用组合小钢模，弧形段采用木模。渐变段采用先顶拱、后边墙和底板的浇筑次序。洞身段采用大型钢模台车先底板、后边顶拱的浇筑次序。

尾水主洞的混凝土浇筑，先底拱后边顶。直线洞段底拱采用无轨道式、半封闭式针梁钢模，边顶拱浇筑使用15米长模钢模台车。两个转弯段及上游段，底拱模板用5米针梁钢模。边顶拱浇筑采用5米钢模台车。岔管段和支管段由于体型复杂多变，混凝土浇筑模板用定型木拱架、轻型钢拱架。

两条尾水隧洞长度分别为1144米和1092米，为解决洞内通风问题，除了沿施工交通洞布设的强制通风管外，在主洞中段布设了4个垂直通风竖井。竖井为圆形，直径为140厘米。4个竖井深度分别为138.08、130.75、109.5、101米。在竖井施工中工程局首次采用Lm－200型反井钻机。

第十一节　浙江天荒坪抽水蓄能电站

一、工程概况

天荒坪抽水蓄能电站，是继十三陵、广州抽水蓄能电站之后中国第三座抽水蓄能电站。电站位于浙江省安吉县境内，总装机容量180万千瓦。

天荒坪抽水蓄能电站是“九五”国家重点建设项目，主要建筑物有上水库、下水库、输水系统、厂房及开关站等。电站枢纽建筑物位于大山岩地区，无重大地质构造问题。下水库坝基输水道和地下厂房位置均为弱风化、微风化或新鲜的岩石，工程地质较好。

下水库位于大溪中游峡谷河段。库区两岸为岩质岸坡，地下水位高于水库最高水位。蓄水后不会向库外渗漏。水库总库容887万米^3，正常发电库容805万米^3。

输水系统和厂房布置在上、下水库之间的山体内。电站设两条高压引水隧洞，每条隧洞经岔管与3条支管相连。隧洞长915米，内径7米。6条支管内径3.2米，长度在215～290米之间。

地下厂房采用尾部布置方案。地下厂房包括主、副厂房，主变压器室，母线洞，尾水闸门室和其他辅助洞室。

电站安装6台30万千瓦高转速立轴可逆式发电机组。1993年4月主体工程开工，1998年9月30日首台机组投产发电，2000年12月25日最后一台机组投产发电。预计2007年工程竣工。

二、施工组织

1993年1月20日，水电十四局中标天荒坪抽水蓄能电站的下库枢纽和地下厂房工程。接到中标通知后，水电十四局立即决定从滇东片组织人员及设备进点。二公司承担导流洞混凝土浇筑、截流、下库坝、厂房、永久交通洞开挖。三公司承担1、2号施工支洞开挖。四公司负责通风兼尾水施工支洞至尾水系统的开挖。先后从局本部，各公司、广蓄、天生桥等工地购置和调配各类设备207台，其中大型设备58台。1993年2月，水电十四局华东分局正式成立，项目实行“两级管理，一级核算”的天荒坪项目法施工改革试点，为今后的项目管理积累了经验。

三、工程技术

天荒坪抽水蓄能电站斜井隧洞工程具有直径大、长度长、倾角陡的特点，给斜井混凝土施工带来困难。采用传统模板，不仅成本高，而且速度慢、施工工艺复杂，施工质量不能保证。为了满足施工需要，水电十四局组织力量研制了 XHM－7 型斜井滑模。此项科研成果获 2000 年度国家科技进步二等奖。

在下库坝施工中，对填筑料含泥量进行有效试验，从而在 3C 区的填筑料中扩大含泥量指标，获得了显著的经济效益。把河滩料按技术规范掺入适量沙子作大坝垫层料，大大缓解了大坝垫层料不足的矛盾。

第十二节　长江三峡水利枢纽工程

一、工程概况

长江三峡水利枢纽工程是当今世界上最大的水利枢纽工程。工程位于西陵峡中段，坝址位于宜昌市三斗坪。三峡工程由大坝、厂房和通航建筑物三部分组成。挡水建筑物为混凝土重力坝，坝顶总长 3035 米、坝高 185 米。总库容 393 亿米^3，防洪库容 221.5 亿米^3。通航建筑物包括永久船闸和垂直升船机，均布置在左岸。永久船闸为双线五级连续结构，单级闸室尺寸为 280 米×34 米，坎上水深 5 米，可通航万吨级船队，年单向通航能力 5000 万吨。升船机为单线一级垂直提升式，承船厢有效尺寸为 120 米×18 米×3.5 米。电站左岸设 14 台，右岸设 12 台水轮发电机组，混流式水轮机，单机容量 70 万千瓦，总装机容量 1820 万千瓦，年平均发电量 847 亿千瓦·时。工程后期再在右岸增设 6 台 70 万千瓦机组，届时平均年发电量 1000 亿千瓦·时。三峡工程是开发和治理长江的关键性世纪工程，具有防洪、发电和航运等综合效益。工程建成后，荆江河段两岸地区的防洪标准由 10 年一遇提高到百年一遇；为经济发达，能源不足的华中、华东地区提供可靠廉价的电能；改善宜昌至重庆 660 公里的水路航通，万吨级船队可直上重庆。

三峡工程分三期建设。一期工程为 1992～1997 年，主要是一期围堰填筑，导流明渠开挖，修筑混凝土纵向围堰，修建左岸临时船闸等。二期工程为 1998～2003 年，主要是修筑二期围堰，填筑左岸大坝，安装机组，永久船闸施工等。三期工程为 2004～2009 年，主要是填筑右岸大坝，完成全部机组安装等。三峡工程于 1992 年开工，预计 2009 年完工，总工期17 年。

以水电十四局为责任方，水电一局、十一局为协办方的三联公司中标承建永久船闸地面以下土建工程，以水电四局为责任方，水电十四局为协作方的青云公司中标承建二期左岸厂房坝段ⅡA 标段工程和右岸地下电站厂房土建工程。其中，右岸地下厂房工程水电十四局占 70％的合同额。

二、施工组织和技术

三峡工程右岸地下厂房位于长江右岸白尖山体中，区内岩石主要为前震旦系闪云斜长花岗岩和闪长岩包裹体，岩体中尚有花岗岩脉和伟晶岩脉。厂房断面为直墙曲顶拱形，吊车梁以下跨度为 31 米，吊车梁以上跨度为 32.6 米，高 87.3 米，全长 311.3 米。厂房布置6台单机容量70万千瓦的水轮发电机组。

水电十四局三峡右岸厂房工程项目部在施工中采用了一系列新技术、新工艺，解决了以下问题：

（1）大跨度顶拱、岩壁吊车梁和直立高边墙开挖成型问题。项目部坚持“厂房外部环境提前治理，主排水系统的排水帷幕，探洞回填等洞室提前开挖”原则，分梯次展开厂外排水系统排水及探洞回填施工，降低了围岩外水压力，增强了围岩稳定，为洞室开挖创造了条件。在顶拱开挖中采用水平孔尾线定位技术，即事先设计顶拱的爆破孔及孔间距，确定钻孔点，然后采用测量仪器精确放样钻孔并作出标识，在这些钻孔点尾部逐一放出导向点。利用钻孔标识点、尾部导向点、相邻参照孔、顶拱爆破残孔的多重作用，达到控制钻孔精度的目的。边墙采用导向管定位及导向技术。在边墙钻孔条件明显好于顶拱的情况下，仍然事先设计开挖轮廓线上爆破孔位及孔间距，确定钻孔点，然后采用安装定位及导向装置，从而达到控制钻孔质量的目的。对岩壁吊车梁斜岩台采用钢管定位及导向技术，在垂直孔钢管导向技术应用成功的基础上，通过水平通长钢管导向，根据设计钻孔间距及开挖轮廓线安装定位钢套管并紧贴岩面，限位横杆安装在导向管外侧，用以准确控制孔深。针对高边墙传统采用的“先中部梯段拉槽，后保护层开挖”受设备选型限制，不利于工程总体施工进度和质量保证，且对于地质节理裂隙发育地带不能及时进行支护的不足，采用改进型YQ100D轻型潜孔钻进行深孔一次预裂成型。

（2）深长锚杆注浆密实度问题。把张拉锚杆传统的“风枪送卷”改为“挤压”注浆法。传统的“风枪送卷”是将水泥卷逐一分节输送，中间有1～2毫米的间隙，不能保证水泥卷紧贴，极易形成空隙，严重影响张拉锚杆强度。挤压式注浆机代替风枪泵注浆，压浆均匀、连续，浆液与孔壁黏结良好，出浆速度快，不仅安全可靠、工艺简便，还提高了施工效率。顶拱深长砂浆锚杆采用“先插杆后注浆替代先注浆后插杆”的方法。边墙深长锚杆采用“自退管”法取代“人工退管法”。

（3）岩壁吊车梁混凝土“无裂缝”问题。按照“四个优化”和“一个控制”的思路解决“无裂缝”问题。一是优化浇筑长度，将传统25米浇筑长度优化为每仓8～10米，减小混凝土表面拉张力。二是优化入仓方法。采用胎带机替代以往的泵送和吊罐入仓式，减少水泥用量。三是优化配合比。采用低热水泥替代中热水泥，减小水化热。采用纤维混凝土替代常规混凝土，提高混凝土毛细材料含量，增强混凝土抗拉能力，杜绝贯穿裂缝的发生。四是优化结构钢筋，将梁体结构筋中的水平联系筋优化为“链条式”水平“U”筋，增强混凝土的抗疲劳强度。一个控制就是温度控制。严格控制混凝土的出机口入仓和浇筑温度。沿轴线纵向蛇形布设冷却水管，严格控制水温、流量和通水时间，防止混凝土早期贯穿裂缝。

（4）应力集中区域的围岩稳定问题。优化贯通洞室施工工序，采用“小洞穿大洞”、“跳洞”等开挖方法，在2倍洞径洞段内采取浅孔多循环开挖方法，在交界面打辐射孔进行预裂。对相贯洞室交叉段提前加强支护，在洞与洞、洞与井交叉部位，以超前锚杆、加强锚杆、随机锚杆和喷混凝土等方法提前加固处理。以“个性化”施工方法穿越断层带。采用“台阶法”、“导洞超前法”、“非典型扩挖法”等开挖方法，短进尺，少药量、开挖后及时喷锚支护，以最快速度封闭开挖后的围岩，保证围岩稳定。

（5）直立高边墙不变形问题。采用先进的围岩监测设备和监测技术，对围岩进行监测，掌握围岩变形情况。根据监测资料分析围岩稳定情况，制定稳定措施。引用电视监控系统对主厂方实施24小时监控。全面、及时、准确掌握现场施工资料。根据设计参数和施工技术措施指导现场施工，不断调整施工程序工艺，确保实际变形在允许值范围以内，保证围岩变形稳定。

三峡地下电站主厂房开挖及岩壁梁混凝土防裂控制施工技术获2008年度中国电力科学技术奖。

三峡水利枢纽永久船闸为双线五级连续船闸，是目前世界上规模最大的通航建筑物。永久船闸由地面船闸和地下输水系统两部分组成。地下输水系统由南坡、北坡、中墩4条输水隧洞和36条竖井组成。隧洞开挖总长5500米，竖井混凝土衬砌长度累计3440米。

以水电十四局为责任方的三联总公司，从1996年3月31日开始承担地下输水系统施工任务，2002年5月15日完成结构混凝土浇筑，2002年6月20日完成输水隧洞水泥灌浆。施工中采用了许多新技术、新工艺、新材料、新设备。

地下输水系统钢筋密集而复杂，每立方米混凝土的含筋量高达107公斤。在闸室部位，钢筋最多有14层。按规范要求，钢筋直径大于25毫米的接头必须帮条焊，不能用搭接。地下输水系统钢筋直径大于25毫米的接头近60万个，如果采用帮条焊，不仅需投入大量的焊接设备，而且紧迫的工期也不允许。三联总公司在施工中采用冷挤压连接和直螺纹连接。机械连接的钢筋通过单向拉伸、高应力反复拉压、大变形反复拉压、疲劳检测等试验，各项指标均满足规范要求。

地下输水系统平洞混凝土施工具有平整度要求高、断面形式多、施工干扰大、施工强度大等特点。隧洞边墙与底板的连接是1/4圆弧。在混凝土施工中，为了让圆弧成型，必须采用底模。常规施工拆模后存在大量的水气泡，混凝土表面质量达不到设计要求。三联总公司经过多次试验，最终采用散装翻模。在底板混凝土浇筑结束后，在混凝土初凝之后终凝前，将圆弧模板翻起，人工对混凝土表面进行抹面，从而使混凝土表面平整度达到设计要求。

在竖井混凝土施工中，地面距仓面25米左右，浇筑初期用直径为15厘米的钢管作溜管，将混凝土通过溜管接到溜槽，由溜槽送到各下料点。施工中经常卡管，混凝土骨料分离问题也十分突出。三联总公司在后期的施工中引进日本MY－60X型缓降器，成功解决了混凝土骨料分离和卡管问题。

竖井内交通平台悬臂梁伸出井壁，悬臂梁采取在竖井井壁上预留孔洞浇二期混凝土的方法进行浇筑。设计要求孔洞处的井壁钢筋不能割断。混凝土施工后孔内模板拆除和孔内混凝土凿毛非常困难。三联总公司采用免拆模板，也称金属扩张网，克服了以上的困难。

斜井直段断面为渐变断面。断面高度从下游至上游逐渐变高，二级斜井高差130厘米，其余各级高差为40厘米。二级斜井由于高差大，底板模板采用滑模，边顶拱采用搭设满堂脚手架来立模，其余各级斜井开始采用底板和边顶拱分开滑动的施工办法。三联总公司在后期施工中研制出全断面滑升模板，大大加快了混凝土浇筑速度。

在永久船闸土建工程中，水电十四局承担了三条输水隧洞的回填灌浆，固结灌浆以及洞内混凝土温度缝、层间缝、部分渗水结构缝的化学灌浆任务。基础工程施工由水电十四局基础处理公司三峡项目部承担，项目班子由项目经理、队长及技术主管组成，项目部下设 8 个灌浆机组，每个机组由机长、班长、技术员、记录员组成。

施工中完成回填灌浆 5.73 万米^2，固结灌浆 9.50 万米，化学灌浆 1.31 万米。工程于 2000 年 4 月开工，2003 年 4 月完工，完成产值 1845 万元。

隧洞固结灌浆施工初期压力为 0.3～0.5 兆帕，灌浆效果不好。在实践中不断总结，后期压力提高到 0.7 兆帕，机械封孔压力用 0.8 兆帕，灌浆效果很好，各项技术指标均达到设计要求。

结构块灌浆管初期采用 PVC 管，在混凝土浇筑过程中易出现孔位偏离、弯曲或断裂。大量 PVC 管在钻孔过程中采用人工凿除，给钻孔带来不便，增加施工成本。后期改用黑铁管，铁管内径为 46 毫米，壁厚为 2.5 毫米，提高了施工速度，保证了灌浆质量。

隧洞混凝土裂缝处理上，经历了反复试验，对化学灌浆材料、设备、施工工艺等进行多次对比试验，最终确定了“贴嘴法”施工工艺、LPL 环氧材料、LJIYCD－15 双液化灌浆，裂缝处理效果很好，各项技术指标均达到设计要求。

第十三节　黄河小浪底水利枢纽工程

一、工程概况

黄河小浪底水利枢纽位于河南省洛阳市与济源市交界处黄河中游最后一段峡谷出口处，上距三门峡水利枢纽 130 公里，下距郑州花园口 128 公里，是黄河干流三门峡以下唯一取得较大库容的控制性工程，也是集减淤、防洪、防凌、供水、发电为一体的大型综合性水利枢纽。

小浪底水利枢纽工程的开发目标是：以防洪（包括防凌）、减淤为主，兼顾供水、灌溉、发电、蓄清排浑、综合利用、除害兴利。工程建成后，可长期保持有效库容 51 亿米^3，与三门峡等水库联合运行后，可使黄河下游的防洪标准由以前的 60 年一遇洪水提高到 1000 年一遇洪水标准。水库建成后，可拦蓄泥沙，其减淤作用相当于 20 年内下游河床不淤积抬高。水库的防洪库容，汛期防洪，非汛期调节径流，每年可增加调节水量，保证沿河城市、乡村的生活和工农业用水。

小浪底水利枢纽工程是治理黄河的关键性工程，属国家“八五”计划重点项目。厂房安装 6 台 30 千瓦混流式水轮发电机组，总装机容量 180 万千瓦。工程拦河大坝采用斜心墙堆石坝，设计最大坝高 154 米，坝顶长 1667 米、宽 15 米，坝底最大宽度 864 米。基础混凝土防渗墙厚 1.2 米、深 80 米。大坝填筑量和混凝土防渗墙规模居国内之最。小浪底水利枢纽工程是部分利用世界银行贷款的建设项目，主体土建工程采用国际招标，概算总费用 347.46 亿元人民币，其中内资 255.19 亿元人民币，外资 11.09 亿美元。工程于 1991 年 9 月 1 日开工，1997 年 10 月 28 日截流，2000 年 1 月首台机组投产，2001 年 12 月最后一台机组投产。

二、施工组织和技术

小浪底水利枢纽主体工程包括土建国际标、土建国内标和机电安装标三大部分。土建国际标由大坝标（一标）、泄洪排沙系统标（二标）和引水发电系统标（三标）组成。大坝标由以意大利英波吉罗公司为责任方，水电十四局为协作方的黄河承包商施工；泄洪排沙系统由以德国旭普林公司为责任方的中德意联营体施工；引水发电系统由以法国杜美思公司为责任方的小浪底联营体施工。主体工程开工不久，二标和三标发生重大设计变更，导致施工方案改变。1995 年 4 月 11 日开始，二标导流洞多次发生塌方，工作面全部停工。1995 年 8 月底二标承包商提出，导流洞、进水塔、明流洞、排沙洞的工期较原计划拖后 8～11 个月。为了赶回工期，确保 1997 年按期截流，业主和二标承包商举行赶工谈判。为了保证按期截流，业主、水利部专家建议，水利部党组决定：引进国内成建制施工队伍，从承包商手中分包关键的导流洞开挖及混凝土浇筑工程。以水电十四局为主办方，由水电三局、水电四局、水电一局组成的 OTFF 联营体承担分包工程的施工。OTFF 联营体自 1996 年 2 月 8 日接手导流洞工程以来，苦战 19 个月，累计完成开挖 87 万米^3、混凝土浇筑 26.7 万米^3、锚杆 30 万米、挂网 9.07 万米^2、喷混凝土 1.66 万米^2、钢筋绑扎 1.2 万吨、固结灌浆 8 万米，于 1997 年 9 月 2 日提前 1 个月完工，确保工程按期截流。

3 条导流洞长为 1100 米，开挖面积为 220～320 米^2。为了加快施工进度，增加工作面，采用了 2 条施工支洞的措施。支洞成为 3 条导流洞开挖和混凝土施工的主要通道。支洞将 3 条导流洞各分割成 3 段，共 12 个工作面。

导流洞洞身采用台阶式，共分 3 个台阶 4 个阶段开挖。先上中导洞，次扩挖上半圆，再挖腰线以下 6 米，最后挖底部圆弧。钻爆法掘进，周边光面爆破，966A、988A 卡特装载机配 15～20 吨载重自卸汽车装运。在 1 号导流洞开挖中，用喷锚挂网替代钢架，成功闯过塌方段。用“中间刻槽，两边开挖”替代“半边支护，半边开挖”方案，加快了开挖进度，在关键的中闸室最后一次爆破中，在外商 3 次爆破失败后，水电十四局技术人员精心设计、精心施工，取得了 1 次爆破的成功。

在导流洞混凝土衬砌施工中，每条洞采用两套“CIFA”系列台车，包括底拱钢模台车、顶拱钢筋台车、配电台车、顶拱钢模模板台车、灌浆台车和修补台车共计 6 套。进、出口渐变段共用各两套“DOKA”台车和系列模板。资源的合理配置，既保证了工程质量，也加快了施工进度。

底拱钢模台车为液压无轨道式，模板为半封闭式，控制范围为圆心角 90°。顶拱钢筋台车为轨道式，电力驱动，钢结构，分 4 层操作平台，可自动伸缩，供人工绑扎、焊接。顶拱模板台车为全液压轨道门架式，电力驱动，钢模板为半封闭式。该台车分车架和模板两部分，车架下有 4 个轮子，可沿安装在底拱上的轨道移动。车架上的液压撑杆操作系统控制模板的收缩和伸展。每套钢模由 8 榀 24 节拼装而成，分 12 米整体套和 2×6 米两件套两种。修补台车为轨道式钢结构，电力驱动，供人工修补混凝土表面缺陷。“DOKA”台车为轨道式，钢结构，螺栓连接，可拆分成若干段，用在各渐变段。

水电十四局在 3 条排沙洞施工中首次应用预应力双圈无黏结环锚技术。无黏结环锚技术是在有黏结环锚预应力技术的基础上发展起来的，而双圈环锚又是常规环锚技术的突破，其突出优点是摩擦损失小，预应力分布更为均匀，无需预留孔道和回填灌浆。双圈环绕后张法无黏结预应力混凝土衬砌结构与有黏结混凝土预应力结构比较，具有安装精度要求高，施工难度大，但能大幅度降低材料消耗的特点。这项技术经不断总结和完善后，形成了国家级施工工法。

小浪底水利枢纽工程中 6 台 30 万千瓦水轮发电机组的安装工程由以水电十四局为责任方的 FFT 联营体承担。由水电十四局、水电四局、水电三局组成的 FFT 联营体从 1998 年 2 月 15 日开始组织施工。水电十四局机电安装总公司小浪底项目部承担 6、4、1 号机组和厂房用电，直流系统，厂外清水池，油库，渗漏排水系统，220 千伏电缆，35 千伏架空线路，通信系统等的安装及 7 个转轮的现场制作（其中 1 个为备用）。1999 年进入安装高峰期，机电安装总公司从机械厂、水工厂、一公司、二公司、三公司抽调 200 多名各类技术业务骨干充实加强小浪底项目部。面对压力和挑战，项目部挖掘内部潜力，对工程进行严格动态管理，内部形成良性竞争机制。质量、安全、进度一起抓，最大限度地调动了广大职工的积极性，所有计划节点目标都得以实现。

在西部水电开发中，龙滩、小湾、构皮滩、拉西瓦、瀑布沟、彭水、锦屏、景洪、糯扎渡、金安桥、溪洛渡、向家坝等一大批大型和特大型水电站正在或即将兴建，这些工程装机容量大，单机容量在 30 万～70 万千瓦，转轮直径为 6～9 米，质量在 120 吨以上。受运输条件限制，多数转轮要在工地组焊。水电十四局机电安装总公司小浪底项目部在组焊 7 台转轮施工中反复实践，不断总结，不断提高。7 台转轮的成功组焊，积累了宝贵的经验，为其他电站机组的安装提供了借鉴。黄河是世界上含沙量最高的河流之一，沙含量为 600～800 公斤/米^3。为满足汛期浑水发电的要求，对水轮机转轮的耐磨性提出了更高要求。美国 VOITH 公司在水轮机设计中取消了上冠减压装置，使水推力比常规设计有所增加。整个转轮采用不锈钢制作，在转轮叶片上均喷涂碳化钨耐磨材料。

第十四节　福建棉花滩水电站

一、工程概况

棉花滩水电站位于福建省永定县境内，是以发电为主，兼有防洪、航运等综合效益的水电枢纽工程。电站总库容 20.35 亿米^3，调节库容 11.2 亿米^3。电站装机 4 台，总装机容量 60 万千瓦，年发电量 15.1 亿千瓦·时。

枢纽工程主要由 111 米高的碾压混凝土重力坝、泄水建筑物、左岸进水口建筑物、地下厂房洞室群等组成。

地下厂房系统布置在紧靠拦河坝的左岸山体内，主要建筑物包括地下厂房、主变压器室和尾水调压室等。引水发电机组采用一机一洞独立引水形式。4 条引水洞密集布置，长度较短。4 条尾水洞穿过主变压器室和尾水洞底部，合二为一。

棉花滩水电站主体工程于 1998 年 4 月开工；2000 年 4 月 15 日首台机组投产发电，同年 12 月 9 日 4 台机组全部投产发电。

二、施工组织

1998年1月23日，水电十四局中标棉花滩水电站地下厂房工程。工程包括左岸进水口建筑物、地下厂房洞室群、输水系统、220千伏GIS配电装置室、开关站、控制楼等。以水电十四局为责任方的联营体，中标电站的机电设备安装工程。

合同签订后，水电十四局迅速从广蓄、天荒坪、天生桥等工程中抽调人员及设备，组建棉花滩工程项目部。项目部下设工程技术部、质量安全部、总调度室、合同管理部、机电物资部、财务部。

开工伊始，项目部就选择工程质量上的高标点。在“创全优、夺鲁班”目标的指引下，以严格的施工管理、科学的施工组织、精湛的工艺、创新的技术、百折不挠和高度负责的主人翁精神，使施工质量处于高度受控状态。全优的工程质量、均衡的施工强度使项目部在16.5个月内即完成主、副厂房的开挖任务，取得了3年实现首台机组发电、1年装机4台、提前近1年发电的好成绩。

工程完工后，经严格验收审评。国家电力公司授予全国第一个整体达标水电工程，荣获2003年福建省“闽江杯”优质工程奖，2003年度中国建筑工程鲁班奖。

三、工程技术

棉花滩水电站地下厂房开挖按“立面多层次，平面多工序”的原则组织施工，从上至下分6层进行。

在地下厂房施工中，岩壁吊车梁的施工是整个厂房施工中的关键工程，也是最难控制和把握的工程。吊车梁岩石的开挖中，借助已浇好的小牛腿混凝土梁作参照物，挂垂球和钢绞线指示造孔。周边爆破采用绑扎间隔药卷，控制袋药密度。由于造孔和药量得到有效控制，整个吊车梁岩台开挖平均径向超挖小于13.9厘米。

在地下厂房的开挖中，下层部位开挖爆破必然会对浇好的小牛腿钢筋混凝土和岩层吊车梁产生震动影响。如何控制爆破震动，有效保护小牛腿和吊车梁成为施工中的突出问题。

在地下厂房的施工中，震动控制采取在边墙部位造预裂缝，计算参数参照广蓄一期工程。爆破震动速度小于或等于10厘米/秒。在岩壁吊车梁下层的施工中，震动速度控制在7～10厘米/秒；设两道预裂缝，一条设在边墙部位，另一条设在距边墙3米处。

第十五节　福建周宁水电站

一、工程概况

周宁水电站位于福建省宁德市周宁县，为穆阳溪上第二级梯级电站。电站距周宁县城16公里，坝址以上控制面积为511公里^2，水库总库容4900万米^2。电站装有两台12.5万千瓦的高水头水轮发电机组，多年平均发电量达6.58亿千瓦·时。

电站枢纽工程由拦河坝、泄水建筑物、输水系统、地下厂房及地面开关站等组成。拦河坝为碾压混凝土重力坝，最大坝高72.4米，坝顶长206米、宽7.5米。引水系统布置在右岸，由进水口、引水隧洞、上游调压井、高压竖井及管道、钢筋混凝土岔管等组成。引水高压竖井由上部调压井和下部高压竖井组成，总高453.25米。竖井下部连接高压管道下平段、岔管段和钢支管段。

周宁水电站工程于2002年6月1日开工，2002年12月29日截流，2004年7月29日下闸蓄水，2005年4月15日和18日两台机组相继发电。2006年1月16～17日，周宁水电站枢纽工程专项竣工验收委员会在宁德市召开验收会议，通过枢纽工程专项竣工验收。

二、施工组织

水电十四局从贡川、棉花滩等工地抽调设备和人员组建了周宁工程项目部。项目部下设工程技术部、安全质量部、合同管理部、设备物资部、财务部等，按照项目法施工管理的基本原则，开始工程有序施工。

高压竖井作为整个地下厂房的输水管道，总高453.25米，是目前全国地下洞室中最高的竖井，施工难度大、不稳定因素多。项目部始终把它作为一条关键线路来抓。针对竖井高差大、断面小等特点，项目部制订了一套周密的施工方案及措施，抽调各类专业人员组建竖井工区，并配备相应装备，保证了竖井施工顺利进行。开挖结束后，岩面起伏差在12厘米以内，纵向贯通误差在5毫米以内，横向贯通误差在7毫米以内。

三、工程技术

电站引水高压竖井由上部调压井和下部竖井组成。调压井设计开挖直径为8.9米，竖井设计开挖直径有5.7米和5.9米两种。鉴于开挖及后续施工的需要，将井壁统一增加5厘米厚的素混凝土，作为临时支护。

高压引水竖井呈90°直立形，工作面狭窄。根据竖井的结构特点，原设计有3个通道。为了加快施工进度、增加工作面，在施工过程中增加了1条施工支洞。支洞分两个洞口进入竖井，共形成了5个通道。

人员和材料运输方面，设置1个无轨吊篮。在井的一侧设安全爬梯，每24米设1个休息平台，每12米设1个休息防护罩。水电十四局首次引进反井钻用于竖井施工。反井钻导洞施工、导洞偏差控制，是竖井成型的关键。为保证导洞偏差控制在1.1%以内，施工中钻机安装时精度控制在0.15%以内，离井口30米范围以内，钻进速度控制在1～3米/天，合理控制钻压和转速，并在开孔时设置扶正器。

在竖井的混凝土浇筑中，整个竖井分3段施工，采用定制液压滑动模板自下而上连续浇筑。项目部在施工中十分重视安全和质量，整个竖井施工得到了业主、监理、设计等的充分肯定和赞扬。

第十六节　贵州洪家渡水电站

一、工程概况

洪家渡水电站位于贵州省织金县与黔西县交界的乌江六冲河上，电站距东风水电站70公里。洪家渡水电站是乌江梯级水电站中的龙头电站，电站装有3台18万千瓦机组，总装机容量54万千瓦，年平均发电量15.94亿千瓦·时。

枢纽的主要建筑物为钢筋混凝土面板堆石坝，最大坝高179.5米，坝顶长427.8米、宽 10.95 米。洞式溢洪道的进口为 2 孔开敞式溢流堰，设有 1 道弧形工作门，堰后为平面收缩段。泄洪洞竖井式闸门井内设 1 道平板检修门，有压段末端设 1 道弧形工作门。引水系统采用 3 洞 3 机单元供水形式，由竖井式进水口、引水隧洞、压力钢管等组成。地面厂房设在面板堆石坝左岸，由主厂房、副厂房组成。GIS 开关站布置在上游副厂房顶部，与主变压器重叠布置。中控楼布置在上游副厂房右端，通过电梯与副厂房相连。

水电十四局单独中标承建电站交通洞、7 号施工支洞、砂石系统土建等工程。与水电八局联合中标承建泄洪系统、引水发电系统等工程。

二、施工组织和技术

水电十四局和水电八局组成的 148 联营体，中标承建洪家渡水电站泄洪系统和引水发电系统工程。联营体实行切块分包方式，水电十四局负责 1～3 号引水洞、溢洪道、泄洪洞及 7 号施工支洞的工程施工。水电十四局单独承担施工任务有 10、17～19 号施工支洞，进水口顺向坡抗滑桩等工程。

1999 年 11 月，负责施工的水电十四局曲靖分局队伍进点。溢洪道工程于 2001 年 7 月 25 日开工，2005 年 5 月 27 日完工。泄洪洞工程于 2001 年 9 月 21 日开工，2004 年 11 月 14 日完工。1～3 号引水隧洞工程于 2001 年 3 月 5 日开工，2003 年 7 月 10 日完工。洪家渡水电站获贵州省 2006 年“黄果树杯”优质工程奖及第八届中国土木工程詹天佑奖。

水电十四局在电站引水系统工程和泄洪系统工程施工中，采用了在多层木胶板或芬兰维萨板面上胶粘 PVC 制成的镜面混凝土施工模板。采用镜面混凝土施工模板的混凝土，其表面光滑、平整，提高了建筑物的过流能力，减少或避免了气蚀对建筑物的破坏，降低了工程成本。

采取多种形式处理溶洞。对于小型非充填型溶洞，其深度大于 10 米的，用混凝土回填至距开挖面法向 10 米；深度小于 10 米的，全部回填混凝土，洞口 2 米范围内布设随机锚杆。对于小型充填型溶洞，采用回填混凝土和布设随机锚杆进行处理；对于规模较大的溶洞，采用喷锚、回填混凝土和衬砌混凝土等办法加以处理。

水电十四局曲靖分局在洪家渡水电站洞挖施工中，针对复杂的各类地质构造，采用了锚杆支护喷混凝土法、钢支撑挑梁法、管棚法、混凝土拱帽法及钢管混凝土沉井法，有效地通过了各类复杂地段。

水电十四局中标承建洪家渡水电站基础工程，包括引水隧洞、泄洪洞、溢洪道的回填灌浆和固结灌浆，下游河床防冲墙超前固结灌浆，闸门井底板钢衬接触灌浆，引水洞及泄洪洞化学灌浆等。基础处理工程由水电十四局基础处理公司洪家渡灌浆队施工。队部由队长、副队长及技术主管组成。队部下属若干机组，机组由机长、班长、技术员、记录员组成。基础工程于 2002 年 10 月开工，2005 年 8 月完工，完成回填灌浆 2.46 万米^2、固结灌浆 7.02 万米、帷幕灌浆 1658 米，完成产值 3204 万元。

在引水系统和泄洪洞系统的灌浆中，遇到岩溶、断层等地质构造。对岩溶地段，采用混凝土回填办法加以处理。对断层及其影响带地段，采用低压、浓浆、限量、限流的措施。有的地段采用间歇灌浆的办法，间隔时间约为 8 小时。有些地段的灌浆，浆液中掺 40％的砂。以上措施均收到很好的效果，施工质量均达到设计要求。

在下游河床齿槽超前固结灌浆时，由于河床覆盖层较厚，钻孔成孔率很低。对覆盖层较厚地段，利用钻杆进行花管灌浆，效果很好，工程质量均满足设计要求。

第十七节　云南小湾水电站

一、工程概况

小湾水电站位于云南省大理白族自治州南涧县和临沧地区凤庆县交界的澜沧江上，是澜沧江中下游梯级水电站的“龙头水库”，是云南省西部大开发的标志性工程，也是“西电东送”的骨干电源。

电站装机总容量420万千瓦，年发电量190亿千瓦·时。水库总库容150亿米^3，面积为189公里^2，是我国西南地区最大的人工湖。电站枢纽工程包括混凝土双曲拱坝、坝后水垫塘及二道坝左岸泄洪洞、右岸由大型地下洞室组成的引水发电系统。小湾水电站建成后，不仅自身的保证出力达180万千瓦，还可以使下游的漫湾、大朝山、景洪三个水电站的保证出力增加110万千瓦，增加枯水季电量40亿千瓦·时，使云南省水电装机容量中具有多年调节能力的装机比重由15%上升到70%。

小湾水电站开发价值极高，但施工难度也极大。电站坝高292米，是世界上已建的最高的混凝土双曲拱坝。大跨度地下洞室群，高水头、高参数、大容量水轮发电机均属世界领先水平。两岸坝肩及缆机基础开挖，将形成近700米的高边坡，在水电建设史上史无前例。小湾水电站施工技术要求之高、安全威胁之大，为大型水电站建设所罕见。

小湾水电站枢纽工程于1999年6月开始筹建，2002年1月主体工程开工，2004年10月25日提前1年实现大江截流。2005年12月12日大坝首仓混凝土下仓。预计2009年首台机组投产，2011年全部机组投产发电。

二、施工组织

水电十四局在小湾水电站施工的队伍有两支：一支为水电十四局小湾分局，另一支为以水电十四局为责任方水电一局为协办方的141联营体。

水电十四局小湾分局组建于2000年2月，是首批参建小湾工程的单位之一。分局下设经营管理部、技术部、质量管理部、安全监察部、机电物资部、财务部、综合办公室、试验室、原观室、工程管理部等。施工专业队有开挖工程队、混凝土工程队、灌浆工程队、锚索工程队、机电工程队等。截至2006年底，小湾分局承担施工的工程有电站进场公路，承包商营地房建，左岸6、4、2号山梁综合治理，上坝路1号交通隧洞，坝区供水系统，电站左右岸坝肩加固等36个合同标段，合同总价达8.83亿元。

小湾工程141联营体成立于2002年1月18日，属于紧密型联营体。联营体分别于2001年10月29日和2003年8月29日，中标承建小湾枢纽的导流洞工程和引水发电系统的土建及金属结构安装工程。总标价15.33亿元。

2004年，水电十四局机电安装总公司中标承建小湾水电站6台70万千瓦水轮发电机组，合同额为1.2亿元。

联营体项目班子由总经理（兼党委书记）、党委副书记、生产副总经理、安全副总经理、质量副总经理、总经济师及总工程师组成。联营体项目部设技术部、安全监察部、质量管理部、经营合同部、财务部、机电物资部、试验室、原观室、生产调度室、综合办公室等。专业作业队有开挖工程队、喷锚支护工程队、灌浆工程队、混凝土工程队、钢筋木模加工厂、机电机械工程队等。

141联营体借鉴现代企业制度和项目管理经验，结合联营体自身的特点，在管理方面进行了有效的探索和创新：一是两个工程局为小湾工程项目的投标和承建组成独立的施工和经营实体；二是联营体对业主承担工程承包合同的履约责任；三是实行独立经营、单独核算，最终形成的盈亏由两个工程局按股份承担；四是联营体生命周期由工程项目周期决定，工程竣工联营体清理解散。141联营体管理创新成果“水电工程联营体的组织与管理”荣获2005年全国工程建设企业管理现代化成果一等奖、2006年全国企业管理现代化创新成果二等奖。

三、工程技术

小湾水电站大坝蓄水后，坝体将承受1975万吨的水推力，推力通过坝体传给两岸坝肩。两岸坝肩受断层卸荷、蚀变等影响，不能满足承载的要求，必须对坝肩作加固处理。

小湾分局在加固工程的施工中，完成洞挖22万米^3、混凝土浇筑22万米^3，高压灌浆19万米，在开挖中充分体现了“短进尺、弱爆破、少扰动、紧封闭、勤量测”新奥法施工的原理。开挖工序完成后，立即对周边围岩及掌子面实施一层3～5厘米厚的素混凝土封闭，形成初期围岩的柔性支护环，抑制围岩进一步风化，增加围岩自稳时间。混凝土封闭完成后，及时安排挂网和系统锚杆施工，从而与围岩连为一体。最后喷混凝土至设计厚度和设计位置，做到一次支护紧随开挖掌子面。

坝肩抗力岩体加固施工，在教科书上从未有过，水电建设史上从未做过。小湾分局在施工过程中，先后有4位院士前来考察指导，对施工质量给予了高度评价。

小湾水电站引水发电系统由引水、厂房和尾水三部分组成。3大洞室、6条引水压力管道、6条母线洞、6条尾水支洞、2条尾水隧洞、交通洞、运输洞、出线洞及通风洞等组成庞大的地下洞室群。洞室纵横交错，平、斜、竖洞相贯。洞室相隔间距小，施工干扰大。受三级结构面、蚀变带等地质构造的影响，围岩稳定是公认的世界级难题。电站厂房为当时在建的国内最大的地下厂房之一，其施工技术难度在国内水电工程建设中极为罕见。

联营体在施工中探索出“顶层中导洞立面先行与通风竖井贯通，平面形成巡回通道后品字形扩挖，其他平面分半立面薄层开挖”等方法，总结出预应力支护、断层钢筋肋拱、钢纤维和微纤维喷锚、钢锚墩、锚索、井挖变洞挖等新技术、新工艺，成功穿越了60米宽、1010米埋深的最大地质断层，解决了84.88米直立墙的稳定问题。

联营体经过28个月的紧张施工，于2006年4月23日提前半年完成地下厂房开挖任务。厂房整体径向平均超挖13.26厘米，低于国家15厘米的规范。边墙开挖，平均径向超挖小于19.5厘米。吊车梁开挖残孔率94%，不平整度小于5厘米，平均径向超挖8.9厘米。开挖结束后经严格评检，11个单项工程为“样板工程”，单元工程优良率达90.36%。

第十八节　广西龙滩水电站

一、工程概况

龙滩水电站位于红水河上游广西壮族自治区天峨县境内，距天峨县城15公里。工程控制流域面积9.85万公里^2，以发电为主，兼有防洪、航运、养殖等综合效益。龙滩水电站是国家西部大开发的十大标志性工程之一，也是“西电东送”战略项目之一。工程开发建设，对于满足两广地区电力增长的需要，优化华南地区的电源结构，减轻红水河下游及西江两岸地区的洪水威胁，促进两广及贵州地区经济和社会全面发展具有重要作用。

龙滩水电站输水发电系统布置在左岸，主要地下建筑物有9条引水洞、主厂房、主变压器室、9条母线洞、3个长廊阻抗式调压井、3条尾水隧洞、进厂交通洞和其他辅助洞室。前期电站装机容量490万千瓦，后期为630万千瓦。

二、施工组织

由水电十四局（责任方）、水电七局、水电八局组成的1478联营体成立于2001年4月18日，中标承建电站的引水发电系统土建工程。

水电十四局机电安装总公司中标承建电站3、4号机组的安装调试任务。

1478联营体三家母体以4∶3∶3的股份比例组成。联营体树立强强联合、紧密联营、互助共进、共同发展的管理理念，制定了50多项管理规定，建立了以现代企业管理体制和工程相结合的“成员企业代表委员会”领导下的总经理负责制和监督委员会制度，实行“队为基础，一级核算，二级管理”的项目管理模式。按质量认证体系要求，联营体还建立了较为完善的质量保证体系、安全控制体系、生产指挥体系和经营管理体系，形成了真正意义上的紧密型联营体。

联营体“淡化属性”，实施“零磨合”。通过办公会、代表会等形式，使班子成员达成没有联营体整体利益，就没有成员企业利益，就没有个人利益的共识。三方顾全大局，大事讲原则，小事讲风格。在队伍建设上对员工多关心，多了解，多帮助，使不同母体局的员工同心协力。

联营体经理部由总经理、副总经理（3名）和总工程师组成。管理职能部门由办公室、生产部、设备物资部、质量部、技术部、安全部、财务部、经营部和竣工办组成。专业作业队由测量队、实验室、机电队、车队、拌和厂、开挖1～4队、支护1～3队、混凝土1～4队组成。开挖高峰期职工人数达3500多人。

联营体在地下施工中坚持均衡生产，制订出日计划、周计划、月计划、季度计划和年度计划。2001年4月，引水发电地下工程正式开工，至2006年4月，整个引水发电系统工程开挖提前合同工期47天圆满结束。联营体5年中累计完成12 979个单元工程，工程质量合格率达100%，优良率为92.2%。

三、工程技术

龙滩地下引水发电工程由引水、厂房和尾水三部分组成。在0.5公里^{2}的山体内挖119条洞室，隧洞总长30多公里。工程规模浩大、工期紧张、施工强度高。电站布置紧凑，洞室结构形式多变、体形复杂、施工干扰大。洞室之间岩柱厚度有限，施工中围岩稳定问题突出；一次支护的工程量大，类型多，工艺复杂，施工技术含量高。

联营体对厂房系统、主变压器室、尾水调压井及尾水洞等大型洞室施工中，采取分层分部开挖、适时支护的原则，增设施工通道，增加工作面。首先增加进入引水上平洞的1号施工支洞，解决了钢管运输和支洞封堵问题，避免了施工中的干扰。根据“平面多工序，立体多层次”的原则，扩大母线通风洞，加快主变压器室Ⅰ、Ⅱ层的开挖，为厂房Ⅰ～Ⅳ层的开挖提供双工作面。为了解决尾水调压室中部施工通道问题，采取扩大第三层排水廊道与交通洞相连的办法，加速了开挖、锚索、锚杆及喷混凝土的施工速度。为了满足1号机发电要求和2号施工支洞堵头的质量要求，从7号引水支管开始往1号引水支管进行堵头施工。8、9号引水支管堵头分别从厂房进入施工，以减少堵头施工工期压力。主厂房分9层开挖，为缩短开挖时间，1～4层开挖均设置双向通道。竖井和斜井的开挖采用反井钻打通反导井，再自上而下扩挖。

为了确保施工质量、安全和进度，联营体在施工中采取了一系列技术措施。在洞与洞、洞与井交叉部位的施工中，提前做好超前支护，在交叉口2倍洞径的范围内，采用浅孔、多循环、短进尺的开挖办法。对引水洞、母线洞及尾水管（洞）与厂房、调压井高边墙交叉的洞口，在厂房、调压井高边墙开挖至上述部位前，先将引水洞、母线洞及尾水管（洞）开挖完毕，并做好锁口喷锚支护。在开挖后的高边墙上开洞时，采取超前锚杆、小导洞、浅孔、多循环小药量的开挖原则。在主厂房及调压井中下部高边墙开挖时，采用光面爆破、预裂爆破，确保开挖规格，减小震动对围岩及相邻建筑物的影响。引水洞、母线洞、尾支管、尾水洞的施工遵循错开施工原则，必须相邻开挖时，掌子面错开30～40米。原型观测、支护及时跟上。在对断层带、蠕变体等不良地质洞段的施工中，采取“新奥法”施工原则，遵照“超前预测、超前支护、短进尺、弱爆破、少扰动、早封闭”的原则，做到步步为营、稳中求快。在混凝土施工中，引水系统采用穿行式针梁钢模，尾水洞采用普通针梁钢模，竖井采用液压滑升模板。

联营体在工程施工中购置全电脑多臂钻、混凝土喷射机、激光全站仪等一批先进设备，总价超过2亿元。新技术、新工艺、新材料、新设备在工程施工中突破了世界上跨度最大的电站地下厂房顶拱施工安全关，突破了高达70米的高直立边墙稳定关，突破了世界最大的地下厂房岩锚梁质量关。

第十九节　广东惠州抽水蓄能电站

一、工程概况

惠州抽水蓄能电站（简称惠蓄电站）位于广东省惠州市博罗县城郊，距广州市112公里，距惠州市20公里，距深圳市77公里，是广东省兴建的第二座抽水蓄能电站。电站由上水库、下水库、输水系统、地下厂房及地面开关站等组成。厂房设A厂、B厂，各厂均安装4台立式单极混流可逆式水轮发电机组，单机容量30万千瓦，总装机容量240万千瓦。

惠蓄电站在系统中主要承担调峰、填谷、调频、调相和事故备用任务，额定水头为517.4米。电站采用无人值班的运行管理方式，设计计算机监控系统，运行人员在中控楼内，通过计算机监控系统的操作工作站对电站进行控制和调节。

水电十四局承担电站4个标段的土建施工任务，包括前期工程两洞标，永久公路Ⅱ标，主体工程水道及厂房Ⅰ、Ⅱ标，总合同额为7.56亿元。2005年11月7日，水电十四局中标电站机电安装工程，中标额为1.27亿元。机组安装于2006年3月31日开始，计划2011年完工。

二、施工组织和技术

水电十四局中标广东惠蓄电站4个标段工程后，在水电十四局广东分局的基础上，成立了水电十四局惠蓄电站项目部，由项目经理、常务副经理、副经理、党委副书记、总工程师、总会计师组成项目决策层，由工程技术部、质量管理部、安全监察部、生产部、物质部、合同部、财务部、引水工程部、灌浆工程部、综合办公室、试验室、测量队组成项目管理层，由开挖支护队、混凝土工程队、机电队、拌和楼等组成作业厂队。土建主体工程于2004年10月1日开工，整个电站计划于2010年3月31日竣工。

在平洞混凝土浇筑中，惠蓄电站在施工中采用了数项新技术、新设备，采用了改进型9米长隧洞针梁钢模。该钢模较以往针梁钢模的不同之处在于，其底部120°采用可卸式模板，混凝土初凝后可拆下底部模板进行人工抹面，有效地解决了混凝土表面的气泡问题。

惠蓄电站A、B两厂斜井均采用进口RHINO-400H型反井钻实施导井施工。在反井钻施工中，对钻孔角度的选定、稳定钻杆的配置、钻进速度和扭矩大小、钻具材料选择等方面进行了认真总结，形成了一套长斜井反井钻施工法。

结合水电工程施工的特点，以合同为中心，利用网络系统对电站施工实施有效管理。项目决策层和管理层根据各自职责，有效进行文档管理、合同管理、工程量结算、工程款结算、资金管理、物资管理、设备管理、进度管理、设计图纸及变更管理、工程档案等，大大提高了项目管理效率。

水电十四局中标承担惠蓄电站机组安装任务后，从水电十四局机电安装总公司抽调有关人员，组建成立了水电十四局惠州抽水蓄能电站机电安装项目部，履行机电安装项目全面管理职能。

惠蓄电站水轮机为立轴、单极、混流、可逆式，旋转方向水轮机工况俯视为顺时针，水泵工况俯视为逆时针。转轮拆装采用中拆方式，导水机构为单个导叶调节，取消了传统的检修密封。尾水管扩散管为渐放管。发电/电动机由ALSTOM和东方电机厂供货，为三相、竖轴、悬式、空冷、可逆式同步电动机。电动机的主要特点是制动盘设置在发电机顶部，电动机主轴为瓶状轴。转子由瓶状轴、磁轭和磁极组成，在现场组装。转子瓶状轴与下轴在现场螺栓连接。转子磁轭在现场叠装，磁极采用鸽尾键固定在磁轭上。转子采用平衡梁套轴起吊。机组甩油及机组主轴密封可靠性是安装工作的重点技术问题，水电十四局在总结过去安装经验的基础上，同厂家、业主、监理等方密切合作，提出了解决问题的方案。针对电站水头高、吸出高度大、转速高、容量大、运行工况复杂、工况转换频繁、对主轴密封要求高等特点，机组主轴密封的抗磨环直接装在水机轴下法兰面上。与传统安装办法相比，抗磨环有一个较好的刚度基础，工作状况也有了改善。

第二十节　贵州构皮滩水电站

一、工程概况

构皮滩水电站位于乌江干流中游、贵州省中部余庆县境内，距贵阳市255公里，距遵义市150公里，是乌江干流水电开发的第七个梯级水电站。

坝址控制流域面积4.32万公里^2，总库容量55.64亿米^3，调节库容31.5亿米^3。工程以发电为主，兼顾航运、防洪和水产养殖等综合利用。电站设5台机组，总装机容量300万千瓦，保证出力75.18万千瓦。

挡水建筑物为混凝土双曲拱坝，最大坝高232.5米，坝顶弧长557.1米。通航建筑物布置在左岸。选用三级垂直升船机，过坝船舶吨位为300～500吨。导流隧洞共3条，1、2号导流洞布设在左岸，3号导流洞布设在右岸。引水发电系统由引水渠、进水塔、引水隧洞、主厂房、主变压器室、尾水洞、调压室、尾水平台、尾水渠等组成。

水电站由长江水利委员会设计，中国水利水电顾问咨询公司中南勘测设计研究院监理公司为监理单位，业主单位为贵州乌江水电开发有限公司。2002年1月主体工程开工，总工期为9年零2个月，工程总投资138.42亿元。

二、施工组织

2001年11月，水电十四局中标承建乌江构皮滩水电站左岸进场公路第二合同段，由此拉开了承建构皮滩水电站的序幕。水电十四局授权曲靖分局管理，成立了中国水利水电第十四工程局构皮滩工程项目经理部。2002年1月、8月，2003年2月、3月、8月，水电十四局相继中标承建左岸A、B、C、D施工支洞，左岸1、2号导流洞洞身段工程，左岸下河便道养护、12号公路、1号变形体及桥北段变形体等。2003年12月、2004年8月、2006年1月和7月，水电十四局相继中标承建引水发电系统土建及金属结构设备安装工程，左岸机坑开挖出渣施工支洞工程，左岸1号导流洞A、B支洞补强工程，野狼湾渣场建设工程等。

乌江构皮滩水电站引水发电系统建筑与金属结构设备安装工程，简称C4标，总承包单位为水电十四局，分包单位有水电六局和水电九局。水电六局分包的工程有进水口、引水隧洞土建及金属结构制作与安装等工程。水电九局分包的工程有主变压器室、5号尾水隧洞、尾水出口及地面开关站等工程。

C4标中标后，水电十四局于2004年1月重组中国水利水电第十四工程局构皮滩工程项目经理部，项目经理部所辖曲靖分局和大理分局工程部。项目实行“三级管理，二级核算”的管理模式。构皮滩工程划归工程局直管项目。2004年7月，水电十四局为整合资源，优化生产要素，撤销了曲靖分局和大理分局工程部，实行“二级管理，一级核算”。

构皮滩工程项目部由决策层、管理层、专业作业队组成。决策层由总经理、常务副总经理、生产副经理、质量、安全副经理、总工程师、总经济师组成。管理层由综合办公室、总经济师室、总工程师室、工程计量室、质量保证部、财务部、机电物资部、仓库管理部、安全环保监察部、总调度室、测量队、竣工资料整理办公室、实验室等组成。专业作业队有混凝土拌和厂、机电队、重机队、灌浆队、若干开挖队、若干混凝土队、钢筋厂、水电六局施工部、水电九局施工部等。

三、工程技术

构皮滩水电站地下厂房洞室群在不到0.5公里^{2}的区域内布置了近70多条洞室，总长度近15公里。这些洞室纵横交错、平竖相贯。洞室群布设在岩溶地层区，岩溶系统空腔体积达12.3万米^3，岩溶管道最大断面达380米^2，最大高度为42.14米，最大宽度为16米。汛期最大来水量7000米^3/小时，最大突出涌泥量3000米^3/次。尾水隧洞穿越的地层是具有流变、软化、泥化特性的软岩。3条尾水洞软岩段总长1313米，软岩开挖量为26.4万米^3。

在岩溶地层施工中，采用了多种可行的勘探技术，为准确探明岩溶发育和分布情况提供了准确的地质资料。这些勘探技术有地质雷达探测、CT物探、造孔超前探测、导洞探测、通道追溯、非物质性勘探等。

施工中采取多种手段成功进行了涌水、涌泥处理。具体处理措施有：动态监测、挖控释放、分区截断、多点设防、接力抽排等。清理方式有：机械清理、人工清理、爆破清理、高压风（水）冲洗、抽排清理、装袋清理、混合清理等。装运办法有：直接装运、集中装运、裹渣装运、滤水风干装运、分解装运、封闭装运等。

为了加快施工进度，施工中采用多种跨超熔岩技术。具体技术有绕道通行、拱桥跨越、防护穿越、栈桥跨越、垫渣跨越、置换跨越、避让跨越、强堵穿越等。

对不同类型岩溶的加固处理办法有：置换回填、灌浆加固、深层锚固、拱桥加固、块石压浆等。

对不同部位采用不同的施工程序。具体程序有治水优先；深层处理，逐层回填；跨越岩溶，平行作业；分界优先，辟径处理；分段截断，分期处理；临时封堵，适时处理；预留通道，择时处理等。

构皮滩工程在岩溶地层施工过程中积累了许多宝贵经验，形成了多项技术成果，为今后类似地质状况下施工提供了有益的借鉴，丰富了地下工程施工技术。具体成果有：施工总程序设计、通道规划设计、大型洞室顶拱开挖设计、大洞室梯段开挖设计、大型竖井施工设计、大洞室高边墙爆破控制设计、溶洞处理区域安全监控等。

第二十一节　重庆彭水水电站

一、工程概况

彭水水电站是乌江干流上的第10个梯级水电站，电站距彭水县11公里，距涪陵市147公里。电站以发电为主，兼有航运、防洪等综合利用。电站总装机容量175万千瓦，调节库容5.18亿米^3。

电站枢纽工程由大坝、泄洪建筑物、引水发电系统、通航建筑物和渗控工程等组成。大坝为弧形碾压混凝土重力坝，最大坝高116.5米，挡水前缘总长325.5米。地下厂房布置在右岸，主厂房尺寸为252米×30米×76.5米（长×宽×高），安装5台单机容量为35万千瓦的大型混流式水轮发电机组。通航建筑物布置在左岸，由单线船闸、升船机两级过坝建筑物组成，按500吨级船舶过坝设计。垂直防渗帷幕，其轴线穿过河床大坝、左岸船闸后向左岸山体延伸接隔水层，右岸穿过引水隧洞接隔水层。防渗线路总长850米，最大帷幕深85米，主帷幕防渗面积为15万米^2。

二、施工组织及工程技术

2003年4月，水电十四局曲靖分局经过议标，与大唐彭水水电开发有限公司签订了《地下厂房1号施工支洞及施工通风洞工程》合同。2003年7～12月，曲靖分局中标导流洞出口明渠及导流洞洞身下段工程、地下厂房土建及金属结构安装工程、尾水隧洞及出口建筑物工程、施工供水系统工程等。

导流洞工程总工期为490天，于2003年7月开工，2004年12月12日竣工投产。工程进点以来，由于场内2号公路和2号施工支洞未按合同要求及时投入运行，为使导流洞下段主体工程尽快开工，经业主和监理同意，新增3号、2-2号等施工支洞，3号施工支洞施工时段为2003年8月8日～10月2日。2号导流洞施工2003年9月14日开工，洞身开挖由2-2号、3号施工支洞进入第一层，分上下游8个工作面同时进行开挖。由于隧洞断面尺寸、高度大，根据其他工程经验，分两期进行开挖。上层开挖采取先导洞后扩挖，手风钻钻爆，侧卸装载机配T20自卸车出渣。下层开挖采用潜孔钻中间拉槽，手风钻修边，反铲配20t自卸车出渣。

为了加快导流隧洞出口明渠及导流隧洞下段工程的施工进度，项目部经得业主、监理同意，新增了EL320、EL300、EL275、EL250、EL243、EL225、EL212米施工便道。EL340米高程以上不具备大型设备作业，全部采用手风钻钻爆，人工清渣，进展较慢。

主厂房开挖于2003年10月开工，2006年5月5日完工。为了加快施工进度，项目部加大了资源投入。多臂凿岩钻机、锚杆台车、全自动混凝土喷车等先进设备，保证了施工的质量和进度。2005年底，整个机组检修闸门廊道和竖井施工成为制约电站投产发电的瓶颈。项目部施工中采取立体多层次、平面多工序的办法，在机组廊道内EL269.50米高程上搭设钢栈桥，作为机组检修闸门廊道混凝土及竖井支护施工车辆、材料、人员的通道。在钢栈桥上搭设混凝土施工脚手架，用于机组廊道下游侧支承墙及岩壁梁混凝土浇筑的平台。厂房混凝土浇筑于2006年1月25日开始，2006年12月完成发电机层以下混凝土的浇筑。尾水洞开挖于2003年12月开始，尾水洞混凝土施工于2005年5月开始。

彭水水电站建设具有工程总体布置紧凑、结构复杂多变、洞径大、成洞稳定困难、岩溶系统处理难度大、工程地质条件复杂、工期紧、施工强度高、施工干扰大等特点。主厂房纵轴线的选择，根据主厂房围岩和岩溶分布状况，提出了两个方案：一是与岩层走向成20°夹角，简称20°方案；二是平行于岩层走向，简称0°方案。比选结果，最终选择了0°方案。0°方案的优点是：主厂房位于Ⅱ类围岩中，岩溶不发育，断裂不发育，小断层被方解石充填，胶结好，岩体强度高。主厂房避开KW51号岩溶系统和W84热水岩溶系统，厂房温度易于控制，可避开夹层对厂房顶拱及上游高边墙围岩稳定的不利影响。主厂房轴线与坝区地应力的最大主应力方向平行，对厂房围岩稳定有利。

彭水水电站机组过水量大，水头相对较低，下游尾水洞长，下游水位变幅大，下游调压井尺寸必须很大。由最小水头确定的调压室断面积，不能满足电站在最小水头与极端最小水头之间运行时的小波动稳定性要求。根据极端最小水头确定的调压室断面积，需扩大约46%的调压室面积。增加调压室面积，不仅增加了工程量、工程造价及施工难度，而且危及洞室围岩稳定，使方案难以成立。为找出一条既有有压洞的优点，又有无压洞的长处，两者优越性兼备的隧洞，电站在国内首次采用变顶高尾水洞，以变化的尾水洞高度来适应下游水位的变化，满足电站调节保证和稳定运行的要求。当下游为低水位时，尾水洞有压满流段较短，无压明流段较长，尾水管进口处负压以及机组稳定性容易满足规范要求。当下游水位升高时，尽管有压满流段的长度逐渐增长，无压明流段的长度逐渐减短，直到尾水洞全部呈有压流，但有压段的流速是逐渐减小的，而机组的淹没深度也逐渐加大。正负两方面的作用，使得尾水管进口处负压能控制在规定的范围内，保证机组运行稳定，从而起到取代尾水调压室的作用。

在地下厂房开挖中，采用“薄层开挖，随层支护”的施工方法，显著减小围岩变形。在变顶高尾水洞混凝土施工中，又一次成功地采用先顶拱后边墙的程序。

第二十二节　云南溪洛渡水电站

一、工程概况

云南溪洛渡水电站位于四川省雷波县和云南省永善县交界的金沙江干流上，是金沙江干流开发的一期工程，也是国家“十五”计划纲要确定的国家重点建设项目和西部大开发的标志性工程。水电站的建设对保证三峡电站的正常运行和效益的充分发挥，加快金沙江流域开发，变西部地区资源优势为经济优势具有重要意义。电站以发电为主，兼有防洪、拦沙、航运、环保等综合经济效益。电站装有18台机组，总装机容量1260万千瓦，是继三峡电站后中国第二大水电站。

2005年12月主体工程开工，计划2012年6月首台机组投产发电，2015年工程竣工。

工程枢纽由拦河大坝、引水发电系统、泄洪建筑物等组成。挡水建筑物为混凝土双曲拱坝，最大坝高278米。引水发电系统在左、右岸设两个地下厂房。工程静态投资503亿元。

二、施工组织

2003年7月，水电十四局施工队伍进入溪洛渡水电站工地，开始工程前期准备工作。2004年5月，水电十四局金沙江分局正式成立，分局下辖隧洞、明挖、水厂、机电4个工程部，承担低线进场公路等17个项目的施工任务。

2005年12月7日，水电十四局中标金沙江溪洛渡水电站右岸地下电站、泄洪洞土建及金属结构安装工程第Ⅱ标段，合同额达24.85亿元。2006年1月13日，中国水利水电第十四工程局金沙江分局更名为中国水利水电第十四工程局溪洛渡分局。分局下辖9个部室、5个工程大队，分别为总调度室、工程技术部、合同部、财务部、总工办、安全监察部、质量管理部、机电物资部、综合办公室，以及开挖大队、支护大队、机运大队、机电大队、测量大队。2006年5月地下厂房开挖开始，截至2006年底，主厂房开挖至Ⅱ层，主变压器室中导洞扩挖开始，尾水调压室Ⅰ、Ⅱ层开挖结束，4～6号尾水洞Ⅰ层开挖开始。

三、工程技术

溪洛渡水电站右岸引水发电系统由电站进水口、压力管道、主厂房、主变压器室、尾水调压室、尾水洞以及地下厂区防渗排水系统等组成。地下电站及泄洪洞工程地下洞室共180条，总长度超过50公里，总开挖量超过500万米^3，混凝土量近190万米^3。工程项目繁多，结构多样复杂，跨度大，断面大，边墙高，施工难度大。场内交通大多采用隧洞布置，施工通道大多在公用长隧洞中派生，施工通道设计异常复杂，施工干扰问题突出。地下洞室通透性差，加上多工序交错作业，施工通风问题十分突出。地下洞室群处在玄武岩区，流层产状呈平缓型，顶拱稳定问题很突出。洞室群位于库区正常蓄水位以下200米处，防渗排水设计十分复杂，关系到工程施工及电站运行的安全。

溪洛渡分局在施工过程中成功开展了一系列科学试验、技术攻关和技术创新活动，在厂房岩锚梁开挖、洞室边墙预裂和竖井垂直交通布置等方面的研究均取得了丰硕成果。

岩锚梁岩台开挖在地下厂房开挖中技术含量最高。开挖前分局在岩台以外进行模拟岩台开挖试验，获得了岩锚梁开挖的基本爆破参数和质量控制标准，形成了模拟岩台开挖试验成果报告和岩锚梁开挖作业指导书。按照指导书指导爆破，开挖半孔率达到99.38%，不平整度为3.26厘米，平均超挖5.8厘米，工程质量优良率达100%。岩锚梁开挖作业指导书被三峡总公司定为强制性施工标准，用于左岸地下厂房岩锚梁开挖，在向家坝、锦屏、糯扎渡等工程施工中得到推广应用。

预裂爆破技术在大坝基坑、船闸闸室、溢洪道等水工建筑物的岩基开挖中得到广泛应用。由于受施工设备、施工工艺等问题的制约，深孔预裂爆破技术在地下洞室开挖中仅限于减震预裂，作为地下工程开挖中的一种减振手段使用。建筑物的基面要预留保护层，进行手风钻二次光面爆破。在施工中，分局对设备选型、施工工艺、施工方法、造孔精度、爆破参数、质量控制等方面进行系统研究，总结形成了一套较为完善的地下洞室直墙深孔预裂爆破技术，简称一次预裂到边施工技术。这一施工技术在右岸地下厂房主变压器室直立墙开挖中得到应用，并取得很好效果。Ⅱ、Ⅲ层开挖面平整，排炮之间连接平顺，半孔平行呈直线，岩壁无明显爆震裂隙，不平整度小于5.4厘米，半孔率为98%，平均超挖8.6厘米，单元工程优良率达100%，取消了预留保护层手风钻二次开挖程序。

右岸地下厂房共布置了11条竖井，最大开挖深达200米，最大开挖直径为12.5米。竖井施工时段集中、工期紧，安全问题十分突出。分局在竖井施工中认真总结经验，在借鉴其他电站竖井施工技术的基础上不断完善，不断创新，总结制订了一套较为完善的竖井施工垂直交通运输方案，成功解决了井口安全封闭、深井施工吊笼旋转、竖井支护、开挖工序等问题。运输方案被三峡总公司作为施工标准，在溪洛渡工程施工中全面推广。

第二十三节　四川锦屏水电站

一、工程概况

锦屏一级水电站位于四川省凉山彝族自治州盐源县和木里县境内的雅砻江干流上，是雅砻江干流下游卡拉至河口段水电规划梯级开发的龙头水库。电站距河口358公里，距西昌市75公里。锦屏一级水电站下游工程有锦屏二级水电站、官地水电站、桐子林水电站和已建成的二滩水电站。工程以发电为主，兼有防洪、航运等综合效益。水库总库容77.6亿米^3，调节库容49.1亿米^3。电站安装6台机组，总装机容量360万千瓦。

水电站由双曲拱坝（包括水垫塘及二道坝）、右岸泄洪洞、右岸引水发电系统及开关站等组成。

二滩水电开发有限责任公司锦屏建设管理局为电站业主单位。中国水利水电建设咨询公司成都勘测设计研究院为设计单位。长江水利委员会监理中心、中国水利水电建设咨询公司西北公司监理中心、二滩建设咨询公司监理中心等为主要监理单位。

主体工程于2005年11月正式开工，计划2012年9月第一台机组投产，2015年工程完工。工程静态投资185亿元。

二、施工组织

2004年6月6日，水电十四局中标锦屏水电站场内1、5、9号公路大坝上游段后，成立了中国水利水电第十四工程局锦屏项目部，项目部采用两级管理一级核算的管理模式。锦屏项目部由中国水利水电第十四工程局路桥总公司管辖，主要承担1、5、9号公路大坝上游段、前期三滩人工砂石骨科生产系统、5号营地平场等项目施工任务。

2004年11月25日，水电十四局中标右岸导流洞工程，在锦屏项目部的基础上，成立了中国水利水电第十四工程局锦屏分局。分局采取三级管理、二级核算的模式，由水电十四局直管。分局下属4个二级单位项目部。路桥总公司锦屏项目部承担1、5、9号公路大坝上游段，地下炸药库，5号营地平场等项目施工；曲靖分局锦屏项目部承担右岸导流洞及辅助工程等项目施工；昆华实业总公司锦屏项目部承担前期人工砂石料系统、前期混凝土生产系统等工程的建设和运行；分局直属项目部承担厂房辅助洞室的施工任务。

2006年12月26日，水电十四局中标锦屏一级水电站引水发电系统和泄洪洞工程。前期项目相继完工，分局对各项目部的前期工程进行了清理，安排了各项收尾工作。分局主要力量投入引水发电系统和泄洪洞工程的施工。中国水利水电第十四工程局安装总公司锦屏项目部进驻锦屏水电站工地，主要承担压力钢管制作安装和金属结构安装等项目施工。

左岸基础处理工程由水电七局和水电十四局组成的714联营体中标承建。水电十四局承担左岸基础处理洞室开挖和混凝土施工任务。承担施工任务的为水电十四局C_V项目部，C_V项目部为水电十四局大理分局直属。

三、工程技术

锦屏一级水电站引水发电系统地下洞室群位于高地应力区域。施工过程中，为防止开挖引起的顶拱、洞室交叉处、岩柱等处地应力引起的变形破坏和岩爆，分局在施工过程中采取了一系列技术措施：控制应力释放，改善围岩应力条件；加强临时支护，改善围岩应力性质；加强安全防护，确保施工人员及设备安全。

施工中导洞超前，可以将部分地应力提前加以释放，减少岩爆产生的概率。将全断面一次开挖改为分部开挖，减少一个循环的开挖量，使地应力逐步释放。在开挖断面中，局部曲率半经越小，应力集中越加剧。施工中对埋深最大、地应力最高地段，通过改变断面形状来抑制岩爆发生。采取短进尺、多循环的开挖方式，将深孔爆破改为浅孔爆破，降低一次爆破用药量，减小爆破对围岩应力的影响。减小对围岩的扰动，利用围岩自身的强度，抵抗岩爆的发生。布置超前应力解除孔或排孔，在围岩内部形成破碎带，使掌子面及洞壁岩石应力提前释放。在围岩应力集中区域，离洞壁一定区域进行岩石内部爆破，形成具有一定厚度的人工破碎带，让岩爆烈度缓和或终止发生。使用合理的开挖手段，降低施工冲击荷载对围岩的扰动。爆破作业或临近洞室爆破是诱发岩爆的因素。在施工中减小钻孔深度，降低炸药总量，严格控制单响药量，减小爆破对围岩的影响；尽量做到全断面一次开挖到位，减小超欠挖，严格控制炮眼利用率，使岩面尽可能圆滑、平顺，避免应力集中。

采取喷混凝土、挂网喷混凝土、随机锚杆和系统锚杆、喷钢纤维混凝土、格栅钢支架等办法，形成整体临时支护，改善围岩受力条件，预防岩爆发生，防止岩石弹射与塌落。在施工中，衬砌工序紧跟开挖推进。减小围岩暴露时间，在某些洞身采用了跳段衬砌的办法，减少岩爆的发生。爆破后，立即向工作面及工作面以前的一定距离内的隧洞围边喷雾或用高压水冲洗，以降低岩石脆性和岩爆烈度。

第二十四节 云南糯扎渡水电站

一、工程概况

糯扎渡水电站位于云南省思茅市和澜沧县交界处的澜沧江干流上，是澜沧江中下游8个梯级规划的第五级。电站距上游大朝山水电站215公里，距下游景洪水电站102公里，距思茅市98公里、澜沧县76公里。

糯扎渡水电站以发电为主，兼有防洪、灌溉、养殖和旅游等综合效益。枢纽工程由心墙堆石坝、左岸溢洪道、左岸泄洪隧洞、右岸泄洪隧洞、左岸地下引水发电系统及导流洞工程等组成。电站装有9台机组，总装机容量585万千瓦，多年平均发电量239.12亿千瓦·时。

主体工程于2006年1月开工，计划2013年7月首台机组投产发电，2016年6月工程竣工。

二、施工组织

2005年5月19日，水电十四局中标糯扎渡水电站左岸1、2号导流洞施工支洞土建工程，2005年12月15日中标左岸导流洞和泄洪洞土建和金属结构安装工程。左岸导流洞和左岸泄洪洞工程包括1、2、5号导流洞土建及部分金属结构安装、左岸泄洪隧洞土建及金属结构安装、左岸高程610米以上坝基开挖和支护、尾水隧洞出口高程740米以下土建及金属结构安装，2、3号尾水隧洞渐变段和左岸护岸等。

水电十四局在中标1、2号导流洞施工支洞土建工程后，成立了水电十四局糯扎渡项目经理部，组织糯扎渡工程前期临建工程施工。2006年1月，中标主体工程后，在项目经理部的基础上成立了中国水利水电第十四工程局糯扎渡分局。

糯扎渡分局由决策层、管理层和作业层组成，实行队为基础、两级管理、一级核算的管理模式。决策层由分局局长、质量副局长、生产副局长、安全副局长、总工程师、总经济师组成。管理层由安全监测中心、工程技术部、竣工资料办、质量管理部、安全环保部、调度室、机电物资部、综合办公室、经营部、财务部、测量中心、试验室等组成。作业层由地面工程部、地下工程部、设备运行部、混凝土拌和站、混凝土工程部、基础处理公司、机电队、金属结构安装队等组成。各工程部根据工程施工需要，设置作业队。

三、工程技术

糯扎渡水电站工程施工工期紧、施工强度高、相邻工作面干扰大、施工技术复杂、施工难点多，糯扎渡分局在施工中与有关高校合作，开展一系列施工技术研究，在施工中采用多项新技术，并取得了显著成果。

（一）地下工程变形数字化摄影测量技术

分局与上海交通大学合作，采用数码相机进行非接触变形监测。这项技术用于地下洞室开挖及支护期的监测，已通过有关部门鉴定，填补了国内非接触变形监测技术的空白。

（二）大型地下水利水电工程可视化仿真技术

分局与天津大学合作，以控制理论为指导，以网络计划技术为核心，综合利用计算机技术、数字建模技术、系统仿真技术、三维动态技术，成功开发出大型地下洞室群施工动态实时控制系统软件。这一系统的主要功能是有机融合三维仿真的预测手段和工程施工的实际信息，实现对整个地下洞室群施工过程的进度控制，使施工管理沿着科学合理的程序达到既定目标。该系统可进行三维动态可视化仿真分析，用运动着的画面将施工全过程描绘出来，从工期安排、进度计划、关键线路、资源配置、施工强度、通风散烟、行车运输、地质分析等方面，揭示了施工进程中复杂的时空逻辑关系和主要症结所在，以其对任意时刻施工面貌再实现的仿真演示、比较分析、实时预测和动态调控等多种方法，为方案优化、施工组织、运行管理和科学决策提供了有力的分析工具和技术支持。

（三）岩石锚条

岩石锚条是一种宽100毫米的多孔热浸镀锌钢条，与锚杆（特别是带垫板锚杆）焊接后形成网络状，其支护作用机理类似于桁架式锚杆，能充分发挥系统喷锚支护的联合承载功能。分局在隧洞开挖中主要使用于大断面隧洞断层破碎带、结构面交汇切割形成的较大不稳定块体的加固。

（四）钢筋肋拱

钢筋肋拱类似于隧洞强支护中的钢筋格栅钢架支护，由两层钢筋网片和两次喷混凝土组成，分局主要用于大跨度隧洞顶拱、断层、节理裂隙发育部位镶嵌或散体围岩的强支护。

（五）平移式滑模

平移式滑模的工作原理是，以可移动的平台为骨架，将轨道系统牢固安设于平台边墙，沿轨道设置简易提升系统，保证滑模在局部垂直提升覆盖，在整体上水平移动覆盖。在本段混凝土施工结束后，可由人工拆装轨道，将台车连同滑升系统平移至下一块混凝土仓面。分局将平移式滑模技术用于尾水闸门室上部的混凝土施工。

第二十五节　云南黄鹰洞水电站

一、工程概况

黄鹰洞水电站位于云南省宣威市隆场乡和东山乡交界的革香河上，坝址位于黄鹰洞村下游0.8公里处，距宣威市29公里，厂房距宣威市40公里。黄鹰洞水电站为径流引水式电站，是革香河梯级水电站中的二级电站。电站采用闸坝挡水，发电引水系统由引水隧洞、引水暗渠、明钢管等组成。地面厂房装有3台卧式水轮发电机组，总装机容量1.89万千瓦。

黄鹰洞水电站建设单位为宣威市革香河水电开发有限公司，监理单位为云南博精工程建设监理有限公司，设计、施工单位为中国水利水电第十四工程局科研勘测设计院。电站建设实施设计施工总承包。

黄鹰洞水电站于2003年4月7日开工，2003年10月1日截流，2004年8月20日第一台机组发电，2004年10月29日工程竣工。电站建筑安装工程合同总价为3559万元，单位造价为1883元/千瓦（不含机电设备费）。

二、勘测设计、施工组织和技术

2003年4月，中国水利水电第十四工程局科研设计院中标承担设计施工总承包任务后，由科研设计院勘测设计分院承担工程勘测设计任务，编制《可行性研究报告》。该报告批准后，开始工程技施设计的同时，工程施工人员开始进点，工程施工逐步展开。

水电十四局科研设计院在工程总承包施工现场设有勘测设计分院和施工项目部。勘测设计分院下设设计部和勘测队。设计部下设水工室、规划室、机电室、综合室，勘测队下设地质室和测量室。施工项目部由项目经理、项目副经理和总工程师组成，下设技术部、质量部、经营部、财务部和综合部。专业作业队包括大坝施工队、隧道队、厂房施工队、机电施工队、金属结构队、公路工程队、生活区建筑队等。

科研设计院对总承包工程进行勘测、设计、施工统一协调安排，优化人力、物力、财力配置。设计人员熟悉工程施工规范和规程，工程施工人员熟悉设计的规范和规程，工程建设中设计不断优化，施工中充分体现设计意图，工程建设成本不断降低。

黄鹰洞水电站工程区水文地质条件复杂。引水隧洞经过地段遇有溶隙、溶洞。支洞下游断层走向与洞轴线正交，不影响围岩稳定，按原设计洞轴线施工，只对中段衬砌进行结构加大。支洞上游断层走向与洞轴线平行，影响洞室围岩稳定，在施工中对洞轴线进行修改。修改后无压引水隧洞总长3465.9米，原设计无压引水隧洞长3450米。电站于2004年8月投产发电后，水工建筑物、金属结构和电气设备运行正常，证明引水隧洞施工中对岩溶、洞穴地质所进行的技术处理是合理的，为今后岩溶地区隧洞施工积累了宝贵的经验。

第二十六节　云南岔河梯级水电站

一、工程概况

岔河梯级水电站位于云南省金平县马鞍底乡岔河干流上，岔河干流分五级开发。梯级水电站均采用引水式开发方式，一、二级电站从岔河引水发电；三～五级水电站位于中国和越南边界，厂址位于中越界河龙博河边，不能从界河取水。三～五级电站均直接引用上一级水电站尾水发电。五个梯级水电站装机分别为 2×2500 千瓦、3×7000 千瓦、2×4500 千瓦、3×5500 千瓦、2×7000 千瓦。岔河梯级水电站总装机容量 6.55 万千瓦。

2003 年 7 月，中国水利水电第十四工程局科研设计院受云南红河电力实业有限公司委托，对岔河二级水电站进行勘测设计。2003 年 9 月完成电站可行性研究报告。2003 年 10 月，二级水电站开始工程施工。在二级水电站施工期间，受云南红河电力实业有限公司委托，科研设计院对岔河、龙博河流域进行水电开发规划，5 个梯级水电站的勘测设计于 2003 年 7 月开始，2005 年 7 月结束。

二级水电站 2003 年 10 月开始施工，2005 年 1 月投产发电。一级水电站于 2004 年 3 月开始施工，2005 年 3 月投产发电。三级水电站于 2004 年 5 月开始施工，2005 年 6 月投产发电。四级水电站于 2004 年 7 月开始施工，2005 年 10 月投产发电。五级水电站于 2004 年 8 月开始施工，2006 年 1 月投产发电。

中国水利水电第十四工程局科研设计院承担岔河梯级水电站的全部勘测设计任务，承担二级水电站、三级水电站的全部土建施工任务，承担四级水电站的大部分土建施工任务。

二、勘测设计、施工组织和技术

水电十四局科研设计院在承担岔河梯级水电站的勘测设计和土建施工任务后，在施工现场成立了岔河水电站勘测设计分院和岔河水电站工程项目部。勘测设计分院负责 5 个梯级电站的勘测设计。工程项目部负责 3 个电站的土建施工。科研设计院以院为支点，以工程项目为平台，以合理的分配为激励机制对项目实施有效管理，做到"事事有人管，人人有事做"，实现最优化、最有效的资源配置。

为了强化质量、安全控制，勘测设计分院在工地成立了勘测设计质量、安全监督领导小组。领导小组由勘测设计分院院长、勘测队队长、项目设计负责人、地质室主任、测量室主任、水工室主任、机电室主任、规划室主任等组成。质量、安全监督领导小组组织全体勘测设计人员认真学习国家、行业及地方现行法律、法规、技术规范和标准，以及工程合同条款等，认真贯彻实施水电十四局制定的《设计控制程序》、《勘测过程控制程序》和《地质判断过程控制程序》，认真研究解决工程勘测、设计过程中遇到的技术难题，不断优化设计，节约投资，缩短工期。

为了强化施工质量、加强安全控制，成立了施工质量、安全监督领导小组。领导小组由项目经理、副经理、金属结构和机电安装队长、质安部长、质检安全员、试验室主任等组成。监督领导小组组织全体员工学习贯彻安全施工的规章制度、安全操作规程、安全生产责任制等，牢固树立"安全第一"的思想。利用生产会、专栏、播放安全宣传教育片等形式，对广大员工开展安全生产教育。定期和不定期地开展安全生产检查，发现隐患，及时整改。结合工程实际，制定相应的工程质量管理办法。严格每个工序、每个过程质量，以工序、过程质量保证工程的最终质量。

岔河梯级水电站从第一个电站的勘测设计，到最后一个电站的投产发电，共用时两年半。5 个梯级水电站的引水隧洞总长 26 公里，日均进尺 29 米。水电十四局在岔河梯级水电站勘测、设计、施工中，勘测、设计、施工总承包模式得到完善，也验证了总承包模式的科学性和合理性。

第三篇　路桥、市政及其他工程

第三篇　路桥、市政及其他工程

第一章　概　　况

20世纪90年代，水电十四局开始调整产业结构，进行产业多元化，积极进入公路、桥梁、市政工程、火电、核电、风电等建筑领域。1997年4月，组建成立了中国水利水电第十四工程局路桥工程总公司，主营非水电建筑工程施工。水电十四局直属的大理分局、曲靖分局、各项目部也充分利用各自的区位优势和水电十四局在水电市场上的信誉，积极拓展非水电建筑市场。

2004年，水电十四局在《水电十四局发展战略与规划》中，提出产业结构调整总目标和发展非水电建筑市场的战略。几年来，水电十四局就拓展非水电建筑领域作出重大战略调整，制定了相应措施：加强领导，强化对非水电建筑领域工作的领导；深化内部管理体制改革，集中优质资源做强做优非水电工程；大力开拓非水电建筑市场，提高市场占有率；寻找合作伙伴，提高经营水平；不断进取，提升非水电建筑工程承包资质；强化项目管理，打造精品工程；挖掘人才资源，提供人才保证。

水电十四局自20世纪90年代以来，先后参加承建了云南曲陆高等级公路、云南昆玉高速公路、云南大理至永平高速公路、云南会曲公路改建工程、云南嵩明至待补高速公路、云南鸡石一级公路、云南砚平高速公路、云南姚安南永公路、云南江川公路、云南楚大公路、云南保腾公路、广州永和公路、云南滇东发电厂、江苏田湾核电站、云南开远发电厂、昆明市第一净水厂、昆明NO.4B&5污水处理厂、云南姚安百花冲水厂、昆明宝象河水系统整治工程、广州军区地下油气库、广东台山火电厂、云南白花冲自来水厂、广东深圳龙大一级公路、广州地铁、广州白云机场高架桥等工程。

第二章　路　桥　工　程

第一节　1954～2006年已建、在建路桥工程

水电十四局1954～2006年已建、在建路桥工程共有17项，详见表3-2-1和表3-2-2。

表3-2-1　　水电十四局1954～2006年已建、在建路桥工程一览表（一）

序号	工程名称	建设地点	合同总价（万元）	合同结算价（万元）	开工日期	竣工日期
1	广东广从公路工程	广东省从化县	551	551	1993-01	1993-11
2	长江三峡电站对外公路洞	湖北省宜昌市	8222	8249	1994-01	1997-08

续表

序号	工程名称	建设地点	合同总价（万元）	合同结算价（万元）	开工日期	竣工日期
3	广东永和公路工程	广东省广州市	5725	5942	1995-06	1997-12
4	云南保腾公路工程	云南省保山市	100	119	1995-11	1996-07
5	云南楚大公路工程	云南省大理市	724	2337	1995-11	1998-06
6	云南曲陆公路工程	云南省陆良县	777	1157	1996-11	1999-03
7	云南昆玉公路工程	云南省玉溪市	605	663-43	1997-11	1998-06
8	云南大理至永平公路工程	云南省永平县	5000	10 823	1998-11	2002-07
9	云南会曲线（毛梅）公路工程	云南省会泽县	333	321	1999-02	2000-03
10	云南江川公路工程	云南省江川县	1200	826	1999-04	2001-08
11	云南嵩待高速公路工程	云南省寻甸县	11 107	7785	2000-04	2003-12
12	广州白云机场高架桥	广东省广州市	2478	4338	2000-04	2001-12
13	云南元江至磨黑高速公路	云南省墨江县	14 418	18 423	2000-05	2003-12
14	云南鸡石公路工程	云南省建水县	900	617	2001-02	2003-06
15	云南砚平公路工程	云南省砚山县	2880	5340	2001-04	2003-09
16	广东深圳龙大一级公路工程	广东省深圳市	3957	1711	2001-06	2002-11
17	四川省道 S211 复建公路工程	四川省康定县	10 158	835	2006-03	在建

表 3-2-2　水电十四局 1954～2006 年已建、在建路桥工程一览表（二）

序号	工程名称	完成主要实物工程量				工程规模（特性）
		土方（万米^3）	石方（万米^3）	混凝土（万米^3）	金属结构（吨）	
1	广东广从公路工程	0.97	22.69			
2	长江三峡电站对外公路洞	0.17	38.10	7.98	171	一级公路，右线长 2.1 公里，左线长 2.0 公里，路基宽 10.5 米
3	广东永和公路工程	24.76	41.09	8.60	40	一级公路，全长 4.677 公里，其中隧洞长 932 米，进出口连线长 3745.4 米，路基宽 34 米
4	云南保腾公路工程	15.36				
5	云南楚大公路工程	6.79	4.96			汽车专用一级公路，里程（标段）2.48 公里

续表

序号	工程名称	完成主要实物工程量				工程规模（特性）
		土方（万米^3）	石方（万米^3）	混凝土（万米^3）	金属结构（吨）	
6	云南曲陆公路工程	9.33		1.04		汽车专用一级公路，里程（标段）4.85公里
7	云南昆玉公路工程	1.51		0.04		高速公路，里程（标段）2公里
8	云南大理至永平公路工程	95.00	62.00	0.70		高速公路（标准二级），里程（标段）2.7公里
9	云南会曲线（毛梅）公路工程	10.26	6.80			山岭重丘区二级公路
10	云南江川公路工程	8.40	4.80			一级公路，里程（标段）1.3公里
11	云南嵩待高速公路工程	101.18	50.01	5.07		二级公路，里程（标段）7.270 8公里
12	广州白云机场高架桥	0.12		1.75		高架桥，长502.5米，宽26.76米（最大跨度60米），深15.55米
13	云南元江至磨黑高速公路	12.80	121.87	13.39	2146	高速公路，里程（标段）5.3公里
14	云南鸡石公路工程					山地丘陵一级公路，里程（标段）1.8公里
15	云南砚平公路工程	29.71	2.57	0.52		高速公路，里程（标段）5.93公里
16	广东深圳龙大一级公路工程	52.00	5.00			合同未完，撤出
17	四川省道S211复建公路工程	0.06	5.78	0.21		三级公路，里程（标段）15.436公里

第二节　工　程　选　介

一、昆玉高速公路

（一）工程概况

昆明至玉溪高速公路是昆明至泰国曼谷国际大通道的起始路段，也是213国道的重要路段。昆玉公路起于昆明市官渡区鸣泉村，止于玉溪市高仓镇，全长86.531公里。路基宽 26.5 米，沥青混凝土路面，设计时速为 100 公里/小时，是云南首条双向 6 车道高速公路。

昆玉公路是云南省第一条由企业控股参建的高速公路，由红塔集团、云南省交通厅、昆明市、玉溪市四方出资修建，红塔集团为控股方，工程总投资为 20 亿元。工程于 1997 年 8 月 16 日开工，1998 年 7 月路基工程结束，1999 年 4 月 17 日建成通车。

昆玉高速公路的建设单位为云南省昆玉高速公路建设指挥部，设计单位为云南省公路规划勘察设计院，监理单位为云南省公路工程监理咨询公司。

（二）施工组织和技术

昆玉高速公路第五合同段全长 5 公里，中国有色金属工业第十四冶金建设公司中标。根据业主意见，将第五合同段中的 2 公里分包给水电十四局。水电十四局承担的工程有路基土石方工程、桥梁工程、排水与涵洞工程、防护工程、路面工程等，合同额 663.43 万元。水电十四局接到工程分包通知后，安排路桥工程总公司承担施工任务。队伍进点后，立即成立了以项目经理、副经理、总工程师组成的项目领导班子，以及由技术部、质量部、安全部、经营部、财务部组成的项目管理层。根据施工需要，组建若干施工专业队伍。

施工过程中，遇到新老路基搭接问题。昆玉高速公路是老国道 213 线的改扩建工程，填方均在 6 米以上。为了解决新老地基不均匀沉陷问题，采取在老路基上挖台阶、铺设双向土工格栅的办法，达到了分散拉应力的目的。在处理农田地基时，采取碎石垫层和塑料排水板的办法，排挤出土壤中的水分。

工程完工后，受到业主和设计方的赞誉。1998 年 7 月业主在竣工会上的评价是："工程质量、进度及形象面貌均达到设计单位及业主的要求"。1999 年 4 月，经云南省交通厅验收，综合评分为 95.85 分。2001 年，该工程获云南省优质工程一等奖；2002 年，获中国建筑工程鲁班奖。

二、砚平高速公路

（一）工程概况

砚平高速公路是国家高速公路网规划中昆明至广西高速公路中的一段。公路东起砚山县听湖以东的城脚村，西至平远街，是云南省建设"三纵三横、九大通道"框架网中连接广西、出海通边大通道的一段，广昆高速公路云南省境内的一段，也是文山壮族苗族自治州境内第一段高速公路，以及滇中和滇东的运输大动脉。

砚平高速公路全长 67.133 公里，双向 4 车道，路基宽 24.5 米，设计车速为 80 公里/小时，审计投资为 14.25 亿元。公路工程于 2001 年 4 月 29 日开工，2003 年 1 月 18 日建成通车；建设单位为云南省砚平高速公路建设指挥部，设计单位为云南省公路规划勘察设计院，监理单位为北京中通公路桥梁工程咨询发展有限公司。

（二）施工组织和技术

水电十四局中标的工程为砚平高速公路第 8 合同段，工程全长 5.93 公里，由水电十四局路桥工程总公司承担施工。

路桥工程总公司接到施工任务后，成立了由项目经理、副经理、总工程师组成的项目领导班子，以及由技术部、质量安全部、经营部、财务部、生产部、实验室、测量组构成的项目管理层。根据工程施工需要，还组建了若干施工作业队。

水电十四局承担的土建施工工程包括5.93公里的路基挖填、挡墙砌石、路面铺碾、3座桥梁、36条涵洞等。部分路段路基为农田软土、白色黏土、亚黏土、膨胀土。施工中采取布设土格栅、换土、铺筑碎石垫层和片石垫层、抛石挤淤、碎石桩等措施，采用“两保”、“四区”、“二次加压”的分区流水作业法，从选料、碾压到平整等进行严格的程序控制，确保填方路基的压实度、平整度。

对于边坡大量的溶洞和泉眼，采取疏导引流的办法引水。边坡上的干溶洞用浆砌石加以堵塞。埋藏较浅的溶洞，消除震土，挖出填充物，回填碎石予以处理。在上下挡墙的面石加工上，采用机械切割成五面体，确保工程质量。

工程验收会上，受到业主和设计方的好评。云南省交通厅交工验收综合评分为95.85分，工程荣获云南省2005年度优质工程一等奖、国家2006年度优质工程二等奖。

第三章　市　政　工　程

第一节　1954～2006年已建、在建市政工程

水电十四局1954～2006年已建、在建市政工程共13项，详见表3-3-1和表3-3-2。

表3-3-1　　水电十四局1954～2006年已建、在建市政工程一览表（一）

序号	工程名称	建设地点	合同总价（万元）	合同结算价（万元）	开工日期	竣工日期
1	云南下关洱海节制闸	大理市	189	287	1989-04	1990-02
2	云南昆明第三污水处理厂工程	昆明市	2351	2351	1996-11	1998-11
3	云南昆明第一净水厂扩建工程	昆明市	1576	2726	1998-05	1999-04
4	云南曲靖供水工程	曲靖市	452	396	1999-02	1999-08
5	云南昆明NO.4B&5污水厂	昆明市	6645	6644	1999-05	2001-08
6	云南大理污水处理厂工程	下关市	152	250	1999-12	2000-03
7	云南昆明官南路排水工程	昆明市	2530	2832	2000-01	2001-12
8	云南下关南干管工程	下关市	119	178	2000-03	2000-05
9	广东广州地铁工程	广州市	19 531	20 656	2000-06	2006-10
10	云南白花冲自来水厂	姚安县	737	808	2001-09	2002-05
11	云南昆明张峰土堆泵站	昆明市	1655	1688	2002-11	2003-06
12	云南姚安县市政工程	姚安县	286	305	2003-02	2003-06
13	云南昆明宝象河引水系统工程	昆明市	1069	1087	2005-12	2006-05

表3-3-2 水电十四局1954～2006年已建、在建市政工程主要工程量（二）

序号	工程名称	完成主要实物工程量				工程规模（特性）
		土方（万米³）	石方（万米³）	混凝土（万米³）	金属结构（吨）	
1	云南下关洱海节制闸	1.04	1.47	0.34	107	
2	云南昆明第三污水处理厂工程					
3	云南昆明第一净水厂扩建工程	1.99		1.59	503	
4	云南曲靖供水工程	3.41	0.42			
5	云南昆明NO.4B&5污水厂	20.00		6.60		
6	云南大理污水处理厂工程	3.39	0.18	0.14		
7	云南昆明官南路排水工程					
8	云南下关南干管工程	2.79		0.92		
9	广东广州地铁工程	7.16	33.35	7.29	5900	铁路土建，2号线（中—晓区间）左线长986.53米，右线长995.25米，2号线（广州火车站）长152.6米，标准面宽24米，最宽为36米，深15.55米，3号线（林和西站）标段里程为1.077 2公里
10	云南白花冲自来水厂	2.00	1.50	0.03		
11	云南昆明张峰土堆泵站	1.30		0.52		
12	云南姚安县市政工程			0.30		
13	云南昆明宝象河引水系统工程	1.10		0.79		

第二节　工　程　选　介

一、广州地铁2号线火车站段

（一）工程概况

广州地铁2号线火车站段工程位于广州火车站的中西广场地面下，是一项2层7跨钢筋混凝土工程，长152.6米，宽59.07米，深15.55米。1层为站厅层，布置有1、2、3、4、5、6A、6B共7个出入口和公交车换乘通道，火车出入站通道和地面出入口通道构成立体交通网。2层为站台层。车站设有1、2、3号3个风亭，分别按南、北、西3个方向布置。工程于2000年4月14日开工，2002年1月15日完工，工程总投资8539万元。

（二）施工组织和技术

广州地铁2号线火车站段工程由水电十四局广州地铁火车站项目部负责施工。

基坑明挖分期分区进行。明挖围护采用土钉墙支护、拉锚式挡桩、土钉墙加型钢对撑联合支护等措施。为了不影响地面行人，开挖采用双侧壁导坑法及上下台阶法等暗挖施工。基坑底部开挖分两期自底部向顶部顺作法施工。主体工程混凝土施工缝和结构之间的连接处采用橡胶止水带形式进行连接。建筑物防水采用结构混凝土自防水和建筑外防水层联合防水措施。主体结构底板为双组分911聚氨酯防水涂料。主体结构侧墙、顶板、附属结构1号出入口、3个风亭为三元乙丙橡胶防水卷材。其他为聚氯乙烯PVC防水板。

广州地铁2号线火车站段在施工中被广州市建委评为“2002年度广州市安全文明施工样板工地”，被广州市地铁总公司评为“2000年度先进项目部”，“2001年度先进项目部”。工程竣工后，工程质量被评为优良。

二、广州地铁3号线林和西站段

（一）工程概况

林和西站段位于广州市天河区林和西路与天河北路交汇处，地铁3号线沿林和西路呈南北走向，横穿天河北路，该段是地铁3号线和9号线的换乘站。林和西站附近为广州高级商贸区，西北侧为广东省国际贸易中心、市长大厦、耀中大厦，东北侧为中信广场、东站广场和83层的中信大厦，南侧为天河体育中心和街心花园。

林和西站总长191.5米，宽18.5～61.95米，高9.37～12.74米，系2层3跨钢筋混凝土结构。车站布置1、2、3、4号出入口，通过斜坡楼梯、自动扶梯、地下通道和站厅连接。

车站于2003年5月21日开工，2005年11月30日土建工程完工，工程总投资6339万元。土建施工完成土石方明挖9.87万米^3，暗挖1.11万米^3，钢筋制作安装6682吨，喷混凝土2912米^3，浇混凝土3.40万米^3，钢绞线安装6999米，锚索安装180米。

（二）施工组织和技术

水电十四局广州地铁林和西站项目部承担施工任务。基坑开挖分明挖和暗挖两个部分，明挖采用反向挖掘机台阶式接力挖掘，北端基坑由南向北推进，南端基坑由东南向西北推进。渣土堆放在基坑顶，挖掘机配自卸汽车运至弃渣场。暗挖采用中柱加台阶加CRD法挖桩，分中导洞、两外侧导洞、两内侧导洞依次挖掘。初期支护措施包括大管棚、超前小导管、格栅钢架、钢筋网、喷混凝土、Ω形钢拱架等，始终坚持“管超前、严注浆、短开挖、强支护、快封闭、勤量测”的施工原则和“先下管，后注浆，再开挖；注浆一段，开挖一段，支护一段，封闭一段”的施工程序。全过程监测地面沉降、洞顶变形、水平收敛等数据。

车站主体结构和行人通道施工中为一级防水工程，不允许漏水，结构表面无湿渍。采用结构混凝土自防水和建筑物结构外包防水层联合防水。外包防水层材料包括非焦油双组分聚氨酯防水涂料、1.5毫米厚的EVA防水板、自黏改性沥青防水卷材等。

车站施工期间，被广州市地铁总公司评为“2004年一季度良好标段”及“2004年二季度良好标段”。工程竣工后经验收考核，土建工程施工质量为优良。主体工程暗挖段大断面软土层浅埋隧道施工技术荣获集团公司2005年度科学技术进步一等奖。

三、昆明NO.4B&5污水处理厂

（一）工程概况

昆明市NO.4B污水处理厂即昆明市第五污水处理厂，位于昆明市北郊龙泉镇金星办事处金刀营以北的盘龙江东岸，占地121.2亩。工程分两期建设，近期规模为日处理污水7.5万米^3。该厂主要处理昆明市北二环以北、茨坝以南27公里^{2}的工业和生活污水，经处理后的污水排入盘龙江，最终汇入滇池。工程于1999年5月17日开工，2001年9月22日竣工。

昆明市NO.5污水处理厂即昆明市第六污水处理厂，位于昆明市东郊官渡镇宝象河分洪河西岸，占地100亩。其中，一期工程占地90亩，其余为远期工程预留地。一期工程日处理污水5万米^3，主要处理昆明市东郊、小板桥镇、经济开发区、官渡镇、羊方凹、牛街庄等片区66公里^{2}的工业和生活污水。经处理后的污水排入宝象河分洪河，最终汇入滇池。工程于1999年5月17日开工，2001年8月1日竣工。

两厂总称为昆明市NO.4B&5污水厂，建设单位为昆明市给排水有限责任公司，设计单位为上海市政工程研究设计院，监理单位为昆明市给排水监理公司，环评单位为云南省科技服务中心，监测单位为云南省环境监测中心站。项目竣工金额为6644万元，是昆明市政府利用世界银行贷款用于环境保护的子项目。

（二）施工组织和技术

为安全、优质、高效地建成NO.4B&5污水处理厂工程，水电十四局接到中标通知后，立即成立了水电十四局NO.4B&5污水工程项目部。由项目主管局长、项目总经理、副总经理、总工程师、总经济师组成项目决策层。项目实行“队为基础，两级管理，一级核算”的管理模式。项目经理部下设6个职能部室，分别为技术部、财务部、合同部、质量安全保证部、综合办公室、机电物质部。根据施工需要，设置4支作业队。施工一队负责地下基础工程施工，二队负责主体结构混凝土施工，三队负责土木建筑、管线、装修及其他附属工程施工，四队负责风、水、电、通信、混凝土拌制、模板制作安装、零配件加工等。

工程施工分3个阶段进行，分别为地下基础工程、主体结构工程和装修附属工程。

工程施工中合理安排施工进度和施工程序，紧紧抓住工程的关键线路和重点工程，做到统筹兼顾、主次分明。合理配置人、财、物资源，使其发挥最佳效果。合理安排土建，安装和附属工程，减少互相干扰。为了减少基础施工时的震动对附近建筑物的影响，人员进点后立即开始桩基施工。

基坑开挖中采用排水沟、截水沟等办法排除地表水。浅基坑排水采用坑底设排水沟和集水井的办法。深基坑采取深层搅拌桩截渗墙技术进行地基防渗，降低地下水位。在深基坑开挖时，采用集水坑排水。进水泵房下部的沉井采用井点降水、排水下沉、干封底的措施进行排水施工。

污水厂工程单体项目繁多，构筑物体型多变，地下、半地下结构多，对各建筑物的坐标和高程精度要求很高，施工中在全厂统一布设坐标和高程测量控制网。控制网经往返测量、计算平差后，建立施工标准控制网。利用控制网上的各标准点，控制各建筑物的坐标及高程。

第四章　其　他　工　程

第一节　1954～2006年已建、在建其他工程

水电十四局1954～2006年已建、在建其他工程有8项，详见表3-4-1。

表3-4-1　　水电十四局1954～2006年已建、在建其他工程一览表

序号	工程名称	合同总价（万元）	合同结算价（万元）	开工日期	竣工日期	完成主要实物工程量			
						土方（万米³）	石方（万米³）	混凝土（万米³）	金属结构（吨）
1	开远小龙潭煤矿工程	9288	10 583	1988-01	1998-12	988.62			
2	广东台山土方工程	3000	3910	1993-06	1995-06	84.97	125.10		
3	昆明高尔夫球场工程	1100	639	1999-10	2000-06	63.79	8.29		
4	江苏田湾核电站	8746	9127	2000-08	2003-12	25.11	34.44	8.84	
5	广东台山火电厂工程	1196	2146	2002-01	2003-02	23.23	55.92		
6	广州军区地下油气库	257	261	2002-06	2003-05	0.20	0.86	0.18	2
7	滇东发电厂工程	4312	4695	2003-09	2004-12	8.44	27.63		
8	开远火电厂工程	5583	5801	2004-04	2006-12	3.22		2.0	3734

第二节　工　程　选　介

一、江苏田湾核电站

（一）工程概况

江苏田湾核电站位于江苏连云港市连云区田湾，是当时中国单机容量最大的核电站。

电站规划建设8台百万千瓦级核电机组，分4期完成。田湾核电站全部建成后，总装机容量可达800万～1000万千瓦，年发电量600亿～700亿千瓦·时。田湾核电站是中俄两国技术经济合作项目，是中俄在加深政治互信、发展经济贸易、加深两国战略协作伙伴关系推动下，在核能源领域开展的高科技合作，是两国间迄今最大的技术经济合作项目，也是中国“九五”开工建设的重点工程之一。

水电十四局承担田湾核电站厂外引水隧洞一期、厂外引水隧洞二期、海水取水口管理站等工程施工任务。水电十四局承建的工程，设计单位为东北电力设计院和天津海岸带集团公司，监理单位为核工业四达建设监理公司。

（二）施工组织和技术

由水电十四局曲靖分局组成的首批施工人员于2000年6月进点。2000年7月12日成立水电十四局田湾核电站工程项目部。2000年8月1日主体工程开工，2003年1月15日隧洞、进口混凝土、灌浆工程结束，2003年3月14日安装和调试工作结束，2003年12月工程完工。

为保证核反应堆安全用水，每台机组设置一条引水隧洞。一期工程共设两条引水隧洞，1号机隧洞长2818.5米，2号机隧洞长2875.3米，两隧洞相距23～30米。隧洞用钢筋混凝土衬砌，衬砌厚度为40厘米，衬砌后内径为6米。核电工程对混凝土浇筑质量要求很高。在混凝土施工中采用改装后的针梁钢模，取得了加快施工进度，保证了混凝土施工质量的效果。使用改装后的针梁钢模，保证隧洞衬砌一次成型，立模、脱模一次完成，没有纵向施工缝，整体性好，混凝土表面十分平整、光滑。

田湾核电站两条引水隧洞进口段地处海滩，4米深的淤泥，淤泥下面是粗砂层、碎石层、黏土层直至岩基，岩基以上28米厚。施工中首先碰到的是围堰方案问题。项目部和昆明水电勘测设计院一起进行论证。对土石围堰、钢板桩围堰等6种方案进行多方论证。经分析对比，最后确定为土石围堰方案，采用爆破挤游方法进行填筑施工。围堰施工的实践证明，土石围堰具有地基适应性强、布置紧凑、充分利用当地材料、技术经济各项指标优、施工技术成熟等优势，又能满足厂外引水隧洞及进口各类建筑物的安全要求。

二、云南开远火电厂

（一）工程概况

开远火电厂位于云南省红河州开远市浑水塘村，是“西电东送”云南省电力发展“十五”规划重点项目之一。开远火电厂采用的循环流化床洁净煤发电技术，是目前国际公认的商业化程度最好的洁净煤发电技术。锅炉由哈尔滨锅炉厂有限公司制造，制造技术引进法国ALSTOM公司制造理论；单炉膛，平衡通风，一次中间再热，自然循环，汽包锅炉，悬吊结构，全钢构架，露天布置；设计煤种为小龙潭低热值高灰分褐煤。

工程占地22.26公顷，于2004年6月开工，2006年8月28日第二台机组投产发电，工程竣工结算24.6亿元。云南省火电建设公司、山西省电力公司电力建设二公司、水电十四局等为承建单位。

（二）施工组织和技术

由山西电力公司和水电十四局组成的联营体中标承建开远电厂二标工程，联营体以山西电力公司为责任方。水电十四局承担 2 号机组主厂房的土建施工。工程包括汽机间、除氧煤仓间、锅炉间、除尘器入口烟道支架、除尘器支架结构、引风机检修支架、烟道结构、A 列外结构物、厂区综合管道支架及相应部分的照明、给排水、装饰装修等。2004 年 4 月，水电十四局从曲靖分局抽调人员组建成立了水电十四局开远电厂项目部。

项目部在工程质量和安全文明施工方面进行了有益尝试，实现了质量、安全事故“双零”目标。项目部采取走出去参观学习、坐下来培训、请专家讲座等形式，让技术干部熟悉施工技术、规范、规程、工艺标准等；采用新技术、新工艺，提高工程外观质量；采用大板面镜面混凝土工艺，达到一次性浇筑成型免装修的效果。

通过加强过程控制，确保质量管理制度落实到位。在安全文明施工方面，树立以人为本的理念，实行高起点标准化管理，加大安全投入，建立健全安全生产责任制。

开远电厂安装首台国产 30 万千瓦循环流化床锅炉。锅炉具有低温燃烧、炉内添加石灰石脱硫工艺、双室万电场静电除尘等技术。主厂房布置采用汽机房、除氧煤仓房、锅炉岛、除尘器、烟囱依次排列。汽轮机纵向顺列布置，机头朝向固定端。根据循环流化床锅炉的结构特点，创造性地推出主厂房单框架布置方案。

项目部在工程施工中，遇到耐火、耐磨材料的施工。施工人员边学边干，认真学习有关规范，请教电力建设公司同行，克服了新技术、新工艺带来的困难，顺利完成 8400 吨耐火、耐磨材料的施工任务。

项目部在施工中完成混凝土浇筑 1.996 万米^3，钢筋制作安装 2326 吨，预埋件 130 吨，金属结构制作安装 1278 吨，砖砌围护 1077 米^3，土方开挖 1.278 万米^3，装修 3.5 万米^3，土石回填 1.939 米^3。工程合格率为 100%，优良率为 97%。

第四篇　国际工程

第四篇　国　际　工　程

第一章　概　　况

水电十四局进入国际市场经历了三个时期。20 世纪 60 年代初期派出专家组，帮助第三世界国家进行水利水电工程的规划、勘测设计和施工。20 世纪七八十年代，承担中国对第三世界国家经援项目的水利水电工程建设。80 年代中期开始，积极参加国际各类工程的投标竞争，承包国际工程，按照合同进行中标工程的施工。

20 世纪 60 年代初期，水电十四局组织了第一个专家组赴缅甸、阿尔巴尼亚等国，帮助进行水利水电工程的规划、勘测设计和施工。在阿尔巴尼亚先后帮助兴建菲尔泽水电站、毛泽东水电站。20 世纪 70 年代中后期，赴缅甸帮助兴建“815”工程、“7831”工程等小型水利水电工程。

20 世纪 70 年代中期到 80 年代中期，工程局承担了非洲喀麦隆拉格都水电站的施工任务。拉格都水电站是中国一项大型的经援项目。水电站从规划、勘测设计到施工，全国共有 40 多个单位和部门参加。其中，水电十四局负责整个电站的施工。

20 世纪 80 年代，工程局与中国水利水电对外工程公司合作，在国外拓展市场。

1983 年底，工程局成立了非洲喀麦隆北方组。北方组作为水电十四局在非洲的一个基地，其主要任务是开拓市场、找工程、找项目。北方组在各承包的项目中实行工地主任制，严格项目管理，注重经济效益。北方组从 1983 年到 1992 年 10 年间共中标承建了 24 个项目，营业额达 51.15 亿西非法郎，项目涉及水利水电、公路、工民建等领域。

1988 年，水电十四局与中水公司联合对中非姆巴利水坝工程投标，并成功中标。姆巴利水坝主体工程于 1988 年开工，1991 年 5 月竣工，工程总投资为 3085.9 万美元。

工程局还在中水公司中标的项目中派遣劳务参与工程施工，先后向阿尔及利亚布尔丹项目、贝尼哈隆项目、尼泊尔马相迪项目、布隆迪项目、刚果（布）昂扎电站、伯利兹隧洞等选送劳务 53 人次。

1996 年，工程局向云南省外经贸厅申请，经国家对外贸易经济合作部批准，获得独立对外经济技术合作业务的资格。2000 年以后，工程局及时调整发展思路，提出“利用经济全球化和国内经济改革推动国民经济持续健康、快速发展的有利条件，树立科学发展观，充分发挥工程局自身优势，加大市场开发力度，在努力提高国内建筑市场占有率的同时，大力开拓国际建筑市场，实施走出去战略，扩展投资领域，提升企业资质和信誉，增强市场竞争力”的指导思想。1997 年 11 月～2001 年 2 月，中标承建喀麦隆巴门达至巴蒂博公路项目。2002 年 4 月，中标刚果（金）金沙萨至马塔迪二标段公路的修复工程。

2004 年工程局制订了“逐步形成国内建筑市场，国际工程和产业投资”三大支柱的战略规划。国际工程管理从领导到职能科室均得到加强。借助集团公司国际品牌，相继中标承建刚果（金）4个公路标、马达加斯加贝岛公路工程、斯里兰卡2个公路工程、刚果（布）英布鲁水电站、缅甸瑞丽江水电站等工程，国外工程营业额逐年攀升，逐步形成支柱产业。

第二章　工　程　录

1978～2006年已建、在建国际工程共有15项，详见表4-2-1和表4-2-2。

表4-2-1　　1978～2006年已建、在建国际工程一览表（一）

序号	工程名称	所在国	合同总额	合同结算	开工日期	竣工日期
1	喀麦隆拉格都水电站	喀麦隆			1978	1984-07
2	中非姆巴利水坝	中非	73.56亿西非法郎	90亿西非法郎	1988-10	1991-05
3	喀麦隆巴门达—巴帝博公路	喀麦隆	2088.33万美元		1995-04	1997-10
4	刚果(金)金沙萨—马塔迪公路紧急修复工程	刚果(金)	1479.38万美元		2002-04	2004-02
5	刚果(金)RN1-LOT1、LOT2沥青混凝土铺面工程	刚果(金)	142.39万美元		2005-02	2006-09
6	刚果(金)马塔迪城市道路修复	刚果(金)	468.24万美元		2005-10	2006-05
7	缅甸邦朗电站机电设备安装和金属结构制作安装	缅甸	4578万元人民币	5886万元人民币	2001-06	2005-04
8	越南宣光水电站钢管和金属结构制作	越南	2155.1万元人民布	4134万元人民币	2004-11	2005-10
9	刚果(金)RN1-LOT5公路项目	刚果(金)	2691.02万美元		2005-06	
10	刚果(金)RN4公路2000标(Niania-Beni:410km)轴线修复工程	刚果(金)	6304.29万美元		2005-04	
11	刚果(金)RN1#-LOT13标项目	刚果(金)	1382.64万美元		2006-11	
12	马达加斯加诺泽比岛专用公路改善及升级工程	马达加斯加	780.09万美元		2006-11	
13	英布鲁水电枢纽工程土建工程施工及设备安装	刚果(布)	15029.9万美元		2004-11	
14	斯里兰卡9&10标公路路面改造和升级工程	斯里兰卡	2209.92万美元		2006-11	
15	缅甸瑞丽江一级水电站	缅甸	11162.9万美元		2006-07	

表 4-2-2　　1978～2006 年已建、在建国际工程主要工程量(二)

<table>
<tr><td rowspan="2">序号</td><td rowspan="2">工程名称</td><td colspan="6">完成主要实物工程量</td></tr>
<tr><td>土石方开挖(万米³)</td><td>混凝土(万米³)</td><td>钢筋(吨)</td><td>坝体填筑(万米³)</td><td>金属结构(吨)</td><td>土石方回填(万米³)</td></tr>
<tr><td>1</td><td>喀麦隆拉格都水电站</td><td>180.08</td><td>24.43</td><td>4756</td><td>103.75</td><td>5615</td><td>14.59</td></tr>
<tr><td>2</td><td>中非姆巴利水坝</td><td>22.3</td><td>6.46</td><td>1546</td><td>50</td><td>318</td><td></td></tr>
<tr><td rowspan="2">3</td><td rowspan="2">喀麦隆巴门达—巴帝博公路</td><td colspan="6">工程规模</td></tr>
<tr><td colspan="6">29.33 公里公路</td></tr>
<tr><td rowspan="2">4</td><td rowspan="2">刚果(金)金沙萨—马塔迪公路紧急修复工程</td><td colspan="6">工程规模</td></tr>
<tr><td colspan="6">全长 197 公里,其中:LOT1 83.8 公里,LOT2 113.2 公里</td></tr>
<tr><td rowspan="2">5</td><td rowspan="2">刚果(金)RN1－LOT1、LOT2 沥青混凝土铺面工程</td><td>土石方(万米³)</td><td>水泥/沥青混凝土(万米³)</td><td>钢筋(吨)</td><td>砂石料生产(万米³)</td><td>坑洞修补(万米²)</td><td>建排水沟(万米)</td></tr>
<tr><td>4.65</td><td>3.1</td><td>4</td><td>7.82</td><td>4.01</td><td>1.66</td></tr>
<tr><td rowspan="2">6</td><td rowspan="2">刚果(金)马塔迪城市道路修复</td><td>土石方(万米³)</td><td>水泥/沥青混凝土(万米³)</td><td>钢筋(吨)</td><td>砂石料生产(万米³)</td><td>坑洞修补(万米²)</td><td>建排水沟(万米)</td></tr>
<tr><td>1.74</td><td>0.42</td><td>32</td><td>2.63</td><td>0.02</td><td>0.75</td></tr>
<tr><td rowspan="2">7</td><td rowspan="2">缅甸邦朗电站机电设备安装和金属结构制作安装</td><td colspan="6">工程规模</td></tr>
<tr><td colspan="6">发电机组 4×7 万千瓦,压力钢管制造和安装工程量 172 吨,金属结构制作安装 1132.43 吨</td></tr>
<tr><td rowspan="2">8</td><td rowspan="2">越南宣光水电站钢管和金属结构制作</td><td colspan="6">工程规模</td></tr>
<tr><td colspan="6">闸门(门槽、门叶)制造 2212 吨;压力钢管(瓦块)制造 1440 吨</td></tr>
<tr><td rowspan="2">9</td><td rowspan="2">刚果(金)RN1 - LOT5 公路项目</td><td>自然土剥离(万米²)</td><td>借土料回填(万米³)</td><td>形成层(万米³)</td><td>底基层(万米³)</td><td>单表处(万米²)</td><td>路基的浸润(万米²)</td></tr>
<tr><td>24.62</td><td>35.27</td><td>1.39</td><td>17.30</td><td>10.40</td><td>23.15</td></tr>
<tr><td rowspan="2">10</td><td rowspan="2">刚果(金)RN4 公路(Niania - Beni:410km)轴线修复工程</td><td>路基清理(万米²)</td><td>土方开挖(万米³)</td><td>土方回填(万米³)</td><td>行车层(万米³)</td><td>路基调型(万米²)</td><td>涵管(万米)</td></tr>
<tr><td>435.08</td><td>125.79</td><td>61.81</td><td>58.50</td><td>276.06</td><td>0.44</td></tr>
<tr><td rowspan="2">11</td><td rowspan="2">刚果(金)RN1＃- LOT13 标项目</td><td>清理灌木丛(万米²)</td><td>沥青沙基层(万米³)</td><td colspan="2">路面部分修复(万米²)</td><td>单表处施工(万米²)</td><td>双表处(万米²)</td></tr>
<tr><td>56</td><td>2.5</td><td colspan="2">2.8</td><td>11.5</td><td>58.05</td></tr>
</table>

续表

<table>
<tr><td rowspan="2">序号</td><td rowspan="2">工 程 名 称</td><td colspan="6">完成主要实物工程量</td></tr>
<tr><td>土石方开挖（万米³）</td><td>混凝土（万米³）</td><td>钢筋（吨）</td><td>坝体填筑（万米³）</td><td>金属结构（吨）</td><td>土石方回填（万米³）</td></tr>
<tr><td rowspan="2">12</td><td rowspan="2">马达加斯加诺泽比岛专用公路改善及升级工程</td><td>土方明挖（万米³）</td><td>石方明挖（万米³）</td><td>集渣碎石基层（万米³）</td><td>精料地基层（万米³）</td><td>沥青（吨）</td><td>混凝土排水沟（万米）</td></tr>
<tr><td>16.08</td><td>4.80</td><td>3.53</td><td>7.50</td><td>0.11</td><td>3.03</td></tr>
<tr><td rowspan="2">13</td><td rowspan="2">英布鲁水电枢纽工程土建工程施工及设备安装</td><td>土方明挖（万米³）</td><td>石方明挖（万米³）</td><td>混凝土（万米³）</td><td>钢筋（吨）</td><td>固结灌浆（万米）</td><td>金属结构（吨）</td></tr>
<tr><td>290.67</td><td>55.25</td><td>25.90</td><td>9837</td><td>0.14</td><td>407</td></tr>
<tr><td rowspan="2">14</td><td rowspan="2">斯里兰卡 9&10 标公路路面改造和省级工程</td><td>土方回填（万米³）</td><td colspan="2">集渣碎石基层（万米³）</td><td>浸透层（万米²）</td><td>路面沥青混凝土（吨）</td><td>沥青黏结层（万米²）</td></tr>
<tr><td>34.07</td><td colspan="2">10.28</td><td>55.10</td><td>207 980</td><td>89.43</td></tr>
<tr><td rowspan="2">15</td><td rowspan="2">缅甸瑞丽江一级水电站</td><td>土方明挖（万米³）</td><td colspan="2">石方明挖（万米³）</td><td>石方洞挖（万米³）</td><td>混凝土（万米³）</td><td>锚杆（万根）</td></tr>
<tr><td>34.05</td><td colspan="2">52.38</td><td>44.48</td><td>29.63</td><td>4.47</td></tr>
</table>

第三章 工 程 选 介

第一节 援 外 工 程

喀麦隆拉格都水电站

一、工程概况

喀麦隆拉格都水电站位于喀麦隆联合共和国北方省境内贝努埃河上游拉格都峡谷，是20世纪七八十年代中国最大的经援项目之一，是水电十四局承担施工任务的援外工程。电站以发电为主，兼有防洪、灌溉、养殖等综合效益。工程枢纽由黏土心墙堆石坝、右岸泄洪洞、左岸溢洪道、引水发电系统、开关站等组成。电站装有 4 台机组，总装机容量 7.2 万千瓦。主体工程于 1978 年开工，1984 年通过竣工验收，工期为 6 年。

二、施工组织

水电十四局在承建电站施工任务中，成立了喀麦隆拉格都电站专家组。专家组设组长、副组长、总工程师。职能部门设有办公室、技术组、财务组、供应组、调度室、翻译室等。专业作业队有开挖队、混凝土队、上坝队、重机队、汽车队、木工厂、施工电厂、安装队、碎石厂等。项目实行二级管理、一级核算管理模式。工程施工高峰人数3212人，其中中方人数657人。为配合施工，喀方设有专门机构，协助中方及时解决施工中出现的问题。

三、工程技术

拉格都水电站施工过程中，应用了许多新科技、新设备。优化和多处修改原设计方案，从而降低了成本，节约了投资，保证了工程质量和工期。

为避免与主坝防渗墙施工的干扰，将东灌渠渠首改为东副坝底部埋设涵管。为了避开高边坡开挖，确保水流平顺，将右岸引水明渠的中心线向右移动，加长喇叭口的引水导墙长度。左岸溢流道泄洪渠，取消了长约32.5米的直线段。

大坝施工技术包括基础处理、坝体工程及坝面过流三个方面。大坝基础地质条件复杂，故采用混凝土防渗墙、帷幕灌浆、砂井及振冲加固等综合治理方案。施工过程中解决了以砂质为主冲积层的造孔问题，解决了水下混凝土浇筑中出现的絮凝问题，解决了水下大孤石爆破问题。在造孔可行性实验论证的基础上，将混凝土配合比中的掺用土料自澎土改为重垠土，造浆土料也作相应改变，絮凝问题得到解决。孤石爆破采用预爆为主、槽内泥浆下爆破为辅的办法加以处理。主坝右岸高漫滩阶地软基加固，若按原方案施工，工期将拖后1年。施工中引进国内已成熟的软基振冲加固法，整滚软基加固在1个月里完成，仅此一项，节约投资100万元。

坝体施工采用分层碾压法，施工中考虑挖填平衡，对开挖料块径做了限制。层厚控制在1.3～1.5米。主坝坝面过流保护是确保工期的主要环节。过流坝面用钢筋笼填石块的措施，成功过流110天，确保大坝施工按期完工。左岸明挖工程采用深孔预爆破和梯形爆破先进技术。在设计开挖底线上，采用光面爆破各项参数，一次爆破成型。拉格都水电站在施工中采取一系列技术措施进行缺陷处理，如厂房蜗壳、泄洪洞以及电站进水口局部渗水问题，采用化学灌浆附加环氧砂浆补面的办法，取得了良好效果；对溢流道消能部位的气蚀破坏，采用环氧砂浆及环氧混凝土修补，效果良好。

拉格都水电站的投产发电，是中喀两国人民共同努力并肩战斗的成果，是中喀友谊的结晶。施工期间，阿希乔总统曾两次到工地视察，保尔比亚总统亲自参加水电站竣工典礼。为了表彰中方人员在拉格都水电站建设中的卓越贡献，水电十四局刘坚、李全怡等被授予二级勋章，其余为三级勋章。在被授勋的33人中，水电十四局占23人。

1983～1992年，10年间发电10.58亿千瓦·时，仅节约柴油一项计算，每年节约1800万美元。1988年汛期入库流量为3000米^3/秒，调蓄后降为1230米^3/秒，大大减轻了下游地区的洪涝。到1992年，古努古灌区已开垦农田125公顷，年产水稻每公顷12～13吨；800公顷的丁嘎莱灌区也在开发中。水电站的投产发电给喀麦隆带来巨大的经济和社会效益。

第二节　承　包　工　程

一、中非姆巴利水坝

(一) 工程概况

中非姆巴利水坝工程是中非共和国20世纪70年代后期最大的基建项目，是中国水利水电对外工程公司和水电十四工程局联合投标、中标后联合经营的承包工程，业主单位为中非共和国能源部下属的电力公司，设计兼监理工程师单位为法国科因贝里埃公司，建设资金来自非洲发展银行、世界银行、科威特基金会的贷款。

姆巴利水坝位于中非共和国首都班吉市西北部100公里的姆巴利河上游，是一项以蓄水发电为主的工程。水坝以上流域面积为4550公里^2，库容为2.5亿米^3，是姆巴利河流域唯一的调节水库。姆巴利水坝是一座混合型拦河坝，河床部分为混凝土重力坝，两岸为土石坝。由于资金不足，仅在厂房留2台800千瓦的机坑。水库蓄水后供下游两级径流式电站枯水期发电。

1988年10月，水电十四局施工人员进点，10月13日业主签发开工令。1988年11月14日工程开工，1989年4月24日成功截流，1990年11月1日下闸蓄水，1991年5月31日工程竣工。

（二）施工组织

姆巴利水坝工程中标后，按照水电十四局承担效益风险的60%、中水公司40%的份额组成联营体，按照项目法施工原则组成姆巴利水坝工程部。工程部实行总经理负责制，由总经理、副总经理、总工程师、总会计师、商务经理构成项目决策层，由合同组、设计组、供应组、财务组、办公室组成管理层，由混凝土队、上坝队、重机队、安装队、碎石厂、采石厂、施工电厂等组成劳务层。

为了履约诚信，保证合同工期，在项目管理中采取一系列措施办法。对控制性工程实行以工程面貌进度、产值、成本、质量、安全等考核指标进行目标管理。以施工总进度网络图为控制工期的依据，层层分解出季度目标、月目标和周目标。实行目标实现和责任挂钩，做到责、权、利三者有机结合。

（三）工程技术

姆巴利土石坝为混合式坝型，既有黏土心墙堆石坝，又有土坝，两者之间用30米长的过渡坝相连。坝料共12种，填筑50万米^3，比标书方量增加28.5%，平均月填筑2.5万米^3，最高月填筑强度6.5万米^3。施工采用常用的碾压法，碾压机械为自动式振动凸块碾和牵引式振动碾。坝体填筑从1989年12月至1991年2月，历时14个月。

姆巴利土石坝采用人工碎石系统，经三级破碎筛分成石料。砂子采用班吉河沙、土石坝的过渡料，排水料采用天然石英料，混凝土拌制引进西德Reic-45型拌和机。混凝土运输采用黄河牌8吨车载3米^{3}吊罐至仓位，由履带吊车将罐吊入仓内。后期大坝中心部位混凝土入仓主要靠塔吊完成。导流封堵、副厂房、断面的板梁柱及右岸公路等部位的混凝土浇筑，采用混凝土泵车。工程共浇筑混凝土6.46万米^3，比标书量增加13.8%，平均月浇筑强度为6500米^3。混凝土施工从1989年10月至1991年4月，历时19个月。

二、刚果（金）金沙萨至马塔迪公路

（一）工程概况

刚果（金）金沙萨至马塔迪公路（以下简称金马公路）位于刚果民主共和国下刚果省内，公路全长197公里。公路起点距首都金沙萨132公里，工程分两个标段，第一标段长83.8公里，第二段长113.2公里。工程包括路面重建和路面修护两部分。路面重建有路

基土石方、路面工程、新建排水沟及排水涵洞等内容。路面宽 9 米，自下而上为路基、25 厘米厚红土砾石料层、20～31.5 厘米厚级配碎石基层、1.5 厘米厚双砾石单层表面处理层。路面修复段路面宽 6～8 米，修护采用两种方式：第一种是将沥青混凝土填料补坑洞接缝，第二种是采用沥青灌入表层。

项目资金来自世行赠款，业主单位为刚果金政府机构，监理单位为德国高夫监理公司，合同额为 1479.4 万美元。

（二）施工组织

金马公路采用国际公开招标。水电十四局由集团公司授权投标，中标后集团公司全权委托水电十四局负责项目施工。2002 年 2 月中标，2003 年 11 月 14 日签订补充合同，增加投资 295.88 万美元，增加工期 3.5 个月。2004 年 4 月 7 日开始工程初检，进入工程质保期，2005 年 7 月通过竣工验收。

2002 年 4 月工程局组织施工人员进点，成立了中国水利水电第十四工程局刚果（金）公路工程项目部。项目部实行项目经理责任制。由项目经理、副经理、总工程师、商务经理组成项目部决策层，由技术组、合同组、财务组、翻译组、劳工组、设备材料组、行政后勤组等组成管理层。按工程施工要求，组建一标项目部和二标项目部。项目部下设修理厂，碎石厂，路基一、二队，桥涵一、二队。

合同工期包括施工图设计在内，尽快完成施工图设计是保证合同工期的关键。施工图又是附加工程量、施工期增减、单价套用、新增工程项目等内容的依据，是人员进点后集中力量完成的一件大事。国际工程包括金马公路项目在内，执行的是菲迪克（FIDIC）条款，在项目管理中，既要与业主建立良好的合作关系，又要与监理工程师加强沟通，要适应双方的工作方式和工作程序。刚果（金）设备租赁市场不发达、租赁费用较高，在当地租赁设备，势必增加工程成本。合理增加购置设备投入，一方面节约了工程成本，另一方面又保证了合同工期。

项目部实行全员风险经营机制。项目实现盈余、员工奖励性工资及盈余提成予以兑现。在风险经营机制的激励下，全体员工积极参与成本控制全过程，节约成本体现到管理工作的方方面面，做到从工程进度、质量安全、设备材料的采购和材料的管理等方面精打细算，合理安排。

金马公路工程项目部在项目合同管理和成本管理等方面取得了显著成效，积累了宝贵经验，为其他国外工程提供了借鉴。公路工程顺利竣工，受到业主和监理方的赞誉，为开拓刚果市场奠定了基础。

（三）工程技术

金马公路项目部的技术人员和业务骨干对国际承包工程都不太熟悉。项目部首先组织他们认真学习工程承包合同、各类技术规范、工程施工技术方案等，在施工前进行层层技术交底，使技术人员和业务骨干了解技术规范和施工技术方案。

重点工程段公路施工程序分三个阶段，这三个阶段分别是路基土石方及红土砾石料基层工程、20/31.5 碎石基层工程、双砾石表层处置层工程。

第一阶段的施工内容有基础开挖、砾石料回填、振动碾压。高峰期月强度为 7.5 公里/月，高峰日强度为300米/日，平均月强度为5.5公里/月。第二阶段的施工内容包括铺填碎石，平地机平整，振动碾实。高峰期日强度为250米/日，高峰月强度为7公里/月，平均月强度为3.6公里/月。第三阶段的施工内容包括用沥青洒布车铺喷沥青，在沥青上铺散4/6厘米厚的碎石，碾压平整。施工高峰月强度为9.5公里/月，平均月强度为6.3公里/月。

三、刚果（布）英布鲁水电站

（一）工程概况

刚果（布）英布鲁水电站位于刚果河支流莱菲尼河下游，距刚果河汇合口14公里，距首都布拉柴维尔215公里。电站以发电为主，承担刚果电力系统调峰调频和骨干电站功能。电站安装4台轴流转桨式水轮发电机组，单机容量3万千瓦，总库容5.84亿米^3。

电站枢纽建筑物由左岸土坝、泄洪闸、河床厂房、右岸土坝等组成。左岸土坝布置在原河床处，坝长287米，坝顶宽7米，最大坝高32.5米。泄水闸长37米，闸顶与坝顶高程一致，河床厂房坝段128.4米。右岸土坝长132.6米，坝顶宽7米，最大坝高32.5米。

项目的业主单位为刚果共和国重大工程委员会，监理单位为德国贵西特纳咨询公司，建设资金来自中国进出口银行的贷款。中国机械设备进出口总公司为该项目的总承包商，总承包商在国内采用公开招标形式，确定项目分包商。2004年10月29日，中国水利水电集团总公司以9.39亿元中标，水电十四局为施工分包单位，中水北方勘测设计研究有限公司为设计分包单位。

合同规定，项目施工期为2004年11月1日～2009年4月30日。

（二）施工组织

水电十四局接手英布鲁水电站施工任务后，立即组建了刚果（布）英布鲁水电站工程项目部，实行项目经理负责制。由总经理、副总经理、总工程师、总经济师、总会计师组成项目决策层，由办公室、合同部、技术部、竣工办、财务部、治安部、物资部、翻译室、布拉柴办事处等组成项目管理层。专业作业队共12个，分别为大坝队、混凝土一队、混凝土二队、木工厂、砂石料场、公路施工队、汽车队、混凝土拌和厂、钢筋厂、重机队、灌浆队、机电安装队等。

为了保证工程进度、施工质量和安全及工程成本，项目部制定了一系列管理办法和规定。在工程施工总进度目标管理网路中，采取土建和机电安装节点控制法，集中力量保证关键线路的实现。在设备、材料采购、设备维修保养等方面严格管理，压缩一切不必要的开支，千方百计降低工程成本。

（三）工程技术

水电站大坝基础为强透水软岩地质，为解决施工过程中的渗透问题，制定了大坝基坑土石方明挖技术措施，大坝基坑降排水措施。

电站二期导流利用已建成的泄水闸底孔过水。莱菲尼河常年流量在550～700米^3/秒之间，河床覆盖层的抗冲力极差，截流时龙口流速很大，给主河床截流带来困难。项目部在截流前制定了二期截流施工方案及技术措施，保证截流按期实现。

英布鲁水电站处于赤道附近，属热带雨林气候，年降雨量大，历时长，只有6～8三个月才能进行土坝施工。如何让土料达到设计要求的含水量，是施工中的一大难题。项目部会同设计、监理方一起，开展一系列试验，制定了大坝施工技术措施。

项目部在技术管理方面制定了一系列制度，保证了施工计划的顺利进行。这些制度有图纸会审制度、施工组织设计编制与管理制度、技术交底和技术复核制度、技术标准化管理制度等。

四、缅甸邦朗水电站

（一）工程概况

邦朗水电站位于缅甸曼德勒省南部彬文那镇的邦朗河上，距仰光 420 公里，距云南边境畹町 787 公里。电站以发电为主，兼有灌溉、防洪、养殖、旅游等综合利用效益。电站净水头 103.5 米，最大水头 109.5 米，坝后式地下厂房安装 4 台 7.225 万千瓦水轮发电机组，总装机容量 28.9 万千瓦。邦朗水电站是缅甸目前最大的水电站，被喻为缅甸的“三峡工程”。2004 年 7 月第一台机组试运行，2005 年 3 月 25 日最后一台机组投入商业运行。

邦朗水电站由缅甸政府投资，中国政府贷款兴建，云南省机械设备进出口公司承担电站成套设备的采购、引水发电系统工程设计、施工指导、工程监理、安装调试和电厂运行管理培训。水电十四局承担土建施工指导和机电设备安装。

（二）施工组织和技术

邦朗水电站发电机为立式三相凸极同步发电机，具有静态励磁系统和全封闭双路径向自循环空气冷却系统。水电十四局机电安装总公司和机组生产厂合作，深入研究机组甩油问题，采取多项合理结构，使推力、上导、下导、水导轴承的甩油和油雾溢出问题得到解决。机组投产以来，发电机推力轴承、上导轴承、下导轴承和水轮机导轴承在各种工况运行中，经历机组过速试验、甩负荷试验，均无内外甩油问题发生。

邦朗水电站首台机组投产后，调整器系统运行不稳定，曾出现多次水轮机接力器剧烈抽动和跳机甩负荷失控事故。在处理过程中，首先对罐体出口法兰内缝隙进行补焊。其次，将开关机腔油管上的排气管由原来的油管中部位置改接至油管顶部。在处理后的运行中，调节器调节正常、运行稳定。

第五篇　多元化经营

第五篇　多元化经营

第一章　概　　况

1984 年，工程局为安置待业青年和富余人员，兴办了“水利电力部第十四工程局劳动服务公司”。同年，工程局各二级单位也组建劳动服务公司。工程局从此开始从事除水电工程项目以外的经营。劳动服务公司是工程局从事多元化经营项目的雏形，是公司类型的全民办集体的经营实体，经营范围以商业、服务业、小型加工厂为主，多种经营企业多为安置型，经营分散、手段单一、经营规模小。

劳动服务公司的成功兴办，为工程局在除水利水电工程以外的领域开展多种经营开拓了思路。1989 年，工程局提出了“一业为主，多种经营，综合发展”的战略方针，确立了以水利水电建设工程为主，全方位开拓多种经营项目的目标，成立了工程局多种经营项目领导小组，工程局局长王开弼兼任多种经营领导小组组长。工程局总工程师、总经济师、总会计师参加，负责全局多种经营的领导和协调，总揽多种经营产业的开拓和发展。同年，工程局注册成立了“云水公司”，主要负责安置局机关及局属昆明地区单位的富余人员和待业青年，协调管理全局的多种经营工作。也在 1989 年，工程局组建了“企业部”，作为全局多种经营的主管部门，负责统一领导、指导全局的多种经营产业。局属各单位也相应成立多种经营办公室，具体负责多种经营项目的开发、实施和管理工作。同年 12 月，工程局设计室更名为设计院，开始走向市场，承担小型水利水电工程勘察设计、工民建、道路桥梁和市政工程勘察设计项目。截至 1992 年，局属各单位先后兴办了钢模厂、液压管件厂、水电仪表厂、金属结构厂、硅铁厂、大理石厂、制钉厂、服装厂、印刷厂、中药厂、糕点厂等 20 多个中小企业，初步形成了多种经营产业体系。

1993 年，工程局在企业部的基础上成立了中国水利水电第十四工程局昆华实业总公司（以下简称昆华实业总公司）。昆华实业总公司是工程局开发多种经营的实体，同时管理全局多经企业。

1994 年，工程局成立监理公司。监理公司具有建设部和水利部颁发的乙级建设监理资质，主要从事水利水电、工民建及公路工程建设项目的监理业务。

1996 年 3 月，工程局成立昆明志达混凝土厂，利用昆明世博会召开的契机，取得了较好的经营成果，成为工程局多种经营的骨干企业。

1998 年，工程局在“外抓市场，内抓管理，多元经营，稳中求进”的经济工作总方针的指导下，成立了水电十四局多种经营体制改革小组，促使多种经营产业迅速发展，全面向多元化转变。此时，工程局从事多种经营的职工达 1309 人，其中在岗职工 1036 人，下岗职工 70 人，女职工 457 人，其他员工 203 人；总资产 14 662 万元，1998 年完成产值 11 661万元，实现利润 677 万元。从 1998 年开始，工程局多种经营产业实现从安置型逐步向经营型转变，并由扶持性经营开始转向独立性经营。

1999年3月，工程局在原水电十四局华东分局装饰工程队的基础上，成立了水电十四局装修装饰公司，对外承揽电站厂房的装修装饰工程。同年，工程局内部管理体制改革，全局多种经营的人、财、物由重组以后的昆华实业总公司统一管理。昆华实业总公司接收工程局各二级单位项目30个，接收在册职工人数709人，多种经营逐步发展。2005年，昆华实业总公司完成产值13 852万元，全员劳动生产率达18.08万元，实现利润21.22万元，全年上缴工程局各项费用896.66万元，上缴到位率达100.17%。

2006年，工程局对昆华实业总公司和局装修装饰公司实施了主辅分离、辅业改制。两个公司从水电十四局分离出去。

2000年，工程局开始资本运作，进行项目资本投资。在2000～2006年期间，工程局先后投资控股云南绿色高新材料股份有限公司等6家有限公司，总投资资本达1.195亿元。

2006年5月，工程局完成了《大理者磨山风电场工程可行性研究报告》，投资建设大理者磨山清洁能源项目——风电场。风电场建设规模约3.06万千瓦，拟安装单机容量为850千瓦的风力发电机组36台，并建设一座110千伏升压变电站。按2006年第四季度的价格水平进行计算，工程动态总投资约3.89万元，单位千瓦动态投资为1.27万元。

第二章　投　　资

工程局最早的投资项目始于2000年9月。在2000～2006年期间，工程局先后投资控股云南绿色高新材料股份有限公司，投资参股中国水电建设集团投资有限责任公司和中国水电建设集团路桥工程有限公司，投资参股主辅分离改制分流后的云南水电十四局东华装饰有限责任公司和云南水电十四局昆华建设有限公司，以债转股的方式参股文山陆河发电有限责任公司，投资开发大理者磨山风力发电投资项目。截至2006年12月，不包括大理者磨山风能发电场，工程局总投资资本达1.195亿元。

2002年12月，中国水利水电建设集团成立后，根据企业发展需要，2003年8月，工程局成立了企业发展策划部，并将投资管理职能纳入企业发展策划部，负责投资项目信息的搜集整理、初步评审和投资项目建议书的编制，负责投资项目的日常管理，同时对投资项目的建设和运营进行监督和指导。企业发展策划部成立后，积极发挥投资管理职能，理顺投资关系，规范投资行为，积极寻找投资项目，在规范工程局及工程局全资控股公司的投资行为，防范投资风险，提高投资收益方面发挥了作用。

一、投资控股的云南绿色高新材料股份有限公司

云南绿色高新材料股份有限公司系经云南省体改委以云体改委〔2000〕43号、中国水电总公司以中水电财经〔2000〕12号、水电十四局以〔2000〕44号文批准，由工程局、上海中油大港油品销售有限公司及502名自然人发起，经云南省工商行政管理局登记，于2000年9月19日在昆明注册成立的股份制企业，公司注册资本为2093.8万元。

云南绿色高新材料股份有限公司注册成立后，按照《公司法》规定建立起完善的公司法人治理结构，股东会为最高权力机构，由股东会、董事会、总经理及各职能部门组成公司的组织构架。公司主要经营混凝土新型外加剂以及其他新型建筑材料的研究、开发、生产和销售及技术服务、技术转让。主要产品为氨基磺酸盐苯酚 PA 高效减水剂、萘系 FDN 系列高效减水剂、速凝剂、缓凝剂、减水剂、泵送剂、道路专用外加剂等。

2004 年 10 月 21 日，云南绿色高新材料股份有限公司经过云南省经济委员会批准进行股权变更，上海中油大港油品销售有限公司持有的 480 万股、自然人持有的 745.343 万股转让给工程局，公司注册资本金不变。股权变更后，工程局占总股本的 88.61%，自然人占总股本的 11.39%。

二、投资参股中国水电建设集团投资有限责任公司

2004 年 7 月 2 日，由集团公司（持股比例 65%）、水电四局（持股比例 10%）、水电十四局（持股比例 10%）、闽江工程局（持股比例 5%）、水电八局（持股比例 5%）、水电九局（持股比例 5%）共同发起，经中华人民共和国国家工商行政管理总局批准后，中国水电建设集团投资有限责任公司注册成立，注册资本金为 3 亿元。公司主要经营实业、电力、热力、煤炭等能源项目，交通、水务、房地产基础设施项目，以及高科技产业项目的投资、咨询业务、投资管理及信用担保等。

中国水电建设集团投资有限责任公司先后投资了青海黄河苏只电站、四川紫兰坝电站、四川美姑河电站、北京中环房地产项目、河南郑州煤燃气发电项目以及吉林省长岭风电项目。随着中国水利水电建设集团公司已投资的几个项目逐步转入投资公司，投资公司自主开发的长岭风电项目上马，为减少银行贷款，降低财务风险，2005 年 7 月 26 日，经中国水电建设集团投资公司第一届三次股东会研究决定：追加中国水电建设集团投资有限责任公司资本金 2.17 亿元，使其注册资本增加至 5.17 亿元。其中，集团公司增资 1.47 亿元，水电四局增资 3000 万元，水电十四局增资 3000 万元，闽江工程局增资 1000 万元，水电八局、水电九局原出资不变。增资后，集团公司持有股权 66.14%，水电四局和水电十四局分别持有股权 11.61%，闽江工程局持有股权 4.84%，水电八局和水电九局分别持有股权 2.9%。

三、投资参股中国水利水电建设集团路桥工程有限公司

中国水利水电建设集团路桥工程有限公司于 2006 年 4 月 30 日注册成立，注册资本金为 3 亿元，注册地址为北京市海淀区车公庄西路 22 号海赋国际 A 座 10 层。公司由集团公司（持股比例 33%）、水电四局（持股比例 10%）、水电七局（持股比例 10%）、水电十四局（持股比例 10%）、水电十五局有限公司（持股比例 15%）、闽江工程局（持股比例 12%）、中国华瑞投资控股有限公司（持股比例 10%）共同出资组建，主要经营业务为施工总承包的公路、铁路、桥梁、隧道、市政基础设施项目的投资，以及购销建筑材料、机械电器设备、化工产品（不含一类易制毒化学品及危险化学品）。

四、投资参股主辅分离后的改制公司——云南水电十四局东华装饰有限责任公司

云南水电十四局东华装饰有限责任公司的前身为云南东华装饰工程中心。云南东华装饰工程中心成立于 1999 年 5 月，经营范围为水电站厂房装饰装修、民用公共建筑装修、家庭装修。

2005年，水电十四局根据有关法律、法规及规定，经国务院国有资产管理委员会及集团公司批准后，按照云南省劳动和社会保障厅（云劳社函〔2005〕329号）批准的主辅分离辅业改制方案对云南东华装饰工程中心进行整体改制，即由水电十四局、云南东华装饰工程中心工会2名股东出资，共同发起设立非国有法人控股的云南水电十四局东华装饰工程有限公司。公司注册资本金500万元，由水电十四局以原云南东华装饰工程中心国有净资产出资150万元，占30%股权；由云南东华装饰工程中心工会职工持股会为非国有股东代表，以社团法人身份为股东出资350万元，占70%股权。

五、投资参股主辅分离后的改制公司——云南水电十四局昆华建设有限公司

云南水电十四局昆华建设有限公司的前身为水电十四局昆华实业公司，成立于1993年，由工程局原“云水公司”和“劳动服务公司”等多种经营单位合并组建。1999年，工程局对多种经营管理结构进行调整，将原属局内各二级单位经营管理的多经企业从主业中分离出来，归入昆华实业公司管理，组建新的昆华实业公司。新组建的昆华实业公司仍属于水电十四局内部的二级经营单位，经营范围有：水电站房建和供水工程施工及部分设计工程、监理和技术咨询服务、商品混凝土生产和销售、砂石料系统、小型电站机电安装和金属结构制作及工程局内部物业管理工作。

2005年，水电十四局根据有关法律、法规及规定对其实施主辅分离辅业改制工作。2006年1月，将“昆华实业总公司”改制为“云南水电十四局昆华建设有限公司”。云南水电十四局昆华建设有限公司注册资本金为2830万元，工程局以国有净资产出资929万元，占总股本的32.83%；昆华实业公司工会出资1901万元，占总股本的67.17%。公司改制后，致力于现代企业制度的建立和企业法人治理结构的完善工作。公司完全按照《公司法》及《国有大中型企业建立现代企业制度和加强管理基本规范》的具体要求，全面建立规范的股东会、董事会、监事会，经营层运行机构和运行规则。

六、以债转股的方式参股文山南令发电有限公司

文山南令发电有限责任公司的前身为麻栗坡县发电厂，该厂于1993年1月开始建设，至1999年9月建成投产发电，装机容量为1.26万千瓦，总造价为1.36亿元，注册资本金3655.70万元。该厂建成后，由于银行贷款金额较大，企业承担的财务费用过大，导致连年亏损。根据云南省计划委员会云计能交〔1995〕207号文、水电十四局经管〔2004〕19号文，水电十四局于2001年12月将债权166万元转为股权，股权比例为4.56%。为尽快扭转亏损局面，2002年1月28日，由文山盘龙河流域水电开发有限责任公司、麻栗坡县电力有限责任公司、水电十四局、昆明五华电气成套公司、文山州水利水电勘察设计院、昆明电机有限责任公司6家法人股东和其他6位自然人股东通过债转股方式，共同出资3655.70万元组建了国有控股的文山南令发电有限责任公司，主要从事水力发电，公司地址为麻栗坡县六河乡下者嘎村。由于公司股东数量较多，不便于管理。

2006年，文山南令发电有限公司经文山州人民政府办公室文政办复〔2006〕4号文批准改制，设立文山陆河发电有限责任公司。经文山安信会计师事务所参与改制资产评估，截至2005年10月31日，公司资产减值为987.88万元，公司股东通过内部股权转让，原公司股东文山盘龙河流域水电开发有限责任公司享有621.57万元；麻栗坡县冷水沟发电有限责任公司享有67.57万元，为国有净资产；麻栗坡县电力有限责任公司享有253.69万元；水电十四局享有45.05万元。经批准，国有净资产由改制后的公司职工购买，并由麻栗坡县冷水沟发电有限公司代管。公司改制后的股权设置即为麻栗坡县冷水沟发电有限责任公司持有股权689.14万元，占注册资本的69.76%；麻栗坡县电力有限责任公司持有253.69万元，占注册资本金的25.68%；水电十四局持有股权45.05万元，占注册资本的4.56%。

七、筹备投资清洁能源项目——云南大理者磨山风电场

为有效开发利用大理的清洁能源——风力资源，2004年4月，工程局与大理市人民政府签订了《大理风能资源开发协议书》，获得了在大理市内开发风力资源的权利。同年7月，在者磨山、海东乡、苗圃山三地建设了5座测风塔，全面搜集风能开发所需的有关数据。经过1年的数据收集和分析，测风地区风况很好，盛行风向稳定，有效风速小时数及大风日较多，风能资源很丰富，具有可开发性。同时，考虑到苍山自然保护区等问题，选择了者磨山地区作为风电开发的重点区域，并委托咨询公司进行可行性研究。2005年11月，完成了《大理者磨山风电场工程预可行性研究报告》，并按项目开发程序向大理市发展和改革委员会、大理州发展和改革委员会、云南省发展和改革委员会逐级上报。

2006年5月，云南省发展和改革委员会先后批准了规划及预可研报告。此后，工程局相继完成了大理者磨山风电场工程可行性研究报告、者磨山风电场项目的环境影响报告、水土保持方案可行性研究报告、土地使用预核准等专项审批和备案工作。2006年12月，云南省发展和改革委员会作出了《关于大理州者磨山风电场工程项目核准的批复》，核准建设者磨山风电场项目。

大理者磨山风电场是工程局投资开发的清洁能源项目，也是云南省第一个利用风力发电的项目。该项目位于云南省大理市西南面的者磨山上，距离市区约20公里，建设规模约3.06万千瓦，计划一次建成，预计施工期为13个月，拟安装单机容量为850千瓦的风力发电机组36台，并建设一座110千伏升压变电站。按2006年第四季度的价格水平进行计算，工程动态总投资约3.89万元，单位千瓦动态投资为1.27万元。

第三章　勘测设计　工程监理

第一节　勘　测　设　计

一、历史沿革

工程局的勘察设计工作，其历史可追溯到1954年建局之初的计划经济年代。工程局当时的设计科是勘测设计分院最早的雏形，主要从事计划经济时期水电站项目的勘测设计工作。改革开放后，1985年12月，为适应工程投标及对外经营的需要，工程局单独成立了设计室。1989年12月，设计室更名为设计院，开始逐步走向市场参与竞争，主要承担小型水利水电工程勘察设计、工民建、道路桥梁和市政管道工程勘察设计项目。1994年3月，设计院与局科研所合并组建成立科研设计院，下设设计部。2006年3月，为加强对外工作力度，设计部和勘测队合并成立了勘测设计分院，进行水利水电工程及其他工程的勘测设计。

勘测设计分院的成长主要经历了以下三个阶段：

（1）1954年建局至1985年11月，主要从事计划经济时期水电站项目的勘测设计工作。

（2）1985年12月～1994年2月，即成立设计室及更名为设计院的阶段。主要职责是服务于工程局内部除指令性计划以外的地方小型水利水电设计工作，从事房建、道路桥梁和市政管道设计工作，开始走向市场，从事多元设计，但手段单一、规模小。

（3）1994年3月～2006年12月，即设计院与科研所合并组建成立科研设计院的阶段。该院从初期的径流引水式小型水电站设计，发展到99米高的拱坝设计。电站规模从2000千瓦装机到12万千瓦装机，以及3.41亿米^{3}库容的大坝设计，主要从事水电站勘察设计，可担任中小型水电站总承包勘测设计工作。

二、项目完成情况

设计院成立之初，主要从事房建设计。1994年设计部成立时，办公地点设在昆明市郊区凉亭。设计部主任加上设计人员共14人。1996年，勘测设计了第一个水电站——西藏芒康县松达水电站。

勘测设计力量发展壮大是从1997年云南屏边县的大平潭水电站开始，经过1998～2003年5年的努力，完成了倮姑、岔河、中寨等20几个水电站的勘测设计，设计队伍也发展壮大到40多人。为进一步拓展市场，2003年8月，设计部从凉亭搬到市区汇峰大厦，员工增加到78人，办公条件和工作环境得到显著改善。

2006年3月，为加强对外工作力度，设计部和勘测队合并成立了勘测设计分院。勘测设计分院已从初期具有丙级勘察、设计资质的队伍，成长为具有勘察甲级资质、设计乙级资质、水资源报告编制乙级资质、水土保持报告编制乙级资质的综合勘察设计院。勘测设计分院下设的8个专业分室，具备了中、小型水电站的勘察设计能力，以及从事工程测量与安全监测、航空摄影测量与遥感测绘等测绘能力。

经过全院员工的努力，勘测设计分院（设计室、设计院、设计部）已完成了约20万米^{2}的房建设计，以及50多个中、小型水电站设计任务。勘测设计电站装机总容量达到100.3万千瓦。其中，电站装机最大的是老挝南俄5水电站。这是一座具有3.41亿米^{3}库容、多年调节水库的水电站，电站装机总容量12万千瓦。

三、项目获奖情况

2003年，云南省屏边县倮姑水电站获云南省建设厅颁发的优秀工程勘察三等奖，云南省屏边县冲庄水电站获云南省建设厅颁发的优秀工程勘察表扬奖，云南省屏边县四岔河三级水电站获云南省建设厅颁发的优秀工程设计二等奖，云南省屏边县冲庄水电站获云南省建设厅颁发的优秀工程设计三等奖；2006年，贵州省兴义市中寨水电站获云南省建设厅颁发的优秀工程设计三等奖，云南省屏边县那么果河水电站获云南省建设厅颁发的优秀工程设计三等奖，云南绿春县黄连山二级水电站获云南省建设厅颁发的优秀工程设计表扬奖，贵州省兴义市普梯二级（犀牛塘）水电站获云南省建设厅颁发的优秀工程勘察三等奖，云南省武定县伊尔格水电站获云南省建设厅颁发的优秀工程勘察表扬奖，云南省云龙水库大坝填筑材料试验（昆明掌鸠河工程）获云南省建设厅颁发的优秀工程勘察二等奖。水电工程勘察设计项目和房建项目完成情况详见表5-3-1和表5-3-2。

表5-3-1　　水电工程勘察设计项目完成情况一览表

序号	设计名称	装机容量（千瓦）	库容（万米^3）	设计时间	工程状态	工程规模
1	西藏芒康县松达水电站	2400		1996-09	已建	小(2)型、V等
2	云南省屏边县四岔河二级水电站	8000		1999-02	已建	小(2)型、V等
3	云南省屏边县四岔河一级(白洋坪)水电站	5000		1999-12	已建	小(2)型、V等
4	老挝色登3水库		30 000		已建	
5	云南省屏边县冲庄水电站	12 600		2001-04	已建	小(1)型、Ⅳ等
6	云南省屏边县湾塘水电站	13 000		2001-05	已建	小(1)型、Ⅳ等
7	贵州省兴义市普梯水电站	6000	363	2001-12	已建	小(2)型、V等
8	云南省屏边县南溪河一级(倮姑)水电站	13 000		2001-10	已建	小(1)型、Ⅳ等
9	云南省罗平县水寨水电站	8400		2002-02	已建	小(2)型、V等
10	贵州省兴义市中寨水电站	25 000		2002-04	已建	小(1)型、Ⅳ等
11	云南省屏边县四岔河三级(岔河)水电站	15 000		2002-04	已建	小(1)型、Ⅳ等
12	贵州省兴义市犀牛塘水电站	10 500	195	2002-07	已建	小(2)型、V等
13	云南宣威市黄鹰洞水电站	18 900		2002-02	已建	小(1)型、Ⅳ等
14	云南省屏边县宝宝寨水库		300	2002-09	已建	
15	云南省绿春县黄连山二级水电站	7000		2002-12	已建	小(2)型、V等
16	云南省屏边县那么果河水电站	12 000		2003-05	已建	小(1)型、Ⅳ等
17	云南省彝良县熊家沟水电站	18 000	20	2003-08	已建	小(1)型、Ⅳ等
18	云南省金平县新桥河四级(茅草坪)水电站	10 000		2003-08	已建	小(1)型、Ⅳ等
19	云南金平县马过河水电站	10 000		2003-08	已建	小(2)型、V等
20	云南省武定县勐果河二级(伊尔格)水电站	12 600		2003-09	已建	小(1)型、Ⅳ等
21	云南省金平县南门峡二级水电站	21 000		2003-08	已建	小(1)型、Ⅳ等
22	云南富源县块泽河水电站	36 000	1397	2003-10	已建	中型、Ⅲ等
23	云南省罗平县色依水电站	22 000	1590	2004-10	已建	中型、Ⅲ等
24	云南金平县岔河三级水电站	9000		2004-10	已建	小(2)型、V等
25	云南金平县岔河一级水电站	5000		2004-03	已建	小(2)型、V等
26	云南金平县岔河四级水电站	16 500		2004-07	已建	小(1)型、Ⅳ等
27	云南省宣威市达开水电站	60 000	3943	2004-06	已建	中型、Ⅲ等
28	云南省永仁县万马河红石岩水电站	8000		2004-02	已建	小(2)型、V等

续表

序号	设　计　名　称	装机容量（千瓦）	库容（万米^3）	设计时间	工程状态	工程规模
29	云南屏边县绿水河西哈口水电站	10 000		2004-11	已建	小(1)型、Ⅳ等
30	云南省绿春县骑马坝一级水电站	18 900		2004-09	已建	小(1)型、Ⅳ等
31	云南金平县岔河五级水电站	14 000		2004-10	已建	小(1)型、Ⅳ等
32	云南省双柏县麻嘎河水电站	16 000		2004-12	已建	小(1)型、Ⅳ等
33	云南省盈江县南朗河二级水电站	5000		2004-12	已建	小(2)型、Ⅴ等
34	云南省屏边县金产河水电站	8000		2005-03	已建	小(2)型、Ⅴ等
35	云南省金平县茅草坪尾水电站	3000		2005-07	已建	小(2)型、Ⅴ等
36	云南省金平县拉灯河水电站	16 000		2005-06	已建	小(1)型、Ⅳ等
37	云南省金平县四台山水电站	12 600		2005-11	已建	小(2)型、Ⅴ等
38	贵州省晴隆县麻纱河黄家厂水电站	16 500		2005-11	已建	小(1)型、Ⅳ等
39	老挝南俄5水电站	120 000	34 100	2006-02	在建	中型、Ⅲ等
40	云南省泸水县苦木当水电站	10 000		2006-02	已建	小(1)型、Ⅳ等
41	云南省思茅市大中河五级水电站	7000		2006-04	在建	小(2)型、Ⅴ等
42	云南省宾川县渔泡江四级(铁川桥)水电站	42 000		2006-07	在建	中型、Ⅲ等
43	云南省双柏县空龙河水电站	2000		2006-10	已建	
44	云南省兰坪县德庆河水电站	21 000		2006-12	在建	小(1)型、Ⅳ等
合计		706 900	71 908			

表5-3-2　　房建项目完成情况一览表

序号	设　计　名　称	结构形式	面积（米^2）	层高	总高（米）	时间
1	工程局曲靖基地住宅	砖混	1399	6	16.775	1986-01
2	工程局水电三中住宅		1660	5	14.6	1985-12
3	工程局水电三中教学大楼	框架	3476	5	23.25	1986-05
4	工程局安装总公司派出所	砖混	122	1	3.86	1986-03
5	工程局安装总公司B类设备库		643	1	6.3	1986-04
6	工程局运输公司学生宿舍	砖混	2456	4	12.95	1986-05
7	工程局运输公司大修厂南关联营厂小品街商店	框架	407	1	5.2	1986-07
8	工程局运输公司大修厂南关生活区2号住宅	砖混	1333	6	16.7	1986-07
9	工程局运输公司大修厂南关生活区3号住宅	框架	2141	6	22.5	1986-12
10	工程局水电一公司住宅		1486	5	14.7	1986-07

续表

序号	设　计　名　称	结构形式	面积（米^2）	层高	总高（米）	时间
11	工程局安装总公司仓库		1475	1	9.55	1986－11
12	工程局水电二中学生宿舍	砖混	1994	6	18.95	1986－11
13	工程局安装总公司仓库		755	1	5.9	1986－11
14	工程局曲靖基地老年人活动中心		657	4	15.12	1987－02
15	工程局水电三中Ⅱ类住宅	砖混	3295	6	17.3	1987－04
16	工程局安装一公司5号楼		2644	6	18.4	1987－07
17	工程局下关基地住宅		1963	6	17.3	1987－12
18	工程局曲靖基地单身宿舍	砖混	1972	6	16.2	1988－08
19	工程局二公司电工车间		391	1	5	1988－09
20	陆良县税务局办公楼	框架、砖混	1839	4	17.4	1988－10
21	工程局二公司钢模厂金工车间		762	1		1988－09
22	工程局罗平基地基地规划		148 720			1988－11
23	工程局二公司钢模厂铆焊车间		979	1	11.15	1988－09
24	工程局曲靖基地修造厂55号住宅		3300			1989－10
25	工程局职工医院单身职工宿舍	砖混	744	3	9.55	1989－11
26	工程局水电二中附小教学楼	框架、砖混	1382	4	16.2	1990－03
27	工程局物资公司转运站住宅	砖混	1963	6	17.3	1990－06
28	工程局二公司钢模厂综合楼	框架、砖混	1972	6	18.6	1990－06
29	工程局职工医院锅炉房、氧气房、焚烧房		47.43	1	3.45、3.45、2.785	1990－07
30	工程局二公司曲靖官坡寺小区规划					1990－11
31	工程局二公司钢模厂大门		12.87		3.5	1991－03
32	工程局水电安装总队南窑综合楼结构设计			5	17	1991－09
33	工程局医院洗衣房扩建设计					1991－09
34	工程局运输公司保养厂主修车间	框架、砖混	1292.83	2	12.175	1991－12
35	水电货厢厂配电所					1992－05
36	工程局运输公司曲靖分公司仓库综合楼、车房					1992－05
37	工程局货厢厂18号楼(桩基础图)					1992－12
38	局二公司住宅区临街小卖部					1992－12
39	工程局四公司东环路小区(布桩图)					1993－03
40	工程局四公司二类住宅					1993－02

续表

序号	设　计　名　称	结构形式	面积（米²）	层高	总高（米）	时间
41	工程局电信队					1992-12
42	工程局二公司官坡寺住宅区配电房					1993-03
43	工程局二公司母子楼(套用91号楼)					1993-05
44	师宗客运站综合楼					1993-05
45	曲靖房地产梅苑村11幢住宅楼					1993-05
46	工程局二公司官坡寺小区住宅基础					1993-12
47	罗平和光商住小区初步设计					1994-04
48	工程局四公司配电室、水池、水泵房					1994-02
49	工程局物资公司王家营综合楼	底层框架				1995-01
合计			193 283.13			

第二节　工　程　监　理

一、工程监理公司

水电十四局工程监理公司成立于1994年，公司具有建设部和水利部颁发的乙级建设监理资质，主要从事水利水电、工民建及公路类工程建设项目的监理业务。

2006年，监理公司有员工125人，具有水工、建筑、测量、造价、经济管理等专业人员103人，其中持水电总监理工程师证书4人，水电监理工程师岗位证书49人，全国注册监理工程师证书16人，全国二级注册建筑工程师证书4人，全国二级注册结构工程师证书1人，全国注册造价工程师证书3人，全国注册岩土工程师证书3人，全国注册电气工程师证书1人，云南省监理工程师证书22人。

组建监理公司后，编制了《监理规划》、《各单项工程监理实施细则》、“单元工程质量评定表”、“施工单位应报送监理表格”、“监理单位自用表格”、《工程竣工验收技术资料有关问题的通知》等规范文件和表格，并发送各相关单位，力求做到规范化管理。

二、工程监理的过程控制

在监理过程中，监理公司针对不同的工程类型，配备资源组成适合的项目监理机构，实行总监负责制；同时，在执业过程中，遵循良好的职业道德，遵守国家和地区颁布的法律法规和相关标准、规程、规范的规定，严格自律，科学、客观、公正地履行监理职责，开展监理工作。

监理公司依据工程承建合同和工程项目监理服务协议书行使监理职责和权限，包括：选择工程施工、设备和材料供应等单位的建议权；对承包人选择的分包项目和分包单位的确认权和否认权；协助发包人签订工程建设合同；工程建设实施设计文件的审核确认权，只有经监理机构审核确认并加盖公章的图纸和设计文件，才能成为有效的施工依据；工程施工组织设计、施工措施、施工计划和施工技术方案的审批权；按照专用合同条款规定的金额范围内（5万元以内），设计变更现场的处置权；按照安全和优化的原则，对工程实施中的重大技术问题自主向设计单位提出意见，并向发包人提出书面报告；组织协调工程建设有关各方关系的协调权。

监理公司按工程建设合同规定发布开工令、停工令、返工令和复工令；对全部工程的所有部位及其任何一项工艺、材料、构件和工程设备进行检查和检验；对全部工程的施工质量和工程上使用的材料、设备进行检查和确认；对安全生产和文明施工进行监督；对工程施工进度进行控制和监督。

监理公司对承包人临时工程具有施工的审查权和监督权、工程款支付的审核权和签认权、工程结算的复核确认权和否认权。

三、工程监理的质量要求

监理公司遵循“守法、公正、诚信、科学”的准则，不断提高服务质量，采取宏观管理、旁站跟踪、巡视、试验、抽检、复检等方式对承包方的人员、机械设备、施工方法、原材料、施工环节等各个方面进行控制，在切实维护业主利益的同时，也注意实事求是地维护工程承建单位的合法权益，确保工程建设达到目标要求。顾客满意度达到90%以上。

在质量控制中，根据工程承建合同，工程质量标准为合格，监理公司注意做到既防止承建单位为降低成本、获取利润而忽视质量的倾向，又避免对承建单位提出超出合同技术要求的过高标准。同时，督促施工单位遵守合同技术条件、施工技术规程规范和工程质量标准，按章作业、文明施工。监理公司监理工程一览表见表5-3-3。

表5-3-3　　监理公司监理工程一览表

序号	工程名称	工程地点	起止时间	工程规模	服务内容	进展情况
1	云南小湾水电站进场公路工程	云南省凤庆县	2000-01～2002-04	中型二级公路	16.79公里二级路段监理工程	已完成
2	云南省富源县富兴公路工程	云南省富县境内	2000-03～2001-12	中型二级公路	2公里二级路段监理工程	已完成
3	贵州响水电站工程	贵州省六盘水市与云南省宣威市交界地段	2001-01～2002-12	中型电站，装机容量2×5.5千瓦	压力钢管道修复工程	已完成
4	云南小湾水电站场内营地房屋建筑工程	云南省凤庆县	2001-10～2003-04	中型	71 000米^{2}房屋建筑监理工程	已完成

续表

序号	工程名称	工程地点	起止时间	工程规模	服务内容	进展情况
5	云南省罗平县水寨电站工程	云南省罗平县九龙镇境内	2002-04～2003-09	小（2）型电站；装机容量3×2.8千瓦	水工建筑物及机电安装工程	已完成
6	云南省罗平县老渡口水电站工程	云南省罗平县老厂乡境内	2003-05～2005-09	中型电站；装机容量3×1.25千瓦	水工建筑物及机电安装工程	已完成
7	云南省禄劝县独家村水电站工程	云南省禄劝县九龙河境内	2005-04～2006-10	小（2）型电站；装机容量：2×6.3千瓦	水工建筑物及机电安装工程	已完成
8	云南省沾溢县德泽水电站工程	云南省沾溢县德泽乡境内	2006-01	中型电站；装机容量：3×1千瓦	水工建筑物及机电安装工程	在建

第四章　多种经营选介

第一节　建　　材

一、昆明志达混凝土厂

（一）机构、人员情况

1996年3月，工程局为充分发挥行业优势，扩大多元化经营范围，安置待岗职工需要，决定成立“中国水利水电第十四工程局志达昆明混凝土公司”。同年4月，工程局正式向昆明市建筑工程管理局报建“昆明志达混凝土厂”。昆明志达混凝土厂位于昆明市西郊大普吉同心路37号。同年4月22日，工程局向昆明市工商行政管理局申请注册“昆明志达混凝土厂”获核准，混凝土厂正式进入筹建阶段。同年6月，工程局副局长李鹏程兼任昆明志达混凝土厂首任厂长。同年12月，昆明志达混凝土厂共有职工29人，其中女职工6人，大学学历2人，大专学历7人，中专学历1人。高级职称1人，中级职称1人，初级职称8人，专业技术人员13人，三级项目经理1人。

经过10年的发展，到2006年底，昆明志达混凝土厂共有职工56人，其中女职工15人，大学学历5人，大专学历9人，中专学历8人。高级职称1人，中级职称6人，初级职称13人，专业技术人员24人，三级项目经理1人。

1997～2006年期间，曾任昆明志达混凝土厂厂长的有：余佩义、王益谦、刘怀炯、商建雄。

2006 年 1 月，昆明志达混凝土厂随昆华建设有限公司整体改制，2008 年 3 月，正式更名为“云南水电十四局昆华建设有限公司昆明志达混凝土厂”。

（二）生产经营情况

昆明志达混凝土厂是租赁云南省良种繁殖场荒地建盖起来的年产 15 万米^3 商品混凝土的企业。在 10 年的发展历程中，昆明志达混凝土厂始终坚持“高品质的保证，高要求的满足，持续改进提高”的经营理念。

1996 年 3 月，工程局投资 1500 万元建厂。同年 9 月投产，至年底投产仅 4 个多月，就完成混凝土产量 7200 米^3。取得了当年决策，当年投产，当年见效益的好成绩。

1997～1998 年两年间，昆明志达混凝土厂实行董事会领导的厂长负责制。以公开、公平、公正为原则，地不分南北，人不分干部、工人，在全局范围内招聘所有员工。在分配上彻底打破大锅饭，按岗位责任、贡献大小给予报酬。成功参与昆明市政、世博会、旧城改造、路桥等工程的建设，签订了大方量的供货合同。在全局范围内创造了新的企业模式。两年完成混凝土产量 18.7 万米^3，实现财务收入 7100 万元，产值 7526 万元，利润 908.9 万元，取得了良好的经济效益和社会效益。

随着昆明世博会工程的完工，1999 年下半年，整个昆明市建筑行业呈现出大幅度滑坡，昆明志达混凝土厂在市场中所占的份额逐渐减少，厂领导班子及时调整思路，确定了“外抓市场，内抓管理”的经营理念，克服了市场疲软所带来的经济滑坡。1999 年完成混凝土产量 14.7 万米^3，实现财务收入 5500 万元，产值 5830 万元，利润 190.8 万元。

2000 年，昆明志达混凝土厂在建筑市场中所占的份额越来越少，每立方米混凝土单价下跌 80 元，使混凝土厂面临建厂以来最大的困难。他们没有被困难所吓倒，厂领导班子组织全厂职工迎难而上，积极应对，共渡难关，2000 年完成混凝土产量 7 万米^3，实现财务收入 2300 万元，产值 2720.8 万元，利润 209 万元。

2004 年，随着国家西部大开发战略的实施，昆明商品混凝土量有所增加，给多年低迷的混凝土市场带来了活力。昆明志达混凝土厂完成混凝土产量 9 万米^3，产值 4200.6 万元，实现利润 97 万元。

2005 年，昆明志达混凝土厂全面贯彻实施 ISO 9001：2000 质量体系，认真落实各部门管理目标和工作职责，使产品合格率达到 100％。质量、服务工作均得到用户好评，保证了企业的持续稳定发展。2004 年完成混凝土产量 15.95 万米^3，产值 3299.4 万元，实现利润 96.2 万元。

昆明商品混凝土市场竞争激烈，商品混凝土供大于求的局面没有改变。2005 年 12 月～2006 年 12 月，水泥、油料大幅上涨而混凝土单价却大幅下滑，市场竞争十分激烈。昆明志达混凝土厂降低成本，优化配比，节约开支，努力提高整体效益，2006 年完成混凝土产量 14 万米^3，实现财务收入 2286.4 万元，产值 3001.2 万元，利润 2.2 万元。

（三）生产设备情况

昆明志达混凝土厂从 1996 年 9 月建厂，初期时有 4 辆大型混凝土搅拌运输车，1 座 X50 混凝土拌和楼、2 台混凝土输送泵、2 台 ZL50 装载机、1 台柴油发电机，设备总价值为 588 万元。经过 10 年的生产经营，2006 年底，昆明志达混凝土厂共有大型混凝土搅拌运输车12辆、X50混凝土拌和楼2座、混凝土输送泵4台、ZL50装载机2台、柴油发电机2台，以及部分运输车辆和大量混凝土试验设备，设备总价值为1566.8万元。昆明志达混凝土厂历年生产经营情况和混凝土质量情况见表5-4-1和表5-4-2。

表5-4-1　　昆明志达混凝土厂历年生产经营情况

时　间	完成方量（万米^3）	生产产值（万元）	利润（万元）	备　注
1996-09～1996-12	0.72	288	26.2	4个月
1997	4.7	1547	99.7	
1998	14	5079.1	809.2	
1999	14.7	5477.7	190.8	
2000	7	2720.8	209	
2001	8	3097.3	203.7	
2002	8.3	2562.7	120.4	
2003	10	3494.8	30	
2004	9	4200.6	97	
2005	15.9	3299.4	96.2	
2006	14	3001.2	2.2	

表5-4-2　　昆明志达混凝土厂建厂以来商品混凝土质量情况

年份	完成量（万米^3）	完成规格（强度等级）	取样试验（组）	合格率（%）	优良保证率（%）	备　注
1996	0.72	C10～C40	112	100	未计	下半年开始生产
1997	4.7	C10～C40	581	100	88	
1998	14	C10～C60	2290	100	90.2	
1999	14.7	C10～C60	2450	100	91.3	
2000	7	C10～C50	958	100	91.8	
2001	8	C10～C50	1445	100	92.3	
2002	8.3	C10～C60	1464	100	92.8	
2003	10	C10～C60	2000	100	93	
2004	9	C10～C60	2008	100	95	
2005	15.9	C10～C60	2332	100	91	
2006	14	C10～C60	2339	100	94	

二、云南轻质混凝土材料有限公司

云南志达轻质混凝土材料有限公司位于昆明市西郊大普吉同心路37号，公司经营场地4533米^2，设置在昆明志达混凝土厂厂区内。公司于2003年2月投资400万元，建成年生产规模达10万多米^{3}的轻质发泡混凝土生产线。该生产线年生产预制轻质发泡混凝土砌块6万米^3，生产、运输、泵送至施工现场浇筑轻质发泡混凝土10万米^3。

云南轻质发泡混凝土材料有限公司采用有限责任公司的模式，总股本400万元，由昆华实业总公司投资98万元，昆华实业总公司曲靖金源公司投资20万元，昆明银河印刷厂投资10万元，昆华实业总公司工会持股会出资262万元，5家共同发起设立。

2002年4月15日，昆明轻质发泡混凝土投资建设项目经批复同意组建，名称为“云南志达轻质混凝土材料有限公司”。

2003～2005年，云南志达轻质混凝土材料有限公司先后向金玉缘小区、耐力公司住宅楼、省工商局大楼、金碧花园、省军区干休所、学府人家小区、阳光果香小区、园丁二期小区、省技术监督局住宅区、省公安大厦、曲靖妇幼医院等项目供应轻质发泡混凝土及其相关所需产品，产品合格率达100％，得到用户的一致好评。

2006年，轻质混凝土材料有限公司完成产值310.8万元。轻质发泡混凝土屋面浇筑材料存在市场使用量不大，而且市场竞争激烈，资金回笼困难，因此在一定程度上制约了该产品的发展空间。为此，公司积极组织人员进行市场开拓，开发了现场拌制“商品混凝土”项目，并与上海建工集团签订了云南大理市上实公司开发的“洱海庄园”项目及云南省建十公司石林开发区“狂欢之都”项目的混凝土现场拌制合同。在混凝土现场拌制过程中，通过技术创新，优化了配合比，既降低了产品成本，又保证了产品质量，得到了用户的广泛好评，并创造了良好的经济效益。

第二节　装　修　装　饰

云南水电十四局东华装饰工程有限公司

水电十四局东华装饰工程有限公司（以下简称东华装饰公司）的前身为中国水利水电第十四工程局华东分局装饰工程队，属工程局华东分局施工作业队。1997年1月～2000年6月，承担天荒坪电站地下厂房C1、EM4标主副厂房、主变压器及相关洞室群的装饰装修工程，4年的时间完成产值1533万元，实现利润196万元，取得了良好的经济效益。

为了集中局内装饰装修专业方面的技术、管理、施工力量，发展装饰装修工程业务，1999年3月9日，工程局正式批准成立中国水利水电第十四工程局装饰工程公司。同年6月7日进行了工商注册登记。企业名称为云南东华装饰工程中心，法人代表为严立宇。

2005年12月31日，东华装饰工程中心共有正式职工26人。经过改制，2005年12月24日，东华装饰公司正式更名为“云南水电十四局东华装饰工程有限公司”，严立宇任董事长兼总经理。施工项目主要是依托工程局承担水电站地下厂房建筑装修工程。公司具有装饰装修工程、砌筑工程、地下防水工程、钢结构等工程施工的资质和能力。

2006年12月31日，东华装饰公司共有职工31人，大专以上学历23人，初级以上专业技术职称人数20人，中级以上专业技术职称人数12人。东华装饰公司下设项目总工、技术主管、质量主管、安全主管、主办会计、综合事务主办。

1999年东华装饰工程中心成立，并相继进入河南黄河小浪底工程、福建棉花滩水电站承担装修工程施工任务。在承担天荒坪电站地下厂房装饰装修工程施工经验的基础上，进一步探索水电站装修施工管理方式方法，开始注重用技术措施指导施工，用验收规范检查施工结果。注重施工技术人员的培养，与施工协作队形成互利共赢、紧密配合的关系，对于施工进度、安全、质量、成本等方面注重计划与过程控制，服从总承包方的指挥与调度，主动配合机电安装，与设计、监理等相关方关系融洽。2002年，河南黄河小浪底工程、福建棉花滩水电站装修工程相继完工，积累了地下厂房装修工程施工经验，质量、进度满足总承包方、监理方的要求，未发生重大安全事故，两个项目均实现了较好的赢利，总体上了一个台阶。

2002年，东华装饰工程中心成立民用装修工程部，开始进入民用装修市场，先后承担了河南黄河小浪底外资方营地装修改造工程、工程局办公大楼装修工程、西南林学院主教学楼装修改造等民用装修工程。从水电站装修工地上完工退场的施工技术人员，回到东华装饰工程中心本部参与民用装修工程的施工项目管理。民用装修技术工艺水平和质量标准要求较高，通过参与民用装修工程施工项目管理，进一步提高了施工技术管理人员的业务素质和质量意识。水电站装修与民用装修在项目管理上资源共享，有很好的互补作用，促进了东华装饰工程中心在装修工程施工项目上管理水平的提高。

2004年1月，东华装饰工程中心进点广西右江百色水电站，承担该水电站地下厂房顶部钢结构、防水及建筑装修工程施工，并成立了项目经理部，投入了项目管理人员。项目管理组织机构完备，设有项目经理、技术、质量、财务、经营等管理人员，管理人员职责分工明确，并制定了项目管理规章制度。百色项目经理部的运营，标志着东华装饰工程中心的项目管理开始朝着精细化、规范化、制度化方向发展。2004年4月，东华装饰工程中心与云南机械设备进出口公司签订缅甸邦朗水电站装修工程施工合同，东华装饰工程中心从此正式走出国门，承担国际工程。

东华装饰工程中心还先后承担了湖北三峡永久船闸输水系统混凝土面环氧砂浆饰面工程、贵州乌江渡扩机工程地下厂房建筑装修工程、广西龙滩水电站地下厂房顶部钢结构及建筑装修工程、重庆彭水水电站建筑装修工程等多座大中型水电站的装修施工。

2005年，为确保企业持续发展、提高项目管理水平，东华装饰工程中心按照GB/19001—2000《质量管理体系　要求》、GB/T 24001—2004《环境管理体系　要求及使用指南》和GB/T 28001—2001《职业健康安全管理体系　规范》建立了质量、环境和职业健康安全一体化的管理体系。2005年5月，东华装饰工程中心发布实施《质量环境职业健康安全管理手册》，对施工项目管理提出了更高的要求。东华装饰工程中心项目部根据管理体系的要求明确了岗位职责、岗位目标，建立健全项目部管理制度，并按要求严格执行、检查与考核。2005年8月，东华装饰工程中心一体化管理体系通过认证，并取得证书。2006年，东华装饰工程中心改制为有限责任公司，公司施工项目管理步入了精细化、规范化、制度化的新阶段。

东华装饰工程有限公司已建和在建工程见表5-4-3。

表5-4-3　　东华装饰工程有限公司已建和在建工程一览表

序号	工程名称	所在地	建设单位	中标合同额（万元）	实际完成产值（万元）	主要工程量	开工、竣工日期
1	天荒坪抽水蓄能电站装修工程	浙江省安吉县	浙江天荒坪抽水蓄能电站工程建设公司	1435	1533	楼地面水泥砂浆整体面层430米^2，墙面、顶棚水泥砂浆抹灰面及饰面涂料56 630米^2，花岗岩地面铺贴2200米^2，水磨石地面铺贴5040米^2，耐磨地砖1440米^2，花岗岩墙裙530米^2，瓷砖墙面4870米^2，铝合金吊顶300米^2，不锈钢楼梯扶手850米，铝塑板饰面1400米^2，给排水安装1100米	1997-01～2000-06
2	黄河小浪底水电站	河南省孟津县	黄河小浪底水利枢纽工程FFT联营体	658	1273	楼地面水泥砂浆抹灰68 100米^2，地砖56 000米^2，花岗岩铺贴3800米^2，水磨石地面铺贴4100米^2，涂料61 530米^2，花岗岩墙裙600米^2，彩钢多空墙面2500米^2，铝塑板面900米^2，不锈钢楼梯扶手610米，防火卷帘门508米^2，不锈钢防火平板门120米^2，厂方吊顶3500米^2，铝合金吊顶1200米^2	1999-01～2001-12
3	福建棉花滩水电站	福建省永定县	福建棉花滩水电开发有限公司	1230	1315	地面瓷砖1200米^2，水磨石6450米^2，涂料67 500米^2，外墙面砖6000米^2，花岗岩地面750米^2，花岗岩墙裙900米^2，硅酸钙板吊顶4500米^2，矿棉板吊顶4500米^2，石膏板吊顶3900米^2，防火门安装1050米^2，玻璃幕墙安装630米^2，塑钢窗450米^2，屋面防水施工6000米^2，不锈钢栏杆扶手3000米	1999-10～2001-06
4	重庆彭水水电站	重庆市彭水县	重庆大唐彭水水电开发有限公司	3065		厂房金属结构吊顶7560米^2，砖砌体2000米^3，水泥砂浆抹灰140 00米^2，涂料28 000米^2，石膏板、矿棉板吊顶1250米^2，氟碳铝板吊顶300米^2，全钢抗静电地板520米^2，地面地砖8200米^2，环氧彩砂自流平地面560米^2，铝塑复合板墙面8800米^2，塑钢窗1020米^2，屋面防水9885米^2，钢防火门650米^2，防火卷帘门120米^2，钢栏杆扶手6550米	2006-07（在建）

第三节　商业　服务业

一、水电十四局劳动服务公司

（一）组建劳动服务公司

1982年，工程局有待业青年2300多人和部分富余职工。为了解决富余职工和待业青年的工作，经工程局党委研究，1984年2月8日，成立了“水利电力部第十四工程局劳动服务公司”，以安置富余职工和待业青年，并向当地工商行政管理部门申领了企业法人营业执照。

1990年11月，昆明市工商行政管理局对劳动服务公司进行变更，将“水利电力部第十四工程局劳动服务公司”的法定名称变更为“水电十四局昆明劳动服务公司”，其经营范围核定为五金交电、塑料制品、橡胶制品、日用百货、针纺织品、建筑材料、玻璃钢瓦、钢材的批发零售。

1993年2月，为发展第三产业，实现“一业为主，多种经营，综合发展”，工程局成立了“中国水利水电第十四工程局昆华实业总公司”。1994年10月，劳动服务公司划归实业公司管理，实行独立核算，自负盈亏。劳动服务公司安置富余职工和待业青年的职能逐步淡化。

1985～1996年期间，曾任工程局劳动服务公司经理的有：张金早、袁俊、刘怀炯，曾任工程局劳动服务公司副经理有：王永昌。

（二）劳动服务公司经营情况

劳动服务公司自1984年成立后，为搞活经济，安置富余职工、待业人员，大力开展多种经营，先后投资设立的经营项目含工业、建筑业、服务业。设立的小企业有：昆明银河印刷厂、昆明鸿雁服装厂、电力器材供销经营部、劳动服务公司招待所、昆明装潢经营部、昆明水工机械厂。

1989年，劳动服务公司投入资金1200万元，从业人数达到704人，经营项目网点达到70个，产值及经营额达到1073万元。公司先后兴办了金属结构厂、制氧厂、制钉厂、印刷厂、服装厂、糕点厂、建筑队、客车队、安装队、装修队以及一大批商店、旅馆和餐厅，为鲁布革水电站、漫湾水电站、广蓄电站，以及众多的地方电站建设拾遗补缺，提供了多方面的服务。

昆明鸿雁服装厂注册资金5.7万元，经营范围为服装加工，普通布制工作服、帆布手套、围腰、袖套加工，为水电十四局各项目点提供劳保制品。电力器材供销经营部注册资金17.2万元，经营范围为金属材料、五金交电、建筑材料、机电产品、电气设备、输变电线及工具、电工材料、汽车配件、摩托车配件、工矿机械配件、水暖器材、塑料、橡胶制品、仪器仪表、油漆的批发和零售。工程局劳动服务公司招待所与劳动服务公司实行内部核算，1994年3月随劳动服务公司归属实业公司，其经营范围为住宿、沐浴、停车场的服务。水电十四局昆明劳动服务公司装潢经营部注册资金5万元，1994年随劳动服务公司划归实业公司管理，1999年更名为水电十四局昆华实业总公司装饰工程部。水电十四局昆明水电建设工程处水工机械厂注册资金 68 万元。1989 年，昆明市劳动就业服务局向上述企业颁发了《劳动就业服务企业证书》。1992 年后，“水电十四局昆明劳动服务公司”成立了昆明水工机械厂。劳动服务公司对昆明水工机械厂、装潢经营部、招待所等实体单位实行独立核算。劳动服务公司逐步走向市场，扩大经营，对外进行招投标工作，承揽金属结构制作等工程项目。

二、昆明水电疗养院

昆明水电疗养院地处昆明市海埂路滇池湖畔、海埂公园以西 1 公里处，占地 100 亩，设有疗养及康复床位 400 张。

1982 年，云南省及昆明市同意驻滇厅局级大型国企在昆明海埂风景区征地建盖职工疗养院，工程局加入了海埂区建疗养院的行列。同年 7 月，工程局在昆明吴井桥组建了疗养院前期工作筹备工作组，负责征地、申办等事宜。

1984 年 1 月，征地工作取得进展，工程局上报水电总局，同意建盖水电疗养院。同年 3 月 26 日，水利电力部水利水电建设总局〔1984〕水建劳字第 25 号文《同意兴建昆明疗养院的批复》中明确：“关于昆明建设疗养院的报告收悉，根据水电队伍野外施工的情况，为解决职工长年工作、生活在深山峡谷，因伤、病和职业病等疗养的需要，经总局研究，同意报告意见，在昆明滇池海埂风景区合资建立水电职工疗养院，购地 100 亩，床位控制在 400 张。建设投资，按各参加单位所需床位分摊，自筹解决。请你局邀请各参加单位，对疗养院面积、建设工期、分年投资和自筹资金进行协商，作出规划报总局。所需建设投资，同意你局〔1984〕局办字第 07 号报告意见，由各单位自筹资金 185 万元解决”。同年 7 月，经云南省政府批复同意。同年 8 月，工程局与昆明市政府正式签订了《用地协议书》。同年 10 月，建设用地红线界定及勘测全部完成。1984 年 12 月～1985 年 3 月支付征地款项 396 万元，水电职工疗养院建设正式启动并进入实施阶段。

1982 年 5 月～1984 年 8 月，工程局成立了“水电疗养院筹备工作组”，负责人屠秉均。1983 年 5 月后，工作组设在昆明东风东路 4 号院内。

水电疗养院建设始于 1984 年 8 月。1984 年 10 月以后，筹备组搬迁至昆明环城南路环城巷 1 号（吴井桥招待所），负责人屠秉均，工作人员逐步增加到 20 多人。

1986 年 6 月，工程局提升了筹备组级别，变原来的科级为副处级，同时调整了机构和人员。钟帮佐任筹备组组长，筹备组工作人员增加到 29 人，办公地点设在吴井桥。

1987 年 9 月，筹备组办公地搬迁至海埂疗养院施工现场办公。

水电疗养院于 1990 年 3 月基本建成，1 号疗养楼投入使用，医务人员、医疗器具基本到位，具备初级疗养接待条件。1994 年，随着 2、3 号疗养楼的先后建成，昆明水电疗养院建设期结束。

1990 年 1 月，工程局向云南省卫生厅、工商局申办了医疗及其他经营证照，正式开始运营。同年 6 月，疗养院筹备组更名为“昆明水电疗养院建设领导小组”，组长由李应德担任。

1990～2006 年间，曾任水电疗养院院长的有：顾思林、赵绍增、冷永久、刘怀炯、李峰、万安南、赵静，曾任水电疗养院副院长的有：王简兮、王忠义、胡文光、赵静、吴炳成。

1990 年 1 月～1995 年，初步建成的疗养院在这一时期最大限度地发挥了自身能力，近 5 年的时间内共接待系统内疗养职工 52 批次，共 2600 余人；完成昆明地区工程局职工身体全面检查和专项体检 1500 人次。这一时期也是疗养院建成投入使用后的一个鼎盛时期，各项资源得到较好组合，集中了全局最好的医疗器械及人员，工程局调配及接收大、中专毕业生 200 人，其中医护技术人员 56 人。

1992 年 2 月 12 日，工程局《关于局医院工业卫生科划归疗养院管理的通知》中明确：为加强工程局职业卫生管理工作，开展施工现场的劳动保护和职工的职业病防治，与工程局职业病康复中心配套，决定将原属工程局医院的工业卫生科，从 1992 年 1 月起划归疗养院管理。测试设备和环境监测汽车全部由工程局医院调归疗养院。在疗养院的领导下，开展全局各项工程的环境监测和工业卫生科工作。

1990～1994 年是疗养院发展的稳定时期。该时期疗养院年平均工作人员 200 多人，平均每年接待局内会务 660 人次（含教育培训），职工体检及治疗平均每年 326 人次。

1994～2000 年，水电施工市场开拓艰难，特别是疗养费用的短缺及疗养人员的减少，疗养院原有功能及属性也随之进行了调整。疗养院功能目标调整为以局内会议、休闲接待、医疗服务、职工培训为主要任务，医疗服务逐步分离。

2000～2006 年期间，随着国企改革不断深入，经营承包进入实施阶段。疗养院管理权由工程局下放给昆华实业总公司。疗养院为了生存，改变了原有的经营模式，对外进行土地和房屋出租，经营范围也作了调整，医疗服务从疗养院独立分离出去，大批量引进外聘服务人员，经营范围除原有的局内会务、休闲接待、职工培训服务外，对外开拓进行商务接待、旅游休闲服务、文体娱乐服务等。同时，工程局内的会务、培训、业务招待等均在疗养院举办。2002 年以后，疗养院经营状况得到改善，多年累计亏损额逐年递减。在这一时期，水电疗养院也适时挤出有限的资金，对部分陈旧房屋及设施进行了翻修和维护，确保了疗养院土地及所属资产的稳定和增值。

2006 年 1 月，工程局对昆华实业总公司进行了产权改制，水电疗养院作为昆华实业下属的一个经营实体，参与了主管企业产权改制。

三、昆明银河印刷厂

昆明银河印刷厂于 1984 年建成，经营范围为书、报刊、表格、单据、信笺的印刷和生产加工，以及书、画装裱服务；经营性质为集体，隶属水电十四局劳动服务公司。

1989 年，昆明市劳动就业服务局向银河印刷厂颁发了《劳动就业服务企业证书》。1992 年，印刷厂注册，注册资金 33.46 万元，其中固定资产 18.11 万元，从业人数 25 人。1994 年 10 月，印刷厂划归昆华实业公司管理。

1999 年，昆华实业公司重组，印刷厂 10 人划归昆华实业总公司。随着经营规模的扩大，印刷厂经营地址几经变更，从昆明环城东路 192 号工程局大楼旁搬至东华小区春登里 19 号，再搬至昆明环城南路环城巷 1 号。

2006 年 1 月，昆华实业总公司改制为昆华建设有限公司，印刷厂 4 名职工成为公司的持股职工。截至 2006 年 12 月，印刷厂有正式职工 4 人、生产设备 12 台，固定资产原值 43 万元。

第四节　制　　造

昆明畅唯科学仪器厂

1982年，工程局为满足岩石试验的需要，开始研制岩土工程试验仪器。初期研制的产品有多点位移计、锚杆应力计。1990年，经工程局批准，水电十四局曲靖银河科学仪器厂于1月15日在曲靖工商行政管理局注册成立，主要生产振弦式岩土工程安全监测仪器，产品有多点位移计、锚杆应力计、渗压计。

1994年3月12日，曲靖银河科学仪器厂与昆明鲁布革科技实业有限公司合伙，在昆明市官渡区工商行政管理局注册成立了“昆明捷兴岩土仪器制造有限公司”。公司产品有多点位移计、锚杆应力计、渗压计、混凝土应变计、水位计、收敛计。

1997年7月1日，由于企业运作及管理原因，曲靖银河科学仪器厂与捷兴公司分离，继续开展技术开发及市场经营活动。

2005年10月18日，经工程局局科研所批准，曲靖银河科学仪器厂整体搬迁昆明市，在昆明市高新技术开发区工商行政管理局注册并更名为“昆明畅唯科学仪器厂”。仪器厂所生产的产品有多点位移计、锚杆应力计、收敛计、锚索测力计、渗压力、土压计、水平位移计、垂直位移计、混凝土应变计、测缝计、水位计、锚杆测力、反光成像仪、集线箱。

经过多年的不懈努力，工程局对振弦式岩土工程仪器的研究，从初期研发到产品完善发展，取得了一定的成绩。在振弦激振技术方面，自主研制了同轴激振磁芯。此项技术已在振弦式仪器相关产品中广泛使用，与国内外同类仪表通用。在产品制造技术的其他方面，通过多年的反复研究，也取得一些宝贵的经验，为工程局的后续发展打下了一定基础。振弦式同轴激振磁芯技术术研究获国家专利，产品取得了全国工业产品许可证，并通过了ISO 9000体系认证。

工程局研发的振弦式岩土工程仪器及其相关产品，如多点位移计、锚杆应力计、锚索应力计等，仪器性价比高、工作性能稳定，成功替代了进口产品，已广泛运用于国家重点工程，如小湾水电站、糯扎渡水电站、西龙池水电站、锦屏水电站、功果桥水电站等项目，能满足工程实际运用，使用情况良好，受到用户的好评。工程局研制的岩土工程安全监测仪器运用情况见表5-4-4。

表5-4-4　　工程局研制的岩土工程安全监测仪器运用情况

序号	工程名称	仪器名称	使用期限	备注
1	云南大朝山水电站地下厂房	多点位移计、钢筋计、渗压计、测缝计、锚杆应力计、应变计、压应力计	从1997年到工程完工	在运行中继续使用

续表

序号	工程名称	仪器名称	使用期限	备注
2	福建棉花滩水电站地下厂房、主变压器室、尾水调压室	多点位移计、钢筋计、渗压计、测缝计、锚杆应力计、应变计、压应力计	从1998年到工程完工	在运行中继续使用
3	浙江天荒坪水电站厂房	多点位移计、钢筋计、渗压计、测缝计、锚杆应力计、应变计、压应力计	从1994年到工程完工	在运行中继续使用
4	广东广州地铁2号线	多点位移计、钢筋计、渗压计、测缝计、压应力计	从2000年到工程完工	在运行中继续使用
5	西龙池水电站地下厂房	多点位移计、钢筋计、锚杆应力计	从2000年到工程完工	在运行中继续使用
6	湖北水布亚水电站放空洞	多点位移计、钢筋计、渗压计、测缝计、锚杆应力计、应变计、压应力计	从2000年到工程完工	在运行中继续使用
7	云南小湾水电站坝肩抗力体	多点位移计、钢筋计、渗压计、测缝计、锚杆应力计、应变计、压应力计、锚索测力计	从2003年开始	使用中
8	云南小湾水电站地下厂房	多点位移计、钢筋计、渗压计、测缝计、锚杆应力计、应变计、压应力计、锚索测力计、钢板计、锚杆测力计	从2003年开始	使用中
9	云南罗富高速公路	多点位移计、锚索测力计	从2004年到工程完工	
10	云南曲靖水域水库、大理普棚水库等	压应力计、渗压计、垂直水平位移计	从施工到工程完工	
11	云南航天质量检测公司各施工项目	多点位移计、渗压计、锚杆应力计、	从施工到工程完工	

续表

序号	工程名称	仪器名称	使用期限	备注
12	云南糯扎渡水电站导流洞、地下厂房	多点位移计、钢筋计、渗压计、测缝计、锚杆应力计、应变计、压应力计、锚索测力计、钢板计、锚杆测力计	从 2005 年开始	使用中
13	云南瑞丽江水电站	多点位移计、钢筋计、渗压计、测缝计、锚杆应力计、应变计、压应力计、锚索测力计、钢板计	从 2006 年开始	使用中

第六篇　企业改革

第六篇　企　业　改　革

第一章　概　　况

在建局以后相当长的一段时期内，在国家计划经济体制下，水电十四局与其他施工单位一样，工程建设实施“自营式”体制。建设计划由国家下达，工程建设资金由国家核拨，施工设备由国家提供，主要施工物资由国家调拨，施工企业的盈亏由国家承担，施工单位没有经营自主权，企业生产的目标是为了完成上级下达的计划和工程任务。在这种管理体制下，施工企业成了刚性的组织，企业成建制地随着工程流动，水电职工拖家带口住在工地上，建设工地成了自成体系的“小社会”，职工生产和生活条件艰苦。此外，企业办社会也加大了工程临建费用。在这种管理模式下，水利水电工程投资大、效率低、工期长、造价高。

中共十一届三中全会以后，水电十四局通过企业整顿，试行经济责任制，推行经营承包责任制，克服了工程任务不足的困难。1983 年，云南鲁布革水电站工程成为中国水电工程第一个对外开放的试点。水电十四局开始在鲁布革水电站工地学习和推广外国先进的施工管理和技术经验。1985 年 11 月，水电十四局经国务院批准，在鲁布革地下厂房施工中成功地组织了学习外国施工管理经验的试点，在国内开创了项目法施工的先河。同时，水电十四局在鲁布革工程施工中通过学习和引进先进的施工技术和成套的大型施工机械设备，改变了水电工程落后的施工工艺和施工手段，大大提高了机械化施工能力，培养了一大批掌握先进施工技术和机械设备的技术和管理人才。鲁布革改革开放的经验得到了中央和国务院的高度重视，1987 年，国家计划委员会召开了全国施工工作会议，在全国总结和推广了鲁布革管理经验。在学习鲁布革管理经验的基础上，水电十四局提出了有计划、有步骤地改革企业内部组织机构和管理机制，把水电十四局由一个单一的施工劳动密集型企业，逐步建设成为智力密集型总承包公司的目标；在工程项目中全面实施项目法施工，企业实施两层分离，即管理层和劳务层分离，前方和后方分离，分流职工队伍，精干队伍上第一线，建设后方基地，发展第三产业。

1985 年，水电十四局中标承建了云南漫湾水电站导流和泄洪工程。这是水电十四局通过投标承建的第一个大型水电工程，标志着水电十四局走向了建筑市场。1991 年 6 月，鲁布革水电站 4 台机组发电，水电十四局在计划经济下承担的指令性工程全部结束（鲁布革水电站除引水隧洞工程国际招标以外，首部和厂房工程及机电安装工程仍然属于国家计划性工程，由水电十四局施工）。从此，水电十四局完全通过招投标承包工程，全面告别了由国家分配施工任务的计划经济体制。

在学习鲁布革管理经验的过程中，水电十四局一方面大步走向市场，通过投标承揽工程；另一方面在全局工程项目中实施了项目法施工，继在云南漫湾水电站工程、中屯水库等工程推广鲁布革项目法施工的经验以后，在广蓄电站全面、成功地推行了项目法施工。在“创造一流施工水平，探索一流管理经验，培养一流施工队伍”的指导思想下，以项目法施工为总揽，精简管理机构。以目标管理为红线，优化配置生产要素。以成本控制为中心，注重投入产出，抓好基础管理工作。以思想政治工作、行政手段、经济杠杆“三位一体工作方法”为保证，加强队伍建设，提高职工素质，并在广蓄电站二期施工中创造了“均衡生产，文明施工”的经验，提升了项目法施工的水平。

1996 年，外国承包商承包的黄河小浪底水利枢纽二标工程工期严重滞后，在水利部的协调下，水电十四局与水电一、三、四工程局组成了 OTFF 联营体（水电十四局为牵头方），以记实劳务的形式从外国承包商手里承包了 3 条导流洞的赶工任务，抢回了滞后的工期，确保了 1997 年黄河小浪底工程大江截流。在项目管理中，OTFF 与国际惯例接轨，形成了对外执行菲迪克合同条款、对内强化内部协调管理的整套运行机制，同时也积累了国际合同管理的经验，提高了国际合同管理的水平。

在深入学习鲁布革管理经验的过程中，为了适应工程招投标和项目法施工的实施，改革企业的管理体制和机制，水电十四局对企业的内部管理逐步推行了一系列的改革。

为了实现企业的前后方分离，安置后方人员和离退休职工，从 20 世纪 80 年代初，水电十四局便开始在曲靖、下关和昆明建设后方基地，到 1993 年基本形成了昆明、大理、曲靖和罗平职工基地，水电十四局的水电职工全部下山进城，入住基地。

为了安置企业富余人员和解决职工子女的就业问题，1984 年水电十四局成立了劳动服务公司，兴办劳动就业企业。1989 年，水电十四局制定了“一业为主、多种经营、综合发展”的方针，大力发展多种经营，后来逐渐向多元化经营发展。

为了适应市场竞争的需要，转换机关经营职能，1987 年以后水电十四局多次调整了内部管理机构，重组了局属二级单位，以适应局施工生产力的发展。

为了深入推行项目法施工，水电十四局组建了企业内部市场，在项目管理中动态优化配置机械设备、材料、资金、技术等生产要素。

为了转换内部经营机制，水电十四局推行了内部经济责任制。1988 年，经水电建设总局批准，水电十四局实行局长负责制，贯彻中央颁发的“三个条例”，召开了水电十四局职工代表大会，通过了局长任期目标，同时在全局试行了经济承包责任制。1989～1999 年，水电十四局先后实施了三轮内部承包经营责任制。从 1985 年开始实行百元产值工资含量包干。

1993～1994 年，水电十四局推行了三项制度改革。实行全员劳动合同制，打破干部终身制，建立干部能上能下的制度，并形成多劳多得的激励机制。局机关精简了机构，裁减了冗员，机关人员定职、定岗、定员、定责。

2000 年，为适应社会主义市场经济的需要，进一步深化企业改革，提高企业现代化管理水平，逐步实现企业改革的总体发展目标，水电十四局对企业原有管理体制推行了以市场为取向、以强化企业内部管控为目标的全面改革，全面改革了企业的管理机构、管理职能和规章制度。这是继鲁布革改革开放之后，水电十四局对企业管理体制的又一次重大改革。具体改革措施如下：

（1）整合企业内部资源，实施生产资源公共化管理。改革人力资源的管理体制，实行全员劳务制；成立局和二级单位的设备租赁中心，开展内部租赁业务；建立和健全局资金管理中心，实行资金统一管理。

（2）分离企业的社会职能，强化二级单位的生产经营功能。将水电十四局承担的社会职能一部分交给地方管理，一部分由工程局实施统一管理，使二级生产经营单位集中精力从事生产和经营管理。

（3）以加强和提高项目管理能力为基础，提高企业整体经济效益。水电十四局统一管理项目经理的资质和聘用，统一制定项目管理制度，统一实施项目的财务管理，统一制定项目经理部的考核标准和考核办法，统一实施对项目审计和稽查的制度和办法。此外，改革机关的管理体制和经济管理制度，强化工程局的管控能力。

2001～2006年，水电十四局继续深化改革，调整和转换管理机构和职能，加强专业化公司的建设，开展技术创新和管理创新，转换经济增长方式，促进经济规模和经济效益的同步增长。2004年9月，水电十四局拟订了《中国水电十四局发展战略与规划》制定企业的发展目标和产业结构调整目标，提出：以国内水电工程为主，拓展其他建筑业业务，积极开拓国际市场，扩大国际工程承包额，大力发展对外投资，逐步形成国内建筑工程、国际工程和对外投资三大产业结构；开展多元化经营，积极调整企业产业结构。2005年，水电十四局进行了主辅分离、辅业改制，同年开始了薪酬制度改革。水电十四局按照集团公司的战略部署，逐步建立并完善现代企业制度，努力实现产权多元化和产业结构的优化，努力提高企业的经济效益和科学管理水平，不断开拓国内非水电市场和国际工程市场。2006年，水电十四局对企业发展与规划进行了修改，制定了企业的战略构想、战略定位、战略方针、战略目标、战略步骤和战略措施，并认真组织实施。

第二章　经　营　方　式

第一节　经 济 责 任 制

1978年下半年，北京、上海、唐山等地建筑企业开展了“创全优工号”的竞赛活动，实行了“全优综合责任奖”的办法，在建筑业影响较大，国家建设委员会发文要求积极推广。水电十四局第三工程处在黄泥河乃格子弟校1、2号教学楼工程中试行了“创全优工号”竞赛奖励办法，对达到进度、工程面貌、质量、工效定额和材料定额指标，保证安全和文明施工的班组实施奖励。1981年7月，水电十四局第二工程处浑水塘工区在房建工程中推行了《创全优实行内部经济包干管理办法》，以施工队和班组为单位，按施工图预算发包单位工程，下达了工日和材料定额，规定了进度、质量、安全和文明施工要求，超产有奖。创全优有奖活动明确了经济责任，提高了工效，缩短了工期，节约了材料，具有经济责任制的雏形。但是，这项活动由于多方面的原因在水电十四局没有得到坚持和推广。

1981 年 10 月，电力工业部水力发电建设总局下发了《关于水电施工企业推行经济责任制试行办法》的通知。通知指出：推行经济责任制的目的是，通过落实经济责任，把企业和个人的经济成果与经济利益直接挂钩，调动企业和职工的积极性，达到各司其职，改善经营管理，促进水电建设，提高经济效果。推行经济责任制的形式是：局（公司）实行利润分成，亏损包干；工区、处实行内部预算包干；施工队（班、组）实行定额包干。经济责任制在水电十四局的黄泥河分局和水电一处开始试行。黄泥河分局在 1981 年四季度开始以工区、厂队为核算单位推行内部合同、内部价格，使用“成本票”进行包干和核算，实行内部预算包干。水电一处实行以内部经济包干为主要形式，单位工程分段（或分部）包干为次要形式，专项费用包干为辅助形式的经济责任制。

1982 年初，中共中央、国务院颁发《关于国营工业企业进行全面整顿的决定》。水电十四局按照文件精神，决定以推行经济责任制为突破口，以提高经济效益为目的，开展企业整顿工作。1984 年，水电十四局下发了《水利电力部第十四工程局一九八四年施工项目经济责任制试行办法》，要求全局以工程公司（厂）为核算单位，各级施行内部经济包干。各工程公司（厂）对局实行施工图预算包干；工程队对工程公司以施工图预算为依据，以月度、季度计划签订经济合同包干；班组对工程队实行以部颁 83 劳动施工定额为依据，下达工程任务单包干。局属各单位也制定了经济责任制的实施办法。

1978～1984 年是“文化大革命”刚结束后的一段时期，水电十四局由于队伍庞大、工程任务不饱满、历史包袱沉重，经济处于困难时期。通过企业整顿和试行经济责任制，对于调动职工的生产积极性，加强企业管理和发展生产起到了积极的作用，产值和全员劳动生产率开始上升。1983 年，水电十四局实现赢利，扭转了连续 4 年亏损的局面。

1984 年 5 月，水利电力部下达了关于《水利电力施工企业百元产值工资含量包干试行规定》的通知，指出施工企业实行产值工资含量包干是工资制度和工资管理体制方面的一项重大改革，能“克服平均主义，更好地贯彻按劳分配的原则，充分地调动企业和职工的积极性。”同时，水电总局下达了试行《水利水电施工企业百元产值工资含量包干试行办法》，并从 1985 年开始实行百元产值工资含量包干，在全局各公司（厂）推广。

1984 年，鲁布革水电站工程对外开放，引水隧洞工程利用世界银行贷款对外招标，日本大成公司中标承包并创造了高效率。水电十四局在厂房工程组织了学习外国先进经验的试点，随之在全局开始了以推行项目法施工为主要内容，改革企业内部管理体制的深刻改革。水电十四局进入了一个新的重要的发展时期，经济责任制也有了新的内容和形式。随着项目法施工的推广和深化，水电十四局开始试行项目经理负责制。局属单位开始对项目部下达经济技术指标，对项目部实施经济责任制。

1985～1987 年是水电十四局经济发展较快的时期之一。通过推广鲁布革管理经验和推行经济责任制，实施内部管理体制改革，水电十四局总产值和劳动生产率连年上升，职工收入有所增加。但由于企业社会负担和历史包袱沉重，企业赢利仍然保持较低水平。

第二节　经营承包责任制

1988年4月，经水利电力部水电建设局党组批文同意，水电十四局实行局长负责制，王开弼任局长，任期4年（1988～1991年），并制定了局长4年任期目标。为了落实局长任期目标，水电十四局对二级单位试行了为期1年的经营承包。这是水电十四局首次在全局全面实施经营承包责任制。同时，全局各单位也实行了经理（厂长）负责制，任期3年，并制定了本届班子的任期目标。

1989～1999年，水电十四局根据国务院于1988年2月颁发的《全民所有制工业企业承包经营责任制暂行条例》，进入了全面、系统地推行经营承包责任制的时期，对局属单位先后实施了三轮经营承包。

1989～1991年，水电十四局对二级单位实施了第一轮承包。水电十四局总结分析了前10年推行内部承包责任制的经验和教训，根据国家经济体制改革委员会（称简体改委）1989年经济体制改革要点中“关于进一步完善和发展企业承包经营责任制，强化企业的竞争机制、风险机制和自我约束机制”的精神，制定了《水电十四局八九至九一年第一轮内部承包经营责任制实施细则》，在局内全面实行。以内部承包经营合同的形式，采取“包死基数、确保上缴、超收多留、歉收自补”的办法，按各单位人员和装备情况核定产值承包基数，承包经济指标与核定基数挂钩，工资含量与产值效益双挂钩。各单位按产值基数上交2%的管理费，3%的利润，本单位留利率为0.75%，超计划部分按倒2∶8分成，上缴2%的劳保费用和1.2%的子弟校统筹经费，按比例收取施工设备租赁费和流动资金占用利息。承包合同签订以后，局属各单位采取积极措施，层层分解落实，加强项目管理，取得了明显效果，绝大多数单位实现或超额完成了三年承包合同。

1992年，水电十四局在总结第一轮承包的基础上，修改完善了内部经营责任制细则，推行了1992～1995年为期4年的第二轮承包。第二轮承包是第一轮承包的完善和发展。经营责任制内部承包考核指标由产值指标、经营发展指标和各项管理指标三大体系组成。承包形式由个人承包改为领导班子集体承包。承包内容按“双包双挂”的办法，适当提高承包基数和上缴费率，超额利润全额留给二级单位。强化了考核指标，严格合同管理，第二轮承包在加强管理、提高经济效益方面也取得了较好的效果。

1996年，水电十四局在总结前两轮承包经验的基础上推行了第三轮承包。水电十四局制定了统一经营责任目标体系及考核奖惩办法，通过分行业（产业）、分层次的经营点项目经理经营责任承包合同，把水电十四局所有经营点全部纳入第三轮经营责任承包的经营范畴之内。对经营点制定了上缴资金到位率、内部账款兑现率、工期履约率、质量、安全、年度总资产利润率、全员劳动生产率、投资回报率等承包考核指标。同时，对二级主体单位也实行承包管理，考核指标有上缴指标完成率、内部往来兑付率、年度经营产值目标实现率、年度总资产利润率、质量、安全等。此外，还颁发了《工程局项目管理办法》、《财务管理办法》、《资产管理办法》、《劳动工资管理办法》、《项目经理考核及奖惩办法》等管理办法，作为水电十四局第三轮承包的配套文件，与承包管理办法配套执行。第三轮承包原定到2000年，因水电十四局从2000年推行了内部管理体制全面改革，企业管理体制有了较大的变化，同时酝酿在项目部和二级单位实施新的经营责任制，因此本轮承包到1999年提前结束。

经过三轮承包，水电十四局的经济有了较大的发展，经济管理进一步加强，企业实力增强，为水电十四局的内部管理体制全面改革打下了基础。

第三节　经营目标责任制

从2000年开始，水电十四局对原有管理体制推行了全面的改革，改革的原则是：整合企业内部资源，实施生产资源公共化和市场化管理；分离企业的社会职能，强化二级单位的生产经营功能，解放生产力；以加强和提高项目管理能力为基础，提高企业整体经济效益；强化工程局的管理和控制力，提高企业集约化经营水平。改革的一项主要内容是实行经营目标责任制。从2001年开始实施《中国水利水电第十四工程局项目经理管理办法》，项目经理管理的内容有项目经理的资质管理、项目经理的选拔任用；项目经理的职责和权限为项目经理责任制、项目经理业绩考核及档案管理、项目经理年薪制。其中，主要内容之一就是对全局工程项目实施经营目标责任制。文件规定了项目经理的经营目标和责任。水电十四局成立了“项目经理考核和资质评审小组”（后改为业绩考核小组），每年对项目经理业绩进行考核，根据考核的结果，确定项目经理的年薪收入。项目经理业绩考核的内容包括上缴费用到位率、工期履约率、质量、安全、文明施工、精神文明建设和工程成本。项目经理年薪计算包括项目经理基薪、考核年薪和效益年薪三个部分。三者之和为项目经理总的年薪。基薪按项目的级别确定，考核年薪按考核指标（包括费用上缴率、质量、安全、文明施工和精神文明建设）的考核情况计算，效益年薪直接与项目成本状况挂钩。项目经理的基薪是保证项目经理基本生活费用的收入，考核年薪是直接与项目管理的各项经营指标（利润指标除外）挂钩考核的收入，效益年薪是项目经理年薪中直接与项目经济效益挂钩的收入。基薪和考核年薪都为正值，效益年薪在项目利润为正值时为正值，在项目利润为负（亏损）时为负值。效益年薪为项目当年利润或亏损的1%～3%。对项目的经济效益进行单独考核，加大了对项目经济效益考核的力度，同时也体现了利益与风险共担的原则，促进项目经理以项目效益为中心，提高项目管理水平。水电十四局每年年终对项目部进行预考核，根据考核的情况，在年初的工程局工作会上兑现项目经理年薪，上半年再对项目部进行终结考核，修正考核的结果。同时，实施了项目经理风险金制度。每年从项目经理部班子成员的考核年薪和效益年薪中提取30%建立项目经理风险金，用于抵补项目经理班子由于经营管理不善等原因造成的项目亏损，此费用由项目部提取以后，上缴有关部门专人专户储存，待项目竣工经审计后，项目没有亏损的，将风险金本息同时退还本人。在对项目经理进行年薪考核的同时，水电十四局还对项目经理进行履职考核。经过项目经理本人自我评价和群众民主测评，从德、能、勤、绩4个方面对项目经理进行评价。此外，水电十四局还建立了项目经理项目经营承包合同考核制度和项目审计及稽查制度。项目竣工以后，按照承包合同中所规定的经济技术指标和各项考核指标对项目经理进行考核。在项目的实施过程中，对项目和项目经理进行定期和不定期的审计和稽查，其结果作为项目经理考核的重要资料，记入项目经理档案。2004 年，水电十四局对项目经理管理办法作了修改和补充。项目经理经营目标责任制对明确项目经理管理的目标和职责，激励项目经理管理的积极性，提高项目管理水平发挥了重要的作用。

水电十四局从 2003 年开始对局属曲靖分局、大理分局、机电安装总公司、机械修造厂、路桥公司、科研设计院、国际公司、基础处理公司和昆华实业公司等二级生产经营单位实施经营目标责任制。试行 1 年后，2004 年制定了《水电十四局二级经营单位经营业绩考核办法》，并下发实施。业绩考核指标分为定量指标和定性指标两部分。定量考核的内容有获利能力、资产运营能力、市场竞争能力、上缴费用和职工收入 5 个方面，包括产值利润率、产值现金回收率、固定资产综合折旧率、净资产保值增值率、完成产值增长率、合同储备增长率、上缴费用到位率、职工收入增长率等 8 项指标。定性考核有企业改革与发展战略、科技创新能力、人才强企战略、经营管理水平、设备物资管理水平和文明建设等 6 项指标 18 项考核内容。定量考核的比重为 85%，定性考核的比重为 15%。每年年初在局工作会议上，由水电十四局法人代表与二级经营单位主要负责人签订年度经营责任，年终水电十四局业绩考核小组对二级经营单位进行预考核，并在工作会议上兑现年薪。会后进行终结考核，对预考核结果进行调整。同时，根据考核结果对二级经营单位业绩进行评定，分为优、良、合格和不合格 4 个等级。对连续三年评定为优的二级经营单位，水电十四局给予嘉奖。对考核为不合格的单位，水电十四局当年给予警示，并列为水电十四局稽查单位。对连续两年考核为不合格的单位，水电十四局对其经营者采取行政措施。水电十四局的考核制度和考核办法形成了比较科学合理的考核体系，对正确评价局属二级经营单位的业绩，建立有效的激励和约束机制，提高企业的经营管理质量和效益，落实工程局的战略发展目标，发挥了导向和保证作用。

水电十四局设备租赁中心因其经营性质具有特殊性，工程局于 2005 年 4 月另行制定下发了《水电十四局设备租赁中心经营业绩考核办法（试行）》，从 2004 年 1 月 1 日起开始实施。水电十四局对租赁中心的业绩考核采用定量考核和定性考核相结合，并以定性考核为主的考核办法。定量考核指标体系包括年固定资产保值增值率、年设备出租率、年租赁费收缴率、年设备综合折价率和年职工收入增长率等 6 项指标。定性考核指标包括 6 项指标 18 项内容（与上述其他单位的指标相同）。考核办法采用评分法，定量指标考核权重占 85%，定向指标考核的权重占 15%。根据定量考核和定性考核的总分，确定设备租赁中心的考核结果，并根据考核的结果发放租赁中心领导班子的年薪。

水电十四局的经营目标责任制实施以来，一方面注意保持主要管理办法的连续性，另一方面又根据实施的情况不断进行补充和调整，有效地激励了经营者的积极性，提高了企业经营管理的质量和效益。

第三章　产　业　结　构

第一节　一业为主　多种经营

水电十四局的多种经营事业是在施工企业管理体制综合改革的探索实践中逐步发展起来的。水电十四局多种经营的兴起和发展，大致经历了5个阶段。

一、大力兴办劳动服务公司阶段（1979～1988年）

根据中共十一届三中全会关于“服务生产，方便生活，广开门路，扩大就业”，大力发展劳动就业服务企业的精神，从1979年开始，局属各个单位抽调干部和技术业务人员，提供资金、场地和经营手段，开办了服务公司，面向企业、面向工地、面向职工，兴办了一批商业服务项目，揭开了水电十四局多种经营的序幕。

1984年2月8日，水电十四局下发了《关于成立水利电力部第十四工程局劳动服务公司的通知》，成立了水电十四局劳动服务公司。1985年9月，任命王永昌为劳动服务公司副经理，后历任过劳动服务公司经理的有张金早、袁俊、刘怀炯。劳动服务公司的全称为水利电力部第十四工程局劳动服务公司（地点在昆明）。同时，根据水电十四局一个机构、两地办公的特点，另一块牌子为水利电力部第十四工程局鲁布革工程指挥部劳动服务公司（地点在罗平）。劳动服务公司属企业编制的集体所有制经营单位实行独立经营，独立核算，自负盈亏。劳动服务公司在昆明的工作人员（包括招待所、食堂）编制为60人。编制定员指标中属全民的职工，在全局劳动计划编制内调剂解决，在罗平地区的人员编制另定。劳动服务公司是全局富余人员和待业人员安置工作的综合性机构，对全局基层的劳动服务公司（站）行政上实行领导和管理，并在供、产、销方面负责协调和联营。劳动服务公司生产经营所需的资金，主要依靠自己筹集和积累。在筹建开办初期，资金来源有困难的，暂由局财务处垫支一部分，定期归还。

经过10多年的艰苦创业、开拓发展，至1998年，全局劳动服务公司系统共投入资金1200万元，从业人数达到704人，经营项目网点达到70个，产值及营业额达到1073万元。水电十四局先后兴办了金属结构厂、制氧厂、制钉厂、印刷厂、服装厂、糕点厂、建筑队、客车队、安装队、装修队以及一大批商店、旅馆和餐厅，为鲁布革水电站、漫湾水电站、广蓄电站，以及众多的地方水电站建设提供了多方面的服务。水电站建设到哪里，劳动服务就到哪里。劳动服务公司成为水电站建设不可缺少的一支重要的后勤服务力量。

劳动服务公司从开办开始，一方面积极开拓经营范围，扩大安置规模；另一方面大力开展职业培训，兴办电工、钢筋工、电焊工、内燃机检修工、服装裁剪等培训班，扩大待业青年安置就业面。开办10多年中，全局各级劳动服务公司系统通过就业培训和考试，先后向地方输送就业人员3000多人，既缓解了水电十四局职工子女就业难的矛盾，又有力地支援了地方建设。

二、一业为主，多种经营，综合发展阶段（1989～1992 年）

为适应市场经济发展的需要，建设多功能基地，增强后方大本营的总体功能，1989 年，水电十四局确立了“一业为主，多种经营、综合发展”的战略方针，把建立和发展多种经营作为实现总体改革的重要战略部署进行规划和实施。水电十四局成立了多种经营领导小组，局长王开弼任组长，三总师参加，负责全局多种经营的决策、领导和协调，总揽全局多种经营事业的开拓和发展。1989 年 2 月 13 日，水电十四局为了安置局机关及局属昆明地区单位富余人员，成立了“云水公司”，李银田任总经理兼法人代表。云水公司属于集体所有制企业，实行自主经营，独立核算，自负盈亏。同年 2 月 15 日，水电十四局下发了《关于成立水电十四局企业部的通知》，成立了企业部，负责全局多种经营及二、三产业的管理和开发工作，并任命朱世熙为部长，董德忠为副部长。1990 年，胡金银接任企业部部长。局属各二级单位也相应建立多种经营办公室，具体负责多种经营项目的开发、实施和管理工作。至此，工程局多种经营事业进入有组织、有计划、有目标的全面发展阶段。

工程局从强化多种经营观念，理顺内部关系入手，着重进行了以下几方面的实践：

（1）建立健全多种经营机制和管理系统，切实抓好多种经营战略思想的落实，通过多种经营管理系统和多种经营项目的开发实施落实，使多种经营成为全局生产和经营的有机部分，与主业同时协调发展。

（2）使用鲁布革提前发电效益分成，设立“多种经营发展基金”，实行“有偿使用”、“滚动发展”、“跟踪管理”，大力支持多种经营事业的发展。

（3）制定多种经营项目的开发程序和审批办法，做到决策制度化、程序化、科学化，避免盲目上马、重复建设，确保多种经营事业的健康发展。

（4）采取“扶上马，送一程，保驾护航”的办法，放宽内部政策，对多种经营实行倾斜扶持。工程局先后制定出台了多种经营低息贷款办法、富余人员安置办法、集体企业内部承包办法、多种经营物资优先优价供应办法、多种经营企业产品销售内部保护办法，以及鼓励支持多种经营企业厂长、经理振奋精神，大胆经营的有关规定等，从多方面为多种经营的发展创造宽松的内部环境。把多种经营纳入全局内部经营承包责任制的范畴，与主业捆绑在一起承包、考核、奖惩，使多种经营成为全局生产、经营、管理的有机组成部分，纳入全局统一管理和调控轨道。

通过第二阶段的艰苦努力，工程局多种经营事业进入了全面发展的局面。截至 1993 年，全局多种经营产值比 1988 年增长 6.5 倍，年平均增长 24%；开办的多种经营项目网点达到 168 个，比 1988 年增加 118 个；多种经营从业职工人数达到 3576 人，占全局职工的 1/5，其中安置待业青年 564 人。4 年来累计上缴国家税金近 500 万元。

经过努力，全局多种经营基本形成体系，产业结构由单一的商业、服务业发展到工业、加工业、交通运输业、建筑业、边境贸易、进出口贸易等十多个产业。多种经营项目网点开始由工地转入城市，正规办厂。截至 1992 年，全局各单位先后兴办了钢模厂、液压管件厂、水电仪表厂、金属构件厂、硅铁厂、大理石厂、制钉厂、服装厂、印刷厂、中药厂、糕点厂等 20 多个中小企业，初步形成了多种经营工业加工体系，并由安置型逐步转入效益型，朝着工贸结合、长短结合、经济效益与社会效益结合的格局发展。

三、坚持两条腿走路的方针，发展多种经营的阶段（1993～1998 年）

为贯彻实施中共十四大关于社会主义市场经济体制的精神，在总结工程局改革开放以来发展经验的同时，认真分析研究了云南省省情和水电十四局局情，统一思想，统一认识，提出了“抓住机遇，转换机制，调整结构，全员、全企业、全方位走向市场，实行水电建筑业与多元化经营两条腿走路，超常规发展多种经营”的方针，采取了一系列重大举措。截至 1993 年，全局投入多种经营资金达 3200 万元，推动全局多元化经营更快、更大的发展。

1993 年 2 月 24 日，在原企业部的基础上，工程局成立中国水利水电第十四工程局实业总公司，局长王开弼任实业公司董事长，尚明华任总经理，朱友清、胡金银、钟辉任副经理，陈启贵任总经济师，袁俊任总工程师。后历任过实业公司总经理的有：刘冬成、钟辉，历任过副总经理的有：谭荣安、张金早、余佩义、王益谦、刘怀炯。工程局赋予实业公司充分的经营自主权，从上自下强化多种经营事业的组织领导，统揽全局多种经营的开拓的发展。1993 年和 1994 年，云水公司和工程局劳动服务公司分别划归昆华实业公司管理。

实业公司按照社会主义市场经济体制目标的要求，调整多种经营发展十年规划，加大投入，加强管理，加快发展。抓住云南省汽车工业大发展的机遇，集中资金，集中力量，千方百计确保曲靖货箱厂 1993 年建成投产。货箱厂按股份制要求，实现新厂新制，以全新的经营机制，调动全体职工的生产经营积极性，创造效益，扩大发展。

同时，经工程局批准，以云水公司为试点，引进乡镇企业机制，大胆改革三项制度，将所有商业铺面全部租赁给职工承包经营，职工收入由经营效益决定，自主经营，独立核算，自负盈亏。

与此同时，工程局所属单位先后将企业科、多种经营办等职能科室充实加强，转变为实体型公司，由 1 名公司副经理主管，对多种经营项目网点实行统一领导，集中管理，独立核算，自我发展。

1996 年，工程局审时度势，抓住昆明将举办世博会的有利时机，成立“昆明志达混凝土厂”，成为工程局多经骨干企业。

四、多种经营体制改革阶段（1999～2005 年）

1999 年 3 月，为推动工程局内部管理体制改革，促进多种经营的发展，水电十四局重组了昆华实业总公司，聘任余佩义为昆华实业总公司总经理，王益谦、刘怀炯、罗霖、谭志忠为昆华实业总公司副总经理。2000 年 2 月，为适应水电十四局管理体制改革和加强多经管理工作的需要，水电十四局成立了昆华实业总公司董事会，局长李跃平任董事长，陈银根、陈光黎任副董事长，余佩义、王益谦任董事。2002 年 5 月，聘任刘怀炯为昆华实业总公司总经理。2002 年 10 月，改聘余佩义任昆华实业总公司董事长。2000 年以后任昆华实业总公司副总经理的还有：薛汉雄、许培志、李光华、商建雄。这一阶段，工程局经过内部管理体制改革，把分散在各二级单位经营的多种经营转变由昆华实业公司统一集中管理，形成工程局的辅业。公司以 1999 年 3 月 31 日全局多种经营在岗人员和财务报表中的总资产为基础，对全局多种经营人、财、物实行统一管理。

昆华实业总公司重组以后，对接受项目的资产和经营状况进行了清理，制定了公司的经营发展目标，通过制定《项目管理办法》、《项目经理管理办法》和《二级单位经营考核实施管理办法》等管理办法，实施内部经营承包制，加强了对项目的管理。2003 年开始，昆华实业总公司进入水电站土建施工行业，先后承包了一批水电站的中小型施工项目。1999～2005 年，昆华实业总公司的产值逐步增长，完成了水电十四局下达的各项生产经营任务。

五、主辅分离、辅业改制阶段（2006 年）

根据国家主辅分离、辅业改制相关政策及国资委的批复，2006 年 1 月，中国水利水电第十四工程局昆华实业公司（含曲靖和大理两物业管理中心）和中国水利水电第十四工程局装饰工程公司（云南东华装饰工程中心）成功改制为“云南水电十四局昆华建设有限公司”（两物业公司分别改制为“曲靖市麒麟区祥顺物业管理有限公司”和“大理市昆华物业管理有限公司”）和“云南水电十四局东华装饰工程有限公司”。随着两公司改制工作的完成，工程局“一业为主，多种经营，综合发展”的战略也随之调整为“立足国内建筑市场，大力开拓国际建筑市场，集中优势资源做强水利水电工程，不断提升大坝、路桥工程及其他建筑工程的施工水平和资质，增强地下工程，当地材料坝，高水头、大容量水轮发电机组安装工程的核心竞争力，积极、稳妥地加大风能，中小水电及其关联产业开发的投资力度，培育新的经济增长点，构建以国内建筑工程、国际工程和产业投资（资本经营）为核心业务的三大经济支柱”的多元化经营战略。

第二节　主辅分离　精干主业

为贯彻落实原国家经济贸易委员会等八部委《关于国有大中型企业主辅分离辅业改制分流安置富余人员的实施办法》（国经贸企改〔2002〕859 号文）的精神，进一步推进工程局建立现代企业制度和主辅分离、辅业改制、分流安置富余人员的工作，根据中国水利水电建设集团公司《关于报送主辅分离改制分流工作方案的通知》（中水电企〔2003〕31 号文）、《关于进一步推进改制分流工作的指导意见》等文件精神的要求，2003 年，水电十四局制订了主辅分离改制分流工作方案，并上报集团公司。2004 年 6 月 28 日，集团公司以中水电企〔2004〕24 号文件（即《转发国资委〈关于中国水利水电建设集团公司主辅分离辅业改制分流安置富余人员总体方案的批复〉的通知》）正式批复水电十四局拟改制分流的单位。水电十四局经过反复研究、多方调研，决定先把昆华实业公司和东华装饰公司作为工程局主辅分离、辅业改制的分流单位。2005 年 12 月，两公司正式向水电十四局申请实施改制，并将职工代表大会通过的改制实施方案和职工分流安置方案报水电十四局审批。工程局批复同意其改制分流，同时将其方案报云南省劳动厅审批。2005 年 12 月 23 日，云南省劳动厅正式批复水电十四局同意两单位职工分流安置的方案。2006 年 1 月，两单位经云南省工商局注册登记，正式改制为有限责任公司。

“中国水利水电第十四工程局昆华实业公司”改制为“云南水电十四局昆华建设有限

公司”，参加改制的职工766人，公司注册资本2830万元。股本结构为：中国水利水电第十四工程局出资929万元，占注册资本的32.83%；中国水利水电第十四工程局昆华实业总公司工会出资1901万元（均为职工出资），占注册资本的67.17%。公司主要经营水利水电工程施工及辅助生产设施工程施工；建筑工程施工及装修、装饰；沙石料和混凝土拌和系统、电站供水系统制安运行；金属结构制作安装；商品混凝土生产与销售；房地产开发；设备租赁等。

“中国水利水电第十四工程局装饰工程公司”（云南东华装饰工程中心）改制为“云南水电十四局东华装饰工程有限公司”，参加改制的职工共26人，公司注册资本金500万元。股本结构为：中国水利水电第十四工程局出资150万元，占注册资本30%；云南东华装饰工程中心工会出资350万元（均为职工出资），占注册资本的70%。公司主要经营工业电站厂房装饰装修、民用公共建筑装修、家庭装修。

第三节　分离企业办社会职能

改革开放前，在计划经济体制下，水电十四局形成了生产与生活、前方与后方为一体的“小社会”。为解决职工、家属和子女的就医、就学问题，水电十四局在以礼河、西洱河、绿水河、黄泥河直至鲁布革水电站建设过程中，先后在电站工地兴建了医院、学校、幼儿园、商店、电影院等一大批服务于职工生活的社会生活服务系统。20世纪80年代，水电十四局先后建立了昆明、大理、曲靖和罗平4个生活基地后，职工生活区才与水电施工工地分开。1985年，随着基地建设的完善，职工生活条件改善，大多数年轻职工非常重视子女学前教育，普遍把子女入托到条件比较好的地方幼儿园。加之受到经费、生源、师资等条件制约，水电十四局自办的托儿所、幼儿园逐步减少。2000年后，全局托儿所、幼儿园全部撤销。

截至2000年底，水电十四局尚存职工医院3所，即昆明医院、大理医院和曲靖医院（含罗平松毛山医院）；尚存学校4所，即水电二中、水电二小、水电三中和水电三小。2000年以后，随着国企改革深入发展，剥离企业办社会职能已成为国企改革的发展趋势，中共十五届四中全会通过的《中共中央国有企业改革和发展若干重大问题的决定》指出：改革要“分离企业办社会的职能，切实减轻国有企业的社会负担”。云南省人民政府出台的《云南省人民政府关于分离国有企业办学校、医院等社会职能的实施意见（试行）》中规定：“要积极创造条件，率先加快分离步伐，并力争在2002年底前基本完成城区内国有大中型企业自办中、小学和医院的分离任务”。

根据中央和云南省人民政府的指示精神，2000年11月16日，水电十四局拟订了《关于水电十四局第三中学移交地方的报告》，报送大理市人民政府，并分别抄报云南省教育厅，大理州政府、教委和教育局。2002年5月23日，水电十四局授权代表刘冬成与大理市教育局授权代表曾勇签订了移交水电三中《协议书》。《协议书》签订后，水电十四局正式将水电三中移交大理市教育局。

按照有关法律、政策规定办理相关学校的停办手续后，2002～2003学年起，水电三中（含附小）停止招收小学一年级、初中一年级和高中一年级新生。2002 年以后，凡水电十四局大理市户口的适龄儿童，按大理市招生的有关规定就近入学，不得择校，与大理市城镇机关厂矿学生一视同仁，享受九年义务教育同等待遇。原水电三中就读的学生，2002 年秋季一次性并入大理市辖区内学校，按市教育局的规定进入指定的学校，不得择校。根据国有资产管理的有关规定，原水电三中（含附小）的教学设施和设备由水电十四局自行处理。水电三中（含附小）停办后，学校的教职员工一律不调入市属学校，由水电十四局自行消化。经双方协商签字生效后，于 2002 年 6 月 15 日前，水电十四局一次性补偿给大理市教育局增班经费 100 万元整。

2002 年 1 月 28 日，水电十四局下发了《关于成立水电二中移交工作领导小组的通知》，明确领导小组组长为刘冬成，副组长为刘峰清、赵志全、尹良，成员由 5 人组成。2002 年 8 月 28 日，水电十四局授权代表刘冬成与曲靖市麒麟区人民政府授权代表孙燕共同签订了《水电十四局第二中学（含附属二小）移交麒麟区人民政府办学协议》，正式将水电二中移交曲靖市麒麟区人民政府。

水电二中（含附属二小）移交麒麟区政府办学。水电二中（含附属二小）全部资产移交麒麟区教育局。水电十四局曲靖基地片学生，由麒麟区按区属学生就近划片入学原则予以安排。录用水电二中（含附属二小）的 45 名教师到麒麟区城区中小学任教。由水电十四局拨给麒麟区政府 600 万元作为一次性教育成本补偿费。水电二中（含附属二小）的土地 26 亩全部归麒麟区政府所有。

至此，水电十四局所办学校全部并入地方管理，结束了水电十四局成立 46 年以来的企业办普教学校的社会职能。

与此同时，水电十四局积极地进行了职工医院的移交工作。2004 年 6 月 22 日，水电十四局授权代表王景龙与曲靖市人民政府授权代表共同签署了《关于水电十四局曲靖医院移交曲靖市人民政府管理的协议》，正式将工程局曲靖医院移交当地政府管理。协议明确：将水电十四局曲靖医院（副处级）包括罗平松毛山分院、汇东门诊部，成建制整体移交曲靖市人民政府，隶属曲靖市卫生局管理，办成非赢利性、自收自支的医疗单位，冠名为曲靖市第五人民医院、曲靖市老年病专科医院。移交后，在曲靖市卫生局的领导下，以移交后的资产和过渡费进行股份制改革。水电十四局曲靖医院在职在岗人员 131 人核实后，登记造册连同档案移交到曲靖市卫生局进行管理。

根据《关于第二批中央企业分离办社会职能工作有关问题的通知》（国办发〔2005〕4 号文）和财政部、国资委《关于中央企业先期移交办社会职能机构有关政策问题的通知》（财企〔2005〕116 号，云南省财政厅、国资委，云财企〔2005〕303 号文件转发）的精神，水电十四局积极开展离退休教师移交地方的工作（此前水电十四局学校已移交地方政府管理）。为做好这项工作，2005 年 3 月，水电十四局成立了分离办社会职能工作领导小组，并与属地政府一道向国家财政部申报了企业教师移交名册。经过与地方政府的多次协商，于 2006 年 9 月完成了基层对账工作。2006 年 9 月，云南省财政厅与水电集团公司联合发文（云财企〔2006〕299 号文）上报水电十四局先期移交的水电二中（含二小）、水电三中（含三小）的对账情况。待财政部批复、集团公司与云南省政府签署移交协议后，水电十四局将与接收地政府签署具体的移交协议，完成移交工作。

第四节 产 业 多 元 化

随着水电计划经济的转型，水电市场竞争日趋白热化。水电十四局单一依靠水电业务已经难以满足其生存和发展的需要，水电十四局从20世纪80年代后期开始调整产业结构，进行产业多元化，向其他建筑市场转移过剩产能。以国内水电工程为主，拓展其他建筑业业务，积极获取公路桥梁、铁路、市政、输变电、火电、核电工程等开发建设项目；开拓国际市场，加强国际分工协作，扩大国际工程承包额；发展对外投资，稳健、专业、务实地创建资产经营增长点。2004年，水电十四局在《水电十四局发展战略与规划》中制定了产业结构调整总目标：以国内水电工程为主，拓展其他建筑业业务，积极开拓国际市场，扩大国际工程成本额，大力发展对外投资，逐步形成国内建筑工程、国际工程和对外投资三大产业结构。2006年，水电十四局对发展战略与规划作了修订，把战略定位进一步明确为："立足国内建筑市场，大力开拓国际建筑市场，集中优势资源做强水利水电工程，不断提升大坝、路桥工程及其他建筑工程的施工水平和资质，增强地下工程，当地材料坝，高水头、大容量水轮发电机组安装工程的核心竞争力，积极稳妥加大风能、中小水电及其关联产业开发的投资力度，培育新的经济增长点，构建以国内建筑工程、国际工程和产业投资（资本经营）为核心业务的三大经济支柱"的多元化经营战略。水电十四局的多元化经营经历了较长的过程。

1989年4月，水电十四局承建了下关洱海节制闸工程。工程合同额为189万元，开工时间为1989年4月，完工时间为1990年2月，由水电十四局原六公司承建。该工程是水电十四局最早的市政工程。截至2006年，水电十四局相继承建了云南昆明第三污水处理工程、昆明第一净水厂扩建工程、云南曲靖供水工程、云南大理污水处理厂工程和云南昆明NO.4B&5污水厂等12个工程。

1993年1月，水电十四局承建了广东至从化的公路工程。工程合同额为551万元，开工时间为1993年1月，完工时间为1993年11月，由水电十四局原四公司承建。该工程开创了水电十四局进入公路工程市场的先河。截至2006年，水电十四局相继承建了广东永和公路、云南楚大公路、曲陆公路、昆玉公路、大保公路、嵩待公路、元磨公路等17个项目。

1993年6月，水电十四局承建了广东台山火电厂土建工程。工程合同额为3000万元，开工时间为1993年6月，完工时间为1995年6月，由水电十四局原三公司承建。从此，水电十四局开始涉足火电厂工程，随之又承建了云南滇东发电厂工程、云南开远火电厂工程。

2000年6月，水电十四局承建了广东广州地铁工程，合同总额为1.95亿元，包括铁路土建2号线（中小区间），左线长986.52米，短链8.72米，右线长995.25米；2号线（广州火车站）长152.6米，标准面宽24米，最宽36米，深15.55米；3号线（林和西站）标段历程1.08公里，开工时间为2000年6月，完工时间为2006年10月，由水电十四局广东分局承建。广州地铁工程开创了集团公司系统内水电十四局进入地铁工程市场的先河。

2000年8月，水电十四局承建了江苏田湾核电站部分工程。工程合同额为8746万元，开工时间为2000年8月，完工时间为2003年12月，由水电十四局曲靖分局承建。至此，水电十四局进入了核电工程领域。

在产业投资方面，水电十四局投资控股云南绿色高新材料股份有限公司（控股比例88.61%）；投资入股云南水电十四局东华装饰有限责任公司（参股比例30%）、云南水电十四局昆华建设有限公司（参股比例32.83%）、中国水电建设集团新能源开发有限公司（参股比例11.61%）、中国水电建设集团路桥工程有限公司（参股比例10%）和文山陆河发电有限责任公司（参股比例4.56%），同时还将投资领域延伸至风电、水电和房地产等产业。

第四章　管　理　体　制

水电十四局建局以后经历了漫长的计划经济时期，和所有施工企业一样，工程建设实行自营体制。水电十四局是隶属于上级行政部门的一个施工单位，按照上级行政部门的要求完成具体的施工任务。工程任务由国家以计划下达，工程建设和施工队伍费用由国家拨付，施工设备由国家添置，施工利润全部上缴国家，而不是独立经营的经济实体。这种管理体制，在新中国成立初期国民经济基础薄弱的情况下，对于集中人力、财力保证重点建设发挥了积极作用。但是，这种体制的弊病也是十分明显的，施工单位缺乏经营观念和竞争意识，为完成上级下达的投资计划，不计成本，工程浪费大，劳动生产率低。施工企业成为流动的单位，建设完一个电站，又携儿带女举家搬迁到新的工地，工地形成了“小社会”，这不仅制约了企业生产力的发展，而且造成了巨大的浪费。水电职工的生活也十分艰苦。

在计划经济体制下，水电十四局的部门设置及其职能主要是满足施工生产管理的需要，按时完成国家计划，保证工程质量和安全，同时管理企业的社会职能，组织结构相对固定。以水电十四局建立初期和“文化大革命”前水电十四局的机构设置为例，1956年7月电力工业部云南水力发电工程局的机关部门设置为：计划处、调度室、工程管理处、附属生产管理科、技术处、专家工作室、总工室、工程质量检查科、安全技术科、供应处、机械动力处、财务处、劳动工资科、干部处、行政处、办公室、先进经验推广科、保卫处、人民监察室。1965年12月，水利电力部云南水力发电建设公司机关部门设置为：计划调度处、工程管理处、技术处、总工程师室、机电处、供应公司、财务处、劳动工资处（干部处划归党群部门）、行政处、办公室、保卫处、文教卫生处、群众工作部、监察室、昆明联络处。机关部门的设置都大致可分为：技术部门（总工室、技术部、质量和安全部门等）；管理部门（计划部、工程管理部、调度室等）；后勤管理部门（供应处、机电处等）；劳动人事部门（劳动工资处、干部处）；财务部门（财务部）；行政管理部门（办公室、行政处）和其他管理部门。除有个别增减外，大体相同，部门的职能和分工也基本相同。水电十四局二级单位的编制大体为处（分公司）、工区、工段，既是基层行政单位，也是生产施工单位。

中共十一届三中全会后，中国历史翻开了新的一页。改革从农村开始迅速向城市推进，企业改革在全国展开。水电十四局开始对管理体制进行改革，从1979年恢复建制至2006年，大体可以分为两个阶段。

一、以施工项目管理体制改革为主的阶段（1979～1999年）

水电十四局1979年10月重新组建以后，面临投资不足、任务不饱满、窝工人员多、职工生活欠账多等困难。通过开源节流，找米下锅，最终渡过了难关。1982～1984年，按照中共中央、国务院关于对企业进行全面整顿的决定，水电十四局开展了企业整顿工作，机构改革，划小核算单位，调整领导班子。对二级单位下放经营权，扩大自主权，进行经济责任制改革试点。1983年撤销了黄泥河分局，在滇东片组建了二、三、四公司，把局科研处和供应处、机电处从局机关职能部门中划出来，分别成立了施工科研所和物资公司；调整了机械修造厂、机电安装公司和汽车运输公司的领导班子。1986年，在滇西片重组了二、五、六公司。通过调整机构，调整二级单位领导班子，划小核算单位，推行经济责任制，加强了企业的内部管理。同时，在机构调整中，一大批按照“四化”标准选拔的年轻干部走上了领导岗位，为水电十四局下一步的改革和发展创造了有利的条件。

1983年，鲁布革水电站确定为中国第一个利用外资对外开放的水电站，其中引水隧洞工程实行国际招标，水电职工通过鲁布革这一开放窗口，看到了一个崭新的世界。新观念、新管理和新技术带来了强烈的冲击。由此推动了中国基本建设一场深刻的改革。水电十四局通过鲁布革水电站的实践，参与了鲁布革经验的创造和总结，在改革开放中走在全国施工企业的前列。从学习外国先进管理技术开始，总结和推广项目法施工，改革企业内部结构，提出了建立总承包企业的总体目标，逐步建立适应市场经济竞争，优化配置施工资源的管理体制，加强企业的现代化管理，企业管理体制的改革进入了一个新的时期。

（一）全面推广项目法施工

水电十四局在学习和推广鲁布革管理经验中，把项目法施工作为改革的第一步，在全局承建的工程项目中普遍推行项目法施工，实施精兵强将上第一线，从漫湾水电站、中屯水库等工程施工开始，组织精干的项目管理机构，实行管理层和劳务层分离、前后方分离，按生产力要素动态优化和配置组织生产。广州抽水蓄能电站进一步发展了项目法施工，总结了“均衡生产，文明施工，确保安全，降低成本”的项目法施工经验。项目法施工，打破了原有的按企业建制组织生产的体制，把企业建制和施工管理建制分开，优化了施工生产力，大大地提高了施工效率，这是施工企业施工管理体制的一大改革。推行项目法施工，改革施工管理体制，推动了工程局对企业的内部组织机构和管理职能等一系列深层次的改革。

（二）实行前后方分离，建立后方基地

1979年，水电十四局恢复建制以后，开始在罗平县松毛山建设生活基地。随后，开始了在曲靖、下关和昆明等基地的建设。基地规划为生活型基地，除生活用房以外，规划有医院、学校、托儿所、老年活动中心等，目的是安置离退休职工和家属，使他们在城市定居下来安度晚年。其后，为了实行前后方的分离，以及一线和二、三线人员的分离，水电十四局提出了要把基地建成生产型基地，进一步扩大了基地建设的规模，同时注重生产和经营设施的综合规划，发展多种经营。经过努力，在上级领导和地方政府的大力支持下，全局职工生活基地形成了以省会为中心，西连滇西重镇大理市，东接新兴工农业城市曲靖，位于云南省经济、交通中心，方便生产生活的合理布局。昔日在水电工地上携儿带女四海为家的水电职工全部下山进城安居乐业。

（三）发展多种经营

调整经营结构，成立劳动服务公司，实行多元化经营，也是水电十四局组织结构和经营结构改革的重要方面。从1979年开始，为消化安置企业内部待业青年，水电十四局二级单位开始成立劳动服务公司，发展第三产业。1984年2月，局劳动服务公司成立。当时多种经营企业只是一种安置型的企业，规模很小。1988年，为适应工程局推行项目法施工需要，分流二、三线人员，提高水电十四局的整体经济实力，水电十四局提出了“一业为主，多种经营，综合发展”的方针，成立了企业部，主管全局多种经营。1993年，在企业部的基础上又组建了昆华实业总公司，作为发展多种经营的实体，并负责主管全局的多种经营工作。发展多种经营改变了水电十四局产业结构单一的格局。

（四）调整机关的机构和职能

从鲁布革水电站建设开始，水电十四局走向市场。1992年，鲁布革水电站竣工，水电十四局指令性计划工程全部结束，标志着水电十四局完全进入了建筑市场。为适应市场竞争的需要，水电十四局调整机关部门机构设置，转变了机关管理职能；增设了市场开拓部门和经营管理部门，对外进行招投标承揽工程，强化参与市场竞争的职能，对内推行内部经营承包责任制，加强内部经济管理；撤销、改组了一些只适应指令性生产方式的部门。1987年以后，机关新成立了开发营业部、海外事业部、经营管理部、企业部、信息政策研究室、设计室、局计算机中心等部门和单位。局属二级单位也相应建立和加强了对外投标承揽工程和项目管理的机构和力量。1988年，经水电建设总局批准，水电十四局试行局长负责制。王开弼为水电十四局实行局长负责制后的第一任局长。同年，水电十四局开始在全局试行了经营承包责任制。从1989年到1999年，水电十四局根据国家体改委经济体制改革要点中“关于进一步完善和发展企业承包经营责任制，强化企业竞争机制、风险机制和自我约束机制”的精神，在全局推行了三轮经营承包。

（五）建立工程局生产要素内部市场

为了推行项目法施工，动态合理配置生产要素，水电十四局逐步推行了内部模拟市场的改革，采取了各项改革措施：①设备管理实行内部租赁制。从1986年开始，局物资公司对二级单位和项目点实行设备租赁制，有偿使用，形成了内部设备租赁市场。②材料和配件计价调拨制，无论局供应材料与配件，还是公司之间互通有无，一律实行计价调拨，有偿转让。③推行流动资金有偿占用制，局对各公司每年核定定额流动资金，超额占用的，按局规定收取利息。④实行设计、科研、技术有偿服务制。⑤局对公司分包或单位之间配合支援，都应签订内部合同，实行合同管理。通过上述措施，企业内部按经济规律办事，基本理顺了经济关系，适应了推行项目法施工的需要。

（六）重组工程局二级单位

随着水电十四局施工生产力的发展，企业组织机构的调整，又一次列入企业深化改革的议事日程。1988 年 12 月，鲁布革水电站第一台机组发电以后，水电十四局从鲁布革走向了全国，陆续参与了广州抽水蓄能电站、浙江天荒坪电站、云南大朝山水电站、天生桥梯级水电站以及其后的黄河小浪底水利枢纽和长江三峡水利枢纽等大型水利水电工程建设。这些工程的特点是规模大，资源投入多，施工技术和管理要求高。水电十四局 20 世纪 80 年代形成的“小公司”的管理体制已不适应生产力的发展，出现了同一片区单位多、机构重叠、人浮于事，前方骨干匮乏，而后方人才沉淀的矛盾；同一工程项目资源不能优化配置，设备难以合理调用的弊端；企业有限资金多渠道分流，难以发挥资金的整体效益的问题；以及多种经营零散，形不成企业规模效益等现象。为了优化资源配置，将分散的、粗放的经营转化为集约经营，必须进一步进行组织机构的重组。1994 年，曲靖片区的三公司和四公司合并组建为三公司，大理片区的五公司、六公司合并组建为四公司；设计院、科研所合并为科研设计院；将下关地基地和曲靖基地的生产经营系统分别划给一公司和二公司；局技术处、信息政策研究室合并组建电力工程开发公司，局劳动服务公司、云水公司和行政处划归昆华实业公司。1996 年 6 月起进一步把曲靖片的二、三公司重组为曲靖分局。大理片的一、四公司重组为大理分局。经过机构重组，促进了水电十四局向管理专业化发展，增强了企业竞争实力。

（七）强化企业管理

为做到经济体制和增长方式的两个根本性转变，采取有力措施加大企业管理、改革、发展的力度，水电十四局提出了“转机制、练内功、抓管理、促效益”的指导方针，和“以财务管理为中心、以资产管理为保证、以项目管理为基础”强化企业管理的思路。为合理使用并融通企业内部资金，讲求资金的时间价值，建立了内部资金市场。1995 年 2 月，水电十四局建立了企业内部银行（资金结算中心）。内部银行的建立，发挥了内部资金结算服务、融资信贷、经济运作的指导监督等职能，有利于管好、用好资金，保证企业的正常经营活动的进行，有利于企业加强经济核算和成本控制，提高企业整体经济效益。同时，水电十四局加强了资产管理，从盘活存量资产入手，提高资产的利用率和经济效益，不仅把施工设备视为施工手段，而且把施工设备当作经营的资本，作为创造企业效益的重要资源，充分挖掘潜力，发挥作用，提高赢利水平。以项目管理为基础，在全局进一步学习和推广鲁布革经验和广蓄经验，建立一整套项目成本控制的方法、程序和制度，加强成本管理。

二、深化企业内部管理体制改革阶段（2000～2006 年）

20 世纪 80 年代以来，水电十四局的企业管理体制，尤其是在施工管理体制方面以市场取向进行了许多探索和改革，施工项目的管理水平不断提高，企业管理不断加强，企业得到了迅速发展。但是，随着改革的深入和形势的发展，企业内部管理的一些深层次矛盾也随之暴露出来，促使水电十四局在企业改革中要有新的突破，通过进一步深化企业内部管理体制改革，为建立现代企业制度打下基础。

2000年，通过贯彻落实中共十五大和十五届四中全会的精神，水电十四局进一步深化改革内部管理体制，从建立科学管理体系入手，改善经营方式和管理办法，全面加强企业管理，增强市场竞争力和抵御风险能力，实现向经营型、管理型和国际型企业的转化为目的的企业全面改革。2000年，水电十四局制定和下发了关于内部管理体制改革的一系列文件，主要有《水电第十四工程局内部经济管理实施办法》、《中国水利水电第十四工程局深化内部管理体制改革方案》以及劳务、设备、物资、财务、社保和项目管理等文件。内部改革的主要内容是：建立以提高企业的整体实力和竞争力发展思路的专业化公司，推行以提高管理水平和经营效益为目的的项目统一管理，实施以和社会并轨为取向的社会职能剥离式管理，进一步完善以市场运作为机制的资源公共化管理，改革内部经济管理制度和办法。具体做法如下。

（一）项目管理体制改革

推行以提高项目管理水平和经营效益为目的的项目集中统一管理。水电十四局对全局工程项目管理实行"五统一"。一是统一管理项目经理的资质和聘用。由水电十四局项目经理资质评审委员会对项目经理的资质进行统一管理，水电十四局人力资源部对全局项目经理的资质、业绩进行档案管理，项目经理班子由水电十四局统一聘用和任免。二是统一项目管理制度。由水电十四局统一制定项目管理的各项规章制度，如项目技术管理、质量管理、安全管理、成本管理、财务管理和设备管理等规章制度在全局项目部统一实施。三是统一项目的财务管理，实行财务主管委派制。项目部的财务主管由水电十四局委派和管理，业务受局财务部领导。四是统一项目经理部的考核标准和考核办法。对项目经理实施年薪制，统一制定和实施项目经理的年薪考核的制度和办法，同时统一对项目经理进行履职和业绩考核。五是统一对项目实施审计和稽查的制度和办法。除对项目开展定期审计以外，还建立了项目稽查制度，在水电十四局设立项目稽查部门，根据水电十四局领导的指令对项目实施稽查，强化水电十四局的执行力和控制力。

（二）资源管理体制改革

1. 人力资源管理体制改革

在昆明、曲靖、大理三个片区成立劳务中心。除水电十四局局长和党委书记按省教委规定核定范围内的中小学聘用教职工、职工医院（卫生所）医务人员之外，其他人员均进入劳务管理中心。劳务中心为局进行人力资源优化配置的管理机构。同时成立曲靖、大理昆明再就业服务分中心，由各片区劳务中心管理。

劳务中心为全局各用人单位提供劳务服务，其主要职责包括：

（1）组织劳务输出。为项目部和各用人单位提供劳务人员。

（2）实施劳务管理。对前方的劳务人员、后方的待岗和下岗人员进行管理。

（3）财务资金管理。收取劳务费，代扣代交劳务中心管理人员、待岗、下岗人员的社会保险基金。

（4）开展劳务培训。根据市场需要和发展规划，组织员工技能培训，提高队伍整体素质。

（5）提供劳务服务，拓展就业渠道，逐步与社会劳务市场接轨。全局员工按户籍所在地分别进入三个劳务中心管理，劳务中心根据用人单位的需求选派劳务，并与用人单位签订劳务用工合同。

2. 固定资产管理体制改革

成立局资产部，管理全局固定资产。在水电十四局和二级单位成立设备租赁中心，局设备租赁中心是水电十四局授权经营一定数量大型专业设备的内部独立核算单位，承担投入资产的保值、增值；实行大型设备人机一体化租赁办法，为施工项目点提供符合要求的租赁设备，同时要按租赁协议的规定，收取设备租赁费。

3. 财务管理体制改革

对二级单位和项目实行财务主管委派制，加强对财务管理的集中统一管理。全局二级单位和项目部的财务主管统一由水电十四局任命，工资关系在局财务部，业务属局财务部领导，统一执行水电十四局的财务管理的规章制度。水电十四局还下达了《水电十四局委派财务主管考核办法》，对水电十四局委派的各单位、项目部财务主管的考核内容及评分标准作了规定。考核内容包括财务主管业务管理及完成情况、上缴或收取各项利费情况、所在单位经营情况信息反馈、综合情况等 4 大项 17 个小项，考评的结果直接与委派财务主管的奖惩挂钩，并列入考核对象本人的档案，作为今后选拔、任免的依据。

同时，建立和健全全局资金管理中心，对全局资金实行统一集中管理，做好局内资金的融通工作，降低资金使用成本。

（三）社会职能管理体制改革

（1）成立局离退休管理中心，全面管理全局离退休人员。对局属二级单位管理的离退休管理机构，按属地管理原则，分别组建大理、曲靖（含罗平）两个离退休管理中心，业务由局离退休管理部进行管理；昆明片离退休管理工作由离退休管理部直接进行管理，二级单位不再承担离退休人员的管理职责。

（2）成立局社会保障部，按属地原则，下设昆明、大理、曲靖（含罗平）三个社会保障分部，建立相对独立的社会保障管理体系。由局社保部统一负责管理全局的社会保险工作，统一管理全局员工基本养老保险、年金、医疗保险、失业、工伤和生育保险。向二级单位和项目部按规定及时足额收缴各项保险费用，向地方有关部门缴纳各项社会保险费用。

（3）分离学校、医院和后勤等社会职能。水电二中、水电三中和医院从原隶属的管理单位中剥离出来，业务归口由局人力资源部管理。职工子弟校经费由水电十四局核拨。医院按公益性事业法人运作，对内有偿服务，对外拓展经营，并不断提高医疗水平。学校和医院积极创造条件，逐步移交给地方政府。基地小区服务，分地区组建物业管理公司，由实业总公司负责，实行实体化管理。

（四）二级经营单位管理体制改革

按专业化生产和经营各要求建立专业化工程公司。曲靖分局、大理分局主营水利水电工程施工；机电安装总公司主营机电安装及金属结构制作安装；路桥总公司主营公路、桥梁、工民建、市政工程建设；国际公司主营国外工程项目；实业公司主营多元化经营；科研设计院改组为科技发展中心，该中心具有科研开发、试验、设计、监理、科研信息、计量、仪器生产等科技发展能力对外拓展经营；组建设备租赁中心，承担设备租赁业务，确保国有资产的保值、增值。

经过改革，水电十四局二级单位主要划分为两类：一类是完全脱离了社会职能，资源实现了内部市场化配置的生产经营单位，对水电十四局承担生产经营和资产经营责任，有曲靖分局、大理分局、机电安装工程总公司、路桥公司、科研设计院和设备租赁中心，水电十四局对以上单位实施生产经营责任制管理，并向专业化公司发展；另一类是费用单位，有昆明、曲靖、大理三个劳务中心和离退休管理中心、社会保障部以及有待于移交社会的学校、医院。水电十四局对他们实行职能考核和费用控制管理。

（五）机关管理机构和职能改革

按照内部管理体制改革的整体思路，水电十四局对局机关管理机构和职能进行改革。水电十四局机关部门调整为：局办公室、总工程师室、总经济师室、总会计师室、人力资源部、财务部、市场开发部、质量保障部（安全监察部）、资产管理部、审计部、项目稽查办公室、社会保障部、事务部、离退休管理部、党委工作部（团委）和工会、纪委。各部门按照改革以后的职能进行管理。

通过上述改革，劳务人员实行了集中管理，形成了内部劳务市场，为向智力密集型、管理型和专业化公司发展创造了条件。水电十四局的社会职能集中管理以后，便于管理和整体向社会移交。工程项目和财务、资金的统一管理，提高了工程项目的管理水平和整体经济效益，为把水电十四局建设成为现代企业制度大型企业打下了基础。

（六）经济管理制度改革

为了严格和细化水电十四局的经济管理，在内部管理体制改革的基础上，水电十四局实施了新的内部经济管理办法，改革了各项管理费用的收支渠道，实行费用分类分部门管理，收支两条线。

（1）局社会保障部及其派出机构按照地方政府和水电十四局的有关规定，做好基本养老保险、工伤、生育、失业、医疗、企业补充和个人储蓄性养老保险的管理工作；向局属各单位、工程项目部按时足额收缴各项社会保险，建立各项缴费记录和个人账户，审核领取有关保险费用，管理保险基金；向离退休管理部按月核拨离退休人员的离退休金和各项费用。

（2）劳务管理中心向项目部、经营单位和其他用人单位按用工协议收取劳务费。劳务费主要包括劳务人员的待下岗费用和劳务人员培训费，以及劳务管理中心的正常运作费用。

（3）工程项目部向局财务缴纳子弟校教育经费（在子弟校移交地方后，水电十四局取消了此项费用的收缴）。

（4）水电十四局和二级单位管理的项目部，分别向水电十四局或二级单位上缴管理费，用于两级机关的正常运转。

（5）局设备租赁中心和局属各单位向水电十四局上缴资产占用费。

（6）水电十四局各项目部向局租赁中心或二级单位租赁设备，按租赁协议向租赁中心或二级单位交纳设备租赁费。

（7）水电十四局和二级单位分别从其中标项目按承包合同收取产值一定比例的目标

利润。

2000年以后，水电十四局对其中一些费用收缴的指标进行了调整。此外，由于水电十四局的市场开发费用大量增加，因此，从2004年开始，水电十四局向项目部增收了市场开发费。

（七）主辅分离、辅业改制

2003年，水电十四局按照中国水利水电工程集团公司的统一部署，开始了主辅分离改制分流。水电十四局经过反复研究、多方调研，决定将昆华实业公司和东华装饰公司作为水电十四局主辅分离、辅业改制分流单位。2005年12月，两公司正式向水电十四局申请实施改制，并将职工代表大会通过的改制实施方案和职工分流安置方案报水电十四局审批，水电十四局批复同意两单位改制分流，同时将其方案报云南省劳动厅审批。2005年12月23日，云南省劳动厅正式批复水电十四局，同意两单位职工分流安置方案。2006年1月，两单位经云南省工商局注册登记，正式改制为有限责任公司。

第五章　项 目 法 施 工

第一节　项目法施工的试点和推广

1982年9月，在确定鲁布革水电站为中国第一个利用外资对外开放的水电站后，引水隧洞工程利用世界银行贷款开始国际招标，有15家国内外承包商购买了标书，8家进行了投标。其中，包括由水电十四局、闽江工程局和挪威某工程局组成的联营体（简称闽昆挪联营体）。引水系统工程原为水电十四局承建的工程，已经做了大量的前期准备工作。但是，在投标竞争中，水电十四局和闽江工程局及挪威某工程局联合的公司投标价比日本大成公司高出42%。1984年6月，日本大成公司以最低标中标。闽昆挪联营体投标竞争的失败，反映了国内水电施工队伍与外商在技术和管理上的明显差距，给水电十四局的职工在思想观念上带来了极大的冲击。日本大成公司中标后，仅从本部派来了约30个管理人员，在施工现场设立了精干的管理机构，聘用水电十四局的劳务，在开挖断面直径为8.8米的引水隧洞中，创造了独头工作面月掘进373.5米及针梁模板全断面浇筑混凝土月进尺270米的先进纪录，并提前5个月全线贯通引水隧洞，创造了高水平的施工效率，在水电十四局的职工中引起了强烈的反响。在“鲁布革冲击”下，水电十四局职工在反思中奋起，鲁布革工地掀起了学习国外先进管理和技术经验的热潮。1985年11月，经国务院批准，水电十四局在工期滞后的鲁布革地下厂房工程施工中，组织了学习国外先进管理经验的试点，以水电十四局三公司为基础组建了厂房指挥所，参照日本大成公司鲁布革指挥所的建制，按项目法组织施工：一是建立精干有力的生产指挥所。指挥所对厂房施工实行统一指挥；下属的主任、工长、班长由所长聘任；所长对承包合同全面负责，有权在三公司内按调用和招聘的办法挑选干部和工人，有权根据规定处分和辞退干部和工人，有权决定内部分配办法。二是组织精干的施工队伍。指挥所共有职工430人，仅占三公司职工的

28.8%，集中了三公司的精兵强将和主要的施工设备。指挥所的人员与后方分开，经济独立核算，优化劳动组合，实行工人一专多能。指挥所根据施工任务，合理增减所内职工。三是改革内部分配办法。水电十四局对指挥所实行产值工资加津贴，加超产奖和浮动工资。奖金与完成的工程量、进度、质量、安全、成本挂钩，上不封顶，下不保底。分配向第一线的职工倾斜，向“脏、险、累”工作倾斜，奖勤罚懒。四是实行目标管理，加快施工进度。指挥所制订年、季、月、旬施工网络计划，确立控制性关键线路，认真组织实施，按期完成。五是消化吸收国外先进技术和先进管理，提高施工管理和技术水平。鲁布革厂房施工的试点打破了国内旧的施工管理模式，产生了全行业最早的项目法施工的雏形。新的项目管理机制和体制创造了高效率，厂房工程试点仅 11 个月，整个地下厂房开挖不仅抢回了拖后的 3 个月的工期，还提前 4 个半月完成。水电十四局认真总结了厂房的施工管理经验，在全工程局推广。1987 年，国家计划委员会召开了全国施工工作会议，会议的主题就是深化施工管理体制改革。时任国家副总理李鹏在会上系统地总结了鲁布革管理经验，提出在全国推广和应用鲁布革经验，学习和推广的主要经验之一就是项目法施工。随之，全国基本建设战线掀起了学习和推广鲁布革管理经验的热潮。1988 年，水电十四局在总结和推广鲁布革管理经验的基础上，提出了“以建立总承包公司为目标，改革企业内部结构”的总体改革方案，作为改革的第一步，在全局承建项目全面推行项目法施工。1990 年，建设部等五部委在总结检查第一批推广鲁布革工程管理经验的 18 个综合试点企业以后，决定扩大试点范围，增至 50 个单位，水电十四局被增补为试点单位，并明确为项目法施工课题研究的牵头单位之一。

为了学习和运用鲁布革管理经验，水电十四局在全局工程项目上推广和应用了项目法施工。漫湾水电站导流洞工程是水电十四局最早中标承建的大型水电工程，水电十四局以标底价 85%的低价中标，并以最优的施工方案夺得泄洪洞（衬砌后宽 12 米、高 15 米、长 276.7 米）和 1、2 号导流洞（衬砌后宽 15 米、高 18 米，1 号洞长 458 米、2 号洞长 423 米）工程标。1986 年，在漫湾水电站导流洞和泄洪洞施工中，遭遇了 3 次百年不遇的暴雨袭击，场内公路、临建工程被冲毁，对外交通中断 42 天。1987 年雨季，导流洞和泄洪洞出口高边坡又连续发生 5 次大塌方，坍塌体堆满出口明渠，掩埋了洞口。水电十四局组建了精干的项目班子，强化以调度为中心的生产指挥系统，引进竞争机制，由各公司派精干的施工队伍进场切块分包，设备成龙配套、一机多用，优化施工方案，加强目标管理，克服了自然灾害带来的困难，仅用 16.5 个月即完成了导流洞的施工，为提前 1 年进行大江截流创造了条件。在云南牟定水库，水电十四局选派精干队伍，合理配置成套施工设备，优化施工设计，取得了高速度、高质量以及较好的经济效益，进一步丰富了项目法施工的实践。

第二节　项目法施工的深化和提高

从 1988 年开始，水电十四局先后承建了装机总容量达 240 万千瓦的广蓄电站一、二期工程，在广蓄电站项目管理中进一步深化了项目法施工。广东分局在总结鲁布革管理经验的基础上，提出了“创造一流施工水平，探索一流管理经验，培养一流施工队伍。”的目标，在二期工程中又制定了“均衡生产、文明施工、科学管理”的方针。首先，在工地建立了高效率的、精干的管理机构，实施了项目局长负责制，由水电十四局副局长兼任广东分局局长，并配备具有丰富施工和管理经验的领导干部组成项目管理的决策层。项目管理层按“精干、高效、多功能”的原则，选拔技术和管理干部组成。分局下设五部（工程技术部、经营管理部、财务部、物资部、安全质量部）三室（局办、党办、总调），按管理层和施工层分离的原则，水电十四局所属二级单位派出精干的施工队伍参与施工，形成项目的劳务层。分局将工程项目切块分包给各个施工单位，各个施工单位也成立了项目经理部，实行项目经理负责制。分局与施工单位各自独立核算，从而理顺了分局与内部分包单位、分局与后方企业之间的经济关系，形成了在分局的领导下，以项目法施工为总揽，以高效的管理体系为保证，全局一盘棋、相互支援，确保目标实现的工程项目实施体系。其次，实行目标管理，优化生产要素。以优化的施工进度总网络作为控制，制定年、季、月及周目标，并层层分解目标指标，落实到工程队，使人人目标明确、责任明确。同时，建立每周考核制度，检查落实进度面貌，超奖欠罚。在施工过程中，随时检查施工的进度与节点目标的差距，及时采取措施解决。第三，加强成本控制，强调要素管理，注重投入产出。抓好基础管理，测试施工定额，进行工、料、机成本要素的分析和控制。引进市场机制，形成低消耗、快周转的物资流。建立设备管理保障体系，压缩配件库存。同时以直接费成本为主控因素，建立成本信息反馈机制，加强基础管理，强化成本控制，获得最佳的经济效益。第四，均衡生产、文明施工。根据企业内部资源情况和施工总体目标，在优化施工组织设计的前提下，制订出施工强度均衡、生产要素配置合理的施工总进度网络计划，均衡投入和产出，现场施工快速有序，文明施工蔚然成风。第五，以思想政治工作、行政工作、经济杠杆三位一体为保证，加强队伍建设，提高职工素质。广蓄电站通过推进项目法施工，加快了建设速度，保证了工程质量，节省了工程成本，取得了良好的经济效益和社会效益，受到了国务院有关部委的重视。1991 年 12 月，能源部在广州抽水蓄能工地召开了“广州抽水蓄能电站建设经验交流会”；1995 年 5 月，电力工业部又在广蓄工地召开了“广州抽水蓄能电站工程建设经验交流会”，总结和推广了广蓄电站建设经验，进一步深化了项目法施工。

继广蓄电站建设之后，水电十四局在长江三峡水利枢纽永久船闸工程，云南大朝山水电站，浙江天荒坪抽水蓄能电站，贵州天生桥一、二级水电站和黄河小浪底水利枢纽工程实施了项目法施工，进一步丰富了项目法施工的实践和理论。

黄河小浪底水利枢纽工程是我国继长江三峡水利工程建设开工的又一项宏伟工程。1992 年，黄河小浪底水利枢纽主体工程全面国际招标。决标以后，国际承包商于 1994 年 5 月进场，经过一年半时间，由德国旭普林公司为首的联营体（简称 CGIC）中标承建的二标泄洪排沙系统工程工期严重滞后，并以 1、2 号导流洞相继塌方，不能保证安全为由，提出了一份实际上要求推迟 1 年截流的进度修改计划，要求索赔数亿元。如果按外商要求截流推迟一年，将造成几十亿元的重大经济损失和不良的政治影响。关键时刻，水利部作出了截流目标不变的果断决策，同时针对外商使用的劳务人员素质太低、技术力量薄弱、现场管理不善等问题，在与承包商反复协商的基础上，成建制地引进中国水电专业队伍，承担确保截流的导流洞工程攻坚战。由水电十四局为牵头方，由水电一局、三局、四局组成的OTFF联营体与“业主推荐承包商同意的记实劳务”分包方式，承担了3条导流洞赶工任务。OTFF联营体董事会分别由4个单位各派1位代表组成。总经理由董事长任命，总经理负责组建联合办公室，设商务部、行政财务部、技术部、卫生部、质量安全部6个业务部门。OTFF联营体不是一个经济实体，而是由4个经济实体组成的松散性联营体。联营体的4个成员单位各自组建专门的施工和管理机构，独自完成联营协议中划定的工程。各联营单位每月完成的工程量，由OTFF联营体汇总向CGIC报量，得到付款后，及时全部返给各联营单位。

1996年2月，OTFF联营体职工进入工地。联营体采用了新的施工方案，迅速扭转了施工形势，仅用了7个多月就相继制服了塌方，掘通了导流洞，抢回近5个月的工期，确保了大江1997年按期截流。施工中，水电十四局大胆使用了农民工劳务。进入小浪底工程以后，从云南南涧、景东、大理、祥云等地带来一批长期在漫湾、大朝山工地合作的劳务人员。这批人技术熟练、吃苦耐劳，经过培训和锻炼，很快成为小浪底工地施工的骨干。作业队实行一专多能、多功能发展，从测量放线、钻孔、放炮、锚杆安装、挂钢丝网、喷混凝土到风水管路的延伸、拆除、道路维护、拉拔试验，都由一支队伍来完成。同时，改变了设备管理和维修的体制，对设备实行集中修理，提高了设备维修的质量和效率，也提高了工程施工和管理的水平。OTFF在维持业主与外商在二标导流洞上的国际合同关系不变的情况下，与外商签订的劳务合同同样按国际惯例执行。因此，和外商之间的索赔与反索赔、计费与反计费贯穿于合同执行的全过程，促使联营体对外执行菲迪克分包条款，对内强化内外协调管理机制，与国际惯例接轨。联营体从加强基础管理做起，设立了厂队、班组现场记录员，按日统计工、料、机消耗进行成本核查；同时，加强了对材料和设备的日常使用管理和维护，提高了工程质量；坚持安全生产，尽量减少和杜绝被外国承包商反索赔和反计费，不仅提高了施工效率，而且节约了工程成本，增加了项目经济效益。水电十四局在小浪底工程施工和管理过程中，与国际承包商按菲迪克条款进行合同管理，全面与国际接轨，进一步学习和实践了国际项目管理的理论和方法，提高了项目法施工水平。

项目法施工是一种新的生产方式，必然要求有新的生产关系与之相适应，即要求施工企业进行内部管理体制的改革。水电十四局在推行项目法施工的同时，从企业发展战略出发，推行了一系列以面向市场为取向的内部改革。改革以完善企业内部经济责任制为主线，以加强市场机制为核心，以建立企业内部生产要素模拟市场为重点，建立企业内部运行新机制。1987年以后，水电十四局机关为了适应市场竞争的需要，撤销和改组了一些只适应计划经济的部门，新组建了投标和项目管理部门。1989年，水电十四局开始全面推行了局与二级单位的经营承包制，逐步完善了以项目为基础经营责任制。同时，为了优化配置生产要素，在全局推行了设备管理内部租赁制，材料与配件计价调拨制，流动资金有偿占用制，设计、科研、技术有偿服务制以及局内单位经济来往合同制，初步形成了项目生产要素内部模拟市场，理顺了水电十四局的内部经济关系。水电十四局本部的配套改革，进一步提高了项目法施工的水平。

第三节　项目法施工的发展

2000年以来，水电十四局进一步全面推行了内部管理体制改革。改革的主要内容之一是加强和提高项目管理能力，提高企业经济效益；强化水电十四局对项目的管控，提高集约化经营水平；以成本为中心对项目实施管理创新，提高项目经济效益。通过改革，项目资源配置由企业内部配置走向内外市场相结合，资源配置更加合理；水电十四局对项目加强集中统一管理，对项目的管理更加科学、规范。2004年开始，水电十四局在管理中推行了"一线三关"，即以成本管理为主线，把好项目评估和策划关、全面预算关和考核监督关，实施项目管理创新，推进项目精细化管理，提高了项目管理的质量和效益。

一、对项目实施制度化和规范化管理

2000年以来，水电十四局在深化企业内部管理中强化了对项目的集中和统一管理，由水电十四局统一制定了系统的企业和项目管理制度和办法，自上而下贯彻实施，主要有：《水电十四局内部经济管理办法》、《水电十四局劳务管理办法》、《水电十四局设备租赁管理办法》、《水电十四局建安合同管理办法》、《水电十四局财务管理办法》、《水电十四局项目经理管理办法》、《水电十四局社会保险管理办法》、《水电十四局项目成本控制试行办法》、《水电十四局设备采购管理办法》、《水电十四局项目部物资管理规定》、《水电十四局项目施工质量管理规程》、《水电十四局项目施工安全管理规程》、《水电十四局资金结算中心内部贷款管理办法》、《水电十四局分包管理实施办法》、《水电十四局收尾项目管理办法（试行）》等管理办法；同时，制定和下发了《水电十四局委派财务主管考核办法》，对项目部的财务主管实施由水电十四局委派的制度，加强了工程局对项目部财务工作的管理和控制。通过这些管理制度和办法，基本实现了水电十四局和项目部两级管理的制度化和规范化，理顺了各方面的管理关系和经济关系，向项目管理科学化和现代化迈进了一步。

二、推行项目评估和前期策划

（1）实施项目评估和前期策划，提高项目经营质量。项目评估是在工程中标之后，由水电十四局或二级单位的项目主管部门对项目的预期效益进行评估，制订项目经营目标，为实施项目经济责任制提供依据。项目的前期策划是项目经理部在项目中标之后和施工之前，对施工项目的施工组织方案、资源投入及经营管理的目标等方面的总体策划，也就是对项目经营模式、项目机构及人员、项目施工平面布置、施工技术方案、施工进度、质量、安全、文明施工、机械设置配置、施工材料组织、资金流动、项目风险规避方案等进行策划，并根据策划方案测算项目施工的各分项成本、总成本和预算利润，通过分析比较，揭示影响项目成本的主要和关键因素，确定成本管理的重点。通过对项目施工环境、条件及合同条款等风险因素的分析，预设应对项目风险的方案，制定项目成本控制标准和措施。项目前期策划的重点是施工组织与技术方案的再设计，以及项目生产要素的动态优化配置。项目前期策划的成本必须控制在项目评估的目标成本内。项目前期策划为项目成本控制提供了科学的依据，并打下了坚实的基础。水电十四局经过试点以后，从2004年开始在各项目点上普遍推行了项目前期策划，并逐步开展了项目的评估工作，创新和加强

了项目的科学管理，有效地提高了项目成本管理的质量和项目的经济效益。

（2）建立风险防范机制。水利水电施工属于风险性行业，生产经营具有多方面的风险。为了有效地防范风险，水电十四局在项目投标评估、前期策划和合同管理中建立了风险识别、风险评估、风险应对和风险防范的机制，从项目投标到项目实施的全过程都进行风险防范工作，减少了项目经营的风险。

三、实施项目全面预算管理

2003年，水电十四局成立了预算管理委员会并下发了《水电十四局预算管理办法》，实施了全面预算管理。二级经营单位、项目点等基层经营主体制订年度预算，水电十四局结合战略规划责任指标、目标成本指标等宏观管理要素审定后下达年度预算，并在年中调整修正预算指标，年末考核预算执行情况的预算管理体系。通过推行预算管理，努力探索适合本单位的财务预算编制办法和操作程序。结合《建造合同准则》的实施，将事前引导、事中控制与事后监督的财务监督管理体系落到实处，健全和完善了全局的成本管理体系，保证了企业战略目标的分解与执行。此外，预算执行过程中协调和优化配置了项目及企业的资源，并改善了物流和资金流，达到了提高经营质量的目的。

四、强化工程分包管理，合理利用社会资源

为了合理利用社会劳务资源，提高劳动生产率，许多工程项目部在施工中实施了架子队和劳务分包的组织形式，并以工程项目进度和质量为核心建立和健全了操作有序、监控有力、管理规范的工程分包管理制度。2002年，水电十四局制定并下发了《中国水利水电第十四工程局工程分包管理实施办法》（2006年6月又进行了修订）及《中国水利水电第十四工程局工程分包合同范本》，制定并下发了“工程分包立项申请表”、“分包商审批表及分包商资质审查记录表”、“工程分包合同审批表”、“工程分包特别事项审批表”，供项目部分包工程时使用。从分包工程立项审批、分包商资质审查和选择、分包单价的确定、分包合同的签订到分包工程的进度、质量和安全管理、分包工程验收、分包工程计量、分包工程款支付都作了详细的规定，使工程分包做到制度化、规范化。严格审查分包工程的立项、队伍选择和分包工程协议，加大对分包工程管理的审查、审批的力度；细化和规范工程分包单价的分析测算和谈判；细化分包工程的预付款、结算款、主材核销、消耗性材料和周转性材料的控制和管理；建立全面的评价制度，加强对分包协作队伍的资质评价；建立分包商资源库和合格分包商档案，加强分包商的评价和管理监督，并对分包协作队伍进行技能培训和安全教育，确保分包工程进度和质量。对工程分包管理进行定期和不定期的检查。同时，水电十四局采取有效措施，保证农民工工资的及时和全额发放，做到合理利用社会资源，有效规避工程分包风险。

五、强化经营责任，完善激励和监督机制

2001年，水电十四局制定和实施了《中国水利水电第十四工程局项目经理管理办法》，对工程项目实施了经营目标责任制，对项目部每年的经营业绩进行考核，并实施项目经理年薪制。管理办法包括项目经理的资质管理、项目经理的选拔任用、项目管理经理的职责和权限、项目经理经营责任制、项目经理业绩考核及档案管理、项目经理年薪制。规定施工项目由项目管理班子集体责任经营，项目管理班子集体责任经营的主要责任人是项目经理。项目经理的考核制度包括项目经理年薪考核制度、项目经营承包合同考核制度、项目审计和考核制度。项目经理年薪考核的指标包括资金到位率、自营产值率、质量、安全、成本和精神文明建设。项目经理的年薪由基本年薪、产值年薪和效益年薪组成。其后，根据实施的情况对项目经营目标责任制不断进行修订和完善。每年年初，水电十四局按项目的经营目标进行考核，根据预考核的结果在局工作会议上兑现年薪和奖惩，工作会议后再进行终结考核，严格执行经营责任和业绩的考核制度。同时，水电十四局于2000年制定和实施了《中国水利水电第十四工程局项目稽查工作条例》，成立了项目稽查部，实施工程项目稽查制度。对经营管理不善的项目进行稽查，督促其改进和加强管理，严格查处违纪违规的项目部，并建立和健全了项目的审计和效能监察制度。通过项目稽查、审计和效能监察，加强了对项目经营的监督，完善了监督机制，增强了对水电十四局各项管理制度的执行力。

六、水电工程联营体的组织与管理

大型水电工程建设规模大、施工技术高、管理难度大，对承包商的技术和管理能力、装备能力和履约能力的要求高。不少项目业主倾向于由多家具备资质、施工实力强的承包商组成施工联营体进行投标，好中选优，进行施工。水电工程联营体在大型水电工程项目上应运而生。水电十四局先后在长江三峡枢纽地下工程与水电一局、十一局组建了三联公司，在广西龙滩水电站与水电七局、八局组建了1478联营体，在云南小湾水电站与水电一局组建了141联营体，在广西百色水电站与广西水电工程局组建了滇桂联营体，在新疆洽甫其海水利枢纽工程与新疆水电工程局组建了新云联营体，在长江三峡工程与水电四局组建了青云公司，在四川瀑布沟水电站与水电七局组建了714联营体。除青云公司和714联营体外，水电十四局担任了各联营体的责任方。在探索和实践中，水电十四局和相关联营单位在联营体建立了有效的治理机构，制定了联营体的章程、运营规则和管理制度，整合了联营体人力、设备、科技和管理资源，组织了联营体项目部，实施项目法施工，并建设了新型的联营体企业文化。从而，组织和建立了运作规范、管理科学、监督有效的具有中国特色的新型联营体。2005年，水电十四局参照集团公司《中国水利水电建设集团公司国内联营体运营管理暂行管理规定》，结合工程局的实践经验，制定了《中国水利水电十四工程局联营体工作指导意见（试行）》，进一步规范了联营体的管理。各联营体不仅圆满实现了工程项目的履约目标，得到了业主和监理的好评，而且取得了较好的经济效益。工程项目联营体的建立和运作，丰富了项目法施工的理论和实践。小湾水电站141联营体的《水电工程联营体的组织与管理》，先后荣获全国施工企业管理现代化创新成果一等奖和第十三届国家级二等企业管理现代化创新成果。

第六章　设计施工总承包

中国水利水电工程建设的传统方式是设计与施工分离，设计由设计单位负责，施工由施工单位承担。实践表明，这种传统模式存在投资大、工期长、设计和施工单位协调困难等缺点。水利水电工程建设中实行设计和施工总承包，不仅可以在很大程度上克服传统模式的缺点，更为重要的是，有利于吸引更多的民间资金进入水利水电市场，有利于提高中国水利水电工程建设的国际竞争力。从20世纪80年代开始，为适应设计、施工与国际接轨，工程设计施工总承包的运作模式应运而生。1994年3月，水电十四局在所属的二级单位科研设计院成立了设计部。为了积累建设项目工程总承包方面的经验，以利于水电十四局开展建设项目工程总承包业务，水电十四局于1999年6月开始，依托水电十四局设计及施工资源优势开始承接设计、施工总承包业务，实现了水电十四局小水电总承包业务零的突破。经过12年的努力，水电十四局设计施工总承包业务从每年1个电站1645万元的合同额，发展到了平均每年3个电站1.42亿元的合同额，为其开展建设项目工程总承包业务打下了良好的基础。

一、建立设计施工总承包组织机构

设计施工总承包项目由水电十四局统一组织及管理，水电十四局科研设计院负责实施。水电十四局在工程中标后下达设计任务书到水电十四局科研设计院，由水电十四局科研设计院组织勘测、设计人员完成工程的勘测和设计任务。在项目实施过程中，由水电十四局科研设计院对项目的设计、施工进行协调和管理。项目的设计由勘测设计分院负责实施，工程施工由施工项目部负责实施，组成严密、精干的设计和施工组织机构。设计、施工总包项目的设计和施工组织机构详见图6－6－1。

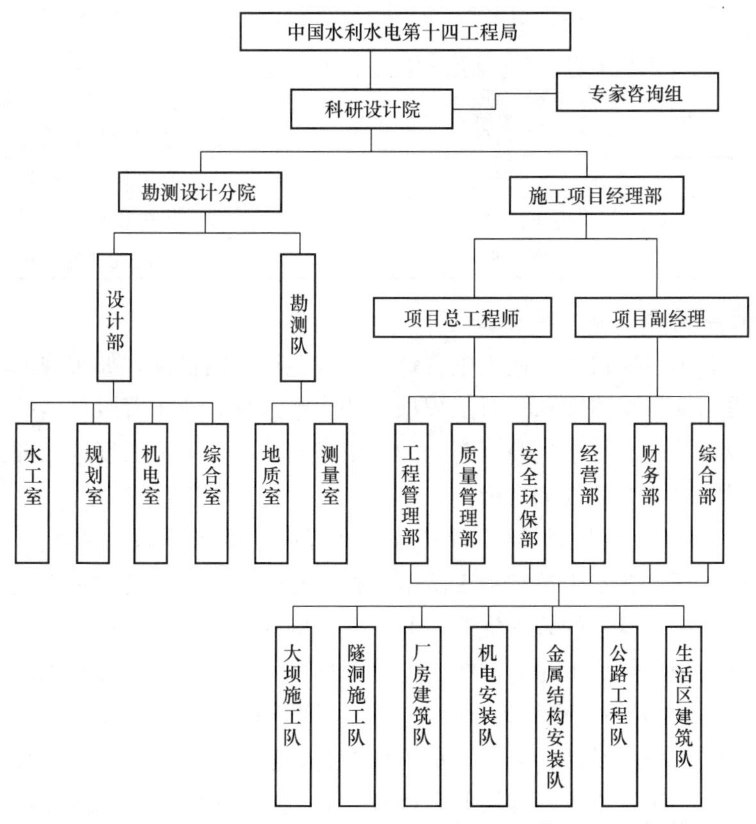

图6－6－1　水电十四局施工总承包项目管理组织机构图

二、完善设计施工总承包勘测设计和施工质量安全保障体系

设计、施工过程中，水电十四局坚持按“进度是中心，安全是保证，质量是生命，效益为目的”的辩证关系来指导设计及施工，贯彻执行 ISO 9000：2000《质量管理体系》及水电十四局《质量手册》中的“技术领先，质量为本，服务规范，顾客满意”的质量方针，保证严格按照国家颁布的规范标准及合同文件的要求精心设计、施工，确保工程质量。

工程建设过程为了加强对勘测、设计、施工质量安全监督工作，保证工程勘测设计及施工的质量，水电十四局科研设计院成立了以分院院长为组长，以勘测队队长和项目设计负责人（设总）为副组长的勘测设计质量安全监督领导小组，要求各部门、各岗位人员必须在职责范围内严格按水电十四局颁布实行的《勘测过程控制程序》、《设计控制程序》开展勘测、设计工作，确保工程勘测、设计工作成果符合国家、行业及地方的现行法律、法规、技术标准，满足合同规定的要求。

勘测设计质量安全监督领导小组成员见表 6－6－1，勘测过程流程图及设计作业过程流程图分别见图 6－6－2 和图 6－6－3。

表 6－6－1　　勘测设计质量安全监督领导小组成员表

序号	职　　务	在质安小组中责任
1	科研设计分院院长	组长
2	勘测队队长	副组长
3	项目设计负责人（设总）	副组长
4	地质室主任	工程地质勘察的质量及安全
5	测量室主任	工程测量的质量及安全
6	水工室主任	水工设计的质量及安全
7	机电室主任	机电设计的质量及安全
8	规划室主任	工程规划的质量及安全

三、实施目标管理，缩短建设工期

在设计施工总承包项目中，业主主要针对工程要达到的目标，如实现的功能、技术标准、总工期等提出项目总体要求。对工程项目的实施过程，业主着眼总体的、宏观的、有效的控制，给设计、施工总承包商以充分的自由完成项目，最大限度地发挥其在设计、采购、施工、项目管理等方面的创新精神。

工程中标后，水电十四局科研设计院建立了强有力的指挥系统，调配具有丰富的设计、施工经验的管理及技术人员和施工队伍，投入充足的成龙配套的施工设备，承担工程的设计、施工。利用总承包的管理优势，在工区范围内建立统一的质量体系、安全体系及环保体系，在施工现场管理上建立起统一的管理标准，统一实施目标管理。在完成工程的《可行性研究报告》并开始工程技施设计的同时，即开始组织工程施工人员进点开始工程施工。在工程建设过程中设计、施工人员密切配合，实现了各个工程部位技施设计图纸完成并经会审一周后，工程施工随即展开，使设计意图在工程施工中及时得到体现及反馈，及时验证了设计图纸的合理性、可行性，同时缩短了工程施工准备期的时间。与设计、施

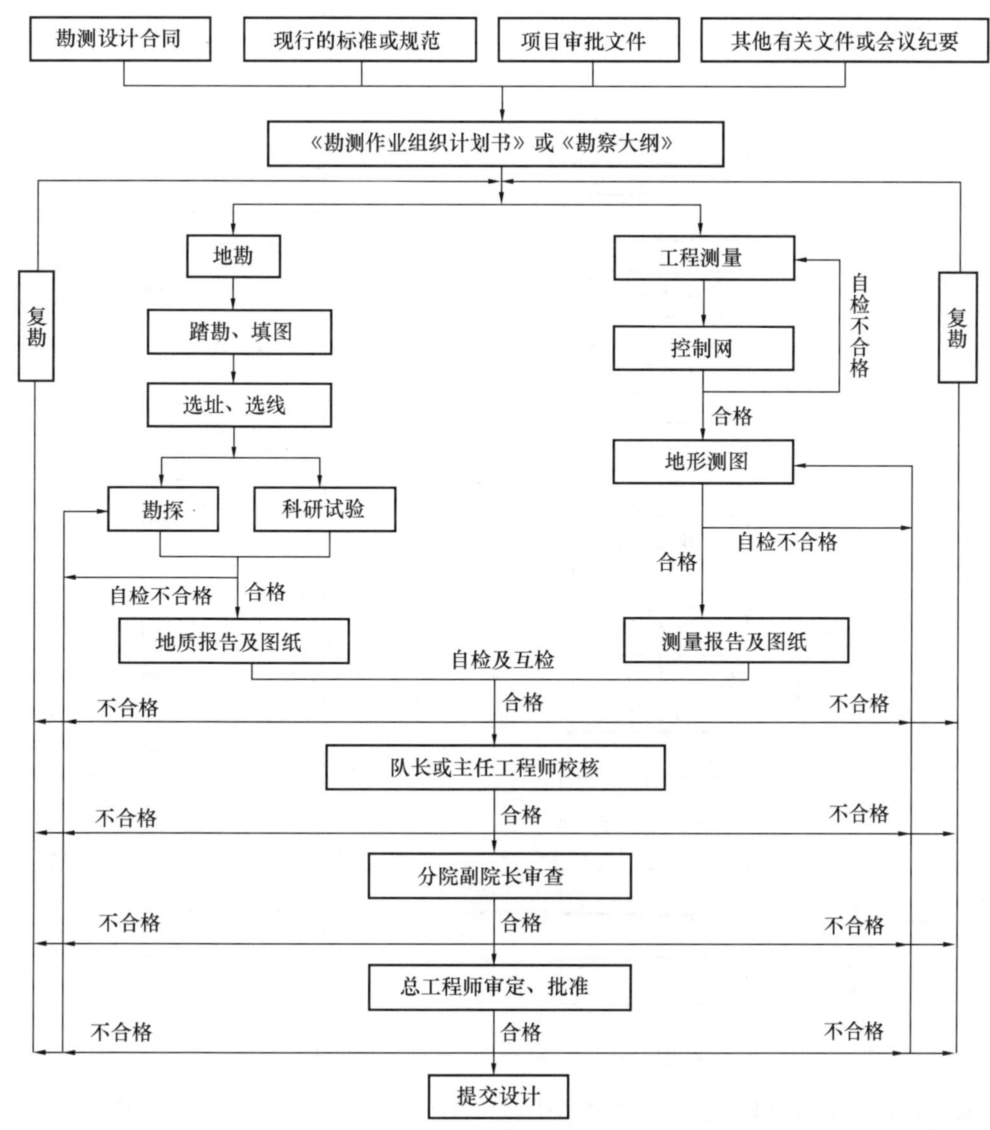

图 6-6-2　勘测过程流程图

工任务分别由不同单位承担相比，该做法避免了整个工程技施设计图纸全部完成才能进行工程施工，施工对设计图纸的合理性、可行性验证不及时，进而耽误设计人员对设计方案及图纸的修改，造成工期延长的弊端。

水电十四局承建的设计施工总承包项目的实际建设工期与合同工期相比，平均缩短工期 25%，降低了电站的单位千瓦造价，提高了电站的利用小时数，使业主的投资得到尽快回收，获得了较高的投资回报。工程建设工期的缩短也降低了承建单位的建设成本，在赢得业主信任的同时取得了良好的经济效益，实现了工程建设各方的共赢。

四、利用设计优化精心设计，创造经济效益

工程最大的节约是优化设计方案。设计施工总承包能有效地控制投资。科研设计院在总承包后为了控制投资、精心设计，对多个设计方案进行了优化、比选，采用了先进而适

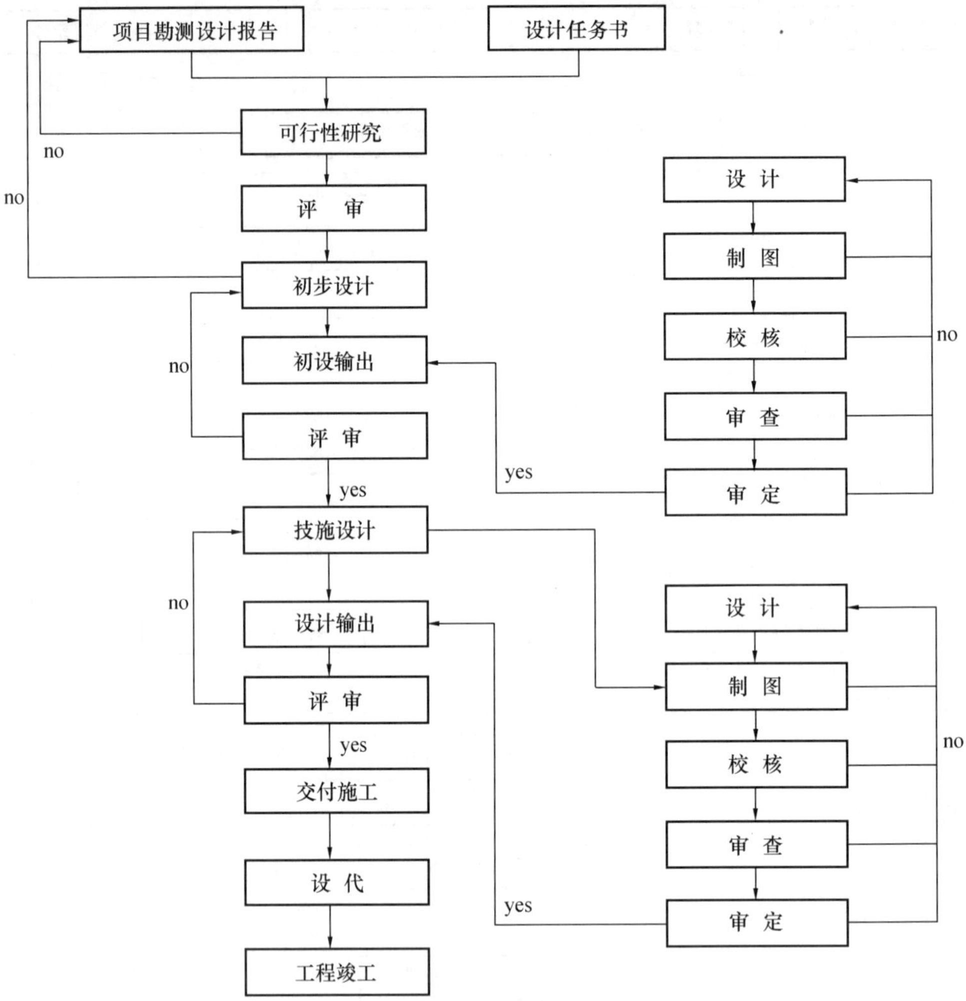

项目勘测设计报告
设计任务书
可行性研究
no
no
评　审
初步设计
no
初设输出
评　审
yes
技施设计
no
设计输出
评　审
yes
交付施工
设　代
工程竣工
设　计
制　图
校　核
no
审　查
yes
审　定
设　计
制　图
校　核
no
审　查
yes
审　定

图 6-6-3　设计作业过程流程图

用的设计方案，不仅节约了投资，而且确保了工程投产后的经济、社会和环境效益。

在设计工作中，水电十四局科研设计院充分发挥设计人员熟悉施工规范、规程，施工人员熟悉设计规范、规程的优势，在工程建设过程中，设计人员时刻坚持“实用、经济、美观、安全、可靠”的设计原则，及时依据地形、地质、施工条件、建材限制、地域环境、施工工艺等因素的改变，结合施工现场的实际施工条件精心设计，确保工程设计满足安全、可靠、经济、美观的要求。在有利于工程施工的同时又降低工程成本，避免因设计不当造成浪费（如在安全系数取值方面，在规范规定的范围内取大值还是取小值或是取中间值的问题上，根据设计要求，结合施工经验及实际情况综合考虑，得出安全性、可行性与经济性的最优取值），努力达到利用设计优化创造经济效益的目的。

五、加强工程成本管理，降低工程成本

科研设计院在总承包的过程中，利用设计施工总承包的特点和优势，加强成本管理，降低了工程成本。

(一) 建立目标成本管理体系，实施全面的成本管理责任制

合理制定项目的目标成本。按照内部分工和岗位责任制，建立相互衔接的全面成本管理责任制。在项目建设过程中，实行设计、施工人员工资收入同目标成本执行情况完全挂钩，充分体现职工按效取酬，调动职工积极性，增强职工实施目标成本的压力和动力。结合工程实际制定内部工、料、机施工定额，并结合材料和人工费市场行情确定工程的分包单价，做好专业分包队伍的工序或单项工程分包工作，确保目标成本的实现。

(二) 统一管理施工材料、设备及人员，确保各项资源配置的优化

根据设计施工总承包工程项目众多的施工机械布置在狭窄的施工区域内的特殊性，水电十四局科研设计院统一管理，协调使用施工机械，确保各项资源配置的最优化，减少干扰，提高效率。在土建工程施工、机电安装、金属结构制作安装等施工过程中，施工材料、设备及人员交叉使用，合理调配，减少了设备的备用量，同时也减少了材料的库存量和流动资金的占用量，提高了资金的使用效率。

(三) 实行项目成本核算、分析和考核

在项目完成后，对施工过程中的各项成本进行归集、整理和计算，检查成本控制的成效，按项目考核的办法对项目进行考核。通过把成本考核落实到人，控制了项目成本，实现了项目利润最大化的目标。同时，通过对项目成本中影响节约及超支的因素进行分析，寻找管理中存在的问题，提出改进措施，为改进成本管理提供资料。

六、统一规划和布置生产、生活场地和临时设施

在设计施工总承包项目实施过程中，统一规划、合理布局土建工程施工、金属结构制作安装、机电设备安装所需的施工场内道路，最大限度地利用施工的场内道路，方便施工，减少支线道路的修筑量，进一步节约工期及降低工程成本。

同时，通过统筹安排土建工程施工、金属结构制作、安装和机电设备安装的工期和进度，统一规划生产、生活等施工临时场地，在工程施工过程中充分利用已建成的生产、生活临建设施，避免重复建设，不仅可控制施工区的生产、生活设施建筑面积和占地面积，有效、合理地使用施工场地进行布置和管理，还可减少临时征地范围，有利于环保目标的实现和节约投资。

七、统筹协调土建与金属结构机电安装关系，全面推进工程的顺利实施

在工程实施过程中，制约主关键线路的因素较多，项目部聘请资深的金属结构、机电安装专家，在项目部的决策层配置生产副经理，在管理层中设置机电物资部，在主管生产管理部门中配置金属结构机电安装主管，统筹协调土建、金属结构、机电安装关系，一切目标都要围绕主关键线路来实施。严格控制施工进度，进而实现整个工程施工工期最短，全面推进工程的顺利实施，为电站按期或提前发电创造条件。

八、认真实施保修和回访制度，提高售后服务质量

建立工程交接后的工程保修制度，工程保修按合同约定或国家有关规定执行。在保修期内发生质量问题，项目部根据已制定的工程保修制度和业主提交的“工程质量缺陷通知书”提供缺陷修补服务。

项目部与业主建立售后服务联系网络，收集和接受业主意见，及时获取工程建设项目

的生产运行信息，定期做好回访工作。工程回访工作按照水电十四局回访工作管理规定进行，填写回访记录，编写回访报告，反馈项目信息，持续改进。

保修和回访工作在项目经理的领导下进行，由质量安全副经理主要负责，质量管理部具体实施。

通过实施保修和回访制度，提高设计施工总承包项目的售后服务质量，在增加业主满意度的同时，提高水电十四局开展设计施工总承包业务的能力。

水电十四局在设计施工总承包中发挥技术和管理的实力，诚实守信、忠诚履约、优良服务，树立了良好的企业品牌，取得了业主和监理的信任。设计施工总承包的市场开拓取得了优异的成绩。设计施工总承包从一个电站扩展到一条流域（南溪河流域），再到一个地区（屏边县、金平县）的小水电建设市场；同时，在树立了云南省水电市场上小水电工程设计施工总承包模式品牌的同时，也取得了良好的社会效益和经济效益，使水电十四局在小水电工程建设过程中实现了自身跨越式的发展，为水电十四局设计施工总承包业务今后的发展，以及从小到大、从国内到国外市场的扩展奠定了坚实的基础。

水电十四局1999年6月～2006年12月设计施工总承包完成项目和在建项目统计分别见表6-6-2和表6-6-3。

表6-6-2　水电十四局1999年6月～2006年12月设计施工总承包完成项目统计

序号	工程名称	合同额（万元）		装机规模（万千瓦）	工程开始建设时间	工期（月）	
		设计	施工			合同工期	实际工期
1	云南屏边县湾塘水电站		1645	1.26	1999年	24	20
2	云南屏边县倮姑水电站	215	1835.30	1.3	2001年	18	15.5
3	云南屏边县四岔河水电站	1139.53		1.3	2002年	18	15
4	云南宣威县黄鹰洞水电站	145	3559.05	1.89	2003年	20	18
5	云南屏边县那木果水电站	106	850	1.2	2003年	25	23
6	云南武定县勐果河二级水电站	4081		1.26	2003年	19.5	16.5
7	云南金平县南门峡水电站	24.8	2614.43	2.1	2003年	20	18
8	云南金平县岔河三级水电站	135	1143.23	0.9	2004年	18	15
9	云南金平县岔河四级水电站	247.5	963.2	1.65	2004年	18	17
10	云南会泽县块泽河水电站	5708.15		3.6	2004年	28	25
11	云南金平县马过河水电站	181	2078.3	1.0	2004年	18	14
12	云南屏边县绿水河二级水电站	80	1638	1.2	2004年	16	13
13	云南金平县茅草坪水电站	1112.5		1.0	2005年	13	11
14	云南屏边县金厂河水电站	90	1289.7	0.9	2005年	12	9

表 6-6-3　水电十四局 1999 年 6 月～2006 年 12 月设计施工总承包在建项目统计

序号	工程名称	合同额（万元）		装机规模（万千瓦）	工程开始建设时间	工期（月）	
		设计	施工			合同工期	实际工期
1	云南金平县四台山水电站	3521		1.26	2006 年	24	
2	云南宣威县达开水电站	1360	4779.16	6.0	2006 年	36	
3	云南金平县拉灯河水电站	4528.65		1.6	2006 年	18	

第七章　人事劳动分配制度

第一节　人　事　制　度

水电十四局自 1954 年建局以来，实施过两次大的人事制度改革。

一、1993～1994 年三项制度改革中的人事制度改革

为了贯彻落实中共十四大精神，加快企业转换经营机制的步伐，适应社会主义市场经济体制，水电十四局积极稳妥地推进人事制度改革，始终把发现和选拔优秀人才作为改革目标，把竞争作为一条主线贯穿于人事制度改革的全过程。通过竞争上岗、双向选择，实现了全局干部（除按党章、团章、工会法规定应选举产生的以外）的聘任制。在改革中，以《水电十四局劳动人事工资制度改革方案》为指导，水电十四局制定并印发了《水电十四局关于实行干部聘任制的暂行规定》、《水电十四局聘用制干部管理试行办法》、《水电十四局专业技术干部管理暂行办法》、《水电十四局机关职工“双向选择组合”试行办法》、《关于局机关干部进行双考的实施意见》、《水电十四局机关未被组合上岗和待岗人员管理暂行办法》、《水电十四局关于职工病伤假和女职工哺育假的实施办法》、《关于借调职工的暂行规定》和《关于加强机构编制管理的办法》等 9 个政策性文件。

通过改革，初步打破了干部终身制，淡化了干部和工人的界限，建立了干部能上能下的制度。在企业内部对从工人中选拔的干部实行了聘用制，对原有干部实行了聘任制。

按照《水电十四局关于实行干部聘任制的暂行规定》和《水电十四局聘用制干部管理试行办法》，以“精简、高效、多功能、满负荷”为指导，在完成“定编、定岗、定员、定责”的前提下，贯彻“公开、平等、竞争、择优”的原则，水电十四局对干部进行了逐级聘任（聘用），即本级聘下级、层层抓落实，并逐级签订了内部合同，以书面形式确定了双方的责任、义务和权利。

在此次改革中，水电十四局按规定和要求对干部进行了考试和考核（简称干部“双考”）。在对在岗干部的考试中，考试内容为水电建设基本知识、水电施工企业管理基本知识、马列主义基本理论；全局应参加考试 4454 人，实际参加考试 4270 人，占 96%。其中，考试成绩优秀3661人，占85.7%；良好596人，占14%；不及格13人，占0.3%。在对在岗干部的考核中，按照“德、能、勤、绩”四个方面的要求，通过个人述职、考核组评议、打分、评定等级，全面评价各级干部。实际参加考核的干部4103人，占应参加考核人数的92%。考核结果履职优秀的1510人，占36.8%；称职的2329人，占56.8%；基本称职的247人，占6%；不称职的17人，占0.4%。干部“双考”为干部竞聘上岗、择优聘任提供了依据。

通过改革，局机关工作人员由原来的283人削减为169人（其中有25人安排到项目点工作，实际在机关上岗的只有144人），精简了40.3%；正、副处长由原来的71人削减为32人，精简了54.9%。二级单位机关工作人员由原来的2256人削减为1190人，精简了47.3%；从机关精简下来的人员充实了工程厂（队）的管理队伍。

为搞好干部聘后管理工作，水电十四局还制定了一系列关于干部管理制度的规定，包括干部考核制、干部学习制、干部谈话制、干部个人事宜请示制、领导班子会议制等。

二、2005年开始的人事和薪酬制度改革中的人事制度改革

为建立现代企业制度的需要，并且与社会主义市场经济体制相适应，实现企业人力资源管理工作科学、规范地运行，达到精简、高效的目的，经过充分调研、审慎分析、科学论证，水电十四局决定在全局实施员工职位等级管理制度，并于2005年12月下发和实施了《水电十四局员工职位等级管理办法》。

实行员工职位等级管理制度，是以员工职位等级取代企业员工行政级别；员工职位等级管理突出“动态管理”的主题，职位能上能下、等级能升能降；员工职位等级管理将保证位得其人、人尽其才；同时为不同类别的员工提供不同的职业生涯发展渠道，为企业建立高素质的员工队伍奠定基础；员工职位等级管理是人力资源管理的一项重要的基础工作，是员工录用、考核、选拔、任免、培训、薪酬分配等环节的重要依据；依据职位等级开展人力资源管理工作，将增强人力资源管理工作的公正性、客观性和透明度，有利于科学、合理地配置全局人力资源，有利于充分调动员工的工作积极性。

在实施过程中，水电十四局人力资源部通过工作写实、访谈、问卷调查、流程梳理，在工作分析的基础上确定编制、编制《职位说明书》，在《职位说明书》中界定职位、明确职责、确定定员，并定制评价要素及评价因素，设定各评价因素的分级标准及分值，通过职位评价把全局职位按照管理类（含企业管理及项目管理）、技术/业务类、作业类职位及其相对价值的大小分布到设定的10级37档之中（其中1级设1档，2～9级各设4档），对全局员工实施职位竞聘后，推行以职位绩效工资制度为主的薪酬分配制度。

截至2006年底，已完成了工作写实、访谈、问卷调查、流程梳理及工作分析；为保证工作的科学性、实用性及推动改革的顺利进行，水电十四局还聘请外部咨询机构主导职位说明书的编制和职位评价工作。

第二节　劳动用工制度

水电十四局自1954年建局以来，实施过两次大的劳动用工制度改革。

一、对新招工人实行劳动合同制

1986年7月，国务院国发〔1986〕77号文发布了《国营企业实行劳动合同制度暂行规定》、《国营企业招用工人暂行规定》、《国营企业辞退违纪职工暂行规定》和《国营企业职工待业保险暂行规定》；同年9月，云南省人民政府云政发〔1986〕130号文，印发了《关于贯彻执行〈国营企业实行劳动合同制度暂行规定〉的补充规定》、《关于贯彻执行〈国营企业招用工人暂行规定〉的补充规定》、《关于贯彻执行〈国营企业职工待业保险暂行规定〉的补充规定》和《云南省国营企业劳动合同制工人社会保险暂行办法》，上述规定均从1986年10月1日起施行。

根据上述规定，水电十四局在废止了1957年底以前参加工作、家居农村的老工人退休后由“子女顶替”制度的同时，对新招工人实行劳动合同制。截至1994年底，共招用合同制工人682人。新招工人劳动合同制的实施，对搞活用工制度、促进企业管理者和劳动者的思想观念转变、依法用工起到了积极的作用，为推行全员劳动合同制积累了经验。

在此期间，在鲁布革水电站建设中，引水隧洞工程利用世界银行贷款实行国际招标。日本大成公司中标后，水电十四局向大成公司提供劳务人员。从1984年9月日本大成公司进入工地到1988年3月底，全局共提供劳务939人次，不仅在数量、质量、时间上保证了大成公司对劳动力的需求，同时也为水电十四局走向市场、参与国际合作和加强劳务管理提供了宝贵的经验。

20世纪80年代，水电十四局在先后承建的鲁布革、漫湾、广蓄等电站的施工实践中大胆探索，锐意改革，推行项目法施工，探索总结，推广运用鲁布革经验，创造了广蓄电站的一流施工水平。为适应项目法施工的需要，劳动力的管理主要是优化劳动组合，实行管理层和劳务层分离，精简机构，减少冗员，派出精干队伍到施工第一线，后方人员通过发展多种经营，兴办第三产业分流和安置。

二、对全局职工实行全员劳动合同制

1994年7月，中华人民共和国主席令第28号文公布了《中华人民共和国劳动法》，该法从1995年1月1日起施行。在此之前，为了贯彻落实中共十四大精神，根据原能源部关于推行企业劳动、人事、工资制度配套改革的若干意见和水电总公司的具体要求，水电十四局于1994年4月下发了《水电十四局劳动、人事、工资制度改革方案》及有关规定，推行以优化劳动组合、建立企业职工制度、试行全员劳动合同制度、建立厂内待业机制、建立动态管理机制为主要内容的劳动制度改革。

在此次改革中，水电十四局以“定编、定岗、定责、定员”为先导，按照“精简、高效、多功能、满负荷”的原则调整机构，局机关部门从27个精简为15个，精简率为44.4%；整合了二级生产经营单位，规范了基地管理，成立了昆华实业总公司，组建了电力工程开发公司和国际公司。通过一系列全面调整，使全局机构设置合理化、即前方管理集团化、后方管理专业化。为进一步适应水电施工招投标管理模式和市场经济体制的要求，局属二级单位科室也由原来的336个精简为172个，精简率为48.8%。

在此次改革中，为推行以岗位技能工资为主要形式的结构工资制度，水电十四局还对生产岗位按劳动责任、技术要求、劳动强度、劳动条件4大要素和15个子因素对110个工种 342 个岗位组织进行了测评，编制了生产岗位“岗位归级系列表”，并上报水电建设总公司平衡。按照改革要求，水电十四局制定了《工人考核办法》，组织 7 名专家组成复习考试命题小组，对全局 111 个工种，每个工种按初、中、高级和技师 4 个级别编写复习题达19 800道，统一命题、同时组织全局工人应知考试，全局 9402 人参加了考试，占应参加考试人数的 97％，考试结果：优良率 92.1％，及格率 7.6％，不及格率 0.3％；按思想政治表现、生产成绩和实际操作技能（应会）组织全局工人考核，9214 人参加考核，占应参加考核人数的 96.8％，考核结果：优秀率 38.5％、良好率 46.4％、合格率 14.7％、不合格率 0.4％。

1995 年 8 月，为贯彻执行《中华人民共和国劳动法》，全面推行劳动合同制度，经报云南省劳动厅批准，水电十四局印发了《水电十四局劳动合同制度实施方案》，同年 12 月又印发了《水电十四局劳动合同制度实施细则》。截至 1995 年底，水电十四局应签劳动合同职工 14 240 人、已签 13 621 人，占应签劳动合同人数的 96％；未签 619 人，占应签劳动合同人数的 4％。在已签订劳动合同的 13 621 人中，签订无固定期限劳动合同的10 280 人，占 75％；签订有固定期限劳动合同的 3341 人，占 25％；在签订有固定期限劳动合同的 3341 人中，10 年期 1909 人、9 年期 17 人、8 年期 42 人、7 年期 3 人、6 年期 151 人、5 年期 261 人、4 年期 29 人、3 年期 850 人、2 年期 49 人、1 年期 30 人。

1997 年 9 月，水电十四局向云南省劳动厅报送了《水电十四局开展劳动合同验收工作的情况汇报》。截至 1997 年 6 月末，全局职工 13 045 人，应签劳动合同 13 045 人；已签劳动合同 12 922 人，占 99.1％；未签劳动合同 123 人，占 0.9％，未签劳动合同的主要是精神病人、麻风病人、癌症病人和待调人员。在已签劳动合同的 12 922 人中，签订无固定期限劳动合同的 9261 人、签订 6～10 年期劳动合同的 2377 人、签订 1～5 年期劳动合同的 1284 人。1996 年，经云南省劳动厅审查，全局年度劳动执法年审合格。至此，水电十四局的劳动合同管理工作步入正轨。

1998 年 6 月，《中共中央、国务院关于切实做好国有企业下岗职工基本生活保障和再就业工作的通知》（中发〔1998〕10 号文）出台；同年，云南省委、省政府也出台了相关文件。为此，水电十四局经报云南省企业职工解困与再就业工作领导小组批准，建立了再就业服务中心托管下岗职工。截至 1998 年底，水电十四局计有下岗职工 3562 人，占职工总数的 27.8％。按照中发〔1998〕10 号文件规定，“下岗职工在再就业服务中心的期限一般不超过 3 年；3 年期满仍未就业的，应与企业解除劳动关系，按规定享受失业救济或社会救济。”但是，水电十四局为保持社会和企业稳定，在 2005 年底，按照中央的有关规定关闭再就业服务中心时，水电十四局滞留在再就业服务中心并签订了“托管协议”的下岗职工 2003 人并未与企业解除劳动关系，而自然演变成了企业内部待岗职工。

水电十四局下岗职工的基本生活保障，按“三三制”的资金筹集原则（即中央或地方财政预算安排 1/3、企业负担 1/3、社会筹集 1/3）实行，保障了下岗职工的基本生活和为下岗职工缴纳的社会保险费用。

2000 年，水电十四局在深化内部管理体制改革中，建立了局内人力资源市场，形成了人力资源优化配置的机制，出台了《水电十四局劳务管理办法》，按照属地原则建立了昆明、曲靖、大理劳务管理中心（后按管辖范围增设了安装公司劳务管理中心），全局除局长和党委书记、按省教委规定核定范围内的中小学聘用教职工、职工医院（卫生所）医务人员之外的其他职工全部进入劳务管理中心，局机关及局属各单位（项目）所使用的职工作为各劳务管理中心所管劳务，由用工单位与劳务管理中心签订劳务协议，并向劳务管理中心交纳劳务费，劳务管理中心负责组织劳务输出、实施劳务管理、开展劳务培训、提供劳务服务、组织管理待岗职工、下岗职工、内退职工、伤病残职工，实施了企业内部劳务市场化管理。

2001 年 9 月，随着企业改革的深化，水电十四局为了解决工程、经济、会计专业骨干匮乏，作业层高素质技术工人不足的情况，制定印发了《关于从局外聘用劳务人员的暂行办法》，该办法规定：局直管项目部、二级单位管理的项目部、安装公司管理的项目部和生产单位、科研设计院项目点的试验室可根据工作需要，在局人力资源部的指导下，按聘用程序和条件聘用项目点急需的专业人员和技术工人；外聘劳务人员限制在工程、经济、会计和急需的技术工种范围内，专业技术人员必须具备中专以上学历，技术工人必须具备技工学校毕业学历（含中专），同时具备中级工等级证书；对被聘用人员，签订以完成一定工作任务（工作量）为期限的劳动合同，“工作任务（工作量）”完成以后，劳动合同自行终止，不允许在水电十四局内部项目点之间转移，如果个别劳务人员在受聘期间工作能力较强、表现突出，已经成为重要骨干的，可以向其他项目点推荐，一旦受聘，应按本暂行规定重新签订劳动合同。截至 2006 年底，水电十四局共聘用外聘劳务 583 人，不但缓解了水电十四局工程、经济、会计专业骨干匮乏，作业层高素质技术工人不足的情况，而且确立并落实了外聘劳务人员的进出机制，拓宽了人才渠道。

第三节　分　配　制　度

水电十四局自 1954 年建局以来，实施过四次大的分配制度调整和改革。

一、1956 年的工资调整

1956 年，社会主义改造基本完成，开始形成了一套由计划、行政手段配置和利用经济资源、控制国民经济运行的高度集中统一的经济管理体制。这种高度集中统一的计划经济管理体制，要求建立起全国统一的工资制度。1956 年 2 月，为了争取提前和超额完成第一个五年计划，国务院召开了全国工资会议，决定对企业、事业和国家机关的工资制度进行第一次全国统一调整，在理顺分配关系的总体思路上提出“在发展生产和提高劳动生产率的基础上逐步改善职工生活”，从而确保了工资制度改革的整体推进。此次工资调整的主要内容包括：

（1）取消了工资分制度和物价津贴制度，实行直接货币工资，奠定了中国货币工资制度的基础。同时，根据各地区物价和生活水平，规定了 11 个地区类别。这次工资制度改革改变了工作人员工资增长过缓而与劳动生产率增长不相适应的情况，比较好地体现了按劳分配原则，提高了工作人员工资水平。

（2）实现了多种工资形式向单一的职务等级工资制的转变，使全国工作人员的工资形式趋于统一。在国家机关和事业单位建立了职务等级工资制，工资标准分30个等级；同时也在企业统一了工人工资等级制度，实行八级工资制，提高了熟练工人、高温作业、井下作业人员的工资标准；规定企业干部工资高于国家机关；工程技术人员分18个等级，其工资标准高于同级管理人员。同时，工人工资标准可以按产业统一规定，根据不同产业工人生产技术的特点，建立不同的工资等级制度，如运转工人实行岗位工资制。另外，熟练劳动和非熟练劳动、繁重劳动和轻易劳动在工资标准上有明显的差别，克服工资待遇上的平均主义。

（3）开创了以工资制度改革方式直接理顺分配关系的先河。工资制度改革调整分配关系的显著特点是，无论是企业、事业单位，还是机关，在工资调整的原则、调整的办法、增资的金额、调资的政策、升级的比例和执行的时间等，均由国家统一作出规定。

通过这次调整，在全国范围内统一了职工工资标准，奠定了中国现行工资制度的基础。

1956年的工资调整，水电十四局参加人数2584人，月平均增资11.52元，工资增长幅度为18.75%。此次调整后，水电十四局还建立了奖励工资制度，直至1958年被取消。

二、1985年企业工资制度改革

遵照国务院国发〔1985〕2号文件《关于国营企业工资改革问题的通知》和劳动人事部、财政部、国家计划委员会、国家经济委员会、中国人民银行劳人薪〔1985〕29号文件《关于印发国营企业工资改革试行办法的通知》，劳动人事部劳人薪〔1985〕31号文件《关于印发国营大中型企业职工工资标准的通知》，为了更好地贯彻执行全国《水利水电直属施工企业工资制度改革方案》，根据水电总局〔1985〕水建劳字第91号、113号文件的通知，结合云南省云工改〔1985〕24号、58号文件的规定，水电十四局于1986年1月下发了《水电十四局企业工资制度改革实施方案》，该方案从1985年7月1日起执行。

此次企业工资制度改革，作为以城市为重点的经济体制改革的重要组成部分，其目的是：充分调动广大职工的积极性，增强企业的活力，以利于更好地开创社会主义现代化建设的新局面。改革的指导思想是：使职工的工资同本企业的经济效益挂钩，企业内部的工资分配同职工个人的劳动成果、贡献大小挂钩，更好地贯彻按劳分配原则，克服平均主义，促进经济责任制的层层落实；同时，与国家机关、事业单位的工资制度脱钩，通过改革初步理顺工资关系，为今后逐步完善水电十四局的工资制度打下基础。改革的基本原则是：坚持职工的工资同企业经济效益挂钩，使工资水平随经济效益的增减而相应浮动；解决企业职工内部按劳分配问题，体现多劳多得、少劳少得，体现脑力劳动和体力劳动、熟练劳动和非熟练劳动、繁重劳动和非繁重劳动之间的差别；根据水电施工特点和经济承包责任制的要求，将职工的工资同本人的职务、责任和劳绩挂钩，以利于促进提高职工素质，提高劳动效率，加快企业经济效益的提高，建立正常增加工资制度，逐步提高职工的实际工资水平。

此次企业工资制度改革，按照全国水利水电直属施工企业工资改革方案的规定，水电十四局管理干部、专业技术人员、卫生技术人员、各类学校教员均实行职务等级工资制，其工资标准为六类工资区，最低级（十七级）为38元；工人实行岗位技术等级工资制，其工资标准为六类工资区，一级 38 元、八级 114 元。根据水电总局下达的水电十四局工资改革增资控制水平，改革的主要内容是："套"即按照现行基础工资就近套级；"调"即对符合调级范围和条件的职工，在套级以后，可进行调级，但不得超过一级；根据套级后的工资情况，为了适当改善企业内部各类人员的工资关系，在套级的基础上理顺工资关系，对部分人员，可增加部分工资；"进"即在套级后的工资额低于本职务（岗位）等级线最低等级工资的，再进入最低等级工资；企业办的普通中小学校、技工学校、中等专业学校的专职教师，幼儿园的教师（限幼师毕业或经过幼教专业培训一年以上考试合格的）以及护士，现仍从事本职工作的，实行教师教龄和护士护龄津贴制度。

此次水电十四局工资制度改革的范围，限于局属各单位的固定职工和 1971 年底以前工作的计划内长期临时工。此次改革改变了过去全国统一调整工资、国家高度集中的办法，由国家控制增资幅度，企业自己制订方案，工资标准统一执行行业标准。全局参加工资套改人数为 19 744 人，平均月增资 18.11 元。

这次工资制度改革始于 1985 年，由于旧工资制度多年的运行过程中形成了各类工作人员之间极为复杂的工资关系，存在着大量的矛盾，随后在 1986、1987 年采取了一些措施，建立专业技术人员职务序列，实行聘任制，并相应解决专业技术人员的职务工资问题；提高了大学部分高中级专业技术人员和中小学教师的工资水平；适当解决了一部分职务工资的"平台"问题。这些措施使过去长期存在的一些突出矛盾得到缓解，一些不合理的工资关系得到调整。

三、1993～1994 年三项制度改革中的工资制度改革

1993 年 10 月，为了建立社会主义市场经济体制框架，结合机构改革和公务员制度的推行，中共中央、国务院决定改革机关和事业单位现行工资制度，建立符合各自特点的工资制度与正常的工资增长机制。在企业实行了以建立现代企业制度为目标的企业分配机制改革，逐步形成按劳分配为主体、多种分配方式并存的分配制度，出现了资本、技术和管理等生产要素参与分配的契机，企业工资制度也由此得到进一步的深化。

改革现行工资等级制度，逐步实行以岗位技能工资为主要形式的工资制度，按照水电施工企业工资制度改革方案，将工资分为四个单元：

（1）岗位工资单元。根据各岗位劳动责任、技术要求、劳动强度和劳动条件的评价，科学确定岗位工资，充分体现劳动差别，一岗一薪，上什么岗拿什么薪。

（2）技能工资单元。按技术等级标准，通过对职工技术水平和实际操作技能及工作业绩进行严格考试、考核晋级。

（3）年功工资单元。反映职工积累贡献。

（4）辅助工资单元。主要指补贴、奖金、津贴。

实行岗位技能工资，最为关键的工作就是要进行岗位劳动评价。岗位劳动评价工作是将各类岗位（职位）劳动对职工的要求和影响诸要素综合为劳动责任、技术要求、劳动强度和劳动条件四项基本要素，评价不同岗位（职位）的劳动差别，以此作为确定劳动报酬的依据。

在"定编、定岗、定责、定员"和岗位测评的基础上，1994 年 12 月，水电十四局下发了《水电十四局岗位技能工资制度实施办法（试行）》，并从1994年11月1日起试行。

水电施工企业岗位划分为工人岗位和管理（专业技术）岗位两大类。其中，工人岗位的岗位工资按岗位劳动评价中各岗位四大劳动要素的综合评价，共设置12个岗级工资标准；专业技术岗位的岗位工资划分为18个岗级；管理岗位的岗位工资划分为24个岗级。水电十四局岗位工资标准执行“水电施工企业岗位工资标准表”六类区100元起点、级差10元标准。后在岗位竞聘的基础上按规定兑现了岗位工资，并同时将原“工龄津贴”（每满1年工龄1元）标准纳入年功工资单元继续执行，将原各种津贴、补贴、浮动工资、奖金纳入辅助工资单元继续执行，其中奖金由局属各单位根据本单位的劳动生产率和经济效益情况自主确定；关于技能工资，由于水电十四局当时工人、管理人员和专业技术人员考试及考核制度尚未建立和健全，技能工资的问题，待岗位工资实施后，按水利电力部和水电建设总公司关于技能工资入轨运行实施意见再组织实施，在技能工资入轨运行前暂以现行标准工资作为过渡技能工资执行。

1995年8月，根据水电总公司中水电劳〔1995〕78号文件下发《关于进一步加强水电施工企业工资分配宏观调控若干意见的通知》中“1995年水电施工企业要抓紧技能工资入轨”的要求，水电十四局下发了《水电十四局技能工资入轨运行实施办法》，从1984年10月1日起对职工的现行工资标准进行调整，调整后的技能工资标准（即水电施工企业技能工资标准表75元起点标准）作为档案工资进入职工个人档案，职工调动时可向调入单位介绍，在局未批准职工所在单位兑现调整后的技能工资标准前，职工的技能工资仍按原工资标准执行（即调整前的38元起点标准）。后随着水电十四局整体经济效益状况的提升，局属各单位在1995年底前均兑现了入轨后的技能工资。

四、2005年开始的人事和薪酬制度改革中的薪酬制度改革

为配合人事制度改革、整体推进人事和薪酬制度改革，水电十四局于2005年12月同步印发了《水电十四局员工职位等级管理办法》和《水电十四局薪酬分配管理办法》。推行《水电十四局薪酬分配管理办法》以贯彻落实《水电十四局员工职位等级管理办法》为基础，以规范全局的薪酬分配管理为目的，同时在水电十四局经济效益和劳动生产率增长的前提下，保证员工平均收入增长，并坚持员工工资收入水平与企业经济效益挂钩，员工个人工资收入与职位职责、绩效考核和实际贡献挂钩，实现动态管理。

（一）加强工资总额的计划与监控

水电十四局的年度工资总额按集团公司的规定，与年度完成产值和实现利税双挂钩。水电十四局对局属各单位（项目）的工资总额实行“三控”，即控量、控标、控线，控制好各单位（项目）的工资总量，控制好各单位（项目）的工资水平，控制职工的工资在政府规定的最低工资标准线以上；以水电十四局上年全局在岗职工的平均工资为基准，按局属各单位（项目）年度实有平均人数核定的工资总额结合各单位的年度薪酬利润率与全局平均薪酬利润率的比较关系可上下浮动20%，即上要封顶、下要保底，并将年度职工工资增长率纳入对局属各单位（项目）的经营业绩考核指标予以考核。

（二）实行以职位绩效工资制度为主要形式的薪酬分配制度

水电十四局领导班子成员的薪酬按集团公司所属企业负责人年薪制规定执行；二级经

营单位领导班子成员和项目部领导班子成员按水电十四局的规定执行年薪制；水电十四局机关、二级经营单位机关、水电十四局承担费用的单位执行以职位绩效工资制度为主体的分配制度；项目部和经营单位执行职位绩效工资制度为主体的分配制度，或者执行水电十四局统一制定的岗位绩效工资制度。有条件的项目部和经营单位可结合自身的实际情况，在作业层实行计件、承包工资制等多种形式的薪酬分配形式；面向社会（或局内）公开招聘的特殊人才，实行谈判工资制；社会通用工种（职位）逐步实行与地方劳动力市场工资价位接轨的职位工资制度。

职位绩效工资制度是以职位工资为主，绩效工资、年功工资和辅助工资为补充的薪酬分配制度。职位工资全局统一，后方机关员工的职位工资标准与水电十四局局长年薪的基薪挂钩，前方项目点和生产经营单位员工的职位工资标准与全局所有项目班子成员的平均年薪挂钩，职位工资标准每年公布一次；绩效工资与员工所在单位的经营效益挂钩，按员工有效劳动（工作）的考核结果确定标准；年功工资按员工实际工作年限计算，每年5元；辅助工资由专业技术带头人津贴、女工卫生费、回族补贴和专为前方项目部员工设置的专业技术和技能津贴组成；此外，还规定了每月的薪酬发放时间及考勤时间，分别就旷工、迟到、早退、事假、病假、探亲假、公休假、脱产学习及其他一些情况下的工资发放办法作了规定。

截至2006年底，水电十四局已实施了对局属各单位（项目）2006年度工资总额的年初预控和年末核定，保持了员工工资的适度增长。全局2006年度的工资总额控制在集团公司工效挂钩的核定工资总额范围内，并测算公布了适用于水电十四局后方机关员工的职位工资标准和适用于水电十四局前方项目部员工的职位工资标准，为完成人事制度改革后兑现职位工资做好了准备。

第八章　住　房　制　度

第一节　优　惠　售　房

一、福利分房

（一）住房建设

1979年6月，中国出台了城镇住房制度，实行商品化的政策，开始中国城镇住宅制度改革的探索和实践。同年10月，恢复水电十四局建制，水电十四局机关设在昆明。在重建水电十四局之际，水电十四局就确立了“下山进城，依托城市，面向社会，综合发展”的战略指导思想，决心改变全局职工、家属长年转战在深山峡谷，建设完一个电站又举家搬迁到另一个新工地建设电站，无固定基地的局面，决定加快建设生活基地，并分别于1980年9月、1980年11月、1981年底、1983年10月相继破土动工建设大理基地、昆明基地、罗平基地和曲靖基地。

为适应改革开放的需要，加快住房建设，做好住房分配工作，根据《国务院关于印发在全国城镇分期分批推行住房制度改革实施方案的通知》（国发〔1988〕11号文）的要求，1988年5月30日，水电十四局下发了《关于成立水电十四局住房制度改革领导小组的通知》，首次成立住房改革领导小组，负责水电十四局住房政策的制定、指导和决策，陈锦棪担任小组组长，楚光、杜陶生担任副组长。

根据筹资情况，为使更多的职工住上房子，水电十四局制定了“小面积、广覆盖”的原则建设住房，即按职工所任的职务、职称、级别适用不同类别的住房面积标准。一般职工的住房面积标准平均为50～55米^2/套（简称二类住房）（也有少数一类住房面积在50米^2/套以下的），处级干部及副高级职称的职工住房面积标准平均为60～70米^2/套（简称三类住房），局级干部及高级职称的职工住房面积标准平均为80～90米^2/套（简称四类住房）。

在解决住房方式方面，采取自建与购置商品房相结合的办法。大理、曲靖（含罗平）是以征地自建为主，而水电十四局机关是以购买商品房为主，并于1983年2月在董家湾购买了第一幢商品住宅楼。位于昆明东华小区内的水电十四局机关办公大楼于1984年12月开工，1986年11月竣工，水电十四局机关随即从省电力局办公楼和其他地方搬进新楼集中办公。所建机关生活小区及6幢职工住房也陆续竣工交付使用。

资金筹措方面，通过水电十四局与二级单位自筹资金、组织职工集资、水电十四局及水电十四局所属各单位从业主收取的基地建设补助费、上级拨付解困资金等方式筹资，征地建房，购置房产建设基地。水电十四局从1987年开始探索个人集资建房的办法，试点取得经验后于1992年、1993年下发了第二步集资、第三步集资办法。集资的对象：凡要求参与云南省房改符合购买条件的需要新购住房、换购住房、补购全部产权的职工家属，以户为单位，集资的数额按不同时期职工家属购房面积大小确定。职工家属个人所交集资款到房改方案实施时，即转作购房款，集资款实行多退少补。

1980～2000年底，在省、市各地方政府的大力支持下，经过全局干部职工的艰苦努力，投入了大量的人力、物力和财力，分别在昆明、曲靖、下关、罗平建立了四大生活和生产基地，实现了全局职工下山进城的美好愿望。21年累计建设、购置职工住房11 466套，其中昆明地区1587套、曲靖（含罗平）5715套、大理4164套。

（二）福利分房

随着住房陆续建好投入使用，水电十四局为做好住房分配工作，根据有关政策，规定了职工分房的前提条件：

（1）无房且具有正式城镇户口的固定双职工及配偶。

（2）一方为水电十四局职工，配偶的工作及户口在同一城市且无房的职工。

（3）一方为水电十四局职工，配偶的工作及户口关系在农村，在单位有条件的情况下，可分到一个单间或一套住房。

（4）未结婚的单身职工，只能住单身宿舍。

同时，按工龄、职务、职称等条件打分排名的先后分配住房。

2001年，水电十四局下发《关于停止福利性实物分房的通知》，全局各单位自2001年1月1日起停止执行内部福利性实物分房。

截至2000年12月31日，水电十四局职工住房分配的基本情况为：

(1) 已累计购建职工住房11 466套，其中已参加房改数11 106套。

(2) 无房职工：离退休职工361人、在职职工1501人。

(3) 住房未达标职工（按昆明、大理、曲靖地方标准）：离退休职工9209人、在职职工8902人。

(4) 异地安置职工2959人、住房已达标职工955人，总计23 887人。

对于异地安置职工，水电十四局执行国务院和云南省的有关规定，并于1993年6月下发了《转发“云南省人民政府关于适当调整企业离退休职工工资待遇的通知”的通知》，执行云南省人民政府云政发〔1993〕91号文件《云南省人民政府关于适当调整企业离退休职工工资待遇的通知》的规定，企业职工离退休后回农村安置的，其安家补助费由原来的300元调整为600元；在城镇异地安置的，由150元调整为300元；退职异地安置的，发给150元。根据职工的工龄、职务、职称的不同，发给1300～6000元不等的修建房补助费。

凡职工离退休后回农村安置的，领取了安家补助费和修建房补助费的，水电十四局不再给予分配住房、优惠售房、发放住房补贴。

截至2000年底，水电十四局符合分房条件的职工共需住房套数为13 328套，其中累计分配住房为11 466套；无房职工1862人（套），分配到住房的职工达到86%。

二、优惠售房

（一）出售40%产权（简称“九三房改”）

按照云南省、昆明市政府的要求，为加快住房制度改革，逐步推行住宅商品化，1994年8月25日，水电十四局下发了《关于调整局房改领导小组成员的通知》，对原房改领导小组成员进行调整。领导小组组长：孙启林，副组长：马洪琪、陈锦棪、刘东生。房改办公室主任为钟辉。水电十四局各二级单位也相应成立房改领导小组及房改办公室，负责本单位的第一步房改(“九三房改”）工作。

根据云南省政府颁布的《云南省人民政府关于印发云南省城镇住房制度改革实施方案的通知》（云政发〔1992〕167号文）和《云南省省直机关事业单位住房制度改革实施办法》的规定，1993年，水电十四局制定了《水电十四局机关住房制度改革实施报告》，报经云南省省直机关房改领导小组批复，于1993年12月10日下发付诸实施。文件规定：实行新房新制度，出售公有住房，推进公积金制，集资合作建房，建立住房基金。为了促进住房商品化，向职工出售公房，凡成套住宅均可向职工（家住城镇、有正式城镇户口、符合购房条件的）出售。出售价格分为标准价和市场价。近期内实行在规定标准住房面积内的按标准价，超过规定面积的部分和高收入户按市场价。市、县内各单位房改售房价格，可由评估机构根据住房环境、地段及楼层、朝向、内部设施等因素确定系数合理调节，核价后，由市、县房改领导小组审批。按标准价出售的住房，购房后拥有部分产权(40%)，即占有权和使用权、有限处分权、有限收益权，可以继承，但不能赠与。购房款可以一次付清，也可以分期付清。房屋出售后，门户以内的自用部位和自用设备的维修费由职工自理，共同部位和共用设施维修费用由产权共有人合理分摊。在昆明市的水电十四局机关、二级单位按政策规定向购房职工出售了公有住房40%的产权。

水电十四局在曲靖市的二级单位按照曲市政发〔1992〕3号文件《关于印发曲靖市〈住房制度改革方案〉通知》的规定执行，水电十四局以局〔1992〕34、35、38、42、45、46、47号文件下发了对曲靖基地建设管理处、水电二公司、科研所曲靖试验中心、运输公司曲靖分公司、水电四公司、水电三公司、机电安装一公司《住房制度改革实施报告》的批复，向购房职工出售了公有住房40％的产权。

水电十四局在罗平县的二级单位按照罗平县人民政府罗政发〔1993〕30号文件《关于印发罗平县城公有住房制度改革有关办法、细则的通知》的规定执行，向购房职工出售了公有住房40％的产权。

水电十四局在大理市的二级单位按照大理市住房制度改革领导小组《关于调整、充实、完善〈大理市城镇住房制度改革试行方案〉的通知》（市房改字〔1992〕14号文）的规定执行，水电十四局以局〔1991〕51号、〔1992〕03、21、37、49、50号文件下发了《对“水电一公司永久住房制度改革实施办法请示”的批复》、《关于滇西片房改工作中若干问题的决定》和下关基地管理处、五公司、人民南路、机电安装二公司公宅出售实施方案的批复，向购房职工出售了公有住房40％的产权。

（二）出售100％产权（简称“九五房改”）

在完成第一步房改(“九三房改”）工作的情况下，由于原房改领导小组成员或退休，或变动岗位，为加强房改工作的领导，1996年4月19日，水电十四局下发了《关于调整局房改领导小组成员的通知》，对原房改领导小组成员进行了调整。领导小组组长：曹保华，副组长：朱友清（兼办公室主任）。

按照《云南省人民政府关于深化城镇住房制度改革实施方案》（云政发〔1994〕256号文）、昆明市人民政府颁布实行的《昆明市深化城镇住房制度改革实施方案》，1996年，水电十四局制定了《关于在全局范围内实施第二步房改的通知》、《中国水利水电第十四工程局局机关1995年房改实施计划》，通称“九五房改”。文件规定：出售公有住房，实行成本价，成本价包括住房的征地和拆迁补偿费、勘察设计和前期工程费、建安工程费、住宅小区基础设施建设费、管理费、贷款利息和税金等7项因素，坚持先评估后出售的原则。住房的实际售价应根据所处地段、结构、层次、朝向、设施和装修标准等因素分别计价。职工购买现已住用的公有住房，可适当给予折扣。售房单位应根据购房职工建立住房公积金制度前的工龄给予工龄折扣。售房单位可对一次付款的购房职工给予一次付款折扣。购房职工在购房时应按购房款的一定比例缴纳共有部位、共用设施的维修基金，专户存储，专项使用（大理市未要求缴纳维修基金）。职工以成本价购买的住房，产权归个人所有（100％产权），住用5年后可以依法进入市场。原购买40％产权的职工，也可按成本价补足房价款及利息后，原购住房产权全部归个人所有。

出售公房申报程序：向主管部门、规划部门上报公有住房出售计划申请表→批准售房计划→公有住房出售给个人分幢审查评估表报房改办审批→批准的出售计划申请表及相关资料交由评估机构进行评估→填写个人审定书，签订售房协议，汇总填报分幢分户售房审批表→上报房改部门审批，审批后向购房者收取房款→持有关证件到房管局（处）申请办理产权证→发放产权证书。

出售公房按属地管理的原则，水电十四局根据各地的政策规定，分别在昆明市、曲靖市、罗平县、大理市稳步出售公有住房。

在昆明市的水电十四局机关、二级单位按政策规定向购房职工出售了公有住房100%的产权。昆明市砖混住房的成本价为655元/米^2，昆明片区共出售住房1504套，出售收入2733.04万元，优惠出售平均价为337元/米^2。

水电十四局在曲靖市的二级单位按照《曲靖市区已出售公有住房部分产权过渡为全部产权实施办法》、曲市房改字〔1998〕18号文件《关于〈曲靖市区已出售公有住房部分产权过渡为全部产权实施办法〉中有关问题的补充通知》的规定，向购房职工出售了公有住房100%的产权。曲靖市砖混住房的成本价为240元/米^2，曲靖片区共出售住房5216套，出售收入3983.19万元，优惠出售平均价为131元/米^2。

水电十四局在罗平县的二级单位按照罗政发〔1998〕68号文件《关于印发〈罗平县公有住房部分产权过渡为全部产权实施办法〉的通知》的规定，向购房职工出售了公有住房100%的产权。罗平县砖混住房的成本价为170元/米^2，罗平片区共出售住房402套，出售收入97.41万元，优惠出售平均价为47元/米^2。

水电十四局在大理市的二级单位按照大理市住房制度改革领导小组《关于执行一九九七年房改售房价格及租金标准的通知》（大理房改字〔1997〕第02号文）的规定，向购房职工出售了公有住房100%的产权。大理市砖混住房的成本价为280元/米^2，大理片区共出售住房3984套，出售收入4679.79万元，优惠出售平均价为216元/米^2。

为此，1993～2000年底，水电十四局按照昆明、曲靖、罗平、大理地区的政策规定，共出售了11 106套房改房，出售房屋面积623 471米^2，出售住房收入11 493.43万元，收取住房维修基金257.65万元。水电十四局房改售房情况统计详见表6-8-1。

表6-8-1　　　　水电十四局房改售房情况统计

序号	售房单位	房屋总幢数	房屋总套数	房屋总面积（米^2）	房改情况			
					房改总套数	房改总面积（米^2）	售房收入（万元）	住房维修基金（万元）
1	水电十四局机关	51	805	45 479.32	745	42 967.63	1187.14	20.31
2	大理分局	5	144	10 020.96	144	10 020.96	724.80	0
3	大理管理处	156	3718	198 569.44	3557	190 020.12	3651.66	0
4	机械设备厂	17	444	24 091.94	440	23 887.17	650.76	19.52
5	原水电疗养院	1	14	1025.64	14	1025.64	35.00	1.05
6	曲靖管理处	157	4971	287 986.31	4883	284 137.13	2971.87	160.44
7	安装总公司	41	971	53 065.51	938	51 268.82	1536.86	32.00
8	路桥总公司	11	281	14 074.01	267	13 491.28	486.13	17.00
9	原物资公司	5	67	3706.35	67	3706.35	171.61	4.95
10	科研设计院	5	51	2945.6	51	2945.6	77.60	2.37
合计		449	11 466	640 965	11 106	623 471	11 493.43	257.65

第二节　住房公积金及补贴

一、住房公积金

按照昆明市人民政府《印发〈昆明市房改公积金管理暂行办法〉的通知》（昆政发〔1993〕85号文）、《昆明市建立住房公积金制度暂行规定》（昆政发〔1995〕64号文）的要求，为转变住房分配体制，促进住房资金的积累、周转，提高职工的购建房能力，加快住房建设，结合本单位实际，1993年，水电十四局下发了《水电十四局机关住房制度改革实施报告》，决定从1993年底起实行住房公积金制度。

（一）住房公积金实施对象

凡与水电十四局签订有3年及3年以上劳动合同的在职职工均可实行住房公积金制度。昆明地区、大理地区、曲靖地区分别从1993、1995、1996年开始执行住房公积金制度。

（二）住房公积金缴纳标准

（1）水电十四局于1993年底建立住房公积金制度。1993年1月1日～1996年12月31日，住房公积金的缴费比例为5元/(人·月)。

（2）1996年，水电十四局下发《关于职工住房公积金问题的通知》。1997年7月1日～1999年12月31日，住房公积金缴费比例按云南省级住房资金管理分中心批准的3%执行，单位和个人均按职工技能工资加岗位工资为缴费基数。

（3）2000年初，水电十四局下发《关于职工住房公积金问题的通知》。2000年1月1日～2000年5月31日，住房公积金缴费比例按云南省级住房资金管理分中心批准的3%执行，本人1999年度的月平均工资为缴费基数。

（4）2000年，水电十四局下发《关于修改住房公积金比例的通知》。2000年6月1日～2004年12月31日，住房公积金的缴费比例提高至5%，本人1999年度的月平均工资为缴费基数。

（5）2005年，水电十四局下发《关于调整住房公积金缴存基数和缴存比例的通知》。2005年1月1日～2006年5月31日，住房公积金缴费比例提高至7%，本人岗位工资加技能工资之和为缴费基数。

（6）2006年，水电十四局下发《关于调整住房公积金缴存基数和缴存比例的通知》。2006年6月1日～2006年12月31日，住房公积金缴费比例提高至8%，本人上年度月平均工资为缴费基数。

以上各年度，单位均按个人缴纳住房公积金额度1∶1的比例给予补助。

（三）住房公积金管理相关规定

根据《昆明市建立住房公积金制度暂行规定》（昆政发〔1995〕64号文）、《国务院关于修改〈住房公积金管理条例〉的决定》（国务院令第350号文，2002年3月2日）的有关规定，水电十四局制定并不断完善了住房公积金的管理规定：

（1）住房公积金的缴纳原则是：个人存储、单位资助、统一管理、专项使用。

（2）建立住房公积金个人账户，根据住房公积金管理的规定，本单位在昆明市、曲靖市、大理市住房公积金管理中心指定的银行，为每个职工建立一个固定的个人账户，将单位补贴和个人交纳的公积金逐月存入到个人住房公积金账户，本息归个人所有，当职工退休、调动、与单位解除合同之时一次结清退还职工本人。

（3）一个年度内，单位和个人每月缴存的住房公积金金额不因职工工资收入浮动而变更。职工休假时，当月没有工资收入，可在当月或下月补缴。

（4）新参加工作和新调入的职工，自报到的下月起建立住房公积金。

（5）职工在本单位范围内调动工作，住房公积金缴费关系随工资介绍一起转移。

（四）住房公积金缴纳情况

1994～2006年底，水电十四局按照住房公积金制度的规定按时缴纳住房公积金，累计交缴住房公积金5712.52万元，其中单位为职工个人交缴住房公积金2856.26万元。水电十四局住房公积金缴纳情况详见表6-8-2。

表6-8-2　　水电十四局住房公积金缴纳情况

序号	实施年度	缴纳比例	缴纳人数	缴纳金额（万元）
1	1994	5元/(人·月)	822	4.46
2	1995	5元/(人·月)	5444	31.26
3	1996	5元/(人·月)	8205	117.37
4	1997	3%	8430	186.23
5	1998	3%	8119	189.78
6	1999	3%	7964	214.34
7	2000	5%	7725	343.00
8	2001	5%	7659	536.00
9	2002	5%	7919	606.40
10	2003	5%	7275	501.33
11	2004	5%	8135	567.80
12	2005	7%	7514	981.05
13	2006	8%	7332	1433.49
合　计				5712.52

推行住房公积金制度，是国务院深化住房制度改革的一项重要内容和措施。自实施以来，在各方面的大力支持和积极努力下，保证了这项关系广大职工切身利益的工作得到了很好的开展，切实保障了住房资金的来源，促进了住房资金的积累，提高了职工解决自住住房的能力。

二、实施离休干部住房补贴制度

由于住房补贴按属地化管理，故水电十四局的离休干部住房补贴是按照云南省各地区的政策、标准来分别计算、申报和实施的。

（一）昆明片区离休干部住房补贴情况

根据云建房改字〔2000〕884号文件《云南省进一步深化国有企业住房制度改革的指导意见》、云政办〔2000〕266号文件《云南省级机关事业单位职工住房补贴支付办法（暂行）》、云建房〔2001〕785号文件《云南省国有企业离休干部实施住房补贴的意见》的相关要求，2002年8月23日，水电十四局下发了《中国水利水电十四工程局关于昆明市四城区离休干部实施住房补贴方案》，决定于2003年3月对2000年12月18日健在的、符合福利分房政策但未享受福利性实物分房的离休干部及参加了福利性实物分房，但住房面积（按建筑面积）未达到规定的住房补贴面积标准的离休干部进行货币化补贴。

2002年11月18日，经水电十四局第十四届职工代表大会第一次团组长联席会审议一致同意，水电十四局下发《关于审议水电十四局昆明市四城区离休干部实施住房补贴方案的决议》。据此决议，水电十四局向云南省省直房改办上报《水电十四局离休干部住房补贴申请汇总表》及《水电十四局离休干部住房补贴申请汇总表（住房不达标）》。

2003年3月6日，省直房改办下发了省直房改办字〔2003〕48号文件《关于中国水利水电第十四工程局离休职工住房补贴的批复》。水电十四局在当月就补发了昆明片符合享受住房补贴条件的离休干部的住房补贴。此次享受离休干部住房补贴的人数为52人（其中不达标的51人，无住房的1人），发放住房补贴的总金额为80.80万元。

（二）曲靖片区离休干部住房补贴情况

根据云南省人民政府云政复〔2000〕136号，云政办发〔2000〕266号、云建房〔2001〕785号、局〔2002〕79号、曲政发〔2004〕74号文件《曲靖市人民政府关于印发曲靖市级机关事业单位住房货币化实施细则》等相关政策的规定，2002年11月18日，曲靖离退休管理中心将《水电十四局曲靖市城区离休干部实施住房补贴方案》报水电十四局审批。2004年，水电十四局下发了《关于对曲靖离退休管理中心发放离休干部住房补贴的请示报告的批复》。该方案报曲靖市住房制度改革领导小组批准，实施住房补贴的时间为2000年9月7日。曲靖片区享受住房补贴的离休干部共83人，发放住房补贴的总金额为123.06万元。

（三）大理片区离休干部住房补贴情况

根据云南省建设厅云建房〔2001〕785号文件、大理白族自治州人民政府关于印发《大理市辖区内国家机关事业单位职工住房补贴支付办法（暂行）》的通知（大政发〔2001〕6号文）、大理市建设局大建房〔2003〕9号文件的精神，大理片区离休干部住房补贴方案经水电十四局审批后，报大理州住房制度改革领导小组批准。大理片区于2003年5月30日实施离退休干部住房补贴，享受住房补贴的离休干部共55人，发放住房补贴的金额为75.09万元。

水电十四局享受住房补贴的离休干部共190人，发放住房补贴的金额为278.95万元。

第七篇　企业管理

第七篇　企　业　管　理

第一章　战　略　管　理

第一节　机　　构

工程局的企业发展战略，根据不同历史阶段和内外形势的变化侧重有所不同，从建局到2003年7月，其管理职能由局办公室承担。2003年8月22日，工程局根据建立现代企业制度的要求对局机关职能部门进行重新设置，新设立了企业发展策划部。企业发展策划部内设投资管理处和战略规划处，统一管理全局投资、战略规划、改制改革和法律事务等业务，第一次在工程局机关职能部门中明确企业发展战略管理的职能，并与集团公司职能部门相对接。同时，明确了战略规划处的职责：组织研究国家和地方政策，分析国家和地方的发展方向和整体产业发展趋势，根据集团公司的总体战略规划，结合工程局实际，拟定工程局发展战略规划；依据国家对国有企业改制分流的有关政策，按照集团公司对子公司主辅分离、辅业改制分流的要求，结合工程局实际，拟定工程局主辅分离、改制分流工作方案；按照工程局工作方案的规划，指导改制企业拟定改制分流的实施方案，并分步分批实施改制分流方案；负责收集、整理、研究有关主辅分离和改制分流政策，关注改制分流中职工关注的热点和难点等；负责改制企业的实施方案报批等工作，拟定改制企业法人治理结构的有关制度范本，并指导改制企业按治理结构建立、健全各项管理制度，规范运作；负责跟踪并整理改制企业的经营运作情况，及时向工程局领导反馈有关信息；工程局发展战略规划的组织实施及评价考核等工作。

2003年8月22日，工程局企业发展策划部成立后，工程局聘任朱光全为主任，牟佩霞为副主任兼投资处处长，李云峰为战略规划处处长。2006年1月，工程局调整部门领导，部门主任由副局长王曙平兼任，牟佩霞为副主任兼投资处处长，李云峰为主任经济师兼战略规划处处长。

第二节　发　展　规　划

根据集团公司的要求和安排，新设立的企业发展策划部战略规划处拟定了《中国水利水电第十四工程局发展战略与规划》，经工程局党政联席会议审议通过后，于2004年9月10日将其上报集团公司，并得到了一致好评。根据该规划执行一年多来的实际情况，2006年，为适应国内外形势的变化，工程局外聘咨询公司与战略规划处一起对规划进行了部分修订，为工程局描绘了未来发展的蓝图，是工程局发展史上纲领性的指导文件。战略规划要点如下。

一、修订前规划

（一）企业发展战略与指导思想

1. 企业战略定位与战略方针

战略定位：坚持科学发展观，通过资产和业务重组，集中优势资源做优做强主业，保持发展以水利水电工程，特别是地下工程，当地材料坝，高水头、大容量可逆式水轮发电机组安装为核心的竞争力，立足国内国际建筑市场，不断提升地面工程及其他建筑工程的施工水平和资质，积极、稳妥地加大对外投资的力度，培育扩展新的经济增长点，逐步形成国内建筑工程、国际工程和产业投资（资本经营）三大经济支柱。主要经济技术指标力争保持同行业的先进水平，力争在3～6年的时间内基本建立起较为完善的现代企业制度，充分利用资本市场，上市融资，将工程局逐步建设成为具有较强投融资、设计、施工能力的知识型、管理现代化、经营国际化的国内一流大型综合性企业。

战略方针：坚持以市场为导向，以发展为主题，以结构调整为主线，以改革、创新为动力，坚持企业发展与员工发展相协调，坚持现代化、国际化的发展道路，把工程局建成具有较强竞争力的国内一流的大型综合性企业。

2. 企业发展的指导思想

利用经济全球化和国内经济改革推动国民经济持续、健康、快速发展的有利条件，树立科学发展观，充分发挥工程局自身的业务优势，加大市场开拓力度，在努力提高国内市场占有率的同时，大力开拓国际市场，实施“走出去”的战略，扩展投资领域，提升企业资质和信誉，增强市场竞争力；加快工程局改革、改组、改造的步伐，积极推进资产、业务重组和结构调整，优化资源配置，稳步运作主辅分离、改制分流安置富余人员的工作，努力推进现代企业制度的建设，实现产权主体多元化，发挥国有资产的放大作用，建立健全和完善法人治理结构，规范公司运营机制；加强企业文化建设，以“自强不息、开拓不止、创新进取、追求卓越”的企业精神和“以人为本、亲和诚信、忠实履约、精益求精”的经营理念，建立具有工程局特色的企业文化体系；加强企业管理，提升经营管理水平，逐步提高营业收入、经济效益和员工的物质文化生活水平。

（二）企业发展目标

1. 2020年远景规划目标

2020年工程局的发展目标是：把企业建设成为具有水利水电建设、公路桥梁、地铁、市政工程、电力产业等多元产业结构的知识型和国际型大型综合性的现代化企业。企业营业收入达78亿元，比2000年（10.8亿元）增长6.2倍。其中，国外工程营业收入达23亿元，非主业业务收入达31亿元。企业总资产达30亿元，比2000年（10亿元）增长2倍。

2. 2007～2010年企业发展目标

完成工程局的整体改制，建立起现代企业制度。工程局的产业结构、组织结构和人员结构将得到优化调整，实现管理层与劳务层的分离、企业职能与社会职能的分离、主业与辅业的分离，企业达到瘦身健体、提高竞争力、降低成本、增强综合实力的目的，经济效益凸现。

2007年企业营业收入接近30亿元，其中国外工程业务收入超过4亿元，非主业业务收入接近4亿元，企业总资产18亿元；2010年企业营业收入37亿元，其中国外业务收入9亿元，非主业业务收入7亿元，企业总资产22亿元。职工队伍2007年精减到7200人，2010年精减到6000人。

3. 2004～2006年主要发展目标及年度目标分解

（1）主要经济指标。以2004年调整计划为基础，规划2005、2006年各主要经济指标增长：主营业务收入年均增长9%，2005年达23.82亿元，2006年达25.96亿元；利润总额年均增长10%，2005年达1290万元，2006年达1419万元；资产总额年均增长5%（为扣除清产核资需消化不良资产后的数据），2005年达16.10亿元，2006年达16.73亿元；净资产年均增长2%，2005年达3.67亿元，2006年达3.75亿元。

（2）产业结构调整目标。工程局产业结构调整的总目标是：以国内水电工程为主，拓展其他建筑业业务，积极开拓国际市场，扩大国际工程承包额，大力发展对外投资，逐步形成国内建筑工程、国际工程和对外投资三大产业结构。

（3）产权结构调整目标。基本实现由单一的国有产权向多元化产权结构的转变，实现国有资本的“有进有退”，大力发展混合所有制，建立归属清晰、权责明确、保护严格、流转顺畅的现代产权制度，产权结构调整分两个层面推进。

实施主业与辅业的分离：一是分离辅业单位，二是分离多种经营，三是分离生活后勤服务机构。除少数国有资产量很大的企业（单位）外，拟改制企业将改制为非国有控股的有限责任公司或股份有限公司，实现投资主体多元化，并鼓励经营者和管理骨干相对持大股。

工程局层面上的产权调整将改变单一国有产权的局面，通过体制改革，实现产权主体多元化，初步建立起产权清晰、权责明确、政企分开、管理科学的现代企业制度。

（4）经营结构调整目标。工程局经营结构调整目标是：在做大水利水电工程核心业务的同时，拓展地铁、路桥、地下油气库、市政、核电、火电等其他建筑业，加大电力等投资力度，形成新的相关投资产业，积极探索BOT、EPC等综合承包方式。

（5）组织结构调整目标。组织结构调整的总体目标：一是通过主辅分离、改制分流，以产权为纽带，形成总承包、专业施工、劳务分包三个相互协作的施工作业层次，适时组建投资公司，提供对外投融资平台；二是按照《公司法》的要求，建立健全规范的法人治理结构，转换经营机制，加强企业制度建设。

（6）主要技术指标。主要技术指标以人才培养、科研开发以及工程实施三个方面为主：

1）建立300人左右的专业技术带头人和后备人选队伍。造就影响较大、接近或达到国内先进水平的技术专家10～12名。每年培养一级专业技术带头人7～8名、二级专业技术带头人10～12名、三级专业技术带头人15～20名。

2）科研方面，争取年完成省部级科研项目2～3项、局级科研项目6～7项。

3）施工方面，三年争取完成或实施各类混凝土坝2～4项、200M级当地材料坝1～2项、大型地下洞室群6～8项、大型机电安装30万千瓦以上2～3项、70万千瓦有所突破，并根据工程实际，对国内外的相关先进技术进行消化和推广应用。

（7）人力资源目标。

1）总体目标。深化人事、劳动、分配制度改革，加大人才培养力度，建立现代人力资源管理机制，形成一支3000人左右结构合理、素质优良、善于协作、竞争力较强适应现代化建设需要的管理人才队伍，造就一支2600名左右爱岗敬业、素质优良、技艺精湛、技能复合型的劳务层骨干队伍。

2）职工队伍总量目标。经过第一步主辅分离、改制分流和第二步主业改制完成以后，水电十四局职工人数将由2003年末的10 688人，精减至2006年的7600人，到2010年精减至6000人左右。

3）职工队伍结构目标。2006～2007年，力争把职工总数精减至7200人左右，人员结构为：管理层约3000人，劳务技能层约2600人，其他人员1600人。

2006年，力争实现博士零的突破，硕士由3人增加到30人，本科生由941人增加到1300人，大专生由972人增加到1400人。具有大专以上学历的人员达到职工总数的50％。

2006年，争取使工程局具有一级建造师资质的人数达到40人，二级资质人数达到70人，三级资质人数达到100人；注册会计师20人；项目管理师10人；造价工程师50人；人力资源管理师20人；注册安全工程师30人；质量工程师30人。

2006年，争取使工程局高级职称人数达到450人，其中高级工程师280人；中级职称人数达到1150人，其中工程师720人。

培养造就一支300名左右德才兼备、知识全面、经验丰富、具有开拓精神和驾驭市场能力的职业化经营管理者队伍；培养造就一支300名左右在所从事专业岗位上起领导作用的高素质专业技术带头人及后备人选队伍；培养造就一支2600名左右爱岗敬业、素质优良、技艺精湛技能复合型的基层骨干队伍，重点是厂队长、工长、机长、班长、高级技师、技师的培养；培养造就一支200名左右善于围绕企业的生产经营活动开展思想政治工作、发挥先锋模范作用的政工队伍。

二、修订后规划

（一）总体战略构想与战略定位

1. 总体战略构想

坚持以科学发展观统揽全局，力争在5年的时间内逐步建立并完善现代企业制度，产权结构实现多元化；产业结构得到优化，生产成本下降，经济指标稳步增长，经济效益处于集团领先地位；努力提高科学管理水平，着力推动科技进步，积极拓宽业务范围，不断开拓国际国内市场，在建筑行业内，力争把工程局建设成为管理现代化、经营国际化，竞争力强的国内一流、国际知名企业。

2. 战略定位

立足国内建筑市场，大力开拓国际建筑市场，集中优势资源做强水利水电工程，不断提升大坝、路桥工程及其他建筑工程的施工水平和资质，增强地下工程、当地材料坝、高水头大容量水轮发电机组安装工程的核心竞争力，积极稳妥加大风能、中小水电及其关联产业开发的投资力度，培育新的经济增长点，构建以国内建筑工程、国际工程和产业投资（资本经营）为核心业务的三大经济支柱，创建有国际影响力的水利水电业品牌。

（二）战略方针与战略目标

1. 战略方针

加快制度创新步伐，实施资源整合及重组战略，实现产权主体多元化；尽快形成主业突出、结构合理、资源优化的新型产业结构；增强工程局在建筑市场上的影响力和导向力，促使企业发展模式由数量规模型向质量效益型转变；深化企业发展的国际化战略，在更大范围、更宽领域、更高层次上参与国际经济技术合作与交流，实现经营领域、经营效益的更大突破；依靠自主创新，创造出更多的一流科技成果，提高科技创新对经济效益的贡献率。

2. 战略目标

到 2010 年，工程局的整体改制完成，主业与辅业完全分离，企业职能与社会职能分离，在全局范围内建立起现代企业制度。届时，工程局的产业结构将得到优化，组织结构和人员结构将得到改善，基本实现管理层与劳务层的分离，拥有一批具有先进管理理念和较高管理水平的经理人，经营管理水平得到提升；市场网络更加广阔，国内外工程合同额大幅增加，生产成本降低，竞争力提高，经济效益凸现，品牌更具影响力。至 2020 年，将工程局建设成为具有国内建筑工程（水利水电工程建设、非水电工程建设）、国际工程和投资产业等多元产业结构的知识型和国际型的大型综合性现代化一流企业。

（1）产权结构调整目标。继续推进主辅分离和整体改制，全面完成分离企业办社会任务；实现由单一的国有产权向多元化产权结构的转变，在集团公司的指导下，大力发展混合所有制；强化出资人制度和法人财产制度，完善法人治理结构，建立起归属清晰、权责明确、保护严格、流转顺畅的现代产权制度以及产权清晰、权责明确、政企分开、管理科学的现代企业制度。

（2）产业和产品结构调整目标。以国内水电工程为主，拓展其他建筑业业务，积极获取公路桥梁、铁路、市政、机场、输变电、火电、核电、风电工程等开发建设项目；开拓国际市场，加强国际分工协作，扩大国际工程承包额；大力发展对外投资，稳健、专业、务实地创建资产经营增长点，逐步形成国内建筑工程、国际工程和对外投资三大产业结构。同时，积极采用多种新型承包方式，推进承包方式由劳务密集型向资金、技术和管理密集型转变。

（3）组织结构调整目标。分离辅业单位，分离社会职能机构；整合企业资源，理顺内部管理体制；强化工程局管控能力，减少管理层次，缩短管理链条，保证信息渠道畅通；加强对重大事项的集中管理与控制，加强财务预算及资金管理，加强对高风险投资业务的监管，实现组织的扁平、高效。

（4）市场营销目标。以做好优质工程、提供优质服务赢得业主的信任，以合理的价格、公平的条件实现互利共赢；提高市场占有份额，并且把对市场占有规模的追求、对产值规模的追求与对经营效益的追求和谐统一起来；立足国内，面向全球，加强与相关企业的战略合作，形成战略联盟，支持别人，发展自己；讲诚信、重声誉，提升品牌价值。

（5）人力资源目标。坚持“以人为本”的原则，加大职工队伍的培训力度。充分挖掘人力资源，培养一支德才兼备、知识全面、经验丰富、具有开拓精神和驾驭市场能力的职业化经营管理者队伍；形成一支技术全面，具有创新精神和奉献精神的专业技术人才队伍；造就一支能吃苦、精技术、善施工的作业层施工队伍。

（三）战略步骤与战略措施

1. 战略步骤

第一，深化工程局内部管理体制，推进主辅分离和管理层与作业层的分离，调整产业结构、组织结构和职工队伍结构，完善项目管理体制，规范管理，建立起科学、高效的管理体制和运行机制。

第二，在集团公司的指导下，与集团公司内部企业和非水电行业优势企业实施资产、业务重组，提高市场竞争能力，建立起现代企业制度，完善各项规章制度，加强企业文化建设。

第三，在建立现代企业制度的基础上，创新管理，创新技术，开拓出更加广阔的国内国际建筑市场；强化资本经营，在市场竞争中树立良好的企业形象，培育出具有强大影响力的建筑业品牌，实现将工程局建设成为具有国内建筑工程、国际工程和产业投资等多元产业结构的知识型、国际型大型综合性现代化一流企业的目标。

2. 战略措施

革新企业经营机制，优化产业组织结构，提高企业经营管理水平；积极推进资产与业务重组，调整产业结构，优化资源配置，提高企业经营绩效；增加研发投入，注重引进和开发先进施工设备，吸收和培养更多的科技人员，提升企业的水平与资质；扩展投资领域，建设覆盖面更广的营销网络，拓宽国内国际市场；完善品牌管理，导入企业形象系统，增强品牌影响力；创新人才选聘和激励约束机制，着力打造适应现代化发展要求的技术、研发团队、经营管理者团队和作业施工队；加强企业文化建设，营造和谐的工作环境，增强全局的凝聚力和向心力。

（1）加大创新力度，全面提升企业效能。自主创新是竞争的前提和基础。企业创新最重要的两个方面，一是技术创新，二是管理创新。

规划期内的技术创新可采取以下方法：

1）战略的联盟。由于技术的复杂性以及项目规模的日益扩大，使得研究开发工作越来越难以由单个企业承担，为了应对激烈的市场竞争，企业之间，企业和科研院所、高等院校之间常常建立战略上的联盟，进行联合投资，实现优势互补，分散风险，促进研究开发生产率的提高。

2）信息的收集。企业应在现有科技力量的基础上（市场开发、科技管理等）整合出一个统一的技术信息中心，中心能连续不断地监视近期内相关领域的技术信息动态。

3）声誉的推动。企业的声誉是一笔无形资产，企业应十分注重自己的声誉。

4）技术的融合。研究开发有两种基本方式：一种是在现有的技术上寻求突破，产生新的技术替代原有的技术，称为“技术突破”方式；另一种是将多种现有技术或改良技术融合在一起，产生杂交技术，称为“技术融合”方式。

依托承建工程进行管理创新。编制管理手册，规范管理行为，优先发展国际业务，走管理型、国际化的经营管理之路。

（2）突出行业优势，增强企业竞争力。规划期内，具体调整的主要方向是：

1）加强项目前期工作的经济技术规划能力。

2）加强项目施工管理和技术管理能力，并合理利用协作单位的力量。

3）提高市场开发能力，增强投招标力量。

4）增强资金运作能力和应用技术开发能力。

5）在经营理念、管理方式、用人机制等方面与国际接轨，成为国际化经营的企业。

（3）转换经营方式，实施战略重组。转换经营方式，在集团公司的指导下，实施战略重组。在战略重组目标与方式的选择上，工程局应坚持“重组企业必须与水电十四局的产业目标相符合，重组企业本身必须是一个优势企业，重组目标企业必须与水电十四局的文化相融合”这三个基本条件。

（4）理顺管理体制，整合内部资源。规划期内，一方面要增强工程局总部的控制力，这是完善工程局战略管控体系的重要环节。工程局总部的主要任务是制定战略计划并确保实施，分配资源，监管下属单位领导班子，从全局指导企业经营。工程局总部要加快体制机制改革，加强对二级单位经营管理的指导，确保下属单位的经营行为与工程局的战略计划相一致；强化对下属单位领导班子的管控力度，建立健全内控机制，严格绩效考核，进行有效激励和约束，深化经营责任制；注意协调各下属单位之间的关系，促进交流、合作，在统一的指导思想和经营理念下共同发展；工程局总部必须提高项目管控能力，监督工程质量和生产安全，防范风险，提高企业整体效益。另一方面，工程局将给予下属单位和项目部在寻求机遇、创新管理、员工队伍建设等方面有足够的自主权。

（5）加强人力资源的开发与建设：

1）提高工资福利待遇，帮助员工进行职业生涯规划，提供有助于发展个人能力的平台，改善工作环境，丰富员工娱乐生活。

2）建立和完善教育培训制度，增加培训投资，鼓励职工考取各项专项资质，全面提高员工素质；增强企业用才引智能力，通过内部培养发现人才，通过人才市场吸纳人才，通过成果转化使用人才，通过建立协作关系汇聚人才。

3）绩效考核从原有的年度工作目标考核和履职考核向绩效考评转变。运用一套系统的制度性规范、程序和方法从职位职责中提取关键绩效指标，以纵向关系为主、兼顾横向关系进行评价。

4）人力资源部门要根据行业发展方向制订企业管理人员职业发展方向，对管理人员的发展目标做好指导；为管理人员提供更多的培训机会，提高领导班子的管理层次，增强其驾驭市场的能力和经营管理能力。

（6）创建知名品牌，树立良好的企业形象：

1）突出自身优势，充分利用集团的影响力拓展自己的技术优势。

2）加强宣传，扩大影响。通过中外各种媒体、各种渠道宣传品牌，扩大企业的影响力和知名度。

3）创精品、名品工程。利用工程局的技术优势，以过硬的技术、优质的工程质量赢得客户的满意，提高无形资产的价值。

4）通过资本运作和规模经营，实现品牌的低成本扩张。通过兼并、收购等方式吸纳一批相关企业，壮大企业实力；在集团公司的指导下，加快实施股份制改造，利用社会资本发展壮大自身；发挥企业品牌、管理优势，利用无形资产实施重组扩张。

5）重视与品牌有关的无形资产的创建和维护。加强对品牌及相关的无形资产的管理，强化对无形资产的保护意识，用法律来维护和保障无形资产的安全和利益，争取市场竞争的主动。重视对商誉和品牌的建设、维护，不断提高品牌的内在价值。

6）发挥品牌的协同效应，在新进入的业务领域，塑造和提升品牌价值。

（7）提高企业资本运作能力，增强资本竞争力：

1）密切银企关系，提升信用水平。垫付工程款、提供投标信用担保已成为国际建筑领域的通行规则，大型工程项目更是如此，但就国内建筑企业而言，一般都是流动资金不足，对资本市场也关注不够，这就成为制约企业走向国际市场的主要障碍。因此，工程局应多加强与金融机构的存贷往来，建立良好的信用记录，取得银行的信用支持。

2）依靠企业产业链支撑，提升融资能力。工程建设需要大量资金，从产业链上寻找合作伙伴在建设领域是一种常见的方式。在建材、设备租赁等方面进行并购、重组是盘活企业存量资产的便捷方法，具有投资见效快、收益高的特点，在短期内可达到适度规模。

3）利用政府信贷，提升企业的融资能力。为了实现国家的某些战略目标，政府往往安排多种类型的政策性资金对相关项目、产业和企业进行扶持。

（8）推广应用信息技术，用信息化改造提升传统产业。保障措施是：

1）组织机构建设。各级领导班子从一开始就高度重视信息化建设组织体系建设。

2）制度建设。为保证实现信息化建设的顺利进行，要做好基础工作，先后制定相关规章制度，使信息化建设有制度依据和保证。

3）人力资源建设。明确规定一定年龄以上的员工必须接受信息技术使用培训。

4）投入保障机制建设。为保障信息化建设，每年必须有一定量的资金投入。

（9）实施国际业务优先发展战略，加快工程局国际化进程。完善国际经营体制和机制，推进企业的经营管理与国际接轨；加大对国外市场的开发力度，努力争取国外建设项目，快速增加国外工程承包额；建立长效的风险防范机制，形成应对国际风险的能力；加快国际经营的人才队伍建设，提供有效的人才保障。经营策略包括：

1）增值服务和项目融资为先导，取得工程总承包，以工程总承包带动相关业务的发展。参与中国政府经济援助和国际金融组织贷款项目的工程总承包，扩大国际市场份额，获得相应的稳定收益。

2）充分发挥集团优势，主动为集团投资的项目提供可行性研究和相关的项目前期服务，力争取得工程总承包。在确保投资收益的同时，获得工程承包利润，实现利润最大化。

3）争取与有关银行结为战略合作伙伴，提供服务，为其贷款的水利水电工程和基础设施项目进行可行性研究，力争取得工程总承包。降低银行贷款交易风险，达到“双赢”的目的。

4）努力为相关资产管理公司提供盘活抵押资产的项目策划和相应的技术支持，力争在盘活抵押资产的项目的建设中取得工程总承包。

5）在建筑领域与国际接轨的进程中，配合政府有关部门，推广国际先进的项目管理模式，以求成为首批国家批准的项目管理公司。

6）与国际知名工程承包企业合作，提高技术和管理水平，拓展国际市场，培养国际型管理人才。与国内外知名的咨询、设计、施工、制造企业结成战略联盟，提升核心竞争力，实现优势互补、资源共享、规模经营。

7）以水电建设集团良好的信誉为依托，利用国家鼓励的出口信贷优惠政策和商业融资渠道，参与国际工程承包竞争，获取更高利润。

（10）增强风险意识，建立企业全面风险管理体系。在风险管理方面采取的具体措施：建立由工程局领导牵头的专门机构，收集风险管理初始信息，进行风险评估；制定风险管理策略；制定和实施风险管理解决方案、风险管理监督和改进等环节的风险管理基本流程。针对企业战略、规划、科研、投融资、市场开发、财务、内部审计、法律事务、人力资源、采购、质量、安全生产、环境保护等各项业务管理及其重要业务流程，通过执行风险管理流程，制定并执行相应的规章制度、程序或措施。建立健全包括风险管理职能部门、内部审计部门和法律事务部门以及其他有关职能部门、业务单位的组织领导机构及其职责，明确各部门的职责。聘请外部专家，建立风险管理的外部专家顾问团队。

（11）强化安全生产管理。重点落实的安全生产内容：建立健全安全生产责任制，加大投入、加强技术管理和现场管理，不断提高安全管理水平；建立健全内部安全规章体系，严格考核，建立激励约束机制；保证和增加安全投入，执行好建设项目安全生产“三同时”制度，认真排查和治理隐患，及时淘汰落后工艺和设备，逐步实现本质安全；虚心学习先进单位安全管理成熟经验，引入科学的安全理念和先进管理方法，提高企业管理水平；强化安全教育培训，着力加强基层（厂队、班组）建设，全面提高从业人员的安全技术素质；深入开展安全质量标准化工作。

（12）加强战略管理，提升战略管理能力。战略管理位居企业内部战略、运营、人员三大核心流程之首，是企业赖以生存和持续发展的根本所在。规划期内，加强战略管理措施有：

1）定战略。2006 年完成战略规划的修订，2007～2010 年对战略规划进行滚动编制。

2）重执行。企业战略确定后，执行就是战略实现的前提。为保证战略目标的实现，必须在执行战略过程中所采用的内部运作方式和战略成功的必要条件之间创建强大的“协调机制”。最重要的协调是战略和流程之间、战略和组织能力之间、战略与团队管理之间、战略和绩效奖惩制度之间、战略和内部支持体系之间、战略和组织文化之间的协调。因此，规划期内的重点是：成立工程局战略规划管理委员会，使其成为工程局协调机制的组织载体，调整企业组织结构，重视企业团队和流程再造，将战略目标分解落实到各组织机构，及时解决战略实施过程中出现的问题，保证战略目标的顺利实施。

3）看结果。建立战略规划考核评价体系，全面落实战略规划目标。一方面是从做大、做强、做长来衡量企业战略目标的实现；另一面是对所属组织分解承担的战略目标实施情况进行考核。

（四）企业发展规划

1. 2020年远景规划目标

到2020年，将工程局建设成为具有国内建筑工程（水利水电工程、非水电工程）、国际工程、产业投资等多元产业结构的知识型和国际型大型综合性现代化企业。企业主营业务收入达100亿元，比2005年（30.68亿元）约增长2倍多，其中国外工程营业收入达35亿元。

2. 五年发展目标

到2010年，水电十四局的整体改制完成，主业与辅业完全分离，企业职能与社会职能分离，建立起现代企业制度；水电十四局的产业结构得到优化调整，组织结构和人员结构将得到改善，基本实现管理层与劳务层的分离，拥有一批具有先进管理理念和较高管理水平的经理人，经营管理水平得到提升；市场网络更加广阔，国内外工程合同额大幅增加，生产成本降低，竞争力提高，经济效益凸现，品牌更具影响力。

2007年企业营业收入达到37亿元，其中国内工程营业收入27亿元，国际工程业务收入10亿元，企业总资产接近22亿元；2010年企业营业收入50亿元，其中国内工程总营业收入达35亿元（非水电工程占20%，达7亿），国际工程总营业收入达15亿元，企业总资产达30亿元，净资产6亿元。

3. 2006～2010年主要发展目标及年度目标分解

（1）总体目标。按照工程局的发展战略思路，继续贯彻落实科学发展观，力争在5年的时间内逐步建立起现代法人治理结构，产权结构实现多元化，基本实现管理层与劳务层的分离；产业结构得到优化，生产成本下降，经济指标稳步增加，经济效益处于行业领先；集中优势资源做强水利水电工程，增强地下工程，当地材料坝，高水头、大容量水轮发电机组安装为核心的竞争力，立足国内建筑市场，大力开拓国际建筑市场，不断提升大坝、路桥工程及其他建筑工程的施工水平和资质，积极、稳妥地加大风能、中小水电及其关联产业开发的投资力度；吸收和培养更多高素质的专业技术人员、科研人员与管理人员，企业创新能力、科研水平、管理水平不断提高。

（2）主要经济指标。根据市场前景、水电十四局的竞争能力以及2006年企业计划，规划2006～2010年各主要经济指标增长如下：2007～2008年主营业务收入年均增长不低于10%，2009～2010年每年增长不低于12%，2008年接近40亿元，2010年超过50亿元；2006年营业收入目标利润率达到2.2%，利润总额达7260万元，以后每年增长0.2个百分点，至2010年利润总额达1.5亿元；2006年末资产总额预计为19亿元，2007～2008年年均增长率不低于15%，2009～2010年年均增长率不低于10%，至2010年资产总额规模扩大到30亿元；2007～2008净资产年均增长12%，2009～2010年年均增长7%，2008年超过5亿元，2010年达到6亿元。各项经济指标详见表7-1-1。

表 7－1－1　　　　2006～2010 年主要经济指标

项　　目	2006 年	2007 年	2008 年	2009 年	2010 年
主营业务收入(万元)	330 000	363 000	399 300	447 216	500 882
利润总额(万元)	7260	8712	10 454	12 545	15 054
成本总额(万元)	304 769	335 246	368 771	413 023	462 586
人工成本(万元)	35 728	39 300	43 230	48 418	54 228
资产总额(万元)	190 000	218 500	251 275	276 403	304 043
总资产报酬率(%)	3.82	3.99	4.16	4.54	4.95
净资产(万元)	41 871	46 896	52 523	56 200	60 134
净资产报酬率(%)	17.34	18.58	19.90	22.32	25.03
资产负债率(万元)	77.96	78.54	79.10	79.67	80.22
所有者权益总额(万元)	41 871	46 896	52 523	56 200	60 134
固定资产投资总额(万元)	12 000	13 000	14 000	15 000	16 000
研究开发费用总额(万元)	990	1089	1198	1342	1503
职工人数(人)	11 000	10 000	9000	8000	7000
全员劳动生产率(%)	30.00	36.30	44.37	55.90	71.55
国有资产保值增值率(%)	104	112	112	107	107
不良资产(万元)	0	0	0	0	0
不良资产率(%)	0	0	0	0	0

(3) 产权结构调整目标。继续推进主辅分离和整体改制，全面完成分离企业办社会任务；实现由单一的国有产权向多元化产权结构的转变，大力发展混合所有制；强化出资人制度和法人财产制度，完善法人治理结构，建立起归属清晰、权责明确、保护严格、流转顺畅的现代产权制度以及产权清晰、权责明确、政企分开、管理科学的现代企业制度。

(4) 产业和产品结构调整目标。以国内水电工程为主，拓展其他建筑业业务，积极获取公路桥梁、铁路、市政（地铁）、机场、火电、核电、风电工程等开发建设项目；开拓国际市场，加强国际分工协作，扩大国际工程承包额；大力发展对外投资，稳健、专业、务实地创建国际资产经营增长点，逐步形成国内建筑工程、国际工程和对外投资三大产业结构。同时，积极采用多种新型承包方式，推进承包方式由劳务密集型向资金、技术和管理密集型转变。2010 年企业主业构成情况见表 7－1－2。

表 7－1－2　　　　2010 年企业主业构成情况

项　　目		第一主业	第二主业	其　他
资产	资产总额(万元)	212 830	60 809	
	比重(%)	70	20	

续表

项　　目		第一主业	第二主业	其　他
收入	主营业务收入(万元)	325 573	125 220	
	比重(%)	65	25	
利润	利润总额(万元)	9033	4516	
	比重(%)	60	30	
人员	就业人员(人)	3500	1050	
	比重(%)	50	15	

（5）企业组织结构调整目标。分离辅业单位，分离多种经营，分离生活后勤服务机构；整合企业资源，理顺产权关系；强化局总部管理控制力，减少管理层次，缩短管理链条，保证信息渠道畅通；加强对重大事项的集中管理与控制，加强财务预算及资金管理，加强对高风险投资业务的监管。

（6）市场营销目标。摒弃低层次的恶性价格竞争，以做好优质工程、提供优质服务赢得业主的信任，以合理的价格、公平的条件实现互利双赢；提高市场占有份额，并把对市场占有规模的追求、对产值规模的追求与对经营效益的追求和谐统一起来；立足国内，面向全球，加强与相关企业的战略合作，形成战略联盟，支持别人，发展自己；讲诚信，注重声誉，提高品牌价值。

（7）主要技术指标。主要技术指标以人才培养、科研开发以及工程实施三个方面为主：

1）用5年时间建立500人左右的专业技术带头人和后备人选队伍。造就影响较大、接近或达到国内先进水平的技术专家20～30名。每年培养一级专业技术带头人7～8名、二级专业技术带头人10～12名、三级专业技术带头人15～20名。

2）科研方面，争取每年完成省部级科研项目2～3项，局级科研项目6～7项。

3）施工方面，5年内争取完成或实施各类混凝土坝6～8项、150m级当地材料坝4～6项、大型地下洞室群12～15项、机电安装30万千瓦以上4～6项、机电安装60万千瓦2～3项、机电安装70万千瓦1～2项，并通过国际合作开发，努力学习国外先进技术，对国内外的相关领先技术进行消化和推广应用。

（8）人力资源目标。2006～2008年招聘工作的基本思路是：以提高在岗员工胜任能力、合理配置人才、稳定人才、激发潜能为重点，以录用配置应届大中专、技校毕业生为补充，以公开招聘、引进急需和紧缺人才为突破，带动待岗职工重新上岗。

计划年均录用配置应届大中专、技校毕业生约350人，录用配置方向为：以巩固工程局核心竞争力为重点，以逐步满足工程局由劳动密集型企业向管理和技术密集型企业转变为导向，以实现工程局发展战略规划为目标。学历层次控制比例约为：大学以上∶大专∶中专技校＝5∶3∶2；专业结构控制比例约为：技术∶管理∶作业＝6∶3∶1。

2006～2010年，力争把职工总数逐步精减到7000人左右，人员结构为：管理人员和技术人员约4500人，劳务技能人员约2000人，其他人员500人。具有大专以上学历的人员达到职工总数的60%以上。

2010年争取使水电十四局具有一级建造师资质的人数达到100人，二级资质人数达到250人；注册会计师30人；项目管理师30人；造价工程师80人；人力资源管理师30人；注册安全工程师50人；质量工程师60人。

2010年争取使水电十四局高级职称人数达到952人，其中高级工程师571人；中级职称人数达到1783人，其中工程师人数1212人。

同时，培养造就一支500名左右的德才兼备、知识全面、经验丰富、具有开拓精神和驾驭市场能力的职业化经营管理者队伍，并对企业经营者的业绩考核评价标准和指标体系作出适当调整，加大经济效益指标及成本控制、防范财务风险指标的考核权重，进一步引导经营管理者树立正确的业绩观，把企业经济增长方式切实转入科学发展的轨道。

第三节　战　略　实　施

2005～2006年是工程局第一个战略规划执行的重要时期，特别是2006年，是工程局战略规划具体实施最为重要的一年，既是工程局进行规范战略管理的里程碑，也是工程局企业管理进入战略管理的重要转折点。根据战略规划，工程局在此期间积极调整产业结构，深化内部管理体制改革，加大主辅分离、分流改制力度。经过艰苦努力，于2006年1月成功分离工程局最大辅业昆华实业总公司，并将东华装饰工程公司也改制分流出去，顺利完成了工程局分离辅业、精干壮大主业的战略目标。同时，从2006年起工程局进一步深化内部管理体制改革，积极调整产业结构、组织结构和职工队伍结构，完善项目管理体制，规范管理，并根据集团公司的统一部署积极完成工程局公司制改建的各项准备工作。一是重组整合了科研设计院和基础处理公司，精减局本部和二级单位机关机构及人员，深化"三项制度改革"，减少管理层次，缩短管理链条，改革薪酬分配。通过内部管理体制改革，工程局所有二级经营单位产值均超过1亿元，最高的近10亿元，形成规模经营，提高了管理效益；二是强化工程局本部管控功能，加强国际及非水电的组织机构管理和领导工作，在立足国内水利水电工程的基础上，优先发展国际业务，大力拓展非水电建筑业务，并在国际和非水电领域取得了较好成绩；三是成立昆明、曲靖和大理三个管理处，将工程局离退休中心、劳务中心、社保等业务集中交由管理处管理，在企业内部实现了社会职能与企业职能的分离和集中管理；四是完善项目管理体制，加强项目管理制度文件的规范管理，启动编制《企业管理手册》和《项目管理手册》，建立起科学、规范、高效的管理体制和运行机制。

工程局通过战略规划的实施，加强了战略管理，深化了内部管理体制改革，建立了科学、高效的管理体制和运行机制，市场开拓、产值完成、经营利润等主要经济指标均超额完成规划目标，其他规划目标也完成较好。各项战略规划主要经济指标完成情况对比详见表7-1-3。

2004年制订的工程局战略规划，经过一年多的实践，为适应国内外形势的变化，工程局与外部咨询机构合作，于2006年底重新修订了《中国水利水电第十四工程局战略发展规划》，并于2007年开始实施。

表7-1-3　　2005～2006年战略规划主要经济指标完成情况对比

数据名称	2005年规划	2005年完成	增减(%)	2006年规划	2006年完成	增减(%)
企业总收入(万元)	238 165	312 186	31.1	259 600	364 774	40.5
利润总额(万元)	1290	4671	262.1	1419	12 161	757.0
成本总额(万元)	225 822	283 344	25.5	248 404	323 013	30.0
人工成本(万元)	29 681	33 216	11.9	32 649	29 929	−8.3
资产总额(万元)	160 989	182 089	13.1	167 258	212 020	26.8
总资产报酬率(%)	0.8	2.57	221.3	0.85	5.73	574.1
净资产(万元)	36 731	40 128	9.2	37 466	49 550	32.3
净资产收益率(%)	3.53	11.64	229.7	3.7	24.54	563.2
资产负债率(%)	77.3	77.81	0.6	77	76.54	−0.6
所有者权益总额(万元)	36 731	40 128	9.2	37 466	49 550	32.3
国有资产总量(万元)	36 731	40 128	9.2	37 466	49 550	32.3
职工人数(人)	9000	10 766	19.6	7200	10 152	41

第二章　投　标　管　理

第一节　机　　构

为了适应市场经济体制下建筑市场竞争的需要，水电十四局开展投标业务，对外承揽工程，于1985年8月13日将局工程管理处改为对外经营处，承担工程局工程投标、合同签订、信息搜集等一系列市场开拓工作。1988年2月25日改为开发营业部，其职能不变。1995年7月，工程局新成立了对外关系部，加强市场开发工作。对外关系部的职能是搜集工程投标信息，进行投标项目的前期跟踪。开发营业部的职能主要是进行工程的投标工作。1999年工程局进行了机构调整，同年9月6日，工程局党政领导会议研究决定撤销工程局原机构和部室，市场营业部和局技术部合并，成立工程局市场开发部，对外关系部撤销。市场开发部的主要职责是：根据国家电力和基本建设发展规划、方针、政策，负责开展调查研究，拟定工程局的市场开拓战略计划；负责对投标项目进行资料收集、整理、分析；负责招、投标阶段合同评审的组织工作；负责工程项目资格审查资料的编制、递交工作；负责投标工作，包括购买招标文件、组织施工现场勘察、提出投标方案、编制投标文件、拟定投标策略、送审、报送投标文件、参加开标会议等；负责工程局工程项目投标资料的收集、整理、保管和其他资料的管理工作；负责工程局各种证照的管理、年检和换照工作等。

1985年9月～1988年2月，杨丽芬任对外经营处处长，蒋维凡、高波任副处长。1988年1月，孙珂鸣任对外经营处主任经济师。1988年2月25日～1999年8月先后任过水电十四局开发营业部主任的有：杨丽芬、朱友清、杨增辉、周游；任过副主任的有：高波、蒋维凡、林同国、袁浩、徐剑荣、李健、于涛；曾任过主任经济师的有：孙珂鸣。1999年9月～2006年12月曾先后任过局市场开发部主任的有：周游（兼任）、于涛（兼任）、王礼、李文仲、陈姜；先后任过副主任的有：周华、于涛、徐萍、李健、字继权、和孙文、李文仲、杨向武、张宝钉、杨建勇；任过主任工程师的有：杨保才。

1995年7月～1999年9月曾任对外关系部部长的有：熊良万、姚玉友、李新光，刘前银任副部长。

第二节　市　场　开　拓

中共十一届三中全会以后，改革从农村向城市逐渐展开，基本建设战线也开始了改革。1981年，云南鲁布革水电站被确定为对外开放的试点单位，电站建设引进了世界银行的贷款。1982年9月，电站的引水隧洞工程开始进行国际招标，在《人民日报》上刊登国际招标广告。1983年6月15日发售投标文件，8家承包商参加了投标。1983年11月8日当众开标，经评标，1984年6月16日向日本大成公司发出了授标信。在这次招标中，水电十四局第一次以国内承包商的身份和闽江工程局与挪威承包商联合参加了工程投标，与外国承包商同台竞争，但是，闽昆挪联营公司的投标总价与中标的大成公司相比，报价高出了42%。这次投标虽然没有中标，但是开创了水电十四局工程参与市场投标竞争的历史。自此，工程局开始参与建筑市场竞争，通过投标承揽工程。1991年6月，鲁布革水电站4台机组全部发电，标志着水电十四局计划经济指令性工程建设的历史全部结束（鲁布革水电站除引水隧洞工程国际招标以外，首部和厂房工程仍然属于国家计划性工程），水电十四局从此完全进入了建筑市场，全面告别了计划经济体制。

从1983年到2006年，水电十四局市场开拓历史可分为以下三个阶段。

一、初涉市场阶段（1983～1992年）

1983年，水电十四局与闽江工程局和挪威组成的工程联营体参加了鲁布革水电站引水隧洞工程的投标，结果没有中标。第一次参加国际工程投标的水电十四局受到了巨大的冲击。但是，通过投标竞争，工程局认识到了企业在技术和管理上的差距，引起了深刻的反思，提高了对市场经济的认识，并积累了招投标的经验。1985年，工程局提出了“立足云南、面向全国、走向世界”的战略方针，并通过投标承揽了云南漫湾水电站对外公路的土建工程和导流、泄洪洞等工程。这是水电十四局通过投标承揽的第一个国内大型水电工程。1987年，工程局又通过投标承揽了福建南一水库等工程。1988～1992年，在国家下达水电十四局的计划投资大幅减少的形势下，为确保后续工程，工程局提出了“积极参加水电市场竞争，推行项目法施工”的方针，实现了由单一依靠国家指令计划，到依托市场竞争的转变。这一期间，工程局经历了建筑市场的激烈竞争，通过投、议标等多种方式，陆续承揽了广州抽水蓄能一期土建及机电安装工程、云南中屯水库、章巴水库、湖南白云水电站、江西斗晏水电站、云南腊庄水电站，三岔河水电站、澄江罗碧水电站、贵州天生桥一级水电站、云南小龙潭煤矿工程、牟定铜矿工程及西洱河节制闸改建工程等项目。其中，广州抽水蓄能电站是继鲁布革水电站之后水电十四局承建的又一重点工程，电站一期工程装机容量为120万千瓦。这项工程的中标承建为水电十四局的发展发挥了十分重要的作用。水电十四局通过广蓄电站的建设进一步推进了项目法施工，并取得了良好的经济效益和社会效益。1992年，随着鲁布革水电站的竣工，工程局的指令性计划的工程完全结束，水电十四局全面实现了从计划经济到市场经济的转变。

1983～1992年10年间水电十四局共中标11.85亿元，平均每年中标1.18亿元。

二、走向成熟阶段（1993～1999年）

1993年是工程局完全依靠投标承揽工程的第一年。中共十四大提出“加快交通、通信、能源、重要原料、水利等基础设施和基础工业的开发与建设，集中必要的力量高速、高效率地建设一批重点骨干工程，抓紧长江三峡枢纽、南水北调等跨世纪特大工程的建设”的决策，八届人大一次会议作出“加强能源建设，大力发展电力工业，五年新增装机容量6500万千瓦。搞好淮河、太湖等大江、大河、大湖的综合治理，抓紧黄河小浪底水利枢纽和南水北调工程、三峡水利枢纽工程建设开工准备”的决定，为水电建设事业的发展提供了良好的发展机遇。云南一批大型水电站的建设开始列入计划。据此，工程局提出了“立足云南，开拓国内市场，进一步拓展国际市场”的方针，千方百计占领省内市场；同时，充分利用工程局资质优势，大力开拓国内建筑市场，实现立足本土的战略意图。经过努力，先后中标承建了广州抽水蓄能电站二期工程、云南大朝山导流洞工程和浙江天荒坪抽水蓄能电站等工程。

1995～1998年，国家严控水电开工项目，水电建设处于低谷状态。工程局调整发展战略，坚持开拓市场不放松，全力竞争大型工程和云南中小型项目，精心组织投标编标，在异常激烈的竞争中，相继夺得了涌溪水电站、长江三峡永久船闸地下工程、广蓄二期机电安装工程、长江三峡大坝工程、云南螺蛳湾、苏帕河、柴石滩、徐村水电站等大中小型项目，同时承担了小浪底水利枢纽导流洞、排沙洞工程的劳务分包，形成了“进军长江黄河、守住云南阵地”的格局。长江三峡工程永久船闸地下工程和大坝工程的中标承建及黄河小浪底工程的劳务分包是这一时期工程局市场开拓具有代表性的工程，是工程局市场开拓的又一里程碑，通过这些工程的承建，大大提高了工程局的声誉。

1998年，随着诸多大型水利水电工程的上马，水电建设迎来了一个新的发展时期，工程局始终把全力开拓市场、提高市场占有率作为第一任务，投标工作上升到一个新的高度，提出了“占有四大市场，调整两个结构，追求一个目标”，即巩固水电市场，拓宽建筑领域市场，进军国际市场，扩大多种经营市场；加快调整产业结构，努力调整产权结构；追求利润最大化、成本最小化目标的方针。1998～1999年，工程局相继中标福建棉花滩水电站、昆明第一净水厂扩建工程、福建穆阳溪周宁水电站、江苏沙河水电站、云南大理至永平公路工程、福建贡川水电站、江西彭泽城防堤工程、云南昆明NO.4B&5污水厂、贵州洪家渡水电站、福建泉州晋江防洪等工程。

这一阶段工程局的市场开拓立足云南，走向了全国，不仅投标承揽了全国众多的大、中、小型水利水电工程，为企业的发展奠定了良好的基础，同时增强了竞争力，树立了良好的品牌形象。工程局还极力向高等级公路、市政工程和环保工程领域拓展市场，并取得了较好的业绩。同时，在国际市场的开拓方面也取得了进展，先后中标承建了喀麦隆巴门达—巴蒂博公路工程和缅甸邦朗水电站技术服务项目。

1993～1999 年 7 年间水电十四局共中标 43.78 亿元，平均每年中标 6.25 亿元。

三、快速发展阶段（2000～2006 年）

从 2000 年开始，水电建设进入了新的高潮。西部大开发的标志性工程——西部能源基地建设和“西电东送”工程，为工程局的市场开拓提供了广阔的施展空间。工程局确立了“盯紧‘五大一小’”，“立足云南、跟进国家重点”的方针。“五大一小”就是国家电力公司即将陆续开工的水电项目，“五大”即指洪家渡、小湾、龙滩、公伯峡和三板溪，“一小”则指四川杂谷脑河流域梯级水电站。从 2002 年开始，为了切实加强市场开拓工作，工程局本着充分发挥积极性的原则，加强了市场开拓的责任制，实行局领导班子成员市场开拓区域分工负责，形成工程局市场信息收集、跟踪、开拓的独特的组织系统，收到了显著的成效。2003～2006 年，工程局明确了“发挥优势、扬长避短、扩大增量、优化市场、提高质量”的方针，根据全国水电开发前所未有的大好形势，审时度势，就市场开拓工作作出了统一安排和布置，明确了工程局市场开拓的竞争策略是“抓大选小、有序竞争，统一协调”。努力发挥品牌优势，明确市场定位，认准核心市场，加强内外联合，提高企业的竞争实力，为推进工程局的改革发展奠定基础。市场开拓的战略指导思想是：国内以金沙江（长江）为轴心，以四川、云南为两翼，辐射贵州、湖南、湖北等流域水电开发项目；国际工程依托集团公司，积极主动参与竞争，努力走出国门，面向国际项目。通过努力，四川市场取得突破，成功中标承建四川瀑布沟水电站和锦屏一级水电站；同时，相继中标云南小湾水电站、贵州构皮滩水电站、重庆彭水水电站、云南溪洛渡水电站、广州惠州抽水蓄能电站。此外，还中标了缅甸瑞丽江水电站、刚果（布）英布鲁水电枢纽工程。一大批大型地下厂房工程的中标，进一步体现和发展了工程局地下厂房品牌优势。工程局在巩固水利水电主营领域的同时，继续努力向路桥、市政、地铁、环保、火电等非水电建筑市场领域延伸和拓展。

2000～2006 年是水利水电工程的飞速发展时期，也是水利水电工程发展的高潮阶段。2000 年，中标 40 个（含水电工程和非水电工程，下同），合同额 11.55 亿元；2001 年，中标 64 个，合同额 14.78 亿元；2002 年，中标 87 个，合同额 17.57 亿元；2003 年，中标 66 个，合同额 44.13 亿元；2004 年，中标 121 个，合同额 45.57 亿元；2005 年，中标 80 个，合同额 55.56 亿元；2006 年，中标 63 个，合同额 46.59 亿元。平均每年中标 29.22 亿元。中标额度大幅度增加，非水电、国际工程比例稳定增长，巩固了品牌优势。工程局的多元化经营初具成果，市场开拓事业迎来的辉煌的发展时期极大地鼓舞了职工的信心，为工程局向质量效益型的大型现代化企业发展奠定了基础。

实施招投标以来，水电十四局市场开拓成绩显著。从 1985 年到 2006 年共计中标承包工程合同 988 个，合同总额为 289.35 亿元。其中，国内水利水电工程签订合同 717 个，合同额 235.43 亿元。国内非水电工程合同 246 个，合同额 15.15 亿元。国际工程合同 25

个，合同额38.77亿元。其中，2006年中标合同额为46.59亿元，为1985年中标合同额的119.8倍。国内水电工程通过投标竞争进入了长江、黄河、金沙江、澜沧江、红水河等流域大型和特大型水利水电工程领域，巩固了工程局在地下工程、当地材料坝和大型机电安装工程的优势地位，在地下电站厂房工程获得70%左右的市场占有率，而且在混凝土重力坝和碾压混凝土坝工程方面提升了企业的资质。20多年来，工程局的招投标由单一面向水利水电工程，发展到逐步参与国际化、多元化的竞争。非水电工程领域通过投标竞争，进入了公路、桥梁、市政工程、地铁、火电和核电等工程领域。国际工程由援外工程转为投标承包工程业务，也取得了较好的进展。

投标竞争提高了企业的技术和管理水平。在投标竞争中，工程局注意学习国内外的先进施工技术和管理经验，坚持技术先行的原则，大胆探索，善于学习，积极采用先进技术，创新项目管理，大大提高了施工技术和管理水平。投标竞争还锻炼了队伍，培养了人才。通过投标竞争的实践，培养了一大批既懂技术又善于管理，熟悉合同与法律的具有综合素质的人才，成为工程局宝贵的专业骨干人才。

水电十四局1985～2006年工程合同签订情况见表7-2-1，中标合同额曲线图如图7-2-1所示。

表7-2-1　水电十四局1985～2006年工程合同签订情况

年份	总计		国内工程						国外工程	
			小计		水利水电工程		非水利水电工程		合同额（万元）	合同个数
	合同额（万元）	合同个数	合同额（万元）	合同个数	合同额（万元）	合同个数	合同额（万元）	合同个数		
1985	3890	45	3890	45	3648	35	242	10		
1986	7901	26	7901	26	7785	16	116	10		
1987	6917	41	6917	41	6627	21	290	20		
1988	8565	29	8565	29	7923	10	642	19		
1989	31 938	30	31 938	30	30 220	15	1718	15		
1990	5853	32	5853	32	4645	15	1208	17		
1991	23 992	48	23 992	48	22 146	12	1846	36		
1992	29 440	27	29 440	27	27 742	13	1698	14		
1993	50 787	23	50 787	23	45 419	10	5368	13		
1994	49 006	29	49 006	29	46 467	14	2539	15		
1995	43 950	20	38 950	19	31 795	10	7155	9	5000	1
1996	99 140	19	99 140	19	96 832	17	2308	2		
1997	88 004	17	88 004	17	85 756	12	2248	5		
1998	66 861	33	64 940	32	52 274	22	12 666	10	1921	1
1999	40 024	48	39 537	46	30 973	36	8564	10	487	2

续表

年份	总计		国内工程						国外工程	
			小计		水利水电工程		非水利水电工程			
	合同额（万元）	合同个数	合同额（万元）	合同个数	合同额（万元）	合同个数	合同额（万元）	合同个数	合同额（万元）	合同个数
2000	115 542	40	115 542	40	42 883	30	72 659	10		
2001	147 771	64	146 593	63	141 014	54	5579	9	1178	1
2002	175 688	87	160 045	84	151 299	77	8746	7	15643	3
2003	441 293	66	354 465	65	349 467	62	4998	3	86828	1
2004	455 660	121	270 272	114	264 900	109	5372	5	185 388	7
2005	535 592	80	506 095	77	503 155	73	2940	4	29 497	3
2006	465 901	63	403 911	57	401 322	54	2589	3	61 990	6

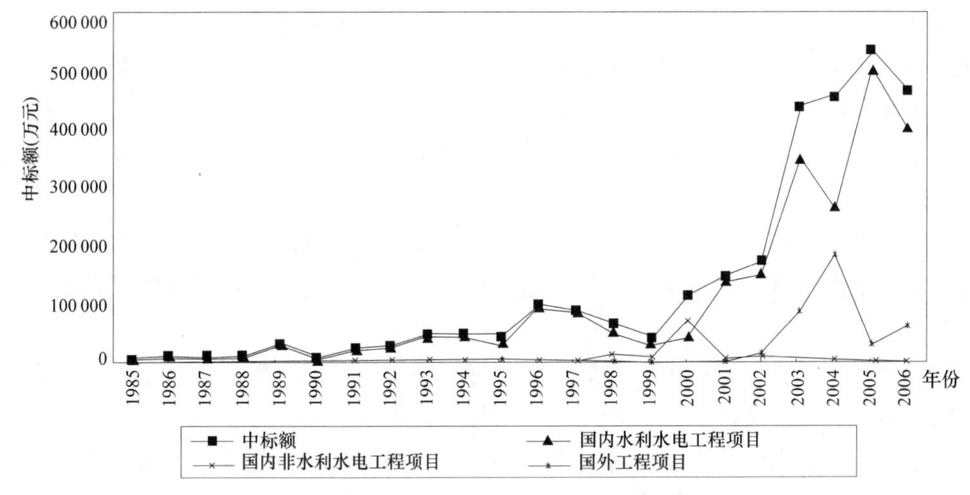

图 7-2-1　水电十四局 1985～2006 年中标合同额曲线图

第三节　投　标　工　作

水电十四局在进入建筑市场以后，在招投标的实践中，对招投标工作由不熟悉到熟悉，逐渐掌握了招投标工作的内容和程序，摸索出一套自己编标、投标的程序和方法，提高了编标水平，加强了分析决策能力，积累了投标经验。工程局成立市场开发部后，于 2001 年 6 月制定了《水电十四局市场开发部管理办法》，详细地规定了工程局市场开发部的主要职责、职能、业务管理办法等。2002 年 3 月 13 日，工程局质量管理部制定了《水电十四局机关各部室工作职责及岗位目标汇编》，对工程局市场开发部的工作及具体制度作了更为详细的规定，结合工作的实践形成了比较规范的内容和程序。

一、招投标信息的收集

招投标信息收集渠道主要有：

（1）随着互联网的发展、网络咨询的丰富，大部分招投标信息都在网上发布，市场开发部本身充分利用网络咨询，全方位甄别、筛选有价值的招投标信息，网络资讯是获得招投标信息的重要渠道。

（2）从业主、监理、设计单位收集信息。

（3）充分发挥二级单位和各工程项目点的积极性，开拓新的项目信息资源，及时传递招投标信息。

二、投标项目的跟踪

在项目跟踪上，工程局形成了具有自己特色的体系，投标项目分为国际项目和国内项目，其中国际项目由国际工程部负责，局市场开发部负责国内工程项目的跟踪。国内项目的跟踪，工程局领导按区域分工负责，关键项目主要领导亲自跟踪。工程局每年通过分析和筛选市场信息，编制和下达局领导班子成员和局长助理市场及项目开拓的分工计划，并明确市场开拓的配合部门和单位，按区域和项目明确责任人和任务目标，把项目跟踪的任务落到实处。与此同时，也充分发挥各二级单位市场开发部的主观能动性，依靠二级单位作为新兴市场跟踪的排头兵，努力开拓新兴项目。

三、编标和决标

投标工作由工程局主管市场开发的副局长负责实施，并负责协调各二级经营单位投标的全过程。

（1）工程项目的投标实行项目责任人制。项目投标前明确总体负责人，并确定项目投标主要人员，下设报价、技术、商务等小组及负责人。二级经营单位投标责任人报市场开发部备案。

（2）重大项目的投标工作由工程局主要领导组织协调，成立编标领导小组，对投标报价的原则、施工方案等关键问题进行论证、指导和决策。

（3）不断提高标书的技术和商务水平。局市场开发部和局科技部、经营管理部紧密合作和配合，相互交流，在标书的技术方案和报价中，始终把握工程局项目点最新的技术动态和管理理念，以推进标书技术方案和商务水平的与时俱进，始终代表工程局的最高水平。此外，工程局坚持局市场开发部人员的交流制度，将市场开发部年轻的专业人员，定期下放到项目点技术或管理岗位上工作，接受技术和经营工作的历练，掌握第一线新的技术、管理理念和水平，再回到市场开发部工作，以促进市场开发部技术和商务人员的快速成长。

（4）提高标书的表述力。标书应用 Office、AutoCAD、P3、3DMAX 软件，实现了三维动画、视频解说等多媒体技术在表述中的应用，内容简明易懂，表述形象生动，丰富了标书的内容，使标书编制水平上了一个新的台阶。

（5）决标由工程局局长或书记、局市场开发的分管领导、局分管经营的领导及市场开发部、市场拓展部、经营管理部的负责人等共同决标。

四、合同的谈判与签订

（1）拟任的项目经理及项目总工，原则上参与编标工作，全面了解项目情况，掌握标书内容，为标书答辩及项目施工做好充分准备。

（2）投标文件问题澄清。由编标主体单位负责，局分管领导报局长审定。

（3）合同谈判。局分管领导、市场开发部、市场拓展部、经营管理部、财务管理部、拟任项目经理共同参加。

（4）项目投标后，组织主要参与人员进行全面分析和总结，形成书面分析意见，与项目的招标、投标资料一起存档，供今后参考。

（5）项目中标后，组织主要参与人员与经营管理部共同对合同进行交底、评审。

（6）有关信贷（资信）证明、投标保证金（保函）、履约保证金（保函）及预付款保函的办理，按照工程局财务管理部门的有关规定填报申请表，经局市场开发部审查并报工程局领导批准后，由工程局财务管理部负责办理。

第三章　经营管理

第一节　机　　构

各时期经营管理机构的设置和变更情况如下：

1954年5月10日，经中央燃料工业部批准成立云南水力发电工程局，设立计划科。1955年，按电力工业部通知，云南水力发电工程局名称改为电力工业部云南水力发电工程局，1956年7月设立计划处。1958年7月30日，按电力工业部决定，撤销云南水力发电工程局建制，成立云南省水利电力局以礼河水力发电工程局，设立计划处。1959年6月，按云南省水利电力厅通知，更名为云南省水利电力厅以礼河水力发电工程局，1960年设立计划科。1962年8月18日，工程局更名为水利电力部云南电业管理局以礼河水力发电工程局，设立计划科。1963年7月13日，水利电力部水利水电建设总局决定，以礼河水力发电工程局划归水利水电建设总局领导，命名为水利电力部以礼河水力发电工程局，设立计划科。1965年6月16日，经水利电力部批准将以礼河水力发电工程局与昆明水电勘测设计院合并成立水利电力部云南水力发电建设公司，设立计划调度处。

1971年1月28日，水利电力部云南水力发电建设公司撤销，下属单位划归云南省电力局直接领导。

1979年10月10日，经电力工业部批准成立电力工业部第三水电工程局，设立计划处。1982年4月30日，经水利电力部批准成立水利电力部第十四工程局，设立计划处。1988年2月25日，局计划处与工程管理处的内部管理职能合并，设立经营管理部。1992年10月20日，水电总公司下发通知，将水利电力部第十四工程局变更为中国水利水电第十四工程局，设置经营管理部。1999年9月16日，工程局进行内部管理体制改革，成立总经济师室，经营管理部并入总经济师室。2003年10月13日，工程局调整机关部门设置，总经济师室撤销，成立经营管理部。

水电十四局从20世纪90年代开始设立总经济师职务。1991～2006年担任过水电十四局总经济师的有：孙启林、赵正杰、王曙平。1987～2006年先后担任过水电十四局副总经济师的有：赵正杰、陈银根、李玉林、刘冬成、何少润、倪国欣、周游、段忠航、李跃平、周成宝、高波、陶友良、朱友清、朱世熙、王曙平、朱光全、于涛、郭启军、余佩义、陈广林。

丁弘绪1954～1956年任计划科副科长。李学华1956～1960年任计划处处长。1960～1968年任过计划科科长的有：杨毅、义景德、杨新根。1979～1988年任过计划处处长的有：陈昌克、杨东方；曾任副处长的有：葛友泉，曾任主任经济师的有：张德荣。1988～1999年任过经营管理部部长（主任）的有：陈银根、葛友泉、潘琪、朱光全，任过副部长（副主任）的有：葛友泉、倪国欣、徐建荣、陈广林、熊云。朱光全1999～2003年任总经济师室主任，任过总经济师室副主任的有：熊云、袁浩。2003～2006年任过经营管理部主任的有：王曙平、朱光全，任过副主任的有：熊云、李健、张德高、徐浩。

从20世纪90年代中期开始，为了研究和解决工程局经济管理方面的问题，研究制定有关的经济管理办法，水电十四局开始成立了经济管理领导小组。由工程局局长或副局长、总经济师、总会计师担任组长，局财务部、经营管理部（或总经济师室）、资产管理部、人力资源部、审计部、社会保障部、市场开发部、企业发展部（不同时期参加的部门有所调整）的负责人为成员，下设办公室，经营管理部（或总经室）主任兼办公室主任。这一组织机构一直延续了下来。

第二节　合　同　管　理

水电施工企业的合同管理是从改革开放以后开始的。水电十四局的合同管理工作分为以下三个阶段。

一、合同管理工作摸索阶段（1984～1986年）

1982年，鲁布革水电站的引水隧洞工程是利用世界银行的贷款进行国际招标。1983年11月，日本大成公司中标承建。电站的首部枢纽工程和厂房工程仍由水电十四局施工，由自营改为投资包干。按照招标文件的规定，日本大成公司工程的劳务和当地材料由水电十四局提供。水电十四局经与日本大成公司就提供劳务、当地材料问题进行了协商谈判，签订了《鲁布革水电站引水隧洞工程提供当地劳务协议书》、《提供当地材料的合同书》、《补充劳务协议书》。此外，鲁布革隧洞压力钢管工程为引水隧洞工程标（C1标）的一部分，由日本川崎重工分包，其中在中国完成的一部分工程又由水电十四局机电安装公司分包，因此安装公司又与川崎重工签订了工程分包合同。这些合同是在改革开放之初水电十四局最早签订的合同，也是水电十四局合同管理的开始。

为做好与日本大成公司的劳务和当地材料合同管理的管理工作，水电十四局统一由局外事处与大成公司联系，进行合同的管理工作。

水电十四局提供当地劳务合同的内容包括：合同的有效期、提供当地劳务的原则、劳务人员的等级及工资额、劳务人员享受的补贴、劳务人员工作时间和假期、加班加点及补贴的规定、对劳务人员的奖励、劳务人员的雇佣和解雇、劳务人员受雇期间应遵守的规定、对劳务人员的膳宿供应、保险、劳动保护和职工福利、停工期间的工资支付的规定、按月结算、工会活动和仲裁等。合同的内容完善，格式规范。劳务人员工资等级及工资额是合同的核心部分。鲁布革劳务单价的确定依据，是按照1983年水电十四局平均工资等级——土木建筑四级工标准工资58.85元/月及平均奖金9.81元/月（全年奖金额为两个月工资额），加计国家允许的外资企业工资上涨系数35%（在20%～50%之间）、加价倍数3.05、等级系数1.187，计算得出各级别劳务单价。

外事处负责按照经大成事务所签字确认的各劳务人员的出勤表，按月向大成事务所结算。外事处结算回劳务费用后按照下列比例分配：企业21.4%、提供劳务的单位22.1%、劳务人员56.5%。在劳务人员工资中，又提留12%用于劳务人员的病假、探亲假、奖励基金统筹。

在合同执行过程中，曾发生过因工作环境原因引起的纠纷。隧洞开挖开始，大成事务所在隧洞放炮后烟未散尽时即要求劳务人员进洞出渣，遭到劳务人员抵制。水电十四局外事处及时向大成事务所进行交涉，讲解国家保护职工健康的政策，使大成事务所现场人员向劳务人员承认了错误，同时加设了通风设施，改善了施工环境。此外，在合同的执行过程中还发现，由于缺乏经验，劳务合同中规定的水电十四局劳务人员的加班工资标准和工伤费用较低，致使出现承包商安排加班较多及劳务人员工伤费用不够开支的问题。但总的来看，合同条文内容基本是合理的，执行情况良好。劳务人员的生产积极性较高，在隧洞掘进中，创造了全断面月进尺373.5米的优异成绩，在大成公司总部引起轰动。

《提供当地材料合同书》的内容有合同的有效期、材料供应计划、交货日期和地点、价格、材料交付的检验、卸货的规定、结算的规定、质量的保证、交货误期和仲裁等。在严格的管理下，该合同也得到顺利实施。

水电十四局安装公司与日本川崎重工，在双方的密切合作下，按期和保质地完成了压力钢管的制作加工工程。分包合同得到了顺利的实施。

在上述涉外合同的签订和管理过程中，水电十四局第一次接触到严格和规范的合同管理，在工作中一面摸索一面学习，严格管理，认真对待，不仅诚信、认真地履行了合同，保证了企业的信誉，而且积累了合同管理经验。

云南漫湾水电站进场公路、导流洞、泄洪洞和金属结构安装工程是水电十四局继鲁布革水电站建设后中标承建的重要项目。水电十四局以承包商的身份与业主签订了工程承包合同。水电十四局在电站工地连遭三次水毁工期滞后的危急情况下，信守合同，调集精兵强将，加强设备配置，如期完成了工程，维护了企业的信誉。同时，在合同管理中，改变观念，扮演好承包商角色；严格履行合同义务，按合同条款逐条实施；加强基础资料整理工作，实行科学管理；做好计量签证工作，保护企业利益；正确处理好与业主、监理的关系，积累了合同管理的经验。在漫湾水电站工程的合同管理中，漫湾分局虽然也做了变更索赔工作，但因经验不足，效果不太明显。同期，水电十四局在福建南一水库、云南黑白水电水站、云南汇流水电站、云南槟榔江水电站、云南中屯水库、云南章巴水库等中标承建工程实施了合同管理，丰富了合同管理的实践。

二、合同管理工作走向成熟阶段（1987～1999年）

1987年，广州抽水蓄能电站开始招标，在鲁布革建设进入尾声，漫湾水电站也未中标主体工程的条件下，水电十四局毅然决定走出云南，参加广州抽水蓄能电站工程投标，先中标承建了电站的“两洞一口”工程，在此基础上又中标承建了全部一期工程。

广蓄电站在建设过程中大胆推行改革，实施“项目法人责任制、招标承包制、建设监理制”。广州抽水蓄能联营公司作为项目业主单位，是法人实体，在建设管理上始终以提高电站整体经济效益为目标，全面抓好控制进度、质量、投资和协调管理工作。广蓄联营公司由于董事会充分授权，对工程设计、投资概算、资金使用、设备购置等重大问题都能及时自主决策处理。业主通过与参建各方建立合同关系共同营造友好的合作关系，形成了“以业主为先导、以设计为基础、以施工为主体、以监理为保证”的项目管理机制。在广蓄电站的建设中，甲乙双方首先确立了“平等、合作、求实、互谅”的原则，其次是坚持合同管理的规范化、制度化及严肃性。在处理合同问题时，既按照合同的规定，又坚持实事求是的原则。三是合同管理实行表格化操作，用计算机程序化管理。业主管理体制的改革，为搞好电站各方的合同管理创造了良好的条件。

水电十四局广东分局在项目合同管理中始终坚持三条原则：坚持为社会主义建设服务，切实维护国家利益；信守合同，不违约；实事求是地维护自身合法权益。在合同管理工作中，认真做好原始记录和测量工作；及时办理监理现场签证；对照合同清单做好工程量复核工作；按照合同做好增加项目预算的审定工作；实事求是地做好合同变更、索赔工作；做好工程分包合同的管理工作。由于在一期工程建设中业主、监理、设计、施工等四方面积极配合、相互理解，使合同执行得以圆满完成，甲乙双方的合同关系良好。同时，为二期工程施工承包打下了良好的基础。

1993 年下半年，为使电站二期工程建设施工顺利进行，项目业主广东联营公司及时与广东分局沟通，就二期建设施工价格进行商谈，双方商定了《广蓄二期工程报价原则》，规定该报价原则是双方议标及制定合同单价的依据。报价原则及按报价原则制定的合同单价或单项工程总价，在二期工程合同执行的过程中不作任何调整和修改。双方确认，在乙方按合同要求全面完成各规定任务的前提下，将本着既坚持合同管理，又实事求是的处理问题；既不修正概算，又使施工单位有合理利润的原则，协商处理好履约期内发生的具体问题。同时，双方经过充分协商，签订了《广蓄二期工程结算办法》，规定该结算办法是双方进行二期工程结算的依据，在二期工程施工过程中，双方将严格按照本办法进行过程结算。同时双方确认，由于二期工程施工期长、工程量大、合同实施过程中遇到的情况将很复杂，双方将本着互谅互让、友好合作的态度，协商处理好协议实施过程中的具体问题。在《广蓄二期工程报价原则》和《广蓄二期工程结算办法》下进行议标和工程结算，既简化了议标过程和方便了结算，又保证了各方的权益。为二期工程的合同管理打下了良好的基础。水电十四局广东分局在二期工程中实施均衡生产、文明施工，不仅忠实履行了合同，保证了工程质量和进度，总结了项目法施工的先进经验，提高了企业的信誉，而且取得了良好的经济效益和社会效益。

1996 年，在黄河小浪底枢纽工程中，由于承担泄洪排沙系统的以德国旭普林公司为首的联营体（简称 CGIC）工程进展受阻，CGIC 向业主提出将原计划截流日期推迟 11 个月。为抢回失去的工期，使导流洞能够按期截流过水，在水利部的指导下引进了由水电十四局、一局、三局、四局组成的OTFF联营体。OTFF进点以后，分别承包了三条导流洞，用22个月完成了33个月的施工任务，保证了按期截流。OTFF在维持业主与外商在二标导流洞上的国际合同关系不变的情况下，与外商签订的劳务合同是按国际惯例执行的。因此，和外商之间的索赔与反索赔，计费与反计费贯串于合同执行的全过程，促使OTFF联营体对外执行菲迪克分包条款，对内强化内外协调管理机制，与国际惯例接轨。联营体从加强基础管理做起，设立了厂队、班组现场记录员，按日统计工、料、机消耗进行成本核查，同时加强了对材料和设备的日常使用管理和维护，提高工程质量，坚持安全生产，尽量减少和杜绝被外国承包商反索赔和反计费，不仅提高了施工效率，而且节约了工程成本，增加了项目经济效益。工程局在小浪底工程施工和管理过程中，与国际承包商按菲迪克条款进行合同管理，全面与国际接轨，进一步学习和实践了国际项目管理的理论和方法，提高了合同管理水平。

三、合同管理的规范管理阶段（2000～2006年）

2000年2月，水利部、国家电力公司、国家工商行政管理局下达了关于印发《水利水电工程施工合同和招标文件示范文本》（以下简称《范本》）的通知。通知规定，凡列入国家或地方建设计划的大中型水利水电工程使用《范本》，小型水利水电工程可参照使用。《范本》提供了《水利水电土建工程施工合同条件》、《水利水电工程施工招标文件》和《水利水电工程施工合同技术条款》的示范文本。《范本》下发以后，示范文本在各业主单位的招标和合同文件中得到了广泛的采用。水利水电工程的合同管理进入了比较规范的阶段。

为规范和加强合同管理工作，避免和减少因合同管理不当造成的损失，2001年底，水电十四局颁布了《中国水利水电第十四工程局建安工程合同管理办法》（FCB/QM01A-2001）。合同管理办法规定，合同管理施行归口管理和分级管理原则，并施行合同评审会签制度和合同备案制度。工程局总经室为归口管理部门，负责对合同管理工作进行规范、指导、检查。各二级行政主体单位、项目经理部进行相应的分级管理。根据合同管理办法，工程局规范了合同管理的内容和程序。

（一）建立健全了合同管理的制度

工程局负责投标的项目，中标后中标合同（含合同协议书、投标文件）正本由局办公室负责存档管理，同时将副本送局总经济师室、市场开发部备案。

由二级行政主体单位或项目经理部负责投标的项目，中标合同（含合同协议书、投标文件）正本由其办公室负责存档管理，同时将副本报局总经济师室备案。工程中标后，招标文件的原件由负责编标单位保存，复印件交由项目经理部保存，工程竣工后，随同合同协议书、投标文件、竣工资料分别送交局或二级单位档案室存档管理。

项目经理部合同履行期间与业主签订的补充协议、新增工程合同协议书，应将副本报局总经济师室备案。

以联营体形式投标的项目，水电十四局为责任方，工程中标后的中标合同正本（含合同协议书、投标文件）交由局档案室存档管理，同时将副本送局总经济师室备案；若水电十四局为非责任方，则工程中标后的中标合同副本送局总经济师室备案。联营协议书、联营章程、营运规则副本一份报送局总经济师室。

（二）建立合同档案，对合同进行登录、统计、保管

属工程局负责投标的项目，在工程中标后，由局总经济师室负责对其进行合同登录、统计。二级行政主体单位或项目经理部负责投标的项目，在工程中标后，由二级行政主体单位或项目经理部经营部门负责登录、统计，并同时报局总经济师室。

以联营体形式中标的项目，由其责任方将中标合同进行登录、统计，并分解出非责任方各自中标合同所占比例进行登录、统计。非责任方将各自所占合同额报回其母体单位进行登录、统计。

局总经济师室负责将各项目中标合同按地域和建设性质分别进行登录、统计、保管。

（三）项目部的合同管理

项目合同签订后，按分级授权管理合同的原则，由项目经理部组织建立和健全项目合同管理控制体系，并由项目总经济师室或合同管理部门归口管理。合同归口管理部门设立专职合同管理人员，负责合同管理各类资料（工程进度结算，质量、安全，合同条款变更处理，合同的索赔、补偿、谈判，合同的纠纷调解、协商、诉讼、竣工决算等）的收集、整理，并按档案管理要求做好归档管理工作。

（四）合同的履行和合同管理的考核

合同正式生效前，不得实际履行合同。合同生效后，及时、全面、实际履行合同，除法律另有明文规定或合同约定外，不得以物抵或转让、转卖合同。合同签订后，各二级行政主体单位、项目经理部根据已签订的合同，按工程工期、进度要求编制施工进度网络计划，经营管理部（科）合理编制承建工程项目的月、季、年度产值计划，并将年度产值计划上报局总经室。局总经室据此编制全局年度生产经营计划报工程局领导审定，并对年度计划执行情况进行跟踪管理。以联营体形式组成的项目经理部在报送例行报表时，按时段填报合同的计划、产值及其他履行情况。局总经济师室根据水电十四局在联营体中所占的比例确定属于工程局完成产值等指标。经工程局审定的年度生产经营计划，即作为二级行政主体单位、项目经理部合同履行的阶段性目标，及时组织实施，并在例行报表中对工程的关键线路进度情况作详细说明。各二级行政主体单位、项目经理部在合同履行过程中，将影响到合同履行的重大问题作专题分析报局各有关部门，并及时提供工程局领导予以决策。

合同的变更、索赔是合同管理的一项重要的内容，项目经理部从组织上、制度上科学地加以落实、规范、实施，并不断完善。项目经理部做好工程进度价款、补差、补偿等款项的计算，并对已完工程尽快办理竣工结算。

工程局总经济师室对合同进行全过程跟踪管理，及时整理分析收集、了解的情况，并将年度的合同执行情况、生产经营状况及重大事件备忘录清单纳入合同档案，对局直管项目的索赔工作进行指导。局二级单位项目的索赔工作原则上由二级行政主体单位负责，如遇重大问题，局总经济师室可参与指导。

工程局对合同履行的考核，列入工程局与二级行政主体单位、项目经理部签订的内部项目经营责任合同考核指标中。考核办法按照《中国水利水电第十四工程局项目经营责任

合同》、《中国水利水电第十四工程局项目经理管理办法》、《中国水利水电第十四工程局项目经理成本控制办法》等有关文件执行。

（五）竣工验收

应按照各承建工程合同的要求进行工程的竣工验收，办理各项验收手续。只有在保修期满后符合合同要求，在业主退赔质量保证金、退还银行履约保函及结算清内外账务后才能视为一个合同已全面履行结束。一个合同履行结束后，二级行政主体单位、项目经理部应负责编制和报送工程竣工决算报告及项目经营分析报告给工程局各有关职能部门。

此外，水电十四局为了提高经营人员的合同管理水平，还不定期地举办各种类型的培训班和研讨班，如索赔、补偿业务的培训和研讨，分包合同的管理等，以提高合同管理的业务能力。

第三节　企业资质管理

水电十四局于1954年建局，由于当时处于计划经济时期，还没有开始使用《企业资质证书》。改革开放以后，施工建筑企业在计划经济向市场经济转型的过程中，随着国家管理制度的逐步建立及完善，开始使用《营业执照》、《建筑施工企业资质证书》，以及其他方面的证书。

水电十四局资质证书的管理工作，随着历年机构改革、变迁等，先后由局办公室、局经营管理部、局市场开发部、总经济师室、局经营管理部负责。

资质管理工作的内容包括：申报登记、年检、变更、到期换证、保管、使用管理，以及注销等。

据可查资料记载，1986年7月3日，由水利电力部水利水电总局批准，中国水电十四局的资质等级为：水利水电建筑安装（综合）工程一级、工业与民用建筑二级、公路工程一级、桥梁工程二级、给排水工程一级、河湖疏浚工程二级、送变电工程二级。

1990年2月，由建设部审核批准水电十四局的资质等级为水利水电建筑施工企业一级。

1994年3月28日，国家原对外贸易经济合作部以〔1994〕外经贸政审函字第310号文批准，同意中国水电十四局开展对外经济技术合作业务，其对外经营范围如下：

（1）承包本行业国外工程和境内外资工程。

（2）上述工程所需的设备、材料及零配件出口。

（3）对外派遣本行业工程、生产及服务的劳务人员。

（4）按国家有关规定在国（境）外办企业。

1996年9月8日，国家原对外贸易经济合作部以〔1996〕外经贸政审函字第542号文批准，对外经营资格的单位名称由原“中国水利水电第十四工程局”变更为“中国水利水电昆明国际公司”。2007年12月6日，又变更为中国水利水电第十四工程局。

1996年，由交通部批准，水电十四局的公路资质等级为公路工程施工资信登记一级

(交公路发〔1996〕1092号文)。1999年通过复审（交公路发〔1999〕41号文)。2001年经交通部年检合格。

2002年，由国家建设部审核颁发水电十四局建筑企业资质证书（证书编号：A1501153010301)，资质等级为：水利水电工程施工总承包一级、市政公用建筑工程施工总承包三级、公路工程总承包二级、房屋建筑总承包三级、土石方工程专业承包一级、建筑装修装饰工程专业承包一级、钢结构工程专业承包一级、隧道工程专业承包一级、预拌商品混凝土专业二级。

2003年，国家建设部下发《2003年整顿和规范建筑市场秩序工作安排》的通知，经国家建设部按通知要求年审通过，水电十四局的建筑企业资质等级为：水利水电工程施工总承包一级、市政公用建筑工程施工总承包三级、公路工程总承包二级、房屋建筑总承包三级、土石方工程专业承包一级、建筑装修装饰工程专业承包一级、钢结构工程专业承包一级、隧道工程专业承包一级、预拌商品混凝土专业二级。

2005年1月20日，由建设部审核批准，水电十四局的资质等级变更为：水利水电工程施工总承包特级（原为一级——编者注，下同)、市政公用建筑工程施工总承包一级(原为三级)、公路工程总承包二级、房屋建筑总承包三级、土石方工程专业承包一级、建筑装修装饰工程专业承包一级、钢结构工程专业承包三级（原为一级)、预拌商品混凝土专业二级。

除上述主业资质外，水电十四局尚有如下专项资质证书，并由其专业化二级单位负责管理，分别为：

(1)《建设项目水资源论证资质证书》、《预拌商品混凝土及混凝土预制构件材料试验证书》、《编制开发建设项目水土保持方案资格证书》、《国家级工法证书》（双圈环绕无黏结预应力混凝土衬砌施工工法)、《测绘资质证书》、《工程勘察证书》（甲级)、《工程勘察证书》（乙级)、《工程设计证书》（乙级)、《工程监理企业资质证书》等，由科研设计研究院负责申报、检审、使用的管理，并报局经营管理部备案。

(2)《全国工业产品许可证》[含水工金属结构制作和安装，非标准件的加工、制造、安装；特种设备的安装、改造、维修（起重机械、压力管道）及环保设备的安装]，《安全生产许可证》（危险化学品生产)，《道路运输经营许可证》，《充装注册登记证》（氧气充装）等，由水电十四局机电安装公司、机械设备厂负责申报、检审、使用的管理，局经营管理部备案。

为了规范工程局资质等方面的证照管理，确保生产经营活动正常开展，2006年11月14日，水电十四局以局〔2006〕224号文颁发了《关于工程局营业执照、资质证书等有关证照管理的通知》，就企业资质管理方面作出规定：工程局经营管理部为企业建筑施工主项资质证书的归口管理部门，负责上述证照的申请、变更、年检、注销等组织及管理工作。规定工程局市场开发部负责上述证照的保管工作，以及市场开发业务使用所保管证照的审核工作。其他业务需要时，由工程局办公室负责审核。

第四节　计划统计管理

一、计划管理

水电十四局建局52年来，经历了计划经济时期和社会主义市场经济时期，工程局的计划管理工作的机构和管理内容也经历了较大的变化。1982年以前，工程局所承担施工的项目全部属于指令性计划管理阶段，由主管部门给工程局直接下达指令性计划，工程局按计划施工，各项统计报表直送主管部门。以礼河四个梯级水电站，六郎洞水电站，绿水河水电站和三九股水电站，西洱河一、二、四级水电站，大寨水电站和鲁布革水电站的前期准备工作等都是在这个阶段完成的。

1982～1992年属于指令性计划向工程招投标过渡的阶段。1982年8月开工的西洱河三级水电站属于指令性计划。黄泥河鲁布革水电站从计划形式来看，其内资部分也属于指令性计划，但在管理机构上增加了一个建设单位——鲁布革工程管理局，其中1982年以前水电十四局是建设单位，1982～1984年则是代理建设单位（因当时鲁布革管理局机构不全）。1985年鲁布革管理局正式接管，行使建设单位职能，水电十四局则由建设单位变为承包单位，标志着水电建设管理体制的变化。1985、1986年，水电十四局分别中了漫湾水电站的对外公路和导流泄洪洞工程标，水电十四局开始进入市场。1987年12月西洱河三级水电站竣工，1991年6月鲁布革水电站全部机组发电，标志着水电十四局的指令性计划工程全部结束，水电十四局完全进入了市场竞争。水电十四局的计划管理系统，随着国家经济管理体制的变化，不断更新计划观念，转变计划管理模式和工作，适应新体制的需要。

（一）指令性计划阶段

计划经济时期工程局计划管理工作的主要内容是：

（1）按照上级主管部门批准的设计概算和工程总进度，结合工程实际情况及局内劳动力、物资、施工设备情况，每年四季度提出下年度建议计划报部（水电总局），报请上级审批。

（2）按下达的指令性年计划控制数，分电站编制年度基建计划，上报部（水电总局）和云南省有关部门。

（3）根据水电总局下达的计划任务，据实编制完成上述任务的各种措施计划，经局长审批后，下发各二级单位执行。二级单位根据局下发的年计划，结合本单位的施工能力及工程实际情况，编制本单位的施工年度生产计划。

（4）综合审查各有关单位及部门根据上述计划所编制的详细劳务计划，加以平衡汇总，作为年度各级计划的具体措施计划。

（5）季度计划是依据年度计划结合工程实际情况编制的，作为上级主管部门分期拨款和物资供应的控制。与此同时，各二级单位按月编制月度施工作业计划，并组织实施。

（6）年度计划因系国家指令性计划，经上级批准下达后，一般不得变动。如遇特殊情况必须调整时，需报请上级主管部门批准后于当年四季度进行调整，并将调整计划上报、下达，作为当年计划检查的依据。

（二）生产经营计划阶段

工程局进入市场以后，工程局的计划管理转为生产经营计划管理。计划管理的目的主要是管理和指导工程局的生产经营工作，控制工程局的生产经营规模。上级主管部门已不再下达投资计划，工程局主要根据本企业的发展规划和承揽工程的具体情况制订年计划，上报集团公司（或上级管理部门），集团公司同意以后，下达局属单位执行。因此，局计划编制的主要依据是来自各施工项目点和二级单位，各施工项目点的计划又来自业主单位（建设单位）的网络工期进度目标。局汇总编制的年度生产经营计划，是工程局的年度经营目标，一方面集团公司作为对工程局业绩考核的一项指标；另一方面，工程局作为对二级单位和项目生产经营情况检查的一项重要指标。由于计划的受业主对工程进度的要求影响较大，又与工程局中标承建的工程情况有关，因此，每年均需按照实际情况对计划作一次调整。局重点管好年计划，季度计划和月计划均由施工项目和二级单位根据工程的实际情况编制。

二级单位的计划管理，主要是按照所管项目各自拟定的年计划进行整理汇总，并上报局经营管理部。待经营管理部下达年计划指标后，按所下达指标进行分解到各项目部认真执行，并对各所属项目部的计划完成情况进行检查和考核。

项目部的计划管理主要内容是：根据总进度工期及关键节点工期，全面、透彻地分析整个合同，严格按照设计文件及施工总进度控制点的要求，遵守有关规程、规范，利用P3软件技术编制施工期的总计划、年计划、季度计划、月计划。根据进度计划和施工技术措施，调配人力及设备资源组织生产并控制其过程；实际施工进度一旦滞后于施工进度计划，及时组织讨论并制订赶工计划和赶工措施予以纠偏；根据进度计划制定工期节点目标并予以考核奖惩；正确处理进度、质量、安全和成本之间的关系，保证工期目标的实现，保证工程质量和安全施工，有效控制生产成本；结合生产实际不断探索新的管理模式，逐步提高管理的质量与效率。

小型基本建设计划和更新改造计划也是工程局计划管理的一项内容。小型基本建设计划，是工程局自身新建的某些生产、生活用房及公共福利性设施。每年四季度，向上级部门或单位报送申请下达年计划指标和请求补助资金的报告。待总公司（集团公司）批准下达后，按局属各单位计划统一平衡，编制该年度小型基建计划，经局长批准后下发执行。为严格控制、有效使用有限资金，工程局出台了《小型基建管理办法》。自筹资金的使用严格按照国家有关规定控制，坚持先存后批和先批后用的原则。更新改造计划，为适应工程局承揽工程项目施工的需要，工程局更改资金主要用于施工设备的更新上，该部分计划由财务和物资部门安排实施；用于5万元以下的房屋更新和技术改造计划，由工程局财务部和经营管理部门执行。

二、统计管理

（1）自工程局成立以来，统计管理工作均归口到经营管理部（或计划处）进行统一管理，工程局设有专职统计人员，负责全局的生产经营统计工作。由于工程局机构及经营统计部门的多次调整，给统计数据的连续性和完整带来了许多困难，特别是“文化大革命”

期间的统计工作出现了间断，数据已无从查找。1979 年，恢复局计划处以后，统计人员利用较长时间走访有关单位，收集、整理了工程局建局以来的统计资料，后又经过两次的全面收集与整理，最终整理出一套较为完整的统计历史资料，并建立了相应的工程统计台账，但还存在部分缺失，已无法查找。

(2) 工程局统计报表是按自上而下布置统计报表、自下而上收集报送统计数据并汇总后进行条块上报。报表分为月报、季报、年报进行统计报送，有综合报表和专项报表。报表均附有编制说明，报表的数据要求如实填报，并要求报上级主管部门与报地方统计部门的数据必须一致。报表格式和报送内容及时间要求由国家统计局、上级主管部门和地方统计部门制定，并结合工程局的管理需要新增部分表格和内容向下进行安排与布置，一般情况下每年年终召开会议进行安排与布置。一段时期还增加了年、季、月度产值快报和生产简报，通报全局生产经营情况。

(3) 随着国家体制的改革，水电十四局统计工作的方式和填报内容也发生了改变。计划经济时期，统计工作相对简单，所统计填报内容相对单一。随着国家的改革开放、经济发展和与国际接轨，指令性计划向指导性计划的过渡并全面放开，计划经济向市场经济的转变，同时，随着企业生产规模的扩大，对统计工作提出了新的、更高的要求，统计工作也由单纯的计划型、生产型统计向生产经营型、综合型统计转变。统计工作从统计的范围上、内容上、时间上、数据的准确性上都有了更高的要求，特别是在 1980 年以后，国家颁布《统计法》，进一步强调了统计工作的全面、准确、及时。工程局通过认真组织学习，严格贯彻执行，并加强对各级统计人员的业务能力培训，提高工程局统计人员的整体素质，积极实施统计工作电算化和软件的开发与利用，工程局统计工作取得了长足的发展，基层统计工作也明显增加，统计队伍逐年壮大。工程局机关、各二级单位和项目部均设立了专职统计人员，作业厂队（工段）设立了综合员兼做统计工作，班（组）设兼职施工记录员，逐步建立健全了工程局完善的统计管理体系，统计工作效率和质量逐年提高。例如：1988 年从广东分局开始，研究应用计算机处理报表，并成功地开发了计划、统计报表软件，经过培训逐步推广。目前，工程局、各主要二级单位已全面应用计算机处理统计报表，为工程局统计人员减少了大量而又烦琐的计算工作，提高了报表质量，使统计工作全面实现了计算机管理。

(4) 统计报表报送方式及内容：

1) 统计报表报送方式。根据所制定的报表按规定的填报内容和报送期由各二级单位和项目部向工程局报送，从原单一的纸质版报送逐步向电子和纸质版报送。经局汇总后，分别向国家统计局、昆明市统计局、集团公司（水电总局）报送。

2) 统计报表报送的单位及内容。报国家统计局、昆明市统计局的报表分别为：法人单位基本情况表、建筑企业生产情况表、建筑企业财务状况表、建筑企业房屋建筑完成情况表、水及能源消耗情况、信息化主要指标。

报集团公司（水电总局）的报表分别为：企业工程完成情况综合统计表、企业营业额构成表、企业合同执行情况表、企业国外工程合同执行情况表、企业主要经济技术指标计算表、国内非水电工程情况表、国外工程情况表、高铁项目情况表、企业主要指标月度快速调查表等。

报表中附有文字分析，主要针对成绩和问题对本企业的经营状况进行说明，对出现的异常情况认真研究并提出建议。

（5）多年来，工程局积极开展统计工作竞赛评比活动，每年局经营系统均根据各二级单位和项目部的年度统计报表的完成质量及其经营业绩综合考核并进行总结评比，并表彰先进集体和个人。此项活动自改革开放以来从未间断，对确保工程局统计报表的全面、准确、及时和提高报表的质量起到了积极的推动作用。工程局还参加了部、省、市组织的统计工作竞赛评比活动，先后多次获得“先进单位”和“先进个人”荣誉称号。

水电十四局历年企业总产值构成主要实物工程量完成情况、建筑业增加值统计分别见表7-3-1～表7-3-3。

表7-3-1　　水电十四局历年企业总产值构成　　单位：万元

年份	企业总产值	建筑业总产值(国内)				多种经营产值					国外产值
		小计	其中：水电产值	其中：非水电产值	其中：公路产值	小计	工业产值	交通运输产值	商业产值	其他产值	
1954	16	16	16								
1955	272	272	272								
1956	328	328	328								
1957	1433	1433	1433								
1958	3196	3196	3196								
1959	2740	2740	2740								
1960	3234	3234	3234								
1961	929	929	929								
1962	573	573	573								
1963	876	876	876								
1964	1745	1745	1745								
1965	2726	2726	2726								
1966	4616	4616	4616								
1967	2121	2121	2121								
1968	525	525	525								
1969	2144	2144	2144								
1970	4211	4211	4211								
1971	4350	4350	4350								
1972	2840	2840	2840								
1973	3029	3029	3029								

续表

年份	企业总产值	建筑业总产值(国内)				多种经营产值					国外产值
		小计	其中：水电产值	其中：非水电产值	其中：公路产值	小计	工业产值	交通运输产值	商业产值	其他产值	
1974	2537	2537	2537								
1975	2356	2356	2356								
1976	1929	1929	1929								
1977	3314	3314	3314								
1978	5968	5968	5968								
1979	5478	5478	5478								
1980	3332	2664	2664			668		668			
1981	2471	2381	2381			90		90			
1982	4247	3928	3928			319	178	141			
1983	6666	6608	6608			58		58			
1984	9668	9630	9630			38		38			
1985	10 559	10 354	10 354			205	54	151			
1986	10 938	10 425	10 425			513	278	158		77	
1987	14 183	12 657	12 657			1526	752	393		381	
1988	14 549	13 200	12 983	217	1	1349	258	693	339	59	
1989	18 970	16 699	13 790	2909	79	2271	291	1851	71	58	
1990	23 180	20 587	20 297	290	76	2593	637	1751	102	103	
1991	27 704	24 275	23 673	602	37	3429	718	2276	270	165	
1992	33 380	29 823	27 469	2354		3557	1126	2126	281	24	
1993	39 026	33 967	28 345	5622		5059	1923	1732	366	1038	
1994	58 001	51 191	48 182	3009		6810	3586	1475	446	1303	
1995	66 709	60 006	52 185	7821	3938	6703	4003	819	363	1518	
1996	72 515	65 373	54 714	10 659	7099	6659	2979	1406	472	1802	483
1997	81 843	72 028	63 725	8303	2846	9815	5501	1514	390	2410	0
1998	100 205	85 485	77 993	7492	1048	14 720	10 692	1352	484	2192	0
1999	113 036	96 524	88 433	8091	5449	12 844	8649	425	229	3541	3668
2000	130 330	116 666	96 250	20 416	9159	12 141	5725	475	28	5913	1523
2001	159 419	141 772	114 127	27 645	18 601	13 333	7121	416	13	5783	4314
2002	164 180	145 215	116 469	28 746	17 672	14 225	7481	587	12	6145	4740

续表

年份	企业总产值	建筑业总产值(国内)				多种经营产值					国外产值
		小计	其中：水电产值	其中：非水电产值	其中：公路产值	小计	工业产值	交通运输产值	商业产值	其他产值	
2003	175 486	152 913	134 073	18 840	9457	17 628	10 871	367	6	6384	4945
2004	228 363	195 948	182 136	13 812	9289	18 520	13 010	683		4827	13 895
2005	306 552	253 717	243 613	10 104	10 979	22 354	17 851	581		3922	30 481
2006	359 230	303 521	300 586	2935	433	7523	6146	708		669	48 186

表 7-3-2　　水电十四局历年主要实物工程量完成情况

年份	土方（万米^3）	石方（万米^3）	混凝土（万米^3）	金属结构（吨）	水轮机组投产	
					数量（台）	容量（万千瓦）
1954	0.07				3	0.46
1955	8.24	0.25	0.03			
1956	20.87	11.22	0.08			
1957	104.29	13.35	3.08	61		
1958	281.92	28.67	6.81	377	7	3.54
1959	172.85	14.97	3.09	411	4	2.60
1960	208.85	69.20	4.47	798		
1961	44.22	6.64	1.74	574		
1962	7.66	0.13	1.47	64		
1963	37.98	3.26	1.26	0		
1964	71.73	4.92	1.25	0		
1965	123.66	7.03	1.77	605		
1966	252.57	19.56	5.32	2330	1	3.60
1967	84.48	14.79	2.48	0	5	3.96
1968	7.85	2.98	0.32	11		
1969	43.90	12.07	3.35	186	3	4.03
1970	37.53	17.23	15.76	2483	1	3.60
1971	44.59	6.85	8.29	53	6	13.65
1972	72.59	17.38	1.87	773	2	4.85
1973	55.59	32.74	2.54	63	5	4.57
1974	44.44	17.32	3.56	112	8	2.78

续表

年份	土方（万米^3）	石方（万米^3）	混凝土（万米^3）	金属结构（吨）	水轮机组投产	
					数量（台）	容量（万千瓦）
1975	35.29	11.20	3.44	417	2	1.29
1976	24.60	5.69	3.06	444		
1977	38.10	18.27	6.20	1158	9	6.05
1978	43.22	32.01	12.24	1025	12	3.49
1979	54.89	35.27	8.46	448	11	5.95
1980	31.08	4.40	0.41	765	10	9.24
1981	25.96	4.82	0.34	377	12	1.65
1982	24.74	14.12	0.84	60	6	2.62
1983	26.29	38.73	2.89	283	20	8.11
1984	21.06	95.28	6.86	926	8	2.42
1985	29.03	91.53	12.32	1217	7	0.98
1986	104.65	172.51	10.01	1202	17	3.86
1987	42.95	196.36	19.72	1592	8	6.67
1988	63.27	145.58	21.60	4006	6	17.70
1989	103.20	117.43	18.28	1474	4	15.35
1990	100.63	192.54	20.71	2265	5	17.29
1991	119.90	143.07	54.11	4533	5	17.32
1992	173.49	132.51	49.41	3491	5	6.50
1993	236.38	340.30	31.31	1698	8	92.57
1994	229.69	388.99	39.13	2213	3	30.80
1995	341.99	341.00	29.04	2470	3	10.60
1996	335.48	486.07	47.29	3178	5	0.74
1997	250.58	505.29	63.72	1132	9	10.02
1998	193.54	374.91	64.31	5850	10	95.65
1999	102.21	277.34	100.96	6309	8	127.06
2000	473.31	452.34	98.36	5009	11	133.60
2001	302.58	589.51	80.05	7442	10	96.32
2002	276.29	800.14	72.71	6401		
2003	414.51	792.33	85.80	10 076		
2004	542.39	872.70	148.51	21 658	14	34.36
2005	407.17	1073.62	204.94	25 487	6	10.77
2006	630.84	1900.53	211.38	26 644	4	32.00

表 7-3-3　　水电十四局历年建筑业增加值统计　　单位：万元

年份	建筑业增加值合计	本年折旧	主营业务应付工资	主营业务应付福利费	管理费用中的税金	管理费中的劳动待业保险费	工程结算税金及附加	工程结算利润
1993	14 399	2449	7239	1013	68	15	551	3064
1994	20 796	3187	7649	1071	94	2053	1439	5303
1995	24 173	5122	9931	1390	87	58	1565	6020
1996	26 140	6321	10 099	1414	58	1872	1398	4978
1997	21 197	4289	10 595	1483	67	238	1783	2742
1998	24 430	5260	12 595	1763	131	920	2416	1345
1999	31 111	4501	12 349	1729	154	4935	2499	4944
2000	23 078	6123	11 749	1645	87	710	3387	－623
2001	28 687	6731	10 550	1477	135	544	3284	5966
2002	41 173	9057	12 568	1760	122	2146	4371	11 149
2003	44 273	10 854	13 362	1871	111	2351	4902	10 822
2004	57 619	7955	16 563	2319	149	6121	6587	17925
2005	66 007	10 801	18 466	2585	123	6725	9269	18 038
2006	87 068	14 443	20 654	2892	180	8195	10064	30 640

第五节　法　律　事　务

工程局法律事务工作的正式开展始于 1991 年。同年，依据《国家经济体制改革委员会关于加强企业法律顾问工作的意见》的要求，经工程局〔1991〕局人字第 01 号文请示水电建设总公司，正式设立了法律事务处，配备了专门的法律顾问。法律事务处与监察室合署办公，在行政上由纪委书记分管，主要开展普法教育、法律纠纷处理和其他与法律相关的工作。

1994 年 5 月，工程局设立总经济师办公室，法律事务处工作人员划归总经济师办公室，除继续开展普法教育和法律纠纷处理等法律事务相关工作外，法律工作人员更多地参与到工程局经营管理工作中，对具体决策和经营行为提出意见和建议，及时处理经营纠纷。

1999 年 11 月，工程局原有两名法律专业工作人员辞职开办律师事务所，内部法律事务专业工作改由与外部律师事务所合作为主的工作模式。外聘律师主要负责受托处理各类法律纠纷、参与追索应收账款，为个别重大经营决策及法律相关事务提供法律咨询等工作。

2004 年 8 月，按照国务院国资委及集团公司加强企业法律事务工作的要求，工程局调整了普法领导小组，负责领导和协调全局的普法工作。同月，重新成立了法律事务处，配备了专业工作人员，加强内部法律事务工作。参照集团公司部门归口管理的形式，工程局法律事务处也设在企业发展策划部，除负责处理工程局日常法律事务工作外，还协同外聘法律顾问共同处理各类法律纠纷，形成了内外结合的法律事务工作体系。法律事务处设立后，逐步恢复和规范了工程局的法律事务工作，并且把法律风险的事前防范和事中控制作为法律事务工作的重点，将法律事务更多地融入企业经营管理工作中。

法律事务处主要开展以下四个方面的工作。

一、法律咨询服务工作

主要是针对工程局经营管理中存在的法律问题，提出风险防范应对策略与建议；为工程局重大决策、重大经济活动、内部体制改革和主辅分离、改制分流等提供法律支持服务；参与企业重要规章制度的研拟、审核；解答工程局各部门、所属机构提出的法律问题，为员工提供的与其本职工作相关的法律咨询等。

二、合同法律审核工作

主要是把握合同中的有关法律问题，协助相关部门起草、签订、履行合同；解答合同执行中出现的法律问题，协助合同管理部门及相关单位处理合同执行中发生的各种纠纷。

三、法律纠纷处理工作

工程局法律纠纷的处理主要由外聘法律顾问负责处理，内部法律事务处主要是处理一些简单的纠纷，并配合外聘法律顾问一起确定诉讼方略，收集整理证据，处理相关诉讼事宜；另外，法律事务机构要针对工程局发生的诉讼纠纷进行分析整理，总结经验教训，以便各单位及时发现和改进工作中的不足之处。

四、普法教育工作

主要是宣传和普及相关法律知识，提高职工法律意识和企业依法经营水平。

第四章　国际工程管理

第一节　机　　构

一、组织机构变迁

1980年5月28日，云南省人民政府云政复〔1980〕60号文批复同意将云南省电力局援外办公室划归电力工业部第三水电工程局领导后，工程局成立了电力工业部第三水电工程局援外办公室。1982年2月，水利电力部〔1982〕水电劳字12号文件“关于水利、电力两部合并后”将第三水电局援外办公室改为水利电力部第十四工程局援外办公室。1982年4月21日，电力工业部水力发电建设总局〔1982〕水电劳字第702号文批复同意设立外事处，撤销援外办公室，1988年8月12日改为水利电力部第十四工程局海外事业部，1992年11月23日改称中国水利水电第十四工程局海外事业部。海外事业部为转换经营机制，于1993年11月20日注册为水电十四局海外事业发展公司，负责承揽国外工程和经营任务。为适应水电十四局开展对外经济技术合作业务的需要，经国家外经部〔1994〕

外经贸易政审函字第310号文批复，成立中国水利水电第十四工程局国际公司，作为工程局开展对外（境外）业务的机构，其经营范围为：承包本行业国外工程和境内外资工程；上述工程所需的设备、材料及需配件进口；对外派遣行业工程、生产及服务的劳务人员；按国家有关规定在国（境）外举办企业。第十四工程局国际公司属二级行政单位，因工程局机关机构改革，于1995年6月16日设置中国水利水电第十四工程局国际部，属工程局机关职能部门。1996年5月17日，国家对外贸易经济合作部〔1996〕外经贸政审函字第524号以及云南省外经贸厅〔1996〕云外经贸经字第16号函下发，工程局对外经济技术合作的名称由原“中国水利水电第十四工程局国际公司”改为“中国水利水电昆明国际公司”，由工程局局长兼任公司总经理，工程局涉外业务活动中统一使用该名称。1999年11月1日，改为水电十四局国际公司。2003年8月22日，国际公司改为水电十四局国际工程部，直到2006年12月31日，继续作为工程局国外工程（业务）管理部门。27年来，水电十四局的外事管理机构严格履行管理国际工程项目的职责，负责处理外事、外资、外经、外贸、外劳等各项业务，并按工程局对部门设置规定，设置相应的职能部门。管理范围从援外电站建设、出国人员派遣、审批，到全局外事工作综合管理，直到国外承包工程和工程局外事工作的全面管理。

二、历任国际工程管理部门和单位的行政领导

在电力工业部第三水电工程局援外办公室时期（1980年5月～1982年2月），主任：刘书亮（云南省电力局任命）；任过副主任的有：殷从良（云南省电力局任命）、张玉生。水利电力部第十四工程局援外办公室时期（1982年3月～1982年12月），主任：刘书亮；任过副主任的有：殷从良、张玉生、沈锡麟。水利电力部第十四工程局外事处时期（1983年1月～1988年7月），处长：刘书亮；任过副处长的有：殷从良、张玉生、沈锡麟、李绍宗、俞斌、姚玉友；吴继柯任过主任工程师。水利电力部第十四工程局海外事业部时期（1988年8月12日～1994年7月28日），任过部长的有：陆承吉、吴继柯，任过副部长的有：沈锡麟、吴继柯、徐剑荣、曹兴贵；李绍宗任过总工程师，毛正广任过总会计师。其间：海外事业部注册成立水电十四局海外事业发展公司时期（1993年11月20日～1994年7月28日），总经理：孙启林（兼），副总经理：陆承吉、吴继柯。水电十四局国际公司时期（1994年7月29日～1995年6月15日），总经理：孙启林（兼），任过副总经理的有：陆承吉、吴继柯；陈广林任过总经济师。水电十四局国际部时期（1995年6月16日～1999年10月31日），任过部长的有：吴继柯、陶有良，任过副部长的有：黄腾虬、倪家德、陈广林。中国水利水电国际公司时期（1999年11月1日～2004年8月10日），任过总经理的有：洪坤、姚玉友，任过常务副经理的有：陶有良、陈广林，任过副总经理的有：黄腾虬、倪家德、陈广林、任少铭、姚玉友、陈广林、颜家勇；张正富任过总工程师。国际工程部时期（2004年8月11日～2006年12月31日），任过总经理的有：姚玉友、洪坤、颜家勇；任过副总经理的有：颜家勇、陈广林、任少铭、唐玉华；张正富任过总工程师，唐玉华任过总经济师。

三、国际工程管理委员会

为了加强对国际工程的领导，2005年4月22日，水电十四局设立中国水电十四局国际工程商务管理委员会，主任：李跃平；常务副主任：洪坤；副主任：王曙平、崔志强。此外，工程局及国际工程部根据工作需要，先后成立的柔性机构有：巴贡水电站工作领导小组（2002年6月26日设立）、保险管理领导小组（2005年9月30日设立）、喀麦隆MEMVEELE水电站项目评估领导小组（2005年11月25日设立）、国际工程部薪酬管理委员会（2006年1月19日设立）、瑞丽江水电站项目工程清理领导小组（2006年2月13日设立）、国际工程部安全委员会（2006年3月31日设立）、水电十四局缅甸瑞丽江水电站工程项目协调领导小组（2006年6月13日设立）。

第二节　援外工程管理

援外工程是中国对第三世界国家进行经济援助的具体体现，援外工程往往伴随国家之间友好往来的情结，带有浓厚的时代特征。工程局所参与的援外工程项目主要负责喀麦隆拉格都水电站工程项目的施工及机电安装工程。工程总策划由国家对外贸易经济合作部负责，参与单位涉及全国许多单位，围绕该项工程项目抽调多方人力、物力、财力，以保证援外工程顺利完成。

援外工程项目属于经援项目，对企业而言是国家指令性工程建设项目，其管理模式基本延用当时国内对工程施工的管理模式。但在具体施工中具有一系列特点，如管理组织机构，国内国外遥相配合；人员配置管理，国内选派出国人员和当地招聘劳务人员相结合；物资供应、设备配备，其供应渠道、采购范围不同；财务管理，涉及当地货币运用的汇率风险等。

一、国内组织机构的设置

为适应援外工程建设的需要，工程局在国内机关专门设置局援外办公室，属工程局机关管理部门编制，主要负责国外工程建设管理。工程局援外办公室设主任、副主任若干，部门设置综合办公室、物资供应组、技术组、财务组。各部门职能如下：综合办公室负责援外办公室行政事务管理，选派出国人员及办理相关出国手续，协助局二级单位管理援外工程；物资供应组负责国外工程项目物资采购、组织运输、报关，编制国内工程项目物资采购计划，负责与国外工程项目物资部的联系，处理物资材料供应日常任务；技术组负责处理国外工程项目技术方面的问题，对国外工程施工组织措施的审定，对重大技术方案措施的审定，解决工程项目重大技术问题；财务组负责国外工程项目资金管理、项目资金结算，编制财务报表和项目资金使用计划。

二、国外组织机构的设置

国外工程现场设置专家组，由组长、副组长组成工程管理层。部门设置行政综合办公室（党群部门合在一起）、翻译室、财务组、技术组、劳工组、物资供应组、设备管理组、计划组等管理部门。施工现场按施工项目不同设置施工厂队，保证施工顺利进行。

三、人员配备

国内人员配备原则上以工程局各单位选派各类专业技术、管理人员为主，视工程施工性质，其他兄弟单位也选派人员参与工程建设。人员选派注重政治思想、业务水平、社会关系、身体状况、家庭情况等诸多因素。

工程项目劳工组负责国外当地劳务，其主要业务是：负责雇佣当地劳动力，根据生产施工情况及时办理解雇手续，解决内部劳务管理矛盾，协调与当地劳动部门关系等。

四、物资供应

援外工程几乎全部物资材料、设备均由国内负责组织采购，运送到国外施工现场。材料供应数量大、损耗大，设备配备功能差、效率低，所以项目设备配备数量偏多、设备维修强度增大。随着国外工程施工逐步展开，国外工程项目也配备少量国外进口设备，这些进口设备的引进，一方面加快了工程施工进度，另一方面也培养了一批设备管理人员和操作人员。

第三节 承包工程管理

国际项目管理是国际工程管理的基石和企业获取效益之本，工程局紧紧抓住项目经济责任制和项目成本核算制两大重点，结合国际工程多年的实践和国内工程项目管理经验，制定了以项目前期规划为基础、全员风险经营为激励、内部经济责任制为核心、项目成本核算为主线的国际工程项目管理模式和运作机制，不断探索完善并制定出一套适应国际工程管理办法，促进工程局国际工程建设健康、有序的发展。工程局及国际部对国外工程项目管理的流程是：项目前期跟踪、筛选，购买标书、编标、投标，中标后项目前期评估策划及责任成本预测，项目施工全过程监控，项目竣工结算和项目索赔以及项目总结，从而逐步形成国际工程项目管理体系。

一、本部对工程项目的管理

（一）项目招投标管理

1. 国外工程项目信息筛选

国外工程项目信息筛选，是项目选定、工程立项的前提，国外工程项目统一由国际部负责工程信息收集、分析、筛选后，提供给工程局决策。具体做法是：

（1）主动与水电总公司（集团公司）和具有对外经营权的知名公司取得联系，收集工程招标信息。

（2）为确保项目信息可行性，尽量选择由世界知名银行（世界银行、非洲开发银行等）、金融机构、基金信贷投资的工程项目。

（3）注重中国金融机构、基金信贷所投资的进出口信贷项目，投资建设换资源项目、经济援助项目等。

（4）优先选择水利水电项目、公路项目、设备供货安装项目、环境保护项目、工民建项目以及市政工程项目。

国际部负责将收集、分析、筛选后的工程信息提供工程局决策，提供时有详细的项目信息、分析意见和初步想法。

凡以集团公司授权投标的工程项目，项目选定由国际部与集团公司积极配合，项目最终选定由集团公司负责。

2. 投标编标

工程局选定的投标项目，由国际部负责购买标书，并认真阅读招标文件，分析文件要求，编制符合和响应招标文件的投标文本。

（1）组织落实。成立投标工作小组，主要工程局领导为工作小组组长，全面负责投标工作。下设各种类型专业小组，集中全局专业技术业务骨干，具体负责标书编制。编标日常工作由工程局国际工程管理机构负责。

（2）精心编标。编标原则是：先参照国内人工、材料、机械定额耗量以实物法测定项目的直接成本，并按项目实际配置测算现场经费，然后考虑到项目所在国外部环境情况（包括政治、社会、法律、自然条件、市场情况、工程项目等）以及参与投标竞争对手的情况，确定项目利润率和各种管理费用，计算项目初步报价。

3. 投标决策

编制最初项目投标报价后，由工程局、国际工程管理机构领导、部门及相关人员认真审核，科学决断，决定项目最终报价参与投标。具体步骤如下：

（1）审核报价。

（2）审核施工方案。

（3）审核风险管理措施。

（4）确定投标策略。

（5）组织谈判队伍。

（二）项目前期策划、责任成本测算

1. 项目前期评估及策划

项目中标后，工程局、国际工程管理机构立刻组织相关职能部门及项目有关人员对项目全方位重新评估测算，以保证工程项目工期、质量、安全、环保等符合合同规定为前提，又以获得企业最大经济效益为目的，制定相应措施。主要着重于：项目施工方案细化、施工措施具体化，从技术角度出发，努力提高施工技术对项目整体经济效益贡献率；优化资源配置，从人、财、物、设备几方面着手，将工程局有限的资源科学地组合和运用，以产生最大的经济效益；环境分析，针对项目所在国家具体情况分析项目施工时，可能出现的困难制定应急方案，保证工程施工顺利进行。

2. 项目责任成本预测

项目责任成本预测是持续推进和全面加强项目成本管理的前提，工程局国际工程管理机构组织相关职能部门和项目部有关人员进行项目成本测算，并初步确定项目责任成本、上缴费用、目标利润。依据项目中标文件、承包合同、预算工程量、施工组织设计、当地材料、调整价格、及经过分析制定的国际工程（按国标区域初步划分）内部机械台班、工日、施工定额、间接费取费标准等进行评估测算。

（三）资源配置

项目资源配置是圆满完成国外工程项目运营的前提，既是工程经营运作的基础，也是工程局及国际工程管理机构对具体项目管理的体现。国外工程项目主要资源配置从以下几方面着手。

1. 项目班子组建

认真挑选项目部主要领导，注重德才兼备，既有项目施工经验和责任心，又具备工作协调性、决策果断性；配备合理项目部领导成员，项目班子成员搭配合理，文化、年龄、专业结构尽可能互补；部门设置精干、职责明确；各种管理人员、技术人员、现场管理人员和必不可少的技术骨干的配置定员、定岗、定编，尽量做到一专多能、人尽其才。

2. 机电设备配置

设备选型配置要考虑科学性、合理性，又要针对国外工程项目远离国内后方各种零配件补充困难的客观情况，以及国外工程项目区域性设备来源的具体情况，采取国内采购和国外采购相结合的方式进行设备配置，设备配置中体现经济合理性及提高设备周转率和利用率。

3. 材料物质供应

国外工程材料物资供应，充分考虑所在国市场供应能否满足现场大宗材料（主材）的供应，并注重数量、型号、品种能否满足具体要求。不足部分由国内采购供应，编制供应计划，制订采购、运输方案，做到准确，减少积压和短缺。零星小型物资材料应做到精细化。真正做到材料物资供应与现场施工进度相匹配。

4. 劳务人员的聘用及派遣

国内配备出国人员做到精干高效、一专多能，节约人工成本；项目部聘用劳务实行人员动态管理，根据项目施工现场的具体情况，及时调动各种劳务，以满足现场施工和生产经营为目的，发掘、利用中方劳务（业务）潜能。

逐步提高当地劳务本土化比例，改善当地劳工工作技能和专业结构，降低项目人工成本。雇佣当地劳务及技术人员严格按照当地《劳动法》相关规定，签订劳动合同，需要办理相关保险和缴纳相关费用，均按当地要求予以办理，避免发生劳资纠纷。如出现劳资纠纷，项目部妥善处理，严格按照合同规定办理，谨防草率了结和感情用事，牢记“外事无小事”的工作原则。

5. 工程项目资金运作使用

工程项目资金使用，均按工程进度编制工程资金使用计划，按计划要求，落实资金管理办法和运作方式。同时，加强资金运作的安全性、可靠性，做好资金监督管理工作。在资金运作时，充分注意到汇率的变化，减少汇率带来的金融风险。

6. 设备材料物资报关及运输

工程局国际工程管理机构配合国外项目部认真对设备材料物资做好报关、清关及组织货物的运输工作，并将任务落实到具体经办部门和经办人员。货物出关手续办理齐全，海运装箱组货避免海水腐蚀造成设备材料的损坏；货物清关及时，查点清楚，谨防遗漏；对货物运输途径、能力、方式进行详细了解，及时办理货物运输保险，降低设备材料运输过程中的风险；设备运至项目部后，及时组织设备材料的验收工作。

（四）经营承包责任制

提高国外工程项目经济效益，是国外工程承包责任制的主要目的。采取工程项目承包责任制在国外招投标工程实施中比较普遍，在实践过程中以承包为主，进而保证国外工程项目总体目标的实现。对项目考核按照项目效益实行奖罚，做到责任、考核、奖励三配套，使项目经营责任制落实到每个具体环节、岗位，相互配合、相互制约。

1. 项目部内部实行考核制度

按照工程局相关文件规定，项目部内部实行统一考核办法，考核主要内容有业绩、项目效益、财务成本、工程进度、工程质量、工程安全、环保指标等，由项目部内部组织考核小组进行逐项考核。考核结果报工程局国际工程管理机构备案。

2. 项目部实行内部全员风险经营责任制

全员风险经营奖罚，由相关部门组成的考核小组统一考核，经工程局或工程局国际工程管理机构批准执行。对项目部经济、技术考核指标按相关文件执行，项目部全员风险经营兑现按项目部与工程局国际工程管理机构签订的经济责任书相关规定执行。

（1）为加强对国外项目部经营风险的管理，提高风险经营能力，增强风险意识，项目部内部实行全员风险经营管理办法，员工风险范围主要涉及效益工资和项目效益奖励。

（2）项目部全体员工工资部分分解为岗位工资及当月效益工资两大部分，所占比例分别为 70％与 30％。

（3）进入项目部的员工每月支付岗位工资。当月效益工资暂存放于国外项目部，待整个工程结束后，视项目总体效益而确定发放数额，实行项目全过程风险经营。

（4）工程项目结束后，扣除不可预见的风险因素之外，并视项目总体盈亏情况、效益工资及增发项目效益奖励，按规定进行计算兑现。

3. 项目考核的主要内容

（1）工程进度考核。按合同要求及业主或监理现场认可确定的工程量及形象进度进行考核。考核依据按年终报表为主，每年考核一次，项目全部竣工最终考核一次。

（2）项目工期考核。严格按照合同规定的工期完工，经业主或监理同意因设计变更，施工中发生其他原因造成工期变更顺延，按最终工期进行考核。未经正式批准变更，视情形暂不作为或不作为改变工期依据。

（3）工程质量考核。按照项目规定所使用的技术规范标准进行工程施工，保证工程项目验收合格，顺利移交。因工程项目质量而引发返工造成经济直接损失在 5000 美元以上的，视为工程质量事故。质量事故按经济损失程度分别列为一般质量事故、中等质量事故、大型质量事故、特大型质量事故。

（4）安全考核。项目施工安全考核指标以工程局制定的考核标准为准。涉及国外劳务时，要按照当地法律、法规办事，谨防引起新的矛盾。当地劳务重大人身伤亡事故或其他伤亡事故造成社会影响的，视为安全不合格。出现安全事故，除经济考核之外，根据“三不放过”的原则追究当事人有关责任并进行处罚。

（5）工程成本及利润率考核。工程成本在可控程度之内，利润率达到该项目预定利润率为合格。工程成本减低 10％以上或利润率提高 10％以上，视情况进行加分奖励。

（6）其他考核。库存材料物资按所在国具体情况处理后，按实际收入资金纳入考核计算，下场设备按调拨或处理实收资金纳入考核计算，工程价款按考核时点实际价款纳入考核计算（有业主延付承诺书及同意支付延付利息可纳入统一考核）。

4. 考核计算

工程进度考核占25％，工程质量考核占20％，工程安全考核占20％，工程成本及利润率考核占35％。项目实现利润可在税后利润中提取10％作为项目全部奖励基金，并以上述考核内容总比例为项目部奖励考核基数。

（五）实施工程项目全过程监控

1. 制度监控

以制度管人，以制度管事，实行项目施工全过程制度监控办法。项目部实行独立成本核算制度，以项目成本为合同管理的主轴；项目部内部实行全员风险经营责任制，风险经营，责任到人，将项目经营与全体员工的责任感有机结合起来，形成激励机制；项目部内部按照工程局经济责任制管理有关规定，制定符合国际工程项目管理的内部经营管理办法和考核办法；制定质量管理制度，制定安全管理办法及措施，严格按照合同条款，认真做好项目环境保护工作并制定相关的内部管理措施。制度由工程局国际工程管理机构提出，项目部具体制定，报工程局国际工程管理机构审批执行。

2. 具体项目监控

费用方面有人工费使用情况的控制、材料费控制、机械设备使用费用的控制、项目部间接费控制等。工程进度按总进度网络计划进行监控，对关键节点要及时复核控制；工程成本分季度核定，结合财务报表、经营报表进行复合检查，将阶段性工程成本控制在可控范围内。控制原则：总量包干、节约分成，若超支，可与其他配套管理办法一并处理。

3. 过程监控

总体控制与分阶段控制相结合。紧紧围绕项目总体控制目标及分阶段控制目标，对工程项目进度、质量、安全、成本、环保等具体目标进行分阶段检查，及时修正和采取措施，确保项目各项指标顺利实现。工程局国际工程管理机构从技术、人员、资金、物质等方面给予保障。具体监控手段如下：

（1）项目部定期上报各类报表和简报，及时反映项目进展情况和存在的问题。

（2）实行领导非定期巡查制度。针对相关项目具体问题或情况，工程局、国际工程管理机构领导视轻重缓急前往施工现场解决和处理问题。

（3）述职制度和业绩考核制度相结合。项目部主要领导每年进行书面述职报告，工程局国际工程管理机构会同工程局相关部门及时对项目部进行考核，实行经济奖惩。

二、国外施工现场项目管理

国外施工现场项目管理，除援外项目外，所承包工程项目均采用项目法施工。在项目管理中突出“工期、成本、合同”。

（1）工程进度管理主要是工程进度计划管理。工程总进度计划与项目物资供应计划、劳动力组织计划、资金支持计划密切相关。工程总进度计划（网络计划）与年度计划（网络年度计划）、月度计划（横道图计划），以及分部分项工程计划都环环相扣、互为补充。它是项目部对项目监控的重要手段。

（2）项目成本管理是项目管理综合能力的体现。成本控制是企业参与国际工程竞争力要素之一，项目成本主要从组织管理、材料采购、设备配置、劳务组织上下工夫，降低工程造价，提高项目经济效益。

（3）项目合同管理。加强全员合同意识和强化法律意识，完善合同管理制度，提高合同管理水平；合同管理上游合作单位从资金、信誉、组织机构方面加以了解，设置企业“评审制度”，集思广益，防范风险；内部合同做到公正、严谨。负责合同签订责任明确，合同内容设置风险可控措施。

国外工程项目管理主要包括：合同管理、组织人事管理、劳动（劳务）管理、财务（资金）管理、技术管理、设备管理、物资材料管理以及项目竣工移交管理等。

（一）合同管理

（1）国外工程项目经理代表工程局国际工程管理机构全面履行工程项目合同条款，保证工程施工进度、质量、安全、成本、环保目标的实现和内部各项经济责任制目标的实现。项目经理持有项目承包单位或工程局授权委托书。在授权范围内，同业主单位、监理单位、设计单位及其他相关方洽谈与项目有关的各类业务，按授权范围签署经济合同文件和各类补充协议，处理合同变更和索赔，并在变更合同和索赔文件上签字生效。

（2）国外项目部设置合同管理部门，负责合同日常管理、变更、索赔等管理工作。合同管理中注重工程进度、工程质量、工程成本，研究处理合同变更及额外的附加工程，依据合同和事实向业主提出索赔，获取公平的赔偿金额。

（3）项目部强化全员合同管理意识，按照合同规定内容，履行合同，确保企业信誉。根据项目实施具体情况，紧紧围绕项目实施合同管理。

1）按合同进度要求，制定施工进度表。施工进度表是项目管理对合同执行监控的关键。在实施过程中，根据现场具体情况实际变化及时修改网络进度计划。当发现完成总进度计划有问题时，实事求是并及时地提出解决问题的办法和处理措施，以保证施工总进度计划顺利推进。

2）按合同质量目标要求，增强全员质量意识建立健全质量管理体系。逐步推进质量管理的标准化、制度化、规范化，建立健全质量责任制，抓好质量的超前管理与跟踪管理，做好工程质量验收和评定工作。

（4）国外工程多数为授权投标承包的工程项目。鉴于合同单价偏低及受制于国外建设环境，以及需上缴一定比例管理费用的因素，在合同执行时，工程成本和费用控制成为项目合同管理的核心内容。

1）项目合同管理及工程成本和费用控制，由项目经理全面负责，并承担主要责任。

2）完善健全项目部各项经济指标、成本指标。项目部内部实行全员风险经营责任制。

3）施工中细化技术管理，优化施工方案；努力采取新工艺、新技术、新材料缩短工期，提高质量，降低成本；控制材料的实际单耗及工程超填超挖，做好材料的回收利用；配合资产管理部门，努力提高设备的利用率、完好率。

（5）发生合同纠纷时，首先相互协商、妥善处理；若不能协商解决，则报上级单位及工程局合作单位主管部门，出面协调、解决纠纷。经济仲裁或提出诉讼是万不得已的办法。

（6）合同变更。由于客观原因，需对原签订合同条款和内容进行修改、删节、订正、补充，均由要求变更合同的一方发出变更合同的提议，另一方研究后作出文字答复；然后，双方协商一致，签订变更协议。国外项目若发生合同变更时，应及时向工程局国际工程管理机构、工程局或集团公司及时汇报。妥善保管变更资料和往来函件。

（7）国外施工最大的风险之一就是合同解除。合同解除必须符合合同解除条件，属于不可抗拒的原因，其法律后果是免除合同违约责任，可解除合同或迟延履行合同。因其他原因致使工程局造成损失后，应据理力争，要求赔偿损失。合同终止文件由工程局国际工程管理机构认可签字或由工程局国际工程管理机构授权项目经理签字认可。

（8）国外工程项目索赔

1）依据合同规定，国外工程项目部以完备的资料（施工进度表、与业主监理往来函件、文件、会议记录、备忘录，以及业主或监理批准修改的图纸、文件、通知等）为凭证按照索赔程序编写索赔文件，对其损失或额外费用要求予以补偿（经济补偿和工期延长等）。

2）提高谈判技巧，做好谈判准备。与业主、监理在索赔谈判时，注重谈判资料准备，同时利用合同有利条款，研究、掌握对方心理，注意谈判时机技巧，力争将问题解决在施工现场。

（9）国外项目部中方管理人员，研读熟悉 FIDIC 条款和承包合同内容。按照《合同条款》明确各方关系，确定各方职责，理顺工作方法。真正利用《合同条款》保护自己，规避风险。尤其对工程项目特定的专用条款研究和理解，掌握其适用范围和时效规定。

（10）项目部内部合同管理。

1）与项目分包商签订合同，项目部严格按照标书所规定范围进行工程项目的分包。分包项目时，需要取得业主或监理同意后，办理相关手续，批准后再选择分包商。无强制性条款规定的重大项目需选择分包商时，要向工程局国际工程管理机构汇报，经批准后，予以实施。

2）加强对分包商管理。考察其资质、资信等情况，分包合同设定监管措施，如提交保函或资金（资产）担保及预付工程款时预留质量保证金等。

3）项目材料供应，设备采购或设备租赁按合同程序办理。在当地采购的材料，严格按照国际惯例和规定，注重质量、数量、交货期限、运输方式、包装条件等；设备采购或租赁时，注意设备性能、保修以及零配件供应。注意货物进出口风险的转移。

项目部做好各种合同执行情况的记录，妥善保管与业主、监理、设计的往来函件和信件，建立合同管理档案。资料收集、整理、保管由固定部门管理；条件允许的项目部，可设专人负责整个工程项目文档资料管理工作。

（二）组织、人事管理

（1）项目部组织建设。按照“少而精”的原则，确定项目管理部门人员数量。项目部管理人员和技术人员由工程局国际工程管理机构选定，项目部班子成员由工程局国际工程管理机构推荐，上报工程局审批。国外项目部党组织机构设置人选，由工程局国际工程管理机构党委议定后上报工程局党委审批。

（2）国外项目部思想作风建设。项目部应具有坚定的政治立场和原则、实事求是的工作作风，勤于调查，善于研究、发现问题和解决问题。项目部遇到困难时，应更加勤勉，相互谅解，互相支持，互相学习，妥善处理各方面的问题。处理问题时充分体现“外事无小事”的思想理念。

（3）“以人为本”时刻关心员工的疾苦，切切实实解决员工的合理要求，创造良好的工作、生活环境。尽一切努力，改善项目点医疗卫生条件。

（4）项目部按照出国人员审批条件，从政治思想、业务水平、身体状况三个主要方面严格推选，积极配合工程局国际工程管理机构做好出国人员推荐和审批工作。

（5）组织出国人员参加出国前培训。培训内容包括政治思想，涉外方针、政策的教育；外事纪律的学习与教育；针对所参与的工程项目，分层次进行的专业知识、专业技能培训，并组织出国人员参加出国培训考试。

（6）项目部加强员工管理，逐步培养业务骨干和各类管理人员，组成的一支精干、务实、具备涉外工作经验的施工队伍。

（7）项目部配合工程局国际工程管理机构做好后勤保障工作和出国人员家属思想工作，努力解决出国人员的后顾之忧，形成前方和后方相互支持、相互体贴、相互谅解的良好氛围。

（三）劳动管理

（1）国际工程项目经营风险大、人工成本高，在保证项目施工、生产经营的情况下，配备出国人员力求精干高效、一专多能，尽可能节约人力，提高项目经济效益。

（2）项目部强化员工思想教育。增强四种意识，即项目成本意识、安全施工意识、工程质量意识、工程环保意识。

（3）项目部实行人员动态管理。根据施工现场情况，及时调配各种劳力，满足现场施工及生产经营任务的需要。

（4）为充分调动员工生产（工作）的积极性，项目部根据按劳分配、工效挂钩、效益优先、兼顾公平的原则，实行定员、定岗、定编，以及以岗定薪、岗变薪变的工资分配办法。员工工资分为岗级工资和当月效益工资。

（5）项目部效益奖励按项目部与工程局国际工程管理机构签订的全员风险经营责任制的相关规定执行。

（6）出国人员的工资（国外工资或国内工资）、社会统筹及保险（住房公积金、企业年金、补充医疗保险）、探亲制度和探亲工资、国外生活补贴均按工程局的相关规定执行。

（7）提高劳务人员本土化的比例。项目部充分利用和发掘当地劳务资源，逐步扩大当地劳务所占比例，改善当地劳务人员知识和专业结构，加快本土化进程，降低项目人工成本，提高经济效益。

（四）设备管理

（1）项目部按合同规定和施工组织设计中的设备采购计划进行设备配置，如需变更，必须报原批准部门审批后重新购置。设备采购、选型、大修由工程局国际工程管理机构负责，项目部负责设备的使用、维修及退场保管。

（2）合同文件中指定采购设备或指定供货商的，项目部严格按合同条款执行并办理相关手续。须经业主、监理工程师同意的采购计划，按规定办理相关手续予以实施。上述设备采购计划、购置合同、批准文（函）件、验收签证等资料，应妥善保管、及时存档，以便备查备用。

（3）办理设备运输有关保险和做好设备验收工作。设备到达目的地或工地后，认真进行设备验收（包括设备外观、备件、附件、技术资料等）；对于大型、关键性机械设备，验收小组集体验收。验收后，及时投入生产，提高设备利用率。主要设备运输办理相关保险，降低设备运输过程中的风险。

（4）设备进入工程现场后，使用和维修由项目部负责（若合同文件或所在国另有规定外，按合同规定执行）。项目部充分利用行政、技术、经济“三管齐下”的管理手段来确保设备的正常使用，具体包括：

1）设置专门设备管理部门，负责设备的日常管理工作。合理调度、科学使用，现场设备实行现场设备动态管理。同时，积极配合工程局国际工程管理机构就海外设备进行区域性调配。

2）加强设备维修工作。设备使用定人、定机、定岗位的“三定”责任制度。操作人员严格遵守技术安全操作规程、设备保养规程，认真执行交接班制度和填写运转记录。

3）加强项目部设备维修工作，提高设备完好率、利用率。国外工程远离后方，现场维修力量的配备、零配件供应结合国外设备管理经验做好超前预测，合理储备一些零配件，保证设备的正常维修保养，但防止积压过多造成资金浪费。

4）设备进出库实施交接手续。制定一套设备进账立卡、技术档案、调拨封存、报废处理的管理办法（包括资料）。

（5）项目部设备折旧费提取。凡新购置设备，采用五年加速计提折旧费的办法，以施工设备的采购合同价作为原值计算折旧费。维修费直接摊入项目成本。当施工机械离港后，计提折旧费。第一年30%，第二年30%，第三年20%，第四年10%，第五年10%。无后续工程项目的，将施工设备全部购置费计入成本，经审批同意处置的施工设备，处理收入冲减项目成本。施工设备运杂费、保险费一次性计入工程成本。因施工设备的使用不当而造成报废的，其净值全部计入成本，重大机械事故及时报工程局国际工程管理机构或工程局。

（6）项目部将原值在2000美元以上、使用年限在一年以上的项目均列为项目部固定资产管理。

（五）物资管理

（1）按照合同条款规定，明确承包工程所用材料具体供应方式、品种、数量。区分由工程局供应的物资或由建设方提供的物资具体情况分别制定相应的管理办法。

（2）认真编制项目工程材料供应计划。业主单位供应物资时，按合同要求和工程进度规定时间，提前提交材料申请计划；项目自行采购物资时，分国内采购和国外采购两种情况，编制国内供应采购计划或当地采购计划。同时，提供材料用款进度计划交工程局国际工程管理机构。编制计划时应注意防止漏项、重复，保证供货时间，以免因供应不及时造成工程物资断缺而影响工程施工。

（3）材料计划编制后，按合同规定，需经监理工程师签字认可的必须签字。一旦材料计划编制批准后，需严格按计划执行。自行采购时，“货比三家”并签订有法律保证的供需合同。物资管理部门定期检查材料供应，发现供应偏离计划时，随时进行调配，保证计划执行。

（4）项目自行采购物资一般超前采购入库，避免影响工期进度。因业主采购供应不及时而影响工期的，项目部做好文字记录，以便向业主进行索赔（文字报告及时报送监理工程师认可，办理认可手续）。

（5）合理运输。采取最佳运输方式减少运输里程、环节、费用，以最短的时间及时、准确、安全地运送物资。对于易燃易爆等危险物品，严格按照所在国相关规定，办理采购、运输、存储等事宜。根据所在国具体情况并结合项目部所需材料的数量，选定合适的运输工具。运输过程中尽量避免和减少运输途中的损失。确需购买运输保险的必须购买。

（6）加强现场物资仓储管理。

1）材料入库实施严格的验收手续，所有到货物资及时组织验收，发现质量和其他问题，按货物来源及时向供货方进行交涉，需要理赔的及时办理理赔。对于易燃易爆物资验收，按合同规定做到当日到货、当日验收，严禁将上述物品放在库外过夜。对于资料不全、无法验收入库的物品，应单独存放，妥善保管。已验收的物资，按照物资管理规定，分类登记、立卡、进账，并将相关资料转交项目财务、经营部门。按合同要求需由监理工程师认可的，及时请监理工程师签字认可。

2）材料发放按项目部规定办理领用签证手续，无发料凭证一律不发。鉴于国外项目部工地分散和治安不明等原因，加强现场材料、物资管理。领用材料不宜久放，不宜过量，领用应及时，数量应得当，谨防现场材料物资遗失。

（7）项目部设专人负责并熟悉项目所在国海关通关、保险办理、物资提货、货物运输。发现物资短缺或破损时，凡属理赔范围的，按有关规定办理理赔，最大限度地减少项目经济损失。

（8）降低物资采购费用，施工中注意合理节约；单项工程完工后及时，从现场回收物资，尽可能修复和利用，实现文明施工和降低成本。

（9）鉴于国外工程的特殊性，无后续工程者，所有材料一次性摊入工程成本。处理物资材料的经济收入进入财务账户，统一列为项目经济收入，计入项目成本。

（六）财务管理

国际工程项目部财务受工程局国际工程管理机构直接领导，严格执行工程局国际工程管理机构制定的有关财务、预算、资金等方面的管理办法和实施细则，负责项目财务管理及会计报表的汇总上报工作，负责向上级主管部门汇总上报各项会计信息，负责项目部日常财务管理工作。

1. 资金管理

（1）国际工程项目经理为资金管理的第一责任人，对资金的安全性及使用负责，财务负责人协助项目经理管理好资金。

（2）对货币资金业务建立严格的授权审批制度，明确审批人对货币资金业务的授权批准方式、权限、程序、责任和相关控制措施，规定经办人办理货币资金业务的职责范围和工作要求。对于重要货币资金支付业务，实行集体决策和审批。

（3）对外经营活动的所有资金收入、支出必须纳入财务管理机构集中统一管理，严禁账外设账，严禁截留、挪用资金，确保资金安全、高效、有序运行。

（4）国际工程项目根据工程局国际工程管理机构的要求，按时上报月度资金使用计划及上月资金使用情况。

（5）在资金使用过程中，按以下规定管理：

1）支付申请。有关部门或个人用款时，提前向审批人提交货币资金支付申请，注明款项的用途、金额、预算、支付方式等内容，并附有效经济合同或相关资料。

2）支付审批。审批人根据其职责、权限和相应程序对支付申请进行审批。对不符合规定的货币资金支付申请，审批人拒绝批准。

3）支付复核。复核人对批准后的货币资金支付申请进行复核，复核货币资金支付的批准范围、权限、程序是否正确，手续及相关单证是否齐备，金额计算是否准确，支付方式、支付单位是否妥当等。复核无误后，交由出纳人员办理支付手续。

4）办理支付。出纳人员根据复核无误后的支付申请，按规定办事货币资金支付手续，及时编制会计凭证。

2. 境外银行账户管理

（1）国际工程项目除按《现金管理暂行条例》和当地有关规定使用可用现金结算的款项外，一切财务收支均通过银行结算办理，严格执行《银行结算管理办法》和所在地有关规定。

（2）项目部严格按照集团公司有关规定，在所在国选择资信较好的银行开立账户。开立账户后，及时将境外自由外汇账户相关资料和账户信息上报集团公司海外事业部，并遵守国家外汇管理部门境外外汇账户管理规定，不得出租、出借、串用自由外汇账户，不得随意改变账户开户银行及收支范围。

（3）经授权开立的所在地货币账户由项目部自行管理，并按时向集团公司海外事业部报送相关资料，同时报工程局国际工程管理机构备案。

（4）为了确保银行账户的安全，银行账户实行单位负责人和财务负责人银行支票联签制度，并按规定在开户行预留印鉴。

3. 成本管理

（1）国际工程项目部建立健全了成本管理责任制度，合理确定项目成本的核算对象，正确划分各项成本和费用。

（2）建立、健全了内部施工成本管理制度，加强成本事前预测、事中控制、事后评价的职能。

（3）明确有关经济业务的办理程序、审批权限、责任分工，各级管理层在授权范围内行使职权。各种费用报销凭证均用中文注明品名、用途和金额，由经办人、验收人、财务负责人、项目负责人签字后方可报销，确保各项成本费用的真实性、合理性。

4. 工程价款结算管理

(1) 国际工程项目部收到经业主、监理签字认可的工程结算单发票时，即将工程结算发票扫描传至工程局国际工程管理机构，工程局国际工程管理机构再将单据传递至集团国际公司，以便进行产值内部划分和以后到账资金的对应确认。

(2) 为便于各方及时、准确地了解并核对资金的到账情况，国际工程项目部及时将当地货币账户资金到账信息传至工程局国际工程管理机构。

(3) 及时与工程局国际工程管理机构联系查询工程结算款收款情况。

5. 国际业务的财务监督

(1) 国际项目部经理是各项目财务行为的第一责任人，对项目发生的违法、违纪、违规行为负直接责任。

(2) 项目部接受工程局国际工程管理机构的财务检查，及时提供财务资料，并对所提供财务资料的真实性、完整性负责。对于检查中在会计核算方面、内部规章制度执行等方面提出的问题，及时予以改正。

(3) 项目竣工后，应及时将财务印鉴、相关资料全部移交至所在国家国际工程部办事处统一管理。

(七) 技术管理

国际工程技术管理是项目管理重要组成之一，认真贯彻执行各种技术管理制度，对保证技术管理任务的完成和提高全体员工的技术业务素质及管理水平具有十分重要的意义。技术管理主要做法如下。

1. 做好施工组织设计工作

施工组织设计是实施国外工程项目的重要技术文件，对管理组织工程施工、保证工程质量、缩短建设工期、降低工程造价具有十分重要的作用。项目管理部根据工程设计规模、工程特点、建设单位的要求，以及该工程项目招标文件所提供的图纸、技术文件、规范结合现场考察资料，编制指导工程施工全过程的施工组织设计。其主要内容包括：工程概况、编制依据、施工布置、施工总进度网络计划、施工总平面图布置、主要分部（项）工程施工方法、项目组织机构、劳动力配置和主要施工设备配置计划、材料、工具、劳保用品计划、资金周转及财务成本计划、施工质量、安全、环境保护管理体系，以及各种保证措施。编制完成后，按合同规定时间报送业主和监理工程师。经监理工程师批准认可后方可实施。

2. 加强施工阶段技术管理

(1) 项目开工前，做好施工图纸的会审工作。由项目技术负责人组织专业技术人员、内业技术人员全面熟悉图纸，将设计图纸上存在的问题、错误、专业之间的矛盾等汇总成文，提交由设计、施工技术负责人、专业（内业）技术人员、质检人员及其相关人员参加的图纸会审会议。

会审内容包括：审查施工图设计是否符合标书规定的技术标准与施工规范。审查施工图的基础工程设计与地基处理是否符合现场实际地质情况。审查建设项目坐标、标高与总平面图中的标注是否一致，与相关技术项目之间的几何尺寸关系以及轴线关系和方向等有无矛盾和差错。审查图纸及说明是否齐全和清楚、明确。核对水工技术、结构、上下水、暖卫、通风、电气、设备安装等图纸是否相符，相互间的关系尺寸、标高是否一致。审查建筑平、立、剖面图之间的关系是否矛盾或标注是否遗漏，施工图本身平面尺寸是否有差错，各种标高是否符合要求，与结构图的平面尺寸及标高是否一致。审查结构图本身是否有差错及矛盾，结构图中是否有钢筋明细表及钢筋构造的要求，图纸中是否标明。审查施工中特别困难的部位，所采用的特殊材料、构件与配件具体货源。

对设计采用的新技术、新结构、新材料、新工艺和新设备在项目实施中的可能性及采用的措施进行商讨。需要修改的部位在审查时提出，寻求共同认可。解决方案、设计变更部分由设计单位正式行文通知执行。

（2）以施工总网络计划为主线，认真落实项目计划管理。按合同进度要求，根据施工组织设计、施工图纸以及工程项目实际情况，制订项目施工总体网络进度计划。然后逐步分解为年度网络计划、月度横道图计划、年度计划，保证项目总体进度的实现。对于控制性关键部位或重要节点，做到科学分析、统筹兼顾，合理调动施工现场人力、物力、财力，以满足网络施工计划的实现。进度计划的调整根据工程进展情况，在满足合同工期的前提下，适时进行调整。但由于施工条件变化造成工期不能按计划进行而造成的经济损失，技术部门会同其他部门收集相关资料形成正式文（函），按合同文件规定程序报工程监理或报送业主签证认可。

（3）做好施工技术交底工作。在工程项目开工前，项目部进行逐级技术交底。通过技术交底，使参与施工的技术人员和管理人员熟悉和了解所承担工程的特点、技术要求、施工工艺、工程难点、操作规程、质量标准、安全措施等方面的要求。技术交底时不仅应领会设计意图满足设计要求，执行施工规范、规程、工艺标准、质量评定标准及业主合理要求，而且应谨防各种事故发生。国外工程技术交底时，针对当地劳务人员技术薄弱的问题，应更加强化这方面的工作。

（4）凡属设计产生的遗漏问题，必须由设计单位出具正式变更设计通知单，项目部再按设计变更施工。对于项目部合理化建议修改设计和质量事故的处理，按合同规定，经监理工程师同意签字批准后，项目部才能施工和对质量事故进行补救处理。

（5）认真研究合同规定的施工技术说明和技术规范要求，编制施工技术措施，经监理工程师同意签证后付诸实施。大型或特殊工程的施工技术措施，以及由于施工条件的改变对施工方案、措施进行重大变更时，及时进行修订、补充施工技术措施。修订、补充后的技术措施，按原审批权限或合同规定要求，办理相关手续后开始执行。上述有关资料要妥善存档保管，及时存档。

（6）做好项目施工质量管理工作。项目总经理为工程质量的第一责任人。项目部开展全员质量管理工作，认真贯彻执行“预防为主，质量第一”的方针，采用全员、全过程、全项目部“三全”管理手段。项目总工程师负责具体对质量管理工作的组织指导，其工作重点是：组织推广新技术在项目部运用，促进项目总体质量的提高；组织领导项目部按照质量规划目标结合施工图、施工规范、规程、技术质量相关规定进行项目施工。从工程技术管理角度，组织均衡生产、文明施工，随时掌握工程进度、施工质量、施工状况。工程质量情况汇总整理，同时根据施工质量优劣按照项目部制定的奖惩制度予以奖罚。

同时，做好项目质量检查验收工作。严格把好工程质量关。对于隐蔽工程的检验，组织相关人员进行会检，并填写隐蔽工程验收单，有关人员签字认可并经监理工程师批准后，方能继续施工。分部分项工程单项工程完毕后，由项目部先组织内部有关部门进行检查验收，阶段性验收由项目部写出验收报告，呈报业主或监理工程师组织相关人员进行验收。验收结果由到场的各方人员签字认可并有文字性记录。

发现工程质量问题后，认真调查，分析原因，吸取教训，提出改进措施和补救方案。此补救方案或改进措施均经监理工程师批准后，进行处理。对重大质量问题，应及时上报工程局，如果是因其他原因造成的，按合同规定书面报监理工程师并抄报业主单位。

（7）项目部严格遵守安全操作规程，强化安全生产，增强安全意识，实施全员安全知识和安全技能教育。项目内部实施经常性的安全自检工作。项目施工中若发生安全事故，按照“三不放过”的原则，认真调查，分析原因，做好善后处理。事故分析职责分明、处理得当。项目部接受教训，制定整改措施，重大事故处理在“第一时间”内专题报工程局国际工程管理机构和工程局。

为合理规避项目安全风险，项目部对工程、设备、车辆、人身申报办理了相关保险及第三方责任险。

（8）降低工程成本的措施。努力推广应用新技术、新工艺、新材料、降低工程造价，在应用中结合项目所在国的实际情况加以应用，顺势而为。做好项目材料情况消耗定额管理，并注意及时回收能用的材料，用经济思维，细算回收材料的可行性及经济效益。国外工程项目部精打细算，细算物资储存成本与运输成本，合理储存物资，减少物资运输量。科学布置施工平面图，减少施工用地。

（9）材料试验与检验。项目部制定出符合合同要求的原材料鉴定，半成品鉴定，外购材料鉴定，新材料、新产品、新购件鉴定的具体项目、范围、品种以及试验与检验方法。项目部试验设备校正工作严格按照合同规定，经监理工程师批准的校正机构进行使用设备的校正。试验成果、检验数据分析情况及时报监理工程师认可签证后方可使用，项目部技术部妥善保存相关资料，以便今后竣工移交。

（10）认真做好施工日志和项目大记事。施工日志包括对工程施工进度、施工项目、设备状况、工程质量、安全事故、环保措施等逐项记录，对项目所在地天气、气温、环境、物价等进行记载。项目大记事则主要记录与业主单位、监理工程师、设计部门谈判和决定的主要事项，当地及上级单位检查指示情况，工程关键性节点进度状况，涉及工程项目设计变更和补充修改的具体情况，以及为工程索赔收集资料的情况。

（11）配合有关部门做好工程索赔资料的准备工作，收集相关的图纸和资料。

（八）竣工验收和移交

（1）工程竣工验收及移交由项目经理负责，项目部总工程师主办。

（2）项目开工时，明确具体经办部门及经办人员负责项目开工至竣工，负责日常资料的收集与管理。

（3）负责收集、整理、保存由监理工程师签字的验收记录（设计变更及施工要求、试验资料及鉴定资料、质量评定资料及质量事故等缺陷处理记录、单位工程中的分部分项工程验收记录、隐蔽工程验收记录等），以及由监理工程师参加并认可的特殊问题处理说明和有关技术会议纪要。

（4）工程具备交工条件时，项目部要求监理工程师对工程进行全面检查，凡不符合要求的部分均应采取补救措施。经处理后满足设计、监理要求，取得监理工程师的签字认可。

（5）项目完工后及时提出项目竣工验收。项目部竣工验收由项目部与监理工程师共同进行，对工程缺陷和需要改正的部位取得一致意见，并确定项目最终移交业主的日期。按项目验收程序，分阶段进行工程移交。通过初验、终验等程序，获得项目监理工程师最终签字认可文本或业主认可的文函，正式将项目移交给业主。竣工验收后，按合同条款规定退回工程保留金。

（6）项目移交过程中，项目部及时结算工程全部款项和按合同规定再支付其他款项。项目索赔要集中力量，整理资料，认真对待。一是加强感情联络；二是有情、有理、有节、有据地开展理赔工作；三是注意索赔谈判技巧和艺术。

（7）整个工程项目收到业主接收文件后，提交给监理工程师一份，并按规定格式填报完工结算单（附报相关资料），取得监理工程师付款证明，结算工程价款。若工程存在缺陷部位，修补后待监理工程师认可满意，或工程维护期结束后要求监理工程师发出《解除缺陷责任文件》或《维护期结束文件》，从而解除项目部对项目所承担的义务和责任。

（8）根据上述文件，按合同规定，在同一时间内向监理工程师提交最终结算清单，让其认可签字，结算工程全部金额和按合同规定应再支付的其他款项（包括索赔），同时项目部向业主行文，并抄送工程监理一份解除义务的文件。其主要内容包括：解除对具体项目承担义务责任的生效时间，确认最终结算总数，业主应付款额付款结果，工程履约保函已经退回。

（9）清理施工现场。凡属中方的施工机械、工器具和剩余物资材料，在完工时陆续组织力量清点、集中、维修、保养，以便继续调配使用，对需要处理的设备、物资进行妥善处理。

（九）做好项目竣工总结和经济兑现工作

（1）项目部及时做好项目竣工图纸资料的编制以及施工原始记录工作，以及图纸、资料收集、整理及项目部的行政、党务、经济、财务、物资、设备各类资料及文（函）等的归档工作。

（2）项目部及时总结经验。从工程完成情况，经营状况，施工技术和经验，整个工程项目实施过程中出现的问题、困难及今后可借鉴的意见以及项目部党组织和遵守外事纪律等方面进行总结，形成书面意见报工程局国际工程管理机构或工程局。项目经理、副经理、总工程师、总经济师、总会计师、呈报述职报告，报工程局国际工程管理机构。

（3）做好项目部的考核和评审工作。工程局国际工程管理机构根据项目部合同执行情况、经营效益以及考核结果进行项目综合性评审，并根据评审结果按照奖惩制度的有关规定实施项目部及个人经济兑现。

第五章　科　技　管　理

第一节　机　　构

1954年5月10日，工程局下设施工科和机电科，管理技术工作。1956年5月，工程局任命总工程师。1956年7月，工程局设置了技术处、专家工作室、先进经验推广科(1958年8月撤销)，逐步形成以总工程师为首的局内技术管理体系，改变了由施工科统管施工技术、科研试验的局面。1960年，工程局机构调整，只设置技术科。1963年上半年，工程局恢复设置技术处。

1971年1月28日，水利电力部云南水力发电建设公司撤销，下属单位划归云南省电力局直接领导。

1979年10月10日，电力工业部决定，重新恢复工程局建制。1979年12月，工程局重组技术处。1980年1月16日，任命总工程师。1989年6月25日，技术处撤销。1991年6月25日，恢复技术处。1994年5月20日，技术处撤销，成立总工程师办公室。1995年6月16日，设置局工程技术部。1999年9月16日，撤销工程技术部。2003年10月，成立工程局科技管理部。

为了加强对工程局科技工作的领导，2004年6月，水电十四局成立了工程局科技领导小组，组长李跃平，副组长周宇、陈学云、和孙文、王曙平；工程局科学技术进步评奖委员会，主任委员和孙文，副主任委员杨毅平、刘兴昌；工程局技术咨询委员会，主任委员周宇，副主任委员和孙文。

1956年5月起，李景沆任工程局总工程师。1954年5月～1967年1月任过工程局副总工程师的有：李全怡、区昌、王甡；任过工程技术处处长的有：涂肇伦、李全怡、区昌；任过工程局局工程技术科科长的有：胡联辉；任过工程局工程技术科副科长的有：纪晓华、梁祥麟、刘富茂。

1979年10月～2006年12月任过总工程师的有：李景沆、林文华、陈伯之、马洪琪、朱镜芳、周宇、和孙文；任过副总工程师的有：李全怡、区昌、王甡、胡联辉、谭光祥、陈伯之、李仁丰、陆万象、张玉生、刘富茂、曹传玺、熊良万、马洪琪、王金汉、王冠群、张永琪、陈晋南、朱镜芳、黎汉皋、沈如东、刘经迪、童世昌、周宇、葛浩然、章鸿津、陈玉恒、徐平、李光荣、洪坤、周怀普、张仁、郑井秀、汪正中、郭存河、和孙文、夏仲存、沈嗣元、沈洁、刘兴昌、吴云红、段云昆、张林、字继权、李毅、杨元红；任过工程技术处处长的有：区昌、刘富茂、尚明华；任过工程技术处副处长的有：尚明华、马洪琪、朱承瑞、陈玉恒、史纯武、陈晋南、刘经迪；任过工程技术部部长的有：朱镜芳、刘兴国；任过工程技术部副部长的有：周宇、刘兴国、周华；任过科技管理部部长的有：和孙文、杨元红；任过科技管理部副部长的有：熊训邦、李兴明、李飞、周华、徐萍。

第二节 工程技术管理

水电十四局的工程技术管理大体可分为两个时期。

一、建局至20世纪80年代初期的工程技术管理

自工程局成立至20世纪80年代前期，技术管理工作由总工程师全面领导，工程局技术管理部门具体实施，局属二级单位设立对口科室，形成三级管理模式。

1954年5月工程局组建至1955年9月，工程局主要负责石龙坝水电站改扩建工程施工及以礼河水电站施工准备，另外协助西南水电局对云南水力发电勘测队的工作进行指导。这段时期，因工程局承担的工程项目单一，故未配备总工程师，仅设有施工技术科、机电科负责技术管理。施工科内设置施工组织设计股、施工技术股及科学试验室。起初，技术力量薄弱，工程技术人员缺乏。随后，国家统一分配来一批1954、1955届大中专毕业生，工程技术力量得到了加强，但技术管理工作尚属起步阶段。

1955年3月，按照水电总局勘测设计局的要求，在滇南地区查勘水利资源，寻找新的可供开发的水电站址，工程局受命和云南勘测队组队查勘红河流域和文山境内盘龙江流域。

1955年下半年后，滇东北、滇南、滇西等多个水电站积极筹建。1956年5月，工程局开始设置总工程师，同年7月开始设置技术处。全局技术管理由总工程师负责领导，下属各工程处设有主任工程师及对口科室。工程处所属工区设有主管工程师（或主管技术员）和技术股、技术组；工段（或队）设主管技术员，负责工程技术管理工作。1958年后，工程局技术力量逐渐得到充实，工程技术管理机构的职能处室亦逐步健全。

国家第一个五年计划期间，国家的经济实力还很薄弱，水电工程施工大量使用人力，生产水平比较低下。当时工程局技术力量弱、人数少，工程技术管理还缺乏经验，主要依靠学习苏联和东欧各国的经验，基本上是照搬苏联的规程规范和管理体制。主要的施工设备只能从苏联和东欧几个国家进口，加上部分国产的仿制机械，技术性能不甚先进。

建局之初，局长李天柱提出全局工作三个中心，其中两项是抓科研试验、抓机械化施工。工程局十分重视施工队伍的素质培训，从工人中培养生产骨干；注重技术干部的作用，在生产第一线工作的工段长都启用技术干部；在以礼河梯级开发中，统一调整调配技术力量；重视抓施工计划管理，规定每个具体施工项目都必须制订详细的施工技术措施及分月分旬进度计划。提倡技术人员到生产第一线与工人“三同”（同吃、同住、同劳动），以此来加强生产和技术管理。

“文化大革命”期间，工程局及机关处室瘫痪，技术管理机构撤销，多数技术人员下放劳动。但广大技术干部凭着高度的责任感仍和广大工人一起，坚持工程施工，抵制不按规范蛮干的错误做法。

1971年1月28日，原工程局撤销，直属二级单位直接归云南省电力局领导。这段时间各施工项目点分散，因此以礼河梯级、西洱河梯级、绿水河、大寨水电站均由各二级单位的工程处独立地设置技术机构，独立行使工程技术管理工作。

“文化大革命”期间，全国各高等院校和中等专业学校的大批毕业生（1968年有大学本科毕业生130余名、中专毕业生370余名）分配到工程局的基层班组，接受工人阶级再教育。其后，这批大、中专毕业生虽然有一部分陆续调出工程局，但留下的人员为数不少。这批大专生通过基层劳动锻炼，在20世纪70～90年代，逐步成了工程局各业务领域基层、中层及上层企业管理和工程技术管理的中坚力量。

1979年10月，工程局恢复建制。1979年12月开始，工程局重组总工程师室、技术处；1980年1月25日，施工科研处组建。在总工程师的统一领导下，技术处、科研所管理全局工程技术和科研工作。

二、从20世纪80年代中期至2006年的工程技术管理

在建设工程实行业主负责制、招投标制和监理负责制，推行项目法施工的形势下，为使项目的进度、质量、工期和成本得到有效控制，增强企业的竞争力，工程局在工程技术管理工作中采取了一系列改革措施。

（一）改革技术管理体系

计划经济体制时期，工程技术管理是以企业（工程局）为中心进行管理，市场经济体制的工程技术管理则以工程项目为中心进行管理。工程局在工程技术管理机构设置方面，采取精干管理部门、减少管理层次、缩小管理跨度的措施，加强各工程项目技术管理的技术力量和技术管理工作，同时，加强工程局对全局技术管理工作的领导和协调。

1989年6月25日～1991年6月25日，为适应社会主义市场经济发展需要，进一步推进工程局现代企业制度改革，工程局将技术处与其他处室合并，以加强项目投标前的工程技术策划，并将主要技术骨干派往各项目点，以加强各项目点的工程技术管理。

2003年10月，根据新形势的需要，工程局组建科技管理部，下设科技管理处、专家咨询室、信息管理处（后划归经营管理部）、计量标准化室、测量总队。在总工程师的领导下，负责全局科技管理工作；负责对测量总队、计量标准化室的管理，协调和指导全局测量技术和计量标准化工作；负责审查大型项目的施工组织设计和重大技术方案，协助解决施工中的重大技术问题；参与工程投标，负责重点工程投标书中施工组织设计和技术方案的审定；参与重大质量事故的调查与分析，以及纠正和预防措施的制订；参与数据分析的推广和应用，指导工程竣工资料的编制；负责组织科研立项、申报和评审工作，开展科技交流和推广工作。

工程局和项目点的业务关系按矩阵管理方式进行管理。

（二）学习吸收国外工程技术管理经验

通过学习鲁布革工程管理经验，在鲁布革水电站地下厂房进行项目法施工试点后，工程局在中屯、漫湾、章巴、南一等工程项目推广了项目法施工经验，并在广州抽水蓄能电站工程全面实施了项目法施工。通过全面实施和推广项目法施工，促进了工程局项目的科学施工技术管理。集中反映在以下几个方面：

（1）管理思想的转变。通过学习和吸收日本大成公司在鲁布革水电站引水系统工程的施工中，以技术为手段，以经济为归宿，对施工过程中每一个细小环节都积极采取技术措施，以获得最好的经济效益，以及先进的施工技术。工程局和广大工程技术人员转变了技术管理工作的观念；加深了对“科学技术是第一生产力”的理解；改变了过去技术管理与经济成本脱节的“纯”技术管理观念；确立了以施工技术为先导，积极采用新技术、新设备、新工艺，确保工程质量，加快工程进度，最大限度地节约工程成本，按期全面完成承建工程，提高项目的经济效益的新思维。

（2）管理方法的变化。项目法管理，其决策层、管理层和作业层的职责明确。工程局技术管理部门主要管重大技术决策，重点工程的施工组织设计，质量、安全措施的制订、督促检查及大型临建工程的设计等。同时，加强各工程项目的技术管理力量，工程施工中的技术管理由项目部技术管理部门实施。

（3）管理手段的发展。由于项目管理、编标技术、结构设计的需要，工程局建立了计算机中心，用计算机及网络技术进行生产和施工技术管理。过去的横道直线进度计划已被网络进度所取代，以关键线路控制施工进度，便于集中力量解决关键工程进度，从而保证了合同工期的实现。

（4）管理人员素质的变化。经过工程实践的培养、锻炼和多层次、多专业的培训，逐步改变了全局生产和技术管理人员的观念，不仅提高了自身技术业务和技术水平，而且从单一的生产型、技术型转变为生产经营型、技术管理型的人才，广大技术人员普遍具备了一定的经营和管理知识。所以，在进行项目法管理和业务范围日益扩大的情况下，能够应付比较复杂的局面。

（三）确立工程局科学技术发展的目标

1997年6月，工程局制定“九五”期间科技发展的目标：保持地下工程和土石坝工程施工技术的领先地位，瞄准国际水平；通过与兄弟施工局联营投标，提高大江大河混凝土坝的施工技术，提高大型混凝土坝施工资质；通过与兄弟施工局联营投标，承建大流量、大直径水电机组设备安装，交流经验，提高水电机组设备安装资质。经过贯彻实施，进入新的世纪逐步形成了工程局的三大核心竞争力，即地下工程施工、当地材料坝和大容量发电机组安装。

（四）加强技术文件、资料管理

工程局工程科技部设兼职人员，负责对工程局的技术文件及资料进行收集、归档和保管。

工程局机关各职能部门设兼职人员，负责其专业范围内的技术文件、资料的收集、归档和保管。工程局档案室统一归档保管工程技术文件和技术资料。

（五）加强技术规范、标准的管理

（1）工程局分管质量的副总工程师指导工程局计量及标准化室，负责对工程局所采用的国家、行业、地方规范和标准进行管理；所有规范、标准文件的管理和使用均符合ISO 9002质量体系文件的规定。

（2）工程局机关各职能部门、二级单位及工程项目部设专职（或兼职）人员，负责管理有关技术规程、规范和标准，并经常与工程局计量及标准化室取得联系，确保所使用的技术规程、规范和标准的准确性和有效性。

（3）工程局机关各部门、分局及工程项目部经常组织技术人员、管理人员和相关人员，学习所使用的技术规程、规范和标准，及时了解所使用的技术规程、规范和标准是否作废及重新颁布的动态，并在网上发布。

（六）颁布有关工程技术管理的条例、办法

（1）2000年4月下发《水电十四工程局质量考核办法》。

（2）2000年7月下发《工程局技术管理办法》、《工程项目技术管理办法》、《工程局科技信息管理条例》。

（3）2000年10月下发关于《实施工程建设强制性标准监督规定》的通知。

（4）2000年下发《水电十四局大型设备机长负责制管理办法》、《水电十四局项目经理管理办法》。

（5）2001年4月下发《中国水利水电十四工程局项目施工质量管理规程》、《水电十四局岗位任职条件》。

（6）2003年后，水电十四局制定了5个科技管理办法，分别为《中国水利水电第十四工程局科研立项审批管理办法》、《中国水利水电第十四工程局科研项目中间检查管理办法》、《中国水利水电第十四工程局科技项目管理办法》、《中国水利水电第十四工程局科学技术进步奖励办法》、《中国水利水电第十四工程局科学技术进步先进单位和个人的考核办法》。根据以上5个管理办法，科技发展中心进一步制定实施细则。

（七）对技术管理工作进行考核评定

为了推动工程局技术进步，建立起依靠科技进步的机制，强化依靠科技进步增加工程效益的观念，工程局对下属单位和项目部技术进步实施规范化和制度化的考核。考核内容有：

（1）工程局内各分局及项目点的经理是本单位科技进步的主要组织者和责任者，分管科技工作的领导，对本单位科技进步负有直接责任。科技工作必须纳入各项目部工作的重要议事日程，作为各项目部领导任期考核的一项主要内容。

（2）各分局在体制改革中，切实加强对科技工作的领导。各单位根据国家关于科技发展的有关规定，结合工程局中长期科技发展规划的精神，制订本单位的年度科技工作计划，推动工程局整体技术进步。

（3）各项目部技术进步工作主要为：健全的项目部科技进步工作体系和责任制；完善的技术管理制度和相应的组织机构；开发新技术和新产品的力度和效果；推广应用新技术、新材料、新工艺和新型高效施工设备；提高工程建设质量，实现文明、安全生产；广泛开展技术革新的合理化建议活动；人才的培养和培训。

（4）各项目部健全和完善科技管理机构。按工程局科技工作管理办法，做好科技申报、立项、研究和新技术的推广应用。各项目部建立科技发展基金，保证科技经费的来源。

（5）努力提高科技经费的使用效率，要求投入产出比达到1∶5以上。

（6）认真贯彻国家《标准化法》、《专利法》、《计量法》和《技术合同法》等法规，保证ISO 2000质量管理体系在局内正常运行。

（7）积极推进工程局管理现代化，积极开展科技信息工作。在工程局管理中实现计算机管理，提高管理水平和工作效率。

考核指标以工程技术进步的实际业绩为主进行。各单位技术进步工作综合评价由各单位每年定期自查考核一次，次年一季度前将自查考核结果报局科技领导小组备案。工程局每2～3年召开一次科技进步大会，评审出一批推动科技进步先进单位和个人，凡获得推动科技进步奖的先进单位和个人，工程局授予评书，并给予表彰。在技术进步考核中，对重视技术进步并取得显著经济效益和社会效益的集体和个人，予以表彰和奖励。个人事迹记入本人业绩考核档案，作为考核、晋升、评定技术职称的重要依据。

第三节 科技开发与管理

一、建局至20世纪70年代末的科技开发与管理

工程局在1954年刚成立时下设的行政管理部门中，工程施工中的技术革新和小改小革由先进经验推广科立项、实施、推广。

建局初期，云南水电建设刚刚起步，没有经验，许多工程参数无借鉴资料，都要通过试验来获取。当时，搞基本建设都以苏联为楷模。工程局于1955年末组建了第一个试验室，在技术干部较少的情况下，抽调技术人员20多名，分土工、材料、化学、新技术推广等专业组，试验人员达近百人。随后各工程处也在技术部门下设试验室，为前期动工兴建的各个电站的科学试验做了大量工作，取得了可观的成果。例如，工程局于1964年在毛家村水电站利用科研试验，成功地解决了残洪积红色土料做大坝心墙料的问题。

1966年6月6日，组建云南水力发电科学研究所，主管水电建设勘设、施工各方面的科技开发和管理，加大科技研究开发力度。但半年后，于1967年1月底，被“文化大革命”时期的机构取代而夭折。

1971年1月底，撤销了工程局建制，直至1980年1月正式成立局科研处前，科技开发、管理工作由各二级单位，即各工程处独自管理进行。

建局至20世纪70年代末这段时期，工程局的科技开发与管理基本上处于正常运行的状态，逐步开发了高土坝防渗技术、填筑施工技术，光面爆破技术，喷锚支护技术，预灌浆防塌方等新技术；逐步引进了隧洞全断面联合掘进机、风动两臂凿岩台车、风动装岩机等机械设备；研制开发了月牙形内加强肋岔管及无梁岔管；对机电安装等技术进行了一些成功的试验和研究。

二、20世纪80年代的科技开发与管理

1978年，邓小平同志在全国科学技术大会上重申了“科学技术是生产力”这一马克思主义基本观点。1979年，重新恢复了工程局建制。水电十四局的科研试验工作有了大的起色。这时，工程局筹备承担云南省第一座大型水电站——鲁布革水电站的建设任务，鲁布革的高土石坝、长隧洞、大型地下厂房，是工程局自建局以来首遇的最大、最复杂、技术含量最高的工程。转变施工科技管理模式，采用新技术、新工艺、引进新的机械设备，改变传统的施工方法，是水电十四局必须解决的课题。为此，工程局酝酿组建一个统一管理科研工作的机构，呈报电力工业部水力发电建设总局。经总局批准，水电十四局施工科研处于1980年1月25日成立，编制为9人，进行水电科学技术研究，并下设一科技情报室。局施工科研处是全局施工技术研究管理机构，受总工程师领导，其主要任务是收

集现代施工技术情报，组织研究施工技术现状，提出科研课题，编制科研经费计划。科研项目的具体实施由局下属各公司的试验室开展。当时全局共有 3 个材料试验室、1 个结构试验室、3 个岩土试验组、1 个电气试验室、1 个化学分析室和 1 个土工试验室。科研处成立后首先抓全局的科研队伍的建设，帮助下属单位充实技术力量，培训和提高科技人员的业务水平，提高试验队伍素质，改善科研工作条件，稳定技术骨干队伍。同时，根据国家科技管理政策、条例，制定了水电十四局科技管理制度，特别是科研经费管理方面有关制度，加强了科研管理工作。局施工科研处成立时正是国家“六五”计划开始之时，结合鲁布革工程项目，该处承担了“加速水电站地下工程建设关键技术的科学研究”，“高土石坝关键技术的研究”，“声波测试技术的研究”，液压凿岩台车在应用中遇到的具体技术难题的攻关等重大课题。

1983 年 5 月，为适应科研工作需求，水电十四局施工科研处改制为施工科研所。施工科研所为工程局下属的一个独立核算的经济实体，承担施工科研任务，进行国家科技攻关项目的试验研究，同时兼有工程局科研管理工作的职责。施工科研所下设地下工程室、坝工室、混凝土试验室、机械化工程室、电算室和科技情报室。施工科研所于 1984 年在曲靖建立施工科研基地，建盖约 2700 米^2 的科研试验大楼，可进行土工、混凝土、岩石力学等试验。在利用风化料作高土石坝防渗体，溢洪道岩质高边坡垂直开挖施工，地下厂房开挖和锚喷支护以及围岩稳定施工监测，针梁钢模台车设计制作，高水头、大流量发电机组安装和自动化，预应力锚索施工等一系列工程技术的科研工作中取得了可喜的成果。

三、20 世纪 90 年代至 2006 年的科技开发与管理

20 世纪 90 年代至 2006 年，工程局进一步加强了科研工作。1992 年底，工程局成立了局科学技术委员会，并制定了《水电十四局科技发展 10 年规划》。

2003 年，工程局设立了科技管理部，先后制定、修改并逐步完善了科技管理制度。制定了 4 个科技管理办法，即《中国水利水电第十四工程局科研立项审批管理办法》、《中国水利水电第十四工程局科研项目中间检查管理办法》、《中国水利水电第十四工程局科技成果鉴定管理办法》、《中国水利水电第十四工程局科技管理和奖励办法》，形成了科技进步和技术创新的工作机制、考核机制、奖励机制。以制度强化科技管理，以管理保证科研和技术开发工作正常进行；加强对重大科研项目的攻关，积极抢占施工生产的科技制高点，激发科技人员和生产工人的科技创新热情，广泛而深入地开展科研开发和技术创新活动，努力推动科技成果向现实生产力转化。

2005 年 5 月，工程局提出“以人为本，实施人才工程，科技兴局，提高核心竞争力，扩大新领域的技术投入”等一系统措施，实现工程局跨越式发展，成立了工程局科学技术进步奖评委员会和科技领导小组，并形成了《水电十四局科技发展规划》，加快了科技创新，在科研立项和成果方面有了突破。

1991～2000 年期间，工程局在混凝土面板堆石坝施工，碾压混凝土坝施工，大体积混凝土坝施工，复杂地下洞室群整套施工，多类型、多功能先进混凝土衬砌模板研制应用，无钢衬斜井和高压岔管混凝土施工，大直径、陡倾角高压斜井快速施工，大容量可逆式水轮机组安装，双环无黏结预应力锚索施工等一系列高难度工程施工技术中进行了新的探索，采用了新技术、新工艺、新材料，科研成果丰硕。

2000～2006年间，又有多项成果填补了工程局的历史空白，多项科技成果达到先进水平。在高流态混凝土的研究和应用，爆破挤淤技术，水下岩埂爆破，钢筋冷挤压，粗直螺纹钢筋连接技术，LM反井钻机在斜井施工中的应用研究，ROTEC胎带机、穿行式钢模及自升爬模的研制与实践，隧洞底拱混凝土衬砌定型翻模等方面创建了新技术、新材料、新工艺。在地下洞室群、大断面隧洞及大坝等水电施工实践中，总结出了一套成熟的施工技术，掌握了公路桥梁、地铁、核电、市政工程等非水电工程施工技术。比较有代表性的有沉井施工技术，土钉墙支护技术，深层搅拌桩截渗墙技术，振动沉管灌注桩、桥梁空心板后张法预制及大跨度吊装技术等。

四、科技大会

工程局成立以来，先后召开四次科学技术进步大会。科技大会的召开，促进了工程局技术开发、科技创新的发展，以及工程局整体管理水平的提高，企业的核心竞争力也相应得到提升。

（一）第一次科技大会

工程局第一次科技大会于1985年7月在鲁布革水电站工程指挥部召开。会议的主要内容是：总结了1985年以前的科技工作；表彰了在科技工作领域内的先进工作者；表彰了工程局优秀科技成果，科技成果一等奖项目3项、二等奖项目6项、三等奖项目12项。会上，工程局新、老科技工作者会聚一堂，共商工程局科技发展大计。老一辈科技工作者的优良传统和创新精神得到发扬，艰苦创业的成果得到充分肯定。同时，也强调学习、消化、吸纳国外先进施工管理经验和先进施工技术。

（二）第二次科技大会

第一次工程局科技大会召开以后的7年，水电十四局经受了中国水电历史上有名的“鲁布革冲击”，学习、吸纳了国外先进管理经验和施工技术，引进了先进施工设备，在施工管理和工程技术方面有了较大提高。在广州抽水蓄能电站的施工中，全面实施了项目法管理，不断探索、不断实践、不断总结，取得了突出成果和突破，“广蓄经验”在全国学习交流和推广。并且，工程局在科技管理、科技创新方面也取得了丰硕成果。工程局第二次科技大会于1992年12月21～23日在昆明召开。会议议程如下：

（1）水电十四局党委书记梁祥麟作了“推进科技进步，加速经济发展，为把我局建设成社会主义现代化企业而奋斗”的报告。

（2）工程局总工程师陈伯之作了“为开创我局科技工作新局面而奋斗”的工作报告，总结了1985～1992年期间工程局科技进步方面取得的成绩。

（3）局属12家单位进行经验交流，并将材料汇编成册。

（4）表彰和奖励了19家科学技术进步先进单位（其中二级单位4个、三级单位15个）、135名科学进步先进工作者（其中一等奖15名、二等奖120名）及82项优秀科技成果（其中一等奖13项、二等奖17项、三等奖20项、四等奖33项）。

（5）制订并通过《水电十四局科技发展10年规划》，通过并成立了局科学技术委员会。

（三）第三次科技大会

第二次科技大会以来，工程局广大科技工作者技术开发、创新的热潮高涨，为工程局跨世纪发展奠定了良好基础。为使工程局科技进步更上一层楼，打造工程局地下工程、当地材料坝、机电设备安装的品牌，形成工程局的核心竞争力，工程局第三次科技大会于1999年2月4～5日在昆明召开。会议议程如下：

(1) 水电十四局局长马洪琪局作了“发挥整体优势，实现科技兴局”的报告。

(2) 工程局总工程师朱镜芳作了“奠定坚实技术基础，实现‘科技兴局’战略，为我局跨世纪持续发展而奋斗”的工作报告，总结了1992～1998年期间科技进步方面取得的成绩，提出了工程局下一步科技发展方向、目标要求。

(3) 局属8家单位进行了经验交流，并于事前出版发行了《云南水电》1998年第三次科技大会会议论文专辑。

(4) 表彰和奖励了143名优秀科技人员（其中优秀科技工作者29人、优秀科技人员42人、优秀工程技术人员72人）。

（四）第四次科技大会

2005年5月8～10日，工程局第四次科技大会在昆明召开，会议邀请了集团公司领导出席。会议议程如下：

(1) 应邀出席会议的集团公司领导讲话。

(2) 水电十四局局长李跃平作了“增强技术创新能力，进化核心竞争力”的报告。

(3) 工程局总工程师和孙文作“顽强拼搏，勇攀高峰，努力开创我局科技发展的新局面”的工作报告，总结了1999～2005年科技进步方面取得的成绩，报告提出了“以人为本，实施人才工程，科技兴局，提高核心竞争力，扩大新领域的技术投入”等一系统措施，实现工程局跨越式发展。

(4) 人力资源部部长作了“‘以人为本’，构筑管理体系，努力建设一支高素质的职工队伍”的报告。

(5) 局属9家单位进行技术管理经验总结交流，科技管理部组织编辑了《第四次科学技术进步大会论文选编》专辑。

(6) 表彰和奖励了14名科技标兵和42名先进科技工作者。

(7) 会议讨论通过了《水电十四局专业技术专家、专业技术带头人选拔培养管理办法》、《水电十四局专业技术带头人考核办法》、《水电十四局科技发展规划》，通过并成立了局科学技术进步奖评奖委员会、技术咨询委员会及科技领导小组。会议还制定并通过了《技术咨询委员会简章》。

第四节　工　程　试　验

一、中心试验室

工程局工程试验，从建立以礼河水力发电工程局试验室开始，到合并后的中心试验室，再到组建云南博泰工程质量检测有限公司，在50余年发展中，经历了4个重要的发展阶段。

（一）初步发展时期（1954～1982年）

1954～1982年间，工程局于1955年在会泽干沟镇组建以礼河水力发电工程试验室，1957年在毛家村组建以礼河一级水电站试验室，随后又陆续组建西洱河梯级水电站试验室、绿水河水电站试验室、六郎洞水电站试验室、大寨水电站试验室，1979年组建鲁布革水电站试验室。在总工程师的领导下，负责水电站钢材、混凝土、砂石料、岩土及各种工程材料的各项工程性能试验。这一期间，由于工程局没有固定的基地，试验室也随着工程地点的转移而转移，对其发展有一定的制约。

（二）快速发展时期（1983年～1997年9月）

20世纪80年代中期，水电十四局在曲靖、大理建设了生产和生活基地，为试验室的发展提供了必要的条件。

1985年，鲁布革水电站试验室部分仪器设备搬迁至曲靖基地，成立曲靖中心试验室。这是工程局建立的第一个有固定场所的试验基地，试验室下设观测室、混凝土室、土工室。1996年，曲靖中心试验室与工程局所属曲靖分局的二公司、三公司、四公司、曲靖基建处各试验室合并为曲靖分局试验室；同时，工程局所属大理分局一公司、五公司、六公司、大理基建处各试验室合并为大理分局试验室。

这一期间是试验室的快速发展阶段，水电十四局除两个分局中心试验室外，又在各水电站工地设立试验的分支机构，设立了漫湾水电站试验分室、大朝山水电试验分室、福建山仔水电站试验分室、江西斗晏水电站试验分室、广州抽水蓄能电站试验分室、浙江天荒坪抽水蓄能电站试验分室、湖南白云水电站试验分室、贵州天生桥一级水电站试验分室、长江三峡水电站试验分室等十多处试验分支机械，承担各自所在项目点的试验检测任务。

曲靖分局试验室除承担工程局承建工程的试验检测任务外，混凝土室、土工室还承揽对外检测业务，承揽了楚雄牟定中屯水库、曲靖市花山水库、玉溪章巴水库、昆明松花坝水库等工程的填筑料碾压工艺性试验。

（三）整合发展时期（1997年10月～2006年12月）

1997年10月，水电十四局为了更好地在全局范围内开展科研试验工作，在昆明市凉亭设立了中心试验基地，整合全局试验室的组织机构，扩大科研试验范围，提升科研试验的档次，达到可以从事大型建材试验服务的目标。

1998年，工程局拨款180万元在凉亭改造试验室用房，购置了100万元试验设备建立局中心试验、科研基地，以解决施工中的试验难题，更好地服务于工程施工，提高工程局的科研水平。在随后的几年间，工程局科研设计院又不断对中心试验室投入、更新试验设备，加强试验队伍建设，改造周边环境。现已有试验间14间，试验面积1200米^2，设混凝土组、土工组及化学组，在编人员15人（不含派往工地人员），其中高工6人、工程师2人、助理工程师3人、技术员2人。工程局在原土工设备较完善的基础上，加强了混凝土及原材料的检测设备，新增了混凝土快冻、混凝土徐变、混凝土热物理性能、砂石骨料碱活性、岩石原位剪切压缩、水泥水化热等试验设备，现已拥有齐全的混凝土、土工、岩石、钢材等试验设备器具176台（套）；能全面地开展混凝土力学及耐久性指标检测，钢材、水泥、掺合料、外加剂的化学指标检测，土工细粒土、粗粒土物理力学性指标及现场填筑料的碾压试验及检测。

试验业务开展的领域，不仅为水利水电工程，还涉及工民建工程、公路（市政）、铁路等工程。主要检测项目有7大类33个产品类别，共395项参数指标，其主要检测项目的类别如下：

（1）地基基础工程检测：包括3个产品类别的4项参数。

（2）主体结构工程现场检测：包括4个产品类别的11项参数。

（3）建筑物沉降和变形检测：包括3个产品类别的10项参数。

（4）公路（市政）工程检测：包括5个产品类别的67项参数。

（5）水利水电工程检测：包括6个产品类别的67项参数。

（6）铁路工程检测：包括2个产品类别的56项参数。

（7）见证取样：包括10个产品类别的180项参数。

曲靖分局试验室、大理分局试验室、各项目点试验机构均隶属中心试验室统一领导，统一配置仪器设备和试验室人员。局中心试验室统属科研设计院领导管理。科研设计院的院长兼任中心试验室主任。

中心试验室整合的具体工作从1998年开始至2004年结束。在此期间，客户（或工程项目点）与原各分局试验室签订的试验合同仍然依合同执行，直至合同履行结束。

中心试验基地不仅为工程局承建工程项目提供试验检测服务，也积极开展对外业务，利用工程局的水工试验经验和设施，为云南省各中小水电提供试验检测服务。特别是在混凝土配合比设计方面，试验条件能做到较好地贴近现场施工条件，得到客户的好评。例如，大盈江多源公司的大盈江水电站（四级）混凝土配合比设计，水电十一局的戈兰滩水电站混凝土配合比设计，昆明铁路集装箱中心站铺面工程公路塑性混凝土配合比设计等。在土石坝料研究方面，也做了大量的坝料碾压试验，如掌鸠河水利枢纽工程坝料复斟检测大坝心墙料、堆石料碾压试验。对外业务取得了较好的经济效益和社会效益，2000～2006年，对外经营累计产值369万元。在工程局整合局中心试验室后，曲靖试验室、大理试验室仍然积极开展对外业务，对外承揽了大量试验检测工作，取得了较好的经济效益及社会效益。曲靖试验室在2000～2006年，对外试验检测累计产值373万元。

水电十四局中心试验室在1998年取得云南省计量认证合格证书，1998年取得云南省试验一级资质。2003年复评审合格。

（四）2006年组建云南博泰工程质量检测有限公司

2006年，根据云南建设厅文件，试验室必须与母体脱离，成为具有独立法人的实体。因此，由水电十四局工会及科研设计院职工持股，组建云南博泰工程质量检测有限公司，原水电十四中心试验室名下的计量认证合格证转到云南博泰工程质量检测有限公司，原试验室一级资质变更为云南省检测资质，新增云南博泰工程质量检测有限公司检测资质。

二、项目点试验分室

中心试验室自建立后，随着工程局施工点逐年增多，中心试验室派驻的项目点试验分室、配备的人员也在逐年增加。中心试验室历年人员、试验分室统计情况见表7-5-1。

表 7-5-1　　中心试验室历年人员、试验分室统计情况

年份	试验分室(个)	从业人员(名)	年份	试验分室(个)	从业人员(名)
2002	19	68	2005	22	94
2003	15	101	2006	24	95

从水电十四局中心试验室整合以来，先后组建了 49 个项目分室。其中，在建项目的较大试验分室有小湾 141 联营体试验室、溪洛渡水电站试验室等。分室的检测项目，从最初的只能检测混凝土常规力学物理指标，发展到能检测混凝土部分耐久性指标。

（一）小湾 141 联营体试验室

小湾 141 水电工程联营体由水电十四局和水电一局澜沧江施工局联合组成。联营体试验室亦由水电十四局、水电一局澜沧江施工局联合组建，水电十四局试验室为责任方。试验室设主任 1 名、副主任 2 名，另有高级工程师 2 名、助理工程师 1 名及试验人员多名（高峰期试验人员达 20 人左右）。主任主持全面工作，副主任分别负责室内技术工作和现场质量控制工作。工程师负责解决工地上遇到的疑难问题。

小湾试验室试验设备较齐全，技术力量雄厚，可独立完成混凝土及原材料多项检测项目，也可以完成混凝土抗冻、抗渗、极限拉伸等多项试验。抗渗、抗冻等试验已实现自动控制、自动记录功能。

141 水电工程联营体主要承担小湾水电站导流隧洞、引水系统土建及金属结构安装工程、左右岸坝肩抗力岩体缺陷加固处理工程。工程使用的混凝土种类繁多，涉及强度等级范围为 C15～C35，运输及入仓方式多样，混凝土分别有抗冻、抗渗、低温等设计要求。

小湾进场主要原材料变化多样，联营体试验室根据多变的材料采用正交试验、回归分析等手段及时提供引水系统各类混凝土配合比。浇筑混凝土 80 余万$米^3$，整体效果良好。左右岸坝肩抗力岩体缺陷加固处理的二期混凝土采用低热微膨胀混凝土，试验室精心选择原材料，圆满完成该项试验配合比设计任务，从浇筑后检测情况看，效果良好。

小湾水电站夏季高温炎热，成品混凝土运输距离遥远，原使用的减水剂为萘系减水剂，混凝土坍落度损失较大，在很大程度上影响了混凝土夏季施工。为解决以上问题，试验室对配合比进行了优化，通过优化配合比、缩短混凝土入仓时间、采用减水剂二次添加等技术措施，保证了混凝土入仓前具有一定的流塑性，有效缓解了夏季混凝土施工压力。

（二）溪洛渡水电站试验分室

水电十四局溪洛渡试验分室 2003 年 7 月 15 日进点筹建，它是溪洛渡水电站各参建工程局中最早筹建的试验室。水电十四局溪洛渡试验室的发展分两个阶段。

第一阶段：试验分室主要为水电十四局前期承建的公路工程、隧洞工程等 16 个合同项目服务。试验室设主任 1 名，加试验工程师、试验员共 7 人。试验室主要承担的检测项目是：混凝土、砂浆配合比试验，混凝土原材料的物理性能检测，混凝土、砂浆抗压、劈拉强度检测，公路基层、底基层碾压试验及压实度检测。

第二阶段：试验分室主要服务于溪洛渡水电站右岸特大型地下电站工程。2005 年 12

月，水电十四局在中标溪洛渡水电站右岸特大型地下电站，根据工程的需要，重新对试验室进行了规划、完善和扩建。截至2006年7月下旬，新组建的试验室开始运作，得到了监理和业主试验中心的认可。试验室建筑面积300米^2，设有办公室3间、样品间1间、工作间10间。试验室设主任1名，主任主持全面工作；设副主任2名，分别负责检测和监测，同时也是试验室质量和技术负责人。

试验室承担地下电站的试验、检验任务，主要职责是为施工提供配合比，进行原材料进场检验，负责混凝土现场质量控制（监督混凝土配合比执行情况、现场取样），并承担地下电站施工期的临时监测。项目有收敛监测、岩石变形监测、爆破试验岩体变形监测。

在施工过程中，为了验证喷混凝土和锚杆砂浆（预应力锚杆）施工配合比的合理性，试验室编写了喷混凝土现场试验大纲，并参与编写了锚杆砂浆（预应力锚杆）工艺试验大纲，主持和参与两个现场工艺试验的实施，都得到了理想的试验成果，并将工艺试验的成果用于现场施工，保障了喷混凝土和锚杆砂浆（预应力锚杆）的施工质量。

2006年7月，三峡总公司试验中心组织了“溪洛渡工程的大型喷混凝土试验”的现场试验和室内试验。三峡总公司试验中心在参建溪洛渡工程众多施工局的试验室中，选中水电十四局溪洛渡试验室承担该试验的现场试验工作和部分室内试验工作。考察不同胶材用量、纤维以及砂率对喷射混凝土回弹率的影响，并进行无碱速凝剂与水泥适应性试验和优选。该试验于2006年7月21～24日圆满完成，试验成果得到了试验中心专家的认可。

三、对外协作

2001年12月～2002年11月，水电十四局和云南水利水电勘测设计研究院联合，共同对昆明市掌鸠河引水供水工程水源工程（云龙水库）技施设计阶段大坝填筑坝料进行料场复勘、现场碾压试验和室内物理力学试验。

2003年1月20日～5月10日，水电十四局中心试验室协助昆明勘测设计院进行了糯扎渡水电站心墙防渗料现场碾压试验。

第五节 工 程 测 量

一、测量机构

1954年5月，云南水力发电工程局组建测量专业组，由局施工科领导，全组约10人，承担以礼河、乐里村落水洞两电站施工测量任务。

1956年4月，以测量专业组为基础组建工程局测量队，隶属于工程局技术处领导。全队约80人。

1957年12月，以礼河四级水电站、西洱河四级水电站和绿水河水电站各工程处亦相继组建测量队（组），负责各自项目点的施工测量，其业务受局技术处指导，主网建立及重要测站点的成果受技术处检查、认可。为加强基层测绘力量，局技术处测量队缩编为局技术处测量组，负责对等各施工测量队（组）的复核、检查工作。

“文化大革命”时期，工程局技术处、测量组撤销。各工程处测量队独自工作。

1979年12月，工程局技术处恢复后，同时恢复工程局测量组建制，下属各工程处测量队（组）由技术处测量组指导施测方案。

1990年底，工程局技术处下辖有6个工程处测量组和曲靖、下关两个基地管理处测量组，总人数199人，其中高级工程师6人、工程师4人。

1995年，工程局成立测量总队，直属局总工程师室领导，测量总队管理工程局下属的曲靖分局、大理分局、路桥分局、机电安装分局等测量队。经过1995～2006年多年的发展，测量总队总人数达到了220人，其中高级工程师11人、工程师89人。

1995年度国家首次实施测绘单位甲级资质考核和申报，工程局测量总队通过申报甲级测绘资质考核，取得甲级测绘资质资格。同年，国家首次实施测绘人员工作证制度，工程局组织相关测绘人员完成了申报测绘工作证的有关工作，相关人员取得测绘工作证书。

2005年，对工程局引进了较先进的GPS地面卫星定位仪“美国天宝Trimble5700RTK（1+2）”，完成申报测绘作业证工作，并取得证书。

二、测量仪器、设备

1956～1974年，工程局及下属单位测量队（组）的主要测量工具有：捷克和苏联制造的光学经纬仪和水准仪；瑞士徕卡光学经纬仪T3、T2、T1，光学水准仪N3、N2、N1，横基尺测量仪和德国蔡司光学经纬仪010、010A、010B，光学水准仪004、007；测图平板仪。

1975～1982年，西洱河测量队在西洱河梯级水电站施工测量中，首次使用中国第一台由苏州第一光学仪器厂制造的秒级激光经纬仪，采用激光导向技术指导隧洞开挖定向，保证了8.5公里长隧洞高精度贯通。

1983年，工程局测量队在鲁布革水电站区域测设三等施工测量三角锁和二等水平高程。水平角用威特T3经纬仪，边长用东德EOT-2000光电测距仪施测。三角锁平差计算在国产DJs-6电子计算机上进行。

20世纪80～90年代开始购置测距仪，如瑞士徕卡DI4L、DI5测距仪，测角采用T2或T2000电子经纬仪组合，全称为半站仪。

1989～1992年，局测量队的主要测量工具有：A.MT.PROFILER3000全自动测量断面仪、测角仪器T2、测边仪器DI2000光电测距仪。

1993～1994年，工程局测量队的主要测量工具有：测角仪器T2002、测边仪器DI2002光电测距仪。

20世纪90年代后期开始购置电子全站仪，如瑞士徕卡TC800系列、TC900系列和全自动断面仪A.MT.PROFILER3000、精密水准仪NA2-NAK2系列等，基本实现测角测边一机化；本世纪初带激光测距的全站仪开始应用，如TCR300系列、TCR400系列、TCR700系列、TCR800系列、TCR1000-TCRP1000系列等，实现了免棱镜测量。

1999年，为满足工程施工需要，工程局引进了GPS地面卫星定位仪“美国天宝Trimble4700GPSRTK（1+2）”。

2001年，在大中型工程项目施工期间，为了满足高等级测量施工控制网的检测及复核、变形监测及观测、新技术新设备的推广应用的需要，工程局新购置了两套高精的LEICATCA2003、TCA1800型测量机器人。

三、测量队（总队）的测量工作

（一）20世纪50～70年代

1956～1974年，工程局测量队负责以礼河梯级水电站施工的测量工作。

1956年，在水槽子水电站、毛家村水电站各测设独立中点多边形四等施工测量控制网。

1957年，在盐水沟水电站、小江水电站测设三等环形三角锁的施工测量平面控制网。

1958年，指导并参与绿水河工程处测量队，在绿水河水电站区域测设三等三角网，作为电站施工测量平面控制网。测设三等水准5公里、四等水准5公里，作为电站高程控制。

1958～1968年，工程局测量队为西洱河梯级水电站施工放样，在规划设计阶段测设四等三角锁的基础上，沿西洱河测设三等施工测量三角锁和四等插网，并进行了8.5公里隧洞贯通测量。

（二）鲁布革水电站建设时期

1983年，工程局测量组在鲁布革水电站区域测设三等施工测量三角锁和二等水准高程。全网长11公里，共有17个点，33个三角形按重叠大地四边形组成。测角中误差为±1.32秒。起算边相对中误差分别为1∶258 000、1∶257 000［规范规定：三等网（锁）起算边的相对中误差为1∶150 000］。平差后单位权中误差（方向）为±1.0秒，最弱边相对中误差为1∶79 000，点位中误差最大为±8.77厘米，远高于规范规定。在电站施工区测设了两条二等水平干线，总长22.3公里。

鲁布革水电站的引水系统工程由日本大成公司中标施工。日本施工人员进驻工地后，起初对工程局测量队测设的施工测量平面控制网的精度产生怀疑，经局测量队反复解释说明，日方同意采用中方主网测量成果，施工近10公里引水隧洞，全线高精度贯通。

（三）1989～1994年

1989年5月，工程局测量队承担了云南省腊庄水电站建立三、四等平面和高程施工控制网及施工放样测量工作。同年，开发出“应用PC－1500袖珍计算机编制程序，用于断面测量的记录和计算，并用于解析法，及时、准确地计算出土石方量”的技术。

1989～1992年，完成广州抽水蓄能电站、广西天生桥一级水电站导流洞等工程的施工控制网的测量工作。

1993～1994年，高质量、高精度地完成了天荒坪抽水蓄能电站二等施工控制平面和高程网的勘测、设计和观测计算。光电边全部采用二等精密水准改平。为了消除垂直折光与地球曲率对三角高程改平产生的误差影响，提高光电边的改平精度，二等边角网全部21个三角点上均联测二等精密水准。在崇山峻岭之间，高差达700多米的高山区，把二等精密水准联测上去，确保了施工控制网的高精度。

同时，在广州抽水蓄能电站二期主体工程、长江三峡工程专用公路C－1标工程、长江三峡工程对外公路隧洞工程、云南大朝山水电站导流洞工程（DCS/C1）中，根据各工程施工需要，建立了三、四等平面和高程施工控制网及施工放样测量工作。

（四）1995～2000年

1995年，承担了广西天生桥一级水电站溢洪道，云南楚雄到大理高速公路第12标段，广州永和公路工程三、四等平面和高程施工控制网测量及施工放样测量工作。

1996年，为确保长江三峡电站永久船闸二期工程、黄河小浪底1号导流洞扩挖及混凝土衬砌工程、云南保山苏帕河水库工程、昆明柴石滩水库枢纽土建工程及金属结构安装工程施工的质量，承担了各工程区建立三、四等平面和高程施工控制网及施工放样测量工作和二等平面、高程施工控制网的复测。同年，完成了天荒坪抽水蓄能电站下库二等变形监测平面网，全网9点，使用测角仪器T2002、测边仪器DI2002光电测距仪。二等变形监测水准网，全网8点。

1997年，配合大朝山水电站工程导流洞和长尾水隧洞等工程项目建设的施工，根据相应工程施工需要，建立了三、四等平面和高程施工控制网及施工放样测量工作。

1999年，配合云南昆明市NO.4B&5污水处理厂、昆明市掌鸠河引水供水（云龙水库）的泄洪、导流隧洞等工程项目建设的施工，根据相应工程施工的需要，建立了三、四等平面和高程施工控制网及施工放样测量工作。

2000年，配合云南嵩待高速公路工程、广州市地铁2号线中山大学至晓港站区间隧道工程、地铁2号线广州火车站土建工程、云南元江至磨黑高速公路大风垭口双线隧道（长3.3公里）及两端的道路桥梁工程、云南小湾电站场内公路工程、江苏田湾核电站厂外引水隧洞及进水口建筑物工程、昆明市掌鸠河云龙水库工程等项目建设的施工，根据相应工程施工的需要，建立了三、四等平面和高程施工控制网及施工放样测量。同年，完成江苏连云港田湾核电站厂外引水隧洞及进水口建筑物工程D级GPS控制网测量，全网共16点，二等高程控制网6公里。

（五）2001～2006年

2001～2003年，配合贵州乌江洪家渡水电站泄洪工程和引水发电系统工程、长江三峡水利枢纽右岸地下电站进水口混凝土和金属结构安装工程、新疆引额济乌顶山隧洞工程、云南小湾水电站导流洞工程、广西龙滩水电站左岸地下引水系统工程、福建穆阳溪周宁水电站地下厂房工程、云南小湾水电站导流隧洞土建及金属安装工程、云南省鸡（街）石（屏）、砚（山）平（远街）高速公路工程、屏边倮姑电站工程等项目建设的施工，根据相应工程施工的需要，建立了三、四等平面和高程施工控制网及施工放样测量工作。

2004年，为满足云南泗南江水电站工程、云南李仙江崖羊山水电站引水系统、导流洞工程、广东惠州抽水蓄能电站引水道及厂房系统工程、云南开远火电厂工程、河南小浪底西霞院反调节水库工程、四川锦屏一级水电站厂内公路工程、云南块泽河水电站首部枢纽工程、向家坝水电站工程、四岔河三级水电站工程、屏边县冲庄水电站工程、云南龙马水电站工程等项目施工的需要，承担了各工程区建立三、四等平面和高程施工控制网及施工放样测量工作。

2005年，为满足云南省绿春骑马坝电站、弥勒打滩电站、滇东东拉水库工程、长江三峡右岸地下电站、北京南水北调中线京石段应急供水工程（北京段）、云南糯扎渡水电站、云南洗马河赛珠水电站、广东惠州抽水蓄能电站、金沙江溪洛渡水电站右岸地下厂房、昆明宝象河防洪整治工程、绿水河二级水电站、四台山水电站等工程项目施工的需要，承担了各工程区建立三、四等平面和高程施工控制网及施工放样测量工作。

2006年，为满足南水北调中线干线京石段应急供水工程（石家庄至北拒马河段）、重庆银盘水电站、四川长河坝水电站省道S211复建公路、云南马鹿塘水电站二期、云南岗曲河一级水电站首部枢纽、云南庙林水电站等工程项目施工的需要，承担了各工程区建立三、四等平面和高程施工控制网及施工放样测量工作。

第六节　工程安全监测

工程局岩土工程安全监测和岩石工程物理力学参数试验工作起步于20世纪60年代。1964年，在以礼河梯级水电站成立了岩石组（1972年转移到西洱河水电站），隶属工程局技术处管理；1967年，在绿水河水电站和西洱河水电站也相继成立岩石组，分别进行各电站的安全监测和岩体物理力学参数试验工作。

在国家“六五”、“七五”、“八五”科技攻关项目期间，工程局集中了各公司岩石组的科技人员，进行与新奥法施工相关的多项工程安全监测和现场岩石试验。随后，为适应鲁布革水电站施工，工程安全监测和岩石试验的专业人员集中在鲁布革水电站，进行大量的工程安全监测、岩石试验工作。1983年5月，工程局成立施工科研所，将专业从事工程安全监测、岩石试验的地下工程施工技术室正式划归施工科研所管理。

随着工程安全监测各项业务规模的不断扩大，2006年，水电十四局成立安全监测分院，统属工程局科研设计院领导管理，专业从事工程安全监测工作。

一、安全监测项目

（一）以礼河梯级水电站

1964年，在以礼河梯级水电站，工程局专业从事安全监测工作的岩石组参加了由中国水科院、昆明水电勘察设计院联合进行的岩体物理力学参数试验和安全监测。主要项目如下：

（1）岩体物理力学参数现场试验。

（2）以礼河高水头水电站13.9兆帕的压力钢管道试验研究。

（3）一级（毛家村水电站）82.5米高的土坝原型观测。

（4）二级（水槽子水电站）水库漏水、水库淤积观测及发电厂房尾水明渠的现场观测。

（5）三级（盐水沟水电站）高压钢管道的现场监测。

以礼河三级水电站（盐水沟水电站）高压钢管道投入运行初期，岩石组于1971年1月14日在例行观测时，发现1号高压平洞支洞中流出的水量较历年观测大10倍以上，且观测孔地下水位上升。发现异常后，技术人员于1月18日通过检查孔进入1号高压平洞检查，果然发现距1号斜井末端47米及98米处的钢管各产生1条裂缝，第一条裂缝在34号管节右侧水平轴上约30°的位置，裂缝约长1.8米，宽2～3毫米，裂缝大部分靠近焊接纵缝，钢板厚30毫米；第二条裂缝在第36号管节右侧水平轴下约30°处，长4.4米，宽4～5毫米，钢板厚32毫米。钢板均系苏联供货的3号热轧平炉镇静钢。岩石组技术人员经调查和试验分析认为，这次事故是在1月8日异常水锤压力的作用下因钢材韧性不足而造成的脆性破坏。岩石组为及时排除工程质量安全隐患立下了头功。

通过以礼河工地的安全监测、岩石试验和压力钢管道工程监测实践，水电十四局的安全监测专业队伍初步形成。

（二）绿水河水电站

1966年，云南绿水河水电站工程复工，工程局在绿水河水电站成立岩石组，抽调以礼河岩石组的部分人员支援其工作，绿水河水电站的各项试验工作由工程局岩石组的人员独立完成。

岩石组技术人员在高压钢管3号高压平洞段的管壁上，上下左右各预埋小应变计。在充水试验中，测出钢管应力大于240兆帕（钢管弹性极限），为防止应力异常情况继续，要求立即停止充水。放水后检查，该段钢管出现了屈曲鼓包质量事故，岩石组为及时检测质量安全事故又一次展现了实力。事后为确保工程质量，该段钢管撤除，重新安装了新的钢管。

（三）西洱河梯级水电站

西洱河梯级水电站主要水工建筑物都设计有原型观测设施，为了确保正常开展原型观测工作，避免缺测、漏测及不按时观测，1980年制定了《西洱河电站水工建筑物原型观测规程》。此后，西洱河梯级水电站的原型观测工作都按此规程执行。

（1）一级水电站的观测项目有：大坝沉陷与位移、引水隧洞钢筋应力、地下水压力、岩石环向及径向变形、喷锚岩层环向变形、高压钢管环向及轴向应力、地下厂房钢筋应力、岩石裂缝。

（2）二级水电站的观测项目有：大坝沉陷与位移、坝基扬压力及渗水量、引水隧洞地下水位。

（3）三级水电站的观测项目有：大坝沉陷与位移、坝基扬压力。

（4）四级水电站的观测项目有：大坝沉陷与位移、坝基扬压力、高压钢管应力。

经过二三十余年的观测，一、三、四级水电站拦河坝运行正常；二级水电站拦河坝由于接触面存在一定的隐患，抗滑稳定安全系数在Ⅶ度地震情况下比“规范值”稍差一些。

（四）鲁布革水电站

1. 水库区的现场监测

鉴于鲁布革水电站土石坝高达103.8米，水库壅水高85米，为实地监测地震影响，便于判别水库蓄水后有无诱发地震，昆明勘测设计院于1985年9月在水库区发耐村建立了微震台。1988年11月21日，水库下闸蓄水。25日13时30分，观测到第一次诱发地震，震级为里氏2.9级，这时水库水位只升高了45米，尚未达到死水位。之后随着水库水位的逐步抬升，诱发地震频繁，记录到最高震级为3.1级。由于震源浅，震中一带地面发生了裂度为Ⅵ度的反应，中寨一带少数村子的民房有开裂的情况发生。据调查，震中在坝址上游2～5公里，对工程建筑物无影响。

1988年11月水库蓄水后，在大坝上游1.5～2.1公里处的左岸发生了滑坡，滑坡顺河方向长约600米，宽100～300米，塌滑体体积约260万米^3，工程局因而进行了详细的补充勘测和位移监测。滑坡发生在坡积层及全、强风化岩体中，滑动速率与降雨强度及地表水渗入有关，水库水位骤降也有影响。经两年观测，发现滑速及位移量逐年减少，初步认为滑坡不致发生高速下滑，不会危及首部枢纽工程安全。

2. 高土石坝原型观测

鲁布革水电站大坝在国内高土石坝建设中首次采用软岩风化料作为防渗心墙填筑材料，国家“六五”、“七五”科技攻关项目“高土石坝筑坝关键技术问题研究”是结合鲁布革水电站土石坝进行的。为了监测施工期和运行期大坝的安全，工程局科研所安全监测组对大坝进行了系统、全面的原型观测，其中包括大坝变形观测（外部变形观测及内部变形观测）、渗流观测（渗流水位观测及渗流流量观测）以及土压力和孔隙水压力观测等。

3. 泄洪建筑物原型观测

鲁布革水电站首部枢纽具有水头高、河床狭窄、泄洪频繁、单宽流量大等突出的水力学特点。为给泄洪工程安全运行提供可靠依据，验证设计和科研试验成果，局科研所安全监测组对溢洪道及左、右岸泄洪洞进行了原型观测。

4. 调压井原型观测

为观测调压井水位波动和调压井下隧洞底部的渗透压力，安全监测组在调压井上设置了一套测量水位波动的仪器及一套测量隧洞底部渗透压力的仪器。

5. 高压钢管道应力应变仪埋设

安全监测组在2号钢管下平段N号管节的中间断面外壁上（管外壁的顶、底、右侧）埋设了3个环向振动弦式应变仪；在2号岔管的钝角部位（主锥与斜支锥相贯线焊缝两侧50毫米的中心水平线上）埋设了2组振动弦式应变仪，每组由1个测环向和1个测纵向的应变仪组成90°的应变花。以上各应变仪均用电缆接至厂房的观测间，可不定期地测出高压钢管和岔管仪器埋设处的管壁应力，监视高压钢管及岔管的运行情况。

6. 地下厂房围岩性状现场监测

鲁布革水电站大型地下洞室快速施工是国家“六五”计划期间一个重要科技攻关项目。为了解、解决施工中和运行期间围岩及经过喷锚支护的围岩结构的稳定性，安全监测组先后采用了理论分析、模拟计算、模型试验、地质调查和现场监测等各种方法。由于岩体特性、初始应力场、洞室几何形状、施工程序和施工方法等实际情况较为复杂，因此围岩性状的现场监测显得特别重要。为此，安全监测组在主厂房范围内设计了3个观测断面，以监测厂房在施工期和运行期围岩稳定情况，并将观测资料与理论分析结合起来，对大型地下洞室爆破及喷锚支护等在施工期和运行期的安全作出评价。

在3个观测断面上埋设有挪威产的弦式多点位移计21套、锚杆应力计14套、钢筋计2套及观测岩体内部温度变化及渗漏情况的电阻温度计4支、渗压计2支等，作为主要的观测仪器。随着地下工程的施工进程，在不同时期不失时机地埋设了不同部位的仪器，对施工过程中围岩的位移及锚杆轴向应力变化进行监测；同时，备有收敛计1套、声波仪1套、测震仪1套，还进行了爆破振速测试、松动范围测试及交叉洞室的稳定监测。

（五）小浪底水利枢纽地下工程

小浪底水利枢纽地下工程围岩软弱破碎、地质条件复杂，绝大部分围岩属三类以下围岩。同时，该工程地下洞室规模大、数量多、开挖施工技术难度很大，为监测地下厂房高边墙不同部位的水平位移变形的状况，安全监测组布置从山顶钻孔到地下厂房高边墙以下，测斜孔孔深达到 198 米，测斜孔水平向距离厂房边墙仅 0.5～1.0 米（在地下厂房开挖后得到验证）。测斜管埋设的关键，一是测斜管导槽的偏扭度，二是钻孔的垂直度。通过数十次施工措施的分析研究，实施后获得了非常成功的结果，由小浪底水利枢纽安全监测组实测导槽的偏扭度为 4.68°，钻孔的垂直度为 0.15°左右（在地下厂房开挖后得到验证，测斜孔水平向距离厂房边墙 0.8 米），在地下厂房开挖的全过程中取到了完整的围岩全变形资料。

（六）广州抽水蓄能电站（一期）

广州抽水蓄能电站（一期）是水电十四局承建的大型电站，装机容量 4300 兆瓦，高压岔管为无钢衬混凝土结构管，工作内水压力 6.12 兆帕，设计需要进行高压岔管模型压水试验，当时国内没有高水压试验资料，国外仅有苏联在英吉利进行水压 5 兆帕双桶法的水压试验（最终压力 3.9 兆帕），无直接借鉴价值。工程局中标承建广州抽水蓄能电站后，高压岔管模型压水试验就由水电十四局承担，具体试验由局施工科研所地下工程室实施。在试验过程中，还邀请东北勘测设计院参加试验，试验了解和解决了以下问题：

（1）测试仪器承载高水压（8 兆帕）作用的性能。

（2）测试仪器承载高水压作用性能的室内压水（9.6 兆帕）试验。

（3）围岩在高水压作用下的承载能力。

（4）围岩在高水压作用下的抗渗透能力。

（5）混凝土衬砌层在高水压作用下的承载能力。

（6）混凝土衬砌层在高水压作用下的抗渗透能力。

（7）围岩、混凝土衬砌在高水压作用下的应力和应变。

（8）围岩的高压灌浆技术。

（9）高压岔管模型试验段的土建施工技术。

（10）混凝土堵头的施工技术。

（11）混凝土堵头的抗渗透能力。

（12）试验加压设备。

经过大量的先期试验研究工作，测试仪器、混凝土性能、开挖技术、灌浆技术等问题逐步解决，试验确定逐级加压，分为 2、4、6、8 兆帕四级试验。在加压到 5.2 兆帕压力时，试验取得完整资料；压力加到 5.9 兆帕时，仅取得部分资料；在压力达到 6 兆帕级时，已无法继续加压。经过讨论，虽然没有达到原来设计的压力目标，但从取到的试验资料和国内外的类似试验分析，决定终止试验。试验报告中除阐述了高压岔管模型压水试验要求的前述问题外，还充分认识到，在地质条件基本满足工程要求并经过高压灌浆处理后，高压岔管的混凝土衬砌层可认为是处于高压水中的一个环，它在内外水平衡作用下运行。试验后，经混凝土衬砌层中的仪器测试结果和实地检查，无破坏现象出现，混凝土衬砌的高压岔管运行安全。

（七）其他工程安全监测

水电十四局自 1964 年在以礼河水电站成立岩石组至今，共承担了近百个大中小型水电站，高速公路、城市地铁等岩土工程安全监测项目，除在已述6个水电站完成监测任务外，其他水电站的主要监测项目见表7-5-2。

表7-5-2　　其他水电站的主要监测项目一览表

序号	工程名称	监测时期	工作内容
1	广东广州抽水蓄能电站（二期）	1994-01～1996-12	电站二期地下厂房及洞室群施工期安全监测
2	浙江天荒坪抽水蓄能电站	1992-03～2000-12	地下厂房及洞室群施工期安全监测
3	湖北三峡永久船闸（二期）	1996-10～2003-12	永久船闸南、北坡1～4层排水洞工程中有关渗流、应力应变和水力学监测
4	云南大朝山水电站	1997-08～2003-10	1号尾水隧洞原型观测
5	长江三峡水电站二期下游围堰	1997-12～2002-12	外部变形、内部变形、渗流、应力应变和爆破震动监测
6	福建棉花滩水电站	1998-03～2001-12	地下厂房原型观测
7	长江三峡水电站大坝	2000～2004	左非1～12坝段、左厂1～14坝段渗流、应力应变、震动监测
8	广西百色水电站	2002-08～2006-12	右江百色水利枢纽RCC主坝和水电站工程安全监测
9	贵州三板溪水电站	2002-12～2006-12	电站引水及地下厂房安全监测系统
10	云南小湾水电站	2002-05～2005-09	小湾水电站导流洞安全监测
11	云南普洱县崖羊山水电站	2004-09起至今	混凝土面板堆石坝安全监测及引水系统原型观测
12	云南小湾水电站	2003-10起至今	小湾引水发电系统原型观测（地下厂房），小湾水电站左右岸坝肩抗力岩体地质缺陷加固处理工程的原型观测及施工试验
13	刚果布英布鲁水电站	2005-03起至今	英布鲁水电站河床、安装场、泄水闸、土坝及左右岸坝肩的安全监测
14	埃塞俄比亚特克泽水电站	2005-12起至今	特克泽水电站大坝观测仪器设计、供应安装及埋设
15	云南溪洛渡水电站	2006-01起至今	右岸地下厂房施工期临时安全监测
16	云南糯扎渡水电站	2006-01-01起至今	糯扎渡水电站左岸导流隧洞泄洪隧洞工程安全监测

二、安全监测主要成果

（一）SJ-58、SJG-53-12全断面隧洞掘进试验

中国自行研制的SJ-58、SJG-53-12全断面隧洞联合掘进机，是由水电十四局在西洱河一级水电站二支洞进行现场实施试验的。试验过程中集中了水电十四局部分安全监

测、岩石试验的专业人员，对掘进机掘进洞段和爆破开挖洞段成形的洞室进行了现场围岩变形、围岩原始平面应力观测（由于测试仪器、测试技术的限制仅能进行一个方向的应力测试）。试验了解了掘进机掘进洞段和爆破开挖洞段成形的变形、平面应力参数，为掘进机研制提供了可靠依据。

（二）新奥法施工研究

1981～1983年，水电十四局在西洱河三级水电站进行“新奥法施工”试验，这是水电系统在水电工程中首次集中研究的施工课题。水电十四局安全监测组全程参与该试验，目的是通过现场试验，了解新奥法施工的机理，用以解决不同地质条件、不良地质条件、有承压水条件下的围岩变形、衬砌应力、衬砌时间和条件等问题。

（三）鲁布革喷混凝土压水试验

鲁布革喷混凝土压水试验是水电第十四局独立实施的研究课题，主要了解喷混凝土衬砌的引水隧洞在内、外水压作用下围岩及喷混凝土衬砌层的受力状态，承载能力和稳定状态，以及围岩、喷混凝土衬砌层的渗透水状态。试验设计最高压力1.6兆帕，试验压力级差0.2兆帕，在试验压力1.0兆帕时稳压23小时，使渗透问题、承载力、外水压力、土建施工技术、试验量测等问题得到了解决。

（四）参与国家“六五”、“七五”、“八五”科技攻关项目

水电十四局参加了“水电站大型地下洞室围岩稳定和支护的研究和实践”、“水电站大型地下洞室围岩稳定和支护的计算分析和测试技术的研究”、“岩体力学测试及高坝坝基监测技术”三项试验研究项目。三项试验研究项目均为国家“六五”、“七五”、“八五”科技攻关项目。其中，施工科研所参加的项目有“七五”国家科技攻关中高吨位（600吨）预应力锚固研究与施工监测。该项成果经部级鉴定达到国际先进水平，1991年获电力工业部科技进步一等奖，目前已在岩土工程加固中广泛应用。

三、对外协作

1985年，应水电九局的邀请，完成了天生桥二级水电站调压井上室及边坡的安全监测。

1986年，应水电九局的邀请，完成了贵州东风坝区高压灌浆的区域抬动监测、高边坡上8个测斜孔的埋设（孔深78～132米）。

1987年，应武警水电619部队的邀请，为其培训安全监测专业人员。

1988年，应长办科研所的邀请，进行湖北清江水电站导流洞（当时国内最大的导流洞洞径为18.26米）安全监测仪器的安装埋设，安全监测工作的咨询。

1988年，应广东水电勘测设计院的邀请，地下工程室派人进行了广州抽水蓄能电站安全监测设计的咨询。

1991年，应华东水电勘测设计院的邀请，地下工程室派人参加了浙江天荒坪抽水蓄能电站安全监测设计的审查。

1993年，小浪底水利枢纽大坝的安全监测由新科公司中标，新科公司中标后邀请水电十四局施工科研所实施。

第七节　计量标准化

为加快企业发展，提高企业竞争力，发挥工程局整体技术优势，1997 年 6 月 18 日，工程局决定增设标准化室、计量管理处两个职能部门，隶属科研设计院领导管理。同年 7 月，科研设计院组建了标准化室、计量管理处两个机构。标准化室编制 3 人：主任 1 人，标准管理员 2 人。计量管理处编制 4 人：处长 1 人、副处长 1 人、计量管理员 2 人。

标准化室的基本职责如下：

(1) 负责工程局所涉及的国家标准、行业标准和地方标准的信息收集和目录汇编。

(2) 负责向工程局各级机构、有关部门和项目部定期发布新版标准、作废标准目录，以保证各级部门和施工场所使用的标准为有效版本。

(3) 协助各级机构、部门订购所需标准。

计量室的基本职责如下：

(1) 负责工程局监视和测量设备周期检定或校准的管理和监督。

(2) 负责对国家计量法规在工程局内的贯彻执行进行监督、检查。

(3) 对无国家检定或校准的计量设备，在总工程师办公室的领导下，会同中心试验室、安装总公司的调试试验中心和测量总队，自行建立检定或校准规范并贯彻实施。

1999 年，根据科研设计院调整，标准化室、计量管理处合并为计量标准化室。计量标准化室隶属勘察设计研究院的科技信息部。

计量标准化室的职责如下：

(1) 负责与工程局有关的国家、行业和地方技术规范、法律法规的信息收集和目录汇编，建立数据库，并配备有效版本，以供查阅。

(2) 负责向工程局各级单位、有关部门和项目部定期发布新版标准、作废标准目录，以保证各级部门和施工场所使用的标准为有效版本。

(3) 协助各级单位、部门订购所需规范、法规类标准。

(4) 负责工程局监视和测量设备周期检定或校准的管理和监督。

(5) 对无国家检定或校准标准的计量设备，在科技管理部的领导下，会同中心试验室、安装分公司试验室和测量总队，组织制定检定或校准标准。

一、“计量标准化”规程、规范

水电十四局在计量标准化方面制定了以下规程、规范及制度：

(1) 1998 年 7 月，制定了《检验和试验设备使用、维护保养和检定规定》，2001 年进行了改版。

(2) 1998 年 7 月，制定了《测量设备使用、维护保养和检定规范》，2001 年进行了改版。

(3) 2000 年，制定了《工程局计量工作管理办法》。

(4) 2000 年，制定了《工程局标准化管理办法》。

(5) 2003 年，由总工程师办公室、计量标准化室主持，局中心试验室编制了《试验仪器、设备校验方法汇编》，对目前尚无国家和行业校准或检定标准且仍在用的试验仪器、设备的校验方法作了规定。

二、计量标准化工作

（一）建立标准文献数据库

1998年起广泛收集信息，对工程局全局范围内的各职能部门和各单位现行使用的标准、规范、规程进行统计，建立工程局现行使用的各专业国家标准、行业标准、地方标准、企业标准数据库，理清工程局各单位现行使用标准题录，收集各类标准题录1500余条。每年进行适时更新。

（二）建立信息网

先后加入云南省标准化协会、云南省工程建设标准化协会，并与云南省标准化服务信息网、中国电力企业联合会建立网络信息桥梁。及时掌握各类国家标准、行业标准和地方标准的发布、替代、作废等信息，随时可对各类标准信息进行查询，满足标准化工作需要。

（三）收集标准文本

保存了水利水电工程、公路工程、铁路工程、金属结构制作及安装、城市建设等标准单行本和合订文本800余个，根据更替作废标准信息，清理作废标准，提供标准文本的查询和借阅服务。

（四）购买标准文本

根据项目部、有关部室提供的采购需求计划，到电力书店、建筑书店、新知书店等，为在建和新进点工程项目部购买规程、规范共计8000多册。

（五）计量管理工作

建立了周期检定制度，对工程局所有单位（或项目部）使用的监视和测量装置进行统计，掌握其设备使用情况，并对这些单位（或项目部）的计量检定工作进行监督，按周期检定制度指导并配合工程局中心试验室及各项目试验分室完成其自检和送检工作。

（六）计量认证工作

1998年编写了工程局中心试验室计量认证质量体系文件，并通过了云南省技术监督局的质量认证，取得了CMA章。2001年12月，随着《产品质量检验机机构计量认证/审查认可（验收）评审准则（试行）》（质技监认函〔2000〕046号文）的实施，又重新编写了局中心试验室计量认证质量体系文件，组织各检测实验室按照新评审准则实施，并重新通过云南省技术监督局的质量认证，保持了CMA章的持续有效。2008年重新编写了检测实验室计量认证质量体系文件，由云南博泰工程质量检测有限公司通过了计量认证复评审，20个检测分室进行计量认证复评审工作。

第八节　施工信息网

20世纪80年代工程局科研所组建后，下设科技信息室（原称“科技情报室”）。情报室经常性的一项工作是：编辑出版《云南水电》期刊杂志；编写检索题录卡片和题录集，并发送到局属各公司，为技术工作需要提供方便；参加全国情报网技术交流和协作，各网员单位定期组织专题学术讨论和研究。1994 年前参加的情报网有：施工组织设计情报网、水利水电施工情报网、土石坝工程情报、水工建筑物情报网、水工混凝土及钢筋混凝土情报网、岩石力学情报网、面板堆石坝学组、地下建筑物情报网等。

1994 年 10 月，工程局科研所与设计院合并成立科研设计院。科研设计院下设情报资料、技术档案室，在工程局总工程师的领导下统管全局科技信息工作，负责科研课题申报和科技信息交流与推广，负责编辑水电十四局对外交流的科技期刊《云南水电》。2001 年 10 月起，科研设计院下设的科技信息室主要负责科研设计院科研课题的申报、立项、中间检查、成果鉴定及申报科技进步奖，编辑水电十四局对外交流的科技期刊《云南水电》。

代表水电十四局参加全国性科技信息网及“水利水电施工”、“施工组织设计”、“土石坝”、“地下工程”、“大坝监测技术”、“混凝土”、“水电建设监理”、“碾压混凝土筑坝技术”等协会共 10 个，参加省级协会“云南省混凝土协会”、“云南省工程检测协会”、“云南省勘测设计协会”、“云南省注册设计师协会”、“云南省勘察岩土工程协会”、“云南省印刷业协会”共 6 个，与全国 162 个单位建立了信息交流关系。参加组织全国性学术交流会议 5 次，如“中瑞地下工程技术讨论会”、“地下工程快速施工经验交流会”等，并将会议论文编印成文集。

一、出版发行刊物

1987 年编辑出版《鲁布革水电站施工专辑》，共三辑：第一辑《首部枢纽工程》、第二辑《厂区枢纽》、第三辑《引水系统》。

1990 年参加全国施工企业新技术成果展览（该展览同时也汇展了全国建筑实用新产品）。水电十四局参加展出的项目有：软岩风化料作堆石坝心墙防渗体、溢洪道直立高边坡的施工与监测、鲁布革水电站原型监测、高土石坝施工监测、岩壁吊车梁、液压转向盘、焊缝热处理装置、蝴蝶钢模台车、全断面针梁钢模。后根据昆明市有关部门的要求，该成果展览以科普展览形式在昆明东风广场也展出过，水电十四局参展内容有所调整。

1991 年前编辑出版的工程技术资料选编，其中有《塑料导爆管非电引爆文选》、《SCS 声破碎剂的性能与应用》、《混凝土面板堆石坝施工》。此外，还编录一些有关施工和科研方面的声像资料进行交流，其中有《创奇迹——水电十四局在漫湾》、《建设中的鲁布革电站》、《心墙用风化料筑坝的快速压实法测定》、《钢弦式频率计研制》。

1991 年编辑出版《广州抽水蓄能电站施工专辑》（第一辑）。

1992 年在《水利水电施工》全国水利水电情报网刊发表专题论述《地下工程施工方法与机具》。

1994 年为《水力发电学报》撰写特约稿，题为《中国水利水电十四工程局简介》，发表在 1994 年第二期《水力发电学报》刊物上。

编辑的科技期刊《云南水电》每年两期，从 2002 年起改为每年四期，自 1978 年创刊至 2006 年已出版了 68 期。此外，还编辑出版了介绍施工新技术的科技交流资料共十余本，如《非电引爆技术》、《水泥裹砂混凝土文集》、《混凝土面板堆石坝》等，编制《科技期刊题录》77 期、《科技发展简报》36 期。

水电十四局1956～1985年的刊物有：

（1）1956年3月28日，《以礼河水电通讯》创刊。

（2）1956年5月24日，《资料汇刊》创刊。

（3）1957年11月27日，《以礼河水电通讯》更名为《云南水电报》。

（4）1959年4月8日，《资料汇刊》更名为《以礼河工程》。

（5）1964年2月1日，以礼河《会战快报》创刊。

（6）1985年2月1日，《云南水电报》复刊。

二、参与编写的规程规范

水电十四局积极参与国家标准及部标准的规程、规范修订工作，1999年以来参与编写的主要规程规范如下：

（1）《水工建筑物地下开挖工程施工技术规范》（DL/T 5099—1999），1999年8月2日发布。

（2）《碾压式土石坝施工规范》（DL/T 5129—2001），国家经济贸易委员会2001年2月12日发布。

（3）《水电水利工程锚喷支护施工规范》（DL/T 5181—2003），2002年参与编写，2003年1月9日发布。

（4）《普通混凝土配制技术规程》，云南省建设厅2003年1月20日发布。

（5）《砌筑砂浆配制技术规程》，云南省建设厅2003年1月20日发布。

（6）《机制砂技术标准及应用规程》，云南省建设厅2003年1月20日发布。

（7）《岩壁梁施工技术规程》（DL/T 5198—2004），2004年参与编写，2004年10月20发布。

（8）《云南省矿渣微粉在混凝土和砂浆中的应用技术规程》，云南省建设厅2004年修编。

第六章　安　全　管　理

第一节　机　　构

一、机构变迁情况

1954年5月～1955年10月，工程局机关设安全技术检查科。1955年10月～1968年10月，为统一名称，技术安全科改名为安全技术科。1968年10月～1971年1月，“文化大革命”中，工程局革命委员会成立四大组，安全生产划归生产组管理。1971年1月～1979年9月，工程局撤销，下属单位成建制划归云南省电力局领导。1979年9月～1988年10月，工程局恢复后设安技处。1988年10月～1999年9月，设安全质量监察部。1999年9月～2006年12月，设安全监察部。安全监察部负责贯彻和执行国家安全生产方针、政策，依据国家法律法规，制定工程局安全生产、文明施工、劳动保护、职业健康、环境保护规章、制度及标准，组织实施、监督、监察和考核。安全监察部共5人，其中主任1人，副主任1人，高级工程师3人，工程师2人。

二、任职情况

1954年5月～1971年1月，曾任局安技科科长的有：韩克友；曾任副科长的有：李广诚、赵世清、吴茂年、陈义德。

1979年10月～1989年2月，曾任安技处处长的有：刘万成、黄秉仁；曾任副处长的有：俞寿侯。

1988年10月～1996年，曾任安全质量监察部部长的有：余子文、熊华武、倪庚祥、黄竹保；曾任副部长的有：徐东初、张庆衢、代其荣、倪庚祥、周德升、王盟、沈文华。

1999～2006年，曾任安全监察部主任的有：刘光、蒋键、刘兴昌；曾任副主任的有：沈文华、瞿子敏、罗霖。

三、安全生产委员会

为了加强安全生产的管理工作，1991年，工程局成立了安全生产委员会，由一名工程局主管安全生产的局领导任主任，主管部门的负责人任副主任，有关部门为成员单位。

1991～2004年曾任安全生产委员会主任的有：孙启林、曹保华、苟达平、李跃平；曾任安全生产委员会副主任的有：唐玉弟、张永棋、余子文、朱世熙、倪庚祥、葛浩然、黄竹保、周宇、王景龙、陈学云、陈志明；曾任安全生产委员会成员单位的有：人事部、财务部、资产部、质安部、保卫处、工会、文卫处、社保部、医院、纪委、办公室、经营部、科技部。（成员部门中间有过调整）

第二节　施 工 安 全 防 范

工程局成立之初，正处于国家第一个五年计划时期，党和政府开始制定一系列劳动保护政策，如《工厂安全卫生规程》、《建筑安装工程安全技术规程》、《工人职员伤亡事故报告规程》等三大规程，建立了初步的安全管理规章制度。在编制生产技术财务计划时，编制安全技术计划，采取安全防护措施，各工区执行工程局的规章制度。安技部门对规章制度的执行起到了监督、检查的作用，最大限度地避免了死亡、重伤事故的发生。“大跃进”期间和十年“文化大革命”期间，施工安全疏于防范，因公伤亡事故频发。改革开放后，国家先后颁布了150多项安全卫生标准，使安全管理有了具体的依据。1987年以后将原来“安全生产”的方针确定为“安全第一，预防为主”，把安全工作的重点放在了预防上，不定期地开展了安全生产检查，对施工中存在的重大安全隐患，如每年汛期的防洪度汛、防坍塌、防爆破伤害等，从技术上和管理上采取了必要的防范措施。

一、安全管理制度的建设

建局以来，工程局制定、规范了一系列安全生产管理制度。

1955年2月，在贯彻中央“安全为了生产，生产必须安全”的方针和水电总局《编制安全技术措施计划办法》时，工程局在贯彻“安全生产责任制”中提出要求：“在布置生产时必须布置安全，在汇报生产情况时必须汇报安全情况，在讨论生产时必须讨论安全，在生产施工计划中包括安全计划及措施，在召开生产、计划会议时尽量吸收安技干部参加，并听取他们的汇报及意见。”

1955 年 5 月，工程局制定《爆破工程及爆破物品保管领发等安全技术操作规程》。

1955 年 9 月，工程局制定《起重工保安规程》，对起重工的技术、设备、操作作了具体规定。

1956 年，工程局贯彻水电总局下发的《关于加强安全技术工作的命令》要求：在编制施工组织设计时必须考虑施工安全技术措施，总工程师必须对安全技术措施进行检查。今后任何工程开工必须制定安全技术措施，否则不准开工。

1956 年 6 月 13 日，工程局转发实施了国务院颁发的《工厂安全卫生规程》、《建筑安装工程安全技术规程》、《工人、职员伤亡事故报告规程》。

1956 年 7 月 24 日，工程局转发实施了国家劳动部发布的《对试行关于装卸、搬运作业劳动条件的规定》。

1956 年 12 月 30 日，工程局根据水电总局《关于颁布一般安全守则等五种安全制度》的通知，结合工程局的实际制定下发了《关于印发一般安全守则等五种安全制度的通知》，下发到全局班组，每班两册，管理干部人手一册。主要内容为：一般安全守则；工程局行政领导干部（总工程师、主任工程师、主管技术员）安全责任制；工程技术人员安全责任制；职能处室安全责任制；工人安全生产责任制；安全教育制。

1956 年，工程局先后制定土建施工、机械修配、机电运行等 40 个工种的安全操作规程并印发实施。

1957 年，工程局制定 65 个工种的安全操作规程并印发实施。

1958 年，工程局开始推行放炮证制度。

1959 年 7 月 15 日，工程局制定了《爆破工程安全细则》，细则规定了爆破材料的搬运、加工、使用、存放、销毁，爆破工作的具体要求、药库的地址选择与建筑要求、瞎炮的处理等，并推广爆破证。

1960 年 2 月，工程局拟定《基建单位安全生产责任制（草案）》。

1964 年 3 月 17 日，工程局对 1956 年颁发的《关于印发一般安全守则等五种安全制度的通知》进行修订，再次下发执行。

1965 年 1 月 2 日，工程局制定《矿车安全管理规定》。

1980 年 3 月 17 日，工程局根据“管生产必须管安全，管技术必须管安全”，“安全生产，人人有责”的原则，再次颁发了《关于颁发“安全生产责任制”（试行）的通知》。通知内容明确了行政领导人员（局长、处长、工区主任）、技术人员（总工、主任工程师、工程师、现场值班技术员）、职能部门（技术、机电、供应、财务、计划、调度、工程管理、劳工、行政、保卫、干部、教育、卫生、安技）、生产工人（值班长、工人、班组安全员）及工会等个人和部门对安全生产所应负的安全责任。明确专职安全管理人员按职工总数的 3‰～5‰配置；编制安全技术措施计划；加强培训、教育；重新印发《安全生产责任制》。1980 年 4 月 23 日，水电总局《关于转发第三水电工程局各级人员〈安全生产责任制〉（试行）的通知》，将工程局制定的《安全生产责任制》向总局所属各水电工程局、勘测设计院、机械施工局、第二机械施工局筹备处、地勘所转发。

1981 年 6 月 1 日，工程局转发实施了水电总局《关于加强水电基本建设安全施工的几项规定》。

1983 年，制定下发《关于工地交通安全的几项规定》。

1984 年，工程局重新印发了《安全生产责任制》、《安全生产教育制》、《安全生产检查制》、《安全技术措施计划》、《事故处理统计报告制》、《安全生产奖惩制》6 种安全管理制度，新制定了《爆破物品管理办法》、《放炮安全规定》等 10 种 21 条规章制度。

1986 年水电总局颁发《水利水电建设施工企业安全生产经济奖惩办法》。工程局据此制定了《安全生产经济奖惩办法》，并付诸实施。

1986 年 7 月，工程局颁发《关于设备运行管理和事故处理的暂行规定》。

1991 年 7 月 26 日，工程局下发《水电十四局安全、质量专项达标升级规划》，安全指标为：工伤事故频率（年）＜15‰，因工重伤频率（年）＜0.5‰，因公死亡频率（年）＜0.2‰，直接损失大于 10 万元的事故为 0。

1992 年 2 月 10 日，工程局印发《工程局第二轮承包中对二级单位安全、质量管理工作考核奖惩办法》，内容：施工安全和质量保证金总额为产值的 5%；施工安全控制指标：职工千人负伤率 15 人次，职工千人重伤率 0.5 人次，职工千人死亡率 0.2 人；奖惩办法：对承包单位奖惩，对个人奖惩。

1992 年 6 月 27 日，工程局转发第六工程公司《关于在班组实施安全目标管理的通知》。

1992 年 8 月 4 日，工程局颁发《危险作业审批制度》，对在施工中随时可能发生伤亡事故或对周围人员设施有重大危险因素的作业，实施审批制度；规定一级危险作业的范围（共八项）及二级危险作业的范围（十三项）。同日，工程局下发《关于对民工安全管理的通知》。同年 8 月 18 日，工程局颁发《项目法施工安全管理规定（暂行）》的通知。

1995 年，工程局制定《对二级单位安全管理工作考核与奖惩办法》、《施工（生产）未遂事故报告暂行规定》、《危险作业审批制度》、《项目法施工安全管理规定》、《关于对民工安全生产管理的规定》（暂行）。

1998 年 3 月 17 日，工程局制定《安全生产奖惩暂行规定》，规定贯彻“安全生产，预防为主”的方针，安全奖罚贯彻“以责论处”的原则。

1998 年 4 月 20 日，局转发电力部《水电建设混凝土设备质量安全管理规定》，并提出贯彻意见。同日，工程局转发电力部《水电建设起重设备安全监察规定》、《水电建设起重设备安全管理规定》，并提出贯彻意见。

1998 年 4 月 22 日，工程局转发并实施了电力部《水电施工设备事故调查处理规定》，文件规定了施工设备事故划分、施工设备事故调查报告程序、施工设备事故责任及处罚、施工设备事故考核统计等。

2000 年 4 月 14 日，工程局转发国家电力公司《安全生产工作规定》，并提出贯彻意见。

2001 年 9 月 6 日，工程局转发实施国家电力公司《安全工作奖惩规定》，这是国家电力公司对 1997 年颁布的《电力生产奖惩规定（试行）》进行修改后颁发的。

2001年11月21日，工程局转发实施水电总公司《安全文明施工考核评分标准》。

2002年，国务院颁布《中华人民共和国安全生产法》，规范生产经营单位和从业人员的安全生产行为。

2002年4月8日，工程局转发国家电力公司《安全健康与环境管理工作的规定》，并提出贯彻意见。

2002年12月28日，工程局下发《关于实行"安全生产、文明施工管理新规程"的通知》。

2003年7月31日，工程局转发中国水利水电建设集团公司《水电施工企业安全生产检查办法》、《水电施工企业安全生产考核管理办法》、《水电设备制造企业安全生产考核管理办法》，并提出贯彻意见。

2004年3月19日，工程局下发《关于开展环境与职业安全健康危害辨识的通知》。

2004年7月30日，工程局转发集团公司《关于进一步加强机械设备安全管理的通知》，要求各单位加强机械设备安全管理，落实设备安全管理责任制；加强对机械设备操作人员的安全管理，同时做好培训、教育、持证上岗工作。

2005年11月，工程局在贯彻执行国家《安全生产法》的同时，制定了《水电十四局安全生产责任制》、《水电十四局安全生产、文明施工管理规定》、《水电十四局事故报告、调查、处理制度》、《水电十四局重大事故"说清楚"制度》、《水电十四局安全生产行政问责制和行政处理规定》、《水电十四局安全生产会议制度》、《水电十四局安全生产检查制度》、《水电十四局安全生产考核制度》、《水电十四局安全教育、培训管理制度》、《水电十四局安全生产投入管理制度》、《水电十四局职业病防治管理制度》、《水电十四局安全性评价管理规定》、《水电十四局安全生产资料管理办法》、《水电十四局安全技术措施管理制度》、《水电十四局危险源辨识与控制管理规定》、《水电十四局应急救援预案管理制度》、《水电十四局施工用电安全管理制度》、《水电十四局消防安全管理制度》、《水电十四局场内交通安全管理制度》、《水电十四局防汛、度汛工作管理制度》、《水电十四局民用爆炸物品管理规定》、《水电十四局工程分包安全管理制度》、《水电十四局设备安全管理制度》、《水电十四局特种设备与特种作业安全生产管理制度》、《水电十四局重要环境因素控制管理规定》等24项安全生产管理制度和1项环境管理制度。制度明确规定了工程局的安全生产、环境管理目标，各级安全生产的管理体制、机构设置、安全生产责任制及安全生产规章制度要求，形成了全面、系统的安全生产管理制度。局属各单位对这些制度进行了认真的贯彻学习，并根据自身实际及存在的危险有害因素，在工程局管理制度的基础上进行了细化，形成了以责任制为中心的安全管理制度体系。

二、安全生产责任制

1955年，工程局开始执行水电总局制定的安全生产责任制，以后在此基础上对安全生产责任制进行修订和完善。1960年2月，工程局拟定《基建单位安全生产责任制（草案）》。1980年，工程局根据"管生产必须管安全，管技术必须管安全"和"安全生产，人人有责"的原则，发布了《关于颁发"安全生产责任制"（试行）的通知》，以后根据上级和工程局的安全生产的实际情况，对安全生产责任制的内容及考核办法逐步进行完善。

1991 年，工程局根据《云南省安全生产领导职责暂行规定》，再次修订局安全生产责任制。

（一）安全生产责任制的主要内容

（1）行政领导人员：局长、处长、工区主任的安全责任；技术人员：总工、主任工程师、工程师、现场值班技术员的安全责任；职能部门：技术、机电、供应、财务、计划、调度、工程管理、劳工、行政、保卫、干部、教育、卫生、安技的安全责任；生产工人：值班长、工人、班组安全员的安全责任；工会的安全责任。

（2）工程局、项目部对各级、各部门安全生产责任制进行分解，并定期检查和考核；对考核结果和兑现情况进行记录。

（3）独立承包的工程在分包时，签订分包合同的同时要签订安全生产合同（协议），签订合同前要检查分包单位的营业执照、企业资质证、安全资格证等。在安全合同中应明确总分包单位各自的安全职责，分包单位向总包单位负责，服从总包单位对施工现场的安全管理。分包单位在其分包范围内建立施工现场安全管理制度，并组织实施。

（4）项目的主要工种有相应的安全技术操作规程。将安全技术操作规程列为日常安全活动和安全教育的主要内容，并悬挂在操作岗位前。

（5）施工现场按工程项目大小配备专（兼）职安全人员。按不同专业组成安全管理组进行安全监督检查。

（二）安全生产责任制的实施

1. 签订安全生产责任书

对上，工程局与集团公司签订安全责任书；对下，工程局与所属二级各单位或项目部签订安全责任书，并确定所属单位的安全生产指标，同时要求各单位交纳一定的安全生产风险抵押金；各单位又与下属各级单位签订责任书。1998 年后，要求二级单位把责任书签订到协作队、设备操作手及特殊工种。通过签订安全生产责任书，把安全生产的责任落实到每个环节、每个岗位。

1992 年，工程局局长与各公司经理签订第二轮经济承包合同时，实行工程局与二级单位的安全保证金制度。

1993 年，工程局与下属 9 个公司（厂）签订了安全生产责任书，安全目标、安全责任进一步明确。各公司还与项目经理或工程队签订安全责任书，实行风险抵押金制度。

1995 年，工程局与二级单位签订安全生产责任书，并分年中、年底两次进行考核。考核不合格，黄牌警告并罚款；考核合格达标者给予奖励。

1998 年开始，工程局与所属各单位全面签订了安全生产责任书，并要求各单位与下属厂队签订安全生产责任书，做到安全责任层层落实，横向到底、纵向到边。

2. 建立和落实安全生产的考核奖励制度

1997 年 12 月，水电总公司制定下发了《水电施工企业安全文明施工考评标准》，首次全面地将安全生产管理的事故控制、第一责任人的职责到位、安全管理机构设置、安全管理队伍建设和施工现场安全管理等进行了细化和量化考核。

1998 年，工程局实行安全生产目标管理。根据工程局年度产值计划，下达了安全生产目标，并与二级单位签订了安全生产责任书，将水电总公司《水电施工企业安全文明施工考评标准》和电力部《安全生产奖惩暂行规定》作为安全生产责任书的考核依据。从2000年起，工程局每年均对局属各单位安全生产责任书进行了考核兑现。

2000年，工程局建立安全生产管理和安全生产奖惩制度，每年组织对各二级单位和局属项目部的安全考核，并与年薪挂钩。局属各单位和项目部也相应地建立健全了安全生产考核机制，每月或每季定期组织对包括协作队在内的厂队进行安全考核。完善考核机制，加大考核范围和力度，将安全责任、目标切实与经济效益挂钩，切实做到奖惩分明、有章必循、循章必严、违章必纠。

3. 监督和考核

根据集团公司《安全文明施工评分标准》，工程局进一步规范和细化了安全检查和安全考核项目的内容与标准：

（1）第一责任者职责到位考核（投入、安委会议、管理规章制度、事故处理、说清楚、例会、工作规划、目标管理）。

（2）机构设置和队伍建设考核（机构设置、人员配备、人员考核）。

（3）安全事故控制考核。

（4）日常管理考核（责任制、培训教育、安全检查、简报、考核、事故管理、技术措施、活动）。

（5）作业场所考核（场地、器材堆放、标志、施工人员、井口洞口、临空临水、临时通道、尘毒噪作业、特种作业、高处作业、多层作业、隧洞作业、爆破开挖、标识、环境）。

（6）施工机械设备考核（制动、保险、基础、信号仪表、传动转动、接地、电缆、吊索具、运行作业）。

（7）用电安全考核（高压线路、线路架设、开关箱、临时线路、变压器、变配电房）。

（8）施工区安全考核（方向制动、车况、装载、驾驶、停放、公路、安全设施）。

（9）防火安全考核（消防设施、防火制度、燃爆场所、燃爆物品、油库、炸药库、办公和居住区）。

三、安全生产教育

加强安全教育是工程局安全管理工作最基础的措施之一。为规范工程局安全生产培训、教育活动，提高全体员工的安全素质和自我防范意识，根据国家有关法律法规，结合工程局实际，在安全教育的实施过程中，采用了新工人入厂三级安全教育、形式多样的宣传活动、安全知识专业培训、安全知识考试、安全知识竞赛等生动活泼的形式进行安全教育。同时坚持开展安全“三不伤害”教育和遵章守纪反“三违”教育，并对农民工加强安全生产教育。

（一）入场安全教育

从工程局建局开始建立安全教育制度，对新工人进行入厂三级安全教育，即工程局、工程处、工区（工段、厂、队）安全教育；对特种作业人员，则再进行安全操作规程培训和经常性安全教育。从1996年后，在对新接收的大中专毕业生集中进行入厂教育时，把安全教育作为其重要内容。分配到下属二级单位和项目点后再针对工地实际进行安全教育。对新工人进行教育的同时，也对协作队伍进行安全教育。通过教育和培训，使职工和协作队伍的安全意识得到提高，安全知识得到普及，有效地促进了安全管理工作。

（二）安全宣传活动

工程局1956年开始组织开展“安全生产活动日”为主要形式的安全生产宣传教育活动，规定每月第一周星期四下午为“安全生产活动日”，以班组、科室为单位，组织职工学习上级安全生产的文件和工程局的安全生产规章制度，总结上月安全生产的情况。1957年举办了安全卫生展览，充分利用工程局的一切宣传工具和宣传阵地，开展多种多样、生动活泼的安全宣传活动。1958年，工程局把安全教育内容编成花灯、快板、相声、大鼓、小唱、四川评书等多种形式，再配合幻灯、电影进行宣传，充分利用一切宣传工具和宣传阵地，开展安全宣传教育工作。1991年工程局编印《安全施工、安全知识问答》小册子，印发全局职工人手一册。1994年后，主要开展“安全月”、“安全周”活动。1995～2006年，每年都在全局范围内充分利用工地广播、电视、录像、板报、标语、安全知识竞赛等宣传工具和形式，宣传安全生产的重要性。

（三）安全知识专业培训

1954～1955年，工程局组建初期，安全专业知识培训主要采取委托代训、派外实习、参观、短期脱产轮训的方式。1956年，工程局制定《安全教育制度》并组织实施后，对安全知识的专业培训进行了规范，同年工程局组织编制了土建施工、机械修配、机电运行等40多个工种的安全技术操作规程，为安全知识的专业培训打下了基础。1957年，工程局又在此基础上，修订、编制了65个工种的安全技术操作规程。1963年，再次对51个工种的安全技术操作规程进行修订。从1956年开始，工程局对新进场的工人，在进行安全教育的同时，主要针对其所从事的工种进行安全技术操作规程的培训，考核合格后上岗作业。对特殊工种进行安全技术操作规程培训，考核合格后，实行操作证管理制度。对干部的安全知识专业培训，重点是培训基层厂、队干部和安全管理人员。1957年，工程局举办了两期工段长安全知识专业培训班，培训84人。1964年，工程局及所属单位举办工段长及专、兼职安全员培训班13期，培训约500人。1980年，工程局举办安全员培训班，培训34人。1986～1989年，各公司安技科组织班组长进行安全培训、青工培训、72个工种安全技术操作培训、考试，炮工、起重工、电工、焊工、施工机械、水工、钻灌工培训等，参加学习的职工3089人。

1991～1999年期间，工程局举办班组长安全培训班，有116名班组长参加了学习考试，全部取得合格证；在广蓄、漫湾水电站举办了3期厂、队长、安质人员参加的“安全质量管理知识培训班”，78人参加学习，70人获得结业证书；开办安全员培训、混凝土工培训等特殊工种培训班34期，经云南省劳动厅发放的特殊工种作业人员1936人，持证率81%；举办安全培训班共121期，参加人员2469人；考核农民工特殊工种作业人员146人。

2000～2006年期间，在原来培训方法和内容的基础上，重点强化了对安全生产专职管理人员的上岗持证培训和各级管理人员的安全生产考核合格证培训，以及生产一线工作人员的安全操作规程、法律法规培训。电力建设安全培训 4 人，电力建设安全岗位资质培训 158 人；对特种作业人员进行培训、资格证考试和复审培训，取证的人数为 2657 人，合格率达 100%。

（四）安全知识考试和安全知识竞赛活动

1984 年，全局 990 名干部参加水电建设总公司统一命题的安全生产知识考试，占应考人数的 54.6%；及格 875 人，占参考人数的 88.38%。1986～1989 年，各二级单位安技科组织科以上干部进行安全考试；1986 年，安技处配合局团委举办了安全知识百题有奖竞赛活动，参加的团员、青年共有 980 人。全局安全人员 616 人参加国家电力公司组织的《电源建设安全知识》竞赛。1991 年局举办的安全知识教育考试，有 1.2 万名职工参加。1994 年参加安全知识竞赛 2886 人次。2000 年，在全局范围内开展了“安康杯”活动、“安全生产周”活动、“百日安全生产无事故”活动，参加安全知识竞赛的共计 2886 人次。2001～2006 年，在原来培训方法和内容的基础上，重点强化了对安全生产专职管理人员的上岗持证培训和各级管理人员的安全生产考核合格证培训，以及生产一线工作人员的安全操作规程、法律法规培训。

四、安全生产检查

为贯彻执行“安全第一，预防为主”的方针，消除事故隐患，工程局坚持开展安全检查，查安全措施落实，查事故隐患，查“三违”情况。从 1956 年开始，工程局每年都进行安全检查，检查的主要内容包括安全技术措施落实情况、各项安全制度的贯彻落实情况、安全教育和培训情况、安全事故的处理情况。对检查中发现的问题，提出处理措施和意见，消除安全隐患。每年根据工程进展情况和存在的安全隐患，安全大检查的侧重点有所不同，如例行的工程局春夏秋冬季节安全检查，“春季三防”（防电、防火、防风），“雨季四防”（防洪、防塌方、防触电、防雷击），“年底四防”（防触电、防滑、防风、防火）。

在专项安全检查中，对水电工程施工中的重要危险源，如施工用电、消防、场内交通、防洪度汛、民用爆炸物品、机械设备及特种设备等开展专项检查。对安全生产有重大影响的基坑支护、脚手架、模板工程、施工用电、塔吊、起重吊装、爆破、水下拆除、土石方开挖爆破、高排架和高栈桥施工、大型金属结构机电设备运输、拆装施工、高处临空临水和高边坡施工等要求编制专项安全技术措施。局质安部每年到局属项目部的安全检查不少于一次，并对二级单位所属项目部进行不少于一次的抽查。年底对各项目部进行安全检查考核，检查结束后开具安全生产检查报告，对需整改的安全隐患开具隐患整改通知书，限期整改，加大了对各项目安全生产的管控力度。

1992 年，工程局在开展每年的安全生产大检查时，同时检查考核安全责任制和安全生产责任书的贯彻落实情况，并作为安全奖惩的依据。工程局每年定期在全局范围内进行安全生产检查，对查出的事故隐患整改实行“一把手”负责制。同时，安全部门加强对隐患治理的监督和协调，推动了隐患排查整改工作的深入开展，使隐患排查工作最终落实到了基层。隐患治理按“四定”原则（定整改方案、定整改资金、定整改负责人、定整改期限）安排落实，使事故隐患整改遵循闭环思路：从隐患的发现，到隐患的上报、治理，最终到隐患治理结果的确认，形成一个闭合环。

在长期的安全检查实践中，水电十四局工程项目部逐步形成和完善了安全检查制度。

（一）定期安全检查制度

建立项目部周检、月检安全检查制度。周检由项目部安监部负责人组织专（兼）职安全员，对项目部所有施工面进行全面安全检查。月检由项目部安全副经理组织班子成员和中层干部，对所有施工面、生活区进行全面安全大检查。检查中发现的问题限期整改。

（二）专业性检查制度

项目部的防洪度汛、高边坡和地质灾害、施工用电、消防安全、场内交通安全、设备安全、易爆物品及爆破安全、工程分包管理、安全生产隐患排查等，由安监部及有关专业负责部门进行定期（每月一次）和不定期专项安全检查。

（三）季节性的安全检查制度

根据季节对施工的影响，项目部建立雨季施工、防汛和冬季施工安全检查制度，检查的次数和内容根据实际情况确定。

（四）节假日安全检查制度

节假日前和节假日后复工前、自然灾害过后复工前，以及其他原因造成停工一周以上的情况，项目部安全副经理或安监部负责人必须组织有关人员进行安全检查。

（五）日常安全巡视检查制度

项目部根据工程特点和施工现场的实际情况，采取专（兼）职安全员日常安全巡视检查。发现的问题组织人员立即整改，并记录。不能立即整改的，则下发“隐患限期整改通知单”给隐患部门限期整改。

第三节　安全事故处理

一、安全事故处理的有关政策、制度和规定

1954年建局初期，在安全事故处理方面，主要贯彻执行1952年，燃料工业部颁发的《工业交通及建筑企业职工工伤事故报告办法》、1956年2月电力工业部颁发的《工人职员伤亡事故调查登记统计报告规程》实施细则，以及1956年5月国务院颁发《工人职员伤亡事故报告规程》。工程局的安全事故处理，经过逐年完善，逐步建立了安全生产事故和职工伤亡事故的报告、调查、登记、处理、鉴定、统计、档案等项管理制度。

1979年，国务院《企业职工伤亡事故报告处理规定》（国务院第75号令）和《特别重大事故调查程序暂行规定》（国务院第34号令）等法令颁布，工程局制定了《事故报告、调查处理制度》、《重大事故“说清楚”制度》、《安全生产行政问责制和行政处理规定》等相关规定。按照事故报告、事故调查、事故处理、工伤申报、工伤认定、劳动能力鉴定、工伤待遇落实的程序进行，制度规定了现场保护、事故调查、责任划分确定、处罚等条款，对事故的处理，按“四不放过”（事故原因不清楚不放过，事故责任者和应教育者没有受到教育不放过，没有采取防范措施不放过，事故责任者没有受到处罚不放过）的原则进行。事故统计：轻伤事故，经工地医疗部门治疗，按月、季度、年由所在生产施工单位（项目点、厂、队）填写工伤登记表，上报二级单位或者工程局安全管理部门；群

伤、重伤、死亡等重大事故，必须立即报告工程局安全管理部门，并同时上报更上一级管理部门。

1989年10月4日，工程局根据能源部水电开发公司《关于水电工程施工安全事故报告的通知》，结合实际情况制定下发了《关于工伤事故报告工作的通知》，对工伤事故的处理，提出了贯彻落实的具体要求。

1990年5月21日，工程局印发《关于工伤事故的通报》时，对使用农民工、临时工、聘用人员作了六条安全生产的规定：

（1）签订劳动合同必须有明确的安全内容。

（2）用人单位必须对使用人员进行安全交底。

（3）使用农民工、临时工进行机械操作时，必须经过培训。

（4）用人单位必须为农民工、临时工提供安全设施。

（5）农民工、临时工发生伤亡事故，必须按“四不放过”原则调查处理。

（6）对使用单位为主要责任的农民工、临时工、聘用人员因工死亡和重伤事故应纳入安全考核，并按规定对单位进行罚款处理。

1997年，国家实行《企业职工工伤保险（暂行）办法》和2004年实施《工伤保险条例》以来，工程局在事故中对受伤害的所有职工均进行了工伤认定，保障了受伤害职工的权益。其中，1997年10月1日～2003年12月31日期间，执行云南省《企业职工工伤保险（暂行）办法》，经云南省劳动厅授权，由工程局质量安全部按国家和云南省有关规定进行工伤认定。2004年1月1日实施《工伤保险条例》以来，由工程局质量安全部按国家、云南省和昆明市有关申报工伤认定规定，组织材料向昆明市劳动和社会保障局申请认定。

二、安全事故的处理程序

（一）事故分类

安全事故分为轻伤事故、重伤事故、一般事故、较大事故、重大事故、特别重大事故。

（二）事故报告

（1）报告时间：一般以上事故发生后，事故现场有关人员应当立即向本单位负责人报告。单位负责人接到报告后，应当于1小时内向事故发生地县级以上人民政府安全生产监督管理部门和负有安全生产监督管理职责的有关部门报告。

（2）报告内容：事故发生单位概况；事故发生的时间、地点以及事故现场情况；事故简要经过；事故已造成或者可能造成的伤亡人数（包括下落不明人数）和初步估计的经济损失；已采取的措施。

（三）事故调查

重大事故、较大事故、一般事故分别由事故发生地省级人民政府、设区的市级人民政府、县级人民政府负责调查。工程局及事故单位积极配合事故的调查处理，事故调查处理组的职责为：查明事故发生的经过、原因、人员伤亡情况及直接经济损失；认定事故的性质和责任；提出对事故责任者的处理建议；总结事故教训，提出防范和整改措施；提交事故调查报告。

（四）事故处理

事故的处理按照“四不放过”原则严肃处理，并根据负责事故调查的人民政府的批复，对负有事故责任的人员进行处理；负有事故责任的人员涉嫌犯罪的，依法追究刑事责任。

（五）法律责任

事故发生单位、单位主要负责人及其有关人员有下列行为之一的，按照国家有关法律法规规定，对事故单位进行经济和行政处罚；构成以下犯罪的，依法追究刑事责任：不立即组织事故抢救的；谎报、迟报或者漏报事故的；在事故调查处理期间擅离职守的；伪造或者故意破坏事故现场的；转移、隐匿资金、财产，或者销毁有关证据、资料的；拒绝接受调查或者拒绝提供有关情况和资料的；在事故调查中作伪证或者指使他人作伪证的；事故发生后逃匿的。

第四节　文　明　施　工

1990年1月12日，工程局印发《云南省建筑行业施工现场安全文明生产施工规定》，要求所属各单位认真执行。规定的主要内容为高空作业防护、洞口边坡防护、施工设备防护、现场安全用电。工程局在广州抽水蓄能电站施工中提出了“均衡生产、文明施工”的要求，通过均衡安排施工进度，加强现场管理力度，将文明施工纳入安全考核范围，促进施工现场管线有序布设、材料堆放整齐，加大作业环境通风、排水、照明的投入，提高了文明施工的水平。

1997年12月，水电总公司制定颁发了《水电施工企业安全文明施工考评标准》，“考评标准”将安全生产管理的事故控制、第一责任人职责到位情况、安全管理机构设置和队伍建设、施工现场安全生产、文明施工管理等进行了细化和量化。工程局对标准进行了贯彻，将文明施工纳入安全管理中。2000～2006年，水电总公司对该标准进行了两次修订。工程局按照修订后的标准组织安全生产和文明施工，并进行相应的管理、考核。

2000年，工程局根据建设部1999年制定的《建筑施工安全检查标准》（JGJ 59—1999）、水电总公司《水电施工企业安全文明施工考评标准》等有关文明施工管理的要求，结合本单位的实际，制定《安全生产、文明施工管理规程》，组织对所属各单位进行安全生产、文明施工并进行考核，将文明施工纳入项目管理的考核范围。文明施工具体的量化考核为：对营地的管理要求规划合理、功能齐全；按规范要求修建营地，无乱搭乱建；管线统一规划、布置，无私拉乱接；场地道路平坦、整洁。对场内交通要求设备外观整洁、无破损，车况良好；施工道路平整、通畅，警示防护标志齐全；设备按指定位置整齐停放。对临时加工场地，要求布置合理，排水、防火设施齐全；露天仓库材料堆放整齐、标识清楚；车辆停放有序、排列整齐。对施工作业面要求器具材料堆放有序、整齐；施工人员正确穿戴、使用劳保用品；井口、洞口、临空临水防护设施和警示标志齐全；临时道路布置合理、平稳；特种作业持证上岗，有必要的防护、监护；交叉作业合理安排、有措施；隧洞作业排水、通风良好，管线布置整齐；用电线路布置清晰，箱柜排列整齐；同时，将精神文明纳入文明施工的考核范围，对宣传教育、娱乐设施、职工行为进行了要求。

2005年11月，工程局下发实施了《水电十四局重要环境因素控制管理规定》，明确了对重要环境因素按照“充分辨识，客观评价；采取措施，有效控制，持续改进，逐步完善”的步骤和原则，对施工中可能产生的环境因素进行了充分的辨识、评价，对污水排放、气体排放、垃圾处理、植被保护、粉尘控制、噪声控制、资源能源消耗等重要环境因素制定了总体控制措施。各项目部根据工程局的总体要求，采取措施对各种环境因素进行有效管理。

第五节 劳 动 保 护

工程局贯彻执行国家相关的劳动保护法律和法规，保护劳动者在生产过程中的安全与健康，保护和发展生产力，促进企业健康发展，改善劳动条件，消除事故隐患，预防事故和职业危害。为职工提供符合国家规定的劳动安全卫生条件和必要的劳动防护用品，对从事有职业危害作业的劳动者定期进行健康检查；为从事特种作业的劳动者提供专门培训并颁发特种作业资格证书。

1955年5月，工程局制定了《劳动保护用品制度》，规定了眼镜、口罩、垫肩、手套、安全帽、安全带、毛巾、围裙、袖套等防护用品的发放及领用制度。

1956年6月8日，工程局颁发《劳动保护用品发放原则》，规定了劳动保护用品发放标准、劳动保护用品使用及管理。

1956年7月7日，工程局转发《国务院防止厂矿企业中矽尘危害的决定》，提出保护工人健康，消除矽尘危害，各种钻孔施工采用湿式钻孔。在工程开挖中，普遍采用湿式作业、喷雾散烟、洒水出渣、加强通风等措施及个人戴口罩防护等。定期进行粉尘测定，对粉尘作业人员进行健康检查，将查出患有矽肺病的人员调离岗位。

1956年9月2日，工程局贯彻水电总局下发的〔1956〕技安字第80号文《关于加强除尘、消除矽肺病工作的通知》，要求：工程开挖中的钻孔工作改为湿法钻孔；对从事粉尘作业的工人进行体检；教育工人戴防尘口罩；对接触粉尘的工人发保健品。

1958年1月，工程局根据水电总局转发的《国务院关于对防护用品的发放和管理进行整顿的意见》，制定了《电力工业部云南水力发电工程局防护用品使用制度暂行规定》，规定共26条，要求各单位认真贯彻执行。

1958年8月20日，工程局对劳动保护用品发放办法进行修订后，制定了《云南水力发电工程局劳动保护用品发放制度》。

1959年9月1日，工程局发布《关于坚决消灭干钻的决定》，规定工程开挖中必须使用湿式钻孔。

1962年，工程局出台《劳动保护用品发放规定》，规定涉及116个工种、35种物品。

1963年6月，工程局根据水利电力部文件《转发劳动部、卫生部、中华全国总工会

"关于发布试行防止矽尘危害工作管理办法（草案）"的联合通知》（〔1963〕水电劳字第1017号文），制定了《关于防止矽尘危害的初步规划、措施和矽肺病的预防、治疗措施的意见》，文件中规定了工程开挖、水泥搬运、钢筋去锈的粉尘浓度达标限值(2毫克/米^3)，规定了"湿式作业，喷雾洒水降尘"措施。

1964年6月12日，工程局再次修订下发《关于试行劳动保护用品发放标准使用管理的暂行规定》。

1964年，工程局以工〔1964〕安字第06号文规定了"坚持中心注水湿式钻岩"、"无水不开钻"、"洒水出渣"的规定，杜绝"干钻"，以减少矽尘危害。

1966年，工程局发布《关于采取措施，严防加铅汽油中毒的通知》，对油料工、驾驶员、修理工等发放劳保用品，加强个人保护。

1981年3月18日，工程局下发《关于试行职工个人防护用品发放标准及管理办法的通知》。

1984年，工程局制定劳动保护技术措施，规划提出防尘、防毒、防噪声措施；散装水泥运输全部用水泥罐车封闭运输；袋装水泥使用拆包机拆包；对混凝土自动拌和楼，要完善密闭除尘、吸尘、排尘措施；地下工程喷锚作业上料、搅拌、喷射使用机械作业；工程开挖爆破作业使用湿式钻孔；潜孔钻作业配置袋式吸尘器；职工在从事粉尘作业时佩戴防尘呼吸器。电焊作业车间安装排烟罩及排烟设施，集中排烟。钢筋制作除锈改为密封自动除锈措施。在噪声环境作业的职工配发防噪声耳塞等。

1986年开始，在局职工医院设置工业卫生科，由局文卫处直接领导，承担施工现场尘、毒噪声的测定，提出改进建议。

1997年4月3日，工程局针对国内安全防护用品及设备生产、销售情况混乱，假冒伪劣产品大量充斥市场，流入施工现场的情况，制定了《关于加强施工现场安全防护用品及有关设备管理的通知》，加强对安全防护用品及设备的管理。

1997年10月8日，为加强劳动保护，工程局成立"劳动环境检测监督中心"，隶属局质安部管理，配置粉尘采集仪、高原气象综合观测仪、生物显微镜、721分光光度仪、肺功能仪、声波仪等设备。

1999年3月10日，工程局制定《关于1999年劳动环境监测计划》，对工程项目部施工现场进行粉尘、噪声级毒物监测。

1999年4月2日，工程局发出《关于尘肺普查的通知》，对查出的尘肺病患者给予治疗，并根据《中华人民共和国尘肺病防治条例》出台《水电十四局尘肺病防治实施细则》。

2002年，工程局针对劳动防护用品使用不太规范的情况，制订《关于统一规范使用安全帽的通知》，严格规定不合格和已有缺损的安全帽（如竹制、藤制）的，应立即更换，并规范了标识、颜色和采购渠道，同时规范了安全帽的采购途径和价格，从而保证了安全帽的质量。对工作服的使用，工程局发布《关于工程局工作服统一定制、穿戴的通知》，统一了工作服选择定制、布料、颜色、式样、标记、发放标准及穿戴管理，控制了工作服的质量。同时，对其他安全防护设施和用具，如安全带、安全绳、手套、鞋帽等防护用具使用按国家标准和规范作了详细的规定。

第六节　职业健康安全管理体系

建立 OHSAS18001 职业健康安全与 ISO 14001 环境管理体系，是企业实现系统化、标准化、规范化管理的有效途径，为企业建立持续控制安全健康风险，提高环境保护意识，保护环境，完善自我约束和激励机制提供了平台。工程局在 2004 年 8 月 21～23 日在昆明海埂疗养院召开的质量、安全工作会上，决定建立 OHSAS18001 职业健康安全与 ISO 14001环境管理体系。

一、体系建立

2004 年 2 月 3 日，工程局正式启动了职业安全健康管理体系和环境管理体系运行、认证工作。工程局〔2004〕10 号文《关于任命质量/安全/环境管理者代表的通知》：任命陈学云为管理者代表；局机关部门进行调整，贯标办改为质量管理部体系运行处，侯堂平任处长。职业健康安全管理体系贯标工作开始。

2004 年 2 月聘请了北京正四方公司咨询组。同年 2 月 17 日，工程局成立贯标工作领导小组，领导小组组长陈学云，副组长王景龙、刘兴昌、罗霖，贯标工作小组组长侯堂平。工程局正式启动了职业健康安全与环境管理体系的建立工作，通过项目调研编制了《中国水利水电第十四工程局职业健康安全与环境管理初始评审报告》。3 月 19 日，工程局发布《关于开展环境与职业安全健康危害辨识的通知》。8 月 22 日，召开了管理评审会议，陈学云副局长作了职业健康安全和环境管理体系建立情况工作报告，局长李跃平提出加强职业健康安全管理体系标准宣贯的要求。11 月 1 日，编制了完成了环境和职业健康安全管理手册、19 个程序文件、记录表格汇编，编录了与工程局有关的法律法规清单，开始在全局实施。全局进入了职业健康安全和环境管理体系试运行。同年度完成内部审核 36 个单位。

2005 年 3 月 14 日，在咨询组指导下组织了对 14 个单位的初审，认证公司派出审核员参与作为一阶段的审核；结论是职业健康安全与环境管理体系在局机关及大部分二级单位、大部分项目部已建立起运行模式和机制，并初步运行。4 月 26 日，召开管理评审会议。7 月 8 日，认证公司组织了认证审核，结论：职业健康安全和环境管理体系体系基本有效，同意发证。8 月 2 日，获中国船级社质量认证公司 GB/T 28001—2001《职业健康安全管理体系　规范》和 GB/T 24001—2004idtISO 14001：2004《环境管理体系要求及使用指南》认证证书。

二、体系运行

获得了认证公司向水电十四工程局颁发的《职业健康安全管理体系》和《环境管理体系》认证证书后，工程局严格按体系运行的要求进行运行。

2005 年完成内部审核 46 个单位。认证公司监督审核结论：职业健康安全和环境管理体系运行基本有效。

2006 年 2 月 6 日，工程局领导班子调整，质量/职业健康安全/环境管理管理者代表也进行了调换。局长李跃平签发任命书，任命工程局副局长吴云红、俞祥荣两位同志为质量/职业健康安全/环境管理者代表。因机构调整和管理者代表变换，局质量安全部组织对2004版文件进行修订完善。

2006年10月25日，工程局发布《关于水电十四局管理体系文件换版的通知》，对管理体系文件进行修订、更新改版，要求全局10月25日起按新版文件执行。更新后建立了职业健康安全管理手册，质量和职业健康安全和环境管理体系共用程序文件8个、职业健康安全和环境管理程序文件11个。

2006年完成内部审核43个单位。认证公司监督审核结论：职业健康安全和环境管理体系运行基本有效。

通过体系认证，使企业的安全管理工作从传统的经验管理步入科学规范管理的轨道。安全管理是永恒的主题，安全是生产的保障。按照职业健康安全管理体系标准的要求，工程局建立了企业职业健康安全管理方针、目标和指标，确定了实现目标的途径和方法，通过过程控制和持续改进，不断提高职业健康安全绩效。

1950～2006年水电十四局工伤事故统计和历年安全生产获奖情况见表7－6－1和表7－6－2。

表7－6－1　　1954～2006年水电十四局工伤事故统计

年份	年平均人数	轻伤人次	重伤人次	死亡人数	负伤频率(‰)
1954	651	150	12	2	251.9
1955	3543	393	16	0	115.4
1956	3517	225	3	1	65.1
1957	7931	713	13	7	92.4
1958	17 474	704	24	26	43.2
1959	24 207	1072	24	18	41.8
1960	16 931	1376	29	11	83.6
1961	11 274	538	9	3	48.78
1962	8613	333	13	1	40.28
1963	9038	760	12	0	85.4
1964	13 301	1182	10	4	84.17
1965	12 564	1519	13	4	122.3
1966	15 465	2147	23	10	140.96
1967	17 765	2046	11	11	116.4
1968	18 367	232	5	1	12.9
1969	19 656	1398	26	5	72.7
1970	19 797	2282	40	25	118.55
1971	20 466	1525	31	5	76.27

续表

年份	年平均人数	轻伤人次	重伤人次	死亡人数	负伤频率(‰)
1972	21 019	1794	27	2	86.73
1973	22 290	1895	25	7	86.4
1974	20 412	1220	20	2	60.48
1975	19 257	1088	26	8	58.2
1976	18 468	641	12	5	35.6
1977	18 193	945	31	4	53.8
1978	17 506	1524	38	11	89.8
1979	19 276	1272	28	12	68.0
1980	19 725	589	13	1	30.57
1981	20 062	570	6	2	28.8
1982	20 202	765	6	5	38.3
1983	20 371	574	5	0	28.4
1984	20 303	587	14	9	30.0
1985	19 674	402	24	12	22.3
1986	19 174	591	14	4	21.3
1987	18 891	442	15	2	24.3
1988	18 435	337	12	5	19.2
1989	17 560	402	9	12	24.1
1990	17 272	279	19	2	17.4
1991	17 195	258	16	9	16.4
1992	17 296	173	6	3	10.35
1993	16 073	127	6	3	8.3
1994	15 634	78	4	3	5.24
1995	14 880	55	4	3	4.11
1996	13 782	30	6	2	2.64
1997	14 544	70	7	3	5.76
1998	11 574	51	8	3	4.1
1999	11 878	47	6	2	4.63
2000	11 358	63	6	3	6.2
2001	11 171	58	4	3	5.84
2002	11 017	33	3	0	3.16
2003	10 834	34	4	1	3.14

续表

年份	年平均人数	轻伤人次	重伤人次	死亡人数	负伤频率(‰)
2004	10 693	33	4	1	3.0
2005	10 822	21	2	0	1.79
2006	10 201	19	3	0	1.69

注　1992～2006年的负伤频率是包括民工在内计算的。

表7-6-2　　　水电十四局历年安全生产获奖情况

序号	获　奖　情　况
1	1991年，水电十四局被中华人民共和国能源部、中国水电工会全国委员会评为“全国电力行业安全生产先进集体”（奖牌）
2	1994年，被水电总公司评为“1993年度水电施工系统安全生产先进集体”（奖状）
3	1995年，水电十四局山仔施工局被水电总公司评为“1994年度安全生产先进施工局”（奖状）
4	2003年2月，被集团公司评为“2002年度安全生产先进企业”
5	2004年3月，工程局三人被集团公司评为“安全生产优秀项目经理”，一人被评为“安全生产管理先进工作者”
6	2006年，经云南省人民政府考核被评为“2005年度安全生产优秀企业”
7	2006年，工程局所属金沙江分局、广东分局、小湾141联营体、龙滩1478联营体、西霞院项目部、泗南江项目部、构皮滩项目部、三峡地下厂房项目部八个项目部的项目经理被集团公司授予优秀项目经理称号
8	经云南省人民政府考核，水电十四局被评为“2006年度安全生产优秀企业”
9	水电十四局被集团公司评为2006年度安全生产先进企业

第七章　质　量　管　理

第一节　机　　构

1954年5月工程局成立施工科，施工科下设检查验收股。1956年7月成立工程质量检查科，属工程局总工程师室领导，负责单元工程质量终检工作。1958年，工程局所属各工程处相继成立质量检查科，负责本处施工的单元工程终检任务。1968年“文化大革命”期间质量检查科被撤销，由生产组负责质量工作。1971年工程局机构撤销，下属单位隶属云南省电力局领导，电力局基建处设专人负责质量管理工作，各工程处逐步恢复质量检查机构。1979年恢复水电第三工程局后，1980年即成立工程局质量管理处，负责全局质量管理机构的设置及质量检查工作。1988年10月撤销质量管理处，成立工程局质量安全监察部。1989年质量管理处与安全技术处合并成立工程局安全质量监察部。1997年10月23日，撤销安全质量监察部，设立工程局质量保证部。2002年2月20日，质量保证部更名为工程局质量管理部。2003年8月设立工程局质量安全管理部。1980～2006年，工程局所属各二级施工生产单位和工程局所属项目部及二级单位项目部均设置有相应的质量管理机构，质量管理实行二级及三级管理体制。工程质量的终检权属各二级施工单位和工程项目经理部。

1954年3月～1956年10月，设立局施工科期间，李良广任施工科科长。1956年11月～1965年2月，设立局质量检查科期间，丁弘绪、熊荫森曾任质量检查科副科长。1965年3月～1968年8月期间，黄秉仁曾任质量检查科科长，熊荫森、吴茂年曾任质量检查科副科长。1980年8月～1988年10月，成立局质量管理处期间，余子文曾任质量管理处处长，梁金恒、李绍宗、朱连生、张庆衢、高忠诚、黄宗英、徐东初曾任质量管理处副处长。1988年11月～1997年9月，设立质量安全监察部时期，余子文、熊武华、倪庚祥、刘悦敏、黄竹保曾任质量安全监察部部长，徐东初、倪庚祥、张庆衢、代其荣、周德升、王萌、沈文华曾任质量安全监察部副部长。1997年10月～2003年8月设立质量保证部期间，黄竹保、刘光、蒋键、刘兴昌曾任质量保证部部长，沈文华、瞿子敏曾任质量保证部副部长。2003年9月～2006年12月，设立质量安全管理部期间，刘兴昌曾任质量安全管理部部长，沈文华、罗霖曾任质量安全管理部副部长。

1981年7月25日，为了加强对质量管理工作的领导，工程局成立全面质量管理委员会，负责全局质量管理及质量检查工作。委员会由一位副局长担任委员会主任，总工程师为副主任，委员为各职能部门的负责同志（包括计划、财务、劳工、技术、质管、机电、安技、供应、教育及政工各部门）。委员会设置办公室，办公室设在质量管理处，配专职人员处理日常的协调工作。1997年3月5日，工程局成立贯标领导小组和贯标工作办公室，开始启动工程局质量管理体系的筹划运作。2001年7月20日，工程局成立ISO 9000（2000版）贯标领导小组，设贯标工作办公室，组长林文进，副组长陈玉恒、刘兴昌。2001年9月14日，工程局调整ISO 9000（2000版）贯标领导小组成员，组长林文进，副组长刘兴昌、郑井秀、沈文华。

第二节　质　量　控　制

从1954年建局至2006年，工程局在电站建设及公路、铁路、市政等工程的建设过程中，始终坚持“百年大计，质量第一”的方针，强化质量意识，认真贯彻国家有关工程建设质量监督和质量管理的方针政策，使质量监督、检查、评定等管理工作逐步上了新台阶，提高了管理层次。从20世纪50年代以质量检验为主（钢筋混凝土、大坝填筑等工程进行了统计质量管理），到2006年已发展成为一个能严密地按照国际质量标准体系ISO 9001（2000版）质量管理体系进行运行，能采取先进的测试阶段，应用网络计划技术进行系统工程质量和进度控制，开展创优工程和精品工程活动，以信息技术进行质量宏观和微观调控及统计考核、监察等工作，从而使质量管理工作不断向规范化、制度化、科学化方向迈进。

一、1954～1980年从工序检验到统计质量管理阶段

建局初期的质量管理主要以建立健全机构和规章制度为主。1956年以礼河水槽子电站开工，工程局成立了质量检查科，对单元工程进行终检。1957年4月工程局下发了《云南水力发电工程局工程验收暂行办法》，规定了质量检查制、责任制以及建筑材料、坝基处理、临时房建等检查办法。1959年贯彻水电总局的工程质量制度，进一步明确了局长、总工、工程处长、工段（厂、队）长、技术员以及工人的工程质量责任，同时也规定了技术、试验、测量、地质等方面的质量责任。1961年12月21日，工程局下发《关于建筑原材料鉴定、保管和使用暂行规定》。1963年2月21日，发布《以礼河水力发电工程局工程质量管理办法》，明确了质量事故的分类（暂按1961年5月原云南省水利电力厅的规定）、事故报表的分类；工程质量等级分优良、合格、不合格三级。

1970年以前，在水电十四局承建的以礼河、绿水河、六郎洞等水电站中，质量管理曾几起几落，工程质量从总体上讲是好的。这一时期，云南最大的水电站——以礼河水电站工程竣工投产，已经受了运行时间的考验，证明施工质量是好的。特别是毛家村主体工程，其土坝填筑质量受到国家表彰和奖励。

1972年国家实行水电建设与电力生产系统归口管理，颁布了加强质量工作的文件，质检机构逐步得到恢复，“百年大计，质量第一”和“预防为主”的方针，在工程局所辖各施工点相继贯彻执行。施工中对三材、半成品等的试验及测量放线、收方、竣工测量等工作分别由技术科试验室和测量队承担，检测资料由质检核验。对混凝土工程、隐蔽工程、阶段（中间）验收、竣工验收等由建设、设计、施工单位三方共同验收签证或由部组织验收组进行。对不合格的单元工程，坚持处理达到合格。对发生的质量事故严格按“三不放过”原则进行处理。至此，从1956年到1980年这一阶段主要以工序检验为主，钢筋混凝土、大坝填筑等工程亦进入统计质量管理阶段，质量检查工作初步形成了系统管理的局面。

二、1981～1997年全面质量管理

1981年，电力工业部及云南省建委转发国家建委《关于在施工企业中推行全面质量管理体系工作》的通知后，工程局及时研究、编制了推行全面质量管理规划，做好推行全面质量管理工作的安排，并于1981年7月25日下发了《关于开展全面质量管理试点工作的通知》，先后申请加入了省、部质量管理协会，着重做了以下工作。

1. 建立健全质量管理制度

1981～1997年，工程局先后建立了质量管理工作制、责任制、检查制、评定办法、奖惩办法等9种规章制度，恢复了“三检制”、混凝土拌和制、重要工程及隐蔽工程会签制、技术交底制、单位（单项）工程档案制等。在单位工程、分部工程、单元工程质量等级评定方面，安全质量监察部制订了各种质量等级评定表格共39种，使质量评定工作进入标准化、系统化、规范化。

2. 确立工程质量管理责任制

施工质量责任制由原来的主要行政领导和技术部门负责，扩展到由各个部门负责，明

确了各种职务岗位的质量工作职责，形成了党、政、工、团、各部门齐抓共管的的局面。为使工程项目点的职工和第一责任及第二责任者的质量工作好坏与经济利益挂钩，适应工程局内推行经济承包的管理机制，做好质量考核、奖罚，又确立了工程局第一、第二轮经济承包中的质量责任制度，把质量指标作为是否完成经济承包合同的主要考核依据之一，明确责任，奖优罚劣，推动全面质量管理。

3. 制定定期质量检查制

各项目点除按时、准确报送质量报表和质量情况分析外，对大中型项目，工程局每年进行两次质量大检查，公司（处、厂）每季度一次，队每月一次。平时工程局到工地进行抽查。对于大型工程，工程局安全质量监督检查。对于隐蔽工程、中间验收及钢筋混凝土等到工程，均执行五方（建设、监理、设计、施工、运行管理）会签制。使质量问题，特别是经过自检与监理工程师的核准提早处理，不流入下道工序，把影响质量的诸多因素掌握在主动控制之中。

4. 提高全体职工的质量意识

一是采取学习、培训的方法。1981～1992 年共举办全面质量管理培训班 15 次，培训骨干人员 475 人，工程局领导、总工、各公司经理（处、厂长）均参加了学习；二是各单位利用电视举办讲座和报告会，进行宣传教育共 58 次，受教育16 000人次，职工教育面达 90%。此外，工程局还派员参加了国家有关部、委、院校举办的技术新规范、新经验和工程建设监理的学习，逐步提高了专业化、社会化的管理水平，改进和加强了局质量管理工作；三是购入和印制全面质量管理书籍、资料 4605 册，作为基层单位学习参考资料；四是进行了质量管理有准则、考核有依据的质量认证工作。工程局机械厂、机电安装公司钢管厂先后取得了地方技术监督部门颁发的产品合格证书。

全面质量管理在鲁布革水电站工程试行之后，相继在漫湾水电站、广州抽水蓄能电站一期工程推行并得到发展，加之在施工中引进和采用新技术、新工艺，加速科研成果的实施，使工程质量产生了飞跃。鲁布革水电站、漫湾水电站部分工程和广州抽水蓄能电站等主要项目均达到了国家和部颁优质工程标准。工程局安质部在资料信息的收集整理、统计分析处理等方面亦逐步进入了现代化计算机软件管理，进一步提高了工作效率和质量。

5. 开展群众性的质量管理小组活动

根据 1983 年中国质协、全国总工会等 5 个部委团体联合颁布的《质量管理小组暂行条例》，决定开展群众性质量管理小组活动，先试点，后推行。在举办全面质量管理培训班的同时进行质量管理小组知识教育，并采用报告会、广播等形式宣讲质量管理知识和兄弟单位试点经验。有关 QC 小组的代表先后参加了省、部、总公司召开的优秀质量管理小组成果和经验交流会。为指导和推动质量管理小组学习及活动，工程局职能部门还印制了有关书籍、资料 1500 份，供各单位学习参考。

1986 年，工程局科研所率先组建了混凝土试验等 4 个质量管理小组，严格按《质量管理小组暂行条例》选定目标，积极开展活动。按照质量管理小组程序和步骤及 PDCA 循环过程模式，集思广益、群策群力。仅混凝土试验一个质量管理小组，经过对混凝土掺用外加剂研究和试验活动，取得了突出的成果，使混凝土水泥用量减少、和易性增加。经在鲁布革水电站、西洱河水电站、漫湾水电站等工程项目推广成果，1987 年一年就节约水泥 2247 吨，价值 40 多万元，不但改善了施工条件，而且节约了资金，保证了工程质量。

在质量管理小组活动试点取得经验和效益的同时，激发了群众自觉参加质量管理小组活动的积极性。机械厂、安装公司、水电二公司等相继组建成了质量管理小组。在施工中不断攻克难题，为提高工程质量、提高经济效益作出贡献。1988 年以来，先后有科研所混凝土试验质量管理小组，二公司混凝土施工质量管理小组，机械厂针梁钢模设计、制造质量管理小组等获得工程局优秀质量管理小组称号。1993 年，六公司漫湾混凝土拖模质量管理小组被总公司评定为优秀质量管理小组。当时全局注册质量管理小组共 38 个，其中获工程局优秀质量管理小组称号的 12 个，获总公司优秀质量管理小组称号的 1 个，节约工程投资共 192 万元。

6. 开展质量月和创优活动

1981 年以来共举办 7 次质量月活动。工程局对每次质量月活动都十分重视，成立了由主管质量工作的副局长或总工程师为组长的质量月活动领导小组，各二级单位也相应成立了领导小组。在保证质量、降低消耗、提高经济效益的前提下，根据上级要求和工程局当年在质量方面要着重解决的问题，制订出活动计划，采用电视、小报、黑板报等多种形式，开展“百年大计，质量第一”，“质量是企业生命”等宣传，学习规程规范，进行全面质量管理知识教育，开展质量大检查等活动。

质量大检查，重点查“百年大计，质量第一”方针的贯彻落实情况；查质量管理体系的健全；查规章制度执行情况；查质量保证措施是否落实；查事故处理是否做到“三不放过”原则等。除了对内进行大检查外，对外还要进行已竣工移交工程的回访，对包工队进行资质核查及质量教育等。

质量月活动中做到了活动前有计划目标，活动中有检查，活动后总结、有收获。对在质量月活动中成绩显著的单位和个人给予表彰奖励。通过质量月活动，促进了以保证工程质量和提高经济效益为中心的创优活动的深入开展。

根据 1983 年《国家优质工程奖励暂行条例》和《国家优质工程奖评审工作的通知》的要求，工程局要求每个新开工项目点编制出创优计划，争取质量达标创优。为此，采取了加强工序检验，使质量缺陷排除在下道工序前的措施：一是图纸严格审查，未经审查不施工；二是施工方案严格审查，努力优化方案；三是材料及半成品严格验收，不合格不用；四是通过混凝土合理化性能的科学试验选取最优施工参数；五是质量责任落实到操作者（有条件的采用挂牌制）；六是施工过程中发生的质量问题与建设、监理、设计、管理运行单位共同研究及时妥善处理，隐蔽工程、关键部位等必须经四方共同验收签证方能进行下道工序施工。

通过全局上下团结协作、努力工作，创优活动取得了明显成效：漫湾水电站 2 号导流洞工程 1987 年被评为云南省优质工程一等奖。广州抽水蓄能电站一期工程厂房开挖及岩壁吊车梁工程 1991 年被评为能源部优质工程，广东分局亦被能源部授予质量管理先进单位。1995～1997 年水电十四局承建的云南鲁布革水电站堆石坝工程获云南省建设厅、云南省建筑业协会颁发的“云南优质工程一等奖”，被国家建设部评为国家鲁班奖；水电十四局承建的云南鲁布革水电站地下厂房枢纽工程获云南省建设厅、云南省建筑业协会颁发的“云南优质工程二等奖”；大朝山水电站1、2号导流洞被云南省人民政府评为省优质工程一等奖；水电十四局承建的广蓄电站一期工程获云南省建设厅“优质工程一等奖”，并获中华人民共和国建设部、中国建筑业协会颁发的“建筑工程鲁班奖”；广州抽水蓄能电站获中国质量管理协会全国用户委员会颁发的“全国用户满意产品”。1997年，工程局还被国家统计局评为“全国百家产品质量信得过企业”。

由于全局职工增强了质量意识，各级领导高度重视质量工作，专业人员加强管理和监督，各项措施得以贯彻落实，使全面质量管理工作出现新局面，迈上了新台阶。工程质量合格率达到100%，优良率从1981年的46%上升到1997年的85.2%，优良率逐步上升，优质工程、获奖工程大量涌现，从而为企业提高了效益，赢得了信誉。

三、1998～2006年贯标及质量管理体系运行阶段

（一）制定国际质量体系标准

1997年3月5日，工程局成立了贯标工作领导小组，随即组建了局贯标办公室，从有关单位抽调了业务骨干十多人，聘请了咨询公司，开展贯彻国际质量体系标准的准备工作。按照GB/T 19002—ISO 9002：1994《质量体系　生产、安装和服务的质量保证模式》标准，通过对ISO 9000标准的学习，初步拟定质量方针和目标，选定质量保证模式，确定了质量体系要素后，进行了工程局质量体系现状调查和有关资料的收集，在研究组织机构和职责分配的同时，设定了工程局的质量体系。1997年5月开始进行质量保证手册的编写工作，通过文件编写培训、要素分工于7月完成了《质量保证手册》的初稿，并进行初稿的讨论及审核咨询。经过修改后，确定了工程局的质量方针（一流的质量，顾客的期望，我们的追求）和目标（施工质量合格率100%，建筑优良率80%以上，安装优良率90%以上，消灭质量事故，实现机组整体启动一次成功，建成让顾客满意的水利水电、路桥工程）。1998年7月，完成了文件的编制（质量保证手册及26个程序文件和一系列第三层次的管理文件），建立了质量管理体系。质量体系文件于当年7月发布，8月开始在全局实施。

ISO 9000标准体系文件在运行的过程中不断地进行修改和完善，1999年的重点放在第三层次管理文件的制定、完善推广质量计划、各种作业指导书样本等的制定方面，编写了钢筋、木模、混凝土、金属结构焊接、土石坝填筑、面板堆石坝的混凝土面板施工、机电设备安装等作业指导书的统一范本，制定了《质量体系认证证书使用管理办法》。

2001年7月20日，工程局成立了ISO 9000标准（2000年版）贯标领导小组，设立贯标工作办公室，聘请了咨询公司。从2001年9月开始，工程局按照新版标准GB/T 19001—2000《质量管理体系　要求》，进行从1994版向2000版标准的转换工作，确定了工程局的质量方针（一流的质量，顾客的期望，我们的追求）和目标（施工质量合格率100%，建筑优良率85%以上，安装优良率92%以上，杜绝质量事故，消灭质量隐患，实现机组整机启动一次成功，工程竣工验收一次通过，建成让顾客满意的建筑安装工程）。2001年12月，按照2000年版标准编制的质量管理体系文件（质量手册、程序文件25

个）正式发布实施，同月发布第三层次文件和作业指导书与之配套使用。2002 年 6 月 11 日，取得了 ISO 9001：2000 标准质量管理体系认证证书，认证范围从原来的大中型水利水电工程和路桥施工，扩大到大中型水利水电工程、路桥工程和市政工程施工，体系运行的覆盖面，从大中型工程向小型工程延伸，全局与工程有关的所有管理单位和施工项目点，包括以水电十四局为责任方的联营体，管理体系全面覆盖，从而使全局质量管理又向前迈出了坚实的一步。

（二）加强质量管理，确保体系有效运行。

1998～2006 年期间，工程局始终坚持“一流的质量，顾客的期望，我们的追求”的质量方针和目标，质量管理工作始终围绕 ISO 9000 和 ISO 9001：2000 版标准建立的质量管理体系运行展开，运用体系的过程管理方法，持续改进，多管齐下，创建出一批优质工程和样板工程，质量管理水平处于良好的稳步上升势态。期间，主要采取以下措施：

1. 落实岗位质量责任制，发挥各级各类人员的作用

根据质量计划控制程序，1999 年 6 月 25 日，工程局发布《水电十四局机关职能部门质量体系运行管理办法》，确定了工程局局长是全局质量管理总负责人，也是第一责任人；分管质量工作的副局长作为管理者，代表对质量管理负直接的领导责任；工程局质量管理部作为质量管理工作的主管部门，对全局质量管理负全面的责任；工程局机关有关的部门——工程科技部、安全监察部、经营管理部、市场开发部、资产管理部、人力资源部、计量标准化室、中心试验室、测量总队、局办公室、财务部等部门均有相关质量管理的责任。工程局各二级单位、项目点（包括外协队伍）、全局与工程有关的所有生产施工单位，包括以水电十四局为责任方的联营体的各级领导、机关部门的管理人员、一线的施工人员都建立了严密的岗位质量责任制，全局职工共同参与，齐抓共管，把质量体系的各要素落到实处。

2. 健全质量管理机构，加强质检队伍建设

工程局除在总部设立质量管理部作为质量管理工作的主管部门外，工程局所属各二级施工生产单位、工程局直管项目部和二级单位直管项目部均设置有相应的质量管理机构，质量管理实行二级及三级管理体制。体系文件发布后，为了体系运行工作的全面开展，先后组织各单位相关人员举办了《质量计划》编写培训班、《ISO 质量体系标准内部审核员培训班》等多种类型的培训班，参加人员 800 多人次，考核合格后取得证书。同时，不断地抓好质量管理人员业务学习的工作。1998 年 12 月 20 日，工程局发出《关于聘任质检工作人员的通知》，共聘任取得任职资格证书的 267 人（包括兼职）为工程局质检工作人员，占全局职工平均人数的 2.1%，质检队伍大幅扩大（1982 年专职质检人员 47 人，占全局职工平均人数的 2.3‰；1992 年增加到 84 人，占全局职工平均人数的 4.5‰，当时已接近部规定的不少于 5‰的要求）。截至 2006 年底，共聘任质检人员（专、兼职）600 余人、内审人员 385 名，为质量工作的稳定提高和确保体系运行创造了良好的条件。

3. 建立健全质量管理制度，形成一套行之有效的行为规范

1999 年 6 月 25 日，工程局机关部门编制的《水电十四局机关职能部门质量体系运行管理办法》发布，配套使用的《水电十四局质量工作考核与奖罚办法》以及各类管理办法

相继出台，完善管理体系的运行标准。

在质量标准体系的运行过程中，工程局陆续制定了《项目施工质量管理规程》、《质量管理工作制度》、《质量管理考核办法》、《质量管理奖励条例》、《工程质量评定办法》、《关于执行单元工程质量等级评定新标准》等一系列规章制度。同时，为了规范项目质量管理工作，工程局组织编制了《单元工程、分部工程和单位工程质量等级评定表格》，有力促进了质量管理工作的规范化。

项目部根据工程实际情况和业主对质量方面的要求，在工程开工前，为使施工质量得到更好的保证，项目部还相继编制单项工程质量管理办法，如《地下厂房通风洞、交通洞质量管理办法》、《地下厂房施工质量管理办法》《堆石坝施工质量管理办法》、《永久公路质量管理办法》等一系列的补充管理办法，与工程局制定的规章制度、编写的作业指导书及上级主管部门的规程规范，均作为管理人员和职工的行为准则来规范现场的质量管理。

4. 强化施工过程中的质量控制，加大对重点关键部位的监控

按照工程质量过程管理和控制的原则，根据项目的施工特点和程序，对施工的全过程进行分解，确定控制环节，明确管理责任。从施工的原材料、半成品及构配件，组织施工图纸会审及技术交底，施工方案、施工技术及施工组织设计，设计变更及图纸修改，施工作业的监督检查，单元工程、分部工程、隐蔽工程的检查验收，施工设备、人员资质、检测手段等方面进行管理。采用质量验收“三检制”、隐蔽工程旁站制等控制手段，使施工过程处于受控状态，变以往的结果管理为过程监控管理，从而保证了施工质量目标的实现。在全面实施过程控制的同时，加强了对重点、关键部位的监控。例如，地下厂房开挖一般都成立专门的质量监控小组，由项目部总工牵头，抓好关键施工过程专职质检人员旁站监督制，实行专职质检人员全过程跟踪旁站。促使工程局的核心品牌——地下工程施工有了长足的进步，岩锚梁开挖是地下厂房开挖中技术含量最高的部位，施工质量也逐步提升，百色、彭水、水布垭、小湾、溪洛渡等水电站地下厂房岩壁吊车梁开挖的岩面平整，炮孔间距均匀，孔向平行，成型优良。水布垭水电站岩壁吊车梁单元工程优良率达到100％；小湾地下厂房岩锚梁开挖岩面平整度的平均值为5.3厘米，爆破残孔率93.6％，岩面平均超挖值8.9厘米，开挖质量得到专家、业主、设计、监理及同行的高度评价，并被评为小湾工地开挖样板工程；溪洛渡水电站右岸地下厂房岩锚梁开挖半孔率达99.38％，不平整度为3.26厘米，平均超挖5.8厘米，工程优良率达到100％，岩锚梁开挖的作业指导书被三峡总公司定为强制性施工标准用于左岸地下厂房岩锚梁开挖，施工质量被以陆佑楣院士为组长，谭靖夷、马洪琪、郑守仁、张超然等26名院士、专家组成的质量专家组一致评价为：“水电十四局岩锚梁开挖堪称艺术品”，“溪洛渡右岸地下厂房岩锚梁开挖代表了中国目前水电工程地下开挖最高水平”。

5. 加大考核力度，实施奖优罚劣

工程局对工程质量的考核和奖惩工作分两个层次进行。第一层次是工程局对其所属项目部，其办法：一是对其实行经营承包责任制，在责任指标体系中设置工程质量管理指标（施工质量合格率100％，土建质量优良率86％，安装质量优良率92％，不发生重大质量事故），按其权重，作为对项目经理的年薪考核，决定其年薪的水平。二是按照工程局制

定的《水电十四局质量工作考核与奖罚办法》、《质量管理考核办法》和《质量管理奖励条例》，年度考核，给予奖励和惩罚。第二层次是项目部内部及项目部与业主之间实施的质量考核奖惩办法。项目部按照质量管理及考核奖惩办法的规定，采取了质量与经济利益挂钩的措施，定期由质量管理部门对各工程施工单位（厂队）对期内的质量情况进行考核，对质量管理做得好的施工单位（厂队）给予奖励，对达不到要求的给予处罚；对质量工作认真负责，敢抓敢管的干部、职工，按规定给予奖励；对责任心不强、施工质量意识淡薄的人员，按规定给予教育、处罚直至停止工作。对质量事故，严格按照“三不放过”的原则严肃处理。通过考核奖罚，使相关方责任人牢固树立质量意识，使工程质量状况持续处于良好的稳定状态。1998～2006 年共评选先进集体 138 个，先进个人 251 人，颁发奖牌、奖状，并给予一定的奖励。

6. 开好年度质量管理评审会议，促进质量管理体系正常运行

从 1998 年开始至 2006 年，工程局每年召开一次年度质量管理评审会议，一般参会人员有工程局局长，局党委书记、管理者代表、副局长、总工，工会主席、工程局机关部门、参与交流的项目部领导和质安部负责人，参会人数均在 50 人左右。会议内容一般的程序安排：一是由管理者代表作工程局质量管理体系运行的报告（2002 年 4 月 24 日，因管理者代表外出学习，由曹保华作 2000 年版标准转换和体系文件实施情况的报告），总结上年度质量管理工作取得的成绩、存在的问题和应吸取的经验教训，部署当前的质量管理工作；二是由质量管理工作做得较好的项目部作经验交流；三是讨论研究有关的事宜，如在 2002 年 4 月的质量管理评审会议上，讨论修改《工程分包管理办法》；四是由局长作总结讲话，进一步强调质量管理工作的重要性，结合实际情况对管理工作提出意见，同时作出下一步工作的安排。最后，形成改进工程局质量管理体系运行中存在问题的决定和措施。会议的重点，根据当年的实际情况确定，如 1998 年 12 月在昆明召开了首次管理评审会议，管理者代表曹保华长作水电十四局体系运行情况报告，贯标办张培庚作工程局内部质量体系审核报告及体系文件修改情况报告，对质量方针、目标的适宜性和有效性，内部质量体系审核和运行情况，文件修改等进行了评审；马洪琪作了总结发言，明确了工程局的质量方针和质量目标，即“一流的质量，顾客的期望，我们的追求”的质量方针，“施工质量合格率 100%，建筑优良率 80%以上，安装优良率 90%以上，消灭质量事故，实现机组整体启动一次成功，建成让顾客满意的水利水电、路桥工程”的质量目标。通过年度质量管理评审会议的召开，认清了形势，统一了思想，明确了任务，找出了差距，制订出措施，落实了责任，有力地促进质量管理体系的不断完善，质量指标达到或超越了工程局质量目标，质量水平处于稳步上升态势。

7. 做好内审和外审工作，不断完善质量标准体系

（1）做好内部质量体系审核工作。从 1998 年开始至 2006 年，工程局每年都进行一次全面覆盖项目和管理单位的内部质量体系审核工作，审核的次数由少到多。1998 年启动时只内审了 9 个单位，2006 年内审了 43 个单位，9 年间平均每年审核 30 个单位左右。根据《内部审核工作程序》，由质量管理部门于每年初编制年度内部审核计划，报管理者代表批准后，下发年度内部质量体系审核工作的通知。然后，抽调内审人员，组织内审小

组，进行充分的准备，编制审核计划、审核检查表，制定不同单位的审核方法，按计划对工程局机关、二级单位及项目部对照质量管理体系内容逐一进行内审。被审核单位也认真组织，密切配合。对检查不符合要求项，内审小组开出轻微不符合项报告、不符合项报告，提出改进建议项报告等，把存在的问题用书面形式下发各单位检查对照。被审核单位，也重视不符合项的整改验证工作，积极采取措施纠正，对每次审核过程中发现的不符合项，认真对下属责任单位的整改结果进行验证。审核小组认真跟踪验证报告的处置情况，同时，审核时按水电十四局质量管理、考核等办法，对内审结果进行评分，由受审核方的上级主管单位实施奖罚，通过跟踪受审核单位，总体情况是好的，体系运行基本正常，体系运行情况在上年度的基础上得到进一步改进，各单位的质量管理体系运行工作都能处于一种持续改进的状态，总体质量水平也有所提高。

（2）做好认证和监督审核工作。1998 年 12 月底，向中国船级社质量认证公司申请对工程局符合 ISO 9002：1994 版质量体系的认证。认证公司抽查了工程局机关等 7 个单位，共开出轻微不符合报告 20 项。1999 年 1 月初，工程局贯标办跟踪了对不符合报告的验证，反馈认证公司审核组。经审核组审核并推荐工程局质量体系的注册认证，送认证公司技术委员会复议，并于 1999 年 1 月 16 日颁发了ISO 9002：1994版质量体系证书，证书有效期 3 年，每年要进行监督审核。

2002 年 5 月，认证公司组织了对工程局机关及 6 个二级单位及 3 个项目部的 3 年一次复评并审核 2000 年版的实施情况，共开出 6 项不符合报告。总体评价：质量管理有关过程已得到确认，体系文件满足标准要求，开展活动得到了实施和改进，给审核组留下了美好印象；结论是水电十四局质量管理体系满足 ISO 9001：2000 标准要求，运行基本有效，同意推荐注册认证。2002 年 6 月 11 日，中国船级社质量认证公司核发了 ISO 9001：2000 版质量管理体系认证证书，有效期 3 年。

2005 年 8 月 2 日，工程局通过了 ISO 9001：2000 版质量管理体系复评换证工作。从 ISO 9002：1994 体系认证到 ISO 9001：2000 版质量管理体系认证及复评换证之间，认证公司每年对工程局进行一次监督审核，期间共监督审核 5 次，审核组认为工程局做了大量工作，广大职工都有了贯标意识，工程局机关和分局机关制定了体系运行管理办法，项目部也在认真贯彻标准要求，质量管理水平得到提高，工程局质量体系运行有效，并能持续改进。同时，针对存在的问题，希望改变过去的一些习惯做法，进一步统一到标准要求质量体系要求上。审核结论：审核结果符合标准要求，继续保持认证证书。

体系的运行不论在哪个层次上，都有在这个层次上存在的问题甚至有不符合项，审核发现的不符合项和观察项是改进和自我完善最直接的切入点。通过对体系运行审核（内审、监督审核）中发现的不符合项和观察项，制订纠正、预防和改进措施，不断完善质量管理体系。持续改进是管理体系所具有的功能，如此循环往复，使全局的质量管理工作走上了标准化、规范化和制度化的轨道，质量管理水平和工程施工质量不断提高，管理绩效也获得更佳。

8. 以质量管理为中心，创建精品工程和样板工程

为适应工程局快速发展的需要，结合业主对“精品工程”的要求，工程局实施创建精

品工程战略，制订创建精品工程目标，遵循“抓履约管理，创精品工程”理念，以“科学、规范、有序、受控”为管理方针，开展创建精品工程和样板工程的活动。根据工程局创建精品工程的计划安排，项目部编制《质量计划》，强化职工建设精品工程和样板工程的质量意识及责任性，坚持不懈地狠抓质量管理工作和质量管理体系的运行。在施工过程中，严格按设计图纸、技术要求、施工组织设计进行施工，并严格按有关程序对进场的原材料进行把关，层层建立质量责任制，使施工过程处于受控状态。同时，加大施工现场质量管理的奖罚力度，杜绝质量缺陷和质量事故。随着工程施工的进行，根据施工中不断出现的问题，项目部再对《质量计划》、《质量管理办法》进行修改、补充，使之更规范、可操作性更强，从而提升工程的整体施工质量。

1998～2006年期间，经过不懈的努力，工程局创建出一批“优质工程、精品工程”，精心打造出企业品牌。例如，水电十四局参建的昆玉高速公路第五合同段工程、承建的大朝山水电站DCS/C5标1号尾水隧洞等6项工程获得“优质工程一等奖”；以水电十四局为责任方组建的小湾141联营体承建的小湾水电站的导流洞工程，不仅实现了提前一年两洞分流目标，而且还获得云南省优质工程一等奖；2号导流洞进水塔、进口渐变段、1号洞身混凝土等工程被评为小湾工程建设的样板工程，进水口围堰及岩埂爆破拆除获中国水电建设集团公司科技进步二等奖，创造了优质、安全、高效同类隧洞施工的奇迹；水电十四局承建的国道213线昆明至玉溪高速公路、参建的棉花滩水电站等3项工程获“中国建筑工程鲁班奖”，同时获得“国家优质工程银质奖”、“省优质工程奖”的工程各1项；水电十四局承建的长江三峡水利枢纽右岸地下厂房工程，是目前世界开挖难度最大的地下厂房之一，因其开挖线条流畅、岩面平整、锚孔布局规范、成型精致如绣花，堪称精品，被国内外专家誉为世界地下水电站施工的奇迹，永远载入史册，是创新铸就的举世瞩目的精品工程；小湾141联营体承建的小湾水电站特大型地下厂房开挖以提前半年工期，无任何安全事故，整体径向超挖13.26厘米，低于国家规范15厘米结束，整个地下厂房顶拱、边墙开挖成型良好，尤其是吊车岩锚梁开挖残孔率达94%，平均径向超挖8.9厘米，其混凝土浇筑达到镜面混凝土要求，得到国内潘家铮、谭靖夷、马洪琪、张超然等知名院士和专家的称赞，被誉为精品。

9. 加强协作队伍的管理，加大分包工程的监管力度

随着建筑市场的日益发育，外协队伍已成为工程施工的重要力量。为规范工程局所属项目部和二级单位项目部的分包行为，工程局制定了《水电十四局工程分包管理实施办法》。切实维护工程分包中公平、公正、公开、择优选择分包原则，建立健全操作有序、监控有力、管理规范的工程分包制度。严格分包队伍的资质要求，施工质量标准，检查验收办法。有的项目部在出台的《质量考核与奖罚实施细则》中，已将协作队伍纳入项目部质量管理体系。在整个分包工程的管理中，加大了分包工程的监管力度，加强了对协作队伍的管理与质量教育，增强了对质量的管理和控制，对分包工程的管理逐渐步入规范化、制度化的轨道，从而提升了整体的工程质量水平。

第三节 质 量 评 定

根据国家和主管部门颁发的水利水电、路桥、市政等基本建设工程等级评定标准、工程验收规程，上级主管部门颁发的施工规程和规范，工程设计、变更及修改文件和合同条款规定，国家、建设（监理）、施工单位及政府有关部门和相关协会的对工程质量的评定情况如下。

一、国家与业主的终评

从1954年建局到2006年底，工程局已完承建和参建主要项目共计196项，其中大中型水电工程52项、小型水电工程52项、水利工程33项、抽水蓄能电站6项、路桥工程17项、市政工程13项、其他工程8项、国际工程15项，工程质量均符合设计和合同条款的规定，完全满足用户的要求，无论在计划经济时期，由国家（或委托施工方）组织的竣工验收，还是在市场经济时期，由业主组织的竣工验收，均全部通过，顺利移交。经过长期运行的考验，证明施工质量是好的，是过硬的。

二、创优获奖工程的评定

经政府有关部门和相关建筑业协会及企业协会的评定，截至2006年底，水电十四局创优获奖工程主要有25个。其中：

（1）获得鲁班奖工程5个。水电十四局承建的云南鲁布革水电站堆石坝工程、广州抽水蓄能电站一期工程、国道213线昆明至玉溪高速公路、参建的棉花滩水电站工程、参建的云南大朝山水电站枢纽工程，同时水电十四局已荣获5次鲁班奖，被中国建筑业协会特授予“创鲁班奖工程特别荣誉企业”称号。

（2）获得省部级奖项工程17个。水电十四局承建的鲁布革水电站堆石坝工程、鲁布革水电站地下厂房枢纽工程、广蓄电站一期工程、大朝山水电站DCS/C5标1号尾水隧洞工程、大朝山水电站2号尾水隧洞工程，参建的昆玉高速公路第五合同段工程、棉花滩水电站工程、云南砚山至平远街高速公路等17项工程获省部级奖项。

（3）获得各协会奖项工程3个。水电十四局承建的广州抽水蓄能电站一期工程获“全国用户满意产品”、“全国用户满意工程”，参建的云南砚平高速公路获“国家优质工程银质奖”。

工程局自建局至2006年，始终坚持“百年大计，质量第一”、“一流的质量，顾客的期望，我们的追求”的质量方针，实施创建精品工程战略，遵循“抓履约管理，创精品工程”理念，已经创建出一批优质、精品、样板、获奖工程，详见表7-7-1。

表7-7-1　　水电十四局工程项目质量获奖情况

序号	工程质量获奖项目
1	1987年，水电十四局承建的漫湾水电站2号导流洞工程被评为“云南优质工程一等奖”
2	1991年，水电十四局承建的年广州抽水蓄能电站一期工程厂房开挖及岩壁吊车梁工程被评为“能源部优质工程”

续表

序号	工程质量获奖项目
3	1994年，水电十四局承建的云南鲁布革水电站堆石坝工程获中国建筑业协会颁发的“建筑工程鲁班奖”
4	1994年，水电十四局承建的曲靖花山水库大坝获“云南优质工程二等奖”
5	1994年，水电十四局承建的鲁布革水电站获云南省政府颁发的“云南优质工程奖”
6	1995年5月，水电十四局参建的云南鲁布革水电站地下厂房枢纽工程获云南省建设厅、云南省建筑业协会颁发的“云南优质工程二等奖”
7	1996年，水电十四局承建的云南鲁布革水电站堆石坝工程获云南省建设厅、云南省建筑业协会颁发的“云南优质工程一等奖”
8	1996年，水电十四局承建的广州抽水蓄能电站一期工程获云南省建设厅颁发的“云南优质工程一等奖”
9	1996年,水电十四局承建的三峡对外交通专用公路木鱼槽隧道获三陕峡总公司“优质工程奖”
10	1997年，水电十四局承建的广州抽水蓄能电站一期工程获中华人民共和国建设部、中国建筑业协会颁发的“建筑工程鲁班奖”
11	1997年，水电十四局承建的广州抽水蓄能电站获中国质量管理协会全国用户委员会颁发的“全国用户满意产品”
12	1997年，水电十四局承建的云南元江依萨河电站钢管工程获云南省政府颁发的“云南省优质工程一等奖”
13	1998年，水电十四局承建的广州抽水蓄能电站一期工程获中国施工企业管理协会颁发的“全国用户满意工程”
14	1998年，水电十四局承建的云南楚大公路获云南省交通厅颁发的“优质工程奖”
15	1998年，水电十四局承建的昆明市第三污水处理厂工程获云南省建设厅颁发的“优质工程一等奖”
16	2002年1月，水电十四局承建的大朝山水电站DCS/C5标1号尾水隧洞工程获云南省建设厅、建筑业协会颁发的“云南省优质工程一等奖”
17	2002年1月，水电十四局参建的昆玉高速公路第五合同段工程获云南省建设厅、云南省建筑业协会颁发的“2001年度优质工程一等奖”
18	2003年1月，水电十四局承建的大朝山水电站2号尾水隧洞工程获云南省建设厅、云南省建筑业协会颁发的“优质工程一等奖”
19	2003年2月，水电十四局承建的国道213线昆明至玉溪高速公路获云南省建设厅、云南省建筑业协会颁发的“2002年度中国建筑工程鲁班奖”

续表

序号	工程质量获奖项目
20	2004年2月，水电十四局参建的棉花滩水电站工程获中华人民共和国建设部、中国建筑业协会颁发的“2003年度中国建筑工程鲁班奖”
21	2004年1月，水电十四局参建的云南大朝山水电站工程获云南省建设厅、云南省建筑业协会颁发的“2003年度优质工程一等奖”
22	2005年1月，水电十四局参建的云南大朝山水电站枢纽工程获中华人民共和国建设部、中国建筑业协会颁发的“2004年度鲁班奖”
23	2006年5月，水电十四局施工的小湾水电站导流洞工程获云南省建设厅、云南省建筑业协会颁发的“优质工程一等奖”
24	2006年11月2日，水电十四局总承包的云南砚平高速公路获国家工程建设质量奖审定委员会颁发的“2006年度国家优质工程银质奖”
25	2006年，水电十四局总承包的云南砚平高速公路获云南省建设厅、云南省建筑业协会颁发的“优质工程一等奖”

三、单元工程的评定

单元工程的质量验收评定，在计划经济时期，工程一般由水电十四局所属二级单位专职质检部门组织检查评定。在市场经济时期，一般工程由水电十四局所属二级单位或项目部专职质检部门组织评定，隐蔽工程和关键部位，在自检合格的基础上，由监理工程师组织设计、生产（运行管理）单位的代表共同检查评定，使质量评定工作进入标准化、系统化、规范化。

1979～2006年，由水电十四局所承建的单元工程质量验收评定情况见表7-7-2，质量指标个别年份虽有所波动，但总体呈现稳步上升的趋势，质量状况处于较高水准。

表7-7-2　　1979～2006年单元工程质量验收评定情况

品率（%） 年份	合格率	综合优良率	其中	
			土建工程	安装工程
1979	100	60.5	70	80
1980	100	61.8	8.3	90.8
1981	100	46	28	89
1982	100	39	16.28	92
1983	100	38.1	34.2	91.3
1984	100	61.1	54.8	94.5
1985	100	50	47	91
1986	100	71	57.7	95

续表

品率（%） 年份	合格率	综合优良率	其中	
			土建工程	安装工程
1987	100	81	84	95
1988	100	86	85	95
1989	100	81.3	79	90
1990	100	86.6	83	97.2
1991	100	86	85	89.1
1992	100	87	87.7	92
1993	100	88	86.8	97
1994	100	87	86	97
1995	100	90	89	98
1996	100	90	89	100
1997	100	85.2	84	94.6
1998	100	88.8	84.2	97
1999	100	86.5	84.7	93.1
2000	100	82.7	82.3	84
2001	100	86.7	86	91
2002	100	86.7	85.4	93.3
2003	100	87.7	86.8	92.7
2004	100	88	87.4	93
2005	100	88.5	87.9	93
2006	100	88.5	87.9	93.5

第八章　设备物资管理

第一节　机　　构

一、机构变迁

1954年5月10日，云南水力发电工程局正式成立，同时设立工程局供应科、机电科；1956年7月，工程局机关各科升格为处，机电科改为工程局机械动力处，供应科改设为供应处。1959 年 7 月 15 日，工程局将机械动力处改设为机电科。1960 年 12 月，工程局机构调整，设置供应处，机电科并入供应处，作为其科室。1960 年，成立工程局成套办公室。1962 年 7 月 30 日，撤销了供应处、成套办公室，成立供应科、机电科。1963 年 11 月 18 日，撤销原工程局机电科，成立工程局机电处。1964 年 12 月 11 日，工程局将供应科改设为供应处。在工程局设立供应科、机电科和供应处、机电处时期，工程局所属二、三级单位均相应设立供应股（组）、机电股或供应科（股）、机电科等机构，物资供应实行两级供应，两级核算及三级管理的模式。机电则实行两级管理的体制。

1968 年 9 月，云南水力发电建设公司革委会调整机构设置，公司机关设立四大组，将公司财务处、供应处、机电处改由公司革委会生产指挥组领导下的后勤组负责。公司所属二级单位也相应设立成立了“四大组”，由后勤组负责财务、供应、机电方面的工作。

1971 年 2 月～1979 年 8 月，工程局机构撤销，下属单位划归云南省电力局管理。

1979 年 3 月 8 日，成立工程局供应处。1979 年 12 月 20 日，成立工程局机电处。1983 年 6 月 27 日，水电总局批准成立工程局物资公司。1990 年 12 月 25 日，工程局物资公司与机电处合并成立物资供应公司。由于设备物资供应及管理体制的改革，1995 年 6 月 16 日，成立工程局资产管理部。2000 年 3 月 10 日，撤销物资公司，成立工程局设备租赁中心。在工程局恢复供应处、机电处，成立工程局物资公司和资产管理部时期，局属二级单位、项目部和二级单位项目部均设有供应科、机电科或资产部、设备物资部等机构，设备物资实行两级及三级管理的体制。

二、部门领导任职情况

（一）供应处（科）

1954 年 5 月～1956 年 6 月，设立供应科时期，李涥生任供应科科长，田少安、张渔村、曹登仁曾任供应科副科长。1956 年 7 月～1962 年 7 月，设立供应处时期，李涥生、王连陞曾任供应处处长，李涥生、田少安曾任供应处副处长。1962 年 8 月～1964 年 11 月，设立供应科时期，张麟祥任供应科科长，何一民、曹登仁、毛振邦、黄祖能曾任供应科副科长。1964 年 12 月～1968 年 8 月，设立供应处时期，刘云芹曾任供应处负责人。1979 年 12 月～1983 年 4 月，设立供应处时期，楚光任电力工业部第三水电工程局供应处处长，戚恩泽任供应处副处长。

（二）机电处

1954 年 5 月～1956 年 6 月，设立工程局机电科期间，唐耀东、李伯林曾任机电科科长，吴永权曾任机电科副科长。1956 年 7 月～1959 年 6 月，设立工程局机械动力处期间，李伯林、吴永权曾任机械动力处负责人。1959 年 7 月～1963 年 10 月，设立工程局机电科期间，唐汉铮曾任机电科科长，潘祥元曾任机电科负责人，陈洪钟曾任局机电科副科长。1960～1962 年，设立工程局成套办公室期间，卢明忠曾任成套办公室主任，陈洪中曾任办公室负责人。1963 年 11 月～1968 年 10 月，设立工程局机电处期间，杨德保曾任机电处处长，江风曾任机电处副处长。1979 年 3 月～1983 年 4 月，设立工程局机电处期间，高凤源曾任局机电处处长，朱承瑞曾任机电处副处长。

（三）物资公司

1983年4月～2000年3月，设立工程局物资公司时期，曾任物资公司经理的有：高凤源、李绍芳、王炳生（代）、徐平、郭存河，曾任物资公司副经理的有：戚恩泽、朱承瑞、陈光黎、谢天宝、张济生、李光祖、郭存河、袁乃垣、罗桐贵、董志崇、王萌。其间，谢天宝、张济生曾兼任物资公司总工程师，董志崇曾任物资公司总会计师。

（四）资产管理部

1995年6月～2006年12月，设立工程局资产管理部时期，徐平曾任资产管理部部长和资产管理部主任，周怀普曾任局副总工程师兼任资产管理部主任。袁乃垣、周怀普、郑道麟曾任资产管理部副部长。李国山、林鹏波曾任资产管理部副主任。佟宝林曾任资产管理部主任工程师。

三、机电管理领导小组

为了加强对机电物资管理工作的领导，1990年2月2日，工程局成立了机电管理领导小组，该组正、副组长由两位副局长和总工程师担任，成员7人，分别由工程局总经济师室、总会计师室（财务部）、人事部、工程管理部及机电部门的主要领导担任。

2000年4月8日，成立工程局设备物资采购中心，李跃平兼任主任，周怀普任副主任，办公室设在工程局资产管理部。

2001年7月11日，成立了工程局设备管理领导小组，该组正、副组长由两位副局长和总经师担任，成员5人，分别由工程局资产管理部（正、副主任）、总经济师室、总会计师室（财务部）、设备管理中心的主要领导担任。办公室设在工程局资产管理部。

第二节　设备采购及装备

一、计划经济时期

20世纪50～60年代，工程局主要是承建云南以礼河梯级水电站和六郎洞、绿水河等中小型水电站，机械设备实行指令性的计划经济管理模式，根据工程的需要，由机电科编制设备和配件的采购计划，经工程局审批，上报水电总局批准后，水电总局组织各计划需求单位和设备生产制造厂商召开设备供应会，对需求设备进行分配，需求单位与生产厂家根据分配清单签订供货合同。如果施工单位对设备需求的时间与厂家生产时间不统一，施工单位再上报水电总局，由水电总局与厂家进行协调，以满足施工生产需求。机电处安排需求方催货，财务部门根据订货合同进行付款。设备运到局机电处设备库后，再分配到各施工单位。

建局至20世纪60年代，由于生产技术水平低、施工手段落后，洞挖工程使用的设备除手风钻、风动装岩机、斗车外，主要工具是三角扒和粪箕，洞内混凝土浇筑施工设备是仿苏的C-252型混凝土泵。

20世纪60年代至70年代后期，洞挖施工设备已使用气腿风钻，洞内出渣使用国产新型号的ZLZ-26风动装岩机配国产8米^{3}梭车，洞内混凝土浇筑和明挖工程中使用夹江液压混凝土泵等；在毛家村大坝施工中，装载设备已有内燃挖掘机、电动挖掘机，运输设备有蒸汽机车12台、3.5米^{3}的翻斗车数百台、13吨的架线机车3台、地笼皮带机，以及解放牌汽车和太脱拉汽车等，铺土设备有东方红54型和C80型推土机等及少量拖拉机，碾压设备有羊角碾、汽胎碾等，从挖掘、装载、运输、碾压形成一条龙的机械化施工，并达到一定水平，最高完成年填筑量达201万米^3，机械设备发挥了重要作用。

二、20世纪80年代经济转型期

20世纪80年代，为适应鲁布革水电站工程的建设需要，原水电建设总局分配少量的进口设备，以满足电站前期工程施工需要。1984年开始，利用世界银行贷款进行进口设备的引进工作，实行招标采购设备。在管理高层，由水利电力部向国家申请利用外资试点，经国家对外联系并同意后，水电部即下达外资购买设备指标，同时通知世界银行、中国银行、中国技术进出口公司，以及鲁布革管理局、云南省电力局和水电十四局。其中，由水电部向国家经委、海关总署等申请免关税、工商税、调节税等费用手续；中国技术进出口公司则负责登报招标、厂商资格预审、合同签署等；鲁布革管理局负责办理信用证签字，办理付款、结算等业务；水电十四局则根据工程需要，确定选型和整个设备品种数量清单，编制设备招标书，进行招标评标工作，参加水电部组织的对外考察业务。货到指定港口后，则由水电十四局组织力量进行外观检查、卸货、报关、商检和申请水、陆、空运输。到1987年底，先后分4批运抵鲁布革水电站工地，货到昆明后，水电十四局组织验收，向交通部门付附加费、申请落户以及设备在工地使用中的索赔工作等。鲁布革水电站工程施工设备的资金来源主要有：1700万美元的世界银行贷款（招标采购进口设备，主要有瑞典阿特拉斯三、四臂液压凿岩台车和ROC712、812液压钻机，美国卡特比勒340推土机、988装载机和320自卸车，日本小松装载机、推土机和20吨自卸车等）；400万美元的挪威赠款（购买挪威混凝土喷射台车、凿岩台车、锚杆台车、平台车和25吨莫克西铰接式自卸车等），使进口设备占到设备总数的32，大大提高了劳动生产率；电站项目施工设备购置费4500万元人民币购买国内机电产品，工程局自筹资金采购第三批招标设备和日本大成公司下场设备。这使工程局在不太长的时间内成为拥有一批数量可观且堪称世界先进水平的施工机械的企业，大大提高了劳动生产率和施工速度，保证了工程质量。

计划经济及经济转型时期8个大中型水电站的施工设备购置情况详见表7－8－1。

表7－8－1　　8个大中型水电站的施工设备购置情况　　单位：万元

序号	水电站项目	购置设备原值	电站总投资	占投资的比例（%）
1	以礼河一级水电站	2762.67	33 349.36	8.3
2	以礼河三级水电站	1090.32	8987.26	12.1
3	以礼河四级水电站	882.36	7348.31	12
4	西洱河一级水电站	1173.80	16 429.90	7.1

续表

序号	水电站项目	购置设备原值	电站总投资	占投资的比例（%）
5	西洱河二级水电站	339.00	8073.00	4.2
6	西洱河四级水电站	46.50	8086.80	0.6
7	绿水河水电站	196.00	6986.62	2.8
8	鲁布革水电站	12 000.00	83 900（结算价）	14.3
小　　计		18 490.65	173 161.25	10.7

由于大量的购置进口设备和添置国产设备，截至1987年底，水电十四局已逐步更新了20世纪70年代以前的设备，拥有一批先进的、适合高坝、地下工程及大土石方量的施工机械设备，全局共有设备5620台。其中，配置在鲁布革水电站的主要施工设备总量已达到1610台（国产施工设备1092台、进口施工设备518台），其类别与拥有量详见表7-8-2和表7-8-3。

表7-8-2　　1987年底鲁布革水电站主要国产施工设备统计

一、土石方施工设备［共26台（套）］						
名　称	4米^{3}挖掘机	2.5米^{3}挖掘机	1米^{3}挖掘机	0.6米^{3}挖掘机	60HP推土机	215HP推土机
数量［台（套）］	1	2	4	1	3	1
名　称	3米^{3}装载机	150履带钻机	80履带钻机	碾压设备	5.7米掘进机	
数量［台（套）］	2	4	4	3	1	
二、混凝土生产施工设备［共169台（套）］						
名称	30～60米^{3}混凝土泵	混凝土拌和楼	颚式破碎机	锥式破碎机	反击式破碎机	棒磨机
数量［台（套）］	16	4	10	4	5	4
名称	皮带输送机	重型筛洗设备				
数量［台（套）］	84	42				
三、基础处理设备［共72台（套）］						
名　称	钻探机	冲击式钻机	灌浆机	喷混凝土机		
数量［台（套）］	33	2	26	11		

续表

四、起重运输设备［共335台（套）］						
名　称	载重汽车	油罐车	散装水泥车	混凝土搅拌车	汽车式起重机	轮胎式起重机
数量［台（套）］	275	19	6	15	18	2
五、辅助生产设备［共490台（套）］						
名　称	空气压缩机	机床	变压器	制氧机	带锯机	炼钢炉
数量［台（套）］	66	215	176	3	7	3
名　称	柴油发电机	大型水工设备				
数量［台（套）］	15	5				

表7-8-3　　1987年底鲁布革水电站主要进口施工设备统计

一、土石方施工设备［共109台（套）］						
名　称	0.5～4米^{3}挖掘机	220～410HP装载机	180～340HP推土机	多臂台车	履带钻机	平地机
数量［台（套）］	14	28	31	10	14	2
名　称	碾压设备	爬罐	立式装载机			
数量［台（套）］	7	1	2			
二、混凝土生产施工设备［共24台（套）］						
名　称	混凝土泵车	混凝土搅拌运输车				
数量［台（套）］	7	17				
三、基础处理设备［共17台（套）］						
名　称	锚杆台车	注浆机	三联机	喷混凝土车	岩芯钻机	液压灌浆机
数量［台（套）］	5	3	1	2	2	4

续表

四、起重运输设备［共335台（套）］						
名　称	15～32吨自卸车	8～12吨自卸车	15吨载重车	6～8.5吨载重车	8～16吨油车	25～50吨汽车式起重机
数量［台（套）］	158	64	80	11	7	5
名　称	8吨汽车式起重机	门式起重机	40～100吨拖板车			
数量［台（套）］	2	3	5			
五、辅助生产设备［共33台（套）］						
名　称	螺杆空气压缩机	机修、试验机具设备	ϕ300～1300毫米制通风管			
数量［台（套）］	8	24	1			

三、市场经济时期

20世纪80年代后期至90年代初，工程局的设备基本上由局属各二级单位自行采购，但大型设备的采购计划需经工程局批准后，再由各二级单位进行询价比价采购。

到1992年底，工程局共拥有设备3839台，原值23 991万元，净值16 992万元，功率194 415千瓦，技术装备率9971元/人，动力装备率11.41千瓦/人，主要大型机械设备的完好率和利用率分别为78.76%和52.34%。期间，拥有大型装备961台（套），其中：单斗挖掘机40台，其总斗容53米^3；推土机50台，其总功率7734千瓦；装载机56台，其总斗容187.5米^3；履带式起重机1台，起重量50吨；汽车式起重机29辆，其总起重量433吨；载重汽车286辆，载重量2284吨；自卸汽车199辆，载重量4375吨；混凝土搅拌运输车38辆，其总装载量233米^3；混凝土拌和楼8座，其生产能力671米^3/小时；空气压缩机85台，其生产能力1667米^3/分；多臂凿岩台车16台；金属切削机床153台。在人均装备的数量和质量上都处于水电基建行业的前列，具备独立承建多座大、中、小型水利工程和水电站的能力。

1996年，工程局出台了《水电十四局资产管理办法》，规定购置单价在10万元以上的设备须报工程局批准后由工程局资产管理部进行询价比价、签订合同，对单台设备价值在3万～10万元，由施工单位的一把手批准后采购，3万元以下的设备由项目经理审批即可。

2000年4月，工程局成立水电十四局设备物资采购中心，下发了《水电十四局设备采购管理办法》，对全局设备采购进行管理，最终达到集中和统一采购的目的。工程局内凡单台价值大于10万元以上的设备，以及特殊专用设备和各种小车、客车等均需上报工程局局长批准后，由工程局设备物资采购中心进行采购。建立设备的比价采购制度，采购按照货比三家、质量优良、服务良好、价格合理、交货及时的原则和严格的程序公开进行。对于10万元以下的设备采购，由二级单位和项目部主管领导批准后自行采购，工程局资产管理部根据情况进行协助采购。

2001年，工程局质量管理体系关于物资采购控制程序中规定了工程局资产管理部负责大型施工设备的采购管理，采购流程是：先由项目部根据施工进度要求提出大型设备的采购计划上报工程局资产管理部审核，或项目部根据市场情况进行外部租赁。工程局资产部批准后报工程局领导审批；审批通过后，工程局资产部发布采购信息和进行供方调查，进行询价比价；确定合格供应商后，报工程局领导审批；审批通过后，签订采购合同，实施采购。

2005年初，结合工程局出台的《水电十四局非生产性固定资产购置管理办法》，在总结以往设备采购经验的基础上，于2006年，进一步系统地规范了设备采购的行为，其主要内容如下。

（一）设备管理的组织结构

（1）决策层：工程局设备管理领导小组，组长为工程局局长，副组长为分管设备的副局长、总经济师，组员为与设备管理有连带责任的职能部门（资产管理部、经营管理部、工程科技部、财务管理部、企业发展部、安全监察部、审计部、纪委监察室等）负责人；设备管理领导小组办公室设在工程局资产管理部，部门主任兼任办公室主任。

（2）组织管理层：工程局资产管理部。

（3）责任执行层：工程局设备租赁中心、二级单位资产管理部、直管项目部设备管理部门。

（二）设备采购计划编制

（1）依据设备配置需求，工程局所属二级单位、项目部的资产管理部门编制年度、月度设备采购计划，上报工程局资产管理部。

（2）工程局资产管理部汇总设备配置处理结果，编制出设备采购计划。

（三）采购申请审批权限

（1）工程局所属二级单位自行审批单台（套）价值小于10万元的采购申请，单台（套）价值在5万元及以上设备的采购清单须报工程局资产管理部备案。

（2）工程局直管项目部报送的单台（套）价值在5万～10万元的采购申请，由工程局资产管理部审批。

（3）二级单位、直管项目部报送的单台（套）价值在10万元以上的采购申请，由工程局设备领导小组会审后报局长审批。

（4）小汽车（指单价在10万元以上的越野车、轿车、客车）的采购审批标准。

1）大型项目部：小汽车报批金额总量控制在150万元以内（包含公司内部调剂使用车辆），其中越野车排量必须小于或等于3.0升、单价小于或等于40万元，小轿车排量必须小于或等于2.0升、单价小于或等于30万元，在此范围内的按资产管理办法规定程序执行。限购小汽车总数不得超过6辆，大客车、旅行车总数不得超过4辆。如确需购置超过以上标准数量的汽车，必须专题报工程局预算管理委员会审核批准。

2）中型项目部：小汽车报批金额总量控制在80万元以内（包含公司内调剂使用车辆），购置越野车排量必须小于或等于2.5升，小轿车排量必须小于或等于1.8升。限购小汽车总数不得超过3辆，大客车、旅行车总数不得超过2辆。

3）小型项目部由其所在单位统一规定，调剂使用，不得超标购买，金额不得超过30万元，旅行车总数不得超过1辆。

4）各单位凡购置10万元以上的车辆，必须报工程局预算管理委员会审核批准。

（四）设备采购申请审批流程

（1）工程局资产管理部受理二级单位、直管项目部报送的采购申请，审核采购申请合理性，并依据设备配置需求进行内部调剂。

（2）对于可进行内部调剂的设备需求，工程局资产管理部下发设备调度令至申购单位及设备所有权单位，指导办理内部调剂手续，驳回采购申请。

（3）对于不能执行内部调剂的采购申请，工程局资产管理部通知申购单位编制及上报“设备购买申请表”及设备采购可行性报告。可行性报告内容包括：设备购置的必要性及经济性分析、资金来源、产权归属、工程量分析、投资回报、初选设备的规格型号、备品备件数量、设备使用周期及后续工程衔接等。

（4）工程局资产管理部审核上报材料，在审批权限内对购买申请进行批复；对于超越部门审批权限的采购申请资料，资产管理部填制审核建议后报工程局设备管理领导小组审批。

（5）工程局设备管理领导小组召开专项会议审议设备采购处理建议，审核通过后报局长审批。

（6）对于超过工程局审批权限的设备采购申请，工程局资产管理部整理设备采购领导小组及局长的审核意见，报送集团公司采购中心审批。

（7）二级单位及直管项目部资产管理部门依据审批权限办理设备采购申请审批手续，具体操作流程参照工程局审批流程执行。

（8）二级单位及直管项目部审批的设备采购申请及采购清单需报送工程局资产管理部备案。

（五）设备采购

1. 工程局自行采购

（1）工程局资产管理部组织编制采购招标文件（或询价函），向优质供应商进行询价、报价（或招标），收取投标（报价）资料。

（2）工程局资产管理部组织相关部门人员（如财务管理部、审计部、纪委监察室、工程科技部、经营管理部）和设备申购单位人员进行开标、评审，开标结果（必要时可向工程局法律顾问进行法律咨询）评选最优采购方案，报分管领导审批后执行。

（3）工程局资产管理部会同设备申购单位与厂商进行合同谈判，具体内容包括设备随机附带配件及工具、技术服务、保修期、付款方式、技术资料等。

（4）工程局资产管理部与厂商签订采购合同，合同内容应包括：设备规格型号、数量、交货期、交货地点、交货价格、随机配件、工器具、技术服务、保修期、付款方式等必需的条款，并协调财务管理部办理付款手续。

（5）工程局资产管理部指导申购单位办理到场设备验收手续，收集设备资料并建档保存。

（6）设备申购单位反馈设备使用情况至工程局资产管理部，工程局资产管理部与厂商联系，处理售后服务及索赔工作。

2. 工程局所属二级单位、直管项目部进行采购

（1）工程局所属二级单位、直管项目部急需购买的设备，经工程局资产管理部审核同意、下发采购委托函后，二级单位、直管项目部可自行采购，具体流程参照工程局设备采购流程执行，同时将询价结果报工程局资产管理部备案。

（2）合同签订后一周内，二级单位或直管项目部将一份设备采购合同原件交工程局资产管理部备案。

（3）设备送抵后，委托采购单位牵头，该单位经营管理部、质量管理部、财务管理部参与设备验收（如有必要，工程局资产管理部也将参与），填写设备验收单，报送单位资产管理部备案。

（4）委托采购单位财务部办理付款手续并进行账务处理，采购发票复印件交工程局资产管理部存档备案。

（5）工程局资产管理部指导二级单位、直管项目部办理合同索赔变更、售后服务等工作。

（6）每月25～30日，二级单位、直管项目部报送工程局资产管理部自行采购的设备采购报表（包括电子版及经主管领导或项目经理签字的原稿），内容主要包括设备型号、价格、数量、设备附件、购进日期、技术资料等。

3. 集团公司统一招标采购

由集团公司统一招标采购的设备，将按集团公司采购中心的要求，编制及报送相关材料，遵循规定办理。

市场经济时期，随着工程局工程项目的不断增加，施工设备的投资规模也越来越大。1990～2006年，工程局总共投资施工设备金额高达14.47亿元，年均为8512万元。其中，2000～2006年是工程局跨越式发展的时期，新设备购置品种多、数量大，其中购置单机价值100万元以上设备103台，总金额达23 832.1万元。名称、型号规格、数量、单价详见表7-8-4。

表7-8-4　2000～2006年工程局新购单机价值100万元以上设备统计

序号	设备名称	型号规格	生产厂家	单位	数量	单价（万元）	金额（万元）
1	井钻机	2FY1.4/280 （LM-280）	常州市立鼎 煤矿机械有限公司	台	1	230	230
2	反井钻机	LM-200	苏南煤矿机械厂	台	1	130	130

续表

序号	设备名称	型号规格	生产厂家	单位	数量	单价（万元）	金额（万元）
3	高架门座式起重机	MQ600A/30（30T）	浙江水电机械有限公司	台	1	273	273
4	混凝土搅拌楼	HLS120－1Q3000	郑州水工砼机械有限公司	座	1	183	183
5	混凝土喷车	AL－500	恒丰国际公司	台	1	320	320
6	混凝土喷车	AL－500	瑞士阿力瓦	台	1	320	320
7	混凝土喷车	MEYCO POTENEA	Meyco设备有限公司	台	2	251.2	502.4
8	混凝土喷车	MEYCO POTENEA	瑞士麦斯特	台	3	255	765
9	混凝土喷车	MEYCO POTENEA30m^3/H	瑞士麦斯特	台	4	253	1012
10	混凝土喷车	MEYCO Potenza	瑞士麦斯特	台	1	134	134
11	卷板机	EZW11S－140×4000mm	湖北中绿环保实业股份有限公司	台	1	730	730
12	卷板机	EZW11S－80×3000	湖北中绿环保实业公司	台	1	210	210
13	履带式布料机	BLJ600－40	水电八局常德机械厂	台	1	238	238
14	锚索钻机	KR803－1C	德国克莱姆	台	1	322.6	322.6
15	门式起重机	MQ1260	杭州国电大力公司	台	2	500	1000
16	门座式起重机	MQ540/30	浙江省水电建筑机械有限公司	台	1	180	180
17	门座式起重机	MQ600A	浙江省水电建筑机械公司	台	1	236	236
18	双导梁架桥机	SDLB－120t/40m	秦皇岛市北戴河机械厂	台	1	155	155
19	水平下调式三辊卷板机	W115.80×3000	湖北中绿环保有限公司	台	1	203	203
20	塔式起重机	C7050	四川建设机械股份有限公司	台	1	338	338
21	天井钻机	Rhin0 400H	芬兰汤姆洛克	台	1	1420	1420
22	混凝土拌和楼	HZS75	郑州三和水工机械有限公司	台	1	160	160

续表

序号	设备名称	型号规格	生产厂家	单位	数量	单价（万元）	金额（万元）
23	推土机	D8N	美国卡特皮勒	台	1	132	132
24	推土机	TY320B	山推工程机械股份有限公司	台	3	103	309
25	推土机	TY320B	山东推土机厂	台	1	126	126
26	挖掘机	EC290BLC	瑞典沃尔沃	台	1	128	128
27	挖掘机	EX300－5	合肥日立	台	1	128	128
28	挖掘机	EX300－5	合肥日立	台	1	129.5	129.5
29	挖掘机	EX300－5（1.4m^3）	合肥日立	台	2	129.5	259
30	挖掘机	EX300－5N	合肥日立	台	1	132	132
31	挖掘机	EX300－5N	衡东公司	台	1	132	132
32	挖掘机	PC1250－7	日本小松	台	1	786	786
33	挖掘机	PC400－6	小松常州	台	1	186	186
34	挖掘机	R954C	利勃海尔法国公司	台	2	358	716
35	挖掘机	ZAXIS330	合肥日立	台	2	270	540
36	挖掘机	ZX330	合肥日立	台	1	134	134
37	挖掘机	ZX330	合肥日立	台	2	134.5	269
38	挖掘机	ZX330	合肥日立	台	1	134.5	134.5
39	挖掘机	ZX450H 1.89m^3	日本日立	台	1	139	139
40	挖掘机	大宇 DH300	韩国大宇	台	1	113	113
41	压路机	BW222D－4	宝马机械（上海）有限公司	台	2	102	204
42	液压钻	HCR1200－ED	日本古河	台	2	204	408
43	液压钻	HCR1200－EW	日本古河	台	1	204	204
44	液压钻	HCR12－DS	日本古河	台	1	110	110
45	液压钻	HCR12－DS V	日本古河	台	1	198	198
46	液压钻	HCR15－ED	日本古河	台	1	150	150
47	圆筒式高架门机	MQ1260（B）	杭州国电大力	台	1	418	418
48	凿岩台车	282	瑞典阿特拉斯	台	1	219	219
49	凿岩台车	Axera T11－315	芬兰汤姆洛克	台	1	768	768
50	凿岩台车	B352E	南京阿特拉斯	台	1	176	176
51	凿岩台车	ROCKET BOOMER353E	瑞典阿特拉斯科普柯	台	1	733	733

续表

序号	设备名称	型号规格	生产厂家	单位	数量	单价（万元）	金额（万元）
52	凿岩台车	ROCKET BOOMER353E	瑞典阿特拉斯科普柯	台	1	764	764
53	凿岩台车	T3RW－210－177Y 三臂	日本古河	台	1	258	258
54	振动压路机	BW219DH－3（18t）	德国宝马	台	1	101.9	101.9
55	振动压路机	BW219PDH－3	德国宝马	台	1	121	121
56	装载机	85ZⅣS－2	日本川崎	台	1	175	175
57	装载机	90ZIV－2	日本川崎	台	1	112	112
58	装载机	90ZIV－2	日本川崎	台	2	187	374
59	装载机	90ZIV－2	日本川琦	台	2	218	436
60	装载机	L150E	瑞典沃尔沃	台	1	190	190
61	装载机	L150E	瑞典沃尔沃	台	1	190	190
62	装载机	L150E	瑞典沃尔沃	台	3	223	669
63	装载机	L220E 5.4m^3	瑞典沃尔沃	台	1	123	123
64	自卸车	MT31	挪威莫克西	辆	21	151.2	3175.2
合　计					103		23 832.1

四、设备验收

设备采购到货后，按采购权限，由工程局机电部门或二级单位机电部门，组织技术部门、使用单位相关人员对设备资料进行验证，主要有生产厂的有关资质文件、技术资料、操作手册、使用说明、维修说明书、出厂检验合格证等，同时对照设备资料和采购合同对设备品牌进行验证，对外观进行观察，试运行察看各部分机构是否运行良好，并填写设备进场验收记录表，办理设备入库及使用发放记录；采购人员根据设备验收单进行报账。

工程局从建局至2006年，为适应国民经济和社会发展的需要，提升企业的竞争实力，装备能力不断增强，特别是从改革开放以后至2006年，装备能力大幅增长。1954年，全局固定资产原值仅为146万元；1980年设备原值为6919万元，净值为4207万元，总功率为11.3万千瓦，职工技术装备率为2084元/人，职工动力装备率为5.58千瓦/人。至2006年，设备原值为73 681万元，净值为38 920万元，总功率为16.1万千瓦，职工技术装备率为3.6万元/人，职工动力装备率为14.71千瓦/人。2006年设备净值为1980年的8.25倍，2006年职工技术装备率为1980年的16.1倍。1980～2006年工程局的施工装备情况详见表7－8－5。

表 7-8-5　　1980～2006 年工程局的施工装备情况

年份	台数	原值（万元）	净值（万元）	总功率（千瓦）	职工技术装备率（元/人）	职工动力装备率（千瓦/人）
1980	4163	6919	4207	112 606	2084	5.58
1981	4689	8390	6075	96 229	3075	4.87
1982	5193	7349	4875	88 567	2380	4.32
1983	4382	9053	7290	94 194	3576	4.62
1984	4076	8887	6941	110 177	3445	5.47
1985	4907	10 701	9014	125 259	4490	6.2
1986	5392	14 523	12 400	226 012	6350	11.6
1987	5620	17 521	14 883	204 868	7766	10.7
1988	5748	18 475	15 194	227 272	8272	12.4
1989	5493	18 610	14 330	217 449	8283	12.6
1990	5102	20 181	16 011	216 728	9266	12.54
1991	5424	22 982	15 451	217 409	8967	12.62
1992	3839	23 991	16 992	194 415	9971	11.41
1993	2852	21 188	14 038	153 559	9101	10
1994	3365	28 427	17 939	159 898	10 924	10
1995	3696	35 134	21 199	173 164	13 800	11.24
1996	4023	45 796	20 911	192 452	14 466	13.32
1997	3886	54 306	29 967	259 198	30 400	26.26
1998	4269	53 156	26 088	209 448	21 700	17.42
1999	4385	48 613	28 140	117 673	23 600	9.86
2000	4874	59 064	29 483	135 952	26 000	11.99
2001	5089	64 158	30 756	158 739	27 700	14.31
2002	5492	68 913	31 180	158 021	28 100	14.26
2003	5454	62 935	27 536	132 542	25 800	12.4
2004	6911	63 261	31 123	126 366	29 000	11.77
2005	7653	67 720	33 923	131 572	31 500	12.22
2006	7806	73 681	38 920	160 446	35 640	14.71

注　1991～1993 年设备台数变化较大，原因为 1992 年清产核资及统计口径发生变化所致。

第三节　设备的使用与维修

一、建立健全机械设备使用和维修的各项规章制度

1960 年 8 月 22 日，工程局下发《施工机械管理暂行条例》，详细规定了施工机械设备的采购、改装、维修、报废、调配，以及新购设备的验收、设备领用、自制设备、租借管理、机械设备配套管理、工程局内部设备调度平衡、设备事故处理等事宜。

1961年12月20日，工程局下发《机电管理工作的几项规定》，对机电设备的计划调拨、使用保管、维护检修等作了详细规定。

为加强施工机电设备和仪表的使用管理，克服工程局存在的设备维护不好、长期失修、带病运转等现象，工程局于1962年3月31日编写了《施工机电设备计划与检修制度（草案）》，规范设备的维护检修工作。

1979年，工程局恢复组建后，恢复了工程局机电处的管理职能，并于1981年召开了第一次机电会议，制定并颁发了工程局机械设备管理的组织原则与机构设置要求，明确了机电处的主要职责，使工程局机电设备的管理开始走上规范化、标准化和制度化的轨道。工程局统一印制机械设备履历书、设备总账、台账、操作证等一系列报表。全局已基本形成“统一领导、分级负责、大型通用集中、中小型分散、专业固定”，从上到下实行“一条龙”制度化的管理。

1980年1月16日，工程局下发《关于颁发施工机械设备管理暂行规定的通知》，规定了各单位设备保养和修保管使用部门，成立的修配车间或班组主要担负中（小）型机械设备的修理职能，强调除中心修配厂或同时成立汽修厂外，各工区（厂、队）应该合理的设置保修点；修配厂主承担大型施工机械设备、运输车辆、加工设备的大（中）修和部分配件的生产。

1980年10月，工程局颁发了《供应处职责划分和实施暂行办法》，由设备维修单位协同机电部门安排自制设备、自制配件的生产工作。

1990年3月1日，工程局下发了《18种主要机械设备的操作和维修保养手册》。同年9月24日，工程局又下发了《关于实行大型施工设备机长负责制的通知》和《关于任命十四局首批（22名）机长的通知》。工程局所属各单位根据工程局的要求，纷纷采取措施，极大地增强了机械操作和维护人员对设备的责任感，促进了设备完好率和利用率的上升。

1991年初，工程局颁发《关于完善“全员生产维修制”有关事项的通知》，统一实施装备恢复性修理的规范化程序，强化对机电设备的管理。

1991年2月，工程局再次召开了机电工作会议，强调了加强大型设备维修保养的重要性，要求工程局所属各单位设专人负责设备维修保养工作，对大型设备实行定人、定机、定岗责任制；对有章不循、严重失保的单位，除经济制裁外，还要追究主要领导和专业负责人的行政责任。严格要求按局颁发的《进口设备油料使用手册》用油，凡因错用油料造成的机械事故，作为人为机械事故处理；同时，对机械设备事故的处理，工程局颁发了《关于机械设备事故处理的有关规定》，并严格贯彻实施。

1991年10月25日，工程局下发《关于1990年度报废设备的审批意见》，根据国家对固定资产（机电设备）报废的有关规定，结合工程局所属各施工单位机电设备各报废工作中存在的一些政策性问题，对10万元以上、3万～10万元、3万元以下报废设备作了详细规定。

1992年7月21日，工程局下发关于施工机械设备报废的处理意见，对已达到使用年限、技术状况极差，又没有修复价值、部分属国家淘汰产品的35台（套）、原值721万元的设备予以报废。

为了适应管理体制改革和机构调整后的新情况，工程局对现行机电统计报表进行了调整、修订、补充，并制定了统一的机电统计报表格式，于2000年6月20日下发《关于下发机电统计报表制度的通知》，全局统一执行。

贯彻工程局《水电十四局设备租赁管理办法》中有关大型设备机长负责制的规定，推行机长负责制，实行人机一体化，将有利于设备的长期安全、正常运行，对提高项目施工的整体经济效益，提高设备的完好率、利用率有着很重要的作用，是国有资产值增值的有力保障。2000年10月12日，工程局下发《中国水利水电第十四工程局大型机械设备机长负责制管理办法》，要求工程局所属各单位、各租赁中心、各项目部全面将机长负责制落到实处。

为了加强对设备管理的监督，全面推行大型设备机长负责制，协调机长与项目经理部、机长与机长之间的关系。2000年10月13日，工程局颁发了《中国水利水电第十四工程局设备监理（督察员）制管理办法》，实行设备监理制。

2001年3月28日，工程局下发关于《加强设备管理及严格遵守有关规定的通知》。此规定包括设备采购、租赁、处置、报废、维护、保养、大修等相关事宜。

为杜绝人为事故的发生，2001年3月30日，工程局下发《关于机械设备事故调查处理规定的通知》，该规定包括总则、机械设备事故责任的划分、机械设备事故性质的划分、机械设备事故等级划分、机械设备事故的上报及处理决定等内容，有效地强化了机械设备的管理工作。

2001年4月25日，根据设备出现早期磨损严重、配件消耗急剧上升、完好率下降等现象，工程局再次下发《关于加强施工设备用油的通知》。工程局为此已多次下文明确，在设备的日常维护保养工作中，最重要一个环节就是保证施工设备润滑油料的正确使用。

二、设备使用管理

（一）设备现场使用管理

设备的使用管理，无论是使用国产设备，还是使用进口设备，自建局至2006年，已逐步形成了一套行之有效的规章制度和规程规范，并在实践中不断实施和完善，主要有：

（1）完善机电设备管理系统，培养一支业务有素的管理运行队伍，根据工程特点，组建机械化施工作业队或班组。

（2）严格执行各种规章制度：

1）机械设备操作人员要经培训考核，无论是“师带徒”，还是经培训学习，都要取得上岗的资质方可上机顶岗，操作证制度必须坚持。

2）贯彻执行人机固定原则，机组人员保持相对稳定，对大型设备实行机长责任制。

3）严格执行维护保养规程，任何情况下，维护保养工作必须坚持。保养中尤其是要认真执行用油制度，及时更换合格的润滑油。

4）严格执行操作规程、交接班制度，要保证设备有合理的工况，不允许随意超载运行，避免带病工作，发现故障及时处理。

5）严格执行安全使用规程，执行定期检查、修理制度，及时消除故障隐患，严肃对待设备事故，避免事故再次发生。

6）保持维修人员与操作人员一定的合理比例，落实岗位责任制，以维持设备的正常运行。

7）开展红旗设备竞赛，推动群众性爱机、养机活动，奖优罚劣。

8）在设备使用中，正确处理责、权、利、管各方利益关系，调动各方积极性，提高设备的完好率和利用率。

(3) 严格执行各项技术规定，如技术试验规定、走合期规定、寒冷地区和季节使用机械设备的规定等。

无论是在半机械化施工时期，还是在高度机械化施工时期，工程局都严格设备的使用管理，充分发挥设备的功能，使其在工程局的快速发展中发挥出极其重要的作用。

（二）开展红旗设备竞赛

开展红旗设备竞赛是工程局的光荣传统，20 世纪五六十年代主要以精神鼓励为主。进入 20 世纪 80 年代后，除精神奖励外，工程局还专门设立了红旗设备奖励基金。1987～1990 年工程局评比表彰了 262 台（套）局级红旗设备。这一活动的广泛、持久开展，使工程局机电管理、操作运行、维护保养水平不断得到加强和提高。

1991 年 1 月底 2 月初，工程局分别在广州从化、云南昆明进行了 1990 年度局级红旗设备评比，两地区共评出 1990 年度局级红旗设备 15 台。1991 年 3 月 2 日，工程局发出《关于 1990 年度局级红旗设备评比结果的通报》。

1991 年 10 月 19 日，工程局下发《关于开展 1992 年度局级“红旗设备”评比的通知》，开展局级“红旗设备”的评比。通过开展红旗设备竞赛、局级“红旗设备”的评比活动，在一定程度上推动了群众性的爱机、护机活动，增强了机电人员管好、用好机械设备的责任心，取得了不少有益的经验。

（三）推行机长负责制，实行人机一体化

推行机长负责制，实行人机一体化，是工程局内部实行设备租赁制改革的一项重大举措，通过对机长的任命，将大型设备的安全运行交给机长，将有利于设备的长期正常运行，对提高项目施工的整体经济效益，提高设备的完好率、利用率有着很重要的作用。为此，工程局于 2000 年 10 月 12 日下发《中国水利水电第十四工程局大型机械设备机长负责制管理办法》，在工程局所属各单位、各租赁中心、拥有自营设备的各项目部贯彻执行。该办法规定：机长对整台设备的运转、修理等全权负责，贯彻“管用结合、人机一体化”的原则；具体确定机长在安全操作、正确使用、精心维护、定期保养、合理用油、档案管理、技术要求（达到五懂：“懂构造、懂原理、懂性能、懂用途、懂用油常识”，三会“会正确操作、会日常保养、会排除故障”）、事故报告、科学检修、工作报告、代理机长等 11 个方面的职责和任务；明确机长应具备的条件：机长须持有中级以上的机械设备操作证、具有高度的工作责任心、技校（含高中）的文化程度和一定的经济管理知识等条件，方可被聘用单位聘任。通过对机长的管理和考核，以及相应的工资及福利待遇，同时与经济责任制、设备监理（督察员）制等管理办法配套实施，全面将机长负责制落到实处，并不断地完善。该制度贯彻以来，在充分发挥设备效能，确保机械设备的完好率、利用率，大幅增加工程局的施工产值，提升工程局整体的经济效益，提高国有资产保值增值率等方面，均起到了重要的作用，收到了良好的成效。

三、设备事故处理

工程局建局以来，非常重视对设备事故的处理，凡发生设备事故，均按照“三不放过”的原则，调查原因，划清责任，严肃处理。例如，1980 年工程局下发《关于清理机械事故的通知》，对 1980 年有关单位汽车翻车、机床损坏、推土机变速箱等事故进行了通报，出了事故没有及时汇报，同时有些事故没有对责任人进行严肃处理的，都进行了全面的清查。

2001 年 3 月 30 日，工程局下发《关于机械设备事故调查处理规定的通知》。机械设备事故调查处理规定内容包括总则、机械设备事故责任的划分、机械设备事故性质的划分、机械设备事故等级划分、机械设备事故的上报及处理决定、机械设备事故统计及附则等。

2006 年，工程局在《设备管理办法》中再次明确处理设备事故的相关规定，其内容有以下几个方面。

（一）事故的分类

依据造成的直接经济损失，设备事故划分为以下三类：

（1）一般事故：直接经济损为 5 万～50 万元的事故。

（2）重大事故：直接经济损失为 50 万～200 万元的事故。

（3）特大事故：直接经济损失为 200 万元以上的事故。

（二）事故处理权限

（1）一般事故由设备使用单位自行处理，事故相关资料由设备使用单位保存，报送处理结果至工程局资产管理部存档备案。

（2）重大事故由工程局资产管理部牵头，相关部门统一处理，事故单位协助资产管理部办理具体处理事宜。

（三）重大事故、特大事故处理时间要求

（1）事故单位在事故发生后 6 小时内口头通知工程局资产管理部，12 小时内书面上报工程局资产管理部重大事故、特大事故情况。

（2）工程局资产管理部接到特大事故书面报告后，24 小时内报告集团公司，在 30 天内上报事故直接损失及处理结果。

（四）重大事故、特大事故处理程序

（1）工程局资产管理部接到事故通知后，组织成立调查小组至现场调查事故原因。

（2）调查小组编制事故调查报告，主要内容包括事故原因、造成的损失等。

（3）工程局资产管理部受理事故报告，组织安全监察部、人力资源部、经营管理部、纪委监察室参与讨论事故调查报告，编制事故处理建议上报工程局设备管理领导小组。

（4）设备管理领导小组召开专题会议讨论事故处理建议，形成事故处理意见报工程局分管领导审批。

（5）工程局资产管理部依据分管领导的审批意见，编制事故处理文件下发事故单位执行，并跟进事故处理流程及结果。

(6) 工程局资产管理部指导、协助事故单位办理事故设备保险理赔手续，监督事故设备的维修及报废流程。

(7) 工程局资产管理部年度统计重大事故以上的设备事故情况，并上报集团公司设备物资部。

(8) 对延报、谎报、隐瞒不报或弄虚作假的事故单位，将视其情节轻重对该单位的第一责任人和有关责任人给予经济处罚和行政处分。

四、设备的维修管理

机械设备的维护保养是机械设备使用的前提和基础。自工程局成立以来，一直实行施工机械设备的厂内修理与现场维修相结合的管理体制，仅在不同的阶段侧重点有所不同而已。

(一) 设备的厂内修理

厂内修理实行定点大型修理厂（或修理中心）与项目工程临时修理厂（或修理场）相结合的维修体制。

1. 大型修理厂（或修理中心）

(1) 工程局中心修配厂（干沟修配厂）。

1956年7月，根据以礼河梯级水电站建设的需要，云南水力发电工程局企业管理处修造厂在云南会泽县娜姑区干沟镇成立，其前身是石龙坝水电站改扩建工程修配间。当时，有职工100余名，仅有3台车床、1台牛头刨床、1台40毫米立钻、1台砂轮机和几台虎钳。修造厂专门负责设备的维修保养工作。该厂1958年更名为中心修配厂，机械厂增添了60万元的生产设备，全厂职工增至410人，固定资产增至91万元，年产值近100万元，主要负责电站工地各种配件的提供，以及大型施工机械和金属切削机床的大、中修理任务。

1958年9月，“生产大跃进”中号召大制设备，中心修配厂的修配力量都转入兼造机电设备。机电设备的制造，主要采用土洋结合的方法，机电科的重点也转入协助修配单位大搞设备制造。经过苦战，设计和制造出土洋结合的机电设备56台。在设备制造中，从设计到加工都存在严重缺陷，制造的设备也不好用，人力和物力都造成很大的损失。

20世纪60年代初期，国家处于经济困难时期，工程项目下马。车辆运输方面严重缺油缺胎，为维持部分生产及生活需要，车辆运输技术人员挖掘内部潜力，就地取材，把20辆解放牌汽油车改装成木炭燃料车；没有轮胎，就采取大换小的办法，把大依法轮胎用作解放牌汽车的后胎，双轮胎改成单轮胎等方面的技术改造。设备维护主要是充分利用现有资源，采取东拼西凑的方式来保证部分设备的运转。

为保证电站“三料”运输任务的完成，提高车辆完好率，中心修配厂设备技术人员开展技术革新活动，采取提高发动机压缩比、刹车喷水、保持常温行驶等革新措施，使车辆的动力提高、油耗下降，为增产节约起到了积极作用。在设备保养方面，开展技术革新和机械化快速二保作业，使保修向机械化、自动化、电气化迈进。

从20世纪60年代中期到70年代初，中心修配厂自行制造了多种机修设备，如

C620－1B车床、B665A牛头刨床、160吨摩擦压力机、4.5千瓦和7千瓦电动机等。

1970年中心修配厂迁至云南马龙县马过河，成立马过河修配厂，主要承担加工配件及设备修理的任务。

1979年云南鲁布革水电站开工，以礼河、绿水河，西洱河一、二、四级等水电站工程都先后竣工投产，工程局所属各修配厂承担并完成了730台（套）下场施工设备的大修任务。

1989年，工程局对马过河修配厂《实施技术改造、配套协作生产轻型载重汽车车厢的可行性研究报告》予以批复。马过河修配厂搬迁到曲靖，成立曲靖货厢厂，其主要职能开始转向设备的加工制造。

（2）昆明王家营维修中心（租赁中心修理厂）。

1989年12月，成立了“水电十四局物资公司机械维修中心”，主要从事设备修理。2000年成立设备租赁中心，把设备租赁、配件管理和设备修理结合在一起，实行统一管理，并组建了设备租赁中心修理厂。修理厂制定了《主修人负责制》、《修理厂岗位目标》、《设备修理管理实施办法》等规章制度。以控制修理质量为中心，坚持安全修理，控制每个修理环节。修理技术管理划分为四个层次：中心总工程师→修理厂厂长（副厂长）→班组长（主修人）→修理工，使修理的质量、进度、成本在制度的控制下得到保证。2002～2006年，修理厂共完成设备的大修理共15台次，恢复性修理36台次，并完成包括H178凿岩台车在内的台车大修理技术改造3台。

178台车是阿特拉斯公司20世纪80年代的产品，维修零配件已经停产，操作控制系统落后且故障率高。该台车于1987年投入使用（使用年限为10年），早已超过使用年限。但由于工程需要，加之购买一部新台车需要花费近千万元，2003年工程局决定对其进行升级改造。随即技术人员组织技术鉴定小组，对旧H178台车进行改造前机况的鉴定，制订出技术改造和修理项目方案。面对机况及进口配件不易采购、价格高昂等诸多因素，技术人员决定自行加工零配件。经过技术升级的H178凿岩台车各系统基本上更换为当时先进的技术系统，系统更加完善、合理，液压系统工作效率提高，调整方便，电控部分布置更简单、明了，工作可靠。技术性能已接近当时新产品的综合性能。改进后的H178三臂台车由于部分采用了国产件，使维修、维护更加方便，配件采购快捷，配件成本大大降低，工作可靠性增大。投入到工地使用，使用情况良好，在施工中液压系统故障少，液压件均未发生过漏油和动作失灵现象，各种操作动作灵活，防卡钎装置灵敏，钻机效率高。

2. 项目工程临时修理厂

在以礼河梯级水电站建设期间，设有毛家村修配厂，主要负担该工地设备的维护检修及加工土方机电设备的零配件；设有盐水沟修配厂，除该工地设备的维护检修外，还兼造加工开挖和混凝土设备零配件；设有小江修配厂，主要负责维护检修的任务。

1958年开工建设绿水河电站，成立了联合厂。该厂包括发电厂、木工厂、修配厂，修配厂下设修理间及修理小组，主要负责工地设备的维护检修及机电设备的安装工作。

20世纪70年代，在建设西洱河一、二、四级水电站期间，组建了工程局第一工程处修配厂和第二处工程处修配厂，主要承担加工配件、设备修理及机电设备的安装工作。

20世纪80年代初，鲁布革水电站开工建设，相继组建乃格修配厂和中寨修配厂，主要承担设备的维修、配件加工及机电设备安装的任务。

从20世纪80年代中期以来，工程局所承建和参建的工程项目，在工程规模较大的工地，一般均设有修配厂（修配场、修配中心），负责该工地的施工设备的维修及机电设备安装等工作。

（二）设备现场维修

从工程局成立至2006年，为保证施工生产的正常进行，各工程项目点的施工设备除在修理厂进行维修外，施工单位还要组建修理场（修理车间、修理班组等）进行现场设备的日常维护保养、经常性修理和故障排除等工作。

（1）设备现场维护保养。做好设备的维护保养工作，是使设备保持良好工况和保证正常施工的重要措施。设备现场维护保养工作主要由操作和修理人员进行。他们严格执行维护保养规程，按照设备技术要求进行维护保养，及时更换合格的润滑油，认真执行设备用油的规定，及时消除故障隐患，保证设备的正常运行。

（2）设备经常性修理。主要针对设备存在的问题进行局部性修复，修理人员严格按设备技术规范进行修理，按要求更换合格的零部件。事故损坏的设备修理则按厂家的技术要求进行，修理中采用新工艺、新技术、新材料和现代科学管理方法，以保证检修质量，缩短停歇时间和降低修理费用，从而提高设备的可靠性和利用率。

20世纪80年代，鲁布革水电站工程设备修理主要在工地修理间和现场进行，采取检查期修理和故障修理方式，针对设备存在的问题进行局部处理。鲁布革工程还引进了成套检修机具，能通过抽样检验、废气分析、电磁探测等仪器，科学地诊断设备的技术状况，正确地确定检修内容，为实现动态修理提供条件，对保证修理质量、降低修理成本具有重要作用。

1991年初，工程局决定在全局对重点设备实行"全员生产维修制"，强化对机电设备的管理。"全员生产维修制"是针对"计划预检修制"存在的各种弊端提出来的，其目的是减少故障率，改善设备技术状况，提高生产率，降低维修成本。

（3）设备现场抢修。主要是针对在施工过程中设备出现问题而进行故障排除的修理。现场抢修由操作人员和在场的维修人员用最简便、最迅速的方法进行。针对现场环境特点，设备修理人员采取的主要方法是：按现有规程上规定的修理方法，如换件修理、原件修复；临时性的修理方法，如配用、粘接、焊接、捆绑、拆拼修理等；应用新材料、新工艺和新技术对设备进行快捷的修复。现场抢修旨在恢复设备的基本性能要求，尽快恢复施工，提高设备的利用率。

（4）设备恢复性修理。下场设备机况一般都存在不同程度的问题，按工程局的设备管理规定，使用单位要对转场（退租）设备进行恢复性修理，使设备经常处于完好待命状态，满足施工生产的需要。

在设备的修理修配过程中，特别注重关系到设备安全质量的重点部位、关键环节和关键点，抓好设备安全质量的考核、跟踪、通报、过程控制、技术创新、工艺改进等工作，做到自检、互检、专检三结合，提升修理质量，降低修理成本，消除安全隐患和质量事故，尽量避免作业失控和现场失控的情况出现，确保安全生产，提高经济效益。

为统一规范设备修理的程序，工程局编制了“施工设备修理申请表”、“施工设备修理入厂检验单”、“施工设备（底盘）解剖/修复技术记录”、“柴油机解剖/修复技术记录”、“施工设备修理耗用主要配件、材料明细表”、“施工设备修理竣工验收单”以及“施工设备维修报告书”、“施工设备维修记录”等8种表格，作为全局设备规范性修理的统一格式，维修单位和人员须按章填报。

五、配件采购与管理

计划经济时期，配件采购是根据国家指令性计划及已有的施工设备的情况，由工程局提出各种机型设备的配件计划，再向主管部门申报或直接向厂家订货。

1981年，为做好工程局机械设备配件的采购、验收入库工作，工程局供应处在云南省呈贡县王家营设立了总仓库，对物资材料和机械配件进行验收、入库保管和发货工作。

20世纪80年代，购进了一批具有世界先进水平的施工设备，同时也带来了机械配件供应的复杂和困难。由于引进的施工机械设备，涉及十多个国家的几十个厂家和上百种机型，造成了配件供应周期长、渠道复杂的状况。但为了工程的需要，一方面千方百计向上级主管部门申请外汇，及时解决了各种进口机械设备的配件供应；另一方面，为了节省外汇和资金，想方设法开辟国内市场，能满足使用或稍加改造就能使用的，就尽量采用国产配件。据不完全统计，工程局用了上千种国产配件代替国外配件，缩短了供应周期，解决了生产中的问题。

20世纪90年代，配件采购完全按市场法则进行，由工程局物资公司和项目部根据需要进行采购。一般情况都由部门对多家供应商进行资质调查，经评审后每种类型的配件确定3～4家的合格供应商，并编制《配件采购合格供方目录》；然后对其进行询价，优选质价符合条件者，按计划进行采购。

为适应工程局发展的需要，规范工程局所属各单位的配件、材料采购行为，理顺采购关系，更有效地发挥集中采购的优势，降低施工成本，提高经济效益，2005年5月22日，工程局下发《水电十四局配件、材料采购管理办法》，按照“货比三家，等价择优，等值择廉”的原则进行采购。同时，所采购的配件、材料的质量、安全、环保等指标须符合ISO 9001：KG2000、ISO 14001：1996、OHSASI8001：2001体系认证及国家的其他标准（国际标准、行业标准），满足施工要求。配件、材料采购按分层管理的原则进行控制。

六、设备报废管理

设备报废长期按上级主管部门规定的折旧年限和折旧后的残值额度及设备损坏程度进行处理。2006年，工程局设备管理办法中对设备报废审批权限、申请审批程序、处置程序进一步的作出了系统的规定。

（一）设备报废审批权限

（1）原值在10万元以上（含10万元）的设备报废由使用单位填报，工程局资产管理部初审，工程局复核后报税务管理部门批准。

（2）原值在3万～10万元之间的设备由使用单位鉴定、初审、工程局资产管理部组织审批，报同级税务管理部门批准。

（3）原值在3万元以下的设备由使用单位审批，报工程局资产管理部备案。

（二）设备报废申请审批程序

（1）依据审批程序要求，设备租赁中心、二级单位、项目部于每年年末编制设备报废申请报送工程局资产管理部，具体内容包括设备基本情况、技术鉴定结果、处理意见等。

（2）依据审批程序要求，工程局资产管理部牵头，组织技术人员至现场核实申请报废设备的实际情况，具体内容包括：

1）查阅设备管理台账，核对设备购置时间、使用年限、养护及修理情况、存在的技术问题及安全隐患等记录。

2）进行设备技术鉴定，调研设备的实际技术性能、潜在安全隐患。

3）分析设备使用风险。

4）核算预报废设备残值，编制调查报告。

（3）工程局资产管理部组织，财务部、经营管理部参与，讨论调查小组提交的调查报告，编制处理建议提交工程局设备管理领导小组审批。

（4）设备管理领导小组开会讨论设备报废处理意见，分析报废处理存在的问题，编制审议结果。

（5）工程局资产管理部依据设备管理领导小组审议结果，编制设备报废批复文件并下发至各设备使用单位及相关监督部门。

（三）设备报废处置程序

（1）设备使用单位依据工程局资产管理部下发的设备报废批复文件进行相关报废设备处理。处理方法包括报废、留用、拍卖处理等。

（2）工程局有关职能管理部门监督报废设备的处理过程，资产管理部、财务管理部、纪委监察室参与报废设备现场拍卖，监督拍卖价格及流程的合理性。

（3）针对处理报告中出现的违纪问题，工程局资产管理部及时向分管领导汇报。分管领导审核同意后，交纪委监察室进行查处。

（4）工程局资产管理部审批设备报废处理报告，把处理意见转发至工程局财务部，督促财务部进行报废设备的账务处理。

（5）各单位的设备管理部门编制报废设备档案，并报送工程局资产管理部存档备案。

七、闲置设备处置管理

在计划经济时期，闲置设备主要由水电总局在系统内调剂使用。在市场经济时期，闲置设备由工程局根据情况自行处置。2001年，工程局出台了《关于闲置设备处理的管理办法》；2006年，工程局在设备管理办法中对闲置设备界定、处置权限、处置流程进一步作了规范。

（一）闲置设备的范围

（1）在工程局范围内连续停用1年以上且今后在施工中难以派上用场，但仍然有使用价值的设备。

（2）使用年限较长、设备状况较差、修复成本较高但未达到报废年限的设备。

（3）已批准报废的设备。

（4）不符合国家环保要求，容易造成事故的设备等。

（二）处置权限

（1）工程局租赁中心管辖的设备、闲置设备处理建议：经租赁中心直管领导审批后，报送工程局资产管理部，由工程局资产管理部复核，设备管理领导小组审阅，分管领导审批后执行。

（2）工程局所属二级单位管辖的设备、闲置设备处理建议：经二级单位直管领导审批后，报送工程局资产管理部，由工程局资产管理部复核，设备管理领导小组审阅，分管领导审批后方可执行。

（3）工程局所属二级单位或项目部自营管理的小型设备处理建：由本单位资产管理部门报送处置建议，经本单位直管领导审批后执行，审批结果和处置报告报送工程局资产管理部备案。

（三）处置流程

（1）闲置设备产权单位编制专题报告报送工程局资产管理部，资产管理部组织调查小组核实闲置设备的状况，编制调查报告报资产管理部。报告内容包括购置年月、使用情况、现阶段技术状况等。

（2）工程局资产管理部牵头，财务管理部、经营管理部、设备产权单位等相关部门讨论设备调查报告，提出处置建议报设备管理领导小组审批。

（3）设备管理领导小组召开专题会议，讨论闲置设备处理建议，形成处理意见并报送工程局分管领导审批后，交工程局资产管理部下发至设备产权单位。

（4）工程局资产管理部监督处置单位成立闲置设备处置领导小组，成员由资产管理部、财务管理部、经营管理部、审计部、纪委监察室等相关部门负责人组成，具体经办闲置设备处理事宜。如有必要，资产管理部派人参与闲置设备的处理过程。

（5）工程局资产管理部有权将处置过程中出现的舞弊现象，提请纪委监察室进行调查处理。

（6）工程局资产管理部审核闲置设备处置报告，并下发至财务部门进行相关账务处理。

第四节　设　备　租　赁

一、实行设备租赁制的情况

1986～2006 年，从试行设备租赁制到全面推行设备租赁制度，工程局已经走过 20 年的历程。设备租赁包括内部租赁和外部租赁，其中外部租赁又包含经营性租赁和融资租赁。工程局设备租赁方式主要为内部租赁。

鲁布革水电站是中国水电施工企业引进外资的一个窗口，利用世界银行贷款购入了一批具有 20 世纪 80 年代世界先进水平的国外施工机械。为管好、用好这批先进设备，使其充分发挥效能，同时克服以前对使用设备不计成本、无偿占用、只用不管的弊端，工程局于1986年对世界银行贷款设备和挪威王国政府赠款购置设备大胆试行了内部设备租赁制。试行办法规定：按照所有权和经营权分离的原则，租赁设备的所有权，租赁费标准的修编、调整、解释权归水电十四局；经营权归物资公司；维修保养使用权归租用单位；租赁费标准制定原则依据是1986年版《水利水电工程机械台班定额》。租赁设备分为正常租赁设备和优惠租赁设备两大类，优惠租赁设备的租赁费中不含大修理费。这极大地提高了设备的利用率，增强了设备更新补偿和扩大再生产的能力，提高了经济效益和社会的竞争力。经过两年的试行、修订、充实、完善，租赁制纳入了内部承包经营合同责任制的范畴。1989年6月1日，工程局发文，正式在全局范围内实行设备租赁制，并同时颁发修编调整后的水电十四局设备租赁费标准。租赁费标准制定依据是1986年版《水利水电工程机械台班定额》及设备使用情况。

设备租赁制纳入工程局内部承包经营责任制后，所采取的形式是：按各单位人员和装备情况核定产值承包基数，承包经济指标与核定产值挂钩，工资含量与产值、效益双挂钩，明确各项经济指标费率，确保上缴，超利分成，亏损自补。

为保持租赁设备账物相符、台班费率清晰，工程局决定实施租赁设备费率台账制，以便宏观控制设备租赁资金，有计划地进行设备补偿，有目的地进行设备大修。台账分正本和副本各一份，定期进行核查。凡属正常租赁设备的，正本在工程局，副本在下属各公司；优惠租赁设备则相反。工程局为严格控制租赁资金的使用，超出1万元的设备，必须经局机电领导小组批准后才能动用。

1986年试行设备租赁制至1990年，工程局共收取租赁费3316.8万元。其中，1986年和1987年未实行内部承包经营责任制，因此这两年分别只收取租赁费196.80万元和420万元。1988年后设备纳入了承包经营责任制，租赁费的收取有了明显提高，其中：1988年收取871万元，1989年收取892万元，1990年收取937万元。收取费额的变化，体现出企业引进竞争机制的重要性。工程局利用这笔资金纳税（267.8万元）、付息、还贷，有目的地购置了鲁布革第三批招投标设备和部分大成公司施工退场设备共计291台，花费资金3281.33万元，1991年后还利用提取的大修理费对这批转战南北的装备进行了一次重点的恢复性修理。这笔资金的投入使工程局的装备水平又上了一个新台阶。

为了提高设备利用率，进一步调动租用单位，爱护设备的积极性，加速设备更新换代，增加扩大再生产能力，1992年3月4日，工程局下发了《关于重新颁发水电十四局设备租赁费标准的通知》，全局执行新的设备租赁费标准。

在工程局的租赁设备中，部分设备实际使用年限已接近国家规定的年限，这部分设备大多数机况差、使用费高。在确保原值回收的前提下，1995年6月20日，工程局下发《关于局租赁设备中几个具体问题的批复意见》，工程局经济管理部门针对华东分局、白云施工局、斗晏施工局有关设备租赁问题也作出回复，将这批设备纳入租赁设备之中。

为适应市场经济发展，各项目点根据工程的需要，不同程度地添置了部分施工设备。为理顺产权关系，实事求是地处理已购设备的财务账目，1995年11月24日，工程局下发《关于对部分设备纳入局租赁设备管理的批复意见》。1996年8月，工程局发文再次规定新的租赁设备费标准，从下文之月起按新的租赁设备费标准收取设备租赁费。

为进一步理顺产权关系，盘活有限资产，降低生产成本，提高设备利用率及完好率，让用机单位有更大的自主权，1997年12月25日，工程局下发《关于划拨部分局租赁设备为自有设备管理的通知》，将部分工程局租赁设备划拨为有关单位的自有设备。

为适应市场经济发展和建立现代化制度的需要，充分挖掘设备的潜力，进一步提高工程局设备的完好率、利用率，确保国有资产的保值增值，增强企业的竞争能力，为企业创造更多的综合效益，2000年2月2日，工程局颁布了经工程局第十三届职代会审议通过的《中国水利水电第十四工程局设备租赁管理办法》。该办法主要从设备产权的界定、设备管理的分类、非租赁设备（自由设备）的管理、机构设置及职责、租赁手续、租赁费标准以及租赁办法等方面进行详细的规定。租赁费标准制定原则依据是1991年版《水利水电工程机械台班定额》及“1997年度水力发电工程施工机械台班定额第一类费用调整系数”。设备根据其价格及重要程度，划分为租赁设备和非租赁设备（自有设备）两大类进行分类管理。

（1）国产设备原值单台（套）在15万元（含15万元）以上，进口设备原值单台（套）在20万元（含20万元）以上者，列为租赁设备。

（2）国产设备原值单台（套）在15万元以下，进口设备原值单台（套）在20万元以下者，列为非租赁设备（自有设备）。

为适应工程局水电施工建设不断发展的需要，对工程局的主要设备进行统一管理，2000年3月成立了工程局设备租赁中心。工程局所属各二级单位也相继成立了设备租赁中心。

为使工程局各设备租赁管理中心及各承租单位在相对平等的条件下展开竞争，努力实现固定资产的保值、增值，以提高全局整体经济效益，2000年4月8日，工程局颁发《统一内部设备租赁费台时标准》。该标准经过半年的试行，2000年10月，工程局结合实际情况决定对新标准进行部分调整，下发了《关于颁发水电十四局设备租赁台时费的通知》，全局统一实施。

2000～2001年初还相继出台了《关于局租赁设备划归各级设备租赁中心管理的通知》、《关于闲置设备处理的管理办法》、《关于租赁设备进退场费用的规定》等文件，以进一步规范设备租赁行为。

二、设备的进退场管理

（一）租赁手续

（1）凡工程局所属各单位（项目部）根据工程需要，经工程局资产部批准，持工程局设备调度令，按工程局设备租赁管理的有关规定，与中心设备管理部签订《内部设备租赁协议》。

（2）租赁单位在租赁协议到期或施工任务提前结束等情况下，需变更租赁期必须提前一个月通知工程局资产部和中心，工程局和中心将视具体情况作出退库、转租、就地封存等处理意见。

（3）租赁费标准和管理办法：按工程局相关规定执行。

（二）设备的进退场工作

（1）设备的进场（包括进场后的安装），由租用单位负责实施。

（2）设备的退场（包括退场前的拆卸），由租用单位负责实施。

（3）设备进退场费用，按工程局《关于租赁设备进退场费用的规定》执行。

1）运输方式：能自行进退场的设备一般采用自行方式；不能自行或自行费用过大的，原则上采用火车或公路运输。

2）设备进退场费用：由设备使用单位承担。设备进退场时的运输保险费应列入进退场费用，由租用单位承担。

（4）设备进退（转）场的验收。设备进场时，由中心设备管理部与租用单位共同组织对投入设备进行验收工作，中心保证所投入的设备处于正常工作状态。交接验收时，双方应对设备的型号、规格，随机附件、工具、技术资料、已运行时间（计时表读数）等进行交接验收。验收合格后，由双方代表在“租赁设备交接验收单”上签字确认。

退（转）租设备验收方式：中心设备管理部派遣（或委派）专人到现场会同机长、巡视员以及租用单位相关人员共同进行验收并填写“租赁设备退库验收单”。

退（转）租设备租用单位必须按租赁协议的规定进行恢复性修理，保证退租设备的主要性能及外观处于良好状态，所有附件、随机工具、资料、运转记录按租赁协议所附清单移交中心设备管理部，缺件、损坏等应予以赔偿。

凡退（转）租设备未按规定进行恢复性修理者或修理标准达不到退租验收标准者，由工程局设备租赁中心开具罚款通知，经工程局资产部审定后，转承租单位财务执行。

为了维护工程局的整体利益，提高设备的完好率和利润率，按照工程局租赁设备的有关规定，对退（转）场设备，中心设备管理部尽可能会同工程局资产部到现场进行退（转）场验收，根据存在的问题，制订修理计划，与退租单位进行协商，确保退（转）场设备恢复性修理工作得到落实。

退库、封存的设备，中心设备管理部定期和不定期进行检查，启动、运行及充、放电和安全管理等工作。做到随时掌握设备状态，尽可能保证设备随时处于完好待命状况。

三、设备现场使用管理

（1）设备进场后，自中心设备部与租用单位双方代表签字确认的验收合格之日起，到退场时双方代表签字确认的验收合格日期止，在此租用期间使用权和实物管理权责均属设备租用单位。租用单位不按时缴纳租赁费时，按照工程局设备租赁办法的规定：中心有权撤退或转移设备，一切责任和损失由租用单位承担。租用单位无权将设备对外出租或用于其他工程。

（2）租用单位要建立、健全设备操作、使用、保养规程和管理制度，按照设备使用说明书、设备管理办法规定进行日常维护、保养工作。

（3）租用单位在进行日常维护、保养工作时，严禁使用劣质油料及质次价廉的零配件，严禁违反修理规范和标准。设备的原件和总成不允许拆卸到其他设备上使用。

（4）租用单位在使用中，杜绝只用不养、不修、拼设备、“吃”设备及野蛮、违规使用设备的行为。

（5）中心对大型设备实行机长责任制，机长的管理按工程局2005年下发的《水电十四局设备租赁中心设备机长负责制实施办法》执行。

（6）鉴于中心租赁设备分布在全国各地，有的项目点设备多，有的项目点设备少。为了管好、用好这些设备，中心根据生产情况安排有关管理及修理人员不定期地到工地进行巡查、技术服务，了解、掌握设备的运行、安全使用、维修保养等情况，及时填写“租赁设备巡查表”，对发现的问题，下发“租赁设备整改通知单”，及时指出、解决设备使用中存在的问题。

（7）中心设备管理部每月通过台时签证表、设备运行表、设备保养维修表和不定期地通过“租赁设备信息反馈表”，了解、掌握设备的运行、保养情况及租用单位对设备状况、现场服务、机长工作等情况的意见和建议。

（8）中心设备管理部每月对每台出租的设备进行租赁费结算，收取后的租赁费逐台分摊、分类，做到设备租赁费明细台账、汇总台账、机长劳务费收缴台账、预收设备退场费台账等准确、清楚。

（9）租用单位对所租用的设备根据实际情况进行设备投保，其投保费用由租用单位承担，并根据“谁保险，谁受益”的原则处理保险理赔事宜。

四、设备档案管理

（1）凡属固定资产的设备都要统一编号并建账立卡，每半年至少要对照实物清查盘点一次，保持账、卡、物相符。

（2）中心设备管理部建全设备的技术档案，内容包括：原始技术资料和交接验收凭证；历次大修理、改造记录；运转时间和完成工程量（尽可能）记录；事故记录及其他有关资料以及机长考核表等。

（3）中心设备管理部健全设备统计制度，按规定编报各种设备资料，并定期组织统计分析，提出改进设备管理、使用、经营、维修的分析报告。

（4）中心财务部按国家和工程局有关规定，正确提取和合理使用设备的折旧费和大修理费。

（5）中心设备管理部要积极创造条件，逐步实现设备微机管理，提高数据信息处理能力，促进设备管理现代化。

（6）中心设备管理部按本办法的规定按时、准确和完整地完成设备统计报表的编制工作，并在规定时间内上报工程局及中心。必须上报的报表有：“设备使用费报表”（月报）；“设备清查明细表”（半年报、年报）；“设备事故报表”（季报、半年报、年报）；“新增设备明细表”（半年报、年报）；“设备完好率、利用率统计报表”（半年报、年报）；“设备动态报表”（月报）。

（7）中心设备管理部及时更新设备分布图、设备租赁费收缴示意图。

（8）中心设备管理主要经济、技术考核指标有：固定资产保值增值率、设备出租率、年综合折旧率、年租赁费收缴率、资产利润率、设备完好率、设备利用率。

五、设备报废管理

根据工程局有关资产报废管理的规定，设备具有下列条件之一者可以申请报废：

（1）磨损严重、基础件已损坏、再进行大修已不能达到使用和安全要求的。

（2）技术性能落后、耗能高、效率低、无改造价值的。

（3）修理费用高、在经济上不如更新合算的。

（4）技术更新、施工方法改进等淘汰的。

（5）事故损坏严重、无修复使用价值的。

中心技术鉴定小组对报废设备进行技术鉴定，据此设备管理部按工程局的有关规定办理报废申请手续。设备报废时未提足折旧的，应予补提。已达到报废条件的设备，应及时申请报废。

2000～2006年主要设备由工程局设备租赁中心统一管理，在此期间的经营情况详见表7-8-6。

表7-8-6　　2000～2006年设备租赁中心历年设备情况统计

年份	台数	总原值（万元）	总净值（万元）	总功率（千瓦）	完好率（%）	利用率（%）	租赁费收缴率（%）
2001	128	17 483.41	8466.69	23 217	74.6	54.15	64.29
2002	162	23 271.94	9162.62	287 442	64.7	57.65	65.78
2003	153	22 975.11	8472.49		65.26	46.36	90.04
2004	116	19 688.46	8790.88		82.96	60.01	101.79
2005	129	22 699.75	10 124.90		87.80	57.00	84.74
2006	170	26 546.26	12 199.03	21 129.72	73.86	57.04	78.43

第五节　物　资　采　购

一、管理体制

为做好物资供应工作，建局初期，工程局就设立物资供应科，编制《供应科职责及组织分工》，负责办理基建、生产、大修等工程所需各种器材物资的供应。1955年11月，工程局设立了沾益转运站、杨林转运站、麻尾转运站、金城江转运站。1956年7月设立了供应处，该处设有专职采购、管理财务、材料总库等办事机构，负责全局统配部管物资和省管分配物资的申请订货、采购运输、仓库管理和平衡分配。工程局所属二、三级单位分别设供应科和供应股（组），全局物资供应管理体制改为两级供应、两级核算、三级管理的模式。1957～1965年，供应处设昆明供应站、采购科（设北京采购组、上海采购组、重庆采购组、独山转运站、沾益转运站、杨林转运站）。

1969年6月～1971年1月是实行全面军管和革委会时期，由公司革委会生产指挥组领导下的后勤组负责财务、供应、机电方面的工作，同时将具体工作进行精简，对公司物资供应站，即昆明站、宣威站进行改革，简化物资收发手续，对材料核算、成套设备进行改革。

1971年2月～1979年7月，工程局建制被撤销，下属单位划归云南省电力局直接领导。1979年，工程局恢复组建后设立了工程局供应处，有关物资申请计划、订货、运输及加工等工作直接向电力工业部和云南省各物资供应主管单位申请解决。1983年6月，按照物资供应的“集中统一领导、分级管理”的原则，撤销供应处，成立工程局物资公司。该公司既是工程局的职能部门，又是独立核算、自负盈亏的企业，负责全局统配、部管及二类机电产品及原材料的计划、申请、订货、催交、运输、保管、发放工作，负责管理全局物资供应工作。凡属对部、对省内外的物资供应由工程局统一负责，当地材料原则上由工程公司按工程需要组织供应。根据工作需要，物资公司设立了成套科、设备管理科、设备配件科、材料科等科室，另设王家营总库、曲靖转运站、鲁布革工地物资供应站。

1992 年底，鲁布革水电站全面竣工，1993 年 1 月起开始全面推行项目法施工，物资供应基本以项目部为主，在市场进行采购。

2000 年 4 月 8 日，成立工程局设备物资采购中心，对工程局内大宗采购物资由中心进行询价比价后，由使用单位自行采购。

2001 年，工程局出台了项目部物资管理规定，项目部物资仍然由其自行采购。2005 年 5 月，工程局出台了《配件、材料采购管理办法》，对全局的配件、材料进行统一采购管理。2006 年，按照集团公司关于“机电物资集团化管理研讨会”的会议精神，加强对物资采购的集约化管理，大宗物资形成分级采购的管理体制，即按采购计划与审批的权限，由工程局所属各单位、项目部自行采购；工程局资产部统一采购；或报集团公司采购中心审批或由其采购的管理体系。

二、采购与供应

在计划经济时期，国家对主要生产物资实行按计划供应，进行集中统一分配，物资主要分为中央统配物资、部管物资、地方分配物资，各厂自销产品和国营贸易机构市场供应物资等。电站建设所需物资严格按照国家规定，在上一年就由工程局计划部门组织拟定计划，工程局供应部门进行平衡、汇总、上报物资申请计划，逐级审查定稿，按隶属供应关系汇总上报后，再根据国家分配的指标或订货合同进行采购。以后又按工程的轻、重、缓、急，以及确保计划内项目和主体工程用料、兼顾一般工程用料的原则，分配供应各二级施工单位。其中，因投资调整、计划变更和施工计划修改等原因，原计划需要调整时，再根据计划、设计和技术部门的变更通知书编制追加（减）调整计划，以求供应、设计的相对平衡。最后，对物资供应计划的执行情况进行检查，并按规定从计划偏差率、计划供应完成率、钢材周转天数等方面进行材料计划和有关资料的整理归档。

1983 年 6 月，工程局成立了物资公司。物资公司转变了思想观念，调整内部机构，转换经营机制，确保电站工程建设的物资需要，提供优质服务，制定严格的市场物资采购与外埠工作纪律，严格执行国家政策法令和市场管理规定，遵守财经纪律，不断总结经验教训，提高物资采购、运输、供应、管理的水平。在中标工程的物资供应管理中采取的形式，一是在工程项目需要总量的前提下，以年度为供应期，由建设单位根据投资、工程量以及施工进度核定供应量，并拨给相应的流动资金由施工单位自行解决；二是由建设单位按照施工单位编报的，经建设单位审查同意的季度（分月）用料计划，指定供货单位负责供应，完工一个单元工程结算一个，工程全部竣工后进行总决算，均以双方议定的工程合同有关条款为依据。工程局中标承建的广蓄电站一期工程，物资计划报经建设单位审查同意后进行物资采购，主要材料由建设单位指定供应，但当某种材料因故不能保证工程需要时，也可由承建单位自行采购。一期工程期间，由工程局采购的钢材 10148 吨，占总供量的 44%，木材 6348 米^3，占总供量的 73.6%。对于物资的发放使用与管理，采取集中管理，按定额控制发放的办法。水泥等大宗材料直接供应到二级单位施工现场，物资部仓库只适量储备通用型材料，作为周转调节用料。

1984～1992年，国家在基本建设项目中实行重点项目主要材料配套承包，凡列入国家重点配套承包的项目，除履行系统内物资供应管理的规定外，还要按国家物资部门的具体规定和要求，按时编报各种报表，经审核同意后，即分配指标，安排订货，其中工程局承建鲁布革水电站工程就是列入1984年国家重点配套承包项目。

1993～1997年，除钢材、水泥等重要物资由业主供应以外，大部分物资都是项目部自行采购，在省外的项目部基本在最近的大城市设立了工作组或办事处，通过办事处进行物资采购和运送。1996年，工程局出台了《水电十四局资产管理办法》，规定物资和设备配件的采购按照计划进行比价采购。1998年以后，由于市场的极大开放，许多物资材料的供应商或厂家在施工工地附近设置销售点，极大方便了物资采购，项目点按照采购计划进行询价比价，缩短了采购时间，降低了采购成本和库存。

2000年4月，为加强工程局对物资、设备采购的集中管理，有效控制采购质量和成本，成立了水电十四局设备物资采购中心，其主要职责是对全局设备、材料采购进行管理，最终达到集中和统一采购的目的。设备物资采购中心负责收集设备和物资的市场供求、产品质量和价格信息，为工程局和各二级单位设备物资的采购服务，工程局内凡大宗物资、大型设备和大批配件采购报采购中心进行咨询，各单位的采购合同报采购中心审批，采购按照货比三家、质量优良、服务良好、价格合理、交货及时的原则进行比较和严格的程序公开进行。

2001年，工程局出台了项目部物资管理规定，对项目部物资的采购，明确了采购订货的原则，即在满足施工质量的前提下，做到质量适度、价格适度和交货期适度，对供应商进行评价，订货时应提供质量技术要求等。在物资采购控制程序中规定了物资采购流程为项目部技术部门提供采购要求，物资部门编制采购计划交项目部领导审批，物资部门进行重点供方调查，主要调查内容有营业执照，生产经营范围，销售、运输、安装的安全许可证，质量管理体系认证以及生产能力、交货期、交货方式、售后服务等，对合格供方进行询价比价后，选择合适的供应商，报主管领导批准后，项目部与其签订采购合同。2003年，小湾141联营体对电器电线、劳保用品、五金工具等材料进行了招标采购。

2005年5月，工程局出台了《配件、材料采购管理办法》，对工程局的配件、材料进行统一采购管理。

2006年8月30日，为贯彻集团公司关于“机电物资集团化管理研讨会”的会议精神，加强设备物资采购的集约化管理，规范设备物资在使用过程中的管理，工程局召开了设备物资管理研讨会。

2006年12月，颁布了水电十四局物资管理办法，完善了物资管理组织机构，明确了大宗物资集中采购的原则，对供应商管理、物资的存储、物资的现场管理等作了明确规定，其主要内容如下。

（一）物资材料管理体系的组织结构

（1）业务决策层：工程局物资采购领导小组；组长为工程局局长，副组长为分管物资的副局长、总经济师，组员为资产管理部、经营管理部、财务管理部、资金管理部、工程科技部、质量管理部、安全监察部、审计部、纪委监察室等部门负责人；物资采购领导小组办公室设在工程局资产管理部，部门主任兼任办公室主任。

（2）组织管理层：工程局资产管理部。

（3）责任执行层：工程局所属二级单位资产管理部、直属项目部物资管理部门。

（二）采购计划编制及上报

1. 年度采购计划

（1）每年12月，各二级单位、项目部结合当年生产经营情况，充分评估次年业务发展趋势，编制下年度物资采购计划报送工程局资产管理部。计划内容包括采购物资名称、数量、费用预算等。此计划一经确认，将作为下年度采购计划执行的审批依据。

（2）工程局资产管理部汇总下属各单位上报的年度采购计划，预估下年度公司生产经营情况，综合分析和确定采购需求，并编制工程局年度采购计划。

2. 季度采购计划

（1）每季度末最后一周，各二级单位、项目部分析工程进度，确定物资需求，编制下季度物资采购计划，经分管领导审批后报送工程局资产管理部。

（2）工程局资产管理部汇总采购计划，收集、落实各单位闲置、库存物资信息，平衡内部需求，于确定实际采购量后，编制季度采购计划报物资采购管理小组审批，其中单项采购金额超过300万元的计划报集团公司采购中心。

（三）采购计划审批权限

（1）50万元以下的采购计划由二级单位或项目部直管领导审批。

（2）50万元以上、300万元以下的采购计划由工程局资产管理部汇总后报工程局物资采购领导小组审批。

（3）300万元以上的大宗物资采购计划报集团公司采购中心审批或按规定由其采购。

（四）采购审批流程

（1）工程局所属二级单位、项目部直管领导审批权限范围内的采购计划，相关资产管理部门整理审批结果，超过50万元的采购计划报送工程局资产管理部。

（2）工程局资产管理部受理各单位单项或临时性采购计划，根据实际情况提出采购意见报分管领导审批。

（3）工程局资产管理部汇总各单位报送的年度、季度采购计划，对比分析采购计划编制规范性及有效性，提出采购处理建议后报送物资采购领导小组。

（4）物资采购领导小组组织召开专项会议讨论汇总的年度采购计划，分析采购处理建议，形成采购审批意见，审批后超过300万元的计划上报集团公司采购中心。

（5）工程局资产管理部复核并下发物资采购领导小组审批意见，具体包括资产管理部办理所属单位招标采购范围的采购计划；委托工程局所属各单位自行采购。

（五）物资采购

1. 工程局所属各单位自行采购

依据采购权限，二级单位、项目部自行采购50万元以下的物资材料，工程局资产部不定期抽查。

2. 工程局资产管理部统一采购

（1）资产管理部根据招标采购范围内的采购计划，编制采购招标文件，主要内容包括产品采购技术条款、评标办法、采购数量等，报送大宗物资采购领导小组审批。

（2）资产管理部于审批通过后组织招标。

（3）资产管理部牵头，财务管理部、经营管理部、纪委监察室、审计部以及采购申请单位参与议标和评标，讨论供应商投标文件，包括供货价格、产品质量、生产能力、售后服务等内容，选择性价比较高的意向供应商。

（4）资产管理部主持与意向供应商进行意向性谈判，确定候选供商后，报送物资采购领导小组审批。

（5）物资采购领导小组审核招标记录，分析采购过程的合理性及合规性，填写审批意见。

（6）依据物资采购领导小组的审批意见，资产管理部指导、监督物资材料申购单位与选定供应商进行合同谈判并签订供销合同，并留存一份供销合同存档备查。

（7）资产管理部跟踪供销合同的执行情况，发现有违规情况的，提请公司相关部门调查处理。

三、物资验收

物资到货后，采购人员或计划员对照采购合同或采购计划对到货物资进行检查确认，一般按照订货合同和到货单进行，主要包括包装、标识、外观检验、数量检查核对、质量保证文件审查、品种、规格、型号检查，以及物资质量的确认检查。经检查无误的，检验人员填写物资验收单后再办理入库手续；在检验时发现有问题的，应提出复验委托，重点对受检验物资的检验方法、取样部位、执行标准等进行明确。对于钢材、水泥或其他重要材料，除上述检验外，还要按照规定送到专门的试验室进行抽样检查，或外送相关检验机构进行检查。经质量检验不合格的物资，除标明为“不合格品”另行堆放外，物资部门还及时采取进行退货、索赔、修复或降级使用等措施。

第六节　物资仓储与使用

一、仓储管理

1954～1970年，工程局各单位的设备库、材料库均按照本单位器材储备情况自行筹划建盖，并由本单位供应部门直接管理，工程局供应处统一制定验收、保管、维护等工作制度。火工材料由供应处集中代管，按计划分配领用。仓库管理工作的重点在入库、保管、发放、回收四方面。物资凭到货通知单进入库区，经清点、过磅、验收合格后进入库房；进库物资按批入账，逐日检查，月终盘点，凭单发料，凭出库通知单出库区。1979年，仓库管理调整，物资按“四号对位”、“五五堆放”原则放置，做到库容整洁，标志清晰，堆放合理，账、卡、物及质量保证文件资料“四相符”。物资的退库与回收工作按照程序，填写相应的单据办理手续。

1980年到1982年4月，全局的共有业务统一由工程局供应处管理，全局物资实行工程局、工程处两级设库，工程处下属工区、工段原则上不再设库，由工程处按工程分布设立若干分库，负责就近供应各施工单位的需要，为避免多头指挥、层次多和分散，工程局、工程处的仓库原则上由供应部门统管。1981年，工程局供应处在云南省呈贡县王家营设立了总仓库，对物资材料和机械配件进行验收、入库保管和发货，对仓库物资进行防潮、防火、防尘、防蛀等处理措施。

1983～1990年，各项目点、工程处的仓库物资管理由各单位负责，物资材料一部分由各单位采购入库，一部分向工程局供应处王家营仓库调拨。

20世纪90年代初至2006年，工程局全面推行项目法施工，物资供应基本以项目部为主，由项目部自行设库管理。

长期以来，为保证安全，火工产品、油料由物资部门统一管理。2000年，工程局制定了《水电十四局易燃易爆物品管理办法》，对易燃易爆、有毒有害等特殊物品的管理作了详细的规定，各单位均严格组织实施。

在做好工程物资保障的同时，各单位仓库在保持合理的物资储备及品种规格的前提下，尽量做到工程完、用料尽、场地清。

二、使用管理

（一）实行限额领料制度

20世纪60年代初期，为了严格控制成本、节约投资，工程局就严格控制原材料的使用，禁止优材劣用、大材小用，建立了“限额领料单”和“成本票”制度。这一优良传统一直得到发扬光大，至今作业厂队仍通过材料领用单到仓库领用物资，实行定额管理；厂队一般配有材料员，负责领料到作业队。领用材料按计划使用，做好现场的保管工作，避免浪费失窃。

工程结束后，下场物资均组织力量进行清理、修复、集中、保管。特别是周转性材料，原则上都转移到新工地使用，对于待报废及可调剂的物资，则按照工程局的相关规定进行处理。

（二）废旧物资报废处理

（1）工程局所属二级单位、项目部编制废旧物资处理申请，内容包括废旧物资基本情况、数量、处理原因、处理建议等，依据审批权限经主管领导审批后，报工程局资产管理部。

（2）工程局资产管理部组织人员对报废物资进行综合评估，制定处理意见，资产管理部进行现场监督。

（3）废旧物资处理费用及盈余由使用单位财务部进行账务处理。

（4）废旧物资处理单位编制废旧物资处理报告，报工程局资产管理部存档。

（5）工程局资产管理部对废旧物资处理过程中存在的舞弊现象，提请工程局纪委监督部门调查处理。

（三）物资材料调剂使用

（1）工程局所属二级单位、项目部按月编制及报送闲置、下场物资材料报表，内容包括闲置、下场物资名称、数量、质量、预处理建议等。

(2) 工程局资产管理部定期汇总、分析闲置、下场物资材料报表，掌握闲置、下场物资基本情况，并把相关信息录入物资管理信息系统。

(3) 工程局资产管理部对比采购计划与闲置、下场物资信息，征询物资所有方与申购方意见，进行闲置物资内部调剂，并协调调剂价格。

(4) 工程局资产管理部监督闲置、下场物资内部调剂的执行情况，并以此作为对各单位物资管理绩效考核的重要依据。

1990年以后，物资供应管理报表使用微机进行物资设备的报表编制，对物资的收入发出使用电脑进行统计。1995年以后，逐渐在工程局各项目点使用电脑进行物资的统计、台账管理。2004年，小湾水电站的物资收发管理及仓库管理使用物资管理软件进行管理，实现了电子化开单、打印，自动生成报表，查询等工作。之后，各单位各项目点物资报表填写全部使用电脑进行统计、汇总。

第九章　财　务　管　理

第一节　机　　构

一、机构变迁

1954年工程局组建时，设置财务科，承担全局财会工作。1956年7月，将财务科改设为财务处，工程局所属各工程处设置财务科。同时，二级单位成立工区。工程局所属各工程处所辖各工区（工段）逐步设置财务股，财务实行工程局、工程处、工区（工段）三级管理三级核算的体制。

1960年，工程规模压缩，投资计划缩减，人员精减，工程局进行机构调整，将财务处改设为财务科。工程局所属各工程处及其他直属单位设置财务股，财务实行两级管理两级核算的体制。1963年工程局机构设置财务处，当年，随着工程复工，施工生产规模扩大及职工人数的增加，财务管理逐步恢复三级管理三级核算的体制。

1968年9月，公司（工程局）机关成立四大组，将公司财务处改由公司革委会生产指挥组领导下的后勤组负责财务方面的工作。公司所属二级单位也相应设立了“四大组”，由后勤组负责财务方面的工作。1971年2月～1979年9月，工程局机构撤销，下属单位划归云南省电力局管理。1979年10月恢复工程局后，年底即成立工程局财务处，负责全局的财务管理工作。

1983年6月设立工程局总会计师室，工程局首次设置总会计师职位。1985年在工程局本部设副总会计师，在工程局所属二级单位及项目部也逐步配置总会计师职级。

20世纪80年代初，为加快鲁布革水电站建设，成立了水电十四局鲁布革水电站工程指挥部，同时成立3个工程公司。由于工程任务不足，各工程公司“找米下锅”，成立分公司走向市场。指挥部、工程公司、分公司均设有财务管理机构。

1994 年工程局机关进行改革，将财务处改设为财务部，部门负责人称谓部长。2002 年财务部负责人改称为主任。

1995 年 2 月，工程局成立内部银行，分别为水电十四局内部银行昆明中心行、曲靖分行、大理分行三个常驻机构。1996 年 12 月，内部银行更名为水电十四局资金结算中心，其职能主要从事企业内部融资信贷管理。这是为了适应市场经济，转换企业经营机制，追求资金的时间价值，合理使用并融通企业内部资金，将资金的市场运行机制引进到企业的内部管理中，借助经济规律作用对企业内部资金进行适度集中的规模化管理，集中企业内部资金资源并在此基础上建立内部资金市场，对资金资源进行二次分配，调剂工程局内部的资金余缺关系，真正体现“筹资于内部，服务于全局”，发挥工程局整体优势，提高经济效益，并为工程局内部管理体制的完善和企业市场战略的实施提供必要的支持。

20 世纪 90 年代以来，随着鲁布革电站的全面竣工移交，从 1993 年开始，工程局全面走向市场，实施项目法施工，施工管理体制逐步形成工程局直管项目部（分局）和工程局所属二级单位直管项目部的管理模式。

2000 年，工程局进行体制改革，对局属各单位、项目部实行财务主管委派制度，按《水电十四局委派财务主管考核办法》，对其进行管理和考核。

二、部门负责人的任职情况

1954 年 5 月～1956 年 6 月设立财务科时期，晏荣昌、贾乐善任财务主管。1956 年 7 月～1959 年设立财务处、1960～1962 年设立财务科、1963～1968 年设立财务处时期，财务部门负责人为廖世昌。1979 年 12 月～1993 年设立财务处时期，晏荣昌任财务处负责人，刘东生、陈光黎任财务处处长，晏荣昌、刘东生、陈光黎、谭荣安任财务处副处长。

1983 年设立总会计师室以来，历任总会计师有：黄文超、刘东生、陈光黎、崔志强，历任副总会计师有：杨楚杰、陈光黎、李玉林、陈祖祥、许宁。

1994～2001 年设立财务部时期，历任财务部部长有：陈光黎、陈祖祥，历任财务部副部长有：许宁、崔志强，杨桂仙曾任财务部主任会计师。2002～2006 年设立财务部时期，历任财务部主任的有：崔志强、许宁、浦恩泽，任过财务部副主任的有：浦恩泽、施宗雄、陶莉萍，任过财务部主任会计师的有：施宗雄、胡蓉。

1995 年 2 月～1996 年 11 月设立水电十四局内部银行昆明中心行时期，刘冬生兼任内部银行行长，李杰任副行长。1996 年 12 月～2006 年 12 月设立工程局资金结算中心时期，李杰任资金结算中心主任。

三、财务管理委员会

为了加强对财务管理工作的领导，2001 年 3 月，成立工程局财务管理委员会，主任为工程局局长（李跃平），副主任为工程局副局长（赵正杰）、工程局总工程师（周宇）、工程局副总会计师（陈祖祥），成员为财务部、经营管理部、人力资源部、局办公室、党委工作部、资产部、审计部、资金结算中心、监察室等部门负责人。

2003 年 6 月 27 日，成立工程局预算管理委员会，主任委员为工程局局长，常务委员为总会计师，成员为党委书记、各业务口分管副局长、总工程师、总经济师、财务部主任、资金结算中心主任、经营管理部主任、人力资源部主任。

第二节　资　产　管　理

一、工程局资产状况

工程局建局初期，由于承担的工程项目比较单一，投资规模比较小，施工地点也较为集中，工程局的资产相对较少。1954年末，全局固定资产原值只有1240万元，流动资产365万元。1970年以后，为加快以礼河、西洱河、绿水河三个大中型梯级水电站的建设，形成了“三河会战”的局面。为了完成这些水电站的施工任务，固定资产和流动资产迅速增加。1979年恢复建局时，固定资产原值已达5687万元，定额流动资产为4974万元。鲁布革水电站建设期间，固定资产和流动资产增加更大，固定资产中进口施工设备占有相当的比例。1987年，全局固定资产原值已达1.33亿元，定额流动资产为9351万元。1992年，全局固定资产原值已达2.6亿元，其中进口设备原值约6 600万元；定额流动资产为1.77亿元。2006年，全局固定资产原值已达11.44亿元，为建局初期的922倍，流动资产为13.46亿元。1954～2006年期间，水电十四局资产状况详见表7－9－1和表7－9－2。

表7－9－1　　水电十四局1954～1992年资产状况　　单位：万元

年　份	流动资产	固定资产原值	年份	流动资产	固定资产原值
1954	365.00	124.00	1985	4868.00	13 044.00
1955	544.00	146.00	1986	7619.00	12 949.00
1957	4172.00	1136.00	1987	9351.00	13 340.00
1979	4974.00	5687.00	1988	9032.00	18 589.00
1980	3147.00	6739.00	1989	8829.00	23 002.00
1981	2901.00	6818.00	1990	10832.00	23 543.00
1982	2499.00	9533.00	1991	14572.00	25 001.00
1983	1789.00	10 222.00	1992	17687.00	25 959.00
1984	3568.00	11 575.00			

表7－9－2　　水电十四局1993～2006年资产状况　　金额单位：万元

年　份	总资产	流动资产	固定资产原值	净资产	资产负债率（%）
1993	56 575.00	30 887.00	28 913.00	14 468.00	74.42
1994	60 095.00	27 358.00	38 948.00	12 107.00	79.85
1995	67 472.00	32 618.00	47 305.00	14 218.00	78.93
1996	77 962.00	35 116.00	62 631.00	16 159.00	79.27
1997	83 520.00	43 286.00	64 193.00	16 703.00	80.00
1998	87 638.00	46 182.00	66 914.00	14 008.00	84.02
1999	91 368.00	48 342.00	66 405.00	13379.00	85.36
2000	99 483.00	57 398.00	70 761.00	10 876.00	89.07
2001	121 166.00	79 614.00	73 823.00	15 100.00	87.54
2002	155 171.00	104 418.00	87 411.00	15 143.00	89.20
2003	164 138.00	112 795.00	91 638.00	39 812.00	75.63
2004	162 367.00	108 735.00	86 746.00	39 430.00	75.59
2005	182 089.00	117 076.00	96 463.00	40 128.00	77.81
2006	212 120.00	134 650.00	114 444.00	49 550.00	76.54

二、固定资产的日常管理

（一）计划经济时期固定资产的日常管理

在计划经济时期，企业资产由国家划拨，资产使用在国营企业之间和企业内部均无偿使用。工程局财务部门对固定资产的日常管理工作主要履行以下职能：

（1）根据设备管理部门所采购的固定资产，分别建立固定资产账目及账务处理工作，对固定资产进行价值管理。

（2）负责固定资产的台账管理，掌握各单位固定资产使用的分布情况。

（3）负责办理工程局固定资产增加、减少和调出、调入的财务审批手续、台账及账务处理工作。

（4）负责工程局固定资产折旧、大修理等费用的计提及账务核算工作。

（5）负责工程局计提的固定资产折旧基金，按一定比例上缴主管部门。

（二）市场经济时期固定资产的日常管理

在市场经济时期，工程局的固定资产采取有偿使用原则，工程局财务部门对固定资产的日常管理主要进行以下工作：

（1）财务部及时收缴工程局所属资产的设备租赁费和资产占用费。

（2）财务部接收资产管理部固定资产调拨信息，按照有偿原则，对固定资产账务进行处理。

（3）根据资产管理部所采购固定资产，分别建立固定资产台账及卡片，并完成对该台账及卡片的保管和更新管理。

（4）严格按照工程局固定资产核算制度，及时、准确地完成固定资产购进、转移、报废、处置、价值评估和折旧计提等核算工作。

（5）参与工程局大型生产性固定资产采购的招评标工作。

（6）参与工程局非生产性固定资产采购的审核工作。

（7）参与工程局固定资产报废的审核工作。

（8）财务部定期配合工程局资产管理部组织各单位进行固定资产盘点清查工作，并根据各单位资产管理部门报送的清查结果报表，财务部对清查过程中盘盈、盘亏和报废净损失的处理做出统一规定和操作部署，并对列入营业外收入和发生的坏账损失进行严格审核，并报财务管理委员会批准处理。

三、资产配置管理

（一）施工设备配置管理

计划经济时期、经济转型及市场经济时期，工程局对施工设备购置管理，资产配置情况如下。

1. 计划经济时期施工设备购置管理

计划经济时期，购置固定资产所需资金由国家拨付，施工企业购置施工设备，即由项目工程概算内的施工设备购置费列支。根据工程需要，工程局按程序上报审批，由水电总局组织需求单位与生产厂家依据分配的设备签订供货合同，财务部门根据供货合同付款，专款专用。该项费用列入项目工程总投资，但不构成总造价，因而企业计提的折旧基金要按一定比例上缴主管部门。20世纪80年代，工程局承担鲁布革水电站的建设任务时期，为适应高强度施工的要求，相应配置高度机械化的配套成龙的施工机械设备。工程局在鲁布革电站83 981万元的工程总承建额度内，购置施工机械的费用约为12 000万元，占工程总承建额的14%，鲁布革水电站施工设备的资金来源主要由以下四部分组成：

（1）世界银行贷款：约1700万美元，采用国际招标方式购买。

（2）挪威赠款：约400万美元，该款系赠给国家，列入鲁布革工程投资，由工程局派员赴挪威考察选购。

（3）设备购置费：约4500万元，在国内订货购买，主要为机电配套产品，由鲁布革水电站工程概预算中的“施工设备购置费”专项列支。

（4）自筹资金：购买第三批招标设备和日本大成公司下场设备。

在计划经济及经济体制转型时期，工程局承建的八个大中型水电站的施工设备购置费详见表7－9－3。

表7－9－3　　施工设备购置费用情况　　单位：万元

序号	项　　目	设备购置费用	序号	项　　目	设备购置费用
1	以礼河一级水电站	2762.70	6	西洱河四级水电站	46.50
2	以礼河三级水电站	1090.30	7	绿水河水电站	196.00
3	以礼河四级水电站	882.40	8	鲁布革水电站	12 000.00
4	西洱河一级水电站	1173.80	合计		18 490.70
5	西洱河二级水电站	339.00			

2. 市场经济时期施工设备购置管理

市场经济时期，施工设备由工程局自行购置，资金由工程局自身解决，财务部门主要承担资金筹集及固定资产的管理工作。随着工程局工程项目的不断增加，经营产值规模也逐渐扩大，资产规模，尤其是施工设备的投资规模也越来越大，从1990年到2006年，工程局总共投资施工设备金额高达14.47亿元，年均为8512万元，主要设备购置情况详见表7－9－4。

表7－9－4　　1990～2006年主要设备购置情况　　单位：万元

年　份	设备购置投资	年　份	设备购置投资
1990	312.37	1999	9355.49
1991	1457.24	2000	8011.90
1992	959.01	2001	7107.57
1993	5524.39	2002	8715.44
1994	8464.78	2003	11 956.55
1995	5485.83	2004	12 909.87
1996	11 194.75	2005	22 082.10
1997	2534.76	2006	17 895.12

（二）房地产购置管理

从1980年至2000年底，工程局投入了大量的人力、物力和财力，分别在昆明、曲靖、下关、罗平建立了四大生活和生产基地。通过自建职工住房、购置职工住房相结合的方式，20年来累计建设、购置职工住房11466套，其中昆明地区1587套、曲靖（含罗平）5715套、大理4164套。职工住房面积64.10万米^2，符合分房条件的职工住房率达到86%，实现了全局职工下山进城的美好愿景。基地建设的总投入资金约33 393万元，其资金来源主要由工程局和各二级单位自筹资金、职工集资、工程局及局属各单位从业主收取的基地建设补助费和上级拨付解困资金（含危房改造修复共计4397万元）四部分组成。工程局财务系统对基地建设的管理工作主要是筹措资金，按照财政部颁发的《施工、房地产开发财务制度》和不动产管理制度的规定进行核算和管理工作。

四、清产核资

（一）1993年清产核资

1993年4月21日，工程局根据国务院批准的关于在全国范围内开展清产核资工作及《中国水利水电总公司清产核资工作方案》的文件要求，成立工程局清产核资领导小组，开始在全局范围内组织实施清产核资工作。经过资产清查、所有权界定、资产价值重估、资金核定及产权登记五个阶段，历时8个月时间，到1993年底完成了清产核资工作。

通过清查，工程局资产情况如下：

（1）全部资产占用49 187万元（其中：固定资产原值22 424万元，固定资产净值15 658万元，流动资产28 783万元，待处理流动资产损失4738.6万元，待处理固定资产损失7.4万元）。

（2）负债总额38 313万元（其中：流动负债28 936万元，长期负债2725万元，视同负债6652万元）。

（3）所有者权益10 874万元。经中水电财〔1994〕82号文《关于资金核实结果批复的通知》核准，共批复工程局流动资产损失2876.66万元（其中核销实收资本2415.39万元，资本公积461.27万元）。

通过此次资产清查，基本上摸清了工程局的“家底”，核实了资产，也基本了解了全局固定资产的状况，发现了经营和管理中存在的不足，为工程局今后的发展奠定了基础。

（二）1997年全民办集体企业清产核资

1997年，根据财政部、国家经贸委、国家税务总局和电力部“关于1997年电力部所属中央企业单位举办的集体企业开展清产核资工作的通知”以及水电总公司中水电财〔1997〕30号文的要求，水电十四局昆华实业总公司、水电十四局昆明劳动服务公司、水电十四局昆明水电建设工程处、水电十四局昆明水电工程水工机械厂、昆明银河印刷厂、水电十四局劳动服务公司装潢经营部、水电十四局电力器材经营部、云南云腾施工机械维修中心、水电十四局汽车零部件供销公司、水电十四局云腾储运分公司、昆黔工程机械供销公司、水电十四局安装公司物资经营公司、昆明市云水商店、水电十四局机电安装公司抗渗防腐公司、水电十四局机械厂曲靖万兴工贸公司、昆明吉安塑料编织厂、曲靖金源总公司、曲靖致远劳动服务公司、曲靖仙女服装厂、水电十四局曲靖劳动服务公司制钉厂、水电十四局一公司服务公司、水电十四局四公司服务公司、水电十四局物资公司云鑫实业公司、水电十四局物资公司机械维修中心、水电十四局物资公司工会经营部、水电十四局电力工程开发公司等26户企业，均为全民办集体企业，具有独立的法人执照，纳入工程局集体企业的清产核资工作的范围。

截止到1997年3月31日，26户集体法人企业，清查的资产合计为3854万元，其中流动资产3337万元，长期投资13万元，固定资产378万元，无形递延及其他资产126万元。负债合计3638万元，其中流动负债1763万元，长期负债1875万元。所有者权益合计215万元，其中实收资本293万元，资本公积76万元，盈余公积30万元，未分配利润－184万元。

以1997年3月31日为基准日，26户集体法人企业清产核资结果，集体企业权益增加3390.14万元，其中核减主业资本公积形成集体权益为3148.00万元，主业作坏账损失形成的集体权益为214.29万元，主业作报废损失形成的集体权益为27.85万元。集体企业申报批复净损失额为607.22万元，作核减集体权益处理。两抵后，产权界定净增加权益额为2782.92万元。

（三）2004年清产核资工作

2003年四季度，根据中国水利水电建设集团公司中水电财〔2003〕45号文《关于成立集团公司清产核资工作领导小组和工作机构的通知》、〔2003〕58号文《关于印发中国水利水电建设集团公司清产核资工作方案的通知》、〔2003〕59号文《关于印发中国水利水电建设集团公司清产核资工作方案实施细则的通知》等文件精神，工程局开始着手进行清产核资工作，以2003年12月31日为基准日，主要从财务清理、资产清查、损益认定、资金核实、完善制度等五个方面对工程局及所属各单位进行清产核资工作。

2004年3～7月，工程局正式开展清产核资工作，经过4个月的不懈努力，工程局清产核资工作圆满完成，工程局被集团公司评为“清产核资先进单位”。经集团公司中水电财〔2005〕3号文《关于对清产核资结果进行批复的通知》核准，共批复工程局资产净损失8516.85万元，其中：

（1）按原会计制度清查出的资产净损失6368.59万元（流动资产损失2891.34万元，长期投资损失154.50万元，固定资产损失3268.21万元，其他资产损失54.54万元）。

（2）按新会计制度预计的资产损失2148.26万元。

（四）主辅分离、辅业改制企业的资产处置工作

2004～2005年期间，工程局根据中国水利水电建设集团公司的要求，按照国经贸企改〔2002〕859号文《关于国有大中型企业主辅分离辅业改制分流安置富余人员的实施办法》等文件的要求，制定并上报了《中国水利水电第十四工程局昆华实业总公司改制实施方案》；按照中水电企〔2004〕24号文转发国资委《关于中国水电建设集团公司主辅分离辅业改制分流安置富余人员总体方案的批复》，国资分配〔2004〕417号文《关于中国水电建设集团公司批复主辅分离辅业改制分流安置富余人员总体方案的批复》等批复及政策规定的精神，对昆华实业总公司开展清产核资、资产评估和财务审计等工作。

截止到2005年12月31日，昆华总公司经审计后参与改制的总资产为5991.5万元。其中：流动资产4772万元，固定资产原值1780.6万元，累计折旧589.2万元，固定资产净值1191.5万元，固定资产清理14.9万元，长期待摊费用12.9万元。总负债3681.9万

元，其中流动负债3681.9万元。所有者权益2309.5万元，全系上级拨入资金。财务收入15489万元，净利润－1155.4万元。

经过资产评估和财务审计，中天运出具了〔2006〕评字第02001号文《中国水利水电第十四工程局昆华实业总公司改制资产评估报告》、中天运〔2006〕普字第04241号文《中国水利水电第十四工程局昆华实业总公司专项审计报告》、岳川审字〔2006〕第293号文《中国水利水电第十四工程局昆华实业总公司审计报告》、岳川咨字〔2006〕第66号文《关于云南水电十四局昆华建设有限公司建账的咨询报告》等报告。经评估调账确认后，昆华总公司经会计师事务所确定的改制建账总资产为7995.9万元。其中，流动资产5099.8万元，固定资产原值2517.2万元，累计折旧382.8万元，固定资产净值2134.4万元，固定资产清理14.9万元，无形资产733.9万元，长期待摊费用12.9万元。总负债5166.1万元，其中流动负债5166.1万元。股东权益合计2830万元（为公司总股本），其中，昆华建设有限公司工会社团股东出资1901万元（改制补偿金形成），占总股本的67.17％；法人股东中国水利水电十四工程局出资929万元，占总股本的32.83％。

（五）“账销案存”资产管理

2004年，工程局按照集团公司的统一部署和要求，下发了《关于印发水电十四局“账销案存”资产管理办法的通知》，并于当年年终对处置的资产都建立了账销案存制度。2005年，工程局下发了《关于转发中国水利水电建设集团公司账销案存资产管理暂行办法（修订）的通知》，加强清产核资后续管理工作，以进一步巩固清产核资工作成果，规范工程局账销案存资产管理，完善工程局内部控制制度，当年已按照账销案存的管理办法建账建制，工程局和所属二级单位均相应成立了账销案存领导小组，同时财务部、资产部建立了相关的实物辅助台账，工程局对销案资产的审批权限也制定了内部管理办法，对销案资产的处置收益一律纳入当期损益。截至2005年年终决算，工程局已经消化了清产核资损失6368.59万元，其中核减权益1026.51万元，当期损益消化5342.08万元。

2006年，工程局加强对销账的固定资产和存货进行盘活和清理，加大对不良资产的回收力度，2006年销案资产859.59万元，其中，无实物形态的固定资产3.30万元，处置销案的固定资产450.43万元，处置销案的存货405.86万元；存货销案后回收资金11.75万元，固定资产处置收益145.39万元。截至2006年底，工程局销案资产为4240.15万元。

第三节　资　金　管　理

一、计划经济时期的资金管理

在高度集中统一的全民所有制的经济体制下，按照委托代理关系，工程局既代表建设方，又是施工承建方。因此，工程局财务部门具有双重职能，一是代表国家进行建设项目的投资管理，投资核算，按期编报建设项目投资完成情况的会计报表，报告建设期内的投资使用及完成情况；二是根据国家年度投资计划和本企业施工生产的需求，编制资金使用计划，对企业所需资金及时收取和使用管理。当时，按照国家统一的财务管理和会计制度，国家把企业资金分为固定资金、流动资金和专用基金，分别核算资金来源和使用，实行统收统支的管理制度。

（一）资金收入管理

在国家实行计划经济体制期间，工程局承担指令性计划，项目建设资金和企业施工生产流动资金一律由国家拨款，无偿使用资金。资金来源渠道：一是由国家拨给的固定资产购置费，即项目工程概算内的固定资产购置费（含施工设备购置费）；二是定额流动资金，由上级主管部门按下年度投资计划的一定比例予以拨付；三是工程结算款；四是各种基金。

工程款结算收入，由工程局作为建设单位组织工程验收（验工）后，提出验工报告，建设银行按照验工报表拨付工程款。

（二）资金使用管理

（1）固定资产购置费。按照国家年度投资计划和企业施工进度计划分年度购置使用、专款专用。

（2）生产建设所需资金。根据建设银行拨付的工程款，向所属单位下拨资金，满足正常施工的需要。

（3）各种费用的支付管理。如工资发放，医院等医疗费用，技校、中小学、托儿所、幼儿园等教育经费，工会经费，消防、派出所、法庭等社会治安费用，办公用品，差旅费，交通及通信费用的报销等支出与管理。

（4）各类基金的使用。折旧基金，企业按照规定的固定资产折旧率计提的折旧基金；更新改造资金，按一定比例的折旧基金上缴主管部门，留成的折旧基金，作为企业的更新改造的专项资金使用；大修理基金，按照国家规定大修理基金提存率计算提取的大修理基金。工程局对专项基金的管理，按照国家规定的开支渠道和开支范围使用，并实行专户存款、专款专用。

二、市场经济时期的资金管理

在市场经济体制的条件下，经过不断的探索和实践，工程局财务管理逐步形成“三统一分”的运作模式，即统一机构、统一人员、统一资金，分级核算。资金管理体系由工程局资金管理委员会，工程局财务管理部，各二级单位、费用单位和直属项目部的财务部组成。资金实行“收支两条线，统一协调使用”的运行机制，工程局财务部负责工程局资金收入、支出和日常管理事务，坚持财务管理以资金管理为中心的指导思想，开源节流，增收节支，开展资金管理工作。

（一）资金来源

在市场经济时期，工程局不断开拓市场，拓宽经营渠道，扩大经营规模，从云南走向全国，从国内走向国际，不断扩大财源，增加利润增长点，资金来源渠道越来越广阔，主要有：实收国有资本；银行贷款；工程预付款；国内承建工程价款收入；局属各生产经营单位及项目部上缴费用（下待岗职工统筹费、社会保险费、住房公积金、补充和个人储蓄性养老保险、企业年金、劳务费、职工教育经费、市场开发费、管理费、商业保险费、利润等利费）；联营体上缴资金；对外投资收益；国际工程收益；设备租赁费；资产占用费；

其他收入（处置固定资产净收入、各单位提前投产发电分成收入、特殊技术装备费、债权回收等）；各类基金；工程局自有资金等。

（二）支出范围

做好工资及奖金发放、大型固定资产购置费、材料采购、职工教育培训经费、社保费用、住房公积金、工会经费、科研经费、安全生产费用、费用单位经费、商业保险费用、办公用品、差旅费、交通及通信等费用的支出与管理，以及按时足额上缴集团公司的费用等。

重点控制的资金支付范围：资本性支付、工程预收款和进度款的大额支付、材料采购、工程分包支付和非生产性支付五类。

工程局不断深化改革，努力做好资金收入和支出管理，既保证国有资产保值增值，又维护广大职工的切身利益，有计划、有步骤、重点开展各项工作。

（三）做好资金收入管理工作

1. “工资含量包干节余”的管理

百元产值工资含量包干，是在经济体制改革中，国家对施工企业工资基金管理制度的一项改革举措。1985 年，根据上级的规定，水电施工企业实行“百元产值工资含量包干”的管理办法。年终决算时，按所完成的施工产值与上级下达的“百元产值工资含量”系数进行结算，提取当年的工资基金，超支不补，节余可从当年的经营利润中提取，以丰补歉。实际上，此项节余也是工程局经济效益的一部分。截至 2003 年底，累计计提含量工资包干结余 23 334.98 万元。后根据国家对含量工资包干结余管理政策的变更，工程局在 2003 年年底按规定将所有结余挂账的含量工资包干结余全部转为资本公积。

2. 国有资本的管理

1993 年实行新会计制度“两则”、“两制”，根据会计制度要求，将固定基金、流动基金、更新改造基金转入实收资本为 10 018 万元；当年因清产核资，经中水电财〔1994〕82 号文《关于资金核实结果批复的通知》核准，批复核销实收资本 2415.39 万元，1994 年实收资本冲减为 7603 万元；为了进一步扩大企业经营活动，提高市场竞争力，根据财政部关于《企业国有资金本与财务管理暂行办法》的有关规定，中水电财〔2004〕26 号文批复的精神，2004 年 3 月工程局将资本公积（工资含量包干结余）转增为实收资金本23 300万元，资本金增为 30 900 万元，为工程局取得企业特级资质奠定了基础。因国有资本的变动，资本收益率变化较大，1993～2006 年水电十四局国有资本收益率详情见表 7-9-5。

表 7-9-5　　1993～2006 年水电十四局国有资本收益率

年　份	资本收益（%）	年　份	资本收益（%）
1993	1.38	2000	1.63
1994	1.97	2001	35.88
1995	2.05	2002	5.63
1996	1.14	2003	9.08
1997	1.84	2004	3.77
1998	1.56	2005	12.43
1999	0.04	2006	36.28

3. 工程价款收入管理

改革开放以来，随着市场的不断开放，工程局也不断的开拓市场，增加新的经济增长点，经济快速发展，经济收入也不断增加，经济效益持续增长。财务部门对工程价款收入进行有效管理及核算，其内容主要包括：合同内价款收入、合同外价款收入、合同变更价款收入、设计修改（变更）价款收入、工程索赔、其他收入等进行管理与核算。1987 年工程局工程结算收入为 12 657 万元，2006 年为 359 235 万元，2006 年为 1987 年的 28.38 倍，工程局建筑业产值呈现大幅增长的趋势。

4. 保持国有资产保值增值

1995 年，工程局根据国务院颁发的国有资产监管条例，按照“国家所有、分级管理、分工监管、企业经营”的原则，进一步加强对国有资产的管理工作。为保证国有资产有效的保值增值，工程局除千方百计开拓市场，增收收入，降低成本，提高效益外，在资产使用上采取有偿使用的方式，如施工设备采取租赁制，向使用单位收取设备租赁费；其他固定资产，向使用单位收取资产占用费；流动资金，向使用单位收取利息。国有资产保值增值率总体保持上升趋势。1994～2006 年水电十四局国有资产保值增值率情况详见表7－9－6。

表 7－9－6　　1994～2006 年水电十四局国有资产保值增值率

年　份	国有资产保值增值率（%）	年　份	国有资产保值增值率（%）
1994	83.69	2001	125.10
1995	117.41	2002	102.80
1996	113.65	2003	104.56
1997	103.37	2004	102.95
1998	100.71	2005	109.52
1999	100.02	2006	122.99
2000	100.93		

5. 各项上缴费用的管理

工程局所属各生产经营单位及项目部各项上缴费用（如下待岗职工统筹费、社会保险费、住房公积金、补充和个人储蓄性养老保险、企业年金、职工教育经费、市场开发费、资产占用费、管理费、利润、商业保险等费用）的管理：工程局在实行经济责任制、经营承包责任制、经营目标责任制的各个时期，都制定了各项改革举措和相应的各项费用收取的基数及比例，如：2000 年 1 月，工程局下发《中国水电十四局财务管理办法》；2000 年 2 月，工程局下发《水电十四局内部经济管理实施办法》、《水电十四局深化内部经济管理体制改革方案》、《关于水电十四局劳务管理办法的通知》、《关于水电十四局社会保险管理办法的通知》等。一系列文件均从当年 1 月 1 日起，要求全局遵照执行，以满足费用收支总体上做到基本平衡，或略有富余，财务部门接规定及时收缴、审核及相关核算。

6. 联营体上缴利费的管理

工程局与合伙及兄弟单位组建联营体从事国内工程始于 1995 年，与意大利英波吉罗公司组建黄河承包商（工程局为协作方），承建小浪底水利枢纽大坝工程；工程局为责任方，与水电一局、十一局组建三联公司承建三峡电站永久船闸工程，在以后承建或参建大型、特大型工程中联营体逐渐增多，成为工程局承建或参建大型、特大型工程的重要经营方式，也是工程局重要的经济收益来源之一。如141联营体（工程局为责任方）承建小湾水电站导流洞工程和引水发电系统的土建及金属结构安装工程，1478联营体（工程局为责任方）承建龙滩电站引水发电系统土建工程等。联营体均采取股份制形式，联营体成立董事会，各成员单位按照董事会制定的联营体运营规则收缴有关的利费。联营体上缴利费（劳务费、设备租赁费、社保费、利润、工会及其他费用等）的时限，有的按季度预收，有的按年度及时收取，根据划分费用情况，财务部门进行审核和核算。

7. 企业金融资质和信用管理

随着建筑业市场运作的不断规范，工程局每投一个项目及中标一个项目，都需向业主提供投标保函、信贷证明、资信证明、履约保函、预付款保函等。在2002年以前，工程局向银行的借款及各类保函、信贷证明的办理都需存入一定量的保证金，并以企业的房产、大型施工设备、集团公司向银行提供反担保的形式办理。2002年以后，工程局积极拓展市场，实现跨越式发展，提高经济效益，改善企业的财务状况，企业形象、资信程度迅速提高，银行对工程局的信用评级为AAA。企业信贷环境也逐步改善，与各银行建立了良好的金融信誉与合作关系，拓宽了融资渠道。各银行纷纷对工程局给予全额授信，给予贷款利率下浮10%及保函手续费费率的下浮。1996～2006年银行授信及使用情况详见表7-9-7和表7-9-8。

表7-9-7　1996～2001年各银行授信及使用情况　单位：万元

年　份	银行名称	抵押授信		使　用　情　况				
		流贷	保函	流贷	投标	信贷	履约	预付款
1996	建行、中行	7000	53 000	5150	5388	12 600	4681	436
1997	中行、建行	10 000	60 000	8000	640	3400	21 474	124
1998	中行、建行	10 000	60 000	6900	713	10 450	3877	336
1999	中行、建行	15 000	70 000	6900	2892	47 271	4204	3680
2000	中行、建行	15 000	7000	5600	2639	22 615	9080	6720
2001	中行、建行	15 000	7000	4600	3188	33 140	8384	6835
合计		72 000	383 000	37 150	15 460	129 476	51 700	18 131

表7-9-8　2002～2006年各银行授信及使用情况　单位：万元

年　份	银行名称	抵押授信		使　用　情　况			
		流 贷	保 函	流 贷	各类保函	信 贷	资 信
2002	中　行	2000	4800		13 296	22 600	28份
	中　信			10 000		3233	28份
	建　行	10 000	5000	6500	4249		

续表

年　份	银行名称	抵押授信		使　用　情　况			
		流 贷	保 函	流 贷	各类保函	信 贷	资 信
2003	中　行			8000	11 824	66 780	36 份
	中　信		25 000		20 980	5700	11 份
	建　行	10 000	10 000	7800	560		6 份
2004	中　行		8500		29 397	63 100	69 份
	中　信		25 000		1043		4 份
	建　行	10 000	10 000	9800	15 233	7500	7 份
	华　夏		10 000		6082		
2005	中　行		24 000		17 990	92 875	216 份
	中　信		25 000		1508		
	建　行	10 000	10 000	9800	15 233		12 份
2006	中　行	5000	43 000	2000	29 446	800 020	462 份
	中　信		25 000		888		
	建　行	20 000	88 000	11 300	29 872	10 235	21 份
合　计		67 000	331 300	47 200	200 834	1097 760	872 份

（四）资金支出的管理和控制

1. 固定资产购置费管理

设备购置工程局制定有一套完整的办法，系统的审批程序，严格的资金支付手续。如：2000 年 4 月，工程局下发《水电十四局设备采购管理办法》；2005 年初工程局下发《水电十四局非生产性固定资产购置管理办法》；在总结以往设备采购经验的基础上，于 2006 年，工程局又进一步系统性地规范了设备采购的行为。财务系统严格按相关制度、办法、程序，严把资金关，强化对固定资产购置费的管理。

2. 社保及企业年金制度的财务管理制度

社保及企业年金的财务管理制度，即养老保险、医疗保险、工伤保险、生育保险、失业保险、企业补充和个人储蓄性养老保险和企业年金等制度。

工程局所有参保人员的各项社会保险业务在 2000 年以前统一由财务管理部负责管理。随着国家对各项保险管理越来越细致和严格，工程局为适应这种需要，自 2000 年 2 月起将社保业务剥离，成立专门的社保部门，组织专门的管理人员进行管理，社保财务的职能主要有：按照国家政策规定的各项保险缴费比例向内部单位收取各项保险费，并每月按时上缴地方税务局；每月代发十四局离退休人员的养老金；每月为职工收取企业补充，个人储蓄，年金保险；每月支付职工个人的保险金。

社保部因其职责的特殊性，适用的会计制度有所不同，因此在财务核算上有异于公司日常核算。会计的账务处理按照《社会保险基金财务制度》、《社会保险基金会计制度》的相关规定设置二套核算财务处理程序：第一套是各项保险费的收支，第二套是离退休金的发放。按收付实现制进行核算原则，用“用友”财务软件执行规范的核算操作程序。各项保险基金纳入单独资金专户；实行收支两条线管理；实行专款专用。在水电十四局资金结算中心开设了保险收入户、基金支出户专户管理，保障了资金的安全性。基本医疗保险和失业保险是属地原则，收缴执行当地的相关政策。季末和年末按财务要求及时客观进行财务决算，按保险种类编制保险基金的资产负债表及社会保险基金收支表。2000～2006 年代发养老金支付情况及各项保险收支情况详见表 7－9－9～表 7－9－11。

表 7－9－9　　2000～2006 年代收养老金支付情况　　单位：万元

项目＼年度	2000	2001	2002	2003	2004	2005	2006	合计
统筹项目（合计）	5789.15	10 756.16	11 341.20	11 297.88	11 425.36	12 184.36	13 970.49	76 764.60
基础性养老金	34.40	131.53	695.11	345.37	294.01	478.79	644.45	2623.66
个人账户养老金	7.99	138.20	163.91	182.63	207.12	238.32	262.78	1200.95
过渡性养老金	84.55	372.17	381.54	465.63	566.48	702.47	780.77	3353.61

表 7－9－10　　2000～2006 年工程局各项保险费用收支情况　　单位：万元

年度＼项目	各项保险收入								收入小计
	基本养老保险	工伤保险	生育保险	基本医疗保险	失业保险	补充医疗保险	企业补充养老保险	企业年金	
2000	1186.68	—	—	—	—	—	—	—	1186.68
2001	3415.01	132.40	88.49	1157.40	369.11	—	1238.96	—	6401.37
2002	3736.17	142.67	94.01	1380.44	326.54	22.85	1108.57	—	6811.26
2003	4030.18	130.02	86.59	1367.58	320.30	41.35	1185.27	—	7161.30
2004	4412.62	154.28	106.55	1535.66	332.10	340.15	600.85	653.64	8135.85
2005	6138.17	263.10	145.22	3066.82	554.77	376.61	37.46	1854.56	12436.70
2006	4740.59	260.28	138.18	2379.20	530.70	354.91	—	1912.63	10 316.48
合　计	27659.42	1082.75	659.04	10 887.10	2433.52	1135.87	4171.11	4420.83	52 449.62

表 7－9－11　　2000～2006 年工程局各项社会保险缴纳情况　　单位：万元

年度＼项目	交地方保险				
	医疗保险	失业保险	养老金	工伤保险	生育保险
2000	—	—	1186.68	—	—
2001	794.53	236.06	3187.39	132.40	88.49
2002	1250.72	239.23	2980.70	142.67	94.01
2003	1842.69	301.67	3404.24	130.02	86.59
2004	1695.95	254.32	3741.08	160.33	315.75
2005	2634.95	424.81	4405.80	236.03	125.88
2006	2544.95	440.09	4860.52	257.83	137.51
合　计	10 763.79	1896.18	23766.41	1059.28	848.23

3. 住房公积金财务管理制度

1993 年，工程局下发了《水电十四局机关住房制度改革实施报告》，决定从 1993 年底起实行住房公积金制度。报告规定：凡与工程局签订有 3 年及 3 年以上劳动合同的在职职工均可实行住房公积金制度。昆明地区从 1993 年开始，大理地区从 1995 年开始，曲靖地区从 1996 年开始执行住房公积金制度。与此同步建立起住房公积金财务管理制度，财务部门开展住房公积金的收缴及按规定进行存储工作。1994～2006年底，工程局按照住房公积金制度的规定按时缴纳住房公积金，累计交缴住房公积金5712.52万元，其中，单位为职工个人交缴住房公积金2856.26万元。

4. 商业保险制度

随着市场经济的发展，工程局施工项目的规模和范围在不断扩大，风险管理和保险筹划显得更加重要。为使工程局保险管理工作更加规范化、制度化，同时有效防范和化解风险，节约资金、降低成本。2005年9月20日，工程局下发《水电十四局商业保险管理办法（试行）》，全局贯彻执行。该办法对组织机构及职责、投保范围、保险费用支付、保险索赔、考核与奖励等方面均作了详细的规定。其中，工程局财务部作为保险管理工作的常设办事机构，并指定专人负责保险管理事宜。当年，工程局与湖南鼎安保险经纪公司签订了保险协议，将全局商业保险进行统一筹划及投保，在建立全面风险管理体系上，由其为工程局全面策划保险方案，这一举措大大节约了工程局在商业保险方面的支出，在降低保费的情况下，进一步提高了风险防范水平。

5. 费用单位的经费管理

费用单位是工程局内部承担社会管理职能的单位。工程局是具有53年历史的特大型老企业，社会负担十分沉重，呈现“两多两大”之特点，即离退休职工多，不在岗职工多（下岗人员、内退人员）；承担离退休职工的费用（医疗补助费和其他补助费）和不在岗职工的费用（内退人员费用、下岗职工基本生活费和社会保险金）开支大，如：1999年用于离退休职工的费用为2001万元，用于不在岗职工的费用为1729万元，合计为3730万元；2000年“两费”分别为1154万、2133万元，合计为3287万元；2001年“两费”分别为1491万、2095万元，合计为3586万元。财务部门按政策和工程局的制度规定积极筹措资金，按时足额支付各项费用。

6. 按时足额上缴集团公司的承包及各项费用

从1998年开始，根据集团公司（总公司）与工程局签订的经济责任制，经营责任考核指标相关条款的内容，至2006年上缴费用为5475万元（其中管理费455万元，投资收益5020万元）。上缴情况详见表7-9-12。

表7-9-12　　1998～2006年工程局上缴集团的各项费用　　单位：万元

年　度	上缴管理费	投资收益	合　计
1998	45		45
1999	40		40
2000	50		50
2001	80		80
2002	120		120
2003	120		120
2004		670	670
2005		1910	1910
2006		2440	2440
合　计	455	5020	5475

（五）内部融资信贷管理

1995年3月，工程局内部银行组织机构正式成立。为迅速开展内部融资信贷业务，工程局下发《关于启用局内部银行在专业银行开立账号的通知》、《水电十四局内部银行营业管理办法》（试行）、《水电十四局内部银行营业管理办法实施细则》（试行）、《水电十四局内部银行主要职责及岗位规范》（试行）、《水电十四局内部银行暂行会计制度》（试行）等管理制度和办法，并下发《关于水利水电第十四工程局内部银行组织机构设置的通知》，分别设立水电十四局内部银行昆明中心行、水电十四局内部银行曲靖分行、水电十四局内部银行大理分行三个常驻机构，开业试运营。工程局内部银行只受理工程局内部单位的金融业务，不受理个人和工程局外任何单位的与金融有关的任何业务。经过3个多月的探索，内部工作已基本理顺，外部条件亦已具备；同年7月，工程局下发《关于内部银行扩大营业范围的通知》，要求所属单位在本月内完成在内部银行的开户、过户及专业银行的销户工作。

根据工程局内部银行业务发展要求，为进一步规范内部的融资业务，工程局下发《关于印发〈水电十四局内部银行借贷款管理办法（试行）〉的通知》，按要求开展信贷业务。

1996年9月，针对运行过程中出现的一些问题，如存款账户透支、贷款逾期不还以及内部银行自身的信贷平衡等问题，工程局下发《关于加强内部银行开户账户管理的通知》及《关于调整内部银行利率及加强账户管理的通知》，要求做到适度控制贷款规模，不越权审批，不先贷后批。年末工程局将就该业务进行考核。存、贷款利率与同期专业银行利率保持一致，并从1996年9月1日起，内部银行在昆明、曲靖、大理三地开办定期专项存款户，专项存款户有“扶贫基金专项户”、“多种经营专项存款户”、“补充养老保险专项存款户”、“住房集资专项存款户”，专项存款最短3个月，最长5年，执行国家同期存款利率。

1996年10月，工程局下发《关于成立华东、广东、天生桥分局内部银行的通知》，相继在华东分局、广东分局、天生桥分局成立了内部银行下属机构。

1996年12月1日，由于“内部银行”的名称与《中华人民共和国银行法》中对“银行”一词的规定用法有矛盾，为此，工程局下发《关于局内部银行更改名称的通知》，将原水电十四局内部银行更名为水电十四局资金结算中心。资金结算中心行政和财务结算专用印鉴于1997年1月1日起使用。

1997年2月，经过两年的营运实践，工程局内部资金市场已初步形成，但仍有部分单位未在工程局资金结算中心开设账户，个别单位只是名义上开户，而大部分资金仍在商业银行账户上。为改变这种状况，工程局下发《关于进一步强化局资金结算中心管理的通知》，进一步强化工程局资金结算中心账户管理的有关规定，除税务、投标、履约保函、法律纠纷等涉外事宜，经申报说明可在商业银行开户，但须专户专用。工程局所属二级单位必须在1997年3月31日前，将所属的商业银行及非金融机构的账户消户，存款余额转工程局资金结算中心开户，同时将相关规定纳入工程局审计考核范围。

1998年6月，随着工程局内部资金市场的形成和日趋完善，工程局资金结算中心的内部筹资、融资的方式和手段也相应灵活多样起来，其中通过内部联行的渠道实现工程局资金结算中心内部各地区各营业部间适度的资金拆借，达到有序的调节工程局内部资金的合理流动和分布，充分利用资金的地域差异和时间差异，以满足内部缺口较大的资金需求。为此，特制定《水电十四局资金结算中心内部联行及内部资金拆借管理办法》，对此类业务进行规范，使其有章可循。

1999 年 11 月，为配合新一轮经济承包责任制的制定和工程局内部管理的改革，满足工程局资金结算中心扩大经营管理的辐射面，以求从根本上改变工程局资金管理仍显分散的现状。为此，在原有管理办法的基础上制定了《水电十四局资金结算中心管理办法》，并下发执行。

2000 年 1 月 1 日，工程局下发《中国水电十四局财务管理办法》，该办法对资金管理作出了全面的、规范性的规定：实行资金集中管理，是为了使工程局范围内的资金相互融通，发挥整体资金优势，降低资金成本，提高资金使用效益；工程局对集中管理、暂时沉淀的资金具有统一调度、调节、使用的权利；工程局所属各单位的筹资、融资活动，均应上报工程局同意后进行；工程局所属各单位在资金结算中心的存、贷款业务，完全模拟商业化银行运行。

针对工程局机构调整重组，对于重组后的二级单位开设银行账户的问题，工程局下发《重申严禁在局结算中心以外商业银行开设银行账户的通知》予以规范，并对工程局租赁中心和安装公司租赁中心因办公地离机关较远的问题，经工程局研究同意在外开设账户，但账户资金额度严格控制在 20 万元以内。

2001 年，为规范资金结算中心项目部的管理，特制定《资金结算中心项目营业部管理办法（试行）》，此管理办法与工程局资金结算中心颁发的相关办法及制度同时执行。项目营业部设置遵循“属地原则”，经营和管理该地域内工程局内部单位所拥有的货币资金。工程局资金结算中心有权对各营业部的沉淀资金进行调拨、拆借，并按 3.1%的拆借利率进行结算。

2003 年 11 月，按照集团公司与中国建设银行正式签订的《银企合作协议》、《资金结算网络合作协议书》，工程局借助银行的“重要客户资金结算系统”，实现资金的上存和集中管理。

2004 年 5 月，按集团公司中水电资〔2004〕8 号文《关于各工程局实施资金集约化管理的指导意见》的通知，实施资金集约化管理，其基本内容包括：

（1）统一计划。统一编制资金需求计划，动态掌握资金流向。

（2）统一结算。统一办理所属单位日常银行结算业务。

（3）统一信贷。统一对外筹措本单位所需的资金，并区分企业内部不同组织形式开展内部信贷业务。

（4）统一调度。根据单位资金需求和资金状况，实现内部资金的统一调剂和管理。

2004 年 5 月，为提高资金运作效率和效益，科学防范和合理规避资金风险，建立工程局资金信贷审核制度，使工程局内部资金市场的管理和运行更加规范、科学、有序，工程局下发《关于建立局资金信贷审核制度的通知》。该通知规定：

（1）资金信贷审核、审批机构为工程局财务管理委员会。

（2）主要工作内容：该委员会在局长的领导下，对工程局资金结算中心的贷款风险评估、审批、发放、贷款使用和监督、回收、利率的浮动等工作进行审定和管理。

（3）审批权限：内部贷款50万元以内，由资金结算中心审批并通报财务管理委员会；50万～300万元流动资金贷款，由资金结算中心初审后报财务管理委员会研究后由副主任审批；固定资产购置、对外投资等资本性支出贷款及流动资金贷款在300万元以上的，由工程局财务管理委员会研究后报请主任审批。

2004年6月，为逐步构建集团集中式资金管理体系，工程局资金结算中心对各单位结算按照“收支两条线”的资金管理模式，特设立“收入账户”和“支出账户”，并下发执行《关于启用资金结算中心“收入账户”的通知》。

2004年10月，针对工程局内部资金管理的实际情况，工程局财务管理委员会于2004年9月27日召开专题会议，研究了工程局内部贷款的管理问题，并提出了进一步加强内部贷款管理工作相关措施和办法，形成《关于局资金结算中心进一步加强内部贷款管理的通知》，下发执行。

2004年11月，工程局资金结算中心与中国建设银行云南省分行达成协议，资金结算中心的“网上银行”系统相继在昆明、曲靖、大理三个营业部开通，并投入业务运作，其他营业部的“网上银行”业务，将视各地条件和时机展开。根据“网上银行”的特点和工程局资金结算中心的工作实际，特制定《水电十四局资金结算中心“网上银行”管理办法》，以规范全局“网上银行”业务工作，从此正式启动了工程局对外结算的信息化。这对于结算在途资金的零占用有着极大的意义。

2005年3月，工程局合同收入中有部分为业主以银行承兑汇票的形式支付的工程价款，这部分收入的存在挤占了项目部正常的流动资金，致使项目部出现流动资金不足，从而影响了项目部正常的生产经营活动。为发挥工程局资金结算中心的调节内部资金资源方面的作用，为项目部解决货币资金一时之需的紧张局面，工程局下发《关于局内部单位（项目）用未到期银行承兑汇票作为质押置换货币资金的管理规定》，资金结算中心由此开办了“项目点用未到期银行承兑汇票作为质押置换货币资金”的业务。

2005年5月，为贯彻落实集团公司2004年工作会议和资金工作会议精神，逐步实现资金集约化管理，资金结算中心逐步推进实施通过银行网上系统对局属单位和项目实行资金集中管理，特制定《局资金结算中心对局属各单位（项目）实施资金集中管理的管理办法（试行）》，下发至局属各单位执行。业务上模拟商业银行运作。

2005年8月，根据集团公司国内联营体运营管理相关规定的精神，工程局及时协助和监督做好小湾141联营体、龙滩1478联营体、百色滇桂联营体等项目联营体资金集中管理的实施工作。

2006年3月，根据人民银行2005年颁布的《人民币银行结算账户管理办法》中的相关规定，单位开立银行结算账户的名称应与其提供的申请开户的证明文件的名称一致，以及人民银行对银行存款账户的相关规定，结合工程局实际情况，工程局下发《关于进一步规范财务专用印章管理的通知》。通知明确：使用工程局法人营业执照、资质进行经营活动，并在商业银行开立账户名称为“中国水利水电第十四工程局”，使用财务专用章样式为“中国水利水电第十四工程局财务专用章（编号）”，由工程局资金结算中心统一管理，由资金结算中心进行编号、刻制、归档，并发文启用。其他情况的财务专用章原则上实行自行管理。

2006 年 11 月，为适应中国人民银行新的银行存款账户管理办法以及银行账户管理信息系统的要求，结合工程局账户管理的实际要求，就工程局商业银行账户管理下发《关于进一步规范工程局账户管理的通知》。该文件规定：

（1）银行账户由工程局资金结算中心集中统一管理。

（2）各单位、项目部要进一步加强工程局银行账户的管理。

（3）新成立项目部在商业银行开立银行账户的申请流程。

（4）项目部申请在商业银行开立银行账户的原则。

（5）开户相关资料的管理。

（6）项目完工后银行账户注销的规定。

（7）工程局改制企业银行账户的管理规定。

工程局资金结算中心经过 11 年的运行，截至 2006 年底，内部贷款余额为 72 283.2 万元，分年度信贷情况详见表 7－9－13。

表 7－9－13　　内部贷款余额　　单位：万元

年　度	内部开户单位借款	年　度	内部开户单位借款
1996	940.4	2002	9224.6
1997	1370.2	2003	7481.1
1998	367.0	2004	11 556.6
1999	493.0	2005	12 716.1
2000	3245.4	2006	18 819.0
2001	6069.8	合　计	72 283.2

由于工程局内部融资信贷工作的全面展开，融资信贷规模不断扩大，工程局的财务费用开支自 1993 年至 2006 年始终处于较低的水平，详情见表 7－9－14。

表 7－9－14　　1993～2006 年水电十四局财务费用　　单位：万元

年　份	财务费用	年　份	财务费用
1993	219	2000	487
1994	793	2001	431
1995	713	2002	754
1996	100	2003	647
1997	224	2004	803
1998	614	2005	542
1999	1167	2006	484

第四节 成 本 核 算

一、会计核算

（一）计划经济时期及经济转型时期的会计核算

从1954年建局到20世纪80年代初，即国家进行经济体制改革前，工程局在计划经济体制下是集建设、施工于一体的自营基本建设单位，从土地征用、移民、工程施工、机组安装、试运行至工程收尾、农田、道路、恢复全过程的工程建设任务都由工程局负责财务管理，会计核算采用国家财政部颁发的自营基本建设单位会计制度，既核算工程成本，也进行投资核算、建设成本的核算。水电站工程竣工后，由工程局负责编制电站竣工决算。

在国家计划经济体制下，财务体制实行集中管理，实行统一收支、统一计划、统一核算，会计核算只计算成本节约，不计利润，投资由国家按计划核拨，盈亏也由国家统一承担，工程局既无自主经营权也无明确的经济责任，是一种“统收统支”、吃“大锅饭”的体制。

资金核算执行国家统一的财务管理和会计制度。工程局根据国家规定把企业资金分为固定资金、流动资金、专用基金三大部分进行管理，分别核算来源和用途。

1982年1月1日，工程局施行国家财政部发布的《国营施工企业会计制度》、《建设单位会计制度》两套制度，用于建筑安装和基本建设的核算。通过上述会计制度及相关规定的实施，健全了工程局会计核算规章制度，满足了当时计划经济体制下强化成本管理的要求，对改善经营管理、提高经济效益起到了促进作用。

1984年后，国家开始经济体制改革，工程局向自主经营、独立核算、自负盈亏的施工企业转变。国家不再向工程局下达指令性计划任务，企业只有走向市场，通过招投标的方式取得建设施工项目后，再按合同要求按期保质完成工程施工任务，盈亏也由工程局自行承担。之后，国家颁布了若干会计核算规章制度，如：1984年3月5日，国务院发布了《国营企业成本管理条例》；1985年4月26日，国务院发布了《国营企业固定资产折旧试行条例》；1988年5月19日，财政部发布了《国营企业固定资产折旧试行条例实施细则》，工程局均按要求同步贯彻执行。

（二）市场经济时期的会计核算

1992年底，鲁布革水电站全部竣工验收，标志着工程局最后一项指令性计划工程结束，全面进入市场经济时代，完全成为一个独立核算、自主经营、自负盈亏的水电施工企业。

为求生存和发展，适应市场经济，工程局提出了“一业为主，多种经营”的方针，工程局在成立劳动服务公司之后，又成立实业总公司，以求在工业、商业及边境贸易上有所发展。工程局的财会工作也不再是单纯的施工企业的财会工作，已发展成为以施工企业财会工作为主，工业、运输业、商业、饮食服务业同时发展的多行业的综合性财会工作和开展综合性的会计核算工作。

1993年在全国范围内推行财务会计制度改革，工程局从当年7月1日起执行以《企业会计准则》、《企业财务通则》、《企业会计制度》及《企业财务制度》为主要内容的“两责”、“两制”新的财务管理制度和会计制度。

1999年10月31日，第九届全国人大常委会第二次会议通过了《中华人民共和国会计法》(简称《会计法》)，为使工程局会计核算工作符合《会计法》的规定，并适应机构调整后工程局的财务管理要求，工程局下发《关于实施我局机构调整后会计核算实施细则的通知》，对《会计法》相关内容和机构调整后涉及的会计核算问题进行了规范，从2000年7月1日起执行。

2003年1月1日，工程局下发《关于执行水电十四局会计核算办法的通知》，要求全局即日开始执行。2003年9月，财政部下发财会〔2003〕27号文《财政部关于印发施工企业会计核算办法的通知》，同时不再执行1992年颁布的《施工企业会计制度》。工程局为规范施工会计核算，提高企业会计信息质量，将向工程局所属各单位转发了财政部《施工企业会计制度》，从2004年1月1日起在全局范围内执行。

为进一步规范工程局离退休管理中心、三个劳务管理中心（昆明、曲靖、大理）等费用单位的会计核算体系，2004年5月，工程局下发《关于规范局属费用单位核算办法的通知》，对费用单位的会计核算进行了细化和补充。

工程局为在2005年开始为执行《企业会计制度》作准备，特下发《关于做好新旧会计制度接轨工作的通知》(含附件《水电十四局新旧会计制度衔接办法》、《关于印发中国水利水电第十四工程局会计核算实施细则（试行）的通知》)，并以特刊的方式将工程局会计核算实施细则在工程局创办的会计期刊《学会园地》上印发，确保全局会计工作从原行业会计制度向《企业会计制度》的平衡过渡。

按照集团公司2004年底下发的中水电财〔2004〕90号文《关于执行企业会计制度的通知》、中水电财〔2004〕91号文《转发财政部关于印发（施工企业会计核算办法）的通知》、中水电财〔2004〕92号文《关于印发中国水利水电建设集团公司会计核算办法的通知》的要求，2005年1月1日，工程局下发《关于执行企业会计制度的通知》，要求工程局所属各单位认真落实国家财政部及集团公司的要求，组织相关业务部门认真学习，做好人员培训工作。从2005年1月1日起，在全局范围内执行《企业会计制度》，并严格按照有关规定开展财会工作，对资产、负债、收入、费用等规定了统一的确认和计量标准，在确保新旧会计制度顺利衔接的基础上，认真做好工程局会计核算及财务管理工作，基本达到会计核算标准与国际会计准则接轨的要求。

二、成本核算

（一）计划经济时期及经济转型时期的成本核算及成本管理

1. 成本核算

工程局一直都很重视成本核算工作，从20世纪50年代中期开始，工程局就制定了各级各部门的成本核算制度。从工程局成立至20世纪80年代的计划经济及经济转型时期，工程局承建的项目工程主要有石龙坝水电站扩建工程，以礼河一、二、三、四级水电站，绿水河水电站，西洱河一、二、三、四级水电站，大寨水电站，鲁布革水电站等。财务核算基本沿用传统模式进行工程成本核算，建安工程成本由各项目工程施工的二、三级单位负责成本核算。建安工程预算成本，按投资计划，根据施工图预算编制，依据预算定额制订消耗计划，下达施工生产任务。成本核算的对象为项目工程，核算的方法采用完全成本法，核算的内容包括人工费、材料费、机械费、其他直接费、施工管理费。在此核算制度下，各项目管理费用及工程局总部的管理费用支出按照一定标准分配计入工程成本。建安工程成本支出（即建安投资实际完成总额）与建安工程预算成本（即计划投资额相比较），计算成本降低额度，分析项目管理效果。国家有关部门则根据企业上报的财务会计报表体系，掌握及了解企业生产情况，对施工进度计划和国家投资进行监督。

2. 成本管理

工程局在建局之初，就制定了各级各部门的成本管理制度，明确了各级各部门在成本管理中的地位及其责任。20 世纪 50 年代，为了严格控制成本、节约投资，就制定了许多办法和措施。如：积极采用先进的施工方法和科学技术，提高施工工艺水平，严格控制原材料的使用，禁止优材劣用、大材小用，建立“限额领料单”及“成本票”制度，特别是推行班组经济核算制等，都收到了良好的效果。在 20 世纪 60 年代的施工管理过程中，各项目通过加强计划管理和定额管理，实行班组工程任务单，核发班组作业计划，开展技术革新和技术革命及群众性合理化建议活动等措施，加强了对工程项目成本的管理。

1984 年，国务院颁发了《国营企业成本管理条例》。工程局在认真贯彻该条例的同时，还制定了相关成本管理的实施办法和制度，使成本管理和成本核算工作逐步制度化和规范化。

（二）市场经济时期的成本核算及成本管理

1. 成本核算

1993 年 7 月 1 日在全国范围内推行财务会计制度改革，使财务会计制度与国际通行惯例接轨，以《企业会计准则》、《企业财务通则》、《企业会计制度》及《企业财务制度》为主要内容的“两责”、“两制”迅速推行。根据新的财务会计制度，成本核算方法改用制造成本法。单位管理费用支出不再分配计入工程成本，直接纳入当期损益，工程项目成本只核算制造成本。各项目部按施工项目对成本费用进行归集核算。工程局在实行经济责任制、经营承包责任制、经营目标责任制的各个时期，都制定了工程局本部管理费收取的基数及比例，并以内部承包方式明确上下级的责任与义务。

成本核算各项费用控制范围，工程局均作出了明确的规定。2001 年 6 月 18 日工程局下发的《中国水利水电第十四工程局项目成本控制试行办法》和 2003 年下发的《水电第十四局预算管理办法》，以及其他有关规定中，对项目成本核算作了具体的规定，要求对项目成本进行核算时应确定好核算对象、核算时限及细化核算方法：人工费（生产工人的岗级工资、工资性津贴、奖金等）根据成本核算对象在核算期内实际完成的工程量所发生的工日数和人工费进行控制核算；材料费（构成工程实体的材料、构配件、零件、半成品的费用，周转性材料摊销及租赁费等）根据成本核算对象在核算期内实际完成的工程量所消耗的各种材料并计入分摊到本核算期的消耗性材料费进行核算；机械费（自有施工设备的使用费，租用施工设备的使用费，施工设备安装、拆卸和进出场费等）根据成本核算对象在核算期内实际完成的工程量所使用的机械费进行核算；其他直接费（冬雨季施工增加费、夜间施工增加费、材料二次搬运费、生产工具用具使用费、工程定位复测费、工程点交通场地清理费用等）采用合理的分配方法分摊计入有关成本核算对象中进行控制核算；间接费（办公费、差旅费、修理费、折旧费、物料消耗、工会经费、职工福利费、检验试验费、职工教育费、水电费；财产保险费、人身保险费、咨询费、劳动保护费、基本养老保险、补充养老保险、失业保险、住房公积金、职工就业统筹、低值易耗品摊销等）的核算，要确定间接费分配标准，并与预算的间接费取费标准口径一致，严格控制间接费的开支范围和开支渠道。工程局和二级生产经营各单位负责监督和检查，对成本降低情况纳入内部责任制的考核之中，并加大了对成本指标考核的权重，成本情况在很大程度上影响项目经理的年薪水平。

2. 成本管理

1990 年后，面对激烈的市场竞争，工程局在开拓市场的基础上，不断强化成本管理，前移成本管理环节：一是工程局对局属各单位根据其各自的特点在不同时期实行了不同的内部经济责任制，按照工程局制定的有关制度分年度进行考核。在综合考核当中，成本降低额和实现利润是主要考核的经济指标之一；二是优化源头管理，努力提高施工工艺、作业流程、方案设计水平，降低运行成本；三是完善运行机制，优化过程管理，节能降耗和重点生产要素挖潜工作，降低无效、低效和重复投入；四是优化成本结构，压缩非生产性费用，规范费用核销程序。2000 年以来，在项目成本管理过程中，各单位对项目成本费用进行全面预算管理。2004 年，工程局提出并实施了“一线三关”的项目经营管理机制。通过对项目成本的策划、预算、控制、分析和考核，严格控制成本费用开支，降低消耗，及时、准确核算成本费用，达到提高项目赢利水平的目标。2006 年工程局在建项目 80 余个，赢利面达到 90%以上，这也是工程局由粗放式管理向精细化管理过渡的标志。2006 年成本降低率达 11.35%，实现利润达 12161 万元。1979～2006 年工程成本和利润情况详见表 7-9-15。

表 7-9-15　　1979～2006 年工程成本和利润情况　　单位：万元

年　度	预算投入/建筑业产值	实际/建筑业成本	成本降低额	成本降低率（%）	利润总额
1979	5478.00	4990.00	488.00	8.90	488.00
1980	2664.00	2800.00	−136.00	−5.10	−394.00
1981	2381.00	2267.00	114.00	4.79	−467.00
1982	3928.00				
1983	6608.00	6236.00	372.00	5.63	255.00
1984	9630.00	8950.00	410.00	4.38	219.00
1985	10 354.00	9669.00	685.00	6.62	249.00
1986	10 425.00	9944.00	481.00	4.62	306.00
1987	12 657.00	12144.00	513.00	4.05	285.00

续表

年　度	预算投入/建筑业产值	实际/建筑业成本	成本降低额	成本降低率（%）	利润总额
1988	13 200.00	12 600.00	600.00	4.55	36.00
1989	16 699.00	15184.00	1515.00	9.07	238.00
1990	20 587.00	18 458.00	2129.00	10.34	98.00
1991	24 275.00	22 838.00	1437.00	5.92	163.00
1992	29 823.00	27 368.00	2455.00	8.23	54.00
1993	33 967.00	30 353.00	3614.00	10.64	138.00
1994	46 911.00	40 169.00	6742.00	14.37	151.00
1995	52 565.00	44 979.00	7586.00	14.43	170.00
1996	57 493.00	51 117.00	6376.00	11.09	108.00
1997	71 962.00	67 436.00	4526.00	6.29	181.00
1998	73 355.00	69 594.00	3761.00	5.13	199.00
1999	82 030.00	74 587.00	7443.00	9.07	23.00
2000	107 817.00	105 053.00	2764.00	2.56	203.00
2001	118 860.00	109 610.00	9250.00	7.78	2816.00
2002	149 822.00	134 302.00	15 520.00	10.36	511.00
2003	183 949.00	168 225.00	15 724.00	8.55	857.00
2004	229 431.00	204 920.00	24 511.00	10.68	1557.00
2005	306 801.00	279 493.00	27 308.00	8.90	4671.00
2006	359 235.00	318 447.00	40 788.00	11.35	12 161.00

三、会计电算化

从1992年开始，工程局财务报表编制工作试用计算机系统进行。为圆满完成各年度报表编制上报工作，历年来工程局遵照集团公司统一部署分别采用了多套报表软件及系统。当年，工程局的财务报表编制采用了葛洲坝集团研制的bbgl系统进行编报。

工程局会计电算化工作从1995年开始全面展开，以工程局本部为中心进行推广并逐步代替了之前的手工记账。从1997年起，工程局会计电算化工作均采用“用友”软件进行。按照集团公司的要求，从2003年1月1日起使用“用友—中国水利水电建设集团专版”进行日常账务处理及会计核算。至2006年底，工程局所有单位及项目部财务部门均配置计算机进行日常账务处理、会计核算及各类报表的编制上报工作。

1998～2006年工程局的财务报表编制曾分别采用用友公司研制的行业报表系统、远光公司研制的远光报表系统、久期公司研制的久期报表系统进行编报后；再次使用用友公司研制的行业报表系统进行编报。

1998～2005年，工程局财务部陆续组织了多次会计电算化工作的检查验收工作，检查的内容包括：

（1）各单位近年来会计电算化工作的开展情况。

（2）各单位会计电算化管理制度、岗位分工及其职责。

（3）各单位用于会计电算化的软、硬件设施及运行环境。

（4）各单位会计人员培训情况。

通过认真细致的验收检查，工程局财务部对每个受检单位均出具“水电十四局会计电算化验收单”，对电算化内控制度、操作人员符合性、数据安全措施、档案管理制度、总账、固定资产、财务分析、集团报表、时实信息等方面都提出了验收要求，对检查验收的结果作了详细说明，并对存在的问题提出了改进的建议。

工程局会计电算化工作的深入持续开展大大提高了工程局会计核算的现代化水平，加上工程局一直以来对财会队伍的大力培养，为工程局财会系统胜任全局范围内的会计核算工作，圆满完成各种财务数据、信息的采集任务并及时上报各类会计报表打下了坚实的基础；工程局财务系统在熟练掌握运用各种电算化系统及会计软件的基础上，通过工程局全体财会人员的不懈努力和忘我工作，工程局财务报表的编报效率和质量在集团公司范围内一直名列前茅，并于2002～2006年连续5年获得集团公司“财务报表编制工作先进单位”称号。

第五节　预　算　管　理

一、全面预算管理工作

工程局的预算管理工作从2003年工程局成立预算管理委员会，并下发《工程局预算管理办法》正式开始，每年汇总编制《预算执行报告》，并在其中作年度预算执行的情况说明；同时，每年编制年度财务预算，并在其中作年度预算情况说明。

（一）全面预算管理体系

（1）业务决策层：工程局预算管理委员会。主任委员：工程局局长；常务委员：总会计师；成员：党委书记、各业务口分管副局长、总工程师、总经济师、财务部主任、资金管理部主任、经营管理部主任、人力资源部主任。

（2）组织管理层：预算管理执行办公室（与工程局财务部部门合署办公）。主任：工程局财务部主任；副主任：工程局财务部副主任（预算、综合）、工程局经营管理部主任、工程局资金管理部主任、工程局审计部主任；成员：工程局相关职能部门主任，包括市场开发部、经营管理部、人力资源部、资产管理部、工程科技部、安全监察部、局办公室、党委工作部、企业文化中心、工会。

（3）责任执行层：工程局所属各二级单位、工程局所属直属项目部、各归口管理部门、各费用单位、工程局机关各职能部门。

每年年底，按照集团公司的相关文件及会议精神，工程局召开当年财务管理工作会议，传达集团公司会议精神，讨论预算管理工作中存在的问题，布置当年预算执行情况报表及次年财务预算报表的编制工作。根据工程局与集团公司签订的经营责任考核指标，结合工程局企业发展战略规划，经过工程局预算管理委员会的初次审查与平衡后，将不符合费用控制原则和企业发展目标的事项进行修改、调整。对全局次年预算报告的编制工作进行布置，将经过审批的年度预算按单位和具体时间段进行逐级分解，将预算目标落实到具体单位和全年各个时期。工程局在预算管理工作上要求各单位必须按照工程局的文件规定进行控制和管理，真正把全局大部分经营管理活动纳入到预算管理的范畴中来，形成以目标利润为导向，以现金流为核心，部门联动，全员参与，覆盖全局的全面预算管理格局。

（二）工程局预算编制内容与程序

1. 工程局预算指标构成

（1）工程局主营业务收入构成由各二级生产经营单位主营业务收入所组成。

（2）工程局管理费用构成由各后方费用单位发生管理费用所形成。

（3）工程局利润总额构成由两部分组成：一部分为各二级生产经营单位生产经营所形成的利润；另一部分为后方管理部门收取管理费用后，支付后方各项费用开支后的余额。

（4）工程局主要经济指标为工程局与集团公司所签订的经营责任考核指标所规定必须达到的目标。

（5）全局上缴费用构成由各单位按照经营责任合同所定上缴费率，依据主营业务收入总额、工资总额、固定资产净值计算得出。

2. 后方费用单位预算指标构成

（1）按照工程局战略发展规划及以人为本的经营方针政策，根据当年工资增长率变化，工资总额、上缴保险及与工资总额有关的职工教育经费、工会经费、福利费、住房公积金等均会有相应的增减。

（2）由于工程局2005年起开始实施新制定的差旅费管理办法、非生产性固定资产购置管理办法等一系列管理措施，并全面推进预算管理，故控制每年公用性开支的增幅，除部分部门有新增工作项目外，其余部门增幅不超过8%。

（3）在2005年召开工程局预算管理委员会及扩大会议后，工程局各部门均给予了高度重视，在编报每年工作计划及费用开支预算时均附以明细清单，在对各部门上报预算进行重新审定后，正式编制了工程局每年后方费用单位费用开支预算。

3. 前方经营单位预算指标构成

（1）二级专业化公司预算指标由两部分组成，一部分为与经营责任合同有关的指标，按各单位上报的预算报表结合经营责任合同所签订的目标来下达预算；另一部分为现金流量预算与资产负债预算，按各单位上报预算报表数，同时结合企业发展战略规划对部分单位指标进行适当调整后来下达预算指标。

（2）前方项目点各项预算指标按各单位上报预算报表数，经工程局预算管理委员会对其中产值利润率低于2%及产值指标低于上年生产经营计划的单位进行调整、修改后，下达各单位损益预算指标。现金流量预算与资产负债预算，按各单位上报预算报表数，同时结合企业发展战略规划对部分单位指标进行适当调整后下达预算指标。主要经济指标按各单位上报预算报表结合工程局企业发展战略规划来下达。上缴费用预算按各单位与工程局签订的经营责任合同所订上缴费率结合各单位产值预算指标、固定资产净值、工资总额指标来下达。

二、工程局提高预算管理水平的措施

（一）加强对非生产性固定资产的购置及管理

2005年初，为了加强对非生产性固定资产的管理，提高资金的使用效率，节约成本，加强资本性支出的管理与控制，工程局下发《水电十四局非生产性固定资产购置管理办法》。该办法对非生产性固定资产的范围及购置标准、审批方式、不得购置小车的单位、非生产性固定资产的日常管理等方面作出了具体的规定。对局属各单位使用年限在1年以上，单位价值在2000元以上的笔记本电脑、车辆、相机等非生产性固定资产的配备及使用标准进行了规范，对各项目部非生产性固定资产总额按项目的级别作出了相应规定：一级项目非生产性固定资产总额控制在260万元以内，二级项目非生产性固定资产总额控制在120万元以内，三级项目非生产性固定资产总额控制在50万元以内。同时，还对各项目点配置非生产性固定资产进行单项控制，不得使用公款购买手机；如有擅自购买的，一经查出，将对责任人处以手机原价2倍的罚款。

该办法规定了对超出规定标准进行购置的单位，需报工程局预算管理委员会备案，供工程局调剂使用，并不得再增加购买非生产性固定资产；不足以上标准的单位确需购置的，在预算范围内报工程局预算管理委员会批准购买。申请新购车辆的单位（项目部）必须是有赢利的单位（新开工项目部除外）；当年亏损的单位，当年及次年不得购买小汽车；累计亏损的单位，在扭亏为盈前不得购买小汽车。未及时上缴社保费用、管理费用、租赁费用等工程局规定的应缴费用的单位，在未交清各项欠费之前，不得申请购买小汽车。

采购非生产性固定资产由使用部门在预算报告中提出申请，报工程局预算管理委员会审议讨论，工程局预算管理委员会将会同财务、监察、经营管理部、审计、资产部门对所需购置固定资产进行全局平衡考虑，对能调剂使用的进行全局调剂；对不能调剂使用的，将对固定资产的使用效率进行评价，确需购买的，使用单位必须出具书面专题报告，并提供3家以上生产商和供货商及市场参考价，由工程局预算管理委员会审核批准并下达费用预算指标，各单位需在指标范围内控制使用。凡没有按照有关程序在工程局预算管理委员会备案批准的，财务部门一律不准报销入账。

凡购买非生产性固定资产不得超出预算指标。未报工程局预算管理委员会或未经工程局预算管理委员会批准，不得购买。如有擅自购买或超出指标购买的，一经查出，所购买的非生产性固定资产将收归工程局，费用由其购买单位承担，并对该单位处以所购资产原值10%的罚款，同时在全局范围内通报批评。

工程局财务部、资产管理部及工程局所属各单位的固定资产管理部门，负责工程局及本单位非生产性固定资产的日常管理和监督。非生产性固定资产使用部门，设立专人、专职承担非生产性固定资产的管理工作并对所管理资产的安全、完整负责任。固定资产管理人员应相对稳定，工作调动时必须办清交接手续。

（二）完善其他相关管理办法

为提高预算管理水平，加强预算管理执行力度，提高资金管理、成本管理水平，反映预算执行过程中的问题，2005年初，工程局出台了《水电十四局收尾项目管理办法》、《水电十四局差旅费管理办法》，同时工程局还在2005年成立了以工程局财务部领导牵头，各二级单位财务系统骨干力量为成员的财务检查小组，分赴各二级单位、项目点进行财务检查。2005年5月，对曲靖、大理片局属二级单位进行预算执行情况检查，主要检查的单位有：曲靖机械厂、基础处理公司、曲靖劳务中心、曲靖分局、大理分局及大理劳务中心。重点对工程局下发的管理性文件、新出台的管理举措以及在执行过程中出现的问题进行预算执行检查，将检查过程中发现的问题、错误及时予以纠正，并对检查出具完整的财务检查报告，在工程局会计学会出版的《学会园地》刊物上进行刊登，以便各单位对照检查情况进行自我完善。

为提高预算管理水平、完善预算管理制度，通过预算管理有效促进项目成本管理水平的提高，将零散的个体行为整合到企业的战略目标框架内，采取了以下具体措施：

（1）严格对各二级费用单位的预算考核，按照预算编制资金计划，拨付资金；超出预算项目的，无特殊原因概不支付，年终编制预算执行情况表，按预算项目金额进行考核。

（2）将预算执行纳入到对项目经理及项目的考核中。年初按各项目预算报表下达预算指标，并与各项目经理签订资产经营责任书，年终按预算指标及资产经营责任书进行考核。

（3）统一全局办公用品的采购管理，年初由各二级单位编制费用预算报工程局，由工程局预算管理委员会审批后，统一招标采购。

（4）加强非生产性固定资产的统一管理，按照《水电十四局非生产性固定资产购置管理办法》，要求各二级单位在年初编制购置预算报工程局预算管理委员会审批，满足相关条件后方可购置。

（5）降低保险费用，各项保险也将由各二级单位于年初报工程局审批后，统一招标购买。从2005年开始，以上各项措施已陆续付诸实施。

第六节 税　务

一、流转税

工程局自成立以来，按照国家颁布的相关税法，分别依据国家税收法规及时足额缴纳各项流转税。

（1）营业税：1984年国家单独设立营业税税种，工程局按照财政部1993年12月颁布的《中华人民共和国营业税暂行条例实施细则》规定，从1994年1月1日起上缴，工程局税率主要是3%和5%，基本上每个项目部都是3%，工程局本部和租赁中心是采用5%的税率。

（2）增值税：1993年12月，财政部颁布《中华人民共和国增值税暂行条例实施细则》，从1994年开始上缴，有17%、13%、6%、4%四档不同的税率，工程局主要采用17%、6%和4%的税率，工程局机械厂是17%的增值税税率，租赁中心税率是4%和6%。

（3）房产税：国家从1950年开征，税率一种是按房屋原值减去一定比例（20%～

30%）的剩余原值的 1.2%征收；一种是按照出租房屋租金的 12%征收。工程局是按照房屋原值减除 20%的比例之后的剩余原值的 1.2%上缴。

（4）车船税：1951 年颁布《车船使用牌照暂行条例》，开始征收；1986 年发布《中华人民共和国车船使用税暂行条例》；现行的基本规范是 2006 年 1 月国务院颁布的《中华人民共和国车船税暂行条例》。车船税按照不同的汽车类型与轮船吨位征收，税额为 36～660 元不等，车辆主要采用 360 元和 420 元的税率。

二、所得税

（一）纳税基本情况

工程局成立后至 1982 年底，属于国家计划经济体制时期。为适应国家高度集中的管理体制的需要，工程局一直执行国营企业利润上缴制度，将每年实现的利润全额上缴国家，再由国家按一定比例返还企业，而不缴纳企业所得税。

1983 年国务院决定在全国试行国营企业“利改税”，即将新中国成立后实行了 30 多年的国营企业向国家上缴利润的制度改为缴纳企业所得税的制度。随着国营企业“利改税”政策的出台，重新确定了国家与工程局的分配关系，工程局从此按照 33%的税率向国家缴纳企业所得税，税后利润归企业支配。

（二）争取税收优惠政策情况

随着国家税制的不断发展，工程局财务部为更好地完成各项涉税工作，在会计处专门设置了税务专责的岗位，负责处理工程局税务及商业保险相关事宜。经过历年来工程局财务部的不懈努力，加强了与税务机关的沟通交流和学习，深入掌握了国家各项税务法规和制度，并为工程局争取到了多项税收优惠政策。

2001 年 8 月 7 日，云南省国家税务局以云国税函〔2001〕488 号文下发《云南省国家税务局关于中国水利水电第十四工程局缴纳企业所得税问题的通知》，同意工程局及在省内的所属企业以水电十四局为纳税人在昆明缴纳企业所得税。从 2001 年起，工程局财务部每年均向国家税务机关提出汇总缴纳所得税的报告并得到批复，由工程局本部向国家税务机关汇总缴纳企业所得税。

2003 年 5 月，云南省国家税务局根据《国家税务总局关于落实西部大开发有关税收政策具体实施意见的通知》及《国家税务总局关于印发〈企业所得税减免税管理办法〉的通知》的规定，在云国税函〔2003〕451 号文《云南省国家税务局关于中国水利水电第十四工程局享受西部大开发税收优惠政策问题的通知》中，同意从 2002 年度起中国水利水电第十四工程局按 15%的税率缴纳企业所得税。从 2003 年起，工程局财务部每年向昆明市国家税务局递交《水电十四局关于按照西部大开发税收优惠政策减免所得税的申请》，在申请中介绍了工程局的基本情况及减免所得税的相关依据，并得到批复按 15%缴纳企业所得税。

2006 年 12 月 20 日，云南省国家税务局以云国税函〔2006〕773 号文下发《云南省国家税务局关于中国水利水电第十四工程局免征企业所得税问题的通知》，同意对工程局在境外承包工程项目取得的税后利润根据境外完税凭证或减免税的有关证明，免征 2006 年度至 2010 年度的企业所得税。

以上税收优惠政策的争取，减轻了工程局的资金压力，促进了企业经济效益的提高，为加速企业发展创造了有利条件。

1985～1997年，工程局缴纳税金累计为8669万元，逐年纳税情况详见表7-9-16。1998～2006年，工程局累计缴纳税金53 145.99万元，其中国税7978.01万元，地税45 167.98万元。各类税种纳税情况详见表7-9-17。

表7-9-16　　1985～1997年工程局纳税情况　　单位：万元

年　度	缴纳税金	年　度	缴纳税金
1985	10.00	1992	382.00
1986	11.00	1993	807.00
1987	18.00	1994	1438.00
1988	33.00	1995	1976.00
1989	76.00	1996	1398.00
1990	207.00	1997	1826.00
1991	487.00	合　计	8669.00

表7-9-17　　1998～2006年工程局纳税情况　　单位：万元

税种	1998年	1999年	2000年	2001年	2002年	2003年	2004年	2005年	2006年	累计
1. 国税	336.74	335.33	262.00	1251.90	466.43	742.69	662.30	1760.21	2160.41	7978.01
增值税	294.53	251.05	235.20	238.60	327.68	564.01	500.23	867.27	1117.55	4396.12
所得税	42.21	84.28	26.80	1013.30	138.75	178.68	162.07	892.94	1042.86	3581.89
2. 地税	2472.07	2141.11	3197.10	2874.90	3552.62	5513.10	6292.76	8650.06	10 474.26	45 167.98
营业税	2397.58	2068.51	3017.10	2621.30	3386.93	5288.31	6010.57	8102.25	9945.35	42837.90
城建税	74.49	72.60	142.80	181.00	97.59	134.69	185.09	287.21	257.89	1433.36
所得税										
房产税			27.20	43.90	50.13	61.30	65.20	150.30	153.12	551.15
车船税			7.70	26.60	15.97	25.60	27.80	105.90	112.60	322.17
印花税			2.30	2.10	2.00	3.20	4.10	4.40	5.30	23.40
3. 合计	2808.81	2476.44	3459.10	4126.80	4019.05	6255.79	6955.06	10 410.27	12 634.67	53 145.99

第十章　人力资源管理

第一节　机　　构

一、机构变迁情况

1954年建局初期，工程局主要任务是完成石龙坝水电站改扩建工程，同时进行以礼河、六郎河、绿水河水电站的开发准备工作。为适应劳动用工及干部管理的需要，工程局组建了人事科和劳动工资科。1956年7月，根据全国电力干部会议及水电总局所制订的干部长远规划，电力工业部云南水力发电工程局为二类局。局机关设职能处室，人事部门设干部处和劳动工资科。1958年7月，电力工业体制改革，局机关设置人事处，处内设科。1960年10月6日，局机关职能部门进行了调整，设劳动工资处和干部科、教育科。1961年11月29日，局机关机构进行了调整，将原劳动工资处与干部科合并成立人事处。1962年8月，工程局更名，局机关职能部门调整，设干部处、教育科和劳动工资科。1963年7月，工程局再次更名，设劳动工资科、教育科、干部科。1965年6月，水利电力部以礼河水电工程局和昆明勘测设计院合并组成水利电力部云南水力发电建设公司，局机关设干部处、劳动工资处。

1967年3月20日，工程局实行全面军事管制。1968年9月29日成立水利电力部云南水力发电建设公司革命委员会。下设政工组、生产指挥组、人民保卫组、办事组。干部人事和劳动工资管理职能分别由政工组和生产指挥组管理。

1971年1月，工程局撤销，下属单位划归云南省电力局领导。

1979年9月，工程局恢复组建，局机关各处室相应建立，至1985年6月期间，局机关设干部处、劳动工资处。1985年8月，组织部和干部处合并，成立局组织干部处。1988年7月，成立局人事部，同时撤销局组织干部处和劳动工资处。1994年5月，机关人事管理部门调整为组织干部部、劳工处与文教卫生处合并成立劳资教育部。1995年6月，工程局将组织干部部、劳资教育部合并成立了人事教育部。1996年1月，设社会保险事业管理中心，挂靠人事教育部和财务部，10月实行“社会保险分局”职能与人事教育部和财务部分离。1999年9月设人力资源部、社会保障部至2006年12月。

二、任职情况

1954年5月～1967年3月，曾经任过局人力资源部门处长和直管科长、副科长的有：人事科长王教贤，干部科科长卢宗仁、郭同喜（党委组织部干部科长）、刘思温（干部处干部管理科科长），副科长陈维、李敬海，组织科赵世魁（党委政治部组织处科长）、卢宗仁（组织科第二副科长），党委组织部组织科副科长邱平、郭同喜；劳工科任过科长的有：缪以禄，任过副科长的有：林镒文、邱平、郭同喜、杨云仙；教育科任过科长有：张镒明（干部处教育科科长）、王平增，任过副科长的有：周邦俊；任过劳动工资处副处长的有：杜福喜、李广成。

1979年10月工程局恢复组建，局机关职能部门相应建立，至2006年12月，人力资源管理部门负责人变迁如下：1980年4月～1985年7月担任过干部处处长的有：童进雄、李润祥，担任过副处长的有：陆家彩；1980年4月～1988年7月担任过劳动工资处处长的有：邱平、李玉林，担任过副处长的有：俞斌；1985年8月～1988年7月，担任过组织干部处处长的有：李润祥，担任过副处长的有：陆家彩、王景龙；1988年7月～1994年6月，担任过人事部部长的有：李润祥、郑井秀，担任过副部长的有：王景龙、赵志全；担任过主任经济师的有：谭伦常；1994年6月～1995年6月，担任过组织干部部部长的有：郑井秀，担任过副部长的有：赵志全；1994年5月～1995年6月，担任过劳资教育部部长的有：王景龙，担任过副部长的有：代晴文；1995年6月～1999年9月，担任过人事教育部部长的有：郑井秀，担任过副部长的有：赵志全、代晴文。1999年9月～2006年12月，担任过人力资源部主任的有：赵志全，担任过副主任的有：谭立、贾永红。1996年10月～1999年9月，担任过"社会保险分局"分局局长的有：王景龙，董德忠，担任过分局副局长的有：代晴文。1999年9月～2006年12月担任过社会保障部部长的有：刘前银，担任过副部长的有：梁勇。

三、相关机构情况

1989年11月，工程局成立医务劳动鉴定委员会，主任委员杨家骏，副主任委员唐玉弟、王简兮，成员由局行政、工会、医疗、安技、人事等部门组成。1993年8月，工程局劳动鉴定委员会进行了调整，主任曹保华，副主任朱世熙、崔质万、顾思林、许志恒。1997年调整为主任曹保华，副主任许志恒、郑井秀；2000年调整为：主任林文进，副主任赵志全、黄竹保；2004年调整为：主任陈学云，副主任赵志全、刘兴昌；2006年调整为：主任刘光，副主任赵志全、刘兴昌。

1994年，工程局成立工人考核工作小组，组长汪先绪，副组长温其大、陈锦楼，办公室主任郑井秀，副主任赵志全、谭伦常。

1996年1月，工程局成立社会保险管理监督委员会（委员6人，分别由人事教育部、财务部、审计部、监察部、离退休管理部的部长或副部长兼任）和社会保险事业管理中心（挂靠人事教育部和财务部）。

1998年，工程局成立社会保险管理监督委员会，主任陈银根，副主任王景龙。

1998年，工程局成立再就业工作领导小组，组长马洪琪，副组长陈银根、王景龙。

1998年，工程局成立再就业服务中心，主任代晴文，副主任贾永红。

2002年，工程局成立工人技师评审委员会，主任周宇，副主任王景龙、赵志全。技师评审委员会下设水工、机电和施工机械三个技师专业考评小组。2004年调整为：主任和孙文，副主任陈志明、赵志全，技师考评委员会下设水工、机电和施工机械三个技师专业考评小组。

2003年，工程局成立专业技术专家、专业技术带头人及其后备人选评审委员会，主任李跃平，副主任周宇、王永祥，办公室主任谭立。2004年调整为：主任李跃平，副主任周宇、和孙文，办公室主任谭立。

2004年，工程局成立经营业绩考核领导小组，组长李跃平，副组长周宇、王曙平，考核领导小组下设考核工作小组，由人力资源部牵头负责，局经营管理部、质量安全部、财务部、资产管理部、审计部、党委工作部和纪委等部门共同参与考核工作，赵志全同志任考核工作组组长，考核工作小组办公室设在人力资源部；2006年调整为：组长周宇，副组长洪坤、王曙平（主持日常工作）。

2004年工程局成立专业技术专家、专业技术带头人及其后备人选考核小组，组长和孙文，副组长刘兴昌、赵志全；2006年调整为：组长和孙文，副组长杨毅平、王曙平、崔志强。

2005年，工程局成立薪酬管理委员会，主任：李跃平，副主任：洪坤、吴云红；成员：王曙平、王景龙、刘光、于涛、和孙文、崔志强、陈志明、宋家华、俞祥荣、杨毅平、赵志全、朱光全、刘兴昌、余佩义、浦恩泽、陈锐弟，办公室主任赵志全，办公室副主任谭立、贾永红；2006年调整为：主任周宇，副主任洪坤、王曙平（主持日常工作），成员：王景龙、刘光、于涛、和孙文、崔志强、陈志明、宋家华、俞祥荣、杨毅平、赵志全、朱光全、刘兴昌、余佩义、浦恩泽、陈锐弟，办公室主任赵志全，办公室副主任谭立、贾永红。

2005年，工程局成立职位评价工作小组，组长：王曙平，副组长：王景龙、崔志强，办公室主任谭立。

第二节 人事管理

一、干部管理体制和制度

（一）干部管理体制

工程局的干部管理体制，主要是根据上级规定的干部管理权限，进行干部的提拔、任用、管理、考核、调配。

1954年5月～1955年9月，工程局党政副局级以上干部，由燃料工业部任命和管理。1955年10月～1958年7月，工程局正、副局长由电力工业部任命和管理，党委正、副书记和正、副科级和处级干部，由中共云南省委工业交通工作部任命和管理；工程局人事干部部门协助管理；股级和一般干部由工程局人事部门进行管理。1958年7月～1963年7月，工程局成建制划归云南省水利电力局（后更名为云南省水利电力厅）管理，工程局正、副局级领导干部由中共云南省委工业交通工作部任命和管理；正、副处级、正、副科级领导干部由中共东川市委组织部任命和管理；1963年7月～1967年3月，工程局正、副局级领导干部由水利电力部任命和管理，云南省工业部协助管理；正、副处级干部由水电建设总局任命和管理，科以下干部由工程局管理。1967年3月，工程局实行军事管制，1968年9月成立革命委员会。1970年1月～1979年9月，工程局成建制划归云南省电力局领导。1979年10月～1982年，工程局正副局级干部，由电力工业部任命和管理，正、副处级干部由水电建设总局任命和管理，科级以下干部由工程局任命和管理。1983年，工程局党政正职，由中共中央组织部任命；工程局副职由水电部党组任命、管理。1982、1984年，副处级干部、正处级干部分别由水电建设总局下放工程局任命和管理；科级干部由工程局下放给局属二级单位任命和管理，报局备案；1984～2006年，工程局局级领导由水电总公司任命和管理；2002年12月，中国水利水电建设集团公司成立，工程局局级领导干部由集团公司任命和管理，处级及其以下干部由工程局人事、组织部门根据上级下达的干部编制定员，由工程局和二级单位分级管理。

（二）干部管理制度

1954年建局初期，工程局根据上级有关人事管理的要求，结合工程局的实际情况制定了《人事制度》和《录用人员审查批准规定》，对人事管理和干部录用审批程序作出了规定。1961年1月31日，为进一步加强干部管理工作，工程局下发了《干部管理暂行办法》，对工程局和局属单位的干部管理权限、干部提拔、任免、调动等相关的工作作出了规定。1962年12月14日，工程局又下发《关于干部调动手续的执行办法》，规范干部调动的审批程序、干部调动的手续办理、调动期间的工资处理等。1984年，工程局下发《关于改变干部管理权限的通知》。1987年，工程局制定了从工人中选拔任用干部的有关规定。1990年6月20日，工程局再次下发《水电十四局干部管理暂行规定》、《水电十四局关于聘用“合同制”干部的暂行规定》、《水电十四局关于加强和改进后备干部工作的意见》、《水电十四局关于加强领导班子建设的意见》。1993年，工程局实施“三项制度”改革，下发《水电十四局关于实行干部聘任制的暂行规定》。1997年10月，工程局下发《关于局管干部任免工作的暂行规定》。为适应改革发展需要，进一步完善干部人事管理制度，2002年12月，工程局再次下发《干部管理暂行规定》，对干部管理的原则、范围、内容、干部招聘制度、干部任免程序、后备干部管理制度作出了规范。2005年12月，工程局下发了《员工职位等级管理办法》，并组织实施，使人事管理工作更科学、规范。

为加强对专业技术干部管理、培养、选拔工作，2002年7月，工程局下发《技术专家，专业技术带头人及其后备人选选拔培养管理办法》，对专业技术带头人的选拔方式、范围、条件、程序、培养目标、措施、待遇作出了规定。2004年7月，为建立更为完善的专业技术人才管理制度，工程局又下发《专业技术人员管理办法》，对专业技术人才的引进、培养、管理、考核、奖励作出了规范。

二、干部录用和干部调配

（一）干部调配

1954年建局初期，干部队伍是在原云南省水力发电工程处的基础上，先后从云南省建工局、福建古田水电站、四川狮子滩水电站、贵州省等处抽调技术干部、党政干部、管理人员共515人，组成了云南水力发电工程局的干部队伍。1954年底干部人数由建局时的72人，增加到587人。1956年，工程局承建的以礼河梯级水电站和六郎洞水电站相继开工，干部人数增加，当年调入干部569名。根据1957年12月7日水电建设总局召开的组织机构整编工作会议精神，工程局从1958年3月开始进行机构整编和下放干部的工作，到1958年8月结束，干部从原有的1343人减为834人。1962年8月1日，工程局根据水电总局要求，制订机构整编方案，再次开展整编机构，压缩非生产人员的工作。新方案的干部编制为835人，对编外干部646人进行了下放、调出、退职等安排。1983年，根据中组部〔1983〕2号文和劳人发〔1983〕7号文《关于整顿“以工代干”问题的通知》的精神，工程局对1979年底以前从工人中选拔到干部岗位上工作，但未办理过干部录用手续的人员进行了全面清理和整顿。按照规定条件，共补办转干手续1929名。按照中央1979年以后一律不再搞“以工代干”的要求，对于1980年1月以后的“以工代干”人员，按照劳动人事部《吸收录用干部问题的若干规定》，在编制定员范围内，经过考试考核，吸收录用了部分干部。1987年2月24日，工程局下发《关于调整使用“五大毕业生”通知》，规定在工人当中吸收录用干部，主要从在工人岗位上的广播电视大学、职工大学、高等院校举办的函大、夜大、自学成才考试的毕业生中吸收录用。为了适应基建体制改革和项目法施工管理的需要，截至1991年，全局共录用干部431名。1990年，工程局终止了从工人中吸收录用干部，改为聘用合同制干部。1993年，在劳动、人事、工资三项制度改革中，逐步打破了干部、工人的界限，在编制定员的基础上，对已核准的干部指标，按照德才兼备的标准，公开、择优的原则和规定程序，从优秀工人中聘用干部，实行聘用制。1995年10月，贯彻执行《中华人民共和国劳动合同法》，实施全员劳动合同制，以劳动合同约定的方式来区分干部（管理、技术、业务岗）和工人（生产、工勤、服务岗），对干部仍实行聘任（任命）制，从工人中聘用的干部，相应地变更劳动合同。

（二）接收录用大中专毕业生

1956年，由大专院校、技校分配毕业生139人。1957～1965年，工程局每年接收少量毕业生。1967～1968年，国家从全国大专院校分配给工程局一大批毕业生。1968～1976年，由于“文化大革命”的影响，大专院校停止招生，无大专院校毕业生分配。1979年10月工程局恢复组建后至1993年，工程局共接收国家分配的大中专毕业生968人。1993年，国家取消大中专毕业生的统一分配制度，工程局根据需要，自主决定大中专毕业生的需求人数和专业，采取供需见面的方式，在大专院校择优录用。1994～2006年，工程局共接收大中专毕业生2993人。干部队伍中，大中专院校的毕业生数量大幅增加，使工程局职工队伍文化结构、专业结构不断改善。职工队伍中大中专以上文化程度的人数，从1994年的1618人，占职工总数的10.2%，增加到2006年的2765人，占职工总数的26.5%。

三、专业技术职务的评聘

水电十四局专业技术职务的评聘工作，大体经历了四个时期：

第一个时期：1954～1956年，专业技术干部职称实行考核和提任。1956年底，全局有28人考核提任为工程师。

第二个时期：1966～1977年，受“文化大革命”的影响，专业技术职称的考核晋升工作停止。

第三个时期：1978年国家恢复职称晋升，通过考核，到1979年底，有16个专业技术干部提任为工程师。从1980年开始，对1966年以前获得技术职称的干部进行复查、套改和晋升。1982～1983年，对部分具有中级技术职称的工程、卫生人员进行高级职称考核，对其他专业技术干部及“文化大革命”期间入学的大中专毕业生进行考试、考核，合格者套改和评定相应职称。在此期间，全局获得专业技术职称的有1245人。其中：高级职称7人（高级工程师6人、副主任医师1人），中级职称333人（工程师292人，卫生中级 20 人、会计师 19 人、统计师 2 人），初级职称 905 人。

1983 年 9 月，中央书记处和国务院决定暂停职称评定工作，进行整顿。

第四个时期：1986 年 2 月，国务院发布了《关于实行专业技术职务聘任制度的规定》，随着各专业系列《专业技术职务试行条例》的印发实施，从 1987 年起，工程局首先在中、小学教师中展开了职称改革，实行专业技术职务聘任（任命）制度。在编制定员的基础上对所设置的专业技术岗位，规定明确的职责和任职条件，确定高、中、初级专业技术职务的合理比例，由行政领导在经过评审委员会评定的、符合相应条件的专业技术人员中聘任，有一定的任期，在任职期间领取专业技术职务工资。这个时期，可分为两个阶段。

第一阶段（1987～1989 年）：根据中央职称改革领导小组下达的 24 个专业技术职务试行条例和实施办法及能源部有关补充规定，结合工程局实际，制定了工程等九个职务系列实施细则。通过各系列各级评委的评审，1989 年 3 月，工程局首次职称改革中共有 2940 人获得专业职务任职资格。其中：高级职务 213 人、中级职务 637 人、助理级职务 1194 人、员级职务 896 人。1989 年 4 月，通过水电总公司的验收并核发《首次专业技术职务评审工作验收证书》。同时，工程局又下发了《关于实行专业技术职务任命工作的规定》：高级职务和副处级以上行政领导兼任专业技术职务，经所在单位（部门）主要行政领导签署意见后，由局长任命；中初级职务由所在单位的主要行政领导任命。截至 1989 年 11 月，全局在首次聘任中共聘任（任命）2793 名专业技术人员担任相应的职务，其中高级 170 人，中级 813 人。

第二阶段（1990～2006 年）：根据国家人事部《关于对专业技术职务评审聘任工作进行复查的通知》，工程局进行自查和抽查，对首次职称评审工作中出现的问题进行纠正，经水电总公司专业技术职务评聘复查验收小组检查，认为合格后颁发合格通知书。工程局专业技术职务评聘工作转入正常化轨道。

1991 年，工程局根据能源部人技〔1991〕569 号文的精神，开展专业技术职务经常化评聘工作。从此，工程局的专业技术职务转入聘任制。在开展对专业技术干部评聘工作的同时，工程局加强了对专业技术职务人员聘后的管理工作。1992 年 6 月，下发《关于认真做好专业技术人员履职考核工作的意见》，对全局首次已被任命的专业技术人员进行考核。考核成绩为聘任和晋升技术职务的主要依据。

1991 年 2 月起，工程局开始了政工专业职务评聘工作。根据中央和能源部有关文件精神，工程局成立了政工专业中级职务评委会和 3 个片初评委（昆明、曲靖、下关）。同时，组织 4 次不具备规定学历人员的考试，合格率达 90%以上。1993 年底，工程局共获得政工职称的有 412 人，其中高级政工师 44 人（含离退休人员），中级 205 人（含离退休人员），助理政工师和政工员 163 人。1992 年 3 月，工程局制定了《关于政工专业职务评聘问题的有关规定》，按照干部管理权限，从取得相应政工专业职务任职资格人员中择优聘任，18 人被聘为高级政工师，104 人被聘为政工师。

截至 2006 年底，工程局在职干部中共有 3400 人获得专业技术资格。其中：高级 303 人（教授级高工 18 人，高级工程师 174 人，高级经济师 42 人，高级会计师 17 人，高级统计师2人，副译审2人，副研究馆员1人，副主任医师8人，高级政工师39人)；中级945人(工程师493人，经济师144人，会计师149人，统计师22人，翻译4人，馆员9人，卫生40人，政工师84人)；初级2152人(工程1392人，经济346人，会计230人，统计23人，翻译1人，档案9人，卫生60人，政工91人)。

四、职业资格管理

根据1992年7月建设部以建施〔1992〕464号文件印发实施的《施工企业项目经理资质管理试行办法》和〔1995〕第1号文件印发实施的《建筑施工企业项目经理资质管理办法》，1996年8月，工程局下发执行《水电十四局项目经理管理及考核实施细则》，规定："从事工程项目施工管理的项目经理部班子成员，必须取得建设部认可的《培训合格证》和《资质证》。从1997年开始，工程局逐步实行项目经理持证上岗制度。"同时对项目经理的资质管理作出了规定：

(1) 从事工程项目施工管理的项目经理，必须经各省、自治区、直辖市建设行政主管部门或国务院各有关部门组织培训、考核和注册，获得《全国建筑施工企业项目经理培训合格证》或《建筑施工企业项目经理资质证书》。

(2)《项目经理培训合格证》经过培训、考试合格后取得。《项目经理培训合格证》持有者，自领取证书起3年内未经注册，其证书失效，不得在工程项目施工管理工作中担任项目经理岗位职务。

(3) 取得项目经理培训合格证书，并经过项目经理岗位工作实践后，达到项目经理资质申请条件的，由本人提出申请，经企业法定代表人签署意见，参加相应级别的项目经理资质考核。项目经理资质考核完成后，由各省、自治区、直辖市建设行政主管部门和国务院各有关部门认定注册，发给相应等级的项目经理资质证书。其中，一级项目经理须报建设部认可后才能发给资质证书。项目经理资质管理部门每两年对《建筑施工企业项目经理资质证书》持有者复查一次，连续两次复查结论为"不合格"者，降低资质等级一级；连续两次复查结论为"不在岗"者，需重新注册认定后方可担任项目经理职务。

(4) 项目经理是岗位职务，在承担工程建设时，必须具有国家授予的项目经理资质，其承担工程规模应符合相应的项目经理资质等级。

(5) 工程项目施工建立以项目经理为首的生产经营管理系统，实行项目经理负责制。项目经理在工程项目施工中处于中心地位，对工程项目施工负有全面管理的责任。截至2003年底，工程局拥有具有项目经理资质的人员共398人(含未改制的辅业项目经理)。其中：一级项目经理72人，二级项目经理218人，三级项目经理104人，四级项目经理4人。截至2006年底，工程局拥有具有项目经理资质的人员共344人(不含已改制的辅业项目经理)，其中：一级项目经理55人，二级项目经理186人，三级项目经理103人。

2003年4月国家建设部以建市〔2003〕86号文件印发了《关于建筑业企业项目经理资质管理制度向建造师执业资格制度过渡有关问题的通知》，2004年在全国范围进行建造师执业资格考试。截至2006年底，工程局拥有通过考核认定或考试取得建造师资格的人员181人，其中：一级建造师82人(考核认定22人、考试确认60人)，二级建造师99人(其中：考核认定86人、考试确认13人)。

对于职工职业资格的取得，工程局按规定采取了组织推荐考核认定，送培参加全国统一考试，自学参加全国统一考试合格注册报销费用等多种形式，将职工取得的与企业资质密切相关的职业资格证书的使用与经济待遇持钩。截至2006年底，除项目经理（建造师）外，工程局取得各种职业资格的人员95人，其中：注册监理工程师15人，二级注册建筑工程师4人，二级注册结构工程师1人，注册造价工程师3人，注册岩土工程师2人，注册质量工程师4人，水利造价工程师33人，注册安全工程师5人，质量专业技术人员6人，注册电气工程师1人，注册土木工程师（水利水电）21人，确保了工程局企业资质升级、保级、增项、扩展工作的顺利进行。

五、干部教育与培训

1954年5月，工程局成立后，干部教育通过边施工边培训的方式开展，除了以业余文化学习为主，还选派大批骨干到国内正在施工的水电工程工地实习。当年培训干部及工程技术人员158人次。

1955年，工程局编制了年度职工培训计划并组织实施，通过脱产训练、业余文化技术学习等方式开展培训，全年培训管理干部353人。

1956年，针对工程局干部队伍存在“干部数量少、质量差、管理水平低、技术水平低”的状况，根据水电总局12年（1956～1967年）干部培训长远规划，结合工程局干部情况，制定了《1956～1967年干部培训长远规划》和《1956～1957年业余文化教育规划》。1956年培训干部936人，高中班80人，中专班160人，函大240人，其他培训456人。

1957～1965年，为了加强干部的业余文化教育和培养教育工作，尽快培养出一定数量的具有专业及技术知识的管理干部，满足水电建设发展的需要，这一时期主要培训的干部有：高中班259人，中专班553人，函大863人，技术训练班66人，干部委外培训54人，代大理自治州培训施工管理干部39人，代昭通、曲靖等专区培训施工干部35人。110人参加水电常识学习。培训质检员10人、计划统计训练班30人、安技训练班80人、财务会计训练班20人、食堂财务训练班57人。

1958年，工程局制定了《水利电力部云南水力发工程局科以上和各级各类领导干部10年培养初步规划》。

1980年，工程局制定了《1980～1982年职工教育3年培训计划》，组建了干部学校，开展领导干部政治理论教育，经营干部和技术干部业务轮训。

1981年，为贯彻落实电力部和总局召开的职工教育工作会议精神，落实中央和国务院“关于加强职工教育工作的决定”，工程局结合职工队伍的实际情况，在总结1980年开展职工教育工作的基础上，在全局35岁以下青年职工中进行了文化普查和普测，初步修订了1981～1985年职工教育五年规划，结合单位驻黄泥河、西洱河、以礼河的分散特点，由工程处主办各种培训班。5年内，对领导干部的训练和管理干部的轮训，以及35岁以下的青工业务干部作为培训的重点。1981年，干部入学人数1313人，占干部总人数的40.2％。

1982年，工程局制定了《1983～1990年教育发展规划》和《关于职工教育工作若干问题的暂行规定》，规定局、处（厂）两级教育委员会，是工程局职工教育工作的领导机构；根据中央、国务院《关于加强职工教育工作的决定》（1981 年）和《关于党政机关干部教育工作的决定》（1982 年），按照“4 个落实”（即认识、计划、组织、经费）和“4 个舍得”（即舍得出钱办教育、舍得骨干学习，舍得给职工学习时间、舍得抽得力干部管教育）的工作思路加强干部的教育培训工作。1979～1984 年，党员领导干部轮训和职工政治教育入学人数为 4118 人。干部学校办班 61 期，除开展政治理论教育外，开办了经营管理干部、技术干部的短期轮训，通过自培和委培的办学形式，轮训干部 1050 人次，受训数占管理干部的 57%；轮训技术干部 146 人，占 23%；教育管理干部、教师和医疗卫生人员轮训 627 人，占 49%。全员培训年平均入学率达 18%。处级以上 5 种岗位的领导干部岗位培训人数为 52 人；班组长岗位培训 420 人，科级厂（队）、车间主任岗位培训 75 人，安全、质检人员岗位培训 123 人；其他主要技术工种和管理岗位人员适应性培训入学人数为 586 人。

1984 年以后，工程局职工教育重点开始由短期轮训向职工学历教育和职工岗位培训转移。1985～1990 年，岗位培训、业务技术培训、高中级技术培训等共培训职工 10 962 人次。学历教育 2654 人（全脱产高等教育 343 人，大专 196 人，自学函授高等教育 1329 人，中专 786 人）。

1990 年，工程局召开了教育工作会议。会议审议通过了《水电十四局教育研究会章程》，成立了“水电十四局教育研究会”，研究部署了新时期职工教育培训的主要任务。1991～1995 年，干部教育培训形成了干部岗位培训、专业技术培训和普法培训为主的培训格局，共培训干部 1148 人。

1996～2000 年，根据工程局“九五”期间人才规划的要求，开展了“三支队伍”的培训和培养工作。项目管理队伍培训 405 人（研究生班和党校学习 18 人、项目经理培训 279 人、项目管理培训 108 人）；专业人才骨干队伍培训 3550 人次。

2001 年开始，为了全面贯彻执行工程局“加大力度培养人才，开发人力资源”的战略规划，对一些业务骨干进行脱产和半脱产的学历、学位教育。对项目管理队伍培养，采取委托或聘请清华大学、葛洲坝培训中心、云南省建设厅等单位（老师），组织开展取证培训和继续教育。项目经理取证培训 225 人，继续教育培训 385 人，一级建造师（水利水电工程专业）考核认定培训 25 人；加大对国际工程项目管理人才的培养工作，送出或委托云南大学等院校培训，提高国外工程人员的外语能力和专业素质，培训国际工程人员 1330 人次；对工程经营、财务、统计、人力资源、造价专业人员、内审员、测量、拌和楼技术人员、工程勘察技术人员、施工技术人员等进行了岗位资格培训、继续教育培训。2001～2006 年，培训管理人员和专业技术人员共 7213 人次。

六、落实干部政策和知识分子政策

1954 年以来，工程局经历了“肃反”、“反右”、“四清”、“文化大革命”等政治运动。当时，党的路线、方针、政策受“左”的思想影响，在不同程度上搞了阶级斗争扩大化，使一大批干部受到了不公正的对待和错误的处理。中共十一届三中全会以来，坚持了实事求是的思想路线，实行拨乱反正。中共中央和中共云南省委制定了一系列落实政策的规定。1979年，工程局党委成立了落实政策办公室，截至1986年，集中复查了干部受各种处分的案件1386件，平反纠正1122件（其中“文化大革命”前209件，“文化大革命”期间782件，十一届三中全会以来131件），干部管理部门根据政策对被错误处理的干部做了大量的善后处理工作，结合干部本人的具体情况和工作需要，分别进行回收安排工作，办理离退休、退职手续，提拔到一定的领导岗位等，使受错误处理干部得到平反纠正，调动了他们的积极性。

1984年，根据中央组织部、宣传部、统战部《关于认真检查一次落实知识分子政策情况的通知》的精神，工程局党委成立了“落实知识分子政策”领导小组，制定了检查落实知识分子政策工作的检查提纲。检查组先后在14个基层单位召开了39次综合性、专业性知识分子座谈会，参加人数663人。1985年10月，局党委在昆明召开了落实知识分子政策工作会议。1987年，工程局落实知识分子政策工作检查小组对局属15个县团级单位落实知识分子政策的工作进行了全面检查。检查工作期间共召开知识分子代表座谈会17次，参加人数142人；个别走访知识分子24人；抽查人事档案125个；平反冤假错案“文化大革命”前52件、“文化大革命”中23件，有10人平反后担任了科以上领导干部；对受错处回农村的知识分子4人，收回安排工作2人，到年龄并已离休2人，将其子女按政策办理农转非2人；“文化大革命”中因冤假错案被扣发减发工资的2人按规定给予补发；解决知识分子长期夫妻分居两地107人；办理农转非30户92人。1983年，工程局还制定了《关于保护中年知识分子健康的若干规定》，实行定期为中年知识分子进行体检，对年纪稍大或身体差的知识分子安排了适当工作，对负担较重、生活困难的知识分子，以经济上给予适当补助，先后补助356人次，同时住房也作了调整。

七、干部考核

1993年，在劳动、人事、工资三项制度改革中，水电十四局提出要对干部进行定期考核，并把考核结果作为奖惩、晋升、续聘、解聘的依据。考核按年度进行，从德、能、勤、绩等方面综合评价，采取个人述职、民主评议等方式实施。

工程局对干部进行考核，主要是以其担任现职工作需具备的素质和完成工作目标需具备的条件为基本依据。考核内容包括德、勤、绩、体诸方面。考核办法是采取全方位的方法，做到领导考核与群众评议相结合，考核德才素质与考核工作实绩相结合。通过考核，对少数不称职的领导干部，将其调离领导岗位，安排其他工作；对德才兼备的优秀人才，大胆提拔到领导岗位上来。

第三节　劳动用工管理

工程局劳动用工管理大体经历了两个时段，一是建局初期至1994年，主要任务是根据国家在各个时期下达到工程局的工程任务、投资计划以及国家劳动法规，编制年度劳动力计划；按照国家劳动力统一招收、调配的制度，结合生产情况进行企业内部劳动力调配和管理，满足生产对劳动用工的需要；二是1995～2006年，《劳动法》颁布实施以后，劳动用工管理在形式和内容上都发生了巨大变化，作为劳动关系的两个主体——企业与劳动者之间均为独立的主体，劳动关系特征是主体平等、双向选择、合理流动，劳动用工管理部门主要任务变为调整用工编制，控制用工总量；优化队伍结构，提高员工素质；完善用工制度，依法规范管理。

一、劳动用工管理

（一）1954～1994 年

1954 年，工程局制定了《云南水力发电工程局录用人员审批手续的规定》，明确了全局招收工人的工作由局劳动工资科统一管理。局属各单位不得自行招收工人，并规定了招收工人的手续及程序。1957 年 3 月，制定了《云南水力发电工程局劳动用工调配暂行办法》，建立了各工程施工单位内部劳动用工调剂管理制度。该制度的建立，对合理使用劳动用工和提高劳动生产率起了重要的作用。1957 年 7 月和 9 月，以礼河二级、三级水电站分别开工兴建，劳动用工需求增大，工程局劳工科在原有的基础上又制定了《云南水力发电工程局劳动用工调配制度》，同时对招收使用临时工和向外单位借调职工实行合同管理。4 年间，全局职工人数从建局初期 570 人，增加到 1957 年的 10 514 人。

1958 年，"生产大跃进"期间，水电总局提出以礼河一、二、三级和绿水河水电站都要提前发电的要求，职工人数大量增加。全年共招收普工 23 400 人，学工 3150，招用民工 14 586 人。年末职工人数达到 32 630 人（其中民工 7280 人）。由于大量从农村招工，致使劳动力素质大幅度下降，仅毛家村工程处招到工地随后又退回的人数就达 540 人，约占实际招工人数的 4%。1960 年 8 月，中央决定压缩基建规模，认真清理劳动用工加强农业第一线，并决定收回下放给地方的招工权利，国家规定的劳动用工计划不得突破。为此，工程局全年共清退回农村劳动用工 6387 人。1961 年 6 月，中共中央发出《关于精简职工若干问题的决定》，云南省水电厅规定工程局保留职工 8300 人。为完成清理下放劳动力的任务，局成立了劳动用工清理小组，制定了《关于清理下放劳动用工的初步意见》，经过清理全局 1961 年减少职工 4764 人。1962 年 5 月，中央又作出《关于进一步精简职工和减少城镇人口的决定》，规定"1957 年以前来自农村的职工，凡是能回乡的，也应动员回乡"。这次精简难度比 1961 年大，因为精简对象有一些是城镇人口，有的虽然来自农村，但已在城镇安家落户。经过党委领导和各级劳动工资部门做了大量细心细致的工作，全局 1962 年精简职工 2201 人（其中：1957 年来自农村的 992 人，来自城镇的 435 人；1958 年，来自农村的 639 人，来自城镇的 135 人）。1963 年，随着国家经济状况的好转，为保证毛家村大坝防洪度汛，加快以礼河水电站建设，满足生产需要，经国务院批准，由城镇招收合同工 5541 人，由外单位调入职工 435 人，年末职工人数达 12 472 人。

"文化大革命"前，亦工亦农新型的劳动制度已在全国 30 个行业试点。为适应绿水河、西洱河四级电站施工对劳动用工的需要，1966 年初工程局新增劳动用工实行亦工亦农制度。先后从农村招收轮换工人 2053 人，轮换期 3 年，从城镇招收合同工 144 人。受"文化大革命"的影响，领导机关瘫痪，规章制度废除，工作秩序打乱，劳动用工管理遭到破坏，因而，这种新型的劳动用工制度未能得到进一步的完善和发展。1967 年开始全部实行固定工招收制度，当年招收固定工 200 人。1969、1970 年又招收固定工 1300 人。根据 1971 年，国务院下发《关于改革临时工、轮换工制度的通知》规定，工程局 1966 年招用的轮换工、合同工、临时工全部转为固定工。1979 年 8 月，工程局恢复组建后，除少数补员，老职工退休子女顶岗、接受安置复员退伍军人外，全局停止了大量招收职工。从 1985 年起，工程局不再从社会上招工，需要的技术工人从技工学校分配。

1982 年 7 月，鲁布革水电站引水隧洞工程，利用世界银行贷款，实行国际招标。招标文件规定：承包商应使用当地劳务。日本大成公司中标后，与水电十四局签订了《鲁布革水电站引水隧洞工程提供当地劳务合同书》和《补充劳务协议》。为保证劳务合同的实施，工程局采取了三条措施：一是由工程局外事处统一对外进行劳务管理；二是确定了“先外后内”的原则，即工程局内劳动力优先保证鲁布革水电站引水隧洞劳务供应；三是工程局外事处加强鲁布革对外管理工作，在工地设立管理机构，负责劳务的选调及管理。从 1984 年 9 月日本大成公司进入工地到 1988 年 3 月底，全局共提供劳务 939 人次、16 707人月，不仅在数量、质量、时间上保证了大成公司对劳动力的需求，而且为工程局赢得了荣誉，扩大了影响。同时，也为工程局走向市场，参与国际合作，加强劳务管理提供了宝贵的经验。

1988 年 12 月，鲁布革水电站第一台机组投产发电以后，由于水电建设体制改革，工程任务主要通过市场招标取得，工程局职工队伍结构难以适应工程施工的需要，开始产生企业富余人员，自此，富余人员总量长期维持在 2000～4000 人。

1986 年 7 月，国务院国发〔1986〕77 号文发布了《国营企业实行劳动合同制度暂行规定》、《国营企业招用工人暂行规定》、《国营企业辞退违纪职工暂行规定》和《国营企业职工待业保险暂行规定》；同年 9 月，云南省人民政府云政发〔1986〕130 号文印发了《关于贯彻执行〈国营企业实行劳动合同制度暂行规定〉的补充规定》、《关于贯彻执行〈国营企业招用工人暂行规定〉的补充规定》、《关于贯彻执行〈国营企业职工待业保险暂行规定〉的补充规定》和《云南省国营企业劳动合同制工人社会保险暂行办法》，从 1986 年 10 月 1 日起施行。根据上述规定，工程局废止了 1957 年底以前参加工作、家居农村的老工人退休“子女顶替”制度的同时，对新招工人实行劳动合同制，1986 年至 1994 年底，共招用合同制工人 682 人。

1994 年 4 月，根据原能源部关于推行企业劳动、人事、工资制度配套改革的若干意见和水电总公司的具体要求，工程局下发了《水电十四局劳动、人事、工资制度改革方案》及有关规定，开展了优化劳动组合，试行全员劳动合同制度、建立局内待岗机制、实行动态管理为主要内容的劳动制度改革。以“定编、定岗、定责、定员”为先导，按照“精简、高效、多功能、满负荷”的原则进行调整。

（二）1994～2006 年

1994 年 7 月，中华人民共和国主席令第 28 号文公布了《中华人民共和国劳动法》，从 1995 年 1 月 1 日起施行。从此，劳动力作为一种商品参与市场配置，打破了“一就业就是终身制，没有失业也没有流动”的固定工制，对企业劳动用工管理产生了深远影响。

1995 年，为配合《劳动法》的贯彻实施，劳动部印发了《企业经济性裁员规定》、《企业职工患病或非因工负伤医疗期规定》、《违反和解除劳动合同的经济补偿办法》、《未成年工特殊保护规定》、《集体合同规定》等法规。根据以上规定，结合电力工业部《关于印发1995年人事劳动教育工作要点》（人综〔1995〕31号文）的精神，工程局以“建立现代企业制度和建设一流企业”为目标，按照深化三项制度改革和整体推进的思路，对劳动管理规章制度进行了清理和修订，废止了与劳动法相抵触的规章。截至1996年底，在劳动用工管理方面，工程局相继下发了《水电十四局劳动合同制度实施方案》、《水电十四局劳动合同制度实施细则》、《关于一九九六年技工学校毕业生分配工作的通知》、《水电施工企业招收录用分流安置职工管理办法》、《关于加强计划外用工管理有关问题的通知》、《关于职工借调或提供劳务因病、工伤、死亡等问题处理意见的通知》、《水电十四局劳动合同管理有关操作规范》、《关于局机关工人岗位人员考核工作的通知》等管理规定，按法规规范了劳动用工管理工作。截至1995年底，水电十四局应签劳动合同职工14 240人、已签13 621人，占应签劳动合同人数的96%；未签619人，未签劳动合同的主要是精神病人、麻风病人、癌症病人和待调人员。

1997年，为进一步加强劳动制度管理，工程局下发了《关于加强劳动制度管理的几条规定》，规定要求各单位对“隐性就业”人员进行认真清理，指出：凡属工程局生产经营所需人员，既在局领取一份生活费和享受职工福利待遇，又在社会上谋取的收入比工程局职工平均工资还高的人员，一律回工程局所属各单位上班，否则对其解除劳动合同，终止与工程局劳动关系，以此，年度除名、辞退共计97人。根据1997年局属各单位劳动用工计划，结合《关于水电十四局技工学校一九九七年毕业生分配方案的通知》等文件精神和工程局实际，1997年接收技校毕业生104人，招收临时工399人，安置退伍军人5人，城镇和农村招收工人31人，清退临时工1232人，系统外调出51人，年末职工人数13 773人。

1998年，中央下发了《中共中央、国务院关于切实做好国有企业下岗职工基本生活保障和再就业工作的通知》（中发〔1998〕10号文），根据上级精神，结合《云南省流动就业管理规定》（省政府33号令）、《云南省用人单位招用人员规定（试行）实施办法》（云劳〔1998〕113号文）的有关规定，为加快建立现代企业制度，全面实施再就业工程和劳动力流动有序化工程，促进下岗和失业职工再就业，工程局经报云南省企业职工解困与再就业工作领导小组批准，建立了再就业服务中心（挂靠人事教育部）托管下岗职工，制定下发了《关于执行〈水电十四局下岗职工基本生活保障和再就业工作实施办法〉的通知》，作为下岗再就业的指导文件。同年6月，根据《关于发布云南省1998年度禁止（甲类）、允许（乙类）、限制（丙类）使用农村劳动力和流动就业人员的工种（试行）以及开展岗位清理工作的通知》（云劳〔1998〕133号文）精神，工程局按照“端正认识、先易后难、稳步进行、妥善处理”的原则，对甲类（门卫、特种车辆驾驶员等51个工种）、乙类（木工、混凝土等99个工种）和丙类（除甲、乙类以外的工种）进行了岗位清理工作，年度系统外调出24人，终止解除劳动合同488人。

2000年，工程局加快了逐步建立现代企业制度的步伐，开始了内部劳务市场化运作。2000年1月，下发了《关于成立水电十四局大理劳务管理中心等机构的通知》，成立了大理、曲靖、昆明三个劳务管理中心，分片对全局职工进行管理，建立内部劳务市场的用工机制，基本实现了内部劳务的合理流动。三个劳务中心，按属地管理原则，负责管理本片区内的劳务人员，并在局内按市场运行规律，向工程局各用工单位有偿提供合格劳务，形成工程局内部三个劳务市场。同年2月，工程局颁发了《水电十四局劳务管理办法》，工程局的用工形式转变为由劳务中心与职工建立“劳动合同”关系，由劳务管理中心代表工程局与各用工单位签订“劳务合同”，其用工行为以“劳务合同”的形式确定下来。“劳务管理办法”规定全局除局党政领导正职、按省教委规定核定范围内的中小学聘用教职工、职工医院（卫生所）医务人员之外的其他职工全部进入劳务管理中心管理，局机关及局属各单位（工程项目部）所使用的职工作为各劳务管理中心所管劳务，劳务管理中心负责组织劳务输出、实施劳务管理、开展劳务培训、提供劳务服务，组织管理待岗职工、下岗职工、内部退养职工、伤病残职工。剥离生产经营单位的社会化职能，按专业化工程公司的运作模式开拓市场、组织生产经营活动，形成了职工上岗→待岗→培训→再上岗的内部正常流动机制。

2001年，工程局下发了《关于加强劳务人员管理的通知》、《关于从局外聘用劳务人员的暂行办法》、《招用技术工种从业人员规定》、《关于规范劳动合同管理的通知》等管理规定，工程局人力资源部对全局劳务人员进行了核查，初步建立了职工数据库，实行对劳务人员的分层归类、综合管理。根据有关文件精神，严格控制人员“入口关”，疏通人员“出口关”，严格控制临时用工，使减人增效工作取得了一定成效，为工程局的人力资源结构调整，实现工程局由劳务型向技术、管理型的转变打好基础。

2002年，工程局劳动用工管理工作重点是完善劳务数据库，工程局人力资源部建立劳务管理信息系统，初步实现了劳务信息的网上发布及备选劳务的网上推荐，对推荐劳务人员上岗发挥了积极作用。同时，在总结劳务管理中心成立以来工作经验的基础上，多次召集劳务管理中心和用工单位的有关人员进行研讨，并经过局经济领导小组的认真讨论，提出了对《劳务管理办法》进行全面修订的意见。2002年11月经工程局职代会团、组长联席会议审议通过，从2003年1月1日起正式实施。同年，为解决作业层高素质技术工人数量不足的问题，满足工作需要，规范了各单位的用工程序和行为，维护企业与劳动者双方的合法权益，工程局制定印发了《关于从局外聘用劳务人员的暂行办法》，规定：局直管工程项目部、二级单位管理的工程项目部、安装公司管理的生产单位和工程项目部、科研设计院管理的工程项目部、试验室，可根据工作需要，在局人力资源部的指导下，按聘用程序和条件聘用工程项目部急需的专业人员和技术工人；外聘劳务人员限制在工程、经济、会计和急需的技术工种范围内，技术工人必须具备技工学校毕业学历（含中专）、同时具备中级工等级证书；对被聘用人员签订以完成一定工作任务（工作量）为期限的劳动合同，“工作任务（工作量）”完成以后，劳动合同自行终止，一般不准在工程局内部项目部之间转移，对个别劳务人员在受聘期间工作能力较强，表现突出，已经成为重要骨干的，可以向其他工程项目部点推荐，一旦受聘，应按本暂行规定重新签订劳动合同。

2003年，根据《劳务管理办法（修订稿）》的精神，成立安装劳务管理中心，其劳务人员在安装公司内封闭运行，布置劳务移交工作，曲靖、大理、昆明劳务管理中心顺利完成了向安装劳务管理中心移交劳务人员的工作，为探索劳务人员专业化管理的新路子奠定了基础；2004年，进一步完善劳务管理的基础工作，制定下发《水电十四局人力资源信息系统管理办法》，促进了劳动用工信息化管理规范工作，并组织编写了《岗位职责标准》、《岗位素质标准》、《履职考核标准》、《关于对局人〔2002〕10号文的补充规定》等基础性文件，规范了劳动用工行为，保障了劳动者合法权益；2005年，按照财政部财社〔2005〕184号文件规定，工程局再就业服务中心于2005年12月31日关闭，下岗职工全部转入企业内部待岗，由工程局劳务管理中心进行日常管理，2005年，为进一步贯彻落实中共十六大精神，建立稳定和谐的新型企业劳动关系，工程局相继下发了《关于劳务管理工作有关问题的补充通知》、《关于技师聘任工作的通知》、《关于印发〈水电十四局工人职业标准〉的通知》、《水电十四局关于职工劳动关系的说明》等文件规定，并建立和开发"金益康通用人事信息管理系统GPMS软件"的人力资源数据库，新建立的数据库对及时详细掌握劳务人员的自然、技能、工作等综合情况发挥了积极作用，工程局荣获中国企业联合会、中国企业家协会组织开展的"2005年度全国和谐劳动关系优秀企业"称号；2006年，为进一步规范对外聘用制职工的管理，解决技术工人短缺问题，工程局下发了《关于对水电十四局外聘劳务人员的补充规定》，对局人〔2002〕10号文、局人劳〔2004〕9号文作了补充。

从2000年开始，工程局在劳动用工上是局内用工和社会上协作用工相结合。工程项目部采用架子队或使用协作队的形式，利用社会劳动力资源。与此同时，工程局加强了对协作队伍和农民工的管理。

二、工人技能培训

（一）组织机构及职能

1954年，工人培训以劳动工资部门牵头，会同先进经验推广科和工会，开展培训。1958年云南水力发电工程局机关各部门职责范围中规定，工人培训由劳动工资处具体负责实施；1964年，经上级教育主管部门批准，正式成立了水利电力部以礼河水力发电工程局技工学校，校址设在会泽县娜姑镇小红山。黄秉仁任校长，刘有亮任党支部书记。学校职能：试办职业技术教育，为水电建设培训技术工人。

1979年10月，工程局恢复建制后，成立局文教卫生处，负责全局的教育、卫生、职工培训工作。

1981年5月12日，成立"工程局职工教育委员会"，工人培训在工程局职工教育委员会领导下，劳动工资处具体负责实施。1985年8月，工程局组建了职工教育培训中心，工作重点是进行在职职工学历教育和职业技术教育；技工学校主要培养技术工人，同时，教育中心配合工程局，开展职工培训工作。

1982年，工程局编制了《1983～1990年教育发展规划》，规划明确了职工教育的目标和任务，制定了《关于职工教育工作若干问题的暂行规定》，明确了局、处（厂）两级教育委员会，是工程局职工教育工作的领导机构；教育部门是职工教育管理委员会的办事机构，统一管理职工教育的日常工作；劳工部门负责研究、指导和组织工人技术培训、徒工培训工作，制订工人技术培训规划。

1994年，工人培训职能划归劳资教育处管理；1995年，由人事教育部管理；1999年，由人力资源部管理。

2002年7月，工程局成立“中国水利水电第十四工程局职业技能培训站”，隶属于局人力资源部。培训站站长：黄遂蓬（兼），副站长：谭立（兼），工作人员：编制4人。培训站的主要职责：在局人力资源部领导下，对全局职工教育培训工作进行组织实施和管理；协助局有关部门对全局教育经费进行管理；负责技师、高级技师考评的日常管理工作；配合云南省第48职业技能鉴定所办理有关职业技能鉴定的业务工作，2004年其职能并入工程局人力资源部。

（二）工人培训

1954年5月，工程局成立后，担负云南省石龙坝水电站改扩建工程，同时在以礼河、南盘江两河流域进行勘测，并进行以礼河水电站施工准备。工程局由于刚组建，多数职工未参加过水电建设，技术工人十分缺乏，工程局一边施工，一边培训工人，工人中普遍订立师徒合同，互助互学。工人培训以劳资部门牵头，会同先进经验推广科和工会，开展职工教育。职工队伍组建后，由于许多人对水电站工程技术不了解，工程局组织新进人员进行：委托代训、派外实习、参观、短期脱产轮训，工人队伍素质得以提高。当年组织职工参加业余文化学习150人，工人业余技术训练班100人，委托其他单位代培技术工人80人、现场培训120人。

1955年，根据工程施工需要，编制了工程局1955年度职工培训计划，通过师徒合同及委托代训等方式，培训技术工人659人。

1956年，以礼河水电站开工，六郎洞水电站进点；1958年，六郎洞水电站、西洱河梯级水电站和绿水河梯级水电站相继开工。工程局为了电站施工需要，开始大量招收职工，对新招收的职工，工程局通过边施工边培训的方式开展工人培训。工人的技术培训以扫盲教育、基础教育为主，结合短期技术培训。1956年培训工人1149人，参加小学文化教育900人、初中570人。1957年扫除文盲2000人，参加小学文化教育3600人、初中1600人。1958年培训技工2518人。开办高小文化补习班40个，参加学习1610人，初中补习班班23个，参加学习684人。1959年扫盲5732人、参加小学文化教育821人、初中540人。1960年采取以师带徒为主、训练为辅，培训学工2572人。

1965年全年培训后备技工1946人，培训学徒1560人，汽车驾驶员短期训练50人。

1979年，根据国家经委、国家劳动总局《关于进一步搞好技工培训工作的通知》和电力部职工教育规划要求，迅速提高在职工人的科学、文化、技术水平，工程局组织了青工文化普测，反映出职工队伍存在“文化水平低、技术水平低、管理水平低、技术干部少”现象。1979年11月，职工教育会议讨论了《1979～1981年职工文化技术教育初步规划意见》，提出职工教育主要以1966年后进厂的青工为主要对象，以初中毕业的文化程度为起点，重点发展业余中专，广泛组织青工的文化补课，同时完成青工岗位技术训练，采取多种形式积极举办职工高等教育。

1980年，工程局党委干部会议提出，要把职工教育当做一件大事抓好的要求，开展职工文化、技术补习工作。采取业余学习或分期分批短期脱产轮训的方法，以现场培训为主，普遍组织业余教育。对一些技术比较复杂或关键岗位的工人定期进行脱产培训；对进场的新工人先进行生产操作的基本训练、安全规程教育、纪律教育，并指定老工人签订师徒合同，出师时进行考核，合格后上岗工作。1980年全年参加文化补习的职工总数为6311人，占全局职工总人数的32.6%。其中，扫盲开班21期培训491人，初小开班12期培训368人，高小开班26期培训852人，初中开班20期培训808人。

1981年，根据全国职工教育工作会议提出的要求，工程局结合实际，编制了《电力部水电三局职工教育五年规划》。1981年，职工文化补习人数共4667人，占职工总数的24%，工人技术培训1409人，举办高小和初中文化补习班，分别有2554人、2066人参加学习。

1982年全局开展了以扫除青壮年文盲和青工双补为重点的文化、技术培训。职工参加扫盲班入学人数为1198人，在青壮年职工中，非文盲率达到了90%；参加小学文化班学习人数为2785人，结业率达到95%；参加初中文化学习人数6325人次，文化补课合格人数为2744人，占应补习人数的93%；高中文化班入学329人。职工参加多工种技术培训入学人数7539人次，技术补课合格人数为2572人，占应补课人数的67%，学徒工培训1422人，合格率97%。

1984年工程局制定了《水利电力部第十四工程局"七·五"计划期间中级技术工人培训规划》，在局教育委员会的领导下，建立了由技术部门、文教部门、劳资部门组成的工人技术培训领导小组，统一组织全局的工人技术培训工作，以技校作为中高级技术工人培训中心。1984年和1985主要以初级技术工人的技术补课为主，在下达生产指标的同时向各公司（厂）下达初级技术工人的技术补课指标。根据规划要求，1985～1990年共培训技术工人7390人次。其中，岗位培训549人，业务技术培训5068人，高中级技术培训1523人，特殊工种考证培训250人。班组长辅导员培训318人，英语强化培训30人，工长培训39人。

1997年，工程局职业技能培训站成立后，全面开展了工人的职业技能培训工作，1997～2006年工人职业技能培训7249人次（见表7-10-1）。

表7-10-1　1997～2006年工人职业技能及特种作业培训统计

年　度	总数（人次）	培训类别及工种	职业培训（人次）	备　注
1997	527	施工机械运转工	320	
		测量工	64	
		起重工	76	
		汽车驾驶员	67	
1998	679	测量工	10	
		厂内机动车工	107	
		水泵工	25	
		风机工	2	
		混凝土泵工	14	
		混凝土工	55	

续表

年　度	总数（人次）	培训类别及工种	职业培训（人次）	备　注
1998		混凝土浇筑工	37	
		工程机械修理工	16	
		焊　工	88	
		起重工	22	
		电工培训	126	
		电梯技术管理维护工	1	
		汽车驾驶员	176	
1999	1252	钢筋冷挤压连接技术培训	30	
		坝工钢筋工	50	
		坝工混凝土工	60	
		混凝土模板工	20	
		混凝土试验工	40	
		水轮机安装工	50	
		发电机安装工	50	
		金属结构制作与安装工	50	
		美容美发技能培训	40	
		幢长培训	104	
		饭店、住宿培训	19	
		铆　工	177	
		电　工	56	
		电焊工	113	
		特种作业安全技术培训	393	
		特种作业	542	
2000	1011	钢筋工、混凝土工、模板工	476	
		适应性岗前培训	64	
		台车修理工	7	
		家政服务	18	
		发动机修理工	5	
		钢筋冷挤压连接工	43	
		铆　工	50	
		工程机械操作工	101	
		观测工	31	

续表

年　度	总数（人次）	培训类别及工种	职业培训（人次）	备　注
2000		美容美发	18	
		汽车摩托车修理工	5	
		混凝土缺陷处理工艺工	31	
		厨　师	21	
		汽车驾驶	40	
		埋弧自动焊钢筋冷挤压连接	65	
		电焊工	11	
		电　工	18	
		起重工	14	
		特种作业人员	522	
2001	1485	钢筋工、混凝土工	176	
		钳工、车工	80	
		厂内机动车辆驾驶员	69	
		坝工模板模型工	20	
		土建施工人员	68	
		岗前适应性培训	220	
		水轮机安装工	33	
		岩土工程安全监察工	30	
		电焊工	1	
		特种作业人员	788	
2002	1621	汽车驾驶员	162	
		汽车维修工	62	
		水工钢筋工、水工浇筑工	128	
		电　工	68	
		钻探灌浆工	98	
		台　车	37	
		混凝土搅拌机械操作维修工	14	
		其他人员	90	
		劳务人员适应性培训	158	
		小松挖掘机维修技术培训	29	
		特种作业	775	

续表

年　度	总数（人次）	培训类别及工种	职业培训（人次）	备　注
2003	843	汽车驾驶员（技师证）	40	
		维修电工（技师证）	3	送培
		电焊工（技师证）	6	送培
		水工钢筋工	72	
		水工浇筑工	76	
		汽车驾驶员	194	
		水工模板模型工	14	
		工程机械修理工	69	
		电焊工	49	
		冷作工	24	
		中式烹饪（技师证）	2	送培
		特种作业人员	294	
2004	1035	水工模板模型工、水工浇筑工、水工钢筋工、水工建筑测量工	38	
		厂内机动车操作工	19	
		起重机械操作工	6	
		安装起重工、水轮机安装工	13	
		水轮发电机安装工	29	
		车工、钳工、电焊工、电工、冷作工、中式烹调	36	
		计算机操作	7	
		技校毕业生入厂培训	62	
		作业层人员岗前适应性培训	150	
		特种作业人员	675	
2005	1195	机修钳工、冷作工、电焊工技师	5	送培
		水轮机安装工技能培训	29	
		驾驶员技能等级培训	135	
		钢筋共、混凝土工、模板工	140	
		特种作业人员	886	
2006	2208	水轮机安装工	50	
		水轮发电机安装工	19	
		汽车驾驶员	40	

续表

年　度	总数（人次）	培训类别及工种	职业培训（人次）	备　注
2006		冷作工	2	
		技校毕业生入厂培训	78	
		电　工	44	
		灌浆工	18	
		起重机械工	131	
		混凝土、模板工、钢筋工	737	
		特种作业人员	1189	外协队 286 人

1999 年国家经贸委颁发《特种作业人员安全技术培训考核管理办法》（国家经济贸易委员会 13 号令），明确特种作业包括电工作业、金属焊接切割作业、起重机械（含电梯）作业、企业内机动车辆驾驶、登高架设作业、锅炉作业（含水质化验）、压力容器操作、制冷作业、爆破作业、矿山通风作业（含瓦斯检验）和矿山排水作业（含尾矿坝作业）11 类人员为特种作业操作人员，必须经培训考核合格取证后方可上岗作业。工程局从 1999 年开始开展特种作业人员的取证和复审培训工作，至 2006 年培训特种作业人员 5671 人次，2551 人取得特种作业操作证。

三、职业技能鉴定和管理

（一）组织机构及职能

1996 年，工程局为了提高职工的技能水平，于 1996 年 12 月 17 日经云南省劳动厅文件〔1996〕中厅办 180 号文批准成立“云南省第 48 职业技能鉴定所”，地点设在水电十四局。鉴定所由郑井秀任所长，赵志全、顾谦任副所长。鉴定工种为 30 个工种。1997 年 5 月 26 日，云南省劳动厅批准聘任 57 位同志为职业技能鉴定所考评员（其中，高级考评员 25 人，中级考评员 32 人）。1998 年 3 月，经云南省劳动厅下发厅办（1997）240 号文“关于同意增加职业技能鉴定工种的批复”同意第 48 职业技能鉴定所职业技能鉴定范围增加 32 个工种。1999 年 12 月 22 日，云南省劳动和社会保障厅（厅办〔1999〕278 号）批复，鉴定所领导变更为赵志全任所长，顾谦任副所长。

1997 年，随着工程承包的规模不断扩大，工程局根据 1993 年劳动部颁布的《职业技能鉴定规定》和《从事技术工种劳动者就业上岗前必须培训的规定》实行执业资格证书制度，经云南省工人考核委员会办公室以〔1997〕云工考办 07 号文批准成立“中国水利水电第十四局职业技能培训站”，地点设在局人事教育部。赵志全任站长，顾谦任副站长。培训工种为：水轮机安装工、水轮发电机安装工、水轮发电机组管路安装工、金属结构制作与安装工等 63 个工种。培训技术等级分别为初级工、中级工、高级工。

2000 年 8 月 7 日，中国水利水电工程总公司文件〔2000〕劳 7 号文批准成立“电力 100 云南省水电建设国家职业技能鉴定站”，地点设在工程局人力资源部，赵志全任站长。

2002 年 12 月 17 日，经工程局研究，同意成立工程局工人技师评审委员会及技师考评专业小组，主要负责工程局内工人技师的评审工作。工程局工人技师评审委员会主任委员周宇；副主任委员王景龙、赵志全；委员14人，同时下设水工、机电、施工机械3个专业小组。水工专业小组组长葛浩然，委员7人；机电专业小组组长林超洪，委员9人；施工机械专业小组组长周怀普，委员7人。2004年6月24日，工程局技师考评委员会及技师考评专业小组成员变更为主任委员和孙文，副主任委员陈志明、赵志全，委员10人；水工专业小组组长夏仲存，委员10人；机电专业小组组长林超洪，委员10人；施工机械专业小组组长周怀普，委员7人。技师考评委员会办公室设在局人力资源部，具体工作由局人力资源部教育培训处负责。

（二）职业技能鉴定

建局初期至20世纪60年代，工人的技术等级是按照工资等级标准结合各工种以应知应会并重为原则，根据不同工种的工作繁简、难易及其精确程度与在整个生产过程中的负责程度，来确定工人的工资等级标准，分别划分并认定为1～8个技术等级，即1～8级工。

1987年10月26日，工程局下发《关于转发水利水电建设局〈关于水利水电施工企业实行技师聘用制的实施细则〉的通知》，明确技师考评、聘用工种范围、比例，并在高级技术工人中开展技师的评审聘用工作。经工程局考评小组负责考试和考评，提出考评意见，再经局评审委员会评审，合格者发给技师资格证书，有182人获得技师任职资格并在相应岗位上得到聘用。

2001年，工程局根据水电总公司安排，组织有关人员编写水电总公司电力行业职业技能鉴定试题库中的工程测量工、土工试验工和水工观测工三个工种的初级、中级、高级、技师技能鉴定试题。

2002年10月21日，为贯彻落实国家关于技师评聘的各项规定，使工程局技师考评与管理工作制度化、规范化和正常化，进一步完善技师评聘办法，建立选拔和培养技能人才制度，适应企业科技发展和生产经营需要，鼓励技术工人钻研业务，充分发挥技术工人在生产实践中的重要作用，工程局制定并下发了《水电十四局技师考评与管理实施细则》。

2004年5月26日，云南省劳动和社会保障厅职业技能鉴定中心文件〔2004〕云职鉴8号文批复：同意工程局在所属企业在职职工中，组织开展水工建筑测量工、水工浇筑工、水工钢筋工、水工模板模型工、凿岩机、装载机驾驶员、挖掘机驾驶员、推土（铲运）机驾驶员、起重机驾驶员、安装起重工、水轮机安装工、工程机械修理工等12个行业工种的技师资格培训和考评工作；同意工程局在所属企业在职职工中，组织开展汽车修理工、焊工、维修电工、车工、机修钳工、冷作钣金工等6个通用工种的技师资格报名和培训工作。

2005年，工程局电力行业职业技能鉴定站因为工作突出，被全国电力行业职业技能鉴定中心授予“2005年度全国电力行业职业技能鉴定先进鉴定站”荣誉称号。

1996年，云南省第48职业技能鉴定所（站）成立以来，在全局有计划地开展了30多个工种的职业技能培训、鉴定工作，鉴定人数达3513人次，鉴定了技师121人，高级工801人，中级工1301人，初级工310人（见表7-10-2）。

表 7－10－2　　　　　　历年职业技能鉴定统计

年　度	总数（人次）	培训工种	鉴定人次	备　　注
1997	366	推土机工	29	
		挖掘机工	92	
		潜孔钻工	14	
		装载机工	89	
		平碾初级工	2	
		测量工	34	
		钻机工	24	
		泵站运行工中级工	4	
		起重工	75	
		压路机工	3	
1998	357	汽车驾驶员	279	
		挖掘机工	16	
		装载机工	25	
		推土机工	17	
		水泵值班员	4	
		风机工	2	
		钻孔操作工	4	
		测量工	10	
1999	485	电　工	52	
		坝工钢筋工	50	
		坝工混凝土工	60	
		混凝土模板工	20	
		混凝土试验工	40	
		水轮机安装工	50	
		发电机安装工	50	
		金属结构制作与安装	50	
		电焊工	113	
2000	785	钢筋、混凝土、模板工	351	
		起重工	14	
		台车修理工	7	
		电焊工	8	
		电　工	11	

续表

年度	总数（人次）	培训工种	鉴定人次	备注
2000		发动机修理	5	
		埋弧自动焊	65	
		观测工	30	
		铆工	50	
		混凝土工	143	
		工程机械操作工	101	
2001	345	钢筋工、混凝土工	126	
		模板模型工、水轮机工、钳工、车工	133	
		厂内机动车辆驾驶员	66	
		坝工模板模型工	20	
2002	526	汽车驾驶员	162	
		汽车维修工	62	
		水工钢筋工、水工浇筑工	99	
		电工	68	
		钻探灌浆工	98	
		台车工	37	
2003	632	汽车驾驶员（技师证）	40	
		维修电工（技师证）	1	送培
		电焊工（技师证）	6	送培
		水工钢筋工	62	
		水工浇筑工	76	
		汽车驾驶员	194	
		水工模板模型工	14	
		工程机械修理工	69	
		电焊工	49	
		冷作工	24	
		中式烹饪（技师证）	2	送培
		电焊工（焊位合格证）	95	
2004	105	水工模板模型工、水工浇筑工、水工钢筋工、水工建筑测量工	38	
		装载机、挖掘机、推土铲运机驾驶员	19	
		凿岩机工、起重机械操作工	6	

续表

年 度	总数（人次）	培训工种	鉴定人次	备 注
2004		安装起重工、水轮机安装工	13	
		水轮发电机安装工（高级工 21、中级工 8）	29	
		车工、钳工、电焊工、 电工、冷作工、中式烹调	36	社会化鉴定
2005	236	机修钳工、冷作工、电焊工技师	5	社会化鉴定
		水轮机安装工	29	48 鉴定所鉴定
		驾驶员	135	48 鉴定所鉴定
		厂内机动车作业人员	67	
2006	103	水轮机安装工	42	
		水轮发电机安装工	19	
		汽车驾驶员	40	
		冷作工	2	

第四节 工 资 管 理

一、工资标准演变

1955 年，国家统一建筑工人工资标准，在全国范围内基本实行七级制。同年，燃料工业部颁发“水电建安企业管理人员工资标准”。从 1955 年 3 月起，工程局工人、干部分别执行“建筑工人工资标准”和“水电建安企业管理人员工资标准”，以工资分为计算单位。“建筑工人工资标准”为七级制，一级最低，标准工资分为 112.2 分；七级最高，标准工资分为 295.8 分，最高级别是最低级别的 2.64 倍。“水电建安企业管理人员工资标准”为十九级制，十九级最低，标准工资分为 130 分；一级最高，标准工资分为 780 分，最高级别为最低级别的 6 倍。

1956 年实行工资改革，水电施工企业统一执行水电总局制定的工资标准，干部为职务工资制。工程局干部执行“水电一类企业领导人员、工程技术人员、职员工资标准”。建安工人执行“水电建筑安装工人工资标准”为八级制，最低为一级，标准工资 35.5 元/月；最高为八级，标准工资 111.83 元/月。土木建筑工人执行“土木建筑工人工资标准”为七级制，最低为一级，标准工资 35.19 元/月；最高为七级，标准工资 98.53 元/月。其余的医疗卫生人员、教师、驾驶员、料工、勤杂人员、炊事员、理发员、警卫人员均执行地方工资标准。

1963 年，结合工资调整，水电总局颁发《水利电力部水电建筑安装工业企业行政管理、工程技术人员工资标准》。全局干部按标准中的三类区标准执行，工人和其他人员仍按原标准执行。以后，由于各年新分配的大中专毕业生，调入的干部、工人均未纳入工程局执行的标准，加之1971、1977年调资又未按标准级差增资，造成工资标准混乱，全局执行的工资标准多达十几种。

1985年，结合工资套改，水电总局颁发《水电施工企业干部工资标准》和《水电施工企业工人工资标准》，干部实行职务等级工资制，起点工资为38元；工人实行技术等级工资制。

1991年5月，能源部转发劳动部《关于调整企业职工工资标准的通知》确定粮油价格调整后，将“企业单位职工各等级标准工资均提高6元”的原则。根据文件精神，结合云南省相关规定和工程局具体实际情况，水电十四局对职工工资标准进行了调整。工程局工人工资标准执行六类地区的标准（见表7-10-3），干部执行七类标准（表7-10-4）。

表7-10-3　　水电十四局工人工资标准

序号＼等级 各类区适用标准范围		一	二		三		四		五		六		七		八	
		一	二	三	四	五	六	七	八	九	十	十一	十二	十三	十四	十五
六类	6	44	47	51	55	60	65	70	75	81	87	93	99	106	113	120

表7-10-4　　水电十四局干部工资标准

等级	一级		二级		三级		四级		五级		六级		七级		八级		
	正	副	正	副	正	副	正	副	正	副	正	副	正	副	正	副	
工资	283	269	256	244	232	222	213	204	196	187	179	171	164	156	149	141	

等级	九级		十级		十一级		十二级		十三级		十四级		十五级		十六级		十七
	正	副	正	副	正	副	正	副	正	副	正	副	正	副	正	副	正
工资	134	127	120	113	106	99	93	87	81	75	70	65	60	55	51	47	44

新参加工作的大、中专技工学校毕业生见习期间及学徒工（熟练工）学习期间（熟练期间）的临时工资待遇调整为：取得双学士学位的本科毕业生和未取得硕士学位的研究生毕业生87元；大学本科毕业生75元；大专毕业生70元；中专毕业生60元；技工学校毕业生60元；学徒工（含熟练制技术工人）学习期间生活费第一年55元，第二、三年60元；普通工熟练期间55元。上述临时工资待遇，均是在原有标准基础上增加6元（粮油提价后的补偿标准金额）工资额制定的。

1994年结合三项制度改革，水电总公司颁布《水电施工企业岗位工资标准》和《水电施工企业技能工资标准》，工程局通过三项制度改革，从1994年10月1日起执行技能工资，从1994年11月1日起执行岗位工资。

1995年，根据电力部《关于调整电力企业工资标准的意见》的通知要求，工程局从1994年10月1日起对职工现行工资标准进行调整。根据国家现行工人技术等级标准及设置技师、高级技师的规定，技术工人的技能工资标准设置为28级；根据管理和专业技术岗位要求应具备的实际工作能力、文化知识水平、专业技术理论水平，从初级管理职务到高级管理职务，其技能工资设置了35级，1级最低，35级最高。根据电力部人劳〔1994〕123、473、589号文和电力部电人教〔1994〕617号文，技能工资入轨时应按国家和部规定，对企业职工的现行标准工资进行清理核定，并按清理核定后的标准工资减去6元作为技能工资标准调整的基础。在此基础上，按照水电总公司颁布的《水电施工企业技能工资标准表》中38元对应75元的起点标准进行调整。低于75元标准工资的可作特别调整。根据电力部人劳〔1994〕589号文规定，新参加工作的定级工资为：博士毕业生165元，硕士毕业生150元，双学位毕业生及未取得硕士学位的研究生143元，大学本科毕业生135元，大学专科毕业生114元，技校毕业生107元，学徒工定级100元；复转军人的技能工资按国家的现行规定和本办法规定的技能工资标准调整和套改，1年后根据本人所在岗位的技能要求和考试考核情况确定相应的技能工资，岗位工资按局人〔1994〕182号文及有关文件规定执行；外系统调入的职工技能工资可结合本人的等级工资水平和技能（工种），与本单位同期工作、同类人员的水平，按该办法规定进行技能工资标准的调整和套改，1年后根据本人所在岗位的技能要求和考试考核情况确定相应的技能工资。

1999年，工程局根据国家电力公司〔1999〕562号文件《调整电力企业基本工资标准增加职工工资的指导意见》要求，研究决定进行基本工资标准的调整。调整的范围：1999年7月1日在册的正式职工，包括待岗、下岗职工。本次调整，岗位工资标准由原150元起点调整为210元起点，每个岗级级差由25元调整为40元；技能工资标准由原100元起点调整为121元起点标准，调整后晋升两级技能工资。调整理顺后的档案工资执行时间为1999年7月1日。调整理顺后的技能工资兑现时间为2000年6月1日。

2005年，工程局结合人事和薪酬制度改革，公布了适用于工程局机关和后方单位的《职位工资标准》和适用于工程局前方工程项目部的《岗位工资标准》，把全局员工划分为10级37档。职位工资标准最高5966元，最低580元，相差10.29倍；岗位工资最高为5966元，最低为590元，相差10.11倍。

2005年，工程局制定《水电十四局薪酬分配管理办法》，将职工工资收入水平与企业经济效益挂钩，职工个人工资收入与职位职责、绩效考核和实际贡献挂钩。对不同类别的单位（项目）制定了不同的薪酬分配办法，工程局领导班子成员的薪酬待遇按《中国水利水电建设集团公司所属企业负责人年薪制暂行办法》规定执行；二级经营单位领导班子成员和项目部领导班子成员按工程局的有关规定享受年薪；工程局机关、二级经营单位机关、工程局费用单位执行以职位绩效工资制度为主的分配制度；项目部和经营单位执行职位绩效工资制度为主的分配制度，或执行工程局统一制定的岗位绩效工资制度；联营体可参照本办法执行，也可制定符合自身特色的分配制度；面向社会或局内招聘的特殊人才，实行谈判工资制；社会通用工种逐步实行与地方劳动市场工资价位接轨的工资制度。规定各单位每年报送本单位的工资计划，在全局范围内实行工资总额与企业总产值和实现利税挂钩；同时，工程局对各单位工资实行控量、控标、控线原则，控制各单位工资总量及工资水平。管理办法中规定了职位绩效工资制度、岗位绩效工资制度、谈判工资制度及其他薪酬分配制度。职位绩效工资制度包括职位工资、绩效工资、年功工资及辅助工资四部分；岗位绩效工资包括岗位工资、绩效工资、年功工资及辅助工资四部分。职位（岗位）工资把全局职位划分为10级37档，实行一职（岗）一薪、职（岗）变薪变。办法还规定了每月薪酬发放时间及考勤时间，分别就旷工、迟到、早退、事假、病假、探亲假、公休假、脱产学习及其他一些情况下工资发放办法作了规定。该办法从2006年1月1日起执行。

二、工资形式

（一）计时工资

1954年建局以来，工程局主要实行计时工资制。支付办法是月标准工资除以法定工日乘以实际出勤天数计发。若因工作需要，经批准的法定节日、工休假日或正常工时（8小时）以外的加班、加点，按国家相关规定发给加班加点工资。

（二）计件工资

工程局计件工资制是从1955年初开始推行的，并逐步扩大，主要是实行直接无限制计件工资制。计件工资的推行，调动了职工的积极性，提高了劳动生产率，计件面不断扩大。到1955年底，全局计件面达87.7%。1957年，计件工资制进一步巩固和完善。1958年，计件工资停止执行。1962年，又开始在工人中推行计件工资制。实行计件工资的人数达840人，占当年全局职工总数的22%。1962年底，上级主管部门发出“防止搞计件工资小包干偏向的通知”，计件工资停止执行。中共十一届三中全会以后，建筑安装施工企业普遍推行百元产值工资含量包干的经济责任制。从1984年起，工程局按照水电总公司颁发的《水利水电施工企业百元产值工资含量包干办法》，首先在二、三公司试行百元产值工资含量包干，1986年在全局全面实行。

（三）奖金

工程局的奖励工资制度是1956年工资改革后建立起来的。1958年取消奖励工资制度。1960年9月建立综合奖制度，对生产工人实行综合季度奖，管理人员和工程技术人员实行半年度综合奖。1965年对奖励制度进行了调整，一律实行季度综合奖，奖励范围只限于工人和一般干部。“文化大革命”中综合奖励制度停止执行，改为附加工资随工资发放，在以后调资中冲销，到1985年工资套改时冲销完毕。1978年后实行生产奖，由水电总局根据工程局任务完成情况及经济效益核定奖金指标。1986年实行百元产值工资含量包干后，工资按含量系数提取，奖金按利润金率提取，与经济效益挂钩。工程局根据生产特点和要求，有针对性地设立一些单项奖。1994年在三项制度改革中将奖金纳入辅助工资单元。2005年在人事和薪酬制度改革中，将奖金更名规范为绩效工资，绩效工资的构成包括月绩效工资、年度绩效工资和单项奖。

（四）津贴

按照国家和上级的有关规定，根据职工在不同地区、不同环境下工作、生产性质和劳动条件的不同，实行不同的津贴标准。工程局执行的津贴主要有三类：第一类为保障职工身体健康，建立保健津贴；第二类为补偿职工额外劳动消耗建立的津贴；第三类为补偿职工生活费额外支出，保障职工维持一定的实际生活水平建立的津贴。

工程局曾经执行过的津贴有：施工津贴、进洞津贴、高温有毒有害津贴、高空津贴、中夜班补贴、技术补贴、公安津贴、信访津贴、教龄津贴、护龄津贴、复印津贴、档案管理津贴、出纳津贴、粮贴、粮价补贴、生活补贴、副食补贴、肉贴、回族补贴、水电补贴、煤贴、远征生活补贴、清凉费、女工卫生费、书报费、洗理费、交通费、医药费、专业技术带头人津贴等。2005 年在工程局人事和薪酬制度改革中，只保留了回族补贴、女工卫生费和专业技术带头人津贴，并单独为前方项目部员工设立了技术、技能津贴。

（五）浮动工资

工程局实行过两种浮动工资：第一种为知识分子浮动工资，第二种为浮动效益工资。

三、工资支付

水电十四局职工工资支付以公历年度为单位，按月计算支付，从原来的现金支付过渡到了现行的银行代发。现行月考勤期为上月 21 日至当月 20 日，月工资发放日为每月 25 日，如 25 日恰逢节假日，则提前至最近的工作日。

四、工资调整

自 1954 年建局以来，在国家的统一安排下，工程局进行了多次调整工资和工资改革，统一了工资标准，基本理顺了工资关系，职工收入有较大提高。2006 年人均收入为 20 446元/年，比 1954 年的 446 元/（人·年）提高了 45.84 倍，并于 2005 年建立了以职位绩效工资制度为主要形式的企业内部工资制度。

1956 年工程局按国家规定进行工资改革，参加工改人数为 2584 人，月平均增资 11.52 元，工资增长幅度为 18.75%。1963 年，国家安排工资升级，规定工人和 18 级以下干部升级面为 40%，17～14 级干部为 25%，全局升级范围的人数为 7064 人，升级人数 2896 人，平均升级面为 41%，升级平均级差 8.2 元。同时结合工资调整简化了干部工资标准，不分工程技术人员和行政管理人员，统一执行水电建安工资标准。

1964～1976 年，仅 1971 年给部分低工资职工调整了工资。1977 年 10 月，国家安排对部分工资偏低的职工进行调整工资，调整对象主要是 1971 年底前参加工作的一级工和 1966 年底以前参加工作的二级工。此外，按照 40%的升级面，优先考虑工作多年、贡献较大、工资偏低的生产工作骨干。1979 年 10 月，国家又安排部分职工的工资升级工作，升级面为职工总数 40%，主要是对生产、工作成绩优异、贡献较大、表现较好的职工进行考核升级。全局升级范围人数为 17 887 人，升级人数为 42.64%，人均月增资 6.88 元。1981 年，为解决中小学教师、医务人员工资偏低的问题，国家决定从 10 月起给中小学教师、医务人员调整工资，采取先补、后靠、再升的办法。全局升级范围人数 1339 人，升级人数 1235 人，人均月增资 7.33 元。1983 年 4 月，国务院转发劳动人事部《关于企业职工调整工资和进行工资制度改革问题的报告》，决定从 1983 年四季度起给企业职工调整工资。这次调资的范围是企业 1983 年 9 月底在册职工中 1978 年底前参加工作的固定工；1971 年底前参加工作的长期临时工；上山下乡满 5 年的知识青年；1979 年 1 月 1 日后分配到调资单位工作，1983 年 9 月 30 日前已是国家正式职工的可升一级；对企业部分工资偏低、起骨干作用的知识分子增加工资，即升两级；此外，还规定把固定升级改为浮动升级，继续考核 2～3 年后再固定，调资指标国家只安排一部分，其余由企业从自有资金中解决。全局调整工资人数为 15 553 人，每人月平均增资 10.21 元。

1985，国务院下发了《关于国营企业工资改革的通知》、《关于印发国营企业工资改革试行办法的通知》，改变了过去全国统一调整工资，国家高度集中的办法，由国家控制增资幅度，企业自己制订方案，工资标准统一执行行业标准。全局参加工资改革人数19 744人，平均月增资18.11元。

1986年9月，工程局根据云南省工资改革小组，云南省劳动人事厅《关于适当解决国营企业少数不合理工资问题的通知》，对各类中专、大专、本科毕业生中少数工资不合理问题进行了调整。

1986年，工程局还下发了《对工作成绩显著，有特殊贡献的职工晋级奖励办法的通知》。按照职工总数3%的比例分别对干部和工人实行了奖励晋级，为工作成绩显著、有特殊贡献的职工晋升了一级奖励工资。

1987年10月，为贯彻国务院工资改革研究小组、劳动人事部劳人薪〔1986〕97号文《关于1986年适当解决国营企业工资问题的通知》，工程局下发了《关于升级安排实施意见的通知》（〔1987〕局劳字第42号），内容为：

（1）1982年底前参加工作的干部、工人，可以增加半级浮动工资。

（2）工资偏低人员可将这次浮动半级工资改为固定半级（不包括3%升过级的人员）。

（3）1960年底前参加工作的干部、工人，可将这次浮动半级工资改为固定半级（不包括3%升过级和工资等级线到顶人员）。此规定从1987年7月1日起执行。

1988年，工程局下发了《关于继续解决部分职工工资问题的通知》，决定将〔1987〕局劳字第42号文用于固定升级的部分剩余指标和1987、1988年两年的3%职工奖励晋级指标捆起来使用，继续解决部分职工的升级和固定浮动工资问题。具体安排如下。

（1）关于削平台升级。担任副科长以上职务的干部（含1986年离休干部），以及相当职务的行政领导人员，1986年底前任职已满3年（正、副职可合并计算），胜任本职工作，表现较好，符合下表规定的，可在贯彻〔1987〕局劳字第42号文之前本人标准工资的基础上加升一级固定工资（贯彻〔1987〕局劳字第42号文已经升了半级固定工资的，只能再加升半级固定工资），从1988年8月1日起执行，见表7-10-5。

表7-10-5　工程局工资调整标准

职务 \ 工资 \ 年限	1949年9月30日前参加工作	1956年底以前参加工作
处长	150元及其以下（含知识分子固定工资一级）	135及其以下（含知识分子固定一级工资）
副处长	135元及其以下（同上）	121元及其以下（同上）
科长	121元及其以下（同上）	107元及其以下（同上）
副科长	107元及其以下（同上）	100元及其以下（同上）

（2）关于部分职工浮动升级改为固定升级。1961年1月1日至1966年底以前参加工作的干部、工人（不含3%升过级和工资等级线已到顶的人员）能胜任本职（本岗位）工作，表现较好的，可将贯彻〔1987〕局劳字第42号文时，已浮动升级的半级工资改为固

定工资，从 1988 年 8 月 1 日起执行。

(3)〔1987〕局劳字第 42 号文第一条中规定的三部分不能浮动或（固定）半级工资的人员，这次仍然不能浮动或（固定）半级工资。

(4) 干部削平台升级一律报工程局审批，职工浮动工资改固定工资按人事管理权限审批。1988 年 12 月，根据劳动人事部人薪〔1988〕4 号文、水电部劳动工资司〔1988〕劳工字第 7 号文和水电建设总局〔1988〕水建人字第 48 号文的通知精神，结合工程局的具体情况，下发了《关于给部分中年专业技术人员工资升级的实施方案的通知》（〔1988〕局人字 31 号文），制订了工程局部分中年专业技术人员工资升级的实施方案。规定此次提高工资的人员范围重点，是指在 1970 年底前参加工作并受聘担任工程师、主治医师、经济师、会计师、讲师、中学一级教师、小学高级教师，以及相当中级职务的中年专业技术人员，其中能够胜任本职工作、起骨干作用、并作出一定成绩和贡献的，可提升一级工资；从事行政管理工作的专业技术人员，符合上述条件的，也可以列入升级增资范围。但是，上述人员 1985 年工资调整以来，增加的工资额在 3 个级差（不含 3 级）以上的，这次原则上不再提高工资。1989 年 3 月，在〔1988〕局人字 31 号文的基础上，工程局又下发了《关于给部分中年专业技术人员工资升级的补充通知》，对〔1988〕局人字 31 号文作了一些补充，提高工资的对象除了 1970 年底前参加工作并任命或受聘担任工程师、主治医师、经济师、会计师、讲师、中学一级教师、小学高级教师以及相当中级职务的中年专业技术人员以外，又增加了统计师。规定现从事行政管理工作的专业技术人员和专业技术职务改革以来，一次性评聘为高级专业技术职务或由初级专业技术职务评聘为高级职务的，符合上述条件的亦可列入升级增资范围。除了以上补充外，还规定：

1）任命（聘用）的中级专业师，因担任行政职务，1985 年以来增资在 3 个级差以上，可采用减去进入行政职务最低等级工资的增资额后，仍在 3 个级差（含 3 级）又符合上述升级条件，可以升一级（空级），但不增加工资。

2）工程局实行专业技术职务任命（聘任）制后，被任命或聘任为中级专业师以上专业技术职务，符合本通知规定和升级条件者可以升一级工资，仍从 1988 年 8 月 1 日起执行。如有享受浮动半级工资，亦应从 1988 年 8 月起在升级增加工资中予以冲销。已按〔1988〕局人字第 31 号文件《关于给部分中年专业技术人员工资升级的实施方案的通知》升过一级的中年专业技术人员，这次就不再重复升级。

3）1987 年 1 月 1 日～1988 年 8 月底止已到离、退休年龄，并办理了离、退休手续的人员，符合本通知升级条件的，可以升一级工资；未经批准而继续留职工作的，在未办理离、退休手续前不得提高工资；提高工资后，标准工资额在水电干部工资标准十级月工资 114 及其以上的干部，按上级规定不再享受粮价补贴。

1989 年 3 月，工程局下发《关于专业技术职务工资问题的通知》，对专业技术职务工资问题作了一些规定：

1）各单位对专业技术职务任命（聘任）工作基本结束，职称改革工作经局验收合格，并办理增资上报测算表，由局下达月增资指标，才能从 1988 年 4 月 1 日起执行。

2）任命或聘任专业技术职务按上级规定只能在干部中进行。对尚未转干的，以工代干确因专业技术工作需要，技术职务限额允许，具备任职资格和应聘条件，可聘用学校的中级师和少量中专以上毕业学历的工人；对尚未聘用，目前急需留岗的以工代干，在岗位期间需进入职务最低等级工资差额，不列工资基数，暂列奖金项下开支。应将聘用以工代干人数、职务、进线工资报局。

3）专业技术职务任命要在中央职称改革领导小组颁布的专业技术职务试行条列范围内进行，不得擅自扩大聘任范围。工程局下达各单位指标要合理安排，严格掌握，不得突破。

4）聘任或任命专业技术职务的标准工资为：聘任或任命高级专业技术职务的，其标准工资低于水利水电施工企业颁布工资标准（以下简称水电干部工资标准）九级的，可按照九级的月工资 128 元执行；聘任或任命为中级专业技术职务的，其标准工资低于水电干部工资标准十级副的，可按照十级副的月工资 107 元执行；但小学高级教师职务工资最低等级线仍按照 100 元执行；聘任或任命为助理师专业技术职务的，其标准工资低于水电干部工资标准十三级副的，可按照十三级副的月工资 69 元执行；聘任或任命为专业技术员职务，其标准工资低于水电干部工资标准十五级的，可按照十五级的月工资 54 元执行。

5）进入专业技术职务系列最低等级工资的人员，如有享受浮动半级的，其冲销浮动半级的时间从 1988 年 4 月 1 日起执行。

1989 年工程局贯彻执行国务院批转劳动部、国家计委、财政部《关于一九八九年国营企业工资工作和离退休人员待遇问题的通知》，从 1989 年 10 月 1 日起执行，全局调整工资人数为 16 827 人，每人月增资 12.18 元。

1990 年 3 月，工程局下发了《关于给首次评定为经济师（管理）助理经济师（管理）的工作人员晋升工资的通知》，规定：

1）1970 年底参加工作评定为经济师（管理）的思想政治工作人员及行政管理人员，根据工程局经济师（管理）评委会确认的任职资格时间，分别于 1989 年 10 月 1 日和 1990 年 4 月 1 日起在现行标准工资的基础上晋升一级固定工资。

2）评定为助理经济师（管理）的思想政治工作人员及行政管理人员，享受半级浮动升级工资。

3）根据〔1987〕局劳字第 42 号文规定享受半级浮动工资，在贯彻执行〔1988〕局人字第 30 号文后仍继续浮动的人员。符合本文件第一条规定升级的，其浮动工资应在升级工资中予以抵消。固定升级后标准工资额达到水企干部工资 10 级 114 元及其以上者，冲销粮价补贴 2 元。

4）评定为经济师（管理）的思想政治工作人员及行政管理人员，晋升的一级固定工资，填报“1989 年企业固定晋级审批表”报局审批，评定为助理经济师（管理）享受半级浮动升级工资，由各单位自行审批。

1990 年 9 月，根据水电总公司在工资会议上的部署，结合工程局实际情况，进行了职工调资工作。此次升级对象为：1990 年 6 月末的在册职工（包括固定职工、合同制职工、计划内长期临时工），能胜任本职（本岗位）工作，完成生产（工作）任务，表现比较好，但犯错误受处分至 1990 年 9 月 15 日处分期未满，违法乱纪以及触犯法律受刑事处分，违反劳动纪律，出勤率低的员工以及 1987 年以来，因晋级标准工资增加额在 3 个工资级差以上者不在本次升级之列。增资幅度：凡属升级范围又符合升级条件的人员，按审批权限批准后，均可以在现行标准工资的基础上（不含浮动升级工资）晋升一级标准工资。起薪时间从 1990 年 7 月 1 日起开始执行。

1997 年，工程局制定《水电十四局岗位归级调整实施办法》和《水电十四局技能工资晋升实施办法》。对于生产岗位，在原评定岗位等级的基础上上延两级；对原已调整过一次的非技术性岗位，最多可延一级；专业技术岗位在规定区间内上延一级；管理岗位原则上按原评定的岗级不变，但工程队正副厂队长因工人岗位上延而使其岗级低于或等于工人岗级时可延至十五级，大型机长与工程厂队长的岗级可在同一水平上。岗位归级调整后的岗位工资执行时间为 1996 年 10 月 1 日。1996 年 10 月 1 日后，离退休人员可以参加本次岗位归级调整，在过渡期内退休的人员，可进入离退休费用的基数计算。技能工资晋级中，技能工资起点线到 100 元的，对应执行相应的技能等级。凡 1996 年 9 月前在册转正定级并签订了劳动合同的职工，都属于本次技能工资晋升范围之列，而受到党内严重警告或行政记大过及其以上处分不满 1 年，以及违反厂纪厂规留厂察看在察看期内的职工除外。这次技能工资晋升的幅度为二级，即在入轨 100 元起点相对应的技能等级标准基础上晋升两级（级对级入轨）。水电系统技能工资晋升的执行时间确定为 1996 年 10 月 1 日，技能工资晋升的兑现时间全局统一确定在 1997 年 6 月 30 日。

2001 年，工程局根据国家电力公司〔1999〕562 号文《调整电力企业基本工资标准增加职工工资的指导意见》、国电人资〔2001〕473 号文《关于调整工资分配结构推进企业分配制度改革的指导意见》和《水电总公司关于调整工资分配结构推进企业分配制度改革指导意见》，工程局制定了《水电十四局 2001 年职工工资调整实施方案》。本次调整范围为 2001 年 1 月 1 日在册的正式职工，包括内部退养、待岗、下岗职工。岗位工资起点仍为 210 元，级差由 40 元调整为 60 元；技能工资起点为 121 元，晋升两小级。此次工资调整首先对档案工资进行操作。调整档案工资的执行时间为 2001 年 1 月 1 日。兑现调整后的岗位技能工资，是年度考核称职及以上的职工。内退、待岗、下岗职工的岗位技能工资调整，只对其档案工资进行操作。

五、浮动工资

（一）知识分子浮动工资

1986 年 8 月，工程局贯彻执行中共云南省委、云南省人民政府下发的《改善知识分子生活待遇暂行规定的通知》，结合实际情况，以云南省划定的三类艰苦地区为依据，对工程局在各类艰苦地区工作的知识分子实行浮动工资和固定升级，从 1986 年 7 月 1 日起执行。知识分子浮动工资后来演变成了技术津贴。

（二）效益浮动工资

1989～1995 年，工程局根据国发〔1984〕35 号文的精神和各年经济效益和百元产值工资含量使用情况，在职工中 4 次实行效益浮动工资升级，每次浮动升一级，并在1992～1995 年期间，将职工的 4 次升级的浮动工资转为固定工资。

六、历年劳动工资统计基础数据（1954～2006 年）

1954～2006 年水电十四局劳动工资情况详见表 7－10－6。

表 7－10－6　　1954～2006 年水电十四局劳动工资情况

年　份	职工期末人数（人）	职工平均人数（人）	职工工资总额（万元）	职工平均工资［元/（人・年）］	全员劳动生产率［元/（人・年）］
1954	1246	651	29	446	184
1955	2599	3543	143.1	404	764
1956	7090	3517	177.9	506	889
1957	10 514	7931	459.2	579	1511
1958	32 630	17 474	891.3	502	1769
1959	18 745	24 207	1099.9	542	1313
1960	13 045	16 937	845.4	529	1759
1961	9020	11 274	673.6	658	818
1962	6627	8613	501.9	585	1014
1963	12 472	9038	572.1	687	1002
1964	12 909	13 301	760.4	719	1304
1965	12 462	12 564	861.7	743	2081
1966	15 805	15 465	1017.1	760	3049
1967	17 400	17 765	1172.6	776	817
1968	18 018	18 367	1296	879	165
1969	20 181	19 656	1393.4	790	694
1970	20 188	19 794	1288.2	717	2012
1971	18 597	20 406	1404.1	736	1272
1972	21 859	21 019	1520	750	1215
1973	22 639	22 290	1663	747	1369
1974	20 376	20 412	1580.6	799	1227
1975	19 415	19 257	1449.8	764	1309
1976	18 531	18 468	1426.6	766	1084
1977	18 260	18 193	1356.7	749	1923
1978	17 623	17 506	1493	858	3230
1979	19 676	19 276	1697.5	890	2792
1980	20 184	19 725	1796.2	923	1114
1981	20 515	20 062	1862.3	941	1038
1982	20 478	20 202	1910.3	952	1919

续表

年　份	职工期末人数（人）	职工平均人数（人）	职工工资总额（万元）	职工平均工资[元/（人·年）]	全员劳动生产率[元/（人·年）]
1983	20 387	20 371	1977.9	975	2450
1984	20 147	20 303	2453.7	1215	4215
1985	20 075	19 674	2718	1381	5190
1986	19 528	19 174	3214	1676	5790
1987	19 163	18 891	3233	1711	7396
1988	18 368	18 435	3391	1840	7753
1989	17 301	17 560	3756	2139	10 760
1990	17 279	17 272	4499	2605	13 249
1991	17 230	17 195	5299	3082	15 458
1992	17 042	17 296	6113	3535	17 282
1993	15 425	16 073	5998.4	3731	24 245
1994	16 421	15 634	7100.6	4542	38 151
1995	15 405	14 880	9621.1	6466	44 900
1996	15 378	13 782	9355.2	6788	50 660
1997	13 773	14 544	11 656.1	8014	64 887
1998	12 853	11 574	11 894.8	10 277	79 264
1999	11 933	11 878	12 029.8	10 128	88 286
2000	11 342	11 358	11 723	10 321	109 018
2001	11 094	11 171	11 028.2	9872	132 843
2002	11 081	11 017	11 366.5	10 317	145 826
2003	10 688	10 834	13 778.1	12 717	230 597
2004	10 738	10 693	16 213.1	15 162	259 207
2005	10 766	10 822	19 123.4	17 671	389 989
2006	10 152	10 201	20 857.3	20 446	460 468

注　表中1970～1979年数字摘自云南省电力局劳动工资统计报表。

第五节　人　才　规　划

工程局“九五”期间人才规划（1996～2000年）如下。

一、人才现状的分析

工程局1995底全民所有制在职职工14 028人，其中：各类专业技术管理人员3434

人（含卫生 404 人、中小学教师 352 人，占专业人员总数的 22%）；专业人员中具有高级职称 292 人，中级职称 1025 人，初级职称 1890 人；专业人员学历结构为研究生 2 人，大学本科 734 人，大学专科 758 人，中专 951 人，不具备规定学历 989 人；生产工人 8136 人，服务人员 2356 人。

根据工程局职工队伍职工总人数偏多、顶替上岗青工多、无规定学历的专业技术管理人员多、工人技师少的人才现状，专门人才和工人技师、高级工的培养，尤其是高层次经营管理人才的培养，已经成为工程局人才资源开发的重要工作。1997 年 2 月 25 日，工程局组织编制印发《中国水利水电第十四工程局“九五”期间人才规划》，在全局范围内实施，同时建立人才管理基础信息平台，积极参加系统组织的人才资源现状抽样调查等工作，并以上级人才规划为指导开展工程局的人才规划与人才管理工作。

二、“九五”人才规划的指导思想

以建设有中国特色社会主义理论为指导，围绕水电十四局调整产业结构，转换经营机制，建立现代企业制度的总体设想，转变观念，深化改革，努力实现人事工作的两个调整，为工程局实现“九五”发展规划提供人才保障。

三、“九五”人才规划的总体目标

目标：造就数量充足，结构合理，能够适应市场全方位经营、现代化管理、科技型发展的三支队伍（“112”人才工程）。

（1）以人为本，大力培养人才，提高队伍素质。

（2）职工总数按 2%逐年递减。

（3）逐年提高各类专业技术管理人员与生产工人的比例（从 1∶2.4 提高到 1∶2）；同时对各类专业技术人员进行调整，改变经济管理人员偏少，卫生教师人员偏多的格局。

（4）积极做好人才引进工作。面向社会大胆引进企业紧缺人才，从大中专院校每年接收 150 名毕业生，从技工学校每年聘用 50 名左右毕业生。

（5）强化教育培训，建设好“三支队伍”：

1）培养造就一支 100 名左右的企业家队伍。培养的重点是：培养 15 名年龄在 45 岁以下，能主持工程局全面工作或某一方面工作的优秀企业家；培养 85 名年龄在 40 岁左右，能主持二级单位或一、二级项目全面工作，具有现代科技知识和经营管理才能，能带领企业参与国内外市场竞争的新一代企业家。

2）培养各种专业的技术、经营、多经、管理的人才和骨干 1000 名。培养的重点是：企业和项目管理的专业带头人和业务尖子。

3）培养懂技术、熟悉实际操作、会经营，有一定管理能力的基层骨干队伍 2000 名。培养的重点是：作业队长、工长、机长、班长、技师、高级技工。

四、培养人才的主要工作和任务

（1）加强后备领导干部的培养工作，抓紧培养和选拔优秀年轻干部 100 名。其中：局级后备干部 15 名（正局级 4 名、副局级 11 名），能主持二级单位全面工作的后备干部 21 名，一、二级项目经理 64 名以上。

（2）加强各种专业的技术、经营、多经、管理的人才和骨干培养工作（培养 1000

名)。其中：工程技术专业带头人300名，能适应市场经济需要的高中级经营管理人才430名，懂经营、善管理、能开拓市场的多种经营管理人才100名，政工、行政管理骨干170名。

(3) 举办厂长、队长、工长、班长、机长培训班和各工种职业技能鉴定培训班，培养2000名懂技术、熟悉实际操作，会经营，有一定管理能力的作业层骨干队伍。

2000年，工程局制定了《中国水利水电第十四工程局2000～2003年改革发展目标》，对职工队伍建设提出的要求是：经过内部管理体制改革，建立智力密集型和技术密集型的人力资源市场，逐步与国际接轨；通过大力开展各种培训，全面提高职工队伍素质；培养和吸收各种高素质、高层次的专业人才，培养和引进一定数量的博士生、硕士研究生；全局具有大专学历和中职职称以上人员逐年增加。工程局提出“十五”期间人才发展的总体目标是：建立完善“以人为本”的育人、选人、用人的人才体系，在主要专业技术领域建立一支规模适当、素质优良、结构优化、布局合理、配置科学的人才队伍，重点是培养三支队伍。具体目标是：培养造就一支300名左右的德才兼备、知识全面、经验丰富、具有开拓精神和驾驭市场能力的职业化经营管理者队伍；造就一支300名具有国内水电建设发展先进水平和技术创新能力、在所从事专业岗位上起领导作用的高素质专业技术带头人及后备人选队伍；造就一支3000名爱岗敬业、素质优良、技术精湛的复合型基层骨干队伍。有效提高人才队伍的学历层次，博士实现零的突破，并争取达到硕士总数30人；本科生增加到1800人，专科学历的人员达到专业技术人员总数的50%，使人才的专业、年龄结构和高、中、初级专业技术人才的比例趋于合理。

从2006年起水电十四局的人才管理工作纳入了工程局的发展战略与规划。

五、实现总体目标和主要措施和要求

(1) 提高认识，认真落实人才培养的战略地位。

(2) 坚持干部交流和轮岗锻炼制度。

(3) 落实继续教育登记制度。

(4) 抓紧抓好职业技术培训和鉴定工作。

(5) 建立动态管理的竞争机制。

(6) 在职称评聘工作中，既要坚持职称的评聘条件，又要正确处理好学历、资历和能力的关系。

(7) 加大现有人才的开发力度。

(8) 建立表彰、奖励制度。

六、人才管理基础信息平台建设

为确保人才规划的实施，为落实人才规划的各项保证措施提供基础信息资料，工程局印发了《关于填报〈水电十四局职工基本情况表〉和培训〈工资管理及电算化〉管理人员的通知》，印发了《关于开展全局人才资源现状调查的通知》，印发了《关于建立“职工数据库”暨“人才资源现状调查”计算机录入的时间安排》(局人劳〔1998〕17号文)，印发了《水电十四局“职工数据库”管理办法》(局人劳〔1998〕35号文)，建立了职工数据库。

2003 年，工程局印发了《关于工程局人力资源管理系统安装协同办公管理软件的通知》和《关于完善人力资源管理系统的通知》等文件，工程局人力资源管理的基础信息平台建立并逐步完善。

通过工程局“九五”期间人才规划（1996～2000 年）的实施，“112”人才工程的各项措施得到落实。与 1995 年年末相比，截至 2000 年年末，水电十四局实有职工人数 11 342人，递减 19.15%，比规划期期末职工人数 12 680 人减少 1338 人，超额完成了职工总数按 2%逐年递减的目标任务；实有各类专业技术人员 3252 人（含卫生 298 人，中小学教师 207 人，占专业人员总数的 15.5%，下降 6.5%），虽然人数有所减少，但结构得到了改善；专业人员中具有高级职称 261 人，中级职称 889 人，初级职称 1654 人，各层次职称人数有所下降，下降的主要原因是卫生教师队伍萎缩、老专业技术人员退休和引进应届大中专毕业生力度加大；专业人员学历结构：研究生 5 人，大学本科 861 人，大学专科 1109 人，中专 1031 人，学历结构有了较大改善。

第六节　保 险 与 福 利

一、机构

1996 年 1 月，工程局成立社会保险管理监督委员会（委员 6 人，分别由人事教育部、财务部、审计部、监察部、离退休管理部的部长或副部长兼任）和社会保险事业管理中心（挂靠人事教育部和财务部）。1996 年 10 月，为理顺有关职能部门职责范围，增强管理力度，实行局“社会保险事业管理分局”职能，与局人事教育部和财务部分离。1999 年 9 月，局机关组织机构调整，设人力资源部、社会保障部，社会保障部下设昆明、曲靖、大理 3 个社保分部，至 2006 年 12 月。

二、负责人变迁情况

1996 年 1 月～1999 年 9 月，担任过社会保险事业分局局长的有：王景龙、董德忠，担任过副局长的有：梁勇（1996 年 1 月～1996 年 9 月，社会保险事业分局由相关职能部门人员组成，没有单独分开，1996 年 10 起分离出来，成为职能部门）；1999 年 9 月～2006 年 12 月，担任过社会保障部部长的有：刘前银，担任过副部长的有：梁勇。

三、职工基本养老保险

1954 年工程局建立初期，养老保险按 1953 国家劳动保险条例规定执行，工程局按月缴纳全部工人与职员工资总额的 3%，作为劳动保险金；工人职员达到条件退职养老时，由劳动保险基金项下按其本企业工龄的长短，按本人工资的一定比例付给养老补助费。

1978 年 6 月，工程局执行《国务院关于颁发〈国务院关于安置老弱病残干部的暂行办法〉和〈国务院关于工人退休、退职的暂行办法〉的通知》（国发〔1978〕104 号文）规定。

1986 年 10 月开始，工程局对新招收的劳动合同制工人执行《云南省人民政府关于贯彻执行国务院〔1986〕77 号文件的通知》（云政发〔1986〕130 号文）。凡经劳动人事部门批准，按计划招用的国营企业的劳动合同制工人，均需参加本地区社会劳动保险；退休养老基金的来源，由企业和劳动合同制工人缴纳；用工单位按劳动合同制工人工资总额的

15%提取退休养老基金，在所得税前列支；劳动合同制工人缴纳的退休养老基金数额为本人标准工资的3%；凡符合退休养老条件并办理了退休手续的，可由社会劳动保险机构根据参加社会劳动保险年限长短和提取社会劳动保险基金的多少，发给退休养老金。1989年10月，工程局下发《关于劳动合同制工人工资、保险、福利待遇问题的处理意见的通知》，对工程局各单位在执行云政发〔1986〕130号文时提出的一些具体问题规定了统一的处理意见。

1986年7月19日，水利电力部下发《印发〈水利电力部直属企业离退休费用统筹试行办法〉的通知》（〔1986〕水电劳字第67号文）。文件对统筹范围和对象、统筹项目、统筹基金的提取、统筹基金的管理、统筹机构、离退休职工的管理等方面作了规定。工程局从1986年参加原国家电力行业基本养老保险行业统筹。1986年8月14日，工程局下发《关于贯彻水利电力部直属企业离退休费用统筹试行办法有关事项的通知》。文件对工程局参加离退休费用统筹的范围、对象、项目（共五项）等方面作了规定。

1994年4月28日，工程局根据水电总公司中水电劳〔1993〕75号文《关于水电施工企业职工个人缴纳基本养老保险费的通知》，下发了《中国水利水电第十四工程局关于职工个人缴纳基本养老保险费的暂行办法和实行一级浮动升级工资的通知》，对工程局缴费范围及对象、缴费标准、缴费手续、缴纳日期等问题作了规定。工程局职工个人自1992年10月1日起开始缴纳基本养老保险费。

1995年1月，工程局按照电力工业部《电力行业职工养老保险制度改革试点方案》，建立了职工养老保险制度，执行该方案中对基本养老保险基金的筹集，建立基本养老保险个人账户，改革基本养老保险金计发办法，建立基本养老金的定期调整制度，逐步建立多层次的养老保险制度，搞好养老保险基金的管理。

1996年12月14日，根据《云南省劳动厅关于实行劳动合同制度有关问题的处理意见》（云劳〔1996〕155号文）中有关职工退休问题，结合工程局具体情况，对工程局有关退休政策作了补充规定。

1997年6月16日，工程局关于转发电力部电人教〔1996〕503号文《电力行业职工养老保险制度改革过渡期间基本养老金计发办法》的通知，对过渡期（1996年1月1日～1998年12月31日）退休的人员的养老金的计发办法作了规定，主要内容是：规定过渡期间养老金计发办法的原则要求，“影子标准”养老金、新办法养老金，以及实行过渡办法的条件和程序等。

1998年8月6日，国务院《关于实行企业职工基本养老保险省级统筹和企业统筹移交地方管理有关问题的通知》（国发〔1998〕28号文）发布，规定在1998年8月3日前实行基本养老保险行业统筹企业即基本养老保险工作，按照先移交后调整的原则，全部移交省、区、市管理。从1998年9月1日起，由省、区、市社会保险经办机构负责收缴行业统筹企业基本养老保险费和发放离退休人员基本养老金。自1998年9月1日起，电力行业养老保险统筹移交地方管理，工程局养老保险统筹移交云南省基本养老保险省级统筹。

1999年6月7日，工程局贯彻执行云南省劳动和社会保障厅《关于印发〈云南省企业职工退休审批管理规定〉的通知》，主要内容是对退休条件、提前退休的范围、退休审批权限、退休审批程序等问题作了详细规定。

1999 年 6 月 16 日，工程局贯彻执行云南省劳动和社会保障厅《关于基本养老保险中央行业统筹移交地方管理后有关政策的通知》（云劳社〔1999〕139 号文），规定从 1999 年 7 月 1 日起，按照云劳社〔1999〕139 号文规定的基本养老金计发办法执行；1999 年 6 月 30 日前已经离退休的人员，其基本养老金按原行业计发办法计发。

2000 年 11 月 28 日，工程局贯彻执行云南省人民政府《关于印发云南省企业职工基本养老保险条例实施办法的通知》（云政发〔2000〕212 号文），从 2000 年 11 月 28 日起施行。文件对基本养老保险缴费基数和缴费费率、基本养老保险个人账户、退休条件、退休审批、基本养老金待遇等方面作了规定。

2002 年 4 月 16 日，工程局贯彻执行云南省劳动和社会保障厅《关于规范企业职工退休审批制度的通知》，对退休审批权限、退休审批程序等问题作了详细规定。

2004 年 11 月 30 日，工程局贯彻执行云南省社会保险局《关于印发〈云南省基本养老保险经办业务规程（试行）〉的通知》（云社险〔2004〕27 号文）。

2005 年 11 月 28 日，工程局贯彻执行云南省劳动和社会保障厅、云南省财政厅《关于对企业离退休人员丧葬补助费和一次性抚恤费纳入基本养老保险统筹基金支付有关问题的通知》（云劳社发〔2005〕23 号文）。通知规定：参加基本养老保险统筹的企业离退休人员，于 2005 年 5 月 1 日以后死亡的，其丧葬抚恤费纳入当地基本养老保险统筹基金支付，丧葬补助费按死者本人死亡前上一年度月平均基本养老金的 3 个月计发，一次性抚恤费按死者本人死亡前上一年度月平均基本养老金的 11 个月计发。

2006 年 8 月 26 日，工程局贯彻执行云南省人民政府《关于完善企业职工基本养老保险制度的实施意见》（云政发〔2006〕139 号文）。该实施意见对确保基本养老金按时足额发放和建立基本养老金正常调整机制，进一步完善省级统筹办法，逐步做实个人账户和调整个人账户规模，改革基本养老金计发办法等方面作了规定，2006 年 1 月 1 日起实施。

2006 年 9 月 12 日，工程局贯彻执行《云南省人民政府关于完善企业职工基本养老保险制度的实施意见》（云劳社办〔2006〕161 号文）。该实施意见对 2006 年 1 月 1 日～2010 年 12 月 31 日 5 年过渡期内退休人员基本养老金新老办法对比计算的有关问题作了规定（见表 7-10-7）。

表 7-10-7　　水电十四局职工基本养老保险缴费标准

年　份	参保缴费人数（人）	个人缴费基数下限（元）	个人缴费基数上限（元）	单位缴费比　例（%）	个人缴费比　例（%）
1993	15 425	203.7	1018.5	8	2
1994	16 421	261.10	1305.51	8	2
1995	15 405	360.10	1800.51	10.5	3
1996	15 387	447.45	2237.25	10.5	3
1997	13 773	549.15	2745.75	10.5	4

续表

年　份	参保缴费人数（人）	个人缴费基数下限（元）	个人缴费基数上限（元）	单位缴费比　例（%）	个人缴费比　例（%）
1998	12 835	619	3095	10.5	4
1999	11 933	486	2430	13	5
2000	12 150	512	2562	15	5
2001	11 205	461	2307	17	5.25
2002	11 199	527	2634	18.5	7
2003	10 977	599	2997	20	8
2004	11 928	644	3219	20	8
2005	11 424	729	3645	20	8
2006	10 904	807	4035	20	8

四、职工医疗保险

1954 年工程局建立初期，在工人与职员患病时的医疗期间、医疗期工资、医疗费等主要是按照 1953 年国家劳动保险条例的规定执行。工程局成立医务室，隶属办公室管理，开展职工医疗卫生服务。职工因病或非因工负伤发生的医药费由工程局负担，从职工福利费开支：对职工实行免费、对职工家属实行半费。工程局执行的是公费和劳保医疗制度。

1964 年 6 月 2 日，工程局下发《关于医药费等几个问题报告的批复》，规定：职工到医院就诊，一律实行“记账收费”的办法，各单位已纳入工资总额的施工津贴，应按比例提取医疗基金，同时实行挂号收费制度。

1993 年 7 月 23 日，工程局下发《关于局机关在职和离退休职工医疗费用管理暂行规定》，规定定点挂钩医疗和保健储备金核定制度，实行费用分担措施，在职职工和退休人员分别承担门诊医疗费的 50%和 45%，住院费与医药费的 15%和 10%，大型检查费的 15%和 10%。离休人员医药费实报实销，不发放个人保健储备金。

1997 年 1 月 1 日，工程局曲靖片在职职工和退休人员，按照《曲靖市职工医疗保险暂行办法》及《曲靖市职工医疗保险暂行办法实施细则》（曲市政发〔1996〕61 号文），职工医疗保险实行属地管理的规定，参加曲靖市医疗保险改革试点。

2000 年 2 月 16 日，工程局下发《水电十四局昆明、大理片职工医疗管理暂行办法》，规定昆明片、大理片在职职工和退休人员于 2000 年 1 月 1 日执行工程局内部模拟医疗保险运行的过渡性医疗管理暂行办法。

2000 年 12 月 21 日，工程局昆明片在职职工和退休人员，按照《昆明市城镇职工基本医疗保险暂行规定》（昆明市人民政府令第 23 号文），职工医疗保险实行属地管理的规定，从 2002 年 2 月 1 日起参加昆明市医疗保险。

2001 年 8 月 3 日，工程局按照《云南省省级机关事业单位及在昆中央、省属用人单位离休干部医疗保障实施意见（试行）》（云劳社〔2001〕138 号文），曲靖片离休干部 2002 年 1 月 1 日参加曲靖市离休干部医疗费统筹，昆明片和大理片离休干部 2002 年 7 月 1 日分别参加当地离休干部医疗费统筹。

2001 年 10 月 1 日，工程局大理片在职职工和退休人员，按照《大理市企业职工基本医疗保险实施意见》（大市政发〔2001〕52 号文），职工医疗保险实行属地管理的规定，2002 年 9 月 1 日参加大理市医疗保险。

2002 年 11 月 19 日，工程局下发《水电十四局企业补充医疗保险试行办法》。从 2003 年 1 月 1 日起，全局在职职工和退休人员参加了水电十四局企业补充医疗保险，在职工参加地方医疗保险后，职工住院费自付部分按《试行办法》的规定，给予一定比例报销，至 2004 年 6 月 30 日止。

2004 年 5 月 10 日，工程局根据云南省总工会《云南省职工医疗互助活动实施办法》（云工〔2004〕总字 10 号文），下发《关于参加云南省职工医疗互助活动的通知》。从 2004 年 7 月 1 日起，全局在职职工和退休人员参加了云南省总工会组织的医疗互助活动，企业补充医疗保险停止执行（见表 7－10－8）。

表 7－10－8　　水电十四局职工基本医疗保险缴费标准

片区 项目	昆明片	大理片	曲靖片
参保时间	2002－02	2002－09	1997－01
参保地点	昆明市盘龙区医保中心	大理市医疗保险管理中心	曲靖市医保基金结算中心
参保人数	2900 人	9200 人	11 450 人
缴费基数	职工上年度平均工资	职工上年度平均工资/养老金	职工上年度平均工资
缴费比例(在职)	10%(单位)、2%(个人)	8%(单位)、2%(个人)	10%(单位)、2%(个人)
缴费比例(退休)	不缴费	单位 8%,个人不缴费	不缴费

五、职工失业保险

1986 年 10 月 1 日，工程局职工待业保险按照 1986 年 7 月 12 日国务院发布的《国营企业职工待业保险暂行规定》（国发〔1986〕77 号文）执行，待业职工享受失业（待业）保险相关待遇。1999 年 1 月 22 日，国务院发布《失业保险条例》（国务院令第 258 号文），自 1999 年 1 月 22 日起施行，失业保险正式取代待业保险的称谓。1998 年 4 月 1 日，工程局职工失业保险改按《云南省企业职工失业保险条例》执行。失业职工享受《云南省企业职工失业保险条例》规定的相关待遇（见表 7－10－9）。

表 7-10-9　　水电十四局失业保险缴费标准

时　　段	单　位　缴　费	个 人 缴 费
1986-10～1998-03	全部职工工资总额的 1%	不缴费
1998-04～1998-12	全部职工工资总额的 1%	3 元/(人·月)
1999-01～2006-06	本单位工资总额的 2%	本人工资的 1%
2006-07-01～2006-12	当年本单位应当参加失业保险职工的工资总额的 2%	当年本人工资的 1%

六、职工工伤保险

1954 年建局初期，职工工伤待遇，按照中央人民政府政务院发布的《中华人民共和国劳动保险条例》和中央人民政府燃料工业部水力发电建设总局下发的《执行工业伤害与非工业伤害之区分办法及工伤待遇的几点补充说明》（水〔1954〕技字第 67 号文）执行。

1964 年 3 月，工程局贯彻执行云南省民政厅、云南省劳动局转发劳动部、内务部《批复关于因工负伤退职职工伤口复发的治疗费用等问题的函的通知》（〔1964〕民救字第 14 号、〔1964〕劳资字第 18 号文）。

1981 年 3 月，工程局转发省劳动局《关于招收因工死亡职工子女问题的批复》的通知，规定因工死亡的职工，其家庭确有实际困难，并要求安排招收一名符合招工条件的子女参加工作的，可以办理招收手续。

1981 年 12 月，工程局下发《转发国家劳动总局保险福利局关于学徒工因工致残待遇问题给广西壮族自治区劳动局的复函》，规定学徒工因工致残完全丧失劳动能力后，应当与固定工因工致残完全丧失劳动能力后同样处理，并作了具体规定。

1982 年 5 月，工程局下发《关于因工残废完全丧失劳动能力的职工因病死亡后按因工死亡待遇处理的通知》，规定：因工残废完全丧失劳动能力的职工因病死亡，根据劳动保险条例实施细则第二十二条规定，按因工死亡待遇处理，因工残废、部分丧失劳动能力的职工因病死亡，则不能按因工死亡待遇处理。

1997 年 10 月 21 日，工程局根据云南省劳动厅发布《关于印发〈云南省省属、中央和省外驻滇、军工企业职工工伤保险实施办法〉和〈云南省省属、中央和省外驻滇、军工企业职工生育保险实施办法〉的通知》（云劳〔1997〕195 号文），工程局下发《关于印发〈水电十四局职工工伤保险实施细则〉、〈水电十四局职工生育保险实施细则〉的通知》。自 1997 年 10 月 1 日起，工程局职工参加云南省省级统筹的工伤保险。1997 年 10 月 1 日以前发生的工伤人员，列为“老工伤”范畴，按工程局内部相关的老工伤管理办法管理。

2003 年 4 月 27 日，国务院发布《工伤保险条例》（国务院令第 375 号文）后，云南省人民政府印发《云南省贯彻〈工伤保险条例〉实施办法》的通知（云政发〔2003〕185 号文），2004 年 1 月 1 日起施行，云政办发〔1997〕156 号文自 2004 年 1 月 1 日起同时废止。工程局改按云政发〔2003〕185 号执行。

工程局工伤保险缴费基数，1997 年 10 月～2004 年 12 月按单位职工工资总额的 1.2%缴纳；2005～2006 年，按单位职工工资总额的 1.5%缴纳。

七、生育待遇和保险

1954年建局初期，工程局女职工和女职员生育待遇按1951年中央人民政府政务院发布的《中华人民共和国劳动保险条例》规定执行。

1957年11月，工程局执行水力发电建设总局转发国务院《关于职工绝育因病施行人工流产的医药费和休息期间工资待遇问题的通知》（水〔1957〕劳工字第304号文），职工享受绝育、因病施行人工流产的医药费和休息期间工资待遇。

1982年6月，工程局下发《关于女职工生育假期的暂行规定》，对女职工生育假期的有关待遇作出了规定。

1988年12月，工程局下发《关于女职工生育待遇若干问题的通知》。

1995年6月，工程局下发《关于增发女职工卫生费用的通知》，规定女职工每人每月的卫生费由原2元增至为4元发给，自1995年7月1日起执行。

1997年10月21日，工程局根据云南省劳动厅发布的，《云南省省属、中央和省外驻滇、军工企业职工生育保险实施办法》的通知（云劳〔1997〕195号文），下发《关于印发〈水电十四局职工工伤保险实施细则〉、〈水电十四局职工生育保险实施细则〉的通知》，自1997年10月1日起，职工按属地管理原则参加云南省省级统筹的生育保险。

水电十四局生育保险缴费基数，1997年10月～1999年12月按单位职工工资总额的1.0％缴纳；2000～2006年按单位职工工资总额的0.8％缴纳。

八、职工其他福利待遇

1954年5月～1983年3月，工程局职工去世后，供养直系亲属按国务院1953年颁布的《劳保条例》规定享受供养直系亲属救济费。

1964年2月，工程局执行水电建设总局转发部干部司转发内务部《关于军队转业干部的工资待遇和工作人员死亡后家属补助问题的复函》（水〔1964〕干字第39号文），对工作人员非因工和非因病死亡后家属的补助问题作了规定。

1984年，工程局转发省劳动人事厅、财政厅云劳人险〔1984〕22号文《关于修改〈国家机关、事业单位工作人员死亡后遗属生活困难补助暂行规定〉的通知》，工程局职工死亡后，遗属生活困难补助参照执行云劳人险〔1984〕22号文的规定执行。为了进一步完善遗属生活困难补助费的管理，1986年5月，工程局下发《关于职工因工死亡后遗属生活困难补助和因病或非因工死亡的供养直系亲属的生活困难补助费的实施办法》。1986年10月，工程局下发《关于职工死亡后遗属生活困难补助的待遇问题答复》，对各单位在执行局〔1986〕局劳字第13号文《关于职工因工死亡后遗属生活困难补助和因病或非因工死亡的供养直系亲属的生活困难补助费的实施办法》时提出来的一些具体问题给予明确答复。1989年9月，工程局根据云南省劳动厅、人事厅、财政厅、总工会云劳险〔1989〕5号、〔1989〕云财事字第154号文《关于调整省级机关、企、事业单位职工死亡后遗属生活困难补助标准的通知》精神，结合工程局实际，下发了《关于调整职工死亡后遗属生活困难补助标准的实施办法通知》，对职工死亡后遗属生活困难补助标准进行了调整。

1986年，工程局贯彻执行云南省劳动人事厅下发的云劳人险〔1986〕16号文《关于国营企业职工病、伤假期间生活待遇试行办法》，职工在病伤假期间的基本生活待遇按云劳人险〔1986〕16号文执行。

1988年，工程局贯彻执行云南省劳动人事厅《关于职工的岳父或岳母或公公婆婆死亡后请丧假问题的通知》（云劳人险〔1988〕6号文）的规定：从1988年6月1日起，国家机关、事业单位和全民所有制企业单位职工的岳父、岳母或公公、婆婆死亡后，需要职工料理丧事的，经本单位行政领导批准，可给予3天的丧假。丧事在外地料理的，还可以根据路程远近，另给路程假。在批准的丧假和路程假期间，职工的工资照发，往返途中的车船费等由职工自理。

1988年4月，工程局转发《关于提高革命残废人员抚恤标准的通知》，从1988年1月1日起提高革命残废人员的抚恤标准。

1990年10月，工程局转发云南省劳动厅、云南省总工会修订的《云南省国营企业职工病、伤假待遇暂行规定的通知》，工程局职工病、伤假期间生活待遇按修订后的标准执行。

1996年12月，工程局下发《关于职工借调或提供劳务因病、工伤、死亡等问题处理意见的通知》，针对职工借调或提供劳务中，因病、工伤、死亡等保险福利待遇问题提出处理意见。

九、企业年金

1996年7月1日，工程局根据《劳动部关于印发〈关于建立企业补充养老保险制度的意见〉的通知》（劳部发〔1995〕464号文），下发《关于实施企业补充和个人储蓄性养老保险的决定》，实行企业补充养老保险和个人储蓄性养老保险。从1996年7月1日起执行，至2004年4月30日止。

2004年6月14日，工程局根据中华人民共和国劳动和社会保障部令（第20号）《企业年金试行办法》，下发《水电十四局企业年金实施办法（试行）》，实行企业年金，作为工程局过去建立企业补充养老保险和个人储蓄性养老保险的延续和发展，自2004年5月1日起执行（见表7-10-10）。

表7-10-10　水电十四局企业补充和个人储蓄及企业年金缴费标准

<table>
<tr><th>时　段</th><th>参加人数（人）</th><th>单位缴费</th><th>个人缴费</th><th>历年年利率（%）</th><th>当年年利率（%）</th><th>支付年利率（%）</th></tr>
<tr><td>1996-07～1996-12</td><td>5943</td><td rowspan="3">1元/1年工龄</td><td rowspan="3">0.5元/1年工龄</td><td></td><td>3.30</td><td>3.30</td></tr>
<tr><td>1997</td><td>6365</td><td>5.67</td><td>2.835</td><td>2.835</td></tr>
<tr><td>1998</td><td>6835</td><td>5.11</td><td>2.555</td><td>1.71</td></tr>
<tr><td>1999</td><td>6885</td><td rowspan="2">4元/1年工龄</td><td rowspan="2">2元/1年工龄</td><td>2.25</td><td>1.125</td><td>1.44</td></tr>
<tr><td>2000-01～2000-08</td><td>6706</td><td rowspan="2">2.25</td><td rowspan="2">0.99</td><td rowspan="2">0.99</td></tr>
<tr><td>2000-09～2000-12</td><td>6706</td><td>10元/1级岗位工资</td><td>5元/1级岗位工资</td></tr>
<tr><td>2001</td><td>6009</td><td rowspan="4">2、4、6、8、10元/1级岗位工资</td><td rowspan="4">1、2、3、4、5元/1级岗位工资</td><td rowspan="4">1.98</td><td rowspan="4">0.72</td><td rowspan="4">0.72</td></tr>
<tr><td>2002</td><td>6241</td></tr>
<tr><td>2003</td><td>6396</td></tr>
<tr><td>2004-01～2004-04</td><td>5847</td></tr>
<tr><td>2004-05～2004-12</td><td>6412</td><td rowspan="3">8、14、20元/1级岗位工资</td><td rowspan="3">4、7、10元/1级岗位工资</td><td rowspan="3">2.25</td><td rowspan="3">0.72</td><td rowspan="3">0.72</td></tr>
<tr><td>2005</td><td>7604</td></tr>
<tr><td>2006</td><td>7154</td></tr>
</table>

十、住房公积金

1993年，工程局根据昆明市政府《昆明市房改公积金管理暂行办法》（昆政发〔1993〕85号文）建立了住房公积金制度，自1993年1月1日起执行。1993年职工和个人单位缴存额均为5元/（人·月），之后，缴存标准逐步提高，至2006年12月，单位和个人缴存比例均为职工个人上年度月平均工资的8%（见表7-10-11）。

表7-10-11　　水电十四局住房公积金缴费标准

时　　段	缴费基数	单位缴费比例	个人缴费比例
1993～1996		5元/（人·月）	5元/（人·月）
1997-01～1999-12	本人岗位工资加技能工资之和	3%	3%
2000-01～2000-05	本人1999年度月平均工资	3%	3%
2000-06～2004-12	本人1999年度月平均工资	5%	5%
2005-01～2006-05	本人岗位工资加技能工资之和	7%	7%
2006-06～2006-12	本人上年度月平均工资	8%	8%

水电十四局1986～2006年社会保险开展情况详见表7-10-12。

表7-10-12　水电十四局1986～2006年社会保险开展情况简表

险　　种	开展时间	单位缴费		个人缴费		执行此缴费标准开始时间
		缴费基数	费率/缴费额	缴费基数	费率/缴费额	
基本养老保险	1986	个人缴费基数总额	20%	职工上年月平均工资	8%	2006-01
基本医保（昆明）	2002-02	个人缴费基数总额	10%	职工上年月平均工资	2%	2002-02
基本医保（曲靖）	1997-01	个人缴费基数总额	10%	职工上年月平均工资	2%	2005-07
基本医保（大理）	2002-09	个人缴费基数总额	8%	职工上年月平均工资	2%	2003-01
大病医保（昆明）	2002-02	昆明上年平均工资	7.7元/（人·月）		1元/（人·月）	2006-01
大病医保（曲靖）	2000-01		30元/（人·年）		30元/（人·年）	2005-01
大病医保（大理）	2002-09		24元/（人·年）		24元/（人·年）	2003-10
失业保险	1986-10	单位当月工资总额	2%	职工本人工资	1%	1999-01
工伤保险	1997-10	单位当月工资总额	1.5%			2005-01
生育保险	1997-10	单位当月工资总额	0.8%			2000-01

第十一章　信 息 化 管 理

第一节　机　　构

1983 年，水电十四局在科研所成立了计算机室，配备了 PC1500 计算机，开始了计算机应用于设计计算的起步阶段。

1991 年 7 月，工程局组建计算机中心，潘琪、李跃平具体负责计算机中心工作。同年 10 月，成立工程局计算机应用领导小组。

1999 年，工程局计算机中心并入工程局采购中心，徐浩具体负责计算机中心工作；2002 年，计算机中心并入总工程师室。

2004 年底，计算机中心并入工程局经营管理部，作为经营管理部独立处室，对内称经营管理部信息管理处，对外称水电十四局信息中心，负责水电十四局信息化建设与管理工作，先后由徐浩、王永林负责具体信息中心工作。

水电十四局历来重视企业信息化建设。1999 年成立了以工程局局长为组长、信息化主管副局长为副组长，以计算机中心（信息中心）为常设办公室的信息化工作领导小组，全面负责水电十四局信息化建设的规划和领导。这一常设机构一直延续至今，对水电十四局信息化建设和发展起到了积极的推进作用。

水电十四局各二级单位及项目点按局〔2002〕35 号文的要求成立了计算机网络小组，作为中国水电十四局信息化建设的基层组织，受信息化工作领导小组领导，由信息中心协调网络小组的各项活动。

水电十四局在工程项目点上的信息化建设采取较为灵活的组织形式，依据建设项目范围、功能和规模不同，均以灵活的临时组织形式负责项目的建设实施。在专业系统的建设中，以职能部门为主导，以信息技术人员为技术支持，负责项目的建设实施，建设实施完成后由职能部门负责系统的运行管理。

第二节　信 息 化 建 设 与 应 用

一、计算机应用

信息化是提高企业核心竞争力和实现管理现代化的必由之路。为适应科学技术发展和提高企业管理水平的要求，水电十四局从应用计算机单项计算技术开始，历经使用通信技术、网络技术、信息系统开发建设的过程，不断扩大这些技术在企业生产、经营、科研、管理中应用和服务作用。

自 1982 年，由水电总局向水电十四局分配了一台 MZ－80 型计算机，从此开始了工程局的计算机应用历史。

1983 年，水电十四局在科研所成立计算机室后，开始了计算机应用的起步阶段，并和武汉水电学院合作研究系统工程在水电施工中的应用，结合高山峡谷地区机械化施工的特点，编制了施工网络进度计划程序软件。软件由网络计划时间参数计算，施工期分段控制、调整和网络计划资源平衡优化三部分组成。

该成果应用于鲁布革工程的引水隧洞投标、截流、电站厂房施工等网络计划的编制和计算，为施工中各级领导抓关键项目、作出决策提供了依据。该成果达到了当时国内先进水平，曾两度获得部级奖励，使水电十四局的计算机应用有了一个良好的开端。

1984 年，水电十四局四公司大力推进个人计算机在企业的应用，批准购买了 IBM－8088 计算机，开始着手将计算机应用于企业管理方面。为推广应用，四公司举办了计算机培训班，成立了计算机室。

1985 年，工程局科研所开发出原型观测数据处理系统，对多个数据进行分析计算，其中包括对鲁布革水电站地下厂房大型洞室的位移、应力变化变形的观测资料进行综合分析计算，为施工科研和生产提供了大量信息，以指导施工，确保施工安全。在一些科研项目中，如“水电站大型地下洞室围岩稳定和支护的研究和实践”（获“六五”国家科技攻关奖）、“鲁布革地下厂房围岩监控”（获水电部表彰奖）、“水电站大型地下洞室围岩稳定和保护计算分析和测试研究”（获水电部科技进步一等奖和国家科学技术二等奖）等科研成果均应用了该系统。

1986 年，工程局科研所开发出房屋建筑结构计算程序、弹性地基梁计算程序、小水电水文资料计算程序等软件，相继应用于工民建及小水电站的设计计算中。

1987 年，工程局科研所开发出鲁布革大坝观测资料计算程序和土石坝质量控制程序软件。该软件涵盖了对鲁布革水电站大坝的位移、沉降、渗压等方面观测资料的统计计算，在采用“三点法”对大坝压实度进行快速质量控制和加快工程进度中发挥了重要的作用。

1987 年，水电十四局在编制广州抽水蓄能电站“两洞一口”工程土建施工投标书时，第一次运用计算机将自行编制的报价软件用于投标报价。水电十四局广东分局成立以后，为适应沿海开放地区市场竞争和大型工程项目管理的需要，计算机在管理工作的各个层面逐渐得到应用。广东分局及所属单位共购置各种型号的计算机 10 多台。总经济师室、经营管理部等部门和单位紧密配合，结合实际工作开发出投标报价、内部预算、工料分析、资源强度测算、计划编制、统计报量、劳动工资分析、管理费分析、经济文件管理、生产生活用电管理及设备管理等方面的实用软件 10 多个。

与此同时，水电十四局市场开发部借鉴和吸收已有成果和方法，开发出了通用性较强的投标报价系统。

从德国西门子公司引进的鲁布革水电站发电机组采用计算机自动控制系统，水电十四局安装公司技术人员积极吸收和消化这一具有国际先进水平的技术，完成了计算机硬件和软件的安装调试任务，为鲁布革水电站提前发电作出了贡献。

随着社会主义市场经济的发展，对企业管理提出了更高的要求，新形势迫切要求水电施工企业的计算机应用提高到一定的深度和广度，由单项应用向系统开发发展。以电子技术为抓手的管理信息系统是国家在“八五”期间乃至整个 20 世纪 90 年代要求发展的高科技之一。水电十四局领导站在“科学技术是第一生产力”的战略高度认识计算机应用在管理工作和生产经营中的作用，积极推进管理信息系统的建设。

二、软件开发及应用

1991 年 10 月，水电十四局安排局总工程师室开展了管理信息系统的总体规划工作，在昆明召开了计算机应用开发研讨会，对《水电十四局管理信息系统建设总体规划》进行了评审，为科学、合理、高效、优质地建设好管理信息系统，制定了“统一领导，统一管理，统一安排”的建设原则，确定了“从机关入手，点面结合，上下共同推进，三年联网”的开发方针，使计算机应用工作推向一个新的阶段。

水电十四局管理信息系统的硬件结构是一个以 U6000 系列计算机为主的分层多级网络，局本部系统采用 U6055 或 U6031 小型机，系统之间采用近远程网络连接。至 1993 年 9 月，工程局本部及安装公司、六公司分别购置安装了 U6000 系统，物资公司装备终端进入了工程局本部系统，各单位按总体规划的要求建立自己的应用系统。

水电十四局信息系统以数据处理系统为初级应用阶段，决策支持系统为高级阶段。数据处理系统又分为报表数据系统和综合数据处理系统。数据处理系统的开发工作由水电十四局与云南电子设备厂合作，从 1992 年开始在工程局机关本部和安装公司同时展开。至 1992 年底，机关本部完成了报表处理系统中财务、经营管理、劳动工资、多种经营、质量、安全等子系统和综合数据系统中的档案管理系统的开发工作，并逐渐移植到二级单位。安装公司也开发出机电安装工作预算软件。

整个数据处理系统采用 ORACLE 数据库管理工具进行开发，具有结构模块化、运行效率高、移植性强、扩充性好、共享工作的优点。数据处理系统的投入使用减轻了业务人员手工劳动，提高了管理工作的时效性。

建立管理信息系统人才培训必须走在前面。为积极落实总体规划，水电十四局计算机中心及有关部门采取“分层次，普及与提高相结合”的办法，广泛进行计算机培训。1991 年 8 月～1993 年 9 月，共举办各类培训班 8 期，培训管理人员和工程技术人员 242 人次。

三、网络及应用环境建设

20 世纪 90 年代末，网络技术不断完善，特别是互联网络的冲击，电子商务、电子政务、网络办公等影响到社会的各个角落。工程局从 1999 年开始进一步加大了信息化建设的资金投入，并有计划地进行全面的基础网络建设，形成了今天工程局信息建设的良好基础。

1999 年，水电十四局全面进行了工程局机关网络基础设施建设，实现了以机关为主体的网络办公环境，各二级单位和项目点通过 Internet 实现与机关网络的互联互通。机关网络的拓扑结构为：主干网络为千兆光纤连接，各个接入点以百兆双绞线分别连接到交换机的单独端口，同时提供无线网络连接，出口为租用中国电信提供的 10 兆光纤专线。

2005 年底，水电十四局针对网络设备长期不间断运行时间已达到故障频发期，对网络主要交换设备进行了必要的更新改造。

2006 年，水电十四局正在运行的网络主要设备有：12 台华为两层楼层交换机、1 台华为 7502 三层核心交换机、1 台安氏 A100 硬件防火墙，1 台 cisco 路由器作为与水电集团公司互联的 VPN 设备，7 台应用服务器分别提供了 Web 服务、电子邮件、DHCP、

NOD32防病毒服务器、视频会议、电子图书馆、GK-Express、朗新人力资源系统、OA系统等应用功能。这一网络硬件平台基本能够满足现行应用的基本需求。

水电十四局各二级单位及主要项目经理部均根据管理工作的实际需要，建立了相对完善的计算机网络系统，实现了部分管理工作的信息化建设。其中：

（1）曲靖分局：10兆光纤网络出口，具有1台路由器和5台交换机，满足分局机关的网络办公需求。与工程局机关采用竞开协同软件、FTP及电子邮件等方式进行联系。

（2）大理分局：ADSL网络出口，满足分局机关的网络办公需求。与工程局机关采用竞开协同软件、FTP及电子邮件等方式进行联系。

（3）机电安装总公司：ADSL网络接口。采取域模式统一管理，具有1台服务器（IBM335），提供文件服务及DHCP服务。与工程局机关采用竞开协同软件、FTP及电子邮件等方式进行联系。

（4）路桥总公司：ADSL网络出口，具有1台路由器和3台交换机。与工程局机关采用竞开协同软件、FTP及电子邮件等方式进行联系。

（5）小湾141联营体：ADSL网络出口，具有2台服务器，分别对外和对内提供服务。对外主要是提供Web服务，对小湾141联营体进行宣传。对内主要提供FTP和Web服务，联营体机关和厂队通过内网来实时更新和交流信息。此外，整个项目管理过程中贯穿使用P3e/c和PowerOn项目管理软件。

其他二级单位和项目经理部也根据自身应用需要，建设了较为完整的对等网络。

四、应用系统建设

水电十四局在1999年大规模网络建设期间，同时建设了企业网站、电子邮件等基础网络应用平台。以企业网站为信息搭载平台，提供了网站服务、企业论坛、电子邮件等通用服务功能，主要目的是服务于企业形象宣传、信息披露、信息沟通、资料传输等。从运行情况来看，虽然近期内这些服务尚可以满足工程局内需要，但从长远看，很多服务内容还需大幅度改进，还需加强和完善管理机制。

2002年，水电十四局为贯彻会计核算电算化的要求，在全局范围内对会计从业人员进行了电算化会计培训，同时在公司财务建设了独立网络系统，并采用“用友财务管理系统”实现公司会计核算电算化管理的要求。

2003年，水电十四局与上海普华公司合作在小湾141联营体开始实施基于P3e/c的PowerOn项目管理系统。该系统基本涵盖了施工项目管理的众多方面，包括施工计划管理、综合计划、管理作业、资源管理、材料管理、设备管理、采购管理、质量管理、安全环境保护管理、支付管理、费用管理、图纸与文档管理、工程记录管理。

2004年，水电十四局针对水电施工企业跨地区、跨时区、跨系统、跨网络的特性，为增强企业信息沟通交流，采用了北京点击科技公司为动态团队管理模式而设计开发的“竞开协同之星”。该软件主要提供了协同工作、综合通信、关系管理三大功能。该系统在工程局机关局域网部署有协同管理服务器、工作流服务器、虚拟人服务器、管理服务器，形成企业安全交流环境，确保各单位之间的联系通畅和稳定。

2004年底，水电十四局为提供项目成本核算和管理水平，购置了一批WPC2000工程造价管理软件分发到直管项目部，作为统一的成本核算和报表软件系统。

2005 年底，由人力资源部主导，水电十四局采用朗新人力资源管理系统作为人事管理工作辅助手段，形成了完整、动态、实时的人力资源数据库，对人力资源的管理和决策起到辅助作用。

2005 年底，根据水电集团公司的统一安排，水电十四局在机关四楼会议室建设了较为完整的视频会议室，作为水电集团公司视频会议系统的分会场，通过多次测试和参加水电集团公司的视频会议，应用效果良好。有鉴于此，水电十四局开始建设实施本局视频会议系统，经过 1 年多时间的努力，完成了视频会议服务器的架设，视频会议系统软件版本基本保持与水电集团公司视频会议系统版本一致，以满足作为水电集团公司子服务器的要求。建设了包括各二级单位和主要项目经理部的 17 个分会场，经过多次测试、会议、培训的检验，系统运行正常，会议效果良好，完全能够满足远程视频会议的要求。

2006 年，在工程局科技管理部的倡导下，工程局利用清华同方 API 数字图书馆系统建立本企业知识库。该系统尚处于试用阶段。

第十二章　离退休管理

第一节　机　　构

1983 年以前，由于工程局离退休人员比较少，离退休人员的管理工作由工程局所属各二级单位自行审批及管理。1984～1995 年，离退休人员由工程局昆明片各二级单位、曲靖基地管理处、下关基地管理处、罗平基地管理处管理。1996～1999 年工程局对大理、曲靖两大片区的各二级单位进行重组，成立水电十四局大理、曲靖两大分局，对离退休人员的管理除昆明片不变外，大理和曲靖的离退休人员由大理、曲靖两大分局管理。2000～2006 年，工程局为适应建立现代化企业制度改革的需要，离退休人员的管理工作从工程局所属各二级生产经营单位分离出来，由新成立的水电十四局昆明、大理、曲靖 3 个离退休管理中心进行管理。

一、工程局机关离退休管理服务机构

1983 年，工程局决定在工程局干部处内设立老干部工作科，负责工程局机关离退休人员的管理与服务工作，并对工程局所属各二级单位需办理离休干部的资料进行整理、上报、审批等工作。

1986 年 5 月 26 日，根据中央和云南省的有关要求，凡是有离休干部的厅局级单位必须成立老干部处，工程局党委批准成立水电十四局老干部处。曾任处长的有：范德顺、彭仲英；曾任副处长的有：俞斌。

1991 年，随着离退休人员数量的不断增长，为了更好地做好全局离退休人员的管理服务工作，工程局成立了水电十四局离退休管理部，同时保留老干部处，形成两块牌子、一个班子的领导格局。工程局离退休管理部除做好工程局机关离退休人员的管理服务工作

外，对工程局所属各二级单位的离退休管理服务工作具有协调、指导等作用。曾任部长的有：彭仲英、俞斌、黄遂蓬；曾任副部长的有：辛弼。

2000年，为了贯彻落实中共十五大精神，按照“产权清晰、政企分开、科学管理”的要求，建立现代化企业制度，使企业真正成为自主经营、自负盈亏、自我发展、自我约束的经济实体和市场竞争主体，工程局进行了内部体制改革，把原来由各二级生产经营单位管理的离退休人员分离出来。按照片区管理的原则，由新成立的水电十四局昆明离退休管理中心、大理离退休管理中心、曲靖离退休管理中心进行管理。管理人员的费用及离退休人员的一些非统筹费用均由工程局支付，使各二级生产经营单位“轻装上阵”，一心一意从事生产经营活动，从而有效地保证了企业的可持续发展，增加了工程局的经济效益。同时，也使全局的离退休人员实现了统一管理，克服了以前各二级单位管理时出现单位之间的各种福利待遇不一致的现象，使离退休人员更加和谐、稳定。为了实施全局离退休人员的统一管理，工程局决定保留局离退休管理部（老干处），工程局离退休管理部领导任昆明管理中心领导。

曾任昆明离退休管理中心主任的有：钟辉、李必显；曾任副主任的有：辛弼。

二、曲靖离退休管理服务机构

1984年9月19日，工程局批准成立“曲靖基地建设管理处”（县团级），其主要职责是代表工程局对曲靖、下关（部分）、罗平、马过河等片区已办理离退休手续的职工进行安置工作。曾任建管处处长的有：华仁言；曾任副处长的有：单聚富、张寿昌、刘悦敏；曾任党委书记的有：朱连生；曾任主任工程师的有：陈岐源；曾任工会主席的有：陈守恭。

1987年，随着离退休人员的不断增加，罗平基地已经具备可以安置离退休人员的条件。工程局决定成立罗平基地管理处（县团级副职），分别对所辖区的离退休人员进行管理与服务工作。曲靖基地管理处只负责对曲靖片的离退休人员进行管理服务工作。曾任曲靖基地管理处处长的有：华仁言、朱连生、彭尔瑾、唐春满；曾任副处长的有：单聚富、张寿昌、周进顺、朱连生、彭尔瑾、邓昭信、刘秉诚、李海昌、许志恒；曾任党委书记的有：朱连生、陈江；曾任党委副书记的有：王正雅、彭尔瑾；曾任纪委书记的有：罗成美；曾任主任工程师的有：陈岐源、张寿昌；曾任工会主席的有：陈守恭、孙嘉安；曾任总经济师的有：刘秉诚（兼）。

1996年，工程局将曲靖片区的各二级单位合并，组建水电十四局曲靖分局。同时，在曲靖分局内成立离退休管理部，具体负责对离退休人员的管理与服务工作，由1名分局副局长分管离退休工作。曾任分管副局长的有：唐春满、周建忠；曾任离退休管理部部长的有：李海昌、张贵华。

2000年，工程局为适应改制工作的需要，成立了水电十四局曲靖离退休管理中心（正处级），负责曲靖片区离退休人员的管理与服务工作。曾任主任的有：张廉荣、刘峰清、尹良；曾任副主任的有：王祥、张贵华。

三、罗平基地离退休管理服务机构

1988年，工程局批准正式成立罗平基地建管处（副处级），负责罗平的基地建设和对离退休人员的管理服务工作。曾任罗平基地管理处主任的有：高仕全；曾任党总支书记的有：李海昌、高仕全。

1996年，根据工程局的决定，将曲靖片区各二级单位进行组合，成立曲靖分局，同时将罗平基地划归曲靖分局管理，为科级单位。

四、下关离退休管理服务机构

1987年，工程局成立了下关基地管理处（县团级），主要职责是负责下关基地的建设规划工作及离退休人员的管理与服务工作。曾任下关基地管理处处长的有：牟文玺、钟辉（代）、张瑜、张界云；曾任副处长的有：和祖英、汤福南、杨向东、张瑜、刘明基、段禹、张界云、袁再国、王经伟；曾任党委书记的有：钟辉、杨向东（曾任党委副书记）、王经伟；曾任主任工程师的有：彭志斌；曾任主任会计师的有：张瑜、张界云；曾任纪委书记的有：韩富长、曹高发；曾任工会主席的有：曹高发、和祖英；曾任主任经济师的有：袁再国。

1996年，根据工程局的决定，将大理片区的各二级单位合并组建大理分局，在分局内成立离退休管理部，具体负责对离退休人员的管理与服务工作，由1名分局副局长分管离退休工作。曾任分管副局长的有：芮春生。

2000年，工程局为适应改制工作的需要，成立了水电十四局大理离退休管理中心（正处级）。负责大理片区离退休人员的管理与服务工作。曾任主任的有：芮春生；曾任副主任的有：蒋济、黄代常。

第二节　管理与服务

水电十四局离退休管理工作，经过历届班子和全体工作人员的努力工作，按照党和国家的方针政策及上级的要求和安排，建立健全了《离退休工作条例》、《党总支、支部工作办法》、《老干部目标管理责任制》、《离退休人员丧葬处理办法》、《老年体协章程》等各项规章制度，使工程局的离退休管理工作进入了制度化、规范化的管理轨道。1996年6月，水电十四局离退休党支部被国家电力公司党组评为“国家电力公司系统先进离退休党支部”；2000年1月，工程局老年体协被云南省老年人体育协会评为“先进单位”，2000年被中共云南省委组织部、中共云南省委老干局评为“先进单位”，2002年被中共云南省委办公厅、云南省政府办公厅、云南省政府信访局、云南省人事厅评为“离退休来信来访工作先进集体”。

一、做好离退休人员的管理服务工作

（一）建立健全各项数据库

（1）按照云南省社保的要求，建立离退休人员参加社会保险的有关信息资料数据库。

（2）建立离退休人员个人档案信息卡。

（3）按照省总工会的要求，建立退休人员参加社会互助医疗的信息库。

（二）宣传教育工作

利用各种会议、专栏、橱窗、黑板报、走访、座谈及创办离退休信息等形式，加强对离退休人员的思想政治学习，提高思想认识，使广大离退休人员做到“政治坚定、思想常新、理想永存”，拥护党的路线方针和政策，遵纪守法，支持企业的改革发展。为建立和谐社会、和谐企业、和谐后方而努力。

（三）养老与就医工作

（1）1998年以前，离退休人员的养老金属行业统筹。各离退休管理机构按照上级每月的拨付标准，不足部分由工程局承担，按月足额发放到离退休人员手中。

（2）1998年以后，离退休人员的养老金由原来的行业统筹移交给云南省，实行社会化统筹，并按照云南省社保的要求，每月23号由省社保拨付到工程局，并通过银行按时打到离退休人员的工资卡上，使离退休人员的养老金从根本上得到了保障。

（3）2000年以前，离退休人员的医药费报销仍由企业承担。对离休干部的医药费按照政策实行实报实销。退休人员按照规定以一定的比例及时给予报销。

（4）2000年后，昆明、曲靖和下关等片区的离退休人员参加了属地医疗保险，并参加省总工会组织的医疗互助活动，离退休部门协助离退休人员到社会医疗保险机构报销医药费，到互助医疗机构报销互助医疗部分费用。对异地安置人员，则邮寄给本人。

（5）离退休人员生病住院，有关在职领导到医院进行看望及慰问。

（四）丧葬抚恤工作

（1）离退休人员病故后，根据家属意见，并按照其本人退休前职务，工程局或有关部门领导到殡仪馆参加遗体告别及慰问家属。

（2）按照政策规定协助办理丧葬抚恤费。对异地安置人员的费用，及时邮寄给其家属。

（3）按照民族政策，回族离退休人员病故后，按照少数民族的风俗习惯，对需送回原籍安葬的，为其提供方便。

（五）走访慰问

（1）每年临近春节，工程局筹集资金进行春节慰问。同时，对劳模和特困家庭进行送温暖活动。

（2）每年年底，对异地安置的长期生病和受自然灾害较重的离退休人员进行异地探望，同时及时掌握异地安置人员的情况，协助社保机构做好养老金的发放工作，杜绝社会保险基金的流失。

（3）建立对各社区离退休职工困难户、特困户、住院老病号的探访制度，定期或不定期地走访慰问，送去组织的温暖。

（六）来信来访工作

（1）本着遇事不回避、不推诿、不把矛盾上交的原则，按照信访条例，热情接待来访者，认真听取他们反映的问题，并按照政策进行耐心、细致的宣传说服工作，化解矛盾，解决实际问题。

（2）对来信者提出的问题，按照党的方针政策回信解释，尽量帮助他们解决一些实际问题。

（七）遗属管理工作

（1）对少数身边无子女的遗属人员，定期或不定期地进行探望，及时了解和掌握他们的生活和身体状况，并帮助解决一些实际问题，严防病重无人知情的情况发生。

（2）对遗属孤儿，加强与地方学校和民政部门的工作联系与沟通，尽可能地帮助他们解决有关上学、就业问题。

（3）对未达到城市最低生活保障线的遗属人员，积极协助他们向民政部门申报。

（八）落实离休干部的待遇

离休老干部是党和国家的宝贵财富，他们为新中国的建立立下了汗马功劳，在社会主义建设中不怕艰苦、冲锋在前，为云南省的水电建设作出了重要的贡献，离休后仍然发挥着余热，他们关心支持工程局的改革发展及稳定工作。工程局历届领导十分关心离休干部两个待遇的落实工作，工程局班子换了多届，但关心和落实老干部的各种待遇不变。在政治待遇方面：每年都组织他们学习和参观工农业生产，按照离休干部的级别安排他们传阅文件，给他们人手订阅《老同志之友》《云南老年报》《云水之光》等杂志和报刊，并对工程局老领导还增订了《人民日报》《云南日报》《参考消息》等报刊。工程局每年召开的工作会、职代会都请老领导参加会议，让他们为工程局的改革发展献计献策。每年春节，工程局主要领导都要举行“春节茶话会”，请老干部参加会议，听取他们的建议和意见。在生活待遇方面，按照中央和云南省的有关规定，专门为离休干部配备了专用车辆，保证他们学习和生病住院时用车；生病住院和门诊看病医药费实报实销，不拖欠一分钱；每两年组织他们进行身体检查，对有病的人员及时给予住院治疗。根据云南省委老干部局便函通知精神，从2005年1月起，给离休干部每人每月增加生活补贴200元。2005年和2006年两年共发放离休干部生活补贴76.8万元。

按照云建房改字〔2000〕884号文《云南省进一步深化国有企业住房制度改革的指导意见》和云南省建设厅、云南省财政厅、中共云南省委老干部局、云南省经济贸易委员会联合发出的云建房〔2001〕785号文《云南省国有企业离休干部实施住房补贴的意见》的规定，工程局对2000年12月18日健在的197名离休干部发放了住房补贴，共计278.34万元。水电十四局1999～2006年离退休人员基本情况见表7-12-1。

表7-12-1　水电十四局1999～2006年离退休人员基本情况

年　度	人　数	离休人数	退休干部数	建国前老工人	退休工人数	退职人数	离退休总人数中					
							男性	女性	副处级以上干部	易地安置	70岁以上	80岁以上
1999	12 538	216	2119	90	10 075	38	8213	4323	274	2882	994	94
2000	12 562	203	2105	88	10 130	36	8074	4488	264	2876	1163	110
2001	12 477	197	2082	81	10 081	36	7951	4526	268	2810	1329	121
2002	12 494	196	2074	80	10 108	36	7889	4605	275	2784	1501	158
2003	12 467	188	2069	75	10 100	35	7835	4632	272	2774	1808	191
2004	12 461	177	2073	71	10 105	35	7790	4671	271	2785	1987	223
2005	12 439	167	2050	68	10 119	35	7750	4689	273	2807	2135	257
2006	12 332	159	2022	65	10 052	34	7635	4697	273	2769	2394	302

二、加强离退休管理人员队伍的建设

工程局在2000年进行内部机构改革时，对新组建的三个离退休管理中心的领导及工作人员进行了调整，把政治、业务素质好，热心老年事业的同志安排进去，对业务骨干送出去进行系统的学习和培训，提高了管理人员和工作人员的理论水平、政治水平和实际工作能力，增强了管理人员和工作人员的政治意识、改革意识、创新意识、大局意识和服务意识，保证了工程局的改革、发展的顺利进行及离退休队伍的稳定。

三、实施离退休管理工作目标责任制

为了更好地做好全局离退休人员的管理与服务工作，按照中共云南省委老干部局的有关安排，从1995年起，工程局分管领导、工程局离退休领导小组组长与局属各离退休管理机构领导签订了《水电十四局离退休工作目标管理责任书》，并且按照《责任书》的要求，每年上半年和下半年组织相关人员按照《责任书》的“加强领导、落实政治待遇、落实生活待遇、发挥作用、加强自身建设”的五大要求中的25项规定，对各单位进行逐条考核和打分，对考核为优秀的单位在每年一度的离退休管理工作会上给予精神和物质奖励，对不合格的单位给予通报批评并限期改正。通过对《责任书》的考核评定，增强了全体管理人员和工作人员的事业心和责任感。

第三节 党组织建设

2006年，水电十四局全局有离退休党员2142人，离退休党总支3个，离退休党支部33个，党小组146个，分布在昆明、曲靖、大理、罗平四大片区。

在上级党委的关心领导下，根据中共中央组织部《关于加强离退休干部党支部管理的意见》精神，结合工程局的实际专门下发了《中国水利水电第十四工程局离退休党总支（支部）工作暂行办法》，加强了党的基层组织建设；在昆明、大理、曲靖三个离退休管理中心建立党总支，隶属于同级党委管理，各离退休党总支根据党员的居住情况及党员人数建立党支部。各党支部根据党员的居住情况，按照就近、就地的原则建立党小组，使离退休党员能够正常地参加党的组织生活，有效地增强了党支部的战斗力和凝聚力，同时更好地发挥共产党员的先锋模范作用。工程局还为各离退休党总支（支部）订阅了“支部生活”、“党课”等学习资料，组织部分党支部书记，参加中共云南省委老干部局组织的书记培训班进行学习。在党建工作中坚持以基层党支部为主，组织广大党员认真学习马列主义、毛泽东思想、邓小平理论及“三个代表”的重要思想，学习党的各项方针政策，使全体党员与中共中央保持高度一致，做到离岗不离党，保持共产党员的先进性，注重自身学习，转变思想观念，与时俱进、求真务实，正确地认识新时期党建工作的重要性，维护社会稳定，构建和谐社会。

第十三章　综　合　管　理

第一节　机　　构

一、机构的建立及演变

工程局的综合管理部门在1954年云南水力发电工程局建局之初就已设立。1954年《云南水力发电工程局行政责任制》及1955年云南水力发电工程局《为颁发我局所属单位、科、室新印信由》中记载，成立云南水力发电工程局办公室；同时规定，办公室是局长的日常行政工作助手是联系各单位的纽带，是机关工作与生活的组织者；办公室设主任1人、副主任1人，局办公室下设秘书股、总务股、医务室。

1956年7月26日，工程局机关办公室下设秘书科、资料编辑组、电讯科。1960年9月14日，《以礼河工程局现有组织机构情况表》，局办公室分管资料、档案图书、四化办公室、铅印、打字、秘书工作。1961年11月29日，工程局组织机构进行调整，保留局办公室，下设电讯队。1962年8月1日，《以礼河工程局新的组织机构编制方案》中，办公室分管电讯队、幼儿园、农场。

1965年，水利电力部云南水力发电建设公司办公室成立。1966年“文化大革命”开始后，办化室撤销，机关成立办事组、政工组、生产指挥组和人民保卫组四大组。

1971年1月28日，水利电力部云南水力发电建设公司撤销，下属单位划归云南省电力局直接领导。1979年10月10日，云南省水电施工队伍收归部属，其机构名称为“电力工业部第三水电工程局”。同年12月14日，电力工业部第三水电工程局办公室成立。

1984年5月26日，颁布《局机关工作条例》，规定办公室是局机关工作的综合管理部门，主要职责包括公文处理、会议组织。局办公室下设行政科，负责局机关的房屋基建，以及房产、家具、办公用品的购置、分配、管理工作，管理机关行政经费和交通工具。

1986年10月23日，成立局行政处，将原属局办公室下属的行政科、房建科财务组、机关医务室、小车班划归行政处领导。

1990年12月25日，成立局档案室，作为局的综合档案管理机构，由局办公室归口管理。

1995年1月23日，工程局对机关部门上岗人员岗位工资等级进行规范，局办公室负责机要、秘书、档案、小车班工作，设主任1名、副主任1名、档案室副主任2名。同年2月21日，工程局又将原局行政处职能和人员从昆华实业总公司划出，交由局办公室管理。3月16日，决定在局办公室设置行政科，设科长1名、副科长2名，主要负责局机关后勤行政管理工作。8月10日，对局机关部门编制定员进行修订，局办公室部门定员22人，设主任1名，主持全面工作，兼管档案室、小车班；副主任2名，一名分管文秘、机要、打字、总调工作，另一名分管对外关系、接待、行政科工作。

1997年10月8日，对机关各部门工作人进行续聘，局办公室定员21人，设主任1名、副主任1名，下设秘书科、生产调度室、档案室、接待室、北京办事处。

1999年9月16日，工程局撤销行政处成立事务部，局办公室组织机构不变。

2000年7月3日，根据《关于局机关部门内科室设置的通知》，规定局办设秘书科、接待科、档案室。

2003年8月23日，机关部门及职位调整，局办公室设主任1名、副主任2名，下设秘书处、接待处、事务处、档案处、信访室。

2004年1月8日，对局机关各部门内设处室负责人进行聘任，局办公室下设秘书处、接待处、事务处、档案处、保卫处。

20世纪80年代以来，根据工作的需要，工程局设立了驻国内部分城市的办事处。各办事处机构演变情况如下：

（1）1983年8月29日，工程局成立北京工作组。

（2）1993年7月3日，设立工程局驻上海联络处。

（3）1993年10月11日，工程局华东分局驻杭州办事处成立。

（4）1995年11月20日，成立水电十四局三峡工程办事处，作为工程局派出的常设机构，办理有关三峡工程建设的各项事宜。

（5）1999年8月30日，撤销驻上海联络处。

（6）2001年9月28日，成立长沙办事处。

（7）2002年10月10日，成立成都办事处。

（8）2004年1月8日，将北京办事处更名为北京联络处，成都办事处更名为成都联络处，长沙办事处更名为长沙联络处。

（9）2004年11月17日，成立工程局宜昌联络处。

二、行政办公室负责人

1954～2006年，担任过局办公室主任的有：罗志昌、贾乐善、孙光弟、张龙、黄秉仁、杨德保、楚光、姚玉友、徐东初、陈志明、余佩义；担任过局办公室副主任的有：李立东、张祥林、李润祥、刘前银、徐东初、姚玉友、陈锐弟、胡忠义、李光华、江萍、徐友来；担任过北京办事处主任的有：顾谦、李峰；担任过成都办事处主任的有：孙礼斌、周元昌、范小平、刘合彦；担任过长沙办事处主任、副主任的有：甄灿；担任过宜昌联络处主任的有：汪涛。

第二节 文 秘

工程局文秘工作包括各类文书的拟写、内外文件资料的收集与处理、信息的收集传递和反馈、会务组织管理、领导秘书、文印、印信保管等内容，从建局至今，一直是办公室职责的重要组成部分。

一、文秘管理机构

1955年，办公室下设有秘书股，负责文秘工作。秘书股包括股长、机要秘书、收发员、打字员、校对员、油印员。

1956年7月，工程局办公室下设秘书科。

1958年，根据云南水电工程局组织机构人员编制方案，设立局长办公室，分管秘书及资料编辑工作；同时，行政处下设有秘书组，负责打字室、收发室、文书工作。

1960年9月14日，局办公室分管资料、铅印、打字、秘书工作。

1962年8月1日，办公室设置了3名秘书，负责文秘工作。

1963年7月13日，局办公室职责中有资料收集、起草总结报告、组织会议、文书、印信管理等文秘工作。

1965年12月水利电力部云南水力发电建设公司成立公司政治部。“文化大革命”期间，公司机关成立四大组，文秘工作分别由有关机构和人员承担。

1979年成立电力工业部第三水电工程局，设立工程局办公室，负责工程局文秘工作。

1984年5月26日，颁布《局机关工作条例》，规定办公室是局机关工作的综合管理部门，主要职责包括公文处理、会议组织等工作。

1995年1月23日，工程局对机关部门上岗人员岗位工资等级进行规范，明确局办公室设有综合秘书、公务秘书、机要文书等文秘工作岗位。同年8月10日，明确局办公室1名副主任，分管文秘、机要、打字、总调工作。

1997年10月8日，局办公室下设秘书科。

2003年8月23日至今，局办公室下设秘书处，专职负责文秘工作。

二、文秘工作

工程局成立之初，文秘工作基本从属于办公室的行政工作，主要职责是印鉴管理、发文管理、打字、收发等。为明确岗位工作职责，1954年6月，下发《办公室秘书股工作职责》，明确了股长、机要秘书、收发员、打字员、校对员油印员职责；1954年5月拟定，1955年3月修订《秘书组责任制》，明确了秘书组（股）职责。1955年4月，制定了《云南水力发电工程局公文处理暂行办法》，工程局文秘工作有了初步规范管理。

1979年成立电力工业部第三水电工程局，文秘工作逐步成为办公室工作的重要内容，主要职责包括印鉴管理、公文处理、会议组织、文件打印等工作。

1984年5月26日，颁布《局机关工作条例》，规定办公室是局机关工作的综合管理部门，主要职责包括公文处理、会议组织等工作。此工作条例明确了秘书工作的职能。

20世纪90年代后，随着工程局的发展，文秘工作也有了延伸，该时期主要包括公文处理、印鉴管理、秘书工作、机要、打字、总调等。秘书工作成为综合管理的重要组成部分，为领导服务，成为秘书工作的核心。这个阶段公文管理逐步规范。

1999年6月10日，为规范局办秘书工作，工程局制定了《中国水利水电第十四工程局机关公文处理办法》，明确了组织机构、收发文流程、资料保管等事宜。

2000年12月24日，制定了《水电十四局公文处理办法》，进一步规范了公文处理工作。

为规范公文办理质量，2001年印发了《水电十四局公文处理存在的问题及相应措施的通知》，进一步规范了公文办理程序及流程；为规范会议室管理，制定了机关会议室使用管理制度以及会议室服务规范；为确保公文的实效性，制定了对机关文件评审制度，定期对机关文件进行实效性评审；为规范印鉴管理，制定印鉴管理办法，确保了工程局印鉴的使用规范和使用安全。

2003年，局办公室专设秘书处，专职负责文秘工作，包括各类文书的拟写、内外文件资料的收集与处理、信息的收集传递和反馈、会务组织管理、领导秘书、文印、印鉴管理等内容。该阶段的文秘工作走向规范化，适应了现代企业管理制度的需要。

2005年5月，工程局颁发《关于印发试行局机关各部室工作职责和2005年度工作目标的通知》，进一步明确了局办主要工作职责，秘书处的工作得到进一步规范。

以上措施使文秘工作适应了新时期办公室工作的需要，提升了办公室服务的能力。

第三节　机　要　保　密

机要保密工作在工程局成立之初就得到重视，在工程局机关办公室设有机要、保密工作专职岗位，负责内外来往的机要件的传递及印鉴的保管和使用。随着社会的进步、企业的发展，这项工作逐步得到加强。现工程局办公室秘书处设专职机要秘书、机要员各1名，党委工作部机要秘书1名，并在工程局各二级单位机关办公室设兼职机要员1名。

一、保密机构

1954年工程局成立初始，在工程局机关办公室秘书股配备1名专职机要人员，负责机关内外来往的机要件的传递及印鉴的保管使用等工作。

1979年10月，在工程局办公室和局属6个二级单位办公室配备了专职或兼职机要人员，分别负责工程局和二级单位机要保密管理工作。

1983年5月，工程局机关在由原来机要秘书和机要交换员由1人兼任的情况下，增加到2名工作人员。1984年1月9日，机构改革和领导班子调整，陈锦棪任保密委主任。

2000年10月19日，调整工程局保密委员会，主任刘冬成，副主任陈志明、陈锐弟。

2001年12月20日，成立工程局“四五”保密普法领导小组，领导小组组长刘冬成，副组长陈志明、陈锐弟。

2004年6月3日，调整工程局保密委员会，组长王景龙，副组长陈锐弟、余佩义。

2006年8月23日，水电十四局保密委员会调整，主任王景龙，副主任陈锐弟、余佩义。保密委员会办公室设在局党委工作部。

二、保密工作管理

1954年工程局成立之初制定的《云南水力发电工程局办公室工作职掌范围与办事细则》，规定了工程局办公室秘书股设专职机要秘书，其职责是：“负责全局各种机要文件电报的收发、密封、保管、送阅及交办等工作；负责检查保密制度在本局各科室的执行情况，向领导汇报，协助领导对全局人员进行保密工作的教育；负责本局印鉴启用信函的保管及所属单位印鉴信函之刊物登记工作”。

1955年2月制定的《云南水力发电工程局机要工作暂行规则》对工程局机要保密工

作作了进一步的细化和完善，做到有章可循。其后，无论机构与名称怎样变动，机要保密都作为专项工作开展，并逐步得到加强。

1983年5月，工程局机关由原来的机要秘书和机要交换员由一人兼职，增加到两个工作人员。机要秘书负责工程局行政印章、法人印章、合同印章的保管及按规定使用，以及机要件传阅和管理；机要交换员负责内外机要件的交换，以及重要信件的邮递。

1984年1月9日，由于机构改革和领导班子调整，为进一步加强保密工作，工程局下发了《关于调整局保密委员会的通知》，要求各单位建立健全机构，做好保密工作。

2000年，工程局制定《中国水利水电第十四工程局保密工作暂行规定》，细化工程局保密工作职责，对重要工作岗位、领导岗位、机要秘书岗位、文件打印复印岗位、机要收发岗位、办案岗位、计算机应用岗位及后勤岗位的保密工作作了详细规定。同时印发了《中国水利水电第十四局公文处理办法》和《关于作废印章统一管理的通知》两个文件，加强了保密工作的管理。

2002年下发《关于规范印章管理的通知》，规范了工程局印章的管理。为确保党和国家秘密的安全，提高局属各单位、各部门对保密工作的认识，加强工程局涉密文件、内部资料、计算机信息系统和涉及的商务秘密管理工作，2003年3月28日，工程局下发《关于进一步加强水电十四局保密管理工作的通知》，对机要保密工作作了详细规定。

2003年，为进一步适应新形势下保密工作“保安全、保发展”的要求，切实做好保密防范工作，工程局保密委员会组织确定局党委工作部机要室、局办机要室、局办档案室为工程局保密要害部门和单位。

工程局建局50多年来，从未发生过严重泄密事件。工程局有关机要和保密人员多次受到相关单位和部门的表彰。

第四节　信　　访

1979年10月，工程局恢复建制，局党委根据中共云南省委的布置和要求，组织开展平反冤假错案、落实政策的工作，成立了落实政策办公室，对历次政治运动中受到错处的案件进行复查平反和纠正，并接待来信来访。1984年，工程局组织开展了落实知识分子政策的工作，随着工作的深入开展，要求落实政策的来信来访剧增。为做好信访接待工作，20世纪80年代中期，工程局在局党委办公室下设信访室，负责信访接待工作。截至1988年，工程局落实政策办公室和信访接待室共接待群众来信来访5961件次。

1988年，局党委决定，信访工作按性质分类，由业务部门处理，重大疑难问题报局领导研究，干部信访由人事部负责处理。1994年，全局共接待干部上访1652人次，其中各级领导接访370余人次，处理信访673件，领导阅批131件；局人事部接访干部123人，共354人次，复信和转办信共250余件，并办理属于落实政策的19人，同期接访部分工人信访62人次。

2000年3月，工程局党委为加强对信访工作的领导，建立健全信访工作机制，印发了《关于成立信访工作领导小组的通知》，成立局信访工作领导小组，组长林文进，副组长局党委副书记、工会主席，成员有人力资源部、党委办公室、局办公室、社会保障部、经营管理部和昆明医院的负责人。设置信访接待室，由工程局人力资源部、党委工作部、局办公室、社会保障部、离退休工作部、纪委（监察）部及总经室等部门派出专人按正常工作时间轮流值班，负责接待上访人员，处理有关上访事项。局属大理基地党委、曲靖基地党委也按要求成立信访工作领导小组，设置信访值班室，由相关部室人员接待，并明确领导分管负责信访工作，保证信访渠道畅通。

2000 年 6 月，工程局应机构改革和企业改制的需要，成立局信访办公室，明确了局信访办公室在工程局党委及信访领导小组的直接领导下，以国家法律、法规、政策及工程局各项政策性文件、制度为依据开展工作。

2001 年 11 月 22 日，调整局信访工作领导小组，组长刘冬成。

2002 年，印发《关于做好“两会”期间信访工作的通知》，要求各单位把维护生产稳定的工作放在构建社会主义和谐社会的总体目标中去研究和部署，正确处理好改革、发展、稳定的关系，落实和改进维护稳定的工作制度，依照法律和政策努力解决单位中存在的不稳定问题，为工程局持续、稳定、健康和谐发展创造良好环境。

2004 年 6 月 8 日，工程局信访工作领导小组进行调整，组长陈志明，小组办公室设在局办信访处，徐友来任小组办公室主任。

2006 年 8 月 23 日，调整水电十四局信访工作领导小组，组长陈志明，小组办公室主任徐友来。

自工程局信访办公室 2000 年成立以来，信访办公室结合工程局实际，完善信访工作责任制，严格按“属地管理，分级负责”和“谁主管，谁负责”的原则，明确责任单位和责任人。按照信访排查和信访信息报送制度的要求，定期开展不稳定因素的排查和调处工作。制定了《水电十四局预防处置群体上访事件工作预案》，建立维护稳定工作的联运机制和长效机制。对群体访、个人访涉及的职工待岗、下岗问题，清理劳动合同、规范劳动关系的问题，在职职工和离退休职工的待遇问题，涉及养老保险、失业保险、医疗改革、住房改革、退休教师移交地方的问题，历史遗留的冤假错案，落实政策等各种诉求，认真听取和详细记录后，坚持“有理推断”的原则，并贯穿到阅信、接访、调查的每个环节，稳定上访职工群众的情绪，以利于加强沟通，促进问题的解决，在政策规定的范围内给予解决和明示处理意见，对缠访、无理取闹的人员，要求其遵守《信访条例》，不能采取妨碍生产、工作秩序的方式上访。

2000～2006 年，工程局年均受理来信 600 多件，接待来访 638 人次，其中集体上访 8 批 400 多人。2000 年 7 月 28 日，在云南省信访局的支持帮助下，妥善处理了工程局退休职工 200 多人长达 11 天的集体上访事件。2004 年 6 月，妥善处理了曲靖职工医院 12 人不愿整体移交地方到局集体静坐上访 15 天的事件。信访办围绕企业改制、社保统筹、劳动工资、福利待遇及住房医疗制度改革等问题，接待了大量群众来信来访，主要是由原来的行业统筹转变为社会统筹中出现的问题，以及企业办社会职能的剥离中出现的问题。

第五节　档　　案

水电十四局成立 50 多年来，档案工作经历了从无到有、从小到大、从分散到集中、从不完善到基本完善、从原始管理到规范化管理的发展过程。工程局机关办公室设有档案处，管理全局科技、文书、会计、荣誉档案和各类图书资料。工程局人力资源部管理人事档案。局属各级单位设有档案室，分管各单位所属的档案材料。

一、档案机构

1954 年 5 月，工程局组建，在局机关办公室秘书科配备 1 名专职档案人员，负责机关党政档案的保管和提供利用工作。

1956 年 7 月，云南水力发电工程局办公室资料编辑组成立，管理机关形成的档案材料。随着以礼河梯级水电站相继开工，档案数量不断增加，为适应档案管理的要求，1960 年成立以礼河水力发电工程局办公室档案资料组，在局党委领导下管理机关党、政、工、团的档案，档案人员增至 4 人。档案资料组在业务上受上级档案部门指导，对局属单位档案部门有业务指导关系。同时成立技术档案室，在业务上受技术处指导。1967 年初，档案机构因“文化大革命”被撤销。1968 年 9 月，云南水力发电建设公司革委会成立后，配备了 4 名专职档案人员，保管机关的文书档案、技术档案和全局人事档案。

1971 年 1 月，云南水力发电建设公司建制被撤销，公司下属单位划归云南省电力局直接领导，公司档案人员调离岗位，下属单位的档案由云南省电力局保存。

1979 年 10 月，工程局重新恢复组建，在党委办公室和技术处配备了专职档案人员 2 人，分别负责局机关文书档案、科技档案的管理和提供利用工作。局属 6 个二级单位配备专兼职档案人员 13 人。

1989 年 8 月，工程局成立了企业档案升级领导小组，担负企业档案管理升级的领导工作。1990 年 10 月，成立水电十四局档案室，主要任务是集中统一管理局机关的文书档案、科技档案、会计档案、人事档案等。档案室人员增至 7 人。在企业管理升级过程中，已先后有 17 个二级单位建立了档案室，配备 24 名专兼职档案人员。

1995 年 1 月 23 日，工程局对机关部门上岗人员岗位工资等级进行规范，档案工作由局办公室分管，设档案室副主任 1 名。

2000 年 6 月 21 日，水电十四局档案行政执法监督检查领导小组成立，主要任务是规范工程局档案管理，适时对局属各单位档案管理情况作监督检查、业务指导。

2003 年 8 月 23 日，水电十四局办公室档案处成立，设处长 1 名、专职人员 2 名，负责全局文书、科技、会计、荣誉档案和各类图书资料的管理。业务上受集团公司档案部门和云南省档案局双重领导，同时对局属各单位档案部门进行业务指导。人事档案归口人事部门管理。

截至 2006 年底，全局共有档案机构（室、处、科）20 个，专职档案人员 47 人，兼职人员 89 人。

二、综合档案管理

（一）改革开放前档案的管理

建局初期，由于缺乏管理经验，档案的管理分散、落后。档案库房紧张、设备简陋，档案安全得不到保障。文书档案由秘书部门保管，技术资料由技术部门保管，会计档案和人事档案又分别由财务部门和干部、劳工部门保管。职能部门归档的文件，档案与资料混同在一起，多数没有分类整理，少数部门虽进行过整理，但由于整理的方法不统一，利用查找档案不便。且工程局机构几经撤并，隶属关系更换频繁，档案没有得到系统、有效的管理。

建局以来，由于没有一个统一的立卷归档制度，大批文件材料长期滞留在各个承办人或负责同志手里。这样不但造成文件与附件分家，而且割断了文件之间的历史联系，造成查找利用不便。为此，工程局于 1956 年 11 月作出“关于收回我局历年各级组织单位保存的零散文件统一归档”的通知，通知对文件归档范围和不归档文件处理办法及组织清理零散文件作了明确和部署。为保证清理零散文件质量，选派 1 名专职档案人员参加燃料工业部举办的档案培训班学习。根据电力部的要求，抽调机关职能部门文书人员在专职档案人员指导下进行积存零散文件的清理工作，在 1958 年底完成了建局以来和建局前水电工程处的零散件清理，得到水电总局的肯定，并转发水电系统仿照办理。

1960 年以来，由于国家暂时处于经济困难时期，电站停建、缓建，机构精简，人员调整，为了完整地保存这一时期的档案材料，工程局作了三条处理意见：一是机构合并的部门的文件处理，合并前所产生的文件应及时整理归档，不并入合并后产生的文件内，必须将其全部文件整理立卷移交档案室。二是凡已决定撤销的单位，必须全部系统地进行分类整理，逐级上交主管部门，职能部门的文件直接交局档案室。三是凡在机构撤并中还未办完的事项形成的文件在目前还不能办理完，大量工作必须延到今后才能办完的，可并入新合并的单位去办理，办理完后纳入该单位的文件内立卷。为把此项工作落到实处，局档案部门组织人员到撤并单位检查落实，做到归档文件、留用文件和销毁文件分别造册登记，从而使这一阶段的档案材料完整地保存下来。

同年，在成立局办公室档案资料组的同时，制定了《档案室工作通则》，后来又陆续拟定了《文书处理部门立卷归档暂行办法》、《档案与资料区分办法》和《技术档案范围暂行规定》。这些制度的建立，在一定程度上规范了档案工作管理，提高了档案管理水平。

建局初期，没有专门的库房保管档案。随着档案数量的增加，用一间十多平方米的房间做档案库房。到 1965 年，工程局修建一幢两层砖混结构建筑做档案库房，能够容纳上万卷档案。档案库房和设施的不断改善，排除了危及档案安全的各种隐患，灵活运用保护技术，采用简便方法控制库房湿度，防止光线等自然因素对档案的破坏，保护了档案的完整与安全。

1966 年“文化大革命”开始后，公司档案机构被撤销，各项规章制度被废止，档案工作处于停顿和混乱状态。1971 年～1979 年 10 月，公司建制被撤销，档案人员调离，档案工作无人过问，使 20 世纪五六十年代花很多心血整理好的档案被人为地搞乱了，给档案管理增加了新的困难。

（二）改革开放后档案的管理

1979年8月，全国档案工作会议提出了“恢复、整顿、总结、提高”的任务。1979年10月工程局重新组建，12月召开了全局档案工作会议，部署局档案工作恢复整顿任务。从此，工程局的档案管理步入正轨，逐渐规范。

1. 健全管理制度

20世纪80年代至90年代后期，工程局分别制定了《文书处理工作制度》、《立卷归档暂行办法》、《文书保管期限的规定和保管期限表》、《文件材料归档范围和不归档范围》、《科技档案管理办法》、《电站图纸资料管理办法》、《科技书刊借阅制度》和《科学技术保密工作的若干规定》等管理制度，为进一步加强档案业务建设提供依据。2000年12月21日，颁发《水电十四局档案管理规定》，同时颁布并实施水电十四局《科技档案管理办法》、《文书档案管理办法》、《人事档案管理办法》、《会计档案管理办法》和《荣誉档案管理办法》等。2005年5月，制定《水电十四局档案三项（借阅、保密、库房管理）管理制度》。2005年6月16日，颁发《水电十四局建设项目档案管理办法》。这些管理制度、办法的颁布和实施，使得工程局档案管理制度基本健全，档案管理有法可依。

2. 加强档案管理

1979年，全局档案工作会议后，进一步完善了局机关档案检索系统。文书档案除案卷目录外，还增编了《文号目录》、《人名目录》，科技档案编制《总目录》、《分类目录》等，为利用查找档案提供了有利条件。1989年，工程局成立企业档案管理升级领导小组，把企业档案管理纳入企业管理的轨道。1990年成立以科技档案为主体的综合档案室，集中统一管理全局各类档案、资料，并拟定企业档案管理升级规划，拟定各项规章制度16个。根据工程局管理和生产建设的需要，档案室还编辑了《十四局大事记》、《十四局组织沿革》、《基础数字汇编》、《文件汇编》。科技档案结合施工需要编写了《施工技术规范》、《施工统计手册》和《水工技术地下开挖资料》。2000～2005年，进一步完善档案管理制度，成立档案处，增加档案库房面积，档案保护条件逐步改善，馆藏不断丰富。为满足集团公司编史修志需要，向工程局史志办等部门提供档案材料，参与编撰了《中国水利水电建设集团公司年鉴》（2003～2005、2006年卷）。截至2006年底，档案室总建筑面积1455米^2，库房面积904米^2，库存档案46 372卷，以件为单位的40 108件，资料2899册，案卷目录321本，归档文件目录45本。

3. 提高业务水平

为提高档案管理水平，1983～2006年，先后分6批共62名档案人员送到省部一级档案培训班进行档案专业课程的培训，还选送5名专职档案人员到云大档案系进行为期1年的系统专业学习。2003年4月，工程局组织档案人员参加云南省档案专兼职干部岗位资格考试，14人取得资格证。截至2006年底，全局档案人员具备大学本科学历9人，大专17人，中专或高中以上19人，具备馆员任职资格12人，具备助理馆员任职资格13人。

4. 清理鉴定档案

在“文化大革命”期间，有部分单位和部门文件材料不归档，有的归档文件整理不符合要求。20世纪90年代，工程局档案部门把清理鉴定档案作为恢复业务建设的重点，清理鉴定了以礼河地区领导小组文件146卷、绿水河水电站档案资料305卷。2003年3月，清理鉴定并组织销毁了库存重份、无保存价值的各类文件材料4005份。2004年12月，清理鉴定并组织销毁了无保存价值的“文化大革命”期间历史遗留材料、广蓄一期工程等零散资料，以及2000～2003年无保存价值的文件资料315份。

5. 加强业务建设

2000年以前，工程局档案主管部门对基层单位和机关业务部门进行了定期或不定期的业务指导。在企业整顿的同时对基层档案管理进行检查，提出基层档案工作要有专人管理，有规章制度，有必要的档案设施。对机关职能部门进行业务指导，建立文书部门立卷归档制度，编制案卷类目，坚持平时归卷，保证案卷质量，立卷文件齐全，按时归卷等。根据这些要求，适时组织经验交流会和检查评比，表扬先进激励后进，取得较好的效果。2000年下半年，工程局组织两个检查组分别对局属各单位、项目部进行档案行政执法监督检查。2004年3～6月，在全局范围内开展档案行政执法自查和抽查。自2000年以来，工程局共下发档案业务指导性文件27个。档案管理逐步规范，档案业务水平进一步提高。

三、人事档案管理

建局初期，干部档案按干部管理权限由组织部门或人事部门管理，工人档案由劳动工资部门管理。

1954年5月工程局成立，按照干部管理权限，工程局人事科协助燃料工业部水力发电建设总局管理局副科及以上干部人事档案，管理副科以下干部人事档案，劳动工资科管理局工人人事档案。人事档案管理人员均为兼职。

1956年4月，随着职工人数的增加和干部管理权限的变动，工程局组建人事档案室。1961年底，工程局人事处协管局领导班子成员人事档案，管理正、副处级干部人事档案；局属各工程处人事部门协管正、副处级干部人事档案，管理副处以下干部和工人人事档案。

“文化大革命”期间，工程局人事管理机构遭到冲击，人事档案管理工作处于停滞状态。

1979年10月，工程局恢复组建，局机关设干部处和劳动工资处，局属6个处级单位设组干科和劳动工资科，干部档案和工人档案分别由干部和劳动工资部门管理。1988年7月，干部和工资管理部门合并成立人事部，人事档案由局和局属二级单位人事部门分级管理。1994年5月，成立组织干部部和劳资教育部，干部档案由局组织干部部门和局属二级单位干部部门分级管理，工人档案由局劳资教育部门和局属二级单位劳资部门分级管理。1995年，干部和劳资教育部门合并成立人事教育部，人事档案由局和局属二级单位人事部门分级管理。2000年以后，工程局人事档案统一由局人力资源管理部门相对集中分级管理。局人力资源部设档案室，协助集团公司人力资源部管理局领导班子成员人事档案，管理局中层干部的人事档案；分别在昆明、曲靖、大理劳务管理中心设档案室，分别管理所属片区中层干部以下员工（含干部、工人）的人事档案；在局机电安装劳务管理中心设档案室，管理机电安装总公司中层干部以下员工（含干部、工人）的人事档案。按照局颁发的《水电十四局档案管理规定》和《水电十四局人事档案管理办法》，以及国家、行业、地方政府有关规定和上级文件的精神进行人事档案管理。局人力资源部设兼职人事档案管理人员1人，昆明、曲靖、大理劳务管理中心各设专职人事档案管理人员1人，机电安装劳务管理中心设兼职人事档案管理人员1人，共有专兼职人事档案管理人员5人。

（一）干部档案管理（管理人员）

按照上级有关干部档案管理的要求和《干部档案工作条例》的规定，工程局人事部门对所管理的干部建立干部档案。干部档案分为正本和副本，副本根据工作需要建立。

（1）干部档案正本由履历材料，自传材料，学历和评聘专业技术职务材料，政治历史情况的审查材料，参加中国共产党、共青团及民主党派的材料，奖励材料，处分材料，录用、任免、聘用、转业、工资、待遇、出国、退（离）休、退职材料及各种代表会代表登记表等材料等十类材料组成。

（2）干部档案副本是干部档案正本主要材料的复制件。

（3）局人力资源部档案室建立管理局领导班子成员人事档案副本、局中层干部人事档案正本、局昆明医院干部人事档案正本；局昆明劳务管理中心设档案室，建立管理局属昆明户籍中层干部人事档案副本、局属昆明户籍中层干部以下干部人事档案正本；局曲靖劳务管理中心设档案室，建立管理局属曲靖户籍中层干部人事档案副本、局属曲靖户籍中层干部以下干部人事档案正本；局大理劳务管理中心设档案室，建立管理局属大理户籍中层干部人事档案副本、局属大理户籍中层干部以下干部人事档案正本；局机电安装劳务管理中心设档案室，建立管理机电安装总公司中层干部人事档案副本，机电安装总公司中层干部以下干部人事档案正本。

（二）干部人事档案目标管理

1998年，工程局转发了水电总公司和国家电力公司转发的、中共中央组织部印发的《干部人事档案工作目标管理暂行办法》、《干部人事档案工作目标管理考评标准》和《干部人事档案工作目标管理检查验收细则》，并布置开展档案目标管理工作。

2001年1月31日，工程局转发了《干部人事档案工作目标管理检查验收细则》，并成立了局干部人事档案工作领导小组。对干部人事档案工作目标管理、开展干部人事档案工作达标升级活动提出了要求，通过制订工作规划及年度计划，理顺管理体制和管理关系，建立健全各项规章制度，加强组织领导和干部人事档案管理队伍建设，组织干部人事档案管理人员和参与达标升级活动人员培训，改造干部人事档案专用库房、阅档室、办公室，配置相关设施。清理、收集历年应归档材料，认真组织鉴别、归档、整理（包括分类、排序、加工、编制目录、装订）及建立干部人事档案花名册等，完成了干部人事档案工作目标管理和达标升级活动的各项工作任务。经过自查、自检，于2003年12月18日向中国水电建设集团公司干部人事档案工作检查验收小组上报了《关于申请干部人事档案检查验收的报告》，以昆明、曲靖和大理三个劳务管理中心为申报达标定级单位，按干部人事档案目标管理二级标准申请检查验收。2004年，经过集团公司组织检查验收，昆明劳务管理中心、曲靖劳务管理中心和大理劳务管理中心荣获“干部人事档案工作目标管理二级单位”称号。

四、档案利用

档案管理的最终目的就是为工程局各单位和部门提供利用，为企业的生产和发展服务。工程局利用档案的方式有两种：一是调阅档案材料的原件，二是制作档案复制件。改革开放前，工程局档案的利用主要是调阅档案材料，为企业的生产、发展和内部管理提供原始依据。改革开放后，特别是近10年来，工程局档案的利用被赋予更多内涵，主要表现在：为企业经营管理提供科学决策，为落实政策、解决历史遗留问题提供可靠依据，为解决征地、房地产权纠纷提供原始凭证，为市场开发提供相关资质和荣誉材料，为编史修志提供可靠的原始资料，为提高机关工作效率和生产建设发挥重要作用等。利用载体更加丰富，主要有检索目录、档案原件和复制件、文件汇编、会议资料汇编、图书、期刊、报刊、史料文集、简史、年鉴、志书等。从1979工程局恢复组建到2006年，到档案部门查（借）档案等各类材料共4256人次、13 727卷，查档人数逐年增加，为工程局的发展作出了应有的贡献。

第八篇　科技　教育

第八篇　科技　教育

第一章　科　学　技　术

第一节　科技发展规划

一、1960年“四化”规划

（一）历史背景

建局初期，水电十四局从事水电施工，还处在依靠手工劳动、肩挑背驮的体力劳动阶段，生产效率低下、施工进度缓慢，并且由于劳动强度大，职工工作条件十分艰苦。为改变这一落后状况，工程局于1960年初开展了一个以“机械化、半机械化、自动化、半自动化”为中心的技术革新运动。同年2月下旬，各级组织相应成立技术革新领导机构，指导运动的开展，自下而上层层编制上述“四化”规划，并于1960年3月9日颁发。

（二）规划目标

根据当时全局的机械化统计情况，机械化程度在25.34%以下，规划目标要求对重点工序，变手工操作为半机械化、机械化，变机械化为半自动化、自动化。争取实现以上的规划，全局提高工效1.95倍，节约劳动力1831人，降低成本20%。

（三）实施效果

提高了劳动生产率，1960年1～9月，完成的大坝填筑（上游初期拦洪坝体）土石方工程量超过1959年全年完成的总量。上坝人数从年初的8000人减少到平均不到3000人。

同时，在随后的岁月中，工程局的机械化程度得到了迅速提高。到1965年，初步形成了毛家村大坝工程小火车、地笼皮带机组上坝的机械化一条龙生产线。

二、1997年“九五”科技发展规划

（一）历史背景

“八五”期间，水电第十四工程局在鲁布革水电站工程建设中，在对国外先进施工技术、先进施工设备、先进管理经验的引进、消化和吸收的基础上，通过投标竞争，相继承建了广州抽水蓄能电站、福建南一水电站、湖南白云水电站等一批大中型水电工程，同时参建了漫湾、大朝山、小浪底等大型及特大型水电工程。工程局在施工技术、工程管理水平方面都有了一个大的飞跃，取得了丰硕成果。

但由于工程局的整体基础尚较薄弱，发展起点尚低，没有承建过大江大河混凝土坝的施工经验等客观原因，与国内外先进水电建筑业集团相比，尚有较大差距。

为提升工程局的综合实力和竞争力，1997年6月10日，水电十四工程局制订并颁发了“九五”科技发展规划。

（二）规划目标

（1）认真总结经验，使工程局已处于领先地位的地下工程和土石坝工程施工技术日臻完善，继续保持领先地位，并瞄准国际水平。

（2）组织力量认真研究大江大河混凝土坝的施工技术。为此，采用与兄弟工程局联营投标承建工程的办法，学习交流施工技术，提高工程局资质。

（3）努力拓展建筑领域，力争在公路桥梁、基础处理、高层建筑、机场建设等领域能有所突破。

（4）通过与兄弟工程局联营投标承担大流量、大直径水轮机组机电设备安装，交流经验，提高十四局水电机组设备安装资质。

（5）培养造就一批高素质的水电施工技术和施工管理人才。

（三）实施效果

“九五”科技发展规划目标基本实现。在核电站施工和国际工程建设方面多有突破。通过“九五”科技发展规划的实施，水电十四局在大型混凝土坝、大容量水轮机组机电设备安装、公路桥梁、基础处理等方面的施工技术和施工科研水平有了较大提高，逐步进入国内水电施工企业先进行列。

三、2005年科技发展规划

（一）历史背景

进入2005年，中国水利水电第十四工程局科技人才队伍不断壮大，科研成果不断涌现，品牌形象不断创新，体制创新不断完善。为实现在新的形势下跨越式发展的迫切要求，工程局制订了2005年水电十四局科技发展规划，其特点是体现以人为本，加快技术创新，在科研立项和成果上要有所突破。

（二）规划目标

着力培育发展以地下工程，当地材料坝以及高水头、大容量可逆式水轮发电机组安装技术为核心的竞争力，瞄准世界先进水平，不断提升坝工及其他工程的施工水平和资质。提高创新能力，加强技术合作与交流，充分发掘产学研相结合的潜力，对一些领域超前（依发展趋势）投入进行开发性研究，形成工程局自己的科技创新优势。

（三）实施效果

此次规划实施效果良好，截至2006年底，在工法编制、国际工程、铁路工程中标施工中有突破性进展。

第二节　施　工　科　研

一、拦河坝施工科研

（一）毛家村大坝心墙防渗体的科研实验

以礼河一级水电站毛家村水库大坝坝高82.5米，原设计大坝心墙料为砾质类黏性土，1963年决定改用尖山沟料场洪、残积红色黏土。设计参照中国北方土料性能参数和填筑经验，制定了大坝施工技术标准，工程局以此组织施工。在实际施工中却发生填筑体浸水分层、干松分层、光面剪切破坏和结合不良等质量问题，致使填筑过程返工频繁，既拖延施工进度，又影响施工质量。1964年10月，由工程局、昆明水电勘测设计院和北京水利水电科学研究院组成联合土料试验组，在施工现场对毛家村大坝心墙防渗体所采用的洪积及残积红色黏土料的土壤天然性质、力学性能、控制压实功能、填筑干容重、控制含水量等进行了室内和室外试验。试验历时两个月，取得了该地区高塑性黏土的特性参数，并拟定了一整套相应的开采、运输、填筑的标准及施工工艺，从而保证了土石坝防渗心墙的施工质量，并加快了施工进度。

采用红黏土作为当地材料坝防渗体的技术研究成果，对南方广泛分布的红色黏土地区的土石坝建造具有普遍适用性。

《洪积及残积红黏土筑防渗体技术》获1978年全国科技大会重大贡献奖。《以礼河电站毛家村高土坝施工技术》获1978年全国科技大会重大贡献奖，并获1986年水利电力部科技表彰奖。

（二）鲁布革水电站土石坝的科研试验

鲁布革水电站堆石坝最大坝高103.5米，原设计心墙防渗料选用鸡山红土料场的红土与龙家堡料场的风化白云岩料按比例掺合的掺合料，工程局经反复试验勘查，查明鸡山红土料场土料平均天然含水量达47.3%，含水量太高，不宜作心墙料，且运距远达13.7公里，又需与龙家堡料场的风化白云岩掺合，工艺复杂，施工难度大且不经济。根据世界银行特别咨询团建议，并参考国外采用风化料作防渗体材料的经验，经设计、科研、施工单位共同详勘，选定坝址右岸上游2～3公里处的砂页岩的风化料进行试验研究。工程局组织科研人员在室内做了大量的物理力学试验，又在现场做了29场碾压试验，确定了风化料作高土石坝防渗体的施工工艺流程和主要施工参数。心墙料的这一科改措施，不仅使心墙料运距缩短近10公里，且天然含水量与最优含水量接近，施工中不需作特殊处理，也避免了两种原料掺合的复杂工艺。

选定的风化料经碾压破碎碾压后渗透系数满足设计要求。

1987年1月，鲁布革水电站大坝开始实施心墙填筑作业，当年大坝上升高度达13.78米。每填高5米，均对代表试样进行全面力学复核试验。从已取得复核试验的资料看，各项指标均达到设计要求，施工质量获得世界银行特别咨询团的好评。

鲁布革高土石坝用风化料作防渗体取得成功，证明了在中国南方多雨湿热峡谷地区利用风化料修筑高土石坝在防渗技术上是可行的，经济上是合理的。其主要优点是：

（1）扩宽了防渗体的材料来源，更有利于就地取材、就近取材。

（2）可以不占或少占农田。

（3）风化料施工中受降雨影响比纯黏土少，有效工作天增加，工期可以缩短。

上述系列科研项目被命名为“高土石坝关键技术问题的研究”项目，被列为国家“六五”重点科技攻关项目。《鲁布革水电站高土石坝关键技术问题的研究》1986年获水利电力部科技表彰奖；《鲁布革水电站利用砂页岩风化料作高坝防渗试验》，1986年获国家计划委员会、国家经济委员会、国家科技委员会、财政部“六五”国家科技攻关奖。《土质防渗体高土石坝研究》，1993年获电力工业部电力科学技术进步一等奖，1993年获国家科学技术委员会国家科学技术进步一等奖，属“七五”国家科技攻关项目。

结合鲁布革大坝施工，“七五”期间，工程局还承担了由北京水利水电科学研究院总承包的国家科技攻关“土质防渗体高土石坝的研究”项目的两个子项：“鲁布革土石坝防渗体的填土压实质量控制方法研究”和“鲁布革土石坝的全面质量管理及统计的质量管理方法研究”。

质量控制方法研究的子课题，工程局科研所对采用压实度作为施工压实质量控制的标准进行研究，决定在鲁布革大坝质量控制中，引用快速压实控制法（“三点法”）。应用的结果表明，该方法达到国内同类工程的质控先进水平，并为土石坝工程的质控提供了成功经验。这一项目获得国家科技进步奖。

全面质量管理及统计的质量管理方法研究的子项，工程局在鲁布革土石坝施工过程中建立了一个软件系统。该软件系统具有建库、查询、统计、打印等程序，具有绘图和质量管理系统状态分析等多种功能的样本数据库，以及土石坝坝体填筑质量控制程序，也达到国内先进水平。

（三）洞室爆破开采面板堆石坝坝料的试验研究

“采用洞室爆破方法开采符合级配要求的面板堆石坝坝料现场试验和推广运用”是中国水利水电工程总公司（简称水总）、中国水利水电科学研究院（简称水科院）同国家电力公司签订的科研项目。

中国水利水电第十四工程局被选择参与并承担该项试验，选择云南柴石滩水库工程采石料洞室爆破试验场地。课题的主要试验研究内容为：采用洞室爆破法控制爆破料的粒经、级配，提高开采强度及爆破效率，降低开采成本，减少二次破碎量，控制爆破震动影响。

工程局组织科研人员，在水总、水科院及工程局内专家的指导下，进行“柴石滩工程洞室爆破开采面板堆石坝坝料试验”。科技人员根据石料的基本资料，反复推敲选取爆破技术方案，选取爆破微差时间间隔，运用控制爆破理论指导爆破设计和施工，确定合理的爆破参数，有效地控制爆破粒径。经认真准备后，分别于1998年4月和7月进行了第一场和第二场洞室爆破试验。

爆破后，对破碎料进行级配分析和碾压试验。通过现场试验说明，运用控制爆破理论进行爆破，爆破效果较为理想。结合面板堆石坝坝料填筑分区特点，对爆破石料可进行合理的规划和分区使用，即将不同级配的破碎料，安排填筑到面板堆石坝最合适坝体填筑的部位，减少了二次破碎，完全符合坝体填筑要求，洞室爆破破碎料得到了充分、有效的利用，达到了试验研究的目的。

2002年，水电十四局《面板堆石坝堆石料开采洞室爆破技术》获中国工程爆破协会三等奖。

（四）掌鸠河云龙水库设计阶段大坝填筑坝料现场碾压试验

掌鸠河云龙水库工程是昆明市引供水的水源工程，由云南水利水电勘测设计研究院设计。2001年12月～2002年11月，水电十四局受邀与云南水利水电勘测设计研究院联合，对掌鸠河技施设计阶段大坝填筑坝料进行料场复勘、现场碾压试验和室内物理力学试验。工程局科技人员针对心墙料料源地天然含水率高于最优含水率的问题，通过多次研究试验，提出了施工参数及改进措施（例如，土料场提前进行剥离覆盖层，通过日照风吹的作用，减少料源含水量；土料开采采取平采与立采相结合的方式，加大土料场蒸发量，使土料天然含水率接近最优含水率），解决了施工难题，保证了大坝填筑质量。

2006年，《云龙水库大坝填筑材料试验（昆明掌鸠河引水工程）》获云南省优秀工程勘察二等奖。

二、开挖工程施工科研

（一）岩质垂直边坡开挖研究应用

鲁布革水电站首部枢纽溢洪道工程边坡开挖，原设计开挖边坡为1∶0.3，边坡开挖高度在100米以上的岸坡长约150米，并且要在自然坡度为35°以上的山坡上开凿施工道路，从1120米高程直达1185米高程，不仅开挖量大，且地貌上难以形成。1983年7月，世界银行特别咨询团建议，将开挖边坡改为直立边坡。

为此，开挖施工采取预裂爆破、深孔梯段爆破、保护层开挖一次爆破、爆破震动控制等一系列技术措施，动用了瑞典ROC712型履带钻机、美国卡特彼勒公司988B型轮式装载机、日本D80型推土机和20吨自卸车等配套机械设备施工。

为了维护边坡稳定，鲁布革水电站首部枢纽溢洪道垂直边坡支护中，原设计采用预应力锚索（89002部队提供的胀壳式机械锚）。经反复研究，决定改用砂浆长锚杆取代预应力锚索。整个溢洪道边坡范围内，采用了长2.5～5.0米的系统锚杆3500根、长8～36米的砂浆锚杆320根，喷混凝土1.6万米^3，挂钢筋网约18吨。锚喷支护是溢洪道高边坡支护的重要组成部分。

监测系统多年的观测结果说明，高边坡岩体位移不到1毫米。实践证明，用砂浆长锚杆处理高陡边坡岩石块体稳定的工程措施，在技术上是可行的，经济上是合理的，质量上是可靠的。

边坡改为直立边坡，使开挖边坡高度由原来的105米降低至75米，开挖量由原来的88万米^{3}减少到60万米^3，3层马道减为2层，简化了施工道路，开挖工期缩短了半年多，减少了对坝体施工的干扰，降低了造价，效益显著。

（二）“新奥法”隧洞施工研究

西洱河三级水电站引水隧洞的工程地质和水文条件十分复杂，传统的隧洞施工遇到极大困难。为此，1983年4月，水电十四局一公司在引水隧洞一号支洞进行了“新奥法”施工试验。试验得到长江水利水电科学研究院、东北勘测设计院、武汉水利电力学院、昆明勘测设计院、水电十四局科研所等单位的大力支持和协作，施工试验积累了一些宝贵经验，取得了成功。

“新奥法”施工的原则主要是：

（1）少扰动：在进行隧道开挖时，尽量减少对围岩的扰动次数、扰动强度、扰动范围和扰动持续时间。严格实施控制爆破，采用一次成型的开挖工艺和方法。根据围岩级别、开挖方法、支护条件选择合理的循环掘进进尺。自稳性差的围岩，循环掘进进尺尽量短一些，支护尽量紧跟开挖面，以缩短围岩应力松弛时间。

（2）早喷锚：开挖后及时实施一期锚喷支护，使围岩变形进入受控状态。既要让围岩变形适度发展，又要使围岩不致因变形过度而产生坍塌失稳，以充分发挥围岩的自承能力。必要时采取超前预支护措施。

（3）勤测量：以直观、可靠的量测方法和量测数据来准确评价围岩（或围岩加支护）的稳定状态，判断其动态发展趋势，以便及时调整支护形式，确保工程安全和施工顺利进行。

（4）紧封闭：其一，对开挖后的围岩采取及时喷射混凝土等防护措施，避免围岩因暴露时间长而导致强度和稳定性衰减，尤其是对于易风化的围岩；其二，对围岩实施封闭形支护，这样做不仅可以有效阻止围岩变形，而且可以使支护结构和围岩能进入良好的共同工作状态。

《混凝土喷锚技术》于1979年获云南省科技成果奖，《西洱河三级电站新奥法施工研究》在1985年获国家“三委一部”（国家计委、国家经济委员会、国家科技委员会、财政部）表彰奖及水电部优秀科技成果二等奖。

（三）地下洞室原型观测

地下洞室原型观测是配合地下工程“新奥法”施工必不可少的手段，它能在施工过程中及时地反馈洞室开挖过程中围岩应力、应变的变化情况。

水电十四局在鲁布革地下厂房施工期间，在厂房围岩中设置了3个原位观测断面，每个断面布置7套多（4）点位移计，并在各观测断面附近1米处设1个副断面，布置5套锚杆应力计。多点位移计埋深：顶拱27米，边墙18米或9米。此外，为满足围岩稳定研究的各种参数需要，还埋设了测缝计、电阻温度计、钢筋计、收敛计、声波仪、测震仪、渗压计等仪器，及时地进行原位观测数据的采集和处理，及时地将观测成果反馈到设计与施工中去。

随后，在水电十四局所承建的所有地下工程都布置了原型观测仪表系统，及时反馈围岩信息，以供及时采取施工措施，确保施工安全，保证地下工程的快速施工。

《鲁布革电站地下厂房围岩监控》于1986年获得水利电力部“六五”国家科技攻关奖。

（四）大型地下厂房工程快速施工关键技术

（1）水电十四局承建的地下厂房、大多规模大、地质条件复杂。实践证明，采用喷锚支护作为永久支护，采用岩壁吊车梁技术，是实现地下厂房洞室群快速施工的前提，它是水电十四局在鲁布革水电站地下厂房施工的经验总结。锦屏一级水电站地下厂房安装间顶拱有一断层，原设计在该地段采用钢筋混凝土衬砌，后改为钢拱肋、系统锚杆和钢纤维喷混凝土支护，此举获得成功，简化了施工程序，加快了施工进度。跨度为30.7米的龙滩地下厂房，在顶拱Ⅴ类围岩段，采用预应力锚杆和喷钢纤维混凝土进行永久支护，也获得成功，实现了快速施工的目标。

（2）水电十四局经过多年、多项目施工实践，总结出：应事前规划和优化总体施工方案，认真布置施工支洞，使引水系统、三大洞室和尾水系统形成既不干扰又有机联系的整体，实现多工作面连续施工；充分利用关键线路上地下厂房尺寸大、工序多的特点，规划合理的分层分块，采取“立体多层次、平面多工序”施工方法。它是地下工程实现快速施工的又一有效方法，最先成形于广蓄电站一期地下厂房工程，在天荒坪水电站、龙滩水电站得到了进一步完善，又在三峡水电站、溪洛渡水电站等工程中得到了充分的运用。

广蓄电站一期工程，地下厂房尺寸（长×宽×高）为138.12米×17.24米×27.4米，建设期仅4年，如果采用常规的施工方法，不可能完成实现这一工期目标。工程局在鲁布革地下厂房施工经验的基础上，成功地创造了“立体多层次、平面多工序”的施工方法，加快了施工进度，实现了工期目标。

“立体多层次”施工：鉴于整个地下厂房洞室群，各种不同功能的洞室布置在不同位置、不同高程上，只要精心组织，确保安全，避开相互影响，均可实施多洞室同时施工；在一个大的洞室内（如厂房、主变压器室、尾闸室等），只要安排得当，也可实施不同高程的部位同时施工。

“平面多工序”：在同一施工层中的不同位置，采用流水作业程序，同时进行多道工序施工。

（3）同时，严抓地下厂房施工的五大难点：①顶拱的开挖、支护；②岩壁吊车梁施工；③厂房高边墙稳定；④母线洞安全开挖技术；⑤大挖空率的尾水管与厂房高边墙交叉口稳定技术。

（4）广泛采用新工艺、新技术、新设备，尤其是高效的配套施工设备，如电脑台车、锚杆三联机、钢纤维喷混凝土机械手、反井钻机等，极大提高了施工效率。

（5）利用现代信息化技术，将三维有限元分析、施工期地质评价及监测成果反馈分析，动态调整喷锚支护设计参数。

（五）大断面长隧洞快速施工技术

大型水电站的水工隧洞尺寸都很大，施工速度要求很快。组织大断面长隧洞快速施工，是水电十四局工程技术人员经常面临且需要认真研究的课题。经数十年多项目实践总结，产生了一套成熟的经验：

（1）对于长隧洞，在合适的位置各布置施工支洞。施工支洞的数量取决于隧洞沿线的地形地质状况、周边环境、施工机械配置条件、工期要求等诸多因素。

（2）分层开挖，实现多工作面的快速施工。对于Ⅰ、Ⅱ类围岩，导流洞一般分3层开挖。采用中导洞开挖超前，周边光面爆破跟进，喷锚支护紧随的施工程序。下层开挖时，对直边墙实施预裂措施，底板预留2米左右的保护层采用水平光面爆破施工。

（3）开挖设备一般采用三臂液压台车造孔，装载机配自卸车出渣，锚杆台车安装锚杆，机械手喷射混凝土。中间拉槽采用液压潜孔钻打垂直孔。

（4）大断面隧洞开挖通过断层破碎带的Ⅳ、Ⅴ类围岩及隧洞进出口段的特殊部位时，是施工的关键难点。水电十四局历来十分重视，并制定了施工原则：

1）“锚喷支护为核心”，最大限度地控制围岩变形，采取“超前勘探、预锚固或预灌浆、控制爆破、短进尺、早封闭、强支护、勤量测”的施工方法，确保成洞围岩的稳定。如采用管棚双浆液预加固、中空自进式注浆锚杆预加固或超前固结灌浆，格构拱架或钢支撑与锚杆联合受力，喷钢纤维混凝土覆盖等综合支护措施，以保证施工安全和成洞质量。

2）对于自稳时间极短的洞段，则采用分层、分区开挖、支护的施工方法。顶拱层一般分四区开挖，按“先边后中、先软后硬”的开挖支护程序进行施工。

3）加强安全监测及反馈分析，调整支护参数。对进、出口渐变段的洞口开挖，因跨度大、埋深浅、断面体型不利，又受到卸荷裂隙和地质构造的切割，除采用上述施工方法外，还在进、出口明挖的最低一级马道上向顶拱打垂直锚筋桩，对顶拱起预锚和悬吊作用，再在洞脸周边打预应力锚杆或锚索，提高围岩的自稳能力。

（5）隧洞的混凝土衬砌，采用先底板、后边顶的施工程序。在已浇筑的底板混凝土上架设重型钢轨，安装电动驱动和液压控制的钢模台车、钢筋台车和灌浆台车，实施钢筋绑扎、边顶拱混凝土浇筑和灌浆的平行交叉作业。

在小浪底水利枢纽工程还成功地在3条排沙洞实施了中国首例双圈无黏结环锚预应力混凝土衬砌新技术。

1986年，水电十四局《地下工程快速施工关键技术》获国家“三委一部”“六五”国家科技攻关奖。

（六）地下洞室标准化定位导向开挖技术、深孔临边预裂技术研究

大断面地下洞室由于大跨度、高边墙导致顶拱、边墙开挖爆破成形质量控制难度加大，质量、安全隐患增加，后续施工（如喷混凝土、浇混凝土）成本增加。因此，现代施工越来越注重地下洞室开挖成形控制技术。

中国水利水电第十四工程局在水布垭水电站、龙滩水电站、小湾水电站等大型地下洞室群、三峡地下电站主厂房及一些相关洞室开挖中采用了标准化定位导向开挖技术、深孔临边预裂技术，成功摸索出了一套地下洞室标准化定位及导向开挖、深孔临边预裂经验。

直立边墙预裂爆破造孔选用改进型轻型潜孔钻机，有效地控制了高边墙的技术性超挖；采用导向定位技术及制定与之相配套的质量管理方法，减少了人为因素的影响，保证了造孔精度；通过现场生产性试验，确定适宜的爆破参数及装药结构，确保了地下洞室高边墙的预裂爆破成型质量。

2005年，在三峡右岸地下电站主厂房施工中采用了标准化定位及导向开挖技术、深孔临边预裂技术。经现场检测，主厂房顶拱层开挖平均超挖控制在10厘米以内，爆破半孔率达到90%以上，所有爆破孔呈平、直、齐均匀分布，排炮台坎小，平整度高，开挖质量优良。

该技术应用于溪洛渡右岸地下电站主厂房开挖，主变压器室直立墙预裂Ⅱ、Ⅲ层开挖界面平整，排炮间连接平顺，半孔平行呈直线，岩壁无明显爆振裂隙；不平整度不超过5.4厘米，半孔率达98%，平均超挖8.6厘米，单元工程优良率100%。

应用于糯扎渡地下电站厂房顶拱层开挖，平均超挖控制在12厘米以内，爆破半孔率达到90%以上，所有爆破孔呈平、直、齐均匀分布，排炮台坎小，平整度高，开挖质量优良。又推广到锦屏地下电站中应用，亦取得了较好的成果，顶拱平均超挖仅7.19厘米，平均半孔率大于90%，平整度小于10厘米。

（七）大跨度浅埋深隧洞洞口平顶开挖研究

地下隧洞工程为减少明挖量，加快施工进度，往往将洞口边坡外移。因而隧洞变长，

隧洞洞口覆盖层变薄、地质条件变差，平顶洞口按设计成型困难。洞口传统的开挖方法有起拱开挖法和中隔墩开挖法，工序多，技术性超挖大，施工周期长。

采用平顶开挖新工艺，可减少无效开挖量。比传统中隔墩施工，可减少高边墙临时支护量，节约工期，具有良好的经济效益和社会效益。比传统的起拱开挖方法，可以减少起拱技术超挖量及混凝土回填量，节约成本。

水电十四局采用平顶开挖新工艺，成功地应用于糯扎渡水电站 2 号导流洞进口渐变段；按照分层分区开挖程序，采用先悬吊、后锚固、再支撑的施工工法，采用洞顶悬吊锚筋桩、洞脸预应力锚索、锁口锚杆超前加强支护、洞内钢支撑、预应力锚杆、喷钢纤维混凝土联合支护措施，现场监测相对平顶开挖程序及支护参数进行适时指导；成功地将 27.6 米平顶开挖成型；有效地解决了平顶、浅埋深、大跨度隧洞洞口的施工期围岩稳定问题及工期问题。与传统中隔墩施工方法比较，节约工期 118 天，具有良好的经济效益。

平顶开挖新工艺适用于Ⅲ类围岩地区的水工隧洞、公路、煤矿及其他地下隧洞工程浅埋深进、出口段渐变段的开挖支护。

（八）SNS 柔性防护系统新工艺研究

为了深入开展坡面地质灾害的研究防治工作，寻求一种施工简单易行、技术先进、安全可靠、环保效果好、经济合理的防治新技术。中国水利水电第十四工程局总结形成了一套 SNS（Safety Netting System）柔性防护系统新工艺。

SNS 柔性防护系统是利用钢绳网作为主要构成部分来防止崩塌落石危害的柔性安全防护系统，与传统防护系统的主要差别在于，系统本身具有的柔性和高强度，更能适应于抗击集中荷载和高冲击荷载。在大量的室内外试验和理论分析计算基础上建立的标准化部件形式，使系统的施工实现了程序化和标准化。系统设置后，最大限度地保持了原始地貌和植被，同时还可进行人工绿化，在美化环境方面的社会效益是其他防护方法无法比拟的。

水电十四局已将 SNS 柔性防护系统技术，应用在四川泸定水电站、四川大岗山水电站、四川长河坝水电站、云南小湾水电站等工程的边坡、隧洞洞口防护中，取得了较好的效果，具有较好的应用前景。

泸定电站 3 号施工支洞，位于电站右岸厂区枢纽下游侧，318 公路内侧，洞口周边人口密集，围墙、居民房屋等设施众多，环境复杂。水电十四局在 3 号施工支洞洞口爆破施工过程中，使用了可靠的安全防护棚，未发生一起爆破飞石事件，距离洞口最近的武警中队生活营地宿舍未遭受任何破坏，确保了工程顺利实施。

大岗山水电站厂房进风洞洞口，面临大坝左右坝肩、导流洞施工公路、洞口布置有 10 千伏双回路高压供电线路、右前方有国家地震监测站，洞口段的安全防护至关重要。水电十四局在该洞口爆破开挖施工前，在洞口安装了可靠的安全防护棚，防护棚的安装时间为 6 天，拆除时间 4 天，防护棚消耗成本约为 8.5 万元。洞口爆破开挖施工过程中避免了飞石对左右坝肩及导流洞施工要道的影响，保证了洞口 10 千伏双回路高压供电线路的安全，防止了对进洞方向右前方国家地震监测站的损坏。安全防护棚的应用，使洞口段开挖安全有序向前推进，洞口段 30 米开挖总共历时 7 天，左低线公路只存在极少量细小渣料，稍加清扫即具备通车条件，未发生任何洞口防护对象的破坏情况。该洞口段的施工在大岗山电站安全防护方面树立的了一个典范，受到业主、监理及友邻单位的一致赞誉，并受到了上级领导的高度肯定。

大岗山水电站厂房进风洞及尾调交通洞边坡上设置SNS柔性防护系统后，主动网控制了滚石的发生，被动网有效拦截了下落滚石，其防护效果得到了很好的体现。大岗山水电站左岸低线公路边坡防护工程中的SNS柔性防护系统，其施工速度快，施工质量控制较好，消除了洞口边坡滚石隐患。

小湾水电站左岸有两处地质灾害隐患区：1380米高程危险源和F_5沟危险源，其边坡大多为裸露风化岩，坡陡峻峭，高达千米，裂隙发育，岩体破碎，危及上缆机平台公路及整个坝基施工安全。为此，水电十四局在修建上缆机平台公路时，开凿明槽解决公路安全，并在明槽顶设置SNS被动防护网进行防护，铺设SNS被动防护网共计2302米^2。SNS柔性防护系统铺设后，经近4年的运行使用，防护效果良好，成功解决了边坡安全问题。SNS柔性防护系统施工速度快、施工质量控制好，为坝基安全快速施工创造了有利条件。

SNS柔性防护系统适用于铁路、公路、水电站、矿山、旅游区和其他边坡防护，以及坡面地质灾害防治与治理。

三、混凝土、喷锚工程的科研

（一）岩锚梁混凝土内二次张拉预应力锚杆施工工艺

岩壁锚杆吊车梁是通过两组受拉锚杆和一组受压锚杆承受荷载，把钢筋混凝土梁锚固在岩壁斜面上的受力结构。

岩壁梁具有经济可靠、方便施工、加快进度、减少厂房跨度、提前使用等优点。水电十四局，根据所承建的多个大型地下厂房施工的成熟的施工经验，总结形成一套岩锚梁混凝土内二次张拉预应力锚杆施工办法，工艺控制较好，达到了设计后期调整锚杆张拉力的目的。锚杆造孔精度要求较高，需采用特制的样架来控制造孔；注浆密实度要求高，需采用专门的注浆机；二期灌浆及张拉待厂房开挖结束后进行，需要在桥机上制作安装施工平台，施工难度大。

该项技术由于规范了施工中的每道工艺，强调每道工艺的质量过程控制，使施工质量达到了一个新的高度。

水电十四局在湖北水布垭水电站、重庆彭水水电站、三峡水电站及贵州构皮滩水电站地下厂房岩锚梁部位均采用二次张拉预应力锚杆新技术。水布垭、彭水水电站厂房机组安装已基本结束，第一台机组已投入试运行。新技术适应主厂房（或其他洞室）高边墙的变形能力强，可在高边墙变形趋于稳定后再对预应力锚杆的张拉力进行调整，因此设计安全度、可靠度较高。

该技术适用于水电站地下厂房、主变压器室、尾水闸门室等岩壁吊车梁的锚固。

（二）无钢衬高压钢筋混凝土岔管施工技术

大直径高压岔管的结构形式是一道新课题。

广州抽水蓄能电站采用一洞四机的布置形式，主、支管分岔处内径由8.0米变至3.5

米，主管是大圆锥体，分岔支管是小圆锥体，大小圆锥体相贯，体型结构复杂。岔管承受最大静水头 610 米，最大动水头 725 米，P.D 值达 5.8 万千牛·米。如采用常规的钢岔管，需采用厚度为 60 毫米左右的高强钢板，如在洞外加工，则运输洞尺寸大、费用高；如轧制成瓦片在洞内拼装焊接，则施工条件差，质量难以保证。水电十四局在广蓄电站施工期间，引进了美国哈扎公司设计的无钢衬高压钢筋混凝土岔管新技术，混凝土衬砌厚度仅 60 厘米，单层钢筋布置，28 天抗压强度达 30 兆帕。

无钢衬高压钢筋混凝土岔管的设计机理是：高压输水管内的内水压力的绝大部分由围岩直接承担。内水压力由混凝土传递到围岩的应力应小于该处地应力场的最小主应力。钢筋混凝土衬砌主要起保护围岩、降低糙率和便于高压灌浆作业的作用。通过高压固结灌浆，加固了围岩，特别是提高构造带围岩的抗渗性及整体性，并对混凝土岔管施加一定的预压应力。水道放空时，外水压力由混凝土衬砌及 1 倍厚的围岩联合承担。衬砌的混凝土既要承受一定的预压应力，又不致使混凝土劈裂。岔管顶部一定高程处设排水洞和排水孔，以释放内水外渗的水压力。

在实践中，水电十四局逐步形成了无钢衬高压钢筋混凝土岔管施工技术：

（1）严格的光面爆破技术和紧接着施工的预应力锚杆，用以控制开挖体型、抑制围岩变形。

（2）环向钢筋的加工与绑扎工艺，由于是 1 个大圆锥与 4 个小圆锥相贯，每根环向钢筋均不相同，与椭圆方程参数近似，加工后必须用专用模具调整到位，做到曲线圆顺、表面平整。

（3）开发透水排气的模板，解决了混凝土泌水、排气的问题，养护水又能湿润混凝土。

（4）6.5 兆帕的高压固结灌浆，既要固结混凝土衬砌周边围岩的松弛圈，又要加固 1 倍洞径的围岩，确保衬砌与围岩联合受力。

广蓄电站高压钢筋混凝土岔管设计、施工与原型观测的成功实践，为天荒坪抽水蓄能电站提供了有益的经验。天荒坪抽水蓄能电站水头更高、一洞六机布置的岔管更复杂，同样采用无钢衬高压钢筋混凝土岔管的结构形式。

水电十四局《无钢衬高压钢筋混凝土岔管施工技术》于 1993 年获电力工业部科技进步二等奖。

（三）掺聚丙烯纤维（钢纤维）湿喷混凝土应用研究

水电十四局在龙滩、小湾、三峡、溪洛渡等大型水电站导流洞、地下厂房、主变压器室和尾水隧洞等地下工程中，均采用湿喷射聚丙烯微纤维（钢纤维）混凝土施工技术。它具有技术先进、工艺成熟的特点，能增强洞室围岩支护力，加快施工进度，并能克服传统的（干喷）混凝土喷护工艺所喷混凝土强度低、容易产生裂缝的弱点，社会效益和经济效益明显。并且，大型地下洞室群施工开挖中一般空气环境恶劣，制约工程进展，而且会对施工人员的身心健康造成严重危害，采用湿喷射聚丙烯微纤维（钢纤维）混凝土支护，能改善洞内空气环境，解决了一个普遍存在而又长期未能解决的环境难题。

小湾水电站 1、2 号导流隧洞、地下厂房和主变压器室开挖均采用湿喷射聚丙烯微纤维（钢纤维）混凝土工法进行施工，增强了开挖初期围岩稳定力，有效减弱围岩变形，保证后期支护的安全性，围岩应力较小。导流洞最大变形16厘米，从未发生隧洞塌方，2004年10月20日过水分流至今，运行安全，被评为“全国建筑行业用户满意工程”。主、副厂房工程顶拱最大变形4.5毫米，顶拱大面平整，整个厂房成型很好；主变压器室顶拱最大变形2.8毫米，顶拱大面平整。施工过程处于安全、稳定、快速、优质的可控状态，从未发生隧洞塌方情况。

长江三峡水电站地下主厂房开挖，采用三臂液压凿岩台车为主的大型机械化钻爆作业，分十层开挖支护，均采用了喷射湿聚丙烯微纤维（钢纤维）混凝土支护。它增强了开挖围岩稳定，有效减弱围岩变形，保证后期支护的安全性，围岩应力较小，顶拱目前最大变形1毫米，围岩处于稳定状态，整个厂房成型较好，保证施工过程安全、稳定、快速、优质，从未发生隧洞塌方情况。

龙滩水电站地下厂房开挖，采用三臂液压凿岩台车为主的大型机械化钻爆作业，分9层开挖支护，均采用了湿喷射湿聚丙烯微纤维（钢纤维）混凝土支护，顶拱目前最大变形5.7毫米，围岩处于稳定状态，整个厂房成型较好，整个施工过程处于安全、稳定、快速、优质的可控状态，从未发生隧洞塌方情况。

（四）自进式中空注浆锚杆施工研究

对于软弱围岩、断层破碎带、高地应力大变形等复杂地质条件，特别是坍孔严重地段、狭窄施工地段，特长锚杆施工，普通砂浆锚杆已无能为力。采用自进式中空注浆锚杆，不但施工速度快，而且能达到理想的支护效果。

水电十四局研制出一套自进式中空注浆锚杆施工方法。这是一种集造孔、注浆和锚固功能为一体的新型锚杆，杆体前端具有造孔功能，造孔完成后杆体不再拔出，直接利用杆体的空腔注浆，浆液自孔底向孔口充满全孔，固结了围岩，完成对围岩的支护作用。采用这种锚杆可避免塌孔而导致的锚杆安装困难，具有施工速度快，锚固力大，防腐性能好，质量小，操作简单、方便的特点，又能及时提供锚固力。对岩石破碎、易于塌孔的不良地质地层有很好的支护功能。

自进式中空注浆锚杆已经在四川泸定水电站、四川长河坝水电站、重庆彭水电站、云南小湾水电站等多个电站的边坡或隧洞开挖支护中进行了成功应用，取得了较好的效果。该方法技术成熟、可靠，标准化程度高，质量控制较好，节省了时间，加快了施工进度，具有较好的应用前景。

（五）深孔锚杆挤压注浆自动退管法施工科研

地下洞室群越来越多采用了深长张拉锚杆。

传统的水泥卷张拉锚杆注装方式，是将浸泡好的快凝水泥卷和缓凝水泥卷用风压枪泵逐一分节输送到锚杆孔内，然后利用架子或其他登高设备安装锚杆。传统工艺有很多缺陷，水电十四局拟定出一套深孔锚杆挤压注浆自动退管法新工艺，并对传统工艺及拟定的新工艺分别进行了一系列科学试验。新工艺将注浆方式改为挤压、自动退管法注浆的新方式，采用挤压注浆机代替风枪进行注装。新工艺注浆压力稳定、出浆连续，能够充分保证密实度，加快了注装速度。新工艺特别适用于深长锚杆注装，当然也适合所有普通砂浆锚杆注装。

深孔锚杆挤压注浆自动退管工艺自 2005 年三峡右岸地下电站主厂房成功实施以后，又分别在糯扎渡地下水电站、锦屏地下水电站、功果桥地下水电站等大型电站中应用，并取得了较好的成果，密实度检测值均大于 90％。

（六）自由式单孔多锚头防腐型预应力锚索施工工艺

传统的拉力型锚索和压力型锚索均属于单孔单一锚固体系，尽管具有多根钢绞线，但只作用于一定长度的锚固段。当锚索被施加预应力时，不能将预应力均匀地分布在全锚固段，从而造成应力集中现象，在软岩中使受力岩体难以承受；而应力分散型锚索可以改善预应力分布状况，靠多个钢质承载体来传递预应力，整个锚固段分由几个单元的锚固段组成，所以锚索受力的机理大为改观。

水电十四局在施工过程中，探索、开发出一套自由式单孔多锚头防腐型预应力锚索机具。自由式单孔多锚头防腐型预应力锚索，增加了锚固在无黏结钢绞线上的内锚板，用挤压机将挤压套压在穿过内锚板的钢绞线里端。对锚索施加的预应力通过内锚板，对孔内凝结的浆体材料施加压力来传递锚固力，内锚板将预应力分散地传递到钻孔内整个锚固段上。它更有效地利用天然地层强度，显著提高锚索的承载力，有效地解决了锚索防腐问题。工程施工实践表明，自由式单孔多锚头防腐型预应力锚索使得锚固段不再需要扩孔，并采用全孔一次灌浆工艺，既保证了灌浆质量，又可简化了工序，降低了施工成本。

自由式单孔多锚头防腐型预应力锚索施工技术，水电十四局已在泸定水电站、龙马水电站、小湾水电站、糯扎渡水电站、瀑布沟水电站等工程的边坡锚固支护中成功应用，取得了良好的效果，经济和社会效益显著。它具有技术成熟可靠、标准化程度高、质量控制较好的优点，有着较好的推广应用前景。

泸定水电站厂房边坡地质条件差、施工工期紧。水电十四局采用自由式单孔多锚头防腐型预应力锚索技术施工，解决了传统预应力锚索无法解决的问题，而且锚索灌浆工序简化，工效提高，保证了深层支护能紧跟浅表支护，为厂房边坡快速开挖创造了条件。预应力锚索监测结果表明，预应力锚索埋设后预应力损失在设计允许的范围内，说明预应力锚索埋设安装、锁定成功，处于正常工作状态。

小湾水电站左、右岸坝肩抗力体边坡岩石破碎、节理发育，水电十四局采用自由式单孔多锚头防腐型预应力锚索对其进行锚固，避免了普通锚索形成的部分锚固段受力不均、岩体应力集中的弊病，减小了预应力损失，增强了锚固效果，从而达到了稳定边坡的目的。预应力锚索监测结果表明，预应力锚索埋设后锚固力损失较小，处于正常工作状态。

龙马水电站溢洪道边坡，岩石破碎、节理发育。水电十四局在对其支护施工时，亦然采用自由式单孔多锚头预应力锚索进行锚固，避免锚固段受力岩体应力集中，减小预应力损失，增强锚固效果，从而达到稳定边坡的目的。预应力锚索监测结果表明，预应力锚索埋设后预应力损失较小，处于正常工作状态。由于其结构的合理性，该锚索将传统型锚索的两次注浆简化为一次注浆，提高了工效，并有效地减小了锚索孔径，缩短了锚索长度，节省了工程材料，降低了工程造价。

第三节 地下工程施工技术

一、自建局至20世纪80年代地下工程施工技术

（一）地下工程开挖施工技术

自建局至20世纪80年代，中国水利水电第十四工程局承建的各水电站工程，其地下工程（平隧洞、斜竖井和地下厂房），大都是中小断面，开挖方法以传统的矿山法为主，并在70年代中探索掘进机全断面开挖的方法。

1. 隧洞开挖施工

这段时期隧洞施工，手风钻钻孔爆破，有轨或无轨矿车、斗车出渣，钢木构件支撑。由于地质原因，隧洞塌方十分普遍，塌方处理是开挖施工中复杂又困难的工作。

以礼河梯级4个电站，各种隧洞洞室长达18.5公里。隧洞开挖采取先导洞后扩挖的方式施工。工人混合编组，手风钻及钻架钻孔，延发雷管及硝铵炸药爆破，装岩机装斗车，0.6米轨距小铁道运渣，有用人工推车出渣的，也有蓄电机车牵引斗车出渣的。

1958年7月6日，以礼河毛家村隧洞开挖创日进8.3米纪录。

以礼河三级电站石门坎垭口埋管段，采用定向抛掷爆破镇压滑坡脚，效果良好。爆破总装药量36.47吨，抛掷率达61.8%，抛掷有效方量4.25万米^3，抛掷物最大堆高14米。

1958～1960年期间，水电十四局承建的六郎洞电站，引水隧洞穿过砂页岩层，又有剧烈的地下水活动，隧洞塌方频繁，有3次大塌方造成洞内完全堵塞，塌方段最长的有200米，超过8米以上洞顶塌方有70多处，小塌方不计其数。工程技术人员和工人通过实践摸索出一套处理塌方的施工方法，如打标施工法、开挖衬砌同步施工法等，并在洞挖施工中，创造了隧洞（开挖直径4米）独头月进尺162.9米和日进尺12.15米的先进纪录。

六郎洞水电站引水隧洞进口与地下水库之间，施工期间留有4米厚的岩体，通水发电前对此岩体实施水下岩塞爆破，一次成功。这是云南省首次实施的水下岩塞爆破作业。

20世纪60年代末期，工程局在西洱河一级电站引水隧洞开挖期间，引进联合掘进机，1970年开始在2号支洞内作掘进机全断面开挖试验，1975年6月进入主洞，全断面一次成形，开挖洞长861米余。采用的掘进机型号为“SJ－53”和“SJ－58”；其后，掘进机返厂（上海水工机械厂）改型。改型后的“SJ－85A”在引滦入津工程古人庄隧洞应用（十四局为协作单位）取得成熟经验。目前国内外有的特殊隧洞开挖，仍采用全断面联合掘进技术，故这种方法仍不失为先进的隧洞开挖方法。

2. 高压斜井和竖井开挖

这段时期高压斜井和竖井开挖，一般先打导井后扩挖，采用钻爆法爆破，半机械化出渣：

（1）斜井采用下山法开挖时，开挖后的石渣由人工在工作面装入箕斗，卷扬机牵引的有轨运输运出井口；当采用上山法开挖时，爆破后的石渣则靠自然溜渣并辅以人工扒渣，然后在斜井下端集中装渣运出洞外。

（2）电站的高压竖井断面较大，导井开挖仍然用上山法和下山法，扩挖采用自上而下分层钻爆，石渣从导井中自然溜下。工程局 20 世纪 70 年代修筑的大寨水电站，其调压井的导井开挖就采用上山法，具体做法是在调压井口平台上，先用地质钻机在导井爆破孔布点上钻孔，每个钻孔均钻通全井，然后在钻孔内装药自下而上爆破成导井。

3. 地下厂房开挖施工

20 世纪 80 年代之前，工程局先后承建以礼河梯级水电站、绿水河水电站及西洱河梯级水电站的地下厂房近 10 座，地下厂房的最大跨度 18 米、最大高度 30 米。限于当时的施工水平，地下厂房的开挖常用方法如下。

（1）地下厂房的开挖一般自上而下分 3 层进行，顶层担负拱座及顶拱的开挖，中层担负发电机层以上的开挖，下层担负尾水底板以上的开挖。

（2）各层开挖施工仍然先开挖导洞。以礼河三级水电站地下厂房开挖，首先从中层开挖 3 条导洞，其中 1 条沿轴线、2 条沿厂房上下游边墙，此称为中部导洞；与中部导洞施工的同时在导洞适当位置各向上打反井，为顶部 3 条导洞施工创造条件，顶部 3 条导洞位于不同高程，并与中部导洞平行，中间一条导洞担负顶部扩挖，两条边导洞位于拱座以下，主要担负拱座及部分顶拱扩挖。

有的工程设计厂房排风洞时就考虑用以作为厂房顶拱开挖的导洞，这更有利于厂房顶拱施工提前实施。厂房下部开挖则由尾水洞挖导洞进行。

（3）扩挖程序总的原则是自上而下、分层钻爆、开挖与支护流水作业。在顶拱扩挖及浇筑混凝土过程中，中部的扩挖也在连续施工。在保证中部岩体不会塌落的前提下，可以开挖连通 3 条导洞间的若干大小不等的连通洞，在连通洞间保留岩体，以承托上部岩体。

导洞及连通洞洞壁打辐射炮孔，待顶拱混凝土达到设计强度后，立即撤除模板拱架，清理顶部现场，然后在中部已打好的辐射孔内装药大段爆破。

（4）一般地下厂房底部开挖也采用中部开挖的方法，如以礼河四级水电站地下厂房中部开挖完成后，则在开挖平面上用地质钻机钻深孔，待深孔钻完设备撤走后，采用群孔一次爆破、挖土机配自卸车出渣的施工方法。这种方法获得 1978 年云南省科技成果奖。

（二）地下工程临时支护技术

工程局在 20 世纪 80 年代前，地下洞室在开挖期间的临时支护，主要采用钢、木构架支撑。这种方法技术含量低、简单易行，目前在中小洞室施工中仍广泛使用。

支撑系统最常见的是圆木或方木组成的木质框架，框架间距在 1～2 米之间，用材量较大；在地下水丰富区域，这种框架易腐蚀，需定期检查支撑的工作状况，若发现变形严重或出现损坏征兆，应及时增设支撑予以加强；也有用型钢制作支撑框架的，支撑架之间用废旧钢材加强，衬砌时，支撑体一起浇入混凝土中，也有钢木混用的支承体系。

1960 年 5 月，在以礼河四级水电站公路隧洞施工中，工程局就用自制的设备进行喷混凝土试验，1963 年在各级隧洞施工中开始研究光面爆破技术，采用喷锚支护设计，取得成效。1970 年，在以礼河四级水电站 1 号低压平洞成功采用喷混凝土作为永久衬砌。

1973 年初，水电十四局与云南省水电科学研究所联合，在西洱河一级水电站引水隧洞推广光面爆破及锚喷混凝土支护技术。1973 年 9 月，西洱河一级水电站试验支洞内进行现场喷混凝土支护后的隧洞水压试验与喷混凝土支护层裂缝开展特性等项试验，通过试验了解喷锚支护的物理力学性能，量测喷射混凝土层的受力状态，综合评定喷混凝土工艺在有压引水隧洞衬砌的可用性，在中国喷锚技术应用初期，为设计和施工提供了实际资料。

（三）地下工程衬砌技术

（1）洞内混凝土浇筑，最初用木模、人工浇筑等手段。如20世纪50年代末的六郎洞水电站，引水洞长3375米，全部用人工的方法浇筑，人工先浇筑底板和边墙混凝土，再用铁铲送混凝土浇筑顶拱，然后抹面；混凝土的输送，在洞内用木架平台，斗车、绞车上平台入仓。

随后，经过工程技术人员的努力，在苏联和捷克专家的指导下，工程局引进了气送混凝土泵，大大提高了混凝土浇筑质量和速度。

（2）20世纪60年代，隧洞混凝土浇筑，还是木模配人工的方法为主。绿水河水电站隧洞混凝土浇筑，利用设在洞外的混凝土拌和站，人工配料，0.75米^{3}的锥型拌和机拌和，用0.4米^{3}的斗车，经钢轨人工推至混凝土泵进料口，由泵输送入仓；斜井一般采用溜槽进仓，而平洞底部衬砌，用斗车直接倾倒混凝土后平仓振捣，钢轨在修整规格后拆除。

（3）20世纪70年代，泵送混凝土已普及，模板厂生产定型木模，人工现场拼装，泵送混凝土至工作面，先浇隧洞边、顶混凝土，后浇隧洞底板。如西洱河梯级电站的混凝土衬砌，都是这样施工的。

二、20世纪80年代的施工技术

（一）地下工程开挖技术

在鲁布革水电站施工中，引水隧洞由外国公司施工，引入了先进的施工技术，主要有：

（1）坚持“最佳进尺、每班循环”原则，根据岩层地质情况，设计钻孔深度和密度，达到减少残孔率，获得最佳爆破效率的经济目的。效果：开挖进度加快，炸药单耗量降低。

（2）在洞径9米的隧洞开挖中，按照中国当时有关规范，隧洞开挖设计允许超挖值为20厘米，且按传统的“先挖平底，后衬砌圆底”的施工方法，每延米隧洞超挖超填量达约10米^3。而日本大成公司采用激光导向、浅眼多循环、光面爆破、坚持“先欠后就”原则等措施，使超挖量控制在10厘米以内，且采用全断面一次开挖成形的施工方法，以底拱垫渣作交通道，减少超挖量。每延米隧洞超挖超填量仅为2.8米^3，超挖超填量减少了72%。技术手段的改进所获得的经济效益十分明显。

（3）采用水泥裹砂新工艺，选用各种外加剂，节约水泥。效果：水泥单耗量减少25%。

（4）采用早强水泥装袋插锚杆、洞内汽车转向盘、塑料砂袋、钢性风管、管道加箍对接等配套新工艺，都使循环周期缩短，工作效率提高，经济效果明显。

重视整个工艺流程设备配套的合理、连续和均衡生产的要求，既重视主机选型，又重视辅机配套，并注重一机多用。

鲁布革电站，其首部大坝枢纽和厂区厂房枢纽由水电十四局承担施工，水电十四局建设者们与国外公司同在一个电站，既虚心学习和借鉴外国公司的上述先进技术，又充分发挥自身才能和优势，施工技术得到迅速提高。

（1）经过鲁布革电站的建设，通过学习与借鉴，工程局培养了一大批优秀的技术人员，工程局整体技术水平上了一个台阶。

（2）使用先进的洞挖设备、明挖设备、锚喷设备。如施工中使用阿立马克爬罐开挖竖、斜井的导井，这在当时是一种安全、高效的开挖方法，平均月进尺 105.8 米，最高月进尺 180 米，为国内领先水平。

（3）在右岸泄洪洞开挖施工中，不断改进布孔及装药结构，提高爆破效率；坚持开挖与支护并行，确保安全施工；从加强机械利用率、压缩工序循环时间等环节入手，实现快速掘进，1985 年 6 月达到独头进尺 245 米的成绩。

（4）导流洞岩梗爆破。左岸导流洞进口围堰坐落在预留岩梗上，为使导流洞分流必须将部分围堰和岩梗炸除，这是能否顺利截流的关键。决定实施水下岩梗爆破，经认真研究爆破设计方案，于 1985 年 11 月 13 日 13 时，水下岩梗一次爆破成功，99%的河水流入导流洞，分流十分顺利。岩梗一次爆破成功，大大减少了截流工程的难度，节约了大量工程成本，也获得了宝贵的经验。

（5）在地下厂房的开挖施工中，利用不同高程的运输通道，由上而下施工，在保证关键项目主副厂房开挖及支护前提下，其余各洞室组织平行交叉施工；开挖与锚喷支护分层同步进行，既保证了施工安全，又有效控制了围岩变形；洞室开挖分层分块尺寸，以最大限度发挥施工机械效率为前提设计。工程局采取种种措施，按关键线路计划，提前 4 个半月完成了厂房地下开挖任务。

在漫湾水电站隧洞施工中，施工技术在鲁布革水电站的基础上，又上了一个台阶。

开挖运输设备、锚喷支护设备、混凝土输送设备，都是进口 20 世纪 80 年代的先进设备，共 76 台。所有设备都是按施工工序、工艺选型，配套成龙。

事前，在施工组织设计的基础上，又详细编制各分项工程的施工技术措施，施工中又不断优化施工方案，采用先进的隧洞开挖“新奥法”技术，编制周密的作业计划，实行目标管理，加快施工速度、保证施工质量。

（二）地下工程支护技术

1.“新奥法”的推广

1983 年 4 月，由长江水利水电科学研究院、东北勘测设计院、武汉水利电力学院、昆明勘测设计院、水电十四局科研所等单位协作，“新奥法”施工试验取得了成功。其后，在鲁布革和国内许多水电站的施工中得到了推广。

鲁布革水电站厂房枢纽是由一组纵横交错的地下洞室群组成的。厂房主要洞室都采用锚喷支护作为永久支护。所有锚杆均为砂浆锚杆，主要洞室边墙及顶拱喷层厚度均为 15 厘米。尾水洞洞口段及高边墙中下部岩体及母线洞，喷钢纤维混凝土。截至 1987 年 2 月底，共计安装锚杆 19 491 根，锚杆钻孔总延米 68 219 米，共喷混凝土 8254 米^3，其中喷钢纤维混凝土 510 米^3。锚喷支护技术，是地下工程快速施工的重要一环，其经济性显而易见。

2. 采用早强水泥锚杆

鲁布革电站大规模采用早强水泥锚杆，工程中使用的早强水泥条长 600 毫米，直径 35 毫米，外壳为吸水纸和硬质塑料网套，内部分开装填早强水泥、速凝剂和化学剂。使用时，先在水中浸泡 3～5 分钟，装入孔内，然后插入锚杆（D＝22～25 毫米，L＝3～5 米），锚杆安装后 1～2 小时即可承受 10 千牛的拉力，4 小时后可旋紧螺帽施加预应力。

（三）地下工程衬砌技术

鲁布革水电站地下工程的衬砌技术，由于采用诸多定型钢模，逐步告别木模时代，从根本上提高工程局地下施工技术的水平。

1. 改变传统立模方法

鲁布革水电站洞室体形规格繁杂，工程中使用的模板达 10 种：组合型小钢模、木模、钢木混合模板、悬臂钢模、拖模、底拱样模、滑模、大型轨道式台车钢模、针梁钢模和大型轨道式蝴蝶钢模，许多模板（如针梁钢模、滑模等）在国内尚属首次使用。这些模板使用于电站的不同部位，改变了传统的立模方法，不仅提高了模板施工的技术，还能大幅提高施工速度，保证衬砌质量。

2. 地下厂房无柱吊车梁施工技术及发展

地下厂房中无柱吊车梁分为岩台式（20 世纪 50 年代，水电十四局在修建以礼河水槽子电站地下厂房时，首次采用无柱、顶拱全钢筋混凝土衬砌的岩台吊车梁）和岩锚式吊车梁两种。

20 世纪 80 年代，鲁布革水电站大跨度、高边墙地下厂房，采用挪威的岩锚式岩壁吊车梁技术。它充分利用围岩承载能力，取消了吊车柱。与传统的现浇钢筋混凝土吊车梁柱相比，可减少混凝土、钢筋、立模的工程量，有利于缩窄厂房宽度，加快工程进度。这种岩锚式吊车梁，在随后的广州抽水蓄能电站地下厂房及多座大中型地下厂房中继续采用。

3. 采用混凝土垂直输送缓降器技术

混凝土垂直输送缓降器结构简单，包括左侧圆管及右侧圆管。该缓降器在垂直方向输送混凝土时，能预防混凝土骨料分离，有效地改善了混凝土的和易性，同时使用寿命长，无须经常检修或更换，且结构简单、制作成本低。

4. 磷石膏缓凝高效减水剂

磷石膏缓凝高效减水剂的制备方法，以磷石膏工业废渣为原料，加入改性剂改性处理，低温干燥，粉细，加入表面活性剂复配，得到粉状的磷石膏缓凝高效减水剂。将其应用于水泥混凝土或砂浆的拌和过程，终凝时间可达 24 小时以上，仍保持 28 天抗压强度比大于或等于 120%，可以节约水泥，降低混凝土和砂浆成本。

三、20 世纪 90 年代至 2006 年施工技术

（一）平隧洞开挖技术

20 世纪 90 年代至 2006 年，在水电工程中大、特大型断面的平洞增多，由于改革开放带促进了技术的发展，工程局利用鲁布革水电站的先进技术和管理经验，通过对大断面平

洞的机械化施工不断探索，在随后的诸多工程中得到了全面发展，逐渐形成了一套成熟的开挖工艺。

1. 中、小断面隧洞开挖

一般情况下采用全断面一次开挖成形；当遇不良地质岩体段，采用自上而下的台阶法，可以保证足够的作业空间，又避免风、水、电等管线的重复拆装；在个别特殊情况如地下水丰富，存在岩爆地段，可以用中、下导洞超前一定距离法。

中、小断面的钻爆机械一般选用手风钻，门架式钻孔台车，装渣运输方式一般采用手推车或小吨位的自卸车。如 1993 年施工的福建山仔水电站，引水主洞长 76.13 米，洞径为 5.5 米，就是用这种方法施工的。

2. 大断面、长隧洞开挖

大断面隧洞一般都需要分层开挖，由于各层开挖后都需要进行一次支护，所以大断面隧洞分层开挖时，多半在第一层开挖、支护结束后再进行第二层、第三层开挖，所以风、电、水管都要每层单独布置。

大断面隧洞的第一层（顶层）开挖方法与中、小断面隧洞的全断面开挖方法相同；大断面隧洞的第二层（中层）开挖一般采用垂直孔钻爆法，相当于明挖的深孔台阶爆破，其边墙用垂直孔预裂，或留保护层光面爆破，底层及保护层开挖一般都采用水平光面爆破法。大断面隧洞开挖使用成龙配套的机械化施工。

（1）天生桥二级水电站 1 号引水隧洞。20 世纪 90 年代初十四局承担贵州天生桥二级水电站 1 号引水隧洞上游段约 2.3 公里开挖等工程任务。隧洞位于尼拉大背斜一翼，背斜形成时期强烈的构造运动形成了大大小小的断层及其影响带，导致围岩破碎，地质条件极其复杂，隧洞埋深 300～800 米，因而掘进中经常出现强岩爆。隧洞穿过岩溶十分发育的石灰岩、白云岩地层，遇到大大小小的溶洞群，古暗河和涌水点。多数溶洞和暗河充填着淤泥包裹着的大小孤石，有些则封存着成百上千的古积水或流沙。据统计，40％洞段出现上述地质现象，涌水量大于 0.1 $米^3$/秒的涌水点达十余处。同时，又在一些地段发生突然涌水和涌泥石流的现象。因此，二级电站引水隧洞有“地质博物馆”之称。

洞内通风困难，环境恶劣。引水隧洞施工支洞少，掌子面距洞口平均距离 3 公里，最深处达 4 公里。洞内众多的大型机械和出渣车辆排放的废物气，放炮形成的烟尘，严重污染洞内空气，尽管正式通风和负式通风双管齐下，洞内缺氧和烟尘污染状况仍改善不大。

参建职工克服了一个又一个困难，1992 年 6、7 月分别创造了月进尺 147.4 米和 184.42 米的最好纪录，超过了该电站开工以来钻爆法掘进月进尺 143 米的最高水平。

（2）大朝山水电站导流隧洞。1994 年开始，水电十四局承担大朝山水电站导流隧洞工程的施工，1997 年承建该电站两条长尾水隧洞的施工。

导流隧洞进口 0＋000～0＋024 米桩号段由于断层发育，岩石破碎，分 3 层开挖，上层小导洞超前开挖，探明地质情况，再分左右两部分扩挖，边开挖边喷锚支护。中部一次开挖成型，下层从中间拉槽，两侧预留 3～4 米用台车修边。洞身 0＋024～0＋628 米桩号段分两层开挖，上半部采用中导洞超前，随后扩挖左右边墙的开挖方式；下部采用从中部拉槽、再扩挖两侧边墙。进口和出口边坡按自上而下边开挖边支护的程序进行，支护比开挖滞后一个平台。

两条尾水隧洞长度分别为1144米和1092米，为更好地解决洞内通风问题，除了沿施工交通洞布置的强制通风管外，在主洞中段布置了4个垂直通风竖井，断面为圆形断面，直径为140厘米，4个井深度分别为138.08、130.75、109.5、101米，采用Lm-200型反井钻机进行施工。

尾水主洞开挖分上下两层进行，上层开挖全部采用中导洞超前、扩挖跟进的方法进行。下层采用三臂台车钻孔、一次开挖成型。岔管段开挖体型复杂，开挖最大高度20米，最大跨度32米，为保证施工安全并控制好复杂的开挖体型，岔管开挖分上、下两层进行，上层采用中导洞超前，扩挖跟进并预留保护层的开挖方法，下层采用中间拉槽、左右两侧扩挖跟进的开挖方法。支管段体型复杂多变，开挖依然分上下两层进行，上层采用“小导洞超前、短进尺、多循环、小药量”方式进行慎重开挖，下层开挖实行“短进尺、小药量”的开挖方法。

（3）小浪底导流洞。1996年，水电十四局为责任方的联营体被指定承担小浪底导流洞开挖。小浪底导流洞洞身采用台阶式，共分3个台阶4个阶段开挖。先上中导洞，次扩挖上半圆，再挖腰线以下6米，最后挖底部圆弧。钻爆法掘进，周边光面爆破，966A、988A卡特装载机配15～20吨载重自卸汽车装运。在1号导流洞开挖时，项目部提出取消钢架支撑，改为喷锚挂网，用最快的速度安全闯过了塌方段。后来又改变外商原定的“半边支护，半边开挖”方案为“中间刻槽，两边开挖”，极大地提高了开挖进度。在关键的中闸室最后一层爆破时，外商三次实施爆破都没有成功，项目部承担巨大风险，申请用自己制订的方案进行爆破，终于一次爆破成功。

（4）构皮滩水电站1号导流洞进口段。2004年4月，水电十四局承建的贵州构皮滩水电站1、2号导流洞完工，5月接手1号导流洞进口段抢工工程。进口段断面为城门洞形（26.0米×22.7米），为含燧石生物碎屑灰岩、黏土软岩夹透镜状劣质煤层。隧洞进口洞脸边坡坍塌严重，顶拱塌腔达十多米；沿线穿越两个岩溶系统，岩溶分布密集，面临洞顶坍塌、暗河涌水和进口渗水的极大威胁。

十四局项目部针对工程特点，结合施工条件和手段合理规划分层开挖次序，采取超前支护、预灌浆、短进尺、弱爆破分部开挖、钢拱架锚喷强支护的施工方法。

在汛期因连日降雨，江水上涨地下渗水加剧，开挖岩面突发涌水，软岩自稳能力急剧下降，在K0+007附近发生顶拱塌方，塌方体积约300米^3。根据塌方原因，项目部一方面采取紧急封闭措施，阻止塌腔的扩张，另一方面进行塌腔加固，增加钢支撑，重点支护塌口周边，并对塌腔回填混凝土和灌浆。

（5）洪家渡水电站大型洞式溢洪道。洪家渡水电站溢洪隧洞长754.5米，城门洞形，开挖断面尺寸为16.2米×23.64米，沿线Ⅱ、Ⅲ类围岩占66%，Ⅳ、Ⅴ类围岩占34%。

根据隧洞断面较大的特点，洞身分上中下3层开挖支护，开挖层高7～8米。采用大型成套机械化作业：上层用瑞典生产的353E三臂凿岩台车造水平孔，上层开挖每月单向进尺达120米；中下层用快速钻机造垂直孔，梯段爆破。3方侧卸装载机装渣，20吨自卸汽车运输。周边采用光滑爆破和预裂爆破。

（6）大风垭口隧道。云南元磨高速公路大风垭口公路隧道累计长6727米，隧道断面为半圆拱形，净宽10.9米，净高7.2米，在施工中，由于独头工作面长达3公里，采用了巷道通风形式，大大改善了排风散烟的性能，改善了施工人员的工作环境和条件。

施工中，采用了从瑞士引进的TSP203系统，开展隧洞超前地质预报工作。采用TSP203系统，能较准确地识别和预测隧洞掌子面前方及周围的工程地质和水文地质情况，如围岩软硬变化、断层、破碎带、节理裂隙发育情况、地下水、溶洞等，以及大致的岩石力学参数，为确保安全施工、制订隧道施工工艺，提供可靠的参考。

为保障行车安全及隧道衬砌质量，隧道内不允许出现渗漏水现象。水电十四局施工项目部制订了防、排水系统以“防、排”为主，“防、排、堵截”相结合的综合治理措施，实行两排三防（两项排水措施，三道防线）施工方案。第一项排水措施：在初期支护内环向设置弹簧排水管；第一道防线：初期支护喷射C25钢纤维混凝土；第二项排水措施：对初期支护表面出现大面积滴渗水，甚至出现股状水的部位，在初期支护表面造孔，集中引水，环向增设弹簧排水管；第二道防线：在初期支护与二次支护间敷设350公斤/米^{2}的土工布和TJ281防水板组成的防水层；喷射C25钢纤维混凝土；第三道防线为C25防水混凝土。上述措施实施后，隧洞防排水成功，至今未出现衬砌完成的混凝土有渗漏水现象发生。

（二）斜、竖井开挖技术

斜、竖井的开挖可分为全断面开挖法和先导井后扩大开挖法，通常小断面的开挖采用全断面开挖法，大断面的开挖采用导井扩大法。全断面正井法（含正导井）开挖装渣、出渣困难，须布置牵引或提升设施，全断面反井法开挖缓倾角斜井出渣困难，需借助外力扒渣。

对于大断面的陡倾角斜井和竖井的开挖，由于可以利用自然溜渣的有利条件，所以通常采用先开挖小断面的导井用于溜渣，然后自上而下全断面扩大开挖。

随着施工技术的发展，20世纪80年代引进了国外阿力马克爬罐施工导井的设备和技术，首先在鲁布革电站使用。斜井的导井开挖采用正、反井同时掘进，上口用下山法，手风钻开挖，人工装渣，卷扬机牵引斗车出渣，工人劳动强度大，作业面排水困难，进度慢；下口用阿力马克爬罐打反导井，自重溜渣。导井开挖速度较快，月进尺可达80米。但通风散烟困难，掌子面作业环境差，安全问题突出。由于这种方法的设备需依赖进口，施工成本高，施工程序复杂，因而除在国内几个大型水电工程使用外，未得到广泛地应用和推广。

对于长深斜井和竖井，施工时采取增设施工支洞的办法把长深井变短浅井以利于施工。如天荒坪抽水蓄能电站引水斜井长745.5米，又如福建贡川电站引水竖井井深700多米，引水调压井与竖井贯通，总深达800多米，是国内水电工程中最深的竖井，这两个工程施工时就在中部增设了一条施工支洞。

2000年以后，工程局在斜、竖井的施工中开始引进反井钻机，取得了较好的效果。

1. 反井钻机在福建周宁水电站的应用

工程局于2002年7月引进了第一台反井钻机，并在湖北省水布垭电站、福建周宁水电站首次应用，实现了反井钻快速施工技术。2004年12月又先后购置4台反井钻机，分别在湖北省水布垭水电站、贵州三板溪水电站、云南省小湾水电站、云南省溪洛渡水电站、广东省惠蓄电站、三峡水电站等工程的斜井和竖井施工中成功应用。

周宁电站是工程局首次使用反井钻机进行竖井的开挖施工的电站之一，反井钻机的使用大大提高了施工进度，保证了施工质量，确保施工的安全性。

周宁电站有9条竖井，其中电站引水高压竖井总高453.25米。为保证工期及施工方便在竖井中部设一竖井施工支洞，分岔进入竖井。施工过程中，采取先开挖导井后扩挖的方式，用反井钻机打直径1.4米中导井，手风钻光面爆破扩挖，喷混凝土、锚杆临时支护与扩挖跟进施工。

周宁电站高压引水竖井，工作面狭窄（竖井设计开挖直径为5.7米和5.9米两种）。为了保证工期，增加一个施工支洞，分两个洞口进入竖井，共形成5个通道。经过安全、技术、进度及经济比较，选用LM-200型反井钻机。

使用反井钻施工，如何解决先导孔偏差是整个竖井成型的关键，由于周宁水电站竖井岩体为高倾角80°，倾向与引水洞轴呈30°，在竖井Ⅲ段第一次先导孔施工中，因经验不足，轴线偏差>2%（而设计要求的先导孔偏差≤1%），因此作为废孔。经分析，有不良地质段、层间软弱地质带出现是造成偏差的一个原因；安装精度，开孔段和不良地质段的造孔进钻速度、钻压控制不达标是另一个原因；没有加设稳定钻杆是第三个原因。根据第一次钻孔的偏差情况，第二次钻孔时向倾向方人为移动700毫米。成孔后，偏差为1.1%，由于有人为移动，达到设计要求，Ⅰ段与Ⅱ段岩性相对均一，一次施工精度达到设计要求。采取的主要纠偏措施为：安装钻机精度控制在0.15%以内；先导孔施工时，孔口30厘米，用1～3米/天的钻进速度；钻杆前30米增加稳定钻杆数量，前5米普通钻杆与稳定钻杆数之比为1∶1，之后从3∶1到5∶1，最后到10∶1；合理采用钻压和转速，并在开孔时采用扶正器等方法。

各段的反导井施工结束后，结合竖井的结构和反井钻导井尺寸，根据以往的经验，并通过爆破试验，ϕ6.0米井采用导井从ϕ1.4米先进行一次掘井，扩大到ϕ2.5米，再进行全断面扩挖和支护。全断面一次从ϕ1.4米刷大到设计断面。

较深竖井要解决人员的上下交通、材料运输及安全通道问题。

人员和材料运输设置一个无轨吊篮，在吊篮两侧设一稳定钢绳，钢绳下部设配重(500kg)，设专用卷扬机，在吊篮上设捕绳器（bf-111型），在上井架上设缓冲器，以解决瞬间制动后人员材料的缓冲击。

在井的一侧设置安全爬梯。每24米设置一个休息平台，每12米设一个休息防护罩。并每24米作一个交错。交错上方设置防护顶，作为紧急安全通道。

设置安全的控制、信号系统，控制卷扬机的运行速度，控制信号采用电铃和灯光双保险，安排专人管理，控制线与吊篮同步下井，由井内人员控制信号，井口值班人员操作，信号为井内外双向互动，控制电压为36伏，并在钢绳上设到位标志。各工作面间的通信连接采用内部自动电话。

2. 反井钻机在湖北水布垭水电站的应用

工程局引进的LM-200型反井钻机，在水布垭水电站竖井、斜井施工中得到充分利用，发挥了极大的优势。使用 LM－200 型反井钻机施工的竖、斜井工程见表 8－1－1。

表 8－1－1　水布垭水电站厂房使用反井钻机施工的竖、斜井工程

<table>
<tr><th rowspan="3">序号</th><th rowspan="3">竖、斜井名称</th><th rowspan="3">竖、斜井设计尺寸（米）</th><th rowspan="3">井深（米）</th><th rowspan="3">钻机施工尺寸（米）</th><th colspan="3">反井钻机施工时间（小时）</th></tr>
<tr><th>导孔（毫米）</th><th colspan="2">扩孔（米）</th></tr>
<tr><th>ϕ216</th><th>ϕ1.4</th><th>ϕ2.0</th></tr>
<tr><td>1</td><td>厂房通风竖井</td><td>ϕ1.4</td><td>183</td><td>ϕ1.4</td><td>52</td><td>132</td><td></td></tr>
<tr><td>2</td><td>1 号母线竖井</td><td>5×6</td><td>110</td><td>ϕ1.4</td><td>62</td><td>85</td><td></td></tr>
<tr><td>3</td><td>2 号母线竖井</td><td>5×6</td><td>110</td><td>ϕ1.4</td><td>72</td><td>92</td><td></td></tr>
<tr><td>4</td><td>3 号母线竖井</td><td>5×6</td><td>110</td><td>ϕ1.4</td><td>61</td><td>72</td><td></td></tr>
<tr><td>5</td><td>4 号母线竖井</td><td>5×6</td><td>110</td><td>ϕ1.4</td><td>65</td><td>144</td><td></td></tr>
<tr><td>6</td><td>1 号施工支洞通风竖井</td><td>ϕ2.0</td><td>23</td><td>ϕ1.4</td><td>15</td><td>31</td><td>42</td></tr>
<tr><td>7</td><td>交通竖井</td><td>7.7×6.5</td><td>115</td><td>ϕ1.4</td><td>31</td><td>70</td><td></td></tr>
<tr><td>8</td><td>1 号引水斜井（600）</td><td>ϕ6.9</td><td>158</td><td>ϕ1.4</td><td>64</td><td>331</td><td></td></tr>
<tr><td>9</td><td>3 号斜井引水（600）</td><td>ϕ6.9</td><td>156</td><td>ϕ1.4</td><td>64</td><td>200</td><td></td></tr>
<tr><td>10</td><td>4 号斜井引水（600）</td><td>ϕ6.9</td><td>156</td><td>ϕ1.4</td><td>112</td><td>163</td><td></td></tr>
</table>

在不良地质条件下，反井钻机导井施工，保证成孔精度是施工中的难点，4 号引水斜井就出现导孔偏移过大的情况。为了保证导孔精确贯通，在正常围岩中，泥浆池中仅需注入清水。如遇小溶槽、小裂隙，则可在泥浆池中加入一定量的黄泥，用高压泥浆泵注入泥浆对裂隙进行封堵；如遇大溶槽、大裂隙，则需停止造孔，将钻杆取出，灌浆填充裂隙溶槽，重新扫孔直至能正常造孔。

3. 反井钻机在泗南江水电站的应用

泗南江水电站溢洪道通风竖井高 88 米，直径 3 米圆形断面。反井钻机施工分为 ϕ216 毫米导孔钻孔、ϕ1400 毫米导井扩孔两步施工，正导孔使用牙轮钻头自上而下钻进。

在对孔位精确放样后，建造钻孔平台，地基平整坚实水平稳固，使钻机在钻进过程中不摇晃；仔细找准位置，校正好立轴方向和倾角；钻进过程中不断检查竖机和钻杆方向有无变化，发现问题及时纠正；采用符合要求的钻杆，设计适合工程施工特点的钻具结构尺寸、钻进方法和钻进规程参数。钻至 39 米时，出现塌孔，采取了固壁灌浆处理，灌注浓水泥砂浆后待凝固后继续采用低转速低钻压钻进。

泗南江溢洪道通风竖井实际钻进 88 米，最大单日进尺 48 米，平均日进尺 22 米。在保证施工安全的前提下，顺利完成了施工任务。

4. 反井钻机在长江三峡地下电厂引水隧洞斜井的应用

长江三峡地下电厂引水隧洞斜井，离上游防渗帷幕最近距离只有 23.6 米。施工中必须尽量减少对三期电厂运行的干扰，确保钻爆施工不对上游防渗帷幕及周边锚索造成损害，确保人洞室岩壁及洞室交叉口围岩稳定，还要顾及不良地质、渗水对施工的影响。

十四局在施工中，采取短进尺、多循环、弱爆破的施工方法，减少总装药量和单段起爆药量；设计轮廓线采用光面爆破和预裂爆破，预留保护层和周边设置减震孔，再实施弱爆破开采；优化爆破网络，爆破网络离帷幕远端先响近端后响；对斜井上游半幅布设掏槽

孔等多项措施。

5. HINO400H 型反井钻机

2005 年水电十四局从芬兰购进了一台 HINO400H 型反井钻机，在广东惠州抽水蓄能电站斜井施工中创造了新的纪录。该斜井倾角 50°，全长 301 米，直径为 240 毫米的先导孔不到一个月就贯通，直径为 1400 毫米的扩孔仅用 1.5 个月，这是水电十四局长斜井反井钻机施工技术的重大突破。

反井钻机导井法施工机械化利用率高，工作效率高，钻孔形成的导井井壁光滑，能够形成预定要求的洞径，施工安全可靠，对地质条件要求宽泛，同时对环境造成污染非常小。解决了地下竖井及斜井施工的施工难题，降低了施工成本，加快了施工进度。

斜井的扩大开挖与喷锚支护，在由卷扬机牵引的扩挖平台车上进行，这种作业台车共设 4 层，高达 10 米，可实现掌子面垂直于洞轴线开挖，使钻手容易打周边孔和径向锚杆孔，日平均扩挖与支护 1.6 米。

（三）地下洞室群开挖技术

1. 广州抽水蓄能电站地下厂房工程

90 年代初，水电十四局承建广州抽水蓄能电站施工，地下厂房洞室群纵横交错，立体交叉，异常复杂。要加速施工进度，必须设法多开辟工作面。工程局大胆实践“平面多工序、立体多层次”的施工方案。

在进行施工规划研究厂房开挖分层时，统筹考虑了上、下游各洞室的施工通道以及开挖、与混凝土运输和机电安装的关系，增设了 2、3、4 号及 5 号施工支洞，尽量排除施工干扰，力争实现多工序、多工作面平行交叉作业，不仅使厂房开挖工作可以顺利进行，而且保证了引水隧洞高压岔管、尾水调压井等与厂房平行施工，使厂房混凝土浇筑与机电安装平行作业，也相应改善了各洞室的通风条件。

由于成功地采用“平行多工序、立体多层次”的平行交叉作业施工方案，高度机械化自上而下，先顶拱再逐步下挖的程序，先挖小洞锁口后再扩挖大洞的原则，使分层、分块、交通运输都与所用机械相适应，以发挥最佳效率。用多臂钻和潜孔钻钻孔，每层开挖 8～10 米，装载机装渣、自卸车运输。采用光面爆破和新奥法施工，及时进行监测反馈，随时调整开挖及喷锚支护参数，使各层开挖、各交叉口开挖均有利于保持围岩稳定，保证了开挖规格、减少了超挖，提高了施工强度。一个工作面一般在 0.5 万～1.0 万米^3，实际最高月开挖强度达到 1.8 万米^3。

地下主、副厂房尺寸为 142.5 米×21 米×44.5 米，最大吊装重量 3600 千牛（转子）。厂房工程地质条件良好，围岩稳定，80％以上为Ⅰ、Ⅱ类围岩，19％为Ⅲ类，局部为Ⅳ类，采用岩壁吊车梁。这是当时国内跨度和荷载最大的岩壁吊车梁。上、下游长度均为 120.46 米。

为保证岩锚梁部分的开挖质量，进行了专门的爆破设计试验，以震动速度传至梁时小于 10cm/s 来控制爆破药量，制定了严格的施工要求，使开挖面不欠挖，超挖不大于 20 厘米，开挖岩面平整，残孔率大于 90％。因此，钻孔较密，规格线装药量较小，靠近岩面为光爆孔，在岩石拐角处使爆破钻孔线往设计开挖线内移 5 厘米，以保证岩台倾角不小于20°的设计要求，改善岩锚吊车梁的受力条件；爆破岩壁完整，无震动裂纹，保证了开挖质量。开挖程序和爆破工艺十分成功。

岩锚吊车梁施工各工序进行全过程的质量跟踪，保证了良好的施工质量。经过120%动荷载（480吨）试验和140%静荷载（560吨）试验，证明岩锚梁质量优良，围岩稳定性好，工作状况安全可靠，提前提供设备安装使用，缩短工期1年以上。主厂房开挖及喷锚支护工程施工仅用17.5个月，1991年被能源部评为优质工程。

“平面多工序、立体多层次”的施工方法，在鲁布革水电站、广蓄电站的地下厂房开挖中获得成功，工程局的地下厂房洞室群开挖技术已经成熟。

2. 福建棉花滩水电站地下厂房工程

水电十四局1998年开始修建的福建棉花滩水电站地下厂房系统工程，紧靠拦河坝左岸山体内，整个厂房引水发电系统地下洞室群以三大洞室地下厂房、主变压器室和尾水调压室为中心，设计布置较为紧凑。引水发电机组采用一机一洞独立引水，4条引水洞密集布置，洞长较短。4条发电尾水支洞（延长段）穿过主变压器室和尾水调压室底部，合二为一，连接两条尾水主洞，末端为尾水出口建筑物。

棉花滩水电站地下厂房开挖、支护按“立体多层次、平面多工序”的原则组织施工，从上到下分6层进行施工。

在地下厂房施工中，最关键的施工技术是岩壁吊车梁的施工和保护。棉花滩电站地下厂房岩台开挖，借助已浇筑小牛腿混凝土梁作参照物，挂垂球和平行钢绞线指示造孔。周边装药爆破，采用绑扎间隔药卷，控制线装药密度。地下厂房吊车梁岩台开挖总平均径向超挖13.9厘米，开挖岩台获得较理想的控制。

在地下厂房自上而下的开挖支护过程中，需要进行厂顶小牛腿钢筋混凝土，岩壁吊车梁钢筋混凝土施工。下层开挖爆破不可避免将对上部的小牛腿钢筋混凝土和岩壁吊车梁钢筋混凝土产生不利震动影响，需对上述建筑物实施保护，有效控制震动速度。岩壁吊车梁震动控制保护采用在边墙部位造预裂缝，计算参数K、a参照广蓄一期，控制爆破震动速度$v\leqslant 10$厘米/秒。针对岩壁吊车梁，震动控制速度$v\leqslant 7\sim 10$厘米/秒，设两道预裂缝，一条边墙部位，另一条距边墙3米处。施工期间经原型观测，从观测数据看，多点位移计和锚杆应力计变动微小，其他正常。控制爆破震动设计实践证明效果较好。

3. 广西龙滩水电站地下厂房工程

龙滩水电站地下厂房跨度大、洞室长，主厂房尺寸为388.5米×28.5米×76.4米，洞室交叉隧洞多达40条，地质条件复杂，岩性不均一，洞室轴线与岩层走向交角小。工程于2001年11月开工，开挖历时31个月。

开挖过程中，两侧平行导洞交错施工，掌子面相距30米以上，以确保爆破施工安全；中间岩柱断面宽大，顶拱矢高较小，顶拱形成较为困难，为此：在Ⅱ、Ⅲ类围岩区采用全断面光面爆破，在Ⅳ类围岩区采取超前锚杆支护、弱爆破措施，开挖进尺控制在2米以内，半幅间隔开挖，周边光面爆破孔距减至40厘米等措施，厂房顶拱开挖质量较好。

为了高边墙稳定及岩锚梁的安全，在施工中严格进行爆破震动控制。开挖前，进行爆施震动试验，确定爆破震动预控的单响药量、起爆间隔时间等相关参数。

在高边墙开挖施工时，采用双保险两道预裂缝方法，即中间拉槽和周边预裂缝，两侧预留保护层的开挖方法，控制爆破对高边墙围岩的震动影响。尽快对保护层分块开挖，并及时进行支护；增加变形检测点位，通过监测数据反馈，及时优化施工措施。

努力增大爆破距离，在岩壁梁混凝土浇筑前，对岩壁梁下部进行拉槽开挖，爆破后不出渣，待岩锚梁混凝土达到28天龄期后再对下部进行出渣和开挖，优化爆破网络布置等措施，以保护岩梁混凝土的质量与安全。

高边墙与各大洞室交叉口，开挖次序先洞后墙，洞口锁口与系统支护完成后才开挖高边墙。洞与洞、洞与井交叉部位提前做好超前支护和加强支护。

监测成果表明，地下厂房顶拱、高边墙稳定，成型良好，平均径向超挖小于20厘米，大规模地下厂房施工水平上了一个新台阶。

4. 广西百色水利枢纽地下厂房工程

2002年7月1日至2003年11月中旬，水电十四局承建的百色水利枢纽地下厂房，位于主坝左侧山体内，包括进水塔、4条引水隧洞、主副厂房、主变压器室、交通运输洞等25条（个）洞、井、室、道，这些地下建筑物构成的复杂地下洞室群相互贯通、交叉分布在0.12公里^{2}范围的山体内。是辉绿岩地质结构，洞室结构的多样、体形变化的复杂、洞室间隔的制约、地质条件的极其不良、施工工序的干扰、环境场地的限制是地下厂房系统工程的显著特点。根据上述特点，将整个厂房共分7层进行开挖和支护。

由于百色水利枢纽地下厂房的围岩为辉绿岩，节理发育，易爆而不易成型，因此对如此大断面开挖的成型成为众人关注的问题。通过采用严格的施工工艺和钻爆控制措施（爆破震动速度的量测和收敛观测和精心设计钻爆参数等），厂房顶拱成型令人满意，残孔率达到87%，喷锚支护后的断面平均超挖约为22.4厘米。

针对百色水利枢纽地下厂房辉绿岩的单块岩石抗压强度高、硬脆性明显、节理裂隙发育的特点，为确保地下厂房开挖质量，减少超挖防止欠挖，在开挖前，对通风疏散洞、进厂交通洞等辉绿岩区进行了多次爆破试验，确定采用预留保护层进行光面爆破是最好的开挖方法。在厂房Ⅰ-Ⅶ层开挖中基本上都采用了光面爆破的方法并取得了极大的成功。

岩壁吊车梁施工前先在副厂房进行了岩壁吊车梁岩台开挖爆破试验。采用常规的及改进的3种不同方法进行了多次试验，同时委托武汉理工大学进行了开挖效应监测研究。通过对岩壁吊车梁开挖工艺的改进创新，提出了在辉绿岩等节理、裂隙发育地带的岩壁吊车梁岩台开挖中采用“保护层与岩台部分分开作两次开挖”的方法，并命名为“岩壁梁岩台二序开挖施工法”。利用试验时形成的施工通道，往主厂房方向采用中间拉槽、两边预留保护层水平掘进的开挖方法施工。开挖分两阶段进行，在完成中间拉槽开挖后，最后采用手风钻按照“岩壁梁岩台二序开挖施工法”进行岩台的光面爆破开挖。

岩壁吊车梁岩台开挖采用“岩壁梁岩台二序开挖施工法”对脆硬性明显、细微隐性节理发育且地质构造复杂的Ⅲ类围岩地区的岩壁梁岩台开挖，提供了有效合理的经验。

5. 三峡右岸地下电站厂房工程

水电十四局2003年开始修建的三峡右岸地下电站厂房长311.30米，最大跨度32.60米，高87.30米。整个地下工程气势磅礴，厂房大如万人宫室，辅助洞室如蛟龙宛游，被誉为“地下宫殿”，是目前世界开挖难度最大的地下厂房之一。

在施工中，十四局项目部积极听取院士专家的意见建议，不断总结技术经验，针对工程特点和难点，优化施工工序，在地下厂房开挖中采用了新技术：

解决顶拱、岩壁吊车梁和直立高边墙开挖成型问题。项目部一是坚持“厂房外部环境提早治理，主排水系统的排水帷幕、探洞回填等洞室领先开挖”原则，分梯次展开厂外排水系统排水及探洞回填施工，降低围岩外水压力，增强围岩稳定，为洞室稳定开挖创造条件。二是在顶拱开挖中水平周边孔采用尾线导向定位技术，即事先设计顶拱的爆破孔位及孔间距，确定钻孔点，然后采用测量仪器精确放样钻孔点并作出标识，在这些钻孔点尾部逐一放出导向点。利用钻孔标识点、尾部导向点、相邻参照孔、顶拱爆破残孔多重作用，达到控制钻孔精度的目的。三是边墙采用导向管定位及导向技术，在边墙钻孔条件明显好于顶拱的情况下，仍然事先设计开挖轮廓线上爆破孔位及孔间距，确定钻孔点，然后采用测量仪器精确放样钻孔点作出标识，并沿钻孔点安装定位及导向装置，从而达到控制钻孔质量的目的。四是对岩壁吊车梁斜岩台采用钢管定位及导向技术，在垂直孔钢管导向技术应用成功的基础上，通过水平通长钢管导向，根据设计钻孔间距及开挖轮廓线安装定位钢套管并紧贴岩面，限位横杆安装在导向管外侧用以准确控制孔深。五是针对高边墙传统采取的“先中部梯段拉槽后保护层开挖”受设备选型限制，不利于工程总体施工进度和质量保证，且对于地质节理裂隙发育地带不能及时进行支护的不足，采用改进型 YQ100D 轻型潜孔钻进行深孔一次预裂成型，有效确保了顶拱、岩壁吊车梁和直立高边墙开挖成型。

确保应力集中区域开挖围岩稳定。项目部优化相贯洞室施工工序，采用“小洞穿大洞”和“跳洞”的方法开挖，在 2 倍洞径洞段内采取浅孔多循环的方式开挖，并在交界面打辐射孔进行预裂；对相贯洞室交叉段提前加强支护，在洞与洞、洞与井等交叉部位以超前锚杆、加强锚杆、随机锚杆和喷混凝土，提前进行加固处理；对过断层带采取“个性化”施工程序，视实际地质情况采用“台阶法”或“导洞超前、非典型扩挖法”进行开挖，尽量缩短进尺，减小单响药量，开挖后及时进行锚喷支护以快速封闭新出露围岩，取得了积极效果。

确保直立高边墙围岩不变形。一是实时监测围岩变动形态，通过采用先进的围岩观测、监测技术对围岩稳定进行监测，实时掌控围岩变形情况，并根据实际地质情况和监测资料实时分析洞室围岩的稳定性，制定应对措施，确保主厂房的安全。二是引用电视监控系统全程监控，首次引用电视监控系统实现对主厂房施工过程全天 24 小时实时监控，全面、及时、准确地收集施工现场资料。三是理论分析指导现场施工，根据开挖步骤和设计支护参数，通过分析所得变形结论指导现场施工，现场根据布置的监测仪器实测变形值与理论分析值实时对比，不断调整程序和工艺，确保实际变形值控制在理论分析值之内，保证围岩变形稳定。

6. 云南小湾电站地下厂房工程

2004 年承建的小湾电站地下厂房是超大型地下洞室群，主厂房 325 米×29.5 米×65.8 米（长×宽×高），主变压器室为 257 米×22 米×32 米，双圆筒式调压井高 91 米，开挖直径 38 米，两条尾水隧洞分别长 976 米、933 米，高、跨均为 20 米。地下洞室总挖量256万米^3，混凝土浇筑65.27万米^3。并且各洞室相隔间距小，施工干扰大，受三级结构面，蚀变带等地质构造影响。

对这样超大型地下洞室，合理优化的施工顺序是保障施工安全、维护围岩稳定、实现快速施工的关键技术。应用自行研发的仿真模拟系统对各种施工顺序方案比较，首选施工顺序为：增设7号施工支洞，主厂房、尾水洞先行施工，主变压器室跟进，1、2号尾水调压井同步滞后。

施工通道的合理布置直接影响施工方案实施和施工进度的关键，原设计对外通道有上部1号施工支洞，中部交通洞和尾水调压井交通洞，对外通道十分繁忙。通过增加6号施工支洞、改设5号施工支洞、利用地质探洞扩挖、设汽车转向盘等措施，使关键线路上的关键项目主厂房提前3个月开工。

恰当组织地下工程的施工循环是提高工程施工质量，加快工程进度的重要保证。施工过程中，对此也给予了高度重视。

水电十四局和水电一局联营体在施工中探索出“顶层中导洞立面先行与通风竖井贯通，平面形成巡回通道后品字形扩挖，其他平面分半立面薄层开挖”等方法，总结出预应力支护，断层钢筋肋拱、钢纤维和微纤维喷锚，钢锚墩、锚索，井挖变洞挖等新技术和新工艺。成功穿越了60米宽，埋深1010米的最大地质断层。成功解决了尾水管道68%挖空率的困难，克服了84.88米直立墙的稳定问题。

7. 湖北水布垭水电站地下厂房工程

水布垭水电站地下厂房系统是在复杂地质条件下布置的庞大洞室群。由于软岩成洞、高边墙、洞室挖空率高，致使洞室围岩稳定问题突出。

（1）厂房顶拱布置153束150吨级预应力锚索。工程局引进德国制造的KLEMM锚索钻机，为其造孔，KLEMM锚索钻机钻进速度快，钻孔精度高，钻深可达40米。只用3个月即完成厂房顶拱153束预应力锚索施工。

（2）水布垭地下厂房岩壁梁基础部位存在带有剪切性质的软岩，设计中对这些部位的软岩采用混凝土置换措施。按施工程序，软岩地质置换占用了主厂房直线工期，只有待其完成后才能进行主厂房开挖。原定2002年6月1日主厂房开挖开始的计划，因软岩置换工程不得不推迟整整6个月。由于厂房岩壁置换混凝土紧邻厂房设计开挖边线，主厂房开挖过程中对置换混凝土的保护也成了突出问题，工程局项城部采取双层竹跳板覆盖保护、角铁护角保护、严格控制爆破震动速度等系列措施，成功地达到质量和安全目标。

（3）洞室离出口较远（400米），轴流风机送风效果不佳，采用反井钻机，只用了1个月时间完成了183米通风竖井施工，改善了洞内工作条件。引进挪威生产的MOXY-28吨自卸汽车出渣，其尾气排放达到环保要求。对瑞典Atlas-460型造孔设备进行技术革新，在孔口加防尘罩的同时，安装高压水管除尘。对3台废气污染严重的平台车进行技术改造，加装一套电油泵，降低了运行成本，又无污染无噪声。采用ALIVE喷车进行湿喷法喷混凝土，引进KHYD40A型电钻进行造孔施工。另一方面，布置了较完善的排水系统，成立专业路面养护队，为施工提供了一个适宜的、文明的、环保的工作环境。

（4）通过水布垭地下厂房开挖工程实践，通过大量试验监测，总结了控制爆破震动一些成功经验：开挖施工中采取预裂爆破或光面爆破是控制爆破震动的首选手段；每段预裂爆破孔数不能少于10个，最大起爆药量控制在20公斤以内；预裂孔系数最好在2.0左右爆破效果较佳；梯段主爆孔采用多段起爆方式，最好做到单孔单响，梯段爆破区以5～8米为宜；合理安排开挖、支护及混凝土浇筑工序程序。

8. 岩溶发育的地下洞室处理

2006年施工的构皮滩电站地下洞室群，布置在典型岩溶影响区域，它的地下厂房尺寸（长×宽×高）为230.45米×27米×75.32米，开挖工程量32.4万米^3，属于大型地下厂房，与主厂房交叉洞室多达22条，厂房开挖过程中遇到不同规模的溶洞共9条。为准确探明岩溶发育、分布情况提供准确的地质资料，工程局采取了一系列探测手段，这些勘探手段包括地质雷达探测、CT物探、造孔超前探测、导洞探测、通道追溯、非物质性勘探等。

针对不同的岩溶管道分别采取了“治水优先、随层处理、逐层回填”的原则，采用跨越岩溶平行作业，分界优先辟径处理，分段截断分期处理，临时封堵适时处理，预留通道择时处理等各种处理措施，对岩溶溶洞进行了有效处理。施工中采用多种跨超熔岩技术，这些技术有：绕道通行、拱桥跨越、防护穿越、栈桥跨越、垫渣跨越、置换跨越、避让跨越、强堵穿越等。对不同类型岩溶做出加固处理，如置换回填、灌浆加固、深层锚固、拱桥加固、块石压浆等。

9. 地下工程开挖地应力控制技术

地下工程开挖，特别是大断面洞室开挖，围岩稳定问题突出。水电十四局通过众多工程实践，总结出一套控制地应力释放，改善围岩应力条件的经验。

（1）施工中导洞超前，可以将部分地应力提前加以释放，减少岩爆产生的概率。

（2）将全断面一次开挖改为分部开挖，减少一个循环的开挖量，让地应力逐步释放。

（3）在开挖断面中，局部曲率半经愈小，应力集中愈加剧。施工中对埋深最大，地应力最高地段，通过改变断面形状来抑制岩爆发生。

（4）采取短进尺，多循环的开挖方式，将深孔爆破改为浅孔爆破，降低一次爆破用药量，减小爆破对围岩应力的影响，减小对围岩的扰动，利用围岩自身的强度，抵抗岩爆的发生。

（5）布置超前应力解除孔或排孔，在围岩内部形成破碎带，让掌子面及洞壁岩石应力提前释放。在围岩应力集中区域，离洞壁一定区域进行岩石内部爆破，形成一定厚度的人工破碎带，让岩爆烈度缓和或终止发生。

（6）使用合理的开挖手段，降低施工冲击荷载对围岩的扰动。爆破作业或临近洞室爆破是诱发岩爆的因素，在施工中减小钻孔深度，降低炸药总量，严格控制单响药量，减小爆破对围岩的影响。尽量做到全断面一次开挖到位，减小超欠挖，严格控制炮眼利用率，让岩面尽可能圆滑、平顺，避免应力集中。

（7）采取喷混凝土、挂网喷混凝土、随机锚杆和系统锚杆、喷钢纤维混凝土、格栅钢支架等办法，形成整体临时支护，改善围岩受力条件，预防岩爆发生，防止岩石弹射与塌落。施工中，衬砌工序紧跟开挖推进，减小围岩暴露时间。在某些洞身，采用跳段衬砌的办法，在爆破后立即向工作面及工作面以前的一定距离内的隧洞围边喷雾或用高压水冲洗，降低岩石脆性，降低岩爆烈度。

10. 高科技在地下工程的应用

在糯扎渡水电站地下工程施工期间，工程局与上海交通大学合作，采用数码相机进行非接触变形监测。这项技术用于地下洞室开挖及支护期的监测，已通过有关部门鉴定，填补国内非接触变形监测技术空白。

工程局与天津大学合作，以控制论思想为指导，以网络计划技术为核心，综合利用计算机技术、数字建模技术、系统仿真技术、三维动态技术，成功开发出大型地下洞室群施工动态实时控制系统软件。这一系统的主要功能是有机融合三维仿真的预测手段和工程施工的实际信息，实现对整个地下洞室群施工过程的进度控制，让施工管理按照科学、合理的程序达到既定目标。该系统可进行三维动态可视化仿真分析，将施工全过程用运动着的画面描绘出来，从工期安排、进度计划、关键线路、资源配置、施工强度、通风散烟、行车运输、地质分析等方面，揭示了施工进程中复杂的时空逻辑关系和主要症结所在，以其对任意时刻施工面貌再实现的仿真演示、比较分析、实时预测和动态调控等多种方法，为方案优化、施工组织、运行管理和科学决策提供了有力的分析工具和技术支持。

在广西龙滩水电站地下厂房施工中，水电十四局与水电七局、水电八局联营体购置全电脑多臂钻、混凝土喷射机、激光全站仪等一批先进设备，总价超过2亿元，在工程施工中发挥了巨大作用，突破了世界上跨度最大的电站地下厂房顶拱施工安全关，突破了高达70米的高直立边墙稳定关，突破了世界最大的地下厂房岩锚梁质量关。

11. 地下洞室群开挖的基本经验

（1）地下厂房洞室群的开挖方法。

地下厂房及大型洞室开挖的主要方法是按从上往下进行分层开挖，一般应在上一层的工作基本完成没有安全隐患后才往下开挖，每一层的施工通道按规划好（在该层开挖前完成）的通道施工，开挖的方法采用钻爆法。

在进行厂房和大型洞室上部几层开挖时，如果条件具备或不危及安全的情况下，按照“立体多层次”的方法，可以提前开始下层某些部位的开挖。例如，当尾水施工支洞开挖入洞后，可提前进行厂房底层部分开挖工作。

地下厂房和其他大型洞室的开挖分层，主要根据设计的永久通道和施工的临时通道来进行分层；另外，还应根据地下厂房洞室群的结构、选用的施工设备来综合确定开挖高度，通常分层高度在6～10米为宜。

（2）地下厂房洞室群的开挖要点。

地下厂房洞室群施工的重点主要是厂房，由于厂房的连通洞多、跨度大、开挖高度高、支护工作量大、施工强度高，且边墙上有岩壁锚杆吊车梁，所以厂房开挖的关键是厂房顶拱层的施工、岩壁吊车梁的施工、母线洞与厂房岔口的施工等。

地下厂房洞群的施工难点表现在：第一解决好支护与开挖的关系，做到及进支护，这对大型洞室顶拱层的施工尤为重要；第二解决好岩壁梁部位岩台的开挖，以确保岩台的开挖质量；第三通风散烟不仅制约工程的进度，同时还影响施工人员的健康，如何在施工中解决好地下厂房洞室群通风散烟问题至关重要。

（3）分层开挖的要点。

顶拱开挖时，如果只有一条通道则从一端向另一端开挖，如果两端都有通道则从两头向中间开挖。当前采用较多的是中导洞超前、两侧跟进的扩挖方法，也有少数工程采用先开挖两侧、后开挖中部的方法，不论采用何种方法都应在开挖一定距离后尽快进行锚喷支护。采用中导洞先行并超前是当前采用较多的方法，它一是可以通过中导洞了解顶拱层的岩石情况，有助于两侧的扩挖；二是中导洞比一般洞的开挖要求相对少，只要控制好顶拱的开挖线和底部高程即可；三是中导洞开挖后可以及时跟进支护，对约束顶拱中部的变形有好处，因为该部位是顶拱层开挖后变形最大的地方。

厂房二层以下开挖一般采取梯段爆破来提高开挖的速度和效率，但应注意厂房不但在结构上布置有岩壁梁结构，还有其他洞与厂房边墙贯通，为使厂房高边墙成型好受爆破震动影响小，在厂房或其他大型洞二层以下开挖时边墙两侧均应留保护层，在中部梯段开挖区挖完后进行保护层开挖。梯段爆破开挖区的开挖方向应是与出渣方向相反，如出渣洞不位于厂房轴线上时，梯段爆破应有一调整区，通过一两排炮形成位于厂房轴线上的正面开挖，梯段爆破采用履带潜孔钻，保护层开挖多用液压凿岩台车和手风钻。

（4）岩壁梁保护层的开挖。

岩壁梁区保护层开挖的关键，是保证岩壁梁区斜面岩壁的成型和下拐点以下岩壁不受到破坏。这就要求：一是选择恰当的钻孔参数和装药参数，根据围岩变化的情况调整爆破设计；二是在钻孔施工时控制好造孔方向，保证岩台的成型，要求台车造孔时岩壁的光爆孔的外插角应尽量小、孔应保持水平，如果手风钻施工时三区的边墙垂直光爆孔尽量与斜面光爆孔基本对齐；三是测量放线、装药、爆破都应按施工技术措施实施，每一个环节都应处于受控。

除以上要求外，具体操作时下拐点以下边墙在开挖时，可考虑欠挖5～10厘米来保证下拐点以下边墙不受到大的破坏。如果地应力较大或岩石情况不甚理想，可在下拐点下适当位置打（能施加一定预应力的）锚杆加固围岩。

（四）地下工程支护技术

现代的设计理念，内水压力并不完全由混凝土衬砌来承载，而是大部分借助围岩抗力。

围岩存在自身承载能力或通过一次支护后加强和提高了围岩自身承载能力这一理念，正是“新奥法”的核心所在，它不仅仅应用于地下洞室，而且在岩石边坡、挡土墙（如土钉墙）中都得到了广泛应用。根据这一理念，对锚杆的作用机理，就不能仅理解为悬吊、组串作用，它是提高岩体力学参数的重要手段，更重要的是要扩大为由锚杆、岩体及喷混凝土（或加钢结构）组成的一个支承拱承载山岩压力。

1. 广州抽水蓄能电站尾水洞

广州抽水蓄能电站尾水洞不良地质段围岩多为全风化夹少量强风化岩石，属极不稳定的Ⅴ类岩层。岩石破碎，断裂构造发育，构造面多有夹泥；部分花岗岩在地下水长时间浸润下，蚀变严重，岩石强度明显降低，局部膨胀呈松散状，可用手抓动。

水电十四局项目部采取的主要措施是固结灌浆及悬吊锚杆加固。

进洞开挖前，为了加固围岩及减少洞内水流渗漏，从地面对洞顶围岩进行固结灌浆，灌浆前在洞内对原工作面进行了混凝土封堵，以防止浆液沿掌子面裂隙泄漏。悬吊锚杆施工，部分利用地面灌浆孔，部分需重新造孔，锚杆间距采用@100×100 厘米或@120×120 厘米，锚杆深入隧洞开挖线内 50 厘米，采用从底部向上注浆封堵，共布设直径为 25 毫米的锚杆 471 根。

2. 湖北清江水布垭灌浆平洞

湖北清江水布垭灌浆平洞穿过的地层为灰岩与泥质炭质生物碎屑灰岩互层，岩溶发育，多见溶沟、溶槽和断层裂隙。其中，405 米高程灌浆平洞因覆盖层薄，围岩风化及溶蚀严重，地质尤为软弱。

十四局施工项目部，针对软弱围岩地带围岩的实际，首先采用超前支护加固围岩，然后再进行开挖施工。超前支护的型式选用了超前锚杆，对围岩进行预支护和预加固。

在施工过程中，始终坚持弱爆破、短进尺、支护紧跟的原则，施工进展顺利。

3. 徐村电站导流洞兼泄洪洞

徐村电站导流洞兼泄洪洞分别布置在左右岸，而且都要穿过 20～30 米的三叠纪劣质煤层，煤层结构松散，呈散粒状。在开挖过程中，该区段收敛变形量很大。水电十四局施工项目部于是决定在开挖时加大断面，预留足够收敛变形量，使用小管棚加格栅拱架，锚喷支护，台阶法开挖。经观测，支护后的成洞并未发现破坏迹象。

4. 新疆引额济乌引水工程顶山隧洞

顶山隧洞洞身围岩为Ⅳ～Ⅴ类不稳定岩层，隧洞在软岩中开挖，强膨胀泥岩地质结构和灰白色粉细砂岩。膨胀裂隙特别发育，裂隙面光滑，有擦痕，泥岩呈不规则小块体状，遇水膨胀、液化、易崩解。

工程局项目部加强一次支护，采用大格栅，间距加密至 50 厘米；增加径向锚杆，间距加密至 75 厘米；喷混凝土厚度由 15 厘米改为 20 厘米；加大预留变形量 8 厘米，增加一次支护的允许变形空间。及时跟进二衬混凝土浇筑。

2002 年，4 号竖井平洞上、下游各 20 米段一次支护出现大速卒收敛变形，观测的最大变形值达 280 毫米。水电十四局项目部对变形段，采用长 3.5 米、直径为 30 毫米的花管锚杆和长 3.5 米、直径为 25 毫米的锚杆加固，底板浇厚 20 厘米的 C20 混凝土，使一次支护成环向封闭。凿除变形时左右两侧错距，分段跳槽处理。在混凝土凿除后，将格栅移至设计位置，重新安装网片，喷混凝土。随后及时进行二衬混凝土浇筑施工。

采取上述措施后，较为成功地解决了膨胀泥岩段的隧洞施工难题。

5. 贵州构皮滩水电站

贵州构皮滩水电站左岸 1、2 号导流隧洞Ⅳ、Ⅴ类围岩段分别占洞身总长 31%和 18.7%，主要为黏土岩、粉沙质黏土岩夹泥质粉砂岩，强度低、多层间剪切破碎、多泥软化面、多劈理，失水易干裂，遇水易泥软化，自稳能力差。

支护分两期：一期为临时支护，Ⅳ、Ⅴ类围岩段采用组合工字钢拱架支撑、系统锚杆（长 5～8 米，间距 22 米）及厚 10 厘米素混凝土喷护。二期为永久支护，Ⅳ、Ⅴ类围岩段采用全断面钢筋混凝土衬砌，衬砌厚度0.5～2.0米，Ⅴ类围岩段8米范围内进行固结灌浆处理。由于措施得当，2号导流洞开挖与支护施工顺利通过Ⅳ、Ⅴ类围岩段，1号导流洞洞身除少数几个部位出现小规模坍方外，开挖支护安全快速通过了软岩段。2004年11月后，1、2号导流洞顺利过流，并经历了2005、2006年汛期的考验。

6. 糯扎渡水电站

糯扎渡水电站1、2号导流洞为城门洞式隧洞，过水断面尺寸为16米×21米，长分别为1068、1142米，于2006年1月开工。F_3断层与1、2号导流洞斜交，交角60°～75°，断层上、下盘表面起伏。主断层宽11～15米。

F_3断层的原支护方案为管棚超前支护、系统锚杆、钢支撑、喷钢纤维混凝土。但断层部位填充物主要为糜棱岩、高岭土，胶结差、自稳差灌浆可灌性差。管棚超前支护在顶拱很难形成稳固可靠的固结壳，如灌浆压力过大，将危及围岩自身稳定。同样，部分地段不利于砂浆锚杆施工。

经仔细研究分析，支撑方案采取：钢支撑加固；顶拱部位采用自进式中空注浆锚杆；取消大管棚支护，采用ϕ42（壁厚4毫米）@0.31.5米、14.5米的注浆小导管支护；喷30厘米厚C20钢纤维混凝土；两边墙起拱部位钢支撑脚布置锁脚锚杆。

7. 支护技术的新发展

重视一次支护作用，不再把它单纯作为临时支护，也当作永久支护的一部分。施工中通过一次支护稳定地下洞室的围岩，提高岩体抗力。

锚杆的作用，不仅起悬吊、组串作用，还是提高岩体力学参数的重要手段。锚杆、岩体及喷混凝土（或加钢结构）组成的联合支承拱，共同承载山岩压力。

从广蓄电站一期工程开始，随着新材料的应用，工程局的支护技术得到了很大的提高。通过多个电站的建设，20世纪90年代后支护发展的新方法有：

（1）喷钢纤维混凝土。喷钢纤维混凝土以抗拉强度高、弹性模量大而在大型洞室中广为使用。经大量实践与试验，工程局得出每立方米喷钢纤维混凝土中掺35～45公斤钢纤维为最合适；钢纤维掺量每立方米超过50公斤，很容易结成团，产生堵管，且喷混凝土的密实度不好。

（2）喷聚丙烯混凝土。喷聚丙烯混凝土可抑制喷混凝土的初期微裂缝，提高抗渗性能，增强韧性，并可将回弹量控制在10%以内，但对混凝土的强度影响不明显。聚丙烯的掺量一般为每立方米混凝±0.9公斤，聚丙烯维纤维的抗拉强度不低于450兆帕，杨氏弹性模量应大于3500兆帕，维纤维断裂伸长率小于25%，纤维长度大于14毫米。

（3）钢筋网。挂网喷混凝土的钢筋网应采用其屈服强度不低于240兆帕，直径为6.5毫米的一级圆钢。钢筋网格尺寸以20厘米×20厘米为宜，网格太密，喷混凝土与岩面间易架空导致结合不好，太稀则整体强度受影响。

（4）超前锚杆。不良地质段的临时支护常采用超前锚杆和超前管棚，这是两种不同概念的支护措施，它适用于不同的地质条件。

超前锚杆用于碎裂结构（岩体被切割成块状）的围岩或互层状结构的围岩中，它具有超前支护、超前加固围岩的作用。通过锚杆与块状岩石间的相互作用，一定程度上抑制开挖后至支护前顶拱岩石的掉落，但对于极破碎岩体其作用明显减弱。这类锚杆一般采用普通砂浆锚杆，不宜采用药卷式锚固剂。

（5）超前管棚。超前管棚是用在完全没有自稳时间的散粒结构、固结极差的土层及全风化的各类岩体中，超前锚杆在这类岩体中对围岩的作用范围很小，仅仅是杆体与松散岩体的摩阻力，超前支护作用不大。在这类围岩中，最好的临时支护方法是使用管棚，使用管棚时管身要中空并有出浆孔，通过出浆孔向周边注浆，以达到局部固结岩体，使其形成一张屏蔽网。但要注意的是超前管棚不是支护的主体，它不承担山岩压力，仅仅是在开挖后至支护前的这段时间里，临时性抑制因顶拱部分松散岩石掉落而造成对围岩的破坏。管棚法不仅使用在松散体，在高塑性软弱体岩层中，以及在地质条件不好的洞口段都具有较好效果。

（五）地下工程衬砌技术

1. 天荒坪斜井隧洞

天荒坪斜井隧洞直径大、长度长、倾角陡（58°），混凝土表面质量要求高，斜井混凝土施工困难极大，按传统立模浇筑的方法，施工工艺复杂，表面质量差、缝面处理困难，施工成本高、速度慢，斜井混凝土衬砌的工期将严重滞后。

广蓄电站斜井混凝土施工中曾用过国外CSM公司设计的斜井模板，但安装、使用均有许多不足之处。1994年，为保证施工进度，保证施工质量，工程局组织自行研制了XHM-7型斜井滑模。并成功地应用于该工程斜井混凝土浇筑，十分顺利地完成了斜井隧洞的混凝土衬砌。混凝土衬砌后，表面光滑平整，无错台及施工缝。斜井全断面一次浇筑成形，工期、质量、安全等方面都达到预期目标，施工工期大幅度缩短，工程造价大幅度降低。该滑模系统在天荒坪斜井隧洞施工中以日滑升最高12.08米，月滑升最高230.3米，刷新国内外纪录。

2. 小浪底水利枢纽1、2、3号排沙洞

1998年4月～1999年2月，水电十四局在小浪底水利枢纽1、2、3号排沙洞洞身进行了双圈环绕后张法无黏结预应力混凝土衬砌工程施工，这在国内属首次采用预应力双圈无黏结环锚技术施工中没有任何先例可循，在工程技术人员的积极探索和不懈努力下，通过场内外反复试验对比论证，不断摸索总结，加以完善，并根据施工需要自行设计制造了一些专用工具，重点解决了安装精度和施工速度等问题，在较短的时间内创立了一套能满足设计要求的切实可行的环锚工艺，填补了国内预应力应用领域的一项空白。

3. 长江三峡工程永久船闸地下输水系统

长江三峡工程永久船闸地下输水系统（见图8-1-1）由南坡、北坡、中墩4条输水廊道和36条竖井组成，其中每条隧洞分为6级，每级长约250米，每级之间由长36米、倾角为57°的斜井进行连接。隧洞开挖总长约5500米；竖井混凝土衬砌长度累计为3440米，其中包括16条变断面斜井和72个渐变段；竖井总高度为2578米。地下输水系统结构复杂，洞洞交叉，洞井相贯，洞中套洞，井内有井。平洞标准衬砌断面有11种，并且以1∶7～1∶8坡比变坡，起、降坡处均为圆弧过渡，进出口均设弯段，方圆形断面直墙与底板均采用圆弧连接。72个渐变段共有19种不同断面形式，斜井倾角约57°，直线段为上大下小的渐变断面。地下输水系统混凝土施工于1998年9月开始，2001年8月结束，

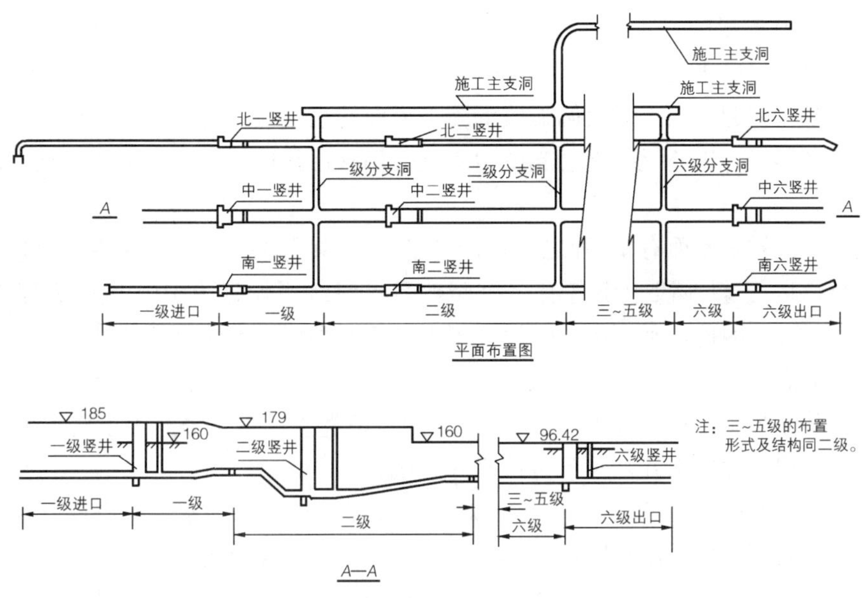

图 8－1－1　长江三峡工程永久船闸地下输水系统

历时 4 年。混凝土设计总量为 45.0 万米^3，钢筋设计总量为 4.8 万吨。

（1）钢筋工程。地下输水系统钢筋密集而复杂，每方混凝土的含筋量达 107 公斤，特别是闸室部位，钢筋最多的地方有 14 层，而且二期混凝土的钢筋穿入一期混凝土内，给钢筋的绑扎带来相当的困难。

按水工规范的要求，凡钢筋直径大于 25 毫米的钢筋接头必须采用帮条焊。地下输水系统钢筋直径大于 25 毫米的钢筋接头有近 60 万个，如果采用帮条焊，需要投入大量的焊接设备，而且紧迫的工期也不允许。为此，地下输水系统钢筋施工过程中，引进了机械连接，即冷挤压连接和直螺纹连接。

由于钢筋接头机械连接未被水工规范认可，因此在监理的参与下，对 ϕ28、ϕ32、ϕ36 钢筋机械连接做了单向拉伸、高应力反复拉压、大变形反复拉压、疲劳试验。按三峡工程的要求，上述各种试验接头均需达到 A 级并且通过 200 万次疲劳试验。通过试验上述各项均满足要求，从而得以在地下输水系统全面采用。

（2）平洞混凝土工程。平洞标准段断面形式为城门洞形，每级平洞包括上游渐变段、方段、闸室段、升坎段、下游方段和渐变段、1∶7 上下竖弯段、1∶7 直线段、丁字管（中墩隧洞为十字管）。平洞混凝土施工分底板和边顶拱两次进行，标准段底板底模采用散装翻模，边顶拱采用钢模台车，非标准段底板底模采用木模，边顶拱用满堂脚手架、拱架和盖模。混凝土入仓采用泵送入仓，退管法浇筑。

由于永久船闸地下输水隧洞的水流均为高速水流（流速≥15 米/秒），因此设计要求，Ⅰ类区混凝土表面顺水流向的起伏差≤3 毫米，垂直于水流向的起伏差≤5 毫米，对过流面的混凝土表面质量要求非常高。为了满足设计要求，边顶拱施工时，钢模台车的面板厚度全部加厚，并且每块浇筑前在面板上涂刷清光漆，非标准段所使用的木质盖模表面全部采用五夹板，并在五夹板上涂刷油漆，防止五夹板表面受潮起皱。输水隧洞边墙与底板的

连接采用 $R=50$ 厘米的 1/4 圆弧连接，底板浇筑时，为了使 1/4 圆弧成型，经过多次的试验，最终底板底模采用散装翻模，底板混凝土浇筑结束后，在混凝土初凝以后终凝以前，将圆弧模板翻起，人工对反圆弧段混凝土表面的水气泡进行抹面。翻模施工中掌握好翻模时间，翻早了，边墙混凝土会起鼓包甚至会塌落；翻迟了，水气泡抹不动，就失去了翻模的意义。

平洞标准段衬砌断面有 11 种之多；72 个渐变段共有 19 种不同的尺寸；进出口均有水平的弯段；1∶7 斜坡段上下各有一个竖弯段；每级平洞还有升坎段、方段和丁字管（中墩为十字管）。因此，平洞施工时设计了大量不同类型、不同尺寸的模板，以满足平洞混凝土施工的需要。

（3）竖井混凝土工程。地下输水系统共有 36 条竖井，每级竖井由上游大井（包括阀门井、上游检修井和集水井）和下游检修井组成。

竖井的模板使用情况见表 8-1-2。对于井口无通道且有固定起吊设备（如塔机、桥机等）的大井，阀门井采用悬臂模板，集水井和上游检修井用筒模；滑框翻模由于造价较高，只制作了一套，主要用于无外伸段且欠挖较少的南北坡大井；其余的大井都采用爬升模板；对于井口有通道且无外伸段的小井，主要采用滑模；其余小井采用筒模。

表 8-1-2　　竖井的模板使用情况

竖井类别		大井			下游检修井	井深（米）
		阀门井	上游检修井	集水井		
一级竖井	北坡	滑框翻模			筒模	71.30
	中墩	悬臂模	筒模	筒模	筒模	71.30
	南坡	爬模			筒模	71.30
二级竖井	北坡	爬模			滑模	90.15
	中墩	悬臂模	筒模	筒模	筒模	90.15
	南坡	爬模			筒模	90.15
三级竖井	北坡	爬模			筒模	91.90
	中墩	爬模			筒模	91.90
	南坡	滑框翻模			滑模	91.90
四级竖井	北坡	爬模			筒模	91.65
	中墩	爬模			滑模	91.65
	南坡	爬模			滑模	91.65
五级竖井	北坡	爬模			滑模	90.07
	中墩	爬模			筒模	90.07
	南坡	爬模			爬模	90.07
六级竖井	北坡	爬模			筒模	52.22
	中墩	悬臂模	筒模	筒模	筒模	52.22
	中墩	悬臂模			筒模	筒模

竖井内交通平台的悬臂梁伸出竖井的井壁，为了方便竖井施工，悬臂梁采取在竖井井壁上预留孔洞浇二期混凝土的方法进行浇筑，但设计要求孔洞处井壁的钢筋不能割断，再加上孔深有1.0米，混凝土浇筑后孔内模板的拆除以及孔内混凝土表面的凿毛非常困难。为此，孔洞四周的模板采用免拆模板（亦称金属扩张网），混凝土浇筑后孔洞的模板不需要拆除，其表面也无需凿毛。试验室所做的试验表明，使用该模板，其缝面的抗拉和抗剪均满足设计要求。

闸室段混凝土浇筑的分层原则是：便于钢筋的下料和绑扎，避开受力复杂的部位，位置尽量在体形发生变化的地方，便于混凝土入仓，根据上述原则，闸室段分为4层浇筑。井身段根据模板高度每3.3米为一层。

闸室段采用混凝土泵车入仓。由于竖井井身段的高度大多在70米左右，井身段混凝土的入仓方式是一个比较关键的问题。井身段混凝土浇筑首先在南六和北六进行，地面距仓面的距离在25米左右（有外伸段），浇筑初期用直径15厘米的钢管作溜管，混凝土从地面溜到仓面上搭设的溜槽内，由溜槽再送到各下料点。但经常卡管，而且混凝土骨料分离严重。后来将管子的直径改为20厘米，并引入日本前田株式会社的专利产品MY－box缓降器，成功地解决了上述问题，缓降器每10～15米在溜管上接一对。溜管南北坡大井接二趟，中墩大井接三趟。

（4）斜井混凝土工程。地下输水系统共有12条斜井。斜井由上下弯段和直段所组成，斜井倾角约57°，直段长约36米，直段部分为渐变结构，断面形式同平洞，但直段部分从下至上断面高度逐渐变高。

为了满足平整度要求，上下弯段顶拱圆弧模板的矢高不能超过5毫米，因此上下弯段的顶拱无法使用定型的大模板，全部用木盖模拼装。在满堂脚手架上安装钢拱架，钢拱架上铺盖模，盖模上再上钉五夹板，以保证混凝土表面光洁。

斜井直段断面为一渐变的断面，断面高度从下游至上游逐渐变高，二级斜井高差为130厘米，其余各级斜井的高差为40厘米。二级斜井由于高差较大，底板采用滑模，边顶拱采用搭设满堂脚手架进行施工的方法。其余各级斜井开始采用底板与边顶拱分开滑的方式。为了加快施工的速度，研制出了全断面滑升的模板，能在滑升过程中滑模高度可以渐变。该滑模施工的速度一般为3米/天。输水系统斜井全断面变径滑模的设计成功，填补了国内在这方面的一项空白。

在永久船闸地下输水系统混凝土工程中，钢筋接头大量采用了机械连接（冷挤压和直螺纹），研制使用底板翻模、各类爬升模板，开发了斜井全断面变径滑模。MY－box混凝土缓降器的应用，使地下工程混凝土衬砌技术得到充分展现。

4．长江三峡工程右岸地下厂房支护与衬砌

确保深长锚杆注浆密实度。项目部把张拉锚杆传统的“风枪送卷”法改为“挤压”注浆法。压浆均匀连续，浆液与孔壁黏结良好，出浆速度快，不仅安全可靠、工艺简便，还提高了施工效率。

顶拱深长砂浆锚杆采用“先插杆后注浆”法替代“先注浆后插杆”。采取预埋注浆管和排浆管，孔口封闭孔口注浆，通过注浆压力使浆液从孔口均匀向孔底推进，并将孔内渗水和气体从排浆管压出，不但能保证注浆饱满度，而且能提高施工效率。

边墙深长锚杆采用“自退管”法取代“人工退管”法。“自退管”法是在距注浆管末端2～3厘米的位置安置圆形泡沫浆液封堵器，注浆时由注浆压力推动封堵器自然均匀缓慢退出，从而保证注浆密实度。

确保岩壁吊车梁混凝土“无裂缝”。项目部按照“四个优化”和“一个控制”的总体思路，轻松地实现了无裂缝。一是优化浇筑长度，将传统25米的浇筑长度优化为8～10米每仓，减小其混凝土表面的拉应力，降低裂缝出现的几率；二是优化入仓方法，采用胎带机替代以往的泵送及吊罐入仓方式，降低入仓混凝土自身内部的水化热，减少水泥用量；三是优化配合比，采用低热水泥替代中热水泥，减小水化热，并采用纤维混凝土替代常态混凝土，提高混凝土毛细材料含量，增强混凝土自身抗拉能力，杜绝贯穿裂缝的发生；四是优化结构钢筋，将梁体结构筋中的水平联系筋优化为“链条式”的水平“U”筋，增强新浇混凝土的抗疲劳强度；“一个控制”即加强温度控制，严格控制混凝土的出机口、入仓和浇筑温度。沿轴线纵向“蛇形”布置冷却水管，严格控制通水温度、流量和水时间，防止混凝土早期贯穿裂缝。

5. 堵门槽试探装置

水电十四局在小湾水电站采用改进后导流洞封堵门槽试探装置，探模一套封堵门槽用时4小时，而如果采用沉井工艺方法探模一套封堵门槽则需两天的时间，因此提高了工效数倍。

试探装置的下部设计一个整体式的工作仓，使潜水人员在水下工作区域处于相对静止的水域中，降低了潜水人员安全风险。

工作仓的下游面设计为活动翻板门，能使潜水员一次下水就可完成整套门槽的探模检查工作，还能模拟试验检查封堵闸门在门槽中的运行是否符合设计要求，可提高工作效率。

6. 工程局地下工程衬砌基本经验

（1）引水系统的混凝土施工。

1）对于小断面隧洞，由于通道问题无法解决，因此开挖与混凝土衬砌无法实施平行作业。大断面隧洞，特别是缺少施工支洞的长隧洞，可以采取边开挖边浇筑的方法，即前方掌子面的开挖设备可在混凝土衬砌用的钢模台车下穿行。如锦屏二级水电站引水洞，开挖洞径13米，长16公里，中间无法设置支洞，独头工作面施工长达8公里，为此必须将混凝土衬砌与开挖支护平行作业。

2）工程局自20世纪90年代后，随着针梁钢模、斜井滑模技术不断改进，混凝土衬砌的方法也在不断完善。集地下工程模板技术之大成者，当数长江三峡工程永久船闸地下输水系统，它结构复杂，洞洞交叉，洞井相贯，洞中套洞，井内有井。

平洞标准衬砌断面有11种，并且以1∶7～1∶8的坡比变坡，起、降坡处均为圆弧过渡，进出口均设弯段，方圆形断面直墙与底板均采用圆弧连接。72个渐变段共有19种不同的断面形式，斜井倾角约57°，直线段为上大下小的渐变断面。由于体形变化复杂，对不同部位，按竖井、斜井和平洞对模板进行分类，竖井模板分别选用了自升式爬模、滑框翻模、滑模、悬臂模和筒子模5种类型；斜井模板选用底拱滑模、边顶滑模、弯道模、全断面变径滑模4种类型；平洞模板选用边顶钢模台车、底拱翻模台车、底拱小翻模、升坎段翻模，共投入了13个种类的专用模板，模板总数达80多台（套）。永久船闸地下输水系统模板类型之多、数量之大，在国内外水电工程地下洞室混凝土施工中尚无先例。

（2）引水系统的混凝土衬砌程序。一般是断面不大的隧洞混凝土衬砌可一次成型；大断面隧洞混凝土衬砌要分块浇筑，如先浇底拱，后浇边、顶拱。在高度特大的隧洞中，可先浇顶拱，后浇边、底等。隧洞混凝土分块及施工顺序详见表8-1-3。

表8-1-3　　隧洞混凝土衬砌分块及施工顺序

施工顺序	适用条件	特征
全断面一次衬砌	中小型断面隧洞，地质条件较好，体形单一	使用穿行钢模、针梁钢模等。一次成型，分缝少。转弯半径小的弧段操作难度大
先底拱(板)，后边顶拱	大型隧洞，地质条件差的隧洞更为适用	边底施工缝结合好，边顶可采用钢模台车，底部使用拖模（滑模）
先顶拱，后底板、边墙	适用于高度特大隧洞，为减少浇筑高度或重复作业，采用该方法	可降低施工难度，但混凝土的接缝质量不易保证

（3）大型地下厂房的混凝土衬砌程序。综合广蓄一期电站、天荒坪水电站、龙滩水电站、三峡水电站、构皮滩水电站、溪洛渡水电站、小湾电站等工程，大型地下厂房的混凝土衬砌程序如下：

1）由于地下厂房洞室群大量采用锚喷支护做永久支护来加固围岩，因此地下厂房及其他大型洞室的混凝土以结构性混凝土为主，像地下厂房的吊顶牛腿、岩壁锚杆吊车梁、安装间副厂房和机组混凝土，与厂房贯通洞的锁口混凝土，主变压器室框架混凝土及变压器运输通道及基础混凝土，以及电缆井、电梯井、调压井混凝土等，都需要运用“平面多工序、立体多层次”的方法，统筹规划布置。

2）地下厂房的混凝土开始施工时，应在开挖基本结束后，其他洞室均先后进入混凝土施工，除厂房吊顶牛腿、岩壁梁混凝土在厂房开挖该层时浇完；机组混凝土与机电安装密切相关，材料、混凝土运输人员通行都较困难，且机组混凝土结构复杂、钢筋量多、浇筑困难；技术要求高施工干扰大。在多台机组的地下厂房中，一般采用多台机组成台阶状平行流水作业施工，可一个方向台阶也可两个方向台阶成V字形。如安装间旁先浇到发电机层高程，则有利于提供更多的安装空间和场地。

3）安装间混凝土：地下厂房中应尽快施工安装间混凝土，只有安装间混凝土完成后才能为桥机的安装提供条件；桥机安好后，便可为厂房机组、副厂房部位混凝土施工提供方便和开展机电安装工作。

4）机组混凝土分层原则：地下厂房机组混凝土施工的分层通常除要与机电安装相匹配外，还要根据机组的大小来考虑，工程局已施工的水电站中绝大多数以每层楼面高程为分层界线，不宜以其他高程来控制，包括尾水管和蜗壳混凝土基本都是一次浇完。对大型机组，如70万千瓦以上机组，混凝土在肘管或蜗壳部位设计往往根据温控要求提出分层意见，但大型地下厂房机组混凝土与地面厂房机组混凝土施工有很大的不同，在厂房机组混凝土施工阶段，地下厂房中的气温是比较稳定，变化不大，只要做好机组混凝土入仓温度控制，减少肘管、蜗壳的混凝土浇筑厚度是可以做到的。这有利加快混凝土的施工，对机组的其他部位的分层也不宜太多，还是以每层楼板来划分为宜。

5）地下厂房机组混凝土最先施工的就是肘管（尾水管）混凝土。不少水电站采用了金属肘管，可在安装间拼焊后然后吊装就位，也可在机窝里拼焊。但在肘管就位前必须浇筑好肘管的混凝土支墩或焊好钢结构支墩，不论采用那种支墩都必须在基础上打锚筋。由于尾水管层混凝土量较大，可根据具体情况来决定是否要进行温控和分层。工程局施工的30万千瓦以下的机组的肘管混凝土大多数均为一次浇完，只有少数分成二层浇筑。肘管混凝土浇筑前应做好肘管的加固和变位监测，以防让肘管在浇筑过程中产生位移和倾斜。

6）越来越多的水电站地下厂房机组蜗壳采用金属蜗壳，尤其是高水头机组蜗壳大多数采用金属蜗壳。在浇筑蜗壳混凝土前，通常先要浇筑蜗壳的支墩，已拼焊好的蜗壳在支墩上就位固定或在支墩上拼焊已组焊好成两半的蜗壳后才开始绑扎钢筋。为防止少数部位浇不满混凝土，通常可在该部位埋设回填灌浆管，出口引到蜗壳层的上面。对低水头机组或较大机组的蜗壳，因体形较大靠蜗壳内侧不易浇满的部位可埋设混凝土导管和灌浆管引出，在浇完混凝土后通过混凝土导管或灌浆管回填混凝土和灌浆。

7）几个关键问题：

第一点：地下厂房的混凝土施工解决好材料运输、人员通行的通道及混凝土运输的通道。当开挖基本结束后，不少洞室在不同高程从不同部位与厂房相通，而混凝土是从底部浇起。随着混凝土的上升，材料运输人员进入的通道都会发生变化。

第二点：为了满足厂房机组不间断地和立体多层次、平面多机组不同层次的混凝土施工，可利用开挖时的各种通道和相邻相通的洞室来进行不同高程的混凝土施工。不能完全满足时，还需创造条件以形成新的施工通道来进行施工。

第三点：在厂房底部混凝土施工前可用混凝土恢复或找平不开挖的岩台，然后与相连的洞室连通，以形成通道或平台而有利于施工。

第四点：解决好机组的模板问题，当采用钢筋混凝土的尾水管和蜗壳时，模板必须经专门设计，先制作组拼好后再到现场组装；而发电机层因结构简单，可采用定型或大块模板以方便安装与拆卸。如广蓄一期风罩层内模采用整体可调式圆桶形钢模；天荒坪水电站风罩层内模采用大块格构梁钢模。其他副厂房主变压器室等均采用工民建常规模板。

第四节 大坝施工技术

水电十四局成立至2006年，已先后承建和参建各类坝、闸60余座，其中包括20世纪50年代誉为亚洲第一土坝的以礼河毛家村黏土心墙坝，中国最大的黄河小浪底黏土斜墙堆石坝和长江三峡混凝土重力坝。实现了坝体防渗由黏土心墙向风化料心墙和复合土工布防渗的多元化转变。由于碾压设备先进，施工技术领先，工程局承建了坝高100米以上混凝土面板堆石坝7座，运行后沉降量、漏水量均小于设计值，没有发生面板压损现象，已掌握了坝高200米以上的混凝土面板堆石坝施工核心技术。

一、土石坝施工技术

土石坝由于其对坝基条件有良好的适应性、能就地取材、能充分利用开挖料、造价较低等优点，是世界各国广泛采用的坝型。水电十四局在土石坝施工中，技术工艺多有创新，从“生产大跃进”时期的人背马驮到一条龙的机械化施工；由最早的毛家村大坝采用多种土质黏土心墙防渗体，到鲁布革水电站堆石坝风化料心墙防渗体；由毛家村汽胎碾碾压配合推土机上悬挂机械耙毛机刨毛技术到掌鸠河大坝等宝马凸块振动平碾施工技术；当地材料坝作为水电十四局的核心竞争力，始终在土石坝的施工中处于国内领先水平。水电十四局承（参）建的部分堆石坝及主要参数见表8-1-4。

表8-1-4　　水电十四局承（参）建的部分土石坝及主要参数

坝　　名	坝　　型	坝高（米）	大坝体积（万米^3）	建成年份
云南会泽县以礼河毛家村大坝	黏土心墙土坝	82.5	661.0	1970
喀麦隆拉格都水电站大坝	黏土心墙堆石坝	41.0	101.0	1984
云南牟定县中屯水库大坝	黏土料心墙堆石坝	56.2	68.1	1990
云南鲁布革水电站大坝	风化料心墙堆石坝	103.5	220.0	1991
云南元江县章巴水库大坝	黏土料心墙堆石坝	74.0	105.0	1991
云南永德县忙海水库	黏土心墙堆石坝	69.4	77.5	1992
河南黄河小浪底拦河大坝	黏土斜墙堆石坝	185.0	5285.0	1999
云南昆明掌鸠河云龙水库大坝	黏土心墙堆石坝	77.3	147.9	2004

（一）20世纪五六十年代土石坝施工技术

以礼河一级电站毛家村大坝坝基清理与开挖从1958年5月开始，坝基清理正逢“生产大跃进”年代，采用人海战术，靠肩挑背驮运输弃料。人工开挖坝基施工高峰时民工达3万多人，历时近两年，于1960年2月基本结束，共清理土石方42.7万米^3。

毛家村大坝填筑施工分为两个阶段。

第一阶段：填筑上游围堰。从1959年2月至1961年12月，填筑上游围堰坝体等部位。上坝料取自坝址附近的小料场，土料运至坝面后，铺土以人力为主、机械为辅。使用4吨重平碾或15吨重汽胎碾。坝体岸坡相接处，采用50公斤重铁底木夯，使用人工连续夯击。

第二阶段：主坝填筑。大坝心墙料原设计为砾质类黏性土，1963年决定改用10公里外的尖山沟料场洪积红色黏土，1964年毛家村大坝工程复工。初期，上坝料只有为数不多的太脱拉自卸汽车运输，坝面铺土主要是肩挑和手推车运土，板锄平整，羊足碾和汽胎碾压，生产效率很低。

针对上坝料料场距坝址远，运料汽车缺乏，手工劳动繁重的情况，工程局下定决心加快实现机械化、半机械化的进程，并集中力量，修建了从尖山沟到坝区10多公里轨距为762毫米的窄轨铁路。坝区的铁道分下、中、上三层布置，近坝址的各层铁道两旁是设置地笼、输送皮带机，皮带机分别延伸到不同高程的坝内。从沈阳重机厂采购重18吨的蒸汽机车10台、电机车3台，从铁路局借调技术工人若干，组建了毛家村电站铁道运输大队（包括机务段、工务段）。

黏土料用挖土机立采（人工开采也占较大比例），土层自然含水量较大，挖机先将黏土挖下晾晒、翻倒，合适后装入有轨矿车；半透水料仍然用挖土机掘采后装入有轨矿车；透水料则用采砂船在河道开采，装入矿车。由电机车将这些装满土石料的矿车牵引至车站编组，再由蒸汽机车牵引22～30节矿车组成一个列车，来往于料场和坝区之间。土料卸入地笼内，再转换给皮带机运往坝面，散土采用解放牌和太脱拉自卸车，坝面铺土采用东方红54型和C-80型两种推土机，部分使用人工配合铺土。工程局技术人员与工人师傅一起研制出悬挂于推土机上的机械耙毛机，黏土料碾压采用13.5吨羊足碾和22.5吨汽胎碾，透水料采用平碾，边角填筑用蛙式夯。至此，坝面填筑实现了一条龙机械化工艺流程。

使用挖掘机采料、小火车、地笼皮带机输料后，大坝填筑强度明显提高，平均每月填筑16万米^3。1966年4月，以礼河毛家村大坝填筑创23.17万米^3/月纪录，1966创201万米^3/年纪录。

毛家村大坝心墙设计干容重为1.56克/厘米^3，实测为1.596克/厘米^3，砾质土料和砂砾料填筑质量满足设计要求，总体质量合格，40年来运行正常。

1967年，以礼河一级水电站引水洞进水口顶部发生深层滑坡，滑坡体高48～50米，宽20～45米，滑层深度20～40米，整个滑体呈扇形滑动。工程局采用锚洞与地表钢筋混凝土梁、板结合方案进行处理。处理方法是：在滑坡体内分5层打锚洞18个，锚洞深入新鲜基岩5～8米，滑坡表面用钢筋混凝土梁板衬护，并与锚洞钢筋混凝土连接。截至2006年，滑坡处理已经历39年，滑坡体仍未出现异常现象，证明当时的处理措施是成功的。

（二）20世纪80年代土石坝施工技术

鲁布革水电站大坝于1985年11月首部工程截流，进行坝基开挖和处理。1987年1月开始心墙填筑，坝体月平均填筑强度8.69万米^3，最大月填筑22.33万米^3，月上升最大高度13.8米。1988年11月下闸蓄水，1991年电站全部竣工。

鲁布革水电站大坝施工，创新了土石坝施工一系列配套新技术：

（1）大坝施工中，引进了成套的碾压施工设备。

（2）通过科研试验，将心墙黏土与风化白云岩的掺合料改为风化残积料。100多米的高坝使用风化料心墙，它是国内筑坝技术的突破，也是思想观念的突破，体现了就地就近取材、缩短运距、加快施工速度、降低工程造价的原则。实践证明，这一原则在确保土石坝工程质量的前提下，可收到显著的经济效益，同时也符合环保理念。

坝体上、下游坝体充分利用溢洪道明挖石渣和引水隧洞洞挖石渣，实际利用率达42%。

（3）施工中根据风化料的特性，摒弃已往以干容重指标衡量填土质量的传统做法，改用“固定压实度，浮动干密度”检测法。鲁布革在全国第一次成功采用三点实检测法检查、控制碾压质量，能迅检测填筑料压实度，比较符合每层风化料的实际填筑质量。它简单、快速、明了，是风化料筑坝质量检测的优选方法。

鲁布革水电站大坝施工中，认真接受和采纳了国内外专家的咨询，引进和消化了世界先进的技术和设备，缩短了工期，节约了投资，取得了很好的经济效益和社会效益。

（三）20世纪90年代至2006年土石坝施工技术

黄河小浪底大坝小浪底大坝为黏土斜心墙堆石坝，填筑量位居全国同类坝型第一位，在世界上也名列前茅。坝体由防渗土料、反滤料、过渡料、堆石、护坡、压戗等多达17种材料组成，每种材料按合同技术规范规定，都有严格的材质、级配、含水量、干密度、压实度等要求，结构复杂，质量要求高。水电十四局作为“黄河承包商”的组成成员，参与了大坝工程施工。

大坝工程于1994年5月30日开工，1997年11月1日截流，2001年12月31日竣工。根据施工进度安排，分为两个阶段施工：第一阶段为截流前，在纵向围堰保护下进行右岸滩地的填筑施工，填筑量约占总填筑量的20%；第二阶段为截流后，是大坝工程主要施工期，按计划要求完成主坝混凝土防渗墙、上游围堰高压旋喷防渗墙等工程80%的坝体填筑量。采用的主要技术措施有：

（1）高效率大型配套的联合机械化作业。

（2）计算机控制的反滤料加工系统。

（3）严格有序的料场开采。

（4）便捷的交通布置。

（5）科学合理的管理和冬季施工措施。

（6）堆石填筑中不加水技术。

（7）先进、快捷的核子密度仪质量检测技术等。

工程进度始终超前合同目标。大坝填筑较合同工期提前13个月，于2000年6月下旬达到坝顶高程，工程质量优良。从1997年11月到2000年6月共32个月内，施工期平均月填筑强度为105.5万米^3。

由于黄河多泥沙，在坝前淤积后可形成天然铺盖的特殊条件，小浪底大坝采用带内铺盖的斜心墙堆石坝。坝基砂砾石层最大厚度超过80米，坝基深覆盖层防渗处理是小浪底工程的一大难题。经过多年研究论证，并经现场试验，采用厚1.2米的混凝土防渗墙，其最大造孔深度81.9米，是目前中国最深的防渗墙。防渗墙轴线总长407.4米，总截渗面积2.18万米^2。左岸河床部分防渗墙长151米，最大深度70.3米，成墙面积5086米^2，共建造23个主槽孔和22个横向接头槽孔，采用HF4000履带自行式液压铣槽机（双轮铣）、KL1200型机械抓斗等先进设备，在国内外首次采用“横向槽孔填充塑性混凝土保护下的平板式接头”新工艺。这是防渗墙施工技术的一项创新。该项创新技术的要点是：在一、二期槽孔接头处先开挖一个横向槽孔，在槽孔内回填塑性混凝土(1～2兆帕)；在开挖一期槽孔时伸入二期槽孔10厘米；在一期槽孔浇筑完混凝土并将二期槽孔开挖完成后，用先进的“双轮铣”将一期槽孔伸入的10厘米混凝土铣掉。最后浇筑二期槽孔混凝土。这样，就在一、二期槽孔间形成了一个有波纹状铣刀痕迹的、紧密的竖直平面接缝，而开挖后留存的横向接头槽塑性混凝土包裹在接缝的上、下游端，起着附加防渗和保护的作用。

小浪底大坝施工完成后，布设了12个检查孔，检查槽孔接缝质量。结果表明：大部分芯样的一、二期槽孔混凝土已融为一个整体，但可据不同颜色找出接缝位置；少量芯样在非常密合的缝面内，膨润土干粉末不足1毫米（国内工程一般大于1厘米，有的达2～3厘米），取芯率97%以上；接缝间压水试验共作了13段，透水率均小于规定的5吕荣（Lu），最大仅2.42吕荣（Lu），大于1吕荣（Lu）的5段、0吕荣（Lu）的5段。1999年10月25日下闸蓄水以来的观测资料表明，混凝土防渗墙防渗效果良好。

GIN法灌浆即“灌浆强度值法”，是目前国际上正在推广应用的一项新的灌浆技术。小浪底工程两岸山体帷幕灌浆中采用了GIN法灌浆技术。通过大量室内试验和678米的现场试验，经专家鉴定后，在工程中进行试验性生产和推广应用共2.90万米。这是在中国广泛使用的孔口封闭、自上而下孔内循环灌浆法基础上首次较大规模嫁接GIN法灌浆技术，是适合中国国情的一项创新。在大量试验基础上，筛选出用于施工的稳定浆液水灰比为0.7∶1和0.75∶1，其具有良好的稳定性和流动性，可满足小浪底GIN法灌浆施工和质量要求。同时，根据不同的地质条件和上覆盖重情况，选定不同的灌浆压强，一般控制为：孔深20米以内，50～150兆帕；20～40米，150～200兆帕；大于40米，200～250兆帕。另外，还在国内首次采用对多台（8台）灌浆机组实行远距离监控的计算机系统。该系统可实时输出多种灌浆过程曲线，提高了灌浆施工的科学性，便于GIN法灌浆的质量控制。

这种新的、先进的GIN法灌浆方法，在小浪底帷幕灌浆试验性生产和推广应用中，与常规灌浆相比，具有优质、高效、低耗的显著优点，具有较高的实用价值和明显的经济效益。

二、钢筋混凝土面板堆石坝施工技术

面板堆石坝是20世纪80年代在中国新兴的当地材料坝坝型。钢筋混凝土面板堆石坝由于其良好的适应性、经济性和安全性、抗震性能好，在中国得到了迅速发展。从20世纪80年代末至2006年，水电十四局已施工坝高在100米以上面板堆石坝有7座，面板堆石坝施工技术日臻成熟，处于国内领先地位，所承建的部分钢筋混凝土面板堆石坝及主要参数见表8-1-5。

表8-1-5　水电十四局承建的部分钢筋混凝土面板堆石坝

坝　名	坝　型	坝高（米）	大坝体积（万米^3）	建成年份
广东广州抽水蓄能电站上库坝	钢筋混凝土面板堆石坝	68.0	91.0	1992
江西寻乌县斗晏水电站大坝	钢筋混凝土面板堆石坝	58.0	55.0	1996
湖南城步县白云水电站大坝	钢筋混凝土面板堆石坝	120.0	180.0	1997
浙江天荒坪蓄能电站下库坝	钢筋混凝土面板堆石坝	95.0	152.0	1997
云南宜良县柴石滩水库大坝	钢筋混凝土面板堆石坝	103.0	232.0	1999
云南保山苏帕河水电站大坝	钢筋混凝土面板堆石坝	106.1	130.8	1999
江西萍乡市锅底潭水库大坝	钢筋混凝土面板堆石坝	55.0	26.0	1999
江苏溧阳市沙河蓄能电站上库坝	钢筋混凝土面板堆石坝	47.0		2000
云南巧家县炉房大坝	钢筋混凝土面板堆石坝	53.5	27.0	2002
云南墨江县泗南江水电站	钢筋混凝土面板堆石坝	115.0	258.0	在建
云南墨江县龙马水电站	钢筋混凝土面板堆石坝	135.0	386.0	在建
云南麻栗坡县马鹿塘二期电站	钢筋混凝土面板堆石坝	154.0	617.0	在建

（一）20世纪80年代末至90年代承建的钢筋混凝土面板堆石坝技术

广州抽水蓄能电站的上库钢筋混凝土面板堆石坝，是水电十四局承建施工的第一座面板堆石坝。工程局给予高度重视，仔细地研究了施工方案、施工工艺，预先制备垫层料和堆石料，设计制作了面板滑模台车、钢筋运输台车，并进行了各种堆石料的碾压试验，确定了坝体填筑施工参数。工程局于1989年底进点准备，1992年2月竣工。

工程局在广蓄电站上库堆石坝施工中，主要施工特点有：首次成功地使用了河滩砂砾料作垫层料。

优选混凝土原材料及配合比，掺3%粉煤灰和少量缓凝高效减水剂及引气剂，改善了混凝土的和易性及质量。

利用低温潮湿气候季节施工面板。

使用无轨滑模倒转侧模施工工艺，无轨滑模构造合理，使用方便，滑模最快滑升速度为2.0米/小时。溜槽输送混凝土浇筑面板和三角区，严格控制坍落度在3～5厘米内。

草袋覆盖，“终生”晒水养护，使面板混凝土合格率100%，优良率98%，达到优秀标准。

采用铜卷材现场轧制成型铜止水片技术，减少焊缝，提高了止水效果。

在大坝堆石料填筑过程中，采用不加水进占法分区分层平起填筑，严格控制施工工艺和碾压遍数。

实测最大断面的沉降量为27～29厘米，面板最大挠度为20厘米，坝后渗水量不大于1升/秒。

（二）面板堆石坝面板混凝土防裂技术

1. 提高大坝迎水坡坡面平整度及大坝填筑体密实度

水电十四局在马鹿塘二期电站大坝采用混凝土挤压边墙施工工艺，挤压边墙施工时逐层放样布点，布控点密度为1个/10米。通过精确的控制，有效提高了挤压边墙的连续性、平整性。面板混凝土施工前，采用5米×5米的网格布点，对迎水坡进行整体测量复核，并按有关技术规范要求严格进行盈、亏坡处理，保证最大亏坡不超过8厘米，最大盈坡不超过5厘米；大坝填筑体密实度控制主要通过对填筑石料的级配、层厚、碾压参数等进行综合控制。

2. 控制混凝土温度

（1）外界温度控制：首先选择在外界温度比较适宜的环境下进行混凝土施工。

（2）对混凝土温度控制措施：加冰掺拌，降低出机口混凝土的温度，防止太阳直射，及时、合理地进行养护。

3. 优化配合比

马鹿塘二期电站一期面板混凝土配料时，掺入15%～20%的Ⅰ级粉煤灰，掺入0.9%聚丙烯纤维。试验结果表明，掺合微纤维后的劈裂强度提高了7.1个百分点，亦即混凝土的抗裂性能较未掺前有一定程度的提高。

4. HP400型聚羧酸系缓凝高效减水剂

采用HP400型聚羧酸系缓凝高效减水剂拌制，以提高混凝土和易性。

（三）面板堆石坝施工技术及发展

20世纪80年代至2006年，水电第十四工程局陆续承建一批面板堆石坝工程施工，施工技术、施工设备都产生了巨大的飞跃，施工工期大幅度缩短。

（1）面板堆石坝垫层料的保护及降低对面板约束方面，在龙马水电站、泗南江水电站及马鹿塘水电站的施工中，由先前的常规喷水泥砂浆及喷沥青技术到混凝土挤压边墙施工技术。

（2）混凝土面板防渗体材料的使用，由原来常规添加的外加剂、粉煤灰到后来使用羧酸类外加剂及添加聚丙烯纤维等材料，对面板的防裂起到一定的作用。

（3）在泗南江水库大坝，混凝土表层接缝止水由传统镀锌铁皮保护罩改为不锈钢材料，增强了耐久性。

（4）在龙马电站水库大坝面板迎水面采用帕斯卡PSI－200水泥基渗透结晶型防水涂料进行涂刷技术。提高混凝土裂缝有自动愈合的能力，修补了混凝土表面细小裂缝。

（5）随着堆石坝施工技术的发展，在枢纽布置、坝料勘探和料场规划设计及充分利用建筑物开挖料和土石平衡等施工技术得到了充分的发展与创新。面板坝工程中的土石方挖填平衡，是论证和检验枢纽布置技术经济效果很重要的一个方面，日益受到人们的重视。因此，在枢纽布置与建筑物设计中，应深入进行建筑物布置与开挖的方案比较和论证工作，尽可能为大坝提供料源，同时改善运行效果。

（四）面板堆石坝施工主要经验

水电十四局混凝土面板堆石坝施工的经验主要有：

1. 主、次堆石体石料开采

大部分面板堆石坝的主堆石区铺层厚度为80厘米，石料最大粒径不大于60厘米，次堆石区的层厚和石料最大粒径还可加大。采用深孔梯段微差挤压爆破技术，通过爆破试验，可将超径石料控制在10%以内，使用洞室爆破，大部分可直接上坝，少部分需二次解炮。

2. 合理的堆石分区

扩大主堆区的范围，主堆石区向坝轴线下游扩展，约占2/3底宽。并在下游洪水位以下设置水下堆石区，级配良好，抗冲蚀性好，渗透系数大。上部一定范围设置增模区，两岸坝坡设置变模过渡区，以协调坝体变形。

3. 改变坝体填筑程序

为了防止上下游堆石不均匀沉降产生结构性裂缝，采用从下游往上游依次填筑的施工程序，尽可能平起平坐上升，不可前高后低，可以后高前低。

4. 选用先进设备及现代技术

选用先进、大型碾压设备，一般均采用25吨振动碾，以获得更小的孔隙率和更高的干密度，减少压缩变形。尽量减少上下游堆石的压缩模量比，以防止上下游堆石的不均匀沉降。

5. 铺层碾压

主次堆石料均采用占进法铺料，使用19吨以上振动碾（如宝马碾），层厚80～100厘米，碾压8遍以上，基本能达到设计要求。发展趋势改用冲振压实碾，压层厚度可达1.2～

1.6米。冲碾为一种牵引式压实机，靠等边多边形的非圆形碾轮（3～6边等形式常用多边形）。以12～15公里/小时的工作速度滚动行驶，对碾压面产生强劲冲击力而达到压实目的。

6. 设置堆石预沉降时间并控制沉降速率

拉面板前预留6个月左右的沉降周期，当沉降速率小于5毫米/月后方可拉面板，面板的顶高程低于堆石体20米以上。

7. 钢筋混凝土面板施工

钢筋混凝土面板施工的两个关键环节：一是要选择合理的浇筑时间，让坝体有一定的沉降时间，在满足工期的情况下，尽可能推迟浇筑时段；二是要采取防裂措施。

8. 面板混凝土防裂技术

提高面板混凝土强度等级。面板在上部1/3坝高处设水平永久缝。防裂措施可采用高掺粉煤灰（20%～40%）；掺聚丙烯纤维；掺复合外加剂；控制混凝土入仓温度，加强养护的方法，简称"三掺一控加养护"。采用双层布筋。

压缝面板预留宽8毫米左右的缝，缝内填弹性垫料，以适应面板挠曲变形，并规定改进压缝面板的底部铜止水结构，使面板厚度不小于40厘米。

延长蓄水时间，将大量有害变形化为"无害"变形，可避免面板水平拉伸裂缝及面板沿垂直缝的挤压破坏。

9. 挤压边墙施工

水电十四局在马鹿塘二期电站面板堆石坝施工中，采用挤压式边墙替代了传统的人工整坡、斜坡碾压、砂浆垫层护坡等工序，减少了垫层料超填量，节约了投资，可防止雨水冲刷坡面，加快施工进度。混凝土面板后的挤压式边墙，使用BJY40型边墙挤压机实施，混凝土设计标号为C5，半透水性，坍落度几乎为零，低强度、低弹性模量。水泥用量控制在65～80公斤/米^3。端头约4米采用人工立模浇筑，设备的设计成型速度为40～50米/小时；施工中主要应控制行走方向，行走速度与供料速度相适应。为防止坝体填筑期间雨水对坝坡的冲刷，并加强坝体的安全度汛性能，在每一填筑垫层之前，用BJY40型边墙挤压机作出一条半透水的混凝土边墙，形成有一定强度的混凝土临时边坡（边墙）。

三、碾压混凝土坝施工技术

20世纪80年代，出现了采用超干硬性混凝土和振动碾压方式的建坝技术。这种被称为碾压混凝土重力坝的新坝型，在施工速度和工程造价上较常规混凝土重力坝有明显优势，在中国得到了迅速推广应用。水电十四局承建的部分碾压混凝土大坝详见表8-1-6。

表8-1-6　　　水电十四局承建的部分碾压混凝土大坝

坝　　名	坝　型	坝高（米）	坝长（米）	坝体（万米^3）	建成年份
广东广州抽水蓄能电站下库坝	碾压混凝土坝	43.0	153.0	7.63	1992
福建连江县山仔水利枢纽大坝	碾压混凝土坝	65.6	273.0	24.50	1994
福建德化市涌溪电站大坝	碾压混凝土坝	86.0	180.0	25.50	1998
云南禄劝洗马河赛珠水电站大坝	碾压混凝土双曲拱	72.0	160.1	9.87	在建

（一）承建碾压混凝土大坝技术

1992年，水电十四工程局承建的广州抽水蓄能电站下库碾压混凝土重力坝竣工；1994年，福建山仔水利枢纽碾压混凝土大坝建成；1998年，福建涌溪电站碾压混凝土大坝建成，在建的还有云南洗马河赛珠水电站碾压混凝土双曲拱坝。工程局在碾压混凝土大坝施工技术，以及混凝土配合比、石粉含量、掺合料、模板、铺层厚度、碾压设备选择、混凝土入仓方式、温度控制和防裂技术等方面，已有很大提高。

砂子的石粉含量要求在18%～25%，如果石粉含量低于18%，可采用增加粉煤灰、火山灰等替代。

模板使用悬臂模板或翻升悬臂模板。

混凝土入仓已由传统的汽车运输、皮带机输送、负压溜槽、集料斗周转、缆机或塔机垂直运输等入仓方式，向汽车运输、满管溜槽、仓面汽车联合运输方案过渡。

由于碾压设备和入仓设备先进、施工管理水平提高，铺层厚度可由30厘米提高到50厘米，压实度也能满足设计要求。

混凝土表面保温养护采用土工布覆盖和使用聚合物水泥防水涂料两种方式，也在工程局施工的工程中应用。

工程局碾压混凝土筑坝技术，经过多年在设计、科研、施工和管理等多方面的不懈努力，不断提高完善，积累了不设纵缝富浆碾压混凝土、低水泥用量、高掺合料、高效减水剂、低*VC*值、大仓面连续浇筑、斜坡铺筑碾压，以及变态混凝土代替常态混凝土防渗等一整套技术经验。

碾压混凝土的设计与施工控制的重点是上游面防渗和坝体层间结合强度。为此，在上游面设变态混凝土防渗层，即在二级配碾压混凝土内用平铺法或打孔法加定量浆液，辅以人工振捣使浆液均匀扩散，以提高混凝土抗渗性能。碾压混凝土采用高掺粉煤灰或掺矿渣，掺磷矿渣和凝灰岩，或掺60%的双掺料（水淬铁矿渣和石灰粉石各占50%）。水泥用量均控制在70公斤/米^{3}以下，混凝土绝热温升小，降低了温控防裂难度。

保证混凝土层间结合强度的关键是保温和均一，即采用可碾压性好、*VC*值较小的混凝土配合比，快速碾压每个坯层，碾压完成后立即覆盖保温被。

（二）大坝碾压混凝土施工

洗马河二级赛珠水电站大坝为碾压混凝土抛物线双曲拱坝，最大坝高72.0米，坝顶宽7.00米，坝顶弧长160.09米。大坝混凝土由碾压混凝土、改性混凝土和常态混凝土构成。其中，碾压混凝土施工部位为拱坝坝体，碾压混凝土总量9.87万米^3，约占坝体和消能防冲工程混凝土总量的76%（改性混凝土就是在碾压混凝土拌和物中加入水泥煤灰浆液，使之可用振动棒振捣密实成类似常态混凝土的改性物）。

该坝碾压混凝土施工采用8吨自卸汽车运输，运输方量为3米^3；采用D31P－20型湿地推土机平仓，推土机平仓方向与坝轴线平行。大面碾压混凝土采用BW－202AD型振动碾碾压，边缘和特殊部位采用BW－75S型手扶式振动碾碾压。用BW－202AD型振动碾碾压时，按无振2遍→有振6～8遍→无振2遍的顺序施工；用BW－75S型振动碾碾压时，碾压遍数为BW－202AD型振动碾碾压遍数的2倍。

四、常态混凝土坝施工技术

自20世纪50年代以礼河二级水电站混凝土重力坝施工以来，水电十四局已先后承建和参建福建南一混凝土重力坝、云南块泽河水电站混凝土单曲拱坝、黄河西霞院混凝土闸坝、长江三峡混凝土大坝等混凝土坝。十四局承建的部分混凝土大坝详见表8-1-7。

表8-1-7　　　　水电十四局承建的部分混凝土大坝

坝　　名	坝　型	坝(米)高	坝(米)长	坝体(万米^3)	建成年份
云南会泽县以礼河二级水电站大坝	混凝土重力坝	37.0	135.0	3.7	1960
云南大理西洱河四级水电站大坝	混凝体重力坝	20.3	94.5	1.4	1971
云南蒙自县绿水河水电站大坝	混凝土重力坝	23.0	60.0	3.0	1971
云南罗平县大寨水电站大坝	混凝土闸坝		52.0		1974
云南大理西洱河二级水电站大坝	混凝土重力坝	40.0	115.0	3.7	1980
云南大理西洱河三级水电站大坝	混凝土扶壁式堆渣坝	20.7		1.9	1986
福建南靖县南一水库大坝	混凝土重力坝	93.0	195.0	25.0	1990
中非姆巴里电站大坝河床段	混凝土重力坝	33.7		5.5	1991
云南中甸县螺蛳湾水电站大坝	埋石混凝土重力坝	26.2	153.5	5.6	1998
云南罗平县腊庄水电站大坝	圬工实体重力坝	36.0	90.0	2.9	
福建永安县贡川水电站大坝	混凝土闸坝	39.5	427.0	18.0	2000
云南剑川县弥沙河二级水电站大坝	混凝土重力坝	26.0	110.0	20.0	
湖北三峡大坝左岸厂房坝段	混凝土重力坝	170.0	1060.0	300.0	2003
云南富源县块泽河水电站大坝	混凝土单曲拱坝	94.0	95.2	5.4	2006
河南西霞院反调节水库	混凝土闸坝	51.5	505.1	92.2	2006
云南瑞丽江（Shweli）水电站	混凝土重力坝	47.0	162.0		在建
湖北三峡大坝右岸厂房坝段	混凝土重力坝	170.0	600.0	204.0	在建

（一）建局至1980年承建的混凝土大坝

工程局自建局至1980年修建的常态混凝土大坝，基本上是坝高为40米以下的低坝。

以礼河二级（水槽子）水电站为跨流域电站，拦河坝为混凝土重力坝。1956年冬，拦河坝破土动工。当时，只有混凝土搅拌机、斗车、手推车等简单的施工设备，大量靠人工作业。1958年3月，以礼河水槽子大坝创造了混凝土月浇筑1.00万米^{3}的纪录；1958年6月，水槽子大坝竣工。

西洱河梯级水电站建设从20世纪60年代延续到80年代，建设期间施工设备简陋，大坝混凝土采用皮带机、桅杆式起重机、斗车、手推车等运输工具；溜槽、溜桶入仓；人工振捣混凝土，模板使用木模板、木支撑。

（二）1981～1995年承建的混凝土大坝

福建南一水库工程是水电十四局走出云南参与市场竞争承建的首批工程之一。拦河坝为常态混凝土重力坝，最大坝高97米，坝顶长195.3米，坝顶宽度6米，共分为9个坝段。在大坝大体积混凝土施工中，采取措施降低坝体升温是一项关键技术。为此，工程局采取了以下一系列措施：

（1）开展对周边水泥厂的科研调查，对几个备选水泥厂的水泥进行水化热试验，反复比较，选中了水化热只有64千卡/千克（1千卡≈4186.8焦耳）的南靖县水泥厂生产的425号普通硅酸盐水泥，达到大坝水泥要求。

（2）掺合料所需用的粉煤灰，同样对多家粉煤灰厂进行比较，最后选用上海粉煤灰厂的粉煤灰为主，福建长乐火电厂的粉煤灰为辅。

（3）在施工过程中，根据不同的施工季节和坝体仓面，采用不同粉煤灰和外加剂。最高时煤灰掺量达40%，外加剂选用了木钙、FDN100等，方法上采用单掺、双掺等。使C10坝内混凝土的水泥用量只有110公斤/米^3，达到较先进水平。

（4）在大坝施工中，按设计采用不设纵缝、通仓薄层浇筑方式。坝体最大仓面尺寸为20米×60米，按规范应设纵缝。采用这一方式，不仅有利于混凝土内水化热的散发，而且减少了接缝灌浆和施工环节。

（5）使用汽力输送冰片新工艺，使零下10℃的片冰在3～4秒的时间内就进入到拌和楼，减少了片冰在运输过程中的温度回升，有效地保证了混凝土机口温度。

（三）1996～2006年承建的混凝土大坝

1997年，水电四局和水电十四局组成的青云水利水电联营公司（以下简称青云公司）先后中标承担了三峡大坝左岸大坝ⅡA标段和右岸大坝ⅠA标段等项目施工。两标混凝土总量约562万米^3，钢筋8.4万吨。该工程的主要特点是质量要求高、混凝土温控标准严格、浇筑强度高。

青云公司在左右岸项目施工时，前后共投入使用了17台大型混凝土施工机械设备，包括2台缆机、2台顶带机（含1条皮带供料线）、2台胎带机、11台高架门机和1台大型塔机。

青云公司在三峡大坝施工技术上的创新表现在以下几个方面：

（1）新材料、新技术和新工艺的大量推广使用，如多卡模板、大型整体异型模板、钢筋机械连接、高流态混凝土和钢纤混凝土等的使用，保证了施工质量，加快了施工进度。

（2）以塔带机连续浇筑混凝土为主的综合施工技术。选定了以塔带机为主，辅以高架门机、塔机和缆机的综合施工方案，由各混凝土拌和楼通过皮带机将混凝土输送到塔带机直接入仓浇筑。新型施工机械设备胎带机和顶带机的使用，加快了混凝土入仓速度，保证了坝体混凝土，加快了混凝土高强度施工。青云公司负责施工的单个标段混凝土月浇筑强度超过12万米^3。

（3）采取综合温控措施。夏、秋高温季节，采用多种制冷措施，生产满足要求的低温混凝土。冷却系统采用二次风冷骨料加冰水拌和混凝土新技术，降低混凝土出机温度和浇筑温度，确保混凝土出机口温度低于7℃；同时，控制混凝土从出机口至仓面覆盖前混凝土温度回升在容许范围内，入仓温度在10～13℃。加大夜间浇筑混凝土的强度。为减少预冷混凝土温度回升，严格控制混凝土运输时间和仓面浇筑坯覆盖前的暴露时间，混凝土运输机具设置保温设施。同时，增设仓内冷水喷雾降温设施，喷冷水雾降温，效果显著。

（4）低温季度混凝土保温措施。根据当地实测气温资料，冬季施工保温时段为10月中旬至翌年4月中旬。坝体混凝土在混凝土达到养护时间后进行，拆模后采用高发泡聚苯乙烯-EPE泡沫塑料保温板、聚乙烯卷材保温被，针对不同部位采取相应的保温措施。上下游坝面属永久保温，采用挂贴法进行较长时段保温；纵横缝缝面属临时保温，亦采用挂贴保温材料的措施；仓面部位属临时保温，采用随浇随铺的方法。

（5）混凝土原材料及配合比优化。在满足混凝土各项设计指标的前提下，尽量选用四级配混凝土；采用缩小水灰比、增加粉煤灰掺量的技术，掺用高效优质复合外加剂、粉煤灰，降低单位混凝土水泥用量，从而更有效地提高混凝土的耐久性；采用有补偿收缩性能的中热大坝水泥，以减少混凝土收缩变形，减少混凝土产生裂缝的风险。

第五节　混凝土辅助工程技术

一、模板工程技术

从建局至2006年，工程局致力于模板技术的发展历程，可以分成以下几个时期。

（一）木模时期

自建局至20世纪70年代前半期，工程局施工的以礼河梯级水电站（毛家村、水槽子、盐水沟、小江）、西洱河梯级水电站、绿水河水电站、罗平大寨水电站等的施工均使用木模板（简称木模）。木模均在木材加工厂制作好，现场进行拼装。生产组织方式为各工程处下计划供应科，采购材料，由木材加工厂制作。木材加工厂由木工班组和铁工班组成，铁工班主要生产抓钉。原材料主要为原木、枋木、板材等。

木模时期的主要特点：以罗平大寨水电站为例，该电站总装机容量为5.59万千瓦，土建工程中混凝土总量为3.72万米^3。1971年施工队伍开始进入电站工地，1972年3月15日工程正式开工，1975年底土建工程基本完工。

（1）木材消耗量大。如果按当时定额，每100米^{3}混凝土需消耗成品木料加权平均值按约8米^{3}计算，混凝土工程消耗的木料定额量为3000米^3。按当时生产实际条件和情况，实际消耗量远大于定额消耗量；又由于水电企业没有固定基地，建造临时职工住房及生活用房对木材的需求，木材的消耗更多。巨大的木材消耗，对森林资源保护和生态环境保护的负面影响都十分明显。

（2）劳动力资源的需求量大。以电站首部工区为例，该工区承建首部拦河闸坝、取水口和500米长隧洞施工。除工区本身的施工连队外，与模板工程相关的单位还有1个供应科、1个车队、1个木工厂，其中所需木材的采购、运输是供应科和车队的主要任务，30人建制的木工厂则是专为工程制作木模而组建的。工区所属的混凝土连设有阵容齐整的木工排，分3个班。木工排是混凝土连的骄子，职工不仅要有熟练过硬的木匠手艺，还要有扛、抬、举的力气，更要能爬高上低灵活、敏捷的身手。另有1个锻工班，主要生产立模所需抓钉，每天每日工作忙。另外，立模拆模时，还需要其他班、排助战，充当下手。

（3）木模工序较杂。云南用于水电工程的木材基本上是青松松木，且多为伐木后不久木料就被用于工程。木料的胀缩、扭曲变形很大，木模在木工厂制作时，采用企口缝拼接严丝合缝，可运到工地后，所有的接缝基本上都已裂开，必须用灰腻子填塞，并刷脱模油，以保证立模质量。拆模后，为了能使模板能第二次使用，更要有大量清理、修补、保管工作要做。

（4）据统计，现浇混凝土结构的模板，占混凝土结构工程造价的20%～30%，占用工量的30%～40%，占工期的50%左右。

（5）木材加工厂担负工程所需用的各种成材及木制品的加工任务。大寨水电站木材加工厂主要设备见表8-1-8。

表8-1-8　　　　大寨水电站木材加工厂主要设备

设备名称	规格型号	台　数	设备名称	规格型号	台　数
带锯		1	压刨机	100毫米×600毫米	2
圆锯	650、800、1200毫米	各1	边刨机	4.5千瓦	1
摆锯	4.5千瓦	1	锉锯		1
断锯	14千瓦	1			

（二）"以钢代木"时期

鉴于木模时代木材的大量消耗对国家森林资源、自然环境和生态环境的负面影响越来越严重，20世纪70年代后半期，中国执行以钢代木的技术政策。在"以钢代木"政策的推动下，水电十四局大量引进钢制模板，逐步摆脱了散支散拆木模板和定型木模块的落后局面。组合钢模板大部分用于基础、柱、梁、板、墙等施工中，尤其适用于水电工程中的大体积混凝土施工，呈现了明显的优势。

最早、最普遍引用的是一种模板平面钢模板，尺寸为120厘米×30厘米（长×宽），以铁制卡子连接，拆装都方便，其重复使用率大大提高，工序也简化了许多，模板的成本随之降了下来，深受工人欢迎。支承结构材料采用钢管取代枋木，脚手架使用钢管架立，对水电十四局来说，也是模板工程的一次革命。工程局在20世纪70年代后半期已大体进入了钢模板时期。

由于钢铁的强度远大于木材，"以钢代木"的重要改变是模板及其支承结构的体积大大减小，这为模板的多样化提供了可能。滑模、拖模之类的移动式模板也应运而生。

（三）定型模板研制和快速发展时期

鲁布革水电站引水隧洞，其中末段4～6号支洞之间的530米为内资段，由水电十四工程局施工，于1983年初打通。为保证长530米内资段隧洞段的混凝土浇筑质量，工程局决定研制ϕ8米固定式专用钢模及台车配合施工，由水电十四局机械厂承担该研制任务。1982年10月17日，工程局与水电部杭州机械设计研究所签订《鲁布革钢模台车技术服务协议》。该项目包括台车架1部、4米钢模板2节。工程局于1983年5月投入试制，同年8月钢模台车准备安装，1983年10月17日夜利用钢模台车浇筑完第一块混凝土，钢模台车运行情况良好。这是水电十四局制造的第一台边顶钢模台车，也是水电十四局研制、推广定型模板跨出的第一步。

1986～1987年，日本大成公司在鲁布革引水隧洞（ϕ8米）成功应用针梁钢模后，工程局先后在鲁布革尾水洞（ϕ5.8米）和排沙洞（ϕ5.0米）完成全断面针梁钢模研制试用。这是水电十四局自行研制的第一套针梁钢模，也是隧洞混凝土全断面衬砌技术的又一重要里程碑。此后，针梁钢模技术陆续在国内大范围推广，广泛应用于各项工程。1990年，工程局针梁钢模研制获得水总科技四等奖，并取得国家专利。

从1986年鲁布革工程首先开发边顶钢模台车和全断面针梁钢模开始，工程局就积极致力于模板技术的研究与制造，以工程局机械厂为主要研制单位，经过20年的不懈努力，不断发展，特别是在地下工程、地下隧洞成型衬砌模板技术方面取得了辉煌的成就，不少项目屡获殊荣，获得各级科技进步奖，从水电总局、省部级，直到国家级奖励，为地下工程施工技术的快速发展作出了突出的贡献。

从鲁布革工程至2006年，地下工程各类洞、井的混凝土模板施工技术已经实现了根本性变革，而水电十四局模板技术的最大特点是创新，方案创新、设计创新、工艺创新，甚至安装技术等围绕模板工程的各个方面都在不断进步，而且自主创新占技术创新的绝大部分。对隧洞成型模板的弯道技术、搭接技术等也有自己独到的见解和研究，液压技术已全面应用于模板工程中；对复杂条件下洞室群模板的配置与设计、制造、使用，均拥有成熟的成套技术，而且设计的标准化、通用化也在不断完善中。工程局用于大面积平面支模的定型模板主要有：组合钢模板、钢框胶合板模板、悬臂模板、翻升模板、自升式模板、滑模（滑模装置有液压千斤顶—钢筋支承杆滑模系统、液压千斤顶—钢管支承杆滑模系统、滑框倒模系统、斜井滑模系统等）、滑框倒模、变曲率模板、柔性模板和隧洞衬砌模板台车有方圆形隧洞的边顶拱台车、圆形隧洞的全断面针梁台车和全断面多功能台车等；具有特殊功能的模板有网状模板（国内水电行业俗称“快易收口网”）、吸水模板、清水（镜面）混凝土模板等。由于模板结构的创新和施工工艺的精细化，模板功能已经从混凝土成型扩展到混凝土表面免装修、提高混凝土性能和养护等。

不完全统计，直到2006年，水电十四局生产制造的各类边顶拱钢模台车、底模台车、边墙台车、全断面针梁钢模、伸缩式模板、竖井滑模、斜井滑模、面板滑模、底拱翻模等不下300余套。不同时段较有代表性的工程实例如下：

（1）1987年，云南漫湾水电站导流洞、泄洪洞在国内首次使用可变曲率边顶拱钢模台车，是对钢模台车的多次利用进行的一次有益尝试，积累不少经验。

（2）同样，在漫湾水电站导流洞、泄洪洞首创高边墙全液压蝴蝶钢模台车，完成15.1米高边墙立模浇筑施工，一部台车配多套模板，满足了特殊工期的快速施工要求。

（3）1992年，在广州抽水蓄能电站研制了XDM－8.5型多功能模板，用于水道混凝土衬砌。这是一种全断面衬砌模板，采用卷扬机牵引，既可用于平洞，又可用于斜井直线段和上、下转弯段。1994年，该技术获得国家专利。

（4）1996～1997年，在浙江天荒坪抽水蓄能电站引水隧洞成功研制出XHM型连续式斜井滑模。这是国内首创，国外也无先例，被成果鉴定专家组评为“国际领先”水平。该成果意义重大，基本解决了长斜井混凝土衬砌这一世界级难题，使隧洞混凝土衬砌技术达到了一个新的高度。1998年，该技术获得水总科技进步一等奖及国家专利，1999年获得国电公司科技进步二等奖，2000年获得国家级科技进步二等奖。

（5）浙江天荒坪抽水蓄能电站尾水闸门井是倾斜60°的岸坡式混凝土结构，三面混凝土结构露出地面，一面贴地表。1997年，水电十四局研制了独创的斜闸门井滑模，并配套独创的液压轨道爬升装置，以惊人的速度和质量完成了全部闸门井浇筑，确保了工程如期完工。

（6）1998年，在云南徐村水电站研制了全断面伸缩式钢模。这是国内水电系统的首次成功研制和应用。

（7）1998～1999年，云南大朝山电站尾水隧洞为圆形，成洞尺寸为ϕ15米，隧洞混凝土采用底拱和边顶拱分别衬砌的方式，底拱使用针梁式底模，长度有6米和15米两种。6米的用于转弯段，取得了极好的效果，是对针梁钢模技术的发展与创新。

（8）2000～2001年，在三峡工程永久船闸地下输水廊道施工中研制了全断面变径滑模，解决了变顶高斜井混凝土施工难题。该项成果于2003年获得集团公司科技进步二等奖，同年还获得建设部华夏建设科学技术奖三等奖，并取得了国家专利。

（9）云南小湾电站导流洞成洞尺寸为16米×19米，是特大型隧洞，2004年研制的特大型边顶拱钢模台车，长15米，重达300余吨，优质、高效地完成了导流洞混凝土衬砌。

（10）湖北水布垭和重庆彭水电站的出线井结构相类似，都是矩形截面带有下一步安装楼梯的牛腿，水电十四局在2004年和2005年分别研制了混合式竖井滑模，将出线井一次成功地滑升完成，是又一项滑模技术创新。

（11）2005年在广西龙滩成功研制并成功使用了世界最大的连续式斜井滑模，该斜井成洞直径为10米，倾角为50°。同时，在龙滩还研制了国内最大圆形断面（ϕ21米）的边顶拱钢模台车。

（12）2006年，在广东惠州抽水蓄能电站研制了新型针梁钢模，全液压、针梁上置，底模部分布置有可拆卸的小钢模，可人工抹面消除底拱混凝土表面水、气泡等缺陷。

二、砂石系统及混凝土拌和系统技术

砂石骨料开采加工、混凝土生产预冷对水电工程施工起到至关重要的保障作用。水电十四局自参加石龙坝水电站扩建和以礼河梯级水电站建设以来，砂石、混凝土生产系统已由小型系统逐步发展为自主设计、施工、运行的大型砂石混凝土生产系统。

（一）砂石系统的发展

1. 混凝土粗骨料加工时期（自建局至1980年）

工程局在建设以礼河梯级水电站、绿水河水电站、西洱河梯级水电站建设时期（1956～1977年），主要是以加工系统生产砂石混凝土粗骨料，系统生产能力一般在100吨/小时左右，西洱河水电站砂石加工系统粗骨料生产能力达到250吨/小时。

碎石场料源以就地开采毛料、就地加工生产为主，合格的洞挖料为辅；毛料运输以利用地形的高差采用溜槽溜料输料为主，汽车、有轨矿车运输为辅。

系统加工粗骨料，破碎设备采用颚式破碎机、反击式破碎机，分级设备采用圆振动筛，系统内以胶带机作为输料设备。例如，以礼河的披嘎碎石场、小箐沟碎石场、江梁子碎石场，绿水河的碎石场，西洱河的小河江碎石场、大寨水电站的丫口碎石场等。

细骨料以开采天然砂为主，经水洗后获得合格的成品砂。例如，以礼河北雾街砂场、小江和金沙江河滩砂场、尖山沟采砂场、绿水河电站的红河采砂场、西洱河的洱海采砂场、大寨水电站采砂场等。

2. 骨料加工与棒磨机制砂时期（1981～1998 年）

棒磨机的应用，砂石加工系统已实现真正意义上的人工砂石加工系统。系统能生产1～3级配混凝土骨料、人工机制砂和大坝反滤料。系统按照电站施工进度要求进行系统工艺流程设计，产品的粒型、质量有了较大的提高，在环保方面采用旋流器来回收制砂尾水中的石粉和细砂，以减少对环境的污染和降低生产成本。

加工系统破碎设备除采用颚式破碎机、反击式破碎机外，增加了回旋破碎机、圆锥破碎机，增加了人工制砂设备棒磨机、洗砂机等，系统的生产能力和工艺调节得到较大提高和改善。其中以鲁布革水电站砂石系统为代表。

鲁布革水电站主体工程砂石骨料由陈家寨砂石加工系统生产供应，系统由冶金设计研究院与水电十四局技术处联合设计，水电十四局修建并运行。系统主要加工设备：粗碎车间 Px1200/150 旋回破碎机 1 台，中碎车间 PYB220 圆锥破碎机 2 台，1250×1000 反击破碎机 2 台，细碎车间 PYD220 圆锥破碎机 2 台，制砂车间 MBZ2136 棒磨机 4 台，以及其他辅助设备共 50 余台（套）。系统加工处理能力 450 吨/小时，系统生产三级配砂石骨料和大坝反滤料：大石 11.2 吨/小时、中石 54.4 吨/小时、小石 44.8 吨/小时、砂 104 吨/小时、大坝反滤料 48 吨/小时、灌浆砂 41.53 吨/小时。系统主要加工灰岩毛料，采用湿法生产工艺，尾水用旋流器回收石粉和细砂，系统采用继电保护控制。

采用粒状物料斜坡输送装置新技术。粒状物料斜坡输送装置新技术，采用溜管对物料进行输送，在溜管下方设有受料坑，受料坑带有液压弧门，将溜管底端插入受料坑内，利用受料坑内堆积的物料堵住溜管内的物料，使得物料填满溜管，通过开启受料坑的阀门，让溜管内的物料缓慢下滑。该装置在开启受料坑的阀门时，粒状物料在溜管内缓慢滑行，改变了传统的高速滑落方式，既降低了溜管的磨损，又消除了二次破碎，保证了产品的质量。该装置结构简单、输送能力大，溜管的倾角视物料的粒径可在 35°～70°之间任意调整，适用范围较广，且操作简单、安全可靠，若输送系统与 PLC 连接，可实现自动化控制，比汽车运输或胶带机输送都方便和节约。

3. 立轴式冲击破碎机、棒磨机联合制砂时期（1999～2006 年）

该时期的主要特点是：立轴式冲击破制砂技术的推广与应用。砂石系统制砂以立轴式冲击破碎机为主，棒磨机制砂为辅。可根据需要调节机制砂细度模数，制砂系统主要破碎设备是进口产品，其设备体积小、生产效率高、能耗低、适应性较强，砂石系统的生产工艺和生产能力有明显改善和提高，机制砂的细度模数可在 2.6±0.2 范围内调整。此时期水电十四局砂石系统的生产规模已由中小型过渡发展为大中型规模，系统控制系统由继电控制发展为 PLC 自动控制，砂石系统的生产工况采用 PLC 编程来实现。以三板溪水电站砂石加工系统为代表。

三板溪水电站砂石加工系统的工艺流程采用三级破碎、一级制砂湿法生产工艺，破碎设备采用进口美卓矿机破碎设备。粗碎车间配置 1 台 B13－56－2V 给料机和 1 台 C125 颚式破碎机及2.8万米^{3}半成品料仓，中细碎车间配置GP300SEC和GP300M圆锥破碎机各1台，3YK2160筛分机2台，制砂车间配置B9100立轴破2台、3YK2160筛分机4台、WCD914螺旋洗砂机4台。系统为满足三板水溪水电站和挂治水电站砂石骨料的需求，系统增加1台MBZ2136棒磨机制砂，由于湿法生产污水处理量大，会污染环境，且细砂流失严重，2004年7月改为半干法生产。系统电器控制采用PLC自动控制，系统可单独车间生产，也可以整个系统联动生产。

（二）混凝土拌和系统技术及发展

1956年至20世纪80年代，水电十四局混凝土拌和设备基本都是使用单台拌和机，规格型式为拌和容量0.2～0.8米^{3}的自落式、倾翻式拌和机，计量系统多为机械杠杆秤，人工配料。混凝土的拌制生产大多根据混凝土的施工现场来布置，利用地形高差做贴坡料仓，利用皮带机和溜槽将砂石骨料输送到拌和机拌和。通对拌和机的组合，可形成一定规模的混凝土拌和厂。这种设计组合在以礼河梯级水电站、绿水河梯级水电站、西洱河梯级水电站建设中均取得良好的效果。以礼河梯级水电站拌制混凝土45.07万米^3，绿水河梯级水电站拌制混凝土11.22万米^3，西洱河梯级水电站拌制混凝土53.95万米^3。

进入20世纪80年代，随着科学技术以及继电控制技术的发展，混凝土拌和设备由单一的拌和机发展为拌和站、拌和楼，其控制技术多是机械杠杆秤、水银开关、继电器自动控制。1982年，工程局在鲁布革水电站建设中使用2×1000强制式拌和楼，南一水电站使用3XJ3-150自落式预冷拌和楼，1980～1990年期间共有在建工程20多个，各个工程的拌和楼、拌和站进料已由人工进料改为料仓地笼胶带机进料，生产效率得到很大的提高。鲁布革水电站拌制混凝土65.94万米^3，南一水电站拌制混凝土23.81万米^3。

20世纪90年代至2006年，电子技术、计算机在各领域的应用，混凝土拌和站、拌和楼逐渐向大型化全自动化发展。工程局在大型混凝土生产系统设计运行有许多成功实例：云南大朝山水电站1993年建成HL115-3F1500自落式拌和楼；河南小浪底水利枢纽工程1996年建成HZ200-4F3000L、HZ120-1Q3000L拌和站各1座，系统拌制预冷混凝土；2000年贵州三板溪水电站建成HZ150-1Q3000拌和站；四川锦屏水电站建成2HLS120拌和楼；贵州构皮滩水电站建成HL240-4F3000LB大型拌和楼。拌和系统设计自动化程度高，水泥、砂石骨料输送均为PLC自动程序控制，计算机控制拌和楼生产程序及称量系统，实现了混凝土生产自动化，对配和比调度、生产报表、故障检测、拌和楼运行进行实时监控，拌和楼混凝土产量高、质量稳定。

第六节　基础处理技术

一、大坝防渗处理技术

（一）大坝坝基混凝土防渗墙施工技术

1. 毛家村大坝坝基混凝土防渗墙

以礼河一级水电站毛家村大坝坝址河床，冲积层深度一般在15～20米，最大深度达33米。坝基冲积层的防渗措施，采用混凝土防渗墙。20世纪60年代初的毛家村大坝混凝土防渗墙，是继密云水库大坝混凝土防渗墙之后国内第二个混凝土防渗墙，当时施工机具比较简单，可以借鉴的施工经验十分匮乏。工程局充分调动施工技术人员和工人的积极性和创造性，在该坝坝基混凝土防渗墙摸索出一套宝贵的施工技术：

（1）混凝土防渗墙造孔。对原基础处理方案进行了试验研究，最后决定采用乌卡斯大口径冲击钻打出一条宽 0.8～0.95 米的槽孔。针对孔壁易塌的特点，研究出多种防止、处理塌孔的施工技术措施，保证了防渗墙造孔的顺利实施。

（2）防渗墙槽孔浇筑混凝土。工程局首次使用双缸混凝土泵入仓方式，保持混凝土浇筑的连续性，既保证了混凝土浇筑质量，又大大提升了混凝土浇筑速度，使浇筑速度超过 40 米^3/小时。

（3）混凝土防渗墙墙底与基岩间存在一层不同厚度的接触带，它是由造孔钻头击碎的基岩残渣和清孔泥浆挟带的石屑沉积形成的。接触带的天然防渗透性能差，是大坝防渗工程的隐患，不能满足设计要求。工程局通过大量的试验，选择利用帷幕灌浆孔，采用压力水冲洗和灌浆处理的方法，消除了这一隐患。处理后的接触带防渗透性能比处理前有很大的改善。

1962 年 3 月开工，仅用了 7 个月完成造孔 1.17 万米，浇筑混凝土 8900 米^3，质量良好。

“毛家村土坝防渗墙施工”和“防渗墙接触带处理”均获 1979 年云南省科技成果奖。

2. 西霞院反调节水库左岸段混凝土防渗墙

西霞院反调节水库左岸段混凝土防渗墙总长 50 米，位于黄河左岸滩地小河沟北，地层由表部松散沉积层、中部砂卵石层、下部紫红色粉砂岩和黏土岩互层构成。

施工中采用高 1.5 米、宽 1.0 米的 L 形钢筋混凝土导墙，导墙厚 20 厘米。

防渗墙全段共分 9 个槽段，其中一期槽段 5 个，二期槽段 4 个，每个槽段 5.6 米。采用“三钻两抓”法成槽，即在每个槽段两端及中间用 CZ-22-I 冲击钻钻 3 个导孔，导孔直径与成墙厚度相同，采用德国生产的 BS650 型液压抓斗抓槽，每个槽段分两轮抓挖。

采用“泥浆下直升导管法”进行混凝土浇筑。

防渗墙成墙厚 60 厘米，成墙面积 1152 米^2。工程中共完成主孔造孔 19 个，套打孔 10 个，孔斜率均小于规程规定值。混凝土取样 18 组，合格率 100%。

（二）大坝坝身防渗处理施工技术

信房水库工程位于云南省思茅市境内，主坝位于澜沧江左岸三级支流的思茅河上游。水库总库容 1015 万米^3。

信房水库主、副坝工程于 1958 年 10 月至 1961 年 1 月由当地政府组织施工建造。由于存在渗漏问题，1964 年至 1965 年 10 月对水库各建筑物进行过加固设计和施工，但效果不佳。

库区地层受构造影响严重，岩石的整体性较差，岩体裂隙发育。由于施工建造期间，未进行坝肩防渗处理，坝体碾压不密实，出现层间渗漏、棱体排水不畅、下游坝面潮湿、坝体内浸润线抬高，左、右岸坡绕坝渗漏严重，坝肩出现横向裂缝；坝下输水涵洞多处发生断裂，漏水严重。

2006年1月～2006年9月，水电十四局承担了信房水库主、副坝渗漏处理工程。防渗处理方案为混凝土防渗墙加帷幕灌浆，坝身黏土回填部分增加混凝土防渗墙，坝基及两岸采用帷幕灌浆防渗。防渗墙与帷幕灌浆搭接长度为6.8米，其主要施工技术：

（1）混凝土防渗墙墙厚0.6米，混凝土标号为C10，抗渗标号为S6。

（2）混凝土防渗墙施工采用"钻劈法"成槽。为了避免钻机在钻孔过程中产生的共振对坝体产生破坏，及坝体渗漏对槽孔稳定造成的影响，采用跳打法。对导向槽设置支撑，以避免造孔过程中对导向槽的破坏。

（3）泥浆护壁使用黏度较大的泥浆，固壁泥浆不低于导向槽槽口50厘米，并保证浆面高度不低于导墙底部。

（4）通过直升导管浇筑泥浆下混凝土。快打快浇，加快造孔速度，成槽造孔后，马上浇筑。墙段连接采用"套打接头法"。防渗墙内预埋钢管作为坝体帷幕灌浆孔。

（5）帷幕灌浆施工方法采用自上而下分段循环式灌浆，坝体防渗墙内预埋钢管作为坝体帷幕灌浆孔钻孔。

防渗墙在墙体混凝土浇筑过程中，对37个槽孔均进行取样并作抗压强度检查，选取10个槽孔进行抗渗检查，选取4个槽孔进行弹性模量检查。检查结果：平均抗压强度13.24兆帕，抗渗标号均大于S6，平均弹性模量13973兆帕，各种物理力学指标均符合设计要求。在成墙1个月后，根据要求选取6个槽孔进行钻孔取芯检查并做注水试验，平均渗透系数仅为5.43×10^{-9}厘米/秒。

（三）坝基高压旋喷防渗墙施工技术

龙马水电站工程挡水建筑物为面板堆石坝，最大坝高135.0米。河床冲积层厚15～20米，由漂石、卵砾石夹砂组成，局部充填有粉砂土，渗透系数大，透水性强。左岸局部岸坡为崩塌堆积体，水平厚度约25米，其组成物质表层为碎石土，深层为块石夹碎石土，块石直径最大达2.5米，块石、碎石土之间空隙多，崩塌堆积体前缘有泉水出露；局部岸坡基岩裸露；其他岸坡有少量坡积覆盖层，厚为3～12米不等。堰体基岩为石英砂岩、细砂岩、泥岩及砂岩夹粉砂质泥岩。河床冲积层下为弱风化岩体，两岸为强风化岩体。

工程局根据大坝防渗要求，于2005年3～6月对上、下游围堰采用高压旋喷防渗墙技术对其进行防渗处理施工，高喷防渗墙钻孔伸入基岩0.5米。

施工前，编制了严格的防渗标准，在防渗墙的厚度、抗压强度、透水率、渗透系数等方面都制定了具体指标。

施工时，首先清除河床内的孤石，并将其换填。高喷防渗墙采用跟管钻机造孔，150毫米孔径，下146毫米套管跟进，钻至设计孔深后，在套管内插入特制的PVC管护壁至孔底，然后再起拔套管。高喷灌浆在钻孔施工验收合格后进行，旋喷工艺采用二重管、CYP50型高喷液压台车旋喷成桩的方法。高喷灌浆施工均采用从下往上逐步提升的灌浆方法，灌浆水灰比采用1∶1的纯水泥浆，灌浆压力30～35兆帕。

（四）坝基卵砾石层帷幕灌浆基础处理技术

西洱河四级电站混凝土重力坝河床，坝基部分为卵砾石层，一般厚13～15米。卵砾石层颗粒组成极不均匀，颗粒成分以卵石、砾石为主，含漂石约20%，大者直径达2米以上，卵砾石层中夹有细砂层，渗透性变化较大。

时值20世纪60年代末，国内混凝土坝在卵砾石层基础上采用帷幕灌浆防渗的工程实例仅只1个，设计经验和施工经验都十分缺乏。工程局通过对坝基卵砾石层的灌浆试验，决定选用帷幕灌浆对该坝基层作防渗处理。施工完成后经钻孔压水检查，其防渗性能达到了设计要求。

大坝蓄水运行至今30多年的观测结果，未发现有坝基渗漏现象，说明该工程坝基处理方案是成功的。

《西洱河四级电站坝基卵砾石层帷幕灌浆》获1979年云南省科技成果奖。

（五）高压摆喷墙施工

湖北荆南长江干堤加固工程第五标段，堤身和堤基主要由粉质壤土、砂质壤土、粉质黏土组成，局部含植物腐殖及建筑碎片。对该段的加固处理经建设方、设计方、监理方论证比较，将原设计的深层搅拌防渗墙变更为高压摆喷防渗墙。

高压摆喷成墙是借助高压气流保护室用高压水流切割土体，使一部分土体被升扬置换随水泥浆冒出地面，一部分与水泥浆结合成设计状态的混合体，形成防渗墙。

设计要求最小厚度为15厘米，但高压摆喷直径为110毫米的引导孔最小成墙厚度一般为2～8厘米，经过生产性试验，增大引导孔孔径，可以达到增大墙厚的目的。为此，在施工中将引导孔直径从110毫米扩至220毫米，摆喷角25°，达到成墙厚度不小于16厘米的目标。

施工过程中，对孔位、孔斜率、浆液比重、注入的浆液量、回灌浆液比重和浆量、喷嘴下入孔深度、喷浆压力、转速提速等进行全面检查，成墙后采用开挖检查、钻孔取芯检查，高喷全段各项指标均满足设计要求。

二、软弱土层基础处理技术

（一）振冲置换桩加固软弱土层

20世纪70年代末80年代初，水电十四局援建喀麦隆的拉格都水电站。电站主坝为黏土心墙堆石坝，坝高40米。坝基右岸高漫滩阶地夹有多层含水量高、强度低、压缩性大的软黏土层，最大厚度约12.5米。河床冲积层以含砾粗砂及砾质粗砂为主，最深达45米，透水性强。坝基防渗采用混凝土防渗墙及两岸灌浆帷幕。

设计中对坝基软弱地基的处理措施是：河床冲积层采用水下抛填砾质粗砂，填出枯水位高程以上1米，然后采用振冲桩加密，作为坝体的一部分。右岸高漫滩阶地在心墙部位采用振冲置换桩增大地基变形模量，减少沉陷量。

采用振冲法加固土石坝软基，当时在国内尚无先例。为此，工程局在事前做了振冲填碎石和荷载试验，取得了大量的实测数据，为工程设计提供了可靠的依据，也为施工工艺的制定打下了坚实基础。

1981年4～5月，工程局仅用1个多月对心墙部位的软基采用振冲置换碎石桩加固法，造桩437根，进尺4378米，回填碎石3300米^3，1984年7月通过竣工验收。主坝蓄水迄今，未出现异常现象，说明采用振冲置换桩加固软土夹层地基，以及振冲加密处理水下回填松砂的方法已取得成功。

（二）振动沉管灌注桩施工

泉州晋江防洪工程 C2、C5 标为扶壁式和悬壁式箱形防洪墙，地层是河流冲积及海积土，地下水位高，土层主要为黏性土、砂性土、软土和淤泥。防洪墙的竖向和水平荷载均由桩基承担，基础桩采用沉管灌注桩，设计为端承桩，桩径 50 厘米，桩长 12～17.5 米，采用设计桩长与加荷双控制。

根据不同地质条件，采取针对性的施工处理措施：砂性土和亚黏性土地质采用跳排连续施工；淤泥和软土地质，采取跳排跳孔施工，“一次灌满”再拔管的灌注法，严禁复打；遇砂、砾石层时，停一段时间（15～30 分钟）再继续振动沉管，效果很好。

施工中，共完成振动沉管灌注桩 2309 根，施工结束后，采用高应变、低应变、竖向静载试验和水平试验对桩体进行检测，均满足设计要求。

（三）塑料排水板预压固结处理技术

广东中山市香山变电站，站区持力层为淤泥层，含水量大，压缩牲高，强度低，透水性差，地震液化等级严重，难于承受上层建筑的压力。根据珠江三角洲软基处理的成熟经验，采用塑料排水板预压固结法进行加固处理。

预压固结法是在地基表面铺设中、粗砂砂垫作为水平排水体（排水盲沟），在软土层内设置竖向排水的塑料排水板，对建筑场地进行分级预压，使软弱土体中的孔隙水排出并逐渐固结，使地基逐渐沉降，地基土强度逐渐提高，达到场地使用的稳定性。

塑料排水板具有足够的强度和抗老化能力，耐酸碱、抗腐蚀，能保持一定的过水断面，断面尺寸为 100 毫米×4 毫米。插板布置间距为 1.0 米×1.0 米，排水板穿透软弱含水层进入下卧层 0.5 米。

工程局于 2002 年 10 底开始插板施工，施工完成后一个星期，原地基沉降平均 8 厘米，最大沉降量达 18 厘米，效果明显，达到设计要求的目标。地面盲沟排水畅通，排水板排水效果良好。

三、高压固结灌浆基础处理技术

（一）高压岔管高压固结灌浆

广州抽水蓄能电站高压岔管是引水隧洞的关键工程之一，包括主管段，5、6、7 号支管段及支弯管段。主管段上游端洞径 8 米，各支岔管末端洞径 3.5 米；钢筋混凝土衬砌，设计衬砌厚度 60 厘米。设计静压水头 612 米，最大动水压力 7.25 兆帕。

高压岔管一洞四岔，体型结构复杂，承压水头大，灌浆技术要求高。设计中有 4 种不同类型的灌浆，即回填灌浆、接触（浅孔低压固结）灌浆、帷幕灌浆、高压固结灌浆。其中，高压固结灌浆最大灌浆压力 6.5 兆帕。其主要施工技术有：

(1) 高压固结灌浆施工前，为了减少高压固结灌浆跑浆和保证隧洞衬砌的安全，需先进行接触灌浆和低压固结灌浆。先以较低的压力，在隧洞衬砌体与岩体间进行接触灌浆，之后进行低压固结灌浆，用较低灌浆压力的浆液充填裂隙，提高围岩与衬砌的抗外压能力。选取低压灌浆压力 2.0 兆帕，孔深 3.0 米，每排 10 孔，呈梅花形布置。

（2）当混凝土衬砌达到30天强度及接触灌浆14天以后，开始进行高压固结灌浆。灌浆按照排间分序、环间加密的原则分两个次序进行施工（实际施工为4个次序）。一序孔采用机械栓塞置于混凝土中进行灌注，排距3.0米，每排10孔，呈梅花形布置，灌浆压力为4.5兆帕；同一排孔先钻奇数孔，由底孔灌至顶孔；再钻偶数孔，由底孔灌至顶孔。二序孔用充气塞进行分段灌浆，排距3.0米，孔深5.0米。同一排孔先钻奇数孔，再钻偶数孔，由底孔灌至顶孔。第一段孔深为2.5米，把栓塞置于混凝土中进行灌浆，灌浆压力4.5兆帕。第一段灌浆结束后待凝72小时再扫孔并钻孔至5.0米，充气塞置于2.5米位置，用6.5兆帕的压力进行第二段灌浆。灌浆施工过程中进行抬动变形监测，特别注意观测混凝土裂缝的出现、现存裂缝的开展及渗水情况。

高压固结灌浆结束以后，对质量检查孔进行压水试验，压水压力为6.1兆帕，透水率值均在1吕荣（Lu）以下，达到设计要求不大于2吕荣（Lu）的标准，说明高压岔管经高压灌浆以后，围岩裂隙得到充填，透水性减弱，满足设计要求。

一期工程灌浆于1992年3月完工，共完成高压固结灌浆1.69万米；二期工程灌浆于1999年1月完工，共完成高压固结灌浆1.73万米，最大灌浆压力6.5兆帕。

（二）高压输水系统高压固结灌浆

惠州抽水蓄能电站输水系统由上库进出水口、闸门井、引水隧洞、上游调压井、高压隧洞、引水岔（支）管、尾水岔（支）管、尾水调压井、尾水隧洞等组成。

整个输水系统工程，隧洞长、衬砌混凝土薄（60厘米）、单层钢筋，隧洞必须承受非常高的运行水头，对混凝土和岩体的防渗和强度都有很高的要求，因此通过高压灌浆以达到充填岩体的张开裂隙，从而减少渗透，增加岩体的弹性模量。

惠州抽水蓄能电站采用高压固结灌浆，最大固结灌浆压力达7.5兆帕。固结灌浆完工后，对灌浆效果进行了质量检查，质量检验全部合格。工序验收一次性合格率100%，单元工程合格率100%，优良率在90%以上。

（三）无盖重高压固结灌浆施工

四川甘孜州小天都水电站，由于特定的地形地质条件，电站布置呈现三大特点：全长6.03公里的引水隧洞是“一坡到底”的、无衬砌的高压引水隧洞，围岩采用无盖重裂隙灌浆和无盖重高压固结灌浆；采用气垫式调压室，不设调压竖井；水幕室采用“伞上伞”的闭气方案。

引水隧洞至调压室、水幕廊道，以Ⅱ～Ⅲ类围岩为主，极少数为Ⅳ～Ⅴ类围岩。隧洞埋深大。

工程局于2005年1～6月完成对该引水隧洞、调压室和水幕室的灌浆施工。

无盖重高压固结灌浆采用孔口封闭、孔内循环、自上而下分段灌浆施工方法。第一段采用常规卡塞灌浆法，先单独灌浆后埋设孔口管，并待凝72小时，第二段灌浆采用孔口封闭、孔内循环灌浆法。引水隧洞无盖重高压固结灌浆最大灌浆压力为5.0兆帕，水幕室无盖重高压固结灌浆最大灌浆压力为5.5兆帕。

小天都水电站气垫式调压室一次冲气即取得成功，首台机组已于2005年12月3日发电。工程获四川省工程建设“天府杯”金奖，“小天都水电站引水系统、气垫式调压室无盖重高压固结灌浆”获工程局科技成果二等奖。

（四）抗力体置换洞固结灌浆

小湾水电站拦河坝是高达292米的双曲拱坝，对坝肩岩体稳定要求极高，因此在坝肩设置了抗力体置换洞塞。置换洞塞分别布置在左右岸，左岸地下置换洞塞主要分布有4层，右岸地下置换洞塞主要分布有10层，各层垂直高差20米，层与层之间由置换竖井相连，各洞室一期混凝土浇筑结束后，洞室断面尺寸为3.5米×3.0米。

小湾水电站抗力体置换洞塞工程为国内第一个抗力体工程。通过置换洞对岩体灌浆加固，右岸设计为高压固结灌浆区域，左岸设计为低压固结灌浆区域，抗力体固结灌浆无类似工程经验可借鉴，施工技术要求高、难度大。所有置换洞均进行固结灌浆处理，工程量总计19.6万米。

水电十四局承接抗力体置换洞固结灌浆工程后，决定分两阶段进行。第一阶段为生产性试验，于2006年9月开始，在右岸选取了具有代表性的两层洞塞进行试验，确定高压固结施工方法，采用孔口阻塞孔内循环、自上而下分段灌浆法。通过固结灌浆试验，初步获得了高压固结灌浆成果。第二阶段完善第一阶段生产性试验成果，并推广实施，确定各孔段的高压固结灌浆压力为：孔口段长2米，灌浆压力3兆帕；孔口2米段长以下各段，灌浆压力5兆帕。又进行了加大高压固结灌浆压力相关试验，加大的试验压力为：孔口段长2米，灌浆压力4兆帕；孔口2米段长以下各段，灌浆压力为6～6.5兆帕。对坝肩抗力体左岸低压区，通过生产性试验，固结灌浆压力采用：0～2米孔口段，1.0兆帕；2～5米段，1.5兆帕；以下各段，2.0兆帕。

坝肩抗力体高压固结灌浆区域，基岩主要是花岗岩岩石，地质构造主要有两大类型：一类是断层和旁侧构造，另一类主要是蚀变带和软弱夹层构造。前者吸浆量较大，岩体可灌性较好，灌后声波提高明显。后者吸浆量较小，岩体可灌性较差，灌后声波提高不明显。总体上右岸坝肩抗力体顺岸坡自下而上岩体断层裂隙发育程度逐渐增强，平均水泥单耗为45～100公斤/米。灌后声波测试孔口0～2米段，实测平均波速值均大于4750米/秒，2米以下实测平均波速值均大于5000米/秒。

左岸坝肩抗力体岸坡低压固结灌浆区域，岩体地质条件主要是4号山梁强烈卸荷带，平均岩体厚度约30米，断层结构裂隙发育相对较为发育，个别孔注浆量特别大，岩体可灌性好，灌后声波波速提高明显。通过左岸1220高程层低压试验区Ⅰ～Ⅳ序孔耗浆量统计，Ⅰ序孔平均注入量311.4公斤/米，Ⅱ序孔平均注入量206.2公斤/米，Ⅲ序孔平均注入量153.6公斤/米，Ⅳ序孔平均注入量61.7公斤/米；灌后声波检测：孔口0～2米处平均波速值4100～5600米/秒，2米以下平均波速值大于或等于4500米/秒，局部存在低波速区，波速2770～2900米/秒。

四、化学灌浆基础处理技术

三峡工程永久船闸地下输水隧洞在洞室浇筑成形后一段时期内，结构混凝土受到内外温差的影响，不均匀收缩产生裂缝，局部出现渗漏，部分混凝土衬砌结构缝出现渗漏水。为解决三峡工程永久船闸地下输水隧洞的混凝土裂缝渗水问题，工程局于2002年6月～2003年5月，组织对这些结构缝及温度缝进行化学灌浆处理。

三峡工程永久船闸地下输水隧洞混凝土裂缝的处理，经过了多次化学灌浆试验。在施工方法、化学材料选择、化学灌浆设备等进行试验后，最终确定采用“贴嘴法”施工工艺，化学灌浆材料选用 LPL 环氧浆材，灌浆设备采用 LilyCD－15 双液化灌泵。

化学灌浆完工后，对灌浆效果进行了质量检查，质量检验全部合格。工序验收一次性合格率 100%，单元工程验收合格率 100%，优良率 90%以上。

五、大坝接缝灌浆基础处理技术

（一）高拱坝接缝、接触灌浆施工

块泽河水电站拦河坝为单曲薄壁型混凝土高拱坝，最大坝高 86 米。

大坝混凝土垫座设 1 条横向施工缝、1 条纵向施工缝，拱形结构设 3 条横向施工缝。横向施工缝需采用线形接缝灌浆，将坝体连成整体；两岸岸坡采用点形接触灌浆，加强坝体与岸坡的融合。大坝灌区按高程分 7 层灌区，每层灌区又被纵横施工缝分隔形成若干个灌区，每个灌区分别布置 2 套进、回浆管及 2 根排气管，3 条横缝竖直升浆孔采用橡胶拔管法形成，单套拔管孔的孔间距为 2.4 米，各成一体，两套管路错开排列，实际间距 1.2 米，灌区顶部设排气槽，排气槽两端布置两根排气管；两条岸坡采用预埋管灌浆盒，出浆盒间排距为 1.5 米×1.2 米，顶部埋设排气盒，两端布置两根排气管。

块泽河混凝土大坝接缝灌浆在工程局内尚属首例，施工前经过充分的技术准备，顺利完成大坝接缝灌浆施工。完成接缝灌浆灌区 15 个，接触灌浆灌区 14 个，接缝灌浆 2663 米^2，接触灌浆 2928 米^2。接缝灌浆中最大单位注灰量 31.5 公斤/米^2，最小单位注灰量 2.1 公斤/米^2，平均单位注灰量 8.68 公斤/米^2；接触灌浆中最大单位注灰量 14.1 公斤/米^2，最小单位注灰量 1.0 公斤/米^2，平均单位注灰量 3.57 公斤/米^2。

大坝接缝（接触）灌浆施工完成后，对大坝左右岸坡某高程接触灌浆质量进行钻孔压水检查，压水试验透水率均为 0。对大坝基础垫座其中的两个灌区布置检查孔进行钻孔取芯检查与压水检查，取芯检查孔骑缝布置，孔径 150 毫米，孔深 3.0 米；检查孔芯样缝面浆液结石充填率达 98%，岩芯中 60%的芯样与混凝土紧密结合在一起，缝面浆液结石厚度近 1 毫米，压水试验透水率为 0。灌浆施工质量良好。

（二）碾压混凝土拱坝接缝灌浆施工

云南洗马河二级赛珠水电站，大坝为碾压混凝土抛物线双曲拱坝，最大坝高 72.0 米，坝顶宽 7.0 米。由于碾压混凝土水化热散发速度缓慢，在水库蓄水前的封拱时，坝体混凝土温度还未达到稳定温度，但必须对接缝进行灌浆处理。随着时间的推移，坝体混凝土温度继续逐渐降低，在降到稳定温度场的过程中，已灌浆的接缝，有可能因过大的温度拉应力再一次被拉开。因此，碾压混凝土坝的接缝灌浆，需要准备进行第二次重复灌浆。

工程局在赛珠水电站碾压混凝土坝施工过程中，为接缝灌浆而预埋一套可重复利用的灌浆管路系统，在坝体内埋设不连续的预制混凝土重力式诱导板，形成 2 条诱导缝，单回路灌浆管路埋设于预制诱导板中，灌浆管路中采用特制的橡胶套阀作为重复灌浆管路的出浆盒，该出浆盒由 1 根穿孔钢管、1 个橡胶套管和 2 个接头组成。在预灌性压水或灌浆时，水或浆液从出浆盒内出浆，在水或浆液的压力下将诱导缝面劈开成缝，浆液通过出浆盒进入缝内，将缝结合牢固。

碾压混凝土坝接缝灌浆在局内尚属首例，在国内也尚无规范可循。因此，碾压混凝土

坝的接缝灌浆技术处在积极探索研究中。

该电站碾压混凝土坝，工程局施工队首次灌浆前，对坝体采取了冷却措施，灌浆后，水库就开始蓄水，至今缝面未发现张裂，说明第一次灌浆效果良好。第二次灌浆至今尚未进行，是否需要重复灌浆，有待时间对大坝第一次接触灌浆效果的继续考验。

第七节　机电安装　金属结构制作安装

1954 年 12 月 31 日，石龙坝电厂 3000 千瓦竖轴混流式水轮机组发电。这是新中国成立后在云南由水电十四局安装投产的第一台水轮发电机组。

石龙坝第六次改扩建工程第一台机组，于 1954 年 12 月上旬完成全部机械、电气设备安装。承担新中国成立后云南第一台水轮发电机组机电设备安装任务的是石龙坝工程处“机电安装队修配间”，当时修配间有主任 1 人、见习技术员 2 人，另有 3 位从昆明机床厂借来支援的技工和 10 余位刚参加工作的学徒工，总共不过十五六人。设备也相当简陋，仅有 2 台“六尺车床”（相当于 C620 型）、2 台小牛头铯床，1 台 ϕ18 米的小台钻和几台虎钳。

1955 年 5 月，机电安装队修配间原班人马及设备来到会泽娜姑镇，为乐里村施工电厂的 2 台 800 千瓦水轮发电机组安装积极准备，延续水电十四局机电设备安装的历程。

水电十四局机电安装队伍组建以来，以水电站机电设备安装为主业，扎根云南，面向全国，走向国际，致力于机电安装核心品牌培育。据不完全统计，截至 2006 年 12 月底，已完成国内外 113 座（装机容量在 0.1 万千瓦以上的）水电站机电安装调试，安装水轮发电机组 286 台，总装机容量约为 863.88 万千瓦。工程遍及大江南北、国内国外。已完成单机容量超 2.0 万千瓦的机电安装和金属结构制作安装的水电站：省内主要有以礼河三、四级水电站，西洱河一、三级水电站，鲁布革水电站，田坝水电站，户宋河水电站，徐村水电站，柏香林水电站，腊庄水电站，柴石滩水电站，高桥水电站；省外主要有广东抽水蓄能电站、浙江天荒坪抽水蓄能电站、河南小浪底水利枢纽工程、福建棉花滩水电站、广西百色右江水电站；国外主要有缅甸邦朗水电站、喀麦隆拉格都水电站等。目前，工程局正承担着国内 3 个百万千瓦级电站（云南小湾、广西龙滩、广东惠州抽水蓄能）和国外缅甸瑞丽江、刚果（布）英布鲁水电站的机电安装任务。仅上述 5 座水电站将安装水轮发电机组 26 台，总装机容量为 872 万千瓦。

水电十四局建局 50 多年来，承担并完成了国内外百余座水利水电工程的引水压力钢管、钢闸门、拦污栅等水工金属结构设备的制造及安装工程。参建并完成水工金属结构设备的制造及安装工程的国内主要项目有：以礼河水电站、绿水河水电站、西洱河水电站、鲁布革水电站、漫湾水电站、元江依萨河水电站、徐村水电站、黄河小浪底水利枢纽工程、大朝山水电站、柴石滩水库、广州抽水蓄能电站、三峡水电站、新疆恰甫其海水利枢纽、水布垭水电站、雷打滩水电站、泗南江水电站、猴桥水电站等金属结构制作安装工程。参建并完成的国外水利水电项目有：缅甸邦朗水电站、缅甸照济水电站、缅甸藏都水电站、缅甸南坎卡水电站、中非姆巴里水电站、中非喀麦隆拉格都水电站、越南宣光水电站、缅甸瑞丽江水电站、缅甸上邦朗水电站等金属结构制作安装工程。目前在建的主要项目有：小湾水电站、糯扎渡水电站、松山河口水电站、苏家河口水电站、梨园水电站等金属结构制作安装工程，并以主业为依托，积极参与非水电领域竞争。截至2006年12月底，已完成昆明市第二至第五污水处理厂4座污水处理厂设备安装调试、昆明掌鸠河引水及供水工程设备安装、昆明市官南路排水管道工程设备安装等。

水电十四局具有中华人民共和国国家质量监督检验检疫总局颁发的水工产品（超大型压力钢管、超大型平面滑动闸门、超大型平面定轮闸门、拦污栅、大型弧形闸门等）的生产许可证，有经云南技术监督局特种设备处审查批准成立的锅炉压力容器压力管道焊工考试委员会，以及水利电力系统郑州质检中心批准成立的焊工考试委员会，且有由云南计量局签发了计量合格证书的计量室和材料试验室，特别是取得了国家船级社认证公司颁发的《质量体系认证证书》（GB/T 19001—2000 idt. ISO 9001：2000）。

在长期的生产实践过程中，水电十四局对大型金属结构设备的制造总结出了一整套行之有效的生产工艺和制造手段，尤其在承建了三峡工程金属结构设备——电站进水口拦污栅的制造，在高标准、严要求的体制下，锻炼出了一大批懂技术、有经验的企业员工，并建立了完备的技术、质检等质量管理体系。

通过50多年的艰苦创业，水电十四局在高水头、大容量机组安装，抽水蓄能机组安装，高水头压力钢管制作安装，大型水轮机埋件制作，转轮现场组装焊接，大型金属结构制作安装等方面具有很强的核心竞争力。其中，高水头、大容量抽水蓄能机组安装技术达到了国际先进水平，具有年安装发电机组250万千瓦、金属结构制作安装3万吨的施工能力。

一、建局至20世纪80年代中期

这一时期，工程局机电安装在计划经济体制下运作，承担的机电安装工程都在云南省内。云南地貌属高原山地类型，且国家首期开发的水能资源尚属中小支流河段，水轮机组基本上是高水头冲击式或混流式机组，山区河流水量受季节影响大，引用流量较少，单机容量也相对偏小。另外，工程局还支持全省各地州、县的水电开发事业，为地方小电站安装机电设备。这一时期，水电十四局也承担了国家援非项目喀麦隆拉格都水电站的机电安装任务。1954～1987年，工程局完成装机大于1000千瓦的52座水电站的机电安装工程，装机136台，总容量93.55万千瓦。

（一）主要机电安装工程

1. 以礼河水电站为代表的高水头、小容量冲击式水轮发电机组安装

以礼河梯级水电站总装机容量32.15万千瓦，由毛家村、水槽子、盐水沟、小江四级地下式水电站组成，设计年发电量16亿千瓦·时，是水电十四局建局初期承建的一个高水头、跨流域引水、梯级连续开发的四梯级水电站工程。整个梯级总水头共达1413米，其中三、四级电站设计水头都高达589米，机组都是高水头、双转轮、四喷嘴冲击式机组。水轮机组是从捷克引入的设备，一级水电站机组则为斜击式水轮机组，是中国自行设计制造的水轮机组。工程局在高水头冲击式双转轮水轮发电机组安装和斜击式水轮机组安装过程中，在建局初期缺乏机电安装经验的情况下，经过科研攻关，所有机组安装调试都圆满成功并取得丰富经验，也因此获得良好声誉。

在安装调试以礼河三级电站水轮机组时，发现捷克进口的机组的偏流器轴刚性不够，

使左右两台调速器喷针动作同步性不好，水轮机运转不正常。工程局技术人员通过延长车床加工长度等措施，修正改制偏流器轴，研制成功水轮机偏流器轴、调速器喷针头等，克服了捷克进口机组配件的缺陷。

2. 西洱河梯级水电站水轮发电机组安装

西洱河梯级水电站总装机容量为25.5万千瓦，最大利用水头608米，最大引用流量57米^3/秒。电站共安装13台水轮发电机组，多年平均发电量11.07亿千瓦·时，亦属于高水头、高转速水轮发电机组安装。

1977年11月，四级电站最后一台机组经甩负荷试验，决定需要扩建调压井，并补装高压管道的总蝴蝶阀。根据水电部指示，二级电站取消调压井，采用“以阀代井”措施：1、2号机组安装瑞士引进的油水控制调压阀，3号机组安装瑞士产全油控制调压阀，4号机组安装国产调压阀。完成安装后，滇西电力局组织对4台机组甩负荷试验，并获得成功，全部机组均顺利投产。

二级电站引水隧道的高压岔管采用无梁岔管，这在国内为首次采用。

3. 绿水河水电站水轮发电机组安装

绿水河水电站总装机容量为6.55万千瓦，采用的是双水斗式水轮机组。在机组安装调试过程中，水轮机组在运行之初产生强烈振动，技术人员和工人一道群策群力，加强科研试验，成功地解决了这一难题，消除了振动源，水轮机组运行正常。工程局在高水头冲击式水轮发电组安装技术方面得到了进一步提高。

在绿水河水电站施工中，由于山体内地下水水位压力高，出现了罕见的190米钢管外压失稳事故和在充水过程中发生的101米钢管鼓包事故。工程技术人员与工人一道，依靠科技手段，群策群力，成功地处理了上述事故，同时也向设计部门提供了强有力的经验教训，使之改进高压钢管道的设计方案，避免以后出现类似的事故。

1978年，《绿水河高水头混流式水轮机组振动处理》获全国科学大会重大贡献奖。

4. 超高转速水轮发电机组安装技术及氟利昂蒸发式水轮发电机组应用技术

1977年竣工的大寨电厂，设计水头187米，电站总装机容量为5.59（4×0.875+2×1.045）万千瓦。其中，3、4号机组，水轮发电机组为高转速水轮发电机组，额定转速高达1000转/分。工程局工程技术人员面对超高转速水轮机组安装新课题，勇于探索，在超高转速机组安装方面积累了可贵的经验，达到了相当的水平。

大寨水电站发电机定子氟利昂自循环内冷蒸发式冷却方式，开创了蒸发式冷却方式的先河。工程局通过安装实践，率先掌握了蒸发式冷却水轮发电机组的安装技术。此技术后来应用于李家峡水电厂，目前三峡电站地下厂房亦采用蒸发式冷却方式，只是其所用介质不再是氟利昂，而是更环保的新型材料。

1977年，大寨水电站机组开始投产。水利电力部为了满足天生桥单机22万千瓦水轮发电机组研制的需要，决定将大寨水电站未安装的1、2号机组作为东方电机厂200米水头段新研制的D08、D10两种形式转轮的中间试验机组。同时，中国科学院电工研究所将新研制的发电机定子氟利昂自循环内冷科研项目，也在1、2号机组上试验。这两项试验均获成功，列入一机部生产计划。

通过对以礼河梯级、西洱河梯级水电站等多座容量小、水头高、以国外进口设备为代表的水轮发电机组的安装，工程局机电安装技术得到了极大的提升和发展，工程局在高水头机组安装技术等方面处于行业领先水平。

（二）主要科研成果

1. 压力钢管水压试验

1963年夏，由水电十四局、昆明水电勘测设计院、北京水利水电科学院、长江水利水电科学院、水电安装局五处及以礼河电厂等6个单位组成钢管试验组，在以礼河三级（盐水沟）水电站对埋藏式高压钢管进行水压试验，并开始对钢管道进行充水期长期原型观测。水压试验内容还包括：①内套式双层钢管压力灌浆填缝及其水压试验；②钢衬、回填混凝土和围岩之间缝隙的产生机理及控制办法，缝隙大小的数值分析及其对三者联合作用的影响；③钢衬容许应力的确定及不同围岩条件下实现各种灌浆的作用等。这些试验当时在国内还属首次进行。试验成果为设计和施工提供了科学依据，并为同类型电站建设积累了经验。

1967年，为落实四级水电站箍管方案，通过现场大型钢管水压试验的成果分析和对高强度钢的研究，四级水电站高压钢管最终采用高强钢（16Mn、15MnV）埋藏式管道，取代了原设计的箍管方案，加快了工程进度，节约了资金。

此外，还对以礼河三级水电站引进的捷克分岔管进行了水压试验。试验结果表明：这种变截面内加强U形梁高压岔管，结构性能比中国传统使用的岔管优越，并提出推广使用这种岔管的建议。很快，这种形式的岔管就被绿水河水电站所采用，并在许多水电站得到推广。

1966年12月3日，以礼河三级水电站第一台机组正式充水发电，并继续对钢管进行充水期的原型观测，观测延续到1967年1月12日止。观测结果认为，钢管的安全度受地质条件、施工工艺、钢材品种、钢材质量及设计的假设条件等因素的影响。

至此，长达3年半的钢管试验遂告结束。

《以礼河高水头电站压力钢管道试验研究》获1978年全国科学大会重大贡献奖。

为做水压试验，水电十四局加工封头时创造了爆炸成型工艺。《大厚度小直径封头爆炸成型》获1979年云南省科技成果奖。

2. 月牙形内加强肋岔及无梁岔管的研制

继对引进捷克的内加强U形梁岔管进行水压试验后，水电十四局科技人员并没有停留在“引进”上，而是积极研究开发新型岔管。通过体型和内应力量测对比，选出一种较合理的大分岔、多圆锥、窄肋、月牙形内加强肋岔管。此种岔管具有受力均匀、水力条件好、节约钢材等优点，达到了国内先进技术水平。并将它成功地应用于省内西洱河一级水电站、鲁布革水电站及省外一些水电站。该研制成果还被编入水电站压力钢管设计规范。

国外无梁岔管技术引起了水电十四局科技人员的极大关注。自1972年以来，水电十四局组织进行了大量的试验研究，经历了选型试验、模型试验、工程应用三个阶段，历时6年，获得了完整的试验研究资料。制造的对称三通式无梁岔管成功地用于西洱河二级水电站，制造的四通、对称三通无梁岔管也在云南各地方电站得到应用。

1975年1月，云南省在以礼河地区召开第一次水电站无梁岔管科学技术座谈会。参加会议的有省科委，高等院校，水电施工、安装、设计、运行等16个单位。

《月牙形内加强肋岔管及无梁岔管的研究》获1978年国家科技进步二等奖及1979年云南省科技成果二等奖。

3.14MnMoNbB高强钢模型岔管爆破试验与应用

14MnMoNbB高强钢（80公斤级）钢模型岔管爆破试验是水电科技委下达的一项科研项目。

14MnMoNbB钢模型岔管爆破试验压力相当于P＝13.25兆帕（为工作压力的3.02倍）。爆破试验成功，并首次用于西洱河一级水电站高压岔管，对水电站建设和安装有积极意义。

《14MnMoNbB钢模型岔管爆破试验与应用》1984年11月获水电总局科技进步三等奖。

4.钢管锈蚀机理和防护涂料的研究试验

水电十四局组织科研人员对钢管锈蚀机理进行系统的研究，对钢管防护涂料做过众多的研究试验。在各个不同的工程上防锈涂料先后采用过环氧红丹、环氧沥青漆、环氧树脂和喷涂铝、防锈锌等作为防护措施，并试验研制了带锈涂漆新工艺。鲁布革电站钢管道是用环氧沥青厚浆型涂料。

《水电站金属结构带锈涂漆新工艺试验研究》1979年获云南科技成果奖。

5.对高强钢材的性能和焊接条件的研究

水电十四局在钢材检验和焊接工艺检验方面采用了美国ASME标准，并建成相应的试验室。对压力钢管用钢进行过系统的试验研究，从普通碳素钢（A3）、低合金钢16Mn、15MnV、SM50Q、SM80Q、A537C1i、C12到80公斤级高强度钢（14MnMoNbB）和（517），都进行过专题试验研究。对各种类型钢材的性能和焊接条件等掌握有大量资料，形成了系列成熟工艺。

1982年3月，为解决吉林白山水电站板厚42毫米16Mn压力钢管的焊接后热处理工艺，十四局成功研究一套焊缝局部热处理装置，在白山水电站钢管安装中应用。这套装置对大直径、大厚度、高强度的压力钢管焊后热处理以消除或降低焊缝的焊接残余应力，改善焊缝的综合机械性能，提高其长期安全运行的可靠性有普遍实用意义。

《焊缝局部热处理装置》1984年获水电部科技成果奖。

6.高压钢管制作、安装

水电十四局通过数十年的钢管制作安装实践，制作过水头达千米的高压钢管，也制作过直径达9.5米的高压岔管，形成了一整套加工工艺、制造技术，其焊接工艺已为国内兄弟单位采用。高压钢管的安装在不断改进、完善的基础上，还成功地采用台车作业的斜井钢管安装新工艺，创造了直径4.6米钢管月安装进度达180米的纪录。由于工程局在高压钢管施工技术的成就，水电部先后于1979、1987年两次在水电十四局召开水电系统的技术交流会。水电站钢管第一期无损探伤培训班在水电十四局举办，焊接学会水电分组的第一次组建会议在水电十四局召开。

二、20世纪80年代中期至20世纪末

这一时期，工程局承担的机电安装任务的特点，一方面引进了市场竞争机制，不仅在云南，承担数十座中小水电站的机电安装任务，并且走出云南，大踏步地走向全国，走向东南亚；另一方面，单机容量大幅度增加，鲁布革水电站完成4台单机容量15万千瓦的机组安装工程。又进入抽水蓄能机电安装领域，先后承担了广蓄一期、二期及天荒坪抽水蓄能电站的单机容量30万千瓦，可逆式蓄能发电机组机电安装工程。可逆式蓄能发电机组的安装，标志着工程局机电安装技术的一次飞跃。

1988～1999年期间，完成装机大于1000千瓦的35座电站的机电安装工程，装机88台，总容量487.53万千瓦。

（一）主要机电安装工程

1. 鲁布革电站机组安装

鲁布革电站是中国第一个全面引进西方工业发达国家机电设备的大型水电站。从水轮发电机组及其附属设备到升压站送电设备，从控制保护到通信、水情测报系统设备等，都是由国际市场择优采购的，其参数、性能及制造质量均达到20世纪80年代国际先进水平。水轮机及其附属设备由挪威KB公司供货；发电机及其附属设备、机组电气控制保护设备、计算机系统由德国西门子公司供货；高压母线和线路保护由瑞典阿西亚继电器厂供货；母线管由瑞士史普雷赫公司供货；户外高压设备、高压电缆、主变压器则分别由日本东芝、住友、富士公司供货。鲁布革水电站还采用了20世纪80年代国际水平的计算机为基础的电站自动监控系统。

鲁布革电站作为水电建设改革开放的第一个窗口，通过引进外资，工程局引进、吸收、消化国外先进的技术、先进的设备、先进的管理，通过与日本大成、挪威、西门子、瑞士、瑞典等多个国家的公司合作，结合十四局机电安装公司30多年的施工实践，在鲁布革电站机电安装中兼收并蓄，实现了各技术领域的技术创新。

工程局还率先掌握了首次应用于鲁布革水电站的圆盘式弹性油箱安装调试技术，处于行业内领先水平；工程局承担的鲁布革电站机电安装工程，从技术上与国际接轨，对外学习先进的管理经验，对内总结经验，培养人才，不仅实现了鲁布革电站顺利发电，而且培养了一支真正懂技术，会安装的精干队伍。为了更好地学习国外先进的管理经验，工程局还组织相关单位和部门与国内知名大学合作，进行大学生外语强化训练。

2. 高水头大容量抽水蓄能机组安装

广州抽水蓄能电站是一座大型抽水蓄能电站，第一、第二期工程各安装可逆式蓄能发电机组4台，单机容量均为30万千瓦，总容量为240万千瓦。它的设备先进、自动化程度高，是继鲁布革水电站后，工程局安装的全面引进设备和技术的又一座大型水电站。电站引进了法国阿尔斯通集团公司多个制造厂所生产的水泵水轮发电机组和电站的全套设备，涉及的设备制造厂家多，自动化程度高，相互间关系错综复杂。广蓄二期机电安装结束后，组建了以电站检修为主的“广云公司”，承担了广蓄8台抽水蓄能机组的多次大修、小修。为十四局的安装技术进步提供了有力的支持和保证。

天荒坪抽水蓄能电站，电站总装机容量180万千瓦电站主机设备由挪威KVAERN-

ER、加拿大 GE 和奥地利 ELIN 组成的联营体供货，其中水泵水轮机及附属设备由 KVAERNER 公司供货，水泵水轮机为立轴、单级混流可逆式，与发电电动机主轴的法兰直接相连。从发电机俯视，水轮机工况顺时针方向旋转，水泵工况逆时针方向旋转。水泵水轮机的拆卸方式采用中拆方式，采用中拆方式的最大优点是检修方便，缺点是由于设中间轴，增加了主轴的长度，不利于轴体稳定。发电机为悬吊式，系引进加拿大 GE 公司的浮动机型，其结构原理和安装工艺与国内传统的定子、转子有着较大的差别。定子系采用浮动机座结构形式，这种结构的特点是允许由温度引起的定子径向膨胀。发电机转子采用加拿大浮动式转子，转子采用无轴结构，由转子支架、磁轭、磁极三部分组成。采用浮动式磁轭结构，有利于磁轭受温度、离心力的作用而自由膨胀，结构上更为合理，结构单薄的转子支架就能满足强度要求，节约了材料，降低了成本。磁轭组装过程中采用临时键，有效地保证了铁芯的圆度及磁极的挂装，减少了铣键槽的工序，降低了成本。采用永久压紧螺杆进行中间过程压紧，减少了铣孔工序和临时压紧螺杆，节约了材料，降低了成本。由于采用配磁轭键，减少了冷热打键，大大降低了换键的劳动强度。

3. 高压钢管制作安装

20 世纪 80 年代后期，水电十四局承担了以鲁布革水电站为代表的多个水电站压力钢管安装，其中，鲁布革水电站压力钢管部分由水电十四局与日本“川崎重工”共同制作、安装完成的。设计水头 430 米，主管内径 4.6 米，总长度 1096.90 米，总工程量 2856 吨，钢板厚度 38 毫米，全部为 A517Gr.F、A516、A517 等规格不同的进口高强度钢材，卷制、焊接条件极为苛刻。由于严格执行工艺措施，加强质量管理工作，保证了焊接质量，得到了日本专家的信任。整个压力管道制作安装顺利通过了 ASTM 规范要求和世界银行专家组的质量鉴定。

工程局在 20 世纪 90 年代承建金属结构制作与安装的元江依萨河水电站，额定水头达 980 米，为中国已建的第二高水头水电站，仅次于桂林天湖水电站（其发电水头 1074 米，装机容量 3 万千瓦）。元江依萨河电站压力管制作及安装具有多项特色技术，创新了工程局安装记录：首次使用双向伸缩节及其厂内水压试验、球形岔管的制造、整体退火及其高水压试验、压力管道全程通水整体分段水压试验及其应力测试、钢筋钢衬混凝土包管的制作安装，以及在陡峭山脊上近千米无路可通的情况下的高压管道的安装施工技术。1996 年 5 月，元江依萨河二级水电站引水压力钢管工程荣获云南省 1995 年度优质工程一等奖。

20 世纪末，广蓄一期、二期高压引支钢管均为 62CF 钢。由于在高压钢管制作安装方面多年积累的技术及经验和现场加强施工管理，在高强钢焊接应用技术得到进一步的提升。

4. 高压钢岔管制作安装

继鲁布革水电站高压钢、岔管安装以后，20 世纪末分别进行了徐村、户宋河、宜良柴石滩等多个水电站岔管的制作安装。徐村水电站为地下钢岔管，管径大、分岔角大；户宋河水电站岔管材料为 Q360，属高强度钢，$\delta_S>490$ 兆帕，岔管厚 26～30 毫米。该钢种在国内属首次使用在水利水电工程中，采用特殊焊条，特殊工艺；昆明市宜良县柴石滩水电站岔管为钢衬钢筋混凝土四通岔管，主管内径 6400 毫米，岔管球半径 3815 毫米，支管直径 2860 毫米，岔管材料选用 16Mn，设计板厚 26 毫米，是当时体形最大的四通无梁岔管结构。

5. 大型钢闸门、拦污栅制作安装

滇池防洪治污工程是云南省已建成的最大的防洪治污环保项目。1994～1995 年，全部闸门及其他金属结构的制作、安装均由水电十四局承担。其中，船闸人字门的制作、安装填补了云南省的空白，中央及省、市领导视察工地时，对工程进度及工程质量给予了较高的评价。

渔洞水库发电灌溉系统，全部工程共有 20 余套大中型闸门，总工程量 400 余吨，1995～1996 年，工程局承担了该工程全部金属结构的制作安装任务。特别是大坝南北干渠灌溉系统的表层取水工程，经过省内外著名水利专家评审鉴定，属云南省大型水利工程项目。其中，大型半圆桶闸门门叶、门槽在控制制造变形，大型支承结构的精加工技术都是前所未有的，制造工艺复杂，难度很大。为保证工程进度和工程质量，与设计部门及业主积极配合，并集中了主要技术力量、人员及设备攻克难关，保证了水库按期蓄水。

1997～2000 年，工程局在小浪底水利枢纽工程中，承担了二标进水口 3 号塔所有闸门、拦污栅的安装和 1 号孔板洞闸门安装及三标尾水防淤闸安装。第一次将全站仪引进到门槽安装施工中，增加了施工精度，提高了施工效率，并与国际接轨。

（二）主要科研成果

1. 大型混流式转轮的现场制作

1998 年，工程局与 VOITH 公司合作，以输出劳务的方式率先进行了 7 台 30 万千瓦混流式直径为 6570 毫米转轮的现场制造，开创了水轮机转轮散件现场制造之先例。

2. 低水头、大容量混流式水轮发电机组的安装

小浪底水电站，由水电十四局为责任方组建机电安装联营体，共安装 6 台 30 万千瓦混流式水轮发电机组，承担 7 台混流式水轮机转轮现场制作，并首次承担 30 万千瓦筒阀的组装和安装，掌握了大型筒阀的安装及调试技术。

1997 年中标承担的小浪底水电站机组安装工程，是水电十四局承担低水头、大容量混流式水轮发电机组安装工程的代表，是工程局承接的单机容量最大的低水头混流式水轮发电机组安装工程。这种机型最大的特点是水头低、转速低、体积庞大、现场组装部件多、安装强度大。小浪底水电站机电安装过程中，水电十四局博采众长，充分发挥工程局与多个外国厂家合作的经验，并学习各兄弟单位的先进安装技术，1 号机组从转子吊装到 72 小时试运行全过程，仅用了 45 天，创造了快速安装技术新纪录，处于国内先进水平；筒阀安装技术处于业内领先水平；由于机组尺寸较大，座环需现场加工，其技术水平亦处于国内先进水平。

小浪底水电站 6 台 30 万千瓦混流式水轮发电机组的安装，使水电十四局机电安装技术从小机组、高水头到大容量机组拓宽，并跻身于国内大机组混流式机组安装技术的前沿。

棉花滩水电站及百色水电站等电站亦为低水头、大容量混流式水轮发电机组，低水头、大容量安装技术在这些电站中均得到了应用与提高。

3. 方变圆管制作工艺研究

工程局在广州抽水蓄能电站一期、二期工程，天荒坪抽水蓄能电站安装共计 14 台机组，每台机组分设一条尾水支洞，每条尾水支洞各有 1 套事故闸门。事故闸门在尾水钢管出口之前，事故闸门上、下游的尾水支钢管为圆管，事故闸门工作区为方形的外形尺寸，为此，事故闸门前后各设计了一个方变圆作为管道与闸门过渡连接。

在方变圆钢管制作施工过程中，水电十四局积极开展科技创新，通过对以往传统方变圆钢管制作方法的理解，自行研制油压机，进行瓦块压制，根据到货板材的具体情况，采用电脑绘制进行管段分节、下料，采用定位制作，大大加快了方变圆钢管制作的施工速度，实现了方变圆钢管制作作业的高效、优质、安全，并达到节省人工、材料及减轻劳动强度的目的。在广州抽水蓄能电站，方变圆钢管在工地现场钢管厂制作，严格按工艺要求。制作完成后，各项指标符合设计要求，经监理验收全部优良，运入厂房安装对接，几何尺寸完全符合要求。制作期间无质量安全事故。1999 年，全部制作安装完成。二期工程曾获国家“鲁班奖”。水道充水时，所有方变圆全部通过考验。

4. 斜井段大直径压力钢管安装技术

洞内斜井段大直径压力钢管安装是安装技术的重要一环。大型引水压力钢管的结构有尺寸巨大、管壁钢板强度等级高、工程数量大、建设工期短、制作安装生产强度高、施工空间受限等的特点。中国水利水电第十四工程局结合现代工程的先进技术，研究与之相适应的洞内钢管制作安装工艺，总结出一套压力钢管在运输、安装和焊接以及安装精度控制方面的办法，为以后大型斜井段大直径压力钢管安装提供指导和借鉴。

斜井段大直径压力钢管安装工艺，解决了大型压力钢管在洞内运输、安装质量、安全和进度诸方面的技术难题，可以节省施工时间，有利于环境保护，实现了作业的高效、优质、安全、并节省人工、材料及减轻劳动强度。

水电十四局在多个电站引水发电系统斜井段进行了成功应用，工艺标准化程度较高，办法可靠。钢管安装完毕后质量检验全部合格，工序一次验收合格率 100%，单元合格率 100%，优良率 97.34%。

三、2000～2006 年

这一时期，工程局承担的机电安装任务，单机容量已增加到 70 万千瓦，标志着工程局已跻身于 70 万千瓦级机电安装行列，大大提升了工程局机电安装品牌和核心竞争力。同时，在完成广蓄一期、二期及天荒坪抽水蓄能电站的单机容量 30 万千瓦可逆式蓄能发电机组机电安装工程的基础上，又承担惠州抽水蓄能电站 8 台可逆式蓄能发电机组的安装。

2000～2006 年期间，工程局完成 26 座电站的机电安装工程，装机 62 台，总容量 282.6 万千瓦。

（一）主要机电安装工程及安装技术发展成果

1. 高桥电站设备结构特点技术方案论证

高桥电站安装 3 台 3 万千瓦水轮发电机组，总装机容量为 9 万千瓦。该电站机组额定水头 555 米，转轮为瑞士苏尔寿 CJSDF01 微铸转轮，转轮及喷管（含反馈机构）成套技术引进。单机引用流量 6.3 米^3/s，水轮机型号为 CJSDF01－L－159.5/214.2，属高水头四喷嘴冲击式水轮机，2004 年 6 月 26 日第一台机组并网发电。

高桥水电站自投产以来，总体上运行良好，只是喷管（含反馈机构）为成套技术引进，未针对该电站设备的结构特点进行技术方案论证。高桥水电站之前虽有其他国外水电站采用过相类似结构，但一直未投产，没有积累使用经验。安装时，未注意到喷针位置反馈回轴导向轮运动方向的唯一性，导向轮与喷针活塞轴线未在同一平面内，导致回复轴受较大的径向力而折断。事后，组织技术人员对高桥水电站设备的结构特点技术方案进行了认真的分析论证。

经过综合分析得出：首先，导向轮原设计不合理，单向运动，不易把握；另一方面，导向轮材质较活塞材质硬度大，机组运行不到 4 个月，检修发现导向轮已在活塞上磨出了深 2 毫米的槽，而活塞在运动过程中或检修过程中是可能绕轴线转动的，如果导向轮与活塞上磨出的槽形成交错，则可能导致导向轮转动不灵活，回复轴可能因受径向力而弯曲变形，失去反馈作用，长期运行将是一个隐患。为此，可以考虑：第一，导向轮设计成万向转动轮结构；其次，原设计定位导向不可靠，密封结构不合理，密封材料在径向力与轴向力作用下产生滚动与滑动，极易损坏。密封采用直径为 2.65 毫米的 O 形密封圈，材质为 HN－7445 的胶料，密封受力设计不合理，在回复轴上下运动过程中，密封圈单点滚动摩擦受力，易损坏，密封损坏后会形成窜油。当喷针开启时，在活塞强力的推动下，回复轴可以正常向上运动，但喷针关闭时，对回复轴导环施加的油压力因窜油而大大减小，当弹簧力不足以克服摩擦力时，回复轴就不能顺利复归（特别是回复轴略有弯曲时），从而使得反馈信号不真实，启、停机流程就会被打乱。所以，应用耐磨的硬质密封圈或设置铜套。

针对高桥水电站的设备结构特点，喷针反馈机构的设计缺陷是影响高桥水电站安全生产运行的一个较大的设备缺陷，应当采取积极有效的措施进行改进，以保证高桥水电站的正常运行。

2. 缅甸邦朗水电站水轮发电机组采用多项合理结构

邦朗水电站位于缅甸曼德勒省南部彬文那镇的邦朗河上，电站净水头为 103.5 米，最大水头 109.5 米，坝后式地下厂房内安装 4 台单机容量为 7.225 万千瓦的水轮发电机，总装机容量 28.9 万千瓦。第一台机组于 2004 年 7 月下旬进入启动试运行，2005 年 3 月 25 日 4 台机组全部投入商业运行。

邦朗水电站发电机为立式三相凸极同步发电机，具有静态励磁系统和全封闭双路径向自循环空气冷却系统。发电机由定子、转子、上机架、下机架、推力轴承及空气冷却器装置、灭火装置、制动系统、油水管路等辅助部分组成。转子支架为圆盘式焊接结构，已经在制造厂内与转轴配套，后发运至工地，减轻了转子现场装配的工作量和难度，节约了时间。机组在设计阶段，水电十四局机电安装单位和厂家对防止甩油问题进行过充分讨论，对产生甩油的原因和解决办法达成了共识，采取了有效的措施和结构。邦朗水电站水轮发电机组采用多项合理结构，使推力、上导、下导、水导轴承的甩油和油雾溢出得到解决。自投产以来，发电机推力轴承、上导轴承、下导轴承和水轮机导轴承在各种工况运行下，经历机组过速试验、甩负荷试验时均无内外甩油及油雾溢出现象，发电机转子、定子、机坑和水轮机坑等各部位无任何油迹。

3. 龙滩水电站全空冷式水轮发电机组安装

龙滩工程装机容量为630万千瓦，是仅次于长江三峡的特大型水电工程，地下厂房内共装设9台单机容量为70万千瓦的水轮发电机组。其中，3、4号机组由哈尔滨电机厂有限责任公司生产，将由水电十四局安装、调试，是目前世界上最大的全空冷式水轮发电机组，设备最重部件——发电机转子重1600吨。水轮机为立轴混流式，金属蜗壳，采用了伏伊特成熟的传统结构技术。机组额定出力71.4万千瓦，最大出力79万千瓦，最大水头179米，最小水头97米，额定水头140米，额定转速107.1转/分钟，最大飞逸转速214转/分钟。机组采用两根轴结构，水轮机轴与发电机轴直接连接。

为优质、高效地完成龙滩水电站机电安装工程，水电十四局将按照现代项目法施工的要求，选聘技术素质高、施工管理经验丰富的人员组成项目部领导层和管理层，负责该工程的施工组织领导与管理工作，派遣技术合格、有丰富施工经验的各类专业技术人员、技工和管理人员参与进行龙滩机电安装工程建设。项目部根据工程局有关管理制度制定各种管理办法，对所有参与施工的人员实行全面管理。

4. 长江三峡工程大坝河和电站厂房二期工程拦污栅制造工程

在三峡二期金属结构工程所含的96套拦污栅中，2000～2001年，水电十四局承担了其中22套的制造任务，重1575吨。由于该拦污栅结构特殊，为平面直立式，管形焊接结构，栅体尺寸为5.11米×47.25米，部分设计的技术指标要求较高，超过了国家规范（如吊耳中心线与栅体中心线的距离偏差，国家规范为±4毫米，而设计偏差为±2毫米），且同规格的各节栅体要具有互换性，因此其制造难度远远大于同类产品。为保证工程进度和工程质量，工程局与设计部门、驻厂监理及业主积极配合，并集中了主要技术力量、人员及设备，共同努力，顺利通过了三峡业主及专家组的到厂验收，保质保量地完成了该工程。

5. 高压钢管制作安装

2003～2005年期间，工程局承担了水布垭压力钢管安装工程，钢管斜段下部分、下弯段、下平段采用JFE－HITEN610U2高强钢钢材，管壁厚度为32～48毫米；其余钢管采用16MnR钢材，管壁厚度为28～36毫米，斜直段压力钢管倾角为60°。在压力钢管安装过程中，开展科技创新，通过对以往传统的施工方法的进一步改进，采用在弯管段可调整牵引绳受力的台车运输技术和对接台车、焊接台车，避免了传统压码方法对接时所导致的对母材的伤害，加快了施工速度，实现了作业的高效、优质、安全。2005年开始，承担漫湾二期及小湾水电站水轮机埋件制作及安装工程及小湾水电站6条压力钢管的制作安装工程。首次进行了水轮机埋件的制作，填补了工程局大型水轮机埋件制作技术空白。小湾水电站压力钢管材质为60公斤级高强钢，再次将高强钢焊接技术进一步提升。

6. 超大型压力钢管制作安装

新疆恰甫其海水利枢纽引水发电洞压力钢管内直径为9.5米，属于超大型压力钢管，总工作量约为3300吨。斜井段采用16MnR钢约1000吨，钢板厚度为28毫米；下弯段及下水平段大量采用了国内强度级别较高的07MnCrMoVR钢（武钢企业牌号为WDL610D）约2000吨，厚度为26～28毫米；岔管采用日本进口JFE－HITEN690M钢约300吨。钢管大部分为洞内埋管。恰甫其海钢岔管公切球直径达11米，单个质量达187吨，是目前国内第一大岔管。

07MnCrMoVR高强钢用于大批量制作水电工程压力钢管，在国内才刚开始。此种钢材强度高、碳当量较高、焊接工艺要求高，焊前必须预热，焊后必须后热，焊接过程中需有热输入量，需层间温度控制等。

工程局参加制作人员在制作过程中充分和了解掌握07MnCrMoVR钢材特性，选有与母材07MnCrMoVR钢相匹配的焊接材料，严格控制钢板焊接预热温度、层间温度、焊后热处理温度及时间，严格焊接工艺，严格采用X光射线、超声波进行无损探伤检验，采用钢管无内支撑施工技术。

在压力钢管安装前，在上平洞底部用24公斤钢轨辅设台车运输轨道，钢管摆放在特制的平板车上由卷扬机牵引入洞。

新疆恰甫其海水利枢纽钢岔管，工程局首次将计算机仿真技术用于岔管的制作安装技术中，并在高强钢岔管上采用振动时效消除焊接应力。通过新工艺的运用，大幅提高了岔管的施工质量，运行安全。传统工艺中，钢岔管需在制作场进行预组装和水压试验，对于这种特大型钢岔管，确难以实现。采用计算机仿真技术取代了预组装和水压试验，节省了大量工程资金及施工工期。

综上所述，该项目中的技术有以下几点突破创新：

（1）采用计算机仿真技术对钢岔管管壁钢板进行精准划分。经多方案优化比较，采取将岔管管壁划分成49块瓦片组合，月牙肋划分成3块瓦片组合的方案。钢材综合损耗率为36.67%。

（2）通过计算机仿真技术，找到岔管两管节相贯线交的连续变化规律，对相贯线坡口进行了坡口渐变设计，很好地解决了大型岔管坡口设计的技术难题。

（3）利用计算机虚拟实境（Virtual Reality，VR）预组装技术，全过程模拟了岔管的安装，验证了岔管相邻管节是否吻合，取代了岔管的实际预组装，开创了特大型岔管施工的新工艺。

（4）通过岔管焊接工艺、工序上的仿真优化，使岔管整体的焊后残余应力较低，分布较为合理，极大提高了岔管的运行安全性。

（5）首次成功实现了振动时效消除岔管焊接残余应力。

2005年3月25～26日，新疆伊犁河流域开发建设管理局，邀请了昆明勘测设计研究院、西北勘测设计研究院、浙江大学、水利部水工金属结构质量检验测试中心、新疆水利水电勘测设计研究院等单位的6位水工金属结构行业专家组成的专家组前来恰甫其海工地，为岔管（见图8-1-2）进行全面的安全鉴定。

通过两天的现场检查、查验资料，专家组对岔管的总体质量表示满意。专家组一致认为，恰甫其海水利枢纽钢岔管为全国最大的压力钢岔管，钢材是国内应用较少的690MPa级进口高强钢，施工难度非常大。专家组对施工中采取严格的材料控制、计算机仿真、虚拟实境预组装、装焊工艺优化、采用振动时效消除岔管焊接残余应力等新技术给予高度评价，并建议在全国类似项目中推广这些新技术。

图 8-1-2 岔管计算机仿真截图

同时，专家组也认为，通过合理设计、优质施工，恰甫其海特大型压力钢岔管可以取消水压试验项目，从而为工程节省了大量投资。恰甫其海水利枢纽钢岔管的制作与安装是一项具有创新与探索性的施工，将为水利水电行业设计和施工规范的修订起一定的借鉴作用。

7. 小湾水电站机电安装

小湾水电站地下厂房装有 6 台单机容量为 70 万千瓦的立轴混流式水轮发电机组，电站总装机容量为 420 万千瓦。电站额定水头 216 米，最大水头 251 米，额定功率 71.4 万千瓦，额定转速 150 转/分钟，飞逸转速 286 转/分钟。小湾水电站 6 台单机容量为 70 万千瓦的水轮发电机组，全部由水电十四局中标承建，并于 2006 年 9 月开始安装。

工程局高度重视小湾水电站的建设，将把小湾水电站机电安装工程作为又一个重点项目组织施工。根据工程施工的实际需要，按照现代项目法施工原则，工程局组建小湾水电站工程机电安装项目经理部，负责对该合同工程的质量、进度、安全、生产经营活动进行管理。项目机构由决策层、管理层和作业层组成，实行“队为基础、两级管理、一级核算”的运行模式，以适应大规模机械化施工组织需要。

小湾项目部将成立技术专家咨询委员会，咨询组成员主要由国内机电安装界有名望的人员、多年从事水电站机电设计及设备招标人员、水电十四局多年从事机电安装施工的退休人员专家组成，咨询委员会将定期和不定期深入工地，召开技术咨询会议，解决工程中将会遇到的技术难题。

8. 惠州抽水蓄能电站机电设备安装

惠州抽水蓄能电站是一座周调节的纯抽水蓄能电站。电站分 A、B 厂建设，各厂均安装 4 台立式单级混流可逆式水泵水轮机—发电电动机机组，单机容量（发电工况）30 万千瓦，总装机容量 240 万千瓦，电站水轮机额定净水头 517.4 米。惠州抽水蓄能电站 8 台单机容量为 30 万千瓦的水轮机发电机组全部由水电十四局中标承建，并于 2006 年 3 月开始进行安装。

根据惠州抽水蓄能电站机电安装合同的工作内容、工期要求及 A、B 厂机电设备的布置及结构特点，为实现该工程的全优施工质量和分期投产发电目标，实现达标投产，结合工程局的施工经验、技术装备及施工队伍的技术素质，工程局在现场成立惠州抽水蓄能电站机电安装项目部，对该工程施工进行全面管理。

（二）主要科研成果

1. 小浪底水利枢纽工程转轮现场组装

黄河小浪底水利枢纽工程建设期间，业主在水轮机的招标书中对转轮的抗泥沙磨蚀提出了较高要求。美国 VOITH 公司中标，负责提供 7 台/套（备用 1 台）不锈钢转轮及其附属设备（包括调速器、筒形阀及控制系统）。转轮直径为 6.57 米，为了抗磨，水轮机设计中取消了上冠减压装置，从而使水推力比常规设计增加约 1 万千牛。为了提高转轮的抗磨蚀性能，整个转轮采用不锈钢材料制作，且在转轮叶片上均喷涂碳化钨耐磨材料。

转轮现场制作是一项高要求工作，大型混流式水轮机转轮整体体积庞大，致使转轮的整体铸造困难，且受电站所处位置交通条件的限制，整体转轮无法运抵工地。为此，普遍采用将转轮分瓣运至工地后重新组焊成整体的方法，其组焊和加工工艺具有一定的难度和复杂性。组装过程中，转轮组装叶片按照设计理论位置放置，叶片间均匀度较好，叶片与上冠、下环相贯线的间隙比较小，各阶段检查转轮水力尺寸符合合同要求及设计要求，水轮机转轮的组装质量达到了较好水平。

根据实际测量结果，转轮精加工尺寸及配合尺寸满足要求。

经退火前及退火后的残余应力检测，退火后的残余应力水平明显降低，退火后转轮残余应力测量结果小于材料屈服强度标准 550 兆帕的一半，达到了转轮验收会议各方预期的残余应力控制目标。

根据转轮静平衡试验报告，转轮静平衡结果满足设计要求和相关标准规定。

通过对小浪底工程 7 台转轮的现场制作，水电十四局队伍得到了提高，并积累了较丰富的经验，为再次承担类似工作打下了基础。

在完成小浪底电站 30 万千瓦转轮现场制造的基础上，水电十四局将再次与 VSS 和 DFEM 联手承担龙滩 70 万千瓦大型散件转轮工地现场制造，将突破超大型整体转轮运输困难的瓶颈，改变转轮车间制造的传统模式。

2. 转轮裂纹处理技术

2000 年初，小浪底 6 号机组投入商业运行后，由于机组振动加大，放空流道检查，发现 6 号机转轮叶片在非热影响区内存在裂纹。工程局受 VOITH 公司的委托，进行了小浪底 6 号转轮的现场处理。

3. 大型电站水轮机埋件制作技术

2005 年，工程局与国内水轮机制造厂家——东方电机厂和哈尔滨电机厂分包了漫湾二期 30 万千瓦水轮机埋件及小湾 6 台 70 万千瓦水轮机埋件的制作，包括肘管、锥管、蜗壳、机坑里衬及附件等的制作，掌握了大型水轮机埋件的制作技术。

4. 邦朗水电站调速器事故处理

邦朗水电站首台机组于 2004 年 7 月底投入商业运行后，调速器系统运行不稳定，曾出现压力油罐自动补气阀频繁补气，以及多起水轮机接力器剧烈抽动和跳机甩负荷失控事故。通过三次事故分析认为，造成抽动的主要原因是：罐内压缩空气进入调速器主供油管，并经过主配压阀进入接力器操作油管，造成调速器至主接力器开、关机腔的控制油管路中存在气体，在调速器有较大调节时，使接力器剧烈抽动。又导致反馈钢绳断裂，使调速器失控。

根据分析的原因，处理时首先对罐体出口法兰内缝进行补焊；其次将开、关机腔控制油管上的排气管由原来的油管中部位置改接至油管顶部，真正达到排气的效果，并且规定在机组检修后，开机前必须操作排气阀门充分排气；在机组运行期间，应定期排气。经过处理后，调速器调节正常、运行稳定。

5. 地下厂房大型桥式起重机安装调试新技术研究

地下厂房桥式起重机是水电站机电设备最主要的起吊设备。受桥式起重机轨道以上空间的限制，解决桥式起重机大件的吊装是地下厂房桥式起重机安装的关键技术。

水电十四局在广西龙滩水电站地下厂房桥式起重机安装中开展科技创新，取得了“地下厂房大型桥式起重机安装调试新技术”的新成果。龙滩水电站主厂房 500 吨+500 吨桥式起重机安装调试，施工质量合格率达到 100%，优良率达到 92%以上，无安全生产事故发生，工程竣工验收一次通过。采用新技术，安装工期短，安全、可靠，易于控制安装质量，便于施工组织管理，形成了地下厂房大型桥式起重机安装调试施工先进的新工艺，有效地控制了安全、质量、进度，因此技术先进，节约成本，拓展了地下厂房特大型桥式起重机安装的新思路。

6. 计算机仿真技术在新疆恰甫其海水利枢纽钢岔管制作中的运用

在该项目中突破的技术难点有：

（1）利用专用工具软件 mathCAD 和 ACAD 分别进行数学运算与制图的展开放样，两种方法间又进行相互校验。通过对展开图的校核可以得到精确的矢量展开图，这是岔管瓦合理划分及精确下料的基础工作。

图纸校核完成后，采用计算机仿真技术对钢岔管管壁钢板进行划分，设计多种划分方案，实现岔管科学、合理的瓦片划分，在钢板订货前就能精确控制其损耗，将岔管损耗控制在 36.67%，节省了大量主材和辅材的损耗。经优化后，岔管管壁划分成 49 块瓦片组合，月牙肋划分成 3 块瓦片组合的方案（见图 8-1-3）。

（2）通过计算机仿真技术，找到岔管两管节相贯线交的连续变化规律，对相贯线坡口进行了坡口渐变设计，很好地解决了大型岔管坡口设计的技术难题。

（3）按常规岔管出厂前应做整体预组装，以便发现岔管相邻管节制造中的问题。进行预组装投资巨大，组装完成后无法整体运输，如拆开运输，对岔管损坏较大。为了解决这些困难，曾采用制作模型办法来验证出厂产品，但这些手段都是近似方法，可靠性差，无法做到精确量化。为突破以上技术难点，采用计算机虚拟实境预组装技术，全过程模拟了岔管的安装，验证了岔管相邻管节是否吻合，开创了特大型岔管施工的新工艺。

（4）岔管焊接工艺、工序上应用仿真优化，取得岔管的焊后残余应力较低的效果。水利部水工金属结构检验测试中心采用“磁弹法残余应力测试”对岔管焊后残余应力测试，表明岔管整体的焊后残余应力较低，分布较为合理，达到了施工前预期目的，极大提高了岔管的运行安全性。

水利部水工金属结构质量检验测试中心按规范要求对恰甫其海钢岔管进行了质量检测，所检测项目全部达到优良标准，质量检验测试中心对岔管的施工质量表示非常满意，并给予了极高的评价。

7. 恰甫其海水利枢纽工程钢岔管振动时效技术

（1）振动时效方案的确定。岔管的制作拼焊工作在安装现场完成。岔管在拼焊时已安装就位，并与相邻上下游管口采用环缝对口码铁把合固定。上游主管水平段大部分已经浇筑在岩体内，伸出山体部分呈悬臂状态。根据振动时效的要求，受振工件应放置在弹性支撑上，并且支撑点处于工件受迫振动的节线处。

但限于现场施工环境和起重条件，难以通过调整支撑位置的方法实现工件的理想支撑。经反复研究，决定在现有条件下，对岔管安装时布置的支撑进行改造，在支撑系统与岔管之间加垫橡胶垫，保证岔管与原支撑脱离刚性连接，而在振动时效过程中不再对支撑位置进行调整。

因此，岔管振动时效工作的技术面临以下问题：

1）在现有支撑条件下，要达到理想支撑的振动时效效果。

2）被振工件不是一个独立构件，在振动时效过程中不能有任何方向的位移。

3）岔管所用钢材的屈服强度较大，选择激振参数难度较大。

岔管支撑系统的制约，对振动能量的传递产生一定的阻尼。为消除这种不利影响，根据岔管薄壳结构体形，采取多点激振的方法，保证岔管各部分都能获得足够的振动能量。

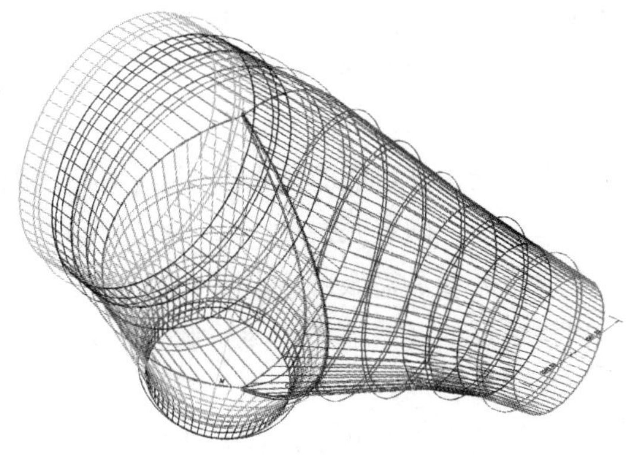

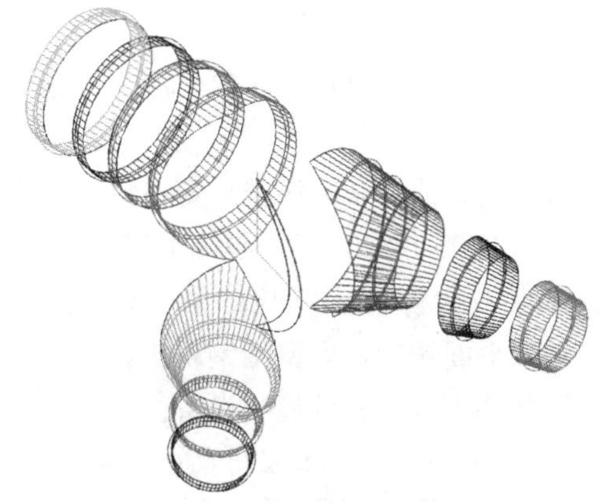

图 8-1-3　计算机仿真图

在多点振动的同时，每个激振点还要逐级增大动应力的多次振动，在低档时消除高值残余应力，在高档时消除低值残余应力。这样才能保证残余应力的降低率符合标准要求，避免动应力与残余应力叠加，而超过材料的强度极限，会造成钢材强度破坏或原有缺陷的扩展。

同时，施振过程中，在岔管底部观察支撑受力变化情况，制定措施，确保岔管的安全。

（2）振动时效方案的实施。

1）振动时效前的准备工作：

改造岔管支撑。拆除岔管安装的刚性支撑，将橡胶垫塞入支撑与岔管管壁之间，顶紧压实。对薄弱支撑进行加固，所有支撑与岔管管壁脱离。

对岔管焊缝外观检测和表面磁粉检测，消除焊缝成型不良和表面裂纹的影响。

对岔管焊缝内部质量超声波探伤检测，消除焊缝内部超标缺陷，并对记录缺陷进行跟踪。

对岔管残余应力测试，测试前选取与岔管模型相同的材料，按照同样的焊接工艺制作标定试样，标定应用悬臂梁逐级加载法，记录不同应力水平的磁噪声 *MP* 值。采用磁弹法测试残余应力并记录测试结果。

对岔管管口位置进行检测。

2）实施振动时效：

分析判断构件可能的共振频率及构件在激振频率范围内可能出现的振型，选择激振设备的频率范围，确定激振点、拾振点的位置。

安装激振器及拾振器。

根据估计的谐振频率，开始试振，并根据试振情况对激振点和拾振点的位置加以调整，使之更为合理。

在试振的基础上确定正式振动时的时效参数，如主振频率、时效阶数、最高转速、时效时间和偏心档位等。在正式振动时，应记录有关参数并打印出测试曲线及数据。

3）振动时效后的检测：

检测的主要项目包括时效后超声波探伤检测复查、振动时效后残余应力测试、振动时效后位置测试。

采用参数曲线观测法进行定性评定和采用残余应力测试进行定量评定。

截至2006年底，工程局机电安装、金属结构制作安装设备配置齐全，拥有70、50、32吨电动双梁桥吊，30吨塔吊，20吨门机，大型数控切割机，大型刨边机，大型单臂刨，大型平面铣床，大型型钢矫正，大型卷板机，自动焊机，CO_2气体保护焊机，镗床，大型摇臂钻床以及各种检测设备。主要设备见表8-1-9。

表8-1-9　　工程局机电安装、金属结构制作安装主要设备

序号	设备名称	规格型号	数量	技术性能	其他说明
一	焊接设备				
1	逆变焊机	ZX7-500	15	500安	
2	硅整流焊机	ZXG-400	15	400安	
3	硅整流焊机	ZXG7-630S	10	630安	
4	焊条烘烤箱	YGC11G	5	3000千瓦	
5	CO_2气体保护焊机	KRⅡ500	50	500安	
6	焊接操作架	自制	4		
7	车式埋弧自动焊机	MZ-1250	4	1250安	
8	悬挂式埋弧焊机	MZ9-1250	4	1250安	
二	切割设备				
1	大型数控切割机	CNC-5000	2	5米×15米	可同时切割5米×15米的钢板
2	大型数控切割机	CD-5000	1	5米×15米	可同时切割5米×15米的钢板

续表

序号	设备名称	规格型号	数量	技术性能	其他说明
3	多头直条切割机	GZ－4000	2	4米×15米	可同时切割4米×15米的钢板
4	空气等离子切割机	G100－D	4	30毫米	可切割30毫米厚的不锈钢
5	半自动切割设备	CGJ－100	15	100毫米	可切割100毫米厚的不锈钢
三	加工设备				
1	大型平面专用铣床	自制	1	行程15米	场地面积4米×16米
2	大型刨边机	7806B	1	行程12米	场地面积8米×16米
3	大型铣边机	CD－5000	1	行程12米	场地面积8米×16米
4	Z80型万向摇臂钻	Z3180A	2	ϕ80	
5	万向摇臂钻	Z3140	1	ϕ40	
6	车床	CA6140	2		场地面积2米×5米
7	立式铣床	Z535	1		场地面积2米×4米
8	单臂刨	B1016A－9米	2	行程9米	场地面积8米×18米
9	立式车床	C5116A	1	1.6米	场地面积3米×5米
10	牛头刨床	B690	1		场地面积2米×3米，有效加工长度900毫米
11	数控落地镗铣床	TK6920	1	任意四轴联动	场地面积10米×25米，X向行程16米Y向行程4米，Z向行程2.4米
四	探伤、试验设备				
1	表面磁粉探伤仪	CHB－15	2		
2	超声波探伤仪	CTS－23、CTS－2020	3		
3	X射线探伤仪	TX－2505	1	30毫米	
4	万能材料试验机	EPM	1	10吨	
5	夏比冲击机	日本	1	V形缺口	
6	冲击机	TB－30	1	V形缺口	
7	万能投影仪	日本	1	V形缺口校型	

续表

序号	设备名称	规格型号	数量	技术性能	其他说明
五	起重、运输设备				
1	电动双梁桥吊	70/10吨	1	70吨	闸门车间（二）
2	门机	63/10吨	1	63吨	预组装
3	电动双梁桥吊	50/10吨	1	50吨	闸门车间（一）
4	电动双梁桥吊	32/5吨	4	32吨	钢管车间/闸门车间
5	电动双梁桥吊	20/5吨	2	20吨	下料车间
6	电动双梁桥吊	30/5吨	1	30吨	防腐车间
7	电动葫芦桥吊	5吨	1	5吨	金加工车间
8	L形门机	20/5吨	1	20吨	钢板堆放场
9	门座式起重机	30吨	1	30吨	成品堆放场
10	汽车式起重机		2	50、100吨	
11	运输车		15	20、16吨	
12	平板拖车		10	50、80吨	
六	矫正、卷板设备				
1	卷板机	XZM8000/80	1	80毫米	
2	卷板机	W11S-803000	1	80毫米	
3	卷板机	WS11K-1003500	1	100毫米	
4	卷板机	W11S-1404000E	1	140毫米	
5	卷板机	EZW11S-1253500	1	125毫米	
6	卷板机	W12-402000A	1	40毫米	
7	翼缘矫正机	H-80	2	50毫米×500毫米	
8	压力机		4	500、800吨	
七	测量设备				
1	经纬仪	TDJ2E	2	2秒	
2	水准仪	DSZ1	10	1毫米/公里	
3	全站仪	TC2002	1	0.5毫米	
4	合像水平仪		4	0.01毫米	
5	框式水平仪		4	0.02毫米/米	
八	防腐设备				
1	高压无气喷涂机	QPQ9-C	2	12公斤	
2	电弧喷涂机	ZPQ-400B	2		
3	电弧喷涂机	DXT-20	2		
4	喷砂机	C8962	1		

续表

序号	设 备 名 称	规格型号	数量	技术性能	其 他 说 明
5	喷砂机	XPBS－900t	1		
6	高速电弧喷涂枪	QDJH－250	2		
7	油水分离器	KWF－12N	2		
8	涂料搅拌机	AXR－02	2		
9	金属涂层测厚仪	TT220	2	0～4 毫米	
10	粗糙度比较样块		1	40～80 微米	
11	针孔检测仪		1	5000 伏以上	
12	湿膜测厚仪		2	0.1～1.0	
13	表面轮廓仪	EI123	1	0～250 微米	
九	端面加工及工装台设备				
1	露天预组装平台	自制	4	300 吨	平台尺寸 32 米×40 米
2	大型刚性平台	自制	6	300/200 吨	平台尺寸分别为 2 个 20 米×40 米/2 个 16 米×30 米/2 个 15 米×20 米
3	小型轻型平台及切割平台	自制	8	150/100 吨	平台最大尺寸 10 米×15 米
4	机加工平台	自制	6	300、200 吨	平台最大尺寸 15 米×8 米
5	专用端面镗铣床	自制	2	动力头 XT32	场地面积 4 米×18 米
十	其他设备				
1	智能振动时效装置	VSR－N06	1	2000～100 转/分	
2	静态应变测量系统	CM－ⅡB	1		
3	角磨机	SIMJ－150	20		
4	液压千斤顶		30	10、30、50 吨	
5	运输台车	自制	9	80、50 吨	
6	卷扬机	JK－J30、JK－J10	9	30、10 吨	
7	空气压缩机	2V－0.6/10、BV－9/7	4	0.6、9 米^3	

第八节　施 工 机 械 研 制

一、常用施工机械设备研制

20 世纪 50 年代末，工程局机械厂制造出一系列施工常用设备，诸如 6 尺皮带车床、

450毫米冲程牛头铯床、0.4米^{3}拌和机、叶式鼓风机、冲槽机、研磨机、电焊机、水泵等提供给工程局内各工程处使用；修理和制造各工地修理厂的工装设备；为日产150～400吨的小箐沟水泥厂承担非标设备制作和全部安装工作。

20世纪60年代初期，在以礼河会战中，大批从苏联、东欧进口的“斯柯达”、“塞贝尔”汽车缺乏零配件，无法修理。工程局机械厂自行研制成功汽缸盖、活塞环等易损配件，质量超过外购件，并批量投入生产，解决了这一难题，有效地保证了施工的需要。

随后，为工程需要生产160吨摩擦压力机、60公斤气锤、卷板机、C620－1B车床、B665A牛头铯床、锯床、滚丝机、小型摇臂钻床等工装设备，一部分装备在本厂及各工程处修理厂，还有部分销往地方企业。云南汽车厂也慕名到厂要求协作生产“昆明”牌汽车配件，仅减震器一项就生产了7000余套。当时组织生产的一大特点是，使用单位和生产单位一起制订方案，一起研究设计，一起试制生产，一起检验样品，一起修改完善。所以周期短，质量好，效率高。

1979年，水电十四局机械厂参观了西安电力修造厂的振动碾样机以后，自行设计，反复研究，克服了没有相应测试手段和加工振动滚筒大型设备等困难，开始研制NY－ZD100p型10吨振动式碾压机。在厂内试运行不断改进完善，取得成功经验的基础上，即投入当时急需配合的鲁布革电站施工现场，对野外筑坝材料进行碾压试验，为顺利完成并最终确定风化料作为高土石坝防渗体材料的施工工艺流程及主要施工参数提供了设备保障。该机具有结构合理、储备动力大、节约动力等优点，缺点是限于当时的材料及处理工艺，其连接螺栓受振动影响易损需经常更换。

同期还自行设计并研制QD－7型散装水泥车、JYC－3型混凝土搅拌运输车（运用于云南鲁布革水电站施工）。

1979年自行设计并研制水泥拆包机（运用于援外承建的喀麦隆拉格都水电站施工）获云南省科技成果奖。

（一）研制电动耙斗门式拦污栅清理机

1980年，工程局与昆明勘测设计院合作研制电动耙斗门式栏污栅清理机，安装在西洱河一级电站。经水利电力部科技司1982年3月30日组织的技术鉴定会鉴定，认为“经过10个月的试验运行证明：该机具有清污效率高、形式适用、机构灵活、运行稳定、操作简便等优点，可以满足正常发电情况下清污工作的要求，建议在同类型水电站推广使用。”该项研制列入电力部科学技术发展规划（项目编号：80Sz－11〈3〉），并已编入《水电站机电设计手册》。同时，《电动耙斗门式拦污栅清理机》分别获1981年水电部科技进步三等奖、1985年国家科技进步三等奖。

（二）研制SY－C1型钢尺游标收敛计

1980年，为配合云南西洱河水电站、鲁布革水电站“新奥法”地下工程施工，配合电力工业部科技发展项目“水电站大型地下洞室围岩稳定和支护的计算分析和测试技术研究”的开展，水电十四局机械厂接受“DYJ1型多向应变仪”、“SY－C1型钢尺游标收敛计”等岩体监测试仪器仪表的开发研制任务。1981年11月，SY－C1型钢尺游标收敛计投入云南鲁布革电站六号支洞试用，又运用于鲁布革水电站地下洞室群围岩稳定性监测，获得成功。随后根据使用情况和参试人员意见反复修改，对每个零部件严格质量检验。1982年3月20日，SY-C1型钢尺游标收敛计研制定型后，提交在云南昆明召开的全国地下工程研讨会，并通过了技术鉴定。

该仪表该项研制被列入电力部科技发展项目。

SY-C1型钢尺游标收敛计是利用钢卷尺，直接量测并读出地下工程表面从垂直至水平任一方向，预先埋设的两基点间的距离，主要用于地下工程“新奥法”施工、隧道顶部下垂边墙和支撑架的变形量测，可为合理确定支护手段、解决地下洞室的稳定性及保证地下工程的安全施工提供可靠的数据。

SY-C1型钢尺游标收敛计在尺尾设有快速装置的万向接头，装卸方便，又不会自行脱落；还设有微调和恒力装置，利用微调旋扭和恒力百分表，使钢尺拉紧到一定程度，以保证两点间读数的精确度。该仪器具有体积小（586毫米×170毫米×70毫米）、质量小（2.7～3公斤）、精度高（±0.05米/米），可扩展性强（根据用户要求，量程可改为2～30米等）的特点。

（三）砂石加工系统设备研制

20世纪80年代初，在鲁布革水电站的龙家堡、陈家寨砂石加工系统的建设中，需要大量砂石加工设备。工程局组织机械厂自行设计制造，试制成功不同规格的箱式给料机、槽式给料机、电磁振动式给料机、皮带运输机、螺旋输送机、螺旋洗砂机、电动卸料小车等机械设备，不仅在鲁布革水电站砂石加工系统广泛使用，也随后在工程局其他水电站的砂石加工系统中使用。

2006年3月，为惠蓄电站研制一次扩挖小车、二次扩挖台车送料小车，并为现场进行安装。

二、定型模板研制

（一）20世纪80年代的定型模板研制

1983年5月，中国水利水电第十四工程局与水电部杭州机械设计研究所联合研制中国第一台ϕ8米钢模台车投入试制，8月在鲁布革引水隧洞内资段安装使用。

1985～1986年期间，水电十四局吸纳消化了国外针梁钢模技术，自行研制的第一、第二台全断面针梁钢模，直径分别为5.8、5.0米。

针梁钢模是利用针梁和模板系统之间产生相对运动来工作的。针梁靠前后两套支腿装置固定在洞子底部毛面上，模板系统则依靠其承重机构支承在针梁上部轨道上，二者是通过安装在模板系统上的驱动装置正反向运行来实现相对运动的。在混凝土浇筑完成并达到脱模时间而未脱模的状态下，先将针梁通过下轨支承在模板系统的下部行走轮上，到了新的浇筑位置后放下两端支腿并将支腿两侧的液压千斤顶活塞伸出使针梁上轨与模板系统的上部行走轮紧密接触同时将支腿固定在洞子毛面上（支腿通过两端内外侧丝杆锁定），然后脱模并开启驱动装置实现模板行走，最后立模。校模时，水平方向调整靠布置于前后支腿上的两套横移装置实现整体移动高程方向靠前后支腿上的4个液压千斤顶。

ϕ5.8、ϕ5.0米针梁钢模分别在鲁布革尾水洞和排沙洞安装使用，获得圆满成功。这是水电十四局在隧洞混凝土全断面衬砌技术历史上的又一重要里程碑。自行设计、制作的针梁钢模，荣获水电总局科技进步四等奖，并获得国家专利证书（专利号：ZL. 93. 2. 22643. 4）。

1985～1986年期间，水电十四局自行研制的R5～8米可变曲率钢模在鲁布革水电站泄洪洞安装使用，大大提升了洞内混凝土衬砌的技术水平。

在此期间，除上述钢模台车、钢模外，工程局还为鲁布革水电站进水塔研制了竖井滑模；为漫湾水电站导流洞研制了ϕ7.5米×15米钢模台车和15米×11.5米蝴蝶钢模台车；在腊庄水电站制作了ϕ4.3米×12米针梁钢模。

以上所述的钢模台单、针梁钢模、可变曲率钢模均通过了有关部门的技术鉴定。

1989年11月27日～12月1日，中国水利学会施工专业委员会、中国水力发电工程学会模板学组隧洞钢模设计与施工专题讨论会在中国水利水电第十四工程局召开，中国水利水电第十四工程局以"全断面针梁钢模"为题，介绍了近几年工程局来在隧洞钢模研制方面的经历，也表达了工程局在模板技术发展方面的强烈意愿。

（二）20世纪90年代模板的研制

20世纪90年代，继鲁布革水电站建设以后，水电十四工程局陆续承建和参建广州抽水蓄能电站、天荒坪抽水蓄能电站、大朝山水电站、天生桥水电站、小浪底水电站、徐村水电站等工程。工程局机械厂不仅发扬完善了边顶钢模台车、可变曲率钢模研制技术，还相继开发了全断面针梁钢模、斜井全断面模板、竖井滑模及多功能模板等技术，水电十四局成为国内隧洞模板种类最齐全、生产数最多的单位之一，研制模板技术达到了一个新高。

1. 针梁钢模在广蓄

20世纪90年代初，工程局自行研制了ϕ9米×15米、ϕ8.5米×12米针梁钢模，分别在广蓄上平洞、尾水洞和下平洞混凝土浇筑施工过程中起到了重要作用。针梁钢模的投入使用有效地提高了平洞混凝土的施工质量，同时大大加快了施工进度，为保证发电工期提供了强有力的保证。

2. XDM-8.5型多功能模板

自行研制的XDM-8.5型多功能模板在广蓄地下输水隧洞施工中成功地解决了平洞与斜井之间转弯段混凝土衬砌难题。

广蓄一期有上下两条斜井共4个转弯段，按照以往的经验做法，只能立木模浇筑。一方面要消耗大量木材、施工条件差、劳动强度大、施工周期长；另一方面，施工人员的安全难以保证，混凝土浇筑质量难以满足技术要求。为了克服上述缺点，工程局组织相关方面的精干力量自行设计制造XDM-8.5型多功能模板。该模板可用于平洞、斜井直段以及平洞与斜井连接转弯段混凝土衬砌，模板重约65吨（含姿态调节尾架重量）。1992年，研制成功并投入使用。实践证明，一个转弯段该模板连续运行11次就能满足施工要求，而每一个循环仅需要5天左右，符合"安全、优质、快捷"的要求。

该钢模的研制1992年获得"中国青年科学技术成果博览会金奖"，并获得国家专利（XDM-8.5型多功能模板，专利号：ZL93. 213760. 1）。

3. 斜井滑模安装

水电十四局工程在广蓄电站一期工程的斜井施工中，第一次使用的大断面、陡倾角、长斜井的斜井滑模。该滑模是“国外CSM公司设计、大连造船厂制造、十四局在广蓄电站工地安装”。模板部分结构必须在斜段上安装，和其他钢模相比较，安装难度和危险性都大大增加。虽然有外国专家现场指导，可由于CSM公司也缺乏实际安装经验，所以在安装过程中难免会出现这样那样的问题。水电十四局职工凭着多年的水工金属结构产品制作安装经验，克服了重重困难，最后圆满完成了斜井滑模及其附属的牵引钢缆、锚固装置、送料小车及其液压卷扬系统的安装，并一次验收合格。

广蓄电站一期工程的斜井滑模，由中梁和模板部分组成，是利用中梁和模板之间产生相对运动的原理来工作的。中梁头架两侧分别布置着一套牵引装置，前部和后部分别安装着两套行走轮装置，尾部有4条防止中梁下滑的锁定腿，中梁靠爬升千斤顶在钢缆上移动实现脱模前向上游运动；模板部分则由上、中、下三平台构成，模板布置在中部平台（即主平台）上，下平台为抹面平台，上平台为操作平台。模板靠安装在模板系统钢结构上的4个爬升千斤顶在中梁侧面的方钢轨道上移动实现脱模后向上游提升。

4. XHM-7型斜井滑模研制

工程局借鉴广蓄电站一期工程使用的斜井滑模经验和教训，组织机械厂承担了天荒坪抽水蓄能电站XHM-7型斜井滑模、钻孔灌浆平台及配套设施的设计、制造、安装运行、维护、移位及拆除工作。

斜井滑模的动力装置是整套系统设备的核心，采用关键部件液压爬升器夹轨道行走的技术，在国内尚属首创。液压爬升器于1995年5月在十四局机械厂内通过模拟试验，滑模本体两台（套）于1995年9月制造完成，12月全套滑模设备运抵天荒坪电站工地。

斜井滑模本体安装分别在上斜井下段钢腹棚处或下斜井下段平洞处进行。首次安装送料卷扬机和井口钢平台。为确保滑模运行安全，在斜井搭建的井口钢平台两侧布置两台卷扬机，当滑模爬升时卷扬机钢绳也随之收紧。整条斜井混凝土浇筑完毕后，滑模本体从上往下原路滑行到安装位置，拆除转移到下个工作段安装。1996～1998年，工程局承担天荒坪抽水蓄能电站斜井的4个工作位置的滑模安装调试、运行维护、移位、拆除。原设计要求每天运行滑升4米，而实际施工过程中日滑升进尺平均7米，曾达到日滑升进尺12米的最高记录。也是当时国内斜井滑模施工中创造的最好佳绩。

1994年研制的XHM-7型斜井滑模系统，是水工隧洞模板技术的重大突破，部级专家委员会鉴定为：“该技术在天荒坪斜井混凝土衬砌的实践，充分显示了质量好、速度快、造价低的优势，有显著的经济效益和社会效益，在水利水电建设中具有推广和应用价值。该技术成果总体达到国际领先水平。”取得国家实用新型专利（专利号：ZL.93.2.13760.1），并荣获2001年度水电施工企业唯一的国家科技进步二等奖（证书号：J-222-2-04-D01）。

5. 斜井XDM-4.4多功能模板

天荒坪电站有6条直径为4.4米尾水斜井，单长68米，斜角60°。1995年初，工程局机械厂研制斜井XDM-4.4多功能模板、灌浆平台、送料小车，并承担安装任务。1995年2月完成技术设计工作并通过审批，9月制造完成，并运输到天荒坪工地。

1996年9月1号尾水斜井P24轨道开始安装，由于尾水斜井的上平洞段暂未挖通，整条斜井形成盲洞，洞内空气稀薄，而轨道安装之前需要在上平洞处安装龙门架、布置卷扬机，工作人员每天攀登上、下几次所付出的体能是平时工作的几倍。紧接着在尾水下转弯段平洞处安装多功能模板，前行通过下弯段至混凝土浇筑位置，立模调试，由下往上浇筑到上弯段完毕，混凝土浇筑后的水化热，难以消散，盲洞中热如蒸笼，工作人员每天工作下来都是汗流浃背。完成斜井混凝土浇筑后，将滑模本体原路返回到原始安装位置拆除转移到下个工作段安装。如此循环工作至 1998 年，6 条尾水斜井多功能模板全部安装运行完成。

6. 特型滑模

广州抽水蓄能电站下库进/出水口斜闸门井，由于斜闸门井特异的断面几何形状，需要研制特异型的滑模。1996 年 4 月，工程局自行设计、制造、安装了该位置的特型滑模。因大体积混凝土浇筑要求一次性整体完成，滑模驱动装置采用加大功能的液压爬升器夹轨道行走。由于滑模在工地制造，加工能力存在局限性，工程局组织攻关小组，在场地工作平台简陋、精加工设备不足的情况下，因地制宜，克服困难，反复实践，为保证滑模质量，部分精加工件外协，顺利完成了特型滑模的制造。1997 年斜闸门井滑模的成功运用，是在特型模板这一技术领域的大胆尝试，使特型模板的研发又向前迈进了一大步。

7. 大朝山水电站巨型钢模台车

1998～1999 年，工程局为大朝山水电站导流洞和尾水洞衬砌施工，制造的边顶钢模台车 ϕ15 米×18－12 米钢模台车、ϕ15 米×15 米钢模台车、ϕ15 米×5 米钢模台车、ϕ15 米×15 米针梁底模、ϕ15 米×5 米针梁底模直径均达 15 米，是台车家族中的“巨人”。

8. 其他定型模板

在此期间，工程局除了研制上述定型钢模外，工程局还为广州抽水蓄能电站、天荒坪抽水蓄能电站、大朝山水电站、天生桥水电站等研制的固定式钢模台车有：ϕ13.5 米×13.5－12 米钢模台车 2 台、ϕ5 米×6－12 米钢模台车 1 台、7.5 米×9.2 米蝴蝶钢模台车 1 台。

可伸缩的钢模台车：ϕ8.5 米×18 米穿行式钢模台车小 1 台、ϕ8.5 米×10.2－15 米穿行式钢模 1 台。

针梁钢模有：ϕ8 米×9 米针梁钢模 1 台、ϕ9 米×12 米针梁钢模 1 台、ϕ8.5 米×9 米针梁底模 1 台。

竖井滑模有：ϕ5.6 米竖井滑模 2 台、ϕ14 米竖井滑模 2 台、ϕ18 米竖井滑模 2 台。

斜井边顶拱拖模 2 台、6 米×1.5 米闸门井斜面滑模 2 台、12 米×1.2 米面板滑模 2 台。

据不完全统计，1984～1999 年水电十四局生产的定型模板详见表 8－1－10。

表 8－1－10　　1984～1999 年水电十四局生产的定型模板

序号	项　目　名　称	套数	制作安装时间	使　用　工　程
1	ϕ8 米×12 米钢模台车	1	1984～1985 年	云南鲁布革水电站引水洞
2	ϕ5.8 米×9 米针梁钢模	1	1985～1986 年	云南鲁布革水电站导流洞
3	ϕ5 米×12 米针梁钢模	1	1985～1986 年	云南鲁布革水电站排沙洞

续表

序号	项　目　名　称	套数	制作安装时间	使　用　工　程
4	R5－8米可变曲率钢模	1	1985～1986年	云南鲁布革水电站泄洪洞
5	竖井滑模	1	1985～1986年	云南鲁布革水电站进水塔
6	15米×11.5米蝴蝶钢模台车	1	1986～1987年	云南漫湾水电站导流洞
7	15米×7.5米钢模台车	2	1986～1987年	云南漫湾水电站导流洞
8	ϕ4.3米×12米针梁钢模	1	1989～1990年	云南罗平县腊庄水电站
9	ϕ9米×15米针梁钢模	1	1990～1991年	广东广州蓄能电站尾水洞
10	ϕ9米×12米针梁钢模	1	1991～1992年	广东广州蓄能电站引水洞
11	ϕ8米×9米针梁钢模	1	1990～1991年	广东广州蓄能电站引水洞
12	ϕ8.5米×4米多功能钢模	2	1991～1992年	广东广州蓄能电站引水洞
13	斜井边顶拱拖模	2	1992～1993年	广东广州蓄能电站电缆洞、尾调洞
14	ϕ5.6米竖井滑模	2	1991～1992年	广东广州蓄能电站调压井
15	ϕ14米竖井滑模	2	1991～1992年	广东广州蓄能电站调压井
16	12米×1.2米面板滑模	2	1991～1992年	广东广州蓄能电站上库坝
17	ϕ18米竖井滑模	2	1992～1995年	广东广州蓄能电站二期调压井
18	7.5米×9.2米蝴蝶钢模台车	1	1992～1993年	湖南城步县白云电站泄洪洞
19	5米×6－12米钢模台车	1	1993年	浙江天荒坪电站导流洞
20	ϕ9米×12米针梁钢模	1	1993～1994年	四川太平驿水电站
21	13.5米×13.5－12米钢模台车	2	1993～1994年	广西天生桥电站导流洞
22	15米×18－12米钢模台车	2	1994～1995年	云南大朝山电站导流洞
23	XHM－ϕ7米斜井滑模	2	1994～1995年	浙江天荒坪电站引水斜井
24	ϕ4.4米×4米多功能台车	2	1994～1995年	浙江天荒坪电站尾水斜井
25	6米×1.5米闸门井斜面滑模	2	1995～1996年	浙江天荒坪电站尾水闸门井
26	ϕ8.5米×18米穿行式钢模台车	1	1997～1998年	云南大理徐村电站导流洞
27	ϕ8.5米×9米针梁底模	1	1997～1998年	云南大理徐村电站导流洞
28	8.5米×10.2－15米穿行式钢模	1	1997～1998年	云南大理徐村电站导流洞
29	ϕ15米×15米钢模台车	1	1998～1999年	云南大朝山电站尾水洞
30	ϕ15米×5米钢模台车	1	1998～1999年	云南大朝山电站尾水洞
31	ϕ15米×15米针梁底模	1	1998～1999年	云南大朝山电站尾水洞
32	ϕ15米×5米针梁底模	1	1998～1999年	云南大朝山电站尾水洞

（三）21世纪初工程局模板研制

1. 21世纪初工程局模板的创新技术

21世纪开始，随着三峡二期工程建设、广西龙滩、小湾、糯扎渡等大型水电站的相继开工，水电十四局模板的研制开发也与时俱进。在实践过程中，根据工程需要，大胆创新，开发了一个又一个模板新技术，主要有：

（1）在全断面斜井滑模的基础上，研制的变径斜井滑模，采用模板自动收分变径原理，成功地首创了整体成形、整体滑升的新技术。

（2）钢模台车与已浇混凝土面采用刚性软搭接技术，成功解决了新、老混凝土面容易出现错台的难题。

（3）采用标准直段模板加钢性弯段模板技术，解决了钢模台车浇筑隧洞转弯段的技术难题。

（4）采用新型钢绞线液压爬升器，满足了大断面斜井滑模滑升的需要。

（5）平洞底拱翻模施工技术，改变了以往底拱混凝土施工的常规方法。

（6）增加导轨装置，防止了小倾角斜井滑模的倾倒和扭转。

（7）采用上置式针梁钢板，成功解决了小断面隧洞的全断面混凝土衬砌问题。

2. 上置式针梁钢模

2005年根据广东惠州蓄能电站尾水洞施工需要，工程局研制了ϕ8.5米×9米上置式针梁钢模。2006年2月，工程局在惠州蓄能电站尾水洞进行了第一套大断面上置式针梁钢模的安装探索。该电站使用的上置式针梁钢模，在施工过程中，有效解决了衬砌混凝土原浆抹面消除底拱表面气泡的技术难题，实现了模板技术的重大突破、填补了国内空白，在科技成果技术鉴定会上，专家认为“该项课题技术和社会效益明显，推广应用前景广阔，达到国际先进水平”，获2005～2006年度国家二级工法。

3. 全断面变径斜井滑模

2000～2002年，三峡永久船闸地下输水系统使用的5米×（5～5.4）米全断面变径斜井滑模，在原来全断面斜井滑模的基础上，在变径斜井中成功实现了整体成形、整体滑升。在模板设计中采用了先进的自动收分变径原理。三峡永久船闸地下输水系统3～5级斜井断面均为城门洞式，顶拱为R2.5米半圆弧，底板与直墙由半径为0.5米圆弧连接，断面高由5米渐变成5.4米。工程局研制的全断面变径斜井滑模，设计采用了渐变截面中梁技术。全断面变径斜井滑模荣获全国青年科学技术成果博览会金奖、国家实用新型专利（专利号：ZL.02.2.22642.7）、2005～2006年度国家一级工法。

4. 大断面巨型模板（城门形）

2003年，工程局研制的在云南小湾水电站导流洞使用的全液压边顶钢模台车，断面尺寸为16米×18米，标准段长15米，是当时国内最大规模的钢模台车（城门洞形）。从2003年10月投入使用，2004年9月结束两条导流洞（长度分别为862、981米）的混凝土浇筑，其间创造了两天浇筑一块的纪录。

2006年，工程局在云南糯扎渡水电站导流洞使用的全液压边顶钢模台车，断面尺寸为16米×21米，标准段长12米，同样也是钢模台车中特大型级别的巨车。

5. 大断面巨型模板（圆洞形）

广西龙滩水电站尾水洞直径达21米，使用的是工程局有史以来最大断面的钢模台车（圆洞形），钢模台车与已浇混凝土面采用刚性软搭接，成功解决了新、老混凝土面容易出现错台的难题。

引水系统 3 条斜井直径都为 10 米，使用的当时国内最大断面的斜井滑模，ϕ10 米斜井滑模采用国内生产的新型钢绞线液压爬升器，爬升平稳，爬升力大。

2000～2006 年底水电十四局生产的模板详见表 8-1-11。

表 8-1-11　　　　2000～2006 年研制的主要模板

序号	项　目　名　称	套数	制作安装时间	使　用　工　程
1	5 米×6.7-12 米钢模台车	12	1999～2002 年	湖北三峡永久船闸地下输水系统
2	斜井全断面变径滑模	2	1999～2002 年	湖北三峡永久船闸地下输水系统
3	自升式竖井爬模	10	1999～2002 年	湖北三峡船闸输水系统闸门井
4	竖井滑模	4	1999～2002 年	湖北三峡船闸输水系统闸门井
5	底拱翻模台车	5	1999～2001 年	湖北三峡永久船闸地下输水系统
6	10.9 米×7.44-12 米钢模台车	2	2000～2001 年	云南元磨公路隧洞
7	11.84 米×7.28-15 米钢模台车	1	2000～2001 年	云南小湾电站公路隧洞
8	ϕ13.2 米×12 米钢模台车	1	2000～2001 年	广西百色电站导流洞
9	ϕ13.2 米×12 米针梁底模台车	1	2000～2001 年	广西百色电站导流洞
10	ϕ6 米×9 米针梁钢模台车	1	2000～2001 年	江苏连云港田湾核电站
11	ϕ6 米×9 米针梁钢模台车	2	2000～2001 年	江苏连云港田湾核电站
12	ϕ2.5 米×10 米针梁钢模	1	2000～2001 年	云南昆明掌鸠河云龙水库
13	ϕ8 米竖井（85°）滑模	1	2001 年	缅甸邦朗水电站
14	5.2 米×5.2-10 米钢模台车	9	2001 年	新疆引额济乌水利工程
15	ϕ13.5 米×8 米钢模台车	2	2001～2002 年	湖北三峡地下水电站引水洞
16	10 米×12-12 米钢模台车	1	2002～2003 年	湖南石门县皂市水利枢纽工程
17	12 米×18-12 米钢模台车	2	2002～2003 年	贵州索风营水电站导流洞
18	ϕ7.8 米×12 米钢模台车	1	2002～2003 年	贵州洪家渡水电站泄洪洞
19	ϕ9.8 米×12 米针梁底模台车	1	2002～2003 年	贵州洪家渡水电站泄洪洞
20	ϕ9.8 米×12 米钢模台车	1	2003 年	贵州洪家渡水电站泄洪洞
21	ϕ12 米×12 米钢模台车	2	2003 年	贵州三板溪水电站尾水洞
22	ϕ4.7 米竖井滑模	2	2003 年	福建宁德周宁水电站引水竖井
23	ϕ7.7 米竖井滑模	1	2003 年	福建宁德周宁水电站调压井
24	15.6 米×17.7-9 米钢模台车	3	2003～2004 年	贵州构皮滩水电站导流洞
25	15 米×19-15 米钢模台车	2	2003～2004 年	云南小湾水电站导流洞
26	14.6 米×16.6-12 米边墙钢模	1	2003～2004 年	重庆彭水水电站导流洞
27	ϕ3 米×12 米上置式针梁钢模	1	2003～2004 年	云南昆明掌鸠河输水洞

续表

序号	项 目 名 称	套数	制作安装时间	使 用 工 程
28	ϕ6.5 米竖井滑模	1	2003～2004 年	广西百色水电站引水竖井
29	ϕ11.2 米×9 米钢模台车	2	2003～2004 年	湖北水布垭水电站尾水洞
30	ϕ12 米×12 米钢模台车	1	2003～2004 年	云南普洱县崖羊山水电站导流洞
31	5 米×4 米竖井滑模	1	2004 年	湖北水布垭水电站母线井
32	ϕ8.5 米×12 米钢模台车	2	2004 年	云南普洱县崖羊山水电站引水洞
33	ϕ10 米竖井滑模	1	2004 年	广西龙滩水电站引水竖井
34	ϕ8.5 米竖井滑模	1	2004 年	广西龙滩水电站排风洞
35	15 米×19－15 米钢模台车	2	2004～2005 年	云南金安桥水电站导流洞
36	ϕ4－8 米钢模台车	1	2004～2005 年	云南普洱县崖羊山水电站冲沙洞
37	12 米×14－12 米钢模台车	1	2004～2005 年	云南绿春县戈兰滩水电站导流洞
38	12.6 米×12.3－12 米钢模台车	2	2004～2005 年	重庆彭水水电站尾水洞
39	ϕ3 米×10 米上置式针梁钢模	2	2004～2005 年	云南昆明掌鸠河输水洞
40	ϕ4.52 米×12 米上置式针梁钢模	1	2004～2005 年	云南盈江县滨榔江水电站引水洞
41	ϕ21 米×10 米钢模台车	1	2004～2005 年	广西龙滩水电站尾水洞
42	12 米×18－6 米钢模台车	1	2004～2005 年	广西龙滩水电站尾支洞
43	ϕ10 米斜井滑模	2	2004～2005 年	广西龙滩水电站引水斜井
44	12.6 米×14－12 米边墙钢模台车	2	2005 年	重庆彭水水电站尾水洞
45	15 米×19－9 米钢模台车	4	2005 年	四川锦屏水电站导流洞
46	ϕ2.2 米×4.5 米斜井钢模台车	1	2005 年	云南金平县宝石水电站引水斜井
47	ϕ18 米×12 米钢模台车	1	2005 年	云南小湾水电站尾水洞
48	ϕ18 米×6 米钢模台车	1	2005 年	云南小湾水电站尾水洞
49	ϕ8.5 米×9 米上置式针梁钢模	2	2005 年	广东惠州蓄能水电站尾水洞
50	ϕ8.5 米×6 米针梁底模	2	2005 年	广东惠州蓄能水电站引水平洞
51	ϕ8.5 米斜井滑模	2	2005 年	广东惠州蓄能水电站引水斜井
52	ϕ8.5 米竖井滑模	1	2006 年	云南小湾水电站电梯井
53	ϕ9 米竖井滑模	1	2006 年	云南小湾水电站引水洞
54	ϕ14.2 米×10 米钢模台车	2	2006 年	贵州构皮滩水电站尾水洞
55	ϕ4.4 米×12 米钢模台车	1	2006 年	云南富源县块泽河水电站引水洞
56	16 米×21－12 米钢模台车	4	2006 年	云南糯扎渡水电站导流洞

三、为地方及兄弟单位研制的部分工程机械设备

从 1976 年开始，国家指令性生产计划逐渐减少，工程局机械厂充分利用自身资源，

积极开展对外业务。例如，1980年工程局外任务超过全年生产总值的60%。机械厂通过提高质量，降低成本，合理降低部分产品价格；改善服务，主动上门承接任务、主动上门送货、主动征求意见、为用户提供方便等措施，有组织地先后派出数批人员到全省5个专州7个县，往返6000余里，与15个地方电站签订合同，承揽小水电配套金属结构设备制作安装358台（套）、零部件加工3559件，共计合同额220.89万元，当年就增收160余万元。这是工程局最早走入市场、参与竞争的先行。多年来，局产品打入了云南大部分州县及川、黔、桂、湘、粤、闽、藏、浙等省区。产品主要有：平面闸门、弧形闸门、拦污栅清污机、拦污栅、螺杆式闸门启闭机、卷扬机式、手电两动单梁行车、电动双梁桥式起重机、胶带运输机、压力钢管、电磁振动给料机、螺旋洗砂机、各型钢模及台车等。

1977年，为云南宣威火力发电厂研制第四期扩建6号机组106台（套）非标准设备、0.6米^{3}V形翻斗车、合金钻头；为四川永川矿务局制造3.5米^{3}矿车。

1978～1979年期间，水电十四局为云南巡检司火力发电厂新建全部326台（套）非标准设备；为地方电站生产快速启闭机、卷扬机、行车、闸门、拦污栅等水工金属结构产品332台（套）；为云南省水利局生产了0.6米^{3}V形斗车300台；为昆明化工厂10千伏低压短路开关160套；还制造外销自制锯床10台等。

此外，还为局外工程研制1500吨散装水泥仓、锚杆钻孔安装机、灌浆机、启闭机，甚至是飞机检修架等。

1995年，为地方兄弟单位设计、制作并安装了两套永和公路隧洞钢模。

2004年，为开远火力发电厂制作四套钢煤斗、一套石灰石粉仓、汽轮机车间吊车钢梁。

（一）拦污栅、清污机制作安装

20世纪80年代初，工程局研发的拦污栅、清污机，受到用户好评。之后陆续为地方电站取水口制作安装了一批拦污栅、清污机。研制的部分拦污栅、清污机见表8-1-12和表8-1-13。

表8-1-12　20世纪八九十年代工程局对外制作安装的拦污栅清污机一览表

序号	产品名称	型号规格	数量（台）	使用单位
1	拦污栅清理机	移动式（自卸）	1	广东长湖水电站
2	拦污栅清理机	移动式（自卸）	1	云南罗平腊庄水电站
3	拦污栅清理机	固定式（自卸）	2	云南文山东方红水电站
4	拦污栅清理机	固定式（自卸）	1	云南昭通洛泽河水电站
5	拦污栅清理机	移动式（自卸）	1	缅甸照济水电站
6	拦污栅清理机	移动式（自卸）	1	云南西双版纳植物园水电站
7	拦污栅清理机	固定式（自卸）	1	云南文山小河沟水电站

表8-1-13　2000～2006年底工程局对外制作安装的清污机、拦污栅一览表

序号	产品名称	建设单位	数量	完成日期
1	清污机、拦污栅制作安装	云南丘北县电力公司	各1套	2001-03
2	天生坝发电厂栏污栅制作安装	云南曲靖市电力公司	1套	2001-03
3	格雷二级电站拦污栅	云南丘北县电力公司	1套	2001-03
4	清污机	云南丘北县电力公司	1套	2001-05
5	格雷二级电站清污机	云南丘北县电力公司	1套	2002-03
6	大跌水发电厂清污机	云南陆良县电力公司	1套	2002-04
7	清污机拦污栅制作安装	云南文山猫猫跳发电公司	1套	2004-08
8	黄果树电站有轨固定式清污机、拦污栅制作安装	云南文山南利河流域水电开发有限公司	各1套	2006-08
9	拦污栅、启闭设备制作安装	重庆黔江舟白水电站	各1套	2006-12

（二）20世纪八九十年代启闭机制作安装

20世纪八九十年代工程局对外制作安装的启闭机见表8-1-14。

表8-1-14　20世纪八九十年代工程局对外制作安装的启闭机一览表

序号	产品名称	型号规格（吨）	数量（套）	使用单位
1	卷扬式启闭机	QPQ15	1	云南华宁县跳石头电站
	卷扬式启闭机	QPK25	2	云南华宁县跳石头电站
	卷扬式启闭机	QPQ25	1	云南华宁县跳石头电站
	卷扬式启闭机	QHQ225	2	云南华宁县跳石头电站
	卷扬式启闭机	QPQ40	1	云南华宁县跳石头电站
2	卷扬式启闭机	QPQ3.5	2	云南福贡木古甲电站
	卷扬式启闭机	QPK8	1	云南福贡木古甲电站
	螺杆启闭机	3	1	云南福贡木古甲电站
	螺杆启闭机	5	1	云南福贡木古甲电站
3	两用移动式启闭机	QPQ8	2	云南禄劝岔河电站
4	卷扬式启闭机	QPQ35	2	云南盈江户撒河电站
	卷扬式启闭机	QPQ16	2	云南盈江户撒河电站
	卷扬式启闭机	QPQ5	6	云南盈江户撒河电站
5	卷扬式启闭机	QPQ20	1	云南罗平腊庄电站
6	卷扬式启闭机	QPQ20	3	云南曲靖花山水库
	卷扬式启闭机	QPQ16	1	云南曲靖花山水库
	卷扬式启闭机	QPQ210	1	云南曲靖花山水库

续表

序号	产 品 名 称	型号规格（吨）	数量（套）	使 用 单 位
7	双动移动式启闭机	QPQ210	1	云南昭通市水电局
8	卷扬式启闭机	QPQ16	6	云南宣威龙口电站
	手动螺杆启闭机	5	1	云南宣威龙口电站
9	移动式启闭机	QPQ16	2	云南易门小革蚱电站
10	手动卷扬式启闭机	QPQ0.7	9	云南曲靖地区机电设备公司
	手动卷扬式启闭机	QPQ0.3	7	云南曲靖地区机电设备公司
11	卷扬式启闭机	QPQ225	4	云南禄劝电力公司
12	螺杆启闭机	10	8	云南曲靖市电力局
13	卷扬式启闭机	QPQ63	1	云南永德忙怀水库
14	手动螺杆启闭机	3	4	云南东川市汤丹电站
15	弧门启闭机	QPQ210	3	云南磷肥电站
16	螺杆启闭机	5	3	云南会泽后冲水库
17	手动螺杆启闭机	5	4	云南威信鱼井电站
18	卷扬式启闭机	QPQ8	1	上海云申工程公司
	卷扬式启闭机	QPQ12	1	上海云申工程公司
	卷扬式启闭机	QPQ16	2	上海云申工程公司
	手电两用螺杆启闭机	5	4	上海云申工程公司

（三）20世纪90年代行车制作安装

20世纪90年代工程局对外制作安装的行车见表8-1-15。

表8-1-15　20世纪90年代工程局对外制作安装的行车一览表

序号	产品名称	型号规格（吨）	跨距（米）	数量（台）	使 用 单 位	制作安装时间
1	单梁行车	10	10	1	云南镇雄簸笠电站	1990-04
2	单梁行车	10	8	1	云南曲靖机电工程公司安装分公司	1990-05
3	单梁行车	5	9	1	云南罗平冶炼厂	1990-06
4	手动行车	6	6.8	1	云南易门县绿斗镇炉房水电站	1992-02
5	双梁行车	16/3	11	1	云南保山地区昌宁县橄榄河电站	1992-03
6	单梁行车	10	7	1	云南昌宁县更嘎二级电站	1992-03
7	双梁双钩	15/3	9	1	云南禄劝彝族自治区县	1993-06
8	双梁行车	10	10.5	1	云南盈江县户撒河三级电站	1993-08
9	双梁行车	16/5	11	1	云南省维西县板栗园电站	1993-11
10	单梁行车	10、5	6	1	云南丽江电力公司	1994-04

续表

序号	产品名称	型号规格（吨）	跨距（米）	数量（台）	使用单位	制作安装时间
11	双梁行车	35/10	11.5	1	云南马关县物资局	1995-01
12	双梁抓斗行车	5	16.5	1	云南寻甸回族彝族自治县化工二厂	1995-05
13	抓斗式行车	5		1	云南嵩明县水泥厂二厂	1995-05
14	单梁行车	12		1	云南会泽小菜园电厂	1995-05
15	双梁行车	20/5	11	1	云南昌宁县电力公司	1995-06
16	单梁行车	5	7	1	上海勤业起重设备曲靖经营部	1995-09
17	单梁行车	5	8	1	上海勤业起重设备曲靖经营部	1995-09
18	双梁行车	5/3	10.5	1	云南宣威鑫森冶炼厂	1995-09
19	双梁行车	5吨抓斗	13.5	1	云南宣威鑫森冶炼厂	1995-09
20	双梁行车	32/5		1	云南麻栗坡县南令水电站	1996-04
21	双梁行车	35/10	12.5	1	云南龙陵县勐梅河一级水电站	1996-04
22	手动单梁行车	5	9.2	1	云南元江帮庄箐二级水电站	1996-09
23	手动单梁行车	16/5	11	1	云南宣威归比河	1996-09
24	双梁行车	30/5	11.5	1	云南文山电力公司东方红四级水电站	1997-01
25	双梁行车	30/5		1	云南华宁跳石头水电站	
26	双梁行车	30/5		1	缅甸照济水电站	
27	手动单梁行车	10		1	云南元江电力公司	
28	电动单梁行车	5		1	云南嵩明城东铁厂	
29	电动双梁行车	16/5		1	云南维西水利水电局	
30	单梁行车	10		1	西藏贡觉县纳曲河水电站	
31	电动双梁行车	20/5		1	云南镇雄电力公司天生桥水电站	

（四）2000年以来对外制作安装的定型钢模

工程局利用自身设备、技术优势资源，对外承接定型钢模制作安装业务。2000～2006年工程局承接的定型钢模台车制作安装见表8-1-16。

表8-1-16　2000～2006年工程局承接的定型钢模台车制作安装一览表

序号	工程名称	建设单位	数量	年份
1	右江水利枢纽导流洞 ϕ6.5米钢模台车制作安装	广西百色水电站闽江局	1台（套）	2000
2	右江钢模台车（6米×1.2米拖模）制作	广西百色水电站闽江局	1台（套）	2000
3	邦朗水电站引水竖井混凝土衬砌滑模制作安装	云南机械进出口总公司	1项	2001
4	丘北县灌区钢模台车制作安装	云南水丘北县电力公司	1台（套）	2003
5	水布垭水电站边顶拱11.3米-9钢模台车制作安装	水电八局水布垭分局	1台（套）	2004

续表

序号	工　程　名　称	建　设　单　位	数量	年份
6	昆明掌鸠河工程 $\phi3$ 米穿行针梁钢模	中铁十三局掌鸠河项目	1台（套）	2004
7	舟白水电站钢模台车制作安装	重庆市黔江区	1项	2004

（五）试制 LJ－5 型连续结晶机

云南省素称“有色金属王国”之称，有色金属冶炼设备大有前途。云南冶金专家李教授作为第一专利发明人研究出粗锡精炼专利设备连续结晶机。1978～1990 年期间，工程局机械厂与李教授合作，共同研制 LJ－5 型连续结晶机。

LJ－5 型连续结晶机是粗锡提纯的精炼设备，设计日处理原料粗锡能力 5 吨，通过对粗锡原料提纯后，其产品可获得焊锡和精锡。

结晶机的主体为一倾斜安置的双层冶炼筒，内筒设有螺旋搅拌兼提升锡液的机构。内筒的外壁设有许多导风片，内外筒夹层之间的空间形成风道。配套设施有锅炉、鼓风机、熔锡池、热风管道和控制阀门。工作时，鼓风机把锅炉所产生的热风送到熔锡池熔化粗锡，熔化后的粗锡供到内筒，同时把热风也送入冶炼筒的夹层中加热内筒中的粗锡。冶炼筒分上、下两个工作段，分别进入热风、排出尾气。因上段温度较高而产出精锡，下段温度相对较低而产出焊锡。通过合理选择并调整冶炼筒的最佳倾角及冶炼温度，便可以达到最好的冶炼效果，生产出合格的焊锡和精锡。

该结晶机除了机械传动和鼓风机需要少量使用电力外，冶炼的热源主要依靠锅炉产生的热风，所以加热均匀且便于掌握和控制。锅炉添加普通燃煤，冶炼成本低廉，比较适宜于中小企业，也可以设计为较大的冶炼容量，应用于规模较大的冶金企业。

LJ－5 型连续结晶机研制完成后，经过云南省个旧市有色金属加工厂、昆明冶炼厂的几次试验和改进，机械传动和热量控制都很成功，冶炼出的焊锡完全达到云锡公司产品质量指标和标准。后因一些特殊原因，后续试验中止。

工程局获得的施工机械生产许可证有：

（1）1990 年初接受电力部水工金属结构质检中心实地检测审查，获得 4 个《全国工业产品生产许可证》：3 月 31 日取得《弧形闸门生产许可证》（证书编号：XK34－050－9022）、《压力钢管生产许可证》（证书编号：XK34－051－2038）。10 月 31 日取得《平面定轮闸门生产许可证》（证书编号：XK34－050－2006）、《清污装置生产许可证》（证书编号：XK34－053－2006）。

（2）1991 年 1 月 28 日，水利部水机〔1991〕1 号文《关于颁发第三批水工金属结构产品生产许可证的通知》下发，工程局机械厂获平面定轮闸门、弧形闸门、压力钢管、清污装置 4 个经水利部审查批准的水工金属结构产品生产许可证。

（3）1994 年 11 月 21 日取得云南省劳动厅颁发的《云南省危险较大生产设备制造安全认可证》和《安装维修安全认可证》，制造生产、安装维修小于 20 吨（含 20 吨）起重机产品符合安全认可条件。

（4）1996 年 3 月 2 日取得水利部颁发的移动式、固定卷扬式《启闭机产品使用许可证》。

（5）2002年7月接受全国工许办水工金属结构产品生产许可证审查部质量检验测试中心实地检测审查验证后，2003年2月28日取得国家质量监督检验检疫总局颁发的大型平面滑动闸门（证书编号：XK34-301-30036）、大型平面定轮闸门（证书编号：XK34-302-30042）、大型弧形闸门（证书编号：XK34-305-30047）、大型拦污栅（证书编号：XK34-306-30035）、大型压力钢管（证书编号：XK34-307-30045）、大型清污装置（证书编号：XK34-308-30017）6个《全国工业产品生产许可证》。

第九节　技术专利与工法

一、水电十四局的技术专利

（一）XDM-8.5型多功能模板（实用新型专利）

专利号：ZL93213760.1。

该实用新型专利属于地下隧洞混凝土模板。它由钢模、方梁、液压系统及调节系统和卷扬机组成。其特征是钢模为桁架式拱形结构，方梁分成两段可折转的桁架式框形结构，调节系统由调节螺杆，内、外轨，内外轨行走轮和调节支腿构成。

该实用新型专利的目的，是提供一种既能满足较大斜井和转弯段全断面混凝土衬砌的机械化施工，同时又能一模多用的模板。该模板的优点是质量小，使用灵活、可靠，能满足隧洞轴线转弯要求，可在转弯半径为34米、坡度为50°的地段使用，也能在平直段和斜直段使用，从而降低了成本，且机械化程度高、效率高，成型表面光洁、质量好。

（二）隧洞混凝土衬砌模板（实用新型专利）

专利号：ZL93224664.8。

该实用新型专利是一种土木建筑工程隧洞的混凝土衬砌模板，其目的是针对圆形洞型全断面衬砌一次成形的浇筑施工，提供一种特别适用于水利水电工程隧洞的平洞段、斜井段及竖转弯段的混凝土衬砌施工。其特点是在模板中有一钢桁架方梁与洞轴线平行，方梁前段和方梁后段之间在其上部通过活动铰，下部通过调节丝杆连接组成。方梁可以弯折，模板的立模、拆模由液压系统集中控制，也可单独调整。

该实用新型专利结构简单、合理，质量小，组装方便，施工速度快，经济可靠。

（三）钢弦式同轴激振磁芯（实用新型专利）

专利号：ZL97226124.9。

该实用新型专利是一种适用于岩土、建筑和桥梁等工程安全监测的钢弦式同轴激振磁芯。

该实用新型专利的目的在于提供一种能使设计的仪器体积减小、成本降低、组装维修方便的磁芯。

该实用新型专利的优点是：由于磁芯工作时，钢弦或钢带置于磁芯轴线，使得设计的仪器体积减小20%～40%，降低生产成本30%～50%，并且组装、维修方便，工作稳定、可靠。

（四）连续式斜井滑模（实用新型专利）

专利号：ZL98211443.5。

该实用新型专利是一种连续式斜井滑模，其目的是提供一种使用方便、施工质量高、运行安全，适用于大直径陡倾角的连续式斜井滑模，特征在于滑模由中梁、模板、工作平台及前后行走轮构成。中梁为组合钢桁架结构，各层工作平台、模板、行走轮架等均固定在中梁上形成一个整体，中梁内框的下部设有贯穿中梁全长的走道踏步；前行走轮为单轮，在钢轨上行走；后行走轮在已浇筑成形的混凝土面上行走。每套液压爬升器是由两只液压油缸和活塞杆分别用连系梁连接起来配对使用，连系梁前后均装有带齿的夹爪，夹爪下部设置有弹簧。

该实用新型专利的优点是：构思巧妙，设计新颖，设备功率大，运行安全、可靠，使用、维修方便，成功地解决了斜井施工中长期存在的技术难题，具有很好的推广应用前景。

（五）全断面变径混凝土滑模施工装置（实用新型专利）

专利号：ZL02222642.7。

在水利工程，特别是大坝地下输水系统的施工中，往往斜井数量较多，体型复杂，而且边墙高度逐渐变化，即为变径结构。对这类结构复杂，技术要求高的隧道（斜井）混凝土用常规的滑模技术是难以完成的。该设计发明人经过潜心研究，开发了一种全断面变径混凝土滑模施工装置，很好地解决了这一难题，试验证明应用效果良好。

该实用新型专利结构主要由顶拱模板、边底模板、中梁、行走轮、尾部锁定架及轨道装置等组成。

由于该实用新型采用了渐变截面的中梁和重叠式结构的顶拱及边底模板结构，实现了动态变径滑模施工，斜井全断面一次浇筑成形。该装置不仅结构简单，操作简便，工作性能稳定、可靠，而且施工后的混凝土面平整、光洁，无施工缝，施工质量好，工作效率高，是一种较为理想的隧道模板滑模施工机械。

二、水电十四局的施工工法

（一）双圈环绕无黏结预应力混凝土衬砌施工工法

预应力混凝土衬砌技术在地下圆形洞室中应用是一个新的技术领域，在中国还处于探索和发展阶段。预应力混凝土衬砌技术在地下圆形洞室中应用，其优点是在洞室围岩破碎、洞室承受高水头压力的情况下，能最大限度地缩小洞室开挖断面，改善衬砌结构的受力状况和抗渗性能，增强结构及围岩的稳定性，达到保证结构安全运行并有效降低工程投资的目的。

无黏结环锚预应力技术是在有黏结环锚预应力技术的基础上发展起来的，而双圈环锚又是常规环锚技术的突破。其突出优点是摩擦损失小、预应力分布更为均匀、无须预留孔道和回填灌浆、简化施工工艺和保证结构整体性等。双圈环绕后张法无黏结预应力混凝土衬砌结构与有黏结混凝土预应力结构比较，具有安装精度要求高、施工难度大，但能大幅度降低材料消耗的特点。在水利水电和民用工程设施承受高内压圆形混凝土衬砌结构中，具有显著的经济效益和广泛的推广应用价值。

1998年4月～1999年2月，水电十四局在小浪底水利枢纽1、2、3号排沙洞洞身进行了双圈环绕无黏结预应力混凝土衬砌工程施工，在工程技术人员的积极探索和不懈努力下，通过场内外反复试验对比论证，重点解决了安装精度和施工速度等问题，在较短时间内创立了一套能满足设计要求的切实可行的环锚工艺施工工法，填补了国内预应力应用领域的一项空白。

水电十四局于2003年4月向中华人民共和国建设部申报《双圈环绕无黏结预应力混凝土衬砌施工工法》，被评定为2001～2002年度国家级工法。

该工法适用于圆筒形结构的预应力混凝土衬砌施工。

（二）岩壁吊车梁岩台（双向控爆法）开挖施工工法

岩壁梁区保护层开挖的关键，是保证岩壁梁区斜面岩壁的成型和下拐点以下岩壁不受到破坏。地下厂房土建工程施工中，岩台开挖是施工的重点及难点，开挖成型极为困难，精度要求又极高。

中国水利水电第十四工程局、第六工程局、第十二工程局在施工过程中，通过科学的试验，选择适合的爆破参数、钻孔参数、孔间排距等。根据不同地质条件在岩台开挖前采取一些针对性的加固措施，保证了岩台的完整性；在岩台的造孔精度控制上，采用了样架导向技术，保证了造孔质量；岩台开挖采取双向光面爆破法，从而保证了岩壁吊车梁开挖质量。通过对多个地下厂房岩壁吊车梁施工的探索及总结，不断改进施工工艺，成功摸索出了一套岩壁吊车梁岩台开挖施工工法，使承建的多个地下厂房岩壁吊车梁开挖质量达到国内一流水平。

中国水利水电第十四工程局、第六工程局、第十二工程局向中华人民共和国住房和城乡建设部申报《岩壁吊车梁岩台（双向控爆）开挖施工工法》，最终得到认证，被评定为2005～2006年度国家级工法。

该工法适用于大中型水利水电工程地下厂房不同地质条件下的岩壁吊车梁开挖施工。

（三）水泥药卷张拉锚杆施工工法

在众多大型水电工程施工中，由于受地形、环境的限制影响，其导流、引水发电系统和泄洪建筑物往往布置于地下，形成庞大、复杂和密集的地下洞室群。锚杆支护在开挖支护施工中发挥十分重要的作用，地下洞室规模大、地质结构复杂，如何保证地下洞室在开挖施工中围岩及时得到支护抗力，是开挖支护施工的技术难点。传统的普通锚杆支护不能快速提供围岩支护抗力。

水电十四局在所承建的大型地下工程施工中不断总结及改善洞室开挖支护技术，以大型地下工程洞室群开挖喷锚支护为主，采用了水泥药卷张拉锚杆施工工艺。经检验、评审，该锚杆锚固效果符合设计要求，工程实际效果良好，充分证明该工法先进、成熟、可靠，并取得了显著的环境效果、经济及社会效益，具有深远的社会意义。

水电十四局向中华人民共和国住房和城乡建设部申报《水泥药卷张拉锚杆施工工法》，最终得到认证，被评定为2005～2006年度国家级工法。

该工法适用于地下洞室的喷锚支护，目前已广泛应用于各类地下洞室和边坡支护工程。

（四）岩壁吊车梁混凝土施工工法

地下厂房土建工程施工中，由于其岩壁吊车梁坐落于高边墙的基岩面上，混凝土一方面要受到自身机理导致开裂，同时在边墙开挖过程中也会由于受到边墙变形及近距离爆破对混凝土振动的影响等导致开裂，因此岩壁吊车梁开裂几率较高，且开裂成因较为复杂，岩壁吊车梁混凝土施工是地下厂房的重点及难点。

水电十四局在施工过程中，首先根据开挖揭露的地质条件灵活确定混凝土分块，降低围岩不均匀变形对岩壁吊车梁混凝土造成的影响。合理确定浇筑高度，正确处理好混凝土浇筑与主厂房上下层开挖的关系。尽量采用温控混凝土、低坍落度混凝土，采用聚丙烯腈微纤维混凝土替代常规混凝土，对混凝土采取通水冷却方式，以提高抗裂性能。妥善处理混凝土浇筑与岩壁梁受拉锚杆施工的关系，保证岩壁梁受拉锚杆施工质量及施工的成功率，从而保证了岩壁梁受力时的整体安全。为此，工程局成功实践出了一套岩壁吊车梁混凝土施工工法。通过多个工程的应用，对混凝土开裂的原因进行了一一查证分析，并在工程中逐渐改进。到了三峡地下电站，通过多项措施的综合应用，岩壁吊车梁裂缝已趋近于零，达到了国内领先水平。

水电十四局向中华人民共和国住房和城乡建设部申报《岩壁吊车梁混凝土施工工法》，最终得到认证，被评定为2005～2006年度国家级工法。

该工法适用于大中型水利水电工程地下厂房岩壁吊车梁混凝土施工。

（五）上置式针梁钢模衬砌施工工法

针梁钢模是水工过水隧洞混凝土衬砌机械施工的一种重要设备，是靠针梁和模板组之间的相对运动来实现模板的行走。

在水利水电地下工程中，采用新型上置式针梁钢模配合底拱翻转模板人工抹面进行全断面混凝土衬砌施工，取消了水平施工缝。解决了传统针梁钢模（针梁下置，底拱模板呈封闭状）浇筑混凝土时底部气泡难以根除的问题，减少了长期以来采用普通针梁模而使底拱出现大量气泡的问题，避免由于混凝土中存在的气孔在高速水流条件下产生气蚀破坏，确保混凝土的内在与外观质量，大大加快了隧洞衬砌施工速度。

水电十四局从广州抽水蓄能电站到目前正在施工的广东惠州抽水蓄能电站，不断进行科技创新，通过对以往传统针梁模板成功经验的基础上进一步改进创新，从最初的小断面、水平隧洞施工发展到今天的上置式、大直径、有坡度（最大可达8%）针梁钢模，施工工艺日趋成熟。在惠蓄电站输水平洞中，利用上置式针梁钢模进行混凝土衬砌并取得了成功。新型上置式针梁钢模配合底拱翻转模板人工抹面进行全断面混凝土衬砌施工工艺的成功应用，使隧洞混凝土衬砌表面平顺、光洁，能实现混凝土作业的高效、优质、安全，并达到节省人工、材料及减轻劳动强度的目的，有利于环保，在国内水电水利工程施工中尚属首例。水电十四局有限公司通过大量的实践，成功创造出了一套上置式针梁钢模衬砌施工工法。

水电十四局向中华人民共和国住房和城乡建设部申报《上置式针梁钢模衬砌施工工法》，最终得到认证，被评定为2005～2006年度国家级工法。

该工法适用于水利水电地下工程纵坡小于12%的圆形输水平洞混凝土衬砌施工。

（六）变顶高尾水洞间无黏结对穿式预应力锚索施工工法

变顶高尾水隧洞技术是近几年才发展起来的一项水电工程新技术，苏联率先在越南和平水电站的设计中采用。国内首座采用变顶高尾水隧洞的大型水电站是乌江彭水水电站。

水电十四局在乌江彭水水电站尾水隧洞预应力对穿锚索施工过程中，试验、对比、总结工程实践经验，积极开展科技创新，攻克了高精度锚索孔的钻进工艺、张拉关键技术、对穿水平锚索孔灌浆技术等一系技术难题。其中，高精度造孔孔斜率均控制在1%以内，形成了变顶高尾水无黏结对穿锚索施工工法，优质、高效、快捷、经济地完成了彭水电站1005束变顶高尾水洞无黏结对穿锚索的施工任务，技术先进，具有明显的社会效益及经济效益。

水电十四局向云南省建设厅申报《变顶高尾水洞间无黏结对穿式预应力锚索施工工法》，最终得到批准，被评定为2005～2006年度省级工法。

该工法适用于变顶高尾水隧洞40米以内无黏结对穿预应力锚索施工。

（七）斜井变径滑模混凝土衬砌施工工法

三峡永久船闸地下输水系统工程斜井隧洞数量多、长度短、体型复杂、钢筋粗而密集、混凝土表面质量要求高。尤其是斜井上大下小、边墙高度逐渐变化，使斜井成为一个变截面，给混凝土施工带来了极大的困难。采用传统模板形式，除了施工成本高、速度慢外，还存在着施工工艺复杂、表面质量差、缝面处理困难等缺点。为加快施工进度，保证施工质量，水电十四局三峡三联总公司永久船闸项目经理部组织自行研制了斜井全断面变径滑模。采用该工法施工，由于整体成型，混凝土表面光滑、平整，无错台及施工缝，极大地改善了混凝土表面质量。工程建成后，可减少隧洞在高速水流冲刷下发生气蚀的可能性，延长洞室的使用寿命，减小维修的几率，具有明显的经济效益和社会效益。

水电十四局向中华人民共和国住房和城乡建设部申报《斜井变径滑模混凝土衬砌施工工法》，最终得到认证，被评定为2005～2006年度国家级工法。

该工法适用于水电、铁路及地铁外形渐变的隧洞和洞室混凝土施工。

（八）连续式斜井滑模混凝土衬砌施工工法

XHM-7型全断面斜井滑模系统是水电十四局1994年与国外公司竞争，以设计先进和报价合理的优势中标，为装机180万千瓦的浙江天荒坪抽水蓄能电站斜井混凝土衬砌提供的滑模设备。该滑模系统在施工中以日滑升最高12.08米、月滑升最高230.3米的成绩，刷新了国内外纪录。

连续式斜井滑模构思新颖、结构合理，具有独创性，在国内水利水电施工中尚属首创。它采用钢轨液压爬升器或钢绞线液压爬升器进行牵引，结构紧凑、爬升力大、运行平稳、操作简便。混凝土浇筑采用全断面一次连续浇筑成形，施工速度快，表面质量及施工安全得到了可靠保证。在工期、质量、安全等方面都比传统施工方法更具优势。由于施工工艺的提高，也降低了工程造价。在斜井滑模施工中，先不浇筑下弯段，下部三角体也采用滑模与井身段一起采用滑模浇筑成型，避免了下弯段传统立模方式，节约了时间，降低了成本，为其他工程提供了借鉴。

水电十四局向云南省建设厅申报《连续式斜井滑模混凝土衬砌施工工法》，最终得到批准，被评定为2005～2006年度省级工法。

该工法适用于水电站斜井隧洞混凝土衬砌施工。

第二章　教　　育

第一节　机　　构

水电十四局的教育事业，包括职工教育和普通教育两个部分，是施工企业承担社会职能的重要组成部分。在计划经济时期，它随企业建立而产生和发展。企业进入市场经济以后，企业办教育的职能逐步移交社会。

1954年5月10日，工程局正式成立。建局初期，工程局没有设立专职的教育部门，职工教育工作以新招职工短期技术和技能培训为主。

工程局的教育事业紧随着工程局的发展而成长。1956年，干部处内设教育科，负责管理子弟学校和幼儿园。1960年7月16日，工程局成立“以礼河水力发电工程局教育科”，王平增曾任局教育科科长。全局各工程处先后成立了教育部门。1965年，张博文曾任局教育科负责人。1979年12月，工程局组建文教卫生处，统一管理全局的文教卫生工作。1980年4月，张博文曾任文教卫生处副处长。1980～1994年，担任过局文教卫生处处长的有：杨镜塘、崔质万，担任过副处长的有：张博文、温明先、赵绍增。

1981年5月12日，工程局成立“局职工教育委员会”，主任委员韩世礼，委员由11人组成。1986年2月18日，工程局调整教育委员会成员，主任委员陈锦棪，教育办公室主任温明先，委员由12人组成。1994年局机关机构改革，撤销局文卫处，文教、卫生工作移交局人力资源部管理。1992年8月18日，工程局调整局教育委员会成员，主任委员陈锦棪，办公室主任温明先，委员由15人组成。

2000年3月以后，工程局重新组建教育卫生委员会，教育卫生委员会主任刘冬成，副主任王景龙、赵志全，委员由14人组成。局教育卫生委员会办公室设在局人力资源部，办公室主任由人力资源部副主任谭立兼任。

伴随着工程局改革开放的步伐，职工教育从分立办学走向集中办学。先后经历了艰苦创业、调整重建、兴旺发展和转变职能几个阶段，从1961年开始至2003年，历时42年，针对性地培养了一大批水利水电建设专业技术工人及生产经营管理人才。从学历来分，主要有职业技术教育（中级技术工人）、在职中等专业学历教育、在职电大专科学历教育三个层次。2003年8月，全局职工教育停办，所属教育中心撤销，职工教育转为以短期自培、代培为主。

工程局普通教育的创办主要是解决水电工地职工子女入托、入学的问题，在计划经济时期和改革开放初期，为了解决职工的后顾之忧，工程局自1956～2002年46年间，投入了大量人力财力物力，因地制宜自行创办了各种类型的幼儿园和中小子弟学校，较好的解决了水电工地职工子女的入托和受教育的问题。2000年后，随着国企改革的深入进行，企业根据国家政策，逐步剥离社会职能。工程局的普通教育逐渐停办和移交社会。至2002年8月，工程局尚存的子弟学校全部移交地方。至此，完全结束了工程局自办普通教育的历史。

第二节 职 工 教 育

一、干部学校

工程局的干部教育始于建局初期。1954年，工程局担任以礼河水电站工程建设，当时工程局干部教育以提高领导干部的文化水平和业务知识为主要形式进行干部的全员教育。干部教育以工程局干部处及劳资部门牵头，会同局有关部门进行。没有成立专门的干部学校，干部教育形式是以满足工程建设需要为主的短期政治学习、业务学习及技能学习。

1961年，全国基本建设缩减投资，以礼河水电站工程面临下马，缩减编制，裁减人员。在这期间，工程局以培养干部为主，创办了“以礼河干部学校”。干部学校校址设在会泽县以礼河甘沟娜姑镇中心试验室大院内。李立东为学校负责人。干部学校的主要职能是组织干部短期教育。先后开办了“安全训练班”、“仓库管理训练班”、“福利会计训练班”、“基本建设会计班”等专业训练班。

1964年，训练班教育任务完成后，干部学校停办。

进入20世纪80年代后，1980年4月16日，工程局成立了干部训练班（干部学校前身）。训练班设在昆明东郊小哨，其任务是：组织干部业务学习，开展政治理论教育、经营管理和技术管理业务轮训。同年12月3日，工程局正式组建了“电力工业部第三水电工程局干部学校”，简称“水电三局干部学校”。校址设在昆明东郊小哨。干部学校职能：培养科以下政工、行政管理干部和其他管理干部。干部学校编制为45人，学校机构设党支部、教务组、总务组。负责人为卢宗仁、陈优民。

1981年，干部学校在册教职工23人，其中干部8人。1982年，水电三局干部学校更名为“水电十四局干部学校”，负责人为卢宗仁、陈优民、陈天易。干部学校在册教职工24人，其中干部13人（含技术干部5人。）

1983年，工程局调整干部学校领导班子，梁金恒为校长，张文清、陈优民为副校长。学校在册教职工26人，其中干部14人（含工程技术人员1人、社会科学人员7人）。

1984年9月7日，经工程局批准，学校设立“电视大学”管理科。技工学校代行“电大”教学班职能，管理权移交干部学校。学校人员编制不再增加。同年底，干部学校在册教职工33人，其中干部27人（含专业技术人员15人）。

截至1985年7月，干部学校共举办各种短期学习班108期，干部教育人数达4118人，干部教育入学率达18%。

为了统筹全局教育工作，1985年，工程局成立教育中心。水电十四局干部学校隶属教育中心管理，学校没有单独设立职能部门。同年6月，教育中心副主任黄宗英兼任干部学校校长。

1987～1989 年，教育中心副主任蒋高俊兼任干部学校校长。

1990 年，工程局干部学校仍由教育中心统一领导，校长由教育中心主任直接兼任。干部学校在原建制基础上增设教务科。干部学校职能：研究干部教育教学内容，编制教学计划并组织实施，总结干部教育经验及实际效果。

从 1990 年开始，干部学校重点是对科处级领导干部进行马克思主义理论教育学习及业务学习。以后，局教育中心坚持一套班子、两块牌子。根据各个时期教育重点不同，继续发挥教育中心、干部学校两项职能，直至 2003 年 8 月教育中心撤销。

二、技工学校

水电十四局 20 世纪 50 年代在以礼河水电站建设初期创办了“小红山技工学校”，1962 年 7 月撤销。1964 年，工程局成立了“水利电力部以礼河水力发电工程局技工学校”，简称“以礼河技工学校”。技工学校校址设在会泽县甘沟娜姑镇小红山，黄秉仁任校长。技工学校的职能是为水利水电建设培养技术工人。1964 年，学校首次招收了水工、机修、焊接专业学员 127 名。“文化大革命”期间，学校被迫停办。

“文化大革命”结束后，1978 年 7 月 4 日，根据〔1978〕云电劳字第 36 号文，以礼河技工学校从会泽县迁至马龙县马过河 72 基地，改称为“云南省电力局马过河技工学校”，简称“马过河技工学校”。技工学校校址设在马龙县红桥公社，即马过河镇，杨恒任校长。刚恢复招生的技工学校没有明确具体编制，工程局干部处先后调配专业教师 10 名，以后根据教学需要陆续配备。技工学校隶属于马过河修配厂，为科级单位。机构设置有政工组、教务组、总务组。同年，恢复招生，招收机械修理、内燃机运转及修理、金属加工、电工 4 个专业 200 名学员。

1979 年 8 月，马过河技工学校改称“电力工业部第三水电工程局技工学校”，简称“水电三局技工学校”，华仁言任校长。截至 1980 年底，学校在册教职工 79 人，其中干部 28 人（含技术干部 4 人）。

1981 年 8 月 13 日，技工学校升级为县（处）级单位，隶属于工程局直管。技工学校编制为 130 人，下设办公室、教务科、总务科、实习工厂，华仁言任校长，严瑞佛为副校长。截至 1981 年底，学校在册教职工 94 人，其中干部 34 人（含技术干部 20 人）。1982 年，水利部和电力部合并后，水电三局技工学校改称“水利电力部第十四工程局技工学校”，简称“水电十四局技工学校”，华仁言任校长，严瑞佛、周邦俊任副校长。学校在册教职工 101 人，其中干部 41 人（含技术干部 28 人）。同年，开办电大教学班，招收机械专业学员 36 名。

1983 年，工程局调整技工学校领导班子，华仁言任校长，严瑞佛为副校长。1984 年，局再次调整学校领导班子，严瑞佛为校长。截至 1984 年底，学校在册教职工 109 人，其中干部 49 人。1984 年 11 月 27 日，根据电力部《关于重建技工学校的指示》，学校筹划校址迁移昆明东郊小哨办学。

1985 年 8 月，技工学校 2/3 的教职工迁移到昆明东郊小哨。当年新招技校生在小哨开班办学。技工学校校长由教育中心副主任吴诚荣兼任，隶属教育中心领导。技工学校设校长室、教务科、学生科。1985 年，技工学校从马过河迁至昆明东郊小哨。新招收的施工机械修理专业学员100名在新校址学习。1992年，技工学校设立曲靖分校，招收机械专业100名学员，均为自费，不包分配。

1988年，教育中心进行机构改革，撤销马过河技工学校所有科室，成立教育中心马过河技工学校留守办公室。技工学校隶属教育中心管理，校长仍由教育中心副主任吴诚荣兼任，直至1994年9月。

技工学校培养目标：培养学生成为有理想、有道德、有文化、守纪律，既能掌握本工种（专业）中级技术所需的文化和技术理论基础知识，具有一定分析和解决问题的能力，又能熟练地掌握本工种（专业）的基本操作技能，完成本工种中级技术水平作业的技术工人，即培养德、智、体、美全面发展，具有专业知识和技能的中级技术工人。技校毕业生见习期满合格者为三级技工。

技工学校主要专业设置为：水利水电工程建筑，简称水工建筑（材料试验、测量、模板三种）；施工机械运转与检修（也称内燃机修理）；电气设备安装（简称电气）；焊接；测量；钢筋混凝土；金属切削加工；电器；木板；大坝；开挖等。

1980～1998年，技工学校培养中等专业技术工人情况，详见表8-2-1和表8-2-2。

表8-2-1 水电十四局技工学校历届毕业生统计（计划内包分配）

年　度	总　数	专　业　名　称	人　数	备　注
1980	200	机械修理	50	
		内燃机运转及修理	50	
		金属加工	50	
		电工	50	
1981	150	机械修理	50	
		内燃机运转及修理	50	
		电工	50	
1982	250	机械修理	50	
		内燃机运转及修理	50	
		电工	50	
		金属加工	100	
1983	152	大坝	50	
		开挖	50	
		混凝土	52	
1984	153	开挖	49	
		混凝土	104	

续表

年　度	总　数	专　业　名　称	人　数	备　注
1985	84	施工机械	84	
1986	144	施工机械	99	
		内燃机运转及修理	45	
1987	184	木板	47	
		钢筋	44	
		测量	46	
		施工机械	47	
1988	100	施工机械	50	
		水工建筑	50	
1989	106	水工	57	
		电器	49	
1990	98	测量	50	
		水工	48	
1991	149	施工机械修理	49	
		测量	50	
		水工	50	
1992	90	内燃机修理与运转	45	
		金属切削	45	
1993	39	施工机械	39	
1994	89	内燃机修理与运转	45	
		电工	44	
1995	135	内燃机修理与运转	91	
		电工	46	
		自费生	8	
1996	126	工程机械修理	84	
		车工	42	
1997	145	工程机械修理	103	
		电工	42	
1998	123	工程机械修理	43	
		电焊	41	
		测量	13	
		混凝土	14	
		钢筋工	12	

表 8-2-2　　水电十四局技工学校历届毕业生统计（计划外自费生）

年　度	总　数	专业名称	人　数	备　注
1989	49	机械修理	49	
1991	51	电焊	51	
1992	82	电工	42	
		机械修理	40	
1993	43	机械修理	43	
1994	20	机械修理	20	
1997	166	机械修理	43	
		土木工程施工	123	
1998	281	土木工程施工	62	
		水工建筑施工	49	
		机械修理	80	
		电工	54	
		铆焊	36	
1999	219	机械修理	44	
		土木工程施工	44	
		金属结构	37	
		装饰装潢	30	
		水电安装	64	
2000	163	机械修理	55	
		土木工程施工	29	
		机电设备维修	51	
		金属结构	28	

三、职工中专

工程局职工中专职能是：培养水利水电系统具有中等专业水平的企业管理人才和水利水电建筑施工中等技术人才。

工程局注重培养水电施工中等专业技术管理人才。1985 年 1 月 25 日，工程局成立了职工中等专业学校筹备组，梁金恒为组长，黄宗英、倪庚祥为副组长。1985 年 2 月 13 日，水利电力部批复同意成立“电力部第十四工程局职工中等专业学校”。工程局“职工中等专业学校”正式组建，倪庚祥任校长。职工中专设立教务科、办公室、学生科、实验室。学校编制为 70 人，其中校领导 5 人，专业教师 50 人，实验室工作人员 15 人。

1985 年 8 月，工程局成立教育中心。职工中专隶属教育中心管理，学校设立教务科。教育中心副主任倪庚祥兼任职工中专校长（1985 年 8 月至 1988 年）。1988 年，教育中心进行机构改革，撤销职工中专教务科。校长由教育中心主任直接兼任。同年 8 月 8 日，职工中专招收了企业管理、水利水电建筑施工专业各一个班。以此为起点，开始了工程局职工中等学历教育的历史。1989年10月15日，招收电视中专班自学视听生工业会计班。学制为3年，不脱产学习。实行学分制，学员修满200分即可毕业。1992年，电视中专学员毕业。由于生源不足，职工中专教育逐步萎缩，1990年停止招生。职工中专自开办以来，先后招收了五届三个专业的学生，共计毕业学员197人。职工中专毕业生统计详见表8-2-3。

表8-2-3　　水电十四局职工中专毕业生统计

年　度	总人数	专业名称	人数	学制	备　注
1985	88	85级企业管理	49	3	
		85级水电施工	39	3	
1986	52	86级企业管理	33	3	
		86级水电施工	19	3	
1987	28	87级企业管理	13	3	
		87级水电施工	15	3	
1988	5	88级水电施工	5	3	
1989	24	工业会计	24	3	
备　注	91级、92级招收54名学员，非本校发放毕业证				

四、教育中心

工程局成立教育中心，统管全局教育工作。“水利电力部第十四工程局职工教育培训中心”成立于1985年8月8日，2002年更名为“中国水利水电第十四工程局职工教育培训中心”（以下简称“教育中心”）。

教育中心的职能：一是根据国营工业企业进行整顿要求，加强和领导局干部学校、技工学校、职工中专三所学校，抓紧抓好全局职工教育培训，积极进行智力开发；二是根据工程局生产和长远发展需要，对全局职工教育培训工作进行统筹规划，采取短期培训和系统提高相结合等多种形式，组织职工进行政治、文化、业务技术和管理知识等的学习培训。

教育中心是工程局干部业务培训、工人技术培训的基地，具有技术工人、职工中专、电大学历教育的办学资格。校址设在离昆明40公里的小哨，占地面积44余亩，建筑面积8483米^2。其中，教室2000余米^2，图书及阅览室400米^2，教师住房1400米^2，学生宿舍1100米^2，办公室900米^2。

教育中心编制：以干部学校、技工学校、职工中专三所学校的编制定员人数为限。教育中心为县（团）级单位，设主任1人、副主任4人。直属的干部学校、技工学校和职工中专三校校长由教育中心副主任分别兼任。

曾担任教育中心主任的有：梁金恒、钟辉、温明先、顾谦、卻德仁。

曾担任教育中心副主任的有：黄宗英、倪庚祥、吴诚荣、陈优民、李鸿彩、蒋高俊、谢晋嘉、卻德仁、陈世杰、顾谦。

教育中心设置中心办公室、人事科、膳食科、总务科、车队、实习厂、对外培训科、电教科、党委办公室、宣传科（内设《教育中心报》编辑部）、工会、保卫科、团委等机构。同时设立机关党支部。

截至1985年底，教育中心在册教职工168人，其中干部88人（含专业技术人员61人），党员68人。技工学校、干部学校、职工中专三所学校成建制存在，均为县处级单位。三所学校分别建立了党支部。

1988年，教育中心进行机构改革，成立教育中心教务办公室，下设水工、基础、机械、管理4个教研组，由1名副主任兼教务办公室主任，统一管理三校的教务工作。撤销三校党支部，成立教师党支部和学生党支部。撤销马过河所有科室，成立教育中心马过河留守办公室。同时，成立教育中心校务办公室，负责全中心校务管理工作。保留教育中心党委办公室，负责党群管理工作。三所学校校长仍由教育中心副主任兼任。截至1988年底，教育中心在册教职工188人，其中干部102人，高级讲师9人，高级教师3人，讲师23人，助理讲师40人。

1992年6月，成立工程局技工学校曲靖分校，尹良为分校负责人。分校接受本部领导，由校本部统一招生，统一管理。当年，曲靖分校招收施工机械专业学生100名，不包分配。

1992年12月23日，教育中心更名为“中国水利水电第十四工程局职工教育培训中心”，三所学校也分别更名为“中国水利水电第十四工程局职工中等专业学校”、“中国水利水电第十四工程局干部学校”、“中国水利水电第十四工程局技工学校”。

2003年8月，工程局改革内部管理体制，撤销教育中心，技工学校、职工中专、干部学校保留名称。

五、电视大学教学班

1982年9月，局技工学校招收电大工程机械专业学员36人，在马过河办学。1984年，工程局在局干部学校设立电大管理科，原技工学校管理电大教学班职能移交局干部学校。1984年，局干部学校招收84级电大党政管理专业16名学员，84级电大工程机械班21人，在小哨开班办学。

工程局的电大教学班，计划开设7个专业，分别为工程机械专业、党政干部管理专业、工业企业经营管理专业、财会审计专业、工业与民用建筑专业、汉语言文学专业、师范专业。最后，由于生源问题，仅于1992年招收了工业会计专业学员26人。因此，工程局电大教育实际上只开办了4个专业，分别为工程机械专业、党政干部管理专业、汉语言文学专业、工业会计专业。工程局培养的电大毕业生情况统计详见表8-2-4。

表8-2-4　　水电十四局培养的电大毕业生情况统计

年　度	总人数	专业名称	人数	学制	备　注
1985	36	82级工程机械班	36	3年	
1986	16	84级党政管理班	16	2年	
1987	70	84级工程机械班	21	3年	
		85级党政管理班	23	2年	
		85级汉语言文学班	26	2年	
1990	15	87级工程机械班	15	3年	
1994	26	92级财会班	26	2年	

第三节　普　通　教　育

一、工程局普通教育机构

（一）学前教育机构

水电十四局职工子女的学前教育，开始于20世纪50年代中后期的水电站工地，哪里有水电工地，哪里就有托儿所、幼儿园。

工程局最早的幼儿园是1956年2月建立的以礼河“干沟职工幼儿园”。办园初期条件差，经费有限，设施简陋，后来入园职工子女增多，条件逐步得到改善。

1980年以后，全局已开办各种类型托儿所、幼儿园15所。入托、入园子女1451人。全局职工子女入托入园难的问题基本得到解决。

根据工程局《水电十四局1991～2000年教育改革发展规划》的要求，随水电基地的建立，1991年大理下关水电一公司开办了“水电第一幼儿园”，1993年水电五公司开办了“水电第二幼儿园”。两个幼儿园的建立，基本解决了滇西片水电基地职工子女幼儿学前教育问题。

1985年后，随工程局昆明、曲靖、大理水电基地的完善，职工进入云南省大中城市后，住房条件、生活条件得到极大的改善，大多数年轻职工非常重视子女的学前教育，普遍把子女入托到条件比较好的地方幼儿园。工程局自办幼儿园受到经费、生源、师资等条件限制，托儿所、幼儿园逐步萎缩，2000年后全局托儿所、幼儿园全部停办、撤销。

（二）中小学教育机构

1954年5月10日，水电十四局的前身“云南水力发电工程局”成立。以礼河工程开工后，为解决日益增多职工子女入学问题，1956年9月，工程局在以礼河甘沟开办了第一所“云南水力发电工程局子弟小学校”，只设有小学部。第一任以礼河子弟小学校校长汪积耀。

1960年9月，以礼河子弟校根据需要又开办了初中部。同年10月6日，子弟学校有学生800人，19个班，教师25人。随着工程扩大，入学职工子女增多，高峰时小学部24个班，初中部9个班，学生多达2000多人，教职员工130多人。1960年以后，在以礼河水电站的一级电站（毛家村）和二级电站（盐水沟）也相继开办了职工子弟小学校。

随着水电站工地的转移，水电第三工程处于1959年开办了绿水河职工子弟学校。水电第一工程处于1967年开办了西洱河大合江职工子弟学校。

水电第二工程处于1971年开办了下关苗圃职工子弟学校。鲁布革工程开工后，工程局各工程处于1971年和1977年分别开办了黄泥河“大寨职工子弟学校”、“羊洞脚职工子弟学校”和“乃格职工子弟学校”。水电十四局各工程处按施工工地分布不同，努力解决职工子女就近入学问题。

1981年，工程局成立了局“教育委员会”，并制定了《水电十四局1981～1990年教育发展规划》。截至1981年12月，工程局及各工程处自办中小学校24所，在校中小学生9411人，教职员工721人，其中教师632人。全局教师632人中，具有大专以上文化程度90人，占中学教师的34%。

1982年，在昆明凉亭汽车运输公司开办了职工子弟学校。办学初期条件艰苦，教师办公室和教室都设在活动房里，学生在活动房里上课。1984年学校扩建，盖起了教学楼，办学条件得到了极大的改善。

1984年9月，运输公司职工子弟学校更名为水电一中，设立高中部，高中部一年级共招生2个班。水电一中第一任校长孔令恒。

1985年以后，工程局基地建设初具规模，为了加强管理，先后合并了各工程处学校，把原工地的24所中小学全部迁进新建的昆明、曲靖、大理、罗平基地，合并为水电一、二、三中，水电三小，昆明安装公司浑水塘学校，罗平基地学校，马过河机械厂子弟学校7所中小学校。

1985年8月5日，工程局在曲靖基地开办了“水电部第十四工程局第二中学”。学校教学大楼2400米^2，活动场地2000米^2。在校学生初中各年级两个班，高中两个班。中学教师16人，员工4人，水电二中办校经费由工程局职工子弟学校办学经费中拨付。水电二中第一任校长向双元。

1987年4月22日，工程局在大理市组建了水电三中，第一任校长为孙念祖。

1995年，昆明凉亭水电一中在校学生270多个，水电子女仅27人，由于缺少生源、经费紧张，学校决定9月停止招生，逐步萎缩，教职工先后安排到其他工作岗位。两年后水电一中停办、撤销。

撤销较早的职工子弟学校是安装二公司子弟校。1996年8月30日，局撤销安装二公司子弟校，职工子女入学，原则上到水电三中读书，学校的教职工由安装公司妥善安置。

2000年4月21日，水电二中校长尹良，水电三中校长邵世平。

2001年1月，罗平子弟校停办、撤销。

2002年5月23日，大理水电三中停办，移交大理市教育局。

2002年8月28日，曲靖水电二中停办，移交曲靖市麒麟区政府。

二、工程局各个时期的普通教育

（一）学前教育

由于工程局学前教育的各类幼儿园多为局属各工程处、厂、队的行政、工会举办。加之水电工地条件有限，专业毕业的幼师缺乏，各幼儿园的幼儿教师和托管员大部分是抽调年轻女职工和安排职工家属担任，全局对幼儿教育缺乏统一规划和管理，幼儿教育相应制度不健全。导致幼儿学前教育水平不一，存在幼儿园以托代教、以管代学的情况。

1990年以后，情况有所改变，工程局和各主办单位对管辖的所长、园长及幼儿教师进行轮训，使各所长、园长及幼儿教师业务水平普遍提高。其中，水电五公司幼儿园曾被评为大理市“幼教先进单位”。

（二）建局初期的中小学教育

水电十四局自成立之日（1954年5月10日）起到2002年的48年间，在水电建设的各个阶段，自办各类中、小学校，较好地解决了水电工地职工子女入学受教育的问题。

1963年是国家第三个五年计划的第一年，为适应当时教育事业发展，以礼河干沟子弟学校小学部进行小学五年制教学改革试点，分别在小学二年级一班和三年级一班进行小学五年制教育试点班，在年级中抽调学习成绩较优的学生组成试点班。两个试点班一直延续至1966年“文化大革命”开始时停止。

工程局自办学校初期，条件艰苦，职工住临时工棚，学校校舍也因陋就简。教具不足，师生们自己动手制作。没有活动场地，体育课就组织学生登山下乡活动，因地制宜。特别是在企业经济困难时期，工程局在“创造条件也要上”的观念影响下，1970年，水电一公司下关教学点在初办时期，租用6间平均不足20米^{2}的民房作为小学1～6年级的教室，在17米^{2}的教室里坐了35个学生，学生们肩擦肩地坐在简易的木凳上，中间一条过道，两边桌子的边缘钉上木条，上课时再搭上木板学生就可以写字，一块2米^{2}大的木板当黑板挂在正面墙上，黑板两侧贴着一幅醒目的对联——身居斗室而勤奋苦读，不负众望为水电争光。就这样，在水电职工一代接一代开发建设水电站所谱写的艰苦创业史中，也记录了一页页水电教职员工们勤俭办学、教书育人、无私奉献的感人事迹。

（三）“文化大革命”期间的中小学教育

1966年“文化大革命”开始后，全局子弟学校小学部、中学部在不同的时间内相继停课。1967年3月，部队军代表进驻学校，对学校进行军事化管理，一个年级改称一个连，一个班改称一个排，各子弟校断断续续恢复上课。1968年10月，各学校成立“革命委员会”后，全局中小学全面复课，由于学校缺少全省统一的教材，各学校自行组织教师编制、印刷一部分教材满足中小学校复课需要。

1969年3月，子弟校凡符合条件的毕业生按政策上山下乡，第一批以礼河子弟校初中在校的职工子女作为知识青年，全部下乡到会泽县偏远贫困山区的者海、驾车、待补、火红、乐业5个人民公社接受再教育。

1970年6、7月，工程局职工子女达不到上山下乡条件的初中生，身体健康者分两批工程局内招为学徒工，经过短期培训后，分配到工程局各二级单位工作。

1970年招工后至恢复高考前的这几年，以礼河子弟学校的初中毕业生仍然作为知识青年继续上山下乡，每年一批，先后分配在干沟周边会泽县娜姑人民公社的小红山、石门坎、落水洞、干海子等农村接受再教育。水电一公司、水电二公司在西洱河子弟校的毕业生积极响应号召，分别下乡到周边漾濞县和剑川县的贫困农村接受再教育。

（四）改革开放后的中小学教育

20世纪80年代，改革开放给水电教育事业带来了生机活力，这一阶段是工程局自办教育的鼎盛时期。随着云南水利水电资源的不断开发，继以礼河水电站竣工发电的同时，西洱河、绿水河以及黄泥河的大寨水电站相继竣工投产，并进入鲁布革水电站施工准备阶段，此时，全局职工队伍已发展到2万多人。为满足日益增多的职工子女入学和不断提高从业人员素质的要求，增强企业发展后劲，工程局在坚持发展生产的同时，坚持党在各个时期的教育方针，始终把发展教育、开发智力、培养人才作为头等大事来抓。特别是在中共十一届三中全会以后，全局的幼儿教育、中小学教育在办学规模有了很大发展，教学质量也有了较大提高。

1980年6月3日，全局在校高中生实行统一考试，参加统考的学校有水电一处大合江中学、水电二处子弟校、水电三处大寨子弟校、水电三处松毛山中学、修造厂子弟校、安装公司子弟校6所，12个班共计480名在校高中学生。最高分是安装公司子弟校，315.9分。1981年12月，全局6所完中考取大学14人，中专31人，技工学校183人。

坚持树立良好校风，努力提升教学质量。1984年以来，工程局教委和学校坚持“一手抓建校，改善办学条件；一手抓队伍建设，强化学校管理，树立良好校风，提高教学质量”。尊师重教是工程局的光荣传统。1984年以后，工程局自办教育从幼儿教育、初等教育、中等教育到高等教育（成人电大班），已初步建立起一个多层次、多形式的教育体系。

组织教师外出参观学习，进行教学互补交流。1984年，水电二处学校被评为电力部“全国电力系统先进学校”。为提高教师教学能力，1984年10月22日，工程局组织首批25年以上教龄及电化教学观摩小组前往南京、杭州等地参观学习，时间1个月，先后观摩了南京长江路小学、杭州天长小学等学校，分别听取了两所学校14位教师的课，并与特级教师座谈，参观课外活动。教师们参观学习回来后又进行学习交流，对提高教学质量起到了很好的作用。

1985年后，工程局多次分期分批组织在职教师到地方院校进修学习。在学校新招学生中，除了招收自己的水电职工子女入学外，还招收相当一部分社会学生。自办学校取得了较好的社会效益。

工程局为规范自办中小学校，认真遵循国家教委颁发的〔1988〕教字第013号文《小学生德育纲要》、《小学生日常行为规范》、《小学生班主任工作暂行规定》，并向各学校转发了这三个文件。1987年7月，工程局制定《水电十四局职工子弟学校教育教学改革三年规划》，要求通过3年的努力，把工程局各职工子弟学校办成“校风好、环境美、质量高”的文明学校。1989年2月10日，工程局下发《转发国家教委关于颁发〈中学德育大纲〉（试行稿）、〈小学德育大纲〉（试行稿）》等文件，以指导全局教育工作。1989年2月13日，结合局教育工作的实际情况，工程局编写制定了《水电十四局职工子弟学校各级教师工作职责和教学常规》，作为各级中小学教师教学工作的基本要求规范和考核依据。《教师工作职责》共4项16条，《教学常规》共7项22条。1989年2月，工程局根据实际情况，在自办中小学校中积极推行校长负责制，并制定了《水电十四局职工子弟学校校长负责制试行条例》，共10章48条，并在水电二处学校进行校长负责制的试点工作。

优秀教育工作者获得表彰。1990年9月4日，曲靖基地水电十四局第二中学被中国电力企业联合会评为全国电力系统“德育工作先进单位”，第二中学教师李家其、修造厂子弟校教师刘立群获全国电力系统“优秀德育工作者”称号，二公司罗斯汉、一公司小学教师汪芷宁获全国电力系统“优秀老教师工作者”称号。

1991年2月20～23日，工程局教委于在昆明召开教育工作会议，会议内容有：总结“七五”期间全局教育工作；表彰德育先进集体和个人；表彰优秀教育论文作者；审议工程局 1991 年教育工作要点；讨论“八五”期间教育发展规划草案。

参加会议的人员为工程局各子弟学校校长和教务主任。会议认为：工程局通过几年的办学实践，在局文卫处的统一领导下，认真总结经验，积极组织师资，逐步规范教学，在全局范围内实现了普及九年义务教育的目标。建立后方基地后，逐步变在工地办学为在城市办学，办学条件得到了极大的改善，教职员工们安居乐业。全局中小学校教师充足、生员稳定、学科配套、经费有保障。教师队伍不仅数量充足，学历结构明显改善，高级讲师、中学高级教师 33 人，讲师、中学一级、小学高级教师 184 人，而且教师的待遇和地位有了明显提高，教育改革不断推进，教学设备逐年更新，教学质量逐年提高。

1980 年以前计划经济时期，水电十四普通教育经费按各校计划申报拨付。1980 年 7 月，工程局《关于我局学校教育经费开支等问题的暂行规定（草案）》中规定：“中学生平均每人每年 18 元，小学生平均每人每年 3 元，由各工程处、厂教育科按中小学生定额分配到各学校”。1981 年，小学生的学校经费增加为每人每年 5 元。1981 年全局共拨中小学教育经费 85.9 万元。

1984～1991 年期间，工程局累计拨出普通教育专款 800 多万元，1992 年工程局拨付中小学教育经费 249.7 万元。以后，每年的普通教育经费都由局根据全局各学校学生人数，教职员工人数按实际需要由工程局拨付。

不断完善教学楼舍，提升学校硬件水平。1991 年 9 月 10 日教师节期间，水电十四局第三完全小学教学楼在下关水电一公司落成投入使用。第三完小新校舍共 3128 米^2，其中教学楼 1229 米^2，教师宿舍楼 1899 米^2，总投资 171 万元，其中一公司与教师集资 55 万元。

完善教育体系，提高升学率。1992 年，水电二小被曲靖市评为市级一类学校。昆明安装公司浑水塘学校、罗平基地学校、马过河机械厂子弟学校、水电一中、水电三中、水电三小经过几年的办学实践，相继达到和接近当地市县（区）先进学校的办学水平。全局中小学参加县（区）、市、省、部学科竞赛并频频获奖，中高考、会考合格率、升学率连续十余年获得好成绩。1992 年，在全国电力系统中小学办学水平评估中，曲靖基地水电二中被中国水利水电总公司评为水电系统一类学校，被中电联评为全国电力系统“基础教育先进学校”。

1992 年以后，教师队伍不仅数量充足，学科基本配套，学历结构明显改善，高级讲师、中学高级教师 33 人，讲师、中学一级、小学高级教师 184 人。局从幼儿教育、初等教育、中等教育到高等教育已初步建立起一个多层次、多形式较为完整的教育体系。

1994 年 4 月，局水电二中初二学生宋尔茜参加“全国爱我中华珍迷杯青少年征文大奖赛”，并获全国四等奖；高二学生杨瑾波参加“全国中学生物理竞赛”，获云南赛区二等奖，是全省唯一参赛的企业子弟学校学生。

1994 年 7 月，在水电二中就读的曲靖分局职工子女左轶超同学，中考平均以 94 分的优秀成绩考入云南大学附属外语学校。1996 年 7 月，左轶超同学高考以 652 分的成绩成为云南省高考外语类状元，最终被北京对外经济贸易大学录取。

1996 年 4 月，水电二中、水电三中经过云南省教委晋级达标验收，两所中学先后被云南省教委评定为“云南省二级一等完全中学”。

2002 年 6 月 1～11 日，云南省教育学会和云南省教育科学研究院举办《2002 年云南省中小学、幼儿园学生绘画作品展览》，水电二中 11 人获奖。其中，一等奖 3 名，二等奖 2 名，三等奖 1 名，优秀奖 5 名。6 幅作品被选入云南省美术馆展出。

第九篇 后勤工作

第九篇　后　勤　工　作

第一章　基　地　建　设

第一节　基　　地

工程局基地建设经历了三个发展阶段：一是安置离退休人员，建立稳定后方基地。二是生产、生活综合配套建设。三是协调完善，进行生活基地建设。1980 年 9 月、1980 年 11 月相继开工建设下关基地、昆明基地。到 20 世纪 90 年代初期基本形成昆明、曲靖、大理、罗平四大基地，全局职工基本做到“下山进城”，有了一个稳定的家。四大基地情况都不相同，各具特点。

一、昆明基地

昆明基地辖工程局机关、昆华实业总公司、东华装饰工程中心、机电安装总公司、路桥总公司、科研设计院、原职工教育培训中心、原物资公司、原职工疗养院、原劳动服务公司，特点是自成体系、分片管理。

（1）工程局机关办公大楼是昆明基地的主要标志，位于昆明市环城东路 192 号，属昆明市二环路内区域黄金地段，由于紧靠一环路的十字路口，交通十分便利。工程局办公大楼于 1982 年开始申请筹建，1984 年 4 月经水利电力部水利水电建设总局〔1984〕水建字第 56 号文批复正式建设，是工程局的首脑机关和指挥中心。当时昆明高楼不多，在历史上曾是昆明市的一个标志性建筑物。工程局机关除了在局办公大楼旁的东华小区、吴井桥、书林街、土桥自建职工住宅外，还先后购买了位于刘家营、董家湾、新迎、曙光、新迎温泉花园、金星、颐园里、金实、金沙、北辰等小区的商品房，以解决职工的住房问题。

（2）水电职工疗养院是根据原水电总局要求及昆明良好的气候及自然环境，为长年奋斗在水电工地的职工建设一个疗养胜地。1984 年，水电总局、水电十四局等多家水电建设单位开始集资筹建集疗养、休闲等多功能为一体的水电职工疗养院，1990 年正式开业。水电疗养院为解决本院职工住房问题，购买了金沙小区一部分商品房。2006 年工程局改制分流，水电疗养院并入昆华建设实业总公司，随后云南省政府征用了这块土地，水电疗养院便撤销了机构。

（3）小哨职工培训教育中心是 1981 年工程局为了培训本单位的职工，提高职工职业技能水平，为工程局提供大量优良的人才队伍，向云南省体委军体局购买的昆明官渡区小哨房地产，作为职工培训教育中心，于 2003 年停止办学。

（4）机电安装总公司在环城南路环南新村 24 号双龙桥建盖办公楼和职工住宅区。在官渡区浑水塘建有水工设备厂，生产闸门、压力钢管等水工金属结构产品。机电安装总公司还购买了永昌、金河、华海、汤井、金沙等小区的商品房，以解决职工住房问题。

（5）路桥总公司在官渡区凉亭建有办公楼、生产区和职工生活区。

（6）物资公司在官渡区呈贡王家营建有物资仓库、设备维修中心。物资公司还与外单位合作建设职工生活区，形成大树营生活片区。物资公司还购买了昆明市白龙小区及开远市的部分商品房，以解决职工住房问题。

二、曲靖基地

为了加强基地的建设和管理，工程局于 1983 年 5 月成立了水电十四局曲靖基地管理处，其主要职能是承担基地建设和管理，具体包括：基地的规划和施工；离退休职工的安置和管理；基地房地产、学校、环卫、绿化、水电管理；治安保卫、人民武装等工作。

经水电总局批准，水电十四局于 1983 年 10 月在曲靖县城区开始兴建职工生活基地。曲靖基地的房屋建设比较集中，形成曲靖市的一个小区。根据 1983 年 7 月 6 日水电总局“关于曲靖基地规划”的批复，曲靖基地以建职工生活住宅为主，辅以福利配套项目的精神，从 1983 年至 1986 年的 4 年中，基地建设按“先生活，后配套”的指导思想，首先在环城保渡五队、城关十二队征地。而后，随工程进度陆续征用其他土地，兴建职工住宅。

基地住房建设，到 1984 年底，第一批 216 套职工永久性住宅竣工。

1985 年初，水电十四局一、二、三公司，物资公司，修造厂，大修厂等单位 200 多名离退休职工首批陆续进入曲靖基地安置。接着，基地办公大楼建成和第二批 100 套永久性住宅竣工，基地建管处机关搬入办公楼办公，又一批职工迁入新居。

1986 年 8 月，水电二中教学楼、食堂建成。职工医院医疗大楼、水电老年俱乐部等配套设施开工，职工住宅也陆续兴建。

随着改革开放的深入发展，水电施工队伍为适应招投标承包工程和跨省、跨地区施工的需要，把离退休职工、病残职工、家属子女安置在后方，精兵强将上前线。1986 年底，为加快基地建设速度和使单纯生活基地逐步向综合性基地转变，工程局提出了基地建设的基本方针：“充分发挥和调动各方面的积极性，面向工地，面向社会，为建设与生产、生活、教育、卫生系统相配套的综合型生活基地而努力。”在这一方针的指导下，水电二公司、运输公司曲靖分公司在曲靖官坡寺征地建房，安装公司、物资公司转运站、水电三公司也先后在曲靖、沾益征地建房。马过河修造厂搬迁曲靖建设五十铃货厢厂，在曲靖火车站侧征地建厂建房。各单位采取自筹资金、集资等方式，大大加快了基地建设的进程。除在原麒麟东路以北片区形成比较集中的生产、生活区外，麒麟西路物资公司转运站建成职工生活区；水电二公司和运输公司曲靖分公司在官坡寺及大南关建起了生产厂房和生活区；安装公司在市工人文化宫后侧建成职工生活区；水电三公司在沾益建盖了液压管件厂和职工生活区；在曲靖市南宁北路 600 米长的路段上，高楼林立，形成了“水电一条街”。

1992 年 11 月，由曲靖基地建管处承建的五十铃货厢厂 8930 米^2 主厂房竣工验收，其余附属工程于 1994 年 6 月全部完工投产。

2002～2006 年，工程局根据国家、云南省、曲靖市有关企业办学校、医院移交政府部门的有关政策，与曲靖市政府、各有关主管部门协商，就水电二中、水电二小、水电曲靖医院（含罗平松毛山分院）的移交达成协议，采取人员、资产整体移交的方式。水电二中、水电二小、水电曲靖医院（含罗平松毛山分院）占有的土地及房产移交给曲靖市政府有关部门，实现了企业办社会职能的剥离。

三、大理基地

大理基地位于云南省大理市。云南滇西洱海素有高原明珠之称。从20世纪60年代中期到70年代，为了西洱河梯级水电站建设，水电十四局水电一处、二处数千职工和大理州地方政府抽调的上千民工云集西洱河，经过20余年的艰苦奋斗，总装机25.5万千瓦的4个梯级水电站相继建成投产。

1980年，工程局决定在下关市选点建设基地。

大理基地征用的土地主要是城郊的苗圃山、养鸡场，房屋依山而建，呈台阶形，当年交通相当困难，职工生活很不方便。后来由于城市扩容，与主城区连在一起，交通条件才得到改善。大理基地有职工医院，水电三中，水电三小和有经营、生产任务的大理分局，安装二公司等单位，是水电十四局较大的一个生活生产基地。

大理基地的建设经历了三个发展阶段：

第一阶段：1980年9月13日水电一处在下关市郊的苗圃山坡征地21.21亩，成立房建办公室，负责建设永久性住宅346套，安置离退休职工520名。在此期间，水电二处在西洱河水电站建设时期就已征地的苗圃车队建盖了离退休职工住房三幢。1985年5～12月，经大理州、市政府批准，工程局又在苗圃山坡征地60亩，兴建水电三中校舍。

第二阶段：西洱河梯级水电站全部建成投产后，水电十四局一公司、五公司、六公司面临跨省、跨地州施工的紧迫现实，2565名离退休职工和数千家属再也不能和职工一起随工地迁移转战，为了实现前后方分离，工程局决定加快基地建设步伐。1987年4月正式成立水电十四局下关基地（2002年更名为大理基地），其主要职责是负责基地建设的规划和施工；离退休职工的安置和管理；基地学校、房地产、环卫、绿化、水电管理；治安保卫、人民武装、水电职工医院管理等。1987年6月，大理基地与大理州、市交涉协商，在分别缴纳了11万元的耕地占用费和80万元的征地补偿费后，解决了原水电一公司在下关北郊一点红所征45亩的土地问题和西洱河一级水电站建设时已征用的刘家营片土地的遗留问题。这样，大理基地在进一步落实土地的基础上进行了紧张的基地建设。大理基地针对滇西片近2000名离退休职工还居住在工地危房的现状，按“分步推进，统筹规划”的原则，作出了大理基地建设新规划。至1992年，大理基地的建设已初具规模，建成永久性住宅1421套，形成了大理市苗圃、黑龙桥、北郊一点红（现养鸡场）、大理市布鞋厂、纸板厂等生活小区和机关小区。小区内配套设施不断改善，建有老年活动室、图书阅览室、棋牌类活动室、医务室，为离退休职工的安装了闭路电视等。

第三阶段：1991～2000年，为解决在职职工下山进城的问题，水电十四局一公司、五公司、六公司、下关基地、水电安装二公司以及大理分局根据自身情况和能力购置土地建房，基本满足了职工的住房需求，为职工生活创造了一个较好的居住环境，加快了大理基地的建设。大理片在职职工住房情况：水电一公司在人民南路、龙溪西路；水电五公司在苗圃、沙坝；水电六公司在龙溪西路、人民南路；水电安装二公司在文献村；水电二小在一点红等地，各单位建有各自管理的办公楼和生活小区。

2000年后，随着国家房改政策的变化，大理基地的住房建设也随即停止。

四、罗平基地

罗平县位于云南东部，地处滇、桂、黔三省交界处，324国道线穿过罗平县城。水电十四局罗平基地位于罗平县城东郊1.5公里处，集中分布在罗曲公路两侧的松毛山、青草塘两地。

罗平基地始建于1981年底。当时大寨水电站即将竣工，鲁布革水电站工程已进入施工准备时期。职工队伍的转移、老弱病残的安置、施工设备的集中维修、子女就学等一系列问题已较为突出。在罗平县城城郊松毛山，原已建有水电十四局三处“七二一”职工大学、子弟学校高中部、松毛山医院、机械设备库等，在此基础上建设后方基地已具备条件，工程局决定规划基地建设。1983年6月，为加强基地建设的领导，成立了水电十四局罗平基地办事处，安置人员已达到552人。经过几年建设，罗平基地下属单位有木工厂、老鹰山修理厂、子弟学校、退休办公室、局职工医院、职工培训学校及物资公司供应站等。罗平基地的职工住房、生产办公用房、仓库集中分布在城郊的松毛山、青草塘两大块。经过多年的建设，已发展成为罗平县主城区的一部分。

在鲁布革水电站完工后，生产单位不再入驻罗平基地，转移到曲靖市，罗平基地只留下少部分离退休职工、待下岗职工和家属。

第二节 地　　产

工程局自成立之日就十分重视房地产管理工作，建立了专门的管理机构。1958年8月10日，在电力工业部水力发电建设总局《关于云南水力发电工程局机构设置及1956年编制人数的批复》中就设置了房屋管理科。在工程局发展的各个历史时期，房地产管理机构均设在行政科或办公室。到了20世纪90年代，随着市场经济的深入发展，国家对企业国有资产监管力度加大，工程局更加重视国有资产和房地产管理，在组织机构设置上进一步明确和加强。

1995年9月7日，工程局正式设立了资产管理部。1996年，工程局成立曲靖分局、大理分局。各分局设有房产管理科，负责各片区的房地产管理工作。同年8月10日，工程局下发《中国水利水电第十四工程局资产管理办法》，对全局的房地产管理作了全面、系统的规定。

1997年9月26日，工程局资产管理部下设房产管理科，主要负责全局的房地产资源总量管理，其主要工作是：对全局的房地产资源进行彻底、全面的清理，切实掌握全局的房地产总量；指导各单位房地产管理科对现有房地产的总量、分布、使用等情况进行清理建档；进行全局不动产的资产清理、资产划分、资产评估、产权证书办理的相关工作；建立职工住房档案等。除曲靖分局、大理分局外，其他各个二级单位的办公室负责本单位的房地产管理。

2000年7月3日，在曲靖基地管理处、大理基地管理处下设综合办（房地产管理科），负责曲靖（含罗平）、大理片区的房地产管理工作。安装总公司、路桥总公司、实业总公司拥有的房地产由其自行管理。

2003年10月21日，工程局在资产管理部下设房地产管理处，李国山兼房地产管理处处长。

工程局土地来源、分布、使用和变化情况如下。

一、昆明片区

（一）局机关

（1）昆明市环城东路192号位于东华小区，是工程局机关所在地，也是局机关职工住宅区之一，使用面积为9227.46米^2（13.33亩）。其中：职工购买房改房带走土地1820.34米^2（2.73亩），2007年下属辅业单位昆华实业总公司改制带走土地196米^2（0.29亩），招待所占地420.86米^2（0.63亩），办公区占地3916.43米^2（5.87亩），生活区占地2609.37米^2（3.91亩），职工医院占地264.46米^2（0.4亩），扣除职工房改房及改制单位带走土地，净余土地7211.12米^2（10.82亩）。工程局使用东华小区的土地，原系1982年1月工程局为了在市区建设机关、办公楼及生活住宿区，经昆明市城建委批准征用的，征地费为41.73万元。

（2）昆明市环城南路环城巷一号是招待所和职工生活区，使用土地面积3713.66米^2（5.57亩），其中：2005年职工房改房带走土地867.8米^2（1.3亩），招待所及生活区占地2845.83米^2（4.27亩），扣除房改房带走土地，净余土地2845.83米^2（4.27亩）。该宗土地是1954年11月由工程局的前身云南水力发电工程处建设仓库、办公地点、油库而征用。

（3）昆明市书林街141号是职工生活区，使用土地面积241.07米^2（0.36亩），其中：2007年职工房改房带走土地145.25米^2（0.22亩），生活区占地79.7米^2（0.12亩），商铺占地16.11米^2（0.02亩），扣除职工房改带走土地，净余95.82米^2（0.14亩）。该宗地是1954年由工程局的前身云南水力发电工程处作为办公用房的土地。

（4）昆明市土桥120号是职工生活区，使用土地面积390.54米^2（0.59亩），其中2007年职工房改房带走土地210.32米^2（0.32亩），生活区占地180.23米^2（0.27亩），扣除房改房带走土地210.32米^2（0.32亩），净余土地180.23米^2（0.27亩）。该宗地是1954年由工程局的前身云南水力发电工程处作为办公用房的土地。

（5）昆明市南窑永安路140～146号占地面积240.8米^2（0.63亩），现为出租的临街商铺，是1987年工程局下属实业总公司昆明机电安装总队从昆明城市建设综合开发公司购买的土地。

（6）其他：

1）昆明市董家湾17幢职工住房：该宗土地是1983年2月购买的商品房带来的，占地面积390.71米^2（0.59亩），2004年办理职工房改房带走土地390.71米^2。

2）昆明市巡津街21号附1号：占地面积1000米^2（1.5亩），巡津街3号占地面积580米^2（0.87亩），工程局的前身云南水力发电工程处于1954年10月用于办公、生活用地，后被昆明市房管局占用。

3）昆明市环城南路237号：占地面积6913米²（10.37亩），云南水力发电工程局于1954年7月征用，后被云南省机电公司于1961年占用。

4）昆明市巡津街14号：占地面积2300米²（3.45亩），昆明市盘龙9号（新12号）占地面积650米²（0.97亩），云南水力发电工程局于1954年用于办公生活用地，后被昆明市委占用。

5）1993年8月，水电十四局物资公司与云南省口岸开发公司联合购买思茅港区土地10亩，物资公司支付了5亩的土地款，后由于合作项目未成功，土地证上的土地使用者名称为“云南省口岸开发公司”难于分割办证，此后土地闲置。

6）原物资公司开远转运站，位于开远市西南路上南干桥，占地面积6953.4米²（10.43亩），因为管理体制变化，转运站业务减少，为盘活资产，从2000年5月逐步将土地转让出去。

（二）昆明水电疗养院

位于昆明市滇池旅游度假区。该宗地是1984年工程局与水电总局等单位联合建设水电职工疗养院时向地方政府申请征用的，征地费为396.17万元，使用土地面积6.67万米²（100亩）。其中：2006年4月由于土地闲置，政府收回2860米²（4.29亩），修路及公用水面摊销9338.9米²（14.05亩），经营用地5.45万米²（81.66亩）。

（三）原小哨教育中心

位于昆明市官渡区大板桥杨官庄村。该宗地是1981年7月工程局向云南省体委军体局购买来用于建设职工培训基地的，购买费为150万元，使用土地面积2.93万米²（43.94亩）。

（四）工程局设备租赁中心

位于昆明市呈贡县洛羊区小新册乡王家营。该宗地是1980年7月由工程局的前身电力工业部第三水电工程局征用的，占地面积4.91万米²（73.61亩），是局设备租赁中心所在地，承担着工程局大型设备租赁、维修、停放、保养工作。2005年8月，因国家重点建设昆明铁路集装箱中心站被征用土地2.33万米²（34.93亩），目前净余土地2.58万米²（38.68亩）。

（五）路桥总公司

（1）路桥总公司：位于昆明东郊凉亭中路。该宗地系1959年云南水电厅征用，1972年云南水力发电建设公司运输队从以礼河搬迁至凉亭，与云南省电力局机具站合并成立云南省电力局运输总队，由云南水电厅划入。1978年“水电、火电”分家，将35.7亩土地划归运输总队，1979年又征用31.5亩，征用费6.73万元，两部分合计使用土地面积4.48万米²（67.22亩），其中：2004年职工房改房带走土地4709.35米²（7.06亩），办公、生产、生活区占地4.01万米²（60.16亩）。

（2）路桥总公司油库：位于昆明市官渡区金马镇十里铺，是1984年路桥总公司的前身汽车运输公司为了满足鲁布革水电站建设物资运输的需要，保证油料供应而征用的。该地占地面积3193.56米²（4.79亩）。

（六）机电安装总公司

（1）机电安装总公司：位于昆明市环城南路环南新村24号双龙桥，是1990年水电十四局劳动服务公司征用的，后由工程局协调，调整给机电安装公司。该地使用土地面积2732.62米^2（4.1亩），其中：2004年职工房改房带走土地859.74米^2（1.29亩），办公、生活区占地1872.88米^2（2.81亩）。

（2）昆明水工厂：位于昆明市官渡区大板桥镇浑水塘村，系1976年机电安装公司向昆明市官渡区申请征用的基地建设用地，占地面积24.74万米^2（371.12亩），是机电安装公司下属昆明水工厂的办公、生活基地。

二、曲靖片区

（一）曲靖管理处

（1）曲靖基地位于曲靖市南宁北路、麒麟东路，是工程局在曲靖片区最大的生活基地，也是1982年工程局向曲靖市政府申请征用的基地建设用地。基地内建有办公、生活、学校、医院等配套设施，以幸福巷为界分为南北片区。北片区占地面积8.19万米^2（122.8亩），南片区占地面积5.18万米^2（77.75亩），南北两片区合计使用土地13.37万米^2（200.55亩）。2002年8月，水电二中（含附属小学）移交地方，核减土地1.68万米^2（25.28亩）；2004年6月水电医院移交地方，核减土地4884米^2（7.33亩）。2005年7月，曲靖区麒麟区文化局拟建文化馆征用土地297米^2（0.45亩）；2006年10月，昆华实业公司改制带走土地1620.37米^2（2.43亩），职工房改房带走土地3.00万米^2（44.91亩）；净余土地面积8.01万米^2（120.15亩）。其中：曲靖分公司办公楼占地1004.67米^2（1.51亩），69幢办公楼占地1339.28米^2（2.01亩），科研院办公楼占地1762.8米^2（2.64亩），物管办公室占地900.3米^2（1.35亩），90幢单身楼占地1891.72米^2（2.84亩），93幢汇丰楼占地2534.75米^2（3.8亩），生活北区占地4.27万米^2（64.02亩），102幢住宅占地178.5米^2（0.27亩），生活南区占地2.66万米^2（39.78亩），幸福巷商铺占地356.6米^2（0.53亩），94幢住宅占地926.05米^2（1.39亩）。

（2）水电一小区位于曲靖市环城东路。该地是1992年9月水电十四局四公司向曲靖市申请征用的基地建设用地，占地面积1.48万米^2（22.12亩），又是曲靖分局的设备维修所在地及职工住宅区。2006年6月，办理房改房带走土地2936.64米^2（4.4亩），净余土地1.18万米^2（17.72亩）。

（3）水电二小区位于曲靖市环城东路与一小区紧相连。此地系1992年7月由水电十四局三公司向曲靖市申请征用的生活基地建设用地，占地面积1.68万米^2（25.18亩）；同时又是职工住宅区，2006年8月，办理房改房带走土地3242.16米^2（4.86亩），2006年6月城市建设修路占用1733.34米^2（2.6亩），净余土地面积1.18万米^2（17.71亩）。

（4）水电三小区位于曲靖市官坡寺街。此地系1994年5月水电十四局二公司向曲靖市申请征用的生活基地建设用地，占地面积1.20万米^2（18.06亩）；也是职工医院、住宅区。2004年6月曲靖医院移交地方，核减土地面积1176.26米^2（1.76亩），职工房改房带走土地面积3764.16米^2（5.65亩），净余土地面积7102.94米^2（10.65亩）。

（5）水电四小区位于曲靖市南宁北路官坡巷。此地系1990年3月水电十四局二公司向曲靖市申请征用的生产、生活基地用地，占地面积 1.37 万米^2（20.5 亩）。2005 年职工房改房带走土地 2472.12 米^2（3.71 亩），净余土地 1.12 万米^2（16.8 亩），其中：兴华钢模厂占地面积 4760.08 米^2（7.14 亩），生活区占地 6437.64 米^2（9.66 亩）。

（6）水电五小区位于曲靖市麒麟西路，为职工生活住宅区。此地系 1987 年 2 月水电十四局物资公司曲靖转运站向曲靖市申请征用的办公、生活基地建设用地，占地面积 5159.4 米^2（7.74 亩），2005 年职工房改房带走土地 1256.47 米^2（1.88 亩），2006 年 8 月昆华实业公司改制带走土地 144.22 米^2（0.22 亩），净余土地面积 3758.71 米^2（5.64 亩）。

（7）运输公司曲靖分公司官坡寺生产、生活区位于曲靖市南宁北路官坡寺。此地系 1988 年 6 月水电十四局汽车运输公司曲靖分公司向曲靖市环城乡保渡村公所官坡寺村民委员会购买的，购买价共计 315.3 万元。占地面积为 4.02 万米^2（60.3 亩），2006 年办理职工房改房带走土地 3027.84 米^2（4.54 亩），净余土地面积为 3.72 万米^2（55.76 亩），其中：生活区占地 2.50 万米^2（37.54 亩），生产区占地 1.21 万米^2（18.22 亩）。

（8）钉子厂位于曲靖市教场西路，是水电十四局二公司开办多种经营实体的钉子厂用地。此地系 1986 年 12 月水电二公司向曲靖市申请征用的生产、生活建设用地，占地面积为 7328.7 米^2（10.99 亩），2005 年办理职工房改房带走土地 216.24 米^2（0.32 亩），净余土地面积 7112.46 米^2（10.67 亩），现为出租的生产用地。

（9）三宝油库位于曲靖市麒麟区三宝镇雷家村委会彭家台子村民小组，原是加油站，现为出租私人自办加油站，由 4 块土地组成。此地系 1988 年是水电十四局物资公司曲靖转运站购买的仓储用地，主要用于满足汽车运输油料供应，占地面积为 2374.6 米^2（3.56 亩）。

（10）沾益龙华土地。该地位于曲靖市沾益县西平镇龙华村委会龙华大道北侧，是水电十四局三公司的生产、生活基地。此地系 1988 年 10 月水电十四局三公司向中国人民解放军 87496 部队购买的，购买价为 35 万元，原是部队的汽车连，购买后用于生产、生活基地用地，占地面积 3.05 万米^2（45.68 亩），2006 年 5 月办理职工个人土地证 784 米^2（1.18 亩），净余土地面积 2.97 万米^2（44.5 亩）。

（11）其他：

1）曲靖市西山乡张家凹油料存储库，占地面积 1314.3 米^2（1.97 亩）因城市建设需要，于 2006 年 10 月 16 日被曲靖市国土局开发区分局收回。

2）曲靖市教场西路原金源公司驾驶员培训站，占地面积 1.49 万米^2（22.37 亩），于 2006 年 6 月被昆华实业公司改制带走该地。

3）曲靖市教场西路纸制品厂、液压管件厂，占地面积 3671.1 米^2（5.51 亩）于 2006 年 6 月被东华装饰工程中心改制带走。

4）1971 年，机械厂在马龙县马过河建立生产生活基地，占地面积 171.37 万米^2（2570.48 亩），1987 年后搬迁至曲靖市火车北站旁，把马过河修理厂的土地退还马龙县。

5）1966 年，工程局在沾益县红瓦房开办沾益水电农场，开展亦工亦农活动，占地 88.26 万米^2（1323.88 亩），投资 300 多万元，1984 年划归曲靖基地管理。由于管理不善，1992 年 5 月农场宣布解体，土地退还沾益县。

（二）曲靖分局

（1）南关修理厂：位于曲靖市花柯路（南关施家台子村）原是运输公司汽车大修厂的生产、生活基地，后机构撤销，土地转入曲靖分局使用。此地系 1985 年 3 月 10 日由水电十四局运输公司汽车大修厂向南关乡人民政府申请征用的生活、生产基地。原为农用蔬菜地。占地面积 5464.8 米^2（8.2 亩），2006 年办理职工房改房带走土地 249.48 米^2（0.37 亩），净余土地 5125.32 米^2（7.82 亩）。

（2）三宝温泉油库：位于曲靖市麒麟区三宝镇温泉，原是运输公司曲靖分公司的油库，占地面积 6704.5 米^2（10.06 亩）。于 1988 年运输公司曲靖分公司向曲靖市申请征用，后运输公司曲靖分公司机构撤销，此地转入水电十四局曲靖分局使用。

（三）水电十四局机械厂

位于曲靖市寥廓北路，是水电十四局机械厂的生活、生产基地。此地系 1989 年水电十四局马过河修造厂（后改称机械厂）迁曲靖办轻型汽车车厢厂在曲靖火车站北侧向曲靖市申请征用，作为生产、生活基地。占地面积 6.76 万米^2（101.41 亩），2006 年办理职工个人土地证带走面积 4498.74 米^2（6.75 亩）土地，净余土地面积 6.31 万米^2（94.66 亩）。

（四）机电安装公司曲靖劳务管理处

（1）麒麟巷生活区位于曲靖市麒麟巷 70 号，是原安装一公司的生活基地，此地系 1986 年安装一公司向曲靖市申请征用的生活基地。占地面积 7347.8 米^2（11.02 亩），2006 年办理职工房改房带走土地 2204.2 米^2（3.31 亩），净余土地 5143.6 米^2（7.72 亩）。

（2）官坡寺街办公、生产生活区位于曲靖市官坡寺街。此地系 1984 年安装一公司向曲靖市申请征用的办公、生产、生活基地。占地面积 6248.8 米^2（9.37 亩），2006 年办理职工房改房带走土地 616.55 米^2（0.92 亩），净余土地面积 5632.25 米^2（8.45 亩）。

三、罗平片区

（1）松毛山基地位于罗平县罗雄镇松毛山达北路，是水电十四局建设的第一个办公、生产、生活基地。此地系 1981 年工程局为安置职工队伍，为鲁布革工程建设进行准备，向罗平县申请征用的办公、生产、仓储、学校、医院、生活等综合性基地用地。占地面积 20.38 万米^2（305.74 亩），城市规划修建道路占用土地 5324.26 米^2（7.99 亩），1998 年为盘活资产，将临街的 5303.18 米^2（7.95 亩）土地交由罗平县土地局拍卖出售，2005 年办理房改房带走土地 5761.28 米^2（8.64 亩），2006 年昆华实业公司改制带走土地 7154.48 米^2（10.73 亩），净余土地 18.03 万米^2（270.42 亩），其中：招待所片区占地 5.77 万米^2（86.53 亩）；20 幢住宅占地 325.27 米^2（0.49 亩）；降压站下面住宅区占地 4146.51 米^2（6.22 亩）；办公室、学校片占地 8.39 万米^2（125.8 亩）；坟山占地 2.83 万米^2（42.4 亩）；农灌渠旁住宅区占地 5987.19 米^2（8.98 亩）。

（2）农贸市场及生活区位于罗平县罗雄镇万达路，是罗平基地的一个组成部分。此地系1982年工程局为建设职工生活基地向罗平县申请征用的生产、生活基地用地，原是一个农灌渠边的河滩地，占地面积1.73万米^2（25.96亩），城市规划修建道路占用土地1064米^2（1.6亩）。1998年将临街的3061.37米^2（4.59亩）土地交由罗平县土地局拍卖，2005年房改房占地1064.03米^2（1.6亩），净余土地1.21万米^2（18.18亩），其中：农贸市场占地9460.5米^2（14.19亩），生活占地2659.27米^2（3.99亩）。

（3）松毛山医院位于罗平县罗雄镇松毛山达北路，是原工程局松毛山医院。此地系1977年工程局医院从会泽干沟镇搬迁至罗平县松毛山，为职工提供医疗服务向罗平县申请征用的医院用地。该地占地面积1.45万米^2（21.74亩），2000年城市规划修路占用594.31米^2（0.89亩），2004年曲靖医院（含松毛山医院）移交曲靖市，核减土地1.08万米^2（16.2亩），2006年办理职工房改房土地635米^2（0.95亩），净余土地2460米^2（3.69亩）。

（4）罗平水电十四局木工厂位于罗平县罗雄镇松毛山，是工程局基地办事处的生产用地，于1982年为鲁布革水电站建设加工木料而向罗平县申请征用的生产用地，占地面积5147.9米^2（7.72亩）。

（5）松毛山基地蓄水池、抽水机房由于基地依山而建，生产用水、生活用水取自山泉水，为保证用水量，新建蓄水池，占地面积295.8米^2（0.44亩）。与其配套的还有抽水房，占地89.2米^2（0.13亩），于1982年向罗平县申请征用的基础设施配套用地。

（6）老鹰山修理厂、汽车队。此地系为确保鲁布革水电站物资、设备的储运及中转，汽车修理、金属结构加工于1976年4月由云南省电力局水电建设第三工程处（后改称水电十四局三处）向罗平县氮肥厂购买，购买价38万元，占地面积6.61万米^2（99.21亩）。

（7）机电安装一公司基地位于罗平县罗雄镇青草塘基地。此地系1979年云南省电力局水电安装处第一工程队（后改称水电十四局机电安装公司一公司）在罗平建盖生产、生活基地向罗平县申请征用。占地面积7.82万米^2（117.24亩），扣减进出青草塘的公用道路占地1.11万米^2（16.7亩），净余土地面积6.70万米^2（100.54亩），其中：砖厂片占地1.16米^2（17.38亩）；职工住宿片区占地2.55万米^2（38.2亩）；修理厂片区占地2.91万米^2（43.62亩）；降压站、水池占地898.53米^2（1.35亩）。

（8）其他。位于罗平县罗雄镇松毛山木工厂的一宗土地，面积2520米^2（3.78亩），于2001年1月被罗平县罗雄镇新村办事处村民占据。厕所位于松毛山基地附近农灌渠旁边，由于位置未与基地连在一起，故单独征用，主要是为基地内人员提供生活方便，占地面积90.2米^2（0.14亩）。

四、大理片区

（一）大理管理处

（1）人民南路办公生活区位于大理市下关镇人民南路53号，是水电十四局大理管理处、大理分局的办公、生活区。此地系1987年6月水电十四局一公司（后机构合并改称大理分局）为建设办公及职工宿舍区向大理市申请征用的基地用地。占地面积9905.89

米^2（14.86亩），2006年办理职工个人房改房占地3772.75米^2（5.66亩），2006年昆华实业公司改制带走土地683.71米^2（1.03亩），净余土地面积5449.43米^2（8.17亩），其中：生活区占地4158.68米^2（6.24亩），办公楼占地1183.56米^2（1.78亩），14幢单身楼占地107.19米^2（0.16亩）。

（2）二号桥综合楼位于大理市下关镇建设西路2号。此地系1980年9月水电十四局二处为建设办公、生活基地向大理市申请征用的建设用地，占地面积2055.97米^2（3.08亩），是水电二处的办公、生活用地。2006年办理职工个人房改房占地面积864.51米^2（1.3亩），净余土地面积1191.46米^2（1.79亩）。

（3）大理医院位于大理市下关镇建设西路9号，是水电大理医院所在地。1977年，工程局为解决西洱河水电站施工人员看病及工伤治疗就医问题，向大理市申请征用。该地占地面积2731.8米^2（4.1亩），城市规划道路修建占用550.37米^2（0.83亩），净余土地2181.43米^2（3.27亩）。

（4）龙泉居住区位于大理市下关镇龙泉居住区，是下关基地的职工生活区。此地系1985年6月由水电十四局一公司购买大理市郊区企业第一联合公司所属种鸡场土地及附着物，购买价为45万元，占地面积2.56万米^2（38.34亩）。2006年办理职工房改房占地4192.51米^2（6.29亩），净余土地面积2.14万米^2（32.05亩），其中：生活区占地1.06万米^2（15.84亩），原精神病院片区占地3236.68米^2（4.85亩），修配厂片区占地7567.07米^2（11.35亩）。

（5）龙泉小区位于大理市下关镇龙泉小区，是下关基地的职工生活区。此地系1985年6月由水电十四局一公司购买大理市郊区企业第一联合公司所属种鸡场土地及附着物而来。占地面积4340.61米^2（6.51亩），2006年办理职工房改房占地1709.61米^2，净余土地2631.5米^2（3.95亩），其中：生活区占地462.69米^2（0.69亩），空地占地2168.81米^2（3.25亩）。

（6）水电三小位于大理市下关镇幸福路，是原水电三中附属小学所在地及职工生活区。此地系1990年1月由水电十四局一公司新建小学向大理市申请征用大理市市郊乡福星村公所第二社水田。占地面积3855.26米^2（5.78亩），2006年办理职工房改房占地1003.85米^2（1.51亩），净余土地面积2851.41米^2（4.28亩）。

（7）北大区修理厂位于大理市下关镇人民北路，是下关基地管理处的生产、生活基地。此地系1990年8月水电十四局下关基地建设管理处与大理市建设委员会通过“以地换地”的办法交换而来。由于大理市建设委员会要建设西洱河两岸的滨河公园，下关基地管理处用西洱河河边的土地进行交换，占地面积7917.39米^2（11.88亩）。2006年办理职工个人房改房占地2723.09米^2（4.08亩），净余土地面积5194.3米^2（7.79亩）。

（8）苗圃山学生宿舍片位于大理市下关镇环城西路苗圃山，是下关基地的教育、生活基地。此地系1977年9月水电二处向大理市申请征用的生活基地建设用地，占地面积4.26万米^2（63.92亩）。

（9）苗圃水电三中片位于大理市下关镇环城西路苗圃山，是下关基地的生活、教育基地。此地系1985年12月水电十四局拟建第三中学向大理市申请征用的教学用地，占地面积5.71万米^2（85.72亩），2006年办理职工个人房改房占地1.25万米^2（18.69亩），净余土地面积4.47万米^2（67.03亩）。

（10）深长村住宅区位于大理市下关镇环城南路深长村，是下关基地的职工住宅区。1992年5月，由水电十四局一公司征用大理市福星村公所八、九社的土地，占地面积3832.67米^2（5.74亩）。

（11）大沙坝生活区位于大理市郊乡温泉村大沙坝，原滇缅公路426公里左侧，是工程局建西洱河水电站的生产基地。1970年5月，由水电一公司西洱河一级筹备组向下关市革命委员会生产指挥部申请征用，占地面积1.81万米^2（27.10亩）。

（12）黑龙桥生活区位于大理市洱河北路黑龙桥，是水电一公司职工住宅区。1980年9月，水电一处为建设职工住房而向大理市申请征用，占地面积6810米^2（10.21亩）。

（13）茫涌小区位于大理市下关镇茫涌路，是下关基地于1996年为建设职工住宅区而征用的，占地面积6301米^2（9.45亩），城市规划修路占用1014.84米^2（1.52亩）。2006年办理职工房改房占地1846.66米^2（2.77亩），净余土地3438.5米^2（5.16亩）。

（14）新桥北纸板厂住宅区位于大理市新桥北纸板厂旁，是下关基地生活区，占地面积2933.35米^2（4.4亩）。1982年9月，大理市政府建设滨河公园，采取“以地换地”的形式，将纸板厂旁4.4亩土地置换工程局下关基地西洱河边地块。

（15）龙溪路百乐西端住宅区位于大理市龙溪路百乐西端，是下关基地生活区，占地面积4060.02米^2（6.09亩）。1982年9月，大理市建设滨河公园，采取“以地换地”的形式，将龙溪路百乐西端6.09亩土地置换工程局下关基地西洱河边地块。

（16）苗圃山大保公路下生活区位于大理市下关镇环城西路苗圃山大保公路下面，是下关基地的生活基地。此地系1977年9月水电二处向大理市申请征用的基地建设用地，占地面积9821.62米^2（14.73亩）。2006年办理职工房改房带走土地1621.62米^2（2.43亩），净余土地面积8200米^2（12.3亩）。

（17）人民南路生活区位于大理市下关镇人民南路53号，是水电十四局大理管理处职工生活区。此地系1989年水电六公司为建设职工宿舍区向大理市市郊乡福星村公所征用，占地面积13240.07米^2（19.86亩）。2006年昆华实业公司改制带走土地152.98米^2（0.23亩），净余土地面积13086.73米^2（19.63亩）。

（18）滇缅公路旁原水电五公司老办公楼片（蚊子箐下面），是下关基地的职工住宅区，占地面积5052.03米^2（7.57亩）。此地系1977年2月水电二处向大理市申请征用的生活基地建设用地。

（19）其他：

1）原水电十四局第六工程公司龙溪路办公楼，位于下关一号桥农贸市场25幢，占地面积655.3米^2（0.98亩），于2006年昆华实业总公司改制后被带走。

2）原水电十四局下关基地建设管理处办公楼，位于下关兴国路8～10号，占地面积877.4米^2（1.32亩），于2006年昆华实业总公司改制带走该地。

3）原水电一公司位于关邑中承街的闲置土地，占地面积3280米^2（4.92亩），为盘活资产，于 2001 年 5 月转让出去。

4）下关基地在大理州巍山县办有巍山农场，开展亦工亦农活动，占地面积 46.67 万米^2（700 亩），后经营不善，实施关闭，土地退还当地政府。

5）位于大理市郊乡天生桥外一支洞、十支洞的生产用地，是建设西洱河电站的临时设施用地，占地面积分别为 1406.67 米^2（2.11 亩）、634.67 米^2（0.95 亩），由于工程完工闲置不用，地方收回。

6）位于大理市郊乡天生桥外锅盖山坡，是坟场用地，占地面积 4666.67 米^2（7 亩），由于长期未用，地方收回。

7）位于大理市下关镇打渔村水池的生产用地，占地面积 1140 米^2（1.71 亩），由于未使用，地方收回。

8）位于大理市下关镇西洱河边降压站住宅区，占地面积 420 米^2（0.63 亩）由于未使用，地方收回。

9）位于大理市下关镇温泉乡大河江生产生活区，是水电一公司的生产、生活基地，占地 1.47 万米^2（22 亩），因修建大理—保山高速公路被征用。

10）位于大理市环城西路老楼旁 18～21 幢住宅用地，面积 4666.67 米^2（7 亩），由于城市规划被拆迁，由政府征用。

11）位于大理市环城西路煤厂 22～23 号住宅，面积 3213.33 米^2（4.82 亩），由于城市规划被拆迁，由政府征用。

12）位于大理市二号桥国道边 1 幢，占地面积 440 米^2（0.66 亩），2006 年 10 月由于影响城市面貌，被政府征用，改造为绿地。

13）龙溪路红星巷 15 号片区。1991 年水电一公司向大理市房地产开发公司购置大理市龙溪路红星巷 15 号生活用住房，取得土地使用权 3093.3 米^2（4.64 亩），2006 年办理职工房改房带走土地 3093.3 米^2。

14）龙溪路农贸市场旁片区（一号桥农贸市场旁 27、28、29 幢）。1992 年 9 月，水电六公司向大理市房地产开发公司购置大理市龙溪路农贸市场旁生活用住房，取得土地使用权 2707.8 米^2（4.06 亩），2006 年办理职工房改房带走土地 2707.8 米^2。

15）龙溪路农贸市场旁（一号桥农贸市场旁 24 幢）。1992 年 9 月，水电五公司向大理市房地产开发公司购置大理市龙溪路农贸市场旁生活用住房，取得土地使用权 296 米^2（0.44 亩），2006 年办理职工房改房带走土地 296 米^2。

16）大理市环城路二级百货站片区。1992 年，水电六公司在大理市环城路二级百货站向大理市房地产开发公司购置职工生活用房，取得土地使用权 2900 米^2（4.35 亩），2006 年办理职工房改房带走土地 2900 米^2。

（二）大理分局

（1）天源小区位于大理市经济开发区旧铺村西侧，是大理分局的设备租赁中心办公及设备修理堆放场地，也是职工生活区。此地系 1998 年 12 月水电十四局大理分局为解决职工住房问题，向大理州大运旅游运输有限公司购买来，购买价为 1015.48 万元。占地面积 3.58 万米^2（53.69 亩），2006 年办理职工房改房占地 1776.79 米^2（2.67 亩），净余土地面积 3.40 万米^2（51.02 亩），其中：设备堆放、修理厂占地 2.89 万米^2（43.41 亩），生活区占地 5073.44 米^2（7.61 亩）。

（2）天源小区旁闲置地位于大理市东郊经济开发区旧铺村西侧，紧连天源小区，占地面积为 1668.13 米^2（2.5 亩），目前为空置，与天源小区一同购入。

（3）地石曲仓库位于大理市凤仪镇地石曲，是大理分局的仓库基地，占地面积 5700.8 米^2（8.55 亩），于 1996 年 1 月由水电十四局一公司向大理市农业银行购买而来，购买价为 45.56 万元，购买原因是修建楚雄至大理一级公路占用我单位平坡大合江的土地，经大理州重点办协调购买。

（4）光明混凝土厂位于大理市下关镇 320 国道旁，是大理分局下属光明混凝土厂生产基地，占地面积 3066.48 米^2（4.6 亩），此地于 1989 年 2 月由水电十四局下关基地管理处建油库向大理市政府申请征用，原是市郊乡温泉村公所的荒地。

（三）机电安装二公司

（1）下关建设东路办公、生产、生活区位于大理市下关镇建设东路 213 号，是机电安装二公司的办公、生产、生活基地。此地系水电十四局机电安装总公司第二安装公司于 1985 年为建设办公、生产、生活基地而向大理市申请征用，占地面积 3.25 万米^2（48.78 亩），2006 年办理职工房改房占地 6687.11 米^2（10.03 亩），净余土地 2.58 万米^2（38.75 亩）。其中：办公生产区占地 8396.19 米^2（12.59 亩），生活配套设施占地 3761.69 米^2（5.64 亩），生活区占地 1.37 万米^2（20.52 亩）。

（2）建设东路生产区厕所位于大理市下关建设东路，与办公、生活区一街之隔，于 1985 年由安装二公司为建设生活基地向大理市申请征用，占地面积 221.36 米^2（0.33 亩）。

（3）其他：

1）位于大理市下关建设东路 213 号水泵房土地，占地面积 43.71 米^2（0.07 亩），因职工住宅生活区改为（一户一表）供水，水泵房已废弃，在 2006 年退还给文献村。

2）位于大理市滇源路安装二公司下关钢管厂招待所，占地面积 2005.7 米^2（3.014 亩），由于城市规划为绿化用地，于 2005 年 10 月转让给绿化用地实施的单位——大理卷烟厂，转让价为 370.18 万元（含地面附着物）。

从建局至 2006 年，工程局所拥有的土地主要有两个来源：一是 1954 年组建云南水力发电工程局时，由工程局的前身云南水力发电工程处征用的土地延续而来；二是工程局为建设生产、生活基地向云南省各地方政府申请划拨，向村委会征地，向企事业单位购买，购买商品房带来的土地，累计拥有量为 465.15 万米^2（6973.60 亩）。工程局在其发展过程中，由于组织结构及管理体制的变化、国家不同时期政策的要求及国有企业改革等方面的原因，导致工程局土地有所减少，主要原因一是原属工程局的土地被地方政府借用收不回来；二是为支持地方城市基础设施建设而被征用或无偿划转；三是被当地村民占用无法收回；四是房改房带走；五是改制单位带走。历年共减少土地 336.89 万米^2（5050.85 亩）。截至 2006 年，剩余土地面积为 130.62 万米^2（1961.26 亩）。工程局土地使用情况详见表 9－1－1。

表 9-1-1　　工程局土地使用情况

面积 地区	1954 年以来共有土地面积		历年减少土地面积		截至 2006 年剩余土地面积	
	万米^2	亩	万米^2	亩	万米^2	亩
昆明	47.49	711.97	6.22	93.27	41.27	618.70
曲靖	298.60	4476.74	269.81	4045.10	28.78	431.51
罗平	38.81	581.82	5.44	81.58	33.37	500.23
大理	81.84	1226.93	55.42	830.90	27.21	407.94
合计	466.73	6997.46	336.89	5050.85	130.62	1958.38

第三节　房　　产

工程局房产的形成主要来源于当年在各片区基地建设所征用、购买土地后建设的各类房屋，以及购买的商品房。房产的形成是由当时企业所面临的客观环境及自身经济能力状况决定的。在计划经济时期，企业办社会的宏观形势下，工程局经过多年的努力，建设了大量的各类房产，不但建有生产办公用房、仓储经营用房、职工住宅用房、生活配套设施用房，而且还建有各片区职工子女上学、职工就医用房，此外还建有回族职工做礼拜用的清真寺、职工死亡吊唁的百年堂等。截至 2006 年 12 月，全局共有各类房屋 93.50 万米^2，其中生产办公用房 10.61 万米^2；经营用房 11.38 万米^2；生活性用房 7.53 万米^2；教育医疗用房 1.63 万米^2；全局房改房 11106 套，面积 62.35 万米^2。

昆明片区最早的房产，是工程局 1954 年征用的昆明市环城南路环城巷 1 号内房产作为建设以礼河水电站而设置的驻昆办事处等机构。后又陆续征用昆明市书林街 141 号内的房产作为办公用房。昆明市土桥 120 号内的房产作为办公用房。昆明市巡津街 21 号附 1 号内的房产作为办公、生活用房，后被昆明市房管局占用。昆明市环城南路 237 号的房地产作为办公、生活驻地，于 1961 年被云南省机电公司占用。昆明市巡津街 14 号的房地产作为办公、生活驻地，后被昆明市委占用。

1986 年，昆明市环城东路 192 号工程局办公大楼正式建成，建筑面积为 9423.15 米^2，共 13 层。工程局在东华小区、吴井桥、书林街、土桥还自建有职工住房。在刘家营、董家湾、新迎、曙光、金星、颐园里、金实、金沙、北辰等小区购买了商品房。在昆明片区的昆华实业总公司、机电安装总公司、路桥总公司、疗养院、科研院、物资公司等二级单位也根据自己的情况自建住房和购买商品房。截至 2006 年 12 月，昆明片区各类房屋总面积 21.53 万米^2，其中生产办公用房 4.78 万米^2；经营用房 4.56 万米^2；生活性用房 2.86 万米^2；教育医疗用房 1.20 万米^2；房改房 1504 套，面积 8.12 万米^2。

曲靖片区的房产建设比较集中，已形成曲靖市一个比较显著的小区，按照 1983 年 7 月 6 日水利水电总局“关于曲靖基地规划”的批复，曲靖基地房建以建职工生活住宅为主，辅以福利配套项目。1984 年到 1994 年经过十年建设，建成永久房屋 23.94 万米^2，其中住宅3046套，生产及附属设施5.60万米²。截至2006年12月，曲靖片区各类房屋总面积39.36万米²，其中生产办公用房3.00万米²；经营用房2.38万米²；生活用房11.45万米²；房改房5237套，面积30.44万米²。

罗平片区从1981年至1985年9月，自建房和购买的旧砖木结构房共5.97万米²。截至2006年12月各类房屋总面积4.75万米²（未含已房改的职工住房），其中生产办公用房5463米²，经营用房3.34万米²，生活用房8658米²。房改房381套，面积2.08万米²。

大理片区从1988年开始，用5年时间建房13.08万米²，住房1962套。截至2006年12月，大理片区各类房屋总面积27.87万米²，其中生产办公用房2.29万米²；经营用房1.10万米²；生活用房2.35万米²；教育、医疗用房4304米²；房改3984套，面积21.71万米²。

第二章　职　工　生　活

第一节　食　　堂

1954年工程局成立后，在会泽县以礼河开工进行电站建设，上万人的水电建设大军告别家人，远离城镇，来到深山峡谷建设水电站。当时生活条件相当艰苦，生活区都是临时工棚，几根木桩挂上油毛毡，草席就是住处。为了保证工地职工吃饭，职工食堂就在这样的工棚中开张，为电站建设的先行者们提供每天简单伙食供应。

由于工地的工作性质、工作地点不同，因而分别设立了各种食堂，如机关食堂，工区食堂，厂、队食堂，甚至班组食堂。大的食堂每天就餐人数可达数千人，中等食堂也有几百人，小的食堂则仅有几十人或几个人。

各个食堂就地取材，尽量满足职工每天3～4餐的饭菜供应。为了照顾有些工种工作的特殊性，如进洞或上夜班的职工，既要保证他们按时吃到热饭、热菜，又不影响工作，炊事员不辞辛劳把饭菜直接送到工地，送进洞子里。当时的情况是吃饭的职工多，但食堂炊事员比较少，每天都要加班加点，工作时间长，工作十分辛苦，但他们从不叫苦叫累，而是默默地辛勤工作，为水电站建设贡献着自己的力量。

以礼河水电站建设高峰时期，全局职工人数达到了3万多人。这时，工地生活条件有了很大改善，职工生活区先后建成，虽然是土木结构的临时住房，但职工有了一个遮风避雨的住处。该时期食堂有了很大的改变，食堂房屋和设施得到改善，有了专门做饭的伙房，也有了专供吃饭的餐厅，桌椅摆放整齐，炊事用具干净、齐全，饭菜质量也有了很大的提高。

食堂隶属各单位行政处（科）管理，设有1名司务长主管食堂工作，下设采购员、保管员、炊事员等，大家各负其责，密切配合，每天为职工提供可口的饭菜。食堂除了为工地职工提供服务外，还为职工家属服务。大人、孩子，一家人就凭饭、菜票在食堂就餐。食堂为了尽量满足职工、家属的需要，实行成本核算，保持收支两抵，略有盈余。当时，食堂很好地解决了职工的后顾之忧，尽量让职工和家属吃饱、吃好、吃省，有力支持职工更好地工作。

1960～1962年，在国家三年经济困难时期，为保证水电职工和家属渡过难关，工程局后勤部门动员职工、家属把有限的粮食定量供应集中起来，互相调剂，开办了几所规模较大的职工食堂、家属食堂、学生食堂、幼儿园食堂。职工、家属、大人、小孩都到食堂吃饭，每个家庭都再见不到炊烟。各个食堂“精打细算，粗粮细作，以菜代粮”，尽量开辟食物来源，让大家吃饱肚子。逢年过节凭餐证买一顿肉，改善伙食。就这样，各个食堂开动脑筋，想方设法保证了工地职工、家属渡过了困难时期。

20世纪80～90年代，工程局加大了昆明基地、曲靖基地、大理基地和罗平基地的建设力度，基地新建楼房鳞次栉比。食堂、医院、疗养院、学校、商店、托儿所、老年活动中心等服务设施相继建成。该时期各个食堂也有了很大的发展和改善，搬进了砖混结构的永久性住房，整个食堂装修漂亮，窗明几净，餐厅和伙房干净、整齐。食堂购置了冰箱、冰柜、电烤箱、电动磨、电动搅拌机等电动厨具，厨房使用的大多是不锈钢炊具，卫生条件达到相关标准。食堂的菜饭质量也有了很大的提高，每天菜饭花色品种齐全，满足了职工、家属的需求。食堂还加强了内部管理，在工作中严格执行《食品卫生法》；各个工作岗位和操作间都制定了岗位责任制和操作规程，如《食堂管理制度》、《卫生管理制度》、《生熟食品制作规程》、《司务长岗位责任制》、《炊事员、采购员、保管员岗位责任制》、《各类食品制作安全操作规程》等，保证了食品的安全、卫生和营养。食堂不以营利为目的，而以为职工、家属服务为宗旨，按照保本微利原则，实行独立核算、自负盈亏。食堂经常进行考核评比，确保食物卫生、安全，价格合理，质量良好，为职工、家属提供优良服务。因此，吸引了广大职工、家属到食堂就餐。

2000年后，工程局进行改制分流，后方基地食堂大部分实行个人承包经营，有的由职工个人承包经营，有的由社会上的餐饮业人员承包经营。服务对象既为职工、家属，也为社会群众。食堂经营目的和方式也发生了根本性的变化，实行随行就市，赚取一定利润。在食堂既可以吃到普通的饭菜，也可以点做精品菜式，还可以定做酒席、婚喜宴。食堂也改变了名称，不再叫职工食堂，而改叫餐厅或饭店。

在工程局各项目点工地的食堂，依然围绕工地工作性质、特点，为职工提供及时、周到的服务。食堂规模根据工地人数设置，就餐人数多的几十人，少的几个人。食堂经常征询就餐职工意见，规范伙食价格，保证伙食质量。项目点食堂实行独立核算，尽量收支两抵，项目部根据情况适当进行补贴。工程项目结束后，食堂也就自动撤销。

第二节　住　　房

20世纪50年代，工程局成千上万的水电建设职工放弃了在城市和内地工作的机会，从祖国的四面八方来到会泽县以礼河水电站工地。广大水电职工长期生活在荒无人烟的深山峡谷，风餐露宿，物质、文化生活缺乏、枯燥。工地住房十分简陋，职工就住在油毛毡和茅草顶工棚里，工棚多次发生火灾而造成财物损失。有的工棚直接盖在山坡脚下及公路两侧，雨季到来随时有发生塌方和泥石流的危险。工地职工睡的是通铺，几十个人住一间。就是在这样困难的环境中，他们从不叫苦，乐观地对待艰苦的生活条件。

20世纪60年代，随着电站建设进入高峰时期，工程局和各二级单位为了改善职工家属的生活、文化，建设了职工医院、中小学校、幼儿园、电影院等，形成了一个小而全的“水电小社会”。生活区的建设也初具规模，虽是土木结构的简陋住房，但随着家属到来，双职工总算有了一个家。

当时职工分配住房，凭结婚证就可以分配到1～2间10～20米^{2}的住房，只能满足基本生活居住。各片生活区按单位划分，有局机关生活区（当时也叫新村）、修配厂生活区、职工医院生活区、运输队生活区、土建队生活区等。职工住房的调整就只能在生活区内进行。这样方便管理和调剂，每个生活区平均都住有几百户职工。

20世纪70～80年代，水电十四局这支水电大军走遍了云南的山山水水，从乌蒙山区到绿水河畔，从苍山脚下、澜沧江边到黄泥河畔，到处都留下了水电大军的丰功伟绩。水电职工在建设完一个电站后又举家搬迁到新工地，建设新电站。年复一年，周而复始。随着工程局经济的发展，职工住房也有了一定改善，工地住房逐渐使用砖木结构或石木结构。职工分配住房不光凭结婚证，还要根据家庭人口多少来进行分配，平均每户居住面积约40～50米^2。局属各二级单位也根据自己的情况在驻地修建住房，基本满足了职工的生活需要。

从20世纪80代初，工程局开始进行昆明基地、曲靖基地、大理基地和罗平基地的建设。到90年代，逐渐形成昆明、曲靖、大理和罗平基地。各基地新建楼房拔地而起，学校、商店、托儿所、医院、疗养院、老年活动中心等服务设施配套齐全。昔日在水电工地携儿带女，四海为家的水电职工实现了全部下山进城。大部分职工喜气洋洋地搬进新居，离退休职工幸福地安度晚年，基地呈现出一派安居乐业的景象。这时期分配住房的原则是按照国家和云南省有关住房标准规定，根据职工的职务、职称、工龄、婚姻、家庭人口等情况，考核打分后，张榜公布。实施公平、公开、公正透明地分配方案，让职工合理地享受到不同平方米的住房。当时平均每户住房面积达到50～60米^2。工程局还购买了一批单身公寓，解决单身职工的居住问题。

1993年12月，工程局根据国家和云南省有关规定在全局范围内进行了第一次职工住房制度改革，参加改革的职工都享有所住房屋40%的产权。

1995年，工程局又根据国家和云南省有关规定进行了第二次职工住房制度改革，参加改革职工享有所住房屋100%的产权，职工真正意义上拥有了属于自己的房子，领到了《房屋产权证》。全局参加房改房共11 106套，总面积62.35万米^2。其中昆明片1504套、8.12万米^2，曲靖片5618套（含罗平），32.52万米^2，大理片3984套、21.71万米^2。

从2001年1月1日起，工程局根据国家和云南省有关政策停止福利性分房。截至2000年12月31日，全局累计建造职工住房11466套。据当时统计，全局尚有1862名职工没有住房，其中离退休职工无房361人，在职职工无房1501人。另外，每年约有200～300名的大中专毕业生和复转军人来到水电十四局工作，还需住房。

2000年后，职工住房完全进入了市场经济，职工根据自己的情况购买适合自己的商品房。随着工程局经济效益的不断增长，职工的收入也逐年增加，为职工购买商品房创造了条件。如有的家庭确实困难，但又符合有关条件的，可以向当地政府申请经济适用房或廉租房。

第三节　休　　假

工程局自 1954 年建局以来，在休假制度上是以国家和地方政府的有关规定为依据，结合企业实际情况贯彻执行。其休假期种类有：工伤治疗假（工伤假/工伤医疗期/停工留薪期）、病伤假、产假、履行国家义务和社会义务（公假）、婚假、丧假、事假、在职或离职学习/脱产学习（学习假）、企业内部工种调动（工种调动假）、企业间工作调动（工作调动假）、探亲假、休假/带薪年休假、周休息日、全国年节及纪念日放假，其基本依据如下。

一、工伤治疗（工伤假/工伤医疗期/停工留薪期）

（1）工程局自建局初期就贯彻执行国家政务院 1951 年 2 月 26 日公布，1953 年 1 月 2 日修正公布的《中华人民共和国劳动保险条例》和 1953 年 1 月 26 日劳动部公布试行的《中华人民共和国劳动保险条例实施细则修正草案》规定了工人与职员因工负伤，其全部医疗费、药费、住院费、住院时的膳食费与就医路费，均由企业行政方面或资方负担。在治疗期间，工资照发。

（2）1959 年 6 月 29 日，以礼河水力发电工程局下发的《工资及各种津贴支付管理试行办法》及《固定工人管理调配制度的通知》中规定：凡职工（包括临时工）因工负伤，医疗期间工资照发。

（3）1995 年工程局下发的《职工保险福利待遇暂行办法》中，规定了职工在因工负伤治疗期间的工资待遇。1996 年工程局下发的《关于职工保险福利待遇暂行办法的补充通知》中又进一步作出了补充规定。

（4）1997 年工程局在下发的《职工工伤保险实施细则》中，规定了职工工伤医疗期和工资、待遇。

二、病伤假

（1）1959 年 6 月 29 日，以礼河水力发电工程局下发的《“工资及各种津贴支付管理试行办法”及“固定工人管理调配制度”的通知》中，规定了病假期和工资的办理条款。

（2）1990 年 10 月 23 日，工程局下发的《关于贯彻“云南省国营企业职工病伤假待遇暂行规定”的通知》，转发云南省劳动厅、云南省总工会云劳险〔1990〕16 号文件中，规定了职工病伤期间的待遇和保障基本生活的原则。

（3）1995 年 4 月 15 日，工程局转发劳动部《关于发布〈企业职工患病或非因公负伤医疗期规定〉的通知》的通知，对职工患病或非因公负伤医疗期的治疗和待遇作出了明确规定。

（4）1995 年工程局下发的《水电十四局职工保险福利待遇暂行办法》中，对职工患病或非因工负伤停工的医疗期的治疗和待遇作出了补充规定。

（5）1996 年工程局下发的《关于职工保险福利待遇暂行办法的补充通知》中规定：

职工因病或非因工负伤，需要停止工作医疗时的待遇作出了补充规定。

（6）2000 年工程局下发的《水电十四局劳务管理办法》中对岗上劳务人员各类假期及待遇的规定中病假按劳动部劳部发〔1994〕47 号及〔1995〕236 号文件中的有关规定执行，即在医疗期享受医疗期工资。

（7）2000 年工程局下发的《水电十四局劳务管理办法》（修订稿）重申了《水电十四局劳务管理办法》“岗上劳务人员各类假期及待遇”对“病假”的规定。

三、产假

（1）1959 年 6 月 29 日，以礼河水力发电工程局印发《工资及各种津贴支付管理试行办法》及《固定工人管理调配制度的通知》中，明确了女职工在生育假期的待遇和工资的办理规定。

（2）1982 年 6 月 13 日，工程局为贯彻、执行云南省人民政府云发〔1982〕118 号文件，下发《关于女职工生育假期的暂行规定》。

（3）1988 年 12 月 2 日，工程局下发《关于女职工生育待遇若干问题的通知》，重申劳动部劳险字〔1988〕2 号和云南省劳动人事厅云劳人险〔1988〕18 号文件女职工生育待遇的规定。

（4）1995 年，工程局下发《水电十四局职工保险福利待遇暂行办法》，规定：职工按有关计划生育政策规定享受生育假，其工资待遇按享受假期前 1 个月本人实得日平均工资计发。

（5）1997 年工程局下发《水电十四局职工生育保险实施细则》，规定：根据国务院《女职工劳动保护规定》和省人大颁布的《云南省计划生育条例》的规定，企业女职工符合计划生育政策规定生育和怀孕流产的，可以享受的产假待遇。

（6）2002 年工程局下发《水电十四局劳务管理办法》（修订稿），其中“岗上劳务人员各类假期及待遇”规定：产假按《云南省人口与计划生育条例》及局社保〔1997〕07 号文的规定执行。

四、履行国家义务和社会义务（公假）

1959 年 6 月 29 日，工程局颁发《“工资及各种津贴支付管理试行办法”及“固定工人管理调配制度”的通知》，职工在工作时间内履行特定的国家、社会义务时，由行政发给工资。

五、婚假

（1）1959 年 6 月 29 日，工程局颁发《“工资及各种津贴支付管理试行办法”及“固定工人管理调配制度”的通知》，规定：

1）凡职工因结婚，一般的给假 3 天，工资照发。

2）如属特殊情况，根据企业领导的批示决定。

（2）1980 年 3 月 28 日，工程局《转发“关于国营企业职工请婚丧假和路程假问题的通知”》，规定了职工婚假。

（3）1995 年工程局下发《水电十四局职工保险福利待遇暂行办法》，规定：职工按国家及有关规定享受婚假，其工资待遇按享受假期前 1 个月本人实得日平均工资计发。

（4）2000 年工程局下发《水电十四局劳务管理办法》，“岗上劳务人员各类假期及待遇”部分规定：婚假3天，路途时间按实增列。

(5) 2002年工程局下发《水电十四局劳务管理办法》(修订稿)，其中“岗上劳务人员各类假期及待遇”规定：婚假按《云南省人口与计划生育条例》及局社保〔1997〕07号文的规定执行。

六、丧假

(1) 1959年6月29日，工程局颁发《“工资及各种津贴支付管理试行办法”及“固定工人管理调配制度”的通知》，规定了职工丧假。

(2) 1980年3月28日，工程局《转发“关于国营企业职工请婚丧假和路程假问题的通知”》，规定了职工丧假期和待遇。

(3) 1988年5月19日，工程局贯彻、执行《云南省劳动人事厅云劳人险〔1988〕6号关于职工的岳父、岳母或公公婆婆死亡后请丧假问题的通知》的规定。

(4) 1995年，工程局下发《水电十四局职工保险福利待遇暂行办法》，规定：职工按国家及有关规定享受丧假，其工资待遇按享受假期前1个月本人实得日平均工资计发。

(5) 2000年，工程局下发《水电十四局劳务管理办法》，其中“岗上劳务人员各类假期及待遇”部分规定：丧假3天，路途时间按实增列。

七、事假

(1) 1959年6月29日，工程局颁发《“工资及各种津贴支付管理试行办法”及“固定工人管理调配制度”的通知》，规定了职工事假期间的工资办理办法。

(2) 1973年2月20日，工程局下发《关于加强劳动管理工作的有关规定》(草案)，明确了职工因故请假的有关规定。

(3) 2005年工程局下发《水电十四局薪酬分配管理办法》，规定了职工请事假的薪酬。

八、在职或离职学习/脱产学习(学习假)

(1) 1959年6月29日，工程局颁发《“工资及各种津贴支付管理试行办法”及“固定工人管理调配制度”的通知》，规定了在职学习职工的工资管理。

(2) 1995年，工程局下发《水电十四局职工保险福利待遇暂行办法》，规定：职工按有关规定享受自学考试复习假，其工资待遇按享受假期前1个月本人实得日平均工资计发。

(3) 1996年，工程局下发《关于水电十四局职工保险福利待遇暂行办法的补充通知》，规定：职工享受国家和省规定的各种假期和待遇按本人假期前1个月本人实得日平均工资计发时，其计发基数应扣除奖金、加班工资、生产性津贴(包括施工津贴)、再计算其假期的工资待遇。

(4) 2005年，工程局下发《水电十四局薪酬分配管理办法》，规定了脱产带薪学习职工薪酬。

九、企业内部工种调动(工种调动假)

1959年6月29日，工程局颁发《“工资及各种津贴支付管理试行办法”及“固定工人管理调配制度”的通知》，规定了企业内部工种间调动、学习期的工资和管理原则。

十、企业间工作调动（工作调动假）

1959 年 6 月 29 日，工程局颁发《“工资及各种津贴支付管理试行办法”及“固定工人管理调配制度”的通知》，规定了企业间职工调动期间的工资办理原则。

十一、探亲假

（1）1981 年 5 月 2 日，工程局《转发〈国务院关于职工探亲待遇的规定〉的通知》，规定了职工探亲待遇和假期。

（2）1982 年 5 月 7 日，工程局下发《关于职工探亲待遇若干问题的解答》，转发了云南省劳动局云劳险字〔1982〕7 号文件的规定，在办理职工探亲及费用报销过程中按该规定处理。

（3）1988 年 4 月 8 日，工程局转发云南省云劳人险〔1988〕第 2 号文件《关于我省台胞、台属职工接待台湾同胞探亲给予陪同假的通知》，规定了职工接待台湾同胞的陪同假。

（4）1988 年 9 月 16 日，工程局下发《关于职工探作亲假待遇的补充通知》，根据国家有关规定和工程局情况就职工探亲假待遇作了补充规定。

（5）1989 年 9 月 29 日，工程局下发《关于台胞职工赴台探亲待遇、路费问题的通知》，重申了能源部经济调节司经综〔1989〕134 号文件转发财政部、劳动部、人事部、国务院台湾事务办公室〔1989〕财文字第 310 号文件的规定，就台胞职工赴台探亲待遇、路费问题作出了明确规定。

（6）1995 年工程局下发《水电十四局职工保险福利待遇暂行办法》，规定：职工按国家规定享受 1 年或 4 年 1 次的探亲假（含台、侨属陪同假），其工资待遇按享受假期前 1 个月本人实得日平均工资计发。

（7）2000 年，工程局下发《水电十四局劳务管理办法》，其中“岗上劳务人员各类假期待遇”部分规定：探亲假按国发〔1981〕36 号文件的规定执行。

（8）2002 年，工程局下发《水电十四局劳务管理办法》（修订稿），重申了《水电十四局劳务管理办法》中“岗上劳务人员各类假期及待遇”对“探亲假”的规定。

十二、休假（带薪年休假）

（1）1986 年 5 月 20 日，工程局下发《关于职工实行休假制度的暂行规定》，明确了在职工中逐步实行休假制度的政策依据。

（2）1987 年 2 月 26 日，工程局下发《关于职工实行休假制度暂行规定的补充通知》，对〔1986〕局劳字第 25 号、局干字第 38 号文进一步扩大职工休假制度实施范围作了补充规定。

（3）1991 年 12 月 18 日，工程局下发《关于实行职工休假的具体实施办法的通知》中，根据能源人〔1991〕564 号、中水电人〔1991〕111 号、云南省云劳险〔1991〕9 号、云人工〔1991〕31 号等文件规定了实行职工休假的具体实施办法。

（4）1995 年，工程局下发《水电十四局职工保险福利待遇暂行办法》，规定：职工按国家及有关规定享受一年一度休假，其工资待遇按享受假期前 1 个月本人实得日平均工资计发。

（5）1996年，工程局下发《关于水电十四局职工保险福利待遇暂行办法的补充通知》，规定：职工享受国家和省规定的各种假期的待遇按本人假期前1个月实得日平均工资计发时，其计发基数应扣除奖金、加班工资、生产性津贴（包括施工津贴），再计算其假期的工资待遇。

（6）2000年，工程局下发《水电十四局劳务管理办法》，规定了岗上劳务人员的各类假期及待遇。

十三、周休息日

（1）1994年，工程局贯彻、执行第六次全国劳动大会上制定并于1949年9月1日命令颁发的"工作时间规定"，以7日为工作周和8小时工作制，以及政务院颁布的全年节日、假日数，制定的标准工作日数和标准工作时间。

（2）1994年，工程局贯彻、执行《国务院关于职工工作时间的规定》（中华人民共和国国务院令〔1994〕第146号文），规定：国家实行职工每日工作8小时、平均每周工作44小时的工时制度。

（3）1995年，工程局贯彻、执行《国务院关于职工工作时间的规定》（中华人民共和国国务院令〔1995〕第174号文）规定：职工每日工作8小时，每周工作40小时。

十四、全国年节及纪念日放假

工程局在建局初期就贯彻、执行1949年12月23日政务院发布的《全国年、节及纪念日放假办法》（政务院第十二次政务会讨论通过公布）的规定，内容如下。

1. 属于全体者的节日

（1）新年：放假1天，1月1日。

（2）春节：放假3天，农历正月初一、初二、初三。

（3）劳动节：放假1天，5月1日。

（4）国庆纪念日：放假2天，10月1日、10月2日。

2. 属于部分人的节日

为了便于部分人民的群众活动，放假半天，或者其中一部分人放假，其他一部分人将推举代表参加庆祝活动。

（1）妇女节：3月8日。

（2）青年节（限于中等学校以上的学生）：5月4日。

（3）儿童节：6月1日。

（4）人民解放军建军纪念日（限于军队及军事机关）：8月1日。

3. 其他

（1）凡属少数民族习惯的假日，由各少数民族集居地区之地方人民政府，斟酌各民族习惯，规定放假日期。

（2）其他各种纪念日，如二七纪念、五卅纪念、七七抗战纪念、八一五抗战胜利纪念、九一八纪念、护士节、教师节、记者节等，均不必放假。

注：1951年8月13日政务院通告将八一五抗战胜利纪念日改为每年九月三日。

1999年，工程局贯彻、执行了1999年9月18日国务院修订发布《全国年节及纪念日放假办法》。

1. 全体公民放假的节日

（1）新年：放假1天（1月1日）。

（2）春节：放假3天（农历正月初一、初二、初三）。

（3）劳动节：放假3天（5月1日、2日、3日）。

（4）国庆节：放假3天（10月1日、2日、3日）。

2. 部分公民放假的节日及纪念日

（1）妇女节（3月8日）：妇女放假半天。

（2）青年节（5月4日）：14周岁以上的青年放假半天。

（3）儿童节（6月1日）：13周岁以下的少年儿童放假1天。

（4）中国人民解放军建军纪念日（8月1日），现役军人放假半天。

3. 少数民族习惯的节日

由各少数民族聚居地区的地方人民政府，按照各民族习惯规定放假日期。

第三章　医　疗　卫　生

第一节　机　　构

1954年工程局建局之初，云南水力发电工程局修建云南以礼河水电站时，成立了“工程局乐里村卫生所”，隶属工程局办公室管理，开展全局卫生医疗业务。卫生所共有病床20张，医务人员55人。

1956年4月，云南水力发电工程局在该卫生所的基础上，组建了以礼河“云南水力发电工程局职工医院”。到1959年，有医务人员64人（医生16人、医士15人，助产士4人，护士24人、药剂5人）。

1960年10月6日，以礼河水力发电工程局成立卫生科，卫生科与职工医院合并办公，下设毛家村医务所、盐水沟医务所、小江医务所、企业处医务室，共编各级各类干部142人（其中管理干部5人，卫生员137人），勤杂、炊事8人，共计150人，占全局职工总数的1.14%。

1961年11月29日，以礼河水力发电工程局文件明确：卫生科与局职工医院合并办公（即一个机构两块牌子），全局卫生系统编制定员156人。

1962年7月31日，以礼河水力发电工程局撤销局卫生科，保留局职工医院，负责全局卫生医疗工作任务。根据各方面的条件，职工医院仍设在干沟。撤销毛家村工地和盐水沟工地两个医务所，分别在工地设立若干保健站，直接由职工医院领导，职工医院共设人员117人。

1964年12月11日，以礼河水力发电工程局新编组织机构表明确，职工医院直属工程局，经统计，职工医院共有卫生人员178人。

1965年12月14日，以礼河水力发电工程局组建局文教卫生处，统管全局卫生医疗工作。

1966年，云南大理西洱河水电站开工，工程局抽调部分医务人员，与原四分公司医务室合并，组建了西洱河大合江职工医院，设置120张病床，医院职工180人。

1979年11月5日，为适应重点工程建设需要和为工地广大职工服务，工程局党委研究决定：干沟职工医院的领导关系从1979年11月1日起划归水电三处统一调配。干沟职工医院搬迁至罗平县黄泥河工地。

1980年，工程局机关搬迁到昆明，成立局机关医务室，隶属局行政处管理，职责是：承担局机关职工、家属常规病、多发病的医疗服务工作。

1986年5月28日，工程局下发《关于职工医院搬迁曲靖基地的通知》，将局职工医院，由罗平搬迁曲靖基地。该院有职工119人。

1987年2月20日，工程局决定：水电十四局下关基地建设管理处设职工医院，收管第一工程公司大合江职工医院。

1988年8月8日，工程局决定局行政处医务室划归局疗养院筹备组管理。

1989年8月18日，工程局大合江职工医院整体搬迁到下关建设路145号，更名为“水电十四局下关基地职工医院”，隶属下关基地管理。

1990年6月30日，工程局下发《关于明确局职工医院为副处级单位的通知》，局职工医院定为副处级单位，职工医院可以根据工作需要，设职能部门。局职工医院书记、院长按副处级干部配备。

1991年10月22日，工程局下发《关于局职工医院、供电通讯队、曲靖劳务服务公司划归曲靖基地建设管理处领导的通知》，将局职工医院划归曲靖基地建设管理处领导，原单位名称、级别不变。

1996年，水电十四局滇东片二、三分公司职工医院及局职工医院合并成立水电十四局曲靖分局医院，下设罗平松毛山分院。

1996年6月29日，随着企业内部体制改革，水电十四局滇西片各二级单位卫生医疗机构合并，五公司苗圃医院和一、六分公司医务室与下关基地医院合并，更名为“水电十四局大理分局职工医院”，隶属大理分局。同年10月31日，工程局决定成立局机关卫生所，下设东华和吴井桥门诊部，定员19人。

1997年2月13日，工程局成立局教育卫生委员会。

1998年11月3日，工程局下发《关于局卫生所变更机构的通知》，机关卫生所更名为“中国水利水电第十四工程局昆明医院”。

1999年1月6日，工程局下发《关于局属各医院更改医院名称的通知》：根据工程局“1998年卫生工作会议”研究决定，同意局属各医院更改医院名称的意见，具体更名如下：原水电十四局大理分局职工医院更名为水电十四局大理医院；原曲靖水电十四局职工医院更名为水电十四局曲靖医院、原职工医院松毛山分院更名为水电十四局松毛山医院；原水电十四局机关卫生所更名为水电十四局昆明医院；水电十四局安装公司职工医院暂用原名不变。

2000年大理医院隶属于工程局人力资源部直管。

2002年3月10日，根据工程局昆明片医疗机构归口管理的精神，昆明医院接管安装公司浑水塘职工医院、路桥公司医务室。昆明医院分设院本部、浑水塘分院、吴井桥诊所、凉亭诊所、双龙桥医务室五个医务点。

2003年，大理医院隶属于大理管理处管理。

2004年6月，根据国务院和云南省政府有关文件精神的规定，水电十四局曲靖医院成建制整体移交曲靖市人民政府，隶属曲靖市卫生局，更名为“曲靖市第五人民医院”、“曲靖市老年病专科医院”。

2004年12月28日，工程局下发《关于将水电十四局大理医院划归大理基地党委管理的通知》，将大理医院划归大理基地党委管理。

1965～2006年期间，工程局职工医院院长：王家祥、任耀光、许志恒，书记：陈祖谭、张立云、刘学扬。水电十四局曲靖医院院长：许志恒、张永祥、韦正录、念维玲，书记：刘学扬、李思明。水电十四局大理医院院长：黄天和、赵培、何金贵、刘伟、徐家伟，书记：冯保山、徐朝仁、林步东、赵培、阳祖尧、杨怀静、高荣会。水电十四局昆明医院院长：赵绍增、刘云光。

第二节　医　疗　工　作

工程局的医疗卫生事业经历了一个从无到有、从小到大的创建和发展过程。从1954年建立工程局第一个卫生所，至1980年，全局已发展到7所医院，31个卫生所、医务室、急救站，遍布于各电站施工工地。各医疗机构随工地搬迁，规模、人员频繁变动。来自部队转业的卫生人员和全国各地医疗卫生院校的毕业生长期与水电工人艰苦奋斗，所到之处不仅为水电建设者们治病防病，肩负起医疗卫生、工业卫生及职业病的防治工作，而且不辞辛苦坚持为当地人民群众送医送药，改善饮水、食品卫生，宣传和实施计划生育，参加抢险救灾，受到了驻地政府和人民群众的表彰和高度评价。

20世纪90年代，随着工程局基地建设的发展，在曲靖市、大理市、昆明市分别建立了工程局职工医院、曲靖医院、大理医院、昆明医院和水电职工疗养院，各医院的住房标准和医疗设备均有了较大改善，为防治广大职工、家属多发病、常见病发挥了很大作用。为了适应工程局进入国内外中标工程的需要，各医院派出医务人员到各施工项目点设置分院或卫生所、医务室，开展的专业有内、外、骨、妇产、小儿、五官、皮肤、中医、药剂、检验、放射、理疗等科目。企业卫生工作的不断发展，保护了水电职工的身体健康，促进了企业生产发展。

一、工程局职工医院

1954年初，当工程局进驻会泽县建设以礼河水电站时，在修筑会泽县匹戛至娜姑专线公路，组建了工程局乐里村卫生所。随着水电队伍云集施工现场，工程局于1956年4月，在该卫生所的基础上组建了以礼河“云南水力发电工程局职工医院”。至1966年“文化大革命”前，医院规模已由建院初期的20张病床增至160张标准床，医务人员由55人增至150人。为适应医疗和预防的要求，添置了万能手术床、200毫安X光机等大中型医疗设备。在当时的历史条件下，医疗技术和设备水平在省内大中型厂矿企业和滇东北地区地方医院中已居先进行列。职工群众对医疗质量、服务态度较为满意。

1963年7月，省卫生厅副厅长徐彪南教授曾专程到工程局职工医院检查指导工作，对医疗技术和后勤供应给予了充分肯定和热情赞扬，并将工程局职工医院指定为省内大中专医学院校学生临床实习定点单位之一。至1985年底，工程局职工医院已接待了146名学生的实习教学。

工程局职工医院除了肩负起企业自身的医疗保健工作外，还为贫困山区人民群众防病治病。从1965年1月至1966年6月，先后派出3个巡回医疗队深入贫困山区为人民群众送医送药，诊治人数达1650人次，深受当地群众好评。此做法在该医院迁至罗平县鲁布革电站后仍继续发扬光大，并成为工程局各医院广大医护人员的优良传统。

1966年2月和1970年1月，东川、通海发生地震，工程局职工医院党政领导闻讯后立即派出医疗队奔赴灾区，为抗震救灾作出很大贡献，医德医风也受到震区群众称赞。

1974年，为适应工程局参与国际水利水电建筑市场竞争需要，工程局职工医院相继派出医务人员到国外工程项目点开展医疗工作。他们不仅为中方出国人员服务，保证了援外工作顺利进行，还为受援国家的人民群众服务，展示了中国人民伟大的国际主义精神。

1977年底，罗平县大寨水电站和鲁布革水电站相继开工建设，工程局职工医院从会泽干沟镇迁至罗平松毛山。在罗平办院11年，医院经历了治理“文化大革命”创伤，拨乱反正、恢复、提高医院管理水平，与鲁布革水电站各医院共同为工地职工和当地群众做好医疗工作。开展卫生防疫，环境监测、改善劳动条件，防治职业病等项工作。

1988年7月，工程局职工医院从罗平县迁至曲靖市正式开业。新建医疗大楼设病床155张，住院部和门诊部设备齐全。随着企业经济发展，工程局拨专款更新了医疗设备，如二维超声扇形式图像仪、欧林巴斯胃镜、体外反搏装置、半自动生化测定仪、激光治疗仪、500毫安X光机、B型超生诊断仪、脑电图等。诊断手段逐年现代化。医务人员增至180人，卫生技术人员149人，占职工总数的82.8%。学科结构不断改善，其中：高职8人，中职27人，初职97人。院领导注意加强医德医风教育，重视人才培养，完善规章制度，严格要求，不断提高医疗水平。1988年7月～1991年10月，年均门诊人数达5753人次，住院人数年均1465人次。除开展内、外、儿、妇、五官、放射、中医科等常见和多发病的诊治外，在疑难危重病例的诊治中也有新的突破，如内科开展体外反搏，隔肌起搏仪治疗肺心病，心电监护仪对危重病例的监测，阿米巴肝脓肿内科治疗等。外、妇科诊治成果显著，胆囊手术24例、半结肠切除10例、肾切除1例、剖腹探查39例、骨折开放扶位84例、子宫全切除术8例，宫外孕18例，剖腹产135例，手术均达到一定水平。

1985年，工程局职工医院被工程局评为“文明医院”。1989年7月，被云南省卫生厅授予“省级文明医院”。

二、曲靖医院

水电十四局曲靖医院，是在工程局职工医院的基础上，不断发展、完善起来的，软硬件设施都有了很大改善。曲靖医院医疗大楼占地面积 15804.7 米²，建筑面积 6576.25 米²。医疗大楼编制床位 180 张，实际开放床位 142 张。住院部和门诊部设置齐全。还更新了一批先进医疗设备，如 500 毫安 X 光机、B 超诊断仪、脑电图仪、欧林巴斯胃镜、体外反搏机、半自动生化测定仪、激光治疗仪等。医院拥有各种医疗仪器设备 100 多台（件），主要有美国 CT、美国库尔特全自动血细胞分析仪、意大利 BT－3000 全自动生化分析仪、美国 PI 动态心电血压监护系统、加拿大百胜彩色 B 超、美国 GEB 超、带电视投影 500 毫安 X 光机、麻醉呼吸机、无痛分娩仪、高压氧舱等。

曲靖医院设有住院部、门诊部及行政后勤部门。设有外科、妇产科、内一科、内二科（含针推拿理疗康复组）、急诊科、放射科、检验科、功能科（心电图室、B 超诊断室、内窥镜室、乳腺扫描检查室）、中医科、口腔科、五官科、药械科、供应室。管理机构有院长办公室、副院长办公室、党总支办公室、行政部、业务部、护理部、财务部、保障部，是一所二级乙等市级综合性医院、曲靖市及各县区医保定点医疗机构、云南省工伤、生育保险协议医院。

1991 年底，曲靖医院成立理疗科，以针灸、推拿、理疗、康复治疗颈椎病、腰椎病、脑卒中后遗症、慢性骨关节软组织损伤等。

1992 年购入 500 毫安带电视投影 X 光机，提高了 X 线诊断水平，开展纤维胃镜检查，1994 年开展脑电地形图检查。

20 世纪 90 年代中期到 2000 年初期，曲靖医院逐步开展了显微外科手术，如断指再植术。科室除以普外、骨科疾病诊治为主外，对手外伤、血管神经损伤、双下肢静脉曲张并溃疡、糖尿病等病症的治疗独具特色。

1999 年开展新式剖宫手术，2000 年开展药物人流术，2003 年开展无痛人流、无痛分娩术，能及时正确处理高危妊娠和各种难产病症。

曲靖医院拥有多功能床旁心电监护仪、电脑中频治疗仪、中药脉冲治疗仪、电脑三维正脊仪、多功能腰椎治疗床、药物熏蒸治疗仪、恒温蜡疗仪、减重跑台、电动站立床、神经治疗仪、上下肢康复治疗仪等一批先进康复理疗仪器设备。

2000 年购置全电脑三级正脊仪可以开展治疗腰椎间病。2001 年购入美国 GEB 超，全自动血细胞分析仪和全自动生化分析仪、全自动电解质测定仪。购入美国动态血压和动态心电监护系统，扩大了服务项目。配备胰岛素泵 2 台、糖尿病神经血管病变治疗仪、无创呼吸机 3 台、肺功能检测仪、遥测心电监护系统、多功能床旁心电监护仪、胃镜、微量注射泵等诊疗设备。熟练开展内分泌代谢性疾病、呼吸系统疾病、心血管系统疾病、消化系统疾病、肾内科疾病的诊治及其危重症的抢救。

2003 年开展红外线乳腺彩色扫描检查。2004 年购入汽疗机，以中药蒸汽进行治疗。

1998 年获云南省“青年文明号”称号，1999、2004 年分别获曲靖市“卫生下乡先进集体”称号。

2004 年 6 月，根据国务院和云南省政府有关文件精神规定，水电十四局曲靖医院成建制整体移交曲靖市人民政府，隶属曲靖市卫生局，更名为“曲靖市第五人民医院”、“曲靖市老年病专科医院”。

三、大理医院

1954～1969年，大理医院的医疗设备仅限于听诊器、血压表、体温表、日光源单目显微镜、牙科诊疗椅、简易手术床、产床等。1970年购置国产200毫安X光机，双目日光源显微镜，以及救护车和部分理疗设备。1977年购置国产200毫安双管双床X光机，电光源高倍数显微镜，五官科诊疗用器械、心电图机、超声雾化器。1986年在进点漫湾项目时购置了胃镜、B超、脑电图、救护车。1989年迁入大理市后，又购置匈牙利500毫安双管双床带监视器X光机。1998年底工程局拨款95万、大理医院自筹60万元添置了B超、血球计数仪、高频电刀、麻醉机、呼吸机、心脏起搏器、心电监护仪、双导联心电图机、心脏除颤仪，尿十项检测仪、半自动生化仪、万能手术床、胃镜、公务用车等一批先进设备。2004年6月，大理医院根据自身发展的需要和地方医疗体制改革的要求，大理医院自筹资金20万元安装医院网络管理系统，使医院进入了规范、系统的信息化管理。

大理医院开展的工伤急救及相关手术、具有肝破裂修补术、脾破裂摘除术、胆囊摘除术、肠吻合术、取骨植骨术、截肢术、骨折钢板螺丝钉内固定、外伤清创缝合、接生、放环节育术、剖腹产等手术的能力。对内儿科常见病、多发病诊治，特别是对工地常见有机磷类农药中毒有较高的抢救成功率。在制剂生产方面，5％葡萄糖注射液、10％葡萄糖注射液、25％葡萄糖注射液、5％葡萄糖氯化钠注射液、10％葡萄糖氯化钠注射液、0.9％氯化钠注射液、生理盐水、注射用水达到了满足临床的需要。中草药方面，生产了“五一”止咳丸、西洱河“6·26”白药、桂附理中丸、十全大补丸、外用接骨粉、外用药酒等满足了患者需求。

为使大理医院适应完全市场经济模式需要，参与市场竞争，进入大理市医疗定点医疗机构，大理医院以加强基础设施建设、提高医疗护理质量，增强医德医风建设为起点对原管理制度，岗位职责，结合地方三甲医院的管理制度，按医保定点医疗机构的要求，大理医院先后出台并推行了一系列改革、管理措施和考核办法，为医院的生存和发展起到了很大的促进作用，最终得到了社会和地方政府各职能部门的肯定，先后被地方政府确定为多项医疗保险定点医疗机构。

2002年10月1日，大理医院被地方政府确定为云南省城镇职工基本医疗保险定点医疗机构，同年11月1日被确定为云南省企业职工保险定点医疗机构。2006年被确定为大理市幸福社区卫生服务中心。2000～2006年，门诊接诊13.36万人次（含理疗室），住院9484人次，手术415例，危重病人抢救成功218人，治愈率93.85％，精神科接诊2173人次。

四、昆明医院

昆明医院负责工程局机关及昆明片区职工、离退休职工医疗就诊和个人医疗账户的建立和管理，并对职工医疗基金包干使用。医院定员29人，其中负责医保工作2人，由工程局支付工资。医院实行独立核算、自主经营、自负盈亏的经营模式。

昆明医院分设院本部、浑水塘分院、吴井桥诊所、凉亭诊所、双龙桥医务室5个医疗点，拥有住院病床30张，门诊观察床34张，置有B超、半自动生化仪、牙科综合治疗机、心电图机等医疗设备，为昆明片区职工、离退休职工进行诊治和健康体检及疑难危重病转诊等服务。昆明医院经历了从福利事业单位向独立核算、自主经营、自负盈亏的经营实体转变的历程。医院注意制度建设、队伍建设、医德医风教育，制定了各级岗位职责、各类工作的管理制度，有计划地选送人员进行专科进修、医学管理等相关专业培训班学习，不断提高医疗技术素质。

2001年3月，昆明医院取得昆明市城镇职工基本医疗保险定点医疗机构资格。同年4月与昆明市盘龙区医保分中心签订医保服务协议，成为昆明市首批医保定点医疗机构之一。

2002年2月，工程局昆明片区单位按属地原则整体加入昆明市城镇职工基本医疗保险。昆明医院医保科并入工程局社保部。同年4月，昆明医院取得云南省医保离休干部定点医疗机构资格，同年10月取得昆明市医保特殊慢性病定点医疗机构资格，同年11月取得云南省企业职工工伤定点医疗机构资格。

2003年7月1日，昆明市卫生局昆卫基卫〔2003〕11号文《关于同意设置昆明市盘龙区东华社区卫生服务中心的批复》批准昆明医院正式成为“昆明市盘龙区东华社区卫生服务中心”挂牌执业，承担东华社区内医疗、预防、保健、康复、健康教育、计划生育技术指导等为一体的综合社区卫生服务，为昆明市较早的社区卫生服务机构之一。

2003年“SARS”流行期间，昆明医院被昆明市卫生局指定为东华社区发热门诊，担负着近3万社区居民及工程局机关发热病人的排查工作。全院职工不畏危险，积极工作，在社区、机关单位办“SARS”防治讲座；对社区居民、单位进行消毒、防护指导及医疗咨询；转送疑似病人2例（后排除“SARS”）；按规定定时上报疫情报告，圆满完成昆明市卫生局、工程局下达的防疫任务。由于在防治“SARS”工作中突出表现，被昆明市盘龙区卫生局评为“社区先进集体”，1人获“社区卫生服务先进个人”，1人获昆明市“优秀文明市民”。同年7月，“东华社区卫生服务中心”挂牌后，昆明医院充实并完善了30个工作制度和管理制度，医院管理向制度化、规范化迈进，承担起医疗、预防、康复、保健、健康教育、计划生育技术指导等“六位一体”的社区卫生服务。

2004年起，昆明医院从工程局各项目部的需要出发，以加强自身发展需要出发，先后在工程局所属缅甸瑞丽江水电站、广东惠蓄电站、四川锦屏水电站、马达加斯加等施工项目部设置医务室，为工地职工提供常见多发病、慢性病及外伤的诊治、卫生防疫指导，以及重伤、危重病员的救护及转运等工作。

第三节　医疗制度改革

1954年建局之初，工程局成立医疗机构，隶属局办公室管理，开展全局的卫生医疗业务。当时规定职工因病或非因工负伤发生的医药费由工程局负担，从职工福利费中支出。这是一种计划经济时期企业内部的福利型医疗制度，是对职工实行免费、对职工家属实行半费的医疗保险制度。

1956年4月，以礼河“云南水力发电工程局职工医院”组建，负责全局的卫生医疗工作。

1964 年 6 月 2 日，工程局下发《关于医药费等几个问题报告的批复》中规定：职工到医院就诊，一律实行“记账收费”的办法，各单位已纳入工资总额的施工津贴，应按比例提取医疗基金，同时实行挂号收费制度。

计划经济时期的福利型医疗劳保制度较好地保障了职工的基本医疗，调动了职工的生产积极性，但是也有其弊端，在建立社会主义市场经济体制和国有企业改革的过程中，这种体制的弊端日益突出。

1993 年 7 月 23 日，工程局下发《关于局机关在职和离退休职工医疗费用管理暂行规定》中，规定了定点挂钩医疗和保健储备金核定制度。实行医疗费用分担措施：在职和退休人员分别承担门诊医疗费的 50%、45%，住院费与医药费的 15%、10%，大型检查费的 15%、10%，而国家规定的自费药品、保健器具不属于医疗费承担范围。离休人员医药费实报实销，不发放个人保健储备金。此后，职工个人的费用意识有所增强，在一定程度上控制了医疗费用开支。2003 年上半年，医疗费未承包前工程局机关在职职工医药费为 22 万元，下半年医疗费承包后医药费仅为 4.4 万元。

1997 年 1 月，水电十四局曲靖片在职职工和离退休人员参加曲靖市地方医疗保险。

1998 年 12 月，国务院发布的《关于建立城镇职工基本医疗保险制度的决定》，在全国范围内全面推行职工医疗保险制度的工作，要求 1999 年内全国基本建立职工基本医疗保险制度。工程局为贯彻执行该决定，在全局推行了职工医疗保险制度的工作。

2000 年 1 月 28 日，工程局下发《水电十四局关于纠正医药购销中不正之风工作的实施意见》，要求严禁从非法经营者手中采购药品，严把药品质量关，严格掌握药品购销中的审批程序，严禁医务人员私自采购药品或以开单费、处方费等形式谋取不正当利益等。同年 2 月 16 日，工程局《关于下发〈水电十四局昆明、大理片职工医疗管理暂行办法〉的通知》，并明确从 2000 年 1 月 1 日起执行《水电十四局昆明、大理片职工医疗管理暂行办法》(曲靖片在职职工和离退休人员已参加地方医保，仍按地方医保实施办法执行，不执行本办法)。此办法规定了职工医疗就诊的相关规定及个人医疗账户的建立和管理办法，并对职工医疗基金包干使用，即职工基本医疗基金由用人单位和职工双方共同缴纳。用人单位缴纳率为当月职工工资总额的 8%，职工缴费率为本人当月工资收入的 2%，离退休人员本人不缴纳基本医疗保险费。此上缴资金由局统一使用，并按年龄分档计入个人医疗账户。

《暂行办法》还对“门诊医疗费的管理，住院医疗费的管理，特殊检查、特殊治疗的管理，医药费报销的管理，不予报销范围，结算程序”作出了具体规定。此办法由于实行了用人单位和个人共同分担医保费的规定，故 2000 年昆明片在职、退休人员医药费超支为 22%，比 1999 年约下降了 10%。

2000 年 4 月 4 日，工程局下发《关于对实施昆明、大理职工医疗管理暂行办法的补充通知》中，规定了异地安置退休职工、在项目点工作职工、联营体职工的个人医疗账户金的管理等。同年 4 月 12 日，工程局《关于水电十四局实施职工医疗管理暂行办法的补充通知》对职工、退休职工、工伤职工、建国前参加工作的退休老工人使用个人医疗账户作了规定。

2001年4月6日，工程局转发《云南省人民政府关于印发云南省离休干部医疗保障办法（试行）的通知》（云政发〔2001〕56号文），要求建立和完善离休干部医药费保障机制和财务支持机制，确保离休干部的医药费按规定实报实销等。

2002年1月14日，工程局为了加速基本医疗保险工作的进程和保障职工基本医疗，下发了《关于参加昆明市职工基本医疗保险有关问题的通知》，驻昆明各单位所属（户口在昆）在职职工（含下、待岗人员、内退人员）、退休人员（含异地安置人员）于2002年2月1日起正式加入昆明市职工基本医疗保险的社会管理系统。同年5月21日，工程局《关于转发〈关于省级机关事业单位及在昆中央、省属用人单位2002年度离休干部医疗保障有关问题的通知〉的通知》，规定：昆明片离休干部从2002年4月1日起参加云南省离休干部医疗保障。同年7月11日，工程局成立中国水利水电第十四工程局社会保障部医疗保险科，统一管理离休医疗保障、退休和在职职工医疗保险业务。同年9月1日起，工程局驻大理各单位所属在职职工（含下岗、待岗人员、内退人员）、退休人员（含异地安置人员）正式加入大理市企业职工基本医疗保险的社会管理系统，实现了与云南省城镇职工基本医疗保险制度改革的顺利接轨。同年11月19日，工程局根据水电总公司转发的《关于国家电力公司所属单位职工参加基本医疗保险有关问题的通知》精神，印发了《水电十四局企业补充医疗保险试行办法》，完备了加入医疗保险的各种资料手续，按属地分片参加地方医疗保险。

2004年5月10日，工程局根据省总工会云工〔2004〕办字第19号文的精神，下发了《关于参加云南省职工医疗互助活动的通知》，明确从2004年7月1日起由局工会负责组织全局职工和退休人员集体参加云南省职工医疗互助活动，原《水电十四局企业补充医疗保险试行办法》同时停止执行。

2006年后，工程局成立水电十四局昆明管理处，昆明片离休干部医疗保障、在职和退休人员医疗保险划归昆明管理处统一管理。

第四节 职业病防治

工程局在建局初期，对职业病防治工作所采取的方法是工程局所属各医院不定期对接触职业病危害因素的职工进行上岗前、在岗期间的职业体检、职业病诊断。工程局在各医院均设防疫科，开展环境卫生、饮食卫生和儿童计划免疫工作。局属各医院把工业卫生及医疗防治作为医院管理职责的重要组成部分，做到：

（1）设立保健科，并配有专职业务人员，有近、中期发展规划。

（2）做好职工中职业病的防治，职业病管理，职业病报告统计。协助有关部门组织生产环境监测，开展触尘、触毒工人定期体捡，职业病确诊，职业病治疗等工作。

1962年1月4日，以礼河水力发电工程局下发的《医院工作规划》中，对工业卫生、职业病防治要求做到“五防”，即防尘、防毒、防伤、防寒、防暑，做好妇女卫生和学校卫生工作。同年2月22日，以礼河水力发电工程局在《关于防治矽肺病措施的通知》中制定了8种治疗措施，如对已查出是1、2、3期矽肺病患者应立即脱离“触尘”工作，集中治疗；要指定有经验的医生负责治疗工作；在生活、物资、精神上给予照顾等。实行“五结合”的治疗方针，如中西医治疗、紫外线照射、磁疗法等相结合的治疗方针。

1963年11月2日，以礼河水力发电工程局下发的《关于矽肺病诊处制度的通知》中要求，各单位要及时上报矽尘作业健康状况，特别是矽肺病情况，要有专职医生负责诊处矽肺病患者和上报情况，以便全局适时、合理地统一安排防治工作。同年12月，工程局进行了第一次矽肺病普查，至1982年共诊断职业病患者167例。

1981年8月，工程局为贯彻卫生部、劳动局、全国总工会、国家医药管理局〔1979〕107号文和云南省卫生厅、劳动局、省总工会、省医药管理局〔1979〕480号文的精神，对接触铅、苯、汞、有机磷、三硝基甲苯5种毒物的职工进行全面普查，共检查有毒作业工人2582人，诊断出锰中毒患者4例，列为苯中毒观察对象4例，其他未发现中毒现象。同年10月27日，工程局下发的《关于加强防尘、防毒工作，建立健全工业卫生机构的通知》中明确，为了贯彻落实中共中央、国务院、水电总局有关文件的精神，结合工程局生产特点和防尘、防毒工作开展情况，对今后工作通知如下：各工程处（厂）成立工业卫生科，设立在职工医院内，与内科、外科等科室同属平行的业务科室，属院长领导。它的主要任务是经常地对生产环境进行尘、毒浓度测定，提供有关部门作为改进生产条件的客观依据。开展职业病、职业中毒、工地多发病的普查，健康体检等工作。联系职业病确诊，治疗工作，提出住院或疗养建议。同年12月23日，工程局召开工业卫生及医院工作会议，贯彻中央及云南省有关工业卫生及医院工作的文件精神，总结工程局铅、苯、三硝基甲苯等5种职业病普查工作，讨论1982年工业卫生及医院工作任务。

1982年1月12日，工程局下发的《关于建立工业卫生监测机构的通知》中明确：为治理水电工程施工过程中尘、毒、噪声危害，保护工人的安全与身体健康，根据电力部〔1979〕水电计字第102号、电力部劳动工资司〔1981〕劳护字第26号文的通知，结合工程局情况，决定黄泥河分局和水电一处分别建立工业卫生室，配备培训工业卫生监测人员，购置设备，有效地开展工业卫生监测工作。

1983年，水电十四局一公司建立工业卫生科，专业工作人员4人，负责西洱河水电站施工区域的职业病防治。进行1年不少于4次的施工作业环境监测，每次监测都按国家规范选点和严格操作，然后分析、归纳、整理，并形成报告。对施工作业环境的职业病危害因素对接触人员的影响程度进行评价，并对职业病危害因素浓度或强度超过国家规定标准的施工作业环境的治理和控制方法提出建议，供决策层参考。水电一公司工业卫生科对作业劳动环境的检测直至西洱河电站施工结束，期间曾对管理范围内的数十例尘肺病患者进行了超声雾化吸入、发放药物等保健性治疗，取得了较好的效果。

1984年，工程局医院设立工业卫生科，工作人员4人，负责鲁布革水电站第二、三、四公司施工区域的职业病防治。同年5月25日，工程局贯彻云南卫生厅《关于颁布云南省职业病诊断管理办法实施细则》，并强调继续执行《云南省职业病报告办法实施细则》，要求各单位认真填报《职业病报告卡》、《职业病患者现场劳动卫生学调查表》，按规定时间及时上报。同年6月5日，工程局转发水电总局《转发卫生部〈职业病诊断管理办法的通知〉》中，要求为加强职业病诊断管理工作，提高诊断水平，保证职工健康，从事职业病工作的人员必须掌握国家颁发的职业病诊断标准及有关规定。诊断应根据患者的职业史、既往史、现场劳动卫生学调查等。

1986年，工程局将曲靖、大理两地职业病防治机构整合为局工业卫生科，对全局各施工现场进行尘、毒、噪声等监测和职业病防治，并开展有关课题研究。工业卫生科则随着工程局参与施工电站点面的逐步增多，施工作业劳动环境的监测范围从鲁布革覆盖至天生桥、漫湾、大朝山、天荒坪等水电站。

1986～1992年期间，工程局工业卫生科每年均对当时的施工点鲁布革、天生桥、漫湾、大朝山、安装公司钢模厂进行劳动环境职业病危害因素的检测和评价。

1989年5月，进行了全局的尘肺病流行病学调查，在工程局范围内共普查出尘肺病患者207人，其中Ⅰ期尘肺164人、Ⅱ期35人、Ⅲ期8人，患病148人，死亡59人。

1992年2月12日，工程局下发《关于局医院工业卫生科划归疗养院管理的通知》，决定将原属局医院的工业卫生科，从1992年1月起划归疗养院管理。开展全局各项工程的环境监测和工业卫生工作；负责对全局各施工项目点、厂劳动环境职业病危害因素监测；同时，对3批尘肺病患者共约150人进行了治疗。局工业卫生科负责“全国尘肺病普查工作”在工程局范围内的组织和实施。后经云南省卫生厅批准，工程局成立“尘肺职业病防治诊断小组”和“职业中毒诊断小组”，开展全局的职业病防治工作。

1993年7月，工程局针对施工中尘、毒、噪的治理和病患者的检查治疗问题，在疗养院召开了矽肺患者座谈会，局领导孙启林、马洪琪、温其大、陈锦棪及有关部门负责人参加了座谈，认真听取了意见，对职业病防的防治工作提出实施措施。同年11月，工程局文卫处为贯彻中电联召开的职业病防治工作会议精神，制订了矽肺复查鉴定计划，分片开展工作。

1994年，工程局对天荒坪电站的施工点进行了劳动环境监测和评价。

1996年，为贯彻和执行《中华人民共和国尘肺病防治条例》、《中华人民共和国职业病防治法》、《电力部电力行业尘肺病防治暂行办法》，完成电力部职业病防治“九五”规划，保障触尘职工的合法权益，工程局发布《水电十四局尘肺病防治实施细则》。

1994、1997、1999、2001年和2003年，工程局5次发出《关于尘肺普查的通知》，进行了全局范围的尘肺普查，详见表9-3-1。

表9-3-1　1956～2004年工程局尘肺病发病情况统计　单位：人

年　份	新　诊	现　患	死　亡
1956	4	4	0
1961	20	24	1
1966	14	38	2
1971	54	92	9
1976	32	124	7
1981	82	206	21
1986	5	211	19

续表

年　份	新　诊	现　患	死　亡
1991	7	218	19
1997	13	231	8
1999	25	256	11
2001	26	282	19
2003	71	353	21
2004	4	357	18

第四章　安　全　保　卫

第一节　机　　构

工程局治安保卫的机构始建于1954年，建局初期局机关设立保卫科。1954年，经公安机关批准成立了石龙坝工程处公安分队。后经云南省公安厅批准，组建了以礼河水力发电工程局经济民警队，下属有干沟、毛家村、盐水沟3个分队，共编制干警18人。

1954～1957年，工程局以礼河工地下设小箐沟、盐水沟、毛家村工区保卫股，运输处保卫股，安装处保卫科。

1956年，经水电总局批准，工程局机构改革，成立了局保卫处。

1957年，随着云南以礼河梯级水电站的全面建设，绿水河水电站开工，局属各工区更名为工程处，保卫机构也随之改为保卫科，共有专职保卫干部60人。

1958年8月18日，为确保以礼河水电站建设安全，加强社会治安管理，中共云南省东川市委、东党组通知，成立会泽县以礼河公安分局，下设干沟、毛家村和盐水沟3个公安派出所，负责电站工地社会治安和职工、家属户籍管理，其业务由东川市公安局和以礼河水电工程局保卫处双重领导。

1964年，经东川市公安局批准，成立会泽县干沟、毛家村、盐水沟3个地区的3个专职消防班，编制18名，负责电站工地消防安全工作。

“文化大革命”期间工程局机构撤销，下属队伍隶属云南省电力局领导。

1979年12月26日，工程局成立局保卫处和下属二级单位8个保卫科。

1984年5月19日，云南省人民政府同意以水利电力部第十四工程局鲁布革水电站工程指挥部保卫处为基础，成立罗平县公安局鲁布革分局，内部仍保留保卫处名称，受罗平县公安局和电站工程指挥部的双重领导，业务上以公安机关领导为主。分局行使县级公安机关的部分职权。

1987年2月14日，云南省人民政府办公厅复函贵州省政府办公厅，经公安部二局会同云南、贵州省公安厅商定，由云南组建“水利电力部第十四工程局鲁布革电站公安处”，受鲁布革水电站建设指挥部和云南省公安部门双重领导，主要负责电站施工现场内部的安全保卫工作。

1990年3月6日，云南省公安厅批复，将水利电力部第十四工程局鲁布革水电站公安处更名为水利电力部第十四工程局公安处，设在昆明局机关，编制定员9人。同年3月6日，工程局成立水利电力部第十四工程局广东分局保卫分处。同年12月20日统计，工程局公安保卫机构有公安处（保卫处）1个、公安派出所11个、保卫科1个、保卫股1个、共有公安保卫干警112人，另有治保会46个，治安保卫员230人。

1995年6月2日统计，全局保卫机构有保卫处（公安处）1个、保卫分处3个、保卫科（派出所）11个、厂队保卫股2个，共有公安保卫干部98人。基层治保会68个，治保干部312人，义务消防队16个，队员123人。

1996年，国家体制改革，云南省公安厅下文撤销企事业单位公安机构，恢复保卫机构。

1956～1999年，任工程局保卫处（公安处）处长、副处长的有：吴保华、王金玉、罗兴益、晏康立。

2000年，随着工程局内部体制改革，兼有社会职能的部门逐步萎缩、削减。全局保卫组织也发生很大变化，各二级单位根据自己的情况设立保卫机构和配备人员，有的单位治安工作完全依靠驻地公安机关，局保卫处也只负责局机关的安全保卫工作。同年5月31日，工程局成立大理基地保卫科。同年7月3日，工程局机关事务部内设保卫处（科级），只负责局机关的治安保卫工作。

2003年8月22日，工程局办公室下属事务处设保卫主管1人、保卫专责1人。

2006年，局机关保卫处（科级）隶属局办公室，有处长1人、专干1人。水电十四局曲靖管理处综合办公室副主任兼保卫科长，有保卫主办1人、专责1人。水电十四局大理管理处综合办公室有保卫主办1人、专责1人。其他二级单位和项目点根据自己的情况设有专职或兼职保卫干部。另外，各单位还有一批门卫值班人员。

第二节　治　安　保　卫

工程局治安保卫工作在单位党政和公安机关的领导下，坚持“预防为主，确保重点，打击敌人、保障安全”的方针，充分发动和依靠职工群众，围绕工程局各个时期的中心工作，搞好内部治安，为企业和职工提供良好的工作秩序、生产秩序、教学科研秩序和生活秩序。

一、1966年“文化大革命”以前的治安保卫工作

1966年“文化大革命”以前，工程局各级保卫组织的主要工作职责是：依靠群众搞好防盗、防火、防爆炸、防治安灾害事故的“四防”工作；保证要害部位的安全；打击和防范反革命分子和其他刑事犯罪分子的破坏活动；维护企业内部治安秩序，同危害治安稳定的行为作斗争；追查破坏事故、重大灾害事故和重大失、泄密事件；指导经济民警队和治保会工作。

工程局的治安保卫工作在各级党委和公安机关的领导下，坚持一手抓打击各种违法犯罪活动，一手抓安全防范。充分发动依靠群众，大力开展侦查破案，打击犯罪分子的破坏

活动，破获了发生在单位内部的多起反革命案件。1961 年，在云南省、市公安机关的领导下，工程局各级保卫组织协同作战经过半年多的艰苦工作，侦破了以礼河水力发电工程局毛家村工程处一起反革命集团案，严惩骨干分子 17 名，从宽教育处理一般成员 50 余名。

在此期间，工程局各级保卫组织还依靠群众，侦破了一批长期流窜在水电建设工地，盗窃国家财产，破坏生产设施的犯罪团伙案件，抓获和严惩一批犯罪分子，维护了内部治安，保证了电站建设的顺利进行。

二、改革开放以来的治安保卫工作

国家改革开放以来，工程局各级保卫组织，全体保卫干部紧紧围绕保卫经济建设这个中心，坚守岗位，履行职责，贯彻执行上级公安机关统一部署，结合本单位实际，积极开展打击刑事犯罪斗争；整顿、治理企业突出的治安问题；解决、处理好企业内部矛盾；治理好企业周边的治安环境。

（一）持续开展“严打”斗争和专项治理，侦破和查处一批刑事、治安案件，及时打击、查处犯罪、违法分子

仅 1990 年，工程局范围内共侦破各类刑事案件 52 起，其中重大刑事案件 15 起。查处治安案件 53 起。打击处理犯罪违法分子 132 人，其中劳改 4 人，逮捕 9 人、劳教 23 人、刑事拘留 3 人、治安处罚 93 人。追回经济损失 3.31 万元人民币。组织戒毒学习班强制戒毒 26 人。

1995 年 6 月，工程局二公司、三公司、运输公司、曲靖基地管理处保卫科抽调精干人员组成联合破案组，侦破了由 17 名待业人员组成的盗窃团伙，在曲靖市水电十四局职工住宿区入室盗窃 14 起和在外单位盗窃 15 起的案件。查获赃物彩色电视机 6 台、录像机 6 台、录放机 10 台、照相机 5 台及其他贵重物品，价值 6 万多元。

工程局各级保卫组织还根据不同时期出现的突出治安问题，不断地开展专项斗争，专项治理工作，如开展打击“六害”斗争，扫除“黄、赌、毒”丑恶行为等。认真贯彻全国人大常委会《关于禁毒的通告》，分期分批地开办戒毒班，实行强制戒毒。通过专项治理，企业内部治安状况明显好转。

（二）加强安全防范措施，针对突出的治安问题和隐患，进行彻底治理和整改，防止各种案件的发生

工程局各级保卫组织经常开展以下几项主要工作：

（1）开展情报信息工作，及时掌握单位内部的“不安定因素”、“热点问题”和突出的治安问题，超前制订预防方案和处理措施，把问题扼杀在萌芽状态。

（2）开展“防盗、防火、防爆炸、防治安灾害事故”的安全防范工作。

（3）加强内部治安管理，打击各种违法犯罪分子，针对突出治安问题，开展专项斗争。

（4）抓好各级保卫机构组织建设，加强对公安保卫干部的政治思想、业务水平、执法守法教育和培训。

1991 年 10 月 18 日，工程局贯彻实施了云南省人民政府发布的《云南省机关、团体、

企业、事业单位安全防盗工作规定》。局属各单位认真贯彻、执行，坚持“预防为主、综合治理”的方针，实行群防群治的安全防范责任制。加强企业的安全防盗工作，保障国家财产和职工合法财产的安全。

1994 年 10 月 28 日，工程局贯彻实施了云南省公安厅《云南省安全技术防范管理规定的通知》。各单位保卫处、科（派出所）、股认真执行，加强了重点要害部位的安全技术防范工作。

1996 年 5 月 14 日，工程局贯彻实施了电力工业部《关于维护社会稳定和解决好电力企业内部矛盾的通知》。局属各单位领导认真执行，高度重视维护社会稳定，把思想统一到中央的决策上，坚持“两手抓，两手都要硬”。

1999 年 12 月 22 日，工程局发文要求做好冬春两季的安全保卫工作。各单位保卫处、科（派出所）、股认真贯彻、执行，克服松劲麻痹思想，开展了以防盗、防火、防爆炸、防治安灾害事故为主要内容的安全防范工作。特别是对重点要害部位，落实责任制度和管理制度，检查人防、物防、技防是否到位。

企业内部的治安好坏直接影响和制约企业的发展。多年来，工程局各级保卫组织采取有效措施，加强内部治安管理，建立健全了内部治安管理制度，主要有：《要害部位安全管理制度》、《易燃易爆物品、枪支弹药的管理制度》、《单位内部安全防盗管理制度》、《安全保卫责任承包责任制》、《职工住宅区和公共场所的管理措施》、《加强“两劳”人员和有劣迹人员的管理教育措施》、《打击、处理黄、赌、毒等丑恶行为的措施》等。各单位保卫组织还组织领导守护、巡逻队伍，加强安全防范；设置和使用各种安全设施；依靠群众充分发挥治保会的作用。

（三）做好节假日和重大活动的安全保卫工作

工程局和局属各单位做好在国庆、元旦、春节等节日的安全保卫工作。各单位保卫处、科、股认真贯彻实施，继续开展了“严打、严防”斗争，打击犯罪分子的活动。对重点工程、要害部位、易燃易爆、钱、粮、物等重要仓库加强值班巡逻，做好节日期间值班巡逻，做好职工的安全教育，防止安全事故的发生。

局属各单位确保了在中共“十五大”胜利召开、喜迎香港、澳门回归活动的正常开展，以及云南举办世博会、云南昆明第三届中国艺术节、局庆四十周年等重大活动期间的安全。高度重视安全保卫工作,制订了行之有效的安全防范措施,堵塞了漏洞。坚持“谁主管,谁负责”的原则,层层签订责任书,责任落实到人。保卫部门发挥主力军作用,做好严厉打击和安全防范的工作。

（四）全面开展社会治安综合治理工作

1991 年 3 月 7 日，工程局贯彻实施中共云南省委、政法委《关于贯彻全省精神文明建设社会治安综合治理工作会议精神的意见》。局属各单位坚持“谁主管，谁负责”的原则，“管好自己的人，看好自己的门”，齐抓共管，依靠群众整治社会治安，减少违法犯罪，保证了企业内部稳定。

1994 年 4 月 15 日，工程局贯彻实施了全国人大常委会《关于加强社会治安综合治理的决定》和云南省《关于实行社会治安综合治理领导责任制若干规定的实施办法》。局属各单位、各部门领导认真承担起保一方平安的政治责任，推动了单位内部社会治安综合治理各项工作的全面落实。

水电二公司以公司经理任组长，保卫、工会、人事、宣传、安技等部门领导参加组成的社会治安综合治理领导小组，通过不断实践，总结、创立了职工住宿区、栋长责任制和栋片联防新方法，单位连续3年无重大刑事案件和治安灾害事故，促进了公司经济的发展，受到了地方政府、公安机关的表彰。1996年，工程局通报了水电二公司内部治安防范的好经验。

工程局还坚持专门机关（保卫组织）与群众路线相结合，打击与防范相结合，标本兼治的方针，层层推行社会治安综合治理目标管理责任制。工程局各单位与地方政府、公安机关签订了社会治安综合治理目标管理责任书，工程局内部又层层签订了社会治安综合治理目标管理责任书，全局形成了党、政、工、团齐抓共管社会治安的局面。

（五）做好安全保卫组织和队伍的建设

1996年3月22日，工程局下发《关于促进全面改革，发展，稳定中切实加强治安保卫工作的通知》。局属各单位提高认识，加强了对治安保卫工作领导。认真贯彻党中央、国务院，中央综治委的精神，推行领导责任制；加强保卫组织和队伍的建设；继续贯彻推行社会治安综合治理工作；充分发挥保卫部门的作用。

1997年11月28日，工程局贯彻实施了云南省公安厅、经济贸易委员会转发的《公安部、国家经贸委〈关于印发国有企业治安保卫工作暂行规定的通知〉的通知》。各单位进行了认真的学习，企业保卫工作和改革做到了有法可依、依法办事。

1998年3月11日，工程局贯彻实施了云南省公安厅《经保工作要点》。局属各单位保卫处、科、股结合单位实际情况和特点，开展了内部治安保卫工作，加强了保卫队伍的建设和管理，改革、完善了保卫工作的新路子。同年7月1日，工程局贯彻实施了公安部和国家发展计划委员会联合印发的《国家重点建设项目治安保卫工作暂行规定》。局属各单位严格按照规定作了一次认真检查，对尚未组建保卫机构和设置保卫人员的国家重点建设项目点，尽快设置了机构和配备保卫人员，认真做好国家重点建设项目内部的治安保卫工作。

（六）认真贯彻、落实上级机关相关的文件精神，加强对爆炸物品和其他危险物品的管理

1994年11月19日，工程局转发了公安部《关于少数保卫干部、经济民警违反枪支管理、使用，造成严重后果的情况通报》。各单位派出所、保卫分处、科、股，加强了枪支弹药管理，防止安全事故的发生。

1997年8月7日，工程局向局属各单位通报，水电十四局云南龙陵县苏帕河项目部修理厂职工与雇用的福建包工队民工发生纠纷，民工4次投掷炸药包爆炸（未伤人）。各单位加强了爆炸物品的管理，进行检查、整改，消除隐患，确保安全。对职工、民工进行了合法、安全使用爆炸物品的宣传教育。

1998年5月12日，工程局在安全生产工作会上对全局保卫系统1997年在安全管理工作中成绩突出、作出重大贡献的保卫干部给予了表彰和奖励。同年6月30日，工程局贯彻实施了云南省人民政府《关于进一步加强民用爆破器材管理的通知》，局属各单位按

《通知》的有关要求，对民用爆破器材进行了一次认真的清理、检查，对存在的安全隐患进行整顿。严格执行各项管理规章制度，落实安全责任制。

1999年8月23日，工程局贯彻实施了云南省经济贸易委员会、公安厅、国防科工办转发的《国家三部委〈关于进一步加强爆炸物品运输安全管理的通知〉的通知》，局属各单位对爆炸物品的运输和安全管理工作进行了认真、仔细的检查，对发现的隐患和问题及时整改，并有专门领导负责。

2000～2006年工程局体制改革后，各单位保卫组织由属地公安机关管理，局保卫处只负责局机关和几个家属区的安全保卫工作。主要工作有：

（1）开展“四防”工作，确保机关大楼的安全。

（2）组织、监督保安队伍，做好日常的门卫和值班巡逻。

（3）组织管理机关各家属区门卫值班。

（4）做好节假日的安全保卫工作。

（5）配合有关部门处置突发事件。

（6）局机关是“重点防火单位”，定期或不定期地进行防火安全检查，及时整改隐患。经常对消防设施、器材进行维护、更换。

（7）做好机关户口管理工作，为新招聘的大中专毕业生和调入局机关的人员解决落户问题（2000～2006年，工程局机关集体户落户1180余人，办理户口迁出及销户600余人，办理身份证1100多人次）。

（8）每年与地方政府和公安机关签订《社会治安综合治理责任书》和《安全防火责任书》，并参加检查、考核、总评、达标后领取合格证。

第三节　消　　防

工程局建局初期的消防安全工作由经济民警队负责，随着企业机构改革和变化各单位成立了专职或义务消防队，负责火灾的扑救和平时安全防范，消防队由各级保卫组织领导、管理。消防安全工作主要有：

（1）认真学习、贯彻、落实上级机关关于安全消防工作的指示和精神，推进工程局消防安全工作的全面开展。

1992年5月11日，工程局贯彻实施了云南省安全生产委员会《转发国家安全生产委员会〈关于开展安全生产周活动的通知〉的通知》。局属各单位结合“安全月”、“安全周”活动开展了防火安全检查，检查消防设施的配置、保养、管理，确保能正常使用。

1994年4月19日，工程局贯彻实施了国务院办公厅转发公安部《关于当前火灾情况和进一步加强消防工作意见报告的通知》。局属各单位加强了防火安全大检查和防火安全教育，加强了义务消防队的建设，建立健全了安全防火制度，落实防火责任制，配置了足够的消防器材和设施。

1996年10月13日，工程局贯彻实施了云南省办公厅转发公安部、监察部、建设部《关于对消防安全责任制，城市公共消防设施，建筑消防设施，消防装备建设整改落实情况执法检查的通知》。局属各单位由主管领导负责，有关部门参加，开展了安全消防大检查。检查的情况和整改方案向单位党政领导和地方公安消防机关通报，并报局保卫处备案。对发现的问题和隐患及时进行整改、消除，一时整改不了的，也采取有效的措施加强监控，并落实了责任。

1998 年 4 月 23 日，工程局贯彻实施了国家电力公司《关于预防火灾等重特大事故的通知》。局属各单位针对存在的安全和防火问题落实了责任制，制定了有效措施，预防火灾等重特大事故的发生。同年 9 月 14 日，工程局贯彻实施了国家电力公司转发国务院办公厅《关于认真贯彻〈中华人民共和国消防法〉进一步加强消防工作的通知》。局属各单位认真组织学习宣传《消防法》，增强了员工的法制观念和消防意识，明确和履行消防义务。根据《消防法》的规定，完善了单位的消防安全责任制，严格执行各项消防安全措施。加强了对专业和义务消防队管理，提高了职工防火安全意识，提高了防火安全技能。

1999 年 3 月 24 日，工程局贯彻实施了云南省人民政府《关于进一步做好当前消防安全工作的通知》。局属各单位结合自己的实际情况，认真进行了布置、检查、落实。

（2）加强单位内部消防安全管理，制订消防安全管理措施。严格查处消防安全事故，警钟长鸣，防患于未然。

工程局各单位在冬、春季节，风干物燥，火灾多发时期，加强防火安全检查工作，层层签订防火安全责任书，落实防火责任，保障了国家财产和人民生命安全。

1992 年 5 月 19 日，工程局向各单位通报《水电十四局物资公司违章油罐车在会泽县城中发生火灾事故的调查》。这次事故中，烧死 2 人，伤 8 人，烧毁民房 72 间、1120.3 米^2，拆毁房屋 378 米^2，直接经济损失 100 万元。要求各单位引以为戒，防止类似火灾事故的发生。

1995 年 11 月 23 日，工程局下发《关于加强局办公大楼安全防火的通知》。要求办公大楼各单位、部门提高安全防火意识，加强了用电、防火安全，加强了消防设施、设备的管理。严格禁止易燃、易爆、有毒、放射性物品进入大楼，保证了局办公大楼的安全。

2002～2003 年，工程局对局机关办公大楼进行了火灾报警系统升级改造，增加了 88 个火灾报警探头、12 个火灾手动报警器，各楼层配备消防应急灯、疏散通道指示灯各 24 个。局办公大楼装修，更换了原有的木龙骨吊顶和所有电线，改造了消防水泵控制柜及两台消防水泵维修，更换消防灭火器共计 134 个。配置车载灭火器 30 个，更换灭火水带 24 条等。

2005 年 5 月，工程局制定了局机关办公大楼消防应急预案和火灾事故处理流程，举办了火灾扑救有关知识培训，安排、组织了消防演练。

（3）加强对专职或义务消防队伍管理和建设。工程局组建专职消防队最多时有 16 支，队员 200 多人，成为全局消防安全的主力军。消防队平时加强消防业务培训，提高火灾扑救意识，增强技术装备和扑救能力，更新消防设施、器材，始终保持着良好的战备状态。一旦有火警，招之即来，来之能战，战之必胜。各单位还培训了一支精干的义务消防队，加强了消防安全力量。

第十篇　党 群 工 作

第十篇　党　群　工　作

第一章　党　　建

第一节　组　织　机　构

1954年5月～1955年10月，工程局党委工作机构设政治处，下设办公室、组织科、宣传科。1955年11月～1958年8月设党委办公室、组织部、宣传部。在此期间，担当过工程局党委办公室主任、副主任的有：孙光弟，先后担任过工程局党委宣传部负责人的有：程一非、张绍孔。

1958年9月～1963年12月，工程局党委工作机构改为政治部。在此期间，担任过工程局党委办公室副主任的有：龚作华，先后担任过工程局党委组织部门负责人的有：张树栋、胡崇虞、张本鉴、邱平、郭同喜，先后担任过工程局党委宣传部门负责人的有：程一非、张绍孔、刘静、吴育麟。

1964年1月～1979年3月，工程局党委工作机构为政治部。在此期间，李建邦兼任政治部主任，张本鉴、李广诚任副主任，沈桂林任工程局党委办公室副科长，赵世魁任组织处科长。担任过工程局党委宣传部门负责人的有：刘贰麟。

1966年，全国进行“文化大革命”运动。运动期间公司各级党组织陷入瘫痪，基层党组织的活动基本停止。

1979年8月～1988年7月，工程局党委工作机构为党委办公室、组织部、宣传部。在此期间，先后担任过工程局党委办公室主任的有：杜陶生、朱世熙，先后担任过工程局党委办公室副主任的有：杜陶生、朱世熙、杜洪佧；先后担任过工程局党委组织部部长的有：李广诚、李润祥（组干处长），先后担任过工程局党委组织部副部长的有：陆家彩（组干处副处长）、王景龙（组干处副处长）。张树云任工程局党委宣传部副部长。

1988年8月～1994年4月，工程局党委工作机构为党委办公室、组织部、宣传部。在此期间，汪先绪曾任工程党委办公室主任，杜洪佧任副主任。陆家彩和李润祥先后任工程局党委组织部部长，刘明汉曾任副部长。张树云任工程局党委宣传部部长，李必显任副部长。1994年5月，工程局党委工作机构改为政治部，履行党委办公室、组织部、宣传部、机关党委的职能。在此期间，李必显任政治部部长兼局机关党委书记，杨兴泽和薛汉雄任副部长。1999年9月，工程局党委政治部更名为党委工作部，陈锐弟任党委工作部主任兼局机关党委书记，薛汉雄、严镇威任副主任。

第二节 党的代表大会

一、第一次党代表大会

1956年5月20～25日，在云南会泽县以礼河水电站召开云南水力发电工程局第一次党代表大会。大会主要议程：审查并通过工程局党委工作报告，选举工程局党的委员会，选举出席中共云南省第一次代表大会代表，形成第一次代表大会决议。出席大会的代表共62名。龙南生代表工程局党委作了题为“反对保守思想，克服漂浮作风，为提前和超额完成第一个五年计划而奋斗”的报告。大会选举产生了工程局第一届党的委员会，龙南生、李天柱、陈亚生、苏子骏、金光、田少安、王连生、贾乐善、王教贤为党委委员（前五名为常委），龙南生任党委书记。

二、第二次党代表大会

1958年2月8～12日，云南水力发电工程局在云南会泽县以礼河召开了第二次党代表大会。会议主要议题：审议并通过工程局党委工作报告，选举新一届工程局党委委员和监督委员，形成党代会决议。出席大会的代表共155名。吴志远代表工程局党委作了题为“艰苦奋斗，克勤克俭，坚决反对右倾保守思想，为加速云南水电建设事业而奋斗”的报告。李天柱代表工程局作了题为“克勤克俭，为争取节约自营建筑安装工程投资20%，全面超额完成1958年度生产任务而奋斗”的报告。大会选举产生了工程局第二届党的委员会：吴志远、李天柱、孙民夫、苏子骏、罗志昌、张加清、龙南生、李建邦、巩荫山、何静轩、张树楝、路彬、曲鸿喜、张龙、田绍安、唐耀东为党委委员（前九名为常委），吴志远任党委书记。

三、第三次党代表大会

1959年1月20～26日，工程局在云南会泽县以礼河召开了第三次党代会。大会主要议题：审议并通过工程局党委工作报告，形成党代会决议。出席会议的代表共97名。工程局党委副书记李建邦代表工程局党委作了题为“鼓足更大的革命干劲，争取1959年更大更好更全面的跃进”的报告，通过了有关安全生产、关心职工生活、大搞技术革新、厉行节约、干部与职工“三同”5个决议。大会选举产生了工程局第三届党的委员会，吴志远、李建邦、张加清、罗志昌、孙民夫、巩荫山、苏子骏为常委委员，吴志远任党委书记，李建邦任党委副书记。

四、第四次党代表大会

1960年3月28日～4月1日，工程局在云南会泽县以礼河召开了第四次党代表大会。大会主要议题：传达云南省三级干部会议精神，审议并通过工程局党委工作报告；选举产生工程局第四届党的委员会，出席大会的代表共138名。李建邦代表工程局党委作了题为“高举毛泽东思想红旗，全党一条心、一股劲，为实现1960年的连续跃进而奋斗”的报告。大会选举产生了工程局第四届党的委员会，吴志远、李建邦、李天柱、巩荫山、张加清、苏子骏、罗志昌、孙民夫、何静轩为常务委员，吴志远任党委书记，李建邦任党委副书记。

1961～1990年的30年间，由于十年“文化大革命”的严重影响，以及各种原因，工程局未召开过党代表大会。

五、第五次党代表大会

1991年2月26日～3月1日，工程局在昆明召开第五次党代表大会。大会主要议题：审议并通过工程局党委工作报告，选举产生工程局第五届党的委员会。出席大会的代表共194名。梁祥麟代表工程局党委作了题为“坚定不移地贯彻党的基本路线，进一步加强党的建设，为我局经济持续稳定发展而奋斗”的工作报告。大会选举产生了工程局第五届党的委员会，梁祥麟、王开弼、孙启林、张基尧、陈锦棪、牟智铃、陆承吉、陈伯之为党委委员，梁祥麟任党委书记，牟智铃任党委副书记。

六、第六次党代表大会

1997年12月2～5日，工程局在昆明召开第六次党代表大会。大会主要议题：审议并通过工程局党委工作报告、工程局纪委工作报告，选举产生新一届党委委员会和纪律检查委员会，通过党代表大会决议。出席大会的代表共133名。汪先绪代表工程局党委作了题为“认真贯彻党的十五大精神，为建立现代企业制度而奋斗”的工作报告。工程局党委副书记、局长马洪琪作了总结讲话。大会选举产生了工程局第六届党的委员会，汪先绪、马洪琪、李鹏程、曹保华、赵正杰、何少润、黎汉皋、林文进为党委委员，汪先绪任党委书记，马洪琪、林文进任党委副书记。林文进兼任局纪委书记。

第三节　组　织　工　作

一、党的基层组织建设

1954年5月，中国共产党云南水力发电工程局委员会成立。工程局党委把建立健全基层党组织作为重点工作抓，根据经济建设的需要和体制变化，及时调整组建了基层党组织，在经济建设中充分发挥基层党组织的战斗堡垒作用，保证了生产建设任务的完成。

20世纪50年代，工程局党委针对建局初期的基本情况，及时组建了云南勘测队、以礼河办事处、以礼河专用公路工程处3个党总支，下设10个党支部。1956年，随着云南水电建设高潮的到来，工程局党委对基层党组织进行了比较大的调整和充实，根据生产建设需要和党员的分布情况，工程局党委建立了以礼河水槽子工区党总支、小箐沟工区党总支、盐水沟工区党总支、土建处党总支、企业处党总支、南盘江工程处党总支，为以礼河水电站的建设提供了有力的组织保证。1959年，根据云南绿水河水电站建设的需要，工程局党委建立了绿水河水力发电工程处党委，全局有2个基层党委、8个党总支、72个党支部。

20世纪60年代，在国民经济困难时期，以礼河三级水电站缓建，随着机构调整、人员精简，工程局党委针对当时的具体情况，决定撤销处一级组织机构，实行局、工区、班组三级管理，同时撤销了3个基层党委、1个基层党总支，把绿水河工程处党总支划归云南省电力厅党委领导。1963年，随着以礼河水电站工程的进展，生产任务加重，工程局的组织机构又由三级管理调整为四级管理（局、处、工区、队），党的组织机构也作了相应调整，重新建立了毛家村工程处党委和盐水沟工程处党委。1965年，为了组织毛家村会战，工程局党政班子及局机关主要力量搬迁毛家村，工程局党委撤销毛家村工程处党委，建立了干沟镇党委。1965年6月，水利电力部同意将以礼河水力发电工程局和昆明水电勘测设计院合并，组成水利电力部云南水力发电建设公司，工程局党的基层组织也相应进行了调整，公司设盐水沟工程处、干沟镇两个党委，共有10个基层党总支、86个基层党支部。

“文化大革命”期间，公司各级党组织陷入瘫痪，党的基层组织建设基本停顿。

20世纪70年代，工程局体制发生两次重大变迁：1971年，云南省革命委员会同意撤销云南水力发电建设公司建制，云南水电建设队伍划归云南省电力局领导；1979年，经电力工业部与中共云南省委协商后，重新恢复组建了电力工业部第三水电工程局。工程局党委下设6个基层党委、10个基层党总支、124个基层党支部。

中共十一届三中全会以来，工程局党委认真贯彻执行中共十一届三中全会以来的路线、方针、政策，实现了工作重点的转移，围绕经济建设中心，加强基层党组织建设，在工程局改革发展进程中，充分发挥了基层党组织的政治核心作用、监督保证作用和战斗堡垒作用。

20世纪80年代，工程局党委主要抓了水电建设施工管理体制改革进程中党的基层组织建设，特别在云南鲁布革水电站改革开放试点进程中，对计划经济向市场经济转变中党的基层组织建设进行了探索和总结。做到施工管理体制转变，加强党的基层组织建设不变，基层党组织的组织形式适应施工管理体制的转变，充分发挥了基层党组织的保证、监督作用。1989年2月，为了加强对广州抽水蓄能电站建设的统一指挥和领导，工程局成立了水电十四局广东分局，同时，工程局党委批准成立了水电十四局广东分局党委。1989年，全局共有16个基层党委、21个基层党总支、206个基层党支部。

20世纪90年代，工程局党委在巩固党的基层组织建设成果的基础上，重点抓了施工项目点的基层党组织建设，围绕项目法施工管理，进行了一些有益探索和总结，并在全局施工项目点推广运用。做到党的基层组织建设从后方辐射前方，施工项目建到哪里，党的基层组织就建到哪里，施工项目部与基层党组织同步建立。1993年2月，为了参加浙江天荒坪抽水蓄能电站的建设和开拓华东市场，工程局组建了华东分局，建立了华东分局党委。华东分局党委建立健全了基层单位的党组织，为天荒坪水电站建设和开拓华东市场提供了组织保证。1998年2月，工程局党委制定并下发了《水电十四局项目部党组织工作暂行条例》，明确了项目部党组织的工作目标和任务，同时对项目部党组织的工作机构、工作制度、实施和考核办法等提出了具体要求，使项目部党组织建设规范化、制度化。1999年，全局共有14个基层党委、38个基层党总支、166个基层党支部。

2000～2006年，工程局党委在抓好日常党的基层组织建设的基础上，围绕国有企业改革的进一步深化，结合工程局管理改革的推进和国际市场开拓的实际，重点抓了施工联营体、国外项目点和主辅分离单位党的基层组织建设，并在国外项目点建立基层党组织。在施工联营体中以主办方为主，协调联营体各方建立基层党组织。在主辅分离过程中，做到辅业单位党的基层组织建设不中断。为工程局深化企业内部改革，开拓国内国际市场，提供强有力的组织保证。2000 年 3 月，工程局党委以“围绕中心，服务大局”为指导，总结了改革开放以来企业党建工作经验，制定并下发了党建工作的管理办法，包括《水电十四局基层党委工作条例》、《水电十四局项目经理部党组织工作条例》、《水电十四局离退休党组织工作条例》、《水电十四局加强勤政廉洁的若干规定》、《水电十四局机关深入基层调查研究和监督检查工作的暂行规定》。2006 年，全局共有 18 个基层党委、25 个基层党总支、162 个基层党支部。

二、党员队伍的发展

1954 年，工程局建立初期，全局只有 261 名党员。其中：干部党员 229 名，工人党员只有 23 名，其他党员 9 名。党员占全局职工总数的 9.41%。工程局党委针对全局党员的状况，为了壮大党员队伍，调整党员队伍的结构，适应生产建设和经济发展的需要，认真抓了党员的组织发展工作，把发展生产一线工人的党员作为重点来抓。全局各级党组织积极慎重地开展党员的组织发展工作，通过持续不断的努力，把一大批家庭出身好、政治觉悟高、工作积极、吃苦耐劳、政治历史清楚的职工发展到党内来，壮大了党员队伍。1960 年，是全局发展党员人数最多的一年，全年共发展党员 1075 名，使全局党员达到 2284 名，党员占全局职工总数的比例上升到 19.65%。1965 年，全局共有党员 2042 名。其中：工人党员 1357 人，占全局党员数的 66.5%；工程技术人员党员 71 名，占全局党员数的 3.5%。党员占全局职工总数的 23.3%。1979 年，全局共有 2967 名党员。其中：工人党员 1772 名，占全局党员数的 59.7%；各类专业技术人员党员 173 名，占全局党员数的 5.8%；高中以上文化程度的党员 251 名，占全局党员总数的 8.45%。

中共十一届三中全会以后，党的工作重心转移到以经济建设为中心上来，在中国共产党“尊重知识、尊重人才”的政策指引下，全局各类专业技术人员，为水电建设充分发挥自己的聪明才智。他们以主人翁的姿态，同心同德，忘我工作，思想上积极要求进步，成为党组织的后备力量。中共十一届三中全会以来，工程局党委依据《中国共产党章程》规定的党员标准，围绕中心，始终把发展党员工作作为重点来抓，按照“坚持标准，保证质量，改善结构，慎重发展”的工作方针，做好党员发展工作。为了改善全局党员队伍的知识结构，全局各级党组织把各类专业技术人员和青年职工作为党员发展工作的重点，把组织发展工作的任务落实到基层党支部。基层党支部通过深入细致的教育引导，把一大批专业技术人员和青年职工吸收到党内来，改善了党员队伍的结构，壮大了党员队伍，使基层党组织充满了生机和活力。1984 年，全局 3173 名党员中有各类专业技术人员党员 412 名，比 1979 年增加了 2 倍多。1991 年，工程局第五次党代表大会召开时，全局共有 3717 名党员，党员占全局职工总数的 21.57%。其中：工人党员 1053 名，各类专业技术人员党员 687 名，各类专业技术人员党员占党员总数的 18.5%。妇女党员 481 名，少数民族党员 300 名。1993 年，全局党员总数 3824 名，占全局职工总数的 24.77%。其中：工人党员 925 名，各类专业技术人员党员 956 名，各类专业技术人员党员占党员总数的 25%；高中以上文化程度的党员 1242 名，占全局党员总数的 32.47%。2006 年，新发展党员 123 名，全局党员总数为 4320 名，占全局职工总数的 42.6%。其中：工人党员 404 名；各类专业技术人员党员 1473 名，各类专业技术人员党员占全局党员总数的 34%；大中专文化程度的党员1893名，占全局党员总数的43.8%。水电十四局1954～2006年基层党组织及党员情况详见表10-1-1。

表10-1-1　水电十四局基层党组织及党员情况一览表（1954～2006）

年份	基层党委(个)	基层党总支(个)	基层党支部(个)	党员人数	发展党员人数	备注
1954	1	3	11	261	18	
1955	1	3	17	282	18	
1956	1	7	40	748	93	
1957	1	7	42	877	1	
1958	1	7	41	1059		
1959	1	4	39	1079		
1960	3	12	72	2284	1075	
1961	4	12	66	2045		
1962	1	7	42	1453		
1963						
1964	3	8	69	1971	36	
1965	2	10	86	2042		
1979	8	10	124	3374	97	
1980	7	12	122	3007	40	
1981	6	10	123	3030	72	
1982	6	16	141	3048	63	
1983	7	16	159	3121	83	
1984	9	10	152	3173	74	
1985	10	7	157	3112	151	
1986	14	10	173	3461	126	
1987	13	6	165	3285	196	
1988	15	12	193	3682	137	
1989	16	21	206	3637	58	
1990	16	23	230	3648	54	
1991	16	23	231	3717	71	
1992	16	33	233	3818	112	
1993	19	37	212	3824	113	
1994	10	36	203	3840	63	
1995	17	40	204	3879	117	

续表

年份	基层党委(个)	基层党总支(个)	基层党支部(个)	党员人数	发展党员人数	备注
1996	13	26	162	3873	82	
1997	12	35	174	3900	93	
1998	13	38	177	3977	108	
1999	14	38	166	4021	57	
2000	15	40	154	4083	97	
2001	15	36	150	4088	118	
2002	20	39	151	4069	83	
2003	18	14	177	4177	80	
2004	18	30	149	4136	54	
2005	20	25	173	4136	118	
2006	18	25	162	4320	123	

注　1963年，查无资料；1966～1969年“文化大革命”期间，查无资料；1970～1978年工程局成建制划归云南省电力局领导，查无资料。

三、党员的教育和管理

20世纪50年代，工程局党委在党员教育和管理方面，主要围绕学习贯彻中共过渡时期总路线和社会主义建设总路线精神、中共八大精神、中共八届二中和三中全会精神进行。

在这个时期，工程局党委倡导发扬工人阶级革命传统，促进生产建议；号召党员和职工节约施工原材料，节约粮食和副食品，压缩非生产性开支。同时，工程局党委还在党员和职工中开展了继承和发扬艰苦奋斗精神的教育，教育引导党员和职工要自力更生，勤俭建国，不忘过去苦，继承党的光荣传统，鼓足干劲，建设社会主义。工程局党委要求党员“上班走在前，下班走在后，以身作则，处处带头，努力完成生产任务”。

20世纪60年代，工程局党委在党员教育和管理工作上，主要结合开展社会主义教育，开展学习毛泽东思想、学习大庆、学习解放军、学习雷锋精神的活动。通过这些学习教育活动，要求党员和干部用毛泽东思想武装头脑，树立正确的世界观和人生观，全心全意为人民服务，做社会主义建设的螺丝钉。三年调整时期，工程局党委通过学习贯彻中共中央提出的“调整、巩固、充实、提高”的方针，教育党员和干部正确认识形势，发扬自力更生精神，克服困难，加快电站建设。

“文化大革命”中，党的各级组织瘫痪，党员教育和管理工作处于停滞状态。

20世纪80年代，在改革开放的新形势下，工程局的党建工作面临许多新情况、新问题，党员的教育和管理任务十分艰巨。在改革开放过程中，党员教育和管理面临的主要问题是，工程局党员数量增加，但党员的整体素质较差，特别是有一大批党员没有受过系统的党的基本知识教育和严格的党性锻炼；在施工管理体制由计划向市场转变过程中，工程施工点分散，党员队伍流动性大，致使部分党员组织观念淡薄、纪律松懈；随着改革开放推进，资本主义的价值观、腐朽生活方式，给党员队伍带来不良影响。针对上述问题，工程局党委采用办专题读书班、短期轮训班、专题辅导讲座、形势报告会等形式，按分级负责的原则，认真组织党员和干部学习中共中央的重要文献和指示精神，以及中共十一届三中全会以来的路线、方针和政策，提高了党员和干部的思想理论水平和贯彻执行中共十一届三中全会以来路线、方针、政策的自觉性。在这一时期，工程局党委结合形势和任务，反复对党员和干部进行“三基本”教育，增强了党员的党性观念。

1984 年，工程局党委根据中共云南省委的安排部署，分批分期进行了整党。全局整党工作分三步走：第一步，学习文件，提高认识；第二步，找准问题，对照检查；第三步，组织处理，党员登记。通过整党，在“统一思想、整顿作风、加强纪律、纯洁组织”四个方面取得了成效。

1989 年，根据中共中央和中共云南省委的安排部署，工程局党委在全局党员中开展了民主评议党员和妥善处置不合格党员的工作。通过认真学习文件，开展批评与自我批评，广大党员加深了对党的性质、现阶段任务、奋斗目标、宗旨、指导思想和党的基本路线的认识，提高了贯彻落实的自觉性。全局参加民主评议的党员有 3484 名，占全局党员总数的 95.5%。评出合格党员 3467 名、不合格党员 17 名，评出优秀共产党员 427 名。

20 世纪 90 年代，工程局党委围绕学习贯彻中共十五大精神、迎接香港回归祖国、庆祝建局四十周年、迎接工程局第六次党代表大会召开，开展了党员教育管理工作。

1990 年，根据上级党组织的安排部署，在全局 8 个党支部试点的基础上，在全局开展了民主评议党员工作。民主评议党员分 4 个阶段进行，即调查研究、学习教育、民主评议、总结验收。

1995 年 2 月，工程局党委印发了《水电十四局党政联席会议事规则》、《水电十四局副处以上领导干部学习制度》、《水电十四局副处以上干部个人重大事宜请示报告制度》、《水电十四局副处以上干部谈话制度》、《水电十四局党政领导班子成员廉洁自律的规定》。

1997 年 6 月 27 日，为纪念中国共产党诞辰 76 周年，迎接香港回归祖国，工程局党委在昆明海埂水电疗养院，隆重召开水电十四局 1995～1996 年度先进基层党组织、优秀党务工作者、优秀共产党员表彰大会。大会表彰了在 1995～1996 年度中作出突出贡献的 18 个先进基层党组织、27 名优秀党务工作者和 102 名优秀共产党员。同时，局党委追认杨维岳、周长穗为优秀共产党员。

1998 年，工程局党委要求全局党建工作要依据中共云南省委、电力部、总公司党组的指示精神，落实局六次党代表大会的部署，按照“领导当楷模，机关做表率，基层树形象”的要求，加强党的思想、组织、作风建设。

1999 年，工程局党委要求全局各级党组织根据中共中央和上级党组织的安排部署，在局、分局（公司）党政班子和领导干部中深入开展以“讲学习、讲政治、讲正气”为主要内容的党性、党风教育。局党委成立了“三讲”教育领导小组，制定并下发了《水电十四局“三讲”教育工作方案（试行）》。

2000～2006 年，工程局党委以中共十六大精神为指导，以学习“三个代表”重要思想为重点，认真开展党员教育和管理工作。

2002年11月，工程局党委下发《关于认真学习贯彻党的十六大精神的通知》，要求各级党组织结合各单位的实际，分专题、分层次组织学习，认真领会中共十六大的精神实质，用中共十六大精神指导今后工作，真正把中共十六大精神落到实处。

2003年11月5日，工程局党委下发《关于认真学习贯彻党的十六届三中全会精神的通知》。通知要求各级党组织要认真组织党员学习全会通过的《中共中央关于完善社会主义市场经济若干问题的决议》，做到理论联系实际，把全会的精神落到实处。组织党员开展“做改革先锋，当技术能手，比工作业绩，争创新标兵”活动。全局设立党支部责任区42个、党员先锋岗256个。在此期间，在全局党员中开展了“党员身边无事故”活动。

2004年10月9日，工程局党委下发了《关于认真学习贯彻党的十六届四中全会精神的通知》。通知要求各级党组织要紧紧围绕生产经营中心和改革、发展、稳定的大局，把学习贯彻四中全会精神与促进今年各项工作任务的完成紧密结合起来，扎扎实实地抓好、落实，抓出成效。

2005年7～11月，按照中共中央的部署和中共云南省委的安排，工程局党委在全局开展了保持共产党员先进性的教育活动。全局149个党支部、4129名党员接受了政治理论、党性意识、理想信念的教育，达到了提高党员素质、加强基层组织、服务职工群众、促进各项工作的目的。在先进性教育活动中，各级党政领导班子广泛征求职工群众意见，认真制订整改方案，落实整改措施，全局共解决历史遗留问题38件，党员为困难职工家庭捐款24万元，进一步密切了党群干群关系。全局先进性教育经民主测评，党员群众满意度达99.67%，得到省委督导组和集团公司党委的好评。

2005年10月28日，局党委下发了《关于认真学习贯彻党的十六届五中全会精神的通知》。通知要求各级党组织，认真组织党员学习五中全会通过的《中共中央关于制定国民经济和社会发展第十一个五年规划的建议》，把贯彻全会精神体现在继续抓好保持共产党员先进性教育活动中，认真抓好各项工作。

2006年，工程局党委下发《水电十四局党委2006年工作要点》，要求：要积极探索党建工作长效机制，全面推进党组织先进性建设；要继续抓好“云岭先锋”工程，努力实现“五好”、“五带头”目标；要认真开展文明工程、文明机关、文明小区的“三创建”活动；要全力推进企业文化建设，为工程局发展提供精神动力和智力支持；要树立科学发展观，创建学习型企业，构建和谐企业、节约型企业；要加强思想政治工作，关心职工群众利益，努力维护企业稳定；要加强党风廉政建设，加强对工会、共青团工作的领导，加强政工队伍建设。局党委制定并下发了《建立党组织先进性建设长效机制实施意见》。

同时，工程局党委按照中央组织部、国有资产监督管理委员会及集团公司党委的部署，工程局党委在全局开展了以政治素质好、经营业绩好、团结协作好、作风形象好为内容的“四好”领导班子创建活动，并制定下发了《开展创建“四好”领导班子活动的实施方案》、《考核评价办法》和《考评细则》。全局各单位、各项目部认真开展创建“四好”班子活动，经审报、考核、评选，有7个二级单位和直管项目部被命名为工程局第一批“四好”领导班子，并获得表彰奖励，分别是曲靖分局领导班子、安装总公司领导班子、小湾141联营体领导班子、彭水项目部领导班子、龙滩1478联营体领导班子、大理管理处领导班子、曲靖管理处领导班子。

2006年11月12日，工程局党委下发了《关于认真贯彻党的十六届六中全会精神的通知》。通知要求，要认真学习全会通过的《中共中央关于构建社会主义和谐社会若干重大问题的决定》，充分认识构建社会主义和谐社会的指导思想、目标任务、工作原则和重大部署，指导今后的工作实践。

在此期间，工程局党委认真开展了“争先创优”活动，连续6年召开了表彰奖励大会，先后表彰奖励了个118个先进基层党组织、190名优秀党务工作者、390名优秀共产党员。

第四节　宣传思想工作

一、形势任务教育

云南水力发电工程局组建初期，职工来自四面八方，干部中有从部队转业来的，有大中专毕业分配的青年知识分子，还有部分老工人、技术骨干从福建古田、四川狮子滩、东北丰满等水电建设工地转来云南支援边疆建设的。1955年2月，工程局搬迁到云南会泽县以礼河后，面对深山峡谷、偏僻荒野的环境，以及水电施工的艰苦性、复杂性，职工思想波动较大，害怕艰苦和不安心工作的思想较为突出。因此，工程局各级党组织运用各种形式，坚持不懈地对职工进行以艰苦创业为中心的革命传统教育和以党的方针政策为主要内容的形势任务教育，启发职工不断提高政治觉悟，牢固树立“以峡谷为家，以艰苦为荣”的思想。

1954年4月～1955年6月，工程局主要以党在过渡时期的总路线精神，教育职工认识中国建立社会主义制度的必然性和实现社会主义工业化的重要性；明确水电建设在工业化中的地位和作用，提高建设社会主义的政治热情和劳动积极性，使职工安心搞好电站建设。同时，组织干部学习国家有关基本建设的方针政策和各项任务指标，提高干部的施工管理水平。

1956年，工程局党委在党员和干部中逐级传达和组织学习中共第八次全国代表大会文件，并先后进行工资改革及时事和政策教育；同时，结合以礼河水电站第一期工程开工，进行党在企业中的领导作用、基本任务及保证工程质量和人身安全教育。

1957年，工程局党委在干部中组织学习整风运动的文件，开展“反右”斗争，在职工中进行了社会主义思想教育。同年11月，工程局党委召开扩大会议，作出了《加强集体领导，贯彻群众路线的工作方法，搞好社会主义的水电建设事业的决定》。该决定分析了思想政治工作中存在的薄弱环节，提出了加强思想政治工作的5条措施。同年11月25日，工程局发出：“全局职工积极行动起来，力争完成和超额完成国家计划”的号召，经过努力，提前10天完成年度建筑安装计划。这是工程局成立以来第一次完成国家计划。

1958年，在持续开展增产节约运动的过程中，对职工进行厉行节约、反对浪费、勤俭办企业的教育。当国民经济遇到暂时困难时，工程局党委又在职工中进行自力更生、奋发图强、艰苦奋斗、勤俭建国的教育。在进行以阶级斗争为内容的教育中，全局各级党组织通过组织苦大仇深的老工人、地下工作的老党员、老干部向职工讲革命斗争史和劳动人民血泪史，教育引导职工在政治、经济、文化教育等方面作新旧社会的对比，不忘过去的阶级苦难，继承革命传统。

1958 年 5 月，工程局党委作出了《关于认真学习和大力贯彻社会主义建设总路线的决定》，在职工中大张旗鼓地开展学习和宣传总路线，掀起大跃进高潮。同年 8 月 30 日，以礼河二级水电站提前 4 个月投产发电。这是云南省第一座高水头中型水电站建成发电，也是工程局建局以来取得的第一个重大胜利。此后，工程局党委及时总结了电站建设中的思想政治工作经验，以生动具体的事实教育职工坚定信心，鼓足干劲，克服困难，争取更大的胜利。

1959 年，工程局党委在党员干部中开展了“反右倾”的整风运动，整风运动后期，组织学习中央关于《鞍钢宪法》等文件，在企业内部试行“两参、一改、三结合”的制度，提高工人群众在企业中的主人翁地位，促进领导干部和机关工作人员改进工作作风，深入实际，调查研究，帮助基层解决困难和问题。

三年调整时期，工程局一项最繁重的任务就是精简下放职工。从 1959 年开始，职工队伍连续 4 次下放，下放的人数之多、涉及面之广、机构变动之大是少见的。当时，职工思想混乱，队伍动荡不安。工程局党委通过宣传和贯彻中央关于“调整、巩固、充实、提高”的方针，教育职工正确认识形势的主流和本质，全局各级党组织加强领导，充分发挥了思想政治工作的作用，顺利完成了精简职工的任务，加快了水电站建设。

1963 年，根据中共八届十中全会精神，工程局党委以云南省委宣传部和工交政治部合编的《关于对厂矿企业职工进行形势教育和支援农业教育的提纲》为教材，对职工进行系统的阶级教育、形势教育和社会主义教育。以礼河水力发电工程局主要领导干部亲自深入毛家村、干沟、盐水沟片作报告，讲形势。同时，局党委在职工中开展了“向雷锋同志学习”的活动，广大职工“学雷锋，做好事、创高产”。工程局党委宣传部及时总结了毛家村工程处铁道二队袁福涛班的先进事迹，在全局范围推广学习该班的经验。

1964 年初，水利电力部决定在毛家村组织“大会战”，以确保大坝安全度汛。为保证会战胜利，全局深入、持久地开展了“学先进、赶先进、创高产”活动。局党委政治部制定了《开展“五好运动”，创造“五好单位”的规则》，同时，针对职工中存在的“穷山沟，吃的不如意、住的不安逸、玩的不痛快”等思想，各级党组织组织开展了“为谁劳动”的大讨论，集中宣传了盐水沟斜井工段林代昌班的先进事迹。在开展学先进活动中，还总结推广了毛家村工程处一工区张光福班坚持以表扬为主的思想政治工作经验。

社会主义教育运动开展后，工程局派遣工作组进驻各单位，开展了清政治、清思想、清经济、清组织的“四清”运动。

1966 年，“文化大革命”开始，造成职工队伍和思想严重混乱。

1976 年，粉碎“四人帮”反革命集团之后，开展了揭批和清查的宣传，拨乱反正，正本清源，逐步澄清被搞乱的思想和路线是非。

1978 年底，中共十一届三中全会决定全党工作重点转移，恢复了党的马克思主义思想路线。工程局党委通过举办学习班，组织干部和职工学习会议文件及党的路线、方针和政策，开展了真理标准问题的讨论，确立“实践是检验真理的唯一标准”这一马克思主义唯物论的科学观点，进一步端正了党的实事求是的思想路线。

1979年，工程局党委连续3年通过召开三级干部会议、举办学习班、座谈会等，组织干部学习中共十一届三中全会精神，学习中央领导同志在国庆30周年大会上的讲话，认真传达贯彻中共中央关于“调整、改革、整顿、提高”的方针，深入开展了整顿企业工作。

中共十一届六中全会通过了《关于建国以来党的若干历史问题的决议》。局党委组织干部认真学习，重点解决如何正确评价新中国成立以来32年的成绩和失误，如何正确认识毛泽东同志的历史地位，如何正确认识毛泽东思想在中国革命和建设中的指导作用。在职工中主要是进行经济形势的宣传教育，着重讲明“一要吃饭、二要建设”，以及国家、集体、个人三者利益必须兼顾的道理。

1984年，正值水电十四局建局30周年。为了继承水电建设者的优良传统，发扬艰苦创业的革命精神，在干部职工中广泛开展了局史和革命传统教育。工程局召开了庆祝大会，在大会上宣读了原工程局局长李天柱《三十而立》的纪念文章，总结云南水电建设三十年的经验。局属各单位都召开了纪念会、座谈会，回顾总结艰苦创业，建设电站的战斗历程。

同年，根据云南省委宣传部的部署，工程局党委在全局范围内组织了13次形势报告会，有2100多名干部、党员听了报告。通过讲形势，宣传中共十一届三中全会以来的路线、方针、政策，宣传全国的政治经济形势和中国的外交政策，使广大干部、党员进一步认清形势，胸怀全局，增强信心，自觉在政治上、思想上与党中央保持一致。在职工中，先后开展了“五讲四美”（讲文明、讲礼貌、讲卫生、讲秩序、讲道德；心灵美、行为美、环境美、语言美）、“三热爱”（热爱党、热爱人民、热爱会主义）活动，开展了以提高企业整体素质为中心的创建精神文明单位，争取做有理想、有道德、有文化、有纪律的“四有”职工教育。采取开展读书活动、职工演讲、知识竞赛等形式对职工进行共产主义、爱国主义和集体主义思想教育。全局有2700多名职工参加了知识竞赛等活动，取得了很好的效果。

1985年是鲁布革水电站建设的关键阶段。水利电力部部长钱正英、中共云南省委书记普朝柱等相继视察了鲁布革水电站工地，指出“鲁布革水电站是改革开放的窗口”，“我们不能在外国人面前丢中国人的脸”。围绕鲁布革水电站“八五”截流的目标，工程局党委和工程局先后在鲁布革水电站工地召开了全局宣传工作会议、第一次全局科技大会等，开展了广泛、深入、持久的“争时间、保截流、为国争光”的宣传教育活动。工程局党委宣传部编写了《鲁布革水电站截流宣传教育提纲》，强调要积极宣传改革，宣传重点工程建设。干部中重点学习《中共中央关于经济体制改革的决定》，联系鲁布革水电站实行招标的实际，进行了改革水与形势的专题教育。

1986年2月1日，工程局继1985年6月夺得漫湾水电站第一标之后，又夺得漫湾水电站导流、泄洪洞工程标。借此，工程局党委在职工中进行了开辟漫湾战场的宣传教育，同年4月7日，工程局党委在水电一公司召开了全局宣传工作会议，会上总结了鲁布革水电站“八五”截流中的宣传思想工作经验，会议围绕加强干部马列主义理论教育、加强施工中的思想政治工作、坚持两个文明建设一起抓等方面交流了经验，提出了今后工作的意见，决心为加速西洱河水电站建设，为开辟漫湾新战场作出积极贡献。

1987年8月6日，《人民日报》头版头条发表《鲁布革冲击》的长篇通讯，报道鲁布革改革在基本建设中取得了突破，赞扬这是“一曲改革的赞歌”，“改革焕发了中国人民的创造力”。“鲁布革经验”在全国基本建设战线引起了强烈反响。工程局党委抓住这一有利时机，为了使职工转变观念，适应改革开放的新形势，在干部、职工中深入进行改革开放、参与市场竞争的教育，并响亮地提出了“发扬鲁布革精神，争做鲁布革人”的口号，产生了极大的激励、鼓舞作用。

1987年8月21日，工程局和鲁布革工程管理局在昆明联合举办报告会、座谈会和图片展览，庆祝原水电十四局总工程师李景沆从事水电建设50年，号召全局职工学习他热爱共产党、热爱社会主义，为水电建设无私奉献的精神，努力提高水电施工企业的科学技术水平，把改革和建设推向一个新阶段。同年10月，工程局党委组织开展向“云南省劳动模范”、全国“五一”劳动奖章获得者曹传玺学习教育活动。工程局党委号召全局党员向曹传玺学习，学习他热爱水电建设事业，一贯埋头苦干，同病魔作斗争，不为名、不为利、廉洁奉公、无私奉献的高贵品德。

1988年，中共十三大和十三届三中全会召开后，工程局党委先后召开了全局宣传工作会议和局党委扩大会议，组织干部和职工学习社会主义初级阶段理论、党政职能分开和加强企业思想政治工作等内容。通过学习，提高对社会主义初级阶段基本路线的认识，清除陈旧观念的影响，坚定改革开放的信念。同时，还在干部中开展廉洁奉公、勤政为民的思想教育，要求在改革开放搞活的新形势下，自觉抵制各种歪门邪道。工程局总工程师陈伯之被评为云南省级国家机关“廉洁奉公的好干部”，受到了省级国家机关工委的表彰和奖励。

1989年1月4日，《云南日报》头版头条发表通讯《在沉痛中起飞》，详细报道水电十四局在鲁布革工程建设中崛起的艰难历程和先进事迹。此后，工程局党委结合总结鲁布革水电站建设经验，开展“在竞争中求生存，在改革中求发展”为主题的形势任务教育，推行厂长、经理负责制和内部承包经营的教育。为了进一步学习和推广鲁布革水水电站建设管理经验，工程局编辑出版了《水电建设现代化探索》——鲁布革水电站建设基本经验，系统地总结了鲁布革经验。教育广大干部正确认识改革十年，特别是水电十四局在鲁布革改革开放中取得的成绩，正确分析面临的困难和问题，稳定情绪，增强信心。

同年，春夏之交，北京地区发生严重政治动乱，工程局党委及时掌握思想动态，组织党员和干部学习《人民日报》上刊登的《必须旗帜鲜明地反对动乱》的社论，学习邓小平、李鹏等中央领导同志和云南省委有关制止动乱的讲话精神，提高认识，教育广大职工坚守岗位，维护正常的生产施工和工作秩序。政治动乱平息后，工程局党委根据中央和云南省委的统一部署，开展一系列的宣传教育，组织学习中共十三届四中全会、五中全会文件和邓小平、江泽民的重要讲话，辨明是非，澄清模糊观念，统一思想。

1990年，水电十四局党委继续开展坚持四项基本原则，反对资产阶级自由化，维护安定团结政治局面的形势教育和治理整顿、深化改革的经济形势教育。同时，联系东欧社会主义国家局势剧变进行国际形势教育。这些教育活动使干部群众认识到坚持四项基本原则，建设社会主义的历史必然性，以及治理整顿、深化改革，保持政治、社会、经济稳定是人心所向。同时，对思想政治工作如何面向基层，服务于生产进行了探索和总结。同年，水电十四局机关党委书记杜陶生被中央组织部授予“全国优秀党务工作者”荣誉称号。

1991年6月15日，中国水利水电工程总公司思想政治工作会议在水电十四局召开。在会上，工程局党委和广东分局党委分别交流了“发挥党组织政治核心作用，努力办好社会主义企业”和“充分发挥思想政治工作的优势，为广蓄项目施工注入新的活力”的经验。水电十四局安装公司钢管厂漫湾分厂党支部被授予“先进党支部”称号，有1名优秀党支部书记和4名优秀共产党员受到了表彰和奖励。

1991年7月1日，江泽民同志在庆祝中国共产党成立70周年大会上的讲话发表后，工程局党委组织党员和干部认真学习，开展了多种形式、多层次的教育活动，进一步增强了党的观念，提高了党员坚持党的基本路线的自觉性。

1992年10月12日，举世瞩目的中国共产党第十四次全国代表大会隆重召开。工程局党委发出了《认真学习宣传党的十四大精神的通知》，组织全局党员、干部原原本本学习十四大文件，领会基本精神。在学习中，全局各级党组织做到“四个结合”，即学习十四大精神与解放思想大讨论相结合；学习十四大精神与学习贯彻《全民所有制工业企业转换经营机制条例》相结合；学习十四大精神与工程局、本单位、本部门的实际相结合；学习十四大精神与个人的思想、工作实际相结合。通过学习，进一步统一了全局党员、干部的认识，坚定了贯彻执行党的“一个中心，两个基本点”的基本路线的信心和决心，有力地促进了全局改革开放和经济工作的顺利开展。

1994年4月19日，为了进一步贯彻云南省委、省政府《关于开展向徐洪刚同志学习的通知》精神，工程局工会、宣传部、教委、团委联合在局机关举办了学习徐洪刚先进事迹报告会。工程局教育中心7名师生在会上介绍了学习徐洪刚先进事迹的心得体会。

1994年9月，中共十四届四中全会召开后，工程局党委立即组织传达学习全会精神。国庆节前夕，工程局党委中心学习组成员和局机关处级党员干部进行了座谈学习。工程局党委还根据基层单位分布在全国十来个省、点多面广战线长的实际，用电话、电台通知各单位立即开展组织在广大党员和职工中学习四中全会精神的活动，并要求各单位结合实际，联系企业在深化改革中党的组织建设和如何发挥战斗堡垒作用和党员先锋模范作用的问题，学用结合，学以致用，认真研究加强企业党的建设的措施。

1996年3月，中共十四届五中全会提出了实现经济体制和经济增长方式两个根本性转变。贯彻落实五中全会精神，推进两个转变，促进工程局的改革和发展，前提条件就是要进一步解放思想，转变观念。为了促进全局干部职工思想大解放，消除改革中的思想障碍，推进两个根本性转变，搞好工程局的改革、发展和稳定，工程局党委在全局范围内开展“解放思想、推进转变、加快发展”的研讨活动。

1996年7月1日，工程局党委在昆明召开向优秀共产党员杨维岳学习的报告会。在会上，杨维岳先进事迹报告组向大家介绍了杨维岳的生平及其先进事迹。杨维岳先进事迹报告组先后在昆明、大理、曲靖进行了7次报告会。

1996年9月27日，工程局党委在昆明召开纪念红军长征胜利60周年茶话会。会上，工程局原副局长、老红军王中原结合亲身经历，回顾红军长征这一伟大事件。局属各单位根据局党委的安排部署，开展了形式多样的纪念红军长征胜利60周年的活动，工程局团委举行专场报告会，工程局教育中心组织团员、青年重走长征路，到柯渡乡“红军渡”参观；工程局还专门拨出专款，分大理、曲靖、昆明三片，对全局离休老干部进行慰问，把党的温暖送给全局老干部。

1996年10月，中共十四届六中全会召开后，工程局党委组织局机关及局属各单位党组织传达学习全会精神，向全局发出《关于认真学习贯彻党的十四届六中全会精神的通知》(以下简称《通知》。《通知》要求，一是各单位要迅速行动起来，集中一段时间深入传达、学习、宣传六中全会精神，各单位主要领导要亲自抓。要采取党委中心组学习，集中培训和轮训，组织研讨班和举办报告会等多种形式深入学习。二是结合实际，解决问题，各单位要注重联系本单位精神文明建设中的重点、热点、难点问题，切实抓出成效。三是认真研究制订加强精神文明建设的具体规划，要注意指导性和可操作性，并认真组织实施。四是不断总结经验，认真探索新路子，要把工程局过去在精神文明建设中很多行之有效的措施和活动坚持下去。五是各级党组织要切实加强对精神文明建设的领导，把六中全会精神落到实处，为全面完成全局今年生产任务和实现“一二三”战略目标而奋斗。

1997年2月20日，工程局党委认真传达云南省委关于悼念邓小平同志的《通知》精神，安排部署悼念邓小平同志有关事宜。工程局党委发出的《通知》要求各级党组织要认真贯彻云南省委的《通知》精神，开展好悼念邓小平同志的活动。一是要化悲痛为力量，维护中央的权威，不折不扣地贯彻中央的批示精神，更加紧密地团结在以江泽民同志为核心的党中央周围，坚持党的基本理论和基本路线，把建设有中国特色社会主义事业进行到底；二是各级党组织要引导广大干部职工化悲痛为力量，坚守岗位，坚持生产，努力搞好各项工作，以此作为继承邓小平同志遗志的最好行动；三是各级党组织要把维护稳定放在首要位置上，采取切实措施，确保企业和职工队伍的稳定；四是各级党组织要认真组织干部职工收看首都举行的追悼大会实况及电视系列片《邓小平》，学习《告全党全军全国各族人民书》；五是2月25日，局属各单位降半旗致哀，停止娱乐活动1天。

1997年9月，中共十五大胜利召开后，工程局党委根据党中央和云南省委的指示精神，结合工程局实际，发出《关于认真学习、宣传、贯彻十五大精神的有关问题的通知》。通知要求：一是充分认识中共十五大召开的重大意义，把全局干部职工的思想统一到十五大精神上来。二是全局副处级以上领导干部要采取集中轮训、党委中心组学习、组织研讨班等形式，认真研读十五大报告，全面准确领会十五大的精神实质，牢牢把握这次大会的主题，明确这次大会提出的纲领、任务和方针政策。在此基础上，要认真组织广大党员学习，分专题对职工宣讲大会的主要精神，工会、共青团组织也要按系统抓好十五大精神的学习宣传工作。三是各级党组织要把学习贯彻十五大精神同本单位、本部门的实际密切结合起来，同即将召开的局第六次党代会结合起来，坚持理论联系实际，讨论制定工程局今后的改革发展目标和任务，从思想上、政治上、组织上为局第六次党代会召开奠定坚实的思想基础。四是加强组织领导，不断把十五大精神学习引向深入。各级宣传、组织部门，要在党委的统一领导下，加强对十五大精神的宣传，《云南水电报》等报刊要开辟“学习十五大精神，迎接工程局第六次党代会”专栏，及时总结交流好的学习经验，搞好舆论导向，不断把学习引向深入。

1999 年 9 月 27 日，工程局党委发出通知，对学习贯彻中共十五届四中全会精神作出安排。通知强调，认真传达、学习和贯彻落实好十五届四中全会精神，是当前和今后一段时期全局工作的一项重要任务。同时要求，全局各级党组织要按照中央的要求，将四中全会精神迅速传达到全体党员，要结合工程局实际，组织开展专题讲座、专题讨论与专题发言，把学习引向深入；要联系“同心同德推进工程局的开拓发展是当前重要而紧迫的任务”、“搞好工程局改革关系到改革、发展、稳定的大局”和“工程局的困难只是暂时的，我们一定会迎来新的发展前景”等问题展开深入讨论，用四中全会精神统一干部群众的思想认识，引导职工探讨解决当前重点难点问题的有效途径和办法。

2000 年 5 月 26 日，工程局党委下发了《关于深入学习江泽民同志“三个代表”重要论述的通知》，强调对“三个代表”重要思想的学习，关键要把当前的工作做好，要进一步解放思想，解决好改革开放过程中出现的新情况、新问题，加快改制步伐，努力发展生产力，迎接国际国内市场的挑战。

2000 年 10 月 19 日，工程局党委发出通知，对学习贯彻中共十五届五中全会精神进行安排部署。20 日，水电十四局党委召开局机关、昆华实业总公司和局科研设计院党员大会。会上，工程局党政主要领导传达了五中全会精神及有关文件。

2000 年 12 月 28 日，在中国水利水电工程总公司召开的思想政治工作会议上，工程局大朝山分局被评为总公司思想政治工作先进单位，大朝山分局党委副书记张志伟、安装公司党委书记李必显被授予总公司“先进思想政治工作者”称号。

2001 年 3～7 月，为隆重纪念中国共产党成立 80 周年，工程局党委工作部与局离退休管理部举办庆祝建党 80 周年征文活动。征文活动以“我的水电情”为主题，充分体现工程局建局 40 多年来在中国共产党的领导下取得的伟大成绩。同年 6 月 26 日，工程局党委在昆明春城剧院举行庆祝建党 80 周年文艺演出，工程局领导、出席“七一”表彰会的代表和在昆单位、局机关的职工、离退休老同志近千人观看了演出。演出在“没有共产党就没有新中国”的合唱声中开始，由离退休老同志组成的曲靖夕阳红歌舞团、大理明珠艺术团和昆明银河艺术团演出了精彩的文艺节目，讴歌党的丰功伟绩，抒发水电职工爱党爱国之情，展现水电人跟着共产党、走进新时代的坚定信念。

2001 年 7 月 2 日，工程局党委发出通知，要求全局各单位党组织尽快组织全体党员干部认真学习江泽民同志在庆祝中国共产党成立 80 周年大会上的重要讲话。通知要求，各单位党组织要认真学习贯彻江泽民同志的重要讲话，用讲话精神统一全局党员干部的思想行动。要统一安排、制订计划、保证时间、讲求实效，各级领导班子党员领导干部要带头学习。学习江总书记的讲话，要密切联系工程局的实际，把江泽民同志讲话的主要精神贯彻落实到工程局改革、发展和稳定工作中去。要按照“三个代表”重要思想的要求，结合本单位的工作实际，进一步抓好各级党组织的思想建设、组织建设和作风建设，切实发挥党组织的政治核心作用和保证监督作用。要以讲话精神为指导，研究工程局当前面临的主要问题，探讨解决问题的有效措施，加大市场开拓力度，加强内部各项管理，力求在各方面都有新突破，确保全局年度市场开拓、计划产值和经济指标的全面完成。

2002年6月14日，工程局党委组织机关中心学习组认真学习江泽民同志2002年5月31日在中央党校的重要讲话。通过学习，大家达成了共识：一是要更加自觉地高举邓小平理论伟大旗帜，全面贯彻“三个代表”要求，努力做好企业各方面工作，以优异成绩迎接中共十六大的召开；二是坚持“5·31”重要讲话为指导，“把发展作为党执政兴国的第一要义”，进一步解放思想，更新观念，与时俱进，开拓创新，以求真务实的作风和奋发有为的风貌，努力推进工程局两个文明建设；三是更加紧密地团结在以江泽民同志为核心的中共中央周围，讲大局、讲团结、讲稳定；四是进一步加强和完善党的领导，保持党的先进性，全面推进党的建设；五是结合江泽民同志的重要讲话精神，对工程局2002年上半年的生产经营情况进行总结，充分肯定成绩，分析了目前存在的主要问题，为确保完成年度生产计划统一了思想认识。

2002年11月20日，工程局党委理论中心组召开学习中共十六大精神动员会，会议强调说，把全局职工的思想统一到十六大精神上来，首先要组织党员、干部和职工原原本本地认真学习十六大报告，深入领会精神实质；其次，要把企业改革发展当成第一要务，要以改革促进企业发展，要形成全新的企业文化和精神风貌，必须让广大职工得到更多的实惠。随后，工程局党委向全局发出《关于认真学习贯彻党的十六大精神的通知》。通知指出，中共十六大是我们党和国家发展进程中具有重大历史意义的会议，认真学习十六大报告，深入贯彻十六大精神，全面落实十六大提出的任务，是各级党组织面临的头等大事。通知强调，学习贯彻中共十六大精神，关键是原原本本地读文献，最重要的是把握大会的精神实质。通知要求要紧密结合工程局改革与发展实际，分专题学好十六大文献。

2003年11月21日，工程局党委理论中心组组织学习中共十六届三中全会精神。会上传达了《中共中央关于完善社会主义市场经济体制若干问题的决定》，结合工程局实际，安排部署了当前工作和今后任务，要求全局各级党组织以三中全会精神为指导，在实施主辅分离，改制分流和妥善安置富余人员的过程中，做好教育引导工作，确保改制分流工作的顺利进行，确保年度生产经营目标的实现。

2004年，水电十四局建局50周年。为了隆重开展庆祝建局50周年的活动，同年9月26日，工程局党委、工程局发出了《关于开展建局50周年纪念月活动的通知》，决定将2004年10月定为纪念建局50周年活动月。该通知确定了纪念活动的主题和原则。主题是：回顾奋斗历史，展望发展未来，激励职工斗志，弘扬企业文化，传播企业声誉；原则是：各单位要本着厉行节约、勤俭办事的原则，使局庆活动既要隆重热烈，又要节省开支。通知对活动提出了总体安排和具体要求，把10月18日作为庆祝日。全局统一举行主题明确、形式多样、气氛热烈的庆祝活动。在昆明设主会场，在曲靖、大理片区各设分会场召开庆祝大会，举行文艺演出。各单位可根据实际情况，组织召开“局庆50年座谈会”、“回顾与展望研讨会”等，组织观看《辉煌五十年》。

2005年，工程局积极推进主辅分离、改制分流工作，对昆华实业公司与装饰工程公司进行改制分流。为保证两个单位的改制分流工作顺利进行，工程局党委深入、细致地做好改制分流进程中的思想政治工作，认真做好有关改革政策的宣传解释，让职工群众理解改革，支持改革，积极参与改革。同时，积极加强与地方党委、政府的沟通联系，建立维护稳定的工作机制，积极做好下岗职工基本生活费发放及再就业和社会保障等项工作。

2005年10月28日，工程局党委发出《关于认真学习贯彻党的十六届五中全会精神的通知》，要求各级党组织及时开展学习贯彻中共十六届五中全会精神活动。通知要求，要把学习贯彻全会精神和做好当前的各项工作结合起来，深入、细致地做好各项工作，确保工程局改革发展稳定持续推进。要把学习贯彻全会精神体现在继续抓好保持共产党员先进性教育活动中，切实巩固提高先进性教育活动的成果。

2006年5月，工程局党委结合自身实际，以加强领导干部教育、党员教育、企业文化建设为重点，在全局党员干部中深入开展社会主义荣辱观教育。局党委要求，全局各级党组织要紧密结合实际，运用多种形式，加强社会主义荣辱观的宣传教育，把贯彻学习社会主义荣辱观落到实处。把树立社会主义荣辱观与贯彻落实科学发展观、推进企业可持续发展结合起来，与学习贯彻《党章》、巩固先进性教育活动成果结合起来，与深入学习社会主义和谐理论、推进和谐企业建设结合起来，与加强党风廉政教育、精神文明创建活动结合起来。

2006年11月3日，工程局党委中心组组织学习贯彻中共十六届六中全会精神。通过学习，进一步认识和理解构建社会主义和谐社会的重大意义、精神实质和目标任务。工程局党委要求，要进一步坚定搞好工程局的信心，坚持开拓发展的正确方向，扎扎实实地推进企业发展；要加强内部的教育管理，努力提高员工道德风尚与和谐的人际关系，增强全局的创造活力；要坚持依靠企业发展来逐步解决历史遗留问题的观点，依靠耐心、细致地说服教育化解各种矛盾，努力构建和谐文明的氛围；要贯彻落实科学发展观，努力转变企业经济增长方式，注重发展速度与经营质量的统一、产值增长与提高经济效益的统一；要采取有力措施，切实抓好安全生产、企业稳定等各项工作，确保企业内部稳定和职工群众的生命安全，进一步巩固发展成果。工程局党委提出，要继续认真开展好“四好”领导班子创建活动，切实加强领导班子的思想建设、作风建设和制度建设；进一步建立健全党组织先进性建设的长效机制，切实发挥党组织在构建和谐企业中的领导核心作用。

二、政治理论教育

建局初期，各级政工机构不健全，专职干部少，政治理论教育尚不系统。1955年11月，云南省委政治工作会议后，工程局党委根据工作需要，配备了专职理论教员，重视干部理论教育工作，开展了系统的马列主义教育活动。

1955年12月，工程局第一次党员代表大会认真总结了建局1年零8个月的思想政治工作，提出“必须重视加强干部中马克思列宁主义理论教育”。接着，工程局党委举办了两期训练班，组织干部学习中共七届四中全会《关于增强党的团结的决议》等文件，引导干部认识“党的团结就是党的生命，是革命胜利的基本保证”的重要性，增强党的观念。

此后，又组织干部较系统地学习《经济建设常识》、《社会发展简史》等，还学习了列宁关于重视社会主义思想体系教育的论述。

1957年11月，结合整风运动，工程局党委采取办短训班、上辅导课与讨论相结合的办法，组织科（股）以上干部学习毛泽东同志《关于正确处理人民内部矛盾的问题》、周恩来总理在人大一届四次会议上的政府工作报告、邓小平同志《关于整风运动的报告》等。

1960～1961年，工程局党委在《加强政治工作的几点意见》，组织干部职工学习《毛泽东选集》第4卷，在职工中掀起学习毛主席著作的高潮。工程局党委要求要以毛泽东思想为指导，认真贯彻理论联系实际的方针，重点抓好基层领导干部的学习，坚持学习制度，在自学读书的基础上做好辅导，并建立了学习考勤制度。

1962～1963年，工程局党委根据中共中央和毛主席关于“重新教育干部和党员”的指示，举办干部轮训班，组织学习刘少奇同志《论共产党员的修养》、斯大林同志《社会主义经济问题》，并以党的基本知识为内容轮训党员。1962年，系统轮训了科（股）级以上干部158人，采取集中与业余学习相结合的办法，轮训工人党员249人。

1964年，工程局党委组织干部认真学习毛泽东《实践论》、《矛盾论》、《关于正确处理人民内部矛盾的问题》、《人的正确思想是从哪里来的》4篇哲学著作。通过学习，增强干部的辩证唯物主义观点，克服形而上学和烦琐哲学的毛病。同年7月1日，工程局政治部召开全局第一次学习毛主席著作积极分子大会，总结交流经验，进一步开展学习毛主席著作运动。

1965年以后，工程局党委重新组织干部学习毛主席的《为人民服务》、《纪念白求恩》、《愚公移山》3篇著作，并以党的好干部焦裕禄、人民的好女儿向秀丽为榜样，教育引导干部职工加强自身世界观的改造。

1980年，工程局刚恢复建制后不久，工程局党委立即举办了干部培训班，配备专职干部，开始抓干部基本理论教育，为工程局干部学校的建立创造了条件，奠定了基础。

1980～1982年，工程局党委以《中国社会主义经济问题》为教材，组织干部学习社会主义经济理论，厂、处级干部着重学习《陈云文选》，联系实际，清理“左”的思想。

1983年，工程局党委组织干部职工深入学习中共十二大文件，同时，组织干部学习《邓小平文选》和《三中全会以来重要文献选编》。工程局党委先后举办4期读书班，轮训领导干部310人，干部学习的自觉性、学习的广度和深度是多年来少有的。中共中央批准下发了《国营企业职工思想政治工作纲要》（以下简称《纲要》），工程局党委通过召开会议、举办干部读书班等形式，组织各级干部特别是政工干部认真学习中央批示和《纲要》，全局有650多名干部比较系统地学习了《纲要》。通过学习，广大干部对工人阶级的历史地位和历史责任，对企业职工思想政治工作的地位和作用、内容和方法、原则和要求都有了新的认识。同时，工程局党委根据《纲要》的精神，在试点基础上组织职工学习《中国近代史》、《科学社会主义常识》，进行爱国主义、共产主义思想教育。

1984年，根据中央宣传部和云南省委干部教育委员会的部署，工程局党委制定了《关于加强干部理论正规化教育的措施》，及时召开全局教育工作会议作了具体安排。全局上下集中力量认真抓在职干部正规化理论教育工作。截至1988年底，轮训干部850人，考试合格率为93.5%。通过轮训，学习了辩证唯物主义和历史唯物主义、政治经济学辅导讲座、中国社会主义建设问题3门课程，进行了一次系统的马克思主义理论教育，帮助干部加深理解社会主义商品经济知识，提高对经济体制改革重要性和必要性的认识。工程局机关有127人参加学习，占干部总数的90%；学完3门课程，考试合格率为95%。工程局机关党委荣获云南省级国家机关工委授予的“马克思主义正规化理论教育先进集体”称号。

1985年，全国党代表会议召开后，工程局党委举办了两期领导干部培训班，组织各公司党及政、工、团领导干部学习党代表会议文件，有118人参加了培训，提高了学习马克思主义理论和坚持改革开放的自觉性。

1990年，根据上级党组织的要求，工程局党委对全局党员干部进行党的基本理论、党的基本路线和党的基本知识教育，共有1111名党员干部参加学习教育。

1991～1992年，根据中央和云南省委以及省级国家机关工委的部署，工程局党委下发了《关于组织全局干部学习中共党史和党建理论的意见》，决定用1年的时间组织全局党员、干部学习党史、党建理论，整个教育分两个阶段进行：第一阶段学习江泽民同志在建党70周年大会上的讲话和邓小平同志南巡重要谈话精神；第二阶段按云南省委宣传部要求分专题对党员、干部进行党史、党建理论教育。截至1992年7月，全局共举办各类培训班27期，有1668名党员和干部参加学习。通过学习，加深了对党的历史和基本经验的了解，特别是对邓小平同志关于建设有中国特色社会主义的一系列论述有了新的认识，提高了党员、干部坚持党的基本路线，建设有中国特色社会主义的自觉性。同时，工程局党委还在职工中进行基本国情和基本路线教育。

1993年11月2日，《邓小平文选》第三卷出版发行。中共中央作出关于学习《邓小平文选》第三卷的决定，工程局党委发出《关于认真学习〈邓小平文选〉第三卷的通知》，组织全局党员、干部认真学习《邓小平文选》第三卷。《通知》指出，全局学习《邓小平文选》第三卷分两个阶段进行，第一阶段：11～12月，组织党员、干部认真学习中共中央的《决定》和江泽民同志的重要讲话，提高认识，统一思想，增强学习《邓小平文选》第三卷的自觉性；第二阶段：从1994年初开始，组织全局党员、干部系统地学习《邓小平文选》第三卷。工程局党委《通知》发出后，全局上下掀起了学习《邓小平文选》第三卷的热潮，使中共十四大提出的用邓小平同志建设有中国特色的社会主义理论武装全党的战略任务落到了实处。

1999年，遵照中央宣传部和云南省委宣传部要求，工程局党委以《马克思主义哲学纲要》和《马克思主义哲学著作选读》为主要教材，结合学习中央宣传部《关于社会主义若干问题学习纲要》，对广大干部和党员开展正面的系统的理论教育。同年7月，工程局党委宣传部和局机关党委举办哲学教学骨干培训班，然后分3个层次组织在职干部学习马克思主义哲学和社会主义理论。截至1991年上半年，全局共举办哲学培训班36期，共有1582名干部参加哲学培训。这是建局以来规模最大、参加干部最多的一次马克思主义基本理论教育。

2000～2006年，工程局党委根据上级党组织的要求，组织全局党员干部学习江泽民同志“三个代表”重要思想，组织全局副处级以上领导干部，参加云南省领导干部法制教育统一考试，取得了好成绩。同时，工程局党委采取党委理论中心组学习等形式，组织全局副处以上领导干部，学习中共十六届四中全会精神，结合实际，认真贯彻《中共中央关于加强党的执政能力建设的决定》的精神，推进工程局各项工作的全面发展。

第五节　纪律检查工作

一、组织机构

1954年9月5日，中共云南水力发电工程局监察委员会挂牌。1955年5月，经中共云南省委批准，工程局监察委员会班子正式成立。1955年5月～1958年2月，担任过工程局监察委员会书记的有：龙南生，担任过工程局监察委员会副书记的有：韩仕礼、苏子骏。1959年1月～1964年12月，担任过工程局（公司）监察委员会书记的有：李建邦，担任过工程局（公司）监察委员会副书记的有：孙庆德。

“文化大革命”期间，工程局纪检监察机构被取消。

1979年10月，工程局建制恢复后，局纪律检查委员会建立。1979年8月～1987年5月，先后担任过工程局纪律检查委员会书记的有：杜福喜，先后担任过工程局纪律检查委员会副书记的有：张祥霖、刘绪昌。

1991年2月～1998年6月，先后担任过工程局纪律检查委员会书记的有：牟智铃、温其大、林文进、刘冬成，先后担任过工程局纪律检查委员会副书记的有：刘绪昌、张祥霖、温其大。

2004年3月～2006年，担任过工程局纪律检查委员会书记的有：王景龙，担任过工程局纪律检查委员会副书记的有：杨兴泽。

二、纪律检查工作

1955年5月，工程局党的监察委员会班子成立后，认真贯彻落实中央纪律检查委员会工矿纪检工作座谈会精神，从抓基础工作入手，明确了工程局监察委员会的职责范围及工作任务，建立了监察委员会的日常工作秩序，在基层党总支、党支部配备了兼职监察委员，使工程局党的监察委员会工作逐步走向正规。同时，工程局监察委员会紧密围绕党的中心工作和主要任务，从保护生产、保证国家计划的完成，进一步巩固和纯洁党的组织，密切党与群众的联系，保证党的集中统一领导等方面积极开展工作。

1955年底，工程局监察委员会提出了密切结合生产开展党的监察工作的任务。监察委员会充分发挥监督职能，对党员干部进行纪律教育，深入调查研究，开展专题检查，经常了解党员领导干部的工作情况，受理群众对党员的检举、控告，查处违纪、违法案件。对各种违反党的纪律的案件，破坏党的团结和统一的案件，严重官僚主义、玩忽职守、在政治上经济上造成重大损失的案件及严重铺张浪费、腐化堕落的案件进行了认真查处，纯洁和巩固了党的组织，加强了党的纪律，保证了生产建设的顺利进行。

1962年，局监察委员会甄别平反了在历次政治运动中受到错误批判和处理的案件，对原处分错误或者部分错误的案件进行了纠正。

“文化大革命”期间，工程局党的监察机构被撤销，工程局党的监察工作被中断。

中共十一届三中全会以来，工程局纪律检查委认真贯彻落实中共十一届三中全会的路线、方针和政策，围绕中心，服务大局，根据上级纪律检查委员会的安排部署，结合工程局实际，认真抓了各级纪律检查委员会的思想、组织和作风建设，突出工作重点，坚持教育预防为主的方针，深入开展党风廉政建设工作，建立健全了各种规章制度，完善监督机制，使全局纪检工作取得了成效。

（一）纪律检查工作制度建设

1991年，工程局纪律检查委员会积极协助工程党委制定了《领导班子成员廉政建设的规定》和《加强党风廉政建设的措施》，使工程局党风廉政建设工作逐步经常化、制度化。

1994年5月6日，工程局纪律检查委员会下发关于召开专题民主生活会的几点要求，强调要把解决好思想认识问题放在首位，充分做好专题民主生活会的准备工作，严肃、认真地开好民主生活会，主要领导要带头对照检查和纠正，同时抓紧有关制度建设。

1995年5月10日，根据中央纪律检查委员会五次全会精神，工程局党委重申工程局〔1994〕31号文件的规定，严格控制新购置小轿车。

1996年12月5日，工程局党委印发了关于副处以上领导干部在公务交往中收受礼品实行登记制度的规定。

2001年4月29日，工程局党委制定并下发《水电十四局党风廉政建设责任追究办法》。明确了责任追究的方式、标准、程序。

2002年2月6日，工程局党委下发《水电十四局2002年度党风廉政建设责任制考核办法》，并对“三重一大”民主决策程序执行情况进行检查，同时，对领导干部近年来执行党纪、政纪条规进行专项检查。

2002年5月8日，工程局党委下发通知，要求在签订工程、工序、劳务分包合同时，同时签订《廉政合同》。同年8月8日，工程局党委制定并下发了《水电十四局领导干部廉政档案建立及管理实施细则》。

2003年2月25日，工程局党委转发了《中国水利水电建设集团公司领导干部廉洁自律若干规定》。要求全局各级党组织认真组织党员和领导干部学习，有针对性地建立和健全相应的规章制度，确保规定的贯彻执行。3月6日，工程局党委制定并下发了《水电十四局2003年度党风廉政建设责任制考核办法》。

2003年6月4日，工程局纪律检查委员会转发了《中共中央纪委等五部委贯彻十六大精神，做好2003年厂务公开工作的通知》。

2004年，工程局党委先后制定印发了《水电十四局2004年度党风廉政建设责任制考核办法和评分标准》、《关于进一步完善民主生活会制度、规范民主生活会指导程序的通知》。

2005年6月3日，工程局党委印发了《水电十四局党风廉政建设责任制办法》及相关的考核评分标准。

2006年7月18日，工程局党委印发《水电十四局建立健全教育、制度、监督并重的惩治和预防腐败体系的实施意见》，推动工程局党风廉政建设向纵深发展。

（二）党风廉政建设工作

中共十一届三中全会以后，党的各级组织机构逐步恢复和健全，并积极开展工作。1980年8月，工程局纪律检查委员会恢复正常工作。工程局纪律检查委员会恢复后，坚持协助工程局党委在党员干部中开展坚持四项基本原则，坚持党的基本路线和反对资产阶级自由化斗争的教育，组织党员干部学习党章，《关于党内政治生活若干准则》和有关党风、党纪的文件，使广大党员、干部在思想上、政治上与中共中央保持高度一致，自觉贯彻执行党的路线、方针和政策。

1989年春夏之交，北京发生政治动乱，工程局纪律检查委员会积极协助工程局党委及时传达中共中央的指示精神，重申党的组织纪律，不准上街游行及声援，要求党员坚守工作岗位，自觉维护生产秩序和社会秩序。在整个政治动乱期间，全局没有一个党员参与上街游行及捐款捐物。北京政治动乱平息后，根据上级党委的安排部署，工程局党委在全局开展了党员民主评议和党员重新登记工作。结合民主评议，组织党员集中学习，进行党性、党纪、党风教育，使广大党员提高了认识，分清了是非，纯洁了党的组织。

同时，工程局纪律检查委员会经常对党员进行党性、党风、党纪的教育，进行党的理想、宗旨和党的光荣传统的教育，进行党的路线、方针和政策的教育，大力表彰党性强、作风正、坚持原则、在改革和各项工作中起模范带头作用的优秀党员。工程局纪律检查委员会成立以来，坚持派人参加同级党委和下级党委的民主生活会，互通情况，加强联系，做好党的监督工作。

工程局纪律检查委员会始终把党风廉政建设责任制作为推进企业党风建设和反腐倡廉工作的“龙头”，紧紧抓住责任分解、检查考核、落实奖惩三个关键环节，确保了党风廉政建设责任制工作的有效落实。工程局和各下属单位都能按照党风建设和反腐倡廉工作的形势要求，每年对党风廉政建设责任制《考核评价办法》和《评分标准》进行修订，保证责任制内容始终同企业发展相适应，把责任制落实到班子，量化到成员，细化到部门，做到了分工细致、责任明确。横向到边、纵向到底，层层签订了党风廉政建设责任书，形成了一级抓一级、层层抓落实的责任制网络。坚持工程局考核和民主测评工作相结合，严格落实奖惩，有效促进了党风廉政建设责任制工作的落实。各级领导干部主动把党风廉政建设责任制融入企业中心工作的各个环节，实现了党风廉政建设责任制与生产经营工作同时部署、同时落实、同时检查、同时考核。“一岗双责”得到全面落实，党风廉政建设责任制真正成为了“保证权力正确行使”的有力手段，形成了党风建设和反腐倡廉工作与企业生产经营工作有机结合、共同发展的良好局面。全局从1997年六次党代表大会以来的10年间，未发生过局、处两级领导干部违法违纪行为，工程局党风廉政建设工作连续8年被集团公司考核为优秀。

（三）查办案件工作

中共十一届三中全会以来，遵照中共中央“实事求是，有错必纠”的方针，工程局纪律检查委员会对“文化大革命”中大量的冤假错案进行了复查纠正。同时，纠正了在“反右”运动中的各种错误，复查纠正了各民主党派、归侨侨眷、台胞台属、起义投诚人员、“边纵”及云南地下党的错案。同时，工程局纪律检查委员会还依据上级的有关政策规定，进一步落实了党的干部政策和知识分子政策。

1982年，工程局纪律检查委员会为了加强廉政建设，纠正不正之风，认真开展了打击经济领域犯罪活动，共立案查处案件34起，为国家挽回了一部分经济损失，制止了少数领导不执行民主集中制的错误行为，批评了少数党员利用职权谋私，纠正了铺张浪费、购置违控商品等不正之风。

1989年，工程局纪律检查委员会抓了处级以上领导干部过组织生活，并进行自报自查的工作。同年，成立了工程局反腐败、廉政建设领导小组，并在全局范围设立了举报箱。

20世纪80年代，局纪律检查委员会认真贯彻中央、中央纪律检查委员会及云南省纪律检查委员会的指示，严肃党纪，惩治腐败。全局各级纪检监察部门坚持从严治党、从严执纪、从严治企，始终保持了对查办案件的高压态势，在严肃处理违法违纪分子的同时，注重发挥查办案件的治本功能，达到了惩治和警示的综合效果，在保持企业稳定、纯洁队伍方面发挥了重要作用。

为了规范纪检监察信访举报和案件查处工作，工程局严格执行集团公司《关于加强信访、案件管理的有关要求》、《信访举报管理办法》、《查办案件规定》、《案件审理规定》等制度和规定，进一步规范了各级纪检组织、监察部门信访举报和案件查处工作的程序和方法。工程局各级纪检组织、监察部门按照“三个百分之百”的要求，认真加强了信访举报工作，认真执行了查办案件的“一案两报告”制度，在形成结案报告同时，形成案件分析材料，剖析案件成因，通过运用办案成果，对案件的原因和规律进行深刻的分析，找出管理漏洞，提出解决建议，查办案件的治本功能明显提高。

根据中国水电集团公司的要求，全局纪检监察部门突出了查处案件的重点，即各级领导人员利用职权以权谋私、侵占国家和企业利益的案件；为亲友经商、办企业提供便利，造成国有资产流失的案件；项目管理人员在分包、采购过程中收受回扣、贿赂的案件以及涉嫌商业贿赂的案件。

（四）惩防体系建设工作

2005年初，中共中央印发了《建立健全教育、制度、监督并重的惩治和预防腐败体系实施纲要》（以下简称《实施纲要》）。这是中共中央从提高党的执政能力和巩固党的执政地位的全局出发，为深入推动新形势下党风建设和反腐倡廉工作作出的重大战略决策。工程局党政班子的高度重视，积极推动构建惩防体系工作，坚持“四个到位”，取得了阶段性成果。

一是宣传动员到位。工程局纪律检查委员会利用党委理论中心组学习会、纪检监察干部培训班、纪检监察工作会、党员大会进行宣讲，聘请国有资产监督管理委员会有关领导对惩防体系的背景、内涵和精神实质进行了讲授和解读。在全局组织了《实施纲要》知识竞答，全局共有2000多名党员及干部参加了竞答活动。

二是组织领导到位。工程局成立了构建惩防体系工作领导小组，各单位也相应成立了领导机构。

三是计划措施到位。工程局党委制定并印发了《水电十四局建立健全教育、制度、监督并重的惩治和预防腐败体系实施办法》(以下简称《实施办法》)。同时，将涉及体系建设的教育、制度、监督、改革、惩处等5大类工作任务分解为90项具体工作内容，分别明确了牵头单位、协管单位和落实单位，做到目标明确、责任到人。

四是监督检查到位。工程局党委通过党风廉政建设责任制考核工作，促进了体系建设各项工作的贯彻落实。各基层单位积极研究制定了具有各自特点的实施细则，及时检查各项工作的落实情况，各项工作正按照计划目标逐步实现，构建惩防体系工作开局良好。

第六节　领导班子思想作风建设

保持企业持续健康稳步发展，领导班子的思想作风建设是关键。针对水电施工企业的自身特点和工程局不断改革、创新和发展的需要，推动和加强工程局领导班子的思想和作风建设始终是工程局领导班子建设的重要任务，是工程局各项事业蓬勃发展的重要思想和组织保证。

一、理论中心组学习和民主生活会制度

为了加强领导班子团结，增强领导班子能力，提高领导干部的素质，工程局党委不断健全党内组织生活制度，坚持“三会一课”，逐步形成了党委理论中心组学习制度和各级领导班子民主生活会制度。2006年12月，工程局党委制定了《水电十四局党委理论中心组学习制度》、《水电十四局领导班子民主生活会制度》。通过制度的贯彻实施，党委理论中心组的理论学习已成为工程局各级领导班子和干部学习政治理论，提高思想素质，增强各项能力，打造学习型领导班子的一项重要途径。领导班子民主生活会制度已成为加强工程局及各级领导班子建设，增进领导班子思想和工作上的沟通，提高班子成员综合素质，增强领导班子科学决策能力的一项行之有效的重要举措。

二、坚持民主集中制原则，实行领导班子科学民主决策

工程局党委认真坚持民主集中制原则，重视加强党政班子的团结，特别是党政一把手的团结，明确党政班子成员职责和分工，加强相互协作，形成了工程局党政班子成员团结协作的良好局面。1995年2月，工程局党委制定并下发了《水电十四局党政领导班子联席会议事规则》，认真贯彻落实《中国水利水电建设集团公司关于“三重一大”事项民主决策的若干规定》，从制度上建立并健全了工程局高效、务实、民主、科学的决策机制。凡属工程局生产经营、改革发展、重大战略部署、大额资金使用、重要干部任免等所涉及的“三重一大”的重大事项，均提交工程局党政领导班子联席会充分酝酿、集体研究、民主决策，保证重大决策的民主性、科学性。

同时，工程局党委加强了项目部党组织的组织建设和思想建设，加强了对项目经理部的管理和监督，1998年2月制定并实施了《水电十四局项目经理部党组织工作条例》，2000年10月制定并实施了《中国水利水电第十四工程局项目稽查工作条例》。建立、健全了项目部的党组织，发挥项目部党组织的监督、保证作用，健全项目经理和项目领导班

子的监督约束机制，靠法规、制度规范项目经理的行为。

三、领导班子的思想政治、作风能力建设

一是按照中共中央及各上级组织的安排部署，先后在工程局党组织和党员中深入开展了整党学习，以及讲学习、讲政治、讲正气的“三讲”教育活动；组织学习《邓小平文选》和“三个代表”重要思想，认真组织开展党的先进性教育活动。通过学习教育，提高了领导班子成员的思想理论素质和政策水平。工程局党委对关系到党的建设、企业改革和发展及联系群众的主要问题进行了认真的整改，并建立了保持党组织先进性的长效机制。工程局党委还紧密结合各个时期工程局改革发展的实际，以及企业面临的新形势、新情况、新任务，查找总结工程局发展过程中存在的制约企业改革发展的问题，大胆探索创新有利于企业改革发展的思路和措施，促进工程局的发展。

二是工程局党委认真抓了中共中央历次重大会议精神和中央领导重要讲话精神的学习宣传和贯彻落实工作。把中共中央召开的会议的文件和主要精神作为工程局领导班子成员思想政治理论学习的重要内容，密切联系工程局改革发展的实际；把中共中央召开的会议精神落实到工程局领导班子成员的工作实践中，贯彻落实到工程局的改革、发展、稳定的工作大局中，同心同德、统一思想、提升素质，带领广大职工不断推进工程局的改革和发展。工程局党委还采取外派和内培等形式，加强对工程局领导班子成员的培训教育，不断提高工程局领导班子成员的思想理论水平。

四、加强教育监督，促进工程局领导班子党风廉政建设

为了加强党风廉政建设，确保工程局各项工作健康发展，工程局党委认真抓了工程局党政班子成员的党风廉政建设，强化职工群众对企业领导班子和领导干部的有效监督，综合运用法律的、行政的、党内的及舆论的监督手段，形成对企业领导班子和领导干部的监督和约束机制。主要措施：一是在全局范围内层层落实党风廉政建设责任制，建立并健全了党委统一领导、党政齐抓共管、纪委组织协调、部门各负其责、依靠群众积极参与的领导体制、工作机制和考核办法，形成对党风廉政建设有部署、有检查、有考核、有奖罚和责任追究的工作体系，成为工程局加强领导班子建设，加强企业管理，促进企业健康、有序发展的有机组成部分。二是不断坚持和完善以职工代表大会民主评议各级领导班子和领导干部为基本形式的民主管理制度。在每年召开的职工代表大会上，先由领导班子成员述职，然后由职工代表对局领导班子的成员进行民主评议，并在大会上公布民主评议的结果，对领导干部实施有效的监督。积极推行厂务公开制度，2000 年 1 月制定并实施了《水电十四局建立厂务公开制度的实施办法》、《项目部建立厂务公开制度的实施细则》，使广大干部职工拥有对工程局改革与发展的重大决策、涉及职工切身利益的重大事项，以及领导干部廉洁勤政等事务的知情权、参与权和监督权。充分依靠职工群众，实行民主参与、民主管理、民主监督。三是加强廉政建设，保持领导干部清正廉洁，保持艰苦奋斗的作风，做廉洁自律的表率。为了全面贯彻落实中共中央关于国有企业领导人员廉洁从业的若干规定，2000 年 3 月，工程局党委制定并下发了《水电十四局领导干部廉洁自律的若干规定》，2006 年 7 月又制定了《水电十四局建立并健全教育、制度、监督并重的惩治和预防腐败体系的实施意见》等系列制度和办法，加大了监督检查力度、建立并健全了副处级以上干部廉政档案管理制度、党风廉政建设责任追究制度，强化了领导班子党风廉政建设的领导职责。

工程局党委历来注重利用重大、典型案件和案例，以及具有较强代表性的影视教育片，开展对各级领导班子的警示教育，加强各级领导班子的党性、党风、党纪和国家法制教育，持续保持和推动工程局党风廉政建设和反腐败斗争深入开展，使各级领导班子成员始终牢固树立正确的世界观、人生观、权力观，始终保持反腐倡廉的责任心、使命感，保持党的先进性，保持工程局各级领导班子勤政廉洁、团结和谐的良好氛围。

第二章 工会 职工代表大会

第一节 组 织 机 构

1954 年，在国家燃料工业部的领导下，云南水力发电工程局正式成立。1956 年 6 月，工程局正式成立了云南水力发电工程局工会委员会，隶属中国电力工会和云南省总工会的双重领导。

1958 年 8 月，随着机构下放，云南水力发电工程局工会委员会更名为云南省水利电力厅以礼河水力发电工程局工会委员会。1962 年 9 月，因行政隶属关系变更，更名为水利电力部云南电业管理局以礼河水力发电工程局工会委员会。1963 年 6 月，更名为水利电力部云南水力发电工程局工会委员会。1965 年 11 月，又改名为水利电力部以礼河水力发电建设公司工会委员会。1966 年，“文化大革命”开始，工会工作被迫停止。

1979 年 8 月，工程局重新恢复组建后，组建了电力工业部第三水电工程局工会委员会。1981 年 6 月，随着企业机构变动，更名为水利电力部第十四工程局工会委员会。1992 年 11 月，再次更名为中国水利水电第十四工程局工会委员会。

2006 年底，中国水利水电第十四工程局工会委员会共有基层工会组织 16 个、会员 13005 名。

第二节 工会会员代表大会

1956 年 6 月 14～16 日，在云南会泽以礼河水电站召开了云南水力发电工程局工会第一次会员代表大会。出席大会的代表共 74 人，代表 12 个基层工会，700 名工会会员出席这次代表大会。这次大会的主要议题是：组织动员全局广大职工深入开展以先进生产者运动为主要内容的社会主义劳动竞赛，按照中央“多、快、好、省”的要求，做好电站施工前的各项准备工作，保证以礼河二级水电站“七一”、丘北县六郎洞水电站“十一”开工，保证电站建设的顺利进行。大会选举产生了由 33 人组成的云南水力发电工程局第一届工会委员会，还选举产生常务委员 7 人，巩荫三任工会主席。由 5 人组成经费审查委员会。

1959 年 2 月，在云南会泽以礼河水电站召开以礼河水力发电工程局工会第二次会员代表大会。大会选举产生了由 29 人组成的以礼河水力发电工程局第二届工会委员会，巩荫山任工会主席，梁希仁任工会副主席。由 5 人组成经费审查委员会。

1963 年 3 月 15～17 日，在云南会泽以礼河水电站召开以礼河水力发电工程局工会第三次会员代表大会，89 人代表 11 个基层工会的 4713 名会员出席了代表大会。大会选举产生了由 25 人组成的以礼河水力发电工程局第三届工会委员会，巩荫三任工会主席，梁希仁任工会副主席。6 人组成经费审查委员会。

1965 年 12 月，在云南会泽以礼河毛家村召开云南水力发电建设公司工会第四次会员大会。出席这次大会的代表共 2537 人（分片召开），代表 4 个基层工会的 11060 名会员。大会选举产生了由 11 人组成的云南水力发电建设公司第四届工会委员会，李建邦任工会主席，唐玉弟任工会副主席。5 人组成经费审查委员会。

“文化大革命”10 年间，工程局工会工作处于瘫痪状态。

1979 年 10 月，重新恢复工程局建制，经云南省总工会批准，组建了电力工业部第三水电发电工程局工会工作委员会，孙景武、刘建平任工会副主席。1981 年 6 月，工程局工会更名为水利电力部第十四工程局工会委员会，刘建平、范德顺、唐玉弟任工程局工会副主席。工会下属有 17 个基层工会、17585 名工会会员。

1991 年 8 月，增补朱世熙为工程局工会副主席。

1992 年 5 月 26 日～5 月 29 日，在昆明召开了水利电力部第十四工程局工会第五次会员代表大会。出席这次大会的代表共 128 人。大会审议通过了陈锦棪同志作的“发挥工人阶级主人翁精神，为深化改革和发展企业经济而努力奋斗”的工作报告。大会选举产生了由 31 人组成的水利电力部第十四工程局第五届工会委员会，陈锦棪任工会主席，朱世熙任工会副主席。5 人组成经费审查委员会。

1996 年 11 月 1 日，经工程局工会五届全体委员会议选举，报云南省总工会批准，王景龙任工程局工会主席。

1998 年 1 月 19～23 日，在昆明召开了工程局第六次工会会员代表大会，出席这次大会的正式代表共 144 人。这次大会的主要议题是：审议工程局第五届工会委员会工作报告，审议第五届工会委员会经费收支情况及经费审查委员会工作报告，选举产生工程局第六届工会委员会。经大会选举，产生了由 13 人组成的工程局第六届工会委员会，王景龙任工会主席，朱世熙任副主席；同时，选举产生了由 5 人组成的工程局六届工会经费审查委员会，朱世熙任主任。

1999 年 9 月 16 日，增补黄竹保、黄遂蓬为工程局工会副主席，免去朱世熙工程局工会副主席职务。

2002 年 8 月 8 日，增补李必显和徐东初为工程局工会副主席，免去黄竹保工程局工会副主席职务。

2003 年 7 月，免去李必显工程局工会副主席职务。同年 10 月，免去徐东初工程局工会副主席职务。

2004 年 5 月 11 日，经工程局工会召开六届十一次全体委员会议选举，报云南省总工会批准，陈志明任工程局工会主席。

2005年3月，增补陈祖祥为工程局工会副主席；2006年1月，增补王益谦为工程局工会副主席。

第三节 组 织 活 动

一、组织建设

1956年，以礼河水电站“七一”开工后，各施工单位相继组建。随着职工队伍的壮大及工程的进展，工程局建立了各级工会组织，培训了一批积极分子，使全局工会组织的作用得以逐步发挥。1956年，工程局工会共有基层工会12个，部门工会38个。1957年，从工程局工会到各基层工会都建立了各种会议制度，做到分工负责，定期研究工会相关工作，工会小组活动得到加强。

“文化大革命”以前，工程局各级工会组织健全，工会会员代表大会、职工代表大会等制度均持之以恒地坚持下来。各级工会在开展社会主义劳动竞赛；参与安全生产劳动保护；举办业余文化班，提高职工文化水平；关心职工疾苦，改善职工生活；组织文体活动，陶冶职工情操等方面做了大量工作。

十年“文化大革命”期间，工程局工会组织处于瘫痪状态。

1979年10月，工程局重新组建电力工业部第三水电工程局工会委员会。1981年7月，中共中央、国务院下发了《国营工业企业职工代表大会暂行条例（草案）》，工程局各级工会认真组织学习贯彻。1984年5月，工程局召开了第九届职工代表大会，这是工程局在“文化大革命”后第一次组织召开的职工代表大会。同时，按照全国总工会对企业工会整顿建家的六条标准，工程局工会组织开展了建家活动。1985年，工程局工会对所属各基层单位“职工之家”建设进行了检查验收。1988年，工程局工会在总结“建家”工作的基础上，进一步推进工会组织的群众化、民主化建设，从而使基层工会进一步得到健全、充实和加强。工程局二公司工会主席聂绍奇被全国总工会授予“优秀工会工作者”称号。

1989年，中发〔1989〕12号文、〔1989〕6号文对加强和改善党对工会的领导作出明确规定，明确了工会组织在企业中的地位、任务和作用，重申了全心全意依靠工人阶级的方针，为工会工作指明了方向。在贯彻《企业法》、《全民所有制工业企业厂长工作条例》、《全民所有制工业企业职工代表大会条例》的工作中，各级领导和工会增强法制观念，积极依法维护广大职工的合法权益。

1993年，工程局党委制定了《中共水电十四局委员会关于加强和改善对工会工作领导的若干规定》，为各级工会组织开展工作注入了生机和活力。

1997年2月，为适应水电施工企业体制改革，建立健全工会组织，加强企业工会工作，充分发挥工会组织在两个文明建设中的作用，工程局工会制定了《关于建立健全工程施工项目工会组织和加强施工项目工会工作的暂行规定》。

随着企业改革发展的不断深入，结合水电施工企业施工队伍分布广、流动大的特点，工程局坚持工程项目发展到哪里，工会组织就建到哪里，配齐、配强各级专兼职工会主席和副主席，工会主席、副主席做到了按同级党政副职配备。建立健全工会劳动争议调解委员会、工会法律监督委员会和女工委员会，抓紧抓好新会员的发展教育工作，不断壮大会员队伍。坚持进一步健全和完善工程局和二级单位的职工代表大会制度或职工大会制度，坚持每年召开职工代表大会。在职工代表大会闭会期间，坚持召开职工代表大会团组长联席会议。工程局工会每年都召开二三次局工会全委会，对全局工会工作进行研究部署，及时调整和增补局工会委员，做到人员变更及时替补、调整，保持组织健全。2003 年 9 月，刘峰清荣获全国总工会授予的“优秀工会积极分子”称号。2004 年，工程局工会荣获“云南省工会重点工作目标责任制”考核二等奖，大理管理处工会荣获“云南省模范职工之家”称号，曲靖分局掌鸠河项目部工会荣获“云南省模范职工小家”称号。

2005 年 7 月 15 日，根据中共云南省委、中国水电集团公司党组和工程局党委的安排，工程局组织开展保持共产党员先进性教育活动。全局各级工会组织紧紧抓住学习实践“三个代表”重要思想这条主线，把握保持共产党员先进性这个主题，积极认真地参加了全局的保持党员先进性教育活动。通过学习教育，使各级工会组织的凝聚力和战斗力不断增强。

2005 年，中华全国总工会第十四届执委会主席团第六次全体会议审议通过了《关于坚持走中国特色社会主义工会发展道路的决议》，工程局各级工会认真学习贯彻决议精神，不断提高工会服务全局中心工作和组织职工、宣传职工、教育职工、服务职工的能力，不断提高维护职工合法权益的能力和工会自身创新发展的能力，在加强基层工会建设方面做了大量工作。工程局党政班子高度重视工会工作，工程局先后转发了《国务院办公厅关于深入贯彻工会法支持工会工作的通知》、中国水电集团公司党组《关于进一步规范职代会制度，提高企业民主管理水平的意见的通知》、《中华全国总工会关于进一步加强基层工会工作的决定》。这些文件的转发和落实，为坚定不移地贯彻全心全意依靠工人阶级的方针，切实加强对工会的领导和联系，积极支持工会依法独立自主、创造性地开展工作，团结带领广大职工群众积极投身到构建社会主义和谐企业、促进工程局改革和发展等方面发挥了积极的作用。工程局工会荣获“云南省工会重点工作目标责任制”考核一等奖。

2006 年，工程局工会重新制定了《水电十四局职工代表大会实施细则》，规范了工程局及所属单位的民主管理、民主监督等工作程序。下半年，工程局工会和工程局人力资源部联合组成检查小组，就“集体合同”执行情况、“职工之家”建设情况对 12 家二级单位和工程项目部进行了综合检查，促进了全局“职工之家”的建设和“集体合同”的履行。工程局工会再获“云南省工会重点工作目标责任制”考核一等奖，并荣获“中国能源化学工会先进工会组织”称号。

二、维护职工合法权益

1956～1957 年三季度，为了提高职工的文化素质，工程局工会积极协助行政共开办了 29 个业余文化班，共有 1356 名职工参加文化学习。各级工会积极总结交流了成功的做法和经验，营造了职工学习文化知识、提高文化水平的良好氛围。

同时，工程局各级工会积极参与安全生产的制度、措施的制订和监督检查工作，参与安全事故的调查处理，举办各类安全生产培训班，采取措施加强职工劳动保护。全局各级工会针对当时各单位组织职工加班加点过于频繁的现状，深入进行调查研究，及时向工程局党政领导汇报存在的问题，有效地改变了这一现状，维护了职工的合法权益。同时，全局各级工会还针对当时职工生活条件艰苦的状况，积极采取对困难职工进行生活补助、积极办好职工食堂等措施，不断改善职工生活，为企业施工生产服务。

1993年9月，工程局第十一届职工代表大会后，工程局针对房改、工资增长、职工补充养老保险等涉及职工切身利益的重大问题，在广泛征求和听取职工意见的基础上制订方案，然后，召开工程局职工代表大会团组长联席会议进行审议，加强了职工的民主管理，保证了企业改革措施的顺利进行。

1995年10月11～13日，工程局工会召开了“全局维护职工合法权益工作会议”，检查各级工会贯彻落实《劳动法》、《工会法》的情况，总结交流工会依法维护职工合法权益的经验，研究探讨新形势下维护职工合法权益的新情况、新问题，使工会组织在企业改革、发展和稳定中更好地维护职工的合法权益。

1997年3月，工程局成立了工会法律监督委员会。同年4月，为了妥善处理企业劳动争议，保障企业职工的合法权益，维护正常的生产经营秩序，发展良好的劳动关系，推进改革开放的顺利进行，工程局成立了以工程局工会主席为组长的“水电十四局劳动争议调解委员会”。

1998年1月，根据《劳动法》、《工会法》、《云南省集体合同条例》及相关的法律法规，由工程局工会代表职工方提议，经过工程局和工会双方进行集体协商一致，并提交职代会审议和表决通过，企业方代表与职工方代表签订了第一轮“集体合同”。2002年2月，企业方代表与职工方代表签订了第二轮“集体合同”。2006年5月，企业方代表与职工方代表签订了第三轮“集体合同”。在“集体合同”的执行过程中，行政和职工双方都较好地履行了集体合同的相关内容，没有出现违规情况，保证了企业和谐发展。

在企业深化改革的进程中，工程局各级工会非常重视和关心下待岗职工的合法权益，积极探索维护生活困难职工群体合法权益的机制，建立劳动关系矛盾预防机制，做好职工队伍的稳定工作。2001年下半年，工程局工会举办了劳动争议调解员培训班，提高劳动争议调解人员的综合素质和工作能力。同时，工程局工会将工作重点放在切实关心困难职工群体上，建立定期走访制度，搞好动态管理，当好“第一知情人”；积极向企业党政班子反映生活困难职工在生活、工作和思想方面存在的问题，确保困难职工的生活得到基本保障。各级工会组织还在协调劳动关系、安全生产和职业健康保护、保障下岗职工基本生活、促进再就业服务以及保护女职工合法权益等方面，依法开展了多方面的维权活动，督促有关部门认真落实、妥善解决。

2004年7月，云南省总工会开展第一期职工医疗互助活动，工程局成立了工程局党委书记任组长、工程局工会主席任副组长的“水电十四局工会职工医疗互助活动领导小组”，由工程局工会全面负责组织全局职工和退休人员参加云南省职工医疗互助活动，同时，在曲靖和大理两个片区分别成立了片区领导小组。这项活动的开展得到了各单位工会和相关部门的大力支持和配合，使参加职工数达到同时参加基本医疗保险和大病补充医疗保险职工数的86.8%，突破了省总规定的60%指标。全局实际参加云南省职工医疗互助活动的人数为 20118 人。我局共交职工医疗互助金 145 万元，全局共发生补助金额为 91 万元，补助金额占缴费金额的 63.1%。获得的最高补助金额为 75000 元。2005 年 7 月 1 日～2006 年 6 月 30 日，云南省总工会开展第二期职工医疗互助活动，工程局参加活动人数比第一期新增加 564 人，参加人数上升了 3 个百分点。全局共上交互助金 106 万元，近 2000 人次得到医疗互助补助金 150 多万元。为帮助困难职工参加第二期医疗互助活动，局工会发出了《致全局工会干部的倡议书》，号召全局工会干部献上一份爱心，资助一位下岗失业人员或特困职工参加职工医疗互助活动，为构建社会主义和谐社会贡献自己的一份力量，得到各级工会干部的积极响应，共筹集捐款 4615 元，资助部分困难职工参加了医疗互助活动。2006 年 7 月 1 日～2007 年 6 月 30 日，云南省总工会开展第三期职工医疗互助活动，工程局工会继续组织广大职工和退休人员参加此项活动。第三期新增 1000 多人，工程局工会再次荣获“云南省职工医疗互助活动先进集体一等奖”。

2005 年，工程局各级工会组织积极配合人力资源部等有关部门，推动工程局下待岗职工再就业工作。各级工会组织积极实施省总工会组织的“212 工程”（“212 工程”是指云南省各级工会开展的旨在切实帮扶困难职工的一项行动，其具体目标为：为全省 2 万名下岗失业人员提供免费的职业培训，帮助其中的 1 万名下岗失业人员实现再就业；长期帮扶 2 万名特困职工，协助解决他们的生活困难问题）。工程局工会下拨培训费 24800 元，配合人力资源等部门培训下待岗职工 392 人，推荐劳务人员达 23602 人次，使 1746 人名下待岗失业人员实现了再就业（含困难职工上岗 107 人），全年上岗率达 76.5%。各劳务中心工会及时统计下待岗职工、双职工下待岗和单亲女职工下待岗的人数，并建立流动台账，积极向各工程项目点推荐他们上岗。这一年，曲靖管理处工会荣获云南省总工会“促进再就业先进集体”，并作为先进集体代表在省总工会“促进再就业经验交流和表彰大会”上作经验交流发言。曲靖管理处刘正昌被评为“再就业先进工作者”，曲靖管理处下岗职工葛梅英、大理管理处下岗职工阮鸿钧二位被评为“再就业先进个人”，受到云南省总工会表彰奖励。

近年来，工程局工会在实施职工素质工程中坚持做到“四个结合”。一是将实施职工素质工程与工程局的改革发展的局史、局情教育活动相结合。组织职工围绕工程局的经营发展目标进行企业未来发展教育，开展“爱岗敬业、岗位成才”的大练兵活动，激励广大职工在平凡的工作岗位上做出不平凡的业绩。二是将实施职工素质工程与工程局的生产经营这一中心任务相结合，积极开展“中青年技术能手”评选活动和征集群众性合理化建议的“金点子”活动。三是将实施职工素质工程与班组建设相结合，通过开展“建、创、做”等活动，充分发挥红旗班组、先进班组的带头示范作用。四是将实施职工素质工程与满足干部职工自身发展的需求相结合。在职工群众中营造一种“自我完善、自我提高、自我发展”的良好氛围，引导广大职工树立终身学习理念。

根据中国水电建设集团公司和云南省总工会的要求，工程局印发了《关于开展“创建学习型组织、争做知识型职工”活动的实施意见》。各级工会组织支持职工参加多学科、多技能、多资质的准备教育，营造良好的学习环境、学习氛围，推动各类人才的培训教育工作，充分满足企业生产经营发展人才需要，全面提升工程局综合实力和市场竞争力，促进企业快速发展。

2005年，工程局工会认真学习贯彻省总工会《关于在深化国有企业改革中进一步履行维护职工合法权益基本职责的通知》精神，进一步拓宽源头参与渠道，积极参与企业改制方案的制订工作，代表职工群众的利益为他们争取关乎其切身利益的政策规定。工程局工会全过程参与了昆华实业公司、装饰公司的改制工作。在研究改制方案时，依据有关法规政策代表工会提出了意见和建议，并指导职工讨论审议公司的职工分流、安置和资产处置方案，指导两家公司的职工持股会工作，以维护职工合法权益、确保改制工作的顺利进行。

2005年5月1日，《云南省职工劳动权益保障条例》正式实施。为此，工程局工会专门下发了《通知》，并定购了书籍和资料分发到各基层单位组织学习、宣传和贯彻。

2005年8月，为了深入贯彻中华全国总工会《关于坚持走中国特色社会主义工会发展道路的决议》精神，工程局工会对两个施工项目部的一线60名职工，一个后方生产单位的183名职工，以及两个拟改制单位的40名职工进行了问卷调查。同时，还在工程局二级单位和工程局直管项目部工会，开展了“工会组织状况调查”和“工会女职工组织状况调查”工作。另外，工程局工会还积极探索后方基地的文明建设和住宅小区的社会化管理模式，经过大量艰苦细致的工作，促成了基地的健身场所建设、水网管道改造和房屋补漏工作，完成了广大职工离退休人员盼望已久的民心工程。针对离退休人员反映强烈的热点、难点问题，深入基层认真了解情况，及时向工程局班子汇报，按照工程局的意见，协同有关部门做好宣传教育工作，维护了企业的稳定。

2006年，工程局工会出台了《水电十四局工会劳动法律监督条例》、《水电十四局职工代表大会提案工作条例（试行）》等文件，调整充实了工程局劳动争议调解委员会、劳动法律监督委员会和女职工委员会，按照省总工会、中国水电集团公司和工程局的要求，坚持以协调劳动关系、促进和谐企业建设为重点，认真做好创建劳动关系和谐企业活动的宣传实施工作，不断推动劳动关系和谐企业创建活动的深入开展。工程局国际公司荣获云南劳动和社会保障厅颁发的“云南省劳动保障诚信示范企业”称号。针对工程局承建的非洲国家工程项目的职工工作条件艰苦、生活十分枯燥的状况，工程局工会拨出专款10余万多元购买了文体用品和保健品，对国外项目部职工进行了慰问，以激励职工圆满完成国外施工任务。中央制定了一系列保障农民工权益和改善农民工就业环境的政策措施，为此局工会下发了《关于认真学习贯彻中央领导同志重要批示精神，切实做好农民工合法权益维护工作的紧急通知》，积极配合行政开展相关工作。工程局工会拨出专款2万元，为局属12家二级单位和项目部的农民工购买了过冬的棉被。

三、劳动保护、监督

1956年工程局工会成立后，随即在全局建立了由43名委员组成7个劳动保护工作委员会，同时在主要生产单位的146个生产班组，选举产生了劳动保护公共检查员146人。在云南省总工会的具体帮助下，分别在一、二工区举办了劳动保护训练班，并在职工群众中大力宣传劳动保护工作。各级工会协助行政贯彻落实国家有关劳动保护的政策、法令及指示精神，协助行政编制安全技术劳动保护措施计划及安全生产规程，经常教育职工认真遵守各项安全规定，开展自上而下的全面的安全卫生大检查，监督和制止各种加班加点泛滥的现象。并签订了劳动保护协议书，建立健全劳动保险卡管理等制度。

1959年，在总结劳动保护工作经验的基础上，工程局工会提出了安全工作的“三化”，即：经常化、制度化和群众化。充分发挥工会对劳动保护工作的监督、协助和教育的职能作用。在参与各种伤亡事故调查处理过程中，各级工会协助行政有关部门做了大量工作。

中共十一届三中全会召开之后，安全生产和劳动保护工作的正常秩序开始恢复。

1985年，工程局工会认真学习贯彻全国总工会颁布的《工会劳动保护监督检查三个条例》、《工会劳动保护监督检查员暂行条例》、《基层（车间）工会劳动保护监督检查委员会工作条例》、《工会小组劳动保护检查员工作条例》，逐步恢复和加强了职工劳动保护工作。

1995年《劳动法》颁布实施后，全局工会组织以全新的精神面貌和工作热情投入到学习贯彻《劳动法》、《工会法》的工作中。一是在罗平基地召开会议传达了云南省总工会“维护职工合法权益工作会议精神”，明确工会维权工作的总体思路，掌握维权的科学方法和成功经验；二是购买下发学习资料，做到全局职工人手一册《劳动法》和《工会法》；三是先后召开35次工会主席会议学习讨论“两法”，派出60多名工会干部参加上级组织的“两法”培训班，干部培训回来后分期分批到职工群众中组织学习宣讲活动；四是充分利用宣传栏、广播，闭路电视、内部报刊等形式宣传“两法”；五是组织全局职工进行《劳动法》的知识考试和知识竞赛。同时，各级工会组织建立健全各级劳动争议调解委员会，全局80%以上的单位都建立了劳动争议调解委员会，由工会主席兼任主任。局工会还积极配合行政参与职工基本情况的摸底调查和劳动合同签订的试点工作。与劳动人事部门和二级单位“三改领导小组”制定了劳动合同的约定条款提交各单位职代会讨论审议。在取得劳动合同签订的试点经验后，11月各级工会积极参与了全局劳动合同的签订、验收工作，12月底，全局劳动合同签订率达95.4%。

2000年以来，工程局各级工会组织在安全生产、劳动保护工作中认真履行“群众监督参与”职能，在代表职工监督安全生产法律法规的落实，维护职工安全健康合法权益和组织发动职工积极参与安全生产活动，预防事故发生方面做了大量工作。

2004年，工程局下发了《关于开展职工安全生产知识普及教育和推广应用“一法三卡”活动的通知》，要求工程局所属各单位、工程局直属项目部，按照《通知》精神，建立开展活动的领导机制和运行制度，为推广应用此项活动提供必要的组织保证和工作保证。在7月的安全大检查中，工程局工会主席作为工程局安全委员会副主任，带领检查组到工程局广东分局、金沙江分局等项目点，对事故预防与控制、安全生产的职责落实、管理机构、管理制度、交通和消防等安全问题进行了认真细致的检查，针对存在的问题提出了整改意见和建议，从而较好地发挥了工会在安全生产和劳动保护工作中监督检查的作用。

为了真正维护职工利益，确实保障职工的身心健康，为职工创造一个安全、规范的工作环境，工程局建立的职业健康安全管理体系，明确规定了工程局工会主席的职责和权限：负责组织开展群众性职业健康安全监督活动和文明施工教育；监督检查劳动保护条例的落实情况；监督女职工劳动职业健康安全权益保障的执行情况；保障职工的劳动权益；参与工伤、职业病的劳动能力鉴定及有关政策的落实。工程局工会《关于确认工程局职业健康安全管理体系员工代表的通知》，明确了工程局各级工会主席为员工代表，负责收集来自员工在职业健康安全管理方面的建议或意见，与各级领导协商和沟通，使工会组织从源头上做到参与、监督、管理。

2005 年，工程局工会按照工程局颁布的职业健康安全与环境管理体系文件所赋予的职责和权力，制定了《工会组织（员工代表）参与协商职业健康安全管理的规定（试行）》，转发了《云南省总工会〈工会劳动法律监督意见书〉和〈工会劳动法律监督建议书〉使用办法（试行）的通知》等文件，定购了《云南省职工劳动权益保障条例》，分发到各基层单位，要求各级工会认真组织贯彻落实，进一步建立健全了工会劳动保护监督检查的规章制度，明确了各级工会组织在安全生产和职业病防护工作中的职责、内容和方法，使工会劳动保护监督检查工作不断深化、细化和量化，有效地维护了职工的安全健康等合法权益。

为了大力推进工程局安全文化建设，工程局工会配合行政安全部门进行定期的安全大检查、对职工进行安全教育、参与重大安全事故的调查处理、做好事故伤残和因工死亡职工遗属的工作，同时，还与工程局质安部共同发起在全局开展“安康杯”竞赛百题知识问答的活动，组织全局 19 个单位 4457 名职工（含部分民工）参加了本次知识竞赛活动。2005 年以来，全局各单位采用不同方式对 3231 名职工和 1052 名协作队伍的员工进行了安全生产相关教育培训，使广大员工的安全生产、劳动保护意识和能力得到不断提高。

2006 年，工程局工会与质安部共同发起在全局开展了以“全面树立以人为本思想、切实加强安全生产教育”为主题的“安康杯”竞赛活动，成立了竞赛领导小组，制订了竞赛实施方案，通过举办各类安全生产知识普及教育和培训等多种渠道开展安全生产教育活动。大理分局大发项目部综合队的竞赛活动扎实有效、成绩突出，荣获中华全国总工会颁发的“全国安康杯竞赛优胜班组”称号。构皮滩项目部成立了农民工技能、安全培训学校，全年开班两期，共有 376 名农民工接受了培训。

四、劳动、技能竞赛活动

1956 年，工程局工会成立后，在职工中组织开展了先进生产者活动，以确保以礼河电站“七一”顺利开工。最初，此活动仅仅局限在职工与职工之间、班组与班组之间开展。随着活动的不断发展，运动范围扩大到局内部各单位之间，涌现出先进单位 157 个，先进个人 3394 人次。职工群众共提出合理化建议 366 件，采纳了 216 件，为国家节约经费 48.26 万元，保证了年度计划的顺利完成。

1956 年二季度，工程局工会在职工群众中组织开展合理化建议活动，召开了合理化建议者代表会议。从 1956 年三季度到 1957 年三季度，工程局工会大力开展技术革新、技术革命、群众性的技术文化学习，工程局共学习推广 107 条先进经验，试验和推广 12 种新技术，对解决施工关键问题，扭转生产落后状况起到了一定作用。

1958 年，工程局工会组织开展了各种劳动竞赛和合理化建议，促进了电站的施工生产。工程局评选表彰年度先进生产者121人，出席省级先进生产者39人，市级先进生产者167人。职工提出的合理化建议达7.68件，完成1.59万件。

1959年，工程局第三届职代会提出了“打擂比武”，组织开展了“一人多能”、“一机多用”、“精一门会三门”的劳动竞赛。在代表大会上，摆设了隧洞开挖、修配制造、挖掘潜力提高工效、机械运转、安全生产和生活卫生六个擂台。同时，在各单位之间签订了社会主义革命友谊竞赛合同，掀起了一场大搞技术革新、挖掘劳动潜力、提高设备利用率及节约粮食的竞赛活动。

1960年，为确保以礼河毛家村大坝防洪度汛，工程局在全局组织开展了以技术大比武、竞赛大评比、标兵大选拔、经验大开花、生产大结果为主要内容的群众性大会战。竞赛活动形式多样，将生产与技术革新密切结合起来，职工提出革新建议16041件，实现3886件，已采用推广的重大革新355件。全局评选了先进班组282个，先进个人10266名，其中省级先进单位8个，先进个人17名，市级先进单位282个，先进个人339名。

1962年，工程局工会广泛深入地开展了以增收节约为中心的劳动竞赛，以确保全面完成国家计划。

中共十一届三中全会以后，工程局的工会工作进入了一个新的历史时期。

1980年，工程局工会组织开展了“增收节支、增产节约”的劳动竞赛。1984年，在鲁布革水电站引水隧洞工程招标中，日本大成公司低价中标，在全局上下引起了极大震动。在“为国争光、为十四局争气”的口号激励下，全局职工团结一心，顽强拼搏，社会主义劳动竞赛蓬勃开展。通过竞赛，确保了工程按期截流，首部和厂房工程进度提前，第一台机组提前108天投产发电。同时，工程局工会在云南漫湾水电站、中屯水库和腊庄水电站、广州抽水蓄能电站、福建南一水库等工程都组织了劳动竞赛，收到了良好效果。

1985年，工程局发动广大职工群众合理化建议活动，并成立了水电十四局职工技术协作委员会。此后，开展了一系列活动，为鲁布革水电站及西洱河三级电站建设作出了应有的贡献。

1986年，组织开展了“学赶先进、为四化立功”的劳动竞赛，在鲁布革水电站表彰了14个先进集体、50个先进班组和326名先进生产（工作）者。

1987年，工程局工会组织开展了以生产建设为中心，双增双节（增产节约、增收节支）为内容的劳动竞赛和立功创模活动，调动了广大职工的生产积极性和创造性，提高了经济效益，促进了群众性的合理化建议活动。工程局工会共表彰“双增双节”先进集体251个、先进生产（工作）者1702名，获省级先进班组称号1项、省级技术革新奖1项。

1990年，工程局工会认真学习贯彻中华全国总工会《关于动员广大职工群众提合理化建议和发明创造活动的决议》，在广大职工群众中开展双增双节为主要内容的合理化建议和发明创造活动。工程局在合理化建议活动中，共收到建议801条，采纳386条，取得经济效益382.52万元。

1992年4月，《工会法》正式颁布，给各级工会组织注入了生机和活力，进一步激励了广大职工的工作热情和生产积极性，共提出合理化建议1342件，采纳442件，创造价值1072万元。

1993 年，工程局党委制定了《中共水电十四局委员会关于加强和改善对工会工作领导的若干规定》。工程局各级工会热情高涨，深入职工群众中共收集到合理化建议 398 条。

1996 年，工程局工会结合生产经营实际，向广大职工发出了“学先进、比贡献、创一流、争效益，为实现九五计划和 2010 年远景目标而奋斗”的号召书，积极开展“比学赶帮”劳动竞赛和立功创模活动，与大朝山分局联合表彰了大朝山电站导流洞施工中涌现出来的功臣和模范。

1992～1998 年，全局各级工会组织协同项目部积极组织广大职工开展各种形式的劳动竞赛，激发了职工的积极性和创造力，提高了劳动生产率和经济效益。据不完全统计，6 年来，全局共表彰电站建设功臣和先进工作者 1602 人、先进集体 122 个，其中部分同志和单位还受到地方政府和建设单位的表彰。

2001 年，工程局工会按照企业“开拓市场、强化管理”的要求，结合工程局实际在职工群众中组织开展了计算机知识普及、应用和学习培训工作，配合行政做好文明施工的宣传教育，促进职工树立良好的工艺作风，努力创造文明施工环境，促进全局生产经营计划的实现。同时，工程局工会将做好下岗女职工的再就业培训工作作为重点，教育广大女职工充分认识学知识、学技能的重要性和紧迫感，不断提高下岗女职工再就业的本领。组织开展以“岗位创新、学习成才、姐妹献爱心和创建文明家庭”为主要内容的“女职工双文明建功立业”竞赛活动。

2005 年 9 月，工程局工会选拔组织了 4 名焊工代表工程局参加了中国水电集团公司在水电七局组织的全系统焊工比赛。广东分局、水布垭分局在职工中广泛开展了诸如“我为分局献一计”、“创优质、创高效、保安全”等劳动竞赛。工程局路桥总公司成立了以党委副书记、工会主席为组长的“职工经济技术创新工程”领导小组，彭水项目部成立专门考核小组对 2004 届大中专毕业生的师带徒活动进行了考核等。据不完全统计，全局共组织岗位练兵 4 次，参加人数达 425 人；21 名职工参加了各种技能比武；技术创新立项 2 项，创造效益 20 万元。

2006 年，工程局成立了“职工经济技术创新工程领导小组”、“职业技能竞赛委员会”等机构，通过开展形式多样的劳动竞赛、岗位练兵、“师带徒”等活动，不断推进企业自主创新和职工经济技术创新活动。同年 12 月 22 日，由工程局承办的“大型水轮机安装工”、“大型水轮发电机安装工”技术技能大赛决赛在小湾水电站施工现场隆重开幕，从而开启了企业发展与职工成长进步相结合的“快车道”。两个工种决赛中胜出的 20 名职工获得高级技师或技师的国家职业资格等级证书。

在组织开展劳动竞赛和职工经济技术创新活动中，工程局涌现出一批职工经济技术创新的先进集体和优秀个人。2003 年，工程局荣获“全国五一劳动奖状”，工程局曲靖分局、安装总公司分别荣获“云南省五一劳动奖状”；“三峡地下电站主厂房大断面顶拱开挖成型质量控制操作法”荣获“云南省职工十佳先进操作法”，“职工经济技术创新活动成果展”获得云南省政府“优秀组织奖”、“最佳展位奖”。1 人荣获全国劳动模范称号；1 人荣荣获“全国五一劳动奖章”；5 人荣获云南省十八届劳动模范称号；1 人荣获“云岭优秀职工”称号；4 人荣获“云南省五一劳动奖章”；2 个集体荣获“云南省工人先锋号”称号；

1 人荣获全国总工会、三峡总公司“优秀建设者”称号；1 人荣获“云南省职工十佳能工巧匠”称号；1 人荣获“云南省十佳农民工”称号；1 人荣获“中国水电集团公司劳模”称号；6 人荣获“中国水电集团公司先进工作者”称号；1 个集体荣获国务院国资委颁发的“中央企业学习型红旗班组”称号；2 个集体获中国能源化学工会“全国电力行业优秀班组”称号，2 人获“全国电力行业优秀班组长”称号。

2003 年 3 月，工程局第十四届二次职代会隆重表彰 14 名工程局第一届劳动模范、14 名先进生产（工作）者；2005 年 2 月，工程局第十四届四次职代会隆重表彰了 14 名工程局第二届劳动模范、28 名先进生产（工作）者。

五、女工工作

1956 年，工程局工会加强女工工作，监督行政为女职工设立卫生室、哺乳室，对怀孕 7 个月的女职工安排轻便工作，严格禁止女职工加班加点。提出了建立“五好家庭”的目标，即团结互助好、家庭生活安排好、教育子女好、自己学习好、帮助和鼓励亲人生产学习好。工程局工会积极协助行政办好职工托儿所和子弟学校，在职工家属中组织开展扫盲工作。

其后，组织女工干部和女职工参加“政治学习”，根据女职工的特殊情况和需要，做好“四期”（怀孕期、生产期、哺乳期、月经期）的保健工作和幼托工作。

1985 年 11 月，工程局工会认真学习贯彻全总《基层工会女工工作委员会条例》，加强了女工工作的领导，在动员女职工积极参加各项改革，维护女职工合法权益，关心女职工特殊利益，组织动员广大女职工为四化建设贡献力量等方面发挥了积极作用。

1993 年 2 月 11 日，经工程局工会五届二次扩大会讨论同意，增补工程局工会委员 3 名，以联合制（代表制）形式建立了工程局女工委员会。

1995 年，工程局工会组织学习贯彻《女职工权益保障法》、《女职工及未成年工的特殊保护规定》，根据上级组织有关开展女职工委员会、女职工竞赛的文件和通知精神，组织开展了全局女职工争先创优评比活动，各级女工委员会组建率达 100%，组织了 300 余人参加的五期女职工培训班，评选推荐全国先进女职工 1 人、省级先进女职工 3 人和先进集体 1 个、局级先进女职工 56 人、先进女职工工作者 6 人、先进集体 10 个。

1995 年以来，全局各级工会组织在职工家庭中广泛开展了创建“五好文明家庭”的活动，并编写了创建“五好文明家庭”的普及读本。1995～1997 年，工程局工会连续开展了“五好文明家庭”的评比表彰活动。

1999 年 6 月，为全面了解和掌握全局下岗女职工再就业现状及存在的主要问题，进一步做好下岗女职工再就业工作，工程局工会召开了女职工工作会议。

2001 年，为进一步推进“五好文明家庭”的创建活动，建立健康和睦的家庭，维护职工队伍的稳定，促进企业精神文明建设，工程局工会组织开展了“五好文明家庭”评选表彰活动，女职工何乔香的家庭荣获“云南省五好文明家庭标兵”称号。

2003 年，工程局工会在女职工建设中，要求女职工 25 人以上的单位必须建立女职工委员会，不足 25 人的设立 1 名女工委员。继续在全局职工中开展了“五好文明家庭”、“文明小区”、“文明楼栋”的评选表彰活动，全局共评出“五好文明家庭”126 户、“文明小区”4个、“文明楼栋”6个，并对评选出的先进给予了表彰和奖励。

2004年，工程局工会制定并下发了《工会女职工工作要点》，要求加强工会女工委员会的组织建设，不断增强女工组织的凝聚力；把学习和更新知识、树立终身学习的意识作为提高女职工素质的重要途径，促进女工全面进步和发展；把办实事、办好事作为重点工作抓紧抓好，确实代表和维护好女职工的合法权益。工程局工会还组织全局女职工开展了“女职工权益保障法律法规知识竞赛”，以推动女职工权益法律法规知识的学习普及，进一步增强工会干部和职工的法律意识。同时，继续组织开展了“五好文明家庭”、“文明小区”、“文明楼栋”的评选表彰。工程局曲靖分局推土机女工汪同芬荣获云南省“三八”红旗手和全国“三八”红旗手；工程局安装公司电焊女工郭治华被云南省总工会评为“先进女职工”；广西龙滩水电站1478联营体工会女职工委员会被云南省总工会评为“先进女职工集体”。

2005年，工程局工会转发了《关于进一步加强能源化学工会系统工会女职工组织建设的意见》，组织开展了学习贯彻省总工会女职工委员会三届二次会议精神的活动，以进一步夯实女工组织建设基础，深入实施“女职工建功立业工程”和“女职工素质提升工程”，加大为女职工维权服务的力度。为保护女职工身心健康，预防妇科疾病，提高女职工健康水平，工程局下发了《关于开展女职工妇科疾病检查工作的通知》，要求局属各单位每两年必须对女职工进行一次全面的妇科疾病检查。当年全局完成了3000多名女职工妇检（其中包含1241名下待岗女职工）工作。

2006年，工程局工会组织女职工参加了云南省总工会的“女性安康团体重大疾病保险”，还组织了旨在大力宣传女职工勤奋工作先进事迹的“成功之路”女职工演讲比赛，选派11名专兼职女工干部参加了全省工会女职工干部培训班的学习。龙滩水电站1478联营体女工委荣获“全国能源化学系统先进女职工委员会”称号，工会女工干部史同玲荣获“全国能源化学系统先进女职工工作者”称号。西霞院项目部荣获云南省“五一巾帼标兵岗”称号，科研院女职工宋文碧荣获“云南省五一巾帼建功标兵”称号。

六、文化体育活动

工程局工会建立以来，为了丰富职工文化生活，增强职工的身心健康，工程局工会积极组织开展群众性的文化体育活动，工程局所属各级工会动员职工踊跃参加，活跃了职工业余文化体育活动。

1956年和1957年，工程局共成立了28支职工业余文艺演出队，拥有积极分子1800余人，组织和发动职工创作了300多个文娱节目、5万余篇诗歌。工程局工会还分别组建了花灯团、滇剧团、京剧团等文艺团体。这些文艺团体深入工地为职工巡回演出，受到广大职工的好评。各级工会还建立了图书室、流动图书箱等，以不断满足工地职工文化生活的需要。

从1956年开始，工程局投入资金建立了27个篮球场，购买乒乓球桌15张，成立了电影队，保证职工每周都能看上电影。

1981年，工程局工会组织了第一届“云水杯”男女篮球运动会，参赛运动员达140多人。

1983年，工程局工会组建局男女篮球代表队，参加水电建设总局西南片区篮球赛，男子代表队夺得片区赛第一名，女子代表队夺得片区赛第二名。男女代表队均出线参加了水电建设总局在山东德州举行的决赛，女子代表队荣获第二名。

1984年，工程局工会在鲁布革工地组织职工文艺会演，同时组织了工程局业余职工文艺演出队，参加水电总局在水电十三局举行的文艺调演。工程局创办了全局职工的文学刊物《银河》、《繁星》和《洱海浪花》，举办了第二届“云水杯”篮球赛、乒乓球赛。组建男女乒乓球代表队参加水电总局的西南片区赛，男子代表队获得第一名，参加了水电总局组织的决赛。

1985年7月，在工程局曲靖基地组织开展了全局乒乓球运动会；同年10月，在工程局修造厂举办了全局围棋邀请赛。

1988年7月，在工程局修造厂举办了第三届“云水杯”乒乓球运动会。

1991年5月，工程局工会组织文艺演出队，参加云南省电视台组织的“五一欢歌”专题文艺晚会。同年10月，工程局工会又组队参加云南省电视台举办的“七一颂”专题文艺晚会。

1993年，局工会根据全国水利电力工会的要求，在全局范围选拔优秀歌手，参加全国电力系统民歌演唱赛，在电力部推荐的5名优秀歌手中，工程局有1名歌手入选中央电视台参加民歌比赛。

1996年5月和12月，工程局工会先后举办了“五一”杯中国象棋、围棋比赛、“迎新年卡拉OK大赛”，受到广大职工的欢迎。

1999年5月，工程局工会成立了工程局职工体育协会，推动了全局职工体育活动的开展。2003年，工程局工会举办了全局第三届职工卡拉OK比赛。2004年，在工程局建局50周年庆典活动中，工会积极组织和参与各类活动。局工会组织的60人合唱队和24名在职年轻职工组成的舞蹈队，在建局50周年文艺晚会上进行了精彩表演。工程局工会还举办了“水电十四局职工卡拉OK大赛暨云内动力杯选拔赛”，并选派了5名歌手参加“全国职工歌手大赛云南选拔赛区”的比赛，获得了较好的成绩。

2005年国庆前夕，围绕工程局的中心工作，激励水电十四局职工更好地建设好长江三峡后续工程，工程局工会多方协调、积极组织，促成了云南省总工会与水电十四局共同组成国庆慰问团，在云南省政府领导、云南省总工会领导和工程局领导的带领下，赴三峡工地对广大水电建设者进行了慰问。这次慰问活动，深受三峡总公司和广大水电建设者的欢迎和称赞。

2006年春节前夕，受工程局党政领导的委托，工程局工会组织慰问组及文艺演出小分队到糯扎渡、锦屏、彭水、银盘等施工工地慰问，受到了一线职工的欢迎。另外，工程局工会还牵头举办了“水电十四局职工摄影书画作品展”，组队参加了2006年云南省职工乒乓球比赛。

七、困难职工生活救助

由于历史和现实等各方面原因，水电施工企业部分职工生活比较困难。因此，关心职工生活，做好解困工作，成了工会维护职工利益、维护企业稳定的一项重要工作。工程局各级工会组织在帮助困难职工方面做了大量工作。

1996 年，工程局工会先后两次对职工生活状况进行了调查。根据调查情况，一次性给予 88 名困难职工实物或现款的生活补助，折合人民币 16.18 万元。建立职工互助储金会 11 个，协助行政办好职工食堂，改善职工居住条件，坚持节假日对伤病员的慰问，切实帮助职工解决生活困难。元旦、春节期间，由工程局党、政、工领导带队的 4 个慰问组，分别对昆明、大理、曲靖片的职工进行了慰问。共慰问离退休干部职工、特困户、伤残病职工、工亡遗属等 600 余户，扶贫帮困资金达 15 万余元。工程局工会组织进行了全局特困职工家庭调查，掌握了特困职工家庭的情况，研究分析了形成特困职工家庭的原因及解困的措施，各单位建立了特困职工家庭档案，在工程局工会建立了“解困基金”。

1997 年 6 月，工程局成立了扶贫解困领导小组，工程局工会下发了《关于维护职工队伍和社会稳定的通知》，要求各级工会组织工作加强维护职工队伍和社会稳定工作的领导，建立困难职工的定期走访制度，全面了解和掌握困难职工和下岗职工的生活、思想情况，对生活确有困难的职工及时给予帮助。发现问题及时做好疏导工作，建立信息定期报告制度。

2001 年，工程局工会转发了云南省总工会《关于抓紧做好特困职工最低生活保障工作的通知》，进一步强化特困职工档案管理工作，对特困职工做到底数清、情况明，积极主动向地方民政门提供特困职工的相关资料，使符合低保条件的特困职工尽快得到城市最低生活保障。

2004 年元旦、春节期间，在省总工会和工程局党政工的大力支持下，由党、政、工领导带队组成 3 个慰问小组，分别对曲靖、大理、昆明三片困难职工进行了走访慰问，共慰问困难职工 1347 户，发放慰问金 26.08 万元；慰问离退休人员 12 515 名，发放慰问金 154.06 万元；全国劳模“三金”慰问，发放慰问金 2.1 万元；省部级困难劳模慰问，发放慰问金 4.58 万元。同时，工程局工会坚持对突遇天灾人祸、身患绝症等的特殊困难职工和离退休人员给予及时的救助，全年共对 33 户特殊困难职工发放救助款 6.15 万元；积极实施“寒窗助学”，全年共对 29 名学子给予资助，发放资助款 3.5 万元。全局全年累计享受低保的人员为 5081 户、11367 人次，累计发放低保金 336.77 万元。

2005 年，在工程局党政班子的领导下，各级工会组织满腔热情地为职工群众做好事、办实事、解难事，以扎实有效的工作，及时地把党、政府以及企业的温暖送到广大职工的心坎上。一是工程局工会根据实际情况，预拨了一定的帮扶专项资金给后方基层工会。二是做好“寒窗助学”活动。工程局工会制定实施了《“寒窗助学活动”暂行办法》，全年共资助 47 名学子踏上求学之路，资助总金额达 7.6 万元。三是坚持对困难劳模、困难职工和困难退休人员进行走访慰问。元旦、春节期间，全局共筹集资金 165 万元，由工程局党、政、工领导带队分别对曲靖、大理、昆明三片的困难职工和困难退休人员进行了走访慰问，还慰问了全国劳模，发放慰问金 2.45 万元。国庆节期间，又慰问了省部级困难劳模 19 人，发放慰问金 4.95 万元。同时，坚持对突遇天灾人祸、身患绝症等等特殊困难职工给予及时的救助。教授级高级工程师刘元岐，因退休早、工资低又患肾衰竭、腮腺导管癌等重病而陷入困难之中，工程局工会积极配合工程局党政向云南省委、省政府领导写报告反映情况，帮助他解决治疗过程中遇到的各种困难。

2006年元旦、春节期间，工程局共筹集资金180余万元，由工程局党、政、工领导带队组成了三个慰问小组，分别对昆明、曲靖、大理片区的1281名困难职工和全局离退休人员、工亡遗属进行了慰问。此外，还慰问了全国劳模及其遗属7户，发放慰问金4.63万元。国庆节期间，慰问省部级困难劳模13户，发放慰问金5.55万元。在日常工作中，各级工会组织则代表企业对困难职工、困难劳模及突遇天灾人祸、身患绝症等特殊困难的职工给予经常性的及时救助，共发放补助金5.6万元。工程局工会制定并实施了《"寒窗助学活动"暂行办法》，举行了"寒窗助学资助仪式"，对全局63名困难职工家庭子女给予了助学资助，资助金额达9.45万元。

为了贯彻落实中国水电集团公司关于工会组织要"在促进职工共享企业发展成果上发挥积极作用，做好困难职工帮扶工作，形成长效机制，不断实现好、维护好、发展好职工群众的根本利益，积极推动企业发展和职工发展相统一"的精神，工程局工会积极发出倡议，在全局范围内组织开展了"关爱困难职工、构建和谐企业"的捐助活动，广泛筹集困难职工救助金，以设立困难职工救助金，成立困难职工帮扶中心，建立一个向困难职工献爱心的活动平台，形成全局困难职工帮扶工作的长效机制。工程局党政领导带头为困难职工捐款，由此拉开了全局帮扶困难职工捐赠救助金的序幕。发出倡议的当天，工程局工会就收到捐款7.29万元。

中共中央、国务院制定了一系列保障农民工权益和改善农民工就业环境的政策措施。为此，工程局工会下发了《关于认真学习贯彻中央领导同志重要批示精神，切实做好农民工合法权益维护工作的紧急通知》，积极配合行政开展相关工作。

八、厂务公开

1999年，根据中央纪律检查委员会、国家经济贸易委员会、全国总工会《关于推行厂务公开制度的通知》和云南省纪律检查委员会的相关要求，工程局成立了以工程局党委书记为组长，工程局局长、工程局纪委书记、工程局常务副局长、工程局工会主席为副组长，由工程局有关部门负责人组成的工程局厂务公开工作领导小组，在全局组织开展厂务公开民主管理工作。

2000年1月，工程局第十三届职工代表大会审议通过了《建立厂务公开制度的实施办法》、《水电十四局项目部建立厂务公开制度实施细则》等文件，使全局职工厂务公开民主管理工作做到有形式、有内容、有效果，使公开内容不断向生产经营管理的重点领域延伸，公开范围不断向广大员工延伸，公开层次不断向班组延伸。

2003年，工程局厂务公开领导小组下发了《关于进一步深入推进厂务公开工作意见》，坚持把厂务公开工作作为党风廉政建设的一项重要内容，与项目管理工作、效能监察有机地结合起来，并纳入到目标责任制的考核中，将厂务公开的实施情况作为考核各级领导班子和成员的重要依据，与奖惩任免挂钩，使工程局的厂务公开工作有了进一步的深入和加强，全局的厂务公开工作逐步走向规范化、具体化和实质化。工程局工会负责收集整理相关资抖，每季度编辑《厂务公开简讯》，向全局广大职工通报工程局的生产经营情况、投标及中标情况、设备采购情况、职工教育情况、各项保险收缴情况，为工程局的改革、发展出谋献计，为企业分忧解难，促进工程局健康向前发展。

2004年，为总结经验、找出厂务公开民主管理工作的薄弱环节，工程局工会组织开展了各级工会组织的厂务公开民主管理自检自查工作。昆华实业公司工会获得云南省厂务公开“先进集体”称号，曲靖分局工会副主席朱自明获得云南省厂务公开“先进个人”称号。

2006年底，工程局工会组织开展了厂务公开民主管理工作调研检查。

第四节　经　费　管　理

工程局工会成立之初，就非常重视工会经费的管理工作。在7个单位建立了财务委员会和经费审查委员会，建立了账表实行预决算制度，每季度对各基层工会的财务收支情况进行一次检查。各基层工会每月向职工报告一次，听取职工意见，接受职工的监督。云南水力发电工程局工会第一届员会代表大会工作召开时，选举产生了由5位委员组成的经费审查委员会。

工程局各级党政领导对工会工作都非常关心和支持，均做到了按时足额拨交工会经费，并根据工作的实际情况，为工会提供相应的办公设备和条件。广大工会会员按时足额上交会费。工程局工会均按照工会财务会计规章制度，独立设立了银行账户。各级工会组织始终按照“勤俭节约、统筹兼顾、量入为出、收支平衡”的原则，将有限的经费用于关心职工生活、维护职工权益和开展各种活动上，努力为职工群众办实事、做好事，做到了账证相符、账表统一。

1990年，工程局工会对工会财务系统的5个先进集体、9名先进个人和8名工会统计先进个人进行了表彰。

1998年3月，工程局工会组织开展了全局各级工会的清产核资工作，以加强工会资产管理，掌握全局工会资产状况，建立健全工会固定资产的账、卡、物的管理制度。

2001年，工程局工会组织开展了全局工会财务工作大检查，以进一步贯彻落实《会计法》，强化依法治会、依法理财的意识，全面加强财务管理，规范工会财务基础工作，加强工会财务管理工作。

2005年，为了加强工会经费收缴工作，按照《工会法》和上级工会的财务会计规章制度收好、管好、用好本级经费，经工程局工会经费审查委员会第三次全体委员会讨论，成立了工程局工会第六届经费审查委员会，由工程局副总会计师兼任工会经费审查委员会主任，将工程局每年的财务审计与工会经费审计合而为一，同计划、同安排、同实施，既保证了工会经费审计的制度化规范化，又增加了权威性有效性。这种做法取得了良好效果，受到云南省总工会的充分肯定和积极推广。工程局工会经费审查委员会成立后，积极开展工作，对局属16家二级单位工会经费进行了审计，从而严格了工会财务制度，保证了工会经费的足额上缴和合理使用，促进了工会财务管理工作的规范化、制度化。

2006年，在工程局党政领导的关心和支持下，全局各基层单位均能按时足额上交工会经费，工程局工会较好地完成了省总工会的经费预算考核数。工程局工会作为省总工会财务互助活动的组长单位，全年组织了两次互助活动，加强了财务人员的学习交流。经费审查委员会按照计划，先后对局属12家二级单位和项目部的工会经费进行了审计，从而严格了工会财务制度，保证了工会经费的足额上交和合理使用。2006年，云南省总工会对工程局工会财务进行了审计，对工程局工会的财务工作给予了较高评价。工程局工会还召开了工会财务会议，对工会财务管理、会计核算、资产管理人员进行了培训。

第五节 职工代表大会

1954年，工程局成立后就开始酝酿职工代表大会召开的有关工作，制订出召开职代会的工作计划。为确保第一次职工代表大会顺利召开，成立了临时党支部，对职工代表大会的相关问题进行了探讨和准备。

1957年2月25～28日，工程局第一届职工代表大会在云南会泽以礼河工地隆重召开，413名职工代表出席会议。会议的中心议题是：认真贯彻中共八大精神，为完成增产节约任务而顽强拼搏。大会审议通过了李天柱局长所作的题为“继续深入开展先进生产者运动，贯彻以作业计划为中心的计划管理，为保证完成增产节约任务而奋斗”的工作报告。从此，工程局开始实施党委领导下的职工代表大会制度。

1958年7月4～9日，工程局第二届职工代表大会第一次会议在云南会泽以礼河召开。出席会议的职工代表共339人，列席代表46人，先进思想生产者188人。会议号召广大职工群众鼓足干劲，积极投入到技术革命竞赛中去，为加快电站建设作出贡献。

1959年2月19日，工程局召开第三届第一次职工代表大会。会议认真贯彻中共中央和国务院“关于干部参加体力劳动”的指示精神，根据电站建设状况，提出将管理范围从生活、财务、安全、计划等方面扩大到技术、质量方面去，进一步改善干群关系，使管理工作既有民主又有集中，更加有利于促进生产的发展。

1959年6月21～28日，工程局召开第三届二次职工代表会议。出席大会的职工代表397人，先进生产者代表164人。会议的中心议题是：贯彻云南省委指示，加强企业管理，提高劳动生产率，积极掀起以技术革新和技术革命为中心的增产节约运动。在这次职代会上，职工代表积极参政议政，提出728条提案，促进了工程局的各项工作。

1959年12月24～28日，工程局第三届三次职代会在云南会泽以礼河召开，共有397名职工代表、先进生产者164人参加了会议。会议的主要议题是：贯彻落实中共八届八中全会精神，总结工作经验，明确奋斗目标，表彰先进集体和优秀个人，组织开展劳动竞赛。

1960年6月，工程局召开第四届职工代表大会，动员以技术革新和技术革命为主要内容的“大会战”。

1961年10月16～20日，工程局第五届一次职工代表大会在云南会泽以礼河召开，出席大会的代表共492人。大会总结了1年来的工作，肯定成绩，总结经验，认真学习了《国营工业企业工作条例（草案）》，明确了改进工作的方向，调动了广大职工的生产积极性。

1962年11月23日，工程局召开第六届职工代表大会。大会共收到职工代表提案1753条，按其内容，这些提案分为生产管理、生活福利、干部管理和干部作风、思想政治工作4个部分。大会对提案进行了反复讨论研究，提出了审查意见并通过了提案审查报告。

1963年9月10～26日，工程局召开第七届职工代表大会，共有代表1425人出席了会议。会议的中心议题是：发动群众深入开展批评与自我批评，进行阶级教育，进一步明确工人阶级在社会主义建设中的地位和责任，组织和发动全体职工投入到增产节约运动中去，争做雷锋式的“五好”工人。

1965年9月23日～10月6日，云南水力发电建设公司第八届职工代表大会在云南会泽以礼河召开，出席大会的代表共672人。会议的中心议题是：突出政治，巩固、发展“四清运动”成果，努力把公司建成大庆式企业。大会讨论通过了《云南水力发电建设公司职工代表大会试行办法（草案）》。

“文化大革命”十年，工程局职工代表大会工作处于瘫痪状态。

1984年5月25～30日，工程局第九届职工代表大会在云南鲁布革水电站工地召开，出席代表234人。大会确定了全局经济工作指导思想，提出进一步加强企业民主管理，建立健全职工代表大会制度。大会听取了局长王开弼所作的行政工作报告，审议通过了《水电十四局职工劳动规则》、《水电十四局职工代表大会暂行条例实施细则（草案）》。大会号召全局职工积极行动起来，为确保鲁布革水电站提前截流、西洱河三级水电站发电作出贡献。

1989年9月19～22日，工程局第十届职工代表大会在昆明召开，出席大会的代表共219人。大会审议通过了工程局行政工作报告、1984～1988年财务工作报告、职工提案审查报告及《水电十四局职工代表大会实施细则》。大会选举了企业管理委员会委员15人、生产经营管理工作委员会委员21人、评议监督干部委员会委员18人。

1993年9月11～15日，工程局第十一届职工代表大会在昆明召开。出席这次大会的正式代表183人，特邀代表15人，列席代表22人。云南省人大主任尹俊、云南省总工会主席施义出席大会开幕式并作重要讲话，云南省原省委副书记高治国在会议结束时到会看望了全体代表。大会讨论通过了孙启林局长所作的行政工作报告，工程局党委关于调整十年规划经济发展目标的建议，工程局加快转换企业经营机制和三项制度改革的方案、加快多种经营发展的目标和措施、关于1989～1992年财务决算的报告，以及工程局第十一届职代会工作报告。

1998年1月19～23日，工程局在昆明水电疗养院召开第十二次职代会、第六次工代会暨1998年工作会。出席这次大会的正式代表共144人。大会的指导思想是：高举邓小平理论伟大旗帜，深入学习贯彻中共十五大精神，紧紧围绕工程局改革发展和稳定的大局，进一步落实全心全意依靠工人阶级的方针，团结动员全局职工，同心同德、艰苦奋斗，为企业的改革发展建功立业，为实现局第六次党代表大会提出的在2000年初步建立工程局现代企业制度而奋斗。会议审议通过了工程局行政报告、1997年财务决算和1998年财务预算报告，审议签订了工程局第一轮“集体劳动合同”，并进行了领导干部民主评议。

1999年，水电总公司对工程局党政班子进行了考核换届，直至7月才组建新一届工程局党政领导班子，工程局职代会不能按期召开。工程局工会组织召开了四次职代会团组长联席会议，协商处理了《关于调整岗位工资的方案》、《关于下岗职工基本生活保障和再就业工作的实施办法》、《关于下岗职工分流安置若干问题的补充通知》、《关于对全局职工和离退休人员收入进行调整的通知》等涉及职工切身利益的重大问题。

2000年1月24～27日，工程局在昆明召开第十三届职代会暨2000年工作会议。这次会议的主要任务是：深入学习贯彻中共十五届四中全会和《中共中央关于国有企业改革和发展重大问题的决定》精神，总结工程局改革发展的历史经验，团结动员广大职工全面推动工程局管理体制改革，为工程局在新世纪的发展开好头、起好步。会议审议通过了工程局行政工作报告、1999年财务决算和2000年财务预算报告、2000～2003年工程局改革发展目标、深化内部管理体制改革方案及相关配套文件，以及建立厂务公开制度的若干办法等，并民主评议了领导干部。

2001年，工程局主要领导工作变动，没有召开职代会。工程局工会组织召开了3次职代会团组长联席会议，协商通过了涉及工程局经营管理和职工切身利益的《水电十四局清理、规范劳动关系实施方案》、《水电十四局调整工资标准、理顺工资结构的意见》、《水电十四局项目经理管理办法》等文件和决定。

2002年2月25～27日，工程局在昆明召开第十四届职代会暨2002年工作会，共有119名正式代表出席了会议。这次大会的主要任务是，以“三个代表”重要思想和中央十五届六中全会精神为指导，贯彻落实全心全意依靠工人阶级的方针，总结工程局第十三届职代会以来的工作成绩，部署工程局今后4年的奋斗目标及全年的工作任务，动员全局广大职工团结奋斗，开拓进取，确保全局经济的持续、稳步、健康发展。会议审议通过了工程局行政工作报告、财务决算和预算报告、审计工作情况报告、工程局2002～2005年企业经营目标、工程局2001年职工工资调整实施方案、《水电十四局集体合同》（草案）、关于厂务公开工作情况的报告等，并民主评议了局级领导干部，企业方代表与职工方代表签订了第二轮“集体合同”。

2003年3月12～14日，工程局在昆明召开第十四届二次职代会。这次会议的主要任务是：深入贯彻落实中共十六大和集团公司工作会议精神，分析形势，统一思想，与时俱进，应时而动，促进企业高素质发展。会议审议通过了工程局行政工作报告、财务决算和2003年财务预算报告、审计工作情况报告、业务招待费使用情况报告等，并民主评议了局级领导干部，表彰了14名工程局第一届劳动模范、14名先进生产（工作）者。职代会闭会期间，工程局工会召开了职代会团组长联席会议，审议了《水电十四局内部劳务管理办法修订意见》、《水电十四局企业补充医疗保险试行办法》和《水电十四局昆明四城区离休干部实施住房补贴方案》。

2004年3月2～4日，工程局在昆明召开第十四届三次职代会暨2004年工作会，共有110名代表出席了会议。这次大会的主要任务是：高举邓小平理论和“三个代表”重要思想伟大旗帜，深入学习贯彻中共十六大和十六届三中全会精神，紧紧围绕企业加快发展这个主题和创新、增效这根主线，团结动员全局干部职工积极开拓国内外市场，狠抓企业内部管理，为精干壮大主业、放手搞活辅业、增强竞争实力而共同奋斗。会议审议通过了工程局行政工作报告、主辅分离和改制分流工作方案、财务决算和预算报告、审计工作情况报告、业务招待费使用情况报告、并民主评议了领导干部。职代会闭会期间，工程局工会组织召开了职代会团组长联席会议，审议了《待下岗职工重新上岗的暂行办法》和《关于工程项目部和二级单位年终效益分配的暂行规定》。

2005 年 2 月 25～27 日，工程局在昆明召开第十四届四次职代会暨 2005 年工作会，共有 111 名代表出席了会议。这次会议的主要任务是：认真学习贯彻中央经济工作会议和中央企业负责人会议精神，以中国水电集团公司 2005 年工作会议精神为指导，分析新形势，研究新任务，深化改革、创新机制、强化管理，推进企业协调、快速、可持续发展。会议审议通过了工程局行政工作报告、职代会提案报告、财务决算和预算报告、审计工作情况报告、业务招待费使用情况报告等，表彰了 14 名工程局第二届劳动模范、28 名先进生产（工作）者，并民主评议了领导干部。

2006 年 5 月 14～18 日，工程局第十五届一次职代会在昆明召开，共有 113 名代表出席了会议。这次会议的主要任务是：学习贯彻中央经济工作会议和集团公司 2006 年工作会议精神，全面总结工程局 4 年来取得的成绩和经验，深入分析工程局当前和“十一五”期间面临的新形势和新任务，部署今后 5 年企业发展的总体目标，明确 2006 年工作思路、奋斗目标和工作重点，提高认识、继往开来，努力开创工程局改革发展的新局面。会议审议通过了工程局行政工作报告、工程局本届领导班子任期目标、财务决算和预算报告、业务招待费使用情况报告、新一轮“集体合同”、工程局第十四届职代会工作情况的报告等，并民主评议了领导干部。会上，企业方代表与职工方代表签订了第三轮“集体合同”。

第三章　共　青　团

第一节　组　织　机　构

1952 年 2 月，中国新民主主义青年团云南水力发电工程局总支委员会成立。1955 年 6 月 23 日，经中国新民主主义青年团云南省委批准，正式了成立中国新民主主义青年团云南水力发电工程局委员会，李立东主持团委工作。工程局团委下设组织部、宣传部，全局有 4 个团总支、3 个团支部。

20 世纪 50 年代，先后担任过局团委书记的有：杨东方，先后担任过局团委副书记的有：宋兆杰、龚作华。1959 年，全局共有 3 个基层团委、16 个团总支、103 个团支部，团员总数为 2873 名。

1960～1966 年，先后担任过工程局团委书记的有：童进雄、杨国民。1966 年，全局共有 6 个基层团委、114 个团支部，团员总数为 2162 人。

“文化大革命”十年，共青团工作处于瘫痪状态。

1980～1989年，先后担任过局团委书记的有：王景龙、李跃平、冷永久，担任过局团委副书记的有：冷永久、瞿秋林。

1990～1999年，先后担任过局团委书记的有：李纪恒、薛汉雄、谭立，担任过局团委副书记的有：王益谦。全局共有15个基层团委、3个直属团总支（团支部）、179个团支部，团员总数为3707人。

2000～2006年，先后担任过工程局团委书记的有：谭立、薛汉雄、范小平，曹云红任水电十四局团委副书记。全局共有21个基层团组织，团员总数为1438名。

第二节 团员代表大会

1955～1956年，工程局先后在云南会泽以礼河召开了第一、二次团员代表会议，为工程局召开第一届青年团代表大会作了思想上和组织上的准备。

1957年1月17～19日，中国新民主主义青年团云南水力发电工程局第一次代表大会胜利召开。会上，工程局党委书记龙南生作了重要讲话。杨东方代表工程局团委作了题为《第二次团员代表会议到现在的总结及1957年工作意见》的报告。大会期间，工程局党委在广泛征求意见的基础上，任命杨东方为局团委书记，童进雄任局团委组织部部长。

1958年4月25～27日，共青团云南水力发电工程局第二次代表大会在云南会泽县以礼河召开。大会的主要议题是：贯彻工程局第二次党代会精神和团中央三届二中全会精神，安排布置局团委1958年的工作任务。会议期间，局团委副书记宋兆杰作了题为“全局青年鼓足干劲，力争上游，当促进派，在加快云南水电建设事业中大显身手”的报告。出席这次大会的正式代表共140人，列席代表30人。大会选举宋兆杰等19位同志组成新一届工程局团委会。

1960年3月2～5日，在云南省会泽县以礼河召开共青团以礼河水电工程局第三次代表大会。出席这次大会的代表共156人。大会选举童进雄等11位同志组成新的一届团委会，由童进雄任团委副书记。

1963年3月5～9日，在云南省会泽县干沟镇召开共青团云南东川市以礼河水电工程局第四次代表大会。出席大会的正式代表有101人，列席代表20人。大会期间，工程局党委书记李建邦作了重要讲话。童进雄代表工程局团委作了题为“总结经验，提高思想，认清形势，鼓足干劲，为全面完成和超额完成今年计划而奋勇前进”的报告。大会选举产生了共青团东川市以礼河水电工程局第四届委员会，童进雄任工程局团委副书记。同时，大会选举产生了出席东川市第三次团代会的13名代表。会上，出席大会的全体代表还向全局团员、青年发出了“认清形势，鼓足干劲，以战斗的姿态，出色完成本职工作”的倡议。

1982年6月9～11日，在昆明召开共青团水电十四局第五次代表大会。出席这次大会的正式代表157名，列席代表11名，特邀代表15名。大会期间，共青团云南省委副书记卢镇、青工部部长张李昆出席会议并作重要讲话。工程局党委副书记韩仕礼到会作重要讲话。大会听取并审议通过了局团委副书记王景龙作的题为“团结全局青年，为云南水电建设事业贡献青春”的报告。大会选举产生了共青团水电十四局第一届委员会，王景龙任书记，冷永久、瞿秋林兼任副书记。同时，大会选举产生了3名出席共青团云南省第七次代表大会的代表。大会结束时，出席这次大会的全体代表向全局团员、青年发出了《倡议书》。

1996年5月7～10日，在昆明召开共青团水电十四局第六次代表大会，来自全局各条战线上的96名代表参加大会，大会听取并审议通过了工程局团委副书记李纪恒代表工程局团委所作的题为“解放思想，扎实工作，团结带领全局团员青年为我局经济发展和全面进步而努力奋斗”的工作报告。共青团云南省委组织部李雁同志、工程局党政领导马洪琪、汪先绪、李鹏程、朱镜芳出席会议并作重要讲话。大会选举产生了局团委第六届委员会。会议期间讨论通过了“水电十四局团委关于开展‘青年文明号’、‘青年岗位能手’活动的实施意见”。

2002年9月5～6日，在昆明阳宗海召开共青团水电十四局代表会议，到会代表22人，会议通过了共青团水电十四局第四届委员会委员调整增补方案，传达了共青团云南省第十一次代表大会代表选举工作的有关精神，选举产生了出席共青团云南省第十一次代表大会代表，通报了工程局团委近期的主要工作情况。各单位进行了共青团工作情况交流。

第三节　组　织　活　动

工程局团委成立以来，在工程局党委和上级团组织的领导下，加强了共青团的组织建设和思想建设，团结和带领广大团员、青年，在工程局发展的历程中，紧紧围绕党在各个历史时期的中心工作，积极开展共青团活动，充分发挥共青团组织在企业发展中的生力军和突击队作用，为工程局的发展作出了积极的贡献。

20世纪50年代，根据上级团组织的安排部署，围绕工程局生产建设的中心工作，共青团云南水力发电工程局委员会，团结带领全局团员、青年开展了争当社会主义建设积极分子的活动、“怎样做一个共青团员”活动、“打擂比武”技术竞赛活动、增产节约活动、“红旗青年”活动。随着第一个五年计划建设高潮的到来，局团委在广大青年中广泛开展学科学、学技术、学文化活动，掀起新的学习和生产建设高潮。通过开展这些教育实践活动，有119支“青年突击队”活跃在生产第一线，涌现出了“缪三三青年突击队”、“十女百方班”、“九郎十女八勇士突击队”、“十少年英雄小队”等一大批先进集体和优秀青年。工程局团委先后召开的第一～三次青年社会主义建设积极分子大会，共表彰奖励了31个青年先进集体、314名青年积极分子。

20世纪60年代，毛泽东同志发出了“向雷锋同志学习”的号召，局团委在全局团员、青年中开展“学习雷锋”活动，引导、教育团员青年不断树立革命理想和共产主义人生观，弘扬社会主义道德风尚。

随着水电建设事业的不断推进，在工程局党委的领导下，局团委带领广大团员、青年，深入开展技术革新活动、增产节约活动，在生产实践中发挥了生产突击队作用。1960

年，党提出开展“三新”（新技术、新工具、新经验），“四化”（机械化、半机械化、自动化、半自动化）为中心的技能技改工作方针。工程局团委在团员、青年中开展“人人献策，处处革新”活动，紧紧围绕生产，提课题，攻难关，在不到半年时间完成技改、革新项目 483 项。局团委还结合以礼河电站建设高峰，原材料不足的实际，在全局团员、青年中开展增产节约活动，提倡“一收”（回收废旧材料）、“二代”（以旧代新，以有代无）、“三利”（废物利用、变无用之物为有用之物）、“四适”（就地取材，自己制造）的勤俭建国精神，开展节约“一厘钱”、“一根木头”、“一颗钉子”、“一滴油”、“一度电”、“一把水泥”等系列活动，1963 年，工程局团委响应党的号召，在团员、青年中积极做好晚婚、晚育和计划生育宣传教育工作，逐步破除旧的封建思想观念，树立社会主义新的恋爱婚姻和生育观。1964 年 4 月，以礼河毛家村大坝“会战”，局团委在毛家村建设工地成立了“会战团工委”，在团中央组织的全国电力系统到毛家村大坝参加“大会战”的过程中，会战团工委带领广大团员、青年战斗在生产第一线，为毛家村大坝提前蓄水作出了积极贡献。

在这一时期，局团委以“生产运动大会”的形式开展了多次青工技术比武活动、订立师徒合同、尊师爱徒活动。通过这些活动的开展，促进了生产和满足了青年学习技术的要求，加快了青工技术进步。在开展这些活动中，创造出了数十个全国生产新纪录，受到团中央、云南省政府的高度评价。

1965 年，在云南省第三次青年社会主义建设积极分子代表大会上，工程局有 1 个集体、89 个人被评为先进，受到云南省总工会和共青团云南省委的表彰奖励；林代昌班创造了 38 分钟钻孔 33 个、总眼深 59.5 米的新成绩，受到水利电力部和全国总工会的嘉奖。

“文化大革命”十年，工程局共青团工作处于瘫痪状态。

1978～1982 年，工程局团委响应共青团“十大”提出的“为伟大的新长征贡献青春”的号召，带领团员、青年以振兴中华为己任，积极投身于新长征突击手活动中。为了推动此项活动全面深入持久地开展，局团委围绕企业整顿和提高经济效益，又开展了“立足岗位责任，创造第一流成绩”的突击手活动，卓有成效地引导团员、青年在提高质量、改善经营管理等方面发挥积极作用。

20 世纪 80 年代，根据上级团组织的要求，工程局团委组织全局团员、青年，深入开展“五讲”、“四美”、“三热爱”活动，全局共组织了“为人民服务队”10 个和“学雷锋小组”41 个，参加活动达 33725 人次。团中央发出“开展振兴中华读书活动”的通知，工程局各级团组织组织广大团员青年开展读书活动，积极筹集书刊，成立“青年读书小组”，创办“青年之家”。在读书活动中，把爱国主义教育和共产主义人生观教育与学习张海迪等英模的具体活动结合起来。

根据团中央关于开展“为重点工程献青春，争当新长征突击手”竞赛活动的决定和水电系统竞赛方案，工程局团委在鲁布革工程指挥部召开了工作会议，研究制订了竞赛方案。随后，承担鲁布革水电站建设的各单位团组织，围绕工程建设中的“急、难、险、重”等任务，开展了多种形式的突击活动，仅鲁布革工程就有突击项目 37 项，参加人员达 1788 名。

1980 年，中共中央提出了开展四项基本原则教育活动，工程局团委将此作为一项中心工作来抓，认真组织团员、青年学习中共十一届三中全会以来的路线、方针和政策，在广大团员和青年中开展了“社会主义好还是资本主义好”、“没有共产党就没有新中国”以及“青年在‘四化’建设中发挥什么作用”等专题讨论。同时，深入开展热爱共产党、热爱人民、热爱社会主义的“三热爱”活动，使广大团员、青年更加坚信党的领导，坚定了马克思主义信念，增强了社会主义的信念。

1984～1985 年，工程局各级团组织结合鲁布革水电站建设引进外资、改革开放的情况，对全局团员、青年进行改革开放和爱国主义教育，使广大团员、青年增强了改革开放意识和民族自信心。

为了确保漫湾水电站提前 1 年截流，工程局团委组织了“水电十四局地下工程青年突击队”，青年突击队成立后，共完成产值 77.65 万元，圆满地完成了交通洞工程突击任务，为工程局赢得了信誉。1987 年 9 月，这支青年突击队被云南省团委评为“新长征突击队”。

1989 年，根据上级团委的部署安排，工程局团委在团员青年中进行坚持四项基本原则，反对资产阶级自由化的教育。通过教育，团员、青年明辨了是非，思想政治觉悟有了较大的提高，做到在政治上、思想上与中共中央保持高度一致。同时，局团委向团员颁发了团员证书。

1989 年 12 月 1～3 日，工程局团委在昆明召开表彰大会，到会代表 120 人。大会表彰奖励了 4 个先进基层团委、5 个先进基层团总支、34 个先进基层团支部，同时，大会还表彰奖励了 72 名优秀共青团干部、63 名优秀共青团员、8 名优秀青年。大会还向全局团员、青年发出了《倡议书》。

20 世纪 90 年代，工程局团委响应共青团云南省委“青春献‘八五’，创业在今天，为重点工程献青春”的号召，把水电六公司团委和曲靖基地建设管理处团委列入云南省百家企业建功夺杯比赛。工程局团委积极响应团中央号召，开展“希望工程”募捐活动，全局共捐款 1.1 万元，为贫困地区失学孩子排忧解难。使他们重返校园。工程局团委还组织开展了“98 青年技能月”活动，立足岗位，争当能手。

1992 年，工程局各级团组织结合培养跨世纪人才工程实施，开展推荐优秀共青团员作为党的发展对象活动，发挥了党的后备军作用。为了搞好“双基”教育，工程局团委在团员、青年中进行了“双基”教育知识竞赛，同时，对竞赛优胜者分一、二、三等给予奖励。在参加共青年云南省委组织的“青春献‘八·五’，创业在今天”活动中，水电十四局六公司的混凝土队青年突击队和拌和厂青年突击队，被共青团云南省委授予“为重点工程献青春青年突击队”称号，高必华、和孙文、李庆平、尹大云、施明坤、黄文斌被授予“青年标兵”称号。

1994 年，工程局团委下发了《关于在全局中小学生中举办“大朝山杯”征文活动的通知》，要求全局各二级单位团组织、中小学校、教育中心等单位，围绕“心系大朝山”这一主题，组织开展征文活动。工程局团委还组织全局广大团员青年参加电力工业部举办的“全国电力系统青年‘求知、成才、贡献’主题读书活动”，继承和发扬中华民族崇尚读书的文明风气，突出爱国主义、集体主义和社会主义的教育的主题，引导广大青年多读书、读好书，帮助青年提高自身素质，树立正确的世界观、人生观和价值观，增强民族自尊、自信和自强的精神，把自己培养成为社会主义“四有”新人。按照局党委统一安排部署，工程局团委在全体团员青年中组织开展学习《邓小平选集》第三卷活动，用建设有中国特色社会主义理论、社会主义市场经济知识武装广大团员青年，用实际行动服从服务于工程局的生产经营。

1996年，云南团省委、省经贸委、省体改委、省青年企业家协会、省青年商会联合做出《关于表彰第二届云南省杰出青年企业家暨第四届云南优秀青年企业家的决定》，水电十四局机电安装总公司经理陈振荣被授予“第四届云南优秀青年企业家”称号。共青团云南省委重新认定水电十四局四公司松达施工局厂房工程队为云南省“青年文明号”称号，授予水电十四局大朝山分局四公司混凝土一队为1997年度云南省“青年文明号”称号。共青团云南省委、省经委、省劳动厅联合下文，授予李会生、倪斌“第一届云南省级青年岗位能手”称号。

1997年，共青团中央、国家计委、建设部联合发文，命名表彰“首批国家重点建设工程全国青年文明号”，授予水电十四局广东分局广州抽水蓄能电站二期高压引水高岔管、高压斜井青年突击队、水电十四局小浪底一号中闸室青年突击队等单位“首批国家重点建设工程全国青年文明号”称号。共青团云南省委授予水电十四局大理分局团委书记兼小浪底项目部团总支书记赵卫川“优秀团干部”称号。

1998年，共青团云南省委重新认定水电十四局曲靖分局医院、水电十四局大理分局苏帕河项目部拌和厂为云南省“青年文明号”称号，授予水电十四局柴石滩项目部为1997年度云南省“青年文明号”称号。工程局团委先后3次召开团委扩大会议，调整增补了局团委委员，安排部署共青团工作，认真学习胡锦涛同志代表中共中央在共青团十四次全国代表大会上的讲话，对在全体团员青年中深入开展学习贯彻团的十四大精神进行安排部署。

在这个时期，工程局团委先后召开了3次表彰会，共表彰奖励了49个先进集体、119个先进个人、10个“青年文明号”、25个“新长征突击手”。

2000～2006年，根据上级团组织的安排部署，结合工程局的实际，工程局团委在深入开展“青年文明号”、“青年岗位能手”创建活动的基础上，在全局范围内开展创建“红旗团委”活动、“创新创效”活动、“五好文明家庭”创建活动。通过这些活动的开展，有力地推进了全局共青团工作的开展，促进了工程局的改革和发展，涌现出一批先进集体和优秀个人。水电十四局昆华实业总公司、机电安装总公司、大朝山分局开挖队连续三年被共青团云南省委授予“云南省青年文明号”称号；水电十四局洪家渡项目部、掌鸠河项目部、水布垭分局、小湾分局路基一队，连续两年被共青团云南省委评为“云南省青年文明号”；水电十四局昆华实业总公司团委、机电安装总公司团委、曲靖分局团委被共青团云南省委先后授予“红旗团委”称号；水电十四局掌鸠河团总支被共青团云南省委授予“红旗团总支”称号；水电十四局小湾分局右岸工程部团支部被共青团云南省委授予“红旗团支部”称号。水电十四局邱鑫、李强、聂江林被共青团云南省委授予“云南省优秀共青团员”称号；水电十四局赵卫川、陈继祥、史云华、杨晓松、向晖被共青团云南省委授予“云南省优秀共青团干部”称号。局团委被共青团云南省委授予“2000、2001 年度云南省城青系统团内目标管理组织奖单位”。共青团云南省委、省经贸委、省劳动和社会保障厅联合发文，下发《关于表彰第二届云南省级青年岗位能手的决定》，授予水电十四局大朝山分局寸万里、小湾分局张超第二届云南省“青年岗位（创新创效）能手”称号。在共青团云南省临沧市委、中共临沧市委组织部、宣传部、市人事局、市青年联合会联合评选表彰临沧市第五届“十大杰出青年”的活动中，水电十四局小湾 141 联营体总经理、工程局副总工程师沈嗣元荣获“十大杰出青年”称号。

在这个时期，共青团云南省委、省委宣传部、云南省安全生产监督管理局和云南省劳动和社会保障厅联合举办了“云南省青年安全生产知识竞赛”活动，主题口号为“安全生产，青年当先”。水电十四局团委积极组织团员、青年参加，通过初赛、复赛，以优异的成绩取得在云南广播电视台举行的现场直播决赛资格。工程局洪家渡项目部团组织的赵玉林、陈海、崔丽萍 3 位青年代表局团委参加决赛，通过激烈比赛，最终取得第二名的好成绩。共青团云南省委、省安全生产监督管理局联合发文，命名表彰云南省“青年安全生产示范岗”“优秀青年安全生产监督员”，水电十四局掌鸠河项目部、田湾河电站工程项目经理部施工管理部、水布垭分局汽车队被评为“云南省青年安全生产示范岗”，水电十四局掌鸠河项目部李强、田湾河电站工程项目经理部刘士诚、水布垭分局安全管理部黄湘波被评为“云南省优秀青年安全生产监督员”。

在这个时期，局团委召开了第二届“青年文明号”“青年岗位能手”暨创新创效能手命名表彰大会。会上，局团委命名表彰了 10 个“青年文明号”先进集体、10 名优秀“青年岗位能手”。全局各基层团干部、受表彰的“青年文明号”、“青年岗位能手”代表近 50 人出席了表彰大会。根据上级团委的要求，局团委还下发了《水电十四局团委增强共青团员意识主题教育活动实施方案》，在全局共青团员中开展以学习实践“三个代表”重要思想为主要内容的、增强共青团员意识的主题教育活动。

第四章　学会　协会　研究会

第一节　学　　会

一、中国水力发电工程学会会员单位

水电十四局是中国水力发电工程学会，以及中国水力发电工程学会混凝土面板坝堆石坝专委会、RCC 专委会、工程施工系统专委会、施工机械化专委会、电网调峰与抽水蓄能专委会的会员单位。周宇任中国水力发电工程学会理事。2006 年，水电十四局参加了中国水力发电工程学会施工机械化专业委员会举办的“中国水利水电工程首届施工系统与装备技术交流会”，以及中国水力发电工程学会混凝土面板堆石坝专业委员会召开的“2006 年学术年会暨深厚覆盖层混凝土面板堆石坝技术研讨会”等。

在中国水力发电工程学会面板专委会2006年通讯工作会议上，工程局参会的3篇论文被评选为优秀论文，分别为《泗南江水电站混凝土面板堆石坝填筑施工》、《洞室爆破在面板堆石坝坝料开采中的应用》及《浅谈混凝土面板堆石坝坝体反渗排水处理》。

二、云南省水力发电工程学会会员单位

2005年，李跃平当选为云南省水力发电工程学会常务副理事长，和孙文当选为常务理事，蒋键当选为常务理事、常务副秘书长，李飞当选为理事并担任施工专委会主任。

2005年，云南省水力发电学会施工专委会于年底在泗南江组织召开了“面板堆石坝施工专题研讨会”，工程局有十多篇文章参加了交流。

三、中国水利学会会员单位

水电十四局是中国水利学会的会员单位以及中国水利学会RCC专委会、面板坝专委会的会员单位。此外，水电十四局还是中国岩石力学与工程学会、中国工程爆破学会、中国土木工程学会隧道及地下工程分会、云南省测绘学会、云南省爆破工程学会、云南省地质学会、云南省电机工程学会的会员单位。

四、水电十四局会计学会

水电十四局会计学会为中国水利水电集团公司会计学会的成员单位，并为理事单位。水电十四局会计学会设会长1人、副会长2人、秘书长1人。办公室设工程局财务部。学会理事由局属二级单位总会计师和大型项目的总会计师或财务部主任担任。2003～2006年担任过局会计学会会长的有：陈光黎、陈祖祥、崔志强，陈祖祥曾任过副会长，李杰担任秘书长。同期，陈光黎、陈祖祥、崔志强先后当选为集团公司会计学会理事。

水电十四局会计学会开展的活动主要有：2004年组织工程局财务知识大奖赛；组织推荐专业论文参加全国会计知识竞赛；有针对性地对公司经营管理中的难点，组织课题研究；组织财务人员进行专业技术培训。

第二节　协　　会

一、中国施工企业管理协会会员单位

水电十四局是中国施工企业管理协会的会员单位、理事单位。工程局按期缴纳会费，积极参加协会的各项活动。工程局参加了协会举办的各种现代管理知识培训班、经验交流会、年会及各项评优活动。工程局积极向中国施工企业管理协会主办的《施工企业管理》杂志投稿。2006年，工程局是《施工企业管理》杂志的协办单位，局长周宇为该杂志的编委会成员。

2000～2006年，工程局荣获中国施工企业管理协会颁发的多种奖项。2001年度和2006年度，工程局两次荣获“全国优秀施工企业”称号。2002年度，工程局荣获“全国用户满意施工企业”称号。2005年，工程局管理成果“水电工程联营体的组织与管理”荣获全国工程建设企业管理现代化成果一等奖，多项工程荣获“全国用户满意工程”。刘光等同志荣获该协会授予的“全国优秀项目经理”荣誉称号。

二、中国电力建设企业协会会员单位

水电十四局是中国电力建设企业协会的会员单位、理事单位。工程局按期缴纳会费，积极参加协会组织的各项活动。2004年和2005年，工程局两次被该协会评为“全国电力建设优秀施工企业”。

三、中国企业联合会中国企业家协会会员单位

水电十四局是该协会的会员单位，如期缴纳会费，积极参加协会的各项活动。2005年，工程局被该协会评为“全国和谐劳动关系优秀企业”。2006年，工程局又被该协会评为“中国优秀诚信企业”。工程局管理创新成果“水电工程联营体的组织与管理”，荣获第十三届国家级二等企业管理现代化创新成果。

此外，水电十四局还是中国工程爆破协会、云南省建筑业协会和云南省节能协会的会员单位。

四、水电十四局老年人体育协会

工程局于1986年成立了水电十四局老年人体育协会，并成为云南省老年人体育协会会员单位。工程局各二级单位也相应成立了老年人体育协会。老年人体育协会的主席由工程局分管离退休的局领导担任，各二级单位的协会主席也由分管领导担任，现有会员9000多人。全局共修建老年人活动室、门球场、地掷球场、健身活动场所面积达5600多米^2，还购置了台球桌、乒乓球桌、棋牌桌和各种器材，供离退休老同志活动用。各老年体协还组建了各类协会10多个，有的还开办了老年大学，在昆明成立了“银河艺术团”，大理成立了“明珠艺术团”，曲靖成立了“珠江源艺术团”等老年人文艺团体，为工程局开展老年人活动奠定了良好的基础，为“老有所养、老有所医、老有所学、老有所为、老有所乐”创造了条件。2000年，工程局老体协被省老体协评为“先进单位”。

(1) 1991年，云南省省级国家机关老年人体育运动会“水电杯”由工程局出资主办。队员由云南省70多个委办厅局组成，共计1000多人参加，工程局局长王开弼同志任组委会名誉主任，工程局副局长孙启林同志任组委会主任，水电十四局老年体协主席王中原同志任副主任，离退休管理部副部长俞斌任副秘书长。在这次运动会上，工程局的地掷球队经过艰辛的努力，取得了地掷球第一名的好成绩，太极拳（剑）优胜奖，为工程局争了光，深受各参赛队的好评。

(2) 为了更好地开展好老年人体育活动，工程局每年拨出20多万元活动经费，积极组队参加云南省老年人体育协会举办的老年人运动会。参加届数32届，参赛人数748人次，比赛项目有门球、地掷球、乒乓球、台球、羽毛球、象棋、围棋、桥牌、麻将、太极拳（剑）、健身操（舞），并在历届老年人运动会中都取得了良好的成绩，多年来荣获各种奖杯、奖旗、奖状100多枚（个人奖除外），为水电职工争了光，扩大了水电十四局在地方的知名度。

(3) 为了构建和谐社会，发挥好各级老年体协的作用，开展文明健康向上的文化体育活动，保持离退休队伍的稳定，工程局拨出专款支持工程局老年体协每2年举行一次老年人体育运动会。

第一届老年人运动会于1990年9月在云南省大理市召开，参赛项目有：门球、地掷

球、麻将、象棋、桥牌、乒乓球、羽毛球、健身操（舞），参赛运动员有160人。

第二届老年人运动会于1993年9月在云南省曲靖市召开，参赛项目有：门球、地掷球、羽毛球、麻将、台球，参赛运动员有58人。

第三届老年人运动会于1996年9月在云南省大理市举行，参赛项目有：门球、地掷球、乒乓球，参赛运动员有46人。

第四届老年人运动会于1999年9月在云南省大理市召开，参赛项目有：门球、地掷球、乒乓球、羽毛球、麻将、象棋、围棋、桥牌、健身操（舞），参赛运动员有170人，是历届运动会参赛运动员最多的一次。

第五届老年人运动会于2002年7月在云南省大理市召开，参赛项目有：门球、地掷球、乒乓球，参赛运动员有46人。

第六届老年人运动会于2005年5月在云南省曲靖市召开，参赛项目有：麻将、桥牌、象棋、围棋，参赛运动员有40人。

五、水电十四局职工文学艺术联合会

中国水利水电第十四工程局文学艺术联合会（简称水电十四局文联）成立于1984年3月。

在水电十四局文联成立之前，1983年8月1～15日，水电十四局党委宣传部召开了全局业余文艺创作座谈会。会上共收到作品325篇。会后，编辑出版了《云南水电工人作品选》一书，为成立水电十四局文学艺术联合会及创办会刊创造了条件。

1984年3月，水电十四局文联在昆明召开第一届理事会。会上学习传达了水电部文艺座谈会和云南省总工会业余作者座谈会精神，讨论通过了水电十四局文联章程，选举了水电十四局文联第一届理事会领导机构。李天柱为名誉主席，梁祥麟为主席，唐玉弟、张树云为副主席，陈锐弟、陈安民为常务理事，理事30人。会上还审批了第一批会员，总结了全局职工文艺创作活动的情况，安排部署了工程局文联工作。与会理事一致同意成立了美术组、摄影组、书法组、音乐组，并决定创办水电十四局文联会刊——《银河》文艺刊物。

1984年5月，为庆祝水电十四局建局30周年，局文联与局宣传部、局工会联合举办了“摄影、美术、书法展”。在全局各单位送展作品437件中，选出摄影作品204幅、美术作品62幅、书法（含篆刻）作品109幅在昆明展出，对优秀作品分一、二、三等给予了奖励。

1985年，为繁荣职工文艺创作，促进企业精神文明建设，工程局文协选举了第二届职工理事会，研究了理事会工作，制订了创作规划。

1986年7月，水电十四局文联还组队参加了水电总公司在水电四局举办的“龙年水电之声”歌手赛，分别荣获一等奖、新秀奖和创作奖。

在鲁布革水电站和漫湾水电站建设过程中，水电十四局文联积极配合省内外文学艺术界的作家、艺术家深入生活，积极创作，先后在《大西南文学》、《云岭歌声》和《云南日报》文艺版发表了数十篇反映鲁布革水电站和漫湾水电站建设的文学作品及歌曲，拍摄了4集电视剧《大地冲击波》和电影《大峡谷》。云南作家汤世杰和局业余作者李鹏程撰写了长篇报告文学——《鲁布革阵痛之谜》在大型文学刊物《花城》发表，作家湘女撰写的纪实文学《大峡谷之光》在云南出版发行。电视剧、电影和文学作品及歌曲，讴歌了水电十四局艰难的发展历程及锐意改革的伟大实践，引起了社会的强烈反响，受到广大观众和读者的好评。

1988 年 8 月 1 日，在中国水利水电文协、《中国水利电力报》、《中国电业》编辑部举办的“改革者之歌”征文中，水电十四局 1 篇报告文学获优秀作品奖。

1990 年 3 月，《中国电力报》举办“太阳杯文学团体大奖赛”，全国电力系统 218 个单位共 232 组作品参赛。水电十四局荣获“团体二等奖”，各 1 人分别荣获小说一等奖和报告文学三等奖。这是水电十四局第一次在全国电力系统文学创作比赛中荣获团体奖。

1991 年，在由新华社、国家计委、国际文化交流中心举办“国家重点建设项目摄影展”中，水电十四局 1 件摄影作品获二等奖。同年 6 月，云南摄影家协会举办“开发澜沧江壮我云南”摄影比赛，1 件作品又获一等奖。

1992 年，水电十四局文联与《江河文学》编辑部合作，编辑出版了《水电十四局专辑》，共刊登作品 13 篇。

1992 年，局文联会同有关部门组织出版了反映水电十四局改革发展，讴歌的水电人奉献精神的《大峡谷之光》一书。

1993 年，局文联会同有关部门编辑出版了《漫湾电站建设中的水电十四局》一书。

1993 年 1 月，水电十四局文联在全局征集的各类作品 299 件中，精选出摄影、美术、书法作品各 10 件参加云南省首届厂矿企业美术、摄影、书法展览。

1995 年 5 月，云南省第二届文学艺术创作奖颁发，水电十四局 1 件摄影作品荣获摄影艺术创作三等奖。

1998 年，为加强企业文化建设，讴歌企业改革发展和两个文明建设的成果，局文联会同局工会举办“水电杯”职工业余摄影比赛。比赛活动共收到作品 225 件，评出了一、二、三等奖，展览受到广大职工好评。

同年 9 月 18～21 日，云南省产业文联职工摄影展在昆明云南省美术馆举行，包括水电十四局在内的 8 家企业职工的 160 幅摄影作品参加展出，水电十四局推荐 20 幅作品参展。这些作品展示了广大水电职工在改革开放洪流中的精神风貌，从思想和艺术的角度审视，都有较高的造诣。经过评委会认真评比，水电十四局 1 件作品荣获一等奖，2 件作品荣获二等奖，3 件作品荣获三等奖。

2002 年 8 月 29～9 月 3 日，云南省产业文联职工美术书法作品展在云南美术馆举行。展览共有 210 幅作品展出，水电十四局文联精心挑选 30 幅作品参展，展览获得社会各界的好评。水电十四局参展作品取材广泛、风格各异、贴近生活、贴近生产，有在职职工、离退休老同志和中小学生的作品。他们用水电人特有的拼搏精神领悟着生命的意义和艺术的价值，在一幅幅流自心灵的书画作品中，反映出对工作的热爱和对美好幸福生活的追求，透射出火热的工作与生活对他们的触发和滋养。经过专家的认真评选，水电十四局 2 件书法作品荣获一等奖，3 件书法作品和 1 件美术作品荣获二等奖，2 件美术作品和 4 件书法作品荣获三等奖。

2003 年 1 月 24 日，局文联会同局离退休管理部举办的首届离退休人员暨在职职工书画摄影展曲靖、大理和昆明三片展出近1个月获得成功后落下帷幕。展览共征集作品250余件，经认真筛选，110幅书画作品和71幅摄影作品参展。这些作品浓缩了水电人对伟大祖国的殷殷深情、对民族传统文化的执著追求、对美好生活的向往热爱。展览分书法、美术、摄影三大类，分别评选出了一、二、三奖，共16件作品获奖，并特设“少儿佳作奖”，参赛的各1件少儿美术、书法作品获奖。

2006年10月，为庆祝中华人民共和国成立57周年、纪念红军长征胜利70周年，局文联会同局工会、局企业文化中心举办了职工摄影书法美术展。在近400件作品中挑选出100件参展，评出了一、二、三奖和特别奖。展览先后在大理、曲靖两地与社会各界、广大市民及本局职工见面，后又移师昆明在局机关展出，受到好评。作品用饱含水电人对祖国母亲的无限崇敬、对长征精神的深深敬仰，为节日献上了一份礼物。

2006年11月24～26日，由云南省文联主办、云南省产业文联承办的“西部采风·云南省产业文联职工摄影作品展”在昆明博物馆隆重举行。来自全省7个行业的200多幅作品参展。经过认真挑选，水电十四局选送了30幅作品参展。局党委副书记王景龙出席了开展仪式。水电十四局参展作品，风格各异，用艺术形式再现水电人的火热生活，反映了水电人的情操与执著，得到广大参观者的好评。水电十四局1件作品荣获一等奖，3件作品荣获二等奖，5件作品荣获三等奖。

水电十四局文联成立以来，共召开3次理事会。文联编辑出版《银河》21期，并在《云水之光》编辑出版《银河》文艺副刊320期。

第三节　研　究　会

一、水电十四局职工思想政治工作研究会

1986年8月，工程局党委在召开传达云南省政工会议精神的会议上，正式成立了工程局职工思想政治工作研究会。会上通过了《中国水利水电第十四工程局职工思想政治工作研究会章程（草案）》。在各单位推荐的基础上，民主协商选举产生了第一届理事会。第一届理事会由48人组成，其中常务理事17人。名誉会长：李天柱，会长：梁祥麟，副会长：王开弼、陈锦棪、唐玉弟、张树云，秘书长：张树云（兼），副秘书长：杜洪佧、李必显。

工程局思想政治工作研究会是本局职工思想政治工作的群众性研究团体，其宗旨是：坚定不移地贯彻执行党的“一个中心，两个基本点”的基本路线，解放思想，实事求是，理论联系实际，紧密结合水利水电建设和工程局实际，加强思想政治工作研究，交流和推广思想政治工作的实践经验，促进企业精神文明建设，为开创工程局各项工作新局面服务。

工程局思想政治工作研究会，分别是中国电力职工思想政治工作研究会和云南省企业职工思想政治工作研究会的团体会员。工程局思想政治工作研究会的理事，在各单位提名推荐的基础上，会员大会协商通过，每届任期3年。理事会主要是决定工作方针和任务，决定吸收团体会员，讨论会员提出的建议和提案，审查秘书处工作报告，讨论通过并表彰

先进集体、先进个人、优秀论文，修改本会章程等。工程局思想政治工作研究会指导各团体会员单位研究会活动，筹集和安排研究会经费，负责会刊《学习与实践》的编辑出版工作，每年编辑出版1～2期《学习与实践》。

1992年11月28～30日，工程局职工思想政治工作研究会第二次年会在昆明召开。工程局党委书记、政研会会长梁祥麟作了工作报告。会议讨论通过了局政研会《章程》（修正稿），选举产生了第二届理事会，由58人组成，其中常务理事19人。会长：梁祥麟，副会长：孙启林，牟智铃、汪先绪、陈锦棪、张树云，秘书长：张树云（兼），副秘书长：朱世熙、杜洪侔、李必显。这次年会的主要任务是：深入学习贯彻中共十四大精神，全面学习宣传邓小平同志建设有中国特色社会主义理论，宣传贯彻党的基本路线，围绕加快改革开放步伐，转换经营机制，扎扎实实地开展工作，更好地为经济服务。

工程局思想政治工作研究会成立以来，进行了马克思主义基本理论教育、形势政策教育、对党的建设、承包经营中的思想工作及企业精神进行了有益探索。在探索鲁布革精神、广蓄精神方面取得了成果，可总结概括为“发扬四种精神”，即自尊自爱的民族精神、勇于改革的开拓精神、艰苦奋斗的拼搏精神、大公无私的奉献精神。总结概括了项目法施工中思想政治工作经验，即“三位一体”，即思想政治工作、经济杠杆、行政手段三结合的工作方法；“三入”，即入情、入理、入实。这些经验受到各兄弟单位的好评，曾多次在全国项目管理与项目法施工经验现场交流会和部省政研会上作了交流。

2000年以后，工程局职工思想政治工作的重心主要是“融入中心，服务大局”，融入到施工生产和经营管理的实践活动中去。在企业后方基地，各管理处还把思想政治工作同构建“和谐稳定大后方”一道去做。在活动主体上，主要依靠各二级单位、各项目部的党组织开展这项活动。

二、水电十四局教育研究会

为适应水电建设、改革、发展需要，全面贯彻执行党的教育方针，探索服务于水电施工企业办学新路子，推进教育理论研究，指导工程局教育工作实践。1990年4月25日，工程局成立了“水电十四局教育研究会”。研究会名誉理事长：梁祥麟、王开弼；理事长：温明先；副理事长：王景龙、吴诚荣、李必显、张启煊、廖桂英、何开明、汪大金、石世泽、汪芷宁、罗斯汉、张再明、钟桂珍；秘书长：蒋高俊。工程局教育研究会下设8个专业组。

在工程局教委领导下，工程局教育研究会组织全局教职员工和热衷于教育工作的同志学习研究教育理论，总结交流教学经验，提高教学质量，促进水电教育事业发展，使教育工作更好地为企业服务。

工程局教育研究会是中国水利水电教育协会、云南省职工教育研究会的成员单位。局教育研究会成立以来，坚持实事求是、理论联系实际的原则，结合工程局实际，积极、有效地开展教育研讨活动，协同局政研会评选教育研究优秀论文，编辑出版教育研究论文专辑。同时，局教育研究会还根据上级教育研究会的安排，开展教育专题研讨，推荐优秀教育论文参加水电系统和云南省教育研讨会交流，受到同行的好评。

第十一篇　精神文明与企业文化建设

第十一篇　精神文明与企业文化建设

第一章　精神文明建设

第一节　组　织　机　构

工程局自1954年组建以来，在不同时期开展了富有时代特色的精神文明建设，其主要工作责任及领导机构相继由党委办公室、宣传部、政治部、党委工作部具体负责。

1980～2006年，精神文明建设工作纳入工程局党委职责。具体工作由党委相关部门主要负责组织实施，工会、共青团组织参与工作。

不同时期工程局成立有精神文明建设领导小组。2004年8月，局党委成立精神文明建设暨文明工程创建领导小组，由局长李跃平担任组长，由党委书记周宇担任副组长，由党委副书记王景龙、副局长王曙平、工会主席陈志明和人力资源部、经营管理部、质量安全管理部、党委工作部、纪委（监察室）等部门负责人为成员，并设办公室在党委工作部。

2006年8月，局党委又调整精神文明建设暨文明工程创建领导小组，由党委书记洪坤担任组长、局长周宇担任副组长，由党委副书记王景龙、工会主席陈志明、副局长王曙平和党委工作部、人力资源部、经营管理部、质量安全管理部、纪委（监察室）、企业文化中心等部门负责人为成员，仍设工作办公室在党委工作部。

第二节　工　作　规　划

自1954年建局至2006年的52年间，工程局在不同时期根据上级要求，开展了富有时代特色及不同内容与形式的精神文明建设工作。各个时期工作有规划、有安排、有部署，对精神文明建设扎实推进奠定了基础。

1996年，根据地方党委政府具体要求，工程局党委成立了双文明建设领导小组，结合企业实际制定了《“九五”社会主义精神文明建设规划》，确定了企业精神文明建设的指导思想、基本原则和总体目标，提出了具体措施和要求。1998年为加强和改进思想政治工作，促进精神文明建设，工程局党委研究制定了《思想政治工作和精神文明建设实施办法》，进一步调整完善了精神文明建设规划。

随着中国改革开放的深入，国家经济快速发展和社会日益文明进步，各级政府、社会各界、各投资开发单位，对施工企业的整体能力表现提出了越来越高的要求。而在建工程项目又是施工企业形象的窗口、信誉的平台、管理的基础、效益的源泉，必须下大气力、花大功夫认真抓实抓好。为顺应这一发展趋势，把文明工程创建活动提高到一个新水平，根据集团公司有关部署，2005年1月18日，局党委以局党〔2005〕02号文下发了《关于深入开展文明工程创建活动的通知》，要求全局所有在建工程项目，全面开展以队伍建设、工程进度、工程质量、安全生产、经济效益、施工环境“六达标”为内容的文明工程创建活动。同时，随文下发了《文明工程考核实施细则》、《文明工程考核表》，建立起文明工程申报、考核、审批、命名及奖励制度。

2003～2006 年，局党委部署开展了文明工程、文明机关、文明小区的“三创建”活动。

第三节 精神文明建设活动

精神文明建设工作始终得到了工程局党委的高度重视，成为企业的一项重要工作。虽然在不同时期赋予了不同的内容，但对促进企业发展发挥了积极作用。

一、精神文明建设内容丰富，反映了突出的时代特点

建局后到 1965 年，工程局精神文明建设主要开展了共产主义教育运动及自力更生、艰苦奋斗的教育活动；创建“五好集体”、“五好工人”，创建“五好家属”的比、学、赶、帮活动；爱国卫生活动以及评比“红旗宿舍”和“卫生家庭”活动；“五好设备、五好仓库”活动；学习解放军革命精神和“三八”作风等活动。认真组织开展学习大庆经验，在职工中提倡“三老”、“四严”、“四个一样”，即“当老实人，做老实事，说老实话”、“有严格的要求，有严密的组织，有严肃的态度，有严格的纪律”、“干工作黑夜和白天一个样，坏天气和好天气一个样，领导在场和不在场一个样，没有人检查和有人检查一个样”。活动对发扬自力更生、艰苦奋斗精神，营造遵纪守法、崇尚文明氛围，促进业务学习、争创一流业绩，弘扬爱岗敬业、无私奉献精神，提高职工素质、加强队伍建设，促进企业管理、保证生产任务完成产生了积极作用，极大地激发了职工的生产积极性，为完成工程建设发挥了重要作用。

1984 年，在职工中先后开展了“五讲四美”（讲文明、讲礼貌、讲卫生、讲秩序、讲道德，心灵美、行为美、环境美、语言美）、“三热爱”（热爱党、热爱人民、热爱社会主义）活动，进而开展了以提高企业整体素质为中心的创建精神文明单位和争做“四有”职工（有理想、有道德、有文化、有纪律）的教育。采取开展读书活动、职工演讲、知识竞赛等形式，对职工进行共产主义、爱国主义和集体主义思想教育。全局有 2700 多名职工参加了知识竞赛等活动，收到了很好的效果。

1994 年，为大力推进精神文明建设，开展了培养“四有”新人活动。

工程局党委始终把精神文明建设作为重要工作来抓，多次召开思想政治工作研讨会，研究精神文明建设工作。在各届党代表大会、职工代表大会上都要部署安排精神文明建设工作，强调要把两个文明建设成果，作为最终检验党的工作成效的主要标准。2002 年工作会上，工程局党委强调要着力抓好群众性的精神文明创建活动和各个基地的社区文明建设工作。

二、开展向英雄模范人物学习的活动，促进精神文明建设

从建局到 20 世纪末，在工程局党委积极组织下，及时开展了向向秀丽、雷锋、焦裕禄、王杰、徐洪刚等英雄模范人物学习的活动。

1963 年，在广大职工中开展的“学雷锋，做好事、创高产”活动，以高度的政治热情完成上级交给的任务。从 1959 年以来，连续 5 年月月超额完成国家计划，涌现出多次荣获东川市和工程局“先进班组”称号的毛家村工程处铁道二队袁福涛班等先进典型。

1964 年初，水利电力部决定在毛家村组织“大会战”，以确保大坝安全度汛。为保证会战胜利，全局深入、持久地开展了“学先进、赶先进、创高产”活动。局党委书记田忠等领导带头宣传雷锋、焦裕禄、向秀丽的模范事迹，号召学习人民解放军、学习大庆。同时，开展“五好运动”、“五好单位”活动，毛家村片最先评出局级“五好工人”19 名、“五好班组”2 个。

在毛泽东等老一辈革命家号召“向雷锋同志学习”27 周年之际，承担云龙县新桥电站的水电五公司职工掀起了一场学雷锋、树新风、抢救伤亡儿童的热潮。

“学雷锋，做好事”在各工地蔚然成风，工程局大理、曲靖片和在昆各单位还积极开展弘扬雷锋精神活动，党团员、青年职工和学生走上街头，举行了“当优秀大理市民，做杰出水电儿女”的“为民服务”活动；开展“弘扬鲁布革精神，做合格曲靖市民”的“为民服务一条街活动”；举办“为民服务，为春城添彩”的义务修理家电和自行车等活动。工程局多个单位和个人被授予行业和地方“学雷锋先进集体”、“学雷锋先进个人”荣誉称号。

1994 年 4 月 19 日，为进一步贯彻云南省委、省政府《关于开展徐洪刚同志学习的通知》精神，工程局工会、宣传部、教委、团委联合在局机关举行了学习英雄徐洪刚的报告会。教育中心的七位师生在报告会上作了徐洪刚事迹报告。

并针对多次自然灾害，工程局党委积极组织全局职工捐赠钱物为灾区伸出援手。1988 年，组织全局近两万名职工捐赠钱物，支援云南澜沧、耿马地震灾区，全局职工共捐赠衣物 5725 件，人民币 3059.28 元，粮食 599 斤。还在内部开展“心连心、1+1 扶贫解困、送温暖”等活动，建立职工扶贫解困基金，为贫困职工送温暖。

三、开展“文明单位”和“文明家庭”创建活动，有效地推进了企业各项工作

20 世纪 80 年代中后期，文明单位创建活动在全国蓬勃兴起，局党委、工程局积极认真抓好创建工作，开展了“文明医院”、“文明卫生所”、“文明学校”、“文明单位”创建活动，促进了企业各项工作。1986 年，在西洱河电站工地，一公司子弟学校被大理市授予“文明单位”称号；1987 年 1 月，在鲁布革电站工地，二公司职工医院经验收评比，获得云南省“文明医院”称号，进入了省“文明医院”行列。

1996 年，工程局工会举办曲靖片区、大理片区“女职工双文明建功立业”演讲会，宣传先进人物，塑造先进典型，激励女职工树立自尊、自信、自立、自强的“四自”精神，敬业爱岗，建功立业。

同年，工程局广东分局荣获“全国电力系统双文明单位”和“中国水利水电总公司双文明单位”称号，机电安装公司荣获“中国水利水电总公司双文明单位”称号；1997 年，我局曲靖分局获“中国水利水电总公司文明单位”称号，广东分局、机电安装总公司经复查继续保持“文明单位”称号；安装公司获国家电力公司 1998～1999 年度“双文明单位”

称号。曲靖分局、机电安装总公司和昆华实业总公司被评为2000年度水电总公司“双文明单位”。曲靖分局、机电安装公司、昆华实业公司、科研设计院、昆明劳务管理中心、大理离退休管理中心等六单位又获水电总公司2001年度“双文明单位”称号。机电安装公司荣膺“国家电力公司2000～2001年度双文明单位”称号。2005年，工程局荣获“中国水电建设集团公司文明单位”称号，局机关连续五年蝉联昆明市盘龙区文明单位。2006年，小湾141联营体被授予“云南省文明单位”称号。

1995～1996年，工程局组织开展评选“文明家庭”活动，积极倡导建立文明、平等、和睦、稳定的家庭，受到社会的普遍好评。全局共评选出292户“文明家庭”、5个“先进集体”单位，受到表彰。1997年，在工程局“五好文明家庭”表彰中，全局328户被评为“五好文明家庭”。在这个阶段大理分局、曲靖分局还开展了文明院坝、文明住宅楼、文明单元评比活动，积极推进后方基地精神文明建设。2001年3月，工程局对被评为1999～2000年度的104户级局“五好文明家庭”给予了表彰。

四、“三创建”活动扎实开展，为促进工程建设和后方工作发挥了积极作用

2004～2006年，全局开展文明工程、文明机关、文明小区的“三创建”活动。文明机关和文明小区评选工作在各单位开展，收到了良好效果。文明工程创建得到全局高度重视，推动了各工程项目的生产经营，促进了忠实履约、工程质量和安全文明施工，对塑造企业品牌，提高社会信誉发挥了重要作用。3年间，经各单位申报，工程局考核评审，共命名表彰了16个文明工程。

命名2004年度5个文明工程：广东分局承建的广东惠州抽水蓄能电站引水系统及地下厂房工程；龙滩1478联营体承建的广西龙滩电站地下厂房引水及发电系统工程；曲靖分局承建的贵州洪家渡电站引水及泄洪系统工程；百色项目部承建的广西百色水利枢纽地下厂房工程；机电安装总公司承建的缅甸邦朗电站金属结构与机电安装工程。

命名2005年度4个文明工程：小湾141联营体承建的小湾水电站导流洞和引水发电系统工程；曲靖分局承建的开远电厂二标段工程；曲靖分局承建的掌鸠河引水供水水源工程；大理分局承建的西霞院反调节水库Ⅳ标混凝土施工工程。

命名2006年度7个文明工程：曲靖分局承建的彭水电站地下厂房及尾水系统工程；机电安装总公司承建的龙滩电站机电安装及水轮机组安装工程；曲靖分局承建的银盘电站导流明渠工程；曲靖分局承建的泗南江电站首部枢纽工程；大理分局承建的水牛家电站引水隧洞及泄洪洞工程；路桥市政工程公司承建的南水北调中线京石段应急供水工程；曲靖分局承建的块择河电站首部枢纽工程。

第二章　企业文化建设

第一节　组织机构

为了搞好企业文化建设，深入发掘工程局长期以来形成的奋斗精神、价值观念、经营理念、人文蕴涵、企业哲学、企业品格、企业道德、企业形象等内涵，进一步总结、提炼、升华为系统规范的企业文化体系，从更高层次上增强工程局竞争力、创造力和凝聚力，2005年3月28日，水电十四局党委以局党〔2005〕36号文件发出通知，成立工程局企业文化建设领导小组。小组由局长李跃平任组长，由党委书记周宇、副书记王景龙、副局长总经济师王曙平任副组长；总工程师和孙文、总会计师崔志强、工会主席陈志明和人力资源部、经营管理部、质量安全管理部、财务管理部、审计部、市场开发部、办公室、党委工作部、纪委（监察室）等部门负责人为成员。领导小组下设办公室，办公室设在党委工作部，负责企业文化建设的日常工作。

为适应企业发展的需要，进一步加强企业文化建设工作，2005年11月23日，工程局发出局人〔2005〕171号文件，成立企业文化中心，设立了主管企业文化建设工作的职能部门。同年12月2日，工程局发局人〔2005〕177号文件，聘任严镇威为局企业文化中心主任。2006年6月23日，工程局发局人〔2006〕121号文件，聘任李霞林为局企业文化中心副主任。

因局领导班子调整，并为加强企业文化建设工作的领导，2006年6月1日，局党委以局党〔2006〕26号文件发出通知，对原企业文化建设领导小组进行调整补充。组长由局长周宇担任，副组长由党委书记洪坤、副书记王景龙、副局长总经济师王曙平、工会主席陈志明担任，成员由总工程师和孙文、总会计师崔志强和企业文化中心、人力资源部、经营管理部、质量安全管理部、办公室、党委工作部、工会、国际工程部、财务管理部、审计部、纪委（监察室）、工程技术部、市场开发部、企业策划部等部门负责人担任。同时明确，鉴于工程局已于2005年11月组建企业文化中心承担其职能工作，原所设领导小组办公室撤销，负责人职务一并免去，日常工作由企业文化中心负责。

第二节　企　业　精　神

鉴于企业精神是企业在经营管理过程中逐步形成的占统治地位的立场观点、思想精髓和精神支柱，是企业员工健康向上内在气质的外在表现，是企业员工对企业的信任感、自豪感和荣誉感的集中表现，具有强大的凝聚力、感召力和约束力，水电十四局在不同的历史时期，提出并叫响了具有极富企业特点和明显时段特征的企业精神。在石龙坝水电站扩建时期，为“白手起家，艰苦创业”的精神；在以礼河水电站建设时期，为“自力更生，艰苦奋斗”的精神；在鲁布革水电站建设时期，为“锐意改革、开拓进取、勇于拼搏、无私奉献”的精神；在漫湾水电站建设时期，为“泰山压顶不弯腰”的精神；在广州蓄能电站建设时期，为“锐意改革，创新进取”的精神；在小浪底工程施工时期，为“奋力拼搏，为国争光”的精神；在三峡工程建设时期，为“自强不息，追求卓越”的精神。贯穿不同时期，企业精神体现了“艰苦奋斗，顽强拼搏，开拓进取，争创一流”的思想、追求和精神。

1994年5月，在工程局为建局40周年编纂的《中国水电十四局简史》序言中提出了“艰苦奋斗、开拓进取、团结拼搏、信誉第一”的企业精神。

1997年12月，水电十四局在第六次党代表大会上又提出了新的企业精神，即“艰苦奋斗、开拓求实、自信自强、争创一流”。

进入21世纪后，经过认真总结提炼，企业精神为“自强不息、开拓不止、创新进取、追求卓越”，与“一流的质量、顾客的期望、我们的追求”质量方针和“以人为本、亲和诚信、忠实履约、精益求精”的经营理念，逐渐成为全局员工的共同信念和追求。

第三节 企业文化建设工作

在20世纪90年代，工程局开始酝酿要建设具有自身特色企业文化。1991年，局党委书记梁祥麟撰文提出，要建设有“江河”特色的企业文化。

1991年，中国水利水电工程总公司思想政治工作会议在水电十四局召开。会上，水电十四局提出要努力促进企业文化建设，弘扬企业精神。

2000年以来，水电十四局切实根据集团公司关于企业文化建设工作的要求，采取措施，进一步加大企业文化建设工作的力度，明确提出要认真抓好企业文化建设，用优秀企业文化提升企业竞争力的工作目标。

2002年工作会上，工程局党委提出要切实推进企业文化建设，对工作提出了具体要求。

2003年，水电十四局制订了企业文化建设规划（征求意见稿）。企业文化核心理念基本成形，“自强不息、开拓不止、创新进取、追求卓越”的企业精神和“以人为本、亲和诚信、忠实履约、精益求精”的经营理念已逐渐成为全局员工的共同信念和追求。2005年，又制订了企业文化建设初步策划方案。2006年，在企业文化建设原规划及初步策划方案的基础上，又形成了新的《水电十四局企业文化建设规划（草案）》。

2006年12月5日，根据集团公司建设统一的集团企业文化要求，结合工程局工作实际和长期发展要求，积极推进全局企业文化建设，切实开展好企业文化创建活动，进一步加深员工对企业文化核心理念的理解，提炼形成企业文化文本，制定实施新的企业文化建设规划，水电十四局编发了《中国水电十四局企业文化创建活动宣贯手册》。要求所属各单位将手册印发到领导班子成员、基层单位（部门），并认真组织职工学习，企业文化宣贯工作在全局范围内展开。

2006年底，水电十四局提出了企业文化建设2007～2011五年工作重点：在2008年前确定并大力宣传企业精神、经营理念、价值观念、追求目标、行为准则；秉承“以人为本、亲和诚信、忠实履约、精益求精”的经营理念，在企业精神和经营理念的指导下，全面审查现行的规章、条例、规定、规范，进行修订和完善，形成新的运行机制；塑造好施工形象，加强队伍精神面貌与作风建设，严格工艺质量标准，实施安全文明施工，整洁工地现场环境；构建崇尚技术、鼓励攻关、勇于创新的企业文化，组织科技人才有计划地前瞻性地开展科技攻关；通过宣传活动以及在工作中的有意提点、渗透，培育出全局内既鼓励管理者和员工发挥个人所长，勇于开拓创新，又强调团结与凝聚力的企业氛围；突出“大型地下工程施工、当地材料坝填筑和高水头、大容量（含可逆式）水轮发电机组安装”

三大核心竞争力，创建知名品牌；强化对品牌的管理，提高品牌知名度，提升无形资产价值；确定实施企业形象系统的整体方案，树立良好企业形象。

企业文化建设（2007～2011）五年工作重点明确：在2011年前，在前阶段基础上，进一步总结提炼企业哲学，更新完善企业的规章制度，保持勇于开拓创新、团结进取的企业氛围；坚持打造凝聚人心的人本文化，增强企业发展后劲；不断增强企业文化的渗透性，让其完全融入到企业管理的各项工作，融入到员工处理工作的态度和方式中。通过企业文化建设，为增强企业凝聚力、竞争力和创造力，推动工程局可持续发展，提供理念、精神和智力的支持。

经过积极努力工作，水电十四局企业文化建设工作日益得到重视，企业文化建设工作已从自发步入有序轨道，企业文化已逐步融入开拓发展、生产经营、文明施工、企业管理和队伍建设的各项工作。

经过几年来的积极努力工作，集团公司统一的企业对外标识在水电十四局进一步普及，得到社会各界的认知；工程项目点员工的服装佩饰基本统一，劳保用品及劳动保护设施标准化工作有了新突破；在设计拟定企业标牌和形象宣传口号上着力工作，为扩大企业影响起到了积极作用。在塑造公关形象上，较好地处理了与政府、业主、监理、设计等方面的关系，为生产经营创造了良好条件。在塑造舆论形象上，积极抓好新闻报道和对外宣传工作，企业良好形象在社会上得到认同，水电十四局的影响不断扩大。

第四节　文　化　载　体

一、报刊

（一）局报

水电十四局在开展宣传思想和企业文化建设工作中，注意发挥企业报刊的宣传鼓动作用，1956年创办第一张小报，取名《以礼河水电通讯》；1957年11月27日，更名为《云南水电报》。由于机构的变动，1958年改为《以礼河报》，1963年后又改名为《会战快报》，“文化大革命”开始后停刊。

1979年，水电十四局恢复建制后，又恢复了局报，取名为《云南水电建设通讯》。

1985年2月，为适应改革开放和鲁布革水电站建设的需要，经云南省委宣传部批准，水电十四局恢复出版《云南水电报》，作为局党委的机关报，由局党委宣传部承办。

1995年2月8日，工程局党委召开《云南水电报》复刊10周年座谈会。局领导班子成员孙启林、汪先绪、马洪琪、温其大、曹保华、刘冬成，原老领导李天柱、梁祥麟、王开弼，局机关各部室和昆明片各单位代表与优秀通讯员共40多人参加座谈会。与会者回顾《云南水电报》走过的历程，热情赞颂其对企业发展的积极作用，对进一步加强新闻宣传工作，采取积极措施，努力办好《云南水电报》提出了殷切期望和要求。

1996年3月，局党委成立《云南水电报》编辑委员会。主任：汪先绪、马洪琪；副主任：温其大、李必显、徐东初、陈玉恒；编委：汪先绪、马洪琪、温其大、李必显、徐东初、陈玉恒、朱世熙、郑井秀、陈锐弟、杨兴泽、薛汉雄、徐友来、李纪恒；总编：杨兴泽；副总编：李霞林。

1999 年 9 月，严镇威接任总编工作。

2001 年 1 月，遵照国家新闻出版署关于内部资料性出版物不得使用“报”字的规定，《云南水电报》更名为《云水之光》，并由局长李鹏程题写报头。

2004 年 9 月 30 日，《云水之光》进行改版，总第 471 期出版了第一期彩色报纸。

40 多年来，《云水之光》尽管几经风雨，但在局党委、工程局支持关怀下，始终按照党的宣传思想和新闻工作的要求，宣传贯彻党的方针政策，紧紧围绕企业中心工作，反映广大群众心声，鼓舞激励职工，丰富企业文化生活，为加强思想政治工作，推动精神文明和企业文化建设，发挥了积极作用。同时，记录下企业的历史进程，为后人提供了宝贵的史料和权威性见证，在发展史上留下了闪光的足迹。《云水之光》从 1985 年复刊以来，到 2006 年 12 月 31 日，已出版 543 期。

《云水之光》编辑部积极扩大对外交往，成为云南省企业报协会理事单位，并积极参加协会举办的各类活动。

（二）《银河》

《银河》创办于 1984 年，为文艺刊物。以刊登职工创作的文学作品为主，也采用部分摄影、美术、书法等艺术作品。一般 1 年出版 1 期，创刊至 2006 年编辑出版 21 期。

刊物为展示职工文学艺术作品提供了平台，成为企业文化的重要载体，深受扩大职工的喜爱，对推动职工业余文学艺术创作发挥了重要作用。

二、新闻网页

水电十四局于 1999 年搭建了相对完整的机关总部局域网系统，实施了部分基础性应用系统的建设。其中，企业网站作为基础性应用平台，在企业宣传、信息交流、员工学习等方面发挥了重要作用。

在企业网站建设之初，由于受到网络等方面条件的限制，所起的作用十分有限。此时，企业网站部署于机关总部局域网内，局域网外用户通过电话拨号接入方式进行访问，网站内容主要基于各部门的消息发布，服务范围和服务方式都不能满足企业网站所应有的条件。

鉴于企业发展的需要，工程局于 2002 年向中国电信申请了 10 兆光纤连接，注册了 www. fcbmis. com 企业域名，将企业网站推向社会，增加了包括企业论坛、企业邮箱等一系列新的实用功能。同时，通过对网站内容管理机制的完善，由局信息中心负责网站的开发和维护，包括重要事件、工程概貌、企业文化等主要内容的发布，并配合各部门上传消息，逐步丰富和美化了网页，使之成为宣传企业、传播文化、传递信息、员工学习的重要工具和平台。

第三章　新闻宣传工作

第一节　内　部　宣　传

建局以来，工程局高度重视内部宣传工作，不同时期先后由主管宣传思想工作职能的党委宣传部、政治部或党委工作部负责。2005 年 11 月，工程局成立企业文化中心，新闻宣传工作职能划归企业文化中心承担。

建局后，工程局注重充分发挥新闻宣传工作的鼓动作用，利用报纸、广播、墙报、黑板报等内部宣传阵地，大力宣传报道党和国家及地方的重大新闻事件，传递交流本企业贯彻落实党的方针政策情况，致力于营造良好的内部舆论氛围，以促进各项工作的开展，并就内部宣传工作形成了运行机制，对其进行了有效管理。

在党的历次代表大会后和大是大非面前，企业报等舆论工具及时报道传达贯彻会议精神活动的新闻，旗帜鲜明地开展新闻宣传工作。

建局至 2006 年期间，工程局先后召开 6 届党代表大会、15 届职工代表大会和四次科学技术进步大会，内部新闻媒体积极做好深度报道，对会议精神的贯彻传达提供了条件。

从 1978 年 12 月开始，工程局两级宣传部门在内部着重报道贯彻传达中共十一届三中全会精神，播出党在新时期总任务，以及党的思想路线、政治路线、组织路线和安定团结教育的新闻，对统一广大党员干部和职工的思想认识发挥了积极作用。

1990 年，局党委继续开展坚持四项基本原则，反对资产阶级自由化，维护安定团结政治局面的形势教育和治理整顿、深化改革的经济形势教育。企业内部媒体紧密配合，做了大量宣传报道工作。

1996 年 3 月，中共十四届五中全会提出了实现经济体制和经济增长方式两个根本性转变。局党委在全局范围内开展“解放思想、推进转变、加快发展”的研讨活动。《云南水电报》开辟专栏，刊登研讨文章，有力地推动了活动的开展。

同年 10 月，中共十四届六中全会召开后，为了方便各级党组织和广大党员干部职工学习贯彻全会精神，《云南水电报》刊登了中共十四届六中全会通过的《关于加强社会主义精神文明建设若干重要问题的决议》的学习问答。

1997 年 9 月，中共十五大胜利召开后，《云南水电报》等报刊又开辟了“学习十五大精神，迎接局六次党代会”专栏，为及时总结交流好的学习经验，搞好舆论导向，为不断把学习引向深入创造了条件。

1999 年 9 月后的一段时间，根据局党委对学习贯彻中共十五届四中全会精神作出的安排，局内报纸等媒体紧紧联系“同心同德推进工程局的开拓发展是当前重要而紧迫的任务”、“搞好十四局改革关系到改革、发展、稳定的大局”和“工程局的困难只是暂时的，我们一定会迎来新的发展前景”等问题展开报道宣传，用中共十五届四中全会精神统一干部群众的思想认识，引导职工探讨解决当前重点难点问题的有效途径和办法，为搞好工程局的改革、发展、稳定献计献策。

2002 年 11 月，中共十六大召开后，根据局党委要求，《云水之光》开设专栏，加大宣传力度，持续刊登各级党组织学习传达十六大精神及“三个代表”重要思想的报道和干部职工撰写的体会文章。各级党组织还利用内部报纸、广播、墙报、黑板报等内部宣传阵地，积极对企业党代会、职代会召开和党建重要工作等作重点报道，配合传达贯彻会议精神，推进各项工作开展。

2005 年 7～11 月，局党委组织开展保持共产党员先进性教育活动。《云水之光》497～508 期设置专栏对全局开展活动进行专题报道，较好地发挥了企业报对思想宣传工作的作用。

建局以来，内部新闻媒体紧紧围绕企业生产及向英雄模范人物学习活动、精神文明建设活动等进行宣传报道，促进了工程建设和活动深入开展。

1963 年，在开展“向雷锋同志学习”的活动中，重点宣传报道了毛家村工程处铁道二队袁福涛班的先进事迹，为推动广大职工“学雷锋，做好事、创高产”起了重要作用。

在 1964 年初的毛家村“大会战”中，为保证会战胜利，全局深入、持久地开展了“学先进、赶先进、创高产”活动。其间，集中报道了盐水沟斜井工段林代昌班的先进事迹，总结推广了毛家村工程处一工区张光福班坚持以表扬为主的思想政治工作经验。

20 世纪八九十年代，工程局在职工中先后开展了“五讲四美”、“三热爱”活动，以及创建精神文明单位和争做“四有”职工教育活动。作为企业内部宣传工具，内部新闻媒体做了大量报道工作，发挥了积极作用。

1987 年 8 月 21 日，为庆祝原副局长兼总工程师、鲁布革工程管理局执行顾问李景沆同志从事水电建设 50 年，局媒体对他勤勤恳恳、奋斗不息，为祖国的水电建设作出重大贡献作了宣传报道。

1987 年 10 月，工程局利用所有舆论工具对局副总工程师、共产党员，为鲁布革水电站作出过杰出贡献，曾先后荣获云南省劳动模范、全国优秀科技工作者称号和全国“五一”劳动奖章的曹传玺同志先进事迹做宣传，重点对他热爱水电建设事业，一贯埋头苦干，同病魔作斗争，不为名、不为利、廉洁奉公、无私奉献的高贵品德进行了报道。

1996 年 7 月 1 日，局党委在昆明召开向工程局安装公司基层干部、优秀共产党员杨维岳同志学习的报告会。会后一段时间，工程局调动所有宣传工具，采取多种形式报道杨维岳先进事迹，为学习活动发挥了积极作用。

在云南省委有关领导的亲自安排下，从 2005 年 10 月 27 日开始，云南日报、云南科技报、云南电视台、云南人民广播电台等 4 家云南新闻媒体，以头版头条或新闻联播头条消息连续 2～4 天强势刊播了介绍工程局教授级高级工程师刘元岐先进事迹的长篇通讯或专题新闻，讴歌了刘元岐爱党爱国、坚持科学真理、献身水电能源建设事业的典型事迹，在社会上产生了良好效果。刘元岐先后获国家、云南省科技进步奖 5 次，并被评为云南省作出突出贡献的专业技术人员，享受云南省政府特殊津贴，荣膺云南省“科技耆英”称号。2004 年 6 月，刘元岐确诊患有胆腺导管癌后先后两次手术，并在每周进行一次肾衰竭透析治疗的情况下笔耕不止，完成了《云南能源可持续发展战略研究》书稿，并坚持参加重要项目的论证，以生命不息、工作不止的顽强精神与病魔作斗争，真可谓老骥伏枥、壮心不已。

工程局对宣传活动给予高度重视，局企业文化中心做了大量的配合工作。集团公司《水利水电工程报》和工程局《云水之光》转载了长篇通讯《把生命奉献给江河》，并先后多次作了报道。

2005年12月26日，春城晚报在昆明隆重举行“年度云南十大新闻人物”颁奖典礼，刘元岐以最高票获此殊荣。令人遗憾的是，他于当日清晨走完了人生旅程。

2001年3～7月，为隆重纪念中国共产党建立80周年，水电十四局党委工作部与离退休管理部通过《云水之光》开展了以“我的水电情”为主题，充分体现了水电十四局建局40多年来在中国共产党的领导下取得伟大成绩的征文活动。征文活动多角度表达了干部职工的“水电情”，唱响了时代主旋律，表达了“共产党好、社会主义好、改革开放好”的共同心声。活动共收到稿件80多篇，《云水之光》选登部分稿件。经过认真评选，3人的作品获特别奖，25人分别获得一、二、三等奖。

建局以来，局党委、工程局多次就新闻宣传工作提出要求，出台了管理办法，建立了对外报道奖励机制，形成了稳定的新闻宣传工作网络，营造了良好的工作氛围。

2006年12月20日，为进一步加强对新闻宣传工作的领导，统一对宣传报道工作重要性的认识，确立宣传和形象也是生产力的观点，把新闻宣传从办内部小报为重点向对外宣传报道为重点转移，努力使新闻宣传工作服务于生产经营，进一步把单纯的舆论宣传工具变成服务企业，参与市场竞争的宣传工具和扩大知名度，塑造良好企业形象，增强企业凝聚力的坚强阵地，保证宣传思想工作健康发展，形成良好的内部舆论环境，促进和谐企业建设，水电十四局党委以局党〔2006〕77号文发出《关于进一步加强新闻宣传工作的通知》，针对各单位在宣传报道工作中存在的问题和如何加强新闻宣传工作提出了8点要求：

(1) 各级党组织和行政领导干部要充分重视新闻宣传工作，要加强领导，进一步强化对外宣传报道，把工作列入对单位及相关领导干部的考核内容。

(2) 鉴于项目点创办小报存在的问题和困难，停办所有项目点（包括局管项目分局、局管项目部、二级单位管项目部、以水电十四局为责任方的联营体）和部分二级单位的小报，通过调整保留办报时间长、有稳定稿源、配有专职编辑、继续办有特殊意义、覆盖全局，或有区域性和专业特点的《云水之光》及《滇东水电》、《滇西水电》、《机电安装简报》、《今日路桥》等5张小报。

(3) 充实人员，加大投入，将工程局主办的《云水之光》从每月2期向每月4期过渡，并增加每期的发行量，以满足信息量的需求和保证发放的覆盖面，并由局企业文化中心强化对二级单位所办4张小报的指导与监管。加强全局通讯员队伍建设，努力提高从事新闻宣传人员的思想素质和写作编辑水平。

(4) 新闻宣传工作要坚持“三贴近”原则，在提高质量、丰富内容、加大深度报道、增强特色上下工夫，紧紧围绕企业中心工作，为改革、发展、稳定服务；为构建和谐企业及促进企业文化建设服务。

（5）集团公司《水利水电工程报》和网站是集团最重要的媒体，不仅在内部具有很强的指导性和权威性，能够沟通信息、交流工作，而且在对外宣传上有着优势，对扩大工程局影响，提高企业知名度有着不可替代的作用。要加大力度积极投稿，并主动争取工作上的指导，竭力做好对集团媒体的报道工作。

（6）进一步融洽与行业和地方新闻单位的关系，在对外宣传报道上迈出新步子。二级单位和项目点要主动与当地新闻媒体接触，建立起长期合作关系，充分发挥企业在地方的影响和所承建工程对当地经济社会发展的重要意义，找准结合点，积极提供稿件并创造条件配合采访，扩大对外报道。

（7）局域网是工程局对外的重要宣传舆论阵地，办好新闻网页对做好宣传报道工作具有重要意义。要加大工作力度，办好新闻网页，充分发挥网络传输快捷、覆盖面广、便于互动的优势。

（8）正确处理强化对外报道与把握宣传尺度的关系，对待新闻宣传工作既要积极，又要稳妥。

第二节　新　闻　报　道

工程局始终把新闻报道工作放在重要位置，坚持正确的舆论导向，坚持围绕中心、服务大局，坚持“三贴近”原则，积极利用内部报刊和广播、墙报、黑板报等宣传工具，开展对内的宣传报道，积极营造企业改革与发展的良好舆论环境，并积极利用所建工程受到地方高度重视，各种社会新闻媒体给予特别关注的有利条件，及时对外报道重大新闻事件。致力于全面展示水电十四局快速发展和改革创新的巨大成就，扩大了企业影响，为塑造良好企业形象发挥了重要作用。给企业发展提供了强有力的思想保证、舆论支持和精神动力，发挥了企业媒体“外塑形象，内聚人心”的重要作用。

1958年8月30日，以礼河二级水电站提前4个月投产发电。这是云南省第一座高水头中型水电站建成投产，也是水电十四局建局以来取得的第一个重大胜利。中共云南省委书记、副省长刘明辉前往参加庆祝大会并剪彩，副局长张加清主持剪彩仪式，党委书记吴志远讲话。云南日报等新闻媒体及局内宣传工具报道了该新闻事件。

1984年正值水电十四局建局30周年。为了继承水电建设者的优良传统，发扬艰苦创业的革命精神，工程局在干部职工中广泛开展了局史和革命传统教育。局内媒体组织了有声势的宣传报道活动，大讲发愤图强、自力更生的爱国主义精神，大讲无所畏惧、勇挑重担、忘我劳动、为国家分担困难的奉献精神。

1985年是国家重点工程鲁布革水电站建设的关键之年。水利电力部部长钱正英、中共云南省委书记普朝柱等相继视察了鲁布革水电站工地。指出“鲁布革水电站是改革开放的窗口”，“我们不能在外国人面前丢中国人的脸”。围绕鲁布革水电站“八五”截流的目标，局内媒体积极配合，抓好“争时间、保截流、为国争光”教育，大张旗鼓地进行宣传报道，并为行业及云南新闻媒体提供条件，做好对外报道工作。

1985年11月15日，鲁布革水电站胜利截流。同年12月7日，《云南日报》在显著位置发表了题为《光明使者的业绩》的长篇通讯，报道水电十四局在鲁布革水电站建设中的先进事迹。《云南水电报》抓住这个重大新闻事件作系列报道，积极营造发扬连续作战精神，乘胜前进，确保安全度汛，力争早日发电的气氛。

1986年11月17～18日，赵紫阳、李鹏视察鲁布革水电站。两位中央领导人视察了电站引水隧洞和运输洞、压力钢管道、拦河大坝等工程，看望了外国专家和工程技术人员，勉励水电职工加快电站建设，克服前进中的困难，为改革开放继续作贡献。国家、行业及云南省重要新闻媒体作了深度报道，《云南水电报》等局内宣传工具也及时进行了报道。

1987年8月6日，《人民日报》头版头条发表《鲁布革冲击》的长篇通讯，报道鲁布革改革在基本建设施工中取得了突破，赞扬这是“一曲改革的赞歌”，“改革焕发了中国人民的创造力”。《鲁布革冲击》的报道获得了巨大成功，在全国产生了广泛影响，鲁布革及水电十四局也开始声名远播。接着，“鲁布革经验”在全国基本建设战线引起了强烈反响。

1987年12月25日，工程局承建的漫湾水电站1号导流洞分流过水，提前1年实现大江截流，为漫湾水电站建设作出了重要贡献。国家及行业有关媒体和云南省重点新闻单位组织了大批记者进行了采访，对水电十四局在漫湾水电站导流工程建设的艰辛历程及运用“鲁布革经验”，发扬“鲁布革精神”，承受巨大的压力，克服重重困难，夺取了提前截流的胜利，作了深度报道。《云南水电报》作了系列报道。

1988年12月27日，鲁布革水电站第一台机组提前3个月投产发电。云南省省长和志强和贵州省省长王朝文前往剪彩祝贺，局党委书记梁祥麟主持了剪彩仪式。人民日报、云南日报、贵州日报等国家、行业和云南、贵州两省重点媒体给予了关注，作了重点报道。《云南水电报》作了积极的宣传。

1989年1月4日，《云南日报》头版头条发表通讯《在沉痛中起飞》，详细报道水电十四局在鲁布革工程建设中崛起的艰难历程和先进事迹。此后，《云南水电报》为结合总结鲁布革水电站建设经验，开展以“在竞争中求生存，在改革中求发展”为主题的形势任务教育，以及推行厂长、经理负责制和内部承包经营的教育作了大量的宣传报道。

1991年6月15日，中国水利水电工程总公司思想政治工作会议在水电十四局召开。云南省副省长李树基出席会议并作了讲话。云南日报等作了会议报道，《云南水电报》及时刊登了介绍工程局党委《发挥党组织政治核心作用，努力办好社会主义企业》及广东分局党委《充分发挥思想政治工作的优势，为广蓄项目施工注入新的活力》经验的通讯。

1993年3月27日，漫湾水电站1号导流洞一次下闸成功。同年6月30日，漫湾水电站第一台机组投产发电。国家、行业及云南省新闻媒体作了重点报道，对水电十四局的贡献作出充分肯定。为了庆祝漫湾水电站投产发电，局党委宣传部和漫湾施工局联合编辑出版了以各级新闻媒体报道稿件为主的《漫湾电站建设中的水电十四局》一书，系统介绍了工程局在漫湾水电站建设中的光辉业绩，展示了全局职工开拓进取、顽强拼搏的精神风貌。

1993年8月2日，广州抽水蓄能电站隆重举行发电庆典。中央政治局委员、国务院副总理邹家华，中央政治局委员、广东省委书记谢非等领导出席。国家、行业及广东省新闻媒体作了重要报道，对水电十四局在项目法施工方面的探索实践给予高度评价。云南日报派记者前往采访，作了深度报道。

为了庆祝广蓄电站投产发电，工程局编纂出版了《水电建设项目现代施工管理探索（上册）》一书，介绍了项目法施工在广州抽水蓄能电站的探索实践及基本经验。《云南水电报》开辟专栏、专版集中宣传报道了在广蓄电站建设中工程局在施工、技术、管理等方面的做法及经验。

1993 年 10 月和 12 月，水电十四局先后中标承建长江三峡专用公路工程和云南大朝山电站导流洞工程，《云南水电报》集中宣传报道了进点开工情况。

1994 年，水电十四局建局 40 周年。5 月 5 日，工程局在昆明海埂水电疗养院举行座谈会，邀请新华社云南分社、人民日报云南记者站、云南日报、支部生活、云南人民广播电台、云南电视台、春城晚报、云南经济报、云南法制报、云南经济信息报、云南企业政工研究等新闻媒体共叙友情。工程局领导梁祥麟、孙启林、汪先绪、牟智龄、陆承吉、陈锦棪、刘东生等出席会议。局长孙启林介绍了水电十四局 40 年来走过的奋斗历程，局党委书记梁祥麟介绍了工程局的发展状况。新华社云南分社记者梁树棠、云南日报记者刘祖武、支部生活记者顾颂奇、云南省政研会秘书长廖树东等饱含深情地回顾起长期以来在采访水电工地、报道水电建设时与水电十四局友好合作的感人事例，热情赞扬水电十四局为云南和中国水利水电建设所作出的贡献。对进一步加强合作，加大水电十四局对外宣传报道的力度达成了共识。随后各家媒体发布了水电十四局建局 40 周年的消息，对水电十四局企业发展取得的成就和对云南及我国水电事业发展作出的贡献给予了高度评价。

1994 年 5 月 9 日，水电十四局隆重召开建局 40 周年庆祝大会。云南省委省政府、电力工业部、水利部、中国电力企业联合会、中国水电工程总公司等单位及有关领导，分别发来贺信或贺电。全国政协副主席钱正英、云南省委书记普朝柱、电力工业部部长史大桢、云南省省长和志强、云南省人大常委会主任尹俊、云南省政协主席刘树生为局庆题词。云南省委常委、副省长李嘉廷，云南省政协副主席李林阁，云南省委原老领导高治国，水电总公司党组副书记、副总经理罗洪，云南省有关部门和单位的领导，以及在昆的工程局党政领导和原局老领导，曾在工程局工作过的老领导、劳动模范、先进生产者代表，局机关与在昆各单位职工代表，共 300 多人参加庆祝大会。局党委书记梁祥麟主持大会，局长孙启林向来宾和代表介绍了工程局 40 年来的历史概况，在水利水电建设、科学技术、教育卫生等方面所取得的巨大成就，以及施工力量和装备、多种经营、基地建设等情况。李嘉廷、高治国、罗洪等发表了热情洋溢的讲话。他们对工程局 40 年来所取得的成绩给予高度评价。行业及云南省主要新闻媒体作了采访报道，在社会上引起了反响。

为了配合建局 40 周年庆祝活动，工程局还编写了《中国水电十四局简史》，摄制了《魂系江河四十年》的电视片，印制了画册，出版了《云南水电报》专刊。

1994 年 11 月 11 日，由水电十四局承建的福建山仔水利枢纽工程成功下闸蓄水，《云南水电报》进行了深度报道。

1994 年 12 月 6 日，广州抽水蓄能电站一期工程举行竣工庆典活动。由水电十四局承建的广蓄电站一期工程，从 1989 年 5 月 25 日破土动工，到 1993 年 6 月第一台机组建成投产，历时4年零6个月，比国家批准的建成工期提前1年发电，第四台机组于1994年3月12日投入试运行。国家有关媒体和《广东日报》、《中国电力报》等作了深度报道，《云南水电报》刊发通讯进行了宣传。

1995年5月30日～6月1日，为推广广州抽水蓄能电站建设管理经验，电力工业部在广州从化召开现场交流会。电力工业部副部长汪恕诚、国家开发投资公司总经理王文泽、原水电部副部长李鄂鼎、中国工程院副院长潘家铮、广东省原副省长匡吉、中国水利水电工程总公司总经理张基尧，以及国家计委、水利部、建设部、全国总工会、国家开发银行、广东省等单位和部门的有关领导出席会议。水电十四局局长马洪琪在会上作了题为“苦练内功，深化管理，提高效益，推进项目法施工再上新台阶”的经验交流讲话。从努力推进项目法施工再上新台阶；完善经济运行机制，顺应市场经济和价值规律法则；建立科学化管理制度，规范生产经营活动；强化合同意识，搞好内外合同的规范化管理；力求均衡生产，坚持文明施工；培训、培训、再培训等六个方面，全面、系统地介绍了广蓄二期深化项目法施工的主要经验。王文泽、李鄂鼎、潘家铮、匡吉、张基尧对工程局在广蓄二期建设中创立的经验给予了很高评价。汪恕诚作会议总结时说，水电十四局在广蓄施工中实施的项目法管理，集目标管理、全面质量管理、网络计划技术、系统工程、价值工程等现代管理技术为一体。水电十四局的经验对水电施工企业如何转机建制，苦练内功，强化管理作出了成功探索，希望水电战线各单位要结合自己的实际情况，认真学习和推广广蓄经验，使广蓄经验在全国生根、开花、结果。国家和行业报报道了该新闻，《云南日报》于6月3日在第一版刊登《水电十四局在广东再创辉煌——电力部召开现场会推广该局经验》的重要报道，对广蓄经验给予高度评价。为了系统地宣传和推广广蓄经验，《云南水电报》开辟“广蓄经验系列谈”专栏，先后刊发了《广蓄工程建设的主要经验》、《改革内部管理体制，促进生产力发展》、《完善经济运行机制，规范生产经营活动》、《抓住成本控制，强化经营管理》等介绍广蓄经验的文章。

1995年10月8日，云南田坝水电站，顺利通过72小时试运行，正式并网投产发电。田坝水电站总装机容量10.5万千瓦，由水电十四局进行施工总承包。《云南水电报》对承担土建施工的本局四公司和承担机组安装的安装二公司进行了深度报道。

1996年5月15日，由水电十四局承担施工的云南大朝山水电站导流洞顺利实现过水分流目标。国家开发投资公司党组书记肖永定，工程局党委书记汪先绪、副局长曹保华等参加了剪彩仪式。云南省及电力行业媒体，以及《云南水电报》进行了专题报道。

1996年10月1日，西藏松达水电站隆重举行竣工庆典暨纪念碑落成揭幕仪式。天津市副市长王德惠、西藏自治区副主席向阳为电站竣工投产剪彩并启动按钮。水电十四局第一副局长陆承吉讲话，回顾了松达电站建设的主要历程。松达电站是天津市出资兴建的援藏项目，总装机容量2400千瓦，由十四局实行总承包建设。经过1年半的艰苦奋斗，终于如期圆满完成电站建设。在由西藏、天津组成的竣工验收委员会全面验收后认为，该电站造价合理，保证了工期，工程质量总体为优良。天津、西藏和行业媒体予以关注，《云南水电报》进行了深度报道。

1996年12月10日，由水电十四局承担施工的云南保山苏帕河茄子山水库工程顺利实现截流目标。工程局副局长曹保华、党委副书记林文进参加截流仪式。云南日报等媒体刊登消息，《云南水电报》进行了深度报道。

1996 年 12 月 25 日，由水电十四局承担施工的云南硕多岗河螺蛳湾电站工程顺利实现截流。云南日报等媒体予以关注，《云南水电报》作了报道宣传。

1997 年 10 月 18 日，由水电十四局承担施工的昆明柴石滩水库工程隆重举行大江截流仪式。云南省委常委、副省长牛绍尧，省委常委、昆明市委书记杨建强，省人大常委会副主任保永康，省政协副主席赵廷光，工程局党委书记汪先绪、副局长赵正杰、李鹏程、总工程师朱镜芳等参加仪式。云南日报、中国水利报等作采访报道，《云南水电报》进行了深度报道。

1997 年 10 月 28 日，中华民族治黄史上具有里程碑意义的黄河小浪底水利枢纽工程截流一举成功。中共中央政治局常委、国务院总理李鹏，中共中央政治局委员、国务院副总理姜春云，中共中央政治局委员、河南省委书记李长春，全国政协主席副主席马万祺，水利部部长钮茂生、副部长张基尧出席截流仪式，水电十四局局长马洪琪、副局长曹保华、黎汉皋应邀参加仪式。小浪底工程成功截流，凝结着工程局奋战在小浪底全体干部职工的心血。他们战严冬、斗酷暑，付出了艰辛，抢回了被外国承包商耽误的工期，确保了导流洞提前具备过水条件。在“母亲河”上奏响了一曲高亢的爱国主义赞歌。国家主要媒体及《河南日报》、《中国水利报》等作了重点宣传，《云南水电报》对工程局承建的小浪底一号导流洞施工情况进行了深度报道。

2000 年 1 月 9 日，黄河小浪底水利枢纽工程首台机组发电。水利部部长汪恕成、副部长张基尧、张春园，河南省副省长张以祥、山西省副省长范堆相出席庆典仪式，水电十四局常务副局长陆承吉主持仪式，水电十四局局长李鹏程、副局长何少润、黎汉皋出席了仪式。国家及河南、山西两省新闻媒体和《中国水利报》等行业报报道了这一重要新闻，对水电十四局等广大建设者的辛勤劳动给予了高度评价。《云南水电报》作了重点报道。

2001 年 6 月 5～7 日，中国水利水电工程总公司、中国水力发电工程学会在昆明召开 2001 年度水电新闻宣传工作座谈会。水电系统党委工作部门和局报负责人、有关省区水电学会负责人近 50 人参加会议。水电总公司副总经理刘经迪、思想政治工作部主任段尚毅、总经理工作部主任解登发，水电十四局党委书记曹保华、副书记刘冬成出席会议。十四局局长李鹏程、副局长李跃平看望了与会代表。曹保华代表十四局致欢迎辞。刘经迪讲话，要求要“以科学的理论武装人，以正确的舆论引导人，以高尚的精神塑造人，以优秀的作品鼓舞人”为指导，努力实践“三个代表”重要思想，唱响主旋律，做好新闻宣传工作。水电十四局在会上作了工作交流，与会领导与代表对十四局在新闻宣传工作方面取得的成绩给予充分肯定。会议对促进十四局新闻宣传工作起到了积极作用。会后，《水利水电工程报》和《云水之光》作了重点报道。

2001 年 10 月 11 日，广西百色水利枢纽工程隆重开工，广西壮族自治区党委书记曹伯纯宣布开工，自治区人大常委会主任赵富林出席庆典仪式，自治区主席李兆焯、国家水利部副部长张基尧同时按下开工爆破按钮，中国水利水电工程总公司总经理郭建堂出席仪式。水电十四局局长李跃平、党委书记曹保华、副局长林文进参加庆典。国家及广西、行业媒体予以关注，《云水之光》进行了深度报道。

2001年10月28日，昆明掌鸠河饮水供水工程成功截流。中共云南省委常委、昆明市委书记杨健强下达截流命令，省人大常委会副主任王义明、副省长陈勋儒等出席庆典仪式，中国水利水电工程总公司副总经理刘经迪出席，水电十四局局长李跃平在仪式上发言，党委书记曹保华参加仪式。云南省及昆明市主流媒体和《云水之光》，对水电十四局在施工中的出色表现予以报道。

2001年12月9日，福建省委书记宋德福按下棉花滩水电站最后一台机组启动按钮，标志着国家"九五"重点工程福建棉花滩水电站经过广大建设者3年多不懈的努力，全面建成投产。福建省及行业媒体报道了新闻，《云水之光》作了深度报道。

2001年12月25日，在云南大朝山水电站首台机组投产发电之际，水电十四局在大朝山水电站工地召开表彰大会，对在大朝山水电站长尾水隧洞工程施工中表现突出的功臣予以表彰奖励。局党委书记曹保华、工会主席王景龙为获奖功臣颁奖并讲话。云南主流媒体报道了电站投产消息，《云水之光》作了专题报道。

2002年1月14日，广州地铁二号线火车站车站土建工程完工。广东省政协副主席匡吉等领导出席庆典，水电十四局局长李跃平在仪式上讲话。广东省及广州市媒体高度评价十四局建设者的辛勤劳动，《水利水电工程报》、《云水之光》作了深度采访报道。

2002年1月20日，国家电力公司和云南省政府隆重举行小湾水电站开工仪式。云南省委副书记、代省长徐荣凯，全国政协常委和志强，云南省人大常委会副主任戴光禄，副省长李汉柏，国家电力公司副总经理刘振亚、周大兵等参加开工仪式。水电十四局局长李跃平、党委书记曹保华、副局长王永祥应邀参加仪式。为加快工程建设步伐，小湾水电站筹建期由3年调整为2年。水电十四局顺利完成了27公里场内外公路工程施工，为创造电站正式开工条件作出了突出贡献，受到业主好评。国家、行业和云南新闻媒体对小湾水电站开工建设作了重点报道，《云水之光》对水电十四局为小湾水电站前期工程施工作出的突出贡献作了专题报道。

2002年6月27、28日两天，由国电公司组织的竣工验收委员会对浙江天荒坪抽水蓄能电站工程进行了竣工验收，水电十四局党委书记曹保华作为验收委员会委员在验收鉴定书上签字。浙江及行业媒体报道了消息，《云水之光》作了重点报道。

2002年8月20～23日，中国建筑业协会主办召开的推广鲁布革工程管理经验十五周年交流会暨国际工程项目管理研讨会在昆明召开。全国人大常委会委员长李鹏发来贺信，建设部副部长郑一军作讲话，中国工程院院士马洪琪出席，水电十四局局长李跃平作交流发言。来自全国建筑业各主要企业，以及日本大成公司，韩国、新加坡、英国建筑行业的代表600余人参加了会议。《云水之光》出专刊在会上发放，建筑行业及云南的新闻媒体高度评价鲁布革经验及水电十四局。

2002年8月28～31日，三峡水利枢纽二期工程船闸下游引航道破堰进水验收会议在三峡坝区举行。以水电十四局为责任方的三联总公司不辱使命，承担施工的永久船闸地下输水系统通过验收，三联总公司总经理周宇在鉴定书上签字。国家及行业媒体和《云水之光》报道了消息。

2002年11月下旬至12月上旬，中央电视台西部频道采访组历时20多天，行程6000多公里，对滇、桂、黔三省区西电东送水电项目进行系列采访报道。采访以工程为主线，先后到云南小湾、大朝山，广西百色、龙滩，贵州乌江渡、洪家渡、索风营等水电站和昆明掌鸠河引水供水工程云龙水库工地采访，并在水电十四局机关、大理、曲靖基地，采访了水电十四局领导、劳动模范、项目经理、技术管理干部、生产工人和离退休老同志。通过反映水电人的工作和生活，生动再现舍小家顾大家，默默奉献的情怀，开山凿洞、筑坝蓄水，奉献光明的聪明才智和敢打敢拼、乐于吃苦的精神。系列报道对宣传水电十四局良好企业形象，起到了积极作用。

2003年6月16日，世界最大的内陆河船闸——三峡水利枢纽双线五级船闸试通航仪式隆重举行。中央政治局委员、国务院副总理、国务院三峡建委副主任曾培炎在试通航仪式上向全世界宣告："根治长江水患，发挥大江水利，这个世世代代中国人民的梦想，正在逐步变为现实"。水电十四局局长李跃平、副局长兼总工程师周宇、副局长周游参加了仪式。全国主流媒体报道了这一激动人心的喜讯，之后，《云南日报》刊登了反映水电十四局在三峡工程中出色表现的报道，《云水之光》作了重点报道。

2003年11月23日，百色水利枢纽地下厂房开挖结束，并以9.8厘米的岩锚梁平均超挖值和16个月的厂房开挖总工期，刷新了国内地下厂房岩梁岩台超挖控制及同等规模厂房开挖工期的纪录，又为水电十四局地下工程施工书写了辉煌的一页。广西及行业媒体作了报道，企业文化中心组织采写了长篇通讯《地下厂房施工的奇葩》，在《云水之光》见报。

2004年7月19日，广西龙滩水电站引水发电系统地下厂房开挖比计划工期提前12天结束。厂房累计开挖66万多米^3，并创连同引水发电系统年洞挖127.7万米^{3}的全国纪录。在岩锚梁施工过程中，采用了目前世界上最先进的全电脑凿岩台车精确造孔，分部控制双面光爆成型等技术，使岩锚梁综合优良率达到94.2%，得到了业主、设计、监理及专家的一致好评。广西及行业媒体作了报道，《云水之光》先后进行了深度报道宣传。

2004年10月12日，由水电十四局为责任方联营体承担施工的小湾水电站导流洞提前1年实现分流，为提前实现大江截流奠定了基础。水电十四局局长李跃平、总经济师王曙平等共同目睹了这一难忘的历史时刻。自2002年1月20日导流洞工程开工以来，141联营体在小湾水电站工地始终保持着工期进度、质量、安全等方面的领先地位。2004年，导流洞进口渐变段顶拱混凝土衬砌、1号导流洞洞身混凝土及1、2号导流洞进水塔连续被评为样板工程。云南及行业媒体予以了关注，企业文化中心组织多篇通讯刊发了《云水之光》专刊。

2004年10月18日，水电十四局在昆明连云宾馆隆重举行建局50周年庆典活动。国务院南水北调工程建设委员会办公室主任张基尧，云南省人大常委会副主任戴光禄、副省长李新华，中国水利水电建设集团公司副总经理刘经迪等领导出席庆典。云南省有关厅委办，全国水电投资、建设、施工、设计、科研单位，社会各界和各兄弟工程局，原在水电十四局工作过的领导，水电十四局历届领导、离退休老同志和在职职工共500多人参加庆祝大会。中国华电集团公司总经理贺恭、云南省政府副省长李汉柏、中国工程院院士马洪琪发来贺电。

张基尧讲话说，水电十四局走过了战斗的50年、发展的50年、改革的50年、成长的50年。真诚祝愿水电十四局以50周年庆典为契机，点燃礼炮，鼓足风帆，在社会主义市场经济大潮中乘风破浪，从一个胜利走向更大的胜利。

李新华说，50年来，水电十四局发扬“自强不息、开拓不止、创新进取、追求卓越”的企业精神，积极投身云南的各项建设事业，为云南的水利水电资源的开发，为全省的经济发展作出了重大贡献。希望水电十四局充分发挥自身优势和地域优势，为云南水电建设作出更大贡献。

刘经迪代表中国水电建设集团公司和总经理郭建堂讲话。他说，改革开放以来，水电十四局顺应时代要求，勇立潮头，经受了鲁布革冲击，探索并实践了“广蓄经验”，以实际行动推动了水电建设事业的创新和改革，为集团公司整体持续快速发展发挥了积极作用。

全国“三八红旗手”汪同芬代表职工发言。她说，我们肩负着再创企业辉煌的使命，每个职工都承担着一份责任。要传承水电十四局企业文化，弘扬企业精神，用辛勤的汗水再铸工程局丰碑。

局长李跃平讲话强调，水电十四局将牢固树立科学发展观，坚持以市场为导向，以发展为主题，充分发挥品牌优势，加快实施国际化战略，扩展投资领域，提升企业资质和信誉，增强市场竞争力；以结构调整为主题，以改革、创新为动力，加快工程局改制、改革步伐，努力推进现代化企业制度建设；加强企业文化建设，坚持企业与员工协调发展，弘扬优秀的企业精神，励精图治，改革创新，锐意进取，把水电十四局逐步建成具有较强投融资、设计、施工能力的知识型，管理现代化，经营国际化的大型综合企业。

庆祝大会由局党委书记周宇主持。工程局第一任局长李天柱出席庆典，调出的原局领导汪先绪、陆承吉等应邀参加庆典，副局长周游、洪坤、刘光、于涛，总工程师和孙文、总经济师王曙平、总会计师崔志强、工会主席陈志明和老局领导王开弼、孙启林、曹保华等出席大会。

庆典演出紧扣“回顾奋斗历史，展望发展未来，激励职工斗志，弘扬企业文化”这一主题，颇具云南和水电特色。著名歌唱家杨洪基领唱的大合唱《水电建设者之歌》等节目博得阵阵掌声。

同日，水电十四局在曲靖和大理分别召开庆祝水电十四局建局50周年茶话会。曲靖市委常委、政法委书记施洪甲，副市长左伯俊，水电十四局党委副书记王景龙、副局长高必华等参加了曲靖片的座谈会。大理州副州长孙衔，水电十四局副局长陈学云、咨询刘冬成等参加大理片的座谈会。

云南日报、云南电视台等作了采访报道，《云水之光》出版两期专刊，作专题报道宣传。

2004年11月16日，贵州省构皮滩水电站成功截流，水电十四局总工程师和孙文等出席庆典仪式。业主对水电十四局在导流洞施工中的突出贡献给予了高度评价，贵州及行业媒体报道了消息，企业文化中心采写了通讯《闯关夺隘显英豪》，在《云水之光》见报。

2005年11月15日，四川锦屏一级水电站正式开工。参加仪式的四川省委书记、省人大常委会主任张学忠等领导，在局长李跃平、副局长宋家华的陪同下到水电十四局承担施工的导流洞工程视察。张学忠对十四局在锦屏一级水电站的出色表现给予高度评价。国家及四川、行业媒体予以关注，企业文化中心采写了讴歌十四局将士的通讯《锦屏峡谷战犹酣》、《雅砻江畔显英豪》，在《云水之光》刊发。

2005年12月26日，我国第二大水电站——溪洛渡水电站正式开工建设。中央政治局委员、国务院副总理曾培炎发来贺信。四川省委书记、省人大常委会主任张学忠出席开工典礼，国务院三峡建设委员会副主任、中国三峡总公司总经理李永安，四川省委富书记、省长张中伟，云南省委副书记、省长徐荣凯，国家发改委副主任张国宝先后讲话。水电十四局局长李跃平，党委书记洪坤，副局长刘光、于涛等参加仪式。参加仪式的云南省领导徐荣凯等参观了水电十四局施工的工程，提出了希望。国家及云南、四川和电力行业新闻媒体报道了消息，《云水之光》进行了深度报道。

2006年5月20日，由水电十四局联营体青云公司浇筑一大队经过34个小时的高强度连续作业，完成最后一仓混凝土浇筑。至此，水电十四局参加施工的世界规模最大的三峡混凝土大坝终于在中国长江西陵峡全线建成。全国媒体特别予以关注，随后由十四局采写的通讯《十四局饮誉大三峡》在《云南日报》见报，企业文化中心组织采写了长篇通讯《创新出成绩，三峡铸丰碑》，专稿在《云水之光》宣传。

2006年6月6日，四川锦屏一级水电站右岸导流洞提前2个月成功破堰过水。局长周宇在仪式上讲话，副局长刘光、于涛、宋家华等出席仪式。业主方对水电十四局在导流洞施工中的突出表现予以高度评价，四川及行业媒体作了报道，《云水之光》作了深度报道。

2006年10月26日，庆祝三峡大坝全线通车活动在三峡大坝坝顶右厂排坝段举行。10时30分，在雄壮激昂的乐曲声中，全国人大常委会原委员长李鹏在湖北省省委书记俞正声，国务院三建委办公室主任郭树言，三建委副主任、三峡总公司总经理李永安等的陪同下走进了仪式现场。三峡总公司副总经理曹广晶宣布：全长2309米、混凝土浇筑总量为1610万米^{3}的三峡大坝今天全线通车，剪彩仪式正式开始。在热烈的掌声中李鹏剪开了象征通车的彩带，并向广大建设者致意。仪式结束后，李鹏亲切接见了集团公司副总经理李跃平、工程局局长周宇等参建单位领导。

此前，李跃平在周宇和四局局长王维斌的陪同下来到青云公司检查指导。在听取工作汇报和察看施工现场后表示满意，并要求继续高标准，高质量完成尾工工程，全面建设好三峡工程，实现国际一流大坝的目标。

青云公司在三峡工程中的丰功伟绩受到业主、监理的一致赞誉。国家主流新闻媒体报道了三峡大坝全线通车庆祝活动的盛况，对三峡工程建设者付出的艰辛努力给予高度评价，《云水之光》作了重点报道。

2006年11月15～18日，由中央电视台和中国电力报社联合组成的大型文献电视片《照亮中国》摄制组到水电十四局及鲁布革水电站进行采访。《照亮中国》是中国电力工业领域第一部长篇巨著的历史文献片，旨在记录中国电力工业改革和发展的历程，弘扬电力行业干部职工在不同历史时期的时代精神。作为鲁布革水电站施工的组织指挥者，水电十四局原局长王开弼、孙启林和参加工程建设的现任局长周宇分别接受了采访。王开弼、孙启林和周宇通过亲身经历，重点介绍了“鲁布革冲击”发生的时代背景、历史意义和水电十四局在冲击中发挥的重要作用。

2006年12月10日，由水电十四局总承包施工的缅甸瑞丽江一级水电站成功截流，副局长刘光、杨毅平等出席庆典。为按期实现截流目标，水电十四局为之付出了艰辛努力。云南及行业媒体予以关注，企业文化中心组织采写了《激战瑞丽江》通讯，在《云水之光》见报。

2006月22～25日，由云南省总工会、云南省劳动与社会保障厅主办，由水电十四局承办的云南省水轮机安装工、水轮发电机安装工技术技能大赛在小湾水电站工地举行。水电十四局总工程师和孙文在仪式上讲话，工会主席陈志明主持仪式。水电十四局安装公司周敏利、杨庆文分别荣获第一名。《云南日报》等媒体发消息，《云水之光》进行了专题报道。

新闻报道工作始终得到了党委和行政的高度重视，给予了大力支持，分管部门投入大量精力，尤其广大通讯员笔耕不止，付出了辛勤的劳动，取得了较好成绩，在行业和地方获得了多次表彰和多项荣誉。

1997～2006年，水电十四局记者站先后9次被中国水利水电工程总公司和中国水电建设集团授予“标兵记者站”或“先进记者站”称号，水电十四局22人次被评为“标兵记者”和“优秀记者”。49篇新闻荣获“好新闻特别奖”、“好新闻作品一、二、三等奖”；19篇文艺作品荣获“好作品奖”。

《云南水电报》1994年3月被中国施工企业管理协会评为优秀报刊。水电十四局《云水之光》2002年8月被云南省企业报新闻工作者协会评为“云南省优秀企业报”，1人被评为“云南省企业报优秀新闻工作者”。

1995～2006年，云南水电报每年都组织“优秀通讯员”评选，有效地促进了通讯员队伍建设和企业新闻宣传工作。

第十二篇　企 业 监 督

第十二篇　企　业　监　督

第一章　企　业　审　计

第一节　机　　构

1985 年 9 月，工程局设立审计部门（审计处），审计处定员为 6 人（其中处长 1 人、主任审计师 1 人、审计员 4 人），负责工程局的内部审计工作。

1994 年，审计处并入财务处，审计工作照常开展，审计所担负的任务及职责不变。

1995 年，重新设立审计部门，定编 4 人，包括正副部长在内。工程局审计部门成立以来，工程局领导高度重视，局机关处（室）和基层单位大力支持，先后从二级单位财会人员中聘用了 20 名兼职审计人员，弥补了工程局审计力量的不足，使全局审计工作得以顺利开展。

1996 年 6 月，工程局进行机构改革，组建了曲靖分局、大理分局，为了强化内部审计监督，适应企业管理体制改革的新形势，在两个分局机关设立了审计部，其他各二级单位也相应设立了审计部门，为工程局开展全方位、多层次的审计监督工作创造了条件。

2000 年 10 月，工程局为了更好地统一协调审计工作，又将曲靖分局审计部、大理分局审计部划归工程局审计部直接领导，成立审计部大理分部和审计部曲靖分部。

1988～2006 年历任审计处（部）的处（部）长有：杜陶生（代）、陈光黎、李玉林、毛正广、许宁、李家俊；曾任审计处（部）的副处（部）长有：许宁、李国胜。

第二节　审　计　工　作

1985 年 9 月，审计处成立后，主要开展一年一次财务、物价、税收大检查工作，随后，又配合财务部门做查账纠错的查账工作。审计部门通过开展上述工作，逐步探索审计工作的思路和工作方法，使审计工作在实践中不断完善和发展。

随着企业改革发展的需要和内审工作效益的显现，全局上下对内审工作越来越重视，需求越来越多，工程局下达的审计任务在逐年增多。1995 年后，为了更好地执行国家法律、法规和上级有关规定，加强企业管理和审计监督，完善经营机制，提高经济效益，根据《中华人民共和国审计法》、《审计署关于内部审计工作的规定》和《中国水利水电工程总公司内部审计工作规定》等规定，建立和完善了审计工作制度，审计工作做到了广覆盖，经常化、规范化、制度化。

工程局审计工作是在工程局局长的直接领导下，在全局范围内具有相对的独立性和权威性。审计部门以《审计法》、内部审计的相关法规、制度为依据，对全局所属的各项目点、管理中心行使内部审计监督权。每年平均审计 30 个项目，审计覆盖率达 50%以上，对较大的工程项目点基本能做到两年最少审计一次。通过每年的内部审计，对工程局的经营政策、管理制度的执行，发挥了积极的推动作用。为工程局对项目点利费的足额及时收缴，提供了保障，促进了项目点管理制度和会计核算体系的不断优化和完善，为防止出现经济问题和经营决策的失误，发挥了很好的监督作用。

随着国企体制改革的不断深入，全局审计工作得到了很大的发展，审计工作的重要作用也日趋显著。工程局的审计工作从原有基本的查漏防弊，向服务性方向发展；从以财务收支审计为主，向经济效益审计和经济责任审计转变。工程局审计工作从最初的每年一次财务、物价、税收大检查工作开始，到了20世纪90年代中期逐步向承包经营责任审计和财务收支审计转变。2000年以来，结合企业财务收支审计，逐步走出了一条以企业领导人任期经济责任审计为中心的企业审计路子。按照“摸家底、揭隐患、促发展”这一思路，重点审计评价企业会计信息特别是盈亏的真实性、重大经济决策合规合法性、资产的质量及保值增值情况、主辅分离及企业改制过程中有无人为造成国有资产流失以及企业领导人员遵纪守法和履行其经济责任的情况。

工程局的审计工作从1985年开展到现在已有21个年头。20多年来，特别是近几年，在局长的直接领导下，在各部门、各单位的支持配合下，工程局的审计工作有了很大进展，体系逐渐健全，人员不断充实，各项制度、规定也在不断的建立和完善，审计工作基本进入了制度化、规范化的轨道。据不完全统计，各级审计部门共开展了各种专项审计327项，查出违纪违规金额7751余万元。同时，工程局审计部门还向局有关部门和单位提出了362条审计意见和审计建议。

一、财务收支审计

财务收支审计是对本单位及所属单位一定时期内的财务收支和经营成果的真实性、合法性、效益性所进行的审查和评价活动，重点是对资产、负债、损益的审查。通过审计，暴露出各基层单位管理上存在很多问题。诸如有的单位管理层次过多，严重失控；有的成本不真实，随意摊提费用，有的固定资产不按规定进行核算和管理，上千万元的固定资产不按制度入账；有的弄虚作假，截留收入、公款私存，私设“小金库”；有的对外投资，长期没有收益。这些问题在许多单位不同程度出现。对于审计中发现的问题，内审部门提出建议与意见，帮助被审计单位进行整改。

二、承包经营责任审计

承包经营责任审计是依据国家规定，结合承包经营合同，对合同双方和企业经营履行经营责任状况所进行的专项审查活动。1991～1999年，共审计项目36个，通过承包经营责任审计，对被审计单位的营业收入、营业成本、盈亏情况及上缴承包金额进行核实。

三、任期经济责任审计

1996年，工程局审计部开始对国有企业经理（厂长）进行经济责任审计试点。经济责任审计是以领导干部所在单位财政财务收支为基础，运用审计手段检查领导干部任期内经济责任的履行情况，从而为干部管理部门考核、任免干部提供参考依据。1999年，为适应中国政治体制改革不断深入和加强干部监督管理工作的需要，经济责任审计在全局范围内普遍开展起来，审计对象由国有企业领导人员扩展到党政领导干部。通过对单位负责人的经济责任审计，建议晋升 12 人，平调 18 人，降职 2 人，撤职 3 人。

四、经济效益审计

工程局审计工作以规范管理工作程序，规范经济运行为主导，工作重心由传统的财务收支审计，向经济效益审计和内控制度审计转移，促进企业强化内部管理，提高经济效益。通过审计，对被审计的单位经济活动的决策、运行、管理及其成果进行审查和评价，主要核实了工程签订的合同额、施工产值、经营收益及利润等主要经济指标的完成情况。针对各单位存在的薄弱环节，提出经营管理合理化建议和纠正处理意见。

五、资产经营责任审计（资产负债损益审计）

工程局审计部依据工程局与所属二级单位签订的《经营责任书》，对经济责任人履行经营责任情况进行的审计，审计中主要对责任书中规定的各项经济指标的完成情况，同时审查被审计单位的资产负债、所有者权益、费用收入、利润、税收，着重关注债权债务等方面情况。工程局审计工作主要是结合这两类审计方式来进行审计，从真实性和合法性入手，运用专项审计调查、跟踪审计等手段，对项目建设管理、资金使用和综合效益做出总体评价，揭示决策失误、管理不善、严重损失浪费、效益低下、政策法规不完善等问题，审计结果普遍受到重视，审计查出的问题基本得到纠正，大部分审计建议得到落实。通过审计查出的主要问题有八个方面：一是虚列资产、负债。如有的项目点将应计的收入挂在其他应付款中。二是在财务收支中存在多记、少记收入和支出，漏缴各种税金等问题。三是内控制度不严密，致使资产流失。四是没有严格执行固定资产管理制度。如有的项目点没有严格执行工程局制定的固定资产管理办法，折旧年限前后不一致，新购设备审批手续不完备。五是债权、债务清理不及时、催款不力，形成长年挂账。在一些单位长期挂账现象较多，金额较大。六是对于规定上缴的有关费用和各类保险，欠缴现象较多。一些单位少计收入，少计工资总额，导致少交管理费、劳务费及社会保险金等。七是有些项目部经营产值、工资总额等，出现会计和统计不一致现象，同时没有详细说明。八是部分项目点会计基础工作薄弱、财务核算混乱等。审计中坚持依法审计、严格监督，坚持以理服人，发扬“一审、二帮、三促进”的工作作风，做到审一个单位，帮一个单位，帮助被审计单位理顺财务手续，完善规章制度，提高经济效益。

六、工程完工审计

工程局每年完工的项目相对较多，由于前期施工过程中所涉及的工程设计变更项目，大多要留到工程收尾时才能与业主进行协商解决处理。所以，项目的收尾清量工作就显得尤为重要，有的甚至会对整个项目的整体效益起到决定性作用。通过此类项目的审计，一方面能够较为全面地了解项目的整体经营状况；另一方面，通过核查收尾项目的清理工程量与业主最终的确认情况，而确定项目的最终效益；能够促进项目对收尾事项的规范处理，包括收尾废旧材料的处置，工程资料的归档等。

七、预算执行情况审计

为了实现资源合理配置、作业高度协同、战略有效贯彻、经营持续改善、价值稳步增加的目标。2003 年 6 月，在全局推行全面预算管理制度，把它作为企业内部管理控制的一种主要方法。审计部门也相应开展了对预算执行情况的审计项目。通过审计，发现被审计单位中存在以下问题：未完全建立全面预算管理制度，预算管理的编制工作仅局限于财务部门，预算管理流于形式；预算与实际数差异较大，使预算指标失去了可比性和控制性，对出现的偏差未按规定进行适时报批和调整；预算编制较为粗糙，对下达的年度预算目标，未按季进行分解落实到部门和班组，未对预算执行进行适时监控，预算未起到事前控制的作用。全面预算管理制度在工程局的推行也是处在一个起步阶段，全面预算管理制度还将继续不断完善。

八、审计调查

审计调查是通过观察、查证、寻访、函证，试查、测定等方式进行调查研究，掌握可靠信息的一种审计方法。通过调查，发现共性问题，提出整改建议，开展了企业财务管理及经济效益的审计调查，并对其存在的问题进行分析评价，探讨企业在不同时期的定位点以及增进制约机制等问题；侧重于对被审计单位的内部制约机制进行评价，并促使内控制度的健全完善。对审计中查出的问题，及时和被审计单位领导、财务人员交换意见，向领导作了汇报，提出的整改处理意见具有针对性、可操作性，被审计单位心服口服，不但改变了审计就是挑刺的观念，而且主动接受审计。

九、定期向职工代表大会报告审计工作

根据中水电审〔2000〕1号文件《关于切实做好审计工作向职代会报告工作的通知》的要求，2002年，在局第十四届职工代表大会上，根据大会议程，局领导向大会作了“关于2001年度审计工作情况”的报告。这标志着审计工作向职代会报告制度开始实施，到2006年已连续5次向职代会报告审计情况。建立审计工作报告制度，不仅强调了审计工作的重要性和它的相对独立地位，而且将审计工作置于职工代表的监督之下，有利于保证审计结果的公正、可靠和审计工作的健康发展。

十、规范审计基础工作

工程局审计部对开展的审计工作进行不断的总结，对工作中存在一些不足，如审计报告不够规范、重点不够突出、内容不实、审计工作底稿记录不认真、利用率低等。针对存在的问题，及时进行整改，提出具体意见和要求。例如：对项目点的审计要注重分包工程的审计；积极配合搞好“三重一大”的检查工作；对财务基础工作规范的检查，强化对现金的抽查，存货的账、卡、物核对，内部往来余额的核对；审计报告的撰写必须统一格式，要求内容一定要翔实，不能简而化之，分析一定要透彻，条理要清晰，有关附件要齐全，审计评价要客观公正，审计建议要做到切实可行。

十一、信息化建设

1996年7月，水电总公司召开了全系统审计信息工作及审计管理软件应用研讨会。根据会议精神，工程局审计部着手建立起局内的信息网络，根据局内施工点多、分布广泛的特点，在全局设置了兼职审计信息联络员，及时将各种信息反馈回来，为审计项目的顺利实施提供了保证。

通过审计工作，不仅为工程局挽回了经济损失，而且也有力地促进了生产经营工作的顺利进行。工程局内部审计工作成绩突出，多次受到上级审计部门的表彰。1998年1月，被云南省审计厅授予“全省内部审计先进集体”称号；被中国水电建设集团公司先后授予

“2002～2004年内部审计先进单位”、“2005～2007年内部审计先进单位”称号；被国家审计署授予“2005～2007年全国内部审计先进单位”称号。

第二章　企　业　监　察

第一节　机　　构

1954年9月，工程局人民监察室成立，与局纪委联合办公。1955年12月，根据水电总局人民监察室的意见，工程局人民监察室与工程局纪委分开办公，韩仕礼任主任。

1959年4月，国家行政监察体制被撤销。随后，工程局监察机构取消，其职能由党的监察机构替代。

1986年12月，全国六届人大常委会第十八次会议决定，恢复并确立国家行政监察体制。1988年10月，工程局恢复重建监察室。随后，工程局下属单位也设立了监察机构，普遍与纪委合署办公。

1993年7月，根据中共云南省纪委和云南省监察厅部署，经工程局党委批准，工程局纪委与监察室合署办公。

1988～2006年，先后担任或兼任过监察室主任的有：张祥霖、温其大、徐东初、杨兴泽。

第二节　监　察　工　作

一、监察工作

1954年9月，工程局成立了人民监察室。

1954～1959年，在工程局党委和上级监察部门的领导下，工程局监察室紧密围绕党和国家在各个时期的中心工作，认真抓全局监察队伍的思想建设和组织建设，积极开展行政监察工作。1955年，工程局各基层单位普遍配备了“人民监察通讯员”，在主要施工点设立了“人民意见箱”，使全局监察工作有了坚实的群众基础。为了使监察工作规范化、制度化，局监察室先后制定了《监察工作细则》、《监察室向有关科室索取资料的规定》、《案件研究处理制度》、《监察室关于人民来信来访、控诉案件的处理办法》、《云南水力发电工程局监察通讯员守则》、《以礼河水电局对贯彻国务院奖惩暂行规定的实施办法》等6个规章制度，为监察工作的开展发挥了积极的作用。5年中，局监察室充分发挥人民监察员的作用，对领导作风、物资管理、财务管理、质量安全、生产事故、内部合同管理、食堂管理等方面进行专项检查。通过认真检查，对工作中出现的问题提出了处理和改进的意见，对违纪违法案件进行了严肃查处。这样，既改进了工作，又严肃了政纪，加强了管理，调动了广大职工的积极性，发挥了行政监察的监督保证职能。

1988年，工程局监察机构恢复重建。工程局各级监察部门，在工程局和上级监察机关的领导下，认真履行监察职能，为企业发展保驾护航，在积极为企业出谋划策、排忧解难、帮助纠正偏差及失误、支持企业负责人依法行使职权等方面做了大量工作，收到了较好效果。全局各级监察部门积极协同纪检部门，认真处理群众来信来访，做好落实政策和反腐倡廉工作，进一步稳定了企业，稳定了职工队伍。

二、效能监察

工程局党政领导班子重视效能监察工作。2000 年 7 月，工程局颁发了《水电十四局效能监察办法》，在全局正式开展效能监察工作。2004 年 7 月，工程局又颁发了《水电十四局贯彻执行〈中国水利水电建设集团公司效能监察暂行办法〉实施细则》，使效能监察工作更加规范化、制度化。

工程局局长主管效能监察工作，全局各单位党政领导都十分重视效能监察工作，各单位都由行政一把手主管效能监察工作，党委副书记兼纪委书记分管并组织实施，逐步建立健全了效能监察的工作机制和检查、考核机制。各级领导对效能监察工作的重视和支持，以及工作机制和检查、考核机制的逐步建立，为开展效能监察工作提供了有力的保证。

全局各单位把效能监察工作作为监察工作的重点，建立和完善效能监察工作的领导体制和工作机制，服从和服务于企业生产经营中心，针对企业改革发展中的重点、难点和热点问题，深入开展效能监察工作，取得了新成效。围绕企业的阶段性重点工作，开展了清产核资的效能监察；围绕企业管理的难点和热点问题，开展了改制分流的效能监察；围绕企业管理，开展了规章制度落实、履行职责情况、安全生产和项目综合管理的效能监察，提升了企业的管理水平、规范了工作程序，堵塞了管理漏洞，取得了良好的经济效益和社会效益。

2000～2006 年，全局共立项并实施了 116 个效能监察项目。其中，工程局监察室立项并实施了 26 个效能监察项目，提出监察整改建议 104 条，对加强项目管理、促进企业管理水平的提高，起到了有力的促进作用。工程局的效能监察工作，得到工程局党政领导和集团公司的充分肯定，工程局监察室的效能监察经验材料在 2005 年集团公司青海效能监察工作会上交流，并被收入集团公司编撰的《企业效能监察实践与探索》一书。

2006 年 10 月，工程局监察室撰写的调研论文《坚持实事求是，搞好效能监察》被集团公司选送参加国务院国资委有关效能监察专业会议交流。

第三章 监 事 会

第一节 联 营 体

2005 年 8 月 10 日，工程局制定了《中国水利水电第十四工程局联营体工作指导意见（试行）》，对联营体监察委员会（监事会）作了具体规定。

一、联营体监察委员会（监事会）的构成

联营体监察委员会（监事会）是联营体代表委员会（董事会）领导下的常设监察机

构，执行内部监督检查职能。监察委员会（监事会）成员由联营各方推荐，经代表会员会（董事会）批准，监察委员会（监事会）主席由代表委员会（董事会）确定人选，监察委员会（监事会）成员不得由项目经理部人员兼任。

二、联营体监察委员会（监事会）的职责

（1）监督和检查联营体项目经理部的经营管理工作，监督效益分配。

（2）监督和检查联营体项目经理部执行政策法规和联营体章程及运营规则的情况。

（3）牵头对项目经理部进行审计和年度经营业绩考核，列席代表委员会（董事会）会议，向代表委员会（董事会）作年度监察情况报告。

（4）完成代表委员会（董事会）交办的其他工作。

三、其他规定

代表委员会（董事会）会议闭会期间，监察委员会（监事会）至少到项目经理部检查工作一次，并向代表委员会（董事会）书面汇报项目经理部经营管理工作和其他工作情况。

根据中国水电建设集团公司及工程局的规定，工程局参与组建的联营体均按规定设立监察委员会（监事会），并委派监事执行内部监督检查职能。

第二节　公司制企业

截至2006年12月31日，工程局先后投资控股了云南绿色高新材料股份有限公司和投资参股了云南水电十四局昆华建设有限公司、云南水电十四局东华装饰有限责任公司、中国水电建设集团投资有限公司、中国水电建设集团路桥工程有限公司、文山陆河发电有限责任公司。以上公司均设置有监事会，工程局按规定委派监事，并按《公司法》中有关监事会的规定开展监事会工作。

根据《公司法》对公司监事会的规定：有限责任公司设监事会，其成员不得少于3人。监事会应当包括股东代表和适当比例的公司职工代表，其中职工代表的比例不得低于1/3，具体比例由公司章程规定。监事会中的职工代表由公司职工通过职工代表大会、职工大会或者其他形式民主选举产生。

监事会设主席1人，由全体监事过半数选举产生。监事会主席召集和主持监事会会议；监事会主席不能履行职务或者不履行职务的，由半数以上监事共同推举1名监事召集和主持监事会会议。

董事、高级管理人员不得兼任监事。

监事的任期每届为3年。监事任期届满，连选可以连任。

监事任期届满未及时改选，或者监事在任期内辞职导致监事会成员低于法定人数的，在改选出的监事就任前，原监事仍应当依照法律、行政法规和公司章程的规定，履行监事职务。

监事会的监事行使下列职权：

（1）检查公司财务。

（2）对董事、高级管理人员执行公司职务的行为进行监督，对违反法律、行政法规、公司章程或者股东会决议的董事、高级管理人员提出罢免的建议。

（3）当董事、高级管理人员的行为损害公司的利益时，要求董事、高级管理人员予以纠正。

（4）提议召开临时股东会会议，在董事会不履行本法规定的召集和主持股东会会议职责时召集和主持股东会会议。

（5）向股东会会议提出提案。

（6）依照《公司法》第一百五十二条的规定，对董事、高级管理人员提起诉讼。

（7）公司章程规定的其他职权。

监事可以列席董事会会议，并对董事会决议事项提出质询或者建议。

监事会的监事发现公司经营情况异常，可以进行调查；必要时，可以聘请会计师事务所等协助其工作，费用由公司承担。

监事会每年度至少召开一次会议，监事可以提议召开临时监事会会议。

监事会的议事方式和表决程序，由公司章程规定。

监事会决议应当经半数以上监事通过。

监事会应当对所议事项的决定做成会议记录，出席会议的监事应当在会议记录上签名。

监事会、不设监事会的公司的监事行使职权所必需的费用，由公司承担。

第十三篇　人　　物

第十三篇　人　　物

第一章　人　物　传　略

本章收录人物的范围为工程局历届领导班子中2006年前已去世的领导同志。

张加清（1920-01～1985-03）　男，汉族，1920年1月生，河北省涉县人，小学文化程度，1940年3月18日加入中国共产党。

1940年，张加清组织家乡广大农民开展敌后抗日斗争，先后担任农会主席、支部书记、区抗日先锋队队长、区武装斗争委员会主任。抗日战争胜利后任涉县一区武装斗争委员会主任。1949年初，随解放大军南下，任南下长江支队副中队长，参加了突破国民党反动派的长江防线、解放南京的战役。

新中国成立后，张加清历任福建省惠安县公安局局长、县长。1952年到古田水电站工作，历任工程队长、分党委书记、工程处副处长。1956年调广东，任电力工业部流溪河水力发电工程局副局长。1957年调云南水力发电工程局工作。1958年5月后，历任云南水力发电工程局副局长、局长。1975年后，担任云南省电力工业局革命委员会副主任、顾问。1980年1月，任电力工业部第三水电工程局党委书记。1980年11月改任顾问。1984年离职休养。

1985年3月9日，因病医治无效在昆明逝世，终年65岁。

田　忠（1921-10～1967-05）　真名范填光，曾用名李建中、范田岗。男，汉族，1921年10月2日生，山西省岚县人，高中文化，中共党员。

1937年，田忠在山西省岚县东村镇任店员。1938年任岚县工区区委会书记、部长。1941年在晋西北党校学习。1941年9月～1949年，在山西静乐县、阳曲县、交城县、汾阳地委、太原二地委等地任组织部长、整风分队长、书记等职。1949年8月～1952年，在华北局党校任副支部书记、马列主义教研室副主任。1952年2月～1954年，在华北行政委员会农林局任副处长、处长。1954年后，在中央燃料工业部水电建设总局北京勘测设计局（后改为院）工作，历任副处长、副局长、副院长。1961年，任水利电力部水电建设总局副局长。1964年9月，调云南以礼河水力发电工程局工作；1965年5月，任云南水力发电建设公司党委书记。

1967年5月5日，在“文化大革命”中被迫害致死，终年46岁。

李建邦（1918～1999-03）　原名赵鸿业。男，汉族，1918年生，河北省献县人，高小文化，1940年参加工作，同年加入中国共产党。

1933年，李建邦在家乡当学工，任抗联自卫队小队长。1940年后，历任河北省献县抗联会主任、二区区委书记、组织部副部长。1945年后，历任辽西省锦县工委会书记、热河省北票县委会副书记等职。1948年后，历任热河地委党校副校长、省委党校教务处主任、热河省兴隆县委会副书记。1952年10月后，任水电建设总局机关党委副书记。1958年，调云南省以礼河水力发电工程局，历任党委副书记、书记（兼工会主任）、副局长。1968年，任云南水力发电建设公司革命委员会副主任。1980年1月，任电力工业部第三水电工程局副局长。1980年2月，调电力工业部机电施工局任顾问。1982年12月1日离休。

1999年3月17日，因病医治无效在山东德州逝世，享年81岁。

梁祥麟（1933-12～2000-08） 曾用名梁钜涛。男，汉族，1933年12月12日生，湖南省涟源县人，1953年毕业于哈尔滨工业大学木工系水工组，1953～1954年8月在大连工学院学习，大学文化，中共党员。

1954年9月～1958年，梁祥麟在云南水力发电工程局工作，任技术员、工段长。1958年11月～1963年，在云南省电力局工作，任基建处副科长。1963～1966年，任以礼河水力发电工程局技术科副科长、工程师。1966～1971年，任云南水力发电建设公司第三分公司工程师。1971～1973年，任云南省电力局第三工程处革委会副主任。1973～1981年，任云南省电力局第三工程处副处长、处长。1981年9月以后，历任水电十四局黄泥河分局副局长、副总工，水电十四局科研处处长等职。1983年6月，任水电十四局党委代理书记。1983年8月～1995年，任水电十四局党委书记。1995年2月，退休。

2000年8月1日，因病医治无效在昆明逝世，终年67岁。

宁　坚（1913～1981-01） 男，1913年生，云南宣威县人，中共党员。

1938年参加工作，同年加入中国共产党，曾任冀热辽军区政治部联络处长，50军150师参谋长、直属党委书记，50军149师参谋长、直属党委书记等职。1954年，转入电力工业部门工作，历任燃料工业部设计处处长，西安电力学校校长。1958年8月，调昆明水电设计院工作，历任副院长、党委书记。1973年8月，任昆明水电设计院革委会副主任。1977年3月，任昆明水电设计院党委书记。1980年1月，任电力工业部第三水电工程局党委副书记。

1981年10月7日，因病医治无效在昆明逝世，终年68岁。

李景沆（1914-01～1988-10） 男，汉族，1914年1月1日生，北京人，北京清华大学土木系毕业，大学文化，中共党员。历任福建省人大代表，中国水力发电工程学会第一届理事会理事、第二届理事会名誉理事，云南省第二届人大代表，云南省政协第四届常务委员会委员、第五和第六届委员会委员等。

1937年7月～1940年，李景沆在陕西泾洛工程局工作，任技术员。1940～1945年，任四川长寿龙溪河水力发电工程处助理工程师。1945年5月～1947年，到美国垦务局实习。1947年3月～1956年，在福建古田水力发电工程处工作，历任勘测队长、工程师、主任、总工程师。1956年5月～1970年，调云南水力发电工程局工作，历任总工程师、副局长。1970年10月～1979年，任云南省电力工业局总工程师。1979年入党。1980年1月，任电力工业部第三水电工程局副局长兼总工程师。1983年，任鲁布革工程管理局筹建领导小组组长。1984年，任鲁布革工程管理局执行顾问。

1988年10月25日，因病医治无效在昆明逝世，享年74岁。

巩荫三（1917－09～1987－10）　曾用名巩树槐。男，汉族，1917年9月21日生，山东省濮县人，高小文化，中共党员。

1942年6月参加工作，在濮县冀鲁豫边区第一中学任油印员。1945年6月～1947年9月，分别在濮县第一高小南点任教员，北点任代理主任、主任。1947年6月加入中国共产党；10月，在濮县县政府教育科任科员。1948年4月，随军南下，分别在寿张县张秋镇、县委办公室任秘书。1949年4月，任南京文教接管委员会管理总务股股长；9月，任西南服务团管理科长。1950年2月，任中共云南省工委会秘书。1952年2月，任云南省个旧市总工会办公室主任。1953年9月～1955年3月，在西南局党校学习。1955年3月，到云南水力发电工程局工作，历任局工会副主席、主席、副局长、党委副书记等职。1965年12月，任云南水力发电建设公司党委副书记兼第一分公司党委书记。1968年10月，任云南水力发电建设公司革委会副主任。1972年3月，任以礼河工程收尾领导小组副组长。1973年3月～1977年4月，任云南省电力局第一工程处党的核心小组主要负责人。1986年4月离休。

1987年10月6日，因病医治无效在昆明逝世，享年70岁。

韩仕礼（1926－11～2003－04）　男，汉族，1926年11月生，山东茌平县人，1947年参加工作，中共党员。

1947年7月～1949年2月，在山东茌平县任工作员、干事、股长等职。1949年，在江西省东乡县一区任宣传干事、乡长等职。1949年9月～1954年6月，在贵州省余庆县一区任宣传干事、副书记、书记等职。1954年7月，调云南水力发电工程局工作，任监察室主任。1955年9月～1965年4月，历任以礼河水力发电局肃反办主任、修配厂书记、企业处处长、毛家村一工区党总支书记、云南水力发电建设公司二分公司经理等职。1965年4月～1975年11月，在云天化指挥部任施工组组长。1975年11月～1978年8月，在云南省电力工业局水电一处任党委书记。1978年8月～1979年9月，在云南水力发电公司任党委书记。1979年10月～1983年5月，在水电十四局工作，历任副局长、党委副书记等职。1983年6月，改任顾问。1988年4月离休。

2003年4月6日，因病医治无效逝世，享年77岁。

陈锦棪（1935－09～1998－10）　男，汉族，1935年9月生，广东省新会县人，中共党员。1956年7月，毕业于上海同济大学，大专文化。

1956年9月参加工作，在云南昆明水电设计院任测量队质量检查员。1957年6月，任以礼河水电局技术处测量员。1968年11月～1977年1月，分别在云南水电发电建设公司革委会生产组、黄泥河水电站工程筹备组、云南省电力局基建处任工程测量专业组长。1977年3月～1983年3月，赴喀麦隆拉格都水电站，历任工程测量专业组长、调度组长。1983年4月，在水电十四局工作，任党委副书记。1988年6月，改任副局长。1991年，改任局工会主席。1995年9月退休。

1998年10月28日，因病逝世，终年63岁。

第二章　在水电十四局工作过的领导人员简介

本章收入的为在水电十四局工作过的省部级领导同志、工程院院士和水电建设集团公司负责人。

张基尧　男，1945年5月生，山东省济南市人。1979年12月加入中国共产党。1967年毕业于华东水利学院河川枢纽及水电站建筑专业，大学学历，教授级高级工程师。1967年7月，分配到云南水力发电建设公司工作。1967～1985年，历任云南水力发电建设公司和水电十四工程局技术员、工程师、试验室主任、二公司副经理。1986年，任水电十四局副局长。1992年，被建设部评为首批“全国优秀项目经理”，同年调任中国水利水电工程总公司总经理、党组书记。1993年，被评为享受教授、研究员同等待遇的高级工程师。1996年5月，任水利部副部长、党组成员，兼任水利部小浪底水利枢纽管理局局长、党委书记。1997年，被中组部、人事部授予“全国优秀中青年专家”称号。2003年8月，任国务院南水北调工程建设委员会办公室主任、党组书记。同年被国际工程项目管理合作联盟授予“项目管理杰出领导者”称号。

中共十五大、十七大代表，中共第十七届中央候补委员。

撰写的《现代水利水电工程建设与管理》一书于2004年12月由黄河水利出版社出版、发行。

李汉柏　男，白族，1950年12月生，云南鹤庆人。1972年12月加入中国共产党。1966年3月参加工作。中央党校研究生院研究生班科学社会主义专业毕业，中央党校研究生学历。

1975年12月，任云南省电力局水电二处（后隶属于水电十四局）三工段工人、班长，参加西洱河一级水电站建设。1977年3月～1980年2月，云南工学院水电系水电建筑专业读书。1980年2月，任云南省鹤庆县发电厂、县水工队技术员。1983年11月，任云南省鹤庆县委副书记、县长、县委书记。1986年10月，任云南省大理州委副书记。1988年6月，任云南省大理州委副书记、州长。1993年5月，任云南省大理州委书记。1996年3月，任云南省财政厅厅长、党组书记。1998年1月，任云南省人民政府副省长、省委政法委副书记。2006年11月，任中共云南省委常委、省纪委书记。

中共十七大代表，在中共十七大上当选中央纪律检查委员会委员。

金忠青　男，汉族，1945年9月生，江苏南京人。1967年毕业于华东水利学院河川系水电专业，大学本科。1986年1月加入中国民主同盟，同年1月加入中国共产党。水电专家，原江苏省人民政府副省长。

1968年7月分配到云南水力发电建设公司工作。历任昆明水电勘测设计院、水电四分公司技术员，参加了云南西洱河水电站的建设。1978年8月考入华东水利学院水电系水力学及河流动力学专业，攻读硕士研究生；1981年研究生毕业后留校任教，历任水电系讲师、副教授、教授、副主任，博士生导师。1983年8月～1985年9月，曾赴荷兰德尔福特水力实验室进修。1990 年 1 月起，历任河海大学设计院院长、河海大学副校长，民盟江苏省委副主委、民盟中央常委、江苏省委主委。1997 年 4 月，任江苏省人民政府副省长。2001 年 2 月 13 日因病医治无效在南京逝世，享年 55 岁。

长期从事水利工程设计施工和科技教育，在水利工程、水力学及河流动力学、计算流体力学等工程技术领域取得许多重要成果，并用于工程实践。出版技术专著 3 部，发表中英文论文 60 篇，参编典籍、教材、专著 4 种。其科研成果多次获奖。

第八、第九届全国人大代表。

贺　恭　男，1943 年 6 月生，内蒙古乌兰察布市丰镇县人。1971 年 1 月加入中国共产党。1967 年毕业于武汉工学院机械二系拖拉机设计及制造专业，大学学历，教授级高级工程师、中国华电集团公司专家委员会主任、中国书法家协会会员。1967 年 9 月，分配到云南水力发电建设公司（后改为水电十四局）会泽县以礼河水电站工作。1974 年，在下关水电二处西洱河一级水电站工作，参加了以礼河水电站和西洱河水电站的建设。1975 年，调云南电力工业局，任办公室秘书、副主任、体改办公室负责人。1983 年，任云南电力工业局副局长。1985 年，任漫湾水电站工程管理局局长、党委副书记，至 1993 年 6 月第一台机组发电。1992 年，被中共云南省委、省政府授予“云南省劳动模范”荣誉称号。1993 年 6 月，任中国长江三峡开发总公司副总经理、党组成员。2002 年 1 月，任国家电力公司副总经理、党组成员。2002 年 12 月，任中国华电集团公司党组书记、总经理。

1993 年，当选为第八届全国人民代表大会代表。

马洪琪　男，1942 年 10 月生，上海市人。1967 年毕业于清华大学水利系，大学本科，教授级高级工程师，中共党员，中国著名水电施工专家，中国工程院院士。

马洪琪先后参加或组织了绿水河水电站、喀麦隆拉格都水电站、鲁布革水电站、漫湾水电站、大朝山水电站、广州抽水蓄能电站、小湾水电站、小浪底枢纽工程、三峡水利枢纽工程、糯扎渡水电站、景洪水电站等工程建设。历任水电十四局总工程师、局长，澜沧江水电公司总工程师等职。曾任云南省科协副主席，国务院三峡验收委员会专家，国务院南水北调专家委员会委员，水利部科技委员会委员，清华大学、四川大学教授。现任云南华能澜沧江水电有限公司高级顾问、澜沧江流域质量检查专家组组长。

由马洪琪同志创造或主持创造的科技成果，国家、部省科技进步奖 11 项（其中，获国家科技进步奖励 2 项，电力工业部科技成果一等奖 2 项、三等奖 1 项），国家专利 1 项，创优质工程奖 8 项，国家鲁班奖 1 项，科学管理优秀成果奖 1 项。马洪琪先后被评为国家有突出贡献专家，中国优秀企业经营者。1997 年被授予全国“五一”劳动奖章。2001 年当选为中国工程院院士。

刘经迪　男，1944 年 6 月生，江苏南京人。1967 年 9 月毕业于华东水利学院水工建筑专业。1968 年～1970 年 4 月，任广州部队珠海大林岛学员，1970 年 4 月调到水电部以礼河水力发电工程局（后改为水电十四局）工作。在以礼河四级水电站、西洱河一级水电站任技术员、主管技术员，在鲁布革水电站任工程师，先后担任水电二公司副主任工程师、副经理、代经理。1988 年 9 月～1990 年 8 月，任中非姆巴利工程总工程师。回国后，任水电十四局技术处副处长、副总工程师兼广东分局副局长，中国水利水电工程总公司副总工程师等职。1998 年 7 月，任中国水利水电工程总公司副总经理、党组成员。中国水利水电建设集团公司组建后，任副总经理、党组成员。2004 年 12 月退休，被集团公司聘为顾问。

1981 年 12 月被批准为工程师，1988 年 7 月被批准为高级工程师，1993 年 11 月被批准为享受教授、研究员同等待遇高级工程师。

李跃平 男，1961 年 11 月生，湖南宁乡人。1982 年 1 月毕业于湖南大学工业电气自动化专业，1995 年 4 月中国社科院企业管理硕士研究生毕业，2005 年 9 月获中国人民大学西方经济学专业博士学位，中共党员。曾任水电十四局黄泥河分局一工区三工段技术员，水电十四局团委书记、广东分局总经室主任，水电十四局计算机中心副主任，天生桥分局副总经济师、总经济师、常务副局长，三峡青云公司副总经理，水电十四局副总经济师。1999 年 7 月，任水电十四局副局长；2001 年 6 月，任水电十四局局长兼党委副书记等职。

2006 年 4 月，调中国水利水电建设集团工作，任副总经理。

1988 年 11 月被批准为工程师，1993 年被批准为高级工理师，1995 年 11 月被批准为高级经济师，1998 年 11 月被批准为享受教授、研究员有关待遇的高级工程师。

2004 年，被批准为享受云南省政府特殊津贴的专家；2005 年 4 月，被云南省人民政府授予“云南省劳动模范”称号；2005 年 6 月，被中国建筑业协会工程项目管理委员会授予“工程项目优秀企业突出贡献者”称号，同年被中国建筑业协会评为工程建设行业高级职业经理人。2005 年主持创造的《水电工程联营体的组织和管理》获第九届“全国工程建设企业管理现代化成果”一等奖。

1996 年 10 月撰写的论文《水电施工企业经济增长方式的现状与对策》获中国建筑业协会“优秀论文一等奖”，撰写的《国有企业改革的实践与理论》一书于 2005 年 10 月由中央编译出版社出版、发行。

第三章　全国劳动模范（包括“五一”劳动奖章获得者）简历

赵仕清 男，1908 年 5 月 25 日出生，江苏省高城县人，曾于 1957～1960 年连续 4 年被云南省人民政府授予“省先进生产（工作）者”荣誉称号。1959 年荣获国务院授予的“全国先进生产（工作）者”荣誉称号，同年作为以礼河水力发电工程局代表参加全国群英会。

赵仕清 1925 年开始在安徽、浙江多个煤矿井下进行采煤工作。1934 年起在浙江长兴煤矿工作，积累了打井、装炸药、放炮、安全管理等方面的经验。1952 年 9 月参加福建古田水电站建设。1955 年转至江西上犹水电站从事安全工作。1956 年 6 月到云南水力发电工程局从事安全工作。1958 年在以礼河三级（盐水沟）水电站小普沟隧洞开挖时，凭借丰富经验成功预警塌方，避免了重大事故发生，被破格提升为安全技术工程师。1959年6月18日加入中国共产党。1970年10月到修配厂工作。1975年5月经云南省电力工业局干部处批准享受特殊贡献待遇退休，1976年4月正式退休。

赵仕清同志长期在地下洞室恶劣环境中工作，伤病缠身，于1992年8月10日病故，享年84岁。

刁善余　男，汉族，1928年4月出生，四川省新都县人，主管药剂师。1949年10月参加工作，1953年加入中国共产党，1956年6月毕业于四川医学院，1956年10月到电力工业部云南水力发电工程局职工医院工作。

刁善余在职工医院药剂管理工作中，积极参与医院科研教学活动，刻苦钻研，在保证制剂有效成分和产品质量的前提下，大胆采取渗滤法，大大节约了原材料，保质、保量和超额完成了医院药剂生产任务；研制人工流产栓，供妇产科使用，减轻了做人工流产妇女的痛苦；用中药做红兰花酊，回收医用酒精，重新提炼，废物利用，节俭开支；并做好政治辅导员和科研教学教员工作，承担药剂科组织领导工作等。工作中作出了突出贡献。1960年6月，被评为全国先进生产者，作为先进代表参加了全国教育和文化卫生体育新闻方面社会主义建设先进单位和先进工作者代表大会，并应邀参加了国务院总理周恩来举行的宴会。1988年10月退休。

黄祖忠　男，汉族，1933年11月出生，福建省福州人，大学文化，高级政工师，中共党员。

黄祖忠1951年10月参加工作，1954年调到云南水力发电工程局工作，同年7月加入中国共产党。曾担任技术员、主管技术员、电气工程师、党支部书记、水电十四局公司副经理、公司工会主席等职，此外还担任过会译县和罗平县人大代表。黄祖忠同志在古田水电站引水洞和地下厂房的开挖中，任风钻班班长和合金钻头试验科研组副组长。在这两项工作中作出了突出贡献，特别是合金钻头的研制成功，节约了原材料，提高工效7～8倍，创造当时最高纪录，赢得了很高的赞誉。

1956年，被评选为全国先进生产者。1994年11月退休。

刘庆林　男，汉族，1935年12月出生，吉林省蛟河县人，中共党员。

刘庆林1952年12月参加工作，1954年调到云南水力发电工程局工作，1956年12月加入中国共产党。曾担任代理党支部书记、专职团支部书记、处团委副书记，副大队长、党办主任、副处长、水电十四局三公司武装部长（兼任）、工会主席、纪委书记、党委书记等职，被群众称为乐于奉献的“老黄牛”，被评为“优秀共产党员”，担任过罗平县人大代表。1958～1960年3次出席云南省先代会。1959年10月，被评选为“全国先进生产者”。

1995年6月退休。1999年10月病故。

姚天禄　男，汉族，1946年5月生，云南巍山县人，初中文化，1963年9月参加工作，1987年2月加入中国共产党。

姚天禄曾任班长、工长、副队长、代理队长、代理党支部书记、党总支书记、水电十四局三公司党委副书记兼纪委书记、白云施工局党委副书记等职。曾被评选为公司、工程局先进生产者，荣立过一等功、二等功。1989 年，被评为全国劳动模范。1996 年 5 月退休，退休后被评为“优秀共产党员”。

王和兴 男，汉族，1947 年 12 月生，云南祥云县人，中专文化。1972 年加入中国共产党，高级工程师，局长助理。

1963 年 8 月参加工作。1969～1996 年，历任水电三分公司七连副连长，水电三处七连副连长，黄泥河分局三工区七连、昆水公司调度科科长，水电十四局四公司任调度室副主任、主任，公司副经理、经理，三公司经理兼党委书记等职。1996 年，任长江三峡三联公司总经理兼党总支书记。2002 年，任水电十四局三板溪分局局长兼党委书记。2004 年，任水电十四局金沙江分局党委副书记。2006 年，任溪洛渡分局党委副书记、纪委书记、工会主席。王和兴同志献身水电建设事业南征北战，从普通工人成长为一位颇有成就的企业中层领导，以朴实的工作作风，艰苦奋斗，廉洁奉公，着眼大局，勤政为民，为企业的改革发展奉献聪明才智，赢得了广大职工的尊敬和爱戴。1995 年，被评为全国劳动模范。

杨文清 男，汉族，1965 年出生，中共党员，云南祥云县人，技校毕业。

1986 年，杨文清在水电十四局一公司重机队当修理工；1989～1996 年，在大理分局机械开挖队任机长；1999～2002 年，在小湾分局公路二队任队长；2003 年至今，在小湾分局工程队任队长。

杨文清作为基层厂队干部，敬业爱岗、吃苦耐劳、以身作则、勤于思考，运用各种施工技术破解生产难题，在平凡的岗位上作出了不平凡的业绩。2005 年，被评为全国劳动模范。

曹传玺 男，汉族，1940 年 3 月 18 日出生，江苏省六合县人。1965 年毕业于华东水利学院河川系，大学学历，中共党员。

1965 年 8 月参加工作，先后在云南水力发电建设公司、云南电力局水电三处当技术员。1978 年 4 月～1982 年 4 月，任云南电力局水电三处、水电十四局黄泥河分局主管技术员、副主任。1980 年 1 月加入中国共产党。1982 年 5 月，任水电十四局黄泥河分局总工室工程师。1982 年 11 月，任水电十四局昆水公司经理、总支书记。1983 年 6 月，任水电十四局第四工程公司党委书记。1985 年 8 月，任水电十四局副总工程师。1987 年 10 月，因病医治无效在昆明逝世。

曹传玺热爱水电建设事业，对工作认真负责、埋头苦干，对技术精益求精、积极主动，对同事谦虚谨慎、宽以待人，严以律己、廉洁奉公，工作成绩显著。1986 年被水电十四局授予“一等功臣”称号，1987 年 4 月被授予“云南省劳动模范”称号，并被全国总工会授予“全国优秀科技工作者”荣誉称号，获得全国“五一”劳动奖章。1988 年 2 月，被云南省追授为“云南省八七年度优秀共产党员”。

马洪琪 1997 年获得全国“五一”劳动奖章，简历详见本篇第二章。

周　宇 男，汉族，1961 年 10 月生，云南峨山县人。1982 年 8 月毕业于天津大学水利系水工建筑专业，大学本科学历，硕士研究生进修班结业，1999 年 1 月加入中国共产党，教授级高级工程师、一级建造师，现任水电十四局局长兼党委副书记。

1982 年 8 月，任水电十四局黄泥河分局三工区技术员；1983 年，任水电十四局四公司第一、二工程队副队长；1985 年，任水电十四局四公司技术科工程师、科长；1992 年，任水电十四局广东分局技术部长、副总工程师；1995 年，任水电十四局工程技术部副部长；1996 年，任三峡三联公司总工程师、水电十四局副总工程师；1997 年，任长江三峡三联公司副总经理兼总工程师；1999 年，任三峡三联公司总经理及水电十四局总工程师；2003 年，任水电十四局副局长兼总工程师；2004 年，任水电十四局党委书记兼副局长；2005 年 6 月～2006 年 3 月，任国务院南水北调办公室建设监管中心副主任；2006 年 3 月～2006 年 4 月，任中国水利水电建设集团公司副总工程师；2006 年 4 月～2006 年 12 月，任水电十四局局长兼党委副书记。

2003 年 11 月，获全国“五一”劳动奖章。

第四章　省、部劳动模范名录

（按汉语拼音为序）

蔡　德　蔡云发　曹传玺　陈必如　陈炳林　陈成材　陈恒敬　陈晋南　陈铭铨
邓学智　丁斌台　丁德明　丁裕光　范宝琴　甘子林　顾美珍　官德福　郭厚韩
郝运通　何金莲　何少润　侯治国　黄阿奴　黄本华　黄春霄　黄文超　黄祖忠
蒋犬妹　李本华　李光应　李国彪　李洪昌　李建兴　李明清　李桥宽　李荣成
李树清　李细弟　李新光　李友和　李玉堂　李跃平　李正佳　廖树清　林昌和
林代昌　林德初　林堂堂　林孝呈　林炎弟　刘久林　刘昆会　刘庆林　刘少莫
刘学扬　刘尧信　刘玉明　柳香山　卢盛洪　罗光斗　马洪琪　马永芬　缪荣章
母唐孩　宁学明　彭长修　彭友亮　钱志仁　区　昌　冉　凯　冉孟荣　冉元禄
沈　文　沈友林　孙吉祥　孙启林　谭安勋　谭光祥　汤启元　唐大龄　陶栋梁
王长顺　王根发　王和兴　王洪信　王开弼　王立飞　王兴德　王赞忠　温敬布
文保成　吴光德　向荣森　肖洪弟　谢天宝　许桂英　颜瑞佛　杨国贵　杨继先
杨世宏　杨仕华　杨文清　姚天禄　尤春城　于　志　余养体　袁超云　袁福涛
岳代玉　曾天申　张　敏　张福昌　张国学　张世斌　张自祥　赵　和　赵　荣
赵国梁　赵仕清　赵中伦　郑才居　郑德安　周海伯　周怀普　周敏利　周仕佑
周学伟　朱合成　庄邦云　庄炎炎　訾昌福

第五章　国家、省有突出贡献中青年科技管理专家名录

一、国家有突出贡献的优秀专业技术人才

马洪琪（1994 年度）

二、云南省有突出贡献的优秀专业技术人才（按时间先后为序）

朱镜芳（1994年度）　陈晋南（1994年度）　章鸿津（1996年度）
赵正杰（1998年度）　周　宇（2002年度）　周　游（2004年度）
陈学云（2005年度）　洪　坤（2006年度）

第六章　享受政府特殊津贴人员名录

一、国家政府特殊津贴（按时间先后为序）

王开弼（1992年度）　陈伯之（1992年度）　孙启林（1992年度）
杨家骏（1993年度）　陆万象（1994年度）　何少润（1995年度）
朱镜芳（1996年度）　汪先绪（1997年度）　曹保华（1998年度）
黎汉皋（1999年度）　和孙文（2006年度）

二、云南省政府特殊津贴

李跃平（2003年度）

第七章　中层干部人员名录

（按汉语拼音为序）

艾祖斌　安百明　白崇明　白　强　包兴仁　蔡保跃　蔡章清　曹传玺　曹高发
曹兴贵　曹振民　茶国珍　陈德培　陈恩和　陈芳清　陈广林　陈恒敬　陈华德
陈　江　陈　姜　陈金荣　陈晋南　陈克荣　陈其允　陈歧源　陈启贵　陈锐弟
陈石益　陈世杰　陈守恭　陈松寿　陈锡南　陈优民　陈玉恒　陈增寿　陈振荣
陈志凌　陈宗镜　陈祖祥　陈尊凯　成泽林　程一非　楚　光　崔体德　崔质万
代　奎　代其荣　代晴文　代玉林　戴其荣　单聚富　邓孝洪　邓昭信　邓治国
丁斌台　丁宏林　丁宏绪　丁洪昌　丁万龙　丁　溪　董德忠　董　纲　董守泽
董学元　董志崇　董志明　杜洪俥　杜陶生　杜文裕　段汝健　段　禹　段云昆
段仲航　樊　昆　樊明滇　范德顺　范尔聪　范开平　范小平　方平光　符鸣珂
付鹤年　付建安　付俊伶　付　勇　高　波　高发武　高凤源　高淮荣　高　敏
高启育　高仕铨　高忠诚　葛浩然　葛有泉　龚作华　顾　谦　顾思林　郭炳新
郭存河　郭昆刚　郭启军　郭　强　郭秀怡　郭正文　韩富长　何静轩　何燕青
何泽良　何照权　和积武　和祖英　候　昆　胡东根　胡金银　胡　蓉　胡香伟
胡元礼　胡忠恕　胡忠义　华仁言　黄秉仁　黄春霄　黄代常　黄　岗　黄继勃
黄锐杰　黄　甦　黄遂蓬　黄腾虬　黄竹保　黄宗英　黄祖忠　贾乐善　贾永红
江　凤　江　萍　江政德　姜允松　蒋高俊　蒋　济　蒋　键　蒋轻光　蒋维凡
蒋新社　蒋益新　瞿秋林　瞿子敏　匡承煜　赖流元　兰汝策　郎丰裕　雷　刚

冷永久　李柏林　李必显　李伯进　李勃生　李丁祥　李　飞　李　峰　李光华

李光荣　李光祖　李广诚　李国彪　李国山　李国胜　李海昌　李　皓　李鸿彩

李怀昌　李会生　李慧鹏　李继兴　李家俊　李　健　李　杰　李敬海　李立东

李良广　李　林　李全怡　李人丰　李　荣　李润祥　李绍芳　李绍平　李绍宗

李世杰　李世廉　李思明　李斯久　李四金　李文清　李文仲　李细弟　李霞林

李新光　李兴明　李学华　李彦臣　李彦勋　李　毅　李银田　李应德　李玉林

李云峰　李兆录　李志明　梁　晨　梁金恒　梁双庆　梁希仁　梁　勇　梁自声

廖世昌　廖思灿　林超宏　林代昌　林鹏波　林同国　林贞森　凌　圳　凌征华

刘经迪　刘柏年　刘　彬　刘秉诚　刘传真　刘峰清　刘富茂　刘合彦　刘和林

刘怀炯　刘建平　刘昆会　刘龙标　刘明汉　刘明基　刘前银　刘庆林　刘士诚

刘书亮　刘　涛　刘万成　刘　纬　刘贤君　刘兴昌　刘兴国　刘绪昌　刘学扬

刘一波　刘毓书　刘元岐　刘悦敏　刘云芹　刘祖权　柳香山　鲁中笑　陆家彩

陆家驹　陆万象　陆学华　路　彬　吕世林　吕　慰　罗成美　罗　霖　罗桐贵

罗兴益　罗正东　马家斌　马延勋　毛正广　毛智育　闵秀清　牟佩霞　牟文玺

倪　斌　倪庚祥　倪国欣　倪家德　聂　磊　聂绍奇　牛　珣　潘　琦　潘运文

彭尔瑾　彭贵军　彭云保　彭志斌　彭仲英　浦恩弼　浦恩泽　戚恩泽　钱兴喜

钱永平　邱　平　区　昌　曲立仁　饶文华　任少铭　任文增　芮春生　商建雄

尚　平　邵世平　沈　洁　沈如东　沈嗣元　沈文华　沈锡麟　盛　杰　施宗雄

石世泽　时　俊　史绳武　史雁飞　舒万涛　宋本宇　宋庆春　宋学言　宋兆杰

苏　体　苏子骏　孙长森　孙光弟　孙嘉安　孙锦初　孙景武　孙珂鸣　孙礼斌

孙庆德　孙西英　孙跃斌　孙跃东　谭光祥　谭国柱　谭金龙　谭　立　谭伦常

谭荣安　谭志忠　汤福南　唐春满　唐大龄　唐光皋　唐扬文　唐耀东　唐玉俤

唐玉华　陶莉萍　陶银昌　陶友良　田福平　田胡平　田少安　田维鸿　佟宝林

童进雄　童世昌　童文豹　涂肇伦　涂志军　汪　斌　汪大套　汪　涛　汪正中

王宝义　王宝玉　王炳生　王　超　王德隆　王德新　王　栋　王冠群　王海云

王和兴　王红军　王继江　王家声　王简兮　王建华　王金汉　王金祥　王金玉

王经伟　王寇群　王来所　王　礼　王连升　王烈恩　王　萌　王平峰　王　琪

王庆安　王荣清　王　甡　王仕虎　王　祥　王祥荣　王晓东　王秀峰　王一茸

王以礼　王益谦　王永昌　王赞忠　王正雅　王竹生　王自勉　魏干臣　温明先

温其大　吴葆华　吴承荣　吴光晶　吴继轲　吴建平　吴克让　吴立忠　吴　敏

吴天祥　吴燕斌　吴有瑜　吴照辉　武华林　郤德仁　夏定光　夏飞鹏　夏仲存

鲜恩伟　向荣森　偰光恒　谢晋嘉　谢天宝　谢勇兵　谢有义　辛　弼　熊华武

熊良万　熊训邦　熊玉元　熊　云　胥明新　徐东初　徐　浩　徐洪富　徐剑荣

徐　平　徐　萍　徐耀齐　徐友来　徐元亭　徐运汉　许典顺　许　宁　许培志

许文设　许义群　许志恒　薛保成　薛汉雄　薛　平　严立宇　严镇威　颜家勇

颜瑞佛　晏康立　晏荣昌　杨柏林　杨保才　杨　彪　杨楚杰　杨大志　杨德保

杨东方　杨光明　杨桂鹏　杨家明　杨建勇　杨镜塘　杨丽芬　杨明伟　杨启初

杨　全　杨树存　杨维新　杨文祥　杨显义　杨向东　杨向武　杨新根　杨兴泽
杨雄翔　杨元红　杨　泽　杨增辉　姚柏年　姚天禄　姚玉友　叶　剑　叶颖飞
叶祖斌　殷从良　殷世华　殷文才　尹俊宏　尹　良　游贤彬　于庆节　余子文
余佩义　俞　斌　俞光凤　俞寿候　袁安泽　袁　浩　袁　俊　袁　明　袁乃垣
袁再国　曾　垒　曾　理　曾庆师　翟　宸　詹建昌　张宝钉　张宝忠　张本鑑
张本忠　张博文　张传茂　张德高　张德明　张德荣　张贵华　张济生　张介云
张金树　张金早　张敬山　张俊侦　张宽宝　张　昆　张　林　张　龙　张培庚
张庆衢　张　仁　张瑞仁　张瑞箴　张世英　张寿昌　张树栋　张树云　张卫国
张祥霖　张绪经　张永祺　张　瑜　张玉生　张泽良　张正富　张志斌　张志伟
张自祥　章鸿津　章晓顺　赵君实　赵品正　赵绍增　赵世魁　赵玉泉　赵志全
甄　灿　甄树屏　郑道粼　郑光义　郑建荣　郑井秀　郑清府　郑汝松　钟邦佐
钟　辉　钟　林　钟茂炎　周安荣　周邦俊　周必来　周长穗　周成宝　周川华
周德升　周　华　周怀普　周建忠　周进顺　周林俊　周庆敬　周式以　周四平
周太陆　周　伟　周醒钟　周　游　周元昌　周之荣　周作钧　朱承瑞　朱光全
朱连生　朱世熙　朱祥宾　朱友清　庄江诚　庄礼能　卓文耀　字继权　宗　敏
左家凤

第八章　获高级专业技术职务任职资格人员名录

一、教授级高级工程师（按汉语拼音为序）

曹保华　陈伯之　陈晋南　陈明渊　陈学云　陈银根　陈玉恒　陈振荣　丁万龙
高　波　葛浩然　苟达平　何少润　和孙文　洪　坤　胡雪琴　胡忠恕　黄耀明
姜允松　蒋　健　瞿子敏　雷　刚　黎汉皋　李光荣　李继兴　李景沆　李鹏程
李全怡　李人丰　李绍平　李兴明　李　毅　李跃平　李兆录　梁祥麟　林超洪
林文进　凌征华　刘冬成　刘富茂　刘　光　刘经迪　刘元岐　刘明基　刘兴昌
陆承吉　陆万象　罗桐贵　马洪琪　钱兴喜　区　昌　尚明华　沈如东　史绳武
宋家华　苏文良　孙启林　陶友良　涂志军　汪先绪　汪正中　王　栋　王冠群
王金汉　王开弼　王　甡　王仕虎　王一茸　王永祥　吴邦庆　吴继轲　吴立忠
吴云红　夏仲存　谢广贵　熊良万　熊训邦　徐　平　许文设　颜家勇　颜瑞佛
杨家骏　杨丽芬　杨毅平　杨元红　俞祥荣　张基尧　张　林　张培庚　张　仁
张瑞箴　张卫国　张永棋　章鸿津　赵君实　赵正杰　郑井秀　钟云光　周怀普
周　宇　朱镜芳　字继权　邹岩础

二、主任医师（按汉语拼音为序）

崔质万　顾思林　胡浩龄　王简兮　许志恒　赵绍增

三、高级工程师（按汉语拼音为序）

艾祖斌　蔡敬涵　蔡文宽　藏松华　曹锦树　曹蜀萍　曹兴贵　曹　云　曹泽会

曹振民	柴荣良	柴延顺	昌远达	陈炳兴	陈步洲	陈长树	陈德和	陈恩和
陈广林	陈恒敬	陈洪钟	陈季光	陈　江	陈锦桜	陈留富	陈起元	陈文海
陈　翔	陈　孝	陈有才	陈有德	陈远炳	陈志凌	陈志明	陈忠敏	陈祖寿
仇勇文	崔　华	崔体德	戴其荣	代世廉	单聚富	邓宝川	邓俊川	邓孝洪
邓昭信	雕筠保	丁斌台	丁洪昌	丁家显	丁荣芬	董德忠	董守泽	杜敦厚
杜会明	段汝健	段云昆	段仲航	樊敦玉	樊明滇	范开平	方平光	方印良
冯纯芝	冯凤樵	伏辉林	符明珂	付鹤年	付　勇	干兴华	高必华	高国恺
高士钧	高　恕	高忠诚	葛友泉	龚金兰	顾宏兴	顾麟翔	顾黔兴	顾志强
郭炳新	郭才松	郭存河	郭海生	郭经明	郭书泰	郭秀琛	郭秀怡	郭在先
郭祖铭	韩绍硕	韩宇兰	何本华	何　川	何燕青	何照权	洪惠璋	侯胜统
胡成军	胡东根	胡联辉	胡妙一	胡香伟	胡兴家	胡志恒	黄春霄	黄大龙
黄栋材	黄　岗	黄继勃	黄锐杰	黄遂蓬	黄滕虬	黄湘生	黄竹保	黄宗英
贾喜恕	江　波	姜增荣	蒋定环	蒋　济	蒋轻光	蒋三扬	蒋维凡	蒋新社
金惠庆	金林东	金培信	金益发	孔凡才	孔繁章	孔祥龙	来伟忠	赖流元
兰汝策	李伯进	李　斗	李　飞	李光祖	李国峰	李　皓	李继祥	李建军
李景明	李克已	李　丽	李　林	李留志	李培新	李庆荣	李全秀	李荣茂
李润祥	李绍芳	李绍宗	李生明	李世杰	李世民	李斯久	李四金	李文仲
李锡球	李湘宁	李晓峰	李学功	李彦臣	李扬潮	李泽海	李忠贵	李自强
梁建辉	梁金恒	廖家义	廖贻美	林长源	林德初	林　杰	林　慎	林升元
林盛伟	林同国	林贞森	刘　奔	刘秉诚	刘　诚	刘大勇	刘德富	刘贵玺
刘和林	刘怀壁	刘怀炯	刘　剑	刘流书	刘六艺	刘仁龙	刘　涛	刘　纬
刘兴国	刘兴胜	刘勇斌	刘元岐	刘悦敏	刘志忠	柳永香	柳宇键	楼封尧
陆继全	陆学华	陆　秩	吕春明	吕松柏	吕　慰	率福别	罗　霖	马家斌
马　岚	马丽蓉	马延勋	马宗杨	毛宝俘	毛仕修	毛智育	梅伏明	梅立言
孟　庆	孟庆斌	苗家玉	明筱如	牟文玺	牟智铃	倪庚祥	年福济	年玉花
聂　磊	牛　珣	潘朝晖	潘　崎	潘祥元	潘运文	彭策群	彭春平	彭尔瑾
彭庭训	彭兴盾	彭诒锦	彭云保	彭志斌	彭仲英	祁建国	契光恒	钱贵生
钱永平	秦继刚	曲立仁	任少铭	任文增	邵自祥	沈　杰	沈嗣元	沈文华
沈锡麟	沈　早	石玉清	宋文碧	宋学言	苏秋林	孙惠民	孙锦初	孙仁庚
孙维忠	孙跃斌	孙泽熙	孙昭明	孙仲樵	孙重峰	谭金龙	谭光祥	汤福南
汤汝兰	唐春满	唐光皋	唐扬文	唐麟泉	陶成华	陶银昌	田胡平	佟保林
童世昌	童文豹	万成军	万雪梅	汪梅芳	汪　涛	汪跃武	王赞忠	王宝义
王保山	王　超	王朝坤	王春生	王德新	王海生	王红飞	王红军	王家声
王建华	王建民	王江卫	王金祥	王康志	王　昆	王来所	王　丽	王　萌
王　明	王　琪	王荣清	王仕元	王淑琼	王树英	王为龙	王晓东	王永林
王　勇	王郁文	王豫杰	王振廷	王正东	王重辉	王庄严	魏孝秋	温其大
沃忠义	吴光晶	吴家明	吴明忠	吴琼仙	吴仕林	吴舜义	吴永庆	吴增华

吴正飞 夏定光 夏文杰 向荣森 谢广贵 谢焕良 谢天宝 谢运奎 谢志琴
熊华武 熊荫森 熊裕昆 胥明新 徐东初 徐海洋 徐 浩 徐剑荣 徐 玫
徐 萍 徐贤根 徐馨华 徐耀齐 徐元亭 徐运汉 徐智贵 许义群 晏联飞
杨大志 杨炳发 杨成柏 杨鼎胜 杨桂鹏 杨家明 杨建勇 杨景东 杨满权
杨 全 杨仕莲 杨松海 杨太白 杨天福 杨天吉 杨显义 杨雄翔 杨永福
杨幼勤 杨宇东 姚柏年 姚大同 姚国治 姚玉友 叶 剑 叶琼如 叶绍圣
叶天祥 叶则禹 易高圣 殷世华 殷文才 尹德发 尹俊宏 尹琼华 尹 翔
尹效平 尹振东 游月银 于 涛 于兴华 余富先 余佩义 余新法 余 咏
余子文 俞光凤 喻秋元 袁 浩 袁 慧 袁 俊 袁 梅 袁乃恒 岳华星
曾怀忠 曾祥生 翟 宸 詹建昌 曾 垒 张宝钉 张德华 张德琪 张发斌
张凤英 张光云 张济生 张金早 张劲乾 张敬山 张静萍 张克枝 张丽花
张莅祥 张培庚 张庆衢 张 瑞 张世德 张世景 张寿昌 张树森 张庭志
张武义 张秀芳 张云惠 张泽良 张兆启 张振芳 张正富 张志伟 赵广成
赵鸿昆 赵华名 赵家声 赵七美 赵其禧 赵如惠 赵世慈 赵同忠 赵 伟
赵玉泉 赵云江 赵云昆 郑道粼 郑会斌 郑 娟 郑汝松 钟邦佐 钟广华
钟跃明 周安荣 周成宝 周川华 周德生 周 华 周进顺 周 凯 周林俊
周 全 周式以 周双全 周四平 周太陆 周天举 周 伟 周 游 朱宝凡
朱承瑞 朱发荣 朱光全 朱 俊 朱连生 朱世熙 朱维德 朱友清 朱致义
庄德威 卓文耀 宗建伦 邹 辉 邹声凯 邹淑兰 左传兴 左荣贵

四、高级经济师（按汉语拼音为序）

安文石 陈广林 陈虹君 陈 洁 陈美华 陈美兰 陈玉先 陈芝屏 陈克荣
楚 光 代晴文 邓小莉 龚国旗 苟达平 郭启军 顾 泓 顾 谦 孔祥辉
何红玉 华仁言 黄绍勇 黄载璧 吉 彬 贾永红 金 蓓 匡承煜 李保平
李 峰 李国山 李继祥 李 健 李 杰 李克难 李彦勋 李玉林 李跃平
李云峰 李昭明 梁 勇 廖思灿 林鑑汶 林文进 刘前银 刘若琼 刘文龙
刘正昌 陆 羽 牟佩霞 倪国欣 彭云昆 饶文华 石 诚 孙珂鸣 孙跃东
谭 立 万家明 王滇生 王和兴 王建华 王 敏 王曙平 王树华 王顺白
王益谦 鲜恩伟 熊 云 许培志 杨桂仙 杨世明 杨晓辉 杨兴泽 于 江
袁 浩 苑迅明 张德高 张德荣 张丽娥 赵志全 周 游 邹 辉

五、高级会计师（按汉语拼音为序）

陈光黎 陈丽姮 陈祖祥 崔志强 付俊伶 高喜芬 何云飞 黄 华 黄 甦
黄文超 赖丽芬 李国盛 李家俊 梁 慧 刘东生 罗国斌 浦恩泽 沈骁勇
施宗雄 宋华勋 谭荣安 王 苏 王 星 徐爱萍 许 宁 杨 彪 杨启兰
张丽华 张玉祥 钟苏萍 周 游 庄江诚

六、高级政工师（按汉语拼音为序）

曹伯瑜 陈飞鸿 陈 江 陈丽莺 陈锐弟 陈树林 陈 挺 陈优民 陈克荣
丁宏琳 丁思理 杜陶生 段 宏 付鹤年 付建安 高 敏 顾 谦 何青林

何松林　胡金银　黄永桂　黄祖忠　瞿秋林　李必显　李伯进　李昌华　李海昌
李晋云　李开洪　李美娥　李世廉　李应德　梁　勇　刘崇儒　刘冬成　刘峰清
刘合彦　刘明汉　刘庆林　刘汝林　刘诗虹　刘绪昌　刘学杨　刘正昌　陆家彩
罗兴义　马才令　马　丽　闵秀清　牟智铃　聂绍奇　钱德源　邵德仁　冉路超
芮春生　施正光　时　俊　史同玲　孙宝祥　谭　立　唐玉俤　陶桂仙　陶迎春
王炳生　王金玉　王景龙　王　敏　王益谦　王永昌　王元生　王赞忠　王正雅
温其大　吴瑞英　吴有瑜　谢晋嘉　谢友义　辛　弼　许典顺　许立成　严镇威
晏康立　杨华安　杨丽琴　杨树存　杨维新　杨向东　叶丽萍　尹　良　尹容容
俞　斌　张国明　张廉荣　张树云　张祥霖　张再明　张志伟　赵志全　郑井秀
钟　辉　钟丽芳　周必来　朱连生　朱世熙

七、副主任医师（按汉语拼音为序）

杜体鑫　杜先芳　段源辉　樊同兴　方惠芬　高巨仙　顾晓映　郭冯珍　郭昆刚
何金贵　何培杰　黄　宏　黄淑寿　黄　智　李惠玲　李树财　李思明　刘　红
刘　伟　刘学杨　刘云光　柳玉珠　念维玲　乔应清　秦公侠　任跃光　沈丽娥
孙德福　孙国权　屠秉钧　王忠义　韦正录　吴美娟　徐家鼎　徐正莲　杨怀静
杨俊先　杨世廉　杨学芬　于　江　曾卫红　张和勋　张静一　张佩琼　赵　垓

八、高级统计师（按汉语拼音为序）

陈昌光　陈启贵　孙跃东　刑莲英　杨行知　朱治书

九、高级讲师（按汉语拼音为序）

陈世杰　高静华　顾　谦　何红玉　何仲卿　蒋高俊　李德勤　练存辉　凌　翔
倪庚祥　彭乾信　台斌峰　魏春林　吴诚荣　吴茂年　余荣棋

十、高级教师（按汉语拼音为序）

查　瑶　陈国春　陈济生　陈曼莉　陈诗云　陈时云　党广源　邓爱芬　段瑞勤
段兴民　范　蕊　范银隆　方崇智　高一鸣　何开明　环秀兰　黄德娟　季兴鹏
蒋高俊　蒋维雄　李高飞　李金恩　李　昆　李荣华　李尚杨　李兴猷　李允奇
廖桂英　刘靖世　刘　明　刘万庆　刘正昌　罗云峰　马晓明　欧明生　裴　云
邵世平　铁　燕　汪大金　汪龙全　王汝辉　王式琰　王永盛　魏春林　魏声福
温明先　温情蓉　文玉莲　闻弟龙　翁锦华　吴培钦　向双元　肖援艳　严永兴
杨嘉相　杨建昌　杨　杰　杨世明　杨维新　杨文炳　杨银海　余乐华　张道本
张启煊　张泰荃　张孝贤　张正平　章云鹏　赵丽华　周　荣　周志娟　朱　凌
朱树林　朱延凯

十一、副主任药师

刘凤英

十二、副主任技师

蔡蔓莉

十三、副主任护师

刘云棠　周川南

附　　录

一、水电十四局历年获奖情况

序号	奖项名称	获奖单位	授奖单位	时间
1	先进施工企业	水电十四局	中国能源部	1991-07
2	全国电力行业安全生产先进集体	水电十四局	中国能源部、中国水电工会全国委员会	1991
3	1991质量品种效益年“水电质量管理先进企业”	水电十四局	中国能源部	1991-10
4	1993年水电投产300万千瓦“功臣集体”	水电十四局	电力工业部、电力工会全委会	1993
5	500家最佳经济效益建筑业企业	水电十四局	国务院发展研究中心、建设部建筑业司	1994
6	地下洞室模板先进单位	水电十四局	中国水利协会施工专业委员会	1996-11
7	连续5年重合同守信用荣誉称号	水电十四局	云南省人民政府	1996-12
8	全国电力系统双文明单位	水电十四局	电力工业部	1996
9	1996年全国建筑业科技领先百强企业	水电十四局	国家统计局社会与科技统计司	1997-10
10	全国用户满意工程奖	水电十四局	中国施工企业管理协会	1999-04
11	浙江省重点建设先进集体	水电十四局	浙江省总工会、浙江省重点建设领导小组	1999-04
12	“连续10年以上重合同守信用”企业	水电十四局	昆明市政府	2000-10
13	2000年度先进单位	以水电十四局为责任方的三联公司	长江三峡总公司	2001-04
14	全国优秀施工企业	水电十四局	中国施工企业管理协会	2002-03
15	“重合同守信用”单位	以水电十四局为责任方的三峡三联总公司	湖北省工商行政管理局	2002-06

续表

序号	奖项名称	获奖单位	授奖单位	时间
16	2002年全国用户满意施工企业	水电十四局	中国施工企业管理协会	2003-03
17	全国五一劳动奖状	水电十四局	中华全国总工会	2003-04
18	2004年全国电力行业优秀企业	水电十四局	中国电力企业联合会	2004
19	2002～2003年度守合同重信用企业	水电十四局	昆明市工商行政管理局	2004-09
20	文明单位	水电十四局	中国水利水电建设集团公司	2005-01
21	2005年度全国和谐劳动关系优秀企业	水电十四局	中国企业家协会	2005-10
22	2005年度全国电力建设优秀施工企业	水电十四局	中国电力建设企业协会	2006-02
23	2004～2005年度“守合同重信用”企业	水电十四局	昆明市政府	2006-05
24	“十五”全国建设科技进步先进集体	水电十四局	国家建设部	2006-07
25	2006年度中国优秀诚信企业	水电十四局	中国企业联合会、中国企业家协会	已上报，待审批
26	2006年度科技创新优秀企业	水电十四局	云南省电力行业协会	已上报，待审批
27	2006年度全国优秀施工企业	水电十四局	中国施工企业管理协会	已上报，待审批

二、水电十四局历年科技项目获奖情况

序号	奖项名称	获奖项目	授奖单位	时间
1	全国科学大会重大贡献奖状	以礼河高水头电站压力钢管道实验研究、洪积残积红黏土筑防渗体技术	全国科学大会	1978
2	全国科学大会重大贡献奖状	以礼河电站毛家村高土坝施工技术	全国科学大会	1978

续表

序号	奖项名称	获奖项目	授奖单位	时间
3	全国科学大会重大贡献奖	洪积及残积红黏土筑防渗体技术	全国科学大会	1978
4	全国科学大会重大贡献奖	绿水河高水头混流式水轮机组振动处理	全国科学大会	1978
5	全国科学大会重大贡献奖	SJ53、SJ58 全断面隧洞联合掘进机研制应用	全国科学大会	1978
6	国家科技进步二等奖	月牙形内加强肋岔管及无梁岔管	全国科学大会	1978
7	云南省科技进步二等奖	月牙形内加强肋岔管及无梁岔管	云南省政府	1979
8	云南省科技成果奖	毛家村土坝防渗墙施工	云南省政府	1979
9	云南省省科技成果奖	防渗墙接触带处理	云南省政府	1979
10	云南省省科技成果奖	用大爆破处理滑坡	云南省政府	1979
11	云南省省科技成果奖	混凝土喷锚技术	云南省政府	1979
12	云南省省科技成果奖	自制水泥拆包机	云南省政府	1979
13	云南省省科技成果奖	以礼河四级电站地下厂房一次群炮爆破	云南省政府	1979
14	云南省省科技成果奖	西洱河四级电站坝基卵砾石帷幕灌浆	云南省政府	1979
15	云南省省科技成果奖	自动化平面布置式混凝土配料拌和系统	云南省政府	1979
16	云南省省科技成果奖	水电站金属结构带锈除漆新工艺试验研究	云南省政府	1979
17	云南省省科技成果奖	大厚度小直径封头爆破成型	云南省政府	1979
18	科技进步三等奖	电动耙斗门式拦污栅清理机	水利电力部	1981
19	1984 年水电科技进步三等奖	14MnMaNb 钢模型岔管爆破实验与应用	水利电力部水利水电建设总局	1984－11
20	1984 年水电科技进步三等奖	西洱河三级电站一号支洞新奥法实验	水利电力部水利水电建设总局	1984－11
21	1984 年水电科技进步三等奖	西洱河电站新奥法试验	水利电力部水利水电建设总局	1984－11
22	1984 年水利水电科技进步四等奖	焊缝局部热处理加热装置	水利电力部水利水电建设总局	1984－11

续表

序号	奖 项 名 称	获 奖 项 目	授奖单位	时间
23	部科技成果奖	焊缝局部热处理加热装置	水利电力部	1984
24	科技进步二等奖	“新奥法”施工技术研究	水利电力部	1985
25	科技进步四等奖	DTC－2 型隧洞混凝土搅拌运输车研制	水利电力部	1985
26	国家科技进步三等奖	SJ－58A 掘进机的研制及在快速施工中应用	国家科学技术进步奖评审委员会	1985
27	国家科技进步三等奖	电动耙斗门式拦污栅清理机	国家科学技术进步奖评审委员会	1985
28	水电优秀科技成果一等奖	SJ－58A 掘进机在古人庄隧洞应用	水利电力部	1985－05
29	水电优秀科技成果二等奖	西洱河三级电站一号支洞新奥法实验	水利电力部	1985－05
30	国家科技表彰奖	西洱河三级电站“新奥法”施工研究	国家计划委员会、国家经济委员会、国家科技委员会、财政部	1985
31	“六五”国家科技攻关奖	地下工程快速施工关键技术	国家计划委员会、国家经济委员会、国家科技委员会、财政部	1986－05
32	“六五”国家科技攻关奖	水电站大型地下洞室围岩稳定和支护的研究和实践	国家计划委员会、国家经济委员会、国家科技委员会、财政部	1986－05
33	“六五”国家科技攻关奖	高土石坝关键技术问题的研究	国家计划委员会、国家经济委员会、国家科技委员会、财政部	1986－05
34	“六五”国家科技攻关奖	鲁布革利用砂页岩风化料作高坝防渗材料试验	国家计划委员会、国家经济委员会、国家科技委员会、财政部	1986－05
35	水利电力“六五”国家科技攻关奖	风化料做高土石坝防渗体材料	水利电力部	1986－07
36	水利电力“六五”国家科技攻关奖	半湿喷新工艺实验及减水剂在喷混凝土中的应用	水利电力部	1986－07
37	水利电力“六五”国家科技攻关奖	鲁布革地下厂房围岩监控	水利电力部	1986－07
38	水利电力“六五”国家科技攻关奖	钢纤维混凝土实验研究报告	水利电力部	1986－07

续表

序号	奖项名称	获奖项目	授奖单位	时间
39	部科技表彰奖	鲁布革电站高土石坝关键技术问题研究	水利电力部	1986
40	部科技表彰奖	鲁布革利用砂页岩风化料作高坝防渗材料试验	水利电力部	1986
41	部科技表彰奖	以礼河电站毛家村高土坝的建设	水利电力部	1986
42	水利电力部科技进步一等奖	水电站大型地下洞室围岩稳定和支护的计算分析和测试技术研究	水利电力部科技进步奖评审委员会	1986-12
43	水利电力部科技进步四等奖	DTC-2型隧洞混凝土搅拌运输车	水利电力部科技进步奖评审委员会	1986-12
44	水利电力部科技进步一等奖	软岩石风化料基本特性及作高土石坝防渗材料工程性质	水利电力部科技进步奖评审委员会	1986-12
45	国家科技进步二等奖	水电站大型地下洞室围岩稳定和支护的计算分析和测试技术的研究	国家科学技术进步奖评审委员会	1987-07
46	科技进步三等奖	软岩风化料基本特性及作高土石坝防渗材料工程特性的研究	国家科学技术进步奖评审委员会	1987-07
47	科技进步四等奖	针梁钢模	水电总局	1990
48	科技进步四等奖	ZL硫化剂的研制	水利部	1990
49	科技进步二等奖	水电站导洞混凝土堵头高快连续浇筑侧壁不灌浆技术	水电设计总院	1991
50	水利电力部科技进步二等奖	水电站导洞混凝土堵头高快连续浇筑侧壁不灌浆技术	水利电力部科技进步奖评审委员会	1992-05
51	科技进步一等奖	鲁布革电站土质防渗高土石坝研究	能源部	1992
52	科技进步一等奖	土质防渗体高土石坝研究	能源部	1992
53	电力科学技术进步一等奖	土质防渗体高土石坝研究	电力工业部	1993-07
54	电力科学技术进步二等奖	无钢衬高压钢筋混凝土岔管施工技术	电力工业部	1993-07
55	电力科学技术进步三等奖	钢筋混凝土面板堆石坝施工技术	电力工业部	1993-07
56	电力科学技术进步三等奖	广蓄电站高压岔管试验洞压水试验研究	电力工业部	1993-07
57	第二届中国青年科技博览会金奖	高压长斜井快速施工技术	共青团中央	1993

续表

序号	奖项名称	获奖项目	授奖单位	时间
58	国家科学技术进步奖	土质防渗体高土石坝研究	国家科学技术委员会	1993-12
59	科技进步奖一等奖	广蓄电站高压钢筋混凝土岔管	广东省电力工业局	1994-04
60	科技进步奖一等奖	高压斜井衬砌优化设计和滑模施工技术	广东省电力工业局	1994-04
61	中国青年科技博览会金奖	XDM-8.5 型液压全断面多功能模板	共青团中央	1995
62	电力行业企业管理现代化优秀成果一等奖	广蓄项目法施工科学管理	全国电力行业企业管理现代化优秀成果评审委员会	1995
63	部科技一等奖	高压长斜井优化设计与施工	电力工业部	1995
64	科技进步特等奖	广蓄电站关键技术的研究与发展	广东省电力工业局	1995-04
65	科技三等奖	广蓄电站整体科研成果	电力工业部	1996
66	科技进步一等奖	广州抽水蓄能电站（Ⅰ期）整体科研成果	广东省政府	1996
67	科技三等奖	广蓄电站整体科研成果	国家科学技术委员会	1996
68	云南省科技进步三等奖	高堆石坝填筑质量控制无损检验与统计方法研究	云南省人民政府	1996-11
69	云南省科技进步三等奖	高土质坝填筑质量控制无损检测与统计管理方法	云南省人民政府	1997
70	科技进步二等奖	广蓄电站关键技术的研究与实践	国家科学技术委员会	1997-12
71	科技进步一等奖	“XHM-7 型斜井滑模系统”的研制与实践	水电总公司	1999-02
72	科技进步二等奖	“XHM-7 型斜井滑模系统”的研制与实践	国家电力公司	1999
73	管理现代化优秀成果三等奖	工程师—工长制在小浪底水利枢纽排沙洞工程中的应用	全国电力企业管理现代化成果评审委员会	2000
74	国家科技进步二等奖	“XHM—7 型斜井滑模系统”的研制与实践	国务院	2001-01
75	中国工程爆破协会三等奖	面板堆石坝堆石料开采洞室爆破技术	中国工程爆破协会	2002-11
76	科学进步一等奖	云南大朝山水电站尾水洞出口 1～4 号混凝土围堰及岩埂爆破拆除	中国工程爆破协会	2002-11

续表

序号	奖项名称	获奖项目	授奖单位	时间
77	优秀工程勘察三等奖	倮姑水电站工程地质勘察	云南省政府	2003-10
78	中航重科杯华夏建设科技三等奖	三峡永久船闸地下输水系统斜井混凝土施工全断面变径滑模研制与应用	华夏建设科学技术奖励委员会	2003-11
79	科技进步二等奖	三峡永久船闸地下输水系统斜井混凝土施工全断面变径滑模研制与应用	中国水利水电建设集团公司	2003
80	科技进步二等奖	斜井全断面变径滑模研制与应用	中国水利水电建设集团公司	2003
81	科技进步二等奖	双圈环绕无黏结预应力混凝土衬砌施工	中国水利水电建设集团公司	2003
82	优秀工程勘察三等奖	屏边县冲庄水电站工程设计	云南省政府	2004-07
83	优秀工程设计二等奖	四岔河三级水电站工程设计	云南省政府	2004-07
84	优秀工程勘察三等奖	屏边县冲庄河水电站工程勘察	云南省政府	2004
85	科技进步一等奖	城市地铁大断面软土层浅埋隧道施工技术研究	中国水利水电建设集团公司	2004
86	科技进步三等奖	云南小湾水电站导流隧洞进出口混凝土围岩及岩埂爆破拆除	云南省科技厅	2005
87	科技进步二等奖	云南小湾水电站导流隧洞进出口混凝土围岩及岩埂爆破拆除	中国水利水电建设集团公司	2005
88	科技进步三等奖	硬岩及不良地质条件下国产反井钻机快速施工技术研究	中国水利水电建设集团公司	2005
89	科技进步三等奖	复杂地质条件下岩壁梁岩台开挖技术研究	中国水利水电建设集团公司	2005
90	中国电力科学技术三等奖	城市地铁大断面软土层浅埋隧道施工技术研究	中国电机工程学会、中国电力科学技术奖励工作办公室	2005-08
91	国家科技进步二等奖	大型水利水电工程可视化仿真技术及工程应用	国务院	2005-11
92	全国工程建设企业管理现代化成果一等奖	水电工程联营体的组织和管理	中国施工企业管理协会	2005-11
93	科技进步一等奖	水利水电工程地质建模与分析关键技术及工程应用	中国教育部	2006-01
94	云南省职工十佳先进操作法工作法	三峡地下电站主厂房大断面顶拱开挖成型质量控制操作法	云南省政府	2006-06

续表

序号	奖项名称	获奖项目	授奖单位	时间
95	优秀工程设计三等奖	那木果河水电站工程设计	云南省政府	2006-09
96	优秀工程设计三等奖	贵州省兴义市中寨水电站工程设计	云南省政府	2006-09
97	优秀工程勘察设计三等奖	云南普梯级（犀牛塘）水电站工程勘察	云南省政府	2006-09
98	优秀工程勘察二等奖	云龙水库大坝填筑材料试验（昆明掌鸠河引水工程）	云南省政府	2006-09
99	优秀工程设计表扬奖	黄连山二级水电站工程设计	云南省政府	2006-09
100	优秀工程勘察表扬奖	云南武定伊尔格水电站工程勘察	云南省政府	2006-09
101	第十三届国家级企业管理现代化创新成果二等奖	水电工程联营体的组织和管理	中国企业联合会管理现代化工作委员会	2006
102	2006年度科技进步二等奖	WDB620高强钢模拟压力容器爆破试验及应用于大型蜗壳的焊接制造工艺研究	中国水利水电建设集团公司	已上报，待审批
103	2006年度科技进步二等奖	地下工程开挖变形的数字化摄影测量应用研究	中国水利水电建设集团公司	已上报，待审批

三、水电十四局历年工程项目获奖情况

序号	奖项名称	获奖工程	授奖单位	时间
1	云南省优质工程一等奖	水电十四局承建的云南漫湾水电站2号导流洞工程	云南省政府	1987
2	优质工程	水电十四局承建的广蓄电站地下厂房及岩壁吊车梁工程	能源部	1991
3	云南省优质工程奖	水电十四局参建的云南鲁布革水电站工程	云南省建设厅、云南省建筑业协会	1994
4	中国建筑工程鲁班奖	水电十四局参建的云南鲁布革水电站堆石坝工程	中国建筑业协会	1994
5	云南省优质工程二等奖	水电十四局参建的曲靖花山水库大坝工程	云南省政府	1994
6	云南优质工程二等奖	水电十四局参建的云南鲁布革水电站地下厂房枢纽工程	云南省建设厅、云南省建筑业协会	1995-05

续表

序号	奖项名称	获奖工程	授奖单位	时间
7	云南优质工程一等奖	水电十四局参建的云南鲁布革水电站堆石坝工程	云南省建设厅、云南省建筑业协会	1996-05
8	优质工程奖	水电十四局承建的三峡对外交通专用公路木鱼槽隧道工程	三峡总公司	1996
9	优质工程一等奖	水电十四局承建的广蓄电站一期工程	云南省建设厅	1997-03
10	中国建筑工程鲁班奖	水电十四局承建的广州抽水蓄能电站一期工程	建设部、中国建筑业协会	1997
11	优质工程一等奖	水电十四局承建的云南元江依萨河水电站钢管工程	云南省政府	1997
12	全国用户满意产品	水电十四局承建的广州抽水蓄能电站工程	中国质量管理协会全国用户委员	1997-12
13	全国用户满意工程	水电十四局承建的广州抽水蓄能电站一期工程	中国施工企业管理协会	1998
14	优质工程一等奖	水电十四局承建的昆明市第三污水处理厂工程	云南建设厅	1998
15	优质工程奖	水电十四局参建的楚大公路工程	云南交通厅	1998
16	云南省优质工程一等奖	水电十四局承建的大朝山水电站DCS/C5标1号尾水隧洞工程	云南省建设厅、建筑业协会	2002-01
17	2001年度优质工程一等奖	水电十四局参建的昆玉高速公路第五合同段工程	云南省建设厅、云南省建筑业协会	2002-01
18	优质工程一等奖	水电十四局承建的大朝山水电站2号尾水隧洞工程	云南省建设厅、云南省建筑业协会	2003-01
19	2002年度中国建筑工程鲁班奖	水电十四局参建的国道213线昆明至玉溪高速公路工程	中华人民共和国建设部、中国建筑业协会	2003-02
20	2002年度福建省“闽江杯”（省优质工程）	水电十四局参建的棉花滩水电站工程	福建省工程建设质量管理协会、福建省建筑业协会	2003-10
21	2003年度优质工程一等奖	水电十四局参建的云南大朝山水电站工程	云南省建设厅、云南省建筑业协会	2004-01
22	2003年度中国建筑工程鲁班奖	水电十四局参建的棉花滩水电站工程	中华人民共和国建设部、中国建筑业协会	2004-02
23	2004年度中国建筑工程鲁班奖	水电十四局参建的云南大朝山水电站枢纽工程	中华人民共和国建设部、中国建筑业协会	2005-01

续表

序号	奖项名称	获奖工程	授奖单位	时间
24	优质工程一等奖	水电十四局参建的云南砚山至平远街高速公路工程	云南省建设厅、建筑业协会	2006-02
25	优质工程一等奖	水电十四局承建的小湾水电站导流工程	云南省建设厅、云南省建筑业协会	2006-05
26	2006年度国家优质工程银质奖	水电十四局参建的云南砚平高速公路工程	国家工程建设质量奖审定委员会	2006-11

四、重要文献选辑

（一）永垂不朽

——石龙坝水电站碑文

公司之开办，创议于前清劝业道刘苓舫先生。初拟官商合办，因其集股无多，复挠他故，刘君乃于前清宣统元年己酉冬十月，决计与商会总理王筱斋君迭次磋商，改归商办，故定名为“商办耀龙电灯公司”，旋由商会开议公举王君为总董。庚戌春二月，王君有南京赛会之役，启行在即，遂重托陈炳照君代表担任。陈君缓于五月复由商会开会组织办法，公举左益轩君为总理，施云卿君为协理。众议以左君驻石龙坝担任坝中一切工程事件，而左君对于实业公益之事素主热心，以此事为地方利权所关，遂不惮烦难，慨然允许，务求达于成立之目的，乃亟于六月初二日，偕同德国工程师毛士地亚君到地坝踏勘开河，建机房地点。勘定之后，即由左君派人分头鸠工庀材迅速赶办，逐于七月兴工。盖此事左君意在速成，以为早开灯一日，公司早获权利一日，故其召集泥木石大小各项工人，日约千余名，崩山炸石，不顾危险，分段赶做，猛力进行，其最要者严订规则。所有各办事人及各项工人，每夜均系四钟开饭，天明出工，日入方息。自开工以来，赖左君督率有方，鼓励有术，故各项工人踊跃从命，年余来不避雪雨风霜，亦不计年节星期，一鼓作气，锐意前驱，只期兼程以并进，不辞险阻之艰难。以故，长千四百七十八密达之河，高数丈之石机房，以及滚龙坝泻水河，正河，大石坝对面迎送水公司住房，暨造桥筑路，开井运机等项工程，未几即次第落成！自宣统二年七月兴工，至民国元年壬子四月开灯，全工力竣通，计一年有九。中间除因涨水不能工作，暨铁路断坏，红毛泥载运不到，以及光复时洋工程师往河内避乱，共耽延四月有余，其实只一年有五月即行告厥成功。噫！惨淡经营，颇费苦心，向使非左君之不辞劳怨，办事认真，及诸同人之协力相助，焉能有如是告竣之速耶！坝中各项工程，约计共用款九万余金，其细目均另碑登载。兹因工程浩大，创办匪易，左君及各执事人之勋劳实不容忘，用特纪其大略，勒诸石上，以志不朽云。

中华民国三年岁次甲寅仲夏月吉立

（二）以礼河水电站纪念碑《碑文》

以礼河梯级电站建于一九五六年七月至一九七四年十二月，是建国初期兴建的全国五大水电工程之一，是我国目前水头最高的引水式电站。

二、三级电站和一、四级电站分别由北京水电勘测设计院和昆明水电勘测设计院设计。水电部云南水力发电工程局承担全部土建和机电安装施工任务。云南省电力局以礼河电厂担负运行管理工作。

根据河道资源分布及地形、地质条件，经过技术经济比较，选定毛家村、水槽子两库方案。一级电站在毛家村建高坝蓄水，形成多年调节水库，具有发电、防洪和灌溉等综合效益；自水槽子水库引水，跨越盐水沟和小江，设二、三、四级电站。

梯级电站总库容五亿六千四百九十二万立方米，总装机三十二万一千五百千瓦，总投资人民币四亿三千零八十三万元，总造价三亿五千八百一十六万元，设计年发电量十六亿度。

电站建设的实践表明：要保证电站建设的合理性，必须做好河流的规划、地区规划及电力系统规划；在梯级电站规划中，要十分重视选择上游调节水库；在合理选择建设程序的前提下，进行梯级连续开发，是加快工程建设、降低造价、缩短工期、提高投资效益的极其重要的战略措施；以发电为主的水库亦应充分考虑综合利用的要求，水利资源的开发，要与灌溉、防洪排涝、通航、水产养殖、生态环境、地区经济等统一考虑，合理安排。电站建设的实践表明，整个工程的开发方式、总体布置、开发程序是合理的。运行实践也证明，整个工程安全可靠。以礼河梯级电站投产以来，一直担负电力系统的调峰调频及部分备用电量，是目前云南电力系统的主力电站。年均电量十二亿度，对发展云南工农业生产和满足人民生活日益增长的用电需要起到了重要的作用。毛家村水库的防洪和灌溉效益，对滇东北地区的农业发展有着不可磨灭的功绩。

以礼河电站在建设和生产运行中，始终得到水电部和云南省双重领导和关怀，得到当地政府及兄弟单位的支持和援助；参加电站设计和施工的同志们群策群力、艰苦创业，完成了九百二十七万方土石和三十三万方混凝土，谱出了一支自力更生建电站的凯歌。电站建设者，有的继续参加生产运行，有的转战新的工程，有的调离水电战线，有的光荣退居二线，还有的献出了自己宝贵的生命。他们用辛勤血汗换来的光明，云南各族人民将永远寄于怀念。向牺牲的同志们致哀，向艰苦创业的建设者致敬，向运行管理的同志致谢！让我们沿着先驱者开创的道路，总结经验，发扬成绩，克服缺点，为开创水电建设新局面，为我国水电建设事业，为繁荣云南经济勇往直前！

李天柱

一九八五年一月二十九日

（三）关于云南水力发电建设远景及以礼河电站施工准备工作的汇报（节选）

毛主席：

云南水力发电工程局是为适应开发云南有色金属矿藏所需的大量动力要求，于1954年5月建立的。两年来我们建成了一座容量3000千瓦的水电站，并为两个大型电站——以礼河水电站和六郎洞水电站的施工做了一些准备工作。这两个电站将于今年第三季、第四季先后开工。目前我们正处在临近开工的前夕，由于我们尚未经历过大型水电的施工，在这方面我们还提不出什么资料。现在仅就云南水电建设远景及我们在施工准备时期所遇到的一些问题向您作如下报告：

一、云南水电建设远景（略）

二、施工前的准备工作

我们决定在今年下半年先后开工是以礼河和六郎洞两座大型电站。六郎洞水电站的供电对象是个旧地区，这个电站位于弥勒、丘北、卢西三县交界处，是引用一股很大的泉水来发电的，预计装机容量2.6万千瓦。国家要求今年第四季开工，1958年底建成发电。可以满足个旧地区1960年以前的需要。这个电站的设计工作目前才刚开始，我们接到施工任务也是今年一月间的事，现在我们才刚开始建筑交通道路和临时房屋的工作，并正在订购各种施工材料和设备，还没有遇到什么特殊的问题。下面着重向您报告以礼河电站准备工作的情况。

以礼河是金沙江右岸的一条小支流，位于会泽县境内，全长122公里，汇水面积1183平方公里，在设计取水地点的多年平均流量只有19.6立方米/秒，已经定案的技术经济报告中规划，通过13.27公里的隧洞、明洞和钢管把以礼河水向西方引至金沙江，作跨流域三级开发，加上游水库坝下再建一电站，装机容量为1万千瓦，整个电站系统建成后，共有4座厂房，利用落差1438公尺，装机容量31.4万千瓦，多年平均发电量18.4亿度，可以满足东川铜矿和会泽铅锌矿在3个五年计划期间的负荷要求，并可送一部分电到昆明。

这个方案是经过两次变更以后确定的。1953年12月，水电总局局长和苏联专家亲到现场踏勘后，由于东川铜矿用电紧急，决定立即着手编制以礼河的技术经济报告，并要求1954年末动工建设，任务是很紧迫的。为了满足时间上的要求，1954年初即组织力量进行大规模的勘测与调查，订购了大批施工设备材料，同时筹建云南水力发电工程局，着手进行施工现场的准备。工程局由云南省委从各方面抽调干部于5月正式成立，技经报告亦于6月由北京勘测设计院编写完成，正待开始初步设计时，工程师们发现所建议的开发方案在地质上不妥善，有色金属矿的用电要求在时间上和容量上亦有较大变更。于是不得不再进行补充地质勘测资料，另行考虑方案。至1955年1月完成了补充地质工作，第二次技经报告亦编写完毕，为了布置初步设计工作，苏联专家组长亲到现场复查，又发现所建议方案在地质上存在不可克服的缺点，这个方案又不得不被迫放弃。从另外方向来选择引水路线，于是又开始了大量的地质勘测工作。直到去年年底，第三次提出技术经济补充报告。今年1月由电力工业部主持邀请各部门会审以后，以礼河电站的开发方案才算正式定案了。从开始勘测到技术经济报告定案，共经过整整两年时间。从以礼河开发方案的一再变更中可以看出，水电勘测工作，特别是地质工作对于正确地选择一个合理经济的河流开发方案是具有何等重要的意义。水电站的主要部分是水工建筑物，因此水工建筑物的安全及其布置的合理性，决定着这个电站的命运。而水工建筑物的安全，则主要是由正确的地质工作成果来决定的。因此，地质工作在水电站的建设工程设计中占有十分显著的地位。过去两年来，我们只是从书本上看到这个警告，没有感性认识，因此实际上不懂得这个道理。对地质工作也就没有给予应有的重视和关心，因而造成了以礼河开发方案的一再变更。譬如，1954年我们对当时选定方案的隧道所经路线的地质情况判断错误，认为只有700多公尺的地段是破碎的喀斯特化石灰岩，因此在工程上是容易克服的。后来查出这样的地质达4000公尺以上，这样一来，就把根据错误判断所选出的隧道路线否定了。这是第一次变化的主要原因。解决的方案是移动隧道路线，避开漫长的破碎带。第二次作出的方案，又发现第一级厂房和第二级调节池的位置仍然处在地质极为不利的地带。厂房有被塌落岩石击碎的危险，调节池很快就会被塌方充填。苏联专家把这个缺点称为不可克服的缺点。于是整个引水路线和厂房不得不向另外的方向找出路，这是第二次变化的原因。第二次变化是改变了引水路线的方向，延误的时间达10个月。这两次的变化都是由于勘测单位提供的地质资料不正确或不完全所造成。我们施工部门不懂得重视勘测过程中的情况，不断地从施工角度向勘测人员提出必要的注意和要求，也是造成这种错误的原因之一。由此可以得出教训，建设水电站必须十分重视勘测工作，特别是其中的地质工作。在勘测过程中，设计人员必须十分关心勘测工作的正确合理性。勘测人员应广泛征求各有关方面的意见。施工人员应从工程的角度向勘测人员提出必要的注意和要求，以减少勘测工作的片面性。使选出的方案既能满足国家经济长远的技术经济要求，又能照顾到施工时的方便。这在水电站施工之前，是一件十分重要的工作。也就是说，一个水电站的经济合理性，是在勘测和设计阶段就决定了的。如果这个决定是错误的，开工以后要来纠正它就十分吃力，甚至是不可能了。

由于方案变更，足足使以礼河电站的开工日期比原计划拖延了18个月。在这种情况下，单是施工的准备工作就给国家造成巨大的积压和浪费。1954、1955年共采购价值327.5万元的材料和设备，闲置未用的178万元。建造了一座作为施工动力用的价值150万元、容量1600千瓦的施工电站，目前也无用武之地。

由于用电要求紧迫，总的方案定不下来，大量的施工准备工程又必须及早进行，在这种情况下，使交通道路、机械修配厂、输电工程、给水工程等的进行受到了许多阻碍，经常出现忽而紧张、忽而停顿的现象。例如，1954年末第二次技经报告大体变定以后，认为方案的路线不会再发生变化了，为了赶上开工需要，动员了3500多名民工来修筑公路。1955年3月5日，接近厂房的10公里一段就要开工，可是在开工前一天，方案的路线又被否定了。我们不得不停止工作，把2000多名民工遣送回去。单餐费就化了20 000多元，现场准备和搬家费用花了1000元以上。今年下游水库公路改线共计12公里，已经修了3.4公里，计划一季度全部完工。可其余7.8公里设计部门又不同意开工，叫工地作两个不同高程路线的比较。一直拖到3月下旬，设计部门新提的方案高程比河床还低，经过数次公文往返，最后于4月6日还是决定按原高程路线开工。又如机械修配厂，原计划第一季土建部分完工，4月份投入生产。这个工程的早日投产，对施工准备工作是有很大帮助的。工地上提出的布置图已经设计部门同意，于1月下旬正式开工，平基工作已大体做好，并备了一部分毛石料到现场。设计部门又不同意在这个位置建厂，又要作比较，一比就是六七十天，现在还没有结果。如果电站开工日期是7月份的话，就是现在动工也要6月底7月初才能投入生产。对施工准备工作已失去意义，何况现在还没有音信。像这一类的例子是比较多的，其中造成的零星浪费，合计起来也不小。目前虽已确定第三季开工，但具体日期仍未明确，施工总平面布置图要到5月才能交给工地。因此，虽然看着时间越来越迫近，现场还有许多工作要做，但还是有力无处使。结局是很清楚的，等到图纸一出来，我们必然又是一番赶工忙乱，必将影响工程进度和造成一些不必要的损失。

当方案第一次发生变化的时候，我们对勘测设计部门是很埋怨的。例如，原方案的第一级厂房和二级调节池位于一个陡峻的山坳里，要下到厂房再爬回来是很吃力的。负责编写技经报告的工程师们为了不愿吃这点苦，竟没有下去看过一次，只是站在上面用望远镜望一番，勘测人员曾几次提出建议，他们说技经报告阶段的要求不高，不下去看也是可以的。结果第二次方案的变化，却正是由于这个地方的问题造成的。

当第二次方案变更时，我们虽然懂得了一些以礼河地质的复杂性和它给勘测人员所造成的巨大麻烦，而我们的勘测人员由于缺乏经验，不能正确地贯彻专家建议，他们也是很苦恼的。因此，埋怨是没有用的，但是我们却又产生了不相信他们的思想，认为方案何时能定，遥遥无期。定了以后是否还变也难于判断。因此产生了消极等待情绪，对施工准备工作就抓得不紧。现在方案已审定，开工的日期亦已大体确定，职工们的苦闷情绪没有了，热情又高涨起来。特别是在反对保守思想制订全面规划以后，大家的劲头是很足的。可是我们又遇到新的情况：一个是需要大批干部，目前尚未找到解决的门路。我们现有各类干部562人，今年7月以后需1127人，为明年培训500人，共差1065人；另一个是物资供应情况紧张。例如，我们在北京订购部统管物资，90%买不到。最近我们在昆明打听到一批积压材料，等我们办好拨款手续，东西已被别的单位买走了，结果只好埋怨自己的手脚太慢。从目前的情况看，物资供应的困难，已使我们面临严重的考验。

人力和物资供应不足的情况，迫使我们打破保守思想，挖掘潜力，充分利用一切可能利用的物资。这在全国范围内来说，必将会产生一个十分巨大的力量。客观上仍然不足的情况最终亦必能得到解决。从我们来讲，怎样避免前述人为的障碍，使有限的人力物力充分发挥其作用，还是十分迫切的任务。

从我们这两年来的工作情况看，水力发电建设工程落后于其他工业的事实是显然的，而国家要求这个部门的工作要迎头赶过其他工业也是应该的。为了改变这种被动落后状态，水电总局已经采取了积极的措施，大力加强勘测力量，在两三年内把全国主要河流普查完毕。尽可能多地提出一些技术经济报告，努力使勘测工作走得更快一些。在施工方面也抓紧目前正在进行的几个不多的工程，大力培养训练干部工人，总结积累经验。在组织机构方面亦作了一些调整，使之更灵活方便。从我们这一段发生的问题来看，除了勘测工作跟不上要求外，我们认为施工管理的技术经验不足是主要原因。许多问题看不透，因此决心不大，执行起来犹豫动摇，变化无常，甚至发生错误。例如，我们为了保证长达10公里左右隧洞衬砌的质量和速度，曾订购了C－252型的混凝土泵两台。这个设备对于我们执行国家计划来说具有重要意义，可是我们谁也没有见过这种东西，采购规格从产品目录上抄下来，现在东西运到工地，机器高达2.8公尺，输送管的扬程只有250公尺，而我们的隧洞直径只有3公尺多，第一期隧洞长1700公尺。这样，这种设备既不便于洞内使用，也不可以在洞外使用。从它的工作效率来说，和工程实际也配合不上。因此，这种设备对于隧洞衬砌工程的意义就不大了。诸如此类的事也是不少的，目前比较突出的是买设备不买配件，而现在买配件又极困难，成为机械设备方面的严重问题之一。我们既无机械化施工的经验，而工程又要求我们不能不采取机械化，这就不可避免地要出一些乱子。为了迅速提高我们的施工水平，害怕出乱子而不敢采取机械化是没有理由的。但是，这种先天不足的缺陷是需一定的实践努力过程才能加以克服的，因此，为了减少差错避免延误时间，加强各有关部门的协同工作，充分发挥集体智慧，就成为非常必要的措施了。目前由于全国力量不足，设计工作集中在北京还是必要的，为了加强和工作的联系，设计部门派出设计代表驻在工地也是对的。但是，设计代表长期不回北京，他们对设计意图和设计情况知道不多，时间久了，就难于代表设计方面，实际上成为工地一个部门，起不到设计指导施工的作用。因此，设计代表应在一定时间轮换，使设计与勘测、施工能互相了解得更深刻，这对勘测工作和施工准备工作都会是很有益的。可是，施工组织设计在北京作则是不妥当的。因为这项工作必须考虑到工地的各种具体条件，否则就会产生很多麻烦，因此应由设计部门和工程管理部门派出工作组到工地协同进行。这样可以避免公文电报的往返磋商，前述脱节现象亦可大大减少。目前情况下，对于加速水电站建设是有重大意义的。

苏联水电建设者有句谚语，叫做七年准备，三年施工。我们自己虽然还没有施工经验，因此对准备工作的重要性还没有切身的体会。但从兄弟单位的情况看，准备工作的好坏，对于施工的作用确实具有重要意义。为了迎接水电建设的全面高涨，我们不仅需要勘测工作迎头赶上，还需要设计工作迎头赶上，也需要施工工作迎头赶上。鉴于最近两年将有许多水电站开工兴建，大量的人员要投入施工准备工作。因此，如何做好施工前的准备工作，对我们水电工作者来说是具有现实意义的课题。现在我们正在进行施工准备工作的大检查，因为才刚开始，发现的新问题还不多。在这次检查工作中，我们将注意总结自己的经验，使以后的工作做得更快更好些。

专此即致礼！

局　　长　李天柱

党委书记　龙南生

1956年4月7日

（四）三　十　而　立

——庆祝水电十四局建局三十周年

李天柱

1984年5月10日

今天，水利电力部第十四工程局建立已经整整三十周年了！三十年，在历史的长河中算不了什么，但对人的一生，对一个企业来说，那就是一个漫长的历程了。回顾1954年春，在中共云南省委的亲切关怀下，以原云南水力发电工程处为基础，开始筹建“燃料工业部云南水力发电工程局”的时候，省和部先后从全省全国各地陆续抽调大批干部工人，很快就汇集成为一支上万人的水电建设队伍，并立即投入了石龙坝、以礼河水电站建设的激烈战斗。三十年来，随着管理体制的变更，这个工程局先后改称“电力工业部云南水力发电工程局”，“云南省水利电力厅以礼河水力发电工程局”，“水利电力部云南水力发电工程局”，“云南水电建设公司”。十年浩劫中，虽然工程局的领导机关被拆散，但庞大的队伍仍在省电力工业局的指挥下继续战斗。党的十一届三中全会后，随着水电建设任务的需要，1979年又改称“电力工业部第三水电工程局”和“水利电力部第十四工程局”。尽管隶属关系和名称多次更变，这支长期在云南高原上流动的施工队伍，始终团结战斗，为云南的水电建设作出了应有的贡献。先后在滇东、滇西、滇南的6条河流上建成12座水力发电站，装机41台，总容量68.3万千瓦（不包括援建拉格都电站的4台，7.2万千瓦），使云南的水力发电从1950年的5000千瓦增加了136倍，占省管电力系统设备容量117万千瓦的58.37%。加上地方水电站60万千瓦，共占全省总装机容量177万千瓦的72.48%，成为云南电力工业的一支骨干力量。目前正在建设的黄泥河鲁布革电站（60万千瓦）和西洱河三级电站（5万千瓦）建成投产后，我省的水电装机容量又将有一个大的跃进。在三十年前组建工程局的时候，各级领导骨干、技术骨干和生产骨干，大都是二十多岁或三十左右的青壮年人。所谓“三十而立”，由这样一批跨入社会不久，还说不上能够独立思考、独立工作、独立生活的骨干组织起来的生力军，就跻身于全国五大电站建设的行列之中，而且作出了不少的成就。如今，这支长期战斗在高山峡谷中，历尽艰苦，几经坎坷，经受锻炼的队伍已经战斗了整整三十个年头。他的领导骨干、技术骨干、生产骨干，大都已年过半百，不少年近花甲，有的已年逾古稀，退居二线、三线了。从人来讲，已经到了“善知天命”的境界。也就是说，不仅应该能够善于掌握现在，更好地执行国家下达的任何艰巨任务，而且应是能知“过去”（即善于总结历史经验教训，从中悟出在云南建设水电站的客观规律），又能知“未来”（即善于从历史发展的规律和党的基本决策中，预见到云南水电建设的远景，并在建设实践中为将来做好一切准备），运筹帷幄，行动自如的能人了。可是，由于十年动乱的破坏和“左”的思想的束缚，我局存在的问题仍然不少。承担目前的重任，特别是即将与外国先进企业配合施工，还需要我们付出极大的努力，用最快的速度去缩短差距。因此，如果说我们已经能够“善知天命”是言过其实的话，说我们“三十而立”应该是当之无愧，也是对我们的起码要求了吧！

今天，我们全局两万职工，分别在各地热烈庆祝工程局建局三十周年，就应该要发扬三十年来的优良传统和作风，认真总结历史经验和教训，出色地完成“东截西发”的光荣任务，为云南四个现代化建设和“西电东送”的伟大战略任务作出更大的贡献！

党的十一届三中全会以后，由于战略方针政策的正确，循着大胆改革的道路，全国已经顺利地转入了四个现代化建设的轨道。农业一马当先，取得了突飞猛进的发展，使国民经济发生了十分鼓舞人心的变化，从而更加巩固了安定、团结的政治局面。

在农业战线上，由于生产力的解放，已经出现了以政策为主要动力，向以科学为主要动力方向发展的好势头。在短短几年里，辽阔的农业战线上出现的这一可喜变化，不仅必将进一步推动农业生产力的发展，而且必将对工业提出更多、更高的要求，给工业战线的发展提供宝贵的启示和经验。党中央一再指出，农业要上去，一靠政策，二靠科学。政策，主要就是用经济责任制来充分调动广大农民的生产积极性，并为这种积极性的提高创造各种有利条件。几年来的实践证明，党中央的一系列农村政策，已经极大地解放了农业生产劳动生产力，使生产关系逐步适应，并且必将进一步促进农业生产力的向前发展。农民自觉地需要工业和科学技术支持的势头，已经表露出来。在这种大好形势下，如果工业裹足不前，特别是电力工业不能迎头赶上，就将成为农业生产力，以致整个社会生产力发展的障碍，这一点是显而易见的。

中央在2000年国民经济总产值翻两番的战略目标下，对工业，也包括对电力工业都提出了要求。目前，水电部正在动员各方面的力量，对电力发展规划，进行反复的研究落实。力求切合实际并能付诸实现。云南是祖国的西南大门，拥有丰富的自然资源，特别是丰富的水能资源，应该为云南和祖国的四个现代化建设作出重大的贡献。

中共云南省委把水力资源丰富列为云南十大优势之一，如何使水力资源优势早日为四个现代化的千秋大业服务，从战略上看，我认为有三个问题应该提出来探讨：

第一，在相当长的历史时期内，云南不存在电力资源不足的问题。云南的水力资源十分丰富，已逐渐为大多数人所认识。据多次普查结果，全省水能资源蕴藏量为12 664万千瓦（不包括100千瓦以下的小水电资源），占全国67 604万千瓦的18.73%，名列全国第三，可以开发利用的约8248万千瓦，占全国可以开发利用总量36 683万千瓦的22.48%，仅次于四川省。由于雨量丰沛，已建成水电站的设备利用率，与来水最好的1983年全国水电设备利用率比，也高出许多。因此，其他经济指标也是比较优越的。

在国外，水力资源可开发量超过1亿千瓦的有：苏联26 900万千瓦、巴西21 300万千瓦、美国17 860万千瓦、加拿大15 290万千瓦。我国居世界首位。云南的水力资源丰富且优越，不仅在国内，而且在世界上也都是当之无愧的。云南省不仅拥有丰富的水能资源，而且煤炭资源也不少，加上火力发电、其他能源，即使把人口增长的因素和人民生活用电大幅增长因素考虑进去，说我省的电力资源在相当长的历史时期内不存在资源不足，更不存立电力资源危机的论点，应该说是完全站得住脚的，我们大可不必为此担忧。这是摆在我们水电建设职工面前一个巨大、辽阔的舞台，我们应该充满雄心壮志，在这个舞台上演出有声有色的历史话剧来。

第二，电力供不应求的基本形势短期内将难以改变。三十多年来，由于“消极平衡”的错误思想指导和其他原因，电力工业不是站在国民经济发展的最前列，而总是跟着国民经济的发展缓慢前进，虽然也有过电力供应富裕的个别现象，但供不应求一直是我省电力工业的基本状况。据平衡，我省今年缺电 19 万千瓦，7.6 亿千瓦·时。1985 年缺电 29 万千瓦，13 亿千瓦·时。预计小龙潭二厂、鲁布革水电站、普坪村电厂扩建、白水电厂和漫湾电站建成投产后，按国家翻两番的办法计算，差距都还很大，还有几个问题值得引起我们严重注意：

(1) 上述五个电站投产后，全省装机容量可以达到 472 万千瓦，加上地方电站预计以每年 6 万千瓦的速度共增加 96 万千瓦。至 2000 年总装机容量能达到 568 万千瓦，比现在的 177 万千瓦只翻 1.61 番，再加上鲁布革上游水库不能建成，保证出力不高，我们据以核算的基数本来就偏低，在建设过程中不断遇到的内外干扰，也非短期内可以排除，如再出现意外的负荷增长，我们除了依靠大电网的支援外，已经别无出路。现在国家规划中，尚未给云南列上新的项目，值得我们重视。

(2) 在 2000 年的规划意见中，我省国民经济计划是翻 2.4 番，相应的发电装机容量要求达到 905.53 万千瓦，发电量达到 257.6 亿千瓦时。与上述可能实现的计划相比，差距已经很大。这种与国民经济的发展等同翻番的算法，又是值得研究的。电力工业的现有基数，与国民经济的要求本来是偏低的，即使按规划翻上去了，仍然是一个偏低的局面。电力工业如不能经常超前，就不能保证国民经济的正常发展，要用电力工业来促进国民经济的更快发展则根本没有可能。电力工业的特点是产供销同时发生，一家供电，千百万家用电。这千百万家用户稍微挪前一步，就不是电力工业一步或几步可以赶上去的。三十多年的历史证明，我省工农业总产值 1980 年比 1949 年增加 9.2 倍，国民收入 1980 年比 1952 年增加 7.08 倍，而同期的电力工业则增加 109 倍。随着国民经济的发展、人民生活的不断改善，生活和商业用电比例必将大幅增加。据 1976 年世界统计资料公布，生活和商业用电占总发电量的比例，美国为 34.7%，英国为 55.0%，西德为 40.5%，日本为 42.8%，法国为 45.6%，意大利为 33.4%。我省 1979 年的生活和商业用电只占当年发电量的 5.9%，差距太大太大。而且生活和商业用电的水平还是一个增加的趋势。在工业发达国家，电力供求关系能经常保持平衡的不多。像我们这样一个大国，要做到这一点，更加不易。我省按人口、土地面积和自然资源来说，都相当于欧洲的不少大国，况且又是一个工业落后的省份，是一个发展中的地区，电力的需求常常超越我们的认识。因此我认为，云南省电力供应的紧张状况，短期内将难以改变。电力供不应求仍将是我省较长时期内的基本形势。

第三，加快电力建设，保证和促进国民经济的高速发展。解决好电力供求关系，保证和促进国民经济的全面发展，满足人民不断增长的用电要求，是电力工业的根本职责。在电力建设中，优先发展水电已经成为我国的国策。目前的问题是如何加快水电建设的速度，使丰富的水力资源及早为云南和祖国的四个现代化建设发挥作用。对此，胡耀邦同志在不到半年的时间内，作了两次极为重要的指示。第一次是 1983 年 9 月在听取水电部工作汇报后批示：“发展电力问题，要做好两篇文章，而且同等重要。一篇是提高电力投资比重，这是国家计委要认真考虑的。另一篇是，一定要降低造价，选择最优方案，缩短建设周期。这篇文章就全靠你们来做了……”第二次是1984年2月15日，在看了水电部关于考察美国巴西的报告后，在批示中指出：“为了实现本世纪末使我国国民经济翻两番的神圣任务，电力部门的同志要严肃考虑自己的职责。其中一个带关键性的问题，就是如何以较少的投资建设较多的电站，并认真缩短建设周期的问题”。这两个重要批示，不仅给我们水电建设者提出了要求，而且也给我们指出了努力奋斗的方向。只要我们上下一致，大胆改革，能够扎扎实实地，而不是做表面文章地把耀邦同志的指示真正落到实处，我们的任务是一定能够完成的。耀邦同志要我们做好的第二篇文章，水电部和水电建设总公司领导，对水电建设的现状作了深刻的剖析，并且提出了许多切实可行的办法和措施，无疑都是十分必要和正确的。作为一个施工单位，都要努力加以实现。从云南的实际情况出发，还有几个问题应该提出来供大家探讨。

一、电力建设的方针

根据云南水电资源丰富、煤炭藏量也不算少和地理上为横断山脉所分割的特点，实行以水电为主、火电为辅，大、中、小并举的电力建设方针是适宜的。水力资源的情况已如前述，煤炭是一次能源，烧一吨就少一吨，吃子孙饭总不是上策。况且褐煤在藏量中的比重高达70%，是化工原料的丰富宝藏，烧掉实在不应该。由于三十年来没有能充分发挥水电的优势，现在电力仍然没有摆脱供不应求的形势，在这种情况下，辅以火电不仅势在必行，从运行调度的角度来考虑也是有好处的。但是，如果放松了水电建设，让这种“势在必行”长期行下去，甚至人为地把水电建设挤掉，颠倒了主次，我们就会在战略上犯错误。

在水电建设上必须实行大、中、小并举的方针，这样做既能充分发挥各方面的积极性尽快把水电搞上去，也能适应云南的地理环境，使全省各地都能较快地获得必要的电力，是一种工农两利的建设方针，也是利国富民的好途径。据普查，我省25万千瓦以上的大型电站35座，可装机9696万千瓦；25万千瓦以下的中小型电站148座，可装机820万千瓦；100千瓦以下的微型电站遍布全省广大山村，估计不下百万千瓦。这种天然的造化，对云南来说，确实是得天独厚。大型电站由国家投资兴建，主要保证重点工业和大城市用电。三十年来，我省由国家投资兴建的水电站，建成投产的虽已有12座单机41台，但装机容量只有68.3万千瓦，平均一个电站5.7万千瓦，每机1.6万千瓦，实际最大的单机容量也不过3.6万千瓦，在战略上都起不到支撑的作用。每当国民经济出现高涨、电力供应紧张的时候，我们就是措手不及，这一点不能不说是我们在战略上的一种失误。必须下决心及早在干流上建设几个像小湾那样的骨干战略电站，彻底改变三十年来的被动局面，否则要想保证国民经济全面高涨是不可能的。25万千瓦以下的电站遍布全省各地、州，开发条件比较优越，如果省里能采取一些适当的政策，把地方建电的积极性调动起来，在地区之间或地区内部集资兴建，是完全可以办到，而且投资和速度可能会是比较满意的。在一个地区内能够形成一个由自己的骨干电站为中心的独立电力系统，并在许可的情况下，与国家大电网相连，不仅可以起到互相调节、互通有无的作用，而且对提高经济效益，特别是提高小型电站的利用率，也将会发生良好的作用。这样既能保证农业和地方工业迅速发展的用电要求，又能免除与大工业和大城市争电的矛盾，使重点工业得到充分的电力供应。我们部属电力系统，有责任主动帮助地方把这项工作办好。100 千瓦以下的小型和微型电站在我省浩若繁星，遍布广大山村，其资源估计不下数百万千瓦。截至1983 年底，由地方和广大农村投资兴建的微小型电站近 8000 座，装机容量超过 60 万千瓦，占全省总装机的 1/3，与省管水电站、火电站形成三足鼎立之势。目前尚以每年 5 万～7 万千瓦的速度发展，已经成为电力工业一支不可忽视的力量。但是，这种小型电站为了节约投资，往往不建相应的调节水库，利用径流发电，形成丰水期大量弃水，枯水期无水发电。但是这种缺陷是可以克服的，在农村财力增加的情况下，可以补建调节水库，可以因地制宜、小片联网互相调节；也可以与地方骨干电站联网，必要时得到地方电网的支持。地方电网在许可的情况下，也可与省管大电网联通，互通有无。总之，不提倡农村小水电的建设，要用统一供电的办法来满足切割分散的广大农村用电，促进工农业的全面发展，特别是彻底解决农业与大工业争电的局面，几乎是不可能的。现在美国已经转入大力兴建小水电的方向，值得我们参考。工程局有责任帮助地方，把地方小水电的建设搞好。

二、贯彻耀邦同志指出的关键性问题

中央关于优先发展水电的决策公布后，对水电的非议不多了。但是，按现行计划办法，把水电建设与同容量的火电建设相比，认为水电建设周期长、投资大、远水不济近火的论调则比较普遍，而且应该说也是符合当前实际的。在国家计划上，为火电服务的煤矿建设和煤炭运输建设投资，没有相应计入火电建设投资，在建设期间承担的社会负担也比水电建设少得多，煤炭建设的周期也没有计入火电建设周期之内。这方面有人作过分析比较，两者之间的差距并不像现在所说的那样大。从水电建设本身来说，确乎存在建设周期长和投资大的问题。在勘测设计工作中的保守思想和烦琐哲学是一种严重的障碍，而在施工方面存在的问题更多。在设计方面提出优化方案后，施工过程中，在保证工程质量的前提下，要缩短工期、降低造价，两者之间相互制约又相互促进。三十年来的实践证明，缩短工期是问题的主导方面。在工程成本中，比重最大的是材料费，一般占造价的 60%左右。其次是工资和管理费用，在总投资中占 20%左右。其余的投资为大型临建和施工机械折旧费及其他费用所占有。在这些费用中，伸缩性比较大的是工资和管理费。我局现有职工两万多，不管干活不干活，这项费用开支每月都在 250 万左右，一年就是 3000 万左右。就是说缩短工期一年，仅这项费用就可以建设一个中型水电站。因此，缩短工期是降低造价最重要的因素。在职工积极性调动起来以后，其必然趋势，像目前农村那样，就会转向技术革新和技术革命的方向，迫切要求采用新技术和现代化的施工机械，而采用新技术，除了进一步加快施工速度、提高劳动生产率以外，主要对象就是节约原材料。而原材料的节约，技术革新是主要的，其次才是选择最优运输方案和制止浪费现象等。如果我们在推行经济责任制中，善于把上述各项费用的节约有机地结合起来，就可以收到全面降低工程造价的效果。50 年代，以礼河电站建设中，提出过“提高劳动生产率，节约工资基金，采用新技术，节约原材料”，并在推行以工程任务单和班组作业计划为基础的经济责任制中，把各项费用的节约结合起来，执行的结果证明，经济效益是很好的。在保证工程质量的前提下，以推广经济责任制为手段，狠抓工程进度，是贯彻耀邦同志指示的关键中的关键，是我们改变当前面貌的主攻方向。

投资不足是加快电力建设的又一现实问题。除了国家设法增加拨款，充分动员地方财力，群众集资及在国营项目工程中从各方面降低造价外，从战略上看，大胆引用外资可能是一个既来得快，又能带来各种效益的好办法。我们应在这次引用外资中摸索出经验来。

三、动力问题

方针对头，措施办法看来也不错，还需要有一个强大的推动力，这个推动力就是广大职工的生产积极性。农村生产情况的急剧变化，中央领导同志一再指出，一靠政策，二靠科学。所谓政策，就是用经济责任制把农民的生产积极性调动起来，并且在前进中不断采取各种措施，制定适合的补充政策，保护和促进这种积极性的不断提高。没有积极性，任何良好的路线、方针、政策和措施、办法都是无法实现的。这几年的经验已经反复证明了这一点。现在农民的积极性，在中央一号文件的指引下，正在巩固和提高。要求工业支援，要求科学技术支援的势头已经出现。在这种方兴未艾的情况下，如果工业再裹足不前，不仅不能满足广大农村对工业的要求，而且必将导致整个国民经济的滞碍，现在已经到了工业必须迎头赶上的时候了。

工业能不能迎头赶上，农业上一靠政策、二靠科学的基本经验是否适用于工业，许多先进企业已经作了肯定的回答。工业也必须像农业那样，首先从大胆推行经济责任制入手，把广大职工的积极性调动起来，用它来推动企业整顿，使整个企业以最快速度活跃起来，其他的问题就比较容易解决了。几年来，工业战线的进展落在农业战线之后，主要的经验教训，就是推行经济责任制方面的“左”的思想束缚。不敢大胆改革，前怕狼后怕虎、大大小小、粗粗细细的绳索，把一个企业捆得动弹不得。我们作为一个基层企业的成员，对此是深有体会的。

福建省 55 个企业要求“松绑”的呼吁，已经为福建省委公布和支持，并且得到中央和社会舆论的支持和响应。我们三十年来正反两方面的经验，现在又有不少先进单位的新鲜经验。我们应该热烈响应党中央大胆改革的号召，全面推行经济责任制，在实践中不断总结经验教训，使有利于巩固和发扬广大职工生产积极性的各项政策和规章制度逐步地完善起来。让那些在实践中出现一点纰漏就大惊小怪、横加指责，甚至粗暴干涉的好心人，和那些坐而论道的清谈家休息去吧。

四、队伍建设问题

在广大职工的积极性调动起来，并且对科学技术产生自觉要求的条件下，如果不把压在企业身上的沉重负担卸下来，企业还是不能展翅高飞。我们企业的沉重负担是什么？就是老老小小的拖累和沉重的社会负担。我们是一个老企业，进入老年的职工不断增加，不少人已经退休。这些水电建设的功臣，大多数尚无安度晚年的安身之地。他们的家属和子女，长期跟随队伍在各个工地上转移，离开学校的待业青年不断增加。这支超过职工人数 1～2 倍的庞大后方队伍，出征而不能上阵，不能不说是企业的一个沉重包袱，而且也是第一线职工的严重拖累。再加上为这 4 万～5 万人服务的社会设施，企业已经拖累得快不能动弹了，还说得上什么展翅高飞。因此必须下定决心，再奋斗几年，把这个沉重包袱丢掉，并使之变为企业的动力。为此，要下决心办好四件事：

（1）一定要把基地建设好。目前我们已经建成固定住宅 76 528 米^2，使 5000 多职工得到了安居。新的基地建设已经初步开展，已经有了一个良好的开端。但是，这些基地的设施还很不完善，还有 3/4 多的职工没有定居下来，基地建设的任务还相当重。基地不仅是职工的生活基地，而且必须是生产基地和培训基地。单纯消费的生活基地没有前途，也不能减轻企业负担，更不能变包袱为动力。只有使定居在基地上的老人生话愉快，能够劳动的家属获得经济收入，待业青年得到安置，使他们既有劳动贡献的机会，又有学习进取的条件，学龄儿童青年受到良好的教育，这样的基地才能巩固，才能真正为企业减轻负担，并变为企业的强大动力。企业办集体的道路是宽广的，我们一定要舍得挑选热心这项事业的能人，把基地的建设和管理搞好。

（2）一定要把服务公司搞好。局的服务总公司已经组织起来，他们的工作对象就是这支比职工队伍大得多的家属队伍，这是我局的第二方面军。服务公司的责任，就是把这支庞大的方面军组织起来，用他们自己的力量，在企业的适当扶持下，走集体致富的道路。在政策上要学习农村经济责任制的基本经验，获得的利润基本上归集体分配。利润多的时候，也可提一部分作为基地建设基金。国家除税收外，一律不要。希望有志于这项事业的同志，要一步一个脚印把这条路开通开好。办好了这件事，就为我们的队伍建设立下了大功。

（3）一定要把职工的培训工作搞好。提高劳动生产率，首先是靠调动职工的生产积极性，接着就要靠科学技术和现代化的施工机械。这个发展规律，是任何人也无法抗拒的。对我们这支老队伍，既要看到他有丰富的实践经验，又要看到他缺乏适应新形势需要的能力。就是说，我们不仅存在年龄老化，也存在着知识老化的问题。不管是管理人员、技术人员和工人，都有一个知识更新的问题，因此培训工作就成为队伍建设的一项具有战略意义的工作。除了把现场培训的点网建立起来，采取多种形式进行不间断的培训外，还要下决心把干部学校和技工学校办好，使这两所学校成为培训各类骨干力量的基地。

（4）一定要把企业为社会的现状改变过来。要办好一个企业，应使企业领导人能够集中精力搞好生产，提高经济效益，为国家多作贡献。可是，我们现在却不得不把一切社会工作统统包了下来，使各级领导为此付出极大的精力，这也是不能办好企业的原因之一。除了由服务公司把这些工作，如食堂、招待所、商业、交通、饮食甚至文化娱乐等统统承担起来外，对企业干扰最大的是社会治安工作。我们应该创造一切条件，力争把这项工作交由地方政府来承担。我们的政治工作部门、共青团和工会，扶之以政治思想教育，方能使各级领导从这种羁绊中解脱出来。再加上地方政府各方面的支持，切实把企业办社会的不合理状态改变为社会办企业，使企业领导人能够集中精力办好企业。

以上四个方面的问题，只是根据我局具体情况提出来的一点补充措施。要全面贯彻好耀邦同志的指示和水电部、水电建设总公司提出来的各项措施，作好耀邦同志的第二篇文章，还必须上上下下、左右前后、内内外外一起动手，实行全面的综合治理，方能收到事半功倍之效。现在中央已经大抓工业改革，我们的愿望是一定可以实现的。

今天，我们全局几万职工家属集会，共同庆祝和纪念工程局建局三十周年。我们就要认真总结三十年来的经验教训，搞好当前的各项工作，保证按期完成“东截西发”的国家计划，为迎接更大的水电建设任务出谋划策。能如此，我们就不仅当得起“三十而立”，而且真正可以进入“五十而知天命”的境界了。

（五）水电十四局原总工程师李景沆在“从事水电建设五十年座谈会”上的讲话

1987年8月21日

同志们：

首先，感谢十四局和管理局召开这个座谈会。50年了，时间不短，我没有干多少工作，即便干了一点工作，也是“沧海一粟”。所以，这个会更恰当地说是属于我们全体水电工作者。光荣应该属于我们在水电战线上奋斗了一辈子的全体战士。

这几年，我常思考着一个问题，50年了，我们这一代人工作干得不太理想，是我们笨，还是我们不努力？不，实事求是说，我们苦没少吃，汗没少流，心思没有少用，说不努力，说我们笨，在座的老年同志、中年同志以及凡是经过我国水电事业从无到有全过程的同志都不会同意这种看法。但为什么和这几年相比，相差得如此之远呢？从建设速度、技术进步来说，这里有个转折点——鲁布革。最近，报纸上经常提到所谓“鲁布革经验”，最近，人民日报登载的一篇文章《鲁布革冲击》，我想大家都看过了。什么是鲁布革经验？过去有些片面宣传容易让人理解成大成经验，这是不恰当的。同样，理解为管理局、设计院、十四局的经验也不确切。鲁布革是改革开放搞活国内水电系统的第一个试点，是十一届三中全会以来的方针、政策在水电建设的具体体现，是开放、改革、搞活政策的具体体现。从鲁布革进行的开放改革试点中，使我们找出一条加快水电建设速度的途径，使我们看到了希望。我想，在座的全体同志对于这一点都会感到高兴。鲁布革对外开放和实行改革的试点，至今已有四五年了。这四五年走过的道路是不平常的。一条河上，几个国家的专家、工程技术和管理人员，两种很不相同的管理体制和管理方法，很多种分配形式和工资水平，所有这些都形成了鲜明的非常强烈的对比。这里蕴藏着矛盾和冲击，其中包括了不同的思想、不同的观点、不同的方式、对于一些事物的不同态度，不同的人代表着不同利益对待问题的不同看法。这一切是很自然的，也是难以完全避免的。这里有一点必须肯定，就是改革、开放是不可抗拒、不可逆转的历史潮流。鲁布革的作用不是它已经形成了一套完整的改革经验和办法，而在于它冲击了旧的体制、旧的观念、旧的思想，启迪了人们的思想，使人们看到了改革的必要性和必然性。或者换句话说，鲁布革正在呼唤着改革。

几年改革的实践使我们认识到，改革绝不是一件轻而易举的事。道路是漫长的、曲折的、艰巨的，有时也是痛苦的。但有一点，我是坚信不疑的，就是改革一定会成功，不改革是没有出路的。设计需要改革，施工需要改革，建设单位也需要改革。施工单位的改革难度最大，在改革的道路上挫折在所难免。重要的在于不断总结经验，吸取教训，锻炼队伍，提高认识，提高信誉。

今天，我向同龄的老同志表示祝贺。我们总算看到国家真正繁荣富强的希望之光，而且还为此付出了自己的劳动。我更寄希望于中年和青年的同志们，你们是旧体制勇敢的改革者，你们也必然是中国水电事业腾飞奇迹的创造者。我深信，通过你们坚持不懈的努力，一定能达到这个目的。我想，这也应该是对我们老一辈的最大安慰和纪念。

谢谢！

（六）鲁布革冲击

杨　飏

云贵边界，深山峡谷，黄泥河上，372米落差。

据说，早年水力勘测人员惊喜发现此地，问及名称，当地布依族人回答，“鲁布革”本意为“不知道”，勘测人员误作地名，标入地图。

如今，这个“不知道”不仅全国闻名，而且为世界所知。

1981年6月，国家批准建设装机60万千瓦的鲁布革水电站，并列为国家重点工程。

1984年4月，鲁布革工程作为水电部第一个对外开放窗口，采取了一系列措施。此后，出现了魔术般的施工效率。

今年7月，李鹏副总理在全国施工工作会议上提出全面推广鲁布革经验。

“鲁布革冲击”迅速波及全国施工界。

其实，人们对它知道得仍然很少。

一石击起——

鲁布革改革是靠“开放”冲撞出来的。

1984年4月，水电部决定在鲁布革工程采用世界银行贷款。这笔贷款虽只是工程总投资的一小部分，但却如一石投水。

根据使用贷款的协议，部分项目实行国际招标。鲁布革工程原由水电部十四工程局施工，已开工3年，为了使用世行贷款，工程三大部分之一——引水隧洞工程这块“肥肉”被从十四局的“饭碗”中捞出来，投入了国际施工市场。在中国、日本、挪威、意大利、美国、联邦德国、南斯拉夫、法国8国承包商的竞争中，日本大成公司以比中国与外国公司联营体投标价低3600万元中标。同时，挪威和澳大利亚政府决定向工程提供赠款和咨询。于是形成了一项工程三方施工的格局：一方是挪威专家咨询，由十四局三公司承建的厂房枢纽工程；一方是澳大利亚专家咨询，由十四局二公司承建首部枢纽工程；一方是日本大成公司承建的引水系统工程。

国际招标随之而来的是合同制管理，鲁布革工程两种管理模式并存：一种是以云南电力局为业主，鲁布革工程管理局为业主代表及“工程师机构”，日本大成公司为承包方的合同制管理；一种是以鲁布革管理局为甲方，以十四局为乙方的投资包干管理。

局部突破，使小小的鲁布革成了个混合物；四国八方，两种模式，于是产生了摩擦、较量……

中国施工管理人员对合同制管理是陌生的。一条运输路，合同规定由中方提供三级泥石碎石路。由于翻修不当，造成日方汽车轮胎损失严重，于是日商提出索赔200多个汽车轮胎。开始时管理局的同志直摇头；到底是资本家啊，逐渐他们懂得了：这就是合同制管理——一经确定就不可动摇。而在那种单纯强调“风格”没有确立合同关系的体制下，自家“兄弟”间反而又有扯不完的皮。为一件不大的事，双方可以吵得口干舌燥，吵个没结没完。最带有讽刺性的是，中国工人在大成的管理下创造了惊人的效率。日本大成公司派到中国来的是 30 人的管理队伍，从十四局雇了 424 名（平均计算）劳务工人。他们开挖 23 个月，单月平均进尺 222.5 米，相当于我国同类工程的 2～2.5 倍；全员劳动生产率 4.57 万元/(人・年)(不包括非生产人员以及各类服务人员)。去年 8 月，在开挖直径 8.8 米的圆形发电隧洞中，创造了单头进尺 373.7 米的国际先进纪录。消息传到东京大成总部，总部竟以为电传有误，要求重传。1986 年 10 月 30 日，隧洞全线贯通，比合同计划提前了 5 个月。大成公司副总裁亲临工地祝贺，并向中国劳务工人鞠躬致谢！

而十四局承担的首部枢纽工程 1983 年开工，由于种种原因，进度迟缓，世界银行特别咨询团 1984 年 4 月、1985 年 5 月两次来工地考察，都认为按期截流难以实现。

近距离的对比，面对面的“较量”，没想到初战竟是如此结果！鲁布革人被震动了！

水电部部长钱正英来到工地，话语沉重：我们既要坚持对外开放方针，学习国外先进技术和管理经验，又不能在外国人面前丢中国人的脸……

“中国人，不可捉摸”

鲁布革人置身在历史与现实的反差中，怨气、冤气、不服气，在一股脑儿喷发……

想想吧：10 年前，这里荆棘遍野、蛇兽出没，他们就奉命进山安营扎寨，开始工程前期准备。顺理成章，以后的程序应该是：等拨款、施工，移交运行单位——这叫自营制管理模式。建国以来，十四局的职工转战江西的上犹江、福建的古田河、会泽的以礼河、下关的西洱河……不都是用这种干法立下赫赫战功吗？可现实在否定它。鲁布革工程管理局总工程师王音辉把自营制管理通俗比喻成“爸爸管儿子”的方法。没钱了，“儿子”变着法儿到“爸爸”兜里去掏，而工期则是弹性很大的，“五一”竣工，“七一”献礼，“十一”大捷，都是“胜利”，结果是：投资“无底洞”，工期“马拉松”，施工队伍越拖越大。公司每到一处都形成一座繁华的“城镇”，有学校、医院、幼儿园、托儿所、食堂、影院……

但是，真的否定这种体制又谈何容易，激起的情感是相当复杂的，一位中年工程师谈到施工招标，慷慨激昂：“让我们‘拉家带口’和外国人竞争？屁！农村包工队我们都争不过。说得多轻巧，‘你们臃肿，没战斗力’，难道我们愿意吗？难道这不是一种牺牲吗？我们就像山沟里的吉卜赛人，长年累月过着‘流浪’生活，以山为家，以水为邻，吃住差点也罢了，关键是娃娃得不到良好教育，升不了学，就不了业。为了水电事业，我们献了青春献终生，献了终生献儿孙，没人对历史负责，却要我们对现实负责，这公平吗？”

理智和情感在这里打架，这痛苦是深沉的，因为问题是尖锐的：难道中国人的潜能非得靠外国人来挖掘不成？——几乎每个平凡的鲁布革人都思考过这些本该是政治家思考的问题。民族自尊心、自信心被唤醒了！“为中国人争气！”一场没有裁判的角逐开始了。

十四局鲁布革工程指挥部在首部枢纽工程发动了千人会战。指挥部离工地只有 3 公里，许多人一个多月没回去。局长们都是清晨 4 点多钟进被窝，脑袋沾沾枕头，七八点钟又下了工地。基层干部干脆在洞里铺块板，累了躺一会儿，醒了再干。工人中推迟婚期的、放弃奔丧的……使外国专家惊叹的奇迹终于创造出来了：1985年11月，大坝工程按期截流。

在庆功会上，一位外国专家说："你们中国人，有时真令人难以捉摸。"

是的，按期截流进一步推动了施工者自己的"琢磨"。"会战，我们的优势。一靠领导带头，二靠强有力的行政组织，三靠科学地吸收外国专家建议。于是创造了这辉煌壮举。"

另一种看法恰恰相反："这恰说明了中国施工管理的弱点，均衡生产搞不好。会战总结起来总是成绩1、2、3、4、5、6、7，问题1、2、3。可这1、2、3造成的影响却远比七条成绩更深远。"

是的，就在截流出其不意地制胜的同时，厂房工程却莫名其妙地败北了，两次调整了领导班子，可工程进度还是上不去。

啊，鲁布革，你充满了可歌可泣的事迹，又提出了可思可考的问题！

"主人"—"奴隶"思辨

一位在大成公司干活的中国劳务工人很坦率地说："日本人的管理就是金钱加鞭子(指惩罚)。有的管理人员开口闭口我是开过工钱的。工人抽烟时间稍长一点，就跳起脚来骂。我总认为是在我们中国的土地上，我们是主人，怎么又成了奴隶了呢?"这感受是强烈的，又是模糊的。在这里，流传着外国人哭鼻子的故事：隧洞工程开挖到40米时遇到了复杂的203地层，工程进展迟缓。负责这个断面的日本系长，七尺男子汉，掩面痛哭。一再恳求延长工作期，没得到应准，在欢送他的宴会上，他负疚地哭了。

还有一个故事：厂房工地急需钻头，挪威专家想方设法，用最快的速度从奥斯陆空运过来，却被闲置在某办公室里半个多月。挪威专家直摇头。尔后，一位挪威秘书小姐来工地，用手提箱提来40多个钻头。咨询组长夫人来工地探亲，亲自带来了急需的喷浆车配件……

这些事情究竟应该怎样解释？在日本大成公司，中国工人是被雇佣者，却创造了比当"主人"时更高的效率。在中国土地上，外国人却表现了相当的责任感。

十四局鲁布革工程指挥部负责人张基尧这样回答："如果鲁布革工程干垮了，让我上经济法庭。我有理由：人财物的主动权一样都不在我手里，你要我负什么责？我们工作中出了问题，常说'由于种种原因'，既然有'种种'，自然要由有关人士共同负责，实际上是每个人都没有了责任。我的责任感是靠时时想着党培养我这么多年的良心维持的。"啊，可爱的中国人，非改不可的旧体制！生活中的主人，从来是责权利的统一者，实践者呼唤：给我这样一个体制！

大成公司的管理，正是在这个意义上被研究着。

中国劳务工人体验了两种管理，有些一致的感触。他们赞成大成管理机构精简，说："一看咱们的办公楼那么多就来气"。他们感慨日本管理中"现场第一"的观念，说"大成施工现场都停着吉普车，供工人办事使用，以提高工作效率，我们的车都是领导'视察'用"。

在一次座谈会上，有位工人说："我们最好学习国外先进管理方法，但在人际关系上还是维持中国式的感情色彩，别搞'金钱加鞭子'，动不动开除、解雇那一套。"有人当场出难题：“外国人能解雇你，也能多给你钱，中国干部不能解雇你，也不能多给你钱，你给谁干?”他笑了：“年轻时给外国人干，老了再给咱们干”。

新的、旧的，中国的、外国的，就是这样被人们掺在一起，咀嚼着，没有嚼烂，没有完全消化，但确实在咀嚼着。

“国情”不能被当做遁词

议论的同时在行动。

经水电部上报国务院批准，1985年11月，鲁布革工程厂房工地开始试行外国先进管理办法。

工程师黎汉皋被请出来担此重任，他痛痛快快答应了。经理问：“你凭什么干好?”

回答：“凭中国知识分子的良心。”反问：“你给我什么保证?”

经理：“实行承包合同制，经济独立核算，人员由你组阁。”

“那行!”黎汉皋走马上任了。

厂房建设指挥部成立了。从原来负责这项工程的三公司1500人中抽出429人，组成施工队伍，实行所长—主任—工长—班长—工人五级串联式管理。不设副职，党群团干部全部兼职，工人实行一专多能。指挥部成立以来，培训了21个工种，平均6个中就有1人取得了驾驶执照。一个过去需要40多个人的班组，现在五六个人就够了。所长黎汉皋一抓工时利用率，二抓空间利用，三抓定额管理。指挥所成立40天，完成的产值等于1984年全年总和。到1986年底，13个月中，不仅把工程原拖后的3个月时间抢了回来，还提前4个半月结束了开挖工程，安装间混凝土提前半年完成。去年11月赵紫阳总理和李鹏副总理视察工地时说：“看来我们同大成的差距，原因不在工人，而在于管理，中国工人可以出高效率。”

如果是支报喜不报忧的笔，文章该在这里结束了。然而，我们不应掩盖黎汉皋们遇到的困难。

难在哪儿?

27公里长的黄泥河上，有5种工资制度。报酬最高的是日本大成公司的劳务工人，其次是承包日本川崎重工斜井钢管制作安装的安装公司，再次是实行工资含量包干加效益分成的厂房指挥所，第四是实行工资含量包干的职工，最后是一般工资。有工人说：“在黄泥河挣钱，不是看谁能干，而是看给谁干。”大家住在一起，酒壶一端，无话不讲。

心理不平衡的能量是惊人的——外国承包的，不好左右。可你厂房指挥所能独立吗?你吃饭得进食堂，看病得上医院，有娃娃得上学……这么多人为你服务，你得奖金他不得，这了得?于是怪事咄咄：工人去领水泵，不给，拿奖金来；到修配厂加工一个螺丝，不干，拿奖金来……

其实，就连日本人，“分配”这条指挥棒在工地也有点失灵。标书规定，日方可以决定中国劳务工人的工资，可真要调，行不通了。理由是在中国降工资等级可是件大事，将来没法做工作。无奈，日方让步，只升不降，提出了38人的晋级名单。中方一审核，又摇头，否定，光提这些人会引起工龄长、资历深的人的不满，于是中方提出了103人名单，两个名单一对照，重合部分只有4人，日方表示难以接受。双方就此终究未能形成一致意见。

这类的事例，顺手可拈。改革，有时艰难得像在泥泞中行走，费大力迈出一步，待你拔出了脚，那脚印立刻又被周围的泥泞淤没了。难怪，虎将黎汉皋五次提出辞职！

有人无可奈何地说：这就是中国国情。

不，鲁布革人不服气。旧体制的短处毕竟不是全部的中国。“中国国情”，不应是放松改革的遁词，只能是奋力改革的依据。改革带来了阵痛，而阵痛中必将会诞生新的婴儿！

（本文刊载于 1987 年 8 月 6 日《人民日报》）

（七）国务院副总理李鹏在全国施工工作会议上的讲话（节选）

1987 年 6 月 3 日

同志们：

全国施工工作会议今天是第五天了，会议开始的时候，国家计委干志坚同志向我汇报了会议的主要议题和准备情况。今天我借这个机会来和大家见面，也讲一点意见。

施工是一个大行业，对国民经济发展和实现四个现代化都有举足轻重的作用。据说多年没有开过这样的会了，今年召开这样一次会议，目的是为了总结经验，解决存在的问题，深化施工企业的改革，我认为这是十分必要的。

我们这次会议要研究和解决的问题，只有一个重点，就是推广鲁布革水电站在工程管理上实行招标制的经验。这次会议也是根据紫阳同志去年 11 月视察鲁布革工程时的指示召开的。这个经验，不仅对水电系统适用，也适用于其他重点建设项目和其他基本建设项目。这个经验，最重要的一点是把计划指导下的竞争原则运用到施工上，打破了过去建设项目由行政分配任务的办法，打破了长期以来基本建设吃大锅饭的管理模式，从而体现了以公有制为基础的社会主义商品经济的原则在建设工程上的运用。鲁布革工程的实践证明，采用这种方法确实得到了投资省、工期短、质量好的经济效果。在另一个水电工程上，即福建闽江上的水口电站，最近也采用了国际招标的办法，结果中标价格比概算（标底）低了 43％。原标价 9 亿多元，最高标价达到 15 亿元，中标价是 5 亿多元，这样大幅度地下降工程造价，确实需要引起我们的深思，使我们从中得到启示。还有许多部门的施工企业，实行了招标和各种形式的承包经营责任制，效果也都是好的。当然，鲁布革的经验，不仅仅表现在招标上，还把国外施工的先进技术、先进施工方法和管理经验都运用到工程上了，所以说，鲁布革工程是改革、开放、搞活经济在基本建设上的全面、综合的体现。

要搞基本建设，首先要搞好宏观控制，当前要进一步调整投资结构，压缩基建战线，把建设的重点放到对国民经济起作用的能源、交通、原材料工业等基础工业和薄弱环节上，坚决实行国务院提出的“三保三压”的方针，为重点建设创造一个比较好的投资环境。现在的投资环境还不太好，资金不足，建设材料不够，这都是投资环境。但对项目来说，节约的潜力都很大，重点工程重点浪费的现象还很普遍。我们施工企业不能眼睛只盯着外部条件而忽视自己的问题和潜力。鲁布革、水口工程的经验，都说明了在施工企业内部存在着很大的潜力。而挖掘潜力的一个根本措施就是深化施工管理体制改革，实行招标制和承包经营制。

下面，我就针对深化施工管理体制改革讲三点意见：

一、逐步创造条件，在全国范围内，首先在重点建设项目上实行和推广招标制，在所有施工企业中实行各种不同形式的承包经营责任制

招标的范围和形式，我们主张灵活多样，因地、因项目制宜，不一定采取同一个模式。从现在已经实行的情况看，招标形式有三种，一种是实行项目招标，即国家计委确定项目时招标。根据有关省市或有关部门建设条件的优劣来决定在哪个地区建设，由哪个部门建设。这是大范围的招标。当然，并不是所有的项目都要这样的招标，有的项目受资源条件限制，有的是布局的需要，必须由那个地区干。但也有一些项目可以由这个省或那个省、这个部门或那个部门承担，这样的项目就可以实行招标。第二种是设计招标。一个工程能否做到真正投资省、效益高，我认为关键在设计，设计上的失误很难通过施工加予弥补。目前不少项目设计思想保守，技术落后，或者是盲目追求不适合中国国情的先进技术、设备，造成工程造价高、工期长、经济效益不好，这是相当普遍的问题。通过招标，就可以使业主有所选择，也促使设计单位开展竞争促使设计上的进步，包括技术上、经济效益上的提高。第三种是施工招标。施工招标也有几种形式，有的是总招标，有的是单项招标，鲁布革就是对一个隧道进行招标。

要真正做好招标，不是容易的事，会遇到不少阻力。不客气地说，阻力主要来自地方和部门，他们要保护自己的直属企业，不希望外地、外单位参加。今天我们推广鲁布革经验，也不是说水电部工作就做得特别好，或者说他们的觉悟就那么高，事实上也是逼出来的，因为鲁布革、水口工程都是世界银行贷款项目，按世界银行的规定必须进行国际招标。像贵州东风水电站，我亲自干预过，想招标，也没有招成。水电部和贵州省都对水电九局抱同情态度，他们是水电部一个较穷的企业，干了一辈子水电，还没有拿到一个大项目，结果是只同意承包，没同意招标，没让外地、外单位进来参加。同样是水电部的项目，两个招成了，一个没有招成标，可见实行招标之难。还有一种情况是假招标，走形式，徒有其名。这里名堂多得很，我就不细说了，无非是条件不公平，定标不按条件优劣而是按各种各样的关系确定。所以有的企业对参加招标不太积极，说你们早内定了，我们参加投标不过是陪衬的。这就失去了招标的意义。我们的招标是在计划指导下的竞争，如果大家不处在一个公平地位上，搞形式的招标，就失去了通过投标调动大家积极性的作用。目前还值得注意的是，有些单位在投标时就没有准备认真执行标书规定，不准备履行合同，于是投标时把标底压得很低，中了标拿到了项目再涨价，这就是“钓鱼标”。这种情况现在虽然不多，也已有了苗头。

为了克服实行招标制过程中出现的这些问题，使之更加完善，能够使所有施工企业做到在同等条件下开展真正的竞争，我们应该采取立法的、行政的、经济的措施，来保证招标的公正性、合理性，保证严肃、认真地履行合同。为此，计委在这此会上已经提出一个文件，还准备把招标列入基本建设程序，这就使招标制度有了行政的法律的保护。

二、全面学习鲁布革施工经验

鲁布革经验的内容是很丰富的，涉及施工各个环节，包括施工管理、施工技术、劳动力合理配置、分配制度、供应、运输、通信等各方面，它采用了日本大成公司的先进经验。现在工程已将基本完成，造价（除汇率变动影响外）、工期和质量都完成得很好。

据我知道，鲁布革经验有这样几条：

第一是在技术上采用了先进的施工技术和先进的施工方法。如混凝土中的水泥含量，每立方米比我们差不多少用七八十公斤，水口电站少用100公斤。鲁布革主要采取了新型外加剂。水口电站是实行双掺，即掺粉煤灰、掺添加剂。粉煤灰资源在中国多得很，过去我们一直提倡掺粉煤灰，特别是水电工程，掺粉煤灰不仅可以降低水化热，起冷却作用，还可以加快工程进度，降低造价，好处多得很。但过去一直推广不开。主要原因就是施工单位没有承包，没有积极性。又如打隧道不是用负挖法，而是用光面爆破，用正挖法，多余的岩石用轻便工具铲除，这比负挖法又省工又省混凝土。

第二，在劳动组织上，主要是精兵强将上前线。原来十四局在这个工程上准备上1500人，日本人只用500人，队伍精干、有战斗力，也节省了大量后勤工作。在座的同志不知去没去过鲁布革？鲁布革是深山峡谷，战场根本摆不开，交通非常困难，如果1500人上去，后勤工作量就非常大。这次水口水电站中标价中，一个是劳动力减少，一个是临建减少，当然还有其他两条。精兵强将上前线，临建可以大大减少，劳务费用也可以大大减少，是提高施工效率、节省投资的一个主要原因。今后国营施工企业都应实行精兵强将上前线的原则。我们的农村包工队，城镇集体包工队在一些地方干，效率那么高，也是精兵强将上前线，劳动力一个顶一个，能吃苦耐劳。我在黑龙江伊敏河煤矿和白云山电站看到好多江苏队伍，那里天气很冷，施工季节短，他们来这里施工，劳动强度很大，机械化水平也不高，生活也很艰苦，但每个人每年可以挣1000块钱，第二年换一些人。他们就是精兵强将上前线。这样的好处一个是不要那么多生活设施，也是帮助农村脱贫致富、改变面貌的一个措施，还改善了和当地的关系。我们过去施工是拖家带口，工地就是一个大社会，效率不会高，投资也很大。一般临建费要占总概算的7%。将来施工企业大体上是什么样的？主要是要发展三种力量。一种就是技术骨干，包括技术人员和技术工人，他们都是经过技术学校培训的，有一定专业知识。第二种力量是管理人员，这恰恰是现在我们的薄弱环节。要有这样一些管理人员，懂得现代化管理、施工管理、后勤供应管理、材料采购等。第三种力量就是要根据中国的特点，有少量思想政治工作人员，数量不是太大，但也不可缺少。大家担心用农民合同工，技术复杂一点可能就不干了，这也是事实，但是经过训练，农民合同工中有一批人就成为熟练工或半熟练工，然后和他们所在的乡和县订立长期合同，有工程他们就来，没工程时就回家种地。通过几个工程，他们可以学到手艺，可以成为农村的能工巧匠。山东电力建设队伍就是这样做的，他们和县里签订了合同，有一批技术上熟练的工人，工程一结束他们就回去。我认为这个经验是好的。

第三是在管理上，精简机构，提高指挥机构的效率，成立精干的指挥机构。鲁布革引水系统这样大的工程，日本人只来三四十人，组成一个事务所，把整个任务全包下来。事务所的主要任务是组织施工，管理质量和工期，协调解决各环节的矛盾，组织材料、供应配件，为工程服务。这个事务所有职有权，在职权范围内的事，可以当场拍板，不必层层请示，他们对公司本部也实行承包责任制。事务所人员少但信息灵，因此效率高，能够解决问题。鲁布革在云南、贵州、广西三省交界之处，交通闭塞，但他们信息很灵，可以直接和东京、上海、广州通话，通电传，有些问题，比如材料供应、配件供应、技术上的难题，不会超过一个星期就可以得到答复，因此不会产生我们工程施工中经常发生的停工待料、待图纸等情形。我在他们的经验中特别加了一个通信，现代化建设必须有好的通信。

第四是在分配上做到按劳分配。把第一线工作人员的劳动报酬和完成的工程量和工程质量密切挂起钩来，奖勤罚懒，主要奖励第一线和为第一线配套的工人。我们原来是有点“大锅饭”的，准备上 1500 人，结果只去了 500 人，为了照顾那没上第一线的千把人，采取了一些平衡的办法，把第一线 500 人从日本人那里拿来的高额工资，又分配给 1000 人的一部分，减少了矛盾。就是这样也改变了原来的报酬。日本人认为还不行，又从事务所自己掌握的基金中拿一部分出来作为额外奖励。对他们来说，拿出来的是一点钱，但赢得了工期，对承包者来说，还是合算的。

第五是在劳动组织上也有改进。他们实行的是按工作面的需要混合编组，工种配套，工人实行一专多能。在打隧道时，一般有打眼、支撑、装药、点炮、清渣等几道工序，按我们的劳动组织是分工负责、各司其职，其弊病是忙闲不均，人浮于事，效率不高，互相不能交叉，指挥不灵。鲁布革则采用了混合编组，一专多能，大大压缩了了第一线工人总数，又提高了工作效率。

我这里只是举出五条，因为我自己跟总理到鲁布革去听了他们的汇报，看了现场，工程开始时我也抓了一下，所以我自己体会有这么五条。当然，鲁布革还有其他一些方面值得学习，这次会上也介绍了经验，我希望各施工企业掌握鲁布革经验的基本精神和主要做法，结合自己的实际，扎扎实实进行推广和应用，创造出好的成绩来。当然，每个工程都有每个工程的具体情况，他是搞水电的，有的是搞码头的，有搞工厂的，情况不一样，必须结合自己的实际情况，不能生搬硬套。

三、大中型国营施工企业都应该有长远打算，逐步建立起自己的生活基地

我们许多大型施工企业是老企业，曾经为国家立下过汗马功劳、离退休的工人，老弱病残不能上一线的，还有家属子女比例很大，约占到了职工总数的 1/4、1/3，企业越老，这部分人就越多，这些往往是施工企业效益不高、没有竞争能力的重要原因。要解决这个问题，必须逐步建立后方生活基地，改变过去施工到哪里，就把家属带到哪里的做法，把老弱病残、退休工人、家属子女等安置在后方，解除施工队伍的后顾之忧，精兵强将才能上第一线。因此，我认为基地建设已成为施工企业是否具有竞争能力，施工队伍是否能够稳定，甚至是否能够生存下去的大事。我们领导应该从这样的高度来认识基地建设的重要意义，下决心把这件事办好，逐步完成。

后方基地，首先应该是生活基地，同时也应该是生产基地和教育基地。施工队伍流动性大，把家属带到第一线去，对第一线来说也是个牵挂，生活很不稳定，有时物价又很高，没有蔬菜供应，施工现场条件很困难，子女受不到良好的教育。建立了基地，使他们有了安定的生活，做到老有所养、幼有所教，也就是为前线解除了后顾之忧。所以，基地建设首先要搞好生活设施的建设，盖一些住宅、商业网点，并逐步加以完善。

在基地内要搞生产，举办一些第三产业和中小企业，集体所有制、全民所有制都可以，不管什么都要采取不同形式的承包责任制，除了为施工企业本身服务外，也可以为当地社会服务，用生产得来的收入养活自己，安排待业青年等，逐步做到自负盈亏。不少施工企业都有比较强大的机械加工能力和运输能力，要加以发挥。

基地要认真办好各种文化教育事业，办小学、中学、职工培训业余学校等，这不但对提高职工业务文化水平有重大作用，而且也是教育后代的百年大计，是稳定施工队伍的重要措施。各教育行政部门对此责无旁贷，应帮助施工企业改善办学条件。当然，主要靠施工企业本身，要舍得在这方面投资、下力量。基地建设很重要，但不可能一下子就建起来，必须要有计划、有步骤地建设。目前，国家财政还很困难，不可能像大家希望的那样，由国家拿出多少资金来拨款解决。基地建设只能通过工程施工取得的利润逐步进行建设，但是各地方、各主管部门要给予适当的帮助提供必要的条件。

基地建在什么地方，这很重要，要选择好。大城市一般不要去了，可以结合工程向中小城市靠拢，大瑶山罗尚县现在还是个小城市，但在铁路沿线，我想将来会有发展前途。在这里一干就是五六年，基地也就逐步形成了。在我国，企业办社会虽然不合理，但是在当前还是不可避免的，特别是大型企业，如果自己不关心自己，只依靠地方上来给你创造这样一个环境是不可能的，包袱是背不起来的。从长远发展看，职工生活管理要逐步走向社会化，企业管施工，政府管社会，包括退休管理也要社会化。我们现在做的，也是为社会化创造条件。

施工企业必须打破原来的行业界限，实行一工多能、一专多能。水电队伍不但会修电站，也应该学会修飞机场、修公路、修码头；铁道队伍不但会修铁路，也应学会盖高楼。我们现在专业施工队伍很大一个弱点就是不会搞民用建筑。随着民用住宅商品化，民用建筑将有一个更大的发展。一方面有需要，另一方面现在住宅分配制度极不合理。美国的三大支柱，一个是民用建筑，一个是小汽车，为民用建筑和小汽车服务的就是钢铁。现在，比较困难的是内装修，我认为这个问题也不难，只要下决心学，是可以学会的。开始可以承包一两个工程以后，聘请一些内行的技术骨干，或者采取横向联合的办法，经过一两个工程，就可以掌握，可以学会了。地方和部门还可以搞一些内装修的训练班。总之，我认为建筑行业一专多能，应该向民用建筑方向发展，成为多面手，有什么工程干什么工程，大的可以干，小的也可以干。

施工机械要合理应用，充分发挥它的效能。我国施工队伍装备情况，一方面比较落后、水平不高；另一方面，又存在机械设备利用率不高的情况，特别是一些大型专用机械利用率很不高。水口工程，节约投资的一个重大措施是减少机具购置费和台班费近 1 亿多元，从而提高了竞争能力。对一个企业来说，这样做好像失去了装备自己的好机会，从微观上看似乎不合理，但从国家来看，从宏观上看，降低了工程造价，促使机械设备提高利用率，又是合理的。今后，我们一定要坚定不移地采取合理使用大型机械的措施；一是发展横向联合，实行联合投标；一是开办设备租赁公司，提供设备、技术服务。

关于学习鲁布革的经验，我就讲这三点意见。

（八）国家计委副主任干志坚在全国施工工作会议上的讲话（节选）

1987 年 5 月 30 日

同志们：

全国施工工作会议今天开始了。会议的主要任务，一是贯彻国务院领导同志的指示，推广鲁布革工程管理经验，深化施工管理体制改革；二是深入开展增产节约运动，努力完成今年的建设任务。为了便于大家讨论，我先讲一些情况，供同志们参考。

一、对工程建设施工工作的基本估计（略）

二、学习鲁布革管理经验，深化施工管理体制改革

国务院领导同志十分关心基本建设和施工管理体制改革，近年来作了许多重要指示。去年 11 月紫阳同志视察云南鲁布革水电站工程时指出：在施工管理方面，日本大成公司的经验值得总结。他们材料、劳动力用得好，工程质量高，造价不高。问题是在管理，而不在工人。要求国家计委和劳动人事部好好总结经验，进行改革。今年以来，国务院领导同志又对施工管理问题作了多次批示："从这次招标看，我们施工管理需要进行彻底改革。"4 月 3 日，李鹏同志批示："这是一份很有说服力的材料，说明水电和其他大型重点基本建设工程的管理已到了非改不可的时候了。建议国家计委认真总结鲁布革和水口电站的经验，从招标制入手，推广一系列配套措施，使工程管理有个重大变化。"4 月 9 日，紫阳同志在关于水口水电站建设协调会情况的一份报告上批示："鲁布革和水口电站的改革经验应有步骤地在国内基本建设的项目上推广。"5 月 8 日，紫阳同志在谈到基本建设改革时指出："基本建设的改革要联系招标投标制的改革，招标投标现在看来效果很好。……如果把招标投标搞好，建筑费可节省 1/3，搞好了有很大的潜力……招标投标制必须在真正的竞争条件下，没有竞争的招标就只能是形式主义。赵总理还指出："要把现在的基本建筑队伍变成真正能打仗的队伍。使队伍能够打仗，这样的队伍就有朝气……把施工队伍变成精明强干的，工期也能缩短，造价也能降低"。赵总理还强调指出："招标投标制要铁面无私，施工队伍要认真进行整顿，这样基本建设就可以面目一新。要把基本建设的招标投标和施工队伍的改革形成一个统一的东西。这件事情就由计委来抓。"

国务院领导同志的这些指示，指出了当前施工工作的要害，明确了深化施工管理体制改革的方向。我们一定要认真学习，深刻领会，坚决贯彻执行。

鲁布革工程管理经验概括起来主要有以下几个方面。

（一）最核心的是要把竞争机制引入工程建设领域，实行铁面无私的招标承包制

鲁布革水电站是利用世界银行贷款进行建设的项目。鲁布革水电站的引水工程是在世界银行的指导下，采用国际招标形式选择建设队伍，参加投标的企业都在同等条件下竞争。结果，日本大成建设公司在参加鲁布革工程投标的 7 家企业中以 8460 万元中标，比原定概算 1.5 亿元减少了 6000 多万元。日本大成建设公司之所以能够以较低的报价中标，主要是靠科学的组织管理、先进的施工技术。这说明，在市场竞争机制下，开展招标投标，能够有效地促使承包单位发挥创造性，千方百计地节省投资；反之，施工企业如果继续墨守成规，不奋发图强，就很难生存下去。

（二）推进以建设项目为对象，对工程全过程负责的总承包制

承包鲁布革工程的日本大成公司是一个智力密集型的企业，全公司 12000 名职工中有 90％是工程技术人员和管理人员，具有设计、科研、施工、采购等全套本领，管理素质和技术素质较高，能够承担各类工程项目的建设任务。他们承包鲁布革工程后，派出一个由技术和管理人员组成的事务所驻守施工现场，从技术和管理上对工程全过程全面负责，工程所需的劳务工人则由我方就地提供。大成公司作为驻现场事务所的后盾，负责建设全过程的决策工作，优选施工组织设计方案，开发和采用先进的施工技术和适用配套的施工机具。这种以工程为对象的总承包制，把建设的各个环节有机地结合在一起，能够从提高整个项目的综合效益出发安排建设，并且具有技术和管理优势，是目前国际上工程建设中通用的管理形式。看来，今后我国的工程建设也要朝这个方向发展。

（三）施工现场的管理机构和作业队伍要精干，真正能打仗

大成公司派驻鲁布革工程现场的管理机构只有 30 多人的事务所。所有人员各司其职，责任非常明确。工程需要的劳务工人从严控制，按操作面配备，混合编组，工种配套，一专多能，并且实行合同制，根据工程需要按月进出，整个工程最高峰时只有 500 多名劳务工人，同我们过去那种工程项目一上马，就成建制地调队伍，拖家带口，蜂拥而上的状况形成了鲜明的对照。对现场工人支付的工资与完成的实物工程量挂钩，死钱少、活钱多，除基本工资外，还按工程形象进度、安全、质量等确定奖金标准，达到目标就兑现。这是他们施工速度快、质量好的一个重要原因。

（四）科学组织施工，讲求综合经济效益

大成公司在组织施工时，根据本企业的优势编制了施工组织设计，采用的施工方法、施工程序总进度安排、主要技术经济指标等，都是按工地的具体施工条件确定的，既科学合理，又切实可行。

在保证合同工期的前提下，不追求高指标，不搞突击会战，真正做到了均衡施工、稳产高产。在施工机械设备选用上，不是盲目追求单机的先进性，而是注意选型先进、一机多用、配套适用，尽量减少备用设备。在施工方法上，注意充分利用空间和时间，尽量减少工程量。例如，隧道开挖采用“短进尺、多循环”圆形断面一次成型，缩短了循环时间，加快了单头进尺的速度，每立方米的工效提高两倍多。同时，采用“宁欠勿超、控制断面”的原则，减少了超挖量（国内一般超挖 30 厘米左右，而他们只有 15 厘米左右），每米隧洞少挖石方和少回填混凝土各 7 米^3。这些事例说明，强化管理就可以出效益。正如赵总理说的，问题是在管理，而不在工人。

近几年来，我们一些施工企业学习和推广鲁布革工程的管理经验，也取得了一些成绩。鲁布革水电站地下厂房工程原由水电部第十四工程局三公司的 1500 人施工，1983～1985 年的两年时间里，只完成了主体工程投资 330 万元，累计完成开挖量 11 万多米^3。

从1986年初开始，他们按大成公司管理模式，抽调30多名管理干部带领五百人承包，仅11个月就完成了主体工程投资623万元，开挖量12万多米^3，人员减少了1/3，时间缩短了一半，工作量增加了近1倍。这一事例说明，鲁布革的施工管理经验并不是高不可攀的，何况鲁布革的工程施工大量是中国工人干的，只要把施工管理体制的改革深入下去，调整好企业组织结构，理顺相应的政策，鲁布革的经验是完全可以学到手的。

我们认为，学习推广鲁布革工程管理经验，深化施工管理体制改革，首先要从下面四个方面入手：

（一）从立法、行政、经济上采取措施，加快招标投标制的推广步伐

招标承包虽然喊了几年，但除了广州、深圳、大连等少数地区和有色、化工等少数部门外，多数地区和部门实行招标工程的比重还较小，有的地区基本上没有开展。造成这种状况主要有三个原因：一是不少地区和部门为了“肥水不流外人田”，采取封锁、保护政策，建设任务尽量安排给自己所属的施工队伍去干；二是一些项目的资金、材料不落实，设计图纸跟不上，不具备招标条件；三是一部分施工企业包袱大，负担重，管理水平低，效率低，缺乏竞争能力，不愿承担招标风险。这些都影响到招标的开展。还应当指出的是，在招标投标中搞假招标，明招暗定、私下交易、索要回扣、行贿受贿等不正之风和违法乱纪行为时有发生，影响了招标投标的健康发展。

为了保证这项改革的顺利进行，今后我们要在招标投标的立法、监督、管理和资格审查等方面做好工作。要把招标投标列入基本建设程序，当作施工准备的重要内容来做。凡是列入国家计划的项目，除特殊工程外，必须经过招标投标择优选定施工队伍后，才可批准开工。各级基建主管部门要进一步加强对招标投标的管理，严格审查招标和投标资格，严肃查处招标投标中的行贿受贿等违法行为。要加强对招标投标的监督，建立公正的、有权威的监督机构，从评标定标到执行合同，实行全过程的监督，使招标投标真正做到铁面无私。我们在总结前几年招标投标的经验基础上，对原有的招标办法作了修改，草拟了《建设工程施工招标投标条例》，拟提请这次会议讨论后，会同有关部门上报国务院批准执行，在条件成熟时再上升为工程建设招标投标法，使招标投标工作逐步走上法制的轨道。同时，要逐步改变现行的取费制度，取消法定利润和技术装备费，实行计划利润制度，以适应招标承包制发展的需要。

（二）建立和健全企业经营机制，使之成为自主经营、自负盈亏、自创信誉，责权利紧密结合的经济实体

国营施工企业属于一般赢利性企业，包袱又很重，人均创利和留利水平比较低，生产发展基金不足，自我改造能力差。为了改变这种状况，鼓励施工企业充分挖掘生产经营的潜力，在承包经营中多创利，保证国家税收的上缴，我们考虑按照“包死基数、确保上缴、超收多留、歉收自补”的原则，从1988年开始，对已经利改税的企业实行所得税上缴基数包干，对没有利改税的企业实行上缴利润基数包干。超过包干基数部分，企业多留；达不到包干基数的，由企业自有资金补足。

在企业内部，要精干领导班子，减少副职。要减少管理层次，划小核算单位，主要推行以单位工程为对象的承包经营责任制，把责任、利益和风险真正落实到承包者身上。

鼓励企业发展横向经济联合，对由施工企业、设计单位和建设单位联合承包的项目，可以采取“封死两头、搞活中间、利益分成、风险自担”的办法，在投资包死、工期包死的前提下，节省的投资上交一部分给国家外，其余由承包单位按比例分成；对提前投产期间获得的效益由项目主管部门拿出一部分分给承包单位。投资超过和工期延长造成的损失由承包各方自补和赔偿。

在企业内部的工资分配上，允许企业在上级核定的工资系数范围内，以国家制定的参考工资标准为基础，实施适合本企业特点的内部工资制度，并采取灵活多样的形式，把职工的收入同完成实物工程量、工程质量、建设工期、材料消耗等挂起钩来，鼓励工人一专多能，多劳多得。

（三）调整、改组现有国营施工企业，使企业组织结构合理化

根据我国基本建设任务大量增加的要求和打开国际建设市场的需要，今后，我国的施工企业要有步骤地进行调整和改组，逐步建立以智力密集型的工程总承包公司（集团）为龙头，以专业施工企业为依托，全民与集体、总包与分包、前方与后方分工协作，互为补充，具有中国特色的企业组织结构。

现有实力较强的大型国营施工企业，要采取多种形式，进一步充实设计、科研、技术和管理人员及少量技术工人，在全国范围内形成一批智力密集型的工程总承包公司（集团）。这类公司的特点是人员精干、素质好、经营管理水平高，具有较强的总承包能力和研究开发新技术、新工艺的能力，能够提供工程设计、材料设备采购、施工监理、试车考核等全套服务。总承包公司接受投资主体的委托或通过投标竞争承揽工程任务后，采取分包形式组织工程建设。

中小型国营施工企业要变成应变能力强、管理人员少、非生产人员比重小、工人一专多能、操作水平较高的专业公司。

通过以上调整，就可以在全国范围内形成一批各具特色的、管理素质和技术素质较高的智力密集型工程总承包公司，成为工程建设方面的骨干企业。同时，在总承包公司周围形成星罗棋布的中型、小型、微型相结合的施工企业群体。这样做既可以适应不同建设规模、不同专业性质、不同技术要求的各类工程建设项目的需要，又可以使建筑安装生产力得到合理配置，使之各自发挥自己的优势，各得其所。

（四）精干国营施工队伍，使之真正成为能打仗的队伍

从现在开始，不再扩大国营施工队伍，并按照自行消化、就地消化的原则，采取多种途径积极安排富余人员，充分发挥他们的聪明才智，使他们能够各尽所能。现在，国营施工企业，特别是大型国营施工企业人员过多，据初步测算，至少要减少1/3。对这些人员的安排，可以考虑从几个方面解决：一是随工程竣工投产，将一部分人员转入生产企业；二是根据各自的特点和优势，因地制宜，自行或联合兴办社会急需的生产性事业；三是大力发展立足企业，面向社会的第三产业。这样做，就可以把年老体弱的职工和一部分富余人员划出来，使我们的施工队伍变成有生气的、精明强干的、真正能打仗的队伍。这样，工期也能缩短，造价也能降低。

各部门、各地区应积极创造条件，支持企业自行“消肿”。对企业兴办生产事业和第

三产业所需要的资金，除企业自筹外，不足部分需请银行贷款解决。施工企业的后方基地，应具有生产、科研、教育、医疗、生活服务等功能，是企业前后方紧密配合的大本营，是精干国营施工队伍的基本条件，对目前尚无后方基地的施工企业，有关地区要对基地建设给予支持并准予落户。对建设基地所需要的资金，除企业自筹外，主管部门要在本部门基建投资或招标节省的投资中划出一块，帮助企业建立起能够为前线服务的稳定的后方基地。

我们打算从下半年开始，和各部门、各地区一起，选择20个左右的大型国营施工企业，在企业组织结构合理化、精干施工队伍、发展横向联合等方面进行综合试点。

三、继续深入开展以提高投资效益为中心的增产节约运动（略）

同志们，上面我讲的这些意见，不一定全面，希望大家敞开思想，畅所欲言，认真讨论，有什么好的意见都可以提出来，以便集思广益。我们要通过这次会议，统一思想，增强信心，积极开拓，励精图治，加快施工管理体制改革的步伐，落实增产节约、增收节支的措施，把施工工作提高到一个新的水平，为全面完成基本建设任务，保持国民经济的长期稳定发展作出更大的贡献。

（九）在鲁布革电站提前发电表彰大会上的讲话

王开弼

1988年12月28日

同志们：

在鲁布革电站4号机提前发电之际，我们怀着喜悦的心情召开这次既是庆功，也是祝捷的大会，感到光荣，感到自豪，也感到骄傲。鲁布革电站作为我国第一个对外开放、引进外资、改革试点的水电建设工程，是我国水电建设现代化的一个里程碑。我们十四局没有辜负党和国家的重托，没有辜负云贵两省人民的期望，以自己艰苦卓绝的努力，终于迎来了第一台机组提前发电的胜利，这也是贯彻执行中央改革开放方针的重大胜利。

在此，我代表工程局，向在这次提前发电战役中作出了贡献，创立了功勋的7个先进工段厂队、17名一等功和41名二等功的荣获者表示热烈的祝贺！向长年累月奋战在鲁布革工地的工人、工程技术人员、干部以及为鲁布革工程施工服务的全体职工和家属致以崇高的敬意！向与我们密切合作、协同作战的昆明水电设计院、鲁布革管理局、云南省电力局等单位表示衷心的感谢！向关心和支持鲁布革建设的云南省、贵州省、曲靖市、兴义市、罗平县各级人民政府致以真诚的谢意！

此时此刻，我们深切怀念在鲁布革电站建设中光荣牺牲的同志，他们的英雄业绩，永远激励着我们，他们未竟的事业，我们将努力去完成。

同志们，从鲁布革开工以来，为了实现发电的愿望，我们经历了曲折的道路，进行了艰难的跋涉，也付出了很大的代价。今天，我们终于实现了多年的愿望。这一胜利来之不易，它凝聚着全体职工无数的心血和汗水，也是在座的先进模范们带领广大群众埋头苦干、奋力拼搏的结果。在这次提前发电的战役中，立功受奖的先进集体和个人，充分发挥了中坚力量的作用、先锋模范的作用。他们以自己坚定的信念和奋斗精神，积极带领职工克服重重困难，闯过道道难关，为实现提前发电目标作出了突出贡献。他们不愧为改革的开拓者，是我们十四局的优秀代表，是鲁布革人的光荣和骄傲。

为了确保提前发电，工程局加强发电工作的领导，强化生产指挥系统，鲁布革指挥部分别同各单位签订了40多份包括任务、工期、质量、安全指标内容的单项工期承包合同，保证了首部下闸蓄水和厂房机组安装的顺利进行。在整个施工中，各单位以大局为重，通力合作，抢时间争速度，共同为实现总体目标尽了最大努力。特别值得表彰的是，安装公司集中了最优秀的技术骨干和施工力量，克服语言障碍等种种困难，与外国专家紧密合作，在外商专家的指导下，积极处理好质量与进度的矛盾，由不适应到适应，变被动为主动，认真负责，精心施工，为4号机组提前发电作出了重大贡献。他们第一次在现场组装定子、转子成为整体；第一次安装主变开关室的六氟化硫设备；第一次安装15 750伏的管箍母线；第一次安装计算机及可变程序控制系统等等，均获得成功。机组启动后，无论是过速试验，还是甩负荷试验，其振动、摆渡等项主要指标都达到优质标准，受到中外专家的好评。这种大容量进口设备中外合作安装的实践，无疑是我局机组安装史上的一次飞跃，为完善“鲁布革经验”增添了丰富的内涵。

回顾鲁布革工程建设的历史，是我们十四局顽强拼搏、奋斗不息的历史。我们没有忘记，在那些艰难困苦的岁月里，工程局所承受的种种压力，广大职工所面临的严峻考验。为了抢回耽误的工期，扭转被动局面，在竞争中站稳脚跟，赢得企业的信誉，干部工人们不分昼夜拼命苦干，以奇迹般的事实，回答了上级甚至世行咨询团对我局能否按期完成这项宏伟工程的所有疑问。我们在工期拖后的情况下，按期实现了85年截流，并连续3年逐年提高标准，做到了安全度汛；在首部右岸泄洪洞工程开挖中，创造了月进尺245米的高纪录；在地下厂房开挖中不仅抢回耽误的工期，还提前4个半月完成开挖任务；在分包川崎重工的斜井压力钢管工程施工中提前20天竣工，约3000吨钢管制作安装质量达到全国一流水平。我们所以能够创造奇迹、夺取胜利，靠的是全局上下改革开放、解放思想的开拓气魄。

总结鲁布革工程建设的历史，也是我们十四局从封闭状态走向开放的历史。从鲁布革利用外资进行改革试点开始，大成公司进点，引进竞争机制，这一系列剧变，对长期处于封闭状态的全局职工产生了极大的冲击和心理上的震动。正是这种优胜劣汰的激烈竞争，使我们在痛苦中沉思，在比较中探索，从而抛弃旧观念，变压力为动力，勇敢地接受来自各方面的冲击和挑战。鲁布革的冲击是多层次的、旧体制与新体制的竞争，我局与大成公司在工程进度上的竞争，五国八方在实力、技术、装备、经验和信誉上的竞争，为我们敞开了认识世界，也真正认识自己的“窗口”。鲁布革实践使我局受益匪浅，收获极大。概括地说，至少有以下几个方面：一是对国外水电建设的先进技术和施工管理经验兼收并蓄、博采众长，特别是挪威、澳大利亚专家的技术咨询和大成的施工组织，开阔了我们的视野，丰富了我们的知识，增长了我们的才干。二是锻炼了队伍，培养了人才。从为大成公司提供劳务，到厂房指挥所改革试点，直至与外商友好合作安装机组，一支一专多能的技术密集型的专业化施工队伍正在成长。三是引进了先进施工设备，增强了竞争实力。我局通过世行贷款、挪威赠款和大成下场调价等途径，装备了500多台进口设备，同时培训了2500多名能够熟练掌握这些设备的操作人员和检修人员。四是通过鲁布革工程提高了我局的声誉，扩大了企业的社会知名度。《人民日报》刊登的《鲁布革冲击》、《鲁布革人的呼唤》等一系列文章，以及全国施工企业推广鲁布革经验，使我局在竞争中十分有利。最后一点，也是最重要的，鲁布革实践使我局冲出了自我封闭的狭小天地，以前所未有的开拓进取的气魄，面向社会参加竞争，初步打开了外揽工程局面。到目前为止，我局中标承揽了23个项目，除云南本部外，地域范围扩展到福建、广东、广西、贵州乃至中部非洲，并且正在逐步扩大海外事业。因此可以说，以鲁布革改革开放为主线索的我局近5年发展时期，是建局34年来极为重要的开放性时期和自我完善时期。

同志们，在这喜庆的日子里，我们不要忘记肩负的担子仍然很重。展望未来，任重道远。我们应当清醒地认识到，随着鲁布革工程接近尾声，加上国家大力压缩基本建设投资规模，明后两年，工程局将可能面临困难时期，这就要求全体职工同心同德，继续发杨鲁布革精神，在困难中开拓前进，尽快使企业走出低谷，向新的高峰发展。就此，向大家提出三点希望：第一，要消除发了电、松口气的思想，充分利用年底前的剩余时间做好明年的施工准备。具体要求是：3号机组明年6月发电；首部大坝明年汛期前达到500年一遇高程，汛前完成泄洪道6万方混凝土浇筑。第二，要继续贯彻局党委扩大会议精神，把发展多种经营、兴办二、三产业作为本单位的经营战略方针，明后两年抓出成效来。同时，要深入持久地开展“双增双节”运动，提高劳动生产率，降低原材料消耗，一定要把“双增双节”运动与深化企业改革紧密结合起来。第三，要坚决贯彻党的十一届三中全会确定的方针，结合企业实际治理经济环境，整顿经济秩序，深化内部改革，进一步总结完善内部经营承包责任制。

（十）在工程局第二次科技进步大会上的讲话（节选）

梁祥麟

1992年12月21日

同志们：

我局第二次科学进步大会经过半年多的筹备，今天开幕了，在此，我代表局党委向大会表示热烈祝贺！向与会代表和38年来为我局发展、为祖国水电建设事业作出贡献的全体科技人员表示崇高的敬意和衷心的感谢！

我就根据大会的指导思想和提出的任务，讲几点意见。

一、坚持“科学技术是第一生产力”的思想

我局30多年,特别是改革开放以来经济建设的实践证明了,科学技术是第一生产力。

纵观我局科学技术发展史：从以礼河土坝红色塑性黏土的科学试验和高压管系列试验研究，到西洱河隧洞“新奥法”的研究与施工等，对保证电站建设工期和质量，提高经济效益，推进科技进步都发挥了很大作用。但是，真正使我局走上振兴科技、依靠科技进步发展经济的道路，是在鲁布革电站建设时期。鲁布革电站是我国水电建设第一个引进外资对外开放的窗口。在与外国人的竞争和合作过程中，通过引进、学习、消化和吸收，提高了我们的科技水平和管理水平。广大工人、干部和工程技术人员，大胆探索，求实创新，我们在高土坝技术、地下工程快速施工技术、水电站地下洞室稳定和支护、高边坡处理技术等项目的研究与实践上，取得了突破性的发展和进步。鲁布革电站的建设，初步改变了我局施工科学技术落后的状况，使我局的管理水平和科技水平上了一个新台阶。

广蓄电站的建设，我们坚持依靠科技进步，全面推行项目法施工，在优质、高速、低耗地建设百万级抽水蓄能电站方面作出了成绩，取得了经验，使我局在科学技术和施工管理方面，进入了全国水电建设的先进行列，赢得了社会信誉。在广蓄电站建设中，依靠科技进步，深化管理体制改革，成为了广大干部、工程技术人员和广大职工的自觉行动。许多重大优化设计和施工方案的提出，合理化建议的实施，以及推广运用新技术等，充分反映出了我局工程技术人员的智慧、勇气和胆识。在广蓄电站地下厂房施工中，我局工程技术人员在充分论证的基础上，大胆提出“平面多工序，立体多层次”交叉总体施工方案。这一方案的实施，不仅提前了工期，降低了成本，保证了质量，并且在地下洞室群快速安全施工上闯出了一条新路。

参加广蓄电站建设的广大技术人员、工人和干部，不仅勇敢拼搏，敢打硬仗，而且善于探索，大胆改革和创新，在科学管理、项目法施工等方面取得了新的经验，在推进科技进步的广度和深度上取得了新的突破，攻克了一些新的技术难关，取得了可喜的成果。

在漫湾电站，天生桥电站以及我局承建的中、小型水电站中，到处都可以看到依靠科技进步所取得的丰硕成果。

二、不断推进科技进步，加速经济发展

第一，认真研究制订我局的科技发展规划。我们这次大会将提出我局的科技发展规划，望与会代表认真讨论研究，使之更加完善。

第二，做好科研项目的建立工作和研究的组织工作。一是现实性：紧密结合我局工程建设实际，科研与生产是直接结合的。二是超前性：项目的建立和研究应考虑全国乃至世界水电建设的发展趋势，但重点应放到我局后续工程的主攻方向上，如大朝山、天生桥、天荒坪、小浪底等大型电站。三是先进性：应主要瞄准世界先进水平，从提高质量、缩短建设工期，降低工程成本，提高经济效益上狠下工夫。

第三，建立科研基金和有关制度，切实做好保证工作。按照政府有关规定，提取本年度工程价款结算的0.76%作为技术开发基金。

第四，增强全体职工的科技意识，广泛发展技术革新和合理化建议等群众性的科技活动。

第五，要对第三产业的发展规划、新产品开发、经济技术管理进行立项研究。要把第三产业的发展转移到依靠科技进步和提高劳动者素质的轨道上来。

第六，成立我局科技工作者协会，并积极开展工作。

推进企业的科技进步，必须进一步完善总工程师技术负责制，深化依靠科技进步内在机制的改革，加强管理等各项工作。

三、努力提高劳动者素质

第一，要继续选送优秀青年职工到大中专院校接受学历教育，继续办好我局的电大班和职工中专，鼓励自学成才。各单位应该支持并创造条件，使更多的青年职工接受学历教育。

第二，加强工程技术人员和各类专业人员的继续教育。专业技术人员的继续教育和拥有一批掌握高新技术知识的人才，是我们走向世界参与竞争的可靠保证。

第三，加强职工的科技培训工作，提高队伍素质。

第四，继续加强职业教育。我局的职业教育包括技工学校和各种职业培训班等。

第五，一定要抓好基础教育工作。

另外，我们还必须做好医疗卫生工作，保障职工、家属，特别是离退休职工的身体健康。

四、尊重知识，尊重人才

在政治上关心知识分子。知识分子是工人阶级中掌握科学文化知识较多的一部分，是社会主义现代化建设的依靠力量之一。各级党组织要注重培养优秀知识分子，帮助他们提高思想觉悟，树立共产主义信念，吸收符合党员条件的知识分子加入到党的行列，这样有利于加强党的建设，保障党在企业中的政治核心作用，更有利于这些同志的成长。对于那些既精通业务知识，又具有政治觉悟，有一定的领导能力，又为群众信任的知识分子，特别是这样的年轻知识分子，要大胆地提拔使用，充实到各级领导班子。

在生活上要为知识分子排忧解难，使他们一心一意做好自己的工作。各单位在分房、奖金分配等问题上，要制定政策，向知识分子和一线专业技术人员、生产骨干倾斜。今后我局内部招生、招工等工作中，在择优录取的原则上，对专业技术人员和生产骨干的子女，也要给予一定的照顾，解决他们的后顾之忧，各单位、各级领导要切实在这一方面多做一些实事，帮助他们解决生活上的各种困难。

在工作上，要放手让科技人员大胆工作，施展才干。鼓励技术人员到生产第一线发挥他们的聪明才智，并努力创造更加有利于知识分子发挥作用的良好环境，对于专业技术人员特别是青年技术人员，在工作中要大胆地交任务、压担子，使他们在实际工作中得到锻炼，提高工作能力和业务水平。

尊重知识分子的劳动，重视技术人员的科技成果。各级领导在生产建设中，要依靠工程技术人员，在解决生产中的问题和技术难题时，应认真听取他们的意见和建议，对符合实际有价值的意见应予接受和采纳，并积极地组织实施。从现在起，我们必须十分重视专利权的问题，对于达到专利要求的项目和技术要及时申请专利。我们取得的专利就是我们的财富，如果我们再不重视有关专利的工作，就会使本来应属于我们的财富白白流失，甚至我们自己还不知道。

大力宣传知识分子的先进事迹，宣传科技成果及产生的实际效果。水电建设是一项艰苦的事业，几十年来，为祖国水电事业的发展，我局广大知识分子任劳任怨，无私奉献，涌现出了一批以曹传玺同志为代表的优秀知识分子，他们的许多事迹感人肺腑、可歌可泣。我们不仅要在企业内部大力宣传他们的先进事迹，而且要争取将他们的事迹宣传到全社会。

五、加强科技队伍建设

建设一支具有高度政治觉悟、作风过硬、技术水平高的专业技术队伍，是我们科技队伍建设的目标。

让我们更加团结在以江泽民同志为核心的党中央周围，同心同德、勇于开拓、奋发进取，为中国水利水电第十四工程局在新时期的腾飞，为我国水电建设现代化事业而努力奋斗。

（十一）不断完善推广项目法施工，促进水电施工管理现代化（节选）

张基尧

1995 年 5 月

水电建设管理体制改革走过了漫长而艰难的历程。1984 年以来，我国水电建设体制发生了深刻的变化。10 年前，我们在鲁布革工程建设中首次利用公开招标的方式引入了日本大成公司的先进管理经验，从而拉开了我国水电建设管理体制改革的序幕，并逐步改变了我国水电建设长期沿用计划经济体制下国家安排项目、划拨资金、分配材料、购置设备、直接管理的生产方式，进行了由国家拨款独资办电到国家贷款入股，中央、地方以及多方集资办电的水电投资体制改革；改变了过去施工单位既代表国家管理建设项目和资金，又代表企业组织施工建设的缺乏监督和激励机制的自营建设方式，实行了以项目业主负责制、招标承包制和建设监理制为主要内容的水电建设体制改革；施工企业改变了政企不分成建制游动施工的生产方式，探索和实行了符合我国水电施工企业和水电建设特色的以建立后方基地、动态优化生产要素、以工程项目为中心、以追求最佳经济效益为特点的项目法施工。广蓄电站两期工程建设实践，集中体现了我国水电施工体制十年改革的过程和特点。可以说，我们找到了一条具有中国特色的水电施工管理之路。

在 1987 年全国施工工作会上，李鹏总理提出全国都要学习鲁布革经验。从那时起，经过短短 4 年的时间，各水电施工企业在部和地方的领导大力支持及工程建设各方的通力合作下，水电工程建设取得了可喜的成果。水电十四局在认真总结鲁布革施工经验的基础上，挥师广蓄一期工程，在市场经济条件下，按照项目法施工要求，积极转变思想观念，调整结构，强化施工管理，锤炼职工队伍，创造出当时国内一流的施工水平、一流的管理水平、一流的队伍水平。李鹏总理视察电站工程建设现场时称赞说，广蓄电站是以改革开放的速度建设的。1991 年，原能源部、国家能源投资公司、水电总公司在广蓄工地召开了广蓄电站建设经验交流会，及时地肯定、总结和推广了广蓄电站工程建设经验。也是这一年，建设部召开了全国建筑业改革座谈会，会上决定把项目法施工作为全国施工企业综合体制改革的突破口。1992 年召开了全国第二次建设工作会议，首次命名了 186 名全国施工企业优秀项目经理，李鹏总理在接见会议代表时高度评价了项目经理的作用和项目法施工的经验。从此，项目法施工作为一项先进科学的施工管理方式得到普遍的认同并迅速推广开来，水电施工管理找到了一条有利于生产力发展的途径。在建筑业综合体制改革中，项目法施工是最重要的组成部分。它是项目业主负责制和工程监理制的基础，是水电建设高速度高质量的保证。只有通过现场项目法施工管理，才能促进项目业主负责制和工程监理制真正意义上的实行。可喜的是，广蓄二期工程广大建设者不负众望，在全国项目法施工浪潮的推动下，认真总结一期工程施工经验，把适合我国国情的项目法施工提高到一个崭新的水平，赢得了普遍的赞誉。可以说，作为水电建设体制改革重要组成部分的项目法施工经历了冲击、探索、补充、完善的过程，已逐渐显示出强大的生命力。

一、广蓄二期工程项目法施工的创新及特点

广蓄二期工程的实践使项目法施工得到了进一步发展和完善，对进一步解放和发展我国水电施工生产力具有重要的意义和深远的影响。

广蓄二期工程的施工经验，除继续坚持一期时形成的以项目经理为核心的工作体系，实行决策层、管理层、作业层三层分离；以项目目标管理为红线，运用网络计划等现代化管理手段，实行工程进度、质量、安全目标层层分解，分段考核；以经济合同为中心，理顺项目与业主、项目与企业、与项目施工单位之间的经济关系；坚持发挥思想政治工作、行政手段、经济杠杆三位一体的工作方法等基本做法和经验之外，还在以下几个方面取得了重大突破。

（一）实行目标成本管理取得新的突破

随着招标承包制在建筑市场上的普遍推行，工程项目已成为企业的成本中心与利润中心，加强项目成本目标管理和利润目标管理自然成为施工企业的信誉和利益所在。在项目法管理实施初期，我们存在抓进度目标、质量目标、安全目标硬，抓成本目标、利润目标软的现象。广蓄二期从强化成本管理、推动均衡生产和文明施工入手。通过工程成本的层层分解，在招标单价的基础上，编制项目工程单价，并定额分解、量化考核，对人工、材料、机械实行成本核算与定额成本比较，奖节罚超，取得了显著的工程效益和经济效益。

在具体操作上，一是利用计算机手段，进行定额人工、定额材料耗量、定额机械台班的分解，量化考核。二是均衡安排生产，减少人员、机械投入高峰，杜绝人员、设备、材料调运及停滞中的浪费。三是强化质量意识，坚持一次合格率，减少了返工和重复作业及修补、加固、补救等工程。四是加强了合同管理，详细收集政策变动、物价变化、工程量增加、施工干扰、不可预见因素等多方面资料，有理、有利、有节地合理结算，追加报量。五是采用光面爆破开挖、定型组合模板、油料掺合剂、混凝土双掺技术、钢筋对焊技术等一系列成熟的新技术、新工艺，以达到工程施工速度快、质量好、成本低、效益高的目的。六是建立成本分析的反馈机制，以直接费成本控制为目标，对人工、材料、机械费中的主控因素进行反馈控制，通过量化考核控制实物投入，确定成本控制的基本时段，使投入和产出的信息准确、及时、到位，并有效控制投入产出比，及时采取对策，提高管理效率，获得好的经济效益。这样，一方面刺激生产要素的活跃，使之创造较高的产值；另一方面控制施工投入的消耗，使之低于成本目标之下，并通过直接费成本考核与职工的经济利益挂钩的方法，改变了作业队只管干、不管算的状况，增强了作业队精打细算的成本意识，激发了职工多创产值并降低消耗的积极性。广东分局建立以队为基础，以降低成本为目标的经济运行机制，真正把管理的力度深入到施工生产的基层中。

（二）实现了均衡生产、文明施工

广蓄二期工程施工最显著的特点就是均衡生产、文明施工。广东分局把实现文明施工作为广蓄工程项目法施工再上新台阶的突破口和主要标志，作为降低成本、提高效益和确保安全、提高质量的重要措施。为达到均衡生产、文明施工，他们根据企业内部资源状况和施工总体目标，在优化施工组织设计的前提下，制订出施工强度均衡、生产要素配置合理的施工总进度计划，避免了潮起潮落的生产方式，削峰填谷，把突击抢工变为优化资源配置。在具体操作上，沿用了一期的目标管理，坚持作业队抓进尺循环计划、公司抓日计划、分局抓周计划，确保节点目标实现。

在施工方面，二期在一期的基础上有了新的进展，考核内容更具体，奖罚措施更详细，二期现场比一期有很大改观，施工道路是清一色的混凝土路面。在隧洞施工中，每挖一段，喷锚支护和混凝土路面跟进一段，始终保持路面整洁，洞内风、水、电管线布置有序，灯具排列整齐，整个隧洞干净、清爽、明亮，工地现场材料堆放整齐，车辆机械停放有序。工作面人员精少，测量放线、钻孔爆破、通风散烟、出渣清底、安全处理等工序有序展开，有条不紊，环环相扣。由于文明施工，一线工人劳动强度减轻，职工始终保持良好的精神状态，效率大大提高。同时，文明施工不仅促质量、保安全，也提高了经济效益。各项管理工作严谨，减少了工、料、机无效投入的浪费；文明施工强调工艺，使洞挖规格控制好，超挖量少，节省了大量原材料的消耗；文明施工培养了工人精细作风，提高了队伍素质。广蓄二期工程一年多来均衡生产、文明施工充分反映了广东分局在企业物质文明建设和精神文明建设两个方面取得的重大成就。

（三）以工程施工为舞台，把电站建设与人才培养统一起来

广东分局以人为中心，把开发人的智力、挖掘人的潜能、提高人的素质作为关系企业兴衰的头等大事来抓，提出了“培训、培训、再培训”的口号，制订了以全员培训为目标、以骨干培训为重点、以提高全体职工素质和造就一批适应市场经济及国际竞争的跨世纪复合型专业人才为目的的指导思想。一是项目经理的培训，二是工程技术、经营管理等各种专业人才的培训，三是基层队长、班组长的培训，四是熟练的技术工人的培训。项目经理是施工管理的核心是决定工程项目建设成败的关键。在培训项目经理时，他们做到思想素质和管理水平同等抓，并同班子建设相结合，在学习、实践中提高其专业知识和领导水平，培养廉政、勤政和敬业精神，使其成为有较高思想修养、政治素质和管理水平的领导干部。在专业技术人才培训中，他们提倡专业渗透，要求工程技术人员懂经营管理知识，经营管理人员了解工程技术知识，党政工作者也要学习工程技术和经济管理知识。更可贵的是，他们把目光着眼于年轻人，把那些思想活跃、精力充沛、能够担当重任的青年人放在关键的岗位，通过实践去磨炼，去提高工作能力。我们知道，市场竞争最终是人才的竞争，企业经济效益的提高依靠科技进步和科学管理，而这两个方面都离不开人才，离不开高层次的管理人才、技术人才和整体上具有较高素质的工人队伍。广蓄二期在建设工程的同时，在培养人才方面迈出了坚实的步伐，这是值得我们学习。

（四）广蓄二期工程施工又一次体现了广大水电职工的艰苦奋斗，无私奉献精神

二期工程生产和生活条件虽然有所改善，但水电工程施工从来就是一项非常艰苦的工

作，只有充分发挥职工的主观能动性和调动他们的生产积极性，在施工中敢打善拼，勇于吃苦，乐于奉献，才能取得工程上的胜利。二期工程取得的巨大成绩是水电工人发扬光荣传统的又一次体现。

二、项目法施工离不开良好的企业环境和社会环境，同时又对企业进一步深化改革、社会环境进一步改善提出更高的要求

（一）良好的内部、外部环境是项目施工顺利进行的重要保证

从企业内部来看，为确保广蓄工程的顺利进行，水电十四局一是适应市场要求，改革了内部管理体制和后勤保障体系，推行了设备管理内部租赁制、材料配件有偿调拨制、流动资金有偿占用制、技术设计有偿服务制、施工管理内部承包合同制等五项改革措施，启动企业内部资金、设备、劳务、技术市场，形成资金流、物资流、人才流、信息流，促进了项目施工中生产要素的优化组合和合理配置；二是调整企业产业结构和队伍结构，发展多种经营，减少了工程项目上劳务大量涌入的压力，精干了施工队伍；三是由于工程局统一管理离退休职工、医院、学校及离退休人员的基地建设，工程局与二级单位共同承担项目施工人员的住房、子女教育、医疗卫生、劳保费用支出等生活福利和后勤服务，解脱了施工项目后勤组织的压力，为项目施工提供了后勤服务保障。

从企业外部来看，一是广州抽水蓄能联营公司从工程总体效益出发，确定了合理工期，制定了合理的工程价格体系及物价调差办法，设置了中立的合同监督机构，保证了工程建设资金的供应。同时，全部承担了工程项目建设过程中的涉外行为及与地方政府的联系。二是广蓄工程所在地政府和社会各方面对工程建设全力支持和帮助，避免了扯皮，提高了工作效率。

（二）市场经济的发展和项目法施工管理的深化对企业和社会都提出了更高的要求

第一，项目法施工要求企业进一步调整内部结构，使其能够形成适应市场的结构和管理形式；完善企业内部模拟市场；科学确定承包形式和指标基数，采用经济合同的办法理顺企业与项目之间的关系，制定出合理的上缴费用等一系列制度、办法。

第二，项目法施工要求企业必须大力发展多种经营，一方面增加后方职工就业机会；另一方面还可以广开财源，积累资金。只有形成工程施工和多种经营两大支柱同步发展，才能使企业真正增加抵御市场风浪的能力，使企业在市场中伸缩自如、游刃有余。

第三，项目法施工要求企业减轻办社会的负担，就必须逐步把社会服务设施推向市场，使服务市场化、商品化。后方兴建生产、生活、培训为一体的综合基地，解除前线职工的后顾之忧，工地现场生活后勤有专业服务公司经营管理，让稳固的后方成为项目的坚强后盾。

（三）项目法施工要求社会环境进一步改善

（1）建立完善的市场管理机制和规范的合同管理办法，建立符合中国国情的既约束甲乙双方又有利于甲乙双方技术发挥的管理机制。强化行业监理的职能。

（2）进一步完善生产要素市场。

（3）建立符合我国国情的社会主义市场经济条件下合理的价格体系。

（4）建立完善的社会保障系统。

三、深入学习推广广蓄工程项目法施工经验，把我国水电工程建设提高到一个新水平

目前，中国水利水电总公司在认真学习、深入贯彻党的十四届三中全会、四中全会和中央经济工作会议精神，全国电力工作会议精神，进一步坚持“抓住机遇，深化改革，扩大开放，促进发展，保持稳定”方针的基础上，确定了全系统工作思路，把加强企业内部管理作为今后的工作重点。

(1) 当前加强企业内部管理的关键是加强项目管理。工程项目依然是企业与社会的桥梁，是企业经济效益的支柱、社会信誉的基础，是培养骨干的阵地，是展现企业面貌和企业精神的舞台。因此，加强项目管理尤为重要，必须充分认识到搞好项目管理工作的紧迫性和艰巨性。

(2) 项目管理的核心是成本管理。加强项目管理的中心工作就是抓工程效益，抓成本目标、利润目标，并把这一项目标同保证质量、保证工期结合起来。

(3) 培训一批项目经理。全面实行项目法施工管理，必须拥有一批合格的有才干的项目经理。要把培训项目经理当作大事来抓。总公司要求系统各单位要把工程建设同培养项目经理的目标结合起来，当前培养的重点放在三四十岁的中青年干部身上。

(4) 加速企业内部改革步伐，调整内部治理结构，建立企业的生产资料市场，制订人才培养的规划和方案，完善企业和工程项目上的各项经济政策和规章制度，促进管理现代化。通过改革最终达到建立现代企业制度，适应市场经济发展，使企业获得经济效益和自身发展的目的。

(5) 积极推动市场环境的进一步改善，完善市场机制。市场经济是法制经济，需要制定出台一些符合实际的各项建筑业法规，规范业主、监理、承包商的行为，确保水电建设健康、有序地进行。结合工程特点实事求是地确定工程价格，形成对甲乙双方均有利的价格体系，避免业主无限压价，承包商低价中标索赔的恶性循环的老路。在高速、优质进行工程建设这个整体目标下，甲乙双方严格规范地执行合同，各负其责，紧密配合，提高工作效率。

（十二）建设部施工管理司张青林司长在广蓄电站视察工作时的重要讲话（节选）

1990 年 7 月 30 日

这次我们到这里来，看了整个工程的面貌，听了全面的情况介绍，又听几个公司领导同志在座谈会上的发言，感受是很深刻的，从思想上对施工管理工作是很有收获的，我讲三点意见：

一、水电十四局在广蓄电站这个工地上，开发着我国水电建设上一流的施工水平，正在深入从全新的项目管理，推进着企业内部的深化改革，正在寻求着一条运用和发展鲁布革经验的新路子，锤炼一支讲奉献、英勇拼搏、艰苦奋斗、特别能战斗的职工队伍，为我们全国的骨干施工企业在推进改革方面，在求生存、求发展方面作出表率。这里不是简单的移植了鲁布革经验，更重要的是发展了鲁布革经验，是创造了具有自己特色，又溶化了鲁布革经验这样的技术管理及其他方面自己新鲜的东西。我毫不含糊地、理直气壮地、满怀信心地说，在现有基础上将要出现三个一流：一流的施工、一流的管理、一流的队伍。

说一流的施工，从总量上看 49 个月搞 120 万千瓦的抽水蓄能电站是不是国内的一流水平？和鲁布革相比，鲁布革电站 60 万千瓦，76 年进点，82 年开始招标，88 年发电，准备工作用了 9 个年头。这个工程是在怎样的情况下进点？88 年 6 月进点，何谈什么三通一平呢？一台大型施工机械运进场要十多天，怎么进来的？恐怕后来人还要考察的。从工程形象看也是高水平一流的，需完成总量明挖 256 万方，洞挖 71 万方，筑坝 90 万方，混凝土浇筑 40 万方，都是要一流的水平，没有一流的水平保证不了总体的进度。前天晚上同志们庆祝尾水隧洞的贯通，我说当今这样的进度你们完全有把握创造一流的水平、一流的施工，这作为目标讲，既不高也不低。

现在全国都在推广项目法管理，你们这里的水平速度是不慢的，一上马就有这个样子，国内好多项目法搞了两年还不像个样子，在这里的项目法管理问题上，机关的职能设置，人员的配备是全新的。五部三室，是局长负责制、项目经理负责制，决策层、管理层、作业层的组合方式。特别是搞水电建设的专业队伍上，在内部正在形成两层分开管理。这种项目管理的专业队伍在具体项目上、作业上实行合同制管理。班组的配备方式是混合编班，打破了过去按工种作业循环的界限，提高了劳动效率；管理人员精干，身兼数职，一专多能，人员比过去同类水电建设项目大大地减少了。

目标管理正在进一步体现，把它作为主线起主导作用的现代管理方法，我看到在总调度室里项目管理总揽了整个工程进度，统帅了计划、技术、质量、安全方面的管理。

说管理的一流，就是要形成三位一体的工作保证体系。三位一体就是政治的、行政的、经济的三种手段三管齐下，用你们的话说，政治工作是核心，行政是辅助，经济是催化剂。偏离了政治工作、脱离了国情，不符合我们的实际。缺乏行政工作，同样脱离了我们的实际。没有适当的经济政策前两条也会落空，我看三位一体互为补充，综合起作用，这是一条非常难得的经验。

说一流的队伍，叫做讲奉献、勇拼搏、艰苦奋斗、特别能战斗的队伍。一是领导班子是团结的、奋进的、能起表率作用的这样一个战斗集体，能密切联系群众、同大家同甘苦战斗在一起。二是有一批起率先力量作用的干部队伍，文化素质高、精神风貌好，就是当今人所讲的“一不怕苦，二不怕死”艰苦奋斗这样的大庆精神，在这里的干部身上处处闪光。

二、全国施工企业改革是在 80 年代，全行业性的改革调整经营方向、调整劳动组织，采用多种用工、调整分配政策，招标投标等一系列的改革，总体上有了一些活力。但八十年代留给我们三大问题。

第一大问题：叫做积累成了队伍总量规模失控、内部结构失调。对于宏观管理上，这十年积累施工队伍总量规模失控，大大超过投资规模的需求。

第二大问题：积累成了一压、二挤、三拖、四滑坡的经济环境。一压是招标压价；二挤是多种因素挤占成本和利润；三拖是拖欠工程款，只干活不给钱，有增无减；四滑坡是企业的效益，1989 年以后急剧的陡坡下滑，亏损面比例继续扩大。

第三大问题：积累成队伍的素质总体呈下降趋势。

20 世纪 90 年代，我们就应当解决这三大问题，从宏观上、微观上、行业管理上全面调整加强。

经济环境的问题这是个相当复杂的，涉及我们最直接的是招标承包制，我们这方面如何去反思？任何去体现计划经济和市场调节相结合？我们感到招标法规不健全，乙方的合法权益受到牵制，无穷的压价，毫不理解 40 年来为水电建设，为全国工程建设作出贡献的老牌企业让我们带着历史的包袱，社会的义务去跟乡镇企业竞争吗？历史的责任没有人负责让我们去负责吗？这能体现社会主义之间合理的竞争吗？我们讲体现竞争就是要讲质量、讲水平，不是单一的价格上的你死我活。国家正在修改文件，局部在调整，一些部门和一些省市正在采取些措施，增加计划分配任务的成分。水电项目下步很可能研究有多少纳入市场，有多少纳入结合分配，没有这两条，就没有计划经济同市场调节相结合，完全走向计划不可能，完全倒向市场也不可能，两个不可能逼着我们去找结合点，这方面的呼吁是强烈的。就是局部的招标，有些地方也作出规定，标价下浮 3%作为废标。招标承包的问题从理论上、观念上、实践上都需要我们上下结合去反思。

三、需要陈述的几个观点。

第一个观点，招标承包制要在计划经济和市场调节相结合原则下加以完善，要整个体现社会主义的劳动竞赛的信誉，要实行有限的竞争。我非常赞成你们这里的观点，靠市场增添求生存的权利。

第二个观点，就是发挥大中型企业全民所有制骨干企业的主导作用，支持要向这支队伍倾斜，有的建设单位不敢向我们骨干企业进行倾斜。

第三个观点，项目法施工中的几个观点。项目法施工的提出，是在鲁布革经验之后正式表露出来的，但并不是鲁布革的东西。是在 1984 年招标制提出之后，研究大型国营企业两大问题，一个是按照工程项目实行整体企业并大搬家的生产方式。企业跟着项目走坛坛罐罐一起搬，老婆孩子一起上，现场就是小社会，这种模式给大企业带来的苦衷至今仍是第一位的。整体企业大搬家的模式，户口拿着走，临时户、临时基地、临时住宅，干了一辈子的退休工人还不知道房子在哪儿住，这多么叫人寒心呀！就是因为企业承担了跟着项目走、跟着现场走的企业方式，国家投资了哪些钱，企业负担了哪些钱，子女的教育问题没有正规的学校，全国流动的施工企业职工子女考上大学的非常少，这就是传统式的企业大搬家的生产方式决定了的，这就是不搞永久性的大本营、多功能的基地。让我们的干部工人同志们，精兵强将上前线，干完后回到大本营基地培训、休整，没有形成这样一种循环所造成的局面。

二是企业管理的力量正在离开现场向机关流动，现场管理力量弱化，项目上不去。针对两大矛盾提出来，一定要走项目法道路，不再搞整体企业大搬家，让技术管理力量通过项目法回到项目上去。鲁布革冲击之后加速了这种力量，才借鲁布革改革开放的产物，正式提出来走项目法施工的道路，方向是对头的，坚决走下去，历史的困扰已经告诉我们这一条无可怀疑。

但是，在项目法实施当中又遇到现实的挑战，既有周围环境的问题，又有企业自身模式的问题。历史遗留的状况不能一时扭转，前方精兵强将，而后方这块怎么办？后方千方百计往前线压负担，前线在业主拿任务又压标，又负担不了后方那怎么办？这就是企业模式没转变，是对项目法的挑战。那就是说历史的困扰考验着项目法，当前的现实考验着项目法。历史和现实的矛盾如何定夺项目法的发展方向？这是当今需要决策的。正是从这些矛盾中得出的结论，叫做坚定不移地按项目法的路子走。历史比现实更有说服力，要不然历史几代人延续下去，我希望历史留给我们的问题，通过项目法艰苦的一段把它结束掉。所以当前尽管矛盾重重，还是要千方百计的按项目法的路子走。

第四个观点，关于十四局作为推行鲁布革管理经验试点企业的问题。全国推广鲁布革经验进行综合体制改革的试点企业，是1987年5个部委确定的18家，发展到今天，考虑试点的方向是对头的。这条路子坚决要走下去，准备扩大到48家。在48家中准备将确定水电十四局作为全国试点单位。

试点单位试什么？从长远看，十四局要由劳务型为主的企业，进行机制的转化形成智力密集型。依靠技术管理力量为主体的工程总承包企业，这就是试点的目标和方向。从全国讲想搞一批智力密集综合能力强工程总承包的龙头企业。我看十四局作为试点，现在按这个目标前进，总体的迈进路子分为三步曲：

第一步，就是通过项目法的施工，调整改革内部的组织机构和运行机制，你们现在已经这样干了。

第二步，把我们智力密集这一块强化起来，科研、设计开发技术管理力量，包括专业工种的工人骨干力量强化起来，形成智力密集工程总承包能力。在这个阶段，要把我们的专业施工队伍强化起来，形成独立作战能力很强的作业队伍。

第三步，进一步强化一般劳务人员的比重，进一步依靠社会的劳务力量作为依托。现在是第一线的劳务一半对一半，变成3∶7。这个能力，靠这个来发挥，而不是靠我们队伍规模的扩大去发挥，甚至2∶8。2是我们自己的，8是外部的。这个发展过程是第三步要干的，任务是艰巨的，矛盾是多的。看到十四局在这个项目上锐意改革的精神状态、现实的基础，我们还是有信心的，这样干下去，十四局很有希望，大有希望。

（十三）电力部水电农电司司长张学知在电力部广蓄工程建设管理经验交流会上的讲话（节选）

1995年5月

一、顺应改革发展要求，努力加强项目管理工作

1995年是我国继续推进改革开放和现代化建设的重要一年。经济体制改革的重点是积极推进国有企业改革，在深化改革中加强企业管理。

1. 加强企业管理是当前深化企业改革的重要内容

企业改革的目标是建立“产权清晰、权责明确、政企分开、管理科学”的现代企业制

度，对现代企业制度的内容，要全面、完整、准确地理解和贯彻。明晰产权是企业改革的一个重要方面，可是光凭产权清晰还不能把企业搞好，不能建立现代企业制度。现阶段，外部宏观上的问题往往会掩盖企业本身的管理问题，但任何外部环境的改善都不能代替企业自身的工作，不能代替企业内部的管理。管理科学是现代企业制度的重要组成部分。大量先进企业的经验表明，管理同样是一种生产力，管理出质量，管理出效益。如果离开企业管理这个最基本的东西，不论外部条件如何优越，不管企业机制如何转换，终将一事无成。强化企业管理不仅是企业一切工作的基础，而且也是深化企业改革的重要内容。

2. 强化项目管理是水电建设改革发展的客观要求

从1984年鲁布革工程国际招标开始，水电建设积极探索实践，率先改革开放。经过十几年的不断深入改革，我国水电建设新的管理体制基本建立，形成以业主责任制、建设监理制、招标承包制为主要内容的建设管理体制初步框架。水电建设业主（建设单位）、监理、施工企业和设计咨询大的格局已经确立形成。实践证明，水电建设管理体制的改革是成功的，这种改革调整了水电建设不适应生产力发展的生产关系，极大地推动了水电建设生产力的迅猛发展，出现了以广蓄、水口、隔河岩、岩滩、漫湾“五朵金花”为代表的大好局面；工程建设速度、质量、投资控制等各方面，都有了巨大的进步和明显的改善。在前一阶段已经取得显著成绩的情况下，当前，水电建设进一步深化改革的主要内容是：以现代企业制度来规范、完善和组建项目公司；深化设计改革；大力发展多种经营，建立施工企业的产业支柱；加强相关配套改革。与此同时，要坚持眼睛向内抓管理，加强企业内部管理工作，强化工程建设项目管理。在行之有效的基础上，实现制度创新、技术创新和管理创新并举，不断提高水电建设管理水平。

3. 加强管理工作是企业自身生存发展的必由之路

企业管理是推动现代工业企业生产力发展的决定因素。随着社会的发展，企业管理工作的重要性已经更加明显和日益突出。企业必须不断强化内部管理，才能在激烈的市场竞争中优胜劣汰，求生存，图发展。现实经济生产中，一些条件相同、处于同一水平线上的企业，在发展过程中出现了效益、速度的极大差异，并在市场竞争中面临着不同的命运，究其原因就在于企业内部管理水平的差别。现实说明，在同样的人力、物力、财力资源的条件下，谁能通过健全的、主动的管理工作，把这些资源有效地结合起来、协调起来，谁就能创造出更大的生产力，取得更大的经济效益，谁就可以适应市场，占领市场。因此，亟须加强企业内部管理工作，以适应企业自身的生存发展。

4. 学习广蓄经验是水电建设项目管理的迫切需要

对于水电建设而言，加强管理工作的主要内容就是工程项目管理。项目管理就是以高效率、高质量、高效益实现项目目标为目的，按照项目的自身特性及其内在规律，对项目全过程进行有效地计划、组织、指导、协调和控制的系统工程。鲁布革引水系统工程率先运用项目管理，经过鲁布革工程的实践，充分显示了项目管理的强大生命力和优越性。多年以来，水电建设积极配合建设体制的改革，有组织、有系统地推行和开展项目管理，彻底改变了过去工程建设工期拉长、质量难保、投资失控的状况。可以说，在工程建设中实施和运用项目管理，是水电建设改革开放的一大成果和一条成功经验。

广蓄一期工程按照项目管理的要求，从项目决策到项目实施，工程全过程运用和实施了项目管理，从多方面推进和发展了鲁布革工程项目管理经验，取得了很大的成效。二期工程建设各方继承和发扬改革精神，认真总结一期工程项目管理经验，再接再厉，在工程实践中勇于开拓，不断创新，努力探索建设项目的自身特征和内在规律，进一步按照项目管理的要求，不断丰富和发展项目管理内容，全方位、全目标、全系统、全过程地实行项目管理，经过建设各方的共同努力，互相积极配合，使工程建设、施工管理和经济效益都明显呈现出良性循环的发展态势，整体工程建设取得安全、优质、高效、低耗的明显效果。因此，学习推广广蓄经验，推动水电建设强化项目管理工作是这次会议的中心议题。

二、转机建制苦练内功，丰富完善项目管理内容

1. 以工程建设项目为根本，建立信赖关系，强化合同管理

合同管理是建设项目管理的中心内容，项目管理必须通过各种大量的合同来联系、约束、协调项目的有关各方和各个环节。合同是项目的经济纽带和驱动力，可以保证建设项目有计划、有节奏地实现。由于水电建设项目投资大、工期长、工程技术复杂、外部条件多变，建设项目管理的实施是一个较为复杂、难度很大的过程。因此，合同管理在项目管理中起着关键的作用。

第一，正确认识处理合同关系，建立甲乙双方的信赖关系，为合同管理打下良好基础。建设各方的关系是通过合同建立的，有合同就有关系，没有合同就没有关系。项目管理必须严格按合同办事。但是，无论怎样详细明确的合同，都要靠人来执行。对于同一工程，在同样的条件下，由于合同双方的关系不同，执行合同的意识就有所不同，合同的执行效果则会有极大的差别。合同双方互相信任、和睦相处、团结合作对于合同管理是非常重要的。如果双方陷入僵局，就会影响合同的执行，本来能达协议的事，也会因关系紧张而僵持不下。因此，正确认识处理合同关系是合同管理的必要前提。在广蓄工地，甲方关心乙方，乙方支持甲方，大量的事例充分说明这种甲乙方的信赖关系，是强化项目合同管理的稳固基础。

第二，合理维护甲乙双方的合法权益，公正对待甲乙双方各自利益，为合同管理创造必要条件。由于工程建设合同也是市场经济的产物，在合同实施过程中合同关系的双方在对待工程的进度、质量和成本等问题上，既有共同利益，也有不同的要求，肯定双方都要维护各自的经济利益。在一期工程的合同执行中，由于观念、角度不同，曾发生过一些问题，并且问题迟迟不能解决。在二期工程中，他们认真总结经验教训，提高认识，改进以往做法。联营公司为工程项目的业主，在这方面更是发挥了主导作用。首先他们认识到，合同管理必须切实维护甲乙双方的利益，现阶段要特别尊重和保证施工企业的合法利益。当然，施工企业总是通过工作劳动获取利润的，但是目前水电建筑施工力量明显供大于求，建筑市场竞争激烈，水电工程标价已经很低。在这种情况下，施工企业通过工作，希望获得一些收益，是合情合理的。业主（建设单位）如果不注意维护和保证施工企业的正当利益，就很可能导致业主的利益也将受到损害。在项目管理中，风险是不可避免的，应通过双方的努力，尽可能地减少风险。在风险分摊上，业主一方作为合同的主要方面和工程的永久受益者，在预测和评议风险、组织处理风险以及承担风险费用等方面，应主动承

担风险和分摊主要风险。因此，对于工程合同管理，联营公司确定了“既不做修正概算，又让施工企业有合理利润；既坚持合同管理，又实事求是解决问题”的基本原则。根据这个原则，公正、合理地商定合同内容，尊重和保证施工企业的合法权益。既让施工企业有一定的利润，又维护业主的根本利益。

第三，确定统一的方法准则，明确规范合同格式的内容，为合同管理铺设平坦道路。在二期工程签订之前，联营公司与水电十四局经过几个月的反复磋商，双方签订了《二期工程报价原则》，统一规范了双方原则、方法，以此作为整个二期工程合同价格的编制依据。同时，双方又签订了《合同结算办法》，对合同执行过程中的每个具体环节都作出详细规定，作为执行合同的操作规则。由于有了详细统一的方法、准则和规定，执行合同只需照章办事，减少了人为的误解和扯皮，保证了合同管理的顺利实施。在合同管理上，甲乙双方明确规范合同格式和内容，实行表格化、电算化操作。从现场的工程量签证、工程报量、人机料耗量统计、材料款及材料价差报量，直到财务结算汇总及支付等各项内容，全部使用规范化的统一表格形式，并辅以现代化的技术手段，运用计算机操作管理。实施结果不仅克服了统计口径不相同造成的困难，减少了不必要的经济纠纷，而且还保证了工作的准确性，提高了工作效率。由于二期工程甲乙双方建立了信赖的合同关系，树立了正确的合同观念，从而使合同管理得到圆满实施。

2. 以整体经济效益为宗旨，确定合同工期，执行企业定额

项目管理作为开放系统的管理，其重要特点是具有目标性和目标的系统性。因而要求管理的最终结果不仅要实现所规定的目标，而且目标必须是系统整体最优。所谓整体最优，就是成本、质量、工期均衡最合理。对此，日本大成公司在鲁布革介绍国际上项目管理情况时，曾多次用价值工程观念表述：在一个项目的施工中，工期、成本和质量如同坐标系中的三条曲线，其交点就是合理成本及合理工期，计划的依据应是这个最佳点。在国际上还没见到一个只要工期，而不在乎费用多少的业主；也没有只讲省钱，而不要进度和质量的业主。缩短工期对于水电建设而言，确实能够体现出工程项目的经济效益和社会效益。前一时期，各工程项目在思想上追求工期效益，工程建设中千方百计缩短工期提前发电，取得了很大成效，彻底改变了过去水电建设“工期马拉松，投资无底洞”的弊端。但是，也应清醒地认识到自然规律是不以人们的主观意志为转移的，工程建设不能人为地任意缩短工期。如果一味地争抢工期，就会过多地加大投入，甚至在一定程度上影响质量。广蓄一期工程由于确定的工期短，建设各方都拿出最大精力、物力抢工期，其结果是投入增加了，整体效果并不理想。

联营公司作为二期工程的业主，他们认真总结和吸取了一期工程的经验教训，进一步提高思想认识，坚持以整体经济效益为宗旨，科学确定合理工期，分析计算投入与产出比例关系，不在工期、进度上做文章，而在质量、效益上下工夫。在制订二期工程项目目标时，他们分析考虑一期工程发电工期是 49 个月，二期工程的施工条件、施工经验及施工设备等都比一期优越，因此，完全有可能达到或超过一期工程的建设速度。但是，从整体经济效益出发，总工期的确定就要根据电网发展要求、机电设备到货、资金筹措情况等诸多因素，实事求是地综合考虑，通盘策划。根据工程实际的可能性和必要性，结合均衡生

产原则，在具体编制安排工程总进度时，他们充分考虑降低施工高峰，将土建施工与机电安装高峰错开，将混凝土衬砌工期拉长，将两条斜井的工期错开，将引水钢管与水电机组的焊接高峰错开等，由此，合理确定二期工程总工期。尽管比一期工程多了两个多月，但是，工程整体经济效益最优，甲乙双方的利益能够得到很大的保证。工程实践证明，由于二期工程确定了合理工期，建设各方基本控制了工程建设的节奏，牢牢掌握了工程进度的主动权，建设项目管理实施安然有序，均衡生产文明施工也得以顺利进行。

定额工作是企业管理基础工作的重要组成部分，也是工程建设管理的基石。它对于加强项目管理有着不可忽视的重要作用。长期以来，水电建设一直普遍使用国家和水电行业定额标准。但是，由于客观条件的限制和本身的局限性，在工程建设中，国家定额标准与每个企业的具体实际并不是十分吻合，存在着一定距离。而且，由于各企业不同程度的采用新技术、新材料、新工艺和提高机械化施工水平，因此，目前在市场经济条件下，水电工程建设单纯依靠国家定额标准已经不能完全满足企业施工生产管理的需要。特别是在工程招投标中，企业过分依赖国家定额标准，出现的问题很多。因此，企业根据自己长期从事工程建设的实践经验，立足于科学性、准确性基础上，建立一套符合企业自身的管理水平和生产力水平，能够反映工程建设实际情况的企业定额，不仅是企业加强内部管理工作，不断提高企业管理水平的一项重要内容，而且是水电建设强化项目管理的迫切需要。

在广蓄二期工程中，建设双方对此充分重视，从工程项目管理需要出发，以一期工程建设的实践为基础，认真总结经验，积极改革探索，勇于跳出单纯依赖国家定额标准的框框，及时开展了企业定额工作。为适应项目管理的需要，十四局广东分局根据企业实际施工水平，参考国家（86）水电定额标准，结合广蓄一期的施工情况，初步建立和实施了企业内部定额。制定执行《内部预算单价》、《内部结算暂行办法》等管理办法，从而较好地实现了科学组织生产、合理安排施工。在进行经济核算，降低成本消耗，与职工利益挂钩等方面都做到心中有数、有章可循，因而有效地保证了工程项目管理的顺利进行。

3. 以内部经济责任为核心，实行成本控制，加强行为规范

降低成本是项目管理的重要目标。为了保证项目目标的实现，必须运用切实有效的可靠措施。在广蓄二期工程中，十四局广东分局采用的有效措施是全面实行企业内部经济承包责任制，推行和实施成本控制法，强化考核机制。他们通过严格的考核机制，把项目管理的力度真正深入到最基层，将经济责任制与成本控制密切联系起来，使每个单位和每个人都有明确的成本管理意识，都能自觉地降低成本，减少消耗，做到成本心中有数。成本控制法的主要做法是一方面刺激生产要素的活跃，使之创造较高的产值；另一方面控制施工投入的消耗，使之低于成本目标之下。所谓刺激，就是建立利益激励机制，对各作业队的主材、辅材消耗水平及费用支出水平与其实物工程量挂钩，形成内部成本管理的主要经济技术指标，每月进行各项考核，兑现奖罚；同时，对人工费和机械费的盈亏平衡点，折算成形象面貌要求作为起奖点，超额劳动给予奖励。所谓控制，就是对成本进行严格考核控制，材料的消耗以稍高于实际耗量定额为考核标准。此外，对安全生产、工程质量、文明道德一并进行量化考核，实行奖罚。在实施企业内部经济责任制的基础上，实行成本控制法，使成本与职工集体的经济利益挂钩改变了作业队只管干、不管算的状况，增强了作

业队精打细算的经济观念，激发了各级组织、广大职工多创产值和降低消耗的积极性。同时，成本控制法还大大增强了每个职工的责任意识、质量意识、成本意识，因为出了质量事故，造成损失要承担责任，不注意节省材料，就要增加成本，成本超过指标就要影响职工个人的工资收入及奖金。成本控制法看似简单，其实并不容易。要求有严格规范的管理规章制度，对企业中所有组织机构和岗位的责权范围、工作程序、工作标准和协作要求等作出明确的规定，使人们有所遵循。

4. 以现代生产方式为标准，追求均衡生产，坚持文明施工

均衡生产是保证工期、控制质量、降低消耗、提高效益的重要条件；文明施工是加强管理、促进效率、保证安全、改变风貌的手段。均衡生产、文明施工就是通过优化施工方案和施工网络计划，削峰填谷，平衡资源，用相对均衡的投入，组织起紧张而有秩序的施工节奏，获取相对均衡的产值，目的是为了降低成本，提高效益。这是水电建筑企业提高经济效益的重要途径，也是广蓄二期项目管理再上新台阶的主要标志。长期以来，在水电建设施工中，往往受某些主、客观因素影响，习惯维持传统的施工生产方式，不注重文明施工，更为加剧施工生产的不均衡性。其结果是工程建设的整体经济效益受到影响和制约。

广蓄联营公司从一开始就重视和支持均衡生产文明施工，在确定合理工期、施工进度安排、资金使用等多方面，积极创造条件，促进施工企业搞好均衡生产文明施工。十四局广东分局在业主的全力支持下，站在较高的起点和较深的层次上，把均衡生产、文明施工、确保安全、提高质量、降低成本确定为施工管理的具体目标。在施工管理上，实施均衡生产是根据企业内部资源状况和施工总体目标，在优化施工组织设计的前提下，制订出施工强度均衡、生产要素配置合理的施工总进度网络计划。实施过程中，严格按照网络计划分解为不同时段的组织施工计划。不追求破纪录，不加班加点，不搞突击高潮。施工计划具有指导性、实践性、严肃性。计划一经确定分解下达作业队后，即作为目标考核依据，决不轻易调整改变。把实现文明施工作为下属各单位的重要考核内容，并就文明施工及奖罚措施制定了详细的规定。通过广蓄二期工程的实践，可以使人们充分认识到文明施工在工程项目管理中的重要作用。一是文明施工不仅可以改变施工现场面貌，而且能够改变人的精神面貌。一线工人劳动强度减轻，职工们始终保持着良好的精神状态。二是文明施工不仅可以促质量、保安全，而且能够促进经济效益。文明施工注重规范，各项施工管理工作较严谨，减少了工、料、机无效投入的浪费；文明施工讲究工艺，洞挖规格严格控制，超挖很少，节省了大量原材料的消耗。三是文明施工不仅可以提高工程项目管理水平，促进企业施工生产水平发展，增强企业竞争力，尽快实现企业管理的现代化，而且能够推动企业精神文明建设提高企业整体素质，培养文明的职工队伍。

三、学习运用广蓄经验，不断提高项目管理水平

1. 学习运用广蓄经验

学习和运用广蓄经验，一定要从实际出发，结合各单位、各工程项目的自身特点，把握广蓄经验的根本实质，充分利用自己的有利条件，分析对照检查，找出问题和差距，有针对性地提出问题，采取有效措施，解决项目管理中存在的问题。

2. 关于业主、建设单位的工作

业主、建设单位在工程建设中处于中心地位，工程建设很大程度上取决于业主、建设单位的项目管理水平。前一时期，各工程项目的业主、建设单位积极进取，不断深化改革，努力加强建设项目管理，工程建设取得了可喜的成绩。同时，也存在一定的问题。在目前情况下，要真正在工程建设中起到主导作用，必须加强自身的建设，不断提高项目管理水平，以自己的实际行动赢得建设各方的信任和支持，努力搞好工程项目的建设管理，确保工程建设的顺利展开。

3. 关于施工企业的工作

目前，施工企业要在水电建设改革与管理的新阶段中，巩固和完善企业内部改革成果，继续推进企业内部治理结构的调整，全面强化企业内部管理，把管理和市场结合起来，以强化管理去适应市场。积极开拓国内国际市场，大力发展第三产业，努力开展多种经营，用更多的精力向管理要效益。在工程项目管理上，要认真学习水电十四局广东分局在广蓄二期工程实施的项目管理经验，切实改进和完善现场施工管理，强化工程建设项目管理。要以加强成本管理为突破口，开展企业定额工作，建立和完善施工生产过程中的人工、材料耗量、机械台班等各种科学合理的定额，实行严格的量化考核。要着重加强企业内外合同管理，树立合同意识，讲究企业信誉，切实提高企业履约能力。要采取有力措施抓好安全，保证工程质量，真正使工程施工达到速度快、质量好、成本低、效益高的目的。在企业内部管理上，要进一步增强竞争意识，更加积极地参与市场竞争，维护和珍惜企业信誉，创造良好的企业形象。

4. 关于勘测设计工作

从整体上讲，水电建设早已进入市场经济的轨道，但勘测设计体制在很大程度上还没有脱离旧的事业体制的传统管理模式。勘测设计单位要加快改革步伐，按照中央五部委《关于工程设计单位改为企业体制若干问题的意见》和国务院的批复精神，抓紧转机改制工作，积极创造条件，全方位进入市场，逐步建立符合市场经济要求的勘测设计管理体制和运行机制。

勘测设计单位要主动适应国家投资体制改革的形势，向广东水电勘测设计院学习，深刻领会业主责任制的重要意义，树立主动热忱为业主服务的宗旨，充分认识业主在工程建设中的主导地位和核心作用，支持、服从业主对工程建设的统一策划和指挥，大力配合业主开展工程建设的各项设计工作，加强现场设代工作。在项目实施过程中，应尊重业主的决策，急业主所急，积极为业主决策提供服务并努力做好合理的必要的设计变更工作，使设计更加优化。要加强勘测设计单位的内部管理，逐步建立和完善激励与约束相结合的运行机制，强化项目管理。在部的领导和部署下，积极推进水电工程造价体制改革。要按照加强宏观调控和发挥市场机制对资源配置起基础性作用两者相结合的要求，加强定额管理工作，做好概预算管理工作。要积极采用先进的设计理论和计算方法，勇于解放思想，不断引进吸收国外新技术，努力提高勘测设计技术水平，提高设计质量，加强质量管理，全面加快前期工作，保证水电工程建设的顺利进行。

总之，加强工程建设项目管理是水电建设发展的永恒主题，提高项目管理水平永无止境。这次广蓄工程建设管理经验交流会议的召开，标志着水电建设改革与发展开始了新的历程，面对时代的召唤和事业的重托，水电建设行业一定要坚持深化改革，不断探索实践，广泛深入开展“转机制、练内功、抓管理、上水平、增效益”活动，加强企业管理，强化项目管理，力争开创建设项目管理工作的新局面，为提高水电建设水平作出更大的贡献，为我国水电建设事业攀登世界最高峰而努力奋斗。

（十四）在庆祝水电十四局建局四十周年大会上的讲话

孙启林

1994 年 5 月 9 日

各位领导、各位来宾、全体职工和家属同志们、朋友们：

在全面贯彻党的十四届三中全会精神，建立社会主义市场经济体制关键的一年里，迎来了建局四十周年纪念日。在这喜庆的日子里，我代表局党委、工程局对各位领导和来宾的光临表示最热烈的欢迎，向全体职工和家属致以最亲切的问候！

40 年前，为了迅速开发云南的水力资源，满足工农业生产发展的需要，燃料工业部和云南省委、省政府从云南省建工局、福建古田水电站、四川狮子滩水电站、大中专毕业生和部队转业干部中，抽调和分配大批领导骨干、工程技术人员和技术工人，组成“燃料工业部云南水力发电工程局”。从此，这支水电建设大军走遍了云南的山山水水，从乌蒙山下到绿水河畔，从点苍山脚到澜沧江边，从南盘江头到黄泥河岸，到处留下他们的足迹和汗水。在云贵高原上，撒下了一串串明珠，为云南的电力工业建设和发展作出了巨大的贡献。党的十一届三中全会以来，改革的大潮将工程局推进了建筑市场的大海，我们从这里迈出省界，跨越国门。在华南、华东、西北、中非等建筑市场上占有一席之地。工程局在改山治水过程中，壮大了施工队伍，改善了施工设备，生产总值逐年递增，全员劳动生产率不断刷新，企业内部改革不断深化，科技进步取得可喜成果，文化教育、卫生有着显著进步，多种经营有较大发展，基地建设初具规模，职工收入逐年增加。

40 年来，我局为云南和全国的水利水电建设事业作出了巨大贡献，先后承建了云南石龙坝电站改扩建工程、以礼河梯级电站、六郎洞电站、绿水河电站、西洱河梯级电站、大寨电站、腊庄电站、鲁布革电站、福建南一水库、山仔电站、广州抽水蓄能电站、湖南白云电站、江西斗晏电站。此外，还参加了云南漫湾电站，浙江天荒坪抽水蓄能电站，天生桥一、二级电站，黄河小浪底电站，云南大朝山电站，长江三峡电站建设。同时，还承建了云南小型水利水电工程 100 余项。建局以来，共安装发电机组总容量 300 万千瓦，构筑各类闸坝 39 座，开挖衬砌大小隧洞 220 多条，累计 113 公里；斜井竖井 40 余条，累计 5.8 公里；各类电站 113 座。完成土石方开挖 5676 万方，浇筑混凝土 388 万方。

我局在从事国内水电建设的同时，还积极参与国外援建工程和承包工程建设。60 年代，工程局派出工程技术人员参加阿尔巴尼亚菲尔泽、毛泽东电站的设计和施工。70 年代，全面承担援建项目喀麦隆拉格都电站的建设，80年代通过竞争中标承建中非姆坝工程。

40年来，我局科学技术和教育卫生事业有了很大发展。在以礼河梯级电站建设中，完成了“以礼河毛家村高土坝建设”、“洪积及残积红黏土填筑防渗体技术”、“高水头电站压力钢管道试验”等科研项目。在鲁布革电站建设中，完成了“鲁布革高土石坝关键技术问题”、“水电站大型地下洞室围岩稳定和支护研究与实践”、“鲁布革地下厂房围岩监测”等研究项目。在西洱河梯级电站施工中完成了“新奥法施工试验”、“全断面掘进机施工”等科研项目。建局以来，工程局有6个科研项目获全国科技大会奖，有10个项目获云南省科技成果奖，19个项目获国家三部一委科技进步表彰奖、国家科技进步奖、能源部、水利部、水电部、水电总局科技进步奖。1985年和1992年我局召开两次科技大会，表彰和奖励优秀科技成果170项，优秀专业技术人员135名，先进集体19个。

工程局教育事业从1956年创办第一所工地小学开始，到现在发展成为幼儿园、小学、中学、技校、中专和广播电视大学的完整教育系统。工程局现有幼儿园6所、完小3所、中小学合一学校6所。局教育中心设有技校1所、职工中专1所、广播电视大学1所。经过40年发展，工程局拥有较健全的医疗保健系统。全局共有职工医院5所病床336张，职工疗养院1所，卫生所、门诊部11个，分布在工程局及二级单位的基地和主要工地上。

40年来，施工力量不断加强，施工装备不断改善。职工人数由建局初期的570人发展到15 436人，工程技术人员由27人增加到：取得各类专业职务任职资格的有3469人，其中取得高中级职称的1425人。固定资产由1954年的124万元，增加到1993年的25 959万元。目前工程局拥有各类施工设备3867台，总功率19万马力。大型开挖设备、混凝土施工设备、碾压设备和运输设备成龙配套。具有年开挖土石方500万米^3，浇筑混凝土50万米^3，钻孔灌浆8万米，金属结构制作安装4000吨的施工能力。

多种经营以超常规速度发展。我局从1985年开始，为消化企业内部待业青年，局和二级单位成立了劳动服务公司。1988年开始，为适应项目法施工需要，转换企业经营机制，提出“一业为主，多种经营，综合发展”的方针。1993年确立“主业与多种经营”两条腿走路的方针，并切实组织实施。截至1993年底，全局开办多种经营项目网点154个，分布在昆明、曲靖、下关、罗平、河口、瑞丽及海南、湛江等城市和地区。多种经营已初步形成体系，经营结构由单一的商业服务业发展为工业、加工业、交通运输业、建筑业、边境贸易等十多个产业。多种经营企业开始由安置型转为效益型，1994年营业额可突破1亿元大关。

基地建设初具规模，职工收入明显增加。1979年工程局恢复组建以后，局机关率先进入昆明市。从1984年开始，着手曲靖、下关、罗平三大基地建设。截至1993年底，职工基地建设共投入资金2亿多元，竣工住房近70万米^2。形成以昆明为中心，西连滇西重镇大理，东接滇东新兴工业城市曲靖、罗平，方便生产和生活，有利于今后发展的合理布局。

自80年代以来，工程局主要经济技术指标大幅度上升。1993年完成营业总额4.557亿元，全员劳动生产率24 245元/人。以1981年的营业额和全员劳动生产率为基数，营业额平均每年递增25.5%，全员劳动生产率平均每年递增30.03%，随着生产的发展，职工收入也有明显提高。1993年职工年平均收入3910元，为1981年的4倍多，平均每年递增12.6%。但由于历史等原因，职工收入与其他工程局相比，显得偏低。

工程局在工程建设中，重信誉、重质量、重工期、重安全、重经济效益，受到建设单位、设计单位和社会各界的好评。我局参加建设的漫湾电站，是我国水电建设工程的五朵金花之一；我局中标承建的广蓄电站，摘五朵金花之冠。1991年被能源部评为“能源部先进施工企业”，“水电施工质量管理先进企业”，被中国水利水电总公司评为“科技开发推广应用先进单位”。1992年列为中国500家最大建筑施工企业第34名。云南省百强建筑施工企业第2名，被昆明市人民政府授予“重合同，守信用”单位。1993年列为中国500家最大经营规模建筑业企业第58名。被中国水利水电工程总公司、武警水电指挥部评为“九三年度水电施工系统安全生产先进企业”。被中国水利电力工会全国委员会评为“九三年度全国水利电力系统工会工作先进单位”。

回首工程局40年历程，我局的各项工作始终得到云南省委、省政府、电力工业部、水利部和水利水电工程总公司的正确领导；工程局的成长与发展，承蒙各兄弟单位，云南各族人民的支持和帮助。在此，局党委和工程局向他们表示最崇高的敬意和最衷心的感谢。向为我国水电建设事业和工程局的发展作出卓越贡献，光荣离退休的老领导、老职工致以节日的问候，祝他们身体健康，晚年幸福。向工程建设中壮烈献身的先烈们表示沉痛的悼念。

回顾过去，我们感到自豪，展望未来，我们更加充满信心。党的十四届三中全会制定的建立社会主义市场经济的总体蓝图，是进一步深化改革的行动纲领。1994年是加快建立社会主义市场经济体制，保持国民经济持续、快速、健康发展的重要一年。各项工作都必须以邓小平同志建立有中国特色社会主义的理论和党的基本路线为指导，全面贯彻党的十四大和十四届三中全会精神，服从和服务于抓住机遇、深化改革、扩大开放、促进发展、保持稳定这个大局，努力做到改革、发展、稳定相互协调、相互促进。

今年将出台几项重大的改革措施，涉及经济体制和企业改革深层次的问题，任务艰巨繁重。我们必须兢兢业业、全力以赴、精心组织、周密安排、真抓实干，确保这些改革的顺利实施。要进一步解放思想，坚持一切从实际出发，大胆探索，勇于实践，及时总结经验。要做好改革的宣传解释工作，使各项改革措施得到广大职工充分理解和有力支持。

坚持两手抓、两手硬的方针，加强社会主义精神文明建设和民主法制建设。改革和建设越发展，越需要讲理想、讲纪律、讲团结、讲大局。要使这种精神在全体干部和职工中发扬起来。要提倡顾全大局，发言论、做事情都要有利于大局。各级领导干部尤其要正确处理好全局和局部、建设和发展、前方和后方等各种关系，既要看到我们现实面临着改革和发展的大好时机，也要看到面临的困难和挑战，既不能因形势好而盲目乐观，也不能因为存在问题和困难就动摇信心。

同志们、朋友们，让我们更加紧密地团结在以江泽民同志为核心的党中央周围，坚定不移地沿着邓小平同志建设有中国特色社会主义理论和党的基本路线指引的方向，实现局工作会议提出的各项目标，团结奋斗，努力拼搏，以优异的成绩，迎接水电建设的春天。

（十五）苦练内功，深化改革，提高效益，推进项目法施工再上新台阶

马洪琪

1995年5月

十四局广东分局自1993年9月广蓄二期工程开工以来，紧紧围绕“转换机制练内功、强化管理增效益”这个中心，致力于从企业内部挖潜，走内涵式发展之路，丰富和完善了项目法施工管理，使工程建设、施工管理和经济效益呈现出良性循环的发展态势。

一、广蓄一期的建设成就，基本经验及再认识

广州抽水蓄能电站一期工程装机容量120万千瓦，是我局继“鲁布革冲击”后全面试行项目法施工的大型工程。主要成就是，从主体工程开工到第一台机组发电，仅用了4年零1个月，比计划工期提前1年完成，其高速度、高质量和高效益均创国内领先水平，得到国家领导人和中外专家的高度评价。李鹏总理说：“广州抽水蓄能电站是以惊人的速度，以改革开放的速度来建设的”。

广蓄一期经验的基本内容是：

（1）以项目法施工为总揽，建立灵活、高效的施工管理体系，按照所有权和经营权、管理层和劳务层分离的原则，设置精干、高效、多功能的项目管理机构，实施高效率管理。

（2）以目标管理为红线，动态优化组合生产力要素，实行以进度目标为核心，综合考核产值、成本、质量、安全等指标的目标管理，运用网络计划等现代化管理手段，确保总体目标的实现。

（3）以经济效益为中心，依靠科学管理和技术进步，不断推广运用新技术、新材料、新工艺，加快工程建设速度，保证工程质量。

（4）以思想政治工作、行政手段、经济杠杆“三位一体”的工作方法为保证，强化企业内部激励机制和约束机制，建设一支思想好、技术精、作风硬的水电施工队伍。

广蓄一期经验开创了我局项目法施工新路子。二期工程开工后，我们认真总结和反思一期经验，意识到探索项目法施工未有穷期，深化项目法管理永无止境。

一是认识到探索项目法施工的根本目的，不仅仅是满足工期与进度的要求，而是让企业的生产力得到充分的活跃和健康的发展。为此，积极探索促进生产力发展的生产关系，建立一套与此相适应的科学的管理体制和运行机制，使生产力在科学化的规范下具有激励性的活力，是探索项目法施工的目标。

二是施工企业适应市场经济的发展，必须“转机建制”，苦练内功，致力于从企业内部发轫。尤其在当前水电建筑市场竞争激烈、企业压价中标、工程施工承包价与工程合理造价严重背离的情况下，转换经营机制，苦练管理内功，努力降低成本，提高经济效益，是探索项目法施工的核心。

三是管理是根本。培养一流的队伍，建设一流的工程，必须以一流的管理为前提。管理要讲究“严、细、灵”。“严”指有制度可依，执行制度要严；“细”指不断细化各项管理制度和办法，尤其是定额测定等基础管理工作要细，使施工现场管理规范化；“灵”指信息反馈的迅速与决策处理的及时，以适应项目法施工动态管理的要求，这是提高项目工程效益、增强企业竞争实力的有效途径。因此，在管理上下工夫是探索项目法施工的根本。

四是开阔眼界、博采众长，既要学习兄弟单位的先进经验，更要瞄准国际项目法管理的发展趋向，积极探索中国式的项目法之路。开拓国际工程市场是我国施工企业的必然趋势，尽快适应国际竞争的要求，在项目法施工管理上规范化、国际化，与国际项目管理接轨，是探索项目法施工的方向。

二、努力推进项目法施工再上新台阶

为了推进广蓄二期项目法施工再上新台阶，在更高的层次上探索科学、规范、高效的施工管理机制，广东分局确定了以“建好一流电站、培养一流人才、锤炼一流队伍”为电站建设的总体目标，以“均衡生产、文明施工、确保安全、提高质量、降低成本”为施工管理的具体目标。按照“经营是中心、制度是保障、队伍是灵魂、效益是目的”的改革思路，进行了全面而深入的改革与探索。在实践过程中，我们始终得到业主、监理和设计单位的理解、支持和帮助。

（一）改革内部管理体制，让生产力充分发展

项目法施工的内涵，是正确把握项目施工的内在规律，简化生产关系，合理配置资源，优化组合生产要素，实施工期、质量、成本、安全、文明施工、综合经营的高效动态管理，寻求项目施工最佳的综合经济效益。

针对广蓄二期工程规模大、建设周期长、施工任务重的状况，广东分局实行分局、分公司、作业队三级管理，两级核算的模式，在实施项目局长负责制的前提下，层层落实责任制。基本思路是：以分局管理为主体，履行决策、规划、指挥、协调、控制的职能；以分公司管理为保证，履行组织、领导、落实的职能；以作业队管理为基础，履行组织实施各项计划目标的职能，并充分发挥三个层次的积极性。

按照这一思路，为使生产资源在施工现场优化配置，我们对内部管理体制作了三个方面的改革。一是对曾参加一期工程建设的 11 个二级建制单位，精简合并为 5 个，形成了以两个土建公司和安装公司为主体、两个直属厂队为辅助的项目管理体系。二是将施工辅助企业由分局直接管辖，交给两个直属专业队营运。主体工程由主力公司大块分包，工程项目分包时尽量减少施工交叉，做到同该单位在一期施工中所承建的项目一致，这样有利于施工单位总结经验，形成自己的优势项目和技术特长。地下工程从开挖、喷锚，到浇混凝土，全由一个单位包干。风水电系统、砂石料加工、混凝土生产、修理修配等，由直属厂队负责营运，与主力公司是计量供给的经济核算关系。三是转变物资部的经营、管理双重职能为单一的管理职能，成为分局的职能部门，由分局承担盈亏责任，从而有效地控制了资金流，加强了物资、设备的管理。

改革后的二期工程管理体制同一期相比，不仅权益明晰、职责清楚，减少了内耗，增强了分公司独立作战能力和分局的宏观调控力度，而且简化了生产关系，优化了资源配

置，有利于生产力的发展，提高分局的整体效益。

（二）完善经济运行机制，顺应市场经济和价值规律法则

管理体制的改革，决定了转换经营机制的取向；而经营机制的转换，则体现着管理体制改革的成效。广东分局在建立和完善经济运行机制的实践中，主要遵循“两个法则、一个目的”，即顺应市场经济竞争的法则，遵循工程建设客观规律的法则，以寻求最佳经济效益为目的。分局的主要做法是：

——主体工程由主力公司切块单价承包，工程费用总价包干，其他临时工程按费率包干。所有单项工程均由二级单位承包经营，独立核算，自负盈亏。各承包单位工作面相对独立，承担完整工序，减少交叉施工的干扰和交叉管理的矛盾。

——施工辅助企业由原来“小而全”的分散管理，改为“大而专”的集中管理，强化了专业性经营。分局直属厂队担负风水电系统、砂石料和混凝土的运营以及修理修配任务，按内部预算单价计算产值，同主力公司进行结算，并核减主力公司相应的产值。

——把转换经营机制的重点放在作业队上，建立和完善以作业队为基础、以控制直接费成本为目标的经济承包责任制。强化作业队的经济激励和约束机制，使作业队从进度产值型转换为经营效益型。同时，分局致力于为职工们创造一个文明施工、心情舒畅的工作条件和环境，充分调动一线职工们的生产积极性。

——运用利益激励手段，让生产力要素充分活跃起来，同时又实行直接费成本考核法，有效地控制各种物化的消耗，以增大投入产出比值，获得更多的效益。

我们一方面刺激生产要素的活跃，使之创造较高的产值；另一方面控制施工投入的消耗，使之低于成本控制目标。所谓刺激，主要是建立利益激励机制，一是对各作业队的主材、辅材消耗水平及费用支出水平与其实物工程量挂钩，形成内部成本管理的主要经济技术指标，每月进行各项考核，对等奖罚；二是作业队人工费和机械费的盈亏平衡点，折算成形象面貌要求作为起奖点，超额劳动给予奖励。所谓控制，主要是对成本进行两次考核，一是主要材料的消耗，以稍高于实际耗量定额为考核标准，节约和超耗各奖罚15%；二是考核直接费成本，预算成本以分公司的预算单价为准，工、料、机的消耗全部进入实际成本，节超各奖罚5%。此外，对安全生产、工程质量、文明道德也要进行量化考核，实行奖罚。

活跃生产力要素和实行直接费成本考核法，并与职工的经济利益挂钩，改变了作业队只管干、不管算的状况，增强了作业队精打细算的成本意识，激发了职工们多创产值并降低消耗的积极性。分局建立以队为基础，以降低成本为目标的经济运行机制，真正把管理工作渗透到各基层工作面，管理层和作业层互相促进，有利于全面提高企业的总体素质，从企业内部强化了生存发展的功能。

（三）建立科学化管理制度，规范生产经营活动

市场经济本质上是法制经济，因此企业管理法规化十分重要。广东分局在转换经营机制的同时，切实加强企业内部法规建设，使项目法施工合理走向科学化、规范化、制度化的管理轨道，把大量的例外性管理纳入例行性管理之中，以法规、合同、制度来规范企业经营活动和职工生产活动，控制生产过程，协调经济分配。

分局先后出台了广蓄二期工程《内部预算单价》、《项目施工管理实施细则》、《物资管理办法》、《设备管理办法》等文件。内部预算单价以86定额为依据，结合广蓄二期工程特点和管理模式，在听取二级单位意见后下发实施，这是内部合同管理的基础。《实施细则》对二期施工的经济管理工作作了详细的规定，是二期工程经营管理的纲领性文件。它使分局内部人工费、材料费、设备管理等走向制度化，并就进度、产值、成本、质量、安全、设备维保、文明施工等10个指标制定了量化考核标准。在分局引导下，三、四公司也相继出台了《内部结算暂行办法》、《经济责任制承包合同》等，亦走上制度化管理的轨道。内部法规的建立和实施、使作业层能按章操作，管理层可依法考核，项目施工管理有章可循，整个生产经营活动规范化了。

1. 加强材料管理，形成节消耗、快周转的物资流

主要材料采用高进高出的市场机制，进入施工单价的是合同预算价，分局供应的主材出库价按挂牌价核算，挂牌价以上年市场信息价的平均价加采保运杂费。分局以86定额标准核定材料消耗定额，编制工料分析软件，对二级单位进行考核。定额耗量以内的主材消耗（包括节耗）分局倒补材料价差，超耗部分由二级单位自负高价。对二级单位材料管理由双轨制改为单轨制运行，目的是从政策上和利益机制上鼓励二级单位千方百计减少材料消耗，防止浪费和外流。二级单位对作业队的材料管理，则根据大量实测资料的统计分析，以稍高于材料实际消耗的标准，核定作业队主要材料消耗定额，控制材料消耗，节奖超罚。

为了既能保障供给，又能降低库存，分局建立以物资部仓库为中心库的物资流核算体系，设立4个分库，实行仓库主任负责制，对物资的计划、采购、库存、损耗、积压、报废及费用核算等承担责任，按确定的目标严格考核。与此同时，积极推行定额耗量监控、ABC分类、经济批量、最低库存等行之有效的办法，加强储备物资管理，降低费用，提高周转。1994年广东分局存货周转率为17.67，存货周转天数为20天，从1994年初到年底，分局施工产值稳步上升，而材料库存下降832万元。这些数字，说明材料管理是有效的，管理水平有了明显提高。

2. 建立设备管理保障体系，设备配件调用计费核算

为了切实加强施工设备的管理，充分发挥设备效率，分局制定了设备管理办法，建立健全以分局设备管理组为主的纵向设备管理保障体系，实行机长责任制。坚持日常维修保养，定期检查，状态跟踪监测，做到正确使用、精心维护、科学检修，并将检查考核内容作为评比红旗设备及奖罚的依据。分局强调设备管理“养、用、管、修”4个环节，最重要的环节是日常的维护保养。

分局运用经济手段对现有设备实施灵活的调度，使施工单位之间互通有无、优势互补，实行优化配置和动态管理。一是凡支援时段较长的，按完成的工序工作量及机械台班定额与台班费标准，再乘综合系数，作为支援方设备的取费标准；凡零星台班支援的，按工时定额折算成台班数量，再乘台班费1.5的扩大系数。二是设立协作风格奖，其权数占效益分配的10%。三是规定设备完好率和出勤率指标，不达标者从效益分配中扣10%。

在配件管理上，分局以既能保证生产又尽量减少积压，减少流动资金占用为管理目

标。采取主要措施是：对一期工程留下来的配件进行清理，对机型不在广蓄的配件移库；对全局范围内已不需要的配件投放广东市场流通；对常用易耗件做好记录和分析，按计划采购，适度库存；对不可预见的贵重配件作紧急采购，不挤占资金。

3. 依靠科技进步，严格质量管理，确保安全施工

分局积极推广应用新技术、新材料、新工艺，促进了工程质量和经济效益的提高。广东分局明确提出："进度是中心，安全是保证，质量是生命，效益是目的"。使职工们明白四者之间的关系及含义。提出"质量兴局"、"质量创誉"的指导思想，强调没有质量和安全意识的经理是不合格的经理。分局建立从总工程师到作业队技术员的质量保证体系，强调质量跟着技术走，依靠科技进步和技术措施保证质量，对重点工程部位成立质量跟踪小组监督，制定了《土建工程质量奖惩办法》，设立工程质量奖励基金，从月奖或季度奖中留取5%～15%作为质量奖励基金，经单元工程质量评比后，进行奖励或扣罚。开挖阶段以允许超挖的合格率计产值，按超挖的直接费和超填混凝土直接费的15%进行处罚，对质量控制起到了约束作用。

分局制定了《安全生产考核制度》，建立从分局安全领导小组到作业队安全员的安全管理体系，把安全管理融入安全技术措施和文明施工中。如通过地质预报小组及时提出安全支护措施，对不良地质地段及时喷锚支护。我们十分重视安全教育，形成公司每周一次，分局每月一次的安全教育和安全检查制度，坚持生产例会每会必讲安全，班前5分钟进行安全交底。

4. 建立成本控制的信息反馈机制，寻求最佳效益

首先，分局建立了成本控制的基本模式，即以直接费成本控制为目标，对人工、材料、机械费中的主控因素（这些因素在直接费的90%以上）进行反馈与控制。把投入实物量分类与产值中定额分解值一一对应，这种量化考核的目的是控制实物投入。主控因素控制住了，就基本上满足了直接费成本控制的目标。

其次，确定成本控制的基本时段，使投入和产出的信息准确、及时到位。分局控制的基本时段以月为单位，即每个月的直接费投入的主要统计资料必须准时上报。通过对当月完成量的直接费定额分解后，分析并控制成本就有了基础。成本控制的一个重要环节，是认真对主控因素进行分析，这是为分局的经济管理作宏观调控服务的。

第一，要认真检查主控因素的投入产出比，它是经济分析反应灵敏的晴雨表，可及时采取对策，为分局经济宏观控制提供指南。当成本上升时怎样通过调控使其降下来呢？我们主要抓住主控因素，即成本诸因素中影响最大、波动曲线最高的几项因素进行分析，抓住主要矛盾，如开挖阶段主要抓爆破效率和控制超挖。爆破效率低，必然是高投入、低产出。同样，超挖过多将导致混凝土回填的超量消耗。必须查明是地质原因，还是爆破参数不当，或者是施工工艺所致，找到主要症结后，从技术措施、操作工艺方面进行改进，实施控制，这是微观控制。微观因素控制住了，才能把握住宏观，再综合运用行政措施、思想工作和经济杠杆等手段，调整施工中的投入产出比。

第二，要结合均衡生产的需要，探索流动资金的最佳投入量，减少资金占用，加速资金周转。储备资金占用过大，是企业寻求效益的大敌，必须以物资流促资金流，加速物资

流动，才能获得好的经济效益。

第三，为适应市场竞争机制的需要，分局通过以月为基本时段的成本指标分析，开始从宏观上摸索代表我局当前施工水平的实际定额水准。为了确保成本信息反馈的准确及时，分局建立了较为严格的基础资料反馈制度，并要求各部门按自己的职责编制图表，大力推进统计管理工作的图表化，使经济管理信息及时反馈，促进了管理效率。

（四）强化合同意识，搞好内外合同的规范化管理

在对外合同管理上，我们始终得到业主的理解、支持与合作。一期工程施工中，由于对合同管理缺乏经验，甲乙双方难免有一些经济纠纷，但双方本着互谅互让的精神协商解决，并以互利互惠的原则议标续建二期工程。议标前，双方的主要领导多次磋商《二期工程报价原则》；达成协议后，边议标，边开工，在《合同书》、《结算方法》等合同文件正式签约前，按暂议价施工，为一期工程顺利过渡到二期工程赢得了 4 个月时间。我们认为，合同双方在快速优质地建好工程的共同目标下，既信守合同、密切合作，又实事求是、互谅互让解决执行合同中难免出现的经济利益问题，这样融洽的关系，应是具有中国特色的甲乙关系的典范。广东分局 1994 年对外合同管理的一个重点，就是理顺和业主的工程结算。工程结报和财务结算两块，历来是分不开的，但各自的业务范围不同，统计口径也不相同，给工程结报和财务结算工作增加了难度。根据一期工程的经验教训，双方都有共同的愿望，规范合同管理，理顺经济关系。为此，双方的经营管理人员共同设计了一套规范化的表格，把工程结报和财务结算结合起来。通过一段时间的实施，基本理顺了双方的经济往来关系，减少了经济合同纠纷。

在对内合同管理上，中心工作是完善内部经营承包责任制，并使之规范化、制度化，减少人为干扰。1994 年是分局出台政策较多的一年。为了保证分局内部合同法规的可操作性，分局在制定文件时注意总结经验，上下结合，征求意见，使之有广泛的基础，并保持政策的延续性和一贯性。对二级单位与作业队签订的合同，分局进行宏观指导和监督。

在制度化管理的实践中，我们认识到建立科学的企业管理制度，以法治厂、从严治厂，是企业搞好管理、提高效益的关键，也是参与国内外市场竞争的保证。

（五）力求均衡生产，坚持文明施工

1. 均衡生产

广东分局推行均衡生产总的思路是：以均衡的投入产出比，获得最佳的经济效益。这是因为稳定的投入产出越快，利润就越高，“货不停留利自生”。分局实施均衡生产，首先是根据企业内部资源状况和施工总体目标，在优化施工组织设计的前提下，制订出施工强度均衡、生产要素配置合理的施工总进度网络计划。在具体实施中，严格按照网络计划分解为不同时段的计划组织施工，实行以日计划保周、周计划保月、月计划保季、季计划保年的控制方法，确保节点目标的实现。

分局力求施工计划具有指导性、实践性和严肃性。月计划的形式，经历 4 个步骤：编制上报、研究调整、正式下达、分期实施。编制计划以总进度要求为依据，以工作面实际情况为基础，在“自下而上和自上而下”的过程中，公司和分局都坚持技术、经营、生产调度三方会审，严肃认真。计划一经确定分解下达作业队后，即作为目标考核依据，绝不

轻易调改。对纳入计划中的分项工程，我们进行 ABC 分类，区别“急、紧、缓”三个等级。A 级为关键路线工程，工期很紧，务期必保；B 级为工期有一定的弹性，抓而不紧将成为制约性工程，不可松懈；C 级为多创产值的调剂性工程，鼓励多干。

在具体操作上，分局运用了一期经验的成果——目标管理。坚持作业队抓循环计划目标，公司抓日计划目标，分局抓周计划目标。每周一次生产调度会，通报上周各工作面计划执行情况及存在的问题，落实下周具体目标及有关措施。坚持每季度一次干部会，既总结上一季度目标完成情况，又部署下一季度各项施工目标及相应的技术、设备、物资保障。分局总调度室是生产指挥中心，日夜发挥施工组织、协调、检查、反馈及快速反应作用。为保证各节点考核目标的实现，按合同规定扣取 3％的进度保证金，达到形象目标要求时一次性归还，未达标者待以后追补回来时归还。

2. 文明施工

广东分局把实现文明施工作为降低成本、提高效益、确保安全与提高质量的重要措施，并作为分局对各单位考核的重要内容。

（1）文明施工改变了施工现场面貌，改变了人的精神面貌。走进广蓄工地，施工道路清一色混凝土路面，干净、整洁、清爽；各隧洞内，风、水、电管路线路有序布列在洞壁上，灯具排列整齐，灯光明亮，路面干净，可不用穿水鞋；一个洞挖工作面仅仅一二十人在紧张有序地工作，施工中开挖一段，喷锚支护和路面浇筑跟进。工地现场材料堆放整齐，机械停放有序。由于文明施工，一线工人劳动强度减轻，职工们始终保持良好的精神状态。

（2）文明施工不仅促质量、保安全，也能够促进经济效益。文明施工讲求规范，各项施工管理工作较严谨，减少了工、料、机无效投入的浪费；文明施工讲求工艺，使洞挖规格控制好、超挖较少，节省了大量原材料的消耗。我们在业主的支持下，对洞内洞外道路一律浇筑混凝土路面，与一期未铺路面相比，可节约轮胎 60％、刹车片 80％，汽柴油和各种配件消耗都有较大的降低，同时提高了设备出勤率和台班利用率，延长了设备使用寿命。

（3）文明施工具有丰富的内涵。文明施工符合水电建设的客观规律，是施工管理现代化的必然趋势。它不仅是一种实践，也是一种理论，内在地凝聚着企业管理、价值取向、精神文明乃至企业文化的多方面的蕴涵，是企业物质文明建设和精神文明建设的结晶。能否推动文明施工继续发展，关键在于人的素质；而培养文明的职工队伍，则必须实施文明施工，推进文明施工。

（六）培训，培训，再培训

分局以培训项目经理和基层队长为重点，主要开展以下四类人才的培训：

一是加强对项目经理的培训。分局把提高项目经理的综合素质和管理才能作为干部队伍建设的一个重点，促使项目经理在能胜任本职的基础上，层次再高一点，具有项目局长的部分能力与素质。通过外培学习和局本部培训，项目局长的传帮带以及在实践中锻炼成长等多方式的培训，项目经理们的理论修养、思想素质、管理才能、专业知识和领导水平，都有很大长进。分局还十分重视项目班子建设，要求班子成员找正自己坐标，坚持民主集中制，少一些自以为是，多一些自以为非，勤政、敬业、廉洁、致力于建设一个团结、务实、开拓、进取的领导集体。

二是注重培训基层队长。分局强调施工项目管理以作业队为基础，这就要求作业队长应有较强的综合性素质。在均衡生产、文明施工和规范化管理中，对基层队长的素质要求高，必须懂一些专业科技知识，有管理才能和经济头脑。分局采取办培训班的方式，在项目经理层次上培训队长，帮助他们适应现代化文明施工管理，既能胜任本职，又懂得怎样丰富自己，发展自己。

三是对工程技术、经营管理等各种专业人才的培训。分局在经营管理已普遍使用计算机的基础上，再次举办经营管理计算机培训班，促进计算机管理水平的提高。在工程技术方面，引进了CAD计算机辅助设计、全断面测量仪等现代化设备，促进工程技术人员掌握运用先进技术。为适应国际招标及工程管理需要，送出8名工程技术人员和管理人员进行英语强化培训和专业深造，并将再分批选送。分局提倡专业渗透，要求工程技术人员懂经营管理，经营管理人员掌握工程技术知识，党政工作者也要努力学习技术、经营知识，为复合型人才脱颖而出奠定基础。

四是下大工夫培养一批熟练的技术工人。我局的现代化施工设备越来越多，价值也越来越高，能否在工程施工中发挥设备应有的作用，关键取决于操作及维保人员的素质。二期施工以来，分局多次请设备厂商专家讲课，组织对台车工、装载机工、机械维修工等工种的技术培训，扎扎实实地培养一大批工人技术骨干，以带动整个职工队伍技术水平的提高。

中国有句俗话说："打铁靠本身硬"。怎么个硬法呢？关键还是十二个字："转机制、抓管理、练内功、增效益"。对此，我们的深入思考是：

(1)"管理科学"是建立现代化企业制度的根本落脚点。管理科学，就是以企业管理为研究对象的学问和理论。当前，国有企业改革已经进入改组、改制、改造与管理科学化、现代化相结合的新阶段，加强管理应当成为企业发展的主旋律。

(2) 管理科学化是水电施工企业改革的价值取向。强化企业管理，不仅是企业各项工作的基础，也是深化企业改革的重要内容和措施，最终要在企业管理的各个环节上见成效。企业改革的成果要靠强化管理来加以规范和巩固。因此可以说，强化管理也是改革，也是深化改革的举措。

(3) 企业管理是企业开拓发展的永恒主题。管理是企业生存发展的重要基础。在同一个经济制度环境中，企业的盈亏优势、存亡续绝，主要取决于其经营管理水平的高低，管理方法的成功与失败。因此，必须眼睛向内，练好企业内部管理的功夫，全面提高管理素质和水平，真正使企业管理成为摆脱困境、适者生存、图强发展、开创前景的一个强有力的助推器。

（十六）力挽截流狂澜

陆承吉

1996年11月

小浪底——这是一个万众瞩目的地方，它是黄河最下游，直接关系到几亿百姓安危的特大型水利水电枢纽工程；它也是中国对外开放的缩影，世界银行注入的巨资、国际招标的采用，使这里成为几十个国家外籍人士和上万名国内建设大军汇集的地方，其知名度和长江三峡齐名。

小浪底Ⅱ标有一个特殊的由中国水利水电第一、三、四、十四工程局成建制提供劳务的联营体（OTFF）。它成立不久，只有10个月历史，但他们却在小浪底施工史上留下了难忘的一页。尽管他们只是劳务，可是他们以主人翁自居。在导流洞的工作中战塌方、拼进尺、抢浇筑，不顾寒暑酷热，不顾洞内刺鼻的烟尘，日夜三班奋战在工作面上，认真地、努力地处理好和外方的各种矛盾，团结协作、埋头苦干，终于迎来了9月底导流洞全线贯通的喜讯，为1997年按期截流作出了自己最踏实的贡献。

10个月来，我们不仅完成了预期合同的工程量，就开挖而言，还有很大的超额任务被同时完成。OTFF2400名职工怀着确保截流的坚定信念，努力完成建管局下达的年生产任务，在10个月中留下了难忘的记忆。

一、OTFF诞生的阵痛

通过国际招标，国外承包商进入了小浪底舞台，开工两年多了，导流洞这个截流的最关键项目却一直进展不大。负责Ⅱ标泄洪工程的承包商，面对小浪底复杂的地质，搔起头来。在已由中方打通了导流洞中导洞、地质情况相对明朗的情况下，借口1、2号导流洞相继出现塌方，以不能安全施工为借口，擅自停止作业。并在1995年8月向监理提出推迟一年截流，索赔数亿元人民币的“惊人之举”。十分明白，外商企图利用地质上的原因，为他们自身的管理不力、设备不足、经验不足开脱并趁机最大限度地获得经济利益。

在这样严重的形势下，作为小浪底工程的直接领导，水利部决心十分明确。小浪底截流、三峡截流、香港回归是国家1997年的三件大事，具有重大的政治意义，按期截流关系国家的荣誉。同时，推迟截流将对其他标产生影响，造成巨大的经济损失，无论什么原因截流工期决不能推后。部领导认为中国工程局分包一块扭转局面是当前的唯一出路。与此同时，工程局一些有胆识的工程技术人员，在认真分析了地质和剩余工期后认为，只要下决心，距截流还有两年多，还谈不上现在就举白旗投降。同时，看到这样一个巨型水利工程才开工没多久就要宣布推迟截流，从感情上作为一个老水电也难以接受，是对我们水电建设职工的一种亵渎。水电十四局以负责的态度向水利部和建管局递上了请战书。

领导的决心和群众的高度责任感一拍即合，在1996年1月，以水电十四局为责任方的中国水利水电第一、三、四、十四工程局联营体（简称OTFF）诞生了。联营体董事长十四局第一副局长陆承吉在水利部纽部长、朱副部长亲自召开的座谈会上代表联营体表示，只要中国工程局能参加这个工程，就一定确保截流工期不变，决心在这个按国际惯例调度的舞台上显示出中国工程局的威风，让水利部放心，让全国人民放心。

谈判初期，我们是希望外方让出导流洞这个项目，把工程切给中方。中方单独对监理结算管理，以便最大限度地发挥中国工程局的优势和外方一比高低。但形势却往往不尽如人意。外方不愿分包并且以违反合同条款为由，再一次提出赔索要求。联营体在水利部、水利部工作组和小浪底建管局、咨询公司的支持帮助下，审时度势，自加压力，以劳务总承包代替分包方案，以达到接管工程目的，打破外方在工程上一统天下的局面。尽管我们知道这一变动，改变了我们的合同地位，由此引发的困难更大。但已顾不上了，国家的需要就是工程局的需要，再难也要上。

1996年1月8日，以十四局第一副局长陆承吉为主，由三局余局长、四局郑局长、一局灌浆负责人组成的合同谈判小组开始和CGIC（Ⅱ标承包商）之间开始了刀光剑影而又细致认真的谈判。合同语言是英语，对方有利，主合同条款对方已经熟悉，而我们主合同才刚到手，只能凭以往的经验和边学习边消化进行合同谈判。但我们背后有部工作组、建管局、咨询公司作强大后盾。1月20日首战告捷，从早上8点直到第二天早上5点。外方对我们提出的合理要求不得不让步，签订了分包劳务合同谅解备忘录，规定了各方的相对公平的行为准则和权利义务，并在2月8日正式签订了分包合同。这个合同，由于是由外方起草，在行文格式、用词方面强调主包方权利，但在具体的合同条款上却为OTFF争取了不少权利，体现了平等，务实的精神。场内争斗正烈，场外各路人马也风尘仆仆赶赴工地。正值数九寒天，春节即将到来之际，黄河沿岸刺骨寒风夹带黄灰，劈头盖脸地吹来，尺把厚的白雪把小浪底峡谷覆盖得严严实实，哪里是坑哪里是路都难以分辨。肩负着特殊使命的OTFF劳工，凭着中国水电工人的志气，一批批从云南边陲、青藏高原、汉水之滨奔赴小浪底。没有住房，他们就住破旧的民房，四面透风，盖两床被子仍冻得难以入眠。来不及开伙，吃的是一箱箱方便面。没电、缺水，干脆连洗脸也免了。四路大军，水电三局承担3号导流洞，水电四局承担2号导流洞，水电十四局承担1号导流洞，水电一局承担三条洞的固结灌浆，既协同作战又相对独立。就这样，受命于危难之际的尽管只是一个为外国承包商提供劳务和劳务管理的联营体，从签约这一刻起就以国家主人翁的精神，承担着确保九七截流的光荣任务。

二、OTFF闯Ⅰ区开挖关

2月8日是联营体历史上难忘的一天。早上签合同，下午交接工作面。早已到场的600名职工以高昂的热情，半天时间顺利接过工作面，开始了自己的拼搏历程。

三条洞都面临1期扩挖的拦路虎。1期扩挖正是导致外方停工的塌方带之所在，被称为卡脖子工程。外方的平均进度在钢拱架地段是三天1.0～1.5m。2号导流洞塌方段将支好的钢拱架压塌，30余米长的地段，外商已停工8个月之久，没有采取任何措施。3号导流洞的塌方红土夹着碎石往下掉，渗水把整个洞壁弄得像豆腐渣似的。1号导流洞余下145米扩挖同样要支钢架，外方要求4月底完成。2号导流洞的塌方段处理，开始了最艰难的作业。外方不准使用大型设备，不准打眼放炮，只能用人工、用风镐，工人们在塌方体下半蹲半跪，泥块石渣落在头上、身上也不顾，组织了三班突击队轮流冲击。每1.5米一个循环，每个循环为开挖出渣、危石处理、素喷、挂网、上钢拱架、网喷、打锚杆、注浆8道工序。外商估计要5个月时间。在中方的努力下，50天就圆满处理结束。在其他的地段，中方凭借自己的经验，提出对一些不必要支撑钢架的部位，减少18架钢支撑改为喷锚支护的建议，但遭到了拒绝。在工程师们支持的情况下，1号洞强行进行钻爆，一时间索赔文件、威胁的话都来了，照相机响个不停。扣人心弦的爆破声响过之后，外方仔细检查了爆破面，默默地离开了。中国工人们疲倦的脸上露出了入场后的第一次笑容。

3号导流洞的塌方段也是采用中间扩槽分部开挖的新方法，比外方采用半边开挖方法提高工效数倍。在这场比技术、比意志、比精神的斗争中，中国水电工人的风采崭新地展现在外方面前，这就是主人翁精神的具体体现。

在谅解备忘录里，尽管外方答应要给我们配足符合要求的设备，实际上移交给我们的设备状况十分糟糕。在外方移交的设备中，大约只有多臂钻、压风机、电、水和工作平台车是外方的自有设备，而绝大部分开挖设备，装载机、反向铲、自卸汽车等都是在中国市场上租赁来的“多国部队”。这些设备机况差、工作效率低、数量少，随机来的操作手是来“泡班”的，30余万石渣能否顺利运走成了难题之一。在建管局的号召下，在后方各工程局的支持下，各参战单位在短期内克服春运的困难，用大拖车直接向工地调运最新最先进的挖装运设备，价值5000余万元，供外方租赁。在工作面上，自从采用了工程局自带的设备以后，月开挖量从2万多米^{3}直线上升到4万、5万、6万，为保证按期截流作出了努力。

自进点以来，毕竟中方传统的生产指挥形式和外方的生产指挥有区别，而外方从内心不愿意这样的“劳工”队伍进来，态度粗暴，随心所欲，利用自身控制水、电的权随意停水停电，以不安全为由随意停工。我们的基层领导和工人不知受了多少气。为了工程往往以高姿态不断和外方沟通，以求解决问题。在交往中寻求共同点，推动工作向前，这方面事例是不胜枚举。

1期开挖终于比外方计划提前20天结束。外方从一开始的不信任、抵触到逐步了解，开始对中方有认识，有了一个质的变化。在斗争中，OTFF以自身的高效、顽强、拼搏的精神站稳了脚跟，以实际行动表现在国际合同管理的严格环境下，中国工人完全可以胜任自己的工作并取得优异成绩，从此掌握了导流洞的施工主动权。

在硝烟弥漫的战场外面，另一个战场正以平静甚至客套的语言进行着同样重要的斗争。外方对联营体的进入在最初是反感的、被动的，一旦签订了合同，外方充分动用主承包商的地位，对我们的各项工作横加指责，大有出口气再赶走的架势。联营体迅速组建了包括各洞经理在内共计37人的联合办公室。以责任方十四局为主，汇集管理骨干，把对外联络、谈判、结算、技术、质量、安全等重要职能汇集于一体，使其成为对外统一渠道。开展工作以来，迅速扭转局面，较好地完成和外方的各个级别的谈判、文件往来、报量结算，工作是有成效的。到目前为止，外方发给我方信件700余封，我方回信450余封。做到重大问题一一回答，原则问题据理力争。联合办成员从一开始不熟悉合同，到现在各部能自主地根据主合同和分包合同条款和FIDIC条款、国际合同惯例合法维护联营体的正当权益。就外方对我们工作上造成的延误和损失及时提出反索赔。特别是商务、外事两部，工作量极大，加班加点是常事。良好的生产势头和严格求实的合同管理，使联营体在斗争中成长成熟，成为外方眼里一支不可轻视的力量，使中方领导感到欣慰。直到现在，合同执行各方基本上是正常的。

三、OTFF向纵深进军

OTFF各参战队伍在斗争中站稳脚跟，取得了Ⅰ期开挖的胜利以后，马不停蹄立即开始了导流洞Ⅱ、Ⅲ、Ⅳ的开挖和混凝土的浇筑，和外方的斗争焦点和重点又有了转移和新的发展。为了赶工，外方自身成立了赶工部，负责编制施工组织措施和计划。本来这个部的作用是为了赶工，可惜它编制的计划却是一个慢慢施工而又干扰重重的方案。外方美其名曰找我们讨论，实质上不是要和我们真正沟通，而是要我们依样画芦按照他们的方案施工。

新矛盾又出现了，如果照他们的方案，导流洞开挖一定会拖后很长时间，并且在混凝土浇筑过程中更是举步维艰。一句话，接外方的方案不可能按期截流而且成本高。联营体对Ⅱ、Ⅲ区的开挖方案和整个导流洞的交通方案，提出了自己的意见，并且反复向外方说明他们方案的缺陷，以求统一。但光靠嘴是很难说服外方的，外方动辄以不符合他们的开挖方案为由拒发炸药。各工作面的基层领导每天要开着车到处找老外批炸药。有时一茬炮的炸药要批几次、领几次才能领齐。分左右两边开挖还是以中间拉槽两边修规格进行开挖，表面看起来没有什么多大差别，但实质上由于施工方法的不同产生的影响对工期和成本是极不相同的。

我们时刻记住自身的“主人翁”责任，但又从“劳务”的角度，按合同顺序从各个方面做外方的工作。一方面积极和外方谈，不放过任何一次机会宣传我方方案优点，同时也通过正式文件宣布，如果外方坚持要用他们的方案，那么对截流工期联营体不承担责任。在工作面上，在工程师的支持下强行实施我方方案，让事实说服外方。三管齐下，在业主和监理的积极干预下，外方承认，用拒发炸药的方式进行控制是不妥的，中方的方案是可行的，从此基本上放开了手脚，使Ⅱ、Ⅲ区的开挖得到迅速的展开，确保了进度和开挖质量。

洞内作业施工通道是至关重要的，联营体在认真研究后，最终提出一个工程量最少而又最易操作的交通洞部分降坡方案。可惜的是，像我方提出的任何建议一样，外方先是拒绝，认为没必要，接着在索赔上做文章。对于外方的态度我们仍然坚持宣传，视机而动。可惜的是，外方在实际工作指令中又不顾现实，将不必要的支洞也降坡，使才开挖的通道没使用又封闭，回到我们最初提出的方案。

中闸室的开挖是各导流洞开挖过程中的又一拦路虎。中闸室位于导流洞中段，对外交通要靠卷扬机，当我们接手时，三个中闸室只有两台钻机，且其中一台常坏。中闸室施工的难点在于水平 8 米深的锚杆没有合适的钻机钻孔，严重地制约了下降速度。联营体在向外方索要设备没有要到的情况下，从大局出发，不和外方纠缠，咬牙从自己的部分人工费中挤出来，购买了 13 台国产风钻投入施工，保证了中闸室的下降速度。

在导流导Ⅱ、Ⅲ区开挖突破以后，悬吊在半空的中闸室成了导流洞中最难啃也是最关键的节点。7 月初，业主召开了有各工程局参加的保截流动员大会，新上任的水利部副部长兼小浪底管理局局长、党委书记张基尧在会上作了鼓舞人心的动员报告。张副部长指出：OTFF 尽管只是一个雇佣劳务，但我们是在为自己建盖楼房，是工程的真正主人。小浪底工程的中国特色在哪里？那就是“主人翁”这三个字。部长的指示吹响了攻坚战的号角，工人们在恶劣的环境中拼搏，不惜代价也要按期攻下这只拦路虎。露天钻解体后吊到中闸室组装后大显神威，每一方石渣都要用反向铲几次装运最后运出。外方爆破出了问题，联营体主动去帮助、补救，工作面上不分你我，共同努力，终于使中闸室在预定时间内开挖到建基层，取得了导流洞全线贯通的重大胜利。

混凝土浇筑是继开挖工序后另一个重要环节。工人们严格按照工序要求认真把好质量关。对重大的质量问题采取一事一议、一事一改的方法，不留后患，并且不断刷新浇筑循环纪录。世界银行的特咨团报告中曾经讲到混凝土7天一循环已是不可能再提高了。我们的工人却克服了远距离人工搬运钢筋、高空作业等困难，将循环时间由外方规定的10天压缩到7天，再压到6天。底板混凝土也由计划一周一块基本上稳定在一周两块，从而解决了浇筑工期和通道之间的部分矛盾，为导流洞施工走向良性循环创造了有利条件。

在会战过程中，涌现了许多好人好事、先进人物、青年突击队。广大职工在这场国际化的斗争中思想也得到升华。在难忘的1996年6月3日，江泽民总书记视察小浪底工地，联营体数百名职工高兴地举起横幅，上面写着“中国水电工人欢迎江总书记”，表达了我们全体职工必胜的决心。

（十七）在工程局第三次科技进步大会上的报告（节选）

李鹏程

1999年2月5日

各位代表、同志们：

我们已经看到了新世纪的曙光，感受到世界高科技革命浪潮的冲击。在这既充满希望又面临严峻挑战的时刻，工程局召开了第三次科技进步大会。这是一次承前启后、继往开来的大会，是实施科技兴局的战略部署和具体行动的大会，经过代表们的共同努力，已顺利地完成了大会的各项任务。这次大会的成功召开，将进一步推进我局的科技进步，使科技兴局战略方针逐步成为全局职工的共同行动，它标志着水电十四局开始迈向新的时代。

一、大会的主要收获

（一）提高了对科技兴局紧迫性和重要性的认识

朱镜方总工程师在他的报告中专门就当前世界科技发展和知识经济作了详细阐述，使我们进一步认识当前世界科学技术的发展动态。就我局讲，过去我们总认为地下工程是我们的强项，但是这几年铁路系统及其他工程局也逐步赶了上来，在水电施工及路桥等领域，更是存在许多差距。开拓市场，技术必须跟上，面对如此严峻的形势，我们必须增强紧迫感，提高对科技兴局的认识，真正把科技兴局的战略方针落到实处。

（二）进一步明确了科技发展的思路和目标

工程局制订的“九五”科技发展规划，结合我局实际，明确了工程局科技发展的目标、关键领域和工作重点。这次会议上，马洪琪局长从抓好技术创新，加强企业管理和加快人才工程建设等方面提出了新的要求。朱镜芳总工程师就科技工作，特别是工程技术方面提出了具体的意见和要求。在局工作会议上，工程局提出要全方位进取公路工程市场、市政工程市场、工程装修市场、水利防洪市场、传统水电市场、多经经营市场，以及金融资本市场等，这要求我们在一些新的领域，技术要有新突破。

（三）交流了最新的科技成果

局第二次科技大会召开的6年来，是我局获奖最多的6年，其中获国家建筑业最高奖——鲁班奖2项。这6年在推进技术进步方面做得十分突出的是广东分局和小浪底项目部。他们运用先进的管理，发挥了科学技术在工程建设中的作用，创造了良好的效益。这次大会交流了一部分先进技术经验，这对学习引进新技术，推广新经验，启发和鼓舞工程技术人员的创造性和积极性，都将产生积极的促进作用。

（四）总结了科技研究、开发和管理方面的经验和不足，对科技发展提出了新的要求

6年来，在科技研究、开发和管理上，我们取得一些成绩，但管理上仍然存在着一些差距，如安全生产上，科学技术应该是工程安全和安全生产的保障。另外，在我们的一些项目点，一些新的施工方法、施工工艺推广不力，结果有的工程质量是好的，但工艺较差。

（五）增强了科技发展和科技兴局的信心

从我局整体科技水平看，我们在总公司系统仍然处于中上游水平。特别是地下施工技术、混凝土面板堆石坝技术等仍处于先进水平。我局科技进步机制已初步形成，通过这次大会，科技兴局进一步深入人心，成为全局上下共识。只要我们增强紧迫感、责任感，真抓实干，就一定能够开创科技兴局的新局面。

二、关于科技工作的几个问题

（一）技术管理体制问题

科技管理体制应处理好科技工作的管理、研究开发、经营的关系。现工程局有科研设计院、技术处、局科技发展中心、总工室等部门和单位。要理顺这些部门和单位的关系。科研院及局科技开发中心将成为全局的混凝土料试验中心，实行有偿服务，开展技术咨询、信息交流等工作。总工室领导全局科技工作，总工室及技术部指导各项目点技术工作，推广新技术，制订投标技术方案，理顺这个关系，有利于推进科技工作的发展。

（二）行政领导与技术领导的关系问题

要处理好这个关系，首先是行政领导要放权，尊重技术领导，一般技术问题由技术领导定。现在许多行政领导本身就是技术干部出身，懂工程技术，但不要越俎代庖；技术领导要充分理解，关系整个项目的重大技术问题，关系重大经济决策问题，行政领导应当心里有数，应当而且必须过问，这是他的职责。行政领导在生产指挥和调度上，在一般技术问题上，要采取授权充分、分口负责、充分信任的态度进行管理，要尊重技术人员，尊重他们的成果。行政领导的一个重要职责就是重视培养技术人员，关心他们的工作、学习、生活及成才方向，加强与技术干部的交流。技术领导要不断提高综合素质和管理能力，主动参与管理。

（三）“三新”技术的吸收、转化问题

我局在新技术、新工艺、新材料“三新”技术的吸收运用方面，这些年是有发展的，但许多施工中成熟的“三新”技术，我们还没有广泛运用。要继续加大推广力度，加大工程咨询和服务的力度，如钢筋对接技术、氨油炸药等，引进这些技术并不是很难。对于高新技术，自己研究比较困难，而且费时，简单的办法就是引进，拿过来为我所用，对许多成熟的技术就是采取引进的办法。这要求我们加大科技情报工作，加大技术交流力度，使我们能及时了解、掌握最新技术发展动态。

（四）工程局技术（成型）的总结问题

由于我们在局内技术（成型）总结上做得不够，局内项目点确实存在低水平重复的问题。在一个项目点我们已经有了一些成熟的技术，但在另一个项目点，由于施工人员的变

化，又重复研究这些技术，造成人力、财力的浪费。我赞成搞局内的施工工法，这样就不会因人的变化而造成低水平重复的现象，都按一定的技术要求和程序施工。局内技术总结的问题，我希望全局工程技术人员认真总结经验，拿起笔来，形成更多的局内经验知识。

（五）技术人员的待遇问题

应该说，这些年技术人员的待遇不断提高，但仍然没有走出产出与效益分配不符的框框。有的同志提出重奖的问题，但目前操作起来较为困难，这就是技术本身在施工中价值难以测定的问题，也有每项成果的取得往往是方方面面共同努力的结果。一项再好的技术，项目领导不拍板实施，也只能束之高阁。但不管怎样，我们应在这方面进行探索，使产出与效益分配挂钩，以体现知识的价值、技术的价值，充分调动广大工程技术人员及全体职工的积极性和创造性。

（六）技术人员的培养问题

关于这个问题，工程局《“九五”人才规划》已提出了明确的要求，我主要谈两个方面：一个是专家队伍，即学科带头人。我局各方面的专家尽管许多还在为工程局服务，但毕竟退休了，而年轻的还接不上来。我们要加大专家队伍的培养力度，要通过出国考察、高层次培训、参加学术交流等多种途径，加快提高一些年轻技术干部的技术水平，使一批专家成长起来。另一方面是普通专业技术人员，目前我局的一些专业技术人员缺乏，如土工试验、混凝土工试验等已难适应工程需要，要根据我局的发展，加强培训。

三、如何理解“科学技术是第一生产力”

（一）关于科学技术层次问题

科学技术站在不同的层次有不同的含义、不同的要求和具体内容。科学技术层次、组织层面的含义是什么，具体说工程局及各二级单位科学技术包括哪些内容，怎样导向。组织层面的科学技术含义有全面性、导向性和涵盖性。对科学技术的理解，不能仅看到生产技术而忽略其他技术。如资本运营的科技，这是更高的科技，这里一个人产生的效益可能是我们几千人上万人产生的效益，这里的科技含量是很高的；如财务，它不仅仅是加减运算，里面包含科学技术、资本的运营效益如何，明确了今后的发展导向。组织层面还具有广泛性和涵盖性，有些专业的发明创造往往不在本专业人员，而在其他方面的人员在这一专业有所突破。专业层面的科学技术含义是指专业人员对专业要精、要深，要成为专家，专业技术人员对本专业要有深入的了解，掌握本专业科技发展新成果，我们的专业技术人员应从这方面努力。

（二）科学技术必须贯彻“以人为本”的思想

要真正树立科学技术是第一生产力的思想，企业的发展关键是科学技术的发展，现在已经不是依靠人力发展生产力的时代。企业要建立专家系统，依靠专家治理企业，推进生产力发展，同时要有普遍的人才观，即每一个人都是有用的人才，发挥每个人的作用。另一方面，从个人说，个人要有成为专家的欲望，选择适合自己的成才之路，要能沉下去，到生产一线去；要钻进去，钻研自己的专业。

（三）关于科技成果的转化问题

我局是施工企业，主要运用的是实用技术，实用技术是我局科技工作的重点。我们对现行的一些实用技术要不断进行改进，同时要引进先进的实用技术，不断提高我们的施工技术水平。同时必须坚持科技创新，创新才有生命力。创新是一个民族的灵魂，是一个国家兴旺发达的不竭动力。只有创新才能保持和拥有领先技术，才能具有更强的竞争实力。

（四）科技人员如何立足岗位成才

科技人员立足岗位成才，一是要自我培训，要不断充实自己，努力学习，要向实践学习，在实践中增长才干。二是要跟踪科技发展的前沿，关注本专业的科技发展动态，努力吸引新思想、新知识，使自己的知识不断更新，始终保持技术上的优势。三是要研究岗位科技需求。在生产实践中，每个专业技术人员都会感到科技知识的不足，同时还要学习与专业技术相关的知识，不断丰富自己，为成为高层次人才奠定基础。四是要正确认识自我。专业技术干部比较辛苦，也没有权，应该看到专业技术干部是受人尊敬的，要改变有权才体现自身价值的观念；科技人员的待遇会不断提高的，技术在决策中处于关键地位，技术人员的作用在企业中将越来越显著。

（十八）在2000年工程局技术工作会议上的讲话（节选）

周　宇

2000年7月19日

各位领导、各位同志：

我局技术工作会议隆重召开了。这次会议是在世纪交替的历史时刻召开的，是我局管理体制和经营机制全面创新的关键时刻召开的，因此，这次会议是一次承前启后的科技盛会，是一次向科技深度和广度进军的动员大会，是广大科技干部期盼已久的研讨会。今天，我们欢聚在这里，总结成绩，寻找差距，交流经验，共商“科技兴局”大计，研究、部署科技发展的任务。这对于贯彻落实国电公司和水电总公司科技大会精神，对于充分发挥科学技术是第一生产力的作用，对于实施“科技兴局”战略，增强我局的综合实力，以科技进步推动经济发展，具有重要的现实意义和深远的历史意义。

现在，我向大会做工作报告。

一、我局的科技现状

1999年2月，我局第三次科技大会精辟地分析了我局在20世纪末的科技状况，可以概括为：整体科技水平较高与低水平下的小而全并存。我局现有职工总数11 600多人，其中工程技术人员1546人，占13%。工程技术人员中在职的教授级高工31人、高级工程师192人，工程师406人，助、技人员915人。高、中、初级职称结构呈宝塔形，这是我局的一大笔财富，这几年又加大高等院校毕业生的招收力度，使我局的工程技术人员队伍不断壮大。

（一）科学试验研究

自我局成立以来，特别是在鲁布革及广蓄一期时期，科学试验取得丰硕成果。改革开放22年来，获得省部级以上科技进步奖46项，获得国家级科技进步奖一、二、三等奖8

项。近 10 年来，获省部级以上优质工程奖 10 项，“鲁布革电站堆石坝”和“广州抽水蓄能电站一期工程”获国家质量最高奖——鲁班奖。

90 年代开始，局科研设计院被推向市场，设计和监理方面取得了突飞猛进的发展。在科研方面，一方面国家没有专门拨款进行课题研究；另一方面，科研设计院还是依托工程项目，争取业主，国电公司给予少量补助费，开展了一些卓有成效的科研项目，如“柴石滩洞室爆破获得合格上坝料的科学试验”和“茄子山软岩筑坝的科学试验”等。许多项目部也积极争取业主和工程局给予的少量资助，而积极开展科研工作，如小浪底大理项目部开展对“排沙洞环锚施工工法的科学研究”，三峡三联总公司对“混凝土外加剂的实用研究”，安装总公司各个项目点也开展一些科学试验与研究并取得一些可喜的成绩。

随着局科技发展中心的成立，相信今后的科研工作会有新的进步。结合目前国家水电发展的形势，对“建筑材料及混凝土试验研究”、“高面板坝施工技术总结与研究”、“高拱坝、混凝土坝施工技术的探索与研究”以及市政工程和公路、桥梁等新领域的施工技术探索与研究，还有“地下工程施工技术总结与研究”等，均应提到议事日程上来。当今世界是知识经济年代，是知识更新日新月异的知识爆炸年代，只有超前和加大科学试验与研究力度，才会使我局永远立于不败之地。

（二）技术管理

局总工程师及各位副总参与投标各阶段工作，不辞辛苦参与现场踏勘，参与研究并决定重大技术方案，最终审定技术措施。截至 1999 年底，中标合同额 72.5 亿元，2000 年上半年中标合同总额达 11.2 亿元。

工程进点后，各位老总经常带领有经验的技术干部深入施工现场，参与研究和审定重大施工技术方案。一旦工程施工中出现重大技术问题时，在总工程师领导下，组织局内经验丰富的专家和有经验的技术干部奔赴施工现场解决问题。得到业主和监理的好评，使工程得以顺利进行。

总工办公室组织编制了局《九五科技发展规划》、《科技项目管理办法》、《科技进步奖励办法》和《科技先进单位和个人考核办法》等科技管理办法，主持修编了《地下工程开挖规范》和《混凝土面板坝施工规范》。

总工程师办公室的各位老总，指导参与广蓄一、二期、天荒坪、田湾、漫湾、螺蛳湾等省内外 10 个项目的竣工资料工作，广蓄一期、螺蛳湾、田坝等电站已通过国家或省级验收。

（三）科技管理

我局在科学试验和技术管理方面取得巨大成绩，正是我局科技管理不断加强的结果。但是，站在两个世纪的交点上来审视我局的科技发展，差距还很大。主要表现在：我局科技管理水平有待于提高，存在低水平、“小而杂”的重复建设；科研、设计资质等还适应不了市场竞争的需要；科技成果转化推广不够；科技管理组织薄弱，机构与管理配置，尤其是管理人员的素质与市场竞争的要求相比尚有相当大的差距。

科技发展中心，在组织结构、行政隶属、经费来源等方面存在不明确因素，因此一直未真正动作起来。今后我们须站在水电施工技术发展的前沿，着眼于西部大开发项目，探索“新思路”和“新方法”，同时着眼于研究新领域、新行业的技术发展，为我局开拓更广阔的建筑市场超前准备。

（四）1年零3个月的启示

今年6月，我局研制的XHM-7型斜井滑模荣获国家科学技术进步二等奖。这是我局科技战线上的一个喜讯。据统计，在我局第三次科技大会以来的1年零3个月的时间里，仅在《云南水电》上就发表了技术和技术管理方面的文章有近100篇。其中，有5篇关于混凝土方面的论文在全国性协会上获奖。特别值得一提的是，我局决定召开技术工作会议，6月上旬发出征集技术或技术管理文章的通知，广大科技工作者和工程技术人员积极响应，到7月上旬，短短一个月的时间里，会议筹备组就收到16类近40篇文章。这些现象说明：我局广大科技工作者和工程技术人员中蕴藏着巨大的创造力。这是我局实施“科技兴局”战略的现实基础。

二、“科技兴局”是我局的发展战略

21世纪将是科技经济全面腾飞的新世纪，以科学技术为代表的综合实力的竞争将日趋激烈。世界经济全球化、市场一体化、产业科技化向我们提出了新的挑战和机遇。推进科技进步和技术创新，是我局生存和发展的充分必要条件，是增强竞争实力的基础，是市场开拓的不竭动力。面对新的挑战和机遇，只有进一步解放思想，以饱满的热情和昂扬的斗志，顽强拼搏，坚定不移地实施“科技兴局”战略，全面推进科技进步和技术创新，使科技是第一生产力在推进企业经济增长方式发挥关键作用，推动我局经济大发展。“科技兴局”是我局的发展战略，广大科技干部和行政管理领导都应该从企业发展的高度来认识实施“科技兴局”的战略意义。企业的发展战略，既是企业的灵魂，也是行动的纲领，更是前进的旗帜。“科技兴局”作为我局的发展战略，是在对历史的研究和实践的概括中总结出来的。日本大型建筑企业前田、大成等把科研作为自身生存与发展的大事来抓，投巨资搞国家级的科研项目。

三、科技管理工作部署

（一）科技进步与技术创新

第一，要以局中心试验室统管全局试验为契机，加强试验研究。要求局中心试验室，以7月1日为起点，统一管理全局的试验机构、试验人员和试验业务。要求尽快完善局中心试验室的管理条例，理顺关系、规范管理，加强对施工质量的监控和材料的试验研究，尤其是混凝土外加剂和掺合料方面的研究和发展利用，力争在混凝土试验研究方面有所突破。同时，努力做好成果转化工作，让已有的成果反复的体现在局内项目的工程进度上，反复地体现在经济效益上，不断地增加工程项目的科技含量，否则就是极大的浪费。

第二，我局已经拟定的24个科研项目，目前大约有一半已经启动。伴随着我局从水电小市场走向建筑大市场的需要，现有科研题目，应作适当的增加和调整。我们要以工程技术为依托，搞好以施工技术为重点的科技发展工作，我们要通过各种手段，加强施工科研工作的力度，不断提高我局的施工技术水平。

第三，对成熟的技术，要认真进行总结，尤其是局内成功的技术，要加以推广，制定施工工法。对比较成熟的技术，也要认真总结，结合在建工程项目加以完善，形成尽可能多的局内经验知识。通过严格贯彻落实《工程项目技术管理办法》，消除全局目前各项目点在技术掌握上的差异、应用上的失真和发展中的失衡。

第四，我们搞的是应用、实用技术。由于我局经济实力薄弱，对处于劣势的技术项目，现阶段应该走“引进、消化、创新”为主，新技术的开发研究为辅的路子，提高我局薄弱技术项目，缩小与其他工程局的差距。

对新领域的技术，可以在我局需要与科技前沿的结合点上，筛选科研项目，采取请进来（教）、走出去（学）两条腿走路的办法；对远期的工程项目施工技术，可先进行调研，进行初步的探索。这是我局多行业、集团化发展的基础。

“缩短工期，提高质量，降低成本”一直是水电施工企业面临的重大课题，解决这一课题的唯一途径只能是依靠科技进步和技术创新。科技工作者和工程技术人员，要肩负起时代赋予我们的历史使命，以只争朝夕的精神去工作、去奋斗，以攻克这道难关为己任，作出无愧于新时代的非凡业绩。

（二）计量与标准化管理

根据《工程局技术管理办法》，我们制定了两个管理条例：《工程局计量工作管理条例》、《工程局标准化工程管理条例》，这次会议讨论研究后颁布实施。

第一，在局总工室的领导下，认真贯彻执行《工程局计量管理条例》，进一步完善组织机构，理顺计量管理关系，建立健全规章制度，统一管理全局的计量业务，充分保障我局计量单位制的统一和量值传递的准确可靠，确保我局质量体系的有效运行。计量工作要面向项目点，为工程项目提供支持和指导。在巩固和完善局中心试验室计量管理工作的基础上，加强全局各项目部试验室的计量管理工作，这是计量室近期的工作重点。与局中心试验室统管全局试验同步，对项目部检验和试验设备的台账、对其使用、维护、保养及周期检定，对其试验人员、计量检定人员等情况进行一次全面的检查。针对检查中发现的情况，区别对待，进行整改。

第二，在局总工室的领导下，以《工程局标准化工作管理条例》为依据，进一步完善组织机构和管理体系，严格规章制度，统一管理全局的标准化业务，确保我局所采用的标准、规范、规程，并认真组织实施，对采用标准的各工程项目随时跟踪调查、监督，统一全局使用标准。同时，要开展标准化综合管理的研究，加强配套制度的建设，发挥科技优势的作用。当前，应积极创造条件，实现局本部与项目点的运程联网，利用网络技术，提高标准化管理水平，从宣传贯彻—发布实施—监督管理—信息反馈全过程，实现良性循环。

（三）科技信息管理

科技信息要认真贯彻《科技信息管理工作条例》，力争实现局与远程网络的连接。目前，将《科技期刊目录》、《科技简报》和《云南水电》在网上发布，实现科技信息共享。根据我局工程建设的特点，科技信息工作要面向施工第一线，为工程项目提供信息支持，服务于前方项目点，为项目点提供一些新技术、新工艺、新材料等信息和指导。这是提高工程项目管理水平的重要手段，必须引起全局上下的高度重视。

近期，信息室应该与局中心试验室统管全局试验室同步，建立试验、研究的信息网络，以此为突破，全面推进我局科技信息管理工作。在局总工室的领导下，发展《“九五”

科技规划》的初步总结工作，开展《“十五”科技规划》编制工作，同时，配合总工室搞好科研项目的立项和研究的组织工作。

（四）项目技术管理

第一，明确项目技术负责人（简称项目总工）的责、权、利。项目总工既是项目技术的第一责任人，又是项目质量的第二责任人，要对项目技术负全责，对项目质量负重要责任。因此，要求项目总工要对技术方案，以及影响到工程质量、安全的技术问题负全责；对项目工程质量应有一票否决权及奖、罚权力；对“三新”技术，应积极推广应用；对于通过优化施工和发明创造，取得经济效益的，要有一定比例的奖励。

第二，项目总工与项目经理的关系：要相互理解和支持，有意见分歧时，要学会换位思考，重视对方意见，认真研究，最终达成共识。

（1）重大技术方案要征求项目经理的意见，这是项目经理的职责；因大多数项目经理是技术干部出身，不能包办代替，重大技术方案（措施）的决策要开讨论会，要充分听取项目总工的意见，技术方案还要靠总工去具体落实和实施。

（2）项目总工不要只定方案，还要做细致的工作。

（3）项目经理要积极支持“三新”技术的推广和应用，首先思想上对新事物不能抵触，要有科学的态度，敢于尝试，勇于探索。同时，项目总工一定要选好方案，并让项目经理及班子充分认知其技术上的可靠性、经济上的合理性。任何好的方案和先进的技术都要通过现场管理来实现，因而管理上的不足和不到位，会直接影响到“新技术”的发挥和效率，还可能造成失败。因此，项目经理的支持、管理水平的提高，是我局工程项目增大科技含量的充分必要条件。

第三，我要特别强调的是，技术措施（方案）既要切实可行和具有可操作性，还要重视从决策—实施—总结全过程，始终处于受控状态。工程项目技术管理办法中作了明确的规定。各位项目总工务必充分重视，项目经理也要给予充分的支持。有的项目点，对技术措施（方案）的随意性很大，甚至措施只是为了对付业主和监理，具体实施又是一套方案，这是绝不允许的。

第四，混凝土施工质量是制约我局发展的重要因素之一，要引起全局上下的高度重视。局中心试验室应把混凝土试验研究作为目前的工作重点之一，力求突破。各项目点必须加强技术管理工作力度，确保混凝土施工质量。

（五）大力推广计算机技术，实现企业管理和工程管理科学化

信息高速公路的开通、网络时代的到来，为我局技术跟踪、决策提供了快捷、方便的条件，提高了应急应变的能力。此项技术要尽快推广应用并掌握，尽快实现远程与局网的连接，确保资信的传递，尤其要保持与局总工室的热线联系。对科技人员，我要提出更高的要求。这次会上，我们请专家来宣传宣传，以会代培，开个好头。希望你们回去后，认真学习，尽快掌握。要从企业发展的高度，充分认识计算机技术的重要性，大力推广计算机技术，是实现我局企业管理和工程管理的科学化前提。希望你们认真把这项工作抓好。

四、科技“以人为本”，弘扬“求真务实、开拓创新”的科学精神

在新的世纪，我们要“以人为本”，积极探索和研究新形势下的人才培养机制、人才

引进机制、人才使用机制和激励机制，造就一大批具有较高知识水平和先进管理意识的企业领导和一批综合能力强、技术全面的技术骨干，是“科技兴局”要解决的重大问题。《工程局内部管理体制改革方案》要求：“要树立人才是第一资本的观念，建立有利于人力资源优化配置和激励人才成长的机制”。李局长在年初的工作报告中说：“工程局拟定从今年起，在局内选拔优秀的人才苗子，送往几所著名大学深造，用3年的时间培养一批高学位、高素质、高层次的人才。与此同时广开才路，通过招聘、调进等方式，从外部引进一批企业管理和发展必须的高级管理人员”。

要不拘一格地选用年轻人，努力从学习上、工作上、体制上和政策上等方面创造条件，让年轻人不断涌现出来。年轻人风华正茂、思维敏捷、接受新生事物快、富有创新精神，但一定要牢固树立科学精神、刻苦钻研科学知识，一定要有把自己的青春和智慧献给祖国和人民的远大志向。年长的同志要热情帮助，并真诚地提携年轻同志。年轻人要尊重老同志，要学习他们认真负责、吃苦耐劳的敬业精神，尤其职位高的年轻人不见得水平就高，一定要虚心听取老同志的意见。同时注意如何创造良好的生活和工作氛围，使科技人才安心工作，并充分发挥其主观能动性，贡献其聪明才智。

（十九）祝 贺 与 期 望

汪恕诚

2004 年 9 月

水电十四局经历了半个世纪的风雨春秋，今年迎来了建局50周年局庆，值得庆贺。十四局作为国内有代表性的水电施工企业，其50年艰苦奋斗、发展壮大的历程，也是中国水电建设发展史的一个缩影。我国水电建设50多年来的历史演进、重大变革和巨大进步，无一不在这个水电施工企业身上留下深深的烙印。

对十四局的认识，应该说是从“鲁布革冲击”开始的。改革开放初期，中国水电建设管理体制怎么改革、路怎么走，是全体水电战线上的同志们十分关注并反复思考的问题。鲁布革电站是我国水电建设第一个使用世界银行贷款并实行项目管理、进行国际招标选择承包商的项目，也是我国基本建设管理体制改革试点项目，其中带来的新旧两种体制的碰撞、新旧两种思想观念的冲击，在当时来说都极具挑战性。值得称赞的是，在这场事关中国水电建设改革前景的考验中，水电十四局表现突出，不仅顺利地总结出了“鲁布革经验”，就是广泛推行项目管理和建设监理制、招标承包制，这在全国建筑施工界引起强烈震动，从而引发了一系列追赶国际先进管理经验和施工经验的探索与实践。

对十四局较深入的了解，则是从广州抽水蓄能电站开始的。广蓄是中国第一座大型抽水蓄能电站，也是世界上最大的抽水蓄能电站。它的成功不仅在于工期、质量和投资控制等方面成绩显著，更主要的一点是吸取了鲁布革的成功经验，并进一步结合国情，走出了一条具有中国特色的项目管理道路，为以后在全国建筑施工领域全面推行“业主责任制、建设监理制、招标承包制”提供了借鉴。作为施工单位，十四局又以大胆探索、勇于创新的精神，总结出了“项目法施工”经验。广蓄经验是广蓄联营公司和十四局共同努力的结晶，凝聚了十四局一代建设者的无数心血，其改革成果来之不易。90年代初期，能源部及电力部曾两次在广蓄召开现场经验交流会，学习推广广蓄经验。当时，曾把五座百万千瓦级电站列为全国水电建设改革试点，既广蓄、漫湾、水口、岩滩、隔河岩，时称“五朵金花”，其中广蓄经验相对来说更具有典型性，富有代表性，其影响力也更大一些，所以把广蓄列在了第一位。

水电十四局一直是一个富有改革、探索、创新精神的企业，这在后来的三峡、小浪底及其他一些西部大开发工程中进一步得到验证，这种精神很可贵。

当前，水电施工企业正处于重要变更时期。水电十四局将这些变革归纳为三个方面，即跨越式发展与提升竞争力并重、占据国内市场与实施国际扩张并举、企业分流改制与尝试资本运营并行。要实现这种三重组合的战略转变，无疑是水电施工企业面临的新课题。然而，企业的压力与考验还不仅于此。应该看到，当今以经济全球化和信息化为代表的知识经济已经到来，面对这种快速发展的时代，水电施工企业如何应对，我想也只有高举改革创新的大旗，深入探索，勇于创新，不断改革，大胆实践。希望水电十四局当好这个排头兵，不断做大、做强。不仅要成为国内一流水电施工企业，更应该成为能够同国际著名承包商相抗衡的具有国际竞争力的综合型施工企业。

（作者时任国家水利部部长）

（二十）五十年奋斗，五十年辉煌

——国务院南水北调办公室主任张基尧在水电十四局50周年庆典大会上的讲话

2004年10月18日

同志们：

今天，我们怀着喜悦和激动的心情，参加水利水电战线的施工劲旅——水电十四局50周年华诞庆典。与几代水电人齐聚一堂，回顾十四局建局以来50年的漫漫征程，畅谈50年的友情亲情，祝贺50年的胜利辉煌！

50年，水电十四局走过了战斗的50年。50年前，水电十四局的前身——以礼河工程局创建于新中国经济恢复之时，诞生在祖国边陲——云贵高原。50年来，在一届又一届领导班子的带领下，在来自上犹江、狮子滩、古田、三门峡，乃至来自全国各地水电建设者的拼搏奋斗下，水电十四局从以礼河、西洱河等中小型梯级电站施工，走向鲁布革大型电站的开发，进而承担了漫湾、大朝山、广蓄、小浪底、三峡等大型特大型电站的建设。50年的风风雨雨，我们经受了太多太多的艰难险阻和多种多样的艰苦磨难。我们有困惑时的彷徨，更有胜利时的喜悦。我们有亲人分别时的依恋、战友倒下时的悲痛，更有电站发电时的喜悦、功臣庆功时的自豪。我们有鲁布革的冲击、广蓄千里跋涉的艰辛，更有截流发电前的抢工、勇士胜利的凯旋。50年，不平凡的50年，水电十四局在风雨中走了出来，从云贵高原走向长城内外，大江南北，亚、非、拉、美。当今的十四局已从水利水电的小兄弟成长为建筑施工行业的排头兵。

50年，水电十四局走过了发展的50年。谁也不会忘记，建局初期，我们用风钻、斗车、三角耙开凿窄小漫长阴暗的隧洞，在深山峡谷间点燃星星灯光。50年来，我们建立了稳固的后方基地，更新了机械装备，已从开山凿洞走向大坝填筑、洞室群开挖、大机组安装。从常规电站拓展到抽水蓄能电站，并成为这个领域的开拓者。从水利水电施工拓展到公路、桥梁、机场、堤防等多个领域。我们在开拓中备尝竞争的残酷和开拓的艰辛，常年承受工期、安全的压力和确保工程质量的挑战，深刻体验亲人分别的酸楚和千里遥望的感情煎熬。50年，开拓发展的50年。水电十四局在激流中走了出来，我们付出了巨大的一代又一代人的身体、感情乃至生命的代价，但是我们成功了，我们的付出赢得了水电十四的辉煌业绩、良好信誉。当今的十四局已是工地星罗棋布，享誉四面八方。

50年，水电十四局走过了改革的50年。20世纪80年代初，改革开放的春风吹拂祖国大地，鲁布革的炮声开启了中国建筑业改革的大门，国际工程招标和日本大成公司的中标，曾引起新旧两种建设管理体制的摩擦和碰撞。水电十四局在摩擦、碰撞中清醒和探索，从苦涩无奈中改革和奋起，革新管理体制，建立治理结构，构筑模拟市场，推行项目法施工。一次又一次的改革，一步又一步的攀登，不仅为建筑业的改革提供了借鉴，也在改革中尝到了甜头。我们早于其他行业10多年走向市场，摆脱了企业法施工的旧模式，增加了水电十四局的知名度，加大了占领市场的份额。我们品尝了改革冲击下的压抑、阵痛，品尝了新旧体制转换的激烈和艰难。50年，探索改革的50年，水电十四局在改革中走了出来。经历就是财富，吸纳就是营养。经历过大风大浪的人，不再畏惧一般的风雨。当今的十四局已能够承受更大风浪的颠簸，能够开拓更远、更新的航程。

50年，水电十四局走过了成长的50年。十年育树，百年育人。水电十四局从成立那一天起，始终把队伍建设和人才培养作为立局之本，一代一代的领导同志立足长远、崇尚实干、言传身教、率先垂范。一代又一代的基层干部与广大职工风雨同舟、生死与共、情同手足、迎难而上。一代又一代的职工以局为家、忍辱负重、顽强拼搏、无私奉献。50年的风餐露宿、千锤百炼，造就了水电十四局这样一支特别能吃苦、特别能忍耐、特别能团结、特别能战斗的钢铁队伍，培养了一批又一批优秀的管理、技术、政工干部。50年，成长壮大的50年，水电十四局从胜利中走了出来。当今的十四局，可以说是桃李满园。50年形成的开拓进取、求真务实的局风，以及似同志、如战友、似兄弟的氛围，将是水电十四局宝贵的精神财富一代一代传下去。

50年的历程，漫长而坎坷。50年的辉煌，来之不易。在我们庆祝这一时刻的时候，我们不应忘记为十四局的振兴和发展付出生命的先烈和因工致伤致残的战友们，我们不能忘记在不同时期和不同方面给予十四局关心支持和帮助的单位和同志们，我们不能忘记为十四局付出毕生辛劳，已经离开工作岗位的老领导、老同志，更不能忘记今天仍战斗在各项目现场、各工作岗位和远在国外的兄弟姐妹和他们的家属。他们才是十四局的功臣，才是中国水电工人的脊梁。借此机会，我作为一名十四局人，向他们，也向在座的同志们表示崇高的敬意和诚挚的问候！我和离开十四局的同志，作为水电十四局的老职工，身上留下永不消退的施工单位的烙印，是云南的山山水水抚育了我们，是十四局的局风和老同志帮助培养了我们，是以礼河、西洱河、黄泥河的艰苦环境和工作锻炼了我们。我们虽然离开了这片充满艰辛和希望的热土，但我们的心仍在和战友们一起跳动，我们为十四局离退休职工的困难而动情，为投标竞争的激烈而焦急，为生产、经营中的挫折而担心，为每一步的胜利而倍感欢欣鼓舞。因为在十四局这片土地上，我们流过血和汗，我们留下根和情，我们会像你们一样呵护十四局的形象，帮助解决十四局的困难，祝福十四局取得一个又一个胜利。回顾历史，我们倍感自豪。展望未来，我们充满信心。希望你们在今后的工作中，坚持和发扬工程局的优良传统和作风，两个文明一齐抓，把队伍建设放在首位，常抓不懈；坚持和发杨鲁布革创新精神，依托国内外市场，深化企业内部改革，不断建立符合市场经济要求的管理体制和运行机制；坚持和调整市场开拓的思路和方式，扩大市场占领份额，调整产业结构，优化项目选取，不断提高十四局的企业形象和社会信誉；坚持和加强对生产经营的管理，严格规章制度，降低工程及管理成本，提高经营及经济效益。我们真诚的祝愿水电十四局在一代代十四局人创建的基业上，以50周年庆典为契机，点燃礼炮，鼓足风帆，在社会主义市场经济的大潮中乘风破浪，从一个胜利走向更大的胜利。祝愿十四局的老干部、老同志和广大干部职工身体健康，万事如意！

（二十一）肯定成绩　寄予愿望

——云南省副省长李新华在水电十四局建局50周年庆典大会上的讲话

2004年10月18日

各位领导、各位来宾、同志们：

今天，中国水利水电第十四工程局在这里隆重举行建局50周年庆典。借此机会，我谨代表云南省政府向水电十四局建局50周年表示热烈的祝贺！向水电十四局全体员工表示亲切的慰问！

50年来，水电十四局扎根云南，发扬“自强不息、开拓不止、创新进取、追求卓越”的企业精神，积极投身于云南的各项建设事业，先后全部或部分承建了以礼河、鲁布革、漫湾、柴石滩、大朝山等数十项大中型水利水电工程；参与了玉元、元磨等高速公路和昆明第一净水厂等基础设施的建设，为云南水利水电资源的开发，为全省的经济发展作出了重大贡献。在立足云南的同时，水电十四局积极实施走出去战略，努力开拓国内外市场，建设足迹遍布全国，活跃于国际建筑舞台。经过50年的不懈努力，水电十四局已经发展成为一个以水利水电建筑安装工程为主的大型施工企业，具有现代化的管理能力、雄厚的技术力量、先进的施工设备和科学的监测手段，多次受到国家和云南省的表彰，成为了我国水电建设的主力军，取得了突出的经济效益和良好的社会效益。云南拥有丰富的水电资源，全省可开发的装机容量9700万千瓦，待开发容量9000万千瓦，占全国的1/3。省委、省政府十分重视我省电力支柱产业的发展，要求全省电力装机容量要在2020年达到

7000万千瓦，把以水电为主的电力产业真正培育为云南经济的重要支柱。这为水电施工创造了巨大市场，也为水电十四局提供了广阔的发展空间。希望水电十四局抓住机遇，始终保持与时俱进的精神面貌，以产权制度改革为重点，加快建立健全现代企业制度步伐，通过深化改革、技术创新、加强管理，不断提高经济效益，不断增强企业核心竞争力，积极拓展国内外市场空间，实现企业的跨越式发展。同时，也希望水电十四局充分发挥自身优势和地域优势，为云南水电建设作出更大贡献。

最后，祝中国水利水电十四局事业兴旺、前程似锦，祝中国水利水电十四局全体员工工作顺利、身体健康！

（二十二）顺应时代立潮头

郭建堂

2004年9月16日

中国水利水电第十四工程局建局50周年了。50年在历史长河中，只是一瞬间。但对于中国水利水电事业和水电建设企业来讲，却是一个曲折艰辛、富于创新创造的极不平凡的历程。半个世纪以来，特别是改革开放以来，我们的国家发生了沧桑巨变，水利水电事业取得了举世瞩目的成就，水电建设企业获得了前所未有的发展。回首往事，不免心潮澎湃。

从我们集团公司来讲，作为中国水电资源开发和江河治理的主力军，半个世纪以来，我们先后建成了国内70%的大中型水电站和水利枢纽工程，总装机容量5100多万千瓦，在建工程总装机容量4000多万千瓦，在“西电东送”、三峡工程、“南水北调”等国家重点工程中发挥着重要作用，为我国水利水电事业的发展作出了特殊贡献。改革开放以来，我们适应社会主义市场经济的需要，创新管理体制和机制，自90年代末以来，进入了持续快速健康发展阶段，经营规模大幅增长，国际经营连续取得突破，经济增长方式不断转变，产业结构明显优化，管理体制发生重大变化，企业综合实力、国际竞争力和抗御风险能力显著增强，发展成为跨国经营的大型企业集团，在国际国内市场上牢固树立了“中国水电建设第一品牌”的形象。目前，我集团公司已由单一的水利水电工程承包企业发展成为综合性工程建设企业，投资开发电源项目取得重大突破，经营领域不断向工民建、市政、公路、机场、地铁等非水电领域扩展，经营方式正在向EPT、BOT等新型承包方式延伸。

作为我国水利水电建设的骨干队伍之一，水电十四局在50年的风雨中，孜孜求索、由小到大、由弱到强，已发展成为水利水电建设市场中的一支劲旅，综合实力位居同行企业前列，在多个领域创立了强有力的品牌。特别是在改革开放后的二十几年中，水电十四局顺应时代要求，勇立潮头，亲历了“鲁布革冲击”，探索并实践了“广蓄经验”，在黄河小浪底经受了与国际接轨的砥砺，以实际行动推动了水利水电建设体制改革和水电建设企业管理创新的步伐，为整个产业生产力水平的显著提高作出了自己的贡献，为集团整体持续快速健康发展发挥了积极作用。

水电十四局的50个春秋，是水电建设企业改革发展史的有机组成部分，也可以看做一个缩影。今天，我们站在新的起点上，回顾这段不能忘却的历程，记录我们艰苦创业的足迹，总结、提炼前人和今人心血、智慧凝结而成的经验和成果，重要的现实意义和长远意义。编辑出版《改革大潮中的水电十四局》一书，以亲历者的笔触，多角度、多方位地点击改革开放以来我们改革发展的轨迹，展现生动壮观的时代画卷，即是有意义的一件事情。

回顾历史是为了更好地把握现在、创造未来。当前，中国水电大发展的局面已经展现，可以预见，今后中国水电开发将进入一个新的发展高峰期。我们正面临十分难得的历史性机遇。基于对形势的这一基本判断，集团公司确立并正在实施跨越式发展战略，加快建设具有国际竞争力的大型企业集团，我们已经迈入了一个新的发展阶段。展望未来，任重道远。要实现企业发展的更高目标，需要我们再接再厉，加倍努力。在此书即将付梓之际，希望水电十四局在党的十六大精神和“三个代表”重要思想的指引下，发扬优良传统，坚持与时俱进、开拓创新，实现更大发展，为我国水利水电事业，为实现集团公司跨越式发展的宏伟目标作出新的、更大的贡献！

（作者时任中国水利水电建设集团公司总经理）

（二十三）辉煌五十年，明天更美好

——集团公司副总经理刘经迪在水电十四局50周年庆典大会上的讲话

2004年10月18日

各位来宾、同志们：

值此水电十四局50周年大庆之时，我谨代表中国水利水电建设集团公司、代表郭建堂总经理向光荣的水电十四局全体职工致以热烈的祝贺！向为我国水利水电事业和水电建设企业发展作出历史贡献的十四局老领导、老同志，向十四局广大干部职工及家属表示亲切的慰问！同时，借此机会也代表集团公司向始终关怀和支持水电十四局的云南省委、省政府，向各建设单位表示衷心的感谢！

50年的光辉岁月，水电十四局走过了一个曲折艰难、同时又是富于创新创造的极不平凡的历程。50年的艰辛化作了多少璀璨的水电奇葩；50年的创业，水电十四局从彩云之南走向全国，走向世界。水电十四局建局半个世纪，始终认真贯彻党和国家的方针政策，积极探索水电施工企业的发展规律，在历届党政班子的卓越领导下，艰苦奋斗、不懈努力，两个文明建设不断取得新成绩，综合实力逐年上升，已经成为水利水电施工行业的一支劲旅，在多个领域创立了强有力的品牌。改革开放以来，十四局顺应时代要求，勇立潮头，亲历了“鲁布革冲击”，探索并实践了“广蓄经验”，以实际行动推动了水电建设事业创新和改革，也为中国水利水电建设集团整体的持续快速发展发挥了积极作用。今天我们赶上了水电水利建设蓬勃发展的好时光，水电十四局一定要乘势而上，抓住机遇，使原有的优势和品牌更上一层楼，并在实践中发展新的增长点，科技兴企走可持续发展的道路；水电十四局一定要始终紧跟以胡锦涛同志为总书记的党中央，认真贯彻十四大精神，具体落实国资委提出关于深入开展职工素质工程的要求，努力提高职工的全面素质，使十四局逐步成为管理密集型的具有国际竞争力的优秀建筑企业，使十四局的全体职工过上小康生活，走共同富裕的道路，为全面建设小康社会作出应有贡献。水电工人是巍巍高山的儿子，是浩荡江河的女儿，铮铮铁汉，宽广胸怀，水电十四局的职工既吃苦耐劳、坚韧不拔，又善于探索、勇于创新，让我们团结起来，齐心协力，奋斗奋斗再奋斗，水电十四局的明天一定会更辉煌、更美好！

（二十四）在水电十四局50周年庆典大会上的讲话

李跃平

2004年10月18日

尊敬的张基尧主任，戴光禄副主任，李新华副省长和各位领导、各位来宾、女士们、先生们：

在硕果满枝、喜迎丰收的金秋十月，我们迎来了中国水电十四局五十华诞。在这喜庆的日子里，请允许我代表水电十四局，向参加庆典的各位领导、各位嘉宾、各兄弟单位、新闻界及社会各界新老朋友表示热烈的欢迎。对你们长期以来给予我局的悉心关怀和大力支持，表示衷心的感谢和崇高的敬意！向50年来与十四局风雨与共的全体职工和家属，表示热烈的祝贺和诚挚的问候！

建局五十载，辉煌半世纪。作为中国水电事业的见证人和参与者，在半个世纪发展历程中，经过几代水电人的不懈努力与执著追求，水电十四局伴随着祖国水电事业的发展兴盛而诞生、成长，并不断发展壮大。

百川归海，不背其源；遥想当年，筚路蓝缕。水电十四局数百开拓者创业石龙坝，开创之功不可没。回溯来时，御风逐浪，万千弄潮儿挺立大西南，进取之心从未息。尤其历任领导，几代职工，肩挑背扛以当年，风餐露宿以为家，一锤一钻一番苦拼，万难万险万众同心。在坚硬的岩石中穿行，临危不惧，知蹇不退，奋斗之志永励永存。特别能吃苦，特别能忍耐，特别能战斗，如此薪火相传。以礼河、绿水河、西洱河，如此绵绵不绝，百折千回，终成浩然一脉之水电十四局之传统。念天地之悠悠，思改革之恩泽。从“鲁布革冲击”开始，到广蓄、漫湾、小浪底、三峡、龙滩、小湾、历经转折，千万次追寻求索。上借春风化雨之改革大势，负势竞上；下倚万千职工之群策群力，戮力前行。水电十四局已跻身于全国水电企业前列，项目远至亚非。而今发展之途且行且宽，以地下工程核心竞争力为依托，广泛开拓地铁、公路、核电、火电、市政工程承包市场，成为饮誉海内外的建设铁军。

回眸五十载风雨征程，十四局几代水电人魂系江河，情挂水电，搏击江河建电站，鏖战峡谷撒光明，艰苦创大业，丹心铸辉煌。

神州大地春风化雨，改革大潮催舟进发。1984年4月，水电部决定在鲁布革电站建设中引进世界银行贷款，电站引水隧洞实施国际招标。水电十四局作为我国第一家与外国承包商同台竞争的水电施工企业，经历了新旧两种观念、两种体制的激烈冲击与碰撞。阵痛后开始升华，参与了鲁布革工程管理经验的试点、推广和总结，催发了全国施工管理体制的改革；尔后在广州抽水蓄能电站，我们又成功探索了“科学管理，均衡生产，文明施工”的项目法施工经验，两次在全国施工行业推广。在黄河小浪底水利枢纽工程施工中，受命于危难之际，夺回了导流洞被延误的工期，为国争了光。在长江三峡工程施工中，通过科学化、制度化、规范化的管理，如期实现履约目标，创造了紧密型联营体管理的成功经验。十四局在改革中不断创新，不断前进，成长为一支具有改革创新意识，走在时代前列的水电施工劲旅。

50 年艰苦奋斗，改革创新；50 年成就辉煌，功勋卓著。半个世纪以来，水电十四局纵横全国 14 个省区，跨越长江、黄河、澜沧江、金沙江、红水河、乌江等大江大河，建成各类水电站、水利枢纽工程近 400 项，总装机容量 780 万千瓦。同时，广泛拓展建筑市场，在地铁、核电、火电、公路、桥梁、环保、市政工程等领域承建工程 31 项；先后荣获国家建筑工程鲁班奖 4 项，部、省级优质工程奖 14 项，国家和部省级科技进步奖 54 项；被评为“全国建筑业科技领先百强企业”、“全国优秀施工企业”、“全国用户满意施工企业”、荣获“全国五一劳动奖状”，树立了良好的企业形象和社会信誉。

50 年的奋斗，造就了今天的水电十四局，成为水利水电施工总承包一级资质（特级资质在公示期间）、市政公用工程施工总承包一级资质、土石方工程专业承包一级资质和承包经营国际工程等资质，成为拥有雄厚技术力量、先进施工装备、科学监测手段和现代化管理能力的大型施工企业，完成总产值和新增合同额连年创新高，综合实力居同行业前列。

我局实施品牌战略，形成了以地下工程施工，当地材料坝填筑，高水头、大容量可逆式水轮发电机组安装的核心竞争力，依靠企业品牌拓展市场。近两年来，我局中标和联营中标承建了全国水电开发项目中装机规模 300 万千瓦以上电站 80％的地下厂房工程，充分显示出企业核心竞争力在市场竞争中的品牌效应。

我局实施“人才强企”战略，以提高企业管理水平和创新能力为目的，制订了人力资源规划与员工再教育计划，实施“1＋1”人才工程，推行培养专业技术带头人制度，完善人才激励机制，使员工个人与企业发展融为一体，已形成一支业务出色、思想过硬、作风优良的员工队伍。我局加快体制、管理创新步伐，在获得“全国电力行业管理现代化优秀成果一等奖”的广蓄经验基础上，不断总结提高，使项目管理理论和实践得以不断完善。通过优化组织结构、产业重组、启动主辅分离等工作，实现了企业绩效的提高。与时俱进、应时而动，实施了一系列企业管理改革。制定完善了近百项管理规章制度，促进了企业管理的科学化、制度化和规范化。

我局实施“走出去”战略，走出国门与世界经济触为一体，在合同实施中适应国际惯例和各种承包方式，进一步增强国际竞争力，促进企业持续稳定发展，先后在十几个国家承建电站、水库、和公路工程。近年来，在水电建设集团公司的领导和帮助下，积极开拓国际市场，正在承建缅甸邦朗电站、瑞丽江电站和刚果（金）公路工程。

今天，在庆祝辉煌之时，我们缅怀为了祖国水电事业流尽了鲜血、献出生命的同志。我们感谢为十四局发展奋斗一生，至今还在关心支持企业的离退休老同志。我们把敬意和掌声献给正在兢兢业业奋战在工地一线和各个岗位上的在职职工。我们感激默默无闻的家属同志们，正是你们的理解和付出，才使得我们更好地工作。我们更要感谢云南这片热土和热土上的人民，是她们孕育了水电十四局。感谢一直关注着十四局成长的云南各级党政领导和有关部门、水电建设集团公司、各业主、设计、监理及兄弟单位及社会各界，是你们的关怀、指导、爱护和支持，激励和鞭策着我们义无反顾地前行。十四局的今天，倾注、凝聚着你们的心血与智慧。对此，我们全局2万余名职工将永远铭记在心，并再次向你们表示最真诚的谢意和崇高的敬礼！

水电十四局之昨日，乃国企发展之缩影。水电十四局之今朝，为改革振兴之写照。华章已著，与时代同行，再创辉煌。站在21世纪新的征程上，慢进则退，不进更退，虽然任重道远，充满艰辛，但我们仍将信心百倍，努力前行。我们要继续以“三个代表”重要思想为指导，秉承“自强不息、开拓不止、创新进取、追求卓越”的企业精神和“以人为本、亲和诚信、忠实履约、精益求精”的企业经营理念，以崭新的姿态，与时俱进，知难而上。

我们将牢固树立科学的发展观，坚持以市场为导向，以发展为主题，充分发挥品牌优势，加快实施国际化战略，扩展投资领域，提升企业资质和信誉，增强市场竞争力。以结构调整为主线，以改革、创新为动力，加快工程局改制、改革步伐，努力推进现代企业制度建设。加强企业文化建设，坚持企业与员工协调发展，弘扬优秀的企业精神，培养高尚的职业操守，确立诚信的经营理念，塑造良好的企业形象。励精图治，改革创新，锐意进取，把水电十四局逐步建成具有较强投融资、设计、施工能力的知识型、管理现代化、经营国际化的大型综合企业，在集团公司、云南省领导下，努力实现工程局跨越式发展。

让我们携起手来，共同创造中国水电十四局更加灿烂美好的明天！唱响新时代的水电建设者之歌！

（二十五）在保持共产党员先进性教育活动总结大会上的讲话（节选）

洪　坤

2005年11月10日

同志们：

根据中央、云南省委、集团公司党组织先进性教育活动领导小组的统一部署，按照《水电十四局保持共产党员先进性教育活动实施方案》的要求，我局先进性教育活动自7月15日开始以来，在省委第十督导组和集团公司第三巡回检查组的精心指导下，按照中央“关键要取得成效，成为群众满意工程”的要求，精心组织，周密部署，全面实施，扎实推进，经过近4个月的努力，圆满完成了学习动员、分析评议和整改提高3个阶段的各项工作，达到了“提高党员素质，加强基层组织，服务职工群众，促进各项工作”的目标要求。今天，我们在这里召开总结大会，标志着我局保持共产党员先进性教育活动已经取得了重要的阶段性成果。在此，我代表水电十四局党委和全体职工向省委第十督导组、集团公司第三巡回检查组的指导和帮助表示诚挚的谢意，向亲临今天大会指导的省委第十督导组组长赵克清、集团公司第三巡回检查组组长郑庆路等同志表示热烈欢迎。

下面，我代表局党委和局先进性教育活动领导小组，对全局的先进性教育活动进行总结。

一、主要做法

作为云南省第二批开展先进性教育活动的企业，我局共有 19 个党委（18 个二级党委）、30 个党总支、149 个党支部，共计 4129 名党员参加了教育活动，其中在职党员 1573 人、离退休党员 2240 人、下待岗党员 268 人、流动（协管）党员 48 人。自先进性教育活动开展以来，全局各级党组织和广大党员深入学习贯彻中央关于先进性教育活动的一系列部署，认真落实胡锦涛总书记的有关重要指示精神，以学习实践“三个代表”重要思想为主线以树立落实科学发展观为重点，紧密结合我局改革发展稳定的实际，扎实推进各阶段工作，圆满完成了各项工作任务。

（一）抓基础，充分做好各项准备工作

（1）切实加强领导。根据省委、集团公司党组对先进性教育活动的部署，局党委多次召开专题会议，就我局开展保持共产党员先进性教育活动进行认真研究，成立了先进性教育领导小组，下设办公室，对教育活动中的组织、宣传、秘书、检查等工作进行明确分工，随后又成立了巡回检查组。

（2）认真调查摸底。为了做好先进性教育活动的前期准备工作，保证每一名党员都能按时参加这次活动，本着全覆盖、不漏人、不留空白的原则，全局各级党组织于 6 月中旬对基层党组织和党员队伍进行了详细的调查摸底，切实掌握了全局党员的分布状况，构成情况，为先进性教育活动奠定了基础。

（3）精心制订方案。局党委根据上级有关要求，结合我局实际，认真制订了《水电十四局保持共产党员先进性教育活动实施方案》，明确了先进性教育活动的目标、任务、方法、步骤和重点解决的问题，为先进性教育活动的开展确立了行动指南。

（二）抓关键，推动教育活动整体前进

（1）落实领导责任，建立有关制度。我局建立了以党委书记为第一责任人、基层党组织负责人为直接责任人的领导责任制，形成了书记总负责、一级抓一级、层层抓落实的工作格局，建立了先进性教育领导干部联系点制度，其中建立工程局领导干部联系点 25 个、二级单位领导干部联系点 84 个。基层党组织推行联络员制度，增强了点与面的结合。建立了巡回检查指导制度，局党委抽调力量成立了先进性教育活动巡回检查组，沟通上下信息，检查各单位的活动开展情况，找问题、促整改。

（2）坚持领导带头。为确保先进性教育活动顺利开展，取得实效，各级领导始终带头参加各项活动发挥了表率示范作用。在学习动员阶段，局领导班子 11 位成员带头参加学习，带头讲党课，带头记学习笔记，带头写学习心得，其学习笔记普遍在 1 万字以上，局党政班子集中学习达到了 8 次。在分析评议阶段，局领导带头参加所在支部的专题组织生活会，带头开展谈心活动，带头撰写党性分析材料。经检查，他们的党性分析材料大多在4000～6000字。在整改提高阶段，局班子针对群众提出的88条意见、建议及工程局改革发展稳定的突出问题，3次研究撰写和修改整改措施，制订了翔实的、可操作性的整改方案，并带头进行整改。

（3）严格操作程序。针对先进性教育活动的3个主要阶段，每个阶段中都有若干重要环节的实际，全局上下在具体实施过程中，始终坚持各项规定程序、动作、步骤、要求等保证质量完成，严格按照程序扎实推进，既体现出先进性教育活动各个阶段的不同具体工作任务，又使广大党员认识到先进性教育活动是个环环相扣的整体，必须正确把握，增强了工作的严密性，保证了各项预定目标的顺利完成。

（4）深入进行思想动员和骨干培训。思想动员和骨干培训是提高先进性教育活动的重要前提，关系到教育活动的实际成效。在每个阶段工作启动时，局和各单位都相继召开动员会，将本阶段教育活动的意义、目标、任务、方法、步骤、具体要求向广大党员讲清、讲透，层层进行思想动员，增强党员参加先进性教育活动的自觉性。同时，各单位认真组织骨干培训，使骨干切实掌握各阶段工作的程序、步骤、环节及重点，做到每个党支部都有1～2名骨干引导具体操作。

（5）加强监督检查。各级领导小组非常重视对教育活动开展情况的检查工作，进行多层面的检查，将监督、检查贯穿于整个教育活动中。各单位领导小组定期召开会议，听取先教办，基层党组织汇报教育活动的进展情况和存在的问题，对后续工作提出具体要求。局巡回检查组定期对各二级单位先进性教育活动的开展情况进行检查、指导、督促。

（三）抓落实，确保教育活动顺利开展

（1）强化学习，打牢理论基础。各级党组织根据《实施方案》的要求，认真组织党员学习《党章》和《保持共产党员先进性教育读本》，学习胡锦涛同志《在新时期保持共产党员先进性专题报告会上的讲话》、《中共中央关于加强党的执政能力建设的决定》等，深刻领会其精神要点。学习期间，局及二级单位向党员、基层党组织发放了书籍、学习资料等9459份，极大地丰富了学习内容。在学习中，各单位结合党员分布的状况和工作实际，采取集中学习、个人学习、学习讨论、上党课、专题辅导、先进事迹报告、形势报告、警示教育等灵活多样的形式进行学习培训。

（2）开展先进性具体标准大讨论。先进性标准的确立为党员对照检查、执行、整改确立了目标。各级组织在党员个人撰写先进性标准的基础上，以支部为单位组织不同类别的党员对先进性具体标准进行讨论，形成了相对完整、具体且符合实际的党员先进性标准，使整改提高有据可依。

（3）多形式广泛征求意见。找准各级领导班子、基层党组织和每个党员存在的问题，是确保教育活动取得成效的重要前提。为使意见具有广泛性和针对性，各级党组织采取发放征求意见表、意见函，设立征求意见箱，公布征求意见电话，个别谈话等多种形式、多层次、多渠道地广泛听取群众意见。在征求的意见建议中，对班子的意见、建议内容实在，针对性强，富有建设性和启发性。对班子成员个人的意见、建议、客观实在，出于公心，坦诚中肯，实事求是，充分体现了各单位和广大党员、职工群众对工程局工作的关注和对局党政领导班子的关心和支持。

(4) 多层面开展谈心活动。各级党组织和广大党员都把广泛开展谈心活动作为征求意见、找准问题、消除隔阂、沟通思想的重要方式。在横向上，做到党政班子成员之间、支部委员之间、一般党员之间分别谈；在纵向上，做到了党政一把手找班子成员谈，班子成员找分管部门负责人和联系单位领导谈，支部书记找党员谈，党员找群众谈，形成了纵横交织的谈心网络。

(5) 认真撰写党性分析材料。党性分析的质量直接关系到问题能否找准，根源能否深挖，努力方向能否明确。党员撰写党性分析材料时，自觉按照《党章》和胡锦涛总书记提出的“六个坚持”，对照大讨论形成的党员先进性具体标准，结合征求反馈的意见和交心谈心中群众提出的意见，自觉端正态度，以高度负责的精神，严肃、认真地撰写党性分析材料。党员从世界观、人生观、价值观方面深挖思想根源，党员领导干部还从科学发展观、正确政绩观、马克思主义群众观和权力观、地位观、利益观等方面进行深挖。

(6) 认真开好专题民主生活会和组织生活会。开好班子专题民主生活会和支部专题组织生活会，是教育活动的关键一环。各级组织把开好专题民主生活会、组织生活会作为让党员真正受到教育的关键环节来抓，在召开专题民主生活会、组织生活会前，各级组织均作了充分的组织准备和思想准备，对每个党员讲明会议的方法、程序、要求及注意事项，提前1～2天通知开会的时间地点。做好会议的记录准备等，且均集中2～3天的时间进行专题民主生活会、组织生活会。

(7) 精心制订整改方案和措施。针对征求到的意见、自我剖析中查找出的问题和民主评议中反映出的问题，各级组织和每位党员分别制订了整改方案和整改措施，并坚持一级抓一级，层层审核，严格把关，保证质量。在整改方案和措施制订中，各单位深入查找本单位存在的突出问题，涉及群众切身利益的突出问题，坚持边查边改，做到了整改时间落实、责任落实、措施落实。

(8) 接受职工群众监督，通报整改情况。在边查边改的基础上，各级党组织将制订的整改方案和整改情况及时向职工群众公布，充分听取职工群众意见，自觉接受职工群众监督。通过公布，让职工群众和基层单位知道改什么、怎么改、什么时候改、达到什么目标，把整改工作始终置于职工群众的监督之下，得到了群众的信任和支持。各基层单位整改方案和全体党员的整改措施均在所属范围内进行了意见征集，让职工群众进一步了解党组织、党员的整改情况，得到了职工群众的好评。

(9) 认真做好满意度测评工作。今天上午，局党委组织召开了先进性教育活动群众满意度测评大会，共有76名在职党员代表、职工群众代表、中层管理人员代表、基层单位负责人、离退休人员代表参加了群众满意度测评。经发放测评表填写统计，各方代表对我局先进性教育活动的满意度达99.67%，不满意度为0.33%。各二级单位先进性教育活动群众满意度的测评也获得了较高的评价。广大党员群众和基层单位对全局先进性教育活动给予了充分的肯定，这是对我们的鼓励和鞭策。

(四) 抓结合，保证教育活动取得实效

开展保持共产党员先进性教育活动以来，全局上下始终坚持把打造“真正成为群众满意工程”作为整个活动的指导原则，将先进性教育活动和单位具体工作有机结合起来。

（1）学习动员阶段，全局上下以开展“四个一”活动为契机，组织开展“扶贫帮困送温暖”、“走访困难党员”、“帮助困难职工群众”、“寒窗助学”活动。

（2）分析评议阶段，各单位领导干部深入联系点，深入基层，倾听职工群众意见，了解职工群众意愿，边议边改，为职工群众办好事、办实事。

（3）整改提高阶段，各单位针对征集到的意见，认真进行梳理、汇总、分类、归纳整理。对具备整改条件的问题，立即进行整改；对通过努力能够解决的问题，确定的整改时限多则几年（或长期），少则几个月；对情况复杂涉及面大、单靠自身难以解决的问题，正在加强与有关单位和部门协调，争取逐步加以解决。

（4）在教育活动中，各单位充分利用内部报刊、广播电视、黑板报、简报等工具，大力宣传先进性教育活动的经验和做法，加大宣传力度，营造活动氛围。局党委在编印《先进性教育简报》的同时，在局网上开办了“水电十四局保持共产党员先进性教育活动”主页，沟通上下信息，指导全局的先进性教育活动工作，先后在《简报》上，网上刊载动态报道和经验交流材料 260 余篇，被省国资委、集团公司《先进性教育活动简报》刊载7 篇。

二、主要收获

（一）广大党员对先进性本质内容有了深刻的认识，党员素质得到提高

在先进性教育活动中，全局各级党组织坚持集中学与自学相结合，系统研读与专题辅导相结合，组织广大党员着眼于对理论的运用和对实际问题的思考，着眼于促进企业发展和发挥党员的先锋模范作用，边学习、边思考、边交流体会、边查找问题、边整改。广大党员在先进性教育活动中表现出了前所未有的学习热情，不少党员为了不耽误工作，利用晚上、节假日的时间进行学习，做学习笔记，写心得体会；有的党员同志经常加班加点，白天坚持工作，晚上坚持学习至深夜；多数党员为了完成学习任务，千方百计挤时间，白天没有时间晚上学，工作日没有时间假日学；有的党员经常出差，就带上学习资料，随时抽空学习。

通过学习，党员的素质有了明显提高。全体党员普遍受到了一次较为深刻的马克思主义理论教育，进一步增强了贯彻执行党的基本路线和方针政策的自觉性，政治意识、大局意识、责任意识有了明显增强；对“三个代表”重要思想的时代背景、精神实质和科学内涵有了更深的理解；对新时期党员先进性的本质要求有了更清晰的认识；对提高自身素质，加强党性修养，自觉改造主观世界有了进一步的提高。

党员意识和纪律观念得到了明显增强。通过认真查找自身存在的主要问题，讨论先进性具体标准，党员进一步明确了新时期先进性的具体要求，明确了努力方向。广大党员在充分征求意见和广泛谈心的基础上，深入进行党性分析，认真参加专题组织生活会和民主生活会，开展批评与自我批评，增强了自我提高，自我完善和解决自身问题的内在动力。党员反映，多年没有参加这样严肃认真的组织生活会了，敞开了思想，深刻剖析了自己，触及了思想，触动了灵魂，自己既受教育，也受鼓舞，党员的责任意识明显增强。

（二）党组织的凝聚力、战斗力进一步加强

各单位深抓党组织建设这一基础环节，进一步加强基层党组织建设，先后整顿基层党支部3个，新建党支部5个，调整、充实专兼职党支部书记9人。各级组织结合单位实际，丰富活动内容，有力地推动了教育活动工作的开展。先进性教育活动中，各级组织吸收积极分子并邀请党外群众参加，党员虚心接受群众意见，积极开展批评与自我批评，党内生活民主的气氛，深深地感染了参加会议的积极分子和群众，吸引了更多的积极分子向党组织靠拢，全局共有58位同志向党组织递交了入党申请书。

（三）服务职工群众的意识增强，党群、干群关系进一步密切

先进性教育活动开展以来，全局各单位按照把教育活动打造成“群众满意工程”的要求，通过座谈会、个别访谈、问卷调查、征求意见建议等形式，广泛听取职工群众意见，同时还邀请职工群众参加党组织的有关会议，自觉接受职工群众的批评与监督。各级组织把开展调查研究、了解、关心职工群众疾苦，及时解决职工群众困难，体现党组织的温暖和党员的关爱作为凝聚人心的工程来抓，解决了全局上下一系列历史遗留问题。群众反映，通过开展先进性教育活动，党员干部对老百姓更贴心了，服务老百姓更热心了。

（四）实现了“两不误、两促进”目标

各级组织坚持开展先进性教育活动与促进各项工作的有机结合，实现了“两不误、两促进”的目标。

在先进性教育活动中，正值我局承担施工的各工程防洪度汛的紧张阶段，施工任务紧、防洪压力大，这对各级党组织和党员都是一场严峻的考验。7月22日，李仙江2号洪峰突袭戈兰滩电站，不到40分钟的时间，8米宽的左岸导流洞出口围堰被大水吞噬了6米。在此关键时刻，项目部的领导干部和党员挺身而出，带领全体职工与洪水搏斗，连夜转移机械设备，清运物资材料，加宽围堰，连续奋战10多个小时，以实际行动履行了共产党员的先锋模范作用。安装总公司龙滩项目部，在党员领导干部的带领下，圆满完成了70万千瓦机组的吊装任务。锦屏分局在施工条件十分艰难的情况下，党员和职工们发扬艰苦鏖战、奋力进取的精神，实现了2、3号施工支洞之间4000米的全面贯通，扭转了不利局面。大理分局宝石项目部党员、职工战高温，确保了“8·30”发电目标。三板溪分局结合先进性教育，开展“重安全、抢工期、保发电、降成本、增效益”的主题实践活动，提前3天实现了进水口3号塔混凝土的封顶，为明年1月下闸蓄水奠定了基础，分局8月完成产值1838万元，创造了历史最好水平。今年1～10月，全局完成施工总产值25.08亿元，为年计划的89.57％，比去年同期增长35.14％。

编　后　记

根据中国水利水电建设集团公司《关于开展集团公司史志编研工作的通知》和《关于开展中国水利水电建设集团公司年鉴、史志编撰工作的通知》要求，水电十四局于 2005 年 4 月成立年鉴、史志编撰领导小组，负责组织开展集团公司年鉴的资料收集、整理、编撰上报工作。2007 年 8 月，工程局调整了年鉴、史志编撰领导小组，同时成立史志鉴编撰办公室，启动了《中国水利水电建设集团公司志中国水利水电第十四工程局卷（1954～2006）》（简称《水电十四局卷》）的编撰工作，初稿至 2010 年 8 月完成。

整个工作分四个阶段进行。第一阶段，2007 年 8 月～2008 年 6 月，为准备阶段。2007 年 8 月调整年鉴、史志编撰领导小组，正式成立水电十四局史志鉴办公室（简称史志办），组织 4 名退到二线工作的老同志，并返聘 1 名退休老同志专职从事志书编撰工作，明确收集资料的单位、部门和资料收集的兼职人员，培训专职志书编撰人员和兼职的资料收集人员。根据集团公司"编修中国水利水电建设集团公司志实施方案"的精神，编写《水电十四局卷》纲目，并报集团公司史志办公室。同时，完成集团公司《组织机构志》、《大事记》、《光辉历程》等志书的资料收集、整理、初稿撰写等工作任务。第二阶段，2008 年 7 月～2009 年 12 月，为资料收集阶段。史志办于 2008 年 7 月 4 日和 8 月 1 日分别召开局机关各部门和局属二级单位参加的史志工作会议，布置《水电十四局卷》的资料收集、整理工作，分解资料收集、整理任务。对资料收集的兼职人员进行培训，组织专职人员参加集团公司组织的培训。2009 年 1 月，根据集团公司《关于印发修编＜集团公司志、局（厂）卷＞指导意见的通知》要求，史志办又对《水电十四局卷》编写纲目进行调整。之后根据资料收集的情况，史志办曾多次开会协调、检查、督促资料收集进度，指导资料收集人员补充相关资料。2009 年 4 月，成立中国水利水电第十四工程局有限公司史志编辑委员会，明确了主编、副主编，同时又聘请了 3 位文字能力较强的同志参加《水电十四局卷》的编撰工作。第三阶段，2010 年 1～8 月，为《水电十四局卷》初稿的编撰阶段。由史志办专职人员在各部门报送资料的基础上对资料稿件进行结构调整，补充内容和改写体例，按编写纲目写出初稿。第四阶段，2010 年 8 月～2011 年 7 月，为总纂和送审阶段。由主编、副主编和史志办主任、副主任对《水电十四局卷》初稿进行调整、补充、修改，最后编撰成书，并于 9 月送公司史志编辑委员会初审，由集团公司史志办组织专家审阅并提出修改补充意见。经过修改补充，经水电十四局史志编辑委员会审定后送出版社出版。

公司机关各部门、公司所属二级单位和部分项目部参加了《水电十四局卷》资料的收集和初稿的撰写工作，史志鉴办公室的同志进行了志书的编写工作。

《水电十四局卷》在编撰中得到中国水利水电建设集团公司史志办公室，水电十四局有限责任公司领导的大力支持，公司经理周宇、党委书记洪坤担任史志编辑委员会主任，多次听取《水电十四局卷》的编纂工作的汇报，帮助解决编撰工作中的问题和困难。分管志书编撰工作的公司党委副书记陈志明同志多次主持召开编撰工作会议，经常听取《水电十四局卷》编撰工作的情况汇报，协调解决有关问题。公司机关各部门的领导，各二级单位、工程项目部的领导对《水电十四局卷》的编撰工作同样给予了大力支持、帮助和关心。在此仅向各位领导和参加《水电十四局卷》编撰工作、提供资料和稿件的所有同志致以诚挚的谢意！

水电十四局有限公司成立50多年来，曾在1958年下放地方管理，1971年撤销建制，并经过几次大的搬迁，致使部分档案资料缺失。特别是“文化大革命”时期许多宝贵的档案资料遗失，给《水电十四局卷》的资料收集和撰写带来了极大的困难。在此情况下，由于编写时间较紧，编写人员又缺乏经验，虽经努力，错误难免，缺漏和不足之处敬请各位领导、员工和读者批评、指正。

编　者

2011年6月

为《中国水利水电第十四工程局卷（1954～2006）》提供资料的单位

1．机关部门

总经理办公室、党委工作部、工程科技部、经营管理部、人力资源部、财务管理部、资金管理部、安全监察部、资产管理部、审计部、企业发展策划部、海外事业部、市场开发部、基础设施部、企业文化中心、纪委（监察室）、工会、团委。

2．局属单位

曲靖分公司、大理分公司、机电安装分公司、路桥市政工程分公司、勘察设计研究院、机械设备厂、设备租赁中心、曲靖管理处、大理管理处、昆明管理处、昆明医院、大理医院、广东分公司、大朝山分局、周宁电站项目部、洪家渡电站项目部、构皮滩电站项目部、黄河小浪底分局、三峡地下电站项目部、百色电站项目部、小湾电站项目部、彭水电站项目部、锦屏电站项目部、溪洛渡电站项目部、糯扎渡电站项目部。

3．联营体

龙滩电站 1478 联营体、小湾电站 141 联营体、长江三峡工程三联公司。

4．其他单位

曲靖市第五人民医院（原曲靖医院）、云南水电十四局有限公司昆华建设有限公司、云南水电十四局有限公司东华装饰工程有限公司。

图书在版编目(CIP)数据

中国水利水电建设集团公司志.中国水利水电第十四工程局卷:1954～2006/中国水利水电建设集团公司史志编辑委员会编.—北京:中国电力出版社,2011.11

ISBN 978-7-5123-2300-1

Ⅰ.①中… Ⅱ.①中… Ⅲ.①水利水电工程-工业企业-概况-中国-1954～2006 Ⅳ.①F426.9

中国版本图书馆CIP数据核字(2011)第226810号

中国电力出版社出版、发行
(北京市东城区北京站西街19号 100005 http://www.cepp.sgcc.com.cn)
北京盛通印刷股份有限公司印刷
各地新华书店经售
*
2012年4月第一版 2012年4月北京第一次印刷
787毫米×1092毫米 16开本 58印张 1328千字 22插页
定价**158.00**元